U0678899

中國少數民族家譜叢刊

中國少數民族家譜總目

下

上海圖書館 編　陳建華 主編

上海古籍出版社

哈　尼　族

[雲南新平]王澤居家家族譜系　佚名念誦　王澤居提供　2008年中國大百科全書出版社排印本　合册

哈尼語哈雅方言家譜。流傳於雲南省新平彝族傣族自治縣建興大寨村。本譜所載僅爲世系，自第一世他盤至者盤凡三十七世。

本譜載於《中國少數民族古籍總目提要·哈尼族卷》

[雲南元江]唐盤布支家庭譜系之一　纂修者不詳　版本不詳

本譜所載僅爲世系，記録了自尊唐盤（雜它明）至者波四十八代世系。

本條目據1993年第1期《雲南師範大學學報（哲學社會科學版）》載楊忠明撰《哈尼族及東南亞阿卡人譜系初探》一文著録

[雲南江城]朱照强家家族譜系　佚名念誦　朱照强提供　2008年中國大百科全書出版社排印本　合册

哈尼語豪白方言家譜。流傳於雲南省江城縣曲水鄉興濟村。本譜所載僅爲世系，自第一世吾瑪至黑波凡三十一世。

本譜載於《中國少數民族古籍總目提要·哈尼族卷》

[雲南瀾滄]圍籃吹飄（黄進成）家族譜系　佚名念誦　趙餘聰提供　2008年中國大百科全書出版社排印本　合册

哈尼語哈雅方言家譜。流傳於雲南省瀾滄拉祜族自治縣。本譜所載僅爲世系，自第一世送米窩至吹飄（黄進成）凡四十七世。

本譜載於《中國少數民族古籍總目提要·哈尼族卷》

[雲南瀾滄]尼幫坡（趙餘聰）家家族譜系　佚名念誦　趙餘聰提供　2008年中國大百科全書出版社排印本　合册

哈尼語哈雅方言家譜。流傳於雲南省瀾滄拉祜族自治縣。本譜所載僅爲世系，自第一世送米窩至坡麥凡五十四世。

本譜載於《中國少數民族古籍總目提要·哈尼族卷》

[雲南瀾滄]嚇活邁秋（鍾得華）家族譜系　佚名念誦　趙餘聰提供　2008年中國大百科全書出版社排印本　合册

哈尼語哈雅方言家譜。流傳於雲南省瀾滄拉祜族自治縣惠雲鄉。本譜所載僅爲世系，自第一世送米窩至秋結凡五十一世。

本譜載於《中國少數民族古籍總目提要·哈尼族卷》

[雲南瀾滄]幫康向戈（黄文忠）家家族譜系　佚名念誦　趙餘聰提供　2008年中國大百科全書出版社排印本　合册

哈尼語哈雅方言家譜。流傳於雲南省瀾滄拉祜族自治縣惠雲鄉。本譜所載僅爲世系，自第一世送米窩至戈些凡四十七世。

本譜載於《中國少數民族古籍總目提要·哈尼族卷》

[雲南緑春]車里村李氏家族譜系　佚名念誦　楊六金記録　2008年中國大百科全書出版社排印本　合册

哈尼語哈雅方言家譜。流傳於雲南省緑春縣。本譜所載僅爲世系，自第一世蘇咪窩至咀嘎窩保凡六十世。

本譜載於《中國少數民族古籍總目提要·哈尼

族卷》

[雲南緑春]爬别村李氏家族譜系 李三貴念誦 李克忠記録 2008年中國大百科全書出版社排印本 合册

哈尼語哈雅方言家譜。流傳於雲南省緑春縣。本譜所載僅爲世系,自第一世奥翁至三貴凡六十四世。

本譜載於《中國少數民族古籍總目提要・哈尼族卷》

[雲南緑春]白祖頗家家族譜系 佚名念誦 白永芳提供 2008年中國大百科全書出版社排印本 合册

哈尼語哈雅方言家譜。流傳於雲南省緑春縣大寨。本譜所載僅爲世系,自第一世奥瑪至祖額凡六十七世。

本譜載於《中國少數民族古籍總目提要・哈尼族卷》

[雲南緑春]和瑪村張氏家族譜系 佚名念誦 楊六金記録 2008年中國大百科全書出版社排印本 合册

哈尼語哈雅方言家譜。流傳於雲南省緑春縣。本譜所載僅爲世系,自第一世蘇咪依至普咀凡五十九世。

本譜載於《中國少數民族古籍總目提要・哈尼族卷》

[雲南緑春]和瑪村張氏家族譜系 佚名念誦 楊六金記録 2005年民族出版社排印本 合册 哈漢雙文

世系與上條同。

本譜載於《紅河哈尼族譜牒》

[雲南緑春]酒馬土舍楊氏家族譜系 佚名念誦 楊六金記録 2008年中國大百科全書出版社排印本 合册

哈尼語哈雅方言家譜。流傳於雲南省緑春縣。本譜所載僅爲世系,自第一世奥瑪至黑才凡六十七世。

本譜載於《中國少數民族古籍總目提要・哈尼族卷》

[雲南緑春]酒馬土舍楊氏家族譜系 佚名念誦 楊六金記録 2005年民族出版社排印本 合册 哈漢雙文

參見上條。本譜所載僅爲世系,自第一世奥瑪至黑才凡六十二世,與上條世系略有出入。

本譜載於《紅河哈尼族譜牒》

[雲南緑春]大寨村白氏家族譜系 佚名念誦 楊六金記録 2008年中國大百科全書出版社排印本 合册

哈尼語哈雅方言家譜。流傳於雲南省緑春縣。本譜所載僅爲世系,自第一世索咪爾至歐秋凡六十世。

本譜載於《中國少數民族古籍總目提要・哈尼族卷》

[雲南緑春]大寨村白氏家族譜系 佚名念誦 楊六金記録 2005年民族出版社排印本 合册 哈漢雙文

參見上條。本譜所載僅爲世系,自第一世索咪爾至歐秋凡六十一世,與上條世系略有出入。

本譜載於《紅河哈尼族譜牒》

[雲南緑春]大寨村白普成户譜牒 白普成背誦 陳拉抽搜集 2011年雲南民族出版社排印本 合册 哈漢雙文並註國際音標

一世祖嗦咪恩。本譜内容爲世系,至嘎亮凡六十一世。

本譜載於《哈尼族口傳文化譯註全集》第十九卷《紅河州哈尼族譜牒(十)》

[雲南緑春]大寨村石成忠户譜牒 石成忠背誦 陳拉抽搜集 2011年雲南民族出版社排印本 合册 哈漢雙文並註國際音標

一世祖奥翁。本譜内容爲世系,至普成凡六十五世。

本譜載於《哈尼族口傳文化譯註全集》第十九卷《紅河州哈尼族譜牒(十)》

[雲南綠春]大寨村楊批然户譜牒　楊批然背誦　陳拉抽搜集　2011年雲南民族出版社排印本　合册　哈漢雙文並註國際音標

一世祖嗦咪恩。本譜内容爲世系,至普雲凡六十二世。

本譜載於《哈尼族口傳文化譯註全集》第十九卷《紅河州哈尼族譜牒(十)》

[雲南綠春]廣嗎村白梭魯户譜牒　白梭魯背誦　白忠福搜集　2011年雲南民族出版社排印本　合册　哈漢雙文並註國際音標

一世祖梭咪。本譜内容爲世系,至成梭凡五十八世。

本譜載於《哈尼族口傳文化譯註全集》第十九卷《紅河州哈尼族譜牒(十)》

[雲南綠春]廣嗎村白阿明户譜牒　白阿明背誦　陳拉抽搜集　2011年雲南民族出版社排印本　合册　哈漢雙文並註國際音標

一世祖嗦咪恩。本譜内容爲世系,至成木凡五十八世。

本譜載於《哈尼族口傳文化譯註全集》第十九卷《紅河州哈尼族譜牒(十)》

[雲南綠春]廣嗎村楊學真户譜牒　白阿明背誦　陳拉抽搜集　2011年雲南民族出版社排印本　合册　哈漢雙文並註國際音標

一世祖嗦咪恩。本譜内容爲世系,至斗然凡五十七世。

本譜載於《哈尼族口傳文化譯註全集》第十九卷《紅河州哈尼族譜牒(十)》

[雲南綠春]牛洪村白萬山户譜牒　白萬山背誦　白松搜集　2011年雲南民族出版社排印本　合册　哈漢雙文並註國際音標

一世祖梭咪哦。本譜内容爲世系,至建黑凡五十六世。

本譜載於《哈尼族口傳文化譯註全集》第十九卷《紅河州哈尼族譜牒(十)》

[雲南綠春]牛洪村李國有户譜牒　李國有背誦　白松搜集　2011年雲南民族出版社排印本　合册　哈漢雙文並註國際音標

一世祖梭咪哦。本譜内容爲世系,至建普凡五十三世。

本譜載於《哈尼族口傳文化譯註全集》第十九卷《紅河州哈尼族譜牒(十)》

[雲南綠春]牛洪村朱來者户譜牒　朱來者背誦　白松搜集　2011年雲南民族出版社排印本　合册　哈漢雙文並註國際音標

一世祖梭咪哦。本譜内容爲世系,至俺嘎凡五十三世。

本譜載於《哈尼族口傳文化譯註全集》第十九卷《紅河州哈尼族譜牒(十)》

[雲南綠春]牛洪村陳波那户譜牒　陳波那背誦　白松搜集　2011年雲南民族出版社排印本　合册　哈漢雙文並註國際音標

一世祖梭咪哦。本譜内容爲世系,至波普凡五十六世。

本譜載於《哈尼族口傳文化譯註全集》第十九卷《紅河州哈尼族譜牒(十)》

[雲南綠春]那倮果村白遠波户譜牒　白遠波背誦　白松搜集　2011年雲南民族出版社排印本　合册　哈漢雙文並註國際音標

一世祖梭咪哦。本譜内容爲世系,至龍山凡五十六世。

本譜載於《哈尼族口傳文化譯註全集》第十九卷《紅河州哈尼族譜牒(十)》

[雲南綠春]那倮果村白們普户譜牒　白們普背誦　白松搜集　2011年雲南民族出版社排印本　合册　哈漢雙文並註國際音標

一世祖梭咪哦。本譜内容爲世系,至龍們凡五十三世。

本譜載於《哈尼族口傳文化譯註全集》第十九卷《紅河州哈尼族譜牒(十)》

[雲南緑春]那倮果村白德初户譜牒　白德初背誦　白松搜集　2011年雲南民族出版社排印本　合册　哈漢雙文並註國際音標

一世祖梭咪哦。本譜内容爲世系,至普德凡五十六世。

本譜載於《哈尼族口傳文化譯註全集》第十九卷《紅河州哈尼族譜牒(十)》

[雲南緑春]那倮果村李九嘎户譜牒　李九嘎背誦　白松搜集　2011年雲南民族出版社排印本　合册　哈漢雙文並註國際音標

一世祖梭咪哦。本譜内容爲世系,至嘎九凡五十四世。

本譜載於《哈尼族口傳文化譯註全集》第十九卷《紅河州哈尼族譜牒(十)》

[雲南緑春]那倮果村龍才魯户譜牒　龍才魯背誦　白松搜集　2011年雲南民族出版社排印本　合册　哈漢雙文並註國際音標

一世祖梭咪哦。本譜内容爲世系,至建成凡五十五世。

本譜載於《哈尼族口傳文化譯註全集》第十九卷《紅河州哈尼族譜牒(十)》

[雲南緑春]那倮果村白龍木户譜牒　白龍木背誦　白松搜集　2011年雲南民族出版社排印本　合册　哈漢雙文並註國際音標

一世祖梭咪哦。本譜内容爲世系,至嘎秋凡五十六世。

本譜載於《哈尼族口傳文化譯註全集》第十九卷《紅河州哈尼族譜牒(十)》

[雲南緑春]那倮果村李三前户譜牒　李三前背誦　白松搜集　2011年雲南民族出版社排印本　合册　哈漢雙文並註國際音標

一世祖梭咪哦。本譜内容爲世系,至者沙凡五十三世。

本譜載於《哈尼族口傳文化譯註全集》第十九卷《紅河州哈尼族譜牒(十)》

[雲南緑春]俄批村陳黑嘎户譜牒　陳黑嘎背誦　白松搜集　2011年雲南民族出版社排印本　合册　哈漢雙文並註國際音標

一世祖梭咪哦。本譜内容爲世系,至仁赫凡四十四世。

本譜載於《哈尼族口傳文化譯註全集》第十九卷《紅河州哈尼族譜牒(十)》

[雲南緑春]俄批村白魯斗户譜牒　白魯斗背誦　白松搜集　2011年雲南民族出版社排印本　合册　哈漢雙文並註國際音標

一世祖梭咪哦。本譜内容爲世系,至者沙凡五十七世。

本譜載於《哈尼族口傳文化譯註全集》第十九卷《紅河州哈尼族譜牒(十)》

[雲南緑春]洛瓦村白成三户譜牒　白成三背誦　白松搜集　2011年雲南民族出版社排印本　合册　哈漢雙文並註國際音標

一世祖梭咪哦。本譜内容爲世系,至沙斗凡五十六世。

本譜載於《哈尼族口傳文化譯註全集》第十九卷《紅河州哈尼族譜牒(十)》

[雲南緑春]洛瓦村白嘎成户譜牒　白嘎成背誦　白松搜集　2011年雲南民族出版社排印本　合册　哈漢雙文並註國際音標

一世祖梭咪哦。本譜内容爲世系,至九嘎凡五十七世。

本譜載於《哈尼族口傳文化譯註全集》第十九卷《紅河州哈尼族譜牒(十)》

[雲南緑春]洛瓦村白黑木户譜牒　白黑木背誦　白松搜集　2011年雲南民族出版社排印本　合册　哈漢雙文並註國際音標

一世祖梭咪哦。本譜内容爲世系,至沙額凡五十八世。

本譜載於《哈尼族口傳文化譯註全集》第十九卷《紅河州哈尼族譜牒(十)》

[雲南緑春]阿倮坡頭村白秋苗户譜牒 白秋苗背誦 白松搜集 2011年雲南民族出版社排印本 合册 哈漢雙文並註國際音標

一世祖梭咪哦。本譜内容爲世系,至斗秋凡五十六世。

本譜載於《哈尼族口傳文化譯註全集》第十九卷《紅河州哈尼族譜牒(十)》

[雲南緑春]阿倮坡頭村白龍然户譜牒 白龍然背誦 白松搜集 2011年雲南民族出版社排印本 合册 哈漢雙文並註國際音標

一世祖梭咪哦。本譜内容爲世系,至建龍凡五十六世。

本譜載於《哈尼族口傳文化譯註全集》第十九卷《紅河州哈尼族譜牒(十)》

[雲南緑春]阿倮坡頭村白魯建户譜牒 白魯建背誦 白松搜集 2011年雲南民族出版社排印本 合册 哈漢雙文並註國際音標

一世祖梭咪哦。本譜内容爲世系,至貴秋凡五十七世。

本譜載於《哈尼族口傳文化譯註全集》第十九卷《紅河州哈尼族譜牒(十)》

[雲南緑春]阿倮坡頭村白也黑户譜牒 白也黑背誦 白松搜集 2011年雲南民族出版社排印本 合册 哈漢雙文並註國際音標

一世祖梭咪哦。本譜内容爲世系,至沙遠凡五十八世。

本譜載於《哈尼族口傳文化譯註全集》第十九卷《紅河州哈尼族譜牒(十)》

[雲南緑春]阿倮坡頭村白伙秋户譜牒 白伙秋背誦 白松搜集 2011年雲南民族出版社排印本 合册 哈漢雙文並註國際音標

一世祖梭咪哦。本譜内容爲世系,至嘎優凡五十七世。

本譜載於《哈尼族口傳文化譯註全集》第十九卷《紅河州哈尼族譜牒(十)》

[雲南緑春]阿倮坡頭村龍魯奎户譜牒 龍魯奎背誦 白松搜集 2011年雲南民族出版社排印本 合册 哈漢雙文並註國際音標

一世祖梭咪哦。本譜内容爲世系,至沙木凡五十五世。

本譜載於《哈尼族口傳文化譯註全集》第十九卷《紅河州哈尼族譜牒(十)》

[雲南緑春]阿倮坡頭村白波龍户譜牒 白波龍背誦 白松搜集 2011年雲南民族出版社排印本 合册 哈漢雙文並註國際音標

一世祖梭咪哦。本譜内容爲世系,至沙普凡五十七世。

本譜載於《哈尼族口傳文化譯註全集》第十九卷《紅河州哈尼族譜牒(十)》

[雲南緑春]阿倮坡頭村李成然户譜牒 李成然背誦 白松搜集 2011年雲南民族出版社排印本 合册 哈漢雙文並註國際音標

一世祖梭咪哦。本譜内容爲世系,至木沙凡五十四世。

本譜載於《哈尼族口傳文化譯註全集》第十九卷《紅河州哈尼族譜牒(十)》

[雲南緑春]阿倮坡頭村張龍斗户譜牒 李成然背誦 白松搜集 2011年雲南民族出版社排印本 合册 哈漢雙文並註國際音標

一世祖波者。本譜内容爲世系,至苗貴凡六世。

本譜載於《哈尼族口傳文化譯註全集》第十九卷《紅河州哈尼族譜牒(十)》

[雲南緑春]阿倮那村高嘎龍户譜牒 高嘎龍背誦 白松搜集 2011年雲南民族出版社排印本 合册 哈漢雙文並註國際音標

一世祖梭咪哦。本譜内容爲世系,至嘎龍凡五十六世。

本譜載於《哈尼族口傳文化譯註全集》第十九

卷《紅河州哈尼族譜牒(十)》

[雲南緑春]阿倮那村白批龍户譜牒　白批龍背誦　白松搜集　2011年雲南民族出版社排印本　合册　哈漢雙文並註國際音標

一世祖梭咪恩。本譜内容爲世系,至嘎沙凡五十九世。

本譜載於《哈尼族口傳文化譯註全集》第十九卷《紅河州哈尼族譜牒(十)》

[雲南緑春]阿倮那村李勇户譜牒　李勇背誦　白松搜集　2011年雲南民族出版社排印本　合册　哈漢雙文並註國際音標

一世祖奥凹。本譜内容爲世系,至遠者凡六十五世。

本譜載於《哈尼族口傳文化譯註全集》第十九卷《紅河州哈尼族譜牒(十)》

[雲南緑春]阿倮那村普三波户譜牒　普三波背誦　白松搜集　2011年雲南民族出版社排印本　合册　哈漢雙文並註國際音標

一世祖嗦咪恩。本譜内容爲世系,至貴沙凡五十五世。

本譜載於《哈尼族口傳文化譯註全集》第十九卷《紅河州哈尼族譜牒(十)》

[雲南緑春]阿倮那村白嘎成户譜牒　白嘎成背誦　白松搜集　2011年雲南民族出版社排印本　合册　哈漢雙文並註國際音標

一世祖梭咪哦。本譜内容爲世系,至波嘎凡五十六世。

本譜載於《哈尼族口傳文化譯註全集》第十九卷《紅河州哈尼族譜牒(十)》

[雲南緑春]岔弄下寨李優生户譜牒　李優生背誦　張明里搜集　2011年雲南民族出版社排印本　合册　哈漢雙文並註國際音標

一世祖阿培所米。本譜内容爲世系,至求三凡五十四世。

本譜載於《哈尼族口傳文化譯註全集》第十九卷《紅河州哈尼族譜牒(十)》

[雲南緑春]岔弄下寨李者波户譜牒　李者波背誦　張明里搜集　2011年雲南民族出版社排印本　合册　哈漢雙文並註國際音標

一世祖一退里。本譜内容爲世系,至者波凡五十七世。

本譜載於《哈尼族口傳文化譯註全集》第十九卷《紅河州哈尼族譜牒(十)》

[雲南緑春]倮別新寨村李福英户譜牒　李成忠背誦　張明里搜集　2011年雲南民族出版社排印本　合册　哈漢雙文並註國際音標

一世祖白畢農。本譜内容爲世系,至福英凡三十二世。

本譜載於《哈尼族口傳文化譯註全集》第十九卷《紅河州哈尼族譜牒(十)》

[雲南緑春]阿迪上寨白氏家族譜系　佚名念誦　楊六金記録　2008年中國大百科全書出版社排印本　合册

哈尼語哈雅方言家譜。流傳於雲南省緑春縣。本譜所載僅爲世系,自第一世奥瑪至木然凡六十一世。

本譜載於《中國少數民族古籍總目提要・哈尼族卷》

[雲南緑春]阿迪上寨白氏家族譜系　佚名念誦　楊六金記録　2005年民族出版社排印本　合册　哈漢雙文

參見上條。本譜所載僅爲世系,自第一世奥瑪至木然凡五十五世,與上條世系略有出入。

本譜載於《紅河哈尼族譜牒》

[雲南緑春]阿迪上寨白木然户譜牒　白里發背誦　龍元昌搜集　2011年雲南民族出版社排印本　合册　哈漢雙文並註國際音標

一世祖奥瑪。本譜内容爲世系,至木然凡六十一世。

本譜載於《哈尼族口傳文化譯註全集》第十九

卷《紅河州哈尼族譜牒(十)》

[雲南緑春]阿迪上寨李才額户譜牒 李才額背誦 白升保搜集 2011年雲南民族出版社排印本 合册 哈漢雙文並註國際音標

一世祖阿培勞朱衣。本譜内容爲世系,至木才凡五十二世。

本譜載於《哈尼族口傳文化譯註全集》第十九卷《紅河州哈尼族譜牒(十)》

[雲南緑春]阿迪上寨普拉然户譜牒 普拉然背誦 白升保搜集 2011年雲南民族出版社排印本 合册 哈漢雙文並註國際音標

一世祖阿培梭咪。本譜内容爲世系,至中嘎凡五十五世。

本譜載於《哈尼族口傳文化譯註全集》第十九卷《紅河州哈尼族譜牒(十)》

[雲南緑春]規洞村李者波户譜牒 李者波背誦 白升保搜集 2011年雲南民族出版社排印本 合册 哈漢雙文並註國際音標

一世祖阿培謨迷。本譜内容爲世系,至達居凡四十九世。

本譜載於《哈尼族口傳文化譯註全集》第十九卷《紅河州哈尼族譜牒(十)》

[雲南緑春]伙么村普中山户譜牒 李者波背誦 白升保搜集 2011年雲南民族出版社排印本 合册 哈漢雙文並註國際音標

一世祖阿培梭咪。本譜内容爲世系,至中山凡五十四世。

本譜載於《哈尼族口傳文化譯註全集》第十九卷《紅河州哈尼族譜牒(十)》

[雲南緑春]伙么村普九歐户譜牒 馬歐嘎背誦 白升保搜集 2011年雲南民族出版社排印本 合册 哈漢雙文並註國際音標

一世祖阿培梭咪。本譜内容爲世系,至九歐凡五十四世。

本譜載於《哈尼族口傳文化譯註全集》第十九卷《紅河州哈尼族譜牒(十)》

[雲南緑春]伙么村馬許覺户譜牒 馬許覺背誦 龍元昌搜集 2011年雲南民族出版社排印本 合册 哈漢雙文並註國際音標

一世祖梭咪哦。本譜内容爲世系,至九額凡四十五世。

本譜載於《哈尼族口傳文化譯註全集》第十九卷《紅河州哈尼族譜牒(十)》

[雲南緑春]窩迷村龍普户譜牒 龍普背誦 龍元昌搜集 2011年雲南民族出版社排印本 合册 哈漢雙文並註國際音標

一世祖蘇咪恩。本譜内容爲世系,至批龍凡四十九世。

本譜載於《哈尼族口傳文化譯註全集》第十九卷《紅河州哈尼族譜牒(十)》

[雲南緑春]窩迷村揚普龍户譜牒 揚普龍背誦 揚好者搜集 2011年雲南民族出版社排印本 合册 哈漢雙文並註國際音標

一世祖中岸。本譜内容爲世系,至嘎者凡二十三世。

本譜載於《哈尼族口傳文化譯註全集》第十九卷《紅河州哈尼族譜牒(十)》

[雲南緑春]阿哲洛馬村龍阿英户譜牒 龍普背誦 龍元昌搜集 2011年雲南民族出版社排印本 合册 哈漢雙文並註國際音標

一世祖蘇咪恩。本譜内容爲世系,至批咀凡四十九世。

本譜載於《哈尼族口傳文化譯註全集》第十九卷《紅河州哈尼族譜牒(十)》

[雲南緑春]阿哲洛馬村李伙然户譜牒 李伙然背誦 龍忠處搜集 2011年雲南民族出版社排印本 合册 哈漢雙文並註國際音標

一世祖蘇咪。本譜内容爲世系,至明努凡五十八世。

本譜載於《哈尼族口傳文化譯註全集》第十九

卷《紅河州哈尼族譜牒(十)》

[雲南緑春]阿哲洛馬村馬村龍户譜牒 龍普背誦 龍元昌搜集 2011年雲南民族出版社排印本 合册 哈漢雙文並註國際音標

一世祖蘇咪恩。本譜内容爲世系,至批咀凡四十九世。

本譜載於《哈尼族口傳文化譯註全集》第十九卷《紅河州哈尼族譜牒(十)》

[雲南緑春]迷克村龍然波户譜牒 龍然波背誦 龍忠處搜集 2011年雲南民族出版社排印本 合册 哈漢雙文並註國際音標

一世祖梭咪爲。本譜内容爲世系,至龍然凡五十七世。

本譜載於《哈尼族口傳文化譯註全集》第十九卷《紅河州哈尼族譜牒(十)》

[雲南緑春]上羅馬村陳魯前户譜牒 陳求忠背誦 李保魯搜集 2011年雲南民族出版社排印本 合册 哈漢雙文並註國際音標

從第一世至第十三世莫依進前的譜牒與阿哲洛馬村龍阿英户相同。一世祖蘇咪恩。本譜内容爲世系,至魯前凡六十一世。

本譜載於《哈尼族口傳文化譯註全集》第十九卷《紅河州哈尼族譜牒(十)》

[雲南緑春]中羅馬村李嘎斗户譜牒 李嘎然背誦 李嘎斗搜集 2011年雲南民族出版社排印本 合册 哈漢雙文並註國際音標

一世祖算米。本譜内容爲世系,至嘎斗凡五十二世。

本譜載於《哈尼族口傳文化譯註全集》第十九卷《紅河州哈尼族譜牒(十)》

[雲南緑春]中羅馬村李成三户譜牒 李嘎然背誦 李嘎斗搜集 2011年雲南民族出版社排印本 合册 哈漢雙文並註國際音標

一世祖算明。本譜内容爲世系,至成三凡五十九世。

本譜載於《哈尼族口傳文化譯註全集》第十九卷《紅河州哈尼族譜牒(十)》

[雲南緑春]脚踏村李期三户譜牒 李期三背誦 龍玉山搜集 2011年雲南民族出版社排印本 合册 哈漢雙文並註國際音標

一世祖水莫月。本譜内容爲世系,至苗波凡五十三世。

本譜載於《哈尼族口傳文化譯註全集》第十九卷《紅河州哈尼族譜牒(十)》

[雲南緑春]瓦龍村張忠歐户譜牒 張忠歐背誦 龍玉山搜集 2011年雲南民族出版社排印本 合册 哈漢雙文並註國際音標

一世祖歲明。本譜内容爲世系,至咀中凡六十世。

本譜載於《哈尼族口傳文化譯註全集》第十九卷《紅河州哈尼族譜牒(十)》

[雲南緑春]的馬村李幹額户譜牒 李幹額背誦 龍玉山搜集 2011年雲南民族出版社排印本 合册 哈漢雙文並註國際音標

一世祖水莫月。本譜内容爲世系,至好幹凡六十一世。

本譜載於《哈尼族口傳文化譯註全集》第十九卷《紅河州哈尼族譜牒(十)》

[雲南緑春]迷卡村陳永華户譜牒 陳永華背誦 龍玉山搜集 2011年雲南民族出版社排印本 合册 哈漢雙文並註國際音標

一世祖水莫月。本譜内容爲世系,至普最凡五十二世。

本譜載於《哈尼族口傳文化譯註全集》第十九卷《紅河州哈尼族譜牒(十)》

[雲南緑春]上四角村陳福有户譜牒 陳福有背誦 龍玉山搜集 2011年雲南民族出版社排印本 合册 哈漢雙文並註國際音標

一世祖水莫月。本譜内容爲世系,至波福凡四十三世。

本譜載於《哈尼族口傳文化譯註全集》第十九卷《紅河州哈尼族譜牒(十)》

[雲南緑春]下四角村陳德保户譜牒 陳德保背誦 龍玉山搜集 2011年雲南民族出版社排印本 合册 哈漢雙文並註國際音標

一世祖水莫月。本譜内容爲世系,至伍德凡五十八世。

本譜載於《哈尼族口傳文化譯註全集》第十九卷《紅河州哈尼族譜牒(十)》

[雲南緑春]下四角村李處歐户譜牒 李處歐背誦 龍玉山搜集 2011年雲南民族出版社排印本 合册 哈漢雙文並註國際音標

一世祖水莫月。本譜内容爲世系,至者處凡五十五世。

本譜載於《哈尼族口傳文化譯註全集》第十九卷《紅河州哈尼族譜牒(十)》

[雲南緑春]下四角村楊葉波户譜牒 楊葉波背誦 龍玉山搜集 2011年雲南民族出版社排印本 合册 哈漢雙文並註國際音標

一世祖水莫月。本譜内容爲世系,至歐者凡五十五世。

本譜載於《哈尼族口傳文化譯註全集》第十九卷《紅河州哈尼族譜牒(十)》

[雲南緑春]馬上村普處波户譜牒 普處波背誦 龍玉山搜集 2011年雲南民族出版社排印本 合册 哈漢雙文並註國際音標

一世祖王瓦。本譜内容爲世系,至波處凡五十七世。

本譜載於《哈尼族口傳文化譯註全集》第十九卷《紅河州哈尼族譜牒(十)》

[雲南緑春]龍丁村龍雨興户譜牒 龍雨興背誦 龍元昌搜集 2011年雲南民族出版社排印本 合册 哈漢雙文並註國際音標

一世祖蘇咪恩。本譜内容爲世系,至普波凡四十八世。

本譜載於《哈尼族口傳文化譯註全集》第十九卷《紅河州哈尼族譜牒(十)》

[雲南緑春]龍丁村吴大海户譜牒 吴大海背誦 盧志華搜集 2011年雲南民族出版社排印本 合册 哈漢雙文並註國際音標

一世祖傲翁。本譜内容爲世系,至三福凡四十五世。

本譜載於《哈尼族口傳文化譯註全集》第十九卷《紅河州哈尼族譜牒(十)》

[雲南緑春]龍丁村龍批處户譜牒 龍批處背誦 盧志華搜集 2011年雲南民族出版社排印本 合册 哈漢雙文並註國際音標

一世祖孫明玉。本譜内容爲世系,至嘎成凡四十世。

本譜載於《哈尼族口傳文化譯註全集》第十九卷《紅河州哈尼族譜牒(十)》

[雲南緑春]上賀作村龍山魯户譜牒 龍石寶背誦 龍元昌搜集 2011年雲南民族出版社排印本 合册 哈漢雙文並註國際音標

一世祖蘇咪恩。本譜内容爲世系,至漢波凡四十七世。

本譜載於《哈尼族口傳文化譯註全集》第十九卷《紅河州哈尼族譜牒(十)》

[雲南緑春]下賀作村龍和者户譜牒 龍石寶背誦 龍元昌搜集 2011年雲南民族出版社排印本 合册 哈漢雙文並註國際音標

一世祖蘇咪恩。本譜内容爲世系,至才文凡四十五世。

本譜載於《哈尼族口傳文化譯註全集》第十九卷《紅河州哈尼族譜牒(十)》

[雲南緑春]上路俄村李波幹户譜牒 李波幹背誦 盧志華搜集 2011年雲南民族出版社排印本 合册 哈漢雙文並註國際音標

一世祖水明義。本譜内容爲世系,至期波凡五十四世。

本譜載於《哈尼族口傳文化譯註全集》第十九卷《紅河州哈尼族譜牒（十）》

[雲南緑春]下路俄村趙波歐户譜牒　李波幹背誦　盧志華搜集　2011年雲南民族出版社排印本　合册　哈漢雙文並註國際音標

一世祖横作。本譜内容爲世系，至波歐凡二十三世。

本譜載於《哈尼族口傳文化譯註全集》第十九卷《紅河州哈尼族譜牒（十）》

[雲南緑春]東德村馬期歐户譜牒　馬期歐背誦　馬勒山搜集　2011年雲南民族出版社排印本　合册　哈漢雙文並註國際音標

一世祖畝昂。本譜内容爲世系，至斗黑凡六十世。

本譜載於《哈尼族口傳文化譯註全集》第十九卷《紅河州哈尼族譜牒（十）》

[雲南緑春]然弄村馬斗咀户譜牒　馬樓山背誦　馬咀者搜集　2011年雲南民族出版社排印本　合册　哈漢雙文並註國際音標

一世祖畝昂。本譜内容爲世系，至咀斗凡五十九世。

本譜載於《哈尼族口傳文化譯註全集》第十九卷《紅河州哈尼族譜牒（十）》

[雲南緑春]老邊大寨村馬忠波户譜牒　馬中斗背誦　陶波者搜集　2011年雲南民族出版社排印本　合册　哈漢雙文並註國際音標

一世祖啊平順咪。本譜内容爲世系，至然中凡五十三世。

本譜載於《哈尼族口傳文化譯註全集》第十九卷《紅河州哈尼族譜牒（十）》

[雲南緑春]哈扒甫村李華偉户譜牒　李簡博背誦　陶波者搜集　2011年雲南民族出版社排印本　合册　哈漢雙文並註國際音標

一世祖李簡博。本譜内容爲世系，至華偉凡七世。

本譜載於《哈尼族口傳文化譯註全集》第十九卷《紅河州哈尼族譜牒（十）》

[雲南緑春]哈杯各村李榮春户譜牒　里普然背誦　陶波者搜集　2011年雲南民族出版社排印本　合册　哈漢雙文並註國際音標

一世祖阿培梭米。本譜内容爲世系，至榮春凡四十五世。

本譜載於《哈尼族口傳文化譯註全集》第十九卷《紅河州哈尼族譜牒（十）》

[雲南緑春]阿那波村馬者成户譜牒　陳阿兵背誦　盧龍者搜集　2011年雲南民族出版社排印本　合册　哈漢雙文並註國際音標

一世祖偉嘎。本譜内容爲世系，至者成凡十世。

本譜載於《哈尼族口傳文化譯註全集》第十九卷《紅河州哈尼族譜牒（十）》

[雲南緑春]哈俄伙特村白阿六户譜牒　白阿六背誦　陶波者搜集　2011年雲南民族出版社排印本　合册　哈漢雙文並註國際音標

一世祖三則。本譜内容爲世系，至華里凡九世。

本譜載於《哈尼族口傳文化譯註全集》第十九卷《紅河州哈尼族譜牒（十）》

[雲南緑春]席翁村吴然室户譜牒　白阿六背誦　陶波者搜集　2011年雲南民族出版社排印本　合册　哈漢雙文並註國際音標

一世祖岸斗。本譜内容爲世系，至咀斗凡六世。

本譜載於《哈尼族口傳文化譯註全集》第十九卷《紅河州哈尼族譜牒（十）》

[雲南緑春]趕馬村李普雄户譜牒　李普雄背誦　李阿發搜集　2011年雲南民族出版社排印本　合册　哈漢雙文並註國際音標

一世祖娘者。本譜内容爲世系，至普雄凡二十四世。

本譜載於《哈尼族口傳文化譯註全集》第十九卷《紅河州哈尼族譜牒（十）》

[雲南緑春]龍土村陳媽沖户譜牒　陳媽沖背誦　李克者搜集　2011年雲南民族出版社排印本合册　哈漢雙文並註國際音標

一世祖施尼月。本譜内容爲世系，至媽沖凡六十一世。

本譜載於《哈尼族口傳文化譯註全集》第十九卷《紅河州哈尼族譜牒（十）》

[雲南緑春]腳七村張勤忠户譜牒　張勤忠背誦　李波追搜集　2011年雲南民族出版社排印本合册　哈漢雙文並註國際音標

一世祖旺玉。始遷祖第五世勤忠自緑春縣大興鎮窩米村遷入。本譜内容爲世系，至勤忠凡五世。

本譜載於《哈尼族口傳文化譯註全集》第十九卷《紅河州哈尼族譜牒（十）》

[雲南緑春]腳七村石沖斗户譜牒　石沖斗背誦　李波追搜集　2011年雲南民族出版社排印本合册　哈漢雙文並註國際音標

一世祖波門。本譜内容爲世系，至沖斗凡三世。

本譜載於《哈尼族口傳文化譯註全集》第十九卷《紅河州哈尼族譜牒（十）》

[雲南緑春]腳七村楊批沙户譜牒　楊批沙背誦　李波追搜集　2011年雲南民族出版社排印本合册　哈漢雙文並註國際音標

一世祖前臺。本譜内容爲世系，至批沙凡六世。

本譜載於《哈尼族口傳文化譯註全集》第十九卷《紅河州哈尼族譜牒（十）》

[雲南緑春]腳七村馬龍波户譜牒　馬龍波背誦　李波追搜集　2011年雲南民族出版社排印本合册　哈漢雙文並註國際音標

一世祖九斗。本譜内容爲世系，至龍波凡六世。

本譜載於《哈尼族口傳文化譯註全集》第十九卷《紅河州哈尼族譜牒（十）》

[雲南緑春]腳七村李普嘎户譜牒　李普嘎背誦　李波追搜集　2011年雲南民族出版社排印本合册　哈漢雙文並註國際音標

一世祖克臺。本譜内容爲世系，至普嘎凡十二世。

本譜載於《哈尼族口傳文化譯註全集》第十九卷《紅河州哈尼族譜牒（十）》

[雲南緑春]曼洛村白説建户譜牒　白説建背誦　李波追搜集　2011年雲南民族出版社排印本合册　哈漢雙文並註國際音標

一世祖建然。本譜内容爲世系，至説建凡八世。

本譜載於《哈尼族口傳文化譯註全集》第十九卷《紅河州哈尼族譜牒（十）》

[雲南緑春]曼洛村陳成然户譜牒　陳成然背誦　李波追搜集　2011年雲南民族出版社排印本合册　哈漢雙文並註國際音標

一世祖斗克。本譜内容爲世系，至成然凡八世。

本譜載於《哈尼族口傳文化譯註全集》第十九卷《紅河州哈尼族譜牒（十）》

[雲南緑春]曼洛村楊紹良户譜牒　楊紹良背誦　李波追搜集　2011年雲南民族出版社排印本合册　哈漢雙文並註國際音標

一世祖波咀。本譜内容爲世系，至説娘凡八世。

本譜載於《哈尼族口傳文化譯註全集》第十九卷《紅河州哈尼族譜牒（十）》

[雲南緑春]曼洛村馬普九譜牒　馬普九背誦　李波追搜集　2011年雲南民族出版社排印本合册　哈漢雙文並註國際音標

一世祖安歐。本譜内容爲世系，至普九凡七世。

本譜載於《哈尼族口傳文化譯註全集》第十九卷《紅河州哈尼族譜牒（十）》

[雲南緑春]曼洛村李波追户譜牒　李九娘背誦　李波追搜集　2011年雲南民族出版社排印本合册　哈漢雙文並註國際音標

一世祖吹。本譜内容爲世系，至娘忠凡十九世。

本譜載於《哈尼族口傳文化譯註全集》第十九卷《紅河州哈尼族譜牒（十）》

[雲南緑春]尼馬村白波龍户譜牒　白波龍背誦　李波追搜集　2011年雲南民族出版社排印本　合册　哈漢雙文並註國際音標

一世祖嘎歐。本譜内容爲世系,至波龍凡三世。

本譜載於《哈尼族口傳文化譯註全集》第十九卷《紅河州哈尼族譜牒(十)》

[雲南緑春]尼馬村張普沙户譜牒　張普沙背誦　李波追搜集　2011年雲南民族出版社排印本　合册　哈漢雙文並註國際音標

一世祖斗三。本譜内容爲世系,至普沙凡三世。

本譜載於《哈尼族口傳文化譯註全集》第十九卷《紅河州哈尼族譜牒(十)》

[雲南緑春]尼馬村趙成普户譜牒　趙成普背誦　李波追搜集　2011年雲南民族出版社排印本　合册　哈漢雙文並註國際音標

一世祖門普。本譜内容爲世系,至龍普凡五世。

本譜載於《哈尼族口傳文化譯註全集》第十九卷《紅河州哈尼族譜牒(十)》

[雲南緑春]歐七村龍克尖户譜牒　龍克尖背誦　李波追搜集　2011年雲南民族出版社排印本　合册　哈漢雙文並註國際音標

始遷祖即一世祖斗歐自緑春縣戈奎鄉遷入。本譜内容爲世系,至克尖凡五世。

本譜載於《哈尼族口傳文化譯註全集》第十九卷《紅河州哈尼族譜牒(十)》

[雲南緑春]歐七村陳然魯户譜牒　陳然魯背誦　李波追搜集　2011年雲南民族出版社排印本　合册　哈漢雙文並註國際音標

一世祖忠段。本譜内容爲世系,至然魯凡六世。

本譜載於《哈尼族口傳文化譯註全集》第十九卷《紅河州哈尼族譜牒(十)》

[雲南緑春]歐七村李沖普户譜牒　李沖普背誦　李波追搜集　2011年雲南民族出版社排印本　合册　哈漢雙文並註國際音標

一世祖波然。本譜内容爲世系,至沖普凡九世。

本譜載於《哈尼族口傳文化譯註全集》第十九卷《紅河州哈尼族譜牒(十)》

[雲南緑春]拖谷村李沙才户譜牒　李沙才背誦　李波追搜集　2011年雲南民族出版社排印本　合册　哈漢雙文並註國際音標

始遷祖即一世祖魯然自紅河縣拖從村遷入。本譜内容爲世系,至沙幹凡八世。

本譜載於《哈尼族口傳文化譯註全集》第十九卷《紅河州哈尼族譜牒(十)》

[雲南緑春]破瓦村李堅普户譜牒　李堅普背誦　陳德者搜集　2011年雲南民族出版社排印本　合册　哈漢雙文並註國際音標

一世祖把歐。本譜内容爲世系,至沖九凡十一世。

本譜載於《哈尼族口傳文化譯註全集》第十九卷《紅河州哈尼族譜牒(十)》

[雲南緑春]破瓦村白普才户譜牒　白普才背誦　陳德者搜集　2011年雲南民族出版社排印本　合册　哈漢雙文並註國際音標

一世祖么比。本譜内容爲世系,至斗追凡十三世。

本譜載於《哈尼族口傳文化譯註全集》第十九卷《紅河州哈尼族譜牒(十)》

[雲南緑春]破瓦村陳嘎歐户譜牒　陳嘎歐背誦　陳德者搜集　2011年雲南民族出版社排印本　合册　哈漢雙文並註國際音標

一世祖是歐。本譜内容爲世系,至者咀凡十世。

本譜載於《哈尼族口傳文化譯註全集》第十九卷《紅河州哈尼族譜牒(十)》

[雲南緑春]破瓦村張堅波户譜牒　張堅波背誦　陳德者搜集　2011年雲南民族出版社排印本　合册　哈漢雙文並註國際音標

一世祖如青。本譜内容爲世系,至中偉凡八世。

本譜載於《哈尼族口傳文化譯註全集》第十九卷《紅河州哈尼族譜牒(十)》

[雲南緑春]魯龍村李幹黑户譜牒　李幹黑背誦　陳德者搜集　2011年雲南民族出版社排印本　合册　哈漢雙文並註國際音標

一世祖爲歐。本譜内容爲世系，至門三凡十世。

本譜載於《哈尼族口傳文化譯註全集》第十九卷《紅河州哈尼族譜牒(十)》

[雲南緑春]下塔龍村楊蘭山户譜牒　楊蘭山背誦　陳德者搜集　2011年雲南民族出版社排印本　合册　哈漢雙文並註國際音標

一世祖克忠。本譜内容爲世系，至普龍凡九世。

本譜載於《哈尼族口傳文化譯註全集》第十九卷《紅河州哈尼族譜牒(十)》

[雲南緑春]平掌街村王者黑户譜牒　王三背誦　陳德者搜集　2011年雲南民族出版社排印本　合册　哈漢雙文並註國際音標

一世祖李張。本譜内容爲世系，至者黑凡六世。

本譜載於《哈尼族口傳文化譯註全集》第十九卷《紅河州哈尼族譜牒(十)》

[雲南緑春]卡規村楊們成户譜牒　楊才忠背誦　王麗青搜集　2011年雲南民族出版社排印本　合册　哈漢雙文並註國際音標

一世祖母翁。本譜内容爲世系，至們成凡六十五世。

本譜載於《哈尼族口傳文化譯註全集》第十九卷《紅河州哈尼族譜牒(十)》

[雲南緑春]珠東村朱莫黑户譜牒　朱然普背誦　李丁紅搜集　2011年雲南民族出版社排印本　合册　哈漢雙文並註國際音標

始遷祖即一世祖魯者自墨江縣遷入。本譜内容爲世系，至送讓凡五世。

本譜載於《哈尼族口傳文化譯註全集》第十九卷《紅河州哈尼族譜牒(十)》

[雲南緑春]珠東村王中尖户譜牒　王中尖背誦　李丁紅搜集　2011年雲南民族出版社排印本　合册　哈漢雙文並註國際音標

譜以斤龍爲一世祖。斤龍以上譜牒失傳。本譜内容爲世系，至斗沙凡三世。

本譜載於《哈尼族口傳文化譯註全集》第十九卷《紅河州哈尼族譜牒(十)》

[雲南緑春]珠東村李波成户譜牒　李波成背誦　李丁紅搜集　2011年雲南民族出版社排印本　合册　哈漢雙文並註國際音標

一世祖土哇。本譜内容爲世系，至沙追凡九世。

本譜載於《哈尼族口傳文化譯註全集》第十九卷《紅河州哈尼族譜牒(十)》

[雲南緑春]牛機村熊生然户譜牒　熊生然背誦　李丁紅搜集　2011年雲南民族出版社排印本　合册　哈漢雙文並註國際音標

一世祖哈發。本譜内容爲世系，至波追凡四世。

本譜載於《哈尼族口傳文化譯註全集》第十九卷《紅河州哈尼族譜牒(十)》

[雲南緑春]牛機村李黑們户譜牒　李黑們背誦　李丁紅搜集　2011年雲南民族出版社排印本　合册　哈漢雙文並註國際音標

一世祖龍沙。本譜内容爲世系，至紅斗凡五世。

本譜載於《哈尼族口傳文化譯註全集》第十九卷《紅河州哈尼族譜牒(十)》

[雲南緑春]摸角村陳元明户譜牒　陳元明背誦　李丁紅搜集　2011年雲南民族出版社排印本　合册　哈漢雙文並註國際音標

一世祖波福。本譜内容爲世系，至沙才凡四世。

本譜載於《哈尼族口傳文化譯註全集》第十九卷《紅河州哈尼族譜牒(十)》

[雲南緑春]摸角村李沙歐户譜牒　李沙歐背誦　李丁紅搜集　2011年雲南民族出版社排印本　合册　哈漢雙文並註國際音標

一世祖哈歐。本譜内容爲世系，至們斗凡七世。

本譜載於《哈尼族口傳文化譯註全集》第十九卷《紅河州哈尼族譜牒(十)》

[雲南緑春]土洞村歐黑户譜牒　歐黑背誦　李馬中搜集　2011年雲南民族出版社排印本　合册　哈漢雙文並註國際音標

一世祖那普。本譜内容爲世系,至忠歐凡八世。

本譜載於《哈尼族口傳文化譯註全集》第十九卷《紅河州哈尼族譜牒(十)》

[雲南緑春]土洞村楊者們户譜牒　楊者們背誦　李馬中搜集　2011年雲南民族出版社排印本　合册　哈漢雙文並註國際音標

一世祖無傲。本譜内容爲世系,至沙者凡四十五世。

本譜載於《哈尼族口傳文化譯註全集》第十九卷《紅河州哈尼族譜牒(十)》

[雲南緑春]土洞村李從者户譜牒　李從者背誦　李馬中搜集　2011年雲南民族出版社排印本　合册　哈漢雙文並註國際音標

一世祖數命異。本譜内容爲世系,至嘎普凡五十六世。

本譜載於《哈尼族口傳文化譯註全集》第十九卷《紅河州哈尼族譜牒(十)》

[雲南緑春]折洞村段者安户譜牒　段者安背誦　李馬中搜集　2011年雲南民族出版社排印本　合册　哈漢雙文並註國際音標

一世祖斗坡。本譜内容爲世系,至沙者凡五世。

本譜載於《哈尼族口傳文化譯註全集》第十九卷《紅河州哈尼族譜牒(十)》

[雲南緑春]巴巖村李龍黑户譜牒　李龍黑背誦　李馬中搜集　2011年雲南民族出版社排印本　合册　哈漢雙文並註國際音標

一世祖沙歐。本譜内容爲世系,至者龍凡六世。

本譜載於《哈尼族口傳文化譯註全集》第十九卷《紅河州哈尼族譜牒(十)》

[雲南緑春]巴巖村陳者安户譜牒　陳者安背誦　李馬中搜集　2011年雲南民族出版社排印本　合册　哈漢雙文並註國際音標

一世祖奇拾理。本譜内容爲世系,至斗者凡三十一世。

本譜載於《哈尼族口傳文化譯註全集》第十九卷《紅河州哈尼族譜牒(十)》

[雲南緑春]下作播村李龍普户譜牒　李龍普背誦　李馬中搜集　2011年雲南民族出版社排印本　合册　哈漢雙文並註國際音標

一世祖歐馬。本譜内容爲世系,至然龍凡六世。

本譜載於《哈尼族口傳文化譯註全集》第十九卷《紅河州哈尼族譜牒(十)》

[雲南緑春]下作播村熊然魯户譜牒　熊然魯背誦　李馬中搜集　2011年雲南民族出版社排印本　合册　哈漢雙文並註國際音標

一世祖熊里。本譜内容爲世系,至斗然凡五世。

本譜載於《哈尼族口傳文化譯註全集》第十九卷《紅河州哈尼族譜牒(十)》

[雲南緑春]下作播村李嘎譜户譜牒　李嘎譜背誦　李馬中搜集　2011年雲南民族出版社排印本　合册　哈漢雙文並註國際音標

一世祖無傲。本譜内容爲世系,至認嘎凡五十五世。

本譜載於《哈尼族口傳文化譯註全集》第十九卷《紅河州哈尼族譜牒(十)》

[雲南緑春]下作播村陳波福户譜牒　陳波福背誦　李馬中搜集　2011年雲南民族出版社排印本　合册　哈漢雙文並註國際音標

一世祖馬周。本譜内容爲世系,至斗波凡九世。

本譜載於《哈尼族口傳文化譯註全集》第十九卷《紅河州哈尼族譜牒(十)》

[雲南緑春]上作播村段們黑户譜牒　段們黑背誦　李馬中搜集　2011年雲南民族出版社排印本　合册　哈漢雙文並註國際音標

一世祖東和。本譜内容爲世系,至黑們凡五世。

本譜載於《哈尼族口傳文化譯註全集》第十九卷《紅河州哈尼族譜牒(十)》

[雲南緑春]上作播村馬沙發户譜牒　馬沙發背誦　李馬中搜集　2011年雲南民族出版社排印本　合册　哈漢雙文並註國際音標

一世祖么安。本譜内容爲世系,至黑沙凡八世。

本譜載於《哈尼族口傳文化譯註全集》第十九卷《紅河州哈尼族譜牒(十)》

[雲南緑春]上作播村張開德户譜牒　張開德背誦　李馬中搜集　2011年雲南民族出版社排印本　合册　哈漢雙文並註國際音標

一世祖文忠。本譜内容爲世系,至收開凡四世。

本譜載於《哈尼族口傳文化譯註全集》第十九卷《紅河州哈尼族譜牒(十)》

[雲南緑春]上作播村李沙才户譜牒　李沙才背誦　李馬中搜集　2011年雲南民族出版社排印本　合册　哈漢雙文並註國際音標

一世祖沙普。本譜内容爲世系,至者沙凡七世。

本譜載於《哈尼族口傳文化譯註全集》第十九卷《紅河州哈尼族譜牒(十)》

[雲南緑春]哈達村黄娘沙户譜牒　黄娘沙背誦　李馬中搜集　2011年雲南民族出版社排印本　合册　哈漢雙文並註國際音標

一世祖毛斗。本譜内容爲世系,至好娘凡五世。

本譜載於《哈尼族口傳文化譯註全集》第十九卷《紅河州哈尼族譜牒(十)》

[雲南緑春]哈甫村李波才户譜牒　李波才背誦　李馬中搜集　2011年雲南民族出版社排印本　合册　哈漢雙文並註國際音標

一世祖沙歐。本譜内容爲世系,至黑波凡八世。

本譜載於《哈尼族口傳文化譯註全集》第十九卷《紅河州哈尼族譜牒(十)》

[雲南緑春]下阿谷村李金者户譜牒　李金者背誦　施金克搜集　2011年雲南民族出版社排印本　合册　哈漢雙文並註國際音標

一世祖仙涌。本譜内容爲世系,至伙簡凡十五世。

本譜載於《哈尼族口傳文化譯註全集》第十九卷《紅河州哈尼族譜牒(十)》

[雲南緑春]規東村白來然户譜牒　白來然背誦　施金克搜集　2011年雲南民族出版社排印本　合册　哈漢雙文並註國際音標

一世祖黑斗。本譜内容爲世系,至黑歐凡六世。

本譜載於《哈尼族口傳文化譯註全集》第十九卷《紅河州哈尼族譜牒(十)》

[雲南緑春]規東村陳毛成户譜牒　陳毛成背誦　施金克搜集　2011年雲南民族出版社排印本　合册　哈漢雙文並註國際音標

一世祖安追。本譜内容爲世系,至偉龍凡七世。

本譜載於《哈尼族口傳文化譯註全集》第十九卷《紅河州哈尼族譜牒(十)》

[雲南緑春]上巴巖村李忠斗户譜牒　李忠斗背誦　施金克搜集　2011年雲南民族出版社排印本　合册　哈漢雙文並註國際音標

一世祖甫山。本譜内容爲世系,至黑追凡七世。

本譜載於《哈尼族口傳文化譯註全集》第十九卷《紅河州哈尼族譜牒(十)》

[雲南緑春]可馬村陶平斗户譜牒　陶平斗背誦　施金克搜集　2011年雲南民族出版社排印本　合册　哈漢雙文並註國際音標

一世祖里行。本譜内容爲世系,至者嘎凡五世。

本譜載於《哈尼族口傳文化譯註全集》第十九卷《紅河州哈尼族譜牒(十)》

[雲南緑春]來各上寨李老三户譜牒　李老三背誦　黑忠杰搜集　2011年雲南民族出版社排印本　合册　哈漢雙文並註國際音標

一世祖馬波。本譜内容爲世系,至者錢凡十世。

本譜載於《哈尼族口傳文化譯註全集》第十九卷《紅河州哈尼族譜牒(十)》

[雲南緑春]二甫下寨白開興户譜牒　白開興背誦　黑忠杰搜集　2011年雲南民族出版社排印

本　合册　哈漢雙文並註國際音標

一世祖來波。本譜内容爲世系，至才發凡二十四世。

本譜載於《哈尼族口傳文化譯註全集》第十九卷《紅河州哈尼族譜牒(十)》

[雲南緑春]二甫上寨李玉忠户譜牒　李玉忠背誦　黑忠杰搜集　2011年雲南民族出版社排印本　合册　哈漢雙文並註國際音標

一世祖安路。本譜内容爲世系，至上梅凡十五世。

本譜載於《哈尼族口傳文化譯註全集》第十九卷《紅河州哈尼族譜牒(十)》

[雲南緑春]阿波良子村李石保户譜牒　李石保背誦　黑忠杰搜集　2011年雲南民族出版社排印本　合册　哈漢雙文並註國際音標

一世祖俄黑。本譜内容爲世系，至波追凡九世。

本譜載於《哈尼族口傳文化譯註全集》第十九卷《紅河州哈尼族譜牒(十)》

[雲南緑春]灑馬村陳福强户譜牒　陳福强背誦　黑忠杰搜集　2011年雲南民族出版社排印本　合册　哈漢雙文並註國際音標

一世祖沙套。本譜内容爲世系，至强偉凡八世。

本譜載於《哈尼族口傳文化譯註全集》第十九卷《紅河州哈尼族譜牒(十)》

[雲南緑春]來各下寨黑德寬户譜牒　黑德寬背誦　黑忠杰搜集　2011年雲南民族出版社排印本　合册　哈漢雙文並註國際音標

一世祖波松。本譜内容爲世系，至黑沙凡十世。

本譜載於《哈尼族口傳文化譯註全集》第十九卷《紅河州哈尼族譜牒(十)》

[雲南緑春]牛俄村黑巖福户譜牒　黑巖福背誦　黑忠杰搜集　2011年雲南民族出版社排印本　合册　哈漢雙文並註國際音標

一世祖直馬。本譜内容爲世系，至黑者凡十二世。

本譜載於《哈尼族口傳文化譯註全集》第十九卷《紅河州哈尼族譜牒(十)》

[雲南緑春]沙片村李用才户譜牒　李用才背誦　黑忠杰搜集　2011年雲南民族出版社排印本　合册　哈漢雙文並註國際音標

一世祖黑直。本譜内容爲世系，至嘎包凡五世。

本譜載於《哈尼族口傳文化譯註全集》第十九卷《紅河州哈尼族譜牒(十)》

[雲南緑春]阿波各奪村李加法户譜牒　李加法背誦　黑忠杰搜集　2011年雲南民族出版社排印本　合册　哈漢雙文並註國際音標

一世祖夫者。本譜内容爲世系，至嘎歐凡九世。

本譜載於《哈尼族口傳文化譯註全集》第十九卷《紅河州哈尼族譜牒(十)》

[雲南緑春]田房村李住門户譜牒　李住門背誦　黑忠杰搜集　2011年雲南民族出版社排印本　合册　哈漢雙文並註國際音標

一世祖上者。本譜内容爲世系，至才福凡十二世。

本譜載於《哈尼族口傳文化譯註全集》第十九卷《紅河州哈尼族譜牒(十)》

[雲南緑春]宋壁村朱志明户譜牒　朱志明背誦　陳志明搜集　2011年雲南民族出版社排印本　合册　哈漢雙文並註國際音標

一世祖命用。本譜内容爲世系，至情腰凡十二世。

本譜載於《哈尼族口傳文化譯註全集》第十九卷《紅河州哈尼族譜牒(十)》

[雲南緑春]樹哈村朱殺格户譜牒　朱殺格背誦　陳志明搜集　2011年雲南民族出版社排印本　合册　哈漢雙文並註國際音標

一世祖黑様。本譜内容爲世系，至松福凡八世。

本譜載於《哈尼族口傳文化譯註全集》第十九卷《紅河州哈尼族譜牒(十)》

[雲南緑春]格牙村陳阿六户譜牒 陳阿六背誦 陳志明搜集 2011年雲南民族出版社排印本 合册 哈漢雙文並註國際音標

一世祖前者。本譜内容爲世系,至福和凡六世。

本譜載於《哈尼族口傳文化譯註全集》第十九卷《紅河州哈尼族譜牒(十)》

[雲南緑春]丁龍村白批尚户譜牒 白批尚背誦 陳志明搜集 2011年雲南民族出版社排印本 合册 哈漢雙文並註國際音標

一世祖和龍。本譜内容爲世系,至者歐凡五世。

本譜載於《哈尼族口傳文化譯註全集》第十九卷《紅河州哈尼族譜牒(十)》

[雲南緑春]大果馬村朱曉榮户譜牒 朱曉榮背誦 李躍祥搜集 2011年雲南民族出版社排印本 合册 哈漢雙文並註國際音標

一世祖嗡黑。本譜内容爲世系,至福水凡四十七世。

本譜載於《哈尼族口傳文化譯註全集》第十九卷《紅河州哈尼族譜牒(十)》

[雲南緑春]壩魯村楊志先户譜牒 楊志先背誦 李躍祥搜集 2011年雲南民族出版社排印本 合册 哈漢雙文並註國際音標

一世祖全偉。本譜内容爲世系,至保龍凡九世。

本譜載於《哈尼族口傳文化譯註全集》第十九卷《紅河州哈尼族譜牒(十)》

[雲南緑春]咪的各村李批德户譜牒 李批德背誦 李躍祥搜集 2011年雲南民族出版社排印本 合册 哈漢雙文並註國際音標

一世祖呆滿。本譜内容爲世系,至忙者凡六世。

本譜載於《哈尼族口傳文化譯註全集》第十九卷《紅河州哈尼族譜牒(十)》

[雲南緑春]臘咪村李躍祥户譜牒 李躍祥背誦 李躍祥搜集 2011年雲南民族出版社排印本 合册 哈漢雙文並註國際音標

一世祖次波。本譜内容爲世系,至波才凡七世。

本譜載於《哈尼族口傳文化譯註全集》第十九卷《紅河州哈尼族譜牒(十)》

[雲南緑春]龍別村黑氏家族譜系 佚名念誦 楊六金記録 2008年中國大百科全書出版社排印本 合册

哈尼語哈雅方言家譜。流傳於雲南省緑春縣。本譜所載僅爲世系,自第一世木書至龍成凡十六世。

本譜載於《中國少數民族古籍總目提要·哈尼族卷》

[雲南緑春]龍別村黑氏家族譜系 佚名念誦 楊六金記録 2005年民族出版社排印本 合册 哈漢雙文

參見上條。世系與上條同。

本譜載於《紅河哈尼族譜牒》

[雲南緑春]上龍別村李明忠户譜牒 李明忠背誦 楊紅元搜集 2011年雲南民族出版社排印本 合册 哈漢雙文並註國際音標

一世祖沙少。本譜内容爲世系,至黑美凡五世。

本譜載於《哈尼族口傳文化譯註全集》第十九卷《紅河州哈尼族譜牒(十)》

[雲南緑春]下龍別村白玉福户譜牒 白玉福背誦 楊紅元搜集 2011年雲南民族出版社排印本 合册 哈漢雙文並註國際音標

一世祖從者。本譜内容爲世系,至龍雲凡十世。

本譜載於《哈尼族口傳文化譯註全集》第十九卷《紅河州哈尼族譜牒(十)》

[雲南緑春]普石村白者安户譜牒 白者安背誦 楊紅元搜集 2011年雲南民族出版社排印本 合册 哈漢雙文並註國際音標

一世祖者偉。本譜内容爲世系,至者沙凡十世。

本譜載於《哈尼族口傳文化譯註全集》第十九卷《紅河州哈尼族譜牒(十)》

[雲南緑春]羅馬村陳斗者户譜牒 陳斗者背誦

楊紅元搜集　2011 年雲南民族出版社排印本　合册　哈漢雙文並註國際音標

一世祖照務。本譜内容爲世系，至黑沙凡十世。

本譜載於《哈尼族口傳文化譯註全集》第十九卷《紅河州哈尼族譜牒（十）》

［雲南緑春］批尼村李八福户譜牒　李八福背誦　楊紅元搜集　2011 年雲南民族出版社排印本　合册　哈漢雙文並註國際音標

一世祖批珍。本譜内容爲世系，至安龍凡十世。

本譜載於《哈尼族口傳文化譯註全集》第十九卷《紅河州哈尼族譜牒（十）》

［雲南緑春］丁奥村黑阿甲户譜牒　黑阿甲背誦　楊紅元搜集　2011 年雲南民族出版社排印本　合册　哈漢雙文並註國際音標

一世祖直馬。本譜内容爲世系，至才忠凡十一世。

本譜載於《哈尼族口傳文化譯註全集》第十九卷《紅河州哈尼族譜牒（十）》

［雲南緑春］大麥角村張魯沙户譜牒　張魯沙背誦　楊紅元搜集　2011 年雲南民族出版社排印本　合册　哈漢雙文並註國際音標

一世祖黑機。本譜内容爲世系，至小書凡五世。

本譜載於《哈尼族口傳文化譯註全集》第十九卷《紅河州哈尼族譜牒（十）》

［雲南緑春］上八娘村黑明忠户譜牒　黑明忠背誦　楊紅元搜集　2011 年雲南民族出版社排印本　合册　哈漢雙文並註國際音標

一世祖波松。本譜内容爲世系，至波黑凡九世。

本譜載於《哈尼族口傳文化譯註全集》第十九卷《紅河州哈尼族譜牒（十）》

［雲南緑春］下八娘村白從斗户譜牒　白從斗背誦　楊紅元搜集　2011 年雲南民族出版社排印本　合册　哈漢雙文並註國際音標

一世祖他沙。本譜内容爲世系，至龍沙凡五世。

本譜載於《哈尼族口傳文化譯註全集》第十九卷《紅河州哈尼族譜牒（十）》

［雲南緑春］白紅的馬村王忠福户譜牒　王忠福背誦　楊紅元搜集　2011 年雲南民族出版社排印本　合册　哈漢雙文並註國際音標

一世祖斗去。本譜内容爲世系，至黑沙凡八世。

本譜載於《哈尼族口傳文化譯註全集》第十九卷《紅河州哈尼族譜牒（十）》

［雲南緑春］布置村李石保户譜牒　李石保背誦　楊紅元搜集　2011 年雲南民族出版社排印本　合册　哈漢雙文並註國際音標

一世祖上直。本譜内容爲世系，至斗照凡五世。

本譜載於《哈尼族口傳文化譯註全集》第十九卷《紅河州哈尼族譜牒（十）》

［雲南緑春］牛倮的馬村黑合者户譜牒　黑合者背誦　楊紅元搜集　2011 年雲南民族出版社排印本　合册　哈漢雙文並註國際音標

一世祖波松。本譜内容爲世系，至龍斗凡八世。

本譜載於《哈尼族口傳文化譯註全集》第十九卷《紅河州哈尼族譜牒（十）》

［雲南緑春］布魯村陳玉林户譜牒　陳玉林背誦　陸紅文搜集　2011 年雲南民族出版社排印本　合册　哈漢雙文並註國際音標

一世祖金魯。本譜内容爲世系，至上者凡十世。

本譜載於《哈尼族口傳文化譯註全集》第十九卷《紅河州哈尼族譜牒（十）》

［雲南緑春］歐海羅馬村陳甫金户譜牒　陳甫金背誦　陸紅文搜集　2011 年雲南民族出版社排印本　合册　哈漢雙文並註國際音標

一世祖唐澎鄉。本譜内容爲世系，至波安凡四十一世。

本譜載於《哈尼族口傳文化譯註全集》第十九卷《紅河州哈尼族譜牒（十）》

［雲南緑春］龍普村陳來門户譜牒　陳來門背誦　陸紅文搜集　2011 年雲南民族出版社排印本

合册　哈漢雙文並註國際音標

一世祖唐澎鄉。本譜内容爲世系，至歐門凡三十八世。

本譜載於《哈尼族口傳文化譯註全集》第十九卷《紅河州哈尼族譜牒(十)》

[雲南緑春]糯俄村陸玉文户譜牒　陸玉文背誦　陸紅文搜集　2011年雲南民族出版社排印本　合册　哈漢雙文並註國際音標

一世祖上門。本譜内容爲世系，至門嘎凡十一世。

本譜載於《哈尼族口傳文化譯註全集》第十九卷《紅河州哈尼族譜牒(十)》

[雲南緑春]東俄村白甫沙户譜牒　白甫沙背誦　陸紅文搜集　2011年雲南民族出版社排印本　合册　哈漢雙文並註國際音標

一世祖嘎金。本譜内容爲世系，至惡波凡六世。

本譜載於《哈尼族口傳文化譯註全集》第十九卷《紅河州哈尼族譜牒(十)》

[雲南緑春]雨傘各村李中明户譜牒　李中明背誦　陸紅文搜集　2011年雲南民族出版社排印本　合册　哈漢雙文並註國際音標

一世祖馬所。本譜内容爲世系，至才樣凡九世。

本譜載於《哈尼族口傳文化譯註全集》第十九卷《紅河州哈尼族譜牒(十)》

[雲南緑春]小麥角村李天寶户譜牒　李天寶背誦　陸紅文搜集　2011年雲南民族出版社排印本　合册　哈漢雙文並註國際音標

一世祖草嘎。本譜内容爲世系，至龍波凡七世。

本譜載於《哈尼族口傳文化譯註全集》第十九卷《紅河州哈尼族譜牒(十)》

[雲南緑春]扭直村李進福户譜牒　李進福背誦　王忠福搜集　2011年雲南民族出版社排印本　合册　哈漢雙文並註國際音標

一世祖莫尚。本譜内容爲世系，至偉者凡九世。

本譜載於《哈尼族口傳文化譯註全集》第十九卷《紅河州哈尼族譜牒(十)》

[雲南緑春]小龍潭村張自福户譜牒　張自福背誦　王忠福搜集　2011年雲南民族出版社排印本　合册　哈漢雙文並註國際音標

一世祖者安。本譜内容爲世系，至斗嘎凡七世。

本譜載於《哈尼族口傳文化譯註全集》第十九卷《紅河州哈尼族譜牒(十)》

[雲南緑春]卡沙村金福順户譜牒　金福順背誦　王忠福搜集　2011年雲南民族出版社排印本　合册　哈漢雙文並註國際音標

一世祖屁波。本譜内容爲世系，至斗龍凡八世。

本譜載於《哈尼族口傳文化譯註全集》第十九卷《紅河州哈尼族譜牒(十)》

[雲南緑春]布魯村陳張法户譜牒　陳張法背誦　王忠福搜集　2011年雲南民族出版社排印本　合册　哈漢雙文並註國際音標

一世祖批黑。本譜内容爲世系，至偉嘎凡六世。

本譜載於《哈尼族口傳文化譯註全集》第十九卷《紅河州哈尼族譜牒(十)》

[雲南緑春]大阿巴村李詞安户譜牒　李詞安背誦　李光才搜集　2011年雲南民族出版社排印本　合册　哈漢雙文並註國際音標

一世祖木翁。本譜内容爲世系，至鵜燈凡四十一世。

本譜載於《哈尼族口傳文化譯註全集》第十九卷《紅河州哈尼族譜牒(十)》

[雲南緑春]沙倮村李四代户譜牒　李四代背誦　李富貴搜集　2011年雲南民族出版社排印本　合册　哈漢雙文並註國際音標

一世祖黑者。本譜内容爲世系，至嘎才凡十三世。

本譜載於《哈尼族口傳文化譯註全集》第十九卷《紅河州哈尼族譜牒(十)》

[雲南緑春]鞏俄村白玉興户譜牒　白玉興背誦

李富貴搜集　2011 年雲南民族出版社排印本　合册　哈漢雙文並註國際音標

一世祖龍斗。本譜内容爲世系，至沙嘎凡六世。

本譜載於《哈尼族口傳文化譯註全集》第十九卷《紅河州哈尼族譜牒（十）》

[雲南緑春]迷初村陳俄才户譜牒　陳俄才背誦　李富貴搜集　2011 年雲南民族出版社排印本　合册　哈漢雙文並註國際音標

一世祖沙斗。本譜内容爲世系，至帕沙凡六世。

本譜載於《哈尼族口傳文化譯註全集》第十九卷《紅河州哈尼族譜牒（十）》

[雲南緑春]魯馬魯鞏村黄成元户譜牒　黄成元背誦　李富貴搜集　2011 年雲南民族出版社排印本　合册　哈漢雙文並註國際音標

一世祖馬者。本譜内容爲世系，至龍福凡六世。

本譜載於《哈尼族口傳文化譯註全集》第十九卷《紅河州哈尼族譜牒（十）》

[雲南緑春]馬普良子村何利真户譜牒　何利真背誦　李富貴搜集　2011 年雲南民族出版社排印本　合册　哈漢雙文並註國際音標

一世祖進斗。本譜内容爲世系，至者黑凡六世。

本譜載於《哈尼族口傳文化譯註全集》第十九卷《紅河州哈尼族譜牒（十）》

[雲南緑春]拉龍村李將英户譜牒　李將英背誦　李富貴搜集　2011 年雲南民族出版社排印本　合册　哈漢雙文並註國際音標

一世祖沙歐。本譜内容爲世系，至斗龍凡九世。

本譜載於《哈尼族口傳文化譯註全集》第十九卷《紅河州哈尼族譜牒（十）》

[雲南緑春]昔備村高福雲户譜牒　高福雲背誦　李富貴搜集　2011 年雲南民族出版社排印本　合册　哈漢雙文並註國際音標

一世祖陸樣。本譜内容爲世系，至生保凡十四世。

本譜載於《哈尼族口傳文化譯註全集》第十九卷《紅河州哈尼族譜牒（十）》

[雲南緑春]羅布鞏村李沙們户譜牒　李沙們背誦　李富貴搜集　2011 年雲南民族出版社排印本　合册　哈漢雙文並註國際音標

一世祖巖斗。本譜内容爲世系，至前歐凡九世。

本譜載於《哈尼族口傳文化譯註全集》第十九卷《紅河州哈尼族譜牒（十）》

[雲南緑春]期尼村李開户譜牒　李開背誦　李富貴搜集　2011 年雲南民族出版社排印本　合册　哈漢雙文並註國際音標

一世祖牛海。本譜内容爲世系，至安福凡十三世。

本譜載於《哈尼族口傳文化譯註全集》第十九卷《紅河州哈尼族譜牒（十）》

[雲南緑春]新寨村李皮者户譜牒　李皮者背誦　李富貴搜集　2011 年雲南民族出版社排印本　合册　哈漢雙文並註國際音標

一世祖樣者。本譜内容爲世系，至黑陸凡十二世。

本譜載於《哈尼族口傳文化譯註全集》第十九卷《紅河州哈尼族譜牒（十）》

[雲南緑春]俄龍村張玉福户譜牒　張玉福背誦　李富貴搜集　2011 年雲南民族出版社排印本　合册　哈漢雙文並註國際音標

一世祖福斗。本譜内容爲世系，至生保凡十世。

本譜載於《哈尼族口傳文化譯註全集》第十九卷《紅河州哈尼族譜牒（十）》

[雲南緑春]歐獨村王雲福户譜牒　王雲福背誦　李富貴搜集　2011 年雲南民族出版社排印本　合册　哈漢雙文並註國際音標

一世祖來歐。本譜内容爲世系，至沙福凡十三世。

本譜載於《哈尼族口傳文化譯註全集》第十九卷《紅河州哈尼族譜牒（十）》

[雲南緑春]普朵轟馬村吴者中户譜牒 吴者中背誦 李娘處搜集 2011年雲南民族出版社排印本 合册 哈漢雙文並註國際音標

一世祖老斗。本譜内容爲世系,至者中凡六世。

本譜載於《哈尼族口傳文化譯註全集》第十九卷《紅河州哈尼族譜牒(十)》

[雲南緑春]普朵轟馬村許黑中户譜牒 許黑中背誦 李娘處搜集 2011年雲南民族出版社排印本 合册 哈漢雙文並註國際音標

一世祖中間。本譜内容爲世系,至黑中凡四世。

本譜載於《哈尼族口傳文化譯註全集》第十九卷《紅河州哈尼族譜牒(十)》

[雲南緑春]普朵轟馬村錢羊斗户譜牒 錢羊斗背誦 李娘處搜集 2011年雲南民族出版社排印本 合册 哈漢雙文並註國際音標

一世祖者保。本譜内容爲世系,至羊斗凡九世。

本譜載於《哈尼族口傳文化譯註全集》第十九卷《紅河州哈尼族譜牒(十)》

[雲南緑春]普朵轟馬村李機山户譜牒 李機山背誦 李娘處搜集 2011年雲南民族出版社排印本 合册 哈漢雙文並註國際音標

一世祖八行。本譜内容爲世系,至機山凡三世。

本譜載於《哈尼族口傳文化譯註全集》第十九卷《紅河州哈尼族譜牒(十)》

[雲南緑春]大寨村馬永獨户譜牒 馬永獨背誦 李娘處搜集 2011年雲南民族出版社排印本 合册 哈漢雙文並註國際音標

一世祖奥窩。本譜内容爲世系,至者學凡五十四世。

本譜載於《哈尼族口傳文化譯註全集》第十九卷《紅河州哈尼族譜牒(十)》

[雲南緑春]大寨村李處成户譜牒 李處成背誦 李娘處搜集 2011年雲南民族出版社排印本 合册 哈漢雙文並註國際音標

一世祖安者。本譜内容爲世系,至娘杰凡九世。

本譜載於《哈尼族口傳文化譯註全集》第十九卷《紅河州哈尼族譜牒(十)》

[雲南緑春]折龍村周龍處户譜牒 周龍處背誦 李娘處搜集 2011年雲南民族出版社排印本 合册 哈漢雙文並註國際音標

始遷祖即一世祖仁伙自紅河縣阿扎河鄉規老村遷入。本譜内容爲世系,至成山凡十一世。

本譜載於《哈尼族口傳文化譯註全集》第十九卷《紅河州哈尼族譜牒(十)》

[雲南緑春]折龍村周保仁户譜牒 周保仁背誦 李娘處搜集 2011年雲南民族出版社排印本 合册 哈漢雙文並註國際音標

一世祖者義。本譜内容爲世系,至額成凡七世。

本譜載於《哈尼族口傳文化譯註全集》第十九卷《紅河州哈尼族譜牒(十)》

[雲南緑春]牛洞上寨村周規娘户譜牒 周規娘背誦 李娘處搜集 2011年雲南民族出版社排印本 合册 哈漢雙文並註國際音標

一世祖奥窩。本譜内容爲世系,至馬其凡四十二世。

本譜載於《哈尼族口傳文化譯註全集》第十九卷《紅河州哈尼族譜牒(十)》

[雲南緑春]牛洞上寨村李咀娘户譜牒 李咀娘背誦 李娘處搜集 2011年雲南民族出版社排印本 合册 哈漢雙文並註國際音標

一世祖偉檢。本譜内容爲世系,至娘嘎凡八世。

本譜載於《哈尼族口傳文化譯註全集》第十九卷《紅河州哈尼族譜牒(十)》

[雲南緑春]牛洞中寨村張生斗户譜牒 張生斗背誦 李娘處搜集 2011年雲南民族出版社排印本 合册 哈漢雙文並註國際音標

始遷祖即一世祖額貴自紅河縣戈奎鄉阿庫村遷至次東村,再遷牛洞下寨,終遷本村。本譜内容爲世系,至成福凡十一世。

本譜載於《哈尼族口傳文化譯註全集》第十九

卷《紅河州哈尼族譜牒(十)》

[雲南緑春]牛洞下寨村吴山處户譜牒　吴山處背誦　李娘處搜集　2011年雲南民族出版社排印本　合册　哈漢雙文並註國際音標

一世祖奥窩。本譜内容爲世系,至處雲凡六十二世。

本譜載於《哈尼族口傳文化譯註全集》第十九卷《紅河州哈尼族譜牒(十)》

[雲南緑春]阿雙村郭咀福户譜牒　郭咀福背誦　李娘處搜集　2011年雲南民族出版社排印本　合册　哈漢雙文並註國際音標

一世祖孫米。本譜内容爲世系,至福中凡五十七世。

本譜載於《哈尼族口傳文化譯註全集》第十九卷《紅河州哈尼族譜牒(十)》

[雲南緑春]中寨村李山娘户譜牒　李山娘背誦　李娘處搜集　2011年雲南民族出版社排印本　合册　哈漢雙文並註國際音標

一世祖喝咀。本譜内容爲世系,至龍昆凡九世。

本譜載於《哈尼族口傳文化譯註全集》第十九卷《紅河州哈尼族譜牒(十)》

[雲南緑春]中寨村李龍嘎户譜牒　李龍嘎背誦　李娘處搜集　2011年雲南民族出版社排印本　合册　哈漢雙文並註國際音標

一世祖喝咀。本譜内容爲世系,至嘎然凡十世。

本譜載於《哈尼族口傳文化譯註全集》第十九卷《紅河州哈尼族譜牒(十)》

[雲南緑春]中寨村周處斗户譜牒　周處中背誦　李娘處搜集　2011年雲南民族出版社排印本　合册　哈漢雙文並註國際音標

一世祖奥窩。本譜内容爲世系,至六忠凡六十四世。

本譜載於《哈尼族口傳文化譯註全集》第十九卷《紅河州哈尼族譜牒(十)》

[雲南緑春]規東村李期斗户譜牒　李期斗背誦　李娘處搜集　2011年雲南民族出版社排印本　合册　哈漢雙文並註國際音標

一世祖保搓。本譜内容爲世系,至額勇凡十世。

本譜載於《哈尼族口傳文化譯註全集》第十九卷《紅河州哈尼族譜牒(十)》

[雲南緑春]規東村陳成額户譜牒　陳成額背誦　李娘處搜集　2011年雲南民族出版社排印本　合册　哈漢雙文並註國際音標

一世祖三沖。本譜内容爲世系,至貴福凡八世。

載於《哈尼族口傳文化譯註全集》第十九卷《紅河州哈尼族譜牒(十)》

[雲南緑春]規東村楊額普户譜牒　楊額普背誦　李娘處搜集　2011年雲南民族出版社排印本　合册　哈漢雙文並註國際音標

一世祖偉轟。本譜内容爲世系,至嘎福凡十世。

本譜載於《哈尼族口傳文化譯註全集》第十九卷《紅河州哈尼族譜牒(十)》

[雲南緑春]規東村馬山六户譜牒　馬山六背誦　李娘處搜集　2011年雲南民族出版社排印本　合册　哈漢雙文並註國際音標

一世祖衣窩。本譜内容爲世系,至遠福凡十世。

本譜載於《哈尼族口傳文化譯註全集》第十九卷《紅河州哈尼族譜牒(十)》

[雲南緑春]俄東村楊成減户譜牒　楊成減背誦　李然成搜集　2011年雲南民族出版社排印本　合册　哈漢雙文並註國際音標

一世祖俄厚。始遷祖第三十八世保斗自石屏縣經元陽縣遷入。本譜内容爲世系,至按成凡四十一世。

本譜載於《哈尼族口傳文化譯註全集》第十九卷《紅河州哈尼族譜牒(十)》

[雲南緑春]俄東村楊者秋户譜牒　楊成減背誦　李然成搜集　2011年雲南民族出版社排印本　合册　哈漢雙文並註國際音標

一世祖我額。本譜内容爲世系,至者秋凡四十七世。

本譜載於《哈尼族口傳文化譯註全集》第十九卷《紅河州哈尼族譜牒(十)》

[雲南緑春]俄東村李處然户譜牒 李處然背誦 李然成搜集 2011年雲南民族出版社排印本 合册 哈漢雙文並註國際音標

一世祖秋三。本譜内容爲世系,至處然凡六世。

本譜載於《哈尼族口傳文化譯註全集》第十九卷《紅河州哈尼族譜牒(十)》

[雲南緑春]俄東村石黑保户譜牒 石黑保背誦 李然成搜集 2011年雲南民族出版社排印本 合册 哈漢雙文並註國際音標

一世祖俄我。本譜内容爲世系,至黑保凡六十八世。

本譜載於《哈尼族口傳文化譯註全集》第十九卷《紅河州哈尼族譜牒(十)》

[雲南緑春]俄東村李魯歐户譜牒 李魯歐背誦 李然成搜集 2011年雲南民族出版社排印本 合册 哈漢雙文並註國際音標

一世祖蘭背。本譜内容爲世系,至魯歐凡四世。

本譜載於《哈尼族口傳文化譯註全集》第十九卷《紅河州哈尼族譜牒(十)》

[雲南緑春]俄東村陳處沙户譜牒 陳處沙背誦 李然成搜集 2011年雲南民族出版社排印本 合册 哈漢雙文並註國際音標

一世祖咀者。本譜内容爲世系,至處沙凡十世。

本譜載於《哈尼族口傳文化譯註全集》第十九卷《紅河州哈尼族譜牒(十)》

[雲南緑春]上子雄村楊處忠户譜牒 楊處忠背誦 李然成搜集 2011年雲南民族出版社排印本 合册 哈漢雙文並註國際音標

一世祖者開。本譜内容爲世系,至阿開凡三世。

本譜載於《哈尼族口傳文化譯註全集》第十九卷《紅河州哈尼族譜牒(十)》

[雲南緑春]上子雄村馬龍才户譜牒 馬龍才背誦 李然成搜集 2011年雲南民族出版社排印本 合册 哈漢雙文並註國際音標

一世祖我力博。本譜内容爲世系,至寶娘凡四世。

本譜載於《哈尼族口傳文化譯註全集》第十九卷《紅河州哈尼族譜牒(十)》

[雲南緑春]上子雄村白牛額户譜牒 白牛額背誦 李然成搜集 2011年雲南民族出版社排印本 合册 哈漢雙文並註國際音標

一世祖嗦咪恩。本譜内容爲世系,至龍處凡五十世。

本譜載於《哈尼族口傳文化譯註全集》第十九卷《紅河州哈尼族譜牒(十)》

[雲南緑春]上子雄村馬普檢户譜牒 馬普檢背誦 李然成搜集 2011年雲南民族出版社排印本 合册 哈漢雙文並註國際音標

一世祖更餓。本譜内容爲世系,至斗最凡五十三世。

本譜載於《哈尼族口傳文化譯註全集》第十九卷《紅河州哈尼族譜牒(十)》

[雲南緑春]上子雄村郭都山户譜牒 郭都山背誦 李然成搜集 2011年雲南民族出版社排印本 合册 哈漢雙文並註國際音標

一世祖嗦咪。本譜内容爲世系,至成都凡五十五世。

本譜載於《哈尼族口傳文化譯註全集》第十九卷《紅河州哈尼族譜牒(十)》

[雲南緑春]上子雄村楊處忠户譜牒 楊處忠背誦 李然成搜集 2011年雲南民族出版社排印本 合册 哈漢雙文並註國際音標

一世祖偉斗。本譜内容爲世系,至處忠凡九世。

本譜載於《哈尼族口傳文化譯註全集》第十九卷《紅河州哈尼族譜牒(十)》

[雲南緑春]上子雄村普批才户譜牒 普批才背

誦　李然成搜集　2011年雲南民族出版社排印本　合册　哈漢雙文並註國際音標

一世祖魯保。本譜内容爲世系,至者斗凡五十四世。

本譜載於《哈尼族口傳文化譯註全集》第十九卷《紅河州哈尼族譜牒(十)》

[雲南緑春]上子雄村陳魯娘户譜牒　陳魯娘背誦　李然成搜集　2011年雲南民族出版社排印本　合册　哈漢雙文並註國際音標

一世祖嗉咪。本譜内容爲世系,至們魯凡五十二世。

本譜載於《哈尼族口傳文化譯註全集》第十九卷《紅河州哈尼族譜牒(十)》

[雲南緑春]上子雄村陳處額户譜牒　陳處額背誦　李然成搜集　2011年雲南民族出版社排印本　合册　哈漢雙文並註國際音標

一世祖書咪依。本譜内容爲世系,至嘎處凡五十四世。

本譜載於《哈尼族口傳文化譯註全集》第十九卷《紅河州哈尼族譜牒(十)》

[雲南緑春]上子雄村背者户譜牒　背者背誦　李然成搜集　2011年雲南民族出版社排印本　合册　哈漢雙文並註國際音標

一世祖嗉咪恩。本譜内容爲世系,至普龍凡六十二世。

本譜載於《哈尼族口傳文化譯註全集》第十九卷《紅河州哈尼族譜牒(十)》

[雲南緑春]俄東村周咀嘎户譜牒　周咀嘎背誦　李然成搜集　2011年雲南民族出版社排印本　合册　哈漢雙文並註國際音標

一世祖梭咪哦。本譜内容爲世系,至成破凡五十一世。

本譜載於《哈尼族口傳文化譯註全集》第十九卷《紅河州哈尼族譜牒(十)》

[雲南緑春]舊寨村許陽山户譜牒　許陽山背誦　許生娘搜集　2011年雲南民族出版社排印本　合册　哈漢雙文並註國際音標

一世祖嗉咪。始遷祖第五十四世減湯自紅河縣阿扎河鄉東村遷入。本譜内容爲世系,至黑生凡六十二世。

本譜載於《哈尼族口傳文化譯註全集》第十九卷《紅河州哈尼族譜牒(十)》

[雲南緑春]舊寨村李三堅户譜牒　李三堅背誦　許生娘搜集　2011年雲南民族出版社排印本　合册　哈漢雙文並註國際音標

一世祖奥我。本譜内容爲世系,至山堅凡五十八世。

本譜載於《哈尼族口傳文化譯註全集》第十九卷《紅河州哈尼族譜牒(十)》

[雲南緑春]舊寨村普愛者户譜牒　普愛者背誦　許生娘搜集　2011年雲南民族出版社排印本　合册　哈漢雙文並註國際音標

一世祖魯保。始遷祖第五世山普自紅河縣戈奎鄉達普村遷入。本譜内容爲世系,至山堅凡五十八世。

本譜載於《哈尼族口傳文化譯註全集》第十九卷《紅河州哈尼族譜牒(十)》

[雲南緑春]舊寨村許生嘎户譜牒　許生嘎背誦　許生娘搜集　2011年雲南民族出版社排印本　合册　哈漢雙文並註國際音標

一世祖保斗。始遷祖第六世山額自元陽縣俄扎鄉哈角村遷入。本譜内容爲世系,至娘斗凡八世。

本譜載於《哈尼族口傳文化譯註全集》第十九卷《紅河州哈尼族譜牒(十)》

[雲南緑春]舊寨村楊永斗户譜牒　楊永斗背誦　許生娘搜集　2011年雲南民族出版社排印本　合册　哈漢雙文並註國際音標

一世祖黑者。本譜内容爲世系,至娘歐凡七世。

本譜載於《哈尼族口傳文化譯註全集》第十九卷《紅河州哈尼族譜牒(十)》

[雲南緑春]舊寨村陳咀松户譜牒　陳擁額背誦　許生娘搜集　2011年雲南民族出版社排印本合册　哈漢雙文並註國際音標

一世祖梭咪。始遷祖第五十世巖咀自紅河縣阿扎河鄉車處村遷至緑春縣戈奎鄉加梅村。本譜内容爲世系，至咀松凡五十七世。

本譜載於《哈尼族口傳文化譯註全集》第十九卷《紅河州哈尼族譜牒(十)》

[雲南緑春]舊寨村楊額三户譜牒　楊額三背誦　許生娘搜集　2011年雲南民族出版社排印本合册　哈漢雙文並註國際音標

一世祖俄我。本譜内容爲世系，至額三凡六十九世。

本譜載於《哈尼族口傳文化譯註全集》第十九卷《紅河州哈尼族譜牒(十)》

[雲南緑春]舊寨村李保得户譜牒　李保得背誦　許生娘搜集　2011年雲南民族出版社排印本合册　哈漢雙文並註國際音標

一世祖保者。本譜内容爲世系，至保得凡十世。

本譜載於《哈尼族口傳文化譯註全集》第十九卷《紅河州哈尼族譜牒(十)》

[雲南緑春]舊寨村朱遠師户譜牒　朱遠師背誦　許生娘搜集　2011年雲南民族出版社排印本合册　哈漢雙文並註國際音標

一世祖老斗。本譜内容爲世系，至遠師凡九世。

本譜載於《哈尼族口傳文化譯註全集》第十九卷《紅河州哈尼族譜牒(十)》

[雲南緑春]舊寨村龍然成户譜牒　龍然成背誦　許生娘搜集　2011年雲南民族出版社排印本合册　哈漢雙文並註國際音標

一世祖其馬。本譜内容爲世系，至然成凡五世。

本譜載於《哈尼族口傳文化譯註全集》第十九卷《紅河州哈尼族譜牒(十)》

[雲南緑春]舊寨村陳者永户譜牒　陳者永背誦　許生娘搜集　2011年雲南民族出版社排印本合册　哈漢雙文並註國際音標

一世祖孫來玉。本譜内容爲世系，至者永凡六十三世。

本譜載於《哈尼族口傳文化譯註全集》第十九卷《紅河州哈尼族譜牒(十)》

[雲南緑春]舊寨村陳多者户譜牒　陳多者背誦　許生娘搜集　2011年雲南民族出版社排印本合册　哈漢雙文並註國際音標

一世祖好哆。本譜内容爲世系，至哆者凡五世。

本譜載於《哈尼族口傳文化譯註全集》第十九卷《紅河州哈尼族譜牒(十)》

[雲南緑春]舊寨村郭機成户譜牒　郭機成背誦　許生娘搜集　2011年雲南民族出版社排印本合册　哈漢雙文並註國際音標

一世祖咪處。始遷祖第四世銀保自紅河縣阿扎河鄉哈甫村遷入。本譜内容爲世系，至額斗凡十二世。

本譜載於《哈尼族口傳文化譯註全集》第十九卷《紅河州哈尼族譜牒(十)》

[雲南緑春]舊寨村許培處户譜牒　許培處背誦　許生娘搜集　2011年雲南民族出版社排印本合册　哈漢雙文並註國際音標

一世祖嗦咪。始遷祖第五十世斗區自紅河縣甲寅鄉内重村遷入。本譜内容爲世系，至娘福凡五十六世。

本譜載於《哈尼族口傳文化譯註全集》第十九卷《紅河州哈尼族譜牒(十)》

[雲南緑春]舊寨村楊額減户譜牒　楊額減背誦　許生娘搜集　2011年雲南民族出版社排印本合册　哈漢雙文並註國際音標

始遷祖即一世祖巴咀自緑春縣戈奎鄉托牛村遷入。本譜内容爲世系，至三發凡十世。

本譜載於《哈尼族口傳文化譯註全集》第十九卷《紅河州哈尼族譜牒(十)》

[雲南緑春]埃倮舊寨陳氣額户譜牒　陳氣額背

誦　許生娘搜集　2011 年雲南民族出版社排印本　合册　哈漢雙文並註國際音標

始遷祖即一世祖們抽自紅河縣阿扎河鄉東村遷至緑春縣戈奎鄉阿庫村,終遷本村。本譜内容爲世系,至氣者凡十一世。

本譜載於《哈尼族口傳文化譯註全集》第十九卷《紅河州哈尼族譜牒(十)》

[雲南緑春]埃倮舊寨張强義户譜牒　張强義背誦　許生娘搜集　2011 年雲南民族出版社排印本　合册　哈漢雙文並註國際音標

一世祖成貴。本譜内容爲世系,至軍明凡十世。

本譜載於《哈尼族口傳文化譯註全集》第十九卷《紅河州哈尼族譜牒(十)》

[雲南緑春]新寨村白期山户譜牒　白則處背誦　張歐生搜集　2011 年雲南民族出版社排印本　合册　哈漢雙文並註國際音標

一世祖孫米。本譜内容爲世系,至期山凡五十六世。

本譜載於《哈尼族口傳文化譯註全集》第十九卷《紅河州哈尼族譜牒(十)》

[雲南緑春]新寨村郭保咀户譜牒　郭保咀背誦　張歐生搜集　2011 年雲南民族出版社排印本　合册　哈漢雙文並註國際音標

一世祖孫米。本譜内容爲世系,至保咀凡五十世。

本譜載於《哈尼族口傳文化譯註全集》第十九卷《紅河州哈尼族譜牒(十)》

[雲南緑春]新寨村許麻嘎户譜牒　許麻嘎背誦　張歐生搜集　2011 年雲南民族出版社排印本　合册　哈漢雙文並註國際音標

一世祖孫米。本譜内容爲世系,至麻嘎凡四十二世。

本譜載於《哈尼族口傳文化譯註全集》第十九卷《紅河州哈尼族譜牒(十)》

[雲南緑春]新寨村陳撲羅户譜牒　陳牛保背誦　張歐生搜集　2011 年雲南民族出版社排印本　合册　哈漢雙文並註國際音標

一世祖孫米。本譜内容爲世系,至撲羅凡五十三世。

本譜載於《哈尼族口傳文化譯註全集》第十九卷《紅河州哈尼族譜牒(十)》

[雲南緑春]達普村陳山福户譜牒　陳山福背誦　楊光額搜集　2011 年雲南民族出版社排印本　合册　哈漢雙文並註國際音標

一世祖班額。本譜内容爲世系,至山福凡十世。

本譜載於《哈尼族口傳文化譯註全集》第十九卷《紅河州哈尼族譜牒(十)》

[雲南緑春]達普村龍中娘户譜牒　龍羊貴背誦　楊光額搜集　2011 年雲南民族出版社排印本　合册　哈漢雙文並註國際音標

一世祖水米。本譜内容爲世系,至中娘凡六十世。

本譜載於《哈尼族口傳文化譯註全集》第十九卷《紅河州哈尼族譜牒(十)》

[雲南緑春]達普村陳咀生户譜牒　陳普忠背誦　楊光額搜集　2011 年雲南民族出版社排印本　合册　哈漢雙文並註國際音標

一世祖普罵。本譜内容爲世系,至咀生凡九世。

本譜載於《哈尼族口傳文化譯註全集》第十九卷《紅河州哈尼族譜牒(十)》

[雲南緑春]達普村普們福户譜牒　普們福背誦　楊光額搜集　2011 年雲南民族出版社排印本　合册　哈漢雙文並註國際音標

一世祖魯保。始遷祖第四世然山自緑春縣舊寨村遷入。本譜内容爲世系,至們福凡九世。

本譜載於《哈尼族口傳文化譯註全集》第十九卷《紅河州哈尼族譜牒(十)》

[雲南緑春]嚇巴村龍堅都户譜牒　龍斗堅背誦　楊光額搜集　2011 年雲南民族出版社排印本　合册　哈漢雙文並註國際音標

一世祖歐魯。本譜内容爲世系,至堅都凡十世。

本譜載於《哈尼族口傳文化譯註全集》第十九卷《紅河州哈尼族譜牒(十)》

[雲南緑春]阿松村白中華户譜牒　白夫山背誦　楊光額搜集　2011年雲南民族出版社排印本　合册　哈漢雙文並註國際音標

一世祖轟額。本譜内容爲世系,至中華凡六世。

本譜載於《哈尼族口傳文化譯註全集》第十九卷《紅河州哈尼族譜牒(十)》

[雲南緑春]阿松村東然亮户譜牒　東先三背誦　楊光額搜集　2011年雲南民族出版社排印本　合册　哈漢雙文並註國際音標

一世祖保斗。本譜内容爲世系,至然亮凡十世。

本譜載於《哈尼族口傳文化譯註全集》第十九卷《紅河州哈尼族譜牒(十)》

[雲南緑春]阿松村龍嘎娘户譜牒　龍斗爲背誦　楊光額搜集　2011年雲南民族出版社排印本　合册　哈漢雙文並註國際音標

一世祖歐咀。本譜内容爲世系,至嘎娘凡十一世。

本譜載於《哈尼族口傳文化譯註全集》第十九卷《紅河州哈尼族譜牒(十)》

[雲南緑春]阿松村龍來芬户譜牒　龍斗爲背誦　楊光額搜集　2011年雲南民族出版社排印本　合册　哈漢雙文並註國際音標

一世祖咀者。本譜内容爲世系,至來芬凡六世。

本譜載於《哈尼族口傳文化譯註全集》第十九卷《紅河州哈尼族譜牒(十)》

[雲南緑春]阿松村李忠雲户譜牒　李成罵背誦　楊光額搜集　2011年雲南民族出版社排印本　合册　哈漢雙文並註國際音標

一世祖普羅。本譜内容爲世系,至忠雲凡八世。

本譜載於《哈尼族口傳文化譯註全集》第十九卷《紅河州哈尼族譜牒(十)》

[雲南緑春]臘咪村李成保户譜牒　李成保背誦　楊光額搜集　2011年雲南民族出版社排印本　合册　哈漢雙文並註國際音標

一世祖俄我。本譜内容爲世系,至成保凡五十八世。

本譜載於《哈尼族口傳文化譯註全集》第十九卷《紅河州哈尼族譜牒(十)》

[雲南緑春]加梅村陳氏家族譜系　佚名念誦　楊六金記録　2008年中國大百科全書出版社排印本　合册

哈尼語哈雅方言家譜。流傳於雲南省緑春縣。本譜所載僅爲世系,自第一世衰咪芋至忠華凡六十三世。

本譜載於《中國少數民族古籍總目提要·哈尼族卷》

[雲南緑春]加梅村陳氏家族譜系　佚名念誦　楊六金記録　2005年民族出版社排印本　合册　哈漢雙文

參見上條。世系與上條同。

本譜載於《紅河哈尼族譜牒》

[雲南緑春]加梅村王堅安户譜牒　王堅安背誦　陳莫成搜集　2011年雲南民族出版社排印本　合册　哈漢雙文並註國際音標

一世祖嗉咪依。本譜内容爲世系,至堅安凡五十五世。

本譜載於《哈尼族口傳文化譯註全集》第十九卷《紅河州哈尼族譜牒(十)》

[雲南緑春]格波村李額中户譜牒　李額中背誦　龍元昌搜集　2011年雲南民族出版社排印本　合册　哈漢雙文並註國際音標

一世祖偉額。本譜内容爲世系,至額中凡八世。

本譜載於《哈尼族口傳文化譯註全集》第十九卷《紅河州哈尼族譜牒(十)》

[雲南緑春]格波村王者斗户譜牒　王者斗背誦　陳莫成搜集　2011年雲南民族出版社排印本

合册 哈漢雙文並註國際音標

一世祖保咪依。本譜内容爲世系,至者斗凡六十二世。

本譜載於《哈尼族口傳文化譯註全集》第十九卷《紅河州哈尼族譜牒(十)》

[雲南緑春]格波村李三中户譜牒 李三中背誦 陳莫成搜集 2011年雲南民族出版社排印本 合册 哈漢雙文並註國際音標

一世祖斗者。本譜内容爲世系,至三中凡八世。

本譜載於《哈尼族口傳文化譯註全集》第十九卷《紅河州哈尼族譜牒(十)》

[雲南緑春]格波村陳嘎生户譜牒 陳嘎生背誦 陳莫成搜集 2011年雲南民族出版社排印本 合册 哈漢雙文並註國際音標

一世祖嗦咪依。本譜内容爲世系,至嘎生凡四十八世。

本譜載於《哈尼族口傳文化譯註全集》第十九卷《紅河州哈尼族譜牒(十)》

[雲南緑春]咪丕村王堅福户譜牒 王堅福背誦 陳莫成搜集 2011年雲南民族出版社排印本 合册 哈漢雙文並註國際音標

一世祖歐忙。本譜内容爲世系,至堅福凡六十七世。

本譜載於《哈尼族口傳文化譯註全集》第十九卷《紅河州哈尼族譜牒(十)》

[雲南緑春]普朵村李忠斗户譜牒 李忠斗背誦 陳莫成搜集 2011年雲南民族出版社排印本 合册 哈漢雙文並註國際音標

一世祖歐我。本譜内容爲世系,至忠斗凡六十五世。

本譜載於《哈尼族口傳文化譯註全集》第十九卷《紅河州哈尼族譜牒(十)》

[雲南緑春]普朵村郭額者户譜牒 郭額者背誦 陳莫成搜集 2011年雲南民族出版社排印本 合册 哈漢雙文並註國際音標

一世祖嗦咪依。本譜内容爲世系,至額者凡五十四世。

本譜載於《哈尼族口傳文化譯註全集》第十九卷《紅河州哈尼族譜牒(十)》

[雲南緑春]托牛村馬處三户譜牒 馬處三背誦 王牛處搜集 2011年雲南民族出版社排印本 合册 哈漢雙文並註國際音標

始遷祖即一世祖永斗自元陽縣遷入。本譜内容爲世系,至處三凡五世。

本譜載於《哈尼族口傳文化譯註全集》第十九卷《紅河州哈尼族譜牒(十)》

[雲南緑春]托牛村郭黑安户譜牒 郭黑安背誦 王牛處搜集 2011年雲南民族出版社排印本 合册 哈漢雙文並註國際音標

始遷祖即一世祖斗們自緑春縣戈奎鄉加梅村遷入。本譜内容爲世系,至黑安凡五世。

本譜載於《哈尼族口傳文化譯註全集》第十九卷《紅河州哈尼族譜牒(十)》

[雲南緑春]托牛村李者們户譜牒 李者們背誦 王牛處搜集 2011年雲南民族出版社排印本 合册 哈漢雙文並註國際音標

始遷祖即一世祖上白自石屏縣遷入。本譜内容爲世系,至者們凡十二世。

本譜載於《哈尼族口傳文化譯註全集》第十九卷《紅河州哈尼族譜牒(十)》

[雲南緑春]托牛村陶魯才户譜牒 陶魯才背誦 王牛處搜集 2011年雲南民族出版社排印本 合册 哈漢雙文並註國際音標

始遷祖即一世祖魯然自緑春縣戈奎鄉格波村遷入。本譜内容爲世系,至魯才凡四世。

本譜載於《哈尼族口傳文化譯註全集》第十九卷《紅河州哈尼族譜牒(十)》

[雲南緑春]托牛村王擁才户譜牒 王擁才背誦 王牛處搜集 2011年雲南民族出版社排印本 合册 哈漢雙文並註國際音標

始遷祖即一世祖歸嘎自緑春縣戈奎鄉加梅村遷入。本譜内容爲世系，至擁才凡五世。

本譜載於《哈尼族口傳文化譯註全集》第十九卷《紅河州哈尼族譜牒(十)》

[雲南緑春]托牛村許才三户譜牒 許才三背誦 王牛處搜集 2011年雲南民族出版社排印本 合册 哈漢雙文並註國際音標

始遷祖即一世祖們嘎自緑春縣戈奎鄉加梅村遷入。本譜内容爲世系，至才三凡六世。

本譜載於《哈尼族口傳文化譯註全集》第十九卷《紅河州哈尼族譜牒(十)》

[雲南緑春]托牛村李保才户譜牒 李保才背誦 王牛處搜集 2011年雲南民族出版社排印本 合册 哈漢雙文並註國際音標

始遷祖即一世祖安堅自緑春縣大興鎮規東村遷入。本譜内容爲世系，至保才凡七世。

本譜載於《哈尼族口傳文化譯註全集》第十九卷《紅河州哈尼族譜牒(十)》

[雲南緑春]哈魯村陳保發户譜牒 陳保發背誦 龍忠沙搜集 2011年雲南民族出版社排印本 合册 哈漢雙文並註國際音標

一世祖烏俄。本譜内容爲世系，至保發凡六十二世。

本譜載於《哈尼族口傳文化譯註全集》第十九卷《紅河州哈尼族譜牒(十)》

[雲南緑春]哈魯村李永山户譜牒 李永山背誦 龍忠沙搜集 2011年雲南民族出版社排印本 合册 哈漢雙文並註國際音標

一世祖烏俄。本譜内容爲世系，至三寶凡六十九世。

本譜載於《哈尼族口傳文化譯註全集》第十九卷《紅河州哈尼族譜牒(十)》

[雲南緑春]阿庫村李處們户譜牒 李處們背誦 龍忠沙搜集 2011年雲南民族出版社排印本 合册 哈漢雙文並註國際音標

一世祖無俄。本譜内容爲世系，至龍實凡四十三世。

本譜載於《哈尼族口傳文化譯註全集》第十九卷《紅河州哈尼族譜牒(十)》

[雲南緑春]阿庫村郭斗檢户譜牒 郭三貴背誦 龍忠沙搜集 2011年雲南民族出版社排印本 合册 哈漢雙文並註國際音標

一世祖的白。本譜内容爲世系，至斗檢凡四十六世。

本譜載於《哈尼族口傳文化譯註全集》第十九卷《紅河州哈尼族譜牒(十)》

[雲南緑春]阿黑村周否處户譜牒 周處嘎背誦 龍忠沙搜集 2011年雲南民族出版社排印本 合册 哈漢雙文並註國際音標

一世祖嗦咪恩。本譜内容爲世系，至否處凡五十六世。

本譜載於《哈尼族口傳文化譯註全集》第十九卷《紅河州哈尼族譜牒(十)》

[雲南緑春]哈托村陳保斗户譜牒 陳永者背誦 龍忠沙搜集 2011年雲南民族出版社排印本 合册 哈漢雙文並註國際音標

一世祖烏俄。本譜内容爲世系，至保斗凡五十六世。

本譜載於《哈尼族口傳文化譯註全集》第十九卷《紅河州哈尼族譜牒(十)》

[雲南緑春]牛德村陳期三户譜牒 陳期三背誦 龍忠沙搜集 2011年雲南民族出版社排印本 合册 哈漢雙文並註國際音標

一世祖奥奥。本譜内容爲世系，至成銀凡七十一世。

本譜載於《哈尼族口傳文化譯註全集》第十九卷《紅河州哈尼族譜牒(十)》

[雲南緑春]俄普村李氏家族譜系 佚名念誦 楊六金記録 2008年中國大百科全書出版社排印本 合册

哈尼語哈雅方言家譜。流傳於雲南省緑春縣。本譜所載僅爲世系,自第一世姆安至仁處凡六十四世。

本譜載於《中國少數民族古籍總目提要·哈尼族卷》

[雲南緑春]俄普村李氏家族譜系 佚名念誦 楊六金記録 2005年民族出版社排印本 合册 哈漢雙文

參見上條。本譜所載僅爲世系,自第一世姆安至仁處凡五十七世,與上條世系略有出入。

本譜載於《紅河哈尼族譜牒》

[雲南緑春]俄普村李中處户譜牒 李中處背誦 李學祥搜集 2011年雲南民族出版社排印本 合册 哈漢雙文並註國際音標

一世祖安它。始遷祖第八世斗處自俄馬單東村遷入。本譜内容爲世系,至沙貴凡十世。

本譜載於《哈尼族口傳文化譯註全集》第十九卷《紅河州哈尼族譜牒(十)》

[雲南緑春]俄普村錢永斗户譜牒 錢永斗背誦 李學祥搜集 2011年雲南民族出版社排印本 合册 哈漢雙文並註國際音標

一世祖者保。始遷祖第五世貴保遷入本村。本譜内容爲世系,至咀忠凡十世。

本譜載於《哈尼族口傳文化譯註全集》第十九卷《紅河州哈尼族譜牒(十)》

[雲南緑春]俄普村李斗期户譜牒 李斗期背誦 李學祥搜集 2011年雲南民族出版社排印本 合册 哈漢雙文並註國際音標

一世祖山斗。始遷祖第二世斗安自紅河縣洛恩鄉哈龍村遷入。本譜内容爲世系,至咀忠凡十世。

本譜載於《哈尼族口傳文化譯註全集》第十九卷《紅河州哈尼族譜牒(十)》

[雲南緑春]俄普村李陽山户譜牒 李陽山背誦 李學祥搜集 2011年雲南民族出版社排印本 合册 哈漢雙文並註國際音標

一世老斗。本譜内容爲世系,至咀發凡十四世。

本譜載於《哈尼族口傳文化譯註全集》第十九卷《紅河州哈尼族譜牒(十)》

[雲南緑春]俄普村馬沙處户譜牒 馬沙處背誦 李學祥搜集 2011年雲南民族出版社排印本 合册 哈漢雙文並註國際音標

始遷祖即一世祖嘎額自緑春縣大興鎮德倫娘村遷入。本譜内容爲世系,至規保凡六世。

本譜載於《哈尼族口傳文化譯註全集》第十九卷《紅河州哈尼族譜牒(十)》

[雲南緑春]俄普村馬中斗户譜牒 馬中斗背誦 李學祥搜集 2011年雲南民族出版社排印本 合册 哈漢雙文並註國際音標

一世祖龍期。始遷祖第六世中斗自緑春縣大興鎮迪施村遷入。本譜内容爲世系,至恒者凡八世。

本譜載於《哈尼族口傳文化譯註全集》第十九卷《紅河州哈尼族譜牒(十)》

[雲南緑春]俄普村馬苗嘎户譜牒 馬苗嘎背誦 李學祥搜集 2011年雲南民族出版社排印本 合册 哈漢雙文並註國際音標

一世祖龍永。本譜内容爲世系,至咀福凡六世。

本譜載於《哈尼族口傳文化譯註全集》第十九卷《紅河州哈尼族譜牒(十)》

[雲南緑春]俄普村楊永成户譜牒 楊永成背誦 李學祥搜集 2011年雲南民族出版社排印本 合册 哈漢雙文並註國際音標

一世祖俄咀。本譜内容爲世系,至歐發凡十一世。

本譜載於《哈尼族口傳文化譯註全集》第十九卷《紅河州哈尼族譜牒(十)》

[雲南緑春]俄普村楊山額户譜牒 楊山額背誦 李學祥搜集 2011年雲南民族出版社排印本 合册 哈漢雙文並註國際音標

始遷祖即一世祖者紅自紅河縣寶華鄉遷入。本譜内容爲世系,至保普凡十世。

本譜載於《哈尼族口傳文化譯註全集》第十九卷《紅河州哈尼族譜牒(十)》

[雲南緑春]俄普村陶書者户譜牒　陶書者背誦　李學祥搜集　2011年雲南民族出版社排印本　合册　哈漢雙文並註國際音標

一世祖拉木。本譜内容爲世系,至期陸凡十九世。

本譜載於《哈尼族口傳文化譯註全集》第十九卷《紅河州哈尼族譜牒(十)》

[雲南緑春]略馬村李臘保户譜牒　李臘保背誦　李學祥搜集　2011年雲南民族出版社排印本　合册　哈漢雙文並註國際音標

始遷祖即一世祖奎斗自石屏縣遷入。本譜内容爲世系,至哈者凡七世。

本譜載於《哈尼族口傳文化譯註全集》第十九卷《紅河州哈尼族譜牒(十)》

[雲南緑春]略馬村李臘米户譜牒　李臘米背誦　李學祥搜集　2011年雲南民族出版社排印本　合册　哈漢雙文並註國際音標

一世祖苗雋。始遷祖第十八世保老自紅河縣架七鄉遷至洛恩鄉哈老村,終遷本村。本譜内容爲世系,至三文凡二十七世。

本譜載於《哈尼族口傳文化譯註全集》第十九卷《紅河州哈尼族譜牒(十)》

[雲南緑春]略馬村龍氏家族譜系　佚名念誦　楊六金記録　2008年中國大百科全書出版社排印本　合册

哈尼語哈雅方言家譜。流傳於雲南省緑春縣。本譜所載僅爲世系,自第一世我窩至處額凡四十二世。

本譜載於《中國少數民族古籍總目提要·哈尼族卷》

[雲南緑春]略馬村龍氏家族譜系　佚名念誦　楊六金記録　2005年民族出版社排印本　合册　哈漢雙文

參見上條。本譜所載僅爲世系,自第一世我窩至處額凡三十六世,與上條世系略有出入。

本譜載於《紅河哈尼族譜牒》

[雲南緑春]略馬村龍德海户譜牒　龍德海背誦　李學祥搜集　2011年雲南民族出版社排印本　合册　哈漢雙文並註國際音標

一世祖水苗。本譜内容爲世系,至德海凡四十二世。

本譜載於《哈尼族口傳文化譯註全集》第十九卷《紅河州哈尼族譜牒(十)》

[雲南緑春]俄卡村李斗成户譜牒　李斗成背誦　李學祥搜集　2011年雲南民族出版社排印本　合册　哈漢雙文並註國際音標

一世祖苗成。本譜内容爲世系,至斗成凡十二世。

本譜載於《哈尼族口傳文化譯註全集》第十九卷《紅河州哈尼族譜牒(十)》

[雲南緑春]俄卡村李咀三户譜牒　李咀三背誦　李學祥搜集　2011年雲南民族出版社排印本　合册　哈漢雙文並註國際音標

一世祖歐成。本譜内容爲世系,至咀三凡五世。

本譜載於《哈尼族口傳文化譯註全集》第十九卷《紅河州哈尼族譜牒(十)》

[雲南緑春]俄卡村龍咀者户譜牒　龍咀者背誦　李學祥搜集　2011年雲南民族出版社排印本　合册　哈漢雙文並註國際音標

一世祖堅起。本譜内容爲世系,至咀者凡五世。

本譜載於《哈尼族口傳文化譯註全集》第十九卷《紅河州哈尼族譜牒(十)》

[雲南緑春]俄卡村李規三户譜牒　李規三背誦　李學祥搜集　2011年雲南民族出版社排印本　合册　哈漢雙文並註國際音標

一世祖處保。本譜内容爲世系,至規三凡三世。

本譜載於《哈尼族口傳文化譯註全集》第十九卷《紅河州哈尼族譜牒(十)》

[雲南緑春]俄卡村馬葉歐户譜牒　馬葉歐背誦　李學祥搜集　2011年雲南民族出版社排印本　合册　哈漢雙文並註國際音標

一世祖愛老。本譜内容爲世系，至葉歐凡十一世。

本譜載於《哈尼族口傳文化譯註全集》第十九卷《紅河州哈尼族譜牒(十)》

[雲南緑春]莫約村李成規户譜牒　李成規背誦　李學祥搜集　2011年雲南民族出版社排印本　合册　哈漢雙文並註國際音標

一世祖苗堅。本譜内容爲世系，至成規凡九世。

本譜載於《哈尼族口傳文化譯註全集》第十九卷《紅河州哈尼族譜牒(十)》

[雲南緑春]莫約村李黑保户譜牒　李黑保背誦　李學祥搜集　2011年雲南民族出版社排印本　合册　哈漢雙文並註國際音標

一世祖苗區。本譜内容爲世系，至黑保凡十一世。

本譜載於《哈尼族口傳文化譯註全集》第十九卷《紅河州哈尼族譜牒(十)》

[雲南緑春]莫約村馬者處户譜牒　馬者處背誦　李學祥搜集　2011年雲南民族出版社排印本　合册　哈漢雙文並註國際音標

一世祖樹章。本譜内容爲世系，至者處凡二十五世。

本譜載於《哈尼族口傳文化譯註全集》第十九卷《紅河州哈尼族譜牒(十)》

[雲南緑春]莫約村郭娘者户譜牒　郭娘者背誦　李學祥搜集　2011年雲南民族出版社排印本　合册　哈漢雙文並註國際音標

一世祖期三。本譜内容爲世系，至娘者凡三世。

本譜載於《哈尼族口傳文化譯註全集》第十九卷《紅河州哈尼族譜牒(十)》

[雲南緑春]莫約村馬燈福户譜牒　馬燈福背誦　李學祥搜集　2011年雲南民族出版社排印本　合册　哈漢雙文並註國際音標

一世祖普檢。本譜内容爲世系，至燈福凡四世。

本譜載於《哈尼族口傳文化譯註全集》第十九卷《紅河州哈尼族譜牒(十)》

[雲南緑春]莫約村龍關富户譜牒　龍關富背誦　李學祥搜集　2011年雲南民族出版社排印本　合册　哈漢雙文並註國際音標

一世祖做者。本譜内容爲世系，至關富凡五世。

本譜載於《哈尼族口傳文化譯註全集》第十九卷《紅河州哈尼族譜牒(十)》

[雲南緑春]莫約村李處斗户譜牒　李處斗背誦　李學祥搜集　2011年雲南民族出版社排印本　合册　哈漢雙文並註國際音標

一世祖要歐。本譜内容爲世系，至處斗凡八世。

本譜載於《哈尼族口傳文化譯註全集》第十九卷《紅河州哈尼族譜牒(十)》

[雲南緑春]莫約村李然福户譜牒　李然福背誦　李學祥搜集　2011年雲南民族出版社排印本　合册　哈漢雙文並註國際音標

一世祖皮日。本譜内容爲世系，至然福凡十七世。

本譜載於《哈尼族口傳文化譯註全集》第十九卷《紅河州哈尼族譜牒(十)》

[雲南緑春]莫約村李處成户譜牒　李處成背誦　李學祥搜集　2011年雲南民族出版社排印本　合册　哈漢雙文並註國際音標

一世祖六者。本譜内容爲世系，至處成凡三世。

本譜載於《哈尼族口傳文化譯註全集》第十九卷《紅河州哈尼族譜牒(十)》

[雲南緑春]阿東村李三文户譜牒　李三文背誦　李學祥搜集　2011年雲南民族出版社排印本　合册　哈漢雙文並註國際音標

一世祖智老。本譜内容爲世系，至三文凡十一世。

本譜載於《哈尼族口傳文化譯註全集》第十九

卷《紅河州哈尼族譜牒(十)》

[雲南緑春]阿東村李苗處户譜牒 李苗處背誦 李學祥搜集 2011年雲南民族出版社排印本 合册 哈漢雙文並註國際音標

一世祖期陸。本譜内容爲世系,至苗處凡十四世。

本譜載於《哈尼族口傳文化譯註全集》第十九卷《紅河州哈尼族譜牒(十)》

[雲南緑春]阿東村李娘三户譜牒 李娘三背誦 李學祥搜集 2011年雲南民族出版社排印本 合册 哈漢雙文並註國際音標

一世祖發三。本譜内容爲世系,至娘三凡十世。

本譜載於《哈尼族口傳文化譯註全集》第十九卷《紅河州哈尼族譜牒(十)》

[雲南緑春]阿東村龍三斗户譜牒 龍三斗背誦 李學祥搜集 2011年雲南民族出版社排印本 合册 哈漢雙文並註國際音標

一世祖黑陸。本譜内容爲世系,至三斗凡三世。

本譜載於《哈尼族口傳文化譯註全集》第十九卷《紅河州哈尼族譜牒(十)》

[雲南緑春]阿東村馬處者户譜牒 馬處者背誦 李學祥搜集 2011年雲南民族出版社排印本 合册 哈漢雙文並註國際音標

一世祖老苗。本譜内容爲世系,至處者凡四世。

本譜載於《哈尼族口傳文化譯註全集》第十九卷《紅河州哈尼族譜牒(十)》

[雲南緑春]阿東村李保福户譜牒 李保福背誦 李學祥搜集 2011年雲南民族出版社排印本 合册 哈漢雙文並註國際音標

一世祖沖陸。本譜内容爲世系,至保福凡四世。

本譜載於《哈尼族口傳文化譯註全集》第十九卷《紅河州哈尼族譜牒(十)》

[雲南緑春]阿東村周三福户譜牒 周三福背誦 李學祥搜集 2011年雲南民族出版社排印本 合册 哈漢雙文並註國際音標

一世祖者太。本譜内容爲世系,至三福凡十世。

本譜載於《哈尼族口傳文化譯註全集》第十九卷《紅河州哈尼族譜牒(十)》

[雲南緑春]阿東村李嘎英户譜牒 李嘎英背誦 李學祥搜集 2011年雲南民族出版社排印本 合册 哈漢雙文並註國際音標

一世祖保仁。本譜内容爲世系,至嘎英凡七世。

本譜載於《哈尼族口傳文化譯註全集》第十九卷《紅河州哈尼族譜牒(十)》

[雲南緑春]阿東村楊氏家族譜系 佚名念誦 楊六金記録 2008年中國大百科全書出版社排印本 合册

哈尼語哈雅方言家譜。流傳於雲南省緑春縣。本譜所載僅爲世系,自第一世順明至鄉嘴凡五十六世。

本譜載於《中國少數民族古籍總目提要・哈尼族卷》

[雲南緑春]阿東村楊氏家族譜系 佚名念誦 楊六金記録 2005年民族出版社排印本 合册 哈漢雙文

參見上條。世系與上條同。

本譜載於《紅河哈尼族譜牒》

[雲南緑春]阿東村楊然三户譜牒 楊然三背誦 李學祥搜集 2011年雲南民族出版社排印本 合册 哈漢雙文並註國際音標

一世祖保雲。本譜内容爲世系,至然三凡十世。

本譜載於《哈尼族口傳文化譯註全集》第十九卷《紅河州哈尼族譜牒(十)》

[雲南緑春]阿東村李者福户譜牒 李者福背誦 李學祥搜集 2011年雲南民族出版社排印本 合册 哈漢雙文並註國際音標

一世祖苗期。本譜内容爲世系,至者福凡八世。

本譜載於《哈尼族口傳文化譯註全集》第十九卷《紅河州哈尼族譜牒(十)》

[雲南緑春]區咀村張期者户譜牒　張期者背誦　李學祥搜集　2011 年雲南民族出版社排印本　合册　哈漢雙文並註國際音標

一世祖偉者。本譜内容爲世系,至期者凡五世。

本譜載於《哈尼族口傳文化譯註全集》第十九卷《紅河州哈尼族譜牒(十)》

[雲南緑春]區咀村楊斗英户譜牒　楊斗英背誦　李學祥搜集　2011 年雲南民族出版社排印本　合册　哈漢雙文並註國際音標

一世祖批期。本譜内容爲世系,至斗英凡十五世。

本譜載於《哈尼族口傳文化譯註全集》第十九卷《紅河州哈尼族譜牒(十)》

[雲南緑春]區咀村許者昆户譜牒　許者昆背誦　李學祥搜集　2011 年雲南民族出版社排印本　合册　哈漢雙文並註國際音標

一世祖處山。本譜内容爲世系,至者昆凡四世。

本譜載於《哈尼族口傳文化譯註全集》第十九卷《紅河州哈尼族譜牒(十)》

[雲南緑春]區咀村楊娘保户譜牒　楊娘保背誦　李學祥搜集　2011 年雲南民族出版社排印本　合册　哈漢雙文並註國際音標

一世祖普保。本譜内容爲世系,至娘保凡九世。

本譜載於《哈尼族口傳文化譯註全集》第十九卷《紅河州哈尼族譜牒(十)》

[雲南緑春]區咀村陳期紅户譜牒　陳期紅背誦　李學祥搜集　2011 年雲南民族出版社排印本　合册　哈漢雙文並註國際音標

一世祖魯們。本譜内容爲世系,至期紅凡四世。

本譜載於《哈尼族口傳文化譯註全集》第十九卷《紅河州哈尼族譜牒(十)》

[雲南緑春]俄普村李安普户譜牒　李安普背誦　李學祥搜集　2011 年雲南民族出版社排印本　合册　哈漢雙文並註國際音標

一世祖沙者。本譜内容爲世系,至嘎沙凡五世。

本譜載於《哈尼族口傳文化譯註全集》第十九卷《紅河州哈尼族譜牒(十)》

[雲南緑春]俄普村李歐發户譜牒　李歐發背誦　李學祥搜集　2011 年雲南民族出版社排印本　合册　哈漢雙文並註國際音標

一世祖無俄。本譜内容爲世系,至額發凡六十四世。

本譜載於《哈尼族口傳文化譯註全集》第十九卷《紅河州哈尼族譜牒(十)》

[雲南緑春]俄普村李普成户譜牒　李普成背誦　李學祥搜集　2011 年雲南民族出版社排印本　合册　哈漢雙文並註國際音標

一世祖咀期。本譜内容爲世系,至成功凡四世。

本譜載於《哈尼族口傳文化譯註全集》第十九卷《紅河州哈尼族譜牒(十)》

[雲南緑春]俄馬村李干咀户譜牒　李干咀背誦　楊學强搜集　2011 年雲南民族出版社排印本　合册　哈漢雙文並註國際音標

一世祖木然在。本譜内容爲世系,至干咀凡五十二世。

本譜載於《哈尼族口傳文化譯註全集》第十九卷《紅河州哈尼族譜牒(十)》

[雲南緑春]俄馬村馬處龍户譜牒　馬處龍背誦　楊學强搜集　2011 年雲南民族出版社排印本　合册　哈漢雙文並註國際音標

一世祖木然在。本譜内容爲世系,至龍處凡二十七世。

本譜載於《哈尼族口傳文化譯註全集》第十九卷《紅河州哈尼族譜牒(十)》

[雲南緑春]俄馬村楊忠處户譜牒　楊忠處背誦　楊學强搜集　2011 年雲南民族出版社排印本　合册　哈漢雙文並註國際音標

一世祖羅者。本譜内容爲世系,至忠處凡八世。

本譜載於《哈尼族口傳文化譯註全集》第十九卷《紅河州哈尼族譜牒(十)》

[雲南緑春]俄馬村陳處斗户譜牒 陳處斗背誦 楊學强搜集 2011年雲南民族出版社排印本 合册 哈漢雙文並註國際音標

一世祖木然在。本譜内容爲世系,至處斗凡五十世。

本譜載於《哈尼族口傳文化譯註全集》第十九卷《紅河州哈尼族譜牒(十)》

[雲南緑春]佈都村龍周魯户譜牒 龍周魯背誦 楊學强搜集 2011年雲南民族出版社排印本 合册 哈漢雙文並註國際音標

一世祖孫米。本譜内容爲世系,至歐早凡四十四世。

本譜載於《哈尼族口傳文化譯註全集》第十九卷《紅河州哈尼族譜牒(十)》

[雲南緑春]臘迷村李三娘户譜牒 李三娘背誦 楊學强搜集 2011年雲南民族出版社排印本 合册 哈漢雙文並註國際音標

一世祖奥窩。本譜内容爲世系,至三娘凡六十世。

本譜載於《哈尼族口傳文化譯註全集》第十九卷《紅河州哈尼族譜牒(十)》

[雲南緑春]格馬村李中者户譜牒 李中者背誦 楊學强搜集 2011年雲南民族出版社排印本 合册 哈漢雙文並註國際音標

一世祖木然在。本譜内容爲世系,至中者凡五十四世。

本譜載於《哈尼族口傳文化譯註全集》第十九卷《紅河州哈尼族譜牒(十)》

[雲南緑春]格馬村許龍土户譜牒 許龍土背誦 楊學强搜集 2011年雲南民族出版社排印本 合册 哈漢雙文並註國際音標

一世祖孫米。本譜内容爲世系,至龍土凡五十四世。

本譜載於《哈尼族口傳文化譯註全集》第十九卷《紅河州哈尼族譜牒(十)》

[雲南緑春]新寨村許六千户譜牒 許六千背誦 楊學强搜集 2011年雲南民族出版社排印本 合册 哈漢雙文並註國際音標

一世祖孫米。本譜内容爲世系,至六千凡五十五世。

本譜載於《哈尼族口傳文化譯註全集》第十九卷《紅河州哈尼族譜牒(十)》

[雲南緑春]新寨村馬歐成户譜牒 馬歐成背誦 楊學强搜集 2011年雲南民族出版社排印本 合册 哈漢雙文並註國際音標

一世祖馬家。本譜内容爲世系,至歐成凡八世。

本譜載於《哈尼族口傳文化譯註全集》第十九卷《紅河州哈尼族譜牒(十)》

[雲南緑春]單東村李保普户譜牒 李保普背誦 楊學强搜集 2011年雲南民族出版社排印本 合册 哈漢雙文並註國際音標

一世祖木然在。本譜内容爲世系,至保普凡五十六世。

本譜載於《哈尼族口傳文化譯註全集》第十九卷《紅河州哈尼族譜牒(十)》

[雲南緑春]騎馬壩村李雄華户譜牒 李雄華背誦 白躍留搜集 2011年雲南民族出版社排印本 合册 哈漢雙文並註國際音標

一世祖來青。本譜内容爲世系,至雄妹凡二十七世。

本譜載於《哈尼族口傳文化譯註全集》第十九卷《紅河州哈尼族譜牒(十)》

[雲南緑春]騎馬壩村王建國户譜牒 王建國背誦 白躍留搜集 2011年雲南民族出版社排印本 合册 哈漢雙文並註國際音標

一世祖皮者。本譜内容爲世系,至建國凡十六世。

本譜載於《哈尼族口傳文化譯註全集》第十九卷《紅河州哈尼族譜牒(十)》

[雲南緑春]騎馬壩村朱建國户譜牒 朱建國背

誦　白躍留搜集　2011年雲南民族出版社排印本　合册　哈漢雙文並註國際音標

一世祖龍斗。本譜内容爲世系，至建國凡十二世。

本譜載於《哈尼族口傳文化譯註全集》第十九卷《紅河州哈尼族譜牒（十）》

[雲南緑春]哈渣村李巧林户譜牒　李巧林背誦　白躍留搜集　2011年雲南民族出版社排印本　合册　哈漢雙文並註國際音標

一世祖河山。本譜内容爲世系，至巧林凡二十一世。

本譜載於《哈尼族口傳文化譯註全集》第十九卷《紅河州哈尼族譜牒（十）》

[雲南緑春]臘里村李龍元户譜牒　李龍元背誦　白躍留搜集　2011年雲南民族出版社排印本　合册　哈漢雙文並註國際音標

一世祖黑才。本譜内容爲世系，至龍元凡三十三世。

本譜載於《哈尼族口傳文化譯註全集》第十九卷《紅河州哈尼族譜牒（十）》

[雲南緑春]哈鞏村馬黑龍户譜牒　馬黑龍背誦　范規長搜集　2011年雲南民族出版社排印本　合册　哈漢雙文並註國際音標

一世祖金永。本譜内容爲世系，至才東凡十七世。

本譜載於《哈尼族口傳文化譯註全集》第十九卷《紅河州哈尼族譜牒（十）》

[雲南緑春]哈鞏村李機亞户譜牒　李機亞背誦　范規長搜集　2011年雲南民族出版社排印本　合册　哈漢雙文並註國際音標

一世祖區咀。本譜内容爲世系，至先咀凡十二世。

本譜載於《哈尼族口傳文化譯註全集》第十九卷《紅河州哈尼族譜牒（十）》

[雲南緑春]梁子寨李然龍户譜牒　李然龍背誦　范規長搜集　2011年雲南民族出版社排印本　合册　哈漢雙文並註國際音標

一世祖和馬。本譜内容爲世系，至龍發凡七世。

本譜載於《哈尼族口傳文化譯註全集》第十九卷《紅河州哈尼族譜牒（十）》

[雲南緑春]巖倮村陳世開户譜牒　陳世開背誦　范規長搜集　2011年雲南民族出版社排印本　合册　哈漢雙文並註國際音標

一世祖甫黑。本譜内容爲世系，至陳英凡九世。

本譜載於《哈尼族口傳文化譯註全集》第十九卷《紅河州哈尼族譜牒（十）》

[雲南緑春]巖倮村楊實沙户譜牒　楊實沙背誦　范規長搜集　2011年雲南民族出版社排印本　合册　哈漢雙文並註國際音標

一世祖者偉。本譜内容爲世系，至立子凡十世。

本譜載於《哈尼族口傳文化譯註全集》第十九卷《紅河州哈尼族譜牒（十）》

[雲南緑春]壩卡村陳的黑户譜牒　陳的黑背誦　范規長搜集　2011年雲南民族出版社排印本　合册　哈漢雙文並註國際音標

一世祖的黑。本譜内容爲世系，至雲福凡八世。

本譜載於《哈尼族口傳文化譯註全集》第十九卷《紅河州哈尼族譜牒（十）》

[雲南緑春]壩卡村李斗才户譜牒　李斗才背誦　范規長搜集　2011年雲南民族出版社排印本　合册　哈漢雙文並註國際音標

一世祖斗才。本譜内容爲世系，至福忠凡十三世。

本譜載於《哈尼族口傳文化譯註全集》第十九卷《紅河州哈尼族譜牒（十）》

[雲南緑春]壩卡村方沙者户譜牒　方沙者背誦　范規長搜集　2011年雲南民族出版社排印本　合册　哈漢雙文並註國際音標

一世祖沙者。本譜内容爲世系，至朝明凡八世。

本譜載於《哈尼族口傳文化譯註全集》第十九

卷《紅河州哈尼族譜牒(十)》

[雲南緑春]壩卡村張妮正户譜牒　張妮正背誦　范規長搜集　2011年雲南民族出版社排印本　合册　哈漢雙文並註國際音標

一世祖妮正。本譜内容爲世系,至波服凡三十四世。

本譜載於《哈尼族口傳文化譯註全集》第十九卷《紅河州哈尼族譜牒(十)》

[雲南緑春]壩卡村張俄金户譜牒　張俄金背誦　范規長搜集　2011年雲南民族出版社排印本　合册　哈漢雙文並註國際音標

一世祖俄金。本譜内容爲世系,至來亞凡十一世。

本譜載於《哈尼族口傳文化譯註全集》第十九卷《紅河州哈尼族譜牒(十)》

[雲南緑春]壩卡村李龍金户譜牒　李龍金背誦　范規長搜集　2011年雲南民族出版社排印本　合册　哈漢雙文並註國際音標

一世祖龍金。本譜内容爲世系,至金福凡七世。

本譜載於《哈尼族口傳文化譯註全集》第十九卷《紅河州哈尼族譜牒(十)》

[雲南緑春]雲盤山村張沙波户譜牒　張沙波背誦　李元福搜集　2011年雲南民族出版社排印本　合册　哈漢雙文並註國際音標

一世祖六文。本譜内容爲世系,至波中凡八世。

本譜載於《哈尼族口傳文化譯註全集》第十九卷《紅河州哈尼族譜牒(十)》

[雲南緑春]洛剁村王德偉户譜牒　王德偉背誦　李元福搜集　2011年雲南民族出版社排印本　合册　哈漢雙文並註國際音標

一世祖德偉。本譜内容爲世系,至元德凡九世。

本譜載於《哈尼族口傳文化譯註全集》第十九卷《紅河州哈尼族譜牒(十)》

[雲南緑春]托河村李莫呀户譜牒　李莫呀背誦　李玉發搜集　2011年雲南民族出版社排印本　合册　哈漢雙文並註國際音標

一世祖莫呀。本譜内容爲世系,至優强凡七世。

本譜載於《哈尼族口傳文化譯註全集》第十九卷《紅河州哈尼族譜牒(十)》

[雲南緑春]托河村李嘎紅户譜牒　李嘎紅背誦　李玉發搜集　2011年雲南民族出版社排印本　合册　哈漢雙文並註國際音標

一世祖嘎紅。本譜内容爲世系,至金平凡七世。

本譜載於《哈尼族口傳文化譯註全集》第十九卷《紅河州哈尼族譜牒(十)》

[雲南緑春]洛莫村楊龍斗户譜牒　楊龍斗背誦　李玉發搜集　2011年雲南民族出版社排印本　合册　哈漢雙文並註國際音標

一世祖龍斗。本譜内容爲世系,至章保凡七世。

本譜載於《哈尼族口傳文化譯註全集》第十九卷《紅河州哈尼族譜牒(十)》

[雲南緑春]鞏的村馬什沙户譜牒　馬什沙背誦　李玉發搜集　2011年雲南民族出版社排印本　合册　哈漢雙文並註國際音標

一世祖什沙。本譜内容爲世系,至麼色凡六世。

本譜載於《哈尼族口傳文化譯註全集》第十九卷《紅河州哈尼族譜牒(十)》

[雲南緑春]酒丕村李龍哈户譜牒　李龍哈背誦　李玉發搜集　2011年雲南民族出版社排印本　合册　哈漢雙文並註國際音標

一世祖龍哈。本譜内容爲世系,至擁保凡八世。

本譜載於《哈尼族口傳文化譯註全集》第十九卷《紅河州哈尼族譜牒(十)》

[雲南緑春]羅門巴村朱金發户譜牒　朱金發背誦　朱躍元搜集　2011年雲南民族出版社排印本　合册　哈漢雙文並註國際音標

一世祖年貝。本譜内容爲世系,至金發凡四十七世。

本譜載於《哈尼族口傳文化譯註全集》第十九

卷《紅河州哈尼族譜牒(十)》

[雲南緑春]杯倮村李開元户譜牒　李開元背誦　李五者搜集　2011年雲南民族出版社排印本　合册　哈漢雙文並註國際音標

一世祖司利。本譜内容爲世系,至永平凡五十五世。

本譜載於《哈尼族口傳文化譯註全集》第十九卷《紅河州哈尼族譜牒(十)》

[雲南緑春]杯倮村楊洲才户譜牒　楊洲才背誦　李五者搜集　2011年雲南民族出版社排印本　合册　哈漢雙文並註國際音標

一世祖秧龍。本譜内容爲世系,至玉先凡十一世。

本譜載於《哈尼族口傳文化譯註全集》第十九卷《紅河州哈尼族譜牒(十)》

[雲南緑春]臘蘇格嗎村朱金龍户譜牒　朱金龍背誦　李五者搜集　2011年雲南民族出版社排印本　合册　哈漢雙文並註國際音標

一世祖阿翁。本譜内容爲世系,至福光六十九世。

本譜載於《哈尼族口傳文化譯註全集》第十九卷《紅河州哈尼族譜牒(十)》

[雲南緑春]蘇尼村李黑沙户譜牒　李黑沙背誦　李五者搜集　2011年雲南民族出版社排印本　合册　哈漢雙文並註國際音標

一世祖沙機。本譜内容爲世系,至才春凡五世。

本譜載於《哈尼族口傳文化譯註全集》第十九卷《紅河州哈尼族譜牒(十)》

[雲南緑春]地防村李巖金户譜牒　李巖金背誦　李五者搜集　2011年雲南民族出版社排印本　合册　哈漢雙文並註國際音標

一世祖波黑。本譜内容爲世系,至進平凡八世。

本譜載於《哈尼族口傳文化譯註全集》第十九卷《紅河州哈尼族譜牒(十)》

[雲南緑春]阿松村李阿録户譜牒　李阿録背誦　朱港元搜集　2011年雲南民族出版社排印本　合册　哈漢雙文並註國際音標

一世祖木翁。本譜内容爲世系,至龍才凡五十八世。

本譜載於《哈尼族口傳文化譯註全集》第十九卷《紅河州哈尼族譜牒(十)》

[雲南緑春]老街子村李波黑户譜牒　李波黑背誦　朱港元搜集　2011年雲南民族出版社排印本　合册　哈漢雙文並註國際音標

一世祖龍蝦。本譜内容爲世系,至牛黑凡十三世。

本譜載於《哈尼族口傳文化譯註全集》第十九卷《紅河州哈尼族譜牒(十)》

[雲南緑春]阿松村李黑者户譜牒　李黑者背誦　朱港元搜集　2011年雲南民族出版社排印本　合册　哈漢雙文並註國際音標

一世祖娘增。本譜内容爲世系,至者龍凡三十一世。

本譜載於《哈尼族口傳文化譯註全集》第十九卷《紅河州哈尼族譜牒(十)》

[雲南緑春]阿松村李咀沙户譜牒　李咀沙背誦　朱港元搜集　2011年雲南民族出版社排印本　合册　哈漢雙文並註國際音標

一世祖五翁。本譜内容爲世系,至波黑凡五十九世。

本譜載於《哈尼族口傳文化譯註全集》第十九卷《紅河州哈尼族譜牒(十)》

[雲南緑春]瑪玉村李秋文户譜牒　李秋文背誦　白忠像搜集　2011年雲南民族出版社排印本　合册　哈漢雙文並註國際音標

一世祖擁黑。本譜内容爲世系,至秋文凡十二世。

本譜載於《哈尼族口傳文化譯註全集》第十九卷《紅河州哈尼族譜牒(十)》

[雲南緑春]瑪玉村盧孫福户譜牒　盧孫福背誦　白忠像搜集　2011年雲南民族出版社排印本　合册　哈漢雙文並註國際音標

一世祖偉波。本譜内容爲世系,至孫福凡六世。

本譜載於《哈尼族口傳文化譯註全集》第十九卷《紅河州哈尼族譜牒(十)》

[雲南緑春]甫巴村白志雲户譜牒　白志雲背誦　白忠像搜集　2011年雲南民族出版社排印本　合册　哈漢雙文並註國際音標

一世祖阿攀。本譜内容爲世系,至志雲凡五世。

本譜載於《哈尼族口傳文化譯註全集》第十九卷《紅河州哈尼族譜牒(十)》

[雲南緑春]甫巴村李昌華户譜牒　李昌華背誦　白忠像搜集　2011年雲南民族出版社排印本　合册　哈漢雙文並註國際音標

一世祖老王。本譜内容爲世系,至昌華凡五世。

本譜載於《哈尼族口傳文化譯註全集》第十九卷《紅河州哈尼族譜牒(十)》

[雲南緑春]爬車村白來波户譜牒　白來波背誦　白忠像搜集　2011年雲南民族出版社排印本　合册　哈漢雙文並註國際音標

一世祖波歐。本譜内容爲世系,至來波凡七世。

本譜載於《哈尼族口傳文化譯註全集》第十九卷《紅河州哈尼族譜牒(十)》

[雲南緑春]平河村李斗娘户譜牒　李斗娘背誦　李普斗搜集　2011年雲南民族出版社排印本　合册　哈漢雙文並註國際音標

一世祖嗦咪吁。本譜内容爲世系,至咀娘凡三十七世。

本譜載於《哈尼族口傳文化譯註全集》第十九卷《紅河州哈尼族譜牒(十)》

[雲南緑春]平河村李然才户譜牒　李然才背誦　李普斗搜集　2011年雲南民族出版社排印本　合册　哈漢雙文並註國際音標

一世祖嗦咪吁。本譜内容爲世系,至咀久凡五十三世。

本譜載於《哈尼族口傳文化譯註全集》第十九卷《紅河州哈尼族譜牒(十)》

[雲南緑春]平河村陳堅糾户譜牒　陳堅糾背誦　朱福中搜集　2011年雲南民族出版社排印本　合册　哈漢雙文並註國際音標

一世祖嗦咪吁。本譜内容爲世系,至堅糾凡四十九世。

本譜載於《哈尼族口傳文化譯註全集》第十九卷《紅河州哈尼族譜牒(十)》

[雲南緑春]東龍村陳翁山户譜牒　陳翁山背誦　普牛三搜集　2011年雲南民族出版社排印本　合册　哈漢雙文並註國際音標

一世祖傚翁。本譜内容爲世系,至規者凡六十七世。

本譜載於《哈尼族口傳文化譯註全集》第十九卷《紅河州哈尼族譜牒(十)》

[雲南緑春]東批村羅山文户譜牒　羅山文背誦　普牛三搜集　2011年雲南民族出版社排印本　合册　哈漢雙文並註國際音標

一世祖傚翁。本譜内容爲世系,至準山凡六十五世。

本譜載於《哈尼族口傳文化譯註全集》第十九卷《紅河州哈尼族譜牒(十)》

[雲南緑春]俄倮村李咀波户譜牒　李咀波背誦　白松搜集　2011年雲南民族出版社排印本　合册　哈漢雙文並註國際音標

一世祖奥凹。本譜内容爲世系,至咀波凡五十二世。

本譜載於《哈尼族口傳文化譯註全集》第十九卷《紅河州哈尼族譜牒(十)》

[雲南緑春]真龍村陳沙才户譜牒　陳沙才背誦　白松搜集　2011年雲南民族出版社排印本　合册　哈漢雙文並註國際音標

一世祖奥凹。本譜内容爲世系,至沙才凡四十八世。

本譜載於《哈尼族口傳文化譯註全集》第十九卷《紅河州哈尼族譜牒(十)》

[雲南緑春]大頭村何福生户譜牒 何福生背誦 何作三搜集 2011年雲南民族出版社排印本 合册 哈漢雙文並註國際音標

始遷祖即一世祖石然自石屏縣遷緑春縣大興鎮岔弄村,後遷平河鄉南通村,1920年遷入本村。本譜内容爲世系,至福生凡四世。

本譜載於《哈尼族口傳文化譯註全集》第十九卷《紅河州哈尼族譜牒(十)》

[雲南緑春]大頭村王地沙户譜牒 王地沙背誦 何作三搜集 2011年雲南民族出版社排印本 合册 哈漢雙文並註國際音標

始遷祖即一世祖初黑自石屏縣遷緑春縣大興鎮,後遷平河鄉新寨村,1918年遷入本村。本譜内容爲世系,至地沙凡四世。

本譜載於《哈尼族口傳文化譯註全集》第十九卷《紅河州哈尼族譜牒(十)》

[雲南緑春]大頭村陳生九户譜牒 陳生九背誦 何作三搜集 2011年雲南民族出版社排印本 合册 哈漢雙文並註國際音標

始遷祖即一世祖俄嘎自石屏縣遷緑春縣牛洪鄉,1919年遷入本村。本譜内容爲世系,至生九凡四世。

本譜載於《哈尼族口傳文化譯註全集》第十九卷《紅河州哈尼族譜牒(十)》

[雲南緑春]大頭村李福生户譜牒 李福生背誦 何作三搜集 2011年雲南民族出版社排印本 合册 哈漢雙文並註國際音標

始遷祖即一世俄歐自石屏縣遷緑春縣大興鎮,1915年遷入本村。本譜内容爲世系,至福生凡五世。

本譜載於《哈尼族口傳文化譯註全集》第十九卷《紅河州哈尼族譜牒(十)》

[雲南緑春]大頭村馬咀福户譜牒 馬咀福背誦 何作三搜集 2011年雲南民族出版社排印本 合册 哈漢雙文並註國際音標

始遷祖即一世祖沙龍自石屏縣遷緑春縣岔弄村,1921年遷入本村。本譜内容爲世系,至咀福凡四世。

本譜載於《哈尼族口傳文化譯註全集》第十九卷《紅河州哈尼族譜牒(十)》

[雲南緑春]大頭村龍羊龍户譜牒 龍羊龍背誦 何作三搜集 2011年雲南民族出版社排印本 合册 哈漢雙文並註國際音標

始遷祖即一世祖成山自建水縣遷緑春縣,1909年遷入本村。本譜内容爲世系,至羊龍凡四世。

本譜載於《哈尼族口傳文化譯註全集》第十九卷《紅河州哈尼族譜牒(十)》

[雲南緑春]大頭村楊牛然户譜牒 楊牛然背誦 何作三搜集 2011年雲南民族出版社排印本 合册 哈漢雙文並註國際音標

一世祖求保。本譜内容爲世系,至牛然凡三世。

本譜載於《哈尼族口傳文化譯註全集》第十九卷《紅河州哈尼族譜牒(十)》

[雲南緑春]東哈村李規發户譜牒 李忠規背誦 李立斗搜集 2011年雲南民族出版社排印本 合册 哈漢雙文並註國際音標

一世祖畝昂。本譜内容爲世系,至規發凡六十三世。

本譜載於《哈尼族口傳文化譯註全集》第十九卷《紅河州哈尼族譜牒(十)》

[雲南緑春]東哈村李立發户譜牒 李我歐背誦 李立斗搜集 2011年雲南民族出版社排印本 合册 哈漢雙文並註國際音標

一世祖畝昂。始遷祖斗娘自元江縣哈播鄉遷入。本譜内容爲世系,至立發凡六十三世。

本譜載於《哈尼族口傳文化譯註全集》第十九卷《紅河州哈尼族譜牒(十)》

[雲南緑春]東哈村石然簡户譜牒　石然簡背誦　李立斗搜集　2011 年雲南民族出版社排印本　合册　哈漢雙文並註國際音標

一世祖俄馬。本譜内容爲世系,至然簡凡六十七世。

本譜載於《哈尼族口傳文化譯註全集》第十九卷《紅河州哈尼族譜牒(十)》

[雲南緑春]東哈村李批然户譜牒　李批然背誦　李立斗搜集　2011 年雲南民族出版社排印本　合册　哈漢雙文並註國際音標

一世祖書咪衣。本譜内容爲世系,至批然凡四十四世。

本譜載於《哈尼族口傳文化譯註全集》第十九卷《紅河州哈尼族譜牒(十)》

[雲南緑春]二甫村陳開發户譜牒　陳開發背誦　馬安興搜集　2011 年雲南民族出版社排印本　合册　哈漢雙文並註國際音標

一世祖提拾細。本譜内容爲世系,至衆者凡四十二世。

本譜載於《哈尼族口傳文化譯註全集》第十九卷《紅河州哈尼族譜牒(十)

[雲南建水]咪的村曹氏家族譜系　佚名念誦　楊六金記録　2008 年中國大百科全書出版社排印本　合册

哈尼語哈雅方言家譜。流傳於雲南省緑春縣、建水縣。本譜所載僅爲世系,自第一世奥皮至苗仍凡五十六世。

本譜載於《中國少數民族古籍總目提要・哈尼族卷》

[雲南建水]咪的村曹氏家族譜系　佚名念誦　楊六金記録　2005 年民族出版社排印本　合册　哈漢雙文

參見上條。本譜所載僅爲世系,自第一世奥皮至苗仍凡五十二世,與上條世系略有出入。

本譜載於《紅河哈尼族譜牒》

[雲南建水]咪的村普氏家族譜系　佚名念誦　楊六金記録　2008 年中國大百科全書出版社排印本　合册

哈尼語哈雅方言家譜。流傳於雲南省建水縣。本譜所載僅爲世系,自第一世奥皮至嚇矮凡六十五世。

本譜載於《中國少數民族古籍總目提要・哈尼族卷》

[雲南建水]咪的村李志榮户譜牒　李志榮背誦　普亞强搜集　2011 年雲南民族出版社排印本　合册　哈漢雙文並註國際音標

該户屬糯美支系李氏宗支。一世祖奥培。本譜内容爲世系,至侯波凡六十一世。

本譜載於《哈尼族口傳文化譯註全集》第二十卷《紅河州哈尼族譜牒(十一)》

[雲南建水]咪的村曹林和户譜牒　曹林和背誦　普亞强搜集　2011 年雲南民族出版社排印本　合册　哈漢雙文並註國際音標

該户屬糯美支系曹氏宗支。從第一世至第二十九世里窩前的譜牒與本村李志榮户相同。一世祖奥培。本譜内容爲世系,至斗龍凡五十八世。

本譜載於《哈尼族口傳文化譯註全集》第二十卷《紅河州哈尼族譜牒(十一)》

[雲南建水]咪的村陳國文户譜牒　陳國文背誦　普亞强搜集　2011 年雲南民族出版社排印本　合册　哈漢雙文並註國際音標

該户屬糯美支系陳氏宗支。從第一世至第十五世烏豪然前的譜牒與本村李志榮户相同。一世祖奥培。本譜内容爲世系,至和規凡五十九世。

本譜載於《哈尼族口傳文化譯註全集》第二十卷《紅河州哈尼族譜牒(十一)》

[雲南建水]咪的村普正興户譜牒　普正興背誦　普亞强搜集　2011 年雲南民族出版社排印本　合册　哈漢雙文並註國際音標

該户屬糯美支系小普宗支。從第一世至第二十九世里窩前的譜牒與本村李志榮户相同。一世祖奥培。始遷祖第五十三世苗策自建水縣坡頭鄉黄草壩村遷入。本譜内容爲世系,至靄濤凡六十二世。

本譜載於《哈尼族口傳文化譯註全集》第二十卷《紅河州哈尼族譜牒(十一)》

[雲南建水]咪的村朱文松户譜牒 朱文松背誦 普亞强搜集 2011年雲南民族出版社排印本 合册 哈漢雙文並註國際音標

一世祖讓省(常用名朱文松)。該户原屬漢族,後因一世祖娶哈尼族婦女爲妻,後世改爲哈尼族。本譜内容爲世系,至討辯凡三世。

本譜載於《哈尼族口傳文化譯註全集》第二十卷《紅河州哈尼族譜牒(十一)》

[雲南建水]普古鮓村李忠祥户譜牒 李忠祥背誦 普亞强搜集 2011年雲南民族出版社排印本 合册 哈漢雙文並註國際音標

該户屬糯美支系李氏宗支。一世祖奥培。本譜内容爲世系,至嘎奔凡六十四世。

本譜載於《哈尼族口傳文化譯註全集》第二十卷《紅河州哈尼族譜牒(十一)》

[雲南建水]普古鮓村曹有明户譜牒 曹有明背誦 普亞强搜集 2011年雲南民族出版社排印本 合册 哈漢雙文並註國際音標

該户屬糯美支系曹氏宗支。從第一世至第二十九世里窩前的譜牒與本村李忠祥户相同。一世祖奥培。始遷祖第四十一世三取自建水縣普雄鄉兩岔河遷入。本譜内容爲世系,至博省凡五十一世。

本譜載於《哈尼族口傳文化譯註全集》第二十卷《紅河州哈尼族譜牒(十一)》

[雲南建水]普古鮓村陳會户譜牒 陳會背誦 普亞强搜集 2011年雲南民族出版社排印本 合册 哈漢雙文並註國際音標

該户屬糯美支系陳氏宗支。從第一世至第十五世烏豪然前的譜牒與本村李忠祥户相同。一世祖奥培。本譜内容爲世系,至最侯凡六十世。

本譜載於《哈尼族口傳文化譯註全集》第二十卷《紅河州哈尼族譜牒(十一)》

[雲南建水]普古鮓村朱永康户譜牒 朱永康背誦 普亞强搜集 2011年雲南民族出版社排印本 合册 哈漢雙文並註國際音標

該户屬糯美支系。譜以香謀爲一世祖。香謀之前的譜牒失傳。本譜内容爲世系,至侯表凡六世。

本譜載於《哈尼族口傳文化譯註全集》第二十卷《紅河州哈尼族譜牒(十一)》

[雲南建水]普古鮓村羅保福户譜牒 羅保福背誦 普亞强搜集 2011年雲南民族出版社排印本 合册 哈漢雙文並註國際音標

該户屬糯美支系羅氏宗支。譜以簡則爲一世祖。簡則之前的譜牒失傳。本譜内容爲世系,至和三凡四世。

本譜載於《哈尼族口傳文化譯註全集》第二十卷《紅河州哈尼族譜牒(十一)》

[雲南建水]葫蘆田村李國富户譜牒 李國富背誦 普亞强搜集 2011年雲南民族出版社排印本 合册 哈漢雙文並註國際音標

該户屬糯美支系李氏宗支。一世祖奥培。始遷祖第五十世蔣謀遷入本村。本譜内容爲世系,至章則凡五十五世。

本譜載於《哈尼族口傳文化譯註全集》第二十卷《紅河州哈尼族譜牒(十一)》

[雲南建水]黄草壩普氏家族譜系 佚名念誦 楊六金記録 2008年中國大百科全書出版社排印本 合册

哈尼語哈雅方言家譜。流傳於雲南省建水縣。本譜所載僅爲世系,自第一世奥皮至奥皮凡六十八世。

本譜載於《中國少數民族古籍總目提要·哈尼族卷》

[雲南建水]黄草壩普氏家族譜系 佚名念誦 楊六金記録 2005年民族出版社排印本 合册 哈漢雙文

參見上條。本譜所載僅爲世系,自第一世奥皮至則侯凡六十四世,與上條世系略有出入。

本譜載於《紅河哈尼族譜牒》

[雲南建水]黄草壩村普保成户譜牒　普保成背誦　普亞强搜集　2011年雲南民族出版社排印本　合册　哈漢雙文並註國際音標

該户屬糯美支系普氏宗支。一世祖奥培。本譜内容爲世系,至省炎凡六十二世。

本譜載於《哈尼族口傳文化譯註全集》第二十卷《紅河州哈尼族譜牒(十一)》

[雲南建水]黄草壩村李興户譜牒　李興背誦　普亞强搜集　2011年雲南民族出版社排印本　合册　哈漢雙文並註國際音標

該户屬糯美支系普氏宗支。從第一世至第二十九世里窩前的譜牒與本村普保成户相同。一世祖奥培。本譜内容爲世系,至某則(常用名李躍和)凡四十四世。

本譜載於《哈尼族口傳文化譯註全集》第二十卷《紅河州哈尼族譜牒(十一)》

[雲南建水]小者茶村張永明户譜牒　張永明背誦　普亞强搜集　2011年雲南民族出版社排印本　合册　哈漢雙文並註國際音標

該户屬糯美支系張氏宗支。一世祖奥培。本譜内容爲世系,至島嘎凡六十一世。

本譜載於《哈尼族口傳文化譯註全集》第二十卷《紅河州哈尼族譜牒(十一)》

[雲南建水]小者茶村黄有貴户譜牒　黄有貴背誦　普亞强搜集　2011年雲南民族出版社排印本　合册　哈漢雙文並註國際音標

該户屬糯美支系黄氏宗支。從第一世至第二十九世里窩前的譜牒與本村張永明户相同。一世祖奥培。本譜内容爲世系,至省香凡六十一世。

本譜載於《哈尼族口傳文化譯註全集》第二十卷《紅河州哈尼族譜牒(十一)》

[雲南建水]小者茶村曹有福户譜牒　曹有福背誦　普亞强搜集　2011年雲南民族出版社排印本　合册　哈漢雙文並註國際音標

該户屬糯美支系曹氏宗支。從第一世至第二十九世里窩前的譜牒與本村張永明户譜牒相同。一世祖奥培。始遷祖第四十五世簡苗自建水縣坡頭鄉普古鮓村遷入。本譜内容爲世系,至嘎島凡五十二世。

本譜載於《哈尼族口傳文化譯註全集》第二十卷《紅河州哈尼族譜牒(十一)》

[雲南建水]小者茶村李德祥户譜牒　李德祥背誦　普亞强搜集　2011年雲南民族出版社排印本　合册　哈漢雙文並註國際音標

該户屬糯美支系李氏宗支。從第一世至第二十九世里窩前的譜牒與本村張永明户相同。一世祖奥培。始遷祖第五十五世舉老自建水縣坡頭鄉咪的村遷入。本譜内容爲世系,至簡繞凡六十世。

本譜載於《哈尼族口傳文化譯註全集》第二十卷《紅河州哈尼族譜牒(十一)》

[雲南建水]小者茶村普正安户譜牒　普正安背誦　普亞强搜集　2011年雲南民族出版社排印本　合册　哈漢雙文並註國際音標

該户屬糯美支系普氏宗支。從第一世至第二十九世里窩前的譜牒與本村張永明户相同。一世祖奥培。始遷祖第五十九世仍好(常用名普正安)自建水縣坡頭鄉咪的村遷入。本譜内容爲世系,至三和凡六十二世。

本譜載於《哈尼族口傳文化譯註全集》第二十卷《紅河州哈尼族譜牒(十一)》

[雲南建水]緑竹地村普家其户譜牒　普家其背誦　普亞强搜集　2011年雲南民族出版社排印本　合册　哈漢雙文並註國際音標

該户屬糯美支系大普宗支。一世祖奥炎。本譜内容爲世系,至奕軌凡五十三世。

本譜載於《哈尼族口傳文化譯註全集》第二十卷《紅河州哈尼族譜牒(十一)》

[雲南建水]緑竹地村李家和户譜牒　李家和背

誦　普亞强搜集　2011 年雲南民族出版社排印本　合册　哈漢雙文並註國際音標

該户屬糯美支系李氏宗支。從第一世至第二十七世里窩前的譜牒與本村普家其户相同。一世祖奥炎。本譜内容爲世系,至謀凹凡五十二世。

本譜載於《哈尼族口傳文化譯註全集》第二十卷《紅河州哈尼族譜牒(十一)》

[雲南建水]大羅家寨曹福全户譜牒　曹福全背誦　普亞强搜集　2011 年雲南民族出版社排印本　合册　哈漢雙文並註國際音標

該户屬曹氏宗支。一世祖奥批。本譜内容爲世系,至胡督凡五十九世。

本譜載於《哈尼族口傳文化譯註全集》第二十卷《紅河州哈尼族譜牒(十一)》

[雲南建水]大羅家寨高家興户譜牒　高家興背誦　普亞强搜集　2011 年雲南民族出版社排印本　合册　哈漢雙文並註國際音標

該户屬曹氏宗支。從第一世至第二十九世里窩前的譜牒與本村曹福全户相同。一世祖奥批。本譜内容爲世系,至島讓凡五十六世。

本譜載於《哈尼族口傳文化譯註全集》第二十卷《紅河州哈尼族譜牒(十一)》

[雲南建水]大羅家寨黄學貴户譜牒　黄學貴背誦　普亞强搜集　2011 年雲南民族出版社排印本　合册　哈漢雙文並註國際音標

該户屬糯美支系黄氏宗支。從第一世至第二十九世里窩前的譜牒與本村曹福全户相同。一世祖奥批。本譜内容爲世系,至木余凡五十九世。

本譜載於《哈尼族口傳文化譯註全集》第二十卷《紅河州哈尼族譜牒(十一)》

[雲南建水]兩岔河村黄文明户譜牒　黄文明背誦　普亞强搜集　2011 年雲南民族出版社排印本　合册　哈漢雙文並註國際音標

該户屬糯美支系黄氏宗支。一世祖奥批。始遷祖第五十六世某三自建水縣普雄鄉達羅家寨遷入。本譜内容爲世系,至讓島凡六十世。

本譜載於《哈尼族口傳文化譯註全集》第二十卷《紅河州哈尼族譜牒(十一)》

[雲南元陽]唐盤烏支家庭譜系之一　纂修者不詳　版本不詳

本譜所載僅爲世系,記録了自尊唐盤(雜它明)至黑諸四十代世系。現居雲南省景洪市小街鄉阿克新寨。

本條目據 1993 年第 1 期《雲南師範大學(哲學社會科學版)》載楊忠明撰《哈尼族及東南亞阿卡人譜系初探》一文著録

[雲南元陽]阿猛控村王氏家族譜系　佚名念誦　楊六金記録　2008 年中國大百科全書出版社排印本　合册

哈尼語哈雅方言家譜。流傳於雲南省元陽縣。本譜所載僅爲世系,自第一世奥瑪至山咱凡五十二世。

本譜載於《中國少數民族古籍總目提要・哈尼族卷》

[雲南元陽]阿猛控村王氏家族譜系　佚名念誦　楊六金記録　2005 年民族出版社排印本　合册　哈漢雙文

參見上條。本譜所載僅爲世系,自第一世奥瑪至山咱凡四十世,與上條世系略有出入。

本譜載於《紅河哈尼族譜牒》

[雲南元陽]朱魯木家家族譜系　佚名念誦　盧朝貴提供　2008 年中國大百科全書出版社排印本　合册

哈尼語哈雅方言家譜。流傳於雲南省元陽縣小新街者臺村委會大魯沙村。本譜所載僅爲世系,自第一世搓末籲至魯木凡四十二世。

本譜載於《中國少數民族古籍總目提要・哈尼族卷》

[雲南元陽]高春購家家族譜系　佚名念誦　張揮提供　2008 年中國大百科全書出版社排印本　合册

哈尼語哈雅方言家譜。流傳於雲南省元陽縣攀枝花鄉硐浦村。本譜所載僅爲世系，自第一世凹瑪至春購凡四十九世。

本譜載於《中國少數民族古籍總目提要・哈尼族卷》

［雲南元陽］龍擁門家家族譜系　佚名念誦　張揮提供　2008年中國大百科全書出版社排印本　合册

哈尼語哈雅方言家譜。流傳於雲南省元陽縣攀枝花鄉硐浦村。本譜所載僅爲世系，自第一世凹瑪至擁門凡四十八世。

本譜載於《中國少數民族古籍總目提要・哈尼族卷》

［雲南元陽］李朵侯家家族譜系　佚名念誦　黄紹文提供　2008年中國大百科全書出版社排印本　合册

哈尼語哈雅方言家譜。流傳於雲南省元陽縣小新街鄉者臺村。本譜所載僅爲世系，自第一世奥瑪至朵侯凡六十三世。

本譜載於《中國少數民族古籍總目提要・哈尼族卷》

［雲南元陽］哈卡村普行則户譜牒　普行則（侯苗）背誦　李美亮搜集　2010年雲南民族出版社排印本　合册　哈漢雙文並註國際音標

該户屬糯美支系"礱普普瑪然"宗族。一世祖奥麻。第五十世里苗，從元陽縣嘎娘鄉新鳳港下寨村遷入本村。其胞弟里打及其後代仍居新鳳港下寨村。本譜内容爲世系，至才侯凡十三世。

本譜載於《哈尼族口傳文化譯註全集》第十二卷《紅河州哈尼族譜牒（三）》

［雲南元陽］哈卡村普行窩户譜牒　取嘎背誦　李美亮搜集　2010年雲南民族出版社排印本　合册　哈漢雙文並註國際音標

該户屬糯美支系"則佳然"宗族。一世祖奥麻。從第一世"奥麻"至第三十二世"貓塔"的譜牒與本村普行則户相同。第五十七世好則，從建水縣曹壩村遷入本村。第六十二世嘎則，常用名普行窩。本譜内容爲世系，至則謀凡六十三世。

本譜載於《哈尼族口傳文化譯註全集》第十二卷《紅河州哈尼族譜牒（三）》

［雲南元陽］哈卡村曹擁嘎户譜牒　取嘎背誦　李美亮搜集　2010年雲南民族出版社排印本　合册　哈漢雙文並註國際音標

該户屬糯美支系曹氏宗族。一世祖奥麻。從第一世"奥麻"至第二十九世"里窩"的譜牒與本村普行則户相同。第五十四世仍苗，從元陽縣嘎娘鄉鳳港村遷入本村。本譜内容爲世系，至嬈嘎（曹擁嘎）凡五十八世。

本譜載於《哈尼族口傳文化譯註全集》第十二卷《紅河州哈尼族譜牒（三）》

［雲南元陽］哈卡村李歐忍户譜牒　取嘎背誦　李美亮搜集　2010年雲南民族出版社排印本　合册　哈漢雙文並註國際音標

該户屬糯美支系"董薩然"宗族。一世祖奥麻。從第一世"奥麻"至第二十九世"里窩"的譜牒與本村普行則户相同。第四十九世栒井，從建水縣遷入本村。第五十八世董薩，常用名李歐忍。本譜内容爲世系，至薩假凡五十九世。

本譜載於《哈尼族口傳文化譯註全集》第十二卷《紅河州哈尼族譜牒（三）》

［雲南元陽］哈卡村張苗舉户譜牒　取嘎背誦　李美亮搜集　2010年雲南民族出版社排印本　合册　哈漢雙文並註國際音標

該户屬糯美支系張氏宗族。一世祖奥麻。從第一世"奥麻"至第二十九世"里窩"的譜牒與本村普行則户相同。第五十世董苗，從元陽縣上新城鄉遷入本村。第五十一世苗舉，常用名張苗舉。本譜内容爲世系，至舉仍凡五十二世。

本譜載於《哈尼族口傳文化譯註全集》第十二卷《紅河州哈尼族譜牒（三）》

［雲南元陽］哈卡村陳拉有户譜牒　嘎蝦、陳拉有背誦　李美亮搜集　2010年雲南民族出版社排

印本　合册　哈漢雙文並註國際音標

該户屬糯美支系陳氏宗族。一世祖奥麻。從第一世"奥麻"至第二十九世"里窩"的譜牒與本村普行則户相同。第五十七世薩苗,從元陽縣嘎娘鄉苦魯寨村遷入本村。第六十世蝦章,常用名陳拉有。本譜内容爲世系,至章謀凡六十一世。

本譜載於《哈尼族口傳文化譯註全集》第十二卷《紅河州哈尼族譜牒(三)》

[雲南元陽]同春山村普前斗户譜牒　普前斗(則斗)背誦　李美亮搜集　2010年雲南民族出版社排印本　合册　哈漢雙文並註國際音標

該户屬糯美支系"碧普普瑪然"宗族。一世祖奥麻。第五十五世仍里,從元陽縣嘎娘鄉鳳港村遷入本村。第六十二世則斗,常用名普前斗。本譜内容爲世系,至苗董凡六十四世。

本譜載於《哈尼族口傳文化譯註全集》第十二卷《紅河州哈尼族譜牒(三)》

[雲南元陽]同春山村普咱舍户譜牒　普前斗背誦　李美亮搜集　2010年雲南民族出版社排印本　合册　哈漢雙文並註國際音標

該户屬糯美支系"則佳然"宗族。一世祖奥麻。從第一世"奥麻"至第三十二世"貓塔"的譜牒與本村普前斗户相同。第五十八世取嘎,從元陽縣上新城鄉同春山村委會哈卡村遷入本村。本譜内容爲世系,至嬈省(咱舍)凡六十四世。

本譜載於《哈尼族口傳文化譯註全集》第十二卷《紅河州哈尼族譜牒(三)》

[雲南元陽]同春山村黄木若户譜牒　普前斗背誦　李美亮搜集　2010年雲南民族出版社排印本　合册　哈漢雙文並註國際音標

該户屬糯美支系黄氏宗族。一世祖奥麻。從第一世"奥麻"至第二十九世"里窩"的譜牒與本村普前斗户相同。該族從元陽縣上新城鄉同春山村委會哈卡村遷入本村。第五十九世謀嬈,常用名黄木若。本譜内容爲世系,至假苗凡六十一世。

本譜載於《哈尼族口傳文化譯註全集》第十二卷《紅河州哈尼族譜牒(三)》

[雲南元陽]同春山村陳己則户譜牒　陳己則背誦　李美亮搜集　2010年雲南民族出版社排印本　合册　哈漢雙文並註國際音標

該户屬糯比支系陳氏宗族。一世祖奥麻。從第一世"奥麻"至第十五世"烏鴻冉"的譜牒與本村普前斗户相同。該族從元陽縣上新城鄉同春山村委會哈卡村遷入本村。第五十一世陳舉則,常用名陳己則。本譜内容爲世系,至則省凡五十二世。

本譜載於《哈尼族口傳文化譯註全集》第十二卷《紅河州哈尼族譜牒(三)》

[雲南元陽]同春山村李嘎苗户譜牒　普前斗背誦　李美亮搜集　2010年雲南民族出版社排印本　合册　哈漢雙文並註國際音標

該户屬糯美支系"董薩然"宗族。一世祖奥麻。從第一世"奥麻"至第二十九世"里窩"的譜牒與本村普前斗户相同。第五十三世簸侯,從元陽縣上新城鄉同春山村委會哈卡村遷入本村。本譜内容爲世系,至嘎苗凡五十七世。

本譜載於《哈尼族口傳文化譯註全集》第十二卷《紅河州哈尼族譜牒(三)》

[雲南元陽]同春山村朱咱木户譜牒　普前斗背誦　李美亮搜集　2010年雲南民族出版社排印本　合册　哈漢雙文並註國際音標

該户屬糯比支系朱氏宗族。一世祖奥麻。從第一世"奥麻"至第十八世"莫威墜"的譜牒與本村普前斗户相同。該族從元陽縣嘎娘鄉鳳港村遷入本村。第六十四世嚷謀,常用名朱咱木。本譜内容爲世系,至謀董(朱咱木)凡六十五世。

本譜載於《哈尼族口傳文化譯註全集》第十二卷《紅河州哈尼族譜牒(三)》

[雲南元陽]同春山村楊紹坤户譜牒　楊紹坤背誦　李美亮搜集　2010年雲南民族出版社排印本　合册　哈漢雙文並註國際音標

一世祖楊世兵,從個舊市遷入本村,並由漢族融爲哈尼族。該户第一、二世按漢族的習慣取名,從第四世即楊紹坤起始按哈尼族習慣取用父子連名。本譜内容爲世系,至則謀凡五世。

本譜載於《哈尼族口傳文化譯註全集》第十二卷《紅河州哈尼族譜牒(三)》

[雲南元陽]同春山村高則突户譜牒 高則突(則圖)背誦 李美亮搜集 2010年雲南民族出版社排印本 合册 哈漢雙文並註國際音標

該户屬糯美支系高氏宗族。一世祖奥麻。從第一世"奥麻"至第二十九世"里窩"的譜牒與本村普前斗户相同。第五十六世謀侯,由元陽縣小新街鄉大魯沙村遷入本村。第五十八世則圖,常用名高則突。本譜内容爲世系,至圖薩凡五十九世。

本譜載於《哈尼族口傳文化譯註全集》第十二卷《紅河州哈尼族譜牒(三)》

[雲南元陽]同春山村曹井侯户譜牒 曹井侯背誦 李美亮搜集 2010年雲南民族出版社排印本 合册 哈漢雙文並註國際音標

該户屬糯美支系曹氏宗族。一世祖奥麻。從第一世"奥麻"至第二十九世"里窩"的譜牒與本村普前斗户相同。第五十八世即井侯。本譜内容爲世系,至侯則凡五十九世。

本譜載於《哈尼族口傳文化譯註全集》第十二卷《紅河州哈尼族譜牒(三)》

[雲南元陽]沙仁上寨普忠興户譜牒 普忠興背誦 李美亮搜集 2010年雲南民族出版社排印本 合册 哈漢雙文並註國際音標

該户屬糯美支系"礱普普瑪然"宗族。一世祖奥麻。第六十九世謀嚷,常用名普忠興。本譜内容爲世系,至嚷苗凡七十世。

本譜載於《哈尼族口傳文化譯註全集》第十二卷《紅河州哈尼族譜牒(三)》

[雲南元陽]沙仁上寨白機朵户譜牒 白機朵(假仍)背誦 李美亮搜集 2010年雲南民族出版社排印本 合册 哈漢雙文並註國際音標

該户屬糯比支系白氏宗族。一世祖奥麻。從第一世"奥麻"至第十八世"莫威墜"的譜牒與本村普忠興户相同。第五十一世假仍,常用名白機朵。本譜内容爲世系,至仍苗凡五十二世。

本譜載於《哈尼族口傳文化譯註全集》第十二卷《紅河州哈尼族譜牒(三)》

[雲南元陽]沙仁上寨李朵沙户譜牒 李朵沙(侯董)背誦 李美亮搜集 2010年雲南民族出版社排印本 合册 哈漢雙文並註國際音標

該户屬糯美支系"堅胚然"宗族。一世祖奥麻。從第一世"奥麻"至第二十九世"里窩"的譜牒與本村普忠興户相同。第五十六世舉薩,從元陽縣同春山村遷入本村。第五十八世侯董,常用名李沙朵。本譜内容爲世系,至董謀凡五十九世。

本譜載於《哈尼族口傳文化譯註全集》第十二卷《紅河州哈尼族譜牒(三)》

[雲南元陽]沙仁上寨曹李侯户譜牒 曹李侯(謀嘎)背誦 李美亮搜集 2010年雲南民族出版社排印本 合册 哈漢雙文並註國際音標

該户屬糯美支系曹氏宗族。一世祖奥麻。從第一世"奥麻"至第三十一世"腰堅"的譜牒與本村普忠興户相同。第五十三世翁假,從元陽縣同春山村遷入本村。第五十五世謀嘎,常用名曹李侯。本譜内容爲世系,至嘎嬈凡五十六世。

本譜載於《哈尼族口傳文化譯註全集》第十二卷《紅河州哈尼族譜牒(三)》

[雲南元陽]沙仁上寨陳白圖户譜牒 陳白圖(謀則)背誦 李美亮搜集 2010年雲南民族出版社排印本 合册 哈漢雙文並註國際音標

該户屬糯比支系陳氏宗族。一世祖井礱。第六世取侯,從元陽縣上新城鄉老亞擁村遷入本村。第九世謀則,常用名陳白圖。本譜内容爲世系,至則董凡十世。

本譜載於《哈尼族口傳文化譯註全集》第十二卷《紅河州哈尼族譜牒(三)》

[雲南元陽]瓦灰城村伍虎朵户譜牒 伍虎朵(省謀)背誦 李美亮搜集 2010年雲南民族出版社排印本 合册 哈漢雙文並註國際音標

該户屬糯比支系伍氏宗族。一世祖奥麻。第五十一世則省,從金平縣老勐鄉卡發村委會冬瓜寨遷入本村。第五十二世省謀,常用名伍虎朵。本譜内容爲世系,至謀假凡五十三世。

本譜載於《哈尼族口傳文化譯註全集》第十二卷《紅河州哈尼族譜牒(三)》

[雲南元陽]瓦灰城村吴簸則户譜牒 吴簸則背誦 李美亮搜集 2010年雲南民族出版社排印本 合册 哈漢雙文並註國際音標

該户屬糯比支系吴氏宗族。一世祖董策。第三世薩韋,從元陽縣嘎娘鄉苦魯寨村遷入本村。第七世即簸則。本譜内容爲世系,至侯取凡九世。

本譜載於《哈尼族口傳文化譯註全集》第十二卷《紅河州哈尼族譜牒(三)》

[雲南元陽]瓦灰城村李白亮户譜牒 李白亮(簸侯)背誦 李美亮搜集 2010年雲南民族出版社排印本 合册 哈漢雙文並註國際音標

該户屬糯比支系馬氏(注:原書如此)宗族。一世祖國侯。第十世則簸,從元陽縣攀枝花鄉遷入本村。該户與新街鎮"仍倮普"即新寨村委會平寨村的宗親"隆侯"户共祖至"國侯","國侯"之前的譜系不詳。第十一世簸侯,常用名李白亮,其常用名爲乾爹(媽)所取。本譜内容爲世系,至舉嘎凡十三世。

本譜載於《哈尼族口傳文化譯註全集》第十二卷《紅河州哈尼族譜牒(三)》

[雲南元陽]瓦灰城村普文明户譜牒 普文明(薩侯)背誦 李美亮搜集 2010年雲南民族出版社排印本 合册 哈漢雙文並註國際音標

該户屬糯美支系"則佳然"宗族。一世祖奥麻。從第一世"奥麻"至第二十二世"貓東達"的譜牒與本村伍虎朵户相同。第五十九世謀取,從元陽縣上新城鄉哈卡村遷入本村。本譜内容爲世系,至薩侯凡六十五世。

本譜載於《哈尼族口傳文化譯註全集》第十二卷《紅河州哈尼族譜牒(三)》

[雲南元陽]瓦灰城村黄打則户譜牒 黄打則背誦 李美亮搜集 2010年雲南民族出版社排印本 合册 哈漢雙文並註國際音標

一世祖仍董,之前的譜牒與元陽縣上新城鄉同春山村黄長玖户相同。第六世打則,從元陽縣上新城鄉同春山村遷入本村。本譜内容爲世系,至則省凡七世。

本譜載於《哈尼族口傳文化譯註全集》第十二卷《紅河州哈尼族譜牒(三)》

[雲南元陽]瓦灰城村李文昌户譜牒 李文昌(省苗)背誦 李美亮搜集 2010年雲南民族出版社排印本 合册 哈漢雙文並註國際音標

該户屬糯比支系"美謙然"宗族。一世祖奥麻。從第一世"奥麻"至第二十八世"庫薩"的譜牒與本村伍虎朵户相同。第五十三世嘎仍,從元陽縣新街鎮中巧村遷入本村。第五十五世省苗,常用名李文昌。本譜内容爲世系,至苗薩凡五十六世。

本譜載於《哈尼族口傳文化譯註全集》第十二卷《紅河州哈尼族譜牒(三)》

[雲南元陽]瓦灰城村羅文福户譜牒 羅文福(嬈假)背誦 李美亮搜集 2010年雲南民族出版社排印本 合册 哈漢雙文並註國際音標

該户屬糯比支系羅氏宗族。一世祖奥麻。從第一世"奥麻"至第二十八世"庫薩"的譜牒與本村伍虎朵户相同。第五十二世嚷謀,從元陽縣嘎娘鄉龍克上寨村遷入本村。第五十六世嬈假,常用名羅文福。本譜内容爲世系,至假董凡五十七世。

本譜載於《哈尼族口傳文化譯註全集》第十二卷《紅河州哈尼族譜牒(三)》

[雲南元陽]瓦灰城村錢朵則户譜牒 錢朵則(薩謀)背誦 李美亮搜集 2010年雲南民族出版社排印本 合册 哈漢雙文並註國際音標

該户屬糯比支系錢氏宗族。一世祖奥麻。從第一世"奥麻"至第二十二世"貓東達"的譜牒與本村伍虎朵户相同。該族祖先曾居住於"娘多"(今元陽縣馬街鄉丫多村),後遷入本村。第六十一世薩謀,常用名錢朵則。本譜内容爲世系,至謀董凡六十二世。

本譜載於《哈尼族口傳文化譯註全集》第十二

卷《紅河州哈尼族譜牒(三)》

[雲南元陽]瓦灰城村盧德亮户譜牒　盧德亮(仍則)背誦　李美亮搜集　2010年雲南民族出版社排印本　合册　哈漢雙文並註國際音標

該户屬糯比支系羅氏(注:原書如此)宗族。一世祖苗表。第十世董仍,從元陽縣新街鎮多依樹村委會高老寨遷入本村。第十一世仍則,常用名盧德亮。本譜内容爲世系,至謀董凡六十二世。

本譜載於《哈尼族口傳文化譯註全集》第十二卷《紅河州哈尼族譜牒(三)》

[雲南元陽]瓦灰城村龍小犬户譜牒　龍小犬(則保)背誦　李美亮搜集　2010年雲南民族出版社排印本　合册　哈漢雙文並註國際音標

該户屬糯比支系龍氏宗族。一世祖奥麻。從第一世"奥麻"至第十八世"莫威墜"的譜牒與本村伍虎朵户相同。第三十九世舉嘎,從元陽縣嘎娘鄉嘎娘上寨村遷入本村。本譜内容爲世系,至則保凡四十三世。

本譜載於《哈尼族口傳文化譯註全集》第十二卷《紅河州哈尼族譜牒(三)》

[雲南元陽]瓦灰城村高李保户譜牒　高李保(嚷侯)背誦　李美亮搜集　2010年雲南民族出版社排印本　合册　哈漢雙文並註國際音標

該户屬糯美支系高氏宗族。一世祖奥麻。從第一世"奥麻"至第二十二世"貓東達"的譜牒與本村伍虎朵户相同。第五十七世侯苗,從建水縣遷入本村。第五十六世嚷侯,常用名高李保。本譜内容爲世系,至苗蝦凡五十八世。

本譜載於《哈尼族口傳文化譯註全集》第十二卷《紅河州哈尼族譜牒(三)》

[雲南元陽]瓦灰城村李金明户譜牒　高李保背誦　李美亮搜集　2010年雲南民族出版社排印本　合册　哈漢雙文並註國際音標

該户屬糯美支系"腰雌然"宗族。一世祖奥麻。從第一世"奥麻"至第二十二世"貓東達"的譜牒與本村伍虎朵户相同。該族從建水縣遷入本村。第五十九世簸則,常用名李金明。本譜内容爲世系,至假熱凡六十一世。

本譜載於《哈尼族口傳文化譯註全集》第十二卷《紅河州哈尼族譜牒(三)》

[雲南元陽]瓦灰城村李發增户譜牒　高李保背誦　李美亮搜集　2010年雲南民族出版社排印本　合册　哈漢雙文並註國際音標

該户屬糯美支系"堅肧然"宗族。一世祖奥麻。從第一世"奥麻"至第二十二世"貓東達"的譜牒與本村伍虎朵户相同。該族從建水縣遷入本村。第五十九世則省,常用名李發增。本譜内容爲世系,至省謀凡六十世。

本譜載於《哈尼族口傳文化譯註全集》第十二卷《紅河州哈尼族譜牒(三)》

[雲南元陽]瓦灰城村普染保户譜牒　普染保(侯假)背誦　李美亮搜集　2010年雲南民族出版社排印本　合册　哈漢雙文並註國際音標

該户屬糯美支系"魌普普瑪然"宗族。一世祖奥麻。從第一世"奥麻"至第二十二世"貓東達"的譜牒與本村伍虎朵户相同。本譜内容爲世系,至侯假凡五十五世。

本譜載於《哈尼族口傳文化譯註全集》第十二卷《紅河州哈尼族譜牒(三)》

[雲南元陽]瓦灰城村曹龍則户譜牒　曹龍則(謀則)背誦　李美亮搜集　2010年雲南民族出版社排印本　合册　哈漢雙文並註國際音標

該户屬糯美支系曹氏宗族。一世祖奥麻。從第一世"奥麻"至第二十二世"貓東達"的譜牒與本村伍虎朵户相同。第五十八世謀則,常用名曹龍則。本譜内容爲世系,至薩侯凡六十世。

本譜載於《哈尼族口傳文化譯註全集》第十二卷《紅河州哈尼族譜牒(三)》

[雲南元陽]瓦灰城村陳侯咱户譜牒　高李保背誦　李美亮搜集　2010年雲南民族出版社排印本　合册　哈漢雙文並註國際音標

該户屬糯比支系陳氏宗族。一世祖奥麻。從第一世“奥麻”至第十五世“烏鴻冉”的譜牒與本村伍虎朵户相同。本譜内容爲世系,至侯嚷(陳侯咱)凡六十一世。

本譜載於《哈尼族口傳文化譯註全集》第十二卷《紅河州哈尼族譜牒(三)》

[雲南元陽]瓦灰城村王安保户譜牒　王安保背誦　李美亮搜集　2010年雲南民族出版社排印本　合册　哈漢雙文並註國際音標

該户屬糯比支系王氏宗族。一世祖索南,遷入本村,其之前譜系不詳。第十九世侯取,常用名王安保。本譜内容爲世系,至取則凡二十世。

本譜載於《哈尼族口傳文化譯註全集》第十二卷《紅河州哈尼族譜牒(三)》

[雲南元陽]瓦灰城村李光保户譜牒　李光保(謀薩)背誦　李美亮搜集　2010年雲南民族出版社排印本　合册　哈漢雙文並註國際音標

該户屬糯比支系“奔甲然”宗族。一世祖奥麻。從第一世“奥麻”至第二十五世“篤歐”的譜牒與本村伍虎朵户相同。第五十二世謀薩,常用名李光保。本譜内容爲世系,至薩嘎凡五十三世。

本譜載於《哈尼族口傳文化譯註全集》第十二卷《紅河州哈尼族譜牒(三)》

[雲南元陽]瓦灰城村朱克惹户譜牒　朱克惹(舉則)背誦　李美亮搜集　2010年雲南民族出版社排印本　合册　哈漢雙文並註國際音標

該户屬糯比支系朱氏宗族。一世祖奥麻。從第一世“奥麻”至第十八世“莫威墜”的譜牒與本村伍虎朵户相同。第四十三世舉則,常用名朱克惹。本譜内容爲世系,至董省凡四十五世。

本譜載於《哈尼族口傳文化譯註全集》第十二卷《紅河州哈尼族譜牒(三)》

[雲南元陽]瓦灰城村扣文學户譜牒　扣文學背誦　李美亮搜集　2010年雲南民族出版社排印本　合册　哈漢雙文並註國際音標

據譜主扣文學介紹,據傳該户遷入本村之前爲漢族,扣文學之父扣文清從紅河縣樂育鄉樂育村遷入本村,以哈尼族自居。目前,節日活動按哈尼族習禮進行,但至今尚未取用哈尼族父子連名制。本譜無世系,僅有注釋文字説明。

本譜載於《哈尼族口傳文化譯註全集》第十二卷《紅河州哈尼族譜牒(三)》

[雲南元陽]瓦灰城村白卜們户譜牒　白卜們(省蝦)背誦　李美亮搜集　2010年雲南民族出版社排印本　合册　哈漢雙文並註國際音標

該户屬糯比支系白氏宗族。一世祖蘇謙。第十二世嚷韋,從元陽縣上新城鄉下新城村遷入本村。第十四世省蝦,常用名白卜們。本譜内容爲世系,至蝦則凡十五世。

本譜載於《哈尼族口傳文化譯註全集》第十二卷《紅河州哈尼族譜牒(三)》

[雲南元陽]箐竹林村李福光户譜牒　李福光(韋博)背誦　李美亮搜集　2010年雲南民族出版社排印本　合册　哈漢雙文並註國際音標

該户屬糯美支系“董薩然”宗族。一世祖奥麻。第六十世韋博,常用名李福光。本譜内容爲世系,至博董凡六十一世。

本譜載於《哈尼族口傳文化譯註全集》第十二卷《紅河州哈尼族譜牒(三)》

[雲南元陽]箐竹林村黄紹龍户譜牒　黄紹龍(薩磐)背誦　李美亮搜集　2010年雲南民族出版社排印本　合册　哈漢雙文並註國際音標

該户屬糯美支系黄氏宗族。一世祖奥麻。從第一世“奥麻”至第二十九世“里窩”的譜牒與本村李福光户相同。第五十八世薩磐,常用名黄紹龍。本譜内容爲世系,至磐嘎凡五十九世。

本譜載於《哈尼族口傳文化譯註全集》第十二卷《紅河州哈尼族譜牒(三)》

[雲南元陽]箐竹林村李家增户譜牒　李家增(韋侯)背誦　李美亮搜集　2010年雲南民族出版社排印本　合册　哈漢雙文並註國際音標

該户屬糯美支系“堅胚然”宗族。一世祖奥麻。從第一世“奥麻”至第二十九世“里窩”的譜牒與本村李福光户相同。第五十九世韋侯,常用名李家增。本譜内容爲世系,至嘎嬈凡六十一世。

本譜載於《哈尼族口傳文化譯註全集》第十二卷《紅河州哈尼族譜牒(三)》

[雲南元陽]箐竹林村李家福户譜牒　李家福(侯省)背誦　李美亮搜集　2010年雲南民族出版社排印本　合册　哈漢雙文並註國際音標

該户屬糯比支系"美謙然"宗族。一世祖奥麻。從第一世"奥麻"至第二十二世"貓東達"的譜牒與本村李福光户相同。第四十九世取謈,從元陽縣嘎娘鄉嘎娘上寨村遷入本村。第五十四世侯省,常用名李家福。本譜内容爲世系,至嘎彤凡五十六世。

本譜載於《哈尼族口傳文化譯註全集》第十二卷《紅河州哈尼族譜牒(三)》

[雲南元陽]箐竹林村朱昂吕户譜牒　朱昂吕背誦　李美亮搜集　2010年雲南民族出版社排印本　合册　哈漢雙文並註國際音標

該户屬糯比支系朱氏宗族。一世祖奥麻。從第一世"奥麻"至第十八世"莫威墜"的譜牒與本村李福光户相同。本譜内容爲世系,至董苗凡五十六世。

本譜載於《哈尼族口傳文化譯註全集》第十二卷《紅河州哈尼族譜牒(三)》

[雲南元陽]箐竹林村陳建明户譜牒　陳建明(嬈則)背誦　李美亮搜集　2010年雲南民族出版社排印本　合册　哈漢雙文並註國際音標

該户屬糯比支系陳氏宗族。一世祖奥麻。從第一世"奥麻"至第十五世"烏鴻冉"的譜牒與本村李福光户相同。第四十五世嘎嬈,從元陽縣上新城鄉下新城村遷入本村。第四十六世嬈則,常用名陳建明。本譜内容爲世系,至則軌凡四十七世。

本譜載於《哈尼族口傳文化譯註全集》第十二卷《紅河州哈尼族譜牒(三)》

[雲南元陽]箐竹林村普安則户譜牒　普安則(矮則)背誦　李美亮搜集　2010年雲南民族出版社排印本　合册　哈漢雙文並註國際音標

該户屬糯美支系"謈普普瑪然"宗族。一世祖奥麻。從第一世"奥麻"至第二十九世"里窩"的譜牒與本村李福光户相同。第六十二世舉矮,從元陽縣小新街鄉者臺村遷入本村。第六十三世矮則,常用名普安則。本譜内容爲世系,至則假凡六十四世。

本譜載於《哈尼族口傳文化譯註全集》第十二卷《紅河州哈尼族譜牒(三)》

[雲南元陽]箐竹林村伍爲交户譜牒　伍爲交(斗侯)背誦　李美亮搜集　2010年雲南民族出版社排印本　合册　哈漢雙文並註國際音標

該户屬糯比支系伍氏宗族。一世祖奥麻。從第一世"奥麻"至第二十二世"貓東達"的譜牒與本村李福光户相同。第四十九世佐舉,從元陽縣嘎娘鄉大伍寨村遷入本村。第五十七世斗侯,常用名伍爲交。本譜内容爲世系,至嚷假凡五十九世。

本譜載於《哈尼族口傳文化譯註全集》第十二卷《紅河州哈尼族譜牒(三)》

[雲南元陽]箐竹林村何文科户譜牒　何文科(侯簸)背誦　李美亮搜集　2010年雲南民族出版社排印本　合册　哈漢雙文並註國際音標

該户屬糯比支系何氏宗族。一世祖奥麻。從第一世"奥麻"至第二十二世"貓東達"的譜牒與本村李福光户相同。該族從元陽縣嘎娘鄉白馬上寨村遷入本村。第四十八世侯簸,常用名何文科。本譜内容爲世系,至嘎圖凡五十世。

本譜載於《哈尼族口傳文化譯註全集》第十二卷《紅河州哈尼族譜牒(三)》

[雲南元陽]箐竹林村普機博户譜牒　普機博(嚷董)背誦　李美亮搜集　2010年雲南民族出版社排印本　合册　哈漢雙文並註國際音標

該户屬糯美支系"則佳然"宗族。一世祖奥麻。從第一世"奥麻"至第二十九世"里窩"的譜牒與本村李福光户相同。第五十五世嚷董,常用名普機博。本譜内容爲世系,至董熱凡五十六世。

本譜載於《哈尼族口傳文化譯註全集》第十二

卷《紅河州哈尼族譜牒(三)》

[雲南元陽]箐竹林村李開發户譜牒 韋謀背誦 李美亮搜集 2010年雲南民族出版社排印本 合册 哈漢雙文並註國際音標

該户屬糯美支系"腰雌然"宗族。一世祖奥麻。從第一世"奥麻"至第二十二世"貓東達"的譜牒與本村李福光户相同。第五十一世假韋,從元陽縣上新城鄉瓦灰城村遷入本村。第五十三世謀簸,常用名李開發。本譜内容爲世系,至簸蝦凡五十四世。

本譜載於《哈尼族口傳文化譯註全集》第十二卷《紅河州哈尼族譜牒(三)》

[雲南元陽]箐竹林村曹文義户譜牒 曹文義(韋侯)背誦 李美亮搜集 2010年雲南民族出版社排印本 合册 哈漢雙文並註國際音標

該户屬糯美支系曹氏宗族。一世祖奥麻。從第一世"奥麻"至第二十九世"里窩"的譜牒與本村李福光户相同。第五十一世簸取,從元陽縣嘎娘鄉新鳳港下寨村遷入本村。第五十七世韋侯,常用名曹文義。本譜内容爲世系,至侯軛凡五十八世。

本譜載於《哈尼族口傳文化譯註全集》第十二卷《紅河州哈尼族譜牒(三)》

[雲南元陽]箐竹林村白昂博户譜牒 白昂博(謀薩)背誦 李美亮搜集 2010年雲南民族出版社排印本 合册 哈漢雙文並註國際音標

該户屬糯比支系白氏宗族。一世祖奥麻。從第一世"奥麻"至第十八世"莫威墜"的譜牒與本村李福光户相同。第五十二世仍謀,從元陽縣上新城鄉下新城村遷入本村。本譜内容爲世系,至謀薩凡五十三世。

本譜載於《哈尼族口傳文化譯註全集》第十二卷《紅河州哈尼族譜牒(三)》

[雲南元陽]箐竹林村高有祥户譜牒 高有祥(侯嘎)背誦 李美亮搜集 2010年雲南民族出版社排印本 合册 哈漢雙文並註國際音標

該户屬糯美支系曹氏宗族。一世祖奥麻。從第一世"奥麻"至第二十九世"里窩"的譜牒與本村李福光户相同。第五十六世苗侯,從元陽縣小新街鄉大魯沙村遷入本村。第五十七世侯嘎,常用名高有祥。本譜内容爲世系,至嘎謀凡五十八世。

本譜載於《哈尼族口傳文化譯註全集》第十二卷《紅河州哈尼族譜牒(三)》

[雲南元陽]箐竹林村羅建明户譜牒 羅建明(侯嬈)背誦 李美亮搜集 2010年雲南民族出版社排印本 合册 哈漢雙文並註國際音標

該户屬糯比支系羅氏宗族。一世祖聾董。該族原姓盧,後改爲羅,從元陽縣新街鎮箐口村遷入本村。第五世侯嬈,常用名羅建明。本譜内容爲世系,至嬈假凡六世。

本譜載於《哈尼族口傳文化譯註全集》第十二卷《紅河州哈尼族譜牒(三)》

[雲南元陽]格河寨普從發户譜牒 普從發(嚷謀)背誦 李美亮搜集 2010年雲南民族出版社排印本 合册 哈漢雙文並註國際音標

該户屬糯美支系"聾普普瑪然"宗族。一世祖奥麻。第六十二世韋嚷及其兄弟韋省,從元陽縣小新街鄉大拉卡哈尼寨遷入本村。第六十三世嚷謀,常用名普從發。本譜内容爲世系,至謀嬈凡六十四世。

本譜載於《哈尼族口傳文化譯註全集》第十二卷《紅河州哈尼族譜牒(三)》

[雲南元陽]格河寨曹忠寶户譜牒 薩侯背誦 李美亮搜集 2010年雲南民族出版社排印本 合册 哈漢雙文並註國際音標

該户屬糯美支系曹氏宗族。一世祖奥麻。從第一世"奥麻"至第二十九世"里窩"的譜牒與本村普從發户相同。第五十七世嬈薩,從元陽縣上新城鄉下新城村遷入本村。第五十八世薩侯,係背誦者。第五十九世侯則,常用名曹忠寶。本譜内容爲世系,至則仍凡六十世。

本譜載於《哈尼族口傳文化譯註全集》第十二卷《紅河州哈尼族譜牒(三)》

[雲南元陽]格河寨高么存户譜牒　高么存(仍打)背誦　李美亮搜集　2010年雲南民族出版社排印本　合册　哈漢雙文並註國際音標

該户屬糯美支系高氏宗族。一世祖奥麻。從第一世"奥麻"至第二十九世"里窩"的譜牒與本村普從發户相同。第五十五世仍打,從元陽縣上新城鄉老亞擁村遷入本村。本譜内容爲世系,至謀則凡五十七世。

本譜載於《哈尼族口傳文化譯註全集》第十二卷《紅河州哈尼族譜牒(三)》

[雲南元陽]格河寨李侯簸户譜牒　李侯簸背誦　李美亮搜集　2010年雲南民族出版社排印本　合册　哈漢雙文並註國際音標

該户屬糯比支系"奔甲然"宗族。一世祖奥麻。從第一世"奥麻"至第二十三世"達朵蘇"的譜牒與本村普從發户相同。第五十一世韋井,從元陽縣上新城鄉大拉卡哈尼寨村遷入本村。第五十三世即侯簸。本譜内容爲世系,至簸仍凡五十四世。

本譜載於《哈尼族口傳文化譯註全集》第十二卷《紅河州哈尼族譜牒(三)》

[雲南元陽]格河寨朱殺朵户譜牒　朱殺朵(嚷假)背誦　李美亮搜集　2010年雲南民族出版社排印本　合册　哈漢雙文並註國際音標

該户屬糯比支系朱氏宗族。一世祖奥麻。從第一世"奥麻"至第十八世"莫威墜"的譜牒與本村普從發户相同。第四十七世仍則,從元陽縣上新城鄉老亞擁村遷入本村。第四十九世嚷假,常用名朱殺朵。本譜内容爲世系,至假熱凡五十世。

本譜載於《哈尼族口傳文化譯註全集》第十二卷《紅河州哈尼族譜牒(三)》

[雲南元陽]格河寨李嘎苗户譜牒　李嘎苗背誦　李美亮搜集　2010年雲南民族出版社排印本　合册　哈漢雙文並註國際音標

該户屬糯美支系"堅胚然"宗族。一世祖奥麻。從第一世"奥麻"至第二十九世"里窩"的譜牒與本村普從發户相同。第五十六世打嘎,從元陽縣嘎娘鄉馬鹿塘村遷入本村。第五十七世即嘎苗。本譜内容爲世系,至苗侯凡五十八世。

本譜載於《哈尼族口傳文化譯註全集》第十二卷《紅河州哈尼族譜牒(三)》

[雲南元陽]格河寨吴香鬼户譜牒　吴香鬼(蝦軌)背誦　李美亮搜集　2010年雲南民族出版社排印本　合册　哈漢雙文並註國際音標

該户屬糯比支系吴氏宗族。一世祖奥麻。從第一世"奥麻"至第二十二世"貓東達"的譜牒與本村普從發户相同。第四十五世蝦軌,從元陽縣嘎娘鄉苦魯寨村遷入本村。本譜内容爲世系,至軌則凡四十六世。

本譜載於《哈尼族口傳文化譯註全集》第十二卷《紅河州哈尼族譜牒(三)》

[雲南元陽]格河寨陳石朵户譜牒　陳石朵(假嘎)背誦　李美亮搜集　2010年雲南民族出版社排印本　合册　哈漢雙文並註國際音標

該户屬糯比支系陳氏宗族。一世祖奥麻。從第一世"奥麻"至第十五世"烏鴻冉"的譜牒與本村普從發户相同。第四十九世仍簸,從元陽縣逢春嶺鄉卡沙迷村遷入本村。第五十二世假嘎,常用名陳石朵。本譜内容爲世系,至嘎則凡五十三世。

本譜載於《哈尼族口傳文化譯註全集》第十二卷《紅河州哈尼族譜牒(三)》

[雲南元陽]格河寨張六保户譜牒　張六保(苗熱)背誦　李美亮搜集　2010年雲南民族出版社排印本　合册　哈漢雙文並註國際音標

該户屬糯比支系張氏宗族。一世祖奥麻。從第一世"奥麻"至第十五世"烏鴻冉"的譜牒與本村普從發户相同。第五十六世則苗,從元陽縣嘎娘鄉白馬上寨村遷入本村。第五十七世苗熱,常用名張六保。本譜内容爲世系,至熱侯凡五十八世。

本譜載於《哈尼族口傳文化譯註全集》第十二卷《紅河州哈尼族譜牒(三)》

[雲南元陽]新亞擁村普舉木户譜牒　普舉木(舉謀)背誦　李美亮搜集　2010年雲南民族出版社排印本　合册　哈漢雙文並註國際音標

該户屬糯美支系“膶普普瑪然”宗族。一世祖奥麻。第五十九世嘎謀,從元陽縣老亞擁村遷入本村。第六十二世舉謀,常用名普舉木。本譜内容爲世系,至謀濤凡六十三世。

本譜載於《哈尼族口傳文化譯註全集》第十二卷《紅河州哈尼族譜牒(三)》

[雲南元陽]新亞擁村曹石圖户譜牒　曹石圖(斗井)背誦　李美亮搜集　2010年雲南民族出版社排印本　合册　哈漢雙文並註國際音標

該户屬糯美支系曹氏宗族。一世祖奥麻。從第一世“奥麻”至第二十九世“里窩”的譜牒與本村普舉木户相同。該族從元陽縣老亞擁村遷入本村。第六十一世斗井,常用名曹石圖。本譜内容爲世系,至苗熱凡六十三世。

本譜載於《哈尼族口傳文化譯註全集》第十二卷《紅河州哈尼族譜牒(三)》

[雲南元陽]新亞擁村朱從發户譜牒　朱從發(則韋)背誦　李美亮搜集　2010年雲南民族出版社排印本　合册　哈漢雙文並註國際音標

該户屬糯比支系朱氏宗族。一世祖奥麻。從第一世“奥麻”至第十八世“莫威墜”的譜牒與本村普舉木户相同。第五十五世省侯,從元陽縣嘎娘鄉鳳港村遷入本村。第五十七世則韋,常用名朱從發。本譜内容爲世系,至韋謀凡五十八世。

本譜載於《哈尼族口傳文化譯註全集》第十二卷《紅河州哈尼族譜牒(三)》

[雲南元陽]新亞擁村李昂則户譜牒　李昂則(苗井)背誦　李美亮搜集　2010年雲南民族出版社排印本　合册　哈漢雙文並註國際音標

該户屬糯美支系“堅胚然”宗族。一世祖奥麻。從第一世“奥麻”至第二十九世“里窩”的譜牒與本村普舉木户相同。第五十七世舉苗,從元陽縣嘎娘鄉苦魯寨村遷入本村。第五十八世苗井,常用名李昂則。本譜内容爲世系,至井謀凡五十九世。

本譜載於《哈尼族口傳文化譯註全集》第十二卷《紅河州哈尼族譜牒(三)》

[雲南元陽]新亞擁村李文光户譜牒　普英保背誦　李美亮搜集　2010年雲南民族出版社排印本　合册　哈漢雙文並註國際音標

該户屬糯美支系“董薩然”宗族。一世祖奥麻。從第一世“奥麻”至第二十九世“里窩”的譜牒與本村普舉木户相同。第五十二世則董,常用名李文光。本譜内容爲世系,至董蝦凡五十三世。

本譜載於《哈尼族口傳文化譯註全集》第十二卷《紅河州哈尼族譜牒(三)》

[雲南元陽]新亞擁村陳香意户譜牒　普英保背誦　李美亮搜集　2010年雲南民族出版社排印本　合册　哈漢雙文並註國際音標

該户屬糯比支系陳氏宗族。一世祖奥麻。從第一世“奥麻”至第十五世“烏鴻冉”的譜牒與本村普舉木户相同。本譜内容爲世系,至蝦熱(陳香意)凡五十八世。

本譜載於《哈尼族口傳文化譯註全集》第十二卷《紅河州哈尼族譜牒(三)》

[雲南元陽]新亞擁村羅毛折户譜牒　羅毛折(嬈簸)背誦　李美亮搜集　2010年雲南民族出版社排印本　合册　哈漢雙文並註國際音標

該户屬糯比支系羅氏宗族。一世祖韋嘎。第四世嬈簸,從元陽縣嘎娘鄉龍克上寨村遷入本村。本譜内容爲世系,至省侯凡六世。

本譜載於《哈尼族口傳文化譯註全集》第十二卷《紅河州哈尼族譜牒(三)》

[雲南元陽]新亞擁村高嘎木户譜牒　舉嘎背誦　李美亮搜集　2010年雲南民族出版社排印本　合册　哈漢雙文並註國際音標

該户屬糯美支系高氏宗族。一世祖奥麻。從第一世“奥麻”至第二十九世“里窩”的譜牒與本村普舉木户相同。第四十九世舉嘎,從元陽縣逢春嶺鄉卡里卡村委會哈尼寨遷入本村。本譜内容爲世系,至嘎謀(高嘎木)凡五十世。

本譜載於《哈尼族口傳文化譯註全集》第十二卷《紅河州哈尼族譜牒(三)》

[雲南元陽]新亞擁村張萬户譜牒　張萬(董苗)背誦　李美亮搜集　2010年雲南民族出版社排印本　合册　哈漢雙文並註國際音標

該户屬糯比支系張氏宗族。一世祖仍董。第四世省假,從元陽縣嘎娘鄉蘆猜寨村遷入本村。本譜内容爲世系,至董苗凡六世。

本譜載於《哈尼族口傳文化譯註全集》第十二卷《紅河州哈尼族譜牒(三)》

[雲南元陽]老亞擁村普英保户譜牒　普英保(假嬈)背誦　李美亮搜集　2010年雲南民族出版社排印本　合册　哈漢雙文並註國際音標

一世祖奧麻。據傳該族從建水縣坡頭鄉葫蘆田村遷入本村。第六十二世假嬈,常用名普英保。本譜内容爲世系,至嬈簸凡六十三世。

本譜載於《哈尼族口傳文化譯註全集》第十二卷《紅河州哈尼族譜牒(三)》

[雲南元陽]老亞擁村龍則户譜牒　普英保背誦　李美亮搜集　2010年雲南民族出版社排印本　合册　哈漢雙文並註國際音標

該户屬糯比支系龍氏宗族。一世祖奧麻。從第一世“奧麻”至第十八世“莫威墜”的譜牒與本村普英保户相同。第四十六世薩侯,從元陽縣上新城鄉下新城村遷入本村。第四十九世斗韋,常用名龍則。本譜内容爲世系,至韋省凡五十世。

本譜載於《哈尼族口傳文化譯註全集》第十二卷《紅河州哈尼族譜牒(三)》

[雲南元陽]老亞擁村朱文明户譜牒　朱文明(董則)背誦　李美亮搜集　2010年雲南民族出版社排印本　合册　哈漢雙文並註國際音標

該户屬糯比支系朱氏宗族。一世祖奧麻。從第一世“奧麻”至第十八世“莫威墜”的譜牒與本村普英保户相同。該族從元陽縣新街鎮阿嘖東村遷入本村。第四十八世董則,常用名朱文明。本譜内容爲世系,至侯省凡五十世。

本譜載於《哈尼族口傳文化譯註全集》第十二卷《紅河州哈尼族譜牒(三)》

[雲南元陽]老亞擁村陳家德户譜牒　陳家德(韋斗)背誦　李美亮搜集　2010年雲南民族出版社排印本　合册　哈漢雙文並註國際音標

該户屬糯比支系陳氏宗族。一世祖奧麻。從第一世“奧麻”至第十五世“烏鴻冉”的譜牒與本村普英保户相同。第三十一世揮他,從娘多村(今元陽縣馬街鄉丫多)遷入本村。本譜内容爲世系,至韋斗凡六十世。

本譜載於《哈尼族口傳文化譯註全集》第十二卷《紅河州哈尼族譜牒(三)》

[雲南元陽]老亞擁村曹哈朵户譜牒　曹哈朵(假韋)背誦　李美亮搜集　2010年雲南民族出版社排印本　合册　哈漢雙文並註國際音標

該户屬糯美支系曹氏宗族。一世祖奧麻。從第一世“奧麻”至第十八世“莫威墜”的譜牒與本村普英保户相同。第五十九世假韋,常用名曹哈朵。本譜内容爲世系,至韋嘎凡六十世。

本譜載於《哈尼族口傳文化譯註全集》第十二卷《紅河州哈尼族譜牒(三)》

[雲南元陽]老亞擁村白家林户譜牒　白家林(侯苗)背誦　李美亮搜集　2010年雲南民族出版社排印本　合册　哈漢雙文並註國際音標

該户屬糯比支系白氏宗族。一世祖奧麻。從第一世“奧麻”至第十八世“莫威墜”的譜牒與本村普英保户相同。第五十二世舉侯,從元陽縣上新城鄉遷入本村。第五十三世侯苗,常用名白家林。本譜内容爲世系,至苗仍凡五十四世。

本譜載於《哈尼族口傳文化譯註全集》第十二卷《紅河州哈尼族譜牒(三)》

[雲南元陽]老亞擁村張石圖户譜牒　張石圖(假謀)背誦　李美亮搜集　2010年雲南民族出版社排印本　合册　哈漢雙文並註國際音標

該户屬糯比支系張氏宗族。一世祖謀嬈。第二世嬈假,從元陽縣小街鄉安心寨遷入本村。第三世假謀,常用名張石圖。本譜内容爲世系,至謀嘎凡四世。

本譜載於《哈尼族口傳文化譯註全集》第十二

卷《紅河州哈尼族譜牒(三)》

[雲南元陽]老亞擁村普毛朵户譜牒 普毛朵(仍假)背誦 李美亮搜集 2010年雲南民族出版社排印本 合册 哈漢雙文並註國際音標

該户屬糯美支系"則佳然"宗族。一世祖奥麻。從第一世"奥麻"至第十八世"莫威墜"的譜牒與本村普英保户相同。第五十六世閏高,從元陽縣上新城鄉哈卡村遷入本村。第六十二世仍假,常用名普毛朵。本譜内容爲世系,至假侯凡六十三世。

本譜載於《哈尼族口傳文化譯註全集》第十二卷《紅河州哈尼族譜牒(三)》

[雲南元陽]老亞擁村吴正學户譜牒 吴正學(韋假)背誦 李美亮搜集 2010年雲南民族出版社排印本 合册 哈漢雙文並註國際音標

該户屬糯比支系吴氏宗族。一世祖奥麻。從第一世"奥麻"至第十八世"莫威墜"的譜牒與本村普英保户相同。第四十九世董仍,從元陽縣嘎娘鄉苦魯寨村遷入本村。第五十三世韋假,常用名吴正學。本譜内容爲世系,至假熱凡五十四世。

本譜載於《哈尼族口傳文化譯註全集》第十二卷《紅河州哈尼族譜牒(三)》

[雲南元陽]老亞擁村黄木減户譜牒 黄木減(謀井)背誦 李美亮搜集 2010年雲南民族出版社排印本 合册 哈漢雙文並註國際音標

該户屬糯比支系黄氏宗族。一世祖奥麻。從第一世"奥麻"至第十八世"莫威墜"的譜牒與本村普英保户相同。第五十七世策謀,從元陽縣上新城鄉箐竹林村遷入本村。第五十八世謀井,常用名黄木減。本譜内容爲世系,至井則凡五十九世。

本譜載於《哈尼族口傳文化譯註全集》第十二卷《紅河州哈尼族譜牒(三)》

[雲南元陽]下新城村白殺則户譜牒 白殺則(仍則)背誦 李美亮搜集 2010年雲南民族出版社排印本 合册 哈漢雙文並註國際音標

該户屬糯比支系白氏宗族。一世祖奥麻。第三十二世苗井,遷入本村。本譜内容爲世系,至仍則凡三十六世。

本譜載於《哈尼族口傳文化譯註全集》第十二卷《紅河州哈尼族譜牒(三)》

[雲南元陽]下新城村王文志户譜牒 王文志(嚷侯)背誦 李美亮搜集 2010年雲南民族出版社排印本 合册 哈漢雙文並註國際音標

該户屬糯比支系王氏宗族。一世祖奥麻。從第一世"奥麻"至第二十世"塔婆貓"的譜牒與本村白殺則户相同。第四十三世嚷侯,常用名王文志。本譜内容爲世系,至侯仍凡四十四世。

本譜載於《哈尼族口傳文化譯註全集》第十二卷《紅河州哈尼族譜牒(三)》

[雲南元陽]下新城村李哪格户譜牒 李哪格(董省)背誦 李美亮搜集 2010年雲南民族出版社排印本 合册 哈漢雙文並註國際音標

該户屬糯比支系"奔甲然"宗族。一世祖奥麻。從第一世"奥麻"至第十八世"莫威墜"的譜牒與本村白殺則户相同。是族從元陽縣新鎮街愛春村委會牛倮普村遷入本村。第五十三世董省,常用名李哪格。本譜内容爲世系,至省嘎凡五十四世。

本譜載於《哈尼族口傳文化譯註全集》第十二卷《紅河州哈尼族譜牒(三)》

[雲南元陽]下新城村龍建明户譜牒 龍建明背誦 李美亮搜集 2010年雲南民族出版社排印本 合册 哈漢雙文並註國際音標

該户屬糯比支系龍氏宗族。一世祖奥麻。從第一世"奥麻"至第二十世"塔婆貓"的譜牒與本村白殺則户相同。本譜内容爲世系,至薩侯凡四十六世。

本譜載於《哈尼族口傳文化譯註全集》第十二卷《紅河州哈尼族譜牒(三)》

[雲南元陽]下新城村朱生朵户譜牒 普殺則背誦 李美亮搜集 2010年雲南民族出版社排印本 合册 哈漢雙文並註國際音標

該户屬糯比支系朱氏宗族。一世祖奥麻。從第一世"奥麻"至第十九世"墜塔婆"的譜牒與本村白殺則户相同。第五十九世舉省,從元陽縣上新城鄉瓦灰城村遷入本村。本譜内容爲世系,至謀囔(朱生朵)凡六十一世。

本譜載於《哈尼族口傳文化譯註全集》第十二卷《紅河州哈尼族譜牒(三)》

[雲南元陽]下新城村李毛惹户譜牒　李毛惹(董侯)背誦　李美亮搜集　2010年雲南民族出版社排印本　合册　哈漢雙文並註國際音標

該户屬糯美支系"董薩然"宗族。一世祖奥麻。從第一世"奥麻"至第十八世"莫威墜"的譜牒與本村白殺則户相同。第五十二世熱表,從元陽縣上新城鄉哈卡村遷入本村。第五十八世董侯,常用名李毛惹。本譜内容爲世系,至嘎蝦凡六十世。

本譜載於《哈尼族口傳文化譯註全集》第十二卷《紅河州哈尼族譜牒(三)》

[雲南元陽]下新城村陳機則户譜牒　陳機則(舉仍)背誦　李美亮搜集　2010年雲南民族出版社排印本　合册　哈漢雙文並註國際音標

該户屬糯比支系陳氏宗族。一世祖奥麻。從第一世"奥麻"至第十五世"烏鴻冉"的譜牒與本村白殺則户相同。第五十七世閏舉,從元陽縣上新城鄉老亞擁村遷入本村。第五十八世舉仍,常用名陳機則。本譜内容爲世系,至謀假凡六十世。

本譜載於《哈尼族口傳文化譯註全集》第十二卷《紅河州哈尼族譜牒(三)》

[雲南元陽]下新城村張克圖户譜牒　張克圖(苗嬈)背誦　李美亮搜集　2010年雲南民族出版社排印本　合册　哈漢雙文並註國際音標

該户屬糯美支系張氏宗族。一世祖奥麻。從第一世"奥麻"至第十八世"莫威墜"的譜牒與本村白殺則户相同。是族從元陽縣上新城鄉箭竹林村遷入本村。第五十三世苗嬈,常用名張克圖。本譜内容爲世系,至假策凡五十五世。

本譜載於《哈尼族口傳文化譯註全集》第十二卷《紅河州哈尼族譜牒(三)》

[雲南元陽]下新城村普殺則户譜牒　普殺則(舉熱)背誦　李美亮搜集　2010年雲南民族出版社排印本　合册　哈漢雙文並註國際音標

該户屬糯美支系"礱普普瑪然"宗族。一世祖奥麻。從第一世"奥麻"至第十八世"莫威墜"的譜牒與本村白殺則户相同。是族從元陽縣嘎娘鄉鳳港村遷入本村。第五十六世舉熱,常用名普殺則。本譜内容爲世系,至假韋凡五十八世。

本譜載於《哈尼族口傳文化譯註全集》第十二卷《紅河州哈尼族譜牒(三)》

[雲南元陽]下新城村黄染博户譜牒　黄染博(韋則)背誦　李美亮搜集　2010年雲南民族出版社排印本　合册　哈漢雙文並註國際音標

該户屬糯比支系黄氏宗族。一世祖奥麻。從第一世"奥麻"至第十八世"莫威墜"的譜牒與本村白殺則户相同。第五十九世韋則,常用名黄染博。本譜内容爲世系,至則苗凡六十世。

本譜載於《哈尼族口傳文化譯註全集》第十二卷《紅河州哈尼族譜牒(三)》

[雲南元陽]下新城村李家學户譜牒　李家學(謀韋)背誦　李美亮搜集　2010年雲南民族出版社排印本　合册　哈漢雙文並註國際音標

該户屬糯美支系"美謙然"宗族。一世祖奥麻。從第一世"奥麻"至第十八世"莫威墜"的譜牒與本村白殺則户相同。第五十世則蝦,從元陽縣嘎娘鄉白馬上寨村遷入本村。第五十二世謀韋,常用名李家學。本譜内容爲世系,至韋則凡五十三世。

本譜載於《哈尼族口傳文化譯註全集》第十二卷《紅河州哈尼族譜牒(三)》

[雲南元陽]下新城村曹卜生户譜牒　曹卜生背誦　李美亮搜集　2010年雲南民族出版社排印本　合册　哈漢雙文並註國際音標

該户屬糯美支系曹氏宗族。一世祖奥麻。從第一世"奥麻"至第十八世"莫威墜"的譜牒與本村白殺則户相同。本譜内容爲世系,至跑枸凡四十八世。

本譜載於《哈尼族口傳文化譯註全集》第十二卷《紅河州哈尼族譜牒(三)》

[雲南元陽]下新城村普毛朵户譜牒　普毛朵(斗熱)背誦　李美亮搜集　2010年雲南民族出版社排印本　合册　哈漢雙文並註國際音標

該户屬糯美支系"則佳然"宗族。一世祖奥麻。從第一世"奥麻"至第十八世"莫威墜"的譜牒與本村白殺則户相同。本譜内容爲世系,至斗熱凡六十三世。

本譜載於《哈尼族口傳文化譯註全集》第十二卷《紅河州哈尼族譜牒(三)》

[雲南元陽]下中寨李成發户譜牒　李成發(侯省)背誦　李美亮搜集　2010年雲南民族出版社排印本　合册　哈漢雙文並註國際音標

該户屬糯比支系"媽們然"宗族。一世祖奥麻。是族從元陽縣新街鎮中巧村遷入本村。第五十八世侯省,常用名李成發。本譜内容爲世系,至省嚷凡五十九世。

本譜載於《哈尼族口傳文化譯註全集》第十二卷《紅河州哈尼族譜牒(三)》

[雲南元陽]下中寨李正汪户譜牒　李正汪(則仍)背誦　李美亮搜集　2010年雲南民族出版社排印本　合册　哈漢雙文並註國際音標

該户屬糯比支系"奔甲然"宗族。一世祖奥麻。從第一世"奥麻"至第十八世"莫威墜"的譜牒與本村李成發户相同。第四十八世熱謀,從元陽縣新街鎮主魯村遷入本村。第五十二世則仍,常用名李正汪。本譜内容爲世系,至謀薩凡五十四世。

本譜載於《哈尼族口傳文化譯註全集》第十二卷《紅河州哈尼族譜牒(三)》

[雲南元陽]下中寨陳金木户譜牒　陳金木(侯假)背誦　李美亮搜集　2010年雲南民族出版社排印本　合册　哈漢雙文並註國際音標

該户屬糯比支系陳氏宗族。一世祖奥麻。從第一世"奥麻"至第十五世"烏鴻冉"的譜牒與本村李成發户相同。第五十六世翁侯,從元陽縣逢春嶺村委會遷入本村。第五十七世侯假,常用名陳金木。本譜内容爲世系,至假熱凡五十八世。

本譜載於《哈尼族口傳文化譯註全集》第十二卷《紅河州哈尼族譜牒(三)》

[雲南元陽]下中寨普德明户譜牒　普德明(斗假)背誦　李美亮搜集　2010年雲南民族出版社排印本　合册　哈漢雙文並註國際音標

該户屬糯美支系"大譜氏"宗族。一世祖奥麻。從第一世"奥麻"至第十八世"莫威墜"的譜牒與本村李成發户相同。第五十六世井琶,從元陽縣嘎娘鄉鳳港村遷入本村。第六十二世斗假,常用名普德明。本譜内容爲世系,至假策凡六十三世。

本譜載於《哈尼族口傳文化譯註全集》第十二卷《紅河州哈尼族譜牒(三)》

[雲南元陽]下中寨李國户譜牒　李國(則熱)背誦　李美亮搜集　2010年雲南民族出版社排印本　合册　哈漢雙文並註國際音標

該户屬糯美支系"董薩然"宗族。一世祖奥麻。從第一世"奥麻"至第十八世"莫威墜"的譜牒與本村李成發户相同。第五十九世打舉,從元陽縣小新街鄉者臺村遷入本村。第六十二世則熱,常用名李國。本譜内容爲世系,至熱嘎凡六十三世。

本譜載於《哈尼族口傳文化譯註全集》第十二卷《紅河州哈尼族譜牒(三)》

[雲南元陽]下中寨黄假嘎户譜牒　黄假嘎背誦　李美亮搜集　2010年雲南民族出版社排印本　合册　哈漢雙文並註國際音標

該户屬糯美支系黄氏宗族。一世祖奥麻。從第一世"奥麻"至第十八世"莫威墜"的譜牒與本村李成發户相同。第五十四世嬈假,從元陽縣小新街鄉安心寨村遷入本村。第五十五世即假嘎。本譜内容爲世系,至嘎簸凡五十六世。

本譜載於《哈尼族口傳文化譯註全集》第十二卷《紅河州哈尼族譜牒(三)》

[雲南元陽]五家寨李嘎則户譜牒　李嘎則(軌苗)背誦　李美亮搜集　2010年雲南民族出版社

排印本　合册　哈漢雙文並註國際音標

該户屬糯比支系“奔甲然”宗族。一世祖奥麻。第五十一世蝦軌，從元陽縣上新城鄉陸良寨村遷入本村。本譜内容爲世系，至軌苗凡五十二世。

本譜載於《哈尼族口傳文化譯註全集》第十二卷《紅河州哈尼族譜牒（三）》

［雲南元陽］五家寨普克簸户譜牒　普克簸（謀嘎）背誦　李美亮搜集　2010年雲南民族出版社排印本　合册　哈漢雙文並註國際音標

該户屬糯美支系“劈普普瑪然”宗族。一世祖奥麻。從第一世“奥麻”至第二十三世“達堵蘇”的譜牒與本村李嘎則户相同。第六十世省謀，從元陽縣下新城村遷入本村。第六十一世謀嘎，常用名普克簸。本譜内容爲世系，至嘎娩凡六十二世。

本譜載於《哈尼族口傳文化譯註全集》第十二卷《紅河州哈尼族譜牒（三）》

［雲南元陽］五家寨李文學户譜牒　李文學（打井）背誦　李美亮搜集　2010年雲南民族出版社排印本　合册　哈漢雙文並註國際音標

該户屬糯美支系“董薩然”宗族。一世祖奥麻。從第一世“奥麻”至第二十三世“達堵蘇”的譜牒與本村李嘎則户相同。第五十七世熱打，從元陽縣上新城鄉陸良寨村遷入本村。本譜内容爲世系，至打井凡五十八世。

本譜載於《哈尼族口傳文化譯註全集》第十二卷《紅河州哈尼族譜牒（三）》

［雲南元陽］五家寨李正清户譜牒　李正清（假佬）背誦　李美亮搜集　2010年雲南民族出版社排印本　合册　哈漢雙文並註國際音標

該户屬糯比支系“媽們然”宗族。一世祖奥麻。從第一世“奥麻”至第十八世“莫威墜”的譜牒與本村李嘎則户相同。第五十六世嘎假，從元陽縣新街鎮中巧村遷入本村。第五十七世假佬，常用名李正清。本譜内容爲世系，至佬牟凡五十八世。

本譜載於《哈尼族口傳文化譯註全集》第十二卷《紅河州哈尼族譜牒（三）》

［雲南元陽］五家寨陳光明户譜牒　陳光明（省簸）背誦　李美亮搜集　2010年雲南民族出版社排印本　合册　哈漢雙文並註國際音標

該户屬糯比支系陳氏宗族。一世祖奥麻。從第一世“奥麻”至第十五世“烏鴻冉”的譜牒與本村李嘎則户相同。第五十九世省簸，常用名陳光明。本譜内容爲世系，至則謀凡六十一世。

本譜載於《哈尼族口傳文化譯註全集》第十二卷《紅河州哈尼族譜牒（三）》

［雲南元陽］五家寨龍假嘎户譜牒　龍假嘎背誦　李美亮搜集　2010年雲南民族出版社排印本　合册　哈漢雙文並註國際音標

該户屬糯比支系龍氏宗族。一世祖奥麻。從第一世“奥麻”至第十八世“莫威墜”的譜牒與本村李嘎則户相同。第四十九世舉假，從元陽縣上新城鄉老亞擁村遷入本村。第五十世即假嘎。本譜内容爲世系，至嘎瑟（女）凡五十一世。

本譜載於《哈尼族口傳文化譯註全集》第十二卷《紅河州哈尼族譜牒（三）》

［雲南元陽］安心下寨李文明户譜牒　李文明（舉則）背誦　李美亮搜集　2010年雲南民族出版社排印本　合册　哈漢雙文並註國際音標

該户屬糯比支系“美謙然”宗族。一世祖奥麻。第五十一世謀打，從元陽縣小新街鄉石巖寨村遷入本村。第五十三世舉則，常用名李文明。本譜内容爲世系，至嘎熱凡五十五世。

本譜載於《哈尼族口傳文化譯註全集》第十二卷《紅河州哈尼族譜牒（三）》

［雲南元陽］安心下寨龍金重户譜牒　龍金重（謀董）背誦　李美亮搜集　2010年雲南民族出版社排印本　合册　哈漢雙文並註國際音標

該户屬糯比支系龍氏宗族。一世祖奥麻。從第一世“奥麻”至第十八世“莫威墜”的譜牒與本村李文明户相同。本譜牒採自譜主家存手抄音譯漢文譜牒。該譜牒上的音譯漢文與譜主家村譜牒音譯漢字略有出入。第三十六世仍董，爲四房，其同胞兄弟“仍謀”爲一房，居元陽縣小新街鄉小拉卡村,"仍蝦"爲二房,居小新街鄉石巖寨,另有同胞弟兄居小新街鄉大拉卡村委會、都魯保村委會等地,融入彝、漢等不同民族。第四十三世謀董,常用名龍金重。本譜内容爲世系,至井苗凡四十五世。

本譜載於《哈尼族口傳文化譯註全集》第十二卷《紅河州哈尼族譜牒(三)》

[雲南元陽]安心下寨李生則户譜牒　李冉、李生則(謀則)背誦　李美亮搜集　2010年雲南民族出版社排印本　合册　哈漢雙文並註國際音標

該户屬糯美支系"堅胚然"宗族。一世祖奥麻。從第一世"奥麻"至第二十二世"貓東達"的譜牒與本村李文明户相同。第五十八世嚷謀,從元陽縣小新街鄉安心上寨村遷入本村。第五十九世謀則,常用名李生則。本譜内容爲世系,至則仍凡六十世。

本譜載於《哈尼族口傳文化譯註全集》第十二卷《紅河州哈尼族譜牒(三)》

[雲南元陽]安心下寨李正昌户譜牒　李正昌(省謀)背誦　李美亮搜集　2010年雲南民族出版社排印本　合册　哈漢雙文並註國際音標

該户屬糯美支系"董薩然"宗族。一世祖奥麻。從第一世"奥麻"至第二十二世"貓東達"的譜牒與本村李文明户相同。第四十八世省謀,從元陽縣小新街鄉安心上寨村遷入本村。第四十八世省謀,常用名李正昌。本譜内容爲世系,至取侯凡五十世。

本譜載於《哈尼族口傳文化譯註全集》第十二卷《紅河州哈尼族譜牒(三)》

[雲南元陽]安心下寨普文武户譜牒　普文武(熱假)背誦　李美亮搜集　2010年雲南民族出版社排印本　合册　哈漢雙文並註國際音標

該户屬糯美支系"則佳然"宗族。一世祖井嘎。從第五世苗熱,從元陽縣逢春嶺鄉曼過村委會復興寨村遷入本村。本譜内容爲世系,至熱假凡六世。

本譜載於《哈尼族口傳文化譯註全集》第十二卷《紅河州哈尼族譜牒(三)》

[雲南元陽]安心下寨普得亮户譜牒　嚷謀背誦　李美亮搜集　2010年雲南民族出版社排印本　合册　哈漢雙文並註國際音標

該户屬糯美支系"犫普普瑪然"宗族。一世祖奥麻。從第一世"奥麻"至第二十二世"貓東達"的譜牒與本村李文明户相同。第六十四世謀濤,常用名普得亮,從元陽縣小新街鄉安心上寨村遷入本村。本譜内容爲世系,至濤省凡六十五世。

本譜載於《哈尼族口傳文化譯註全集》第十二卷《紅河州哈尼族譜牒(三)》

[雲南元陽]安心下寨李正成户譜牒　李正成(舉苗)背誦　李美亮搜集　2010年雲南民族出版社排印本　合册　哈漢雙文並註國際音標

該户屬糯美支系"堅胚然"宗族。一世祖奥麻。從第一世"奥麻"至第二十二世"貓東達"的譜牒與本村李文明户相同。第五十四世謀苗,從元陽縣上新城鄉箐竹林村遷入本村。第五十九世舉苗,常用名李正成。本譜内容爲世系,至苗侯凡六十世。

本譜載於《哈尼族口傳文化譯註全集》第十二卷《紅河州哈尼族譜牒(三)》

[雲南元陽]安心下寨黄石圖户譜牒　井嘎背誦　李美亮搜集　2010年雲南民族出版社排印本　合册　哈漢雙文並註國際音標

該户屬糯美支系黄氏宗族。一世祖奥麻。從第一世"奥麻"至第二十二世"貓東達"的譜牒與本村李文明户相同。第五十六世井嘎,從元陽縣逢春嶺鄉壩思村遷入本村。第五十七世嘎仍,常用名黄石圖。本譜内容爲世系,至仍品凡五十八世。

本譜載於《哈尼族口傳文化譯註全集》第十二卷《紅河州哈尼族譜牒(三)》

[雲南元陽]安心下寨吴朝生户譜牒　吴朝生(謀嘎)背誦　李美亮搜集　2010年雲南民族出版社排印本　合册　哈漢雙文並註國際音標

該户屬糯比支系吴氏宗族。一世祖奥麻。從第

一世“奥麻”至第二十九世“薩嬈”的譜牒與本村李文明户相同。第五十三世俁謀,從元陽縣上新城鄉新亞擁村遷入本村。第五十四世謀嘎,常用名吴朝生。本譜内容爲世系,至嘎韋凡五十五世。

本譜載於《哈尼族口傳文化譯註全集》第十二卷《紅河州哈尼族譜牒(三)》

[雲南元陽]安心下寨何小五户譜牒　何小五(嚷簸)背誦　李美亮搜集　2010年雲南民族出版社排印本　合册　哈漢雙文並註國際音標

該户屬糯比支系何氏宗族。一世祖奥麻。從第一世“奥麻”至第三十一世“韋車”的譜牒與本村李文明户相同。第五十四世打嘎,從元陽縣小新街鄉嘎媽新寨村遷入本村。第五十六世嚷簸,常用名何小五。本譜内容爲世系,至簸俁凡五十七世。

本譜載於《哈尼族口傳文化譯註全集》第十二卷《紅河州哈尼族譜牒(三)》

[雲南元陽]安心下寨高正明户譜牒　高朵苗背誦　李美亮搜集　2010年雲南民族出版社排印本　合册　哈漢雙文並註國際音標

該户屬糯美支系高氏宗族。一世祖奥麻。從第一世“奥麻”至第二十二世“貓東達”的譜牒與本村李文明户相同。第五十九世董俁,從元陽縣小新街鄉安心上寨村遷入本村。第五十九世董俁,常用名高正明。本譜内容爲世系,至俁省凡六十世。

本譜載於《哈尼族口傳文化譯註全集》第十二卷《紅河州哈尼族譜牒(三)》

[雲南元陽]安心上寨普里德户譜牒　普里德(謀打)背誦　李美亮搜集　2010年雲南民族出版社排印本　合册　哈漢雙文並註國際音標

該户屬糯美支系“鶻普普瑪然”宗族。一世祖奥麻。該户與元陽縣逢春嶺鄉老曹寨村普斗謀户共祖至第五十九代“取省”。第六十三世嚷謀,從元陽縣逢春嶺鄉老曹寨村遷入本村。本譜内容爲世系,至謀打凡六十四世。

本譜載於《哈尼族口傳文化譯註全集》第十二卷《紅河州哈尼族譜牒(三)》

[雲南元陽]安心上寨高朵苗户譜牒　高朵苗(董苗)背誦　李美亮搜集　2010年雲南民族出版社排印本　合册　哈漢雙文並註國際音標

該户屬糯美支系高氏宗族。一世祖奥麻。從第一世“奥麻”至第二十九世“里窩”的譜牒與本村普里德户相同。第五十七世舉則,從元陽縣小新街鄉大魯沙村遷入本村。第五十九世董苗,常用名高朵苗。本譜内容爲世系,至苗嚷凡六十世。

本譜載於《哈尼族口傳文化譯註全集》第十二卷《紅河州哈尼族譜牒(三)》

[雲南元陽]安心上寨李文林户譜牒　李正昌(省謀)背誦　李美亮搜集　2010年雲南民族出版社排印本　合册　哈漢雙文並註國際音標

該户屬糯美支系“董薩然”宗族。一世祖奥麻。從第一世“奥麻”至第二十九世“里窩”的譜牒與本村普里德户相同。第四十七世苗翁,從元陽縣上新城鄉箐竹林村遷入本村。第五十一世省假,常用名李文林。本譜内容爲世系,至假俁凡五十二世。背誦人李正昌,父子連名“省謀”,安心下寨人,係本譜主李文林之同胞兄弟。

本譜載於《哈尼族口傳文化譯註全集》第十二卷《紅河州哈尼族譜牒(三)》

[雲南元陽]安心上寨李小四户譜牒　李有亮、李小四(董謀)背誦　李美亮搜集　2010年雲南民族出版社排印本　合册　哈漢雙文並註國際音標

該户屬糯美支系“堅胚然”宗族。一世祖奥麻。從第一世“奥麻”至第二十九世“里窩”的譜牒與本村普里德户相同。第五十六世嬈嘎,從元陽縣上新城鄉箐竹林村遷入本村。第五十九世董謀,常用名李小四。本譜内容爲世系,至謀韋凡六十世。

本譜載於《哈尼族口傳文化譯註全集》第十二卷《紅河州哈尼族譜牒(三)》

[雲南元陽]安心上寨何平則户譜牒　何平則(省則)背誦　李美亮搜集　2010年雲南民族出版社

排印本　合册　哈漢雙文並註國際音標

該户屬糯比支系何氏宗族。一世祖奥麻。從第一世"奥麻"至第二十二世"媽登達"的譜牒與本村普里德户相同。第五十四世苗取,從元陽縣嘎娘鄉白馬上寨村遷入本村。第五十七世省則,常用名何平則。本譜内容爲世系,至謀嚷凡五十九世。

本譜載於《哈尼族口傳文化譯註全集》第十二卷《紅河州哈尼族譜牒(三)》

[雲南元陽]安心上寨白正昌户譜牒　省嚷背誦　李美亮搜集　2010年雲南民族出版社排印本　合册　哈漢雙文並註國際音標

該户屬糯比支系白氏宗族。一世祖奥麻。從第一世"奥麻"至第十八世"莫威墜"的譜牒與本村普里德户相同。第五十八世董謀,從元陽縣小新街鄉大拉卡哈尼寨村經石巖寨村委會格河寨村遷入本村。第六十二世嚷侯,常用名白正昌。本譜内容爲世系,至侯打凡六十三世。背誦人省嚷,第六十一世,係譜主白正昌之父。

本譜載於《哈尼族口傳文化譯註全集》第十二卷《紅河州哈尼族譜牒(三)》

[雲南元陽]安心上寨朱家福户譜牒　苗侯背誦　李美亮搜集　2010年雲南民族出版社排印本　合册　哈漢雙文並註國際音標

該户屬糯比支系朱氏宗族。一世祖奥麻。從第一世"奥麻"至第十八世"莫威墜"的譜牒與本村普里德户相同。第四十九世董侯,從元陽縣嘎娘鄉鳳港村遷入本村。本譜内容爲世系,至侯謀(朱家福)凡五十三世。

本譜載於《哈尼族口傳文化譯註全集》第十二卷《紅河州哈尼族譜牒(三)》

[雲南元陽]安心上寨黄家興户譜牒　黄家興(熱則)背誦　李美亮搜集　2010年雲南民族出版社排印本　合册　哈漢雙文並註國際音標

該户屬糯美支系黄氏宗族。一世祖奥麻。從第一世"奥麻"至第二十九世"里窩"的譜牒與本村普里德户相同。第五十一世薩董,從建水縣遷入本村。第五十五世熱則,常用名黄家興。本譜内容爲世系,至則嚷凡五十六世。

本譜載於《哈尼族口傳文化譯註全集》第十二卷《紅河州哈尼族譜牒(三)》

[雲南元陽]安心上寨張傑户譜牒　韋假背誦　李美亮搜集　2010年雲南民族出版社排印本　合册　哈漢雙文並註國際音標

該户屬糯美支系張氏宗族。一世祖奥麻。從第一世"奥麻"至第二十九世"里窩"的譜牒與本村普里德户相同。第五十世假里,從建水縣遷入本村。本譜内容爲世系,至舉蝦(張傑)凡五十七世。

本譜載於《哈尼族口傳文化譯註全集》第十二卷《紅河州哈尼族譜牒(三)》

[雲南元陽]革新村李東貴户譜牒　李東貴(腳福)背誦　李美亮搜集　2010年雲南民族出版社排印本　合册　哈漢雙文並註國際音標

該户屬老鄔支系"果國席蔣然"宗族。一世祖策枸,從元陽縣逢春嶺鄉老曹寨村委會壩努村遷入本村。本譜内容爲世系,至腳福凡六世。

本譜載於《哈尼族口傳文化譯註全集》第十二卷《紅河州哈尼族譜牒(三)》

[雲南元陽]革新村盧家發户譜牒　盧家發(井發)背誦　李美亮搜集　2010年雲南民族出版社排印本　合册　哈漢雙文並註國際音標

該户屬老鄔支系"阿韋然"宗族。一世祖揚發,從元陽縣逢春嶺鄉中寨村遷入本村。第四世井發,常用名盧家發。本譜内容爲世系,至發福凡五世。

本譜載於《哈尼族口傳文化譯註全集》第十二卷《紅河州哈尼族譜牒(三)》

[雲南元陽]革新村鄔光明户譜牒　鄔光明(迎明)背誦　李美亮搜集　2010年雲南民族出版社排印本　合册　哈漢雙文並註國際音標

該户屬老鄔支系"果彤然"宗族。一世祖吉救。第十二世迎明,常用名鄔光明。本譜内容爲世系,至明福凡十三世。

本譜載於《哈尼族口傳文化譯註全集》第十二卷《紅河州哈尼族譜牒(三)》

[雲南元陽]革新村刀正光户譜牒 刀正光(策福)背誦 李美亮搜集 2010年雲南民族出版社排印本 合册 哈漢雙文並註國際音標

該户屬老鄔支系"拔蔣然"宗族。一世祖勇董,從元陽縣逢春嶺鄉革命村遷入本村。第四世策福,常用名刀正光。本譜内容爲世系,至福金凡五世。

本譜載於《哈尼族口傳文化譯註全集》第十二卷《紅河州哈尼族譜牒(三)》

[雲南元陽]革新村里李正學户譜牒 李正學(井福)背誦 李美亮搜集 2010年雲南民族出版社排印本 合册 哈漢雙文並註國際音標

該户屬老鄔支系"苗瑪席蔣然"宗族。一世祖奕井。第二世井福,常用名李正學。本譜内容爲世系,至福策凡三世。

本譜載於《哈尼族口傳文化譯註全集》第十二卷《紅河州哈尼族譜牒(三)》

[雲南元陽]革新村楊自强户譜牒 楊自强(發井)背誦 李美亮搜集 2010年雲南民族出版社排印本 合册 哈漢雙文並註國際音標

該户屬老鄔支系"佬展然"宗族。一世祖奕吴。第二世吴策,從金平縣勐拉鄉新發寨村遷入本村。第五世發井,常用名楊自强。本譜内容爲世系,至井明凡六世。

本譜載於《哈尼族口傳文化譯註全集》第十二卷《紅河州哈尼族譜牒(三)》

[雲南元陽]新魯沙下寨李玉寬户譜牒 李玉寬(福文)背誦 李美亮搜集 2010年雲南民族出版社排印本 合册 哈漢雙文並註國際音標

該户屬老鄔支系"果國席蔣然"宗族。一世祖野稿。第十一世福文,常用名李玉寬。本譜内容爲世系,至興榮凡十三世。

本譜載於《哈尼族口傳文化譯註全集》第十二卷《紅河州哈尼族譜牒(三)》

[雲南元陽]新魯沙下寨李開亮户譜牒 李開亮(明雯)背誦 李美亮搜集 2010年雲南民族出版社排印本 合册 哈漢雙文並註國際音標

該户屬老鄔支系"苗瑪席蔣然"宗族。一世祖勇福。第五世明雯,常用名李開亮。本譜内容爲世系,至策迎凡七世。

本譜載於《哈尼族口傳文化譯註全集》第十二卷《紅河州哈尼族譜牒(三)》

[雲南元陽]新魯沙下寨曹志福户譜牒 曹志福(腳雯)背誦 李美亮搜集 2010年雲南民族出版社排印本 合册 哈漢雙文並註國際音標

該户屬老鄔支系"考佬然"宗族。一世祖福啓。據傳該户祖先來自雲南通海縣,爲漢族,後融入自稱濮拉帕的彝族,再融爲哈尼族。第三世腳雯,常用名曹志福。本譜内容爲世系,至奪里凡五世。

本譜載於《哈尼族口傳文化譯註全集》第十二卷《紅河州哈尼族譜牒(三)》

[雲南元陽]新魯沙下寨鄔志和户譜牒 鄔志和(薩發)背誦 李美亮搜集 2010年雲南民族出版社排印本 合册 哈漢雙文並註國際音標

該户屬老鄔支系"果彤然"宗族。一世祖雯迎。第五世薩發,常用名鄔志和。本譜内容爲世系,至丹里凡七世。

本譜載於《哈尼族口傳文化譯註全集》第十二卷《紅河州哈尼族譜牒(三)》

[雲南元陽]新魯沙下寨陳文興户譜牒 陳有明背誦 李美亮搜集 2010年雲南民族出版社排印本 合册 哈漢雙文並註國際音標

該户屬老鄔支系"里井然"宗族。一世祖蘇迎。第五世明啓,從元陽縣小新街鄉嘎媽上寨村遷入本村。第六世啓福,常用名陳文興。本譜内容爲世系,至武雯凡八世。

本譜載於《哈尼族口傳文化譯註全集》第十二卷《紅河州哈尼族譜牒(三)》

[雲南元陽]新魯沙下寨盧勇户譜牒　盧勇(明勇)背誦　李美亮搜集　2010年雲南民族出版社排印本　合册　哈漢雙文並註國際音標

該户屬老鄔支系"魯武然"宗族。一世祖啓雯。據傳該户祖先曾在湖廣居住並爲漢族。第四世明勇,常用名盧勇。本譜内容爲世系,至勇策凡五世。

本譜載於《哈尼族口傳文化譯註全集》第十二卷《紅河州哈尼族譜牒(三)》

[雲南元陽]新魯沙下寨楊建興户譜牒　楊建興(福奪)背誦　李美亮搜集　2010年雲南民族出版社排印本　合册　哈漢雙文並註國際音標

該户屬老鄔支系"臘展然"宗族。一世祖發啓。第二世啓福,從元陽縣小新街鄉克甲村遷入本村。第三世福奪,常用名楊建興。本譜内容爲世系,至奪迎凡四世。

本譜載於《哈尼族口傳文化譯註全集》第十二卷《紅河州哈尼族譜牒(三)》

[雲南元陽]新魯沙上寨鄔自新户譜牒　鄔自新(苗文)背誦　李美亮搜集　2010年雲南民族出版社排印本　合册　哈漢雙文並註國際音標

該户屬老鄔支系"果彤然"宗族。一世祖啊普泗明奥。第二十六世發啓,從元陽縣小新街鄉石巖寨村委會魚塘村遷入本村。第二十八世苗文,常用名鄔自新。本譜内容爲世系,至策屋凡三十世。

本譜載於《哈尼族口傳文化譯註全集》第十二卷《紅河州哈尼族譜牒(三)》

[雲南元陽]新魯沙上寨李金明户譜牒　李金明(里雯)背誦　李美亮搜集　2010年雲南民族出版社排印本　合册　哈漢雙文並註國際音標

該户屬老鄔支系"苗瑪席蔣然"宗族。一世祖阿普。第五世古榮,從元陽縣大坪鄉小寨村遷入本村,據傳該族之前爲自稱濮拉帕的彝族。第十五世里雯,常用名李金明。本譜内容爲世系,至雯腳凡十六世。

本譜載於《哈尼族口傳文化譯註全集》第十二卷《紅河州哈尼族譜牒(三)》

[雲南元陽]新魯沙上寨陳正昌户譜牒　陳正昌(韋腳)背誦　李美亮搜集　2010年雲南民族出版社排印本　合册　哈漢雙文並註國際音標

該户屬老鄔支系"里井然"宗族。一世祖啊普。第十三世井雯,從元陽縣小新街鄉者臺村委會巖腳村遷入本村。第十六世韋腳,常用名陳正昌。本譜内容爲世系,至腳者凡十七世。

本譜載於《哈尼族口傳文化譯註全集》第十二卷《紅河州哈尼族譜牒(三)》

[雲南元陽]新魯沙上寨龍文明户譜牒　龍文明(吴明)背誦　李美亮搜集　2010年雲南民族出版社排印本　合册　哈漢雙文並註國際音標

該户屬老鄔支系"奪魯然"宗族。一世祖奕策,從元陽縣小新街鄉大拉卡村委會遷入本村。第三世吴明,常用名龍文明。本譜内容爲世系,至福佬凡五世。

本譜載於《哈尼族口傳文化譯註全集》第十二卷《紅河州哈尼族譜牒(三)》

[雲南元陽]新魯沙上寨李龍户譜牒　李龍(啓文)背誦　李美亮搜集　2010年雲南民族出版社排印本　合册　哈漢雙文並註國際音標

該户屬老鄔支系"果國席蔣然"宗族。一世祖福薩。本譜内容爲世系,至啓文凡四世。

本譜載於《哈尼族口傳文化譯註全集》第十二卷《紅河州哈尼族譜牒(三)》

[雲南元陽]新魯沙上寨盧發明户譜牒　盧發明(策昌)背誦　李美亮搜集　2010年雲南民族出版社排印本　合册　哈漢雙文並註國際音標

該户屬老鄔支系"魯武然"宗族。一世祖啓雯。第二世雯文,從元陽縣小新街鄉新魯沙下寨遷入本村。第四世策昌,常用名盧發明。本譜内容爲世系,至昌福凡五世。

本譜載於《哈尼族口傳文化譯註全集》第十二卷《紅河州哈尼族譜牒(三)》

［雲南元陽］魚塘村白志祥户譜牒 白志祥（霎奕）背誦 李美亮搜集 2010年雲南民族出版社排印本 合册 哈漢雙文並註國際音標

該户屬老鄔支系"阿仆然"宗族。一世祖期口，從元陽縣石頭寨遷入本村。第七世霎奕，常用名白志祥。本譜内容爲世系，至增魯凡九世。

本譜載於《哈尼族口傳文化譯註全集》第十二卷《紅河州哈尼族譜牒（三）》

［雲南元陽］魚塘村盧有明户譜牒 盧有明（奕策）背誦 李美亮搜集 2010年雲南民族出版社排印本 合册 哈漢雙文並註國際音標

該户屬老鄔支系"魯武然"宗族。一世祖文啓，從元陽縣小新街鄉新魯沙上寨村遷入本村。第四世奕策，常用名盧有明。本譜内容爲世系，至策林凡五世。

本譜載於《哈尼族口傳文化譯註全集》第十二卷《紅河州哈尼族譜牒（三）》

［雲南元陽］魚塘村刀光亮户譜牒 刀光亮（文腳）背誦 李美亮搜集 2010年雲南民族出版社排印本 合册 哈漢雙文並註國際音標

該户屬老鄔支系"坂甲然"宗族。一世祖福啓。第三世霎文，從元陽縣大坪鄉小平寨村遷入本村。第四世文腳，常用名刀光亮。本譜内容爲世系，至腳發凡五世。

本譜載於《哈尼族口傳文化譯註全集》第十二卷《紅河州哈尼族譜牒（三）》

［雲南元陽］魚塘村鄔光亮户譜牒 鄔光亮（文策）背誦 李美亮搜集 2010年雲南民族出版社排印本 合册 哈漢雙文並註國際音標

該户屬老鄔支系"果彤然"宗族。一世祖福井，從元陽縣小新街鄉石巖寨村委會老鄔寨村遷入本村。第三世文策，常用名鄔光亮。本譜内容爲世系，至策霎凡四世。

本譜載於《哈尼族口傳文化譯註全集》第十二卷《紅河州哈尼族譜牒（三）》

［雲南元陽］魚塘村李勇貴户譜牒 丁保背誦 李美亮搜集 2010年雲南民族出版社排印本 合册 哈漢雙文並註國際音標

該户屬老鄔支系"果國席蔣然"宗族。一世祖阿普頂孬泗明奥。該族從元陽縣小新街鄉新魯沙村遷入本村。該户第六世"木拔繳"與第七世"迎稿"之間還有幾代，但背誦人既不知其間還有幾代，又不知他們的父子連名。第十八世保家，常用名李勇貴。本譜内容爲世系，至家發凡十九世。

本譜載於《哈尼族口傳文化譯註全集》第十二卷《紅河州哈尼族譜牒（三）》

［雲南元陽］魚塘村吴文學户譜牒 吴文學（假嘎）背誦 李美亮搜集 2010年雲南民族出版社排印本 合册 哈漢雙文並註國際音標

該户屬糯比支系吴氏宗族。一世祖奥麻。該族從元陽縣嘎娘鄉蘆猜寨村遷入本村。第四十六世假嘎，常用名吴文學。本譜内容爲世系，至嘎嫂（女）凡四十七世。

本譜載於《哈尼族口傳文化譯註全集》第十二卷《紅河州哈尼族譜牒（三）》

［雲南元陽］石巖寨何有明户譜牒 何有明（嘎董）背誦 李美亮搜集 2010年雲南民族出版社排印本 合册 哈漢雙文並註國際音標

該户屬糯比支系何氏宗族。一世祖奥麻。第五十六世省嘎，從元陽縣小新街鄉嘎媽新寨村遷入本村。第五十七世嘎董，常用名何有明。本譜内容爲世系，至則蝦凡五十九世。

本譜載於《哈尼族口傳文化譯註全集》第十二卷《紅河州哈尼族譜牒（三）》

［雲南元陽］石巖寨楊自榮户譜牒 楊自榮（謀薩）背誦 李美亮搜集 2010年雲南民族出版社排印本 合册 哈漢雙文並註國際音標

該户屬糯美支系楊氏宗族。一世祖奥麻。從第一世"奥麻"至第二十二世"貓東達"的譜牒與本村何有明户相同。第五十五世井則，從元陽縣小新街鄉大魯沙村遷入本村。第五十五世謀薩，常用名楊自榮。本譜内容爲世系，至薩苗凡五十六世。

本譜載於《哈尼族口傳文化譯註全集》第十二卷《紅河州哈尼族譜牒(三)》

[雲南元陽]石巖寨龍文亮户譜牒 龍文亮(林薩)背誦 李美亮搜集 2010年雲南民族出版社排印本 合册 哈漢雙文並註國際音標

該户屬糯比支系龍氏宗族。一世祖苗侯。苗侯之前的譜系與小新街鄉嘎媽下寨村龍克魯户相同。第五世林薩,常用名龍文亮。本譜内容爲世系,至熱董凡七世。

本譜載於《哈尼族口傳文化譯註全集》第十二卷《紅河州哈尼族譜牒(三)》

[雲南元陽]石巖寨普咱爲户譜牒 普咱爲(嚷章)背誦 李美亮搜集 2010年雲南民族出版社排印本 合册 哈漢雙文並註國際音標

該户屬糯美支系"磨普普瑪然"宗族。一世祖熱嘎。第四世侯嚷,從元陽縣小新街鄉者臺村遷入本村。第五世嚷章,常用名普咱爲。本譜内容爲世系,至井嘎凡七世。

本譜載於《哈尼族口傳文化譯註全集》第十二卷《紅河州哈尼族譜牒(三)》

[雲南元陽]石巖寨李行木户譜牒 李行木(嬈則)背誦 李美亮搜集 2010年雲南民族出版社排印本 合册 哈漢雙文並註國際音標

該户屬糯比支系"崇國南奔然"宗族。一世祖奥麻。從第一世"奥麻"至第十八世"莫威墜"的譜牒與本村何有明户相同。該户與元陽縣逢春嶺鄉老曹寨宗親則蝦户同祖至第五十九世"苗熱"。第六十世熱省,從元陽縣逢春嶺鄉老曹寨村遷入本村。第六十二世嬈則,常用名李行木。本譜内容爲世系,至嚷假凡六十四世。

本譜載於《哈尼族口傳文化譯註全集》第十二卷《紅河州哈尼族譜牒(三)》

[雲南元陽]石巖寨朱文武户譜牒 朱文武(侯薩)背誦 李美亮搜集 2010年雲南民族出版社排印本 合册 哈漢雙文並註國際音標

該户屬糯比支朱氏宗族。一世祖奥麻。從第一世"奥麻"至第十八世"莫威墜"的譜牒與本村何有明户相同。該户與元陽縣小新街鄉嘎媽新寨村朱嘎假户同祖至第五十世"儂草"。第六十世則假,從元陽縣小新街鄉嘎媽新寨村遷入本村。本譜内容爲世系,至侯薩凡六十三世。

本譜載於《哈尼族口傳文化譯註全集》第十二卷《紅河州哈尼族譜牒(三)》

[雲南元陽]石巖寨盧金福户譜牒 盧金福(則董)背誦 李美亮搜集 2010年雲南民族出版社排印本 合册 哈漢雙文並註國際音標

該户屬糯比支系盧氏宗族。一世祖奥麻。從第一世"奥麻"至第二十二世"貓東達"的譜牒與本村何有明户相同。第三十八世則取,從元陽縣小新街鄉扒倮村遷入本村。第三十九世則董,常用名盧金福。本譜内容爲世系,至省侯凡四十一世。

本譜載於《哈尼族口傳文化譯註全集》第十二卷《紅河州哈尼族譜牒(三)》

[雲南元陽]石巖寨黄石圖户譜牒 黄石圖(則董)背誦 李美亮搜集 2010年雲南民族出版社排印本 合册 哈漢雙文並註國際音標

該户屬糯比支系黄氏宗族。一世祖取謀。第三世舉則,從元陽縣小新街鄉大魯沙村遷入本村。第四世則董,常用名黄石圖。本譜内容爲世系,至董侯凡五世。

本譜載於《哈尼族口傳文化譯註全集》第十二卷《紅河州哈尼族譜牒(三)》

[雲南元陽]石巖寨李正明户譜牒 李正明(嚷嘎)背誦 李美亮搜集 2010年雲南民族出版社排印本 合册 哈漢雙文並註國際音標

該户屬糯比支系"美謙然"宗族。一世祖奥麻。從第一世"奥麻"至第二十九世"薩嬈"的譜牒與本村何有明户相同。第四十七世斗薩,從元陽縣嘎娘鄉白馬上寨村遷入本村。第五十一世嚷嘎,常用名李正明。本譜内容爲世系,至苗英凡五十三世。

本譜載於《哈尼族口傳文化譯註全集》第十二卷《紅河州哈尼族譜牒(三)》

[雲南元陽]石巖寨高文明户譜牒 高文明(熱井)背誦 李美亮搜集 2010年雲南民族出版社排印本 合册 哈漢雙文並註國際音標

該户屬糯美支系高氏宗族。一世祖奥麻。從第一世"奥麻"至第二十二世"貓東達"的譜牒與本村何有明户相同。第五十六世侯熱,從元陽縣小新街鄉大魯沙村遷入本村。第五十七世熱井,常用名高文明。本譜内容爲世系,至井嚷凡五十八世。

本譜載於《哈尼族口傳文化譯註全集》第十二卷《紅河州哈尼族譜牒(三)》

[雲南元陽]苗山寨王文福户譜牒 舉侯背誦 李美亮搜集 2010年雲南民族出版社排印本 合册 哈漢雙文並註國際音標

該户屬糯比支系王氏宗族。一世祖奥麻。該户與元陽縣上新城鄉下新城村王文志户相同至第三十世"坂晗"。第四十一世侯濤,從元陽縣上新城鄉下新城村遷入本村。第四十五世舉侯,譜牒背誦人。第四十六世侯章,常用名王文福。本譜内容爲世系,至章董凡四十七世。

本譜載於《哈尼族口傳文化譯註全集》第十二卷《紅河州哈尼族譜牒(三)》

[雲南元陽]苗山寨黄家明户譜牒 黄家明(嚷省)背誦 李美亮搜集 2010年雲南民族出版社排印本 合册 哈漢雙文並註國際音標

該户屬糯美支系黄氏宗族。一世祖奥麻。從第一世"奥麻"至第十八世"莫威墜"的譜牒與本村王文福户相同。第五十二世嚷省,常用名黄家明。本譜内容爲世系,至省簸凡五十三世。

本譜載於《哈尼族口傳文化譯註全集》第十二卷《紅河州哈尼族譜牒(三)》

[雲南元陽]苗山寨李殺黑户譜牒 李殺黑(熱則)背誦 李美亮搜集 2010年雲南民族出版社排印本 合册 哈漢雙文並註國際音標

該户屬糯美支系"董薩然"宗族。一世祖奥麻。從第一世"奥麻"至第十八世"莫威墜"的譜牒與本村王文福户相同。第六十世取侯,從元陽縣小新街鄉嘎媽新寨村遷入本村。第六十二世熱則,常用名李殺黑。本譜内容爲世系,至則嫂凡六十三世。

本譜載於《哈尼族口傳文化譯註全集》第十二卷《紅河州哈尼族譜牒(三)》

[雲南元陽]苗山寨白志和户譜牒 白志和(侯嬈)背誦 李美亮搜集 2010年雲南民族出版社排印本 合册 哈漢雙文並註國際音標

該户屬糯比支系白氏宗族。一世祖奥麻。從第一世"奥麻"至第十八世"莫威墜"的譜牒與本村王文福户相同。第四十五世則省,從元陽縣嘎娘鄉苦魯寨村遷入本村。第四十八世侯嬈,常用名白志和。本譜内容爲世系,至嬈嘎凡四十九世。

本譜載於《哈尼族口傳文化譯註全集》第十二卷《紅河州哈尼族譜牒(三)》

[雲南元陽]苗山寨高虎朵户譜牒 高虎朵(斗則)背誦 李美亮搜集 2010年雲南民族出版社排印本 合册 哈漢雙文並註國際音標

該户屬糯美支系高氏宗族。一世祖奥麻。從第一世"奥麻"至第十八世"莫威墜"的譜牒與本村王文福户相同。該族從元陽縣小新街鄉嘎媽新寨村遷入本村。本譜内容爲世系,至斗則凡五十七世。

本譜載於《哈尼族口傳文化譯註全集》第十二卷《紅河州哈尼族譜牒(三)》

[雲南元陽]老鄔寨楊自生户譜牒 楊自生(腳林)背誦 李美亮搜集 2010年雲南民族出版社排印本 合册 哈漢雙文並註國際音標

該户屬老鄔支系"果彤然"宗族。一世祖稿雯。第八世文腳,從元陽縣小新街鄉革新村遷入本村。第九世腳林,常用名楊自生。本譜内容爲世系,至井奕凡十一世。

本譜載於《哈尼族口傳文化譯註全集》第十二卷《紅河州哈尼族譜牒(三)》

[雲南元陽]老鄔寨盧家順户譜牒 盧家順(福明)背誦 李美亮搜集 2010年雲南民族出版社

排印本　合册　哈漢雙文並註國際音標

該户屬老鄔支系“魯武然”宗族。一世祖井福。井福之父從元陽縣小新街鄉石巖寨村委會魚塘村遷入本村。第二世福明,常用名盧家順。本譜内容爲世系,至霎迎凡四世。

本譜載於《哈尼族口傳文化譯註全集》第十二卷《紅河州哈尼族譜牒(三)》

[雲南元陽]老鄔寨李喬明户譜牒　李喬明(文木)背誦　李美亮搜集　2010年雲南民族出版社排印本　合册　哈漢雙文並註國際音標

該户屬老鄔支系“老五席蔣然”宗族。一世祖阿普曙明奥。第十六世林文,從金平縣營盤鄉老街大火靛村遷入本村。第十七世文木,常用名李喬明。本譜内容爲世系,至木發凡十八世。

本譜載於《哈尼族口傳文化譯註全集》第十二卷《紅河州哈尼族譜牒(三)》

[雲南元陽]巖腳村鄔正學户譜牒　鄔正學(策發)背誦　李美亮搜集　2010年雲南民族出版社排印本　合册　哈漢雙文並註國際音標

該户屬老鄔支系“果彤然”宗族。一世祖阿普泗美奥。第二十五世榮腳,從元陽縣小新街鄉者臺村委會巖子腳村遷入本村。第二十八世策發,常用名鄔正學。本譜内容爲世系,至迎學凡三十世。

本譜載於《哈尼族口傳文化譯註全集》第十二卷《紅河州哈尼族譜牒(三)》

[雲南元陽]巖腳村張昌保户譜牒　張昌保(侯嘎)背誦　李美亮搜集　2010年雲南民族出版社排印本　合册　哈漢雙文並註國際音標

該户屬老鄔支系張氏宗族。一世祖仍車。第五世薩仍,與兄薩謀從元陽縣小新街鄉大拉卡村委會遷入本村。第八世侯嘎,常用名張昌保。本譜内容爲世系,至嘎嬈凡九世。

本譜載於《哈尼族口傳文化譯註全集》第十二卷《紅河州哈尼族譜牒(三)》

[雲南元陽]巖腳村盧學德户譜牒　盧學德(腳策)背誦　李美亮搜集　2010年雲南民族出版社排印本　合册　哈漢雙文並註國際音標

該户屬老鄔支系“魯武然”宗族。一世祖奪矮。第六世霎腳,從元陽縣小新街鄉石巖寨村委會魚塘村遷入本村。第七世腳策,常用名盧學德。本譜内容爲世系,至策發凡八世。

本譜載於《哈尼族口傳文化譯註全集》第十二卷《紅河州哈尼族譜牒(三)》

[雲南元陽]巖腳村楊學林户譜牒　楊正學背誦　李美亮搜集　2010年雲南民族出版社排印本　合册　哈漢雙文並註國際音標

該户屬老鄔支系楊氏宗族。一世祖楊光亮。該户自稱原爲漢族,曾在紅河縣迤薩鎮居住,由楊明録遷居元陽縣小新街鄉嘎媽下寨村,旋遷入本村。第三世楊學林。背誦人楊正學,係楊學林胞弟。本譜内容爲世系,至楊紹國凡四世。

本譜載於《哈尼族口傳文化譯註全集》第十二卷《紅河州哈尼族譜牒(三)》

[雲南元陽]三丘田村李光發户譜牒　李光發(嚷章)背誦　李美亮搜集　2010年雲南民族出版社排印本　合册　哈漢雙文並註國際音標

該户屬糯比支系“媽們然”宗族。一世祖奥麻。該户與元陽縣上新城鄉下中寨村李成發户同祖至第五十一世“則薩”。第五十六世策嚷,從元陽縣小新街鄉者臺村委會巖子腳村遷入本村。第五十七世嚷章,常用名李光發。本譜内容爲世系,至章假凡五十八世。

本譜載於《哈尼族口傳文化譯註全集》第十二卷《紅河州哈尼族譜牒(三)》

[雲南元陽]三丘田村白咱侯户譜牒　白咱侯(嘎侯)背誦　李美亮搜集　2010年雲南民族出版社排印本　合册　哈漢雙文並註國際音標

該户屬糯比支系白氏宗族。一世祖奥麻。從第一世“奥麻”至第十八世“莫威墜”的譜牒與本村李光發户相同。第四十五世井則,從金平縣營盤鄉冬瓜嶺村委會遷入本村。第四十八世嘎侯,常用名白咱侯。本譜内容爲世系,至侯假凡四十九世。

本譜載於《哈尼族口傳文化譯註全集》第十二卷《紅河州哈尼族譜牒(三)》

[雲南元陽]三丘田村龍金亮户譜牒 龍金亮(福里)背誦 李美亮搜集 2010年雲南民族出版社排印本 合册 哈漢雙文並註國際音標

該户屬老鄔支系龍氏宗族。一世祖土擠。第十一世福里,從元陽縣小新街鄉嘎媽上寨村遷入本村。本譜内容爲世系,至里發凡十二世。

本譜載於《哈尼族口傳文化譯註全集》第十二卷《紅河州哈尼族譜牒(三)》

[雲南元陽]三丘田村李勇福户譜牒 李勇福(榮發)背誦 李美亮搜集 2010年雲南民族出版社排印本 合册 哈漢雙文並註國際音標

該户屬老鄔支系"果國席蔣然"宗族。一世祖普策,從金平縣老集寨鄉松蘿磨村遷入本村。第三世榮發,常用名李勇福。本譜内容爲世系,至發榮凡四世。

本譜載於《哈尼族口傳文化譯註全集》第十二卷《紅河州哈尼族譜牒(三)》

[雲南元陽]三丘田村鄔金亮户譜牒 鄔金亮(福文)背誦 李美亮搜集 2010年雲南民族出版社排印本 合册 哈漢雙文並註國際音標

該户屬老鄔支系"果彤然"宗族。一世祖阿普泗明奥。該族從元陽縣小新街鄉嘎媽下寨村遷入本村。第三十世福文,常用名鄔金亮。本譜内容爲世系,至明强凡三十二世。

本譜載於《哈尼族口傳文化譯註全集》第十二卷《紅河州哈尼族譜牒(三)》

[雲南元陽]三丘田村董家福户譜牒 董家福(忠勇)背誦 李美亮搜集 2010年雲南民族出版社排印本 合册 哈漢雙文並註國際音標

該户屬老鄔支系"佬勳然"宗族。一世祖榮枸。第三世林文,從元陽縣逢春嶺鄉巖子腳村委會巖子腳村遷入本村。第六世忠勇,常用名董家福。本譜内容爲世系,至春明凡八世。

本譜載於《哈尼族口傳文化譯註全集》第十二卷《紅河州哈尼族譜牒(三)》

[雲南元陽]三丘田村張自興户譜牒 張自興(舉董)背誦 李美亮搜集 2010年雲南民族出版社排印本 合册 哈漢雙文並註國際音標

該户屬老鄔支系張氏宗族。一世祖仍車。該族從元陽縣小新街鄉石巖寨村委會巖腳村遷入本村。第八世舉董,常用名張自興。本譜内容爲世系,至董謀凡九世。

本譜載於《哈尼族口傳文化譯註全集》第十二卷《紅河州哈尼族譜牒(三)》

[雲南元陽]三丘田村陳自林户譜牒 陳自林(啓文)背誦 李美亮搜集 2010年雲南民族出版社排印本 合册 哈漢雙文並註國際音標

該户屬老鄔支系"里井然"宗族。一世祖蘇迎。第六世啓文,從元陽縣小新街鄉新魯沙下寨村遷入本村。第六世啓文,常用名陳自林。本譜内容爲世系,至侯謀凡八世。

本譜載於《哈尼族口傳文化譯註全集》第十二卷《紅河州哈尼族譜牒(三)》

[雲南元陽]大拉卡哈尼寨曹擁朵户譜牒 曹擁朵(斗苗)背誦 李美亮搜集 2010年雲南民族出版社排印本 合册 哈漢雙文並註國際音標

該户屬糯美支系曹氏宗族。一世祖奥麻。第五十五世仍侯,從元陽縣上新城鄉哈卡村遷入本村。第五十七世斗苗,常用名曹擁朵。本譜内容爲世系,至侯薩凡五十九世。

本譜載於《哈尼族口傳文化譯註全集》第十二卷《紅河州哈尼族譜牒(三)》

[雲南元陽]大拉卡哈尼寨朱文正户譜牒 朱文亮、朱文正(謀嘎)背誦 李美亮搜集 2010年雲南民族出版社排印本 合册 哈漢雙文並註國際音標

該户屬糯比支系朱氏宗族。一世祖奥麻。從第一世"奥麻"至第十八世"莫威墜"的譜牒與本村曹擁朵户相同。第四十三世則省,從元陽縣上新

城鄉老亞擁村遷入本村。第四十七世謀嘎，常用名朱正文。本譜内容爲世系，至蝦則凡四十九世。

本譜載於《哈尼族口傳文化譯註全集》第十二卷《紅河州哈尼族譜牒（三）》

［雲南元陽］大拉卡哈尼寨高正華户譜牒　高正華（蝦董）背誦　李美亮搜集　2010年雲南民族出版社排印本　合册　哈漢雙文並註國際音標

一世祖奥麻。從第一世“奥麻”至第三十三世“堵汝”的譜牒與本村曹擁朵户相同。第五十八世蝦董，常用名高正華。本譜内容爲世系，至董井凡五十九世。

本譜載於《哈尼族口傳文化譯註全集》第十二卷《紅河州哈尼族譜牒（三）》

［雲南元陽］大拉卡哈尼寨伍里保户譜牒　伍里保（礱董）背誦　李美亮搜集　2010年雲南民族出版社排印本　合册　哈漢雙文並註國際音標

該户屬糯比支系伍氏宗族。一世祖奥麻。從第一世“奥麻”至第二十世“俄里飄”的譜牒與本村曹擁朵户相同。第五十四世苗薩，從元陽縣嘎娘鄉大伍寨遷入本村。本譜内容爲世系，至礱董凡五十六世。

本譜載於《哈尼族口傳文化譯註全集》第十二卷《紅河州哈尼族譜牒（三）》

［雲南元陽］大拉卡哈尼寨李阿祥户譜牒　則苗背誦　李美亮搜集　2010年雲南民族出版社排印本　合册　哈漢雙文並註國際音標

該户屬糯比支系“奔甲然”宗族。一世祖奥麻。從第一世“奥麻”至第二十三世“達堵蘇”的譜牒與本村曹擁朵户相同。第四十七世則苗，從元陽縣上新城鄉嘎媽上寨村遷入本村。第四十七世則苗，背誦人。第四十八世苗取，常用名李阿祥。本譜内容爲世系，至取董凡四十九世。

本譜載於《哈尼族口傳文化譯註全集》第十二卷《紅河州哈尼族譜牒（三）》

［雲南元陽］大拉卡哈尼寨黄正興户譜牒　黄正興（則苗）背誦　李美亮搜集　2010年雲南民族出版社排印本　合册　哈漢雙文並註國際音標

該户屬糯美支系黄氏宗族。一世祖奥麻。從第一世“奥麻”至第二十九世“里窩”的譜牒與本村曹擁朵户相同。該族從金平縣沙依坡鄉媽卡波村遷入本村。第五十世則苗，常用名黄正興。本譜内容爲世系，至省侯凡五十二世。

本譜載於《哈尼族口傳文化譯註全集》第十二卷《紅河州哈尼族譜牒（三）》

［雲南元陽］大拉卡哈尼寨李正明户譜牒　李正明（則熱）背誦　李美亮搜集　2010年雲南民族出版社排印本　合册　哈漢雙文並註國際音標

該户屬糯比支系“奔甲然”宗族。一世祖奥麻。從第一世“奥麻”至第二十二世“貓東達”的譜牒與本村曹擁朵户相同。第五十世嘎謀，從元陽縣上新城鄉者臺村委會魚塘村遷入本村。第五十三世則熱，常用名李正明。本譜内容爲世系，至苗則凡五十五世。

本譜載於《哈尼族口傳文化譯註全集》第十二卷《紅河州哈尼族譜牒（三）》

［雲南元陽］大拉卡哈尼寨李忠東户譜牒　謀取背誦　李美亮搜集　2010年雲南民族出版社排印本　合册　哈漢雙文並註國際音標

該户屬糯美支系“堅胚然”宗族。一世祖奥麻。從第一世“奥麻”至第三十一世“腰堅”的譜牒與本村曹擁朵户相同。第五十四世嘎仍，從元陽縣上新城鄉大魯沙村遷入本村。第五十六世董則，常用名李忠東。本譜内容爲世系，至則省凡五十七世。

本譜載於《哈尼族口傳文化譯註全集》第十二卷《紅河州哈尼族譜牒（三）》

［雲南元陽］嘎媽上寨龍牛則户譜牒　龍牛則（侯打）背誦　李美亮搜集　2010年雲南民族出版社排印本　合册　哈漢雙文並註國際音標

該户屬糯比支系龍氏宗族。一世祖奥麻。第四十六世礱章，從元陽縣嘎娘鄉嘎媽上寨村遷入本村。本譜内容爲世系，至侯打凡五十二世。

本譜載於《哈尼族口傳文化譯註全集》第十二

卷《紅河州哈尼族譜牒(三)》

[雲南元陽]嘎媽上寨李白富户譜牒 李白富(打嬈)背誦 李美亮搜集 2010年雲南民族出版社排印本 合册 哈漢雙文並註國際音標

該户屬糯比支系“媽們然”宗族。一世祖奥麻。從第一世“奥麻”至第十九世“墜塔婆”的譜牒與本村龍牛則户相同。該户與元陽縣小新街鄉三丘田村李光發户共祖至第五十三世“取苗”。第五十一世宗薩,從元陽縣新鎮街中巧村遷入本村。第五十八世打嬈,常用名李白富。本譜内容爲世系,至嬈瑟(女)凡五十九世。

本譜載於《哈尼族口傳文化譯註全集》第十二卷《紅河州哈尼族譜牒(三)》

[雲南元陽]嘎媽上寨陳文富户譜牒 陳文富(策謀)背誦 李美亮搜集 2010年雲南民族出版社排印本 合册 哈漢雙文並註國際音標

該户屬老鄔支系“里井然”宗族。一世祖普石,從金平縣母丁一帶遷入本村。普石之前爲自稱格和的哈尼族。第八世策謀,常用名陳文富。本譜内容爲世系,至省章凡十世。

本譜載於《哈尼族口傳文化譯註全集》第十二卷《紅河州哈尼族譜牒(三)》

[雲南元陽]嘎媽上寨鄔自明户譜牒 鄔自明(腳發)背誦 李美亮搜集 2010年雲南民族出版社排印本 合册 哈漢雙文並註國際音標

該户屬老鄔支系“媽們然”宗族。一世祖阿普泗明奥。該族從元陽縣小新街鄉者臺村委會巖子腳村遷入本村。第三十四世腳發,常用名鄔自明。本譜内容爲世系,至發謀凡三十五世。

本譜載於《哈尼族口傳文化譯註全集》第十二卷《紅河州哈尼族譜牒(三)》

[雲南元陽]嘎媽上寨李正學户譜牒 李正學(則章)背誦 李美亮搜集 2010年雲南民族出版社排印本 合册 哈漢雙文並註國際音標

該户屬糯比支系“奔甲然”宗族。一世祖奥麻。從第一世“奥麻”至第十八世“莫威墜”的譜牒與本村龍牛則户相同。該户與大拉卡哈尼寨李阿祥户共祖至第四十六世“侯則”。第四十四世熱省,從元陽縣上新城鄉下新城村遷入本村。第四十七世則章,常用名李正學。本譜内容爲世系,至囔尼(女)凡四十九世。

本譜載於《哈尼族口傳文化譯註全集》第十二卷《紅河州哈尼族譜牒(三)》

[雲南元陽]嘎媽上寨李擁朵户譜牒 李擁朵背誦 李美亮搜集 2010年雲南民族出版社排印本 合册 哈漢雙文並註國際音標

該户屬老鄔支系“果國席蔣然”宗族。一世祖福里。第二世里霎,攜子霎奪從元陽縣小新街鄉新魯沙村遷入本村。本譜内容爲世系,至苗則凡五世。

本譜載於《哈尼族口傳文化譯註全集》第十二卷《紅河州哈尼族譜牒(三)》

[雲南元陽]嘎媽上寨黄金明户譜牒 黄金明(蝦嘎)背誦 李美亮搜集 2010年雲南民族出版社排印本 合册 哈漢雙文並註國際音標

該户屬糯美支系黄氏宗族。一世祖奥麻。從第一世“奥麻”至第十八世“莫威墜”的譜牒與本村龍牛則户相同。該户從元陽縣上新城鄉同春山村遷入本村。第五十八世蝦嘎,常用名黄金明。本譜内容爲世系,至蝦侯凡五十九世。

本譜載於《哈尼族口傳文化譯註全集》第十二卷《紅河州哈尼族譜牒(三)》

[雲南元陽]嘎媽上寨李有明户譜牒 李有明(蝦嘎)背誦 李美亮搜集 2010年雲南民族出版社排印本 合册 哈漢雙文並註國際音標

該户屬糯美支系“董薩然”宗族。一世祖奥麻。從第一世“奥麻”至第十八世“莫威墜”的譜牒與本村龍牛則户相同。該户與元陽縣小新街鄉大拉卡村委會嘎媽下寨村李家德户共祖至第六十世“侯嬈”。第六十一世嬈薩,從元陽縣上新城鄉嘎媽下寨村遷入本村。本譜内容爲世系,至薩謀凡六十二世。

本譜載於《哈尼族口傳文化譯註全集》第十二

卷《紅河州哈尼族譜牒(三)》

[雲南元陽]嘎媽上寨高金亮户譜牒　高金亮(侯則)背誦　李美亮搜集　2010年雲南民族出版社排印本　合册　哈漢雙文並註國際音標

該户屬糯美支系高氏宗族。一世祖奥麻。從第一世"奥麻"至第十八世"莫威墜"的譜牒與本村龍牛則户相同。第五十七世嚷侯,從元陽縣上新城鄉老亞擁村遷入本村。第五十八世侯則,常用名高金亮。本譜内容爲世系,至簸苗凡六十世。

本譜載於《哈尼族口傳文化譯註全集》第十二卷《紅河州哈尼族譜牒(三)》

[雲南元陽]嘎媽下寨陳家保户譜牒　陳家保(則謀)背誦　李美亮搜集　2010年雲南民族出版社排印本　合册　哈漢雙文並註國際音標

一世祖奥麻。該户與元陽縣小新街鄉安心下寨村陳中喜户共祖至第四十六世"侯翁"。第五十五世則謀,常用名陳家保。本譜内容爲世系,至謀嘎凡五十六世。

本譜載於《哈尼族口傳文化譯註全集》第十二卷《紅河州哈尼族譜牒(三)》

[雲南元陽]嘎媽下寨李家德户譜牒　李家德(嬈斗)背誦　李美亮搜集　2010年雲南民族出版社排印本　合册　哈漢雙文並註國際音標

該户屬糯美支系"董薩然"宗族。一世祖奥麻。從第一世"奥麻"至第十五世"烏鴻冉"的譜牒與本村陳家保户相同。該户與元陽縣嘎媽上寨村李有明户共祖至第六十世"侯嬈"。第五十六世取仍,從元陽縣小新街鄉大魯沙村遷入本村。第六十一世嬈斗,常用名李家德。本譜内容爲世系,至仍韋凡六十三世。

本譜載於《哈尼族口傳文化譯註全集》第十二卷《紅河州哈尼族譜牒(三)》

[雲南元陽]嘎媽下寨龍紹林户譜牒　龍紹林(蝦則)背誦　李美亮搜集　2010年雲南民族出版社排印本　合册　哈漢雙文並註國際音標

該户屬糯比支系龍氏宗族。一世祖奥麻。從第一世"奥麻"至第十五世"烏鴻冉"的譜牒與本村陳家保户相同。該户與元陽縣小新街鄉安心下寨村龍金重户共祖至第三十二世"矮濤"。第四十六世犫韋,從元陽縣嘎娘鄉龍克上寨村遷入本村。第五十二世蝦則,常用名龍紹林。本譜内容爲世系,至侯董凡五十四世。

本譜載於《哈尼族口傳文化譯註全集》第十二卷《紅河州哈尼族譜牒(三)》

[雲南元陽]嘎媽下寨黄惹門户譜牒　黄惹門(嬈謀)背誦　李美亮搜集　2010年雲南民族出版社排印本　合册　哈漢雙文並註國際音標

該户屬糯美支系黄氏宗族。一世祖奥麻。從第一世"奥麻"至第十五世"烏鴻冉"的譜牒與本村陳家保户相同。該族從建水縣坡頭鄉咪的村遷入本村。第五十八世嬈謀,常用名黄惹門。本譜内容爲世系,至嚷假凡六十世。

本譜載於《哈尼族口傳文化譯註全集》第十二卷《紅河州哈尼族譜牒(三)》

[雲南元陽]嘎媽下寨李嘎舍户譜牒　李嘎舍(嘎省)背誦　李美亮搜集　2010年雲南民族出版社排印本　合册　哈漢雙文並註國際音標

該户屬糯比支系"崇國南奔然"宗族。一世祖奥麻。從第一世"奥麻"至第十五世"烏鴻冉"的譜牒與本村陳家保户相同。該户與元陽縣逢春嶺鄉老曹寨村則蝦户、小新街鄉石巖寨村李行木户共祖至第五十九世"苗熱"。第六十五世嘎省,常用名李嘎舍。本譜内容爲世系,至省簸凡六十六世。

本譜載於《哈尼族口傳文化譯註全集》第十二卷《紅河州哈尼族譜牒(三)》

[雲南元陽]嘎媽下寨普文亮户譜牒　普文亮(侯則)背誦　李美亮搜集　2010年雲南民族出版社排印本　合册　哈漢雙文並註國際音標

該户屬糯美支系"犫普普瑪然"宗族。一世祖奥麻。從第一世"奥麻"至第十五世"烏鴻冉"的譜牒與本村陳家保户相同。該户與元陽縣嘎娘鄉苦魯寨村普中華户共祖至第五十六世"哺仍"。

第六十二世舉嘎，從元陽縣嘎娘鄉苦魯寨村遷入本村。第六十四世侯則，常用名普文亮。本譜内容爲世系，至則嚷凡六十五世。

本譜載於《哈尼族口傳文化譯註全集》第十二卷《紅河州哈尼族譜牒(三)》

[雲南元陽]嘎媽下寨普正明户譜牒　普正明(謀侯)背誦　李美亮搜集　2010年雲南民族出版社排印本　合册　哈漢雙文並註國際音標

該户屬糯美支系"則佳然"宗族。一世祖奥麻。從第一世"奥麻"至第十五世"烏鴻冉"的譜牒與本村陳家保户相同。第五十七世舉薩，從元陽縣嘎娘鄉苦魯寨村遷入本村。第五十九世謀侯，常用名普正明。本譜内容爲世系，至嘎簸凡六十一世。

本譜載於《哈尼族口傳文化譯註全集》第十二卷《紅河州哈尼族譜牒(三)》

[雲南元陽]嘎媽下寨高里侯户譜牒　高里侯(嚷斗)背誦　李美亮搜集　2010年雲南民族出版社排印本　合册　哈漢雙文並註國際音標

該户屬糯美支系高氏宗族。一世祖奥麻。從第一世"奥麻"至第十五世"烏鴻冉"的譜牒與本村陳家保户相同。第五十四世嚷斗，常用名高里侯。本譜内容爲世系，至則苗凡五十六世。

本譜載於《哈尼族口傳文化譯註全集》第十二卷《紅河州哈尼族譜牒(三)》

[雲南元陽]嘎媽新寨陳家才户譜牒　陳家才(侯假)背誦　李美亮搜集　2010年雲南民族出版社排印本　合册　哈漢雙文並註國際音標

該户屬糯比支系陳氏宗族。一世祖奥麻。該户與元陽縣小新街鄉安心下寨村陳中喜户共祖至第四十六世"侯翁"。第五十二世謀斗，從元陽縣逢春嶺鄉尼枯補老寨村遷入本村。第五十六世侯假，常用名陳家才。本譜内容爲世系，至假薩凡五十七世。

本譜載於《哈尼族口傳文化譯註全集》第十二卷《紅河州哈尼族譜牒(三)》

[雲南元陽]嘎媽新寨何染門户譜牒　何染門(嚷謀)背誦　李美亮搜集　2010年雲南民族出版社排印本　合册　哈漢雙文並註國際音標

該户屬糯比支系何氏宗族。一世祖奥麻。從第一世"奥麻"至第十五世"烏鴻冉"的譜牒與本村陳家才户相同。第五十一世媽仍，從元陽縣嘎娘鄉白馬上寨村遷入本村。第五十八世嚷謀，常用名何染門。本譜内容爲世系，至取苗凡六十世。

本譜載於《哈尼族口傳文化譯註全集》第十二卷《紅河州哈尼族譜牒(三)》

[雲南元陽]嘎媽新寨李恩保户譜牒　李恩保(韋嚷)背誦　李美亮搜集　2010年雲南民族出版社排印本　合册　哈漢雙文並註國際音標

該户屬糯美支系"董薩然"宗族。一世祖奥麻。從第一世"奥麻"至第十五世"烏鴻冉"的譜牒與本村陳家才户相同。第四十九世打薩，從元陽縣嘎娘鄉標鋪村遷入本村。第五十五世韋嚷，常用名李恩保。本譜内容爲世系，至嚷取凡五十六世。

本譜載於《哈尼族口傳文化譯註全集》第十二卷《紅河州哈尼族譜牒(三)》

[雲南元陽]嘎媽新寨李則沙户譜牒　李則沙(則薩)背誦　李美亮搜集　2010年雲南民族出版社排印本　合册　哈漢雙文並註國際音標

該户屬糯美支系"腰雌然"宗族。一世祖奥麻。從第一世"奥麻"至第十五世"烏鴻冉"的譜牒與本村陳家才户相同。第五十一世則薩，從元陽縣上新城鄉瓦灰城村遷入本村。本譜内容爲世系，至薩熱凡五十二世。

本譜載於《哈尼族口傳文化譯註全集》第十二卷《紅河州哈尼族譜牒(三)》

[雲南元陽]嘎媽新寨朱嘎假户譜牒　朱嘎假背誦　李美亮搜集　2010年雲南民族出版社排印本　合册　哈漢雙文並註國際音標

該户屬糯比支系朱氏宗族。一世祖奥麻。從第一世"奥麻"至第十五世"烏鴻冉"的譜牒與本村陳家才户相同。第五十五世烏策，從元陽縣嘎娘鄉鳳港村遷入本村。第六十一世即嘎假。本譜内容爲世系，至苗鶴凡六十三世。

本譜載於《哈尼族口傳文化譯註全集》第十二卷《紅河州哈尼族譜牒(三)》

[雲南元陽]嘎媽新寨龍小二户譜牒 龍小二(假則)背誦 李美亮搜集 2010年雲南民族出版社排印本 合册 哈漢雙文並註國際音標

該户屬糯比支系龍氏宗族。一世祖奥麻。從第一世"奥麻"至第十五世"烏鴻冉"的譜牒與本村陳家才户相同。第四十三世軌謀，從元陽縣新街鎮金竹林下寨村遷入本村。第四十七世假則，常用名龍小二。本譜内容爲世系，至則簸凡四十八世。

本譜載於《哈尼族口傳文化譯註全集》第十二卷《紅河州哈尼族譜牒(三)》

[雲南元陽]嘎媽新寨吴金明户譜牒 吴金明(嬈舉)背誦 李美亮搜集 2010年雲南民族出版社排印本 合册 哈漢雙文並註國際音標

該户屬糯比支系吴氏宗族。一世祖奥麻。從第一世"奥麻"至第十五世"烏鴻冉"的譜牒與本村陳家才户相同。第五十八世嬈舉，常用名吴金明。本譜内容爲世系，至扔取凡六十世。

本譜載於《哈尼族口傳文化譯註全集》第十二卷《紅河州哈尼族譜牒(三)》

[雲南元陽]嘎媽新寨曹擁則户譜牒 曹擁則(嬈則)背誦 李美亮搜集 2010年雲南民族出版社排印本 合册 哈漢雙文並註國際音標

該户屬糯美支系曹氏宗族。一世祖奥麻。從第一世"奥麻"至第十五世"烏鴻冉"的譜牒與本村陳家才户相同。第五十二世簸嘎，從元陽縣小新街鄉大魯沙村遷入本村。第五十六世嬈則，常用名曹擁則。本譜内容爲世系，至井謀凡五十八世。

本譜載於《哈尼族口傳文化譯註全集》第十二卷《紅河州哈尼族譜牒(三)》

[雲南元陽]嘎媽新寨羅朵香户譜牒 羅朵香(董蝦)背誦 李美亮搜集 2010年雲南民族出版社排印本 合册 哈漢雙文並註國際音標

該户屬糯比支系羅氏宗族。一世祖奥麻。從第一世"奥麻"至第十五世"烏鴻冉"的譜牒與本村陳家才户相同。第四十三世斗嘎，從元陽縣嘎娘鄉嘎娘村遷入本村。第四十六世董蝦，常用名羅朵香。本譜内容爲世系，至謀假凡四十八世。

本譜載於《哈尼族口傳文化譯註全集》第十二卷《紅河州哈尼族譜牒(三)》

[雲南元陽]嘎媽新寨普牛然户譜牒 普牛然(舉苗)背誦 李美亮搜集 2010年雲南民族出版社排印本 合册 哈漢雙文並註國際音標

該户屬糯美支系"則佳然"宗族。一世祖奥麻。從第一世"奥麻"至第十五世"烏鴻冉"的譜牒與本村陳家才户相同。第五十九世董嬈，從元陽縣嘎娘鄉鳳港村遷入本村。第六十一世舉苗，常用名普牛然。本譜内容爲世系，至苗則凡六十二世。

本譜載於《哈尼族口傳文化譯註全集》第十二卷《紅河州哈尼族譜牒(三)》

[雲南元陽]嘎媽新寨李正保户譜牒 李正保(策董)背誦 李美亮搜集 2010年雲南民族出版社排印本 合册 哈漢雙文並註國際音標

該户屬糯美支系"堅胚然"宗族。一世祖奥麻。從第一世"奥麻"至第十五世"烏鴻冉"的譜牒與本村陳家才户相同。第五十七世蝦策，從元陽縣嘎娘鄉馬鹿塘村遷入本村。第五十八世策董，常用名李正保。本譜内容爲世系，至苗簸凡六十世。

本譜載於《哈尼族口傳文化譯註全集》第十二卷《紅河州哈尼族譜牒(三)》

[雲南元陽]嘎媽新寨高生則户譜牒 高生則之妻背誦 李美亮搜集 2010年雲南民族出版社排印本 合册 哈漢雙文並註國際音標

該户屬糯美支系高氏宗族。一世祖則嘎。該户第一世則嘎之前的譜牒與元陽縣小新街鄉者臺村歐琶户相同。第三世省董，從元陽縣小新街鄉大魯沙村遷入本村。第三世省董，常用名高生則。本譜内容爲世系，至謀熱凡五世。

本譜載於《哈尼族口傳文化譯註全集》第十二卷《紅河州哈尼族譜牒(三)》

[雲南元陽]嘎媽新寨李擁黑户譜牒　謀熱背誦　李美亮搜集　2010年雲南民族出版社排印本　合册　哈漢雙文並註國際音標

該户屬糯比支系"奔甲然"宗族。一世祖奥麻。從第一世"奥麻"至第十五世"烏鴻冉"的譜牒與本村陳家才户相同。第四十五世則嚷,從元陽縣上新城鄉老亞擁村遷入本村。第四十七世韋謀,常用名李擁黑。第四十八世謀熱,背誦人。本譜内容爲世系,至熱簸凡四十九世。

本譜載於《哈尼族口傳文化譯註全集》第十二卷《紅河州哈尼族譜牒(三)》

[雲南元陽]嘎媽新寨楊正學户譜牒　楊正學(謀仍)背誦　李美亮搜集　2010年雲南民族出版社排印本　合册　哈漢雙文並註國際音標

該户屬糯比支系楊氏宗族。一世祖童空。第五十一世嚷謀,從元陽縣小新街鄉大魯沙村遷入本村。該户與元陽縣逢春嶺鄉卡沙迷下寨村曹正福(舉仍)户爲同宗。第七世謀仍,常用名楊正學。本譜内容爲世系,至仍博凡八世。

本譜載於《哈尼族口傳文化譯註全集》第十二卷《紅河州哈尼族譜牒(三)》

[雲南元陽]嘎媽新寨黄正明户譜牒　黄正明(薩假)背誦　李美亮搜集　2010年雲南民族出版社排印本　合册　哈漢雙文並註國際音標

該户屬糯美支系黄氏宗族。一世祖奥麻。從第一世"奥麻"至第十五世"烏鴻冉"的譜牒與本村陳家才户相同。第五十五世薩董,從元陽縣小新街鄉大魯沙村遷入本村。第五十八世薩假,常用名黄正明。本譜内容爲世系,至簸蝦凡六十世。

本譜載於《哈尼族口傳文化譯註全集》第十二卷《紅河州哈尼族譜牒(三)》

[雲南元陽]者臺村黄氏家族譜系　佚名念誦　楊六金記録　2008年中國大百科全書出版社排印本　合册

哈尼語哈雅方言家譜。流傳於雲南省元陽縣。本譜所載僅爲世系,自第一世奥瑪至嘎謀凡六十三世。

本譜載於《中國少數民族古籍總目提要·哈尼族卷》

[雲南元陽]者臺村黄氏家族譜系　佚名念誦　楊六金記録　2005年民族出版社排印本　合册　哈漢雙文

參見上條。本譜所載僅爲世系,自第一世奥瑪至嘎謀凡五十六世,與上條世系略有出入。

本譜載於《紅河哈尼族譜牒》

[雲南元陽]者臺村何小五户譜牒　何小五(斗省)背誦　李美亮搜集　2010年雲南民族出版社排印本　合册　哈漢雙文並註國際音標

該户屬糯比支系何氏宗族。一世祖奥麻。第四十九世斗省,常用名何小五。本譜内容爲世系,至苗簸凡五十一世。

本譜載於《哈尼族口傳文化譯註全集》第十二卷《紅河州哈尼族譜牒(三)》

[雲南元陽]者臺村李哈途户譜牒　李哈途(則井)背誦　李美亮搜集　2010年雲南民族出版社排印本　合册　哈漢雙文並註國際音標

該户屬糯美支系"董薩然"宗族。一世祖奥麻。從第一世"奥麻"至第二十二世"貓東達"的譜牒與本村何小五户相同。第五十六世策薩,從建水縣遷入本村。第六十二世則井,常用名李哈途。本譜内容爲世系,至熱假凡六十四世。

本譜載於《哈尼族口傳文化譯註全集》第十二卷《紅河州哈尼族譜牒(三)》

[雲南元陽]者臺村李世明户譜牒　李哈途、李世明(董薩)背誦　李美亮搜集　2010年雲南民族出版社排印本　合册　哈漢雙文並註國際音標

該户屬糯美支系"堅胚然"宗族。一世祖奥麻。從第一世"奥麻"至第二十二世"貓東達"的譜牒與本村何小五户相同。本譜内容爲世系,至董薩凡五十九世。

本譜載於《哈尼族口傳文化譯註全集》第十二卷《紅河州哈尼族譜牒(三)》

[雲南元陽]者臺村曹假朵户譜牒 曹假朵(假董)背誦 李美亮搜集 2010年雲南民族出版社排印本 合册 哈漢雙文並註國際音標

該户屬糯美支系曹氏宗族。一世祖奥麻。從第一世"奥麻"至第二十二世"貓東達"的譜牒與本村何小五户相同。第五十一世侯舉,從元陽縣上新城鄉哈卡村遷入本村。第五十七世假董,常用名曹假朵。本譜内容爲世系,至謀薩凡六十世。

本譜載於《哈尼族口傳文化譯註全集》第十二卷《紅河州哈尼族譜牒(三)》

[雲南元陽]者臺村高李保户譜牒 高李保(苗簸)背誦 李美亮搜集 2010年雲南民族出版社排印本 合册 哈漢雙文並註國際音標

該户屬糯美支系高氏宗族。一世祖奥麻。從第一世"奥麻"至第二十二世"貓東達"的譜牒與本村何小五户相同。該族從元陽縣上新城鄉者臺村委會大魯沙村遷入本村。本譜内容爲世系,至苗簸凡六十一世。

本譜載於《哈尼族口傳文化譯註全集》第十二卷《紅河州哈尼族譜牒(三)》

[雲南元陽]者臺村李偉則户譜牒 李偉則(仍嘎)背誦 李美亮搜集 2010年雲南民族出版社排印本 合册 哈漢雙文並註國際音標

該户屬糯比支系"奔甲然"宗族。一世祖奥麻。從第一世"奥麻"至第二十二世"貓東達"的譜牒與本村何小五户相同。第五十二世謀仍,從元陽縣上新城鄉下中寨村遷入本村。第五十三世仍嘎,常用名李偉則。本譜内容爲世系,至嘎省凡五十四世。

本譜載於《哈尼族口傳文化譯註全集》第十二卷《紅河州哈尼族譜牒(三)》

[雲南元陽]者臺村普有學户譜牒 普有學(嚷省)背誦 李美亮搜集 2010年雲南民族出版社排印本 合册 哈漢雙文並註國際音標

該户屬糯美支系"雟普普瑪然"宗族。一世祖奥麻。從第一世"奥麻"至第二十二世"貓東達"的譜牒與本村何小五户相同。該族從建水縣遷入本村。第五十九世嚷省,常用名普有學。本譜内容爲世系,至省則凡六十世。

本譜載於《哈尼族口傳文化譯註全集》第十二卷《紅河州哈尼族譜牒(三)》

[雲南元陽]者臺村龍行窩户譜牒 龍行窩(嚷苗)背誦 李美亮搜集 2010年雲南民族出版社排印本 合册 哈漢雙文並註國際音標

該户屬糯美支系龍氏宗族。一世祖奥麻。從第一世"奥麻"至第十八世"莫威墜"的譜牒與本村何小五户相同。第三十七世嚷苗,從元陽縣小新街鄉者臺村委會扒倮村遷入本村。第三十七世嚷苗,常用名龍行窩。本譜内容爲世系,至苗嚷凡三十八世。

本譜載於《哈尼族口傳文化譯註全集》第十二卷《紅河州哈尼族譜牒(三)》

[雲南元陽]者臺村普則苗户譜牒 侯則背誦 李美亮搜集 2010年雲南民族出版社排印本 合册 哈漢雙文並註國際音標

該户屬糯美支系"則佳然"宗族。一世祖奥麻。從第一世"奥麻"至第二十二世"貓東達"的譜牒與本村何小五户相同。該族從元陽縣上新城鄉遷入本村。第六十六世侯則,背誦者。本譜内容爲世系,至則苗凡六十七世。

本譜載於《哈尼族口傳文化譯註全集》第十二卷《紅河州哈尼族譜牒(三)》

[雲南元陽]者臺村黄哈則户譜牒 黄紹文背誦 李美亮搜集 2010年雲南民族出版社排印本 合册 哈漢雙文並註國際音標

該户屬糯美支系黄氏宗族。一世祖奥麻。從第一世"奥麻"至第二十九世"里窩"的譜牒與本村何小五户相同。第五十一世策舉,從建水縣遷入本村。第五十九世熱嘎,常用名黄哈則。本譜内容爲世系,至嘎謀凡六十世。

本譜載於《哈尼族口傳文化譯註全集》第十二卷《紅河州哈尼族譜牒(三)》

[雲南元陽]大漁塘村何氏家族譜系 佚名念誦

楊六金記録　口傳家譜　2008 年中國大百科全書出版社排印本　合册

哈尼語哈雅方言家譜。流傳於雲南省元陽縣。本譜以已具備母系血緣關係的"蘇咪烏"("詩米烏")爲第一代始祖,蘇咪烏至侯主共四十五世,是一份大漁塘村何氏家族族人的譜系表。

本譜載於《中國少數民族古籍總目提要·哈尼族卷》

[雲南元陽]大漁塘村何氏家族譜系　佚名念誦　楊六金記録　口傳家譜　2005 年民族出版社排印本　合册　哈漢雙文

參見上條。世系與上條同。

本譜載於《紅河哈尼族譜牒》

[雲南元陽]大魚塘村李六保户譜牒　李六保(謀假)背誦　李美亮搜集　2010 年雲南民族出版社排印本　合册　哈漢雙文並註國際音標

該户屬糯美支系"董薩然"宗族。一世祖奥麻。第五十七世嬈侯,從元陽縣上新城鄉箭竹林村遷入本村。第五十九世謀假,常用名李六保。本譜内容爲世系,至假韋凡六十世。

本譜載於《哈尼族口傳文化譯註全集》第十二卷《紅河州哈尼族譜牒(三)》

[雲南元陽]大魚塘村普小挖户譜牒　普小挖(嘎省)背誦　李美亮搜集　2010 年雲南民族出版社排印本　合册　哈漢雙文並註國際音標

該户屬糯美支系"犨普普瑪然"宗族。一世祖奥麻。從第一世"奥麻"至第二十九世"里窩"的譜牒與本村李六保户相同。第六十一世韋嘎,從元陽縣小新街鄉者臺村委會大魯沙村遷入本村。第六十二世嘎省,常用名普小挖。本譜内容爲世系,至謀薩凡六十四世。

本譜載於《哈尼族口傳文化譯註全集》第十二卷《紅河州哈尼族譜牒(三)》

[雲南元陽]大魚塘村黄哈惹户譜牒　黄哈惹(薩韋)背誦　李美亮搜集　2010 年雲南民族出版社排印本　合册　哈漢雙文並註國際音標

該户屬糯美支系黄氏宗族。一世祖奥麻。從第一世"奥麻"至第二十九世"里窩"的譜牒與本村李六保户相同。第五十七世薩韋,從元陽縣小新街鄉者臺村委會大魯沙村遷入本村。本譜内容爲世系,至嘎斗凡五十九世。

本譜載於《哈尼族口傳文化譯註全集》第十二卷《紅河州哈尼族譜牒(三)》

[雲南元陽]大魚塘村何有林户譜牒　何有林(假嘎)背誦　李美亮搜集　2010 年雲南民族出版社排印本　合册　哈漢雙文並註國際音標

該户屬糯比支系何氏宗族。一世祖奥麻。從第一世"奥麻"至第二十二世"貓東達"的譜牒與本村李六保户相同。該族從元陽縣嘎娘鄉白馬山寨村遷入本村。第五十三世假嘎,常用名何有林。本譜内容爲世系,至嘎博凡五十四世。

本譜載於《哈尼族口傳文化譯註全集》第十二卷《紅河州哈尼族譜牒(三)》

[雲南元陽]大魚塘村李取木户譜牒　何金堂背誦　李美亮搜集　2010 年雲南民族出版社排印本　合册　哈漢雙文並註國際音標

該户屬糯比支系李氏宗族。一世祖奥麻。從第一世"奥麻"至第二十九世"里窩"的譜牒與本村李六保户相同。該族從元陽縣新街鎮主魯村遷入本村。第五十世取謀,常用名李取木。本譜内容爲世系,至謀假凡五十一世。

本譜載於《哈尼族口傳文化譯註全集》第十二卷《紅河州哈尼族譜牒(三)》

[雲南元陽]扒倮村羅家福户譜牒　羅家福(侯謀)背誦　李美亮搜集　2010 年雲南民族出版社排印本　合册　哈漢雙文並註國際音標

該户屬糯比支系羅氏宗族。一世祖奥麻。該族從元陽縣嘎娘鄉龍克上寨村遷入本村。第五十一世侯謀,常用名羅家福。本譜内容爲世系,至嚷假凡五十三世。

本譜載於《哈尼族口傳文化譯註全集》第十二卷《紅河州哈尼族譜牒(三)》

[雲南元陽]扒倮村李昂沙户譜牒　羅家福背誦　李美亮搜集　2010年雲南民族出版社排印本　合册　哈漢雙文並註國際音標

該户屬糯比支系"美謙然"宗族。一世祖奥麻。從第一世"奥麻"至第二十五世"篤歐"的譜牒與本村羅家福户相同。本譜内容爲世系,至韋董凡五十五世。

本譜載於《哈尼族口傳文化譯註全集》第十二卷《紅河州哈尼族譜牒(三)》

[雲南元陽]扒倮村伍金亮户譜牒　羅家福背誦　李美亮搜集　2010年雲南民族出版社排印本　合册　哈漢雙文並註國際音標

該户屬糯比支系伍氏宗族。一世祖奥麻。從第一世"奥麻"至第二十七世"車墜"的譜牒與本村羅家福户相同。第五十二世則假,常用名伍金亮。本譜内容爲世系,至打嘎凡五十四世。

本譜載於《哈尼族口傳文化譯註全集》第十二卷《紅河州哈尼族譜牒(三)》

[雲南元陽]扒倮村盧舍朵户譜牒　羅家福背誦　李美亮搜集　2010年雲南民族出版社排印本　合册　哈漢雙文並註國際音標

該户屬糯比支系盧氏宗族。一世祖奥麻。從第一世"奥麻"至第二十二世"貓東達"的譜牒與本村羅家福户相同。第五十七世董省,常用名盧舍朵。本譜内容爲世系,至董薩凡五十八世。

本譜載於《哈尼族口傳文化譯註全集》第十二卷《紅河州哈尼族譜牒(三)》

[雲南元陽]扒倮村白家福户譜牒　羅家福背誦　李美亮搜集　2010年雲南民族出版社排印本　合册　哈漢雙文並註國際音標

該户屬糯比支系白氏宗族。一世祖奥麻。從第一世"奥麻"至第十八世"莫威墜"的譜牒與本村羅家福户相同。第五十六世假苗,常用名白家福。本譜内容爲世系,至苗董凡五十七世。

本譜載於《哈尼族口傳文化譯註全集》第十二卷《紅河州哈尼族譜牒(三)》

[雲南元陽]扒倮村龍卜生户譜牒　羅家福背誦　李美亮搜集　2010年雲南民族出版社排印本　合册　哈漢雙文並註國際音標

該户屬糯比支系龍氏宗族。一世祖奥麻。從第一世"奥麻"至第十八世"莫威墜"的譜牒與本村羅家福户相同。第四十六世仍則,常用名龍卜生。本譜内容爲世系,至則守凡四十七世。

本譜載於《哈尼族口傳文化譯註全集》第十二卷《紅河州哈尼族譜牒(三)》

[雲南元陽]大魯沙村李正明户譜牒　李正明(謀斗)背誦　李美亮搜集　2010年雲南民族出版社排印本　合册　哈漢雙文並註國際音標

該户屬糯美支系"堅胚然"宗族。一世祖奥麻。第五十四世謀翁,從元陽縣嘎娘鄉馬鹿塘村遷入本村。第五十八世謀斗,常用名李正明。本譜内容爲世系,至斗苗凡五十九世。

本譜載於《哈尼族口傳文化譯註全集》第十二卷《紅河州哈尼族譜牒(三)》

[雲南元陽]大魯沙村高家文户譜牒　高家文(濤謀)背誦　李美亮搜集　2010年雲南民族出版社排印本　合册　哈漢雙文並註國際音標

該户屬糯美支系高氏宗族。一世祖奥麻。從第一世"奥麻"至第三十一世"腰堅"的譜牒與本村李正明户相同。第五十二世貓坦,從元陽縣嘎娘鄉鳳港村遷入本村。第六十世濤謀,常用名高家文。本譜内容爲世系,至謀舉凡六十一世。

本譜載於《哈尼族口傳文化譯註全集》第十二卷《紅河州哈尼族譜牒(三)》

[雲南元陽]大魯沙村普小六户譜牒　普小六(蝦嘎)背誦　李美亮搜集　2010年雲南民族出版社排印本　合册　哈漢雙文並註國際音標

該户屬糯美支系"礱普普瑪然"宗族。一世祖奥麻。從第一世"奥麻"至第二十九世"里窩"的譜牒與本村李正明户相同。第五十六世礱取,從元陽縣嘎娘鄉鳳港村遷入本村。第六十二世蝦嘎,常用名普小六。本譜内容爲世系,至嘎則凡六十三世。

本譜載於《哈尼族口傳文化譯註全集》第十二卷《紅河州哈尼族譜牒(三)》

[雲南元陽]大魯沙村曹伍户譜牒　曹伍(打謀)背誦　李美亮搜集　2010年雲南民族出版社排印本　合册　哈漢雙文並註國際音標

該户屬糯美支系曹氏宗族。一世祖奥麻。從第一世"奥麻"至第三十一世"腰堅"的譜牒與本村李正明户相同。第五十八世打謀,常用名曹伍。本譜内容爲世系,至董薩凡六十世。

本譜載於《哈尼族口傳文化譯註全集》第十二卷《紅河州哈尼族譜牒(三)》

[雲南元陽]大魯沙村羅減木户譜牒　井侯背誦　李美亮搜集　2010年雲南民族出版社排印本　合册　哈漢雙文並註國際音標

該户屬糯比支系羅氏宗族。一世祖莫佐。第三十五世井斗,從元陽縣大坪鄉白石寨村遷入本村。第三十七世井謀,常用名羅減木。該户譜牒採自譜主家存譜牒音譯漢文手抄本,並由譜主井謀的哥哥井侯作了核對。本譜内容爲世系,至謀仍凡三十八世。

本譜載於《哈尼族口傳文化譯註全集》第十二卷《紅河州哈尼族譜牒(三)》

[雲南元陽]大魯沙村普勞則户譜牒　普勞則(省嬈)背誦　李美亮搜集　2010年雲南民族出版社排印本　合册　哈漢雙文並註國際音標

該户屬糯比支系"則佳然"宗族。一世祖奥麻。從第一世"奥麻"至第二十九世"里窩"的譜牒與本村李正明户相同。第六十三世謀省,從元陽縣嘎媽遷入本村。第六十世省嬈,常用名普勞則,與居住在本村委會者臺村的宗親省舉爲同胞兄弟。因省嬈無子,由省舉之子舉侯爲繼嗣,取名嬈侯。本譜内容爲世系,至則苗凡六十七世。

本譜載於《哈尼族口傳文化譯註全集》第十二卷《紅河州哈尼族譜牒(三)》

[雲南元陽]大魯沙村楊牛途户譜牒　楊牛途(謀董)背誦　李美亮搜集　2010年雲南民族出版社排印本　合册　哈漢雙文並註國際音標

該户屬糯比支系楊氏宗族。一世祖奥麻。從第一世"奥麻"至第三十四世"宗則"的譜牒與本村李正明户相同。第五十四世謀董,常用名楊牛途。本譜内容爲世系,至則熱凡五十六世。

本譜載於《哈尼族口傳文化譯註全集》第十二卷《紅河州哈尼族譜牒(三)》

[雲南元陽]大魯沙村黄侯咱户譜牒　黄侯咱(侯嚷)背誦　李美亮搜集　2010年雲南民族出版社排印本　合册　哈漢雙文並註國際音標

該户屬糯美支系黄氏宗族。一世祖奥麻。從第一世"奥麻"至第二十九世"里窩"的譜牒與本村李正明户相同。第五十二世謀苗,從建水縣遷入本村。第六十世侯嚷,常用名黄侯咱。本譜内容爲世系,至勒博凡六十二世。

本譜載於《哈尼族口傳文化譯註全集》第十二卷《紅河州哈尼族譜牒(三)》

[雲南元陽]大魯沙村李龍嘎户譜牒　李龍嘎(韋假)背誦　李美亮搜集　2010年雲南民族出版社排印本　合册　哈漢雙文並註國際音標

該户屬糯美支系"腰雌然"宗族。一世祖奥麻。從第一世"奥麻"至第三十世"窩腰"的譜牒與本村李正明户相同。第六十世采董,從元陽縣上新城鄉瓦灰城村遷入本村。第六十三世韋假,常用名李龍嘎。本譜内容爲世系,至假薩凡六十四世。

本譜載於《哈尼族口傳文化譯註全集》第十二卷《紅河州哈尼族譜牒(三)》

[雲南元陽]大魯沙村王有户譜牒　王有(董侯)背誦　李美亮搜集　2010年雲南民族出版社排印本　合册　哈漢雙文並註國際音標

該户屬糯比支系王氏宗族。一世祖奥麻。從第一世"奥麻"至第十八世"莫威墜"的譜牒與本村李正明户相同。第四十世蝦董,從元陽縣上新城鄉瓦灰城村遷入本村。第四十一世董侯,常用名王有。本譜内容爲世系,至假仍凡四十三世。

本譜載於《哈尼族口傳文化譯註全集》第十二卷《紅河州哈尼族譜牒(三)》

[雲南元陽]巖子腳村李萬福户譜牒　李萬福(腳福)背誦　李美亮搜集　2010年雲南民族出版社排印本　合册　哈漢雙文並註國際音標

該户屬糯比支系"媽們然"宗族。一世祖奥麻。第五十一世苗侯,從元陽縣小新街鄉嘎媽上寨村遷入本村。第五十六世腳福,常用名李萬福。本譜内容爲世系,至福金凡五十七世。

本譜載於《哈尼族口傳文化譯註全集》第十二卷《紅河州哈尼族譜牒(三)》

[雲南元陽]巖子腳村陳有亮户譜牒　陳有亮(福策)背誦　李美亮搜集　2010年雲南民族出版社排印本　合册　哈漢雙文並註國際音標

該户屬老鄔支系"里井然"宗族。一世祖迎腳。第二世腳福,從元陽縣小新街鄉新魯沙村遷入本村。第三世福策,常用名陳有亮。本譜内容爲世系,至策明凡四世。

本譜載於《哈尼族口傳文化譯註全集》第十二卷《紅河州哈尼族譜牒(三)》

[雲南元陽]巖子腳村刀家福户譜牒　刀家福(侯策)背誦　李美亮搜集　2010年雲南民族出版社排印本　合册　哈漢雙文並註國際音標

該户屬老鄔支系"坂蔣然"宗族。一世祖薩侯。薩侯之父從金平縣母丁村委會黄石旁村遷入本村。第二世侯策,常用名刀家福。本譜内容爲世系,至李發凡三世。

本譜載於《哈尼族口傳文化譯註全集》第十二卷《紅河州哈尼族譜牒(三)》

[雲南元陽]巖子腳村楊正祥户譜牒　楊正祥(策福)背誦　李美亮搜集　2010年雲南民族出版社排印本　合册　哈漢雙文並註國際音標

該户屬老鄔支系"佬展然"宗族。一世祖稿索。該族從元陽縣小新街鄉克甲村遷入本村。第九世策福,常用名楊正祥。本譜内容爲世系,至福博凡十世。

本譜載於《哈尼族口傳文化譯註全集》第十二卷《紅河州哈尼族譜牒(三)》

[雲南元陽]巖子腳村吴正明户譜牒　吴正明(腳明)背誦　李美亮搜集　2010年雲南民族出版社排印本　合册　哈漢雙文並註國際音標

該户屬老鄔支系吴氏宗族。一世祖旦佬。該族從元陽縣新街鎮小五寨遷入本村。第六世腳明,常用名吴正明。本譜内容爲世系,至森嘎凡八世。

本譜載於《哈尼族口傳文化譯註全集》第十二卷《紅河州哈尼族譜牒(三)》

[雲南元陽]老曹寨李有亮户譜牒　李有亮(嚷省)背誦　李美亮搜集　2010年雲南民族出版社排印本　合册　哈漢雙文並註國際音標

該户屬糯美支系"堅胚胚瑪然"宗族。一世祖奥麻。該族初自建水縣遷入元陽縣嘎娘鄉馬鹿塘村。第五十三世忍謀,從馬鹿塘村遷入本村。第五十八世嚷省,常用名李有亮,又名李丹,莫批。本譜内容爲世系,至濤則凡六十世。

本譜載於《哈尼族口傳文化譯註全集》第十二卷《紅河州哈尼族譜牒(三)》

[雲南元陽]老曹寨李富户譜牒　普斗謀背誦　李美亮搜集　2010年雲南民族出版社排印本　合册　哈漢雙文並註國際音標

該户屬糯美支系"堅胚胚瑪然"宗族。一世祖奥麻。從第一世"奥麻"至第三十三世"胚宗"的譜牒與本村李有亮户相同。是族初自建水縣遷入元陽縣,裔孫散居上新城鄉瓦灰城村、小新街鄉大魯沙村、逢春嶺鄉三家寨村等地。第五十二世魯董,從元陽縣逢春嶺鄉三家寨遷入本村。本譜内容爲世系,至嚷苗(李富)凡六十世。

本譜載於《哈尼族口傳文化譯註全集》第十二卷《紅河州哈尼族譜牒(三)》

[雲南元陽]老曹寨曹正文户譜牒　曹正文(謀軌)背誦　李美亮搜集　2010年雲南民族出版社排印本　合册　哈漢雙文並註國際音標

該户屬糯美支系曹氏宗族。一世祖奥麻。從第一世"奥麻"至第三十一世"腰堅"的譜牒與本村李有亮户相同。第四十九世嬈舉之妻邦奴,帶領第五十世舉苗等四個兒子從元陽縣上新城鄉瓦灰城村遷入本村。第五十七世謀軌，常用名曹正文。本譜内容爲世系，至軌嬈凡五十八世。

本譜載於《哈尼族口傳文化譯註全集》第十二卷《紅河州哈尼族譜牒（三）》

[雲南元陽]老曹寨李如雲户譜牒　李如雲（蝦熱）背誦　李美亮搜集　2010年雲南民族出版社排印本　合册　哈漢雙文並註國際音標

該户屬糯比支系"崇國南奔然"宗族。一世祖奥麻。從第一世"奥麻"至第十八世"莫威墜"的譜牒與本村李有亮户相同。第六十四世蝦熱，常用名李如雲。本譜内容爲世系，至嚷取凡六十六世。

本譜載於《哈尼族口傳文化譯註全集》第十二卷《紅河州哈尼族譜牒（三）》

[雲南元陽]老曹寨高牛則户譜牒　高牛則（蝦章）背誦　李美亮搜集　2010年雲南民族出版社排印本　合册　哈漢雙文並註國際音標

該户屬糯美支系高氏宗族。一世祖奥麻。從第一世"奥麻"至第三十一世"腰堅"的譜牒與本村李有亮户相同。第五十六世翁舉，從元陽縣小新街鄉大魯沙村遷入本村。第五十八世蝦章，常用名高牛則。本譜内容爲世系，至章假凡五十九世。

本譜載於《哈尼族口傳文化譯註全集》第十二卷《紅河州哈尼族譜牒（三）》

[雲南元陽]老曹寨陳紹民户譜牒　董嘎背誦　李美亮搜集　2010年雲南民族出版社排印本　合册　哈漢雙文並註國際音標

該户屬糯比支系陳氏宗族。一世祖奥麻。從第一世"奥麻"至第十五世"烏鴻冉"的譜牒與本村李有亮户相同。第五十二世仍董，常用名陳紹民。第五十三世董嘎，背誦人。本譜内容爲世系，至嘎苗凡五十四世。

本譜載於《哈尼族口傳文化譯註全集》第十二卷《紅河州哈尼族譜牒（三）》

[雲南元陽]老曹寨龍玉德户譜牒　龍玉德（省舉）背誦　李美亮搜集　2010年雲南民族出版社排印本　合册　哈漢雙文並註國際音標

該户屬糯比支系龍氏宗族。一世祖奥麻。從第一世"奥麻"至第十八世"莫威墜"的譜牒與本村李有亮户相同。第五十二世省舉，常用名龍玉德。本譜内容爲世系，至謀斗凡五十四世。

本譜載於《哈尼族口傳文化譯註全集》第十二卷《紅河州哈尼族譜牒（三）》

[雲南元陽]老曹寨普斗謀户譜牒　普斗謀（則薩）背誦　李美亮搜集　2010年雲南民族出版社排印本　合册　哈漢雙文並註國際音標

該户屬糯美支系"犨普普瑪然"宗族。一世祖奥麻。從第一世"奥麻"至第二十九世"里窩"的譜牒與本村李有亮户相同。第六十五世則薩，常用名普斗謀。本譜内容爲世系，至薩省凡六十六世。

本譜載於《哈尼族口傳文化譯註全集》第十二卷《紅河州哈尼族譜牒（三）》

[雲南元陽]老曹寨普董侯户譜牒　普董侯背誦　李美亮搜集　2010年雲南民族出版社排印本　合册　哈漢雙文並註國際音標

該户屬糯美支系"則佳然"宗族。一世祖奥麻。從第一世"奥麻"至第二十九世"里窩"的譜牒與本村李有亮户相同。第五十八世即董侯。本譜内容爲世系，至謀熱凡六十世。

本譜載於《哈尼族口傳文化譯註全集》第十二卷《紅河州哈尼族譜牒（三）》

[雲南元陽]老曹寨何德祥户譜牒　何德祥（取蝦）背誦　李美亮搜集　2010年雲南民族出版社排印本　合册　哈漢雙文並註國際音標

該户屬糯比支系何氏宗族。一世祖犨侯。該户與元陽縣逢春嶺鄉尼枯補新寨村侯嘎户共祖至"犨侯"。第三世取蝦，常用名何德祥。本譜内容爲世系，至蝦侯凡四世。

本譜載於《哈尼族口傳文化譯註全集》第十二卷《紅河州哈尼族譜牒（三）》

[雲南元陽]老曹寨李文明户譜牒　李文明（省

董)背誦　李美亮搜集　2010年雲南民族出版社排印本　合册　哈漢雙文並註國際音標

該户屬糯美支系"腰雌然"宗族。一世祖奥麻。從第一世"奥麻"至第二十九世"里窩"的譜牒與本村李有亮户相同。第五十世軌曉,從建水縣遷入元陽縣上新城鄉瓦灰城村,旋遷入逢春嶺鄉本村。第五十九世省董,常用名李文明,莫批。本譜内容爲世系,至董苗凡六十世。

本譜載於《哈尼族口傳文化譯註全集》第十二卷《紅河州哈尼族譜牒(三)》

[雲南元陽]老曹寨李苗咱户譜牒　舉苗背誦　李美亮搜集　2010年雲南民族出版社排印本　合册　哈漢雙文並註國際音標

該户屬糯美支系"董薩然"宗族。一世祖奥麻。從第一世"奥麻"至第二十九世"里窩"的譜牒與本村李有亮户相同。第五十一世舉苗,背誦人,從元陽縣逢春嶺鄉尼枯補村委會遷入本村。第五十二世苗嚷,常用名李苗咱。本譜内容爲世系,至侯謀凡五十四世。

本譜載於《哈尼族口傳文化譯註全集》第十二卷《紅河州哈尼族譜牒(三)》

[雲南元陽]哈尼新寨曹文福户譜牒　曹文福(謀侯)背誦　李美亮搜集　2010年雲南民族出版社排印本　合册　哈漢雙文並註國際音標

該户屬糯美支系曹氏宗族。一世祖奥麻。第五十一世舉烏,從元陽縣逢春嶺鄉老曹寨村遷入本村。第五十七世謀侯,常用名曹文福。本譜内容爲世系,至打井凡五十九世。

本譜載於《哈尼族口傳文化譯註全集》第十二卷《紅河州哈尼族譜牒(三)》

[雲南元陽]哈尼新寨李哈則户譜牒　曹文福背誦　李美亮搜集　2010年雲南民族出版社排印本　合册　哈漢雙文並註國際音標

該户屬糯美支系"董薩然"宗族。一世祖奥麻。從第一世"奥麻"至第二十九世"里窩"的譜牒與本村曹文福户相同。第六十二世舉熱,從元陽縣逢春嶺鄉尼枯補村委會遷入本村。第六十三世熱則,常用名李哈則。本譜内容爲世系,至則蝦凡六十四世。

本譜載於《哈尼族口傳文化譯註全集》第十二卷《紅河州哈尼族譜牒(三)》

[雲南元陽]哈尼新寨李和惹户譜牒　曹文福、李和惹背誦　李美亮搜集　2010年雲南民族出版社排印本　合册　哈漢雙文並註國際音標

該户屬糯美支系"堅胚然"宗族。一世祖奥麻。從第一世"奥麻"至第三十一世"腰堅"的譜牒與本村曹文福户相同。第五十三世謀打,從元陽縣逢春嶺鄉老曹寨村遷入本村。第五十八世則省,常用名李和惹。本譜内容爲世系,至省們(女)凡五十九世。

本譜載於《哈尼族口傳文化譯註全集》第十二卷《紅河州哈尼族譜牒(三)》

[雲南元陽]哈尼新寨李文儀户譜牒　李文儀背誦　李美亮搜集　2010年雲南民族出版社排印本　合册　哈漢雙文並註國際音標

該户屬糯美支系"崇國南奔然"宗族。一世祖奥麻。從第一世"奥麻"至第十八世"莫威墜"的譜牒與本村曹文福户相同。第六十世籛韋,與胞弟"籛嚷"從元陽縣上新城鄉箐竹林村遷入本村。第六十六世取嚷,常用名李文儀。本譜内容爲世系,至謀熱凡六十八世。

本譜載於《哈尼族口傳文化譯註全集》第十二卷《紅河州哈尼族譜牒(三)》

[雲南元陽]哈尼新寨龍躍庭户譜牒　龍躍庭(假侯)背誦　李美亮搜集　2010年雲南民族出版社排印本　合册　哈漢雙文並註國際音標

該户屬糯比支系龍氏宗族。一世祖奥麻。從第一世"奥麻"至第十八世"莫威墜"的譜牒與本村曹文福户相同。第四十九世假侯,常用名龍躍庭。本譜内容爲世系,至熱取凡五十一世。

本譜載於《哈尼族口傳文化譯註全集》第十二卷《紅河州哈尼族譜牒(三)》

[雲南元陽]哈尼新寨李惹舉户譜牒　李惹舉(娩

舉)背誦　李美亮搜集　2010年雲南民族出版社排印本　合册　哈漢雙文並註國際音標

該户屬糯美支系"腰雌然"宗族。一世祖奥麻。從第一世"奥麻"至第三十世"窩腰"的譜牒與本村曹文福户相同。第五十五世琶井,從金平縣阿得博鄉水源新寨村遷入本村。第六十三世嬈舉,常用名李惹舉。本譜内容爲世系,至舉乃(女)凡五十八世。

本譜載於《哈尼族口傳文化譯註全集》第十二卷《紅河州哈尼族譜牒(三)》

[雲南元陽]壩努村鄔家德户譜牒　則普背誦　李美亮搜集　2010年雲南民族出版社排印本　合册　哈漢雙文並註國際音標

該户屬老鄔支系"果彤然"宗族。一世祖阿普曙米奥。第十六世建口,從元陽縣小新街鄉巖子脚村遷入本村。第二十三世則福,常用名鄔家德。背誦人則普,係則福之堂妹。本譜内容爲世系,至董仍凡二十五世。

本譜載於《哈尼族口傳文化譯註全集》第十二卷《紅河州哈尼族譜牒(三)》

[雲南元陽]壩努村李光福户譜牒　李光福(發福)背誦　李美亮搜集　2010年雲南民族出版社排印本　合册　哈漢雙文並註國際音標

該户屬老鄔支系"苗瑪席蔣然"宗族。一世祖武發,據傳因被人拐賣,從金平縣營盤鄉臘攀基村遷入本村。第二世發福,常用名李光福。本譜内容爲世系,至董嘎凡四世。

本譜載於《哈尼族口傳文化譯註全集》第十二卷《紅河州哈尼族譜牒(三)》

[雲南元陽]壩努村張德武户譜牒　張德武(期博)背誦　李美亮搜集　2010年雲南民族出版社排印本　合册　哈漢雙文並註國際音標

該户原爲自稱濮拉帕的彝族,一世祖達期。從第三世期博(張德武)始起融爲哈尼族,但至今尚未採用哈尼族父子連名,喪禮按哈尼族習禮進行。本譜内容爲世系,至批無凡四世。

本譜載於《哈尼族口傳文化譯註全集》第十二卷《紅河州哈尼族譜牒(三)》

[雲南元陽]壩努村喻躍武户譜牒　喻躍武背誦　李美亮搜集　2010年雲南民族出版社排印本　合册　哈漢雙文並註國際音標

該户原爲自稱濮拉帕的彝族,一世祖喻成寶,遷入此村。從第三世喻躍武始隨母融爲哈尼族。節日、喪事隨哈尼族習禮進行,但至今尚未採用哈尼族父子連名。本譜内容爲世系,至省取凡五世。

本譜載於《哈尼族口傳文化譯註全集》第十二卷《紅河州哈尼族譜牒(三)》

[雲南元陽]壩思上寨普毛吕户譜牒　普毛吕(蝦取)背誦　李美亮搜集　2010年雲南民族出版社排印本　合册　哈漢雙文並註國際音標

該户屬糯美支系"則佳然"宗族。一世祖奥麻。第五十七世熱舉,從元陽縣逢春嶺鄉壩思下寨遷入本村。第六十一世蝦取,常用名普毛吕。本譜内容爲世系,至取們(女)凡六十二世。

本譜載於《哈尼族口傳文化譯註全集》第十二卷《紅河州哈尼族譜牒(三)》

[雲南元陽]壩思上寨黄咱們户譜牒　謀乃背誦　李美亮搜集　2010年雲南民族出版社排印本　合册　哈漢雙文並註國際音標

該户屬糯美支系黄氏宗族。一世祖奥麻。從第一世"奥麻"至第二十九世"里窩"的譜牒與本村普毛吕户相同。該族從元陽縣逢春嶺鄉壩思村委會壩思下寨遷入本村。第六十世嚷謀,常用名黄咱們。背誦人謀乃,係嚷謀之女。本譜内容爲世系,至謀假凡六十一世。

本譜載於《哈尼族口傳文化譯註全集》第十二卷《紅河州哈尼族譜牒(三)》

[雲南元陽]壩思上寨李牛則户譜牒　李牛則(舉則)背誦　李美亮搜集　2010年雲南民族出版社排印本　合册　哈漢雙文並註國際音標

該户屬糯美支系"堅胚然"宗族。一世祖奥麻。從第一世"奥麻"至第二十九世"里窩"的譜牒與本村普毛吕户相同。第五十六世高簸,從元陽縣逢春嶺鄉猛多大寨村遷入本村。第五十九世舉則，常用名李牛則。本譜内容爲世系，至則假凡六十世。

本譜載於《哈尼族口傳文化譯註全集》第十二卷《紅河州哈尼族譜牒（三）》

［雲南元陽］壩思上寨曹籛嘎户譜牒　曹籛嘎背誦　李美亮搜集　2010年雲南民族出版社排印本　合册　哈漢雙文並註國際音標

該户屬糯美支系曹氏宗族。一世祖奥麻。從第一世"奥麻"至第二十九世"里窩"的譜牒與本村普毛吕户相同。第五十八世侯嬈，從元陽縣逢春嶺鄉老曹寨村委會哈尼新寨遷入本村。第六十世即籛嘎。本譜内容爲世系，至嘎省凡六十一世。

本譜載於《哈尼族口傳文化譯註全集》第十二卷《紅河州哈尼族譜牒（三）》

［雲南元陽］壩思上寨張嘎黨户譜牒　張嘎黨（嘎打）背誦　李美亮搜集　2010年雲南民族出版社排印本　合册　哈漢雙文並註國際音標

該户屬糯美支系張氏宗族。一世祖奥麻。從第一世"奥麻"至第二十九世"里窩"的譜牒與本村普毛吕户相同。第五十二世扎仍，從元陽縣上新城鄉哈卡村遷入本村。第六十世嘎打，常用名張嘎黨。本譜内容爲世系，至打省凡六十一世。

本譜載於《哈尼族口傳文化譯註全集》第十二卷《紅河州哈尼族譜牒（三）》

［雲南元陽］壩思上寨李則通户譜牒　李則通（則濤）背誦　李美亮搜集　2010年雲南民族出版社排印本　合册　哈漢雙文並註國際音標

該户屬糯美支系"腰雌然"宗族。一世祖奥麻。從第一世"奥麻"至第二十九世"里窩"的譜牒與本村普毛吕户相同。第五十五世苗省，從金平縣阿得博鄉箐口老寨村遷入本村。本譜内容爲世系，至則濤凡五十九世。

本譜載於《哈尼族口傳文化譯註全集》第十二卷《紅河州哈尼族譜牒（三）》

［雲南元陽］壩思上寨朱仁亮户譜牒　朱仁亮（韋省）背誦　李美亮搜集　2010年雲南民族出版社排印本　合册　哈漢雙文並註國際音標

該户屬糯比支系朱氏宗族。一世祖奥麻。從第一世"奥麻"至第十八世"莫威墜"的譜牒與本村普毛吕户相同。該族從元陽縣小新街鄉大魯沙村遷入本村。該户譜牒採自譜主朱仁亮家存譜牒音譯漢文手抄本，並在搜集記録時與其親宗譜牒進行了核對，此譜牒上的音譯漢文與譜主家存譜牒音譯漢文略有出入。第五十一世韋省，常用名朱仁亮。本譜内容爲世系，至省苗凡五十二世。

本譜載於《哈尼族口傳文化譯註全集》第十二卷《紅河州哈尼族譜牒（三）》

［雲南元陽］壩思下寨張永和户譜牒　張永和（舉董）背誦　李美亮搜集　2010年雲南民族出版社排印本　合册　哈漢雙文並註國際音標

該户屬糯美支系張氏宗族。一世祖奥麻。第五十三世仍翁，從建水縣坡頭鄉咪的村遷入本村。第五十九世舉董，常用名張永和。本譜内容爲世系，至策井凡六十一世。

本譜載於《哈尼族口傳文化譯註全集》第十二卷《紅河州哈尼族譜牒（三）》

［雲南元陽］壩思下寨曹文義户譜牒　曹文義（舉仍）背誦　李美亮搜集　2010年雲南民族出版社排印本　合册　哈漢雙文並註國際音標

該户屬糯美支系曹氏宗族。一世祖奥麻。從第一世"奥麻"至第二十九世"里窩"的譜牒與本村張永和户相同。第四十四世苗軌，從建水縣坡頭鄉咪的村遷入本村。第五十世舉仍，常用名曹文義。本譜内容爲世系，至苗省凡五十三世。

本譜載於《哈尼族口傳文化譯註全集》第十二卷《紅河州哈尼族譜牒（三）》

［雲南元陽］壩思下寨黄擁朵户譜牒　黄擁朵（假董）背誦　李美亮搜集　2010年雲南民族出版社排印本　合册　哈漢雙文並註國際音標

該户屬糯美支系黄氏宗族。一世祖奥麻。從第一世"奥麻"至第三十六世"宗雌"的譜牒與本村張永和户相同。第五十五世薩董，從元陽縣上新城鄉箐竹林村遷入本村。本譜内容爲世系,至假董凡六十世。

本譜載於《哈尼族口傳文化譯註全集》第十二卷《紅河州哈尼族譜牒(三)》

[雲南元陽]壩思下寨陳志祥户譜牒 陳志祥(謀省)背誦 李美亮搜集 2010年雲南民族出版社排印本 合册 哈漢雙文並註國際音標

該户屬糯比支系陳氏宗族。一世祖奥麻。從第一世"奥麻"至第十五世"烏鴻冉"的譜牒與本村張永和户相同。第五十世薩謀,從元陽縣嘎娘鄉嘎娘上寨村遷入本村。第五十一世謀省,常用名陳志祥。本譜内容爲世系,至斗嘎凡五十三世。

本譜載於《哈尼族口傳文化譯註全集》第十二卷《紅河州哈尼族譜牒(三)》

[雲南元陽]壩思下寨白哪圖户譜牒 白哪圖(取嚷)背誦 李美亮搜集 2010年雲南民族出版社排印本 合册 哈漢雙文並註國際音標

該户屬糯比支系白氏宗族,原爲彝族,從一世祖省打起融爲哈尼族。該户與元陽縣逢春嶺鄉尼枯補新寨村基則户互認同一個家族。第三世取嚷,常用名白哪圖。本譜内容爲世系,至嚷謀凡四世。

本譜載於《哈尼族口傳文化譯註全集》第十二卷《紅河州哈尼族譜牒(三)》

[雲南元陽]壩思下寨龍牛則户譜牒 龍牛則(熱苗)背誦 李美亮搜集 2010年雲南民族出版社排印本 合册 哈漢雙文並註國際音標

該户屬糯比支系龍氏宗族。一世祖奥麻。從第一世"奥麻"至第十八世"莫威墜"的譜牒與本村張永和户相同。第四十一世井苗,從元陽縣逢春嶺鄉壩思村委會猛多小寨村遷入本村,並從井苗起始由彝族融爲哈尼族。第四十世"嚷井"之前的譜系,借用了元陽縣小新街鄉安心下寨村龍進重户祖名,並因此與龍金重互認爲同一個宗族。第四十三世熱苗,常用名龍牛則。本譜内容爲世系,至苗軌凡四十四世。

本譜載於《哈尼族口傳文化譯註全集》第十二卷《紅河州哈尼族譜牒(三)》

[雲南元陽]壩思下寨李家德户譜牒 李家德(熱苗)背誦 李美亮搜集 2010年雲南民族出版社排印本 合册 哈漢雙文並註國際音標

該户屬糯美支系"董薩然"宗族。一世祖奥麻。從第一世"奥麻"至第二十九世"里窩"的譜牒與本村張永和户相同。第六十世取熱,從元陽縣嘎娘鄉嘎娘上寨遷入本村。第六十一世熱苗,常用名李家德。本譜内容爲世系,至斗謀凡六十三世。

本譜載於《哈尼族口傳文化譯註全集》第十二卷《紅河州哈尼族譜牒(三)》

[雲南元陽]壩思下寨普繞圍户譜牒 普繞圍(嬈韋)背誦 李美亮搜集 2010年雲南民族出版社排印本 合册 哈漢雙文並註國際音標

該户屬糯美支系"則佳然"宗族。一世祖奥麻。從第一世"奥麻"至第二十九世"里窩"的譜牒與本村張永和户相同。第五十五世假取,從元陽縣小新街鄉者臺村遷入本村。第六十世嬈韋,常用名普繞圍。本譜内容爲世系,至董省凡六十二世。

本譜載於《哈尼族口傳文化譯註全集》第十二卷《紅河州哈尼族譜牒(三)》

[雲南元陽]猛多大寨村李紹録户譜牒 李紹録(嚷假)背誦 李美亮搜集 2010年雲南民族出版社排印本 合册 哈漢雙文並註國際音標

該户屬糯美支系"腰雌然"宗族。一世祖奥麻。第五十六世井嚷,從元陽縣逢春嶺鄉卡沙迷上寨村遷入本村。第五十七世嚷假,常用名李紹録。本譜内容爲世系,至假謀凡五十八世。

本譜載於《哈尼族口傳文化譯註全集》第十二卷《紅河州哈尼族譜牒(三)》

[雲南元陽]猛多大寨村高舉仍户譜牒 高舉仍背誦 李美亮搜集 2010年雲南民族出版社排印本 合册 哈漢雙文並註國際音標

該户屬糯美支系高氏宗族。一世祖奥麻。從第一世"奥麻"至第三十世"窩腰"的譜牒與本村李紹録户相同。第五十五世薩董,從元陽縣小新街鄉嘎媽下寨村遷入本村。第五十八世即舉仍。本譜内容爲世系,至苗熱凡六十世。

本譜載於《哈尼族口傳文化譯註全集》第十二卷《紅河州哈尼族譜牒(三)》

[雲南元陽]猛多大寨村朱正明户譜牒　朱正明(薩則)背誦　李美亮搜集　2010年雲南民族出版社排印本　合册　哈漢雙文並註國際音標

該户屬糯比支系朱氏宗族。一世祖奥麻。從第一世"奥麻"至第十八世"莫威墜"的譜牒與本村李紹録户相同。該族從元陽縣逢春嶺鄉曼過村委會復興寨遷入本村。本譜内容爲世系,至薩則凡五十世。

本譜載於《哈尼族口傳文化譯註全集》第十二卷《紅河州哈尼族譜牒(三)》

[雲南元陽]猛多大寨村普光和户譜牒　普光和(熱嬈)背誦　李美亮搜集　2010年雲南民族出版社排印本　合册　哈漢雙文並註國際音標

該户屬糯美支系"則佳然"宗族。一世祖奥麻。從第一世"奥麻"至第二十九世"里窩"的譜牒與本村李紹録户相同。第五十三世井打,從元陽縣逢春嶺鄉壩思村委會伙倮沖哈尼寨村遷入本村。第五十八世熱嬈,常用名普光和。本譜内容爲世系,至簸則凡六十世。

本譜載於《哈尼族口傳文化譯註全集》第十二卷《紅河州哈尼族譜牒(三)》

[雲南元陽]猛多大寨村普咱嘎户譜牒　普光和、普咱嘎(嚷嘎)背誦　李美亮搜集　2010年雲南民族出版社排印本　合册　哈漢雙文並註國際音標

該户屬糯美支系"雋普普瑪然"宗族。一世祖奥麻。從第一世"奥麻"至第二十九世"里窩"的譜牒與本村李紹録户相同。第六十世嚷嘎,常用名普咱嘎。本譜内容爲世系,至嘎嬈凡六十一世。

本譜載於《哈尼族口傳文化譯註全集》第十二卷《紅河州哈尼族譜牒(三)》

[雲南元陽]猛多大寨村黄開亮户譜牒　普光和、黄開亮(嘎韋)背誦　李美亮搜集　2010年雲南民族出版社排印本　合册　哈漢雙文並註國際音標

該户屬糯美支系黄氏宗族。一世祖奥麻。從第一世"奥麻"至第二十九世"里窩"的譜牒與本村李紹録户相同。第五十八世嘎韋,從元陽縣大坪鄉馬嶺大寨村遷入本村。本譜内容爲世系,至董熱凡六十世。

本譜載於《哈尼族口傳文化譯註全集》第十二卷《紅河州哈尼族譜牒(三)》

[雲南元陽]猛多大寨村李黨門户譜牒　普光和背誦　李美亮搜集　2010年雲南民族出版社排印本　合册　哈漢雙文並註國際音標

該户屬糯美支系"堅肧然"宗族。一世祖奥麻。從第一世"奥麻"至第三十世"窩腰"的譜牒與本村李紹録户相同。第五十九世董則,常用名李黨門。本譜内容爲世系,至濤奔凡六十一世。

本譜載於《哈尼族口傳文化譯註全集》第十二卷《紅河州哈尼族譜牒(三)》

[雲南元陽]猛多大寨村張開明户譜牒　普光和、張開明(嚷嘎)背誦　李美亮搜集　2010年雲南民族出版社排印本　合册　哈漢雙文並註國際音標

該户屬糯美支系張氏宗族。一世祖奥麻。從第一世"奥麻"至第二十九世"里窩"的譜牒與本村李紹録户相同。第五十七世則嚷,從元陽縣逢春嶺鄉壩思村委會壩思村遷入本村。第五十八世嚷嘎,常用名張開明。本譜内容爲世系,至仍董凡六十世。

本譜載於《哈尼族口傳文化譯註全集》第十二卷《紅河州哈尼族譜牒(三)》

[雲南元陽]猛多大寨村陳舉朵户譜牒　陳舉朵(嚷則)背誦　李美亮搜集　2010年雲南民族出版社排印本　合册　哈漢雙文並註國際音標

該户屬糯比支系陳氏宗族。一世祖奥麻。從第一世"奥麻"至第十五世"烏鴻冉"的譜牒與本村李紹録户相同。該族從元陽縣上新城鄉何寨村遷入本村。第五十世嚷則,常用名陳舉朵。本譜内容爲世系,至則熱凡五十一世。

本譜載於《哈尼族口傳文化譯註全集》第十二卷《紅河州哈尼族譜牒(三)》

[雲南元陽]猛多大寨村何家文户譜牒 何家文(舉侯)背誦 李美亮搜集 2010年雲南民族出版社排印本 合册 哈漢雙文並註國際音標

該户屬糯比支系何氏宗族。一世祖奥麻。從第一世"奥麻"至第二十二世"貓東達"的譜牒與本村李紹録户相同。第五十三世魯薩,從元陽縣逢春嶺鄉尼枯補新寨村遷入本村。第五十八世舉侯,常用名何家文。本譜内容爲世系,至侯則凡五十九世。

本譜載於《哈尼族口傳文化譯註全集》第十二卷《紅河州哈尼族譜牒(三)》

[雲南元陽]猛多大寨村曹則門户譜牒 侯瑙背誦 李美亮搜集 2010年雲南民族出版社排印本 合册 哈漢雙文並註國際音標

該户屬糯美支系曹氏宗族。一世祖奥麻。從第一世"奥麻"至第三十世"窩腰"的譜牒與本村李紹録户相同。該族從金平縣遷入本村。第五十六世則謀,常用名曹則門。本譜内容爲世系,至嘎打凡五十八世。

本譜載於《哈尼族口傳文化譯註全集》第十二卷《紅河州哈尼族譜牒(三)》

[雲南元陽]伙倮沖哈尼寨曹紹德户譜牒 曹紹德(嬈假)背誦 李美亮搜集 2010年雲南民族出版社排印本 合册 哈漢雙文並註國際音標

該户屬糯美支系曹氏宗族。一世祖奥麻。第五十一世打嬈,從建水縣遷入本村。第五十六世嬈假,常用名曹紹德。本譜内容爲世系,至濤侯凡五十八世。

本譜載於《哈尼族口傳文化譯註全集》第十二卷《紅河州哈尼族譜牒(三)》

[雲南元陽]伙倮沖哈尼寨黄自强户譜牒 黄自强(舉謀)背誦 李美亮搜集 2010年雲南民族出版社排印本 合册 哈漢雙文並註國際音標

該户屬糯美支系黄氏宗族。一世祖奥麻。從第一世"奥麻"至第二十九世"里窩"的譜牒與本村曹紹德户相同。第四十四世軌熱,從金平縣沙依坡鄉嗎卡波村遷入本村。第四十八世舉謀,常用名黄自强。本譜内容爲世系,至軌則凡五十世。

本譜載於《哈尼族口傳文化譯註全集》第十二卷《紅河州哈尼族譜牒(三)》

[雲南元陽]伙倮沖哈尼寨李成真户譜牒 李成真(熱韋)背誦 李美亮搜集 2010年雲南民族出版社排印本 合册 哈漢雙文並註國際音標

該户屬糯美支系董薩然宗族。一世祖奥麻。從第一世"奥麻"至第二十九世"里窩"的譜牒與本村曹紹德户相同。第五十世則舉,從元陽縣逢春嶺鄉尼枯補老寨村遷入本村。第五十二世熱韋,常用名李成真。本譜内容爲世系,至省打凡五十四世。

本譜載於《哈尼族口傳文化譯註全集》第十二卷《紅河州哈尼族譜牒(三)》

[雲南元陽]伙倮沖哈尼寨普虎朵户譜牒 普虎朵(省蝦)背誦 李美亮搜集 2010年雲南民族出版社排印本 合册 哈漢雙文並註國際音標

該户屬糯美支系"堅胚然"宗族。一世祖奥麻。從第一世"奥麻"至第二十九世"里窩"的譜牒與本村曹紹德户相同。該族從元陽縣嘎娘鄉苦魯寨村遷入本村。本譜内容爲世系,至省蝦凡五十九世。

本譜載於《哈尼族口傳文化譯註全集》第十二卷《紅河州哈尼族譜牒(三)》

[雲南元陽]伙倮沖哈尼寨李玉祥户譜牒 李玉祥(謀董)背誦 李美亮搜集 2010年雲南民族出版社排印本 合册 哈漢雙文並註國際音標

該户屬糯美支系"腰雌然"宗族。一世祖奥麻。從第一世"奥麻"至第三十世"窩腰"的譜牒與本村曹紹德户相同。第五十三世嬈省,從元陽縣逢春嶺鄉逢春嶺村委會哈尼寨村遷入本村。第五十五世謀董,常用名李玉祥。本譜内容爲世系,至舉策凡五十七世。

本譜載於《哈尼族口傳文化譯註全集》第十二

卷《紅河州哈尼族譜牒(三)》

[雲南元陽]伙倮沖哈尼寨陳斗舍户譜牒 陳斗舍(斗省)、省假背誦 李美亮搜集 2010年雲南民族出版社排印本 合册 哈漢雙文並註國際音標

該户屬糯比支系陳氏宗族。一世祖奥麻。從第一世"奥麻"至第十五世"烏鴻冉"的譜牒與本村曹紹德户相同。第四十三世侯翁,從元陽縣尼枯補老寨村遷入本村。第四十九世斗省,常用名陳斗舍。本譜内容爲世系,至薩謀凡五十二世。

本譜載於《哈尼族口傳文化譯註全集》第十二卷《紅河州哈尼族譜牒(三)》

[雲南元陽]伙倮沖哈尼寨李金德户譜牒 李金德(井則)背誦 李美亮搜集 2010年雲南民族出版社排印本 合册 哈漢雙文並註國際音標

該户屬糯美支系"堅胚然"宗族。一世祖奥麻。從第一世"奥麻"至第三十一世"腰堅"的譜牒與本村曹紹德户相同。第四十九世者空,從元陽縣嘎娘鄉馬鹿塘村遷入本村。第五十九世井則,常用名李金德。本譜内容爲世系,至則韋凡六十世。

本譜載於《哈尼族口傳文化譯註全集》第十二卷《紅河州哈尼族譜牒(三)》

[雲南元陽]伙倮沖哈尼寨何紹林户譜牒 何紹林(熱侯)背誦 李美亮搜集 2010年雲南民族出版社排印本 合册 哈漢雙文並註國際音標

該户屬糯比支系何氏宗族。一世祖奥麻。從第一世"奥麻"至第二十二世"貓東達"的譜牒與本村曹紹德户相同。第五十七世韋熱,從元陽縣小新街鄉安心寨村遷入本村。第五十八世熱侯,常用名何紹林。本譜内容爲世系,至侯嚷凡五十九世。

本譜載於《哈尼族口傳文化譯註全集》第十二卷《紅河州哈尼族譜牒(三)》

[雲南元陽]哈尼寨李昂則户譜牒 李昂則(矮嬈)背誦 李美亮搜集 2010年雲南民族出版社排印本 合册 哈漢雙文並註國際音標

該户屬糯美支系"堅胚然"宗族。一世祖奥麻。第五十五世斗舉,從元陽縣逢春嶺鄉老曹寨村遷入本村。第五十七世矮嬈,常用名李昂則。第五十八世軌嚷,背誦人。本譜内容爲世系,至韋省凡六十世。

本譜載於《哈尼族口傳文化譯註全集》第十二卷《紅河州哈尼族譜牒(三)》

[雲南元陽]哈尼寨李咱舉户譜牒 李文學、李咱舉(嚷舉)背誦 李美亮搜集 2010年雲南民族出版社排印本 合册 哈漢雙文並註國際音標

該户屬糯比支系"奔甲然"宗族。一世祖奥麻。從第一世"奥麻"至第二十二世"貓東達"的譜牒與本村李昂則户相同。該户與元陽縣逢春嶺鄉卡沙迷村李文學户同祖至第五十一世"薩打"。第五十二世打嚷,從元陽縣逢春嶺鄉卡沙迷上寨村遷入本村。第五十三世嚷舉,常用名李咱舉。本譜内容爲世系,至熱韋凡五十五世。

本譜載於《哈尼族口傳文化譯註全集》第十二卷《紅河州哈尼族譜牒(三)》

[雲南元陽]哈尼寨高德文户譜牒 高德文(董仍)背誦 李美亮搜集 2010年雲南民族出版社排印本 合册 哈漢雙文並註國際音標

該户屬糯美支系高氏宗族。一世祖奥麻。從第一世"奥麻"至第三十一世"腰堅"的譜牒與本村李昂則户相同。第五十五世省舉,從元陽縣逢春嶺鄉卡沙迷上寨村遷入本村。第五十七世董仍,常用名高德文。本譜内容爲世系,至謀打凡五十九世。

本譜載於《哈尼族口傳文化譯註全集》第十二卷《紅河州哈尼族譜牒(三)》

[雲南元陽]哈尼寨張開明户譜牒 謀濤背誦 李美亮搜集 2010年雲南民族出版社排印本 合册 哈漢雙文並註國際音標

該户屬糯比支系張氏宗族。一世祖奥麻。從第一世"奥麻"至第二十二世"貓東達"的譜牒與本村李昂則户相同。第五十二世嘎簸,從元陽縣逢春嶺鄉卡沙迷下寨村遷入本村。第五十四世謀

省,常用名張開明。本譜内容爲世系,至省打凡五十五世。

本譜載於《哈尼族口傳文化譯註全集》第十二卷《紅河州哈尼族譜牒(三)》

[雲南元陽]哈尼寨何聾門户譜牒 何聾門(苗舉)背誦 李美亮搜集 2010年雲南民族出版社排印本 合册 哈漢雙文並註國際音標

該户屬糯比支系何氏宗族。一世祖奥麻。從第一世"奥麻"至第二十二世"貓東達"的譜牒與本村李昂則户相同。第五十五世仍則,從元陽縣嘎娘鄉白馬上寨村遷入本村。第五十七世苗舉,常用名何聾門。本譜内容爲世系,至舉熱凡五十八世。

本譜載於《哈尼族口傳文化譯註全集》第十二卷《紅河州哈尼族譜牒(三)》

[雲南元陽]哈尼寨李萬興户譜牒 李萬興(則董)背誦 李美亮搜集 2010年雲南民族出版社排印本 合册 哈漢雙文並註國際音標

該户屬糯美支系"腰雌然"宗族。一世祖奥麻。從第一世"奥麻"至第三十世"窩腰"的譜牒與本村李昂則户相同。第五十五世侯則,從金平縣阿得博鄉水源村遷入本村。第五十六世則董,常用名李萬興。本譜内容爲世系,至舉熱凡五十八世。

本譜載於《哈尼族口傳文化譯註全集》第十二卷《紅河州哈尼族譜牒(三)》

[雲南元陽]哈尼寨陳紹福户譜牒 嚷省背誦 李美亮搜集 2010年雲南民族出版社排印本 合册 哈漢雙文並註國際音標

該户屬糯比支系陳氏宗族。一世祖奥麻。從第一世"奥麻"至第十五世"烏鴻冉"的譜牒與本村李昂則户相同。第五十一世侯嘎,常用名陳紹福。本譜内容爲世系,至嘎打凡五十二世。

本譜載於《哈尼族口傳文化譯註全集》第十二卷《紅河州哈尼族譜牒(三)》

[雲南元陽]罵匪村曹文增户譜牒 曹文增(苗仍)背誦 李美亮搜集 2010年雲南民族出版社排印本 合册 哈漢雙文並註國際音標

該户屬自稱糯美的曹氏宗族。曹氏爲罵匪村建寨宗族之一,第五十六世董則從上新城鄉瓦灰城村遷入本村定居。一世祖奥麻。第一世至二世之間未連名。本譜内容爲世系,至仍井凡五十九世。

本譜載於《哈尼族口傳文化譯註全集》第十三卷《紅河州哈尼族譜牒(四)》

[雲南元陽]罵匪村陳紹林户譜牒 陳紹林(嚷省)背誦 李美亮搜集 2010年雲南民族出版社排印本 合册 哈漢雙文並註國際音標

該户屬自稱糯比的陳氏宗族。由第五十一世侯嚷從逢春嶺鄉卡里村委會哈尼寨村遷入本村定居。從第一世"奥麻"至十五世"烏鴻冉"的譜牒與本村曹文增户相同。本譜内容爲世系,至嚷省凡五十二世。

本譜載於《哈尼族口傳文化譯註全集》第十三卷《紅河州哈尼族譜牒(四)》

[雲南元陽]罵匪村李則香譜牒 李則香(則蝦)背誦 李美亮搜集 2010年雲南民族出版社排印本 合册 哈漢雙文並註國際音標

該户屬自稱糯比的"奔甲然"宗族。由第四十三世嚷則從逢春嶺鄉卡沙迷上寨村遷入本村定居。第一世"奥麻"至二十二世"貓東達"的譜牒與本村曹文增户相同,第三十五世"索福"與三十六世"媽宗"之間不連名。本譜内容爲世系,至舉仍凡四十六世。

本譜載於《哈尼族口傳文化譯註全集》第十三卷《紅河州哈尼族譜牒(四)》

[雲南元陽]罵匪村朱假苗户譜牒 朱假苗(獎苗)背誦 李美亮搜集 2010年雲南民族出版社排印本 合册 哈漢雙文並註國際音標

該户屬自稱糯比的朱氏宗族。由第六十世"嬈獎"從小新街鄉新寨村遷入本村定居。第一世"奥麻"至十八世"莫威墜"的譜牒與本村曹文增户相同。本譜内容爲世系,至則熱凡六十三世。

本譜載於《哈尼族口傳文化譯註全集》第十三卷《紅河州哈尼族譜牒(四)》

[雲南元陽]罵匯村李朵苗户譜牒　李丹、李朵苗(董苗)背誦　李美亮搜集　2010年雲南民族出版社排印本　合册　哈漢雙文並註國際音標

該户屬自稱糯美的"堅胚然"宗族。從嘎娘鄉馬鹿塘村遷入本村定居。第一世"奥麻"至三十一世"腰堅"的譜牒與本村曹文增户相同。第四十六世"飄嫂"至四十八世"牛者"之間未連名。本譜内容爲世系,至苗嬈凡五十九世。

本譜載於《哈尼族口傳文化譯註全集》第十三卷《紅河州哈尼族譜牒(四)》

[雲南元陽]罵匯村張勞朵户譜牒　張開和背誦　李美亮搜集　2010年雲南民族出版社排印本　合册　哈漢雙文並註國際音標

該户屬自稱糯美的張氏宗族。由第五十七世"省謀"從逢春嶺鄉卡沙迷下寨村遷入本村定居。第一世"奥麻"至二十九世"里窩"的譜牒與本村曹文增户相同。五十九世軌則爲譜主,常用名張勞朵。本譜内容爲世系,至韋獎凡六十一世。

本譜載於《哈尼族口傳文化譯註全集》第十三卷《紅河州哈尼族譜牒(四)》

[雲南元陽]姚家寨李龍則户譜牒　李龍則(井苗)背誦　李美亮搜集　2010年雲南民族出版社排印本　合册　哈漢雙文並註國際音標

該户自稱糯美的"堅胚然"宗族。李氏爲姚家寨建寨宗族之一,由第五十六世"韋井"從逢春嶺鄉老曹寨村遷入本村定居。第一世至第二世、第四十五世至第四十七世之間未連名。本譜内容爲世系,至熱薩凡五十九世。

本譜載於《哈尼族口傳文化譯註全集》第十三卷《紅河州哈尼族譜牒(四)》

[雲南元陽]姚家寨普家福户譜牒　普家福(嚷簸)背誦　李美亮搜集　2010年雲南民族出版社排印本　合册　哈漢雙文並註國際音標

該户屬自稱糯美的"礱普普瑪然"宗族。由第六十一世"仍苗"從逢春嶺鄉卡沙迷下寨遷入本村定居。第一世"奥麻"至二十九世"里窩"的譜牒與本村李龍則户相同。本譜内容爲世系,至簸謀凡六十四世。

本譜載於《哈尼族口傳文化譯註全集》第十三卷《紅河州哈尼族譜牒(四)》

[雲南元陽]姚家寨陳石則户譜牒　陳石則(舉苗)背誦　李美亮搜集　2010年雲南民族出版社排印本　合册　哈漢雙文並註國際音標

該户屬自稱糯比的陳氏宗族。由第六十一世"謀董"從嘎娘鄉新鳳港村遷入本村定居。第一世"奥麻"至十五世"烏鴻冉"的譜牒與本村李龍則户相同,第四十世至四十一世之間未連名。本譜内容爲世系,至嘎取凡六十五世。

本譜載於《哈尼族口傳文化譯註全集》第十三卷《紅河州哈尼族譜牒(四)》

[雲南元陽]姚家寨普若嘎户譜牒　普若嘎(嬈嘎)背誦　李美亮搜集　2010年雲南民族出版社排印本　合册　哈漢雙文並註國際音標

該户屬自稱糯美的"則佳然"宗族。由第五十五世"侯嬈"從嘎娘鄉苦魯寨村遷入本村定居。第一世"奥麻"至二十九世"里窩"的譜牒與本村李龍則户相同,第三十八世"福墜"至四十二世"昂里"、第四十五世"常打"至四十六世"克整"之間未連名。本譜内容爲世系,至熱薩凡五十八世。

本譜載於《哈尼族口傳文化譯註全集》第十三卷《紅河州哈尼族譜牒(四)》

[雲南元陽]姚家寨曹舉則户譜牒　曹舉則(舉則)背誦　李美亮搜集　2010年雲南民族出版社排印本　合册　哈漢雙文並註國際音標

該户自稱屬糯美的曹氏宗族。由第五十二世"則取"從小新街鄉大魯沙村遷入本村定居。第一世"奥麻"至三十一世"腰堅"的譜牒與本村李龍則户相同。本譜内容爲世系,至則嚷凡五十五世。

本譜載於《哈尼族口傳文化譯註全集》第十三卷《紅河州哈尼族譜牒(四)》

[雲南元陽]姚家寨張小黑户譜牒　張小黑背誦　李美亮搜集　2010年雲南民族出版社排印本

合册　哈漢雙文並註國際音標

該户屬自稱糯比的張氏宗族,由第五十一世"魯嚷"從嘎娘鄉白馬上寨村遷入本村定居。第一世"奥麻"至第二十二世"貓東達"的譜牒與本村李龍則户相同。本譜内容爲世系,至省嘎凡五十三世。

本譜載於《哈尼族口傳文化譯註全集》第十三卷《紅河州哈尼族譜牒(四)》

[雲南元陽]姚家寨李金亮户譜牒　李金亮背誦　李美亮搜集　2010年雲南民族出版社排印本　合册　哈漢雙文並註國際音標

該户屬自稱糯美的"腰雌然"宗族。由第五十三世"取則"從逢春嶺鄉卡沙迷村遷入本村定居。第一世"奥麻"至第三十世"窩腰"的譜牒與本村李龍則户相同。五十六世嘎熱爲譜主,常用名李金亮。本譜内容爲世系,至熱斗凡五十七世。

本譜載於《哈尼族口傳文化譯註全集》第十三卷《紅河州哈尼族譜牒(四)》

[雲南元陽]姚家寨李元福户譜牒　李元福(嘎省)背誦　李美亮搜集　2010年雲南民族出版社排印本　合册　哈漢雙文並註國際音標

該户屬自稱糯美的"董薩然"宗族。由第五十八世"侯嘎"從逢春嶺鄉尼枯補村遷入本村定居。第一世"奥麻"至第二十九世"里窩"的譜牒本村李龍則户相同。第四十世至四十一世、第四十六世至第四十七世之間不連名。本譜内容爲世系,至省嬈凡六十世。

本譜載於《哈尼族口傳文化譯註全集》第十三卷《紅河州哈尼族譜牒(四)》

[雲南元陽]卡沙迷下寨高哈則户譜牒　高哈則(仍舉)背誦　李美亮搜集　2010年雲南民族出版社排印本　合册　哈漢雙文並註國際音標

逢春嶺鄉卡沙迷下寨有十一支哈尼宗族居住在該寨。高氏是該寨的建寨宗支之一,由第五十五世"嘎斗"從本鄉逢春嶺村委會哈尼寨遷入本村定居。第一世至二世、第四十六世至四十八世之間未連名。本譜内容爲世系,至仍舉凡五十八世。

本譜載於《哈尼族口傳文化譯註全集》第十三卷《紅河州哈尼族譜牒(四)》

[雲南元陽]卡沙迷下寨張開和户譜牒　張開和(則井)背誦　李美亮搜集　2010年雲南民族出版社排印本　合册　哈漢雙文並註國際音標

該户屬自稱糯美的張氏宗族。由第五十五世"斗嚷"從嘎娘鄉鳳港村遷入本村定居。第一世"奥麻"至第二十九世"里窩"的譜牒與本村高哈則户相同。第五世至五十一世之間未連名。本譜内容爲世系,至井韋凡六十世。

本譜載於《哈尼族口傳文化譯註全集》第十三卷《紅河州哈尼族譜牒(四)》

[雲南元陽]卡沙迷下寨陳家福户譜牒　陳家福(董嘎)背誦　李美亮搜集　2010年雲南民族出版社排印本　合册　哈漢雙文並註國際音標

該户屬自稱糯比的陳氏宗族。由第五十五世"則嚷"從逢春嶺鄉尼枯補村遷入本村定居。從第一世"奥麻"至第十五世"烏鴻冉"的譜牒與本村高哈則户相同。本譜内容爲世系,至侯薩凡五十九世。

本譜載於《哈尼族口傳文化譯註全集》第十三卷《紅河州哈尼族譜牒(四)》

[雲南元陽]卡沙迷下寨普光亮户譜牒　普光亮(謀嬈)背誦　李美亮搜集　2010年雲南民族出版社排印本　合册　哈漢雙文並註國際音標

該户屬自稱糯美的"贍普普瑪然"宗族。普氏是本寨的建寨宗支之一,由第五十六世"薩取"從小新街鄉者臺村遷入本村定居。第一世"奥麻"至第二十九世"里窩"的譜牒與本村高哈則户相同。本譜内容爲世系,至侯仍凡六十三世。

本譜載於《哈尼族口傳文化譯註全集》第十三卷《紅河州哈尼族譜牒(四)》

[雲南元陽]卡沙迷下寨普金福户譜牒　普金福(蝦熱)、蝦井背誦　李美亮搜集　2010年雲南民族出版社排印本　合册　哈漢雙文並註國際音標

該户屬自稱糯美的"則佳然"宗族。由第五十

三世"苗取"從嘎娘鄉苦魯寨村遷入本村定居。從第一世"奥麻"至第二十九世"里窩"的譜牒與本村高哈則户相同。第三十八世"福墜"至三十九世"等叶"、第四十一世"啓省"至四十二世"昂里"、第四十五世"常打"至四十六世"克整"之間未連名。本譜内容爲世系,至薩侯凡五十九世。

本譜載於《哈尼族口傳文化譯註全集》第十三卷《紅河州哈尼族譜牒(四)》

[雲南元陽]卡沙迷下寨曹正福户譜牒　曹正福(舉仍)背誦　李美亮搜集　2010年雲南民族出版社排印本　合册　哈漢雙文並註國際音標

該户屬自稱糯美的曹氏宗族。由第五十三世"則省"從小新街鄉大魯沙村遷入本村定居。從第一世"奥麻"至第二十九世"里窩"的譜牒與本村高哈則户相同。本譜内容爲世系,至磐薩凡五十八世。

本譜載於《哈尼族口傳文化譯註全集》第十三卷《紅河州哈尼族譜牒(四)》

[雲南元陽]卡沙迷下寨龍舍則户譜牒　龍舍則(省則)背誦　李美亮搜集　2010年雲南民族出版社排印本　合册　哈漢雙文並註國際音標

該户屬自稱糯比的何氏宗族。從小新街鄉嘎媽下寨村遷入本村定居。自第一世"奥麻"至第十八世"莫威墜"的譜牒與本村高哈則户相同。本譜内容爲世系,至則嚷凡三十七世。

本譜載於《哈尼族口傳文化譯註全集》第十三卷《紅河州哈尼族譜牒(四)》

[雲南元陽]卡沙迷下寨黄正貴户譜牒　黄正貴(嬈薩)背誦　李美亮搜集　2010年雲南民族出版社排印本　合册　哈漢雙文並註國際音標

該户屬自稱糯美的黄氏宗族。從小新街鄉嘎媽下寨村遷入本村定居。第一世"奥麻"至第二十九世"里窩"的譜牒與本村高哈則户相同。第一世"奥麻"至五十四世"苗薩"的譜牒與逢春嶺鄉壩思下寨村黄擁朵户相同。本譜内容爲世系,至薩取凡六十一世。

本譜載於《哈尼族口傳文化譯註全集》第十三卷《紅河州哈尼族譜牒(四)》

[雲南元陽]卡沙迷下寨李咱假户譜牒　李咱假(嬈獎)背誦　李美亮搜集　2010年雲南民族出版社排印本　合册　哈漢雙文並註國際音標

該户屬自稱糯比的"美謙然"宗族。由第四十七世"苗薩"從嘎娘鄉白馬上寨村遷入本村定居。從第一世"奥麻"至第二十二世"貓東達"的譜牒與本村高哈則户相同。本譜内容爲世系,至仍董凡五十二世。

本譜載於《哈尼族口傳文化譯註全集》第十三卷《紅河州哈尼族譜牒(四)》

[雲南元陽]卡沙迷下寨朱嘎舉户譜牒　朱嘎舉(嘎舉)背誦　李美亮搜集　2010年雲南民族出版社排印本　合册　哈漢雙文並註國際音標

該户屬自稱糯比的朱氏宗族。由第六十二世"策嘎"從金平縣沙依坡鄉遷入本村定居。第一世"奥麻"至第十八世"莫威墜"的譜牒與本村高哈則户相同。本譜内容爲世系,至簸嬈凡六十五世。

本譜載於《哈尼族口傳文化譯註全集》第十三卷《紅河州哈尼族譜牒(四)》

[雲南元陽]卡沙迷上寨李春華户譜牒　李春華(則董)背誦　李美亮搜集　2010年雲南民族出版社排印本　合册　哈漢雙文並註國際音標

位於卡沙迷下寨上方,有十二支哈尼宗族居住。該户屬自稱糯美的"腰雌然"宗族。從嘎娘鄉白馬上寨村遷入本村定居。第一世至二世、第四十五世至四十七世之間未連名。本譜内容爲世系,至董獎凡五十八世。

本譜載於《哈尼族口傳文化譯註全集》第十三卷《紅河州哈尼族譜牒(四)》

[雲南元陽]卡沙迷上寨龍文義譜牒、龍文義(嚷苗)背誦　李美亮搜集　2010年雲南民族出版社排印本　合册　哈漢雙文並註國際音標

該户自稱屬糯比的龍氏宗族。從上新城鄉瓦灰城村遷入本村定居。第一世"奥麻"到第十八世

“莫威墜”的譜牒與本村李春華户相同。第四十五世至四十六世之間未連名。本譜内容爲世系，至苗熱凡五十二世。

本譜載於《哈尼族口傳文化譯註全集》第十三卷《紅河州哈尼族譜牒(四)》

[雲南元陽]卡沙迷上寨普佑新户譜牒　普佑新(仍舉)背誦　李美亮搜集　2010年雲南民族出版社排印本　合册　哈漢雙文並註國際音標

該户屬自稱糯美的“則佳然”宗族。由第五十四世“熱董”從嘎娘鄉苦魯寨村遷入本村定居。該户從第一世“奥麻”到第二十九世“里窩”的譜牒與本村李春華户相同。第三十八世至四十二世、第四十五世至四十六世之間未連名。本譜内容爲世系,至舉蝦凡五十七世。

本譜載於《哈尼族口傳文化譯註全集》第十三卷《紅河州哈尼族譜牒(四)》

[雲南元陽]卡沙迷上寨李假侯户譜牒　李假侯(獎侯)背誦　李美亮搜集　2010年雲南民族出版社排印本　合册　哈漢雙文並註國際音標

該户屬自稱“野期然”宗族。第五十六世“苗薩”遷入本村定居。第一世“奥麻”到第十八世“莫威墜”的譜牒與本村李春華户相同。第四十一世至四十三世之間未連名。本譜内容爲世系，至侯蝦凡六十世。

本譜載於《哈尼族口傳文化譯註全集》第十三卷《紅河州哈尼族譜牒(四)》

[雲南元陽]卡沙迷上寨李則門户譜牒　李則門(蝦董)背誦　李美亮搜集　2010年雲南民族出版社排印本　合册　哈漢雙文並註國際音標

該户屬自稱糯比的“奔甲然”宗族,從上新城鄉下新城村遷入本村定居。從第一世“奥麻”到第二十二世“貓東達”的譜牒與本村李春華户相同。本譜内容爲世系,至嬈苗凡五十五世。

本譜載於《哈尼族口傳文化譯註全集》第十三卷《紅河州哈尼族譜牒(四)》

[雲南元陽]卡沙迷上寨高惹減户譜牒　高惹減(仍井)背誦　李美亮搜集　2010年雲南民族出版社排印本　合册　哈漢雙文並註國際音標

該户屬自稱糯美的高氏宗族,由第五十三世“董閏”從小新街鄉大魯沙村遷入定居。第一世“奥麻”至第三十世“窩腰”的譜牒與本村李春華户相同。第一世“奥麻”至第五十二世“則董”的譜牒與小新街鄉石巖寨高文明户相同。本譜内容爲世系,至高策凡五十九世。

本譜載於《哈尼族口傳文化譯註全集》第十三卷《紅河州哈尼族譜牒(四)》

[雲南元陽]卡沙迷上寨黄有輝户譜牒　黄有輝(嚷軌)背誦　李美亮搜集　2010年雲南民族出版社排印本　合册　哈漢雙文並註國際音標

該户屬自稱糯美的黄氏宗族。是本寨的建寨宗支,第一世“奥麻”至第二十九世“里窩”的譜牒與本村李春華户相同。本譜内容爲世系,至侯蝦凡五十七世。

本譜載於《哈尼族口傳文化譯註全集》第十三卷《紅河州哈尼族譜牒(四)》

[雲南元陽]卡沙迷上寨錢文新户譜牒　錢文新(則舉)背誦　李美亮搜集　2010年雲南民族出版社排印本　合册　哈漢雙文並註國際音標

該户屬自稱錢氏宗族。由第五十八世“仍讋”從嘎娘鄉新嘎村遷入本村定居。第一世“奥麻”至第二十四世“蘇莫佐”的譜牒與本村李春華户相同。第三十五世與三十六世之間未連名。本譜内容爲世系,至舉薩凡六十一世。

本譜載於《哈尼族口傳文化譯註全集》第十三卷《紅河州哈尼族譜牒(四)》

[雲南元陽]卡沙迷上寨陳小伍户譜牒　陳小伍(韋苗)背誦　李美亮搜集　2010年雲南民族出版社排印本　合册　哈漢雙文並註國際音標

該户屬自稱糯比的陳氏宗族。遷徙不詳。第一世“奥麻”至第十五世“烏鴻冉”的譜牒與本村李春華户相同。本譜内容爲世系,至苗熱凡五十九世。

本譜載於《哈尼族口傳文化譯註全集》第十三

卷《紅河州哈尼族譜牒(四)》

[雲南元陽]卡沙迷上寨普志林户譜牒　普志林(簸嘎)背誦　李美亮搜集　2010年雲南民族出版社排印本　合册　哈漢雙文並註國際音標

該户屬自稱糯美的"礱普普瑪然"宗族。由第六十代"軌則"從嘎娘鄉苦魯寨村遷入本村定居。第一世"奥麻"至第二十九世"里窩"的譜牒與本村李春華户相同。本譜内容爲世系,至嘎獎凡六十四世。

本譜載於《哈尼族口傳文化譯註全集》第十三卷《紅河州哈尼族譜牒(四)》

[雲南元陽]卡沙迷上寨吴明亮户譜牒　吴明亮(簸矮)背誦　李美亮搜集　2010年雲南民族出版社排印本　合册　哈漢雙文並註國際音標

該户屬自稱糯比的吴氏宗族。由第三十四世"侯則"從新街鎮棕片寨村遷入本村定居。第一世"奥麻"至第十五世"烏鴻冉"的譜牒與本村李春華户相同。本譜内容爲世系,至嬈謀凡三十九世。

本譜載於《哈尼族口傳文化譯註全集》第十三卷《紅河州哈尼族譜牒(四)》

[雲南元陽]卡沙迷上寨李文明户譜牒　李文明(省侯)背誦　李美亮搜集　2010年雲南民族出版社排印本　合册　哈漢雙文並註國際音標

該户屬自稱糯比的"美謙然"宗族。由第四十九世"謀嘎"從嘎娘鄉白馬上寨遷入本村定居。第一世"奥麻"至第二十二世"貓東達"的譜牒與本村李春華户相同。第一世"奥麻"至第四十一世"等比"的譜牒與卡沙迷下寨村李嚷假户相同。本譜内容爲世系,至仍董凡五十三世。

本譜載於《哈尼族口傳文化譯註全集》第十三卷《紅河州哈尼族譜牒(四)》

[雲南元陽]團坡村楊紹興户譜牒　楊紹興(井房)背誦　李美亮搜集　2010年雲南民族出版社排印本　合册　哈漢雙文並註國際音標

該户屬自稱老鄔的楊氏宗族。是本村的建寨宗支之一。據説從廣東遷入本村定居。本譜内容爲世系,至繳策凡八世。

本譜載於《哈尼族口傳文化譯註全集》第十三卷《紅河州哈尼族譜牒(四)》

[雲南元陽]團坡村譚志祥户譜牒　譚志祥背誦　李美亮搜集　2010年雲南民族出版社排印本　合册　哈漢雙文並註國際音標

該户屬自稱老鄔的譚氏宗族。從本鄉凹腰山村委會姚家寨村遷入本村定居。據説該户祖先是漢族,居住姚家寨村時由漢族融合爲自稱"卜拉帕"的彝族,遷入本村後再融合爲哈尼族,現今該户的節日和喪事活動均遵循哈尼族習俗,至今未採用父子連名。本譜内容爲世系,至譚金銀凡五世。

本譜載於《哈尼族口傳文化譯註全集》第十三卷《紅河州哈尼族譜牒(四)》

[雲南元陽]團坡村蘇志華户譜牒　蘇志華(策房)背誦　李美亮搜集　2010年雲南民族出版社排印本　合册　哈漢雙文並註國際音標

該户屬自稱老鄔的蘇氏宗族。是本村的建寨宗支之一。該户從個舊市卡房鎮遷入本村定居。本譜内容爲世系,至大玉凡六世。

本譜載於《哈尼族口傳文化譯註全集》第十三卷《紅河州哈尼族譜牒(四)》

[雲南元陽]團坡村盧文興户譜牒　盧文興(井福)背誦　李美亮搜集　2010年雲南民族出版社排印本　合册　哈漢雙文並註國際音標

該户屬自稱老鄔的盧氏宗族。從本鄉逢春嶺村委會革命村遷入本村定居。本譜内容爲世系,至文腳凡五世。

本譜載於《哈尼族口傳文化譯註全集》第十三卷《紅河州哈尼族譜牒(四)》

[雲南元陽]團坡村普志明户譜牒　普志明(革福)背誦　李美亮搜集　2010年雲南民族出版社排印本　合册　哈漢雙文並註國際音標

該户屬自稱老鄔的普氏宗族。遷徙不詳。本譜内容爲世系,至福井凡二十四世。

本譜載於《哈尼族口傳文化譯註全集》第十三卷《紅河州哈尼族譜牒(四)》

[雲南元陽]團坡村趙文榮户譜牒　趙文榮背誦　李美亮搜集　2010年雲南民族出版社排印本　合册　哈漢雙文並註國際音標

該户屬自稱老鄔的趙氏宗族。據説該户由譜主的祖父從金平縣沙依坡鄉遷入本村定居已有四年,至趙建凡四世。至今未採用父子連名,祭祖用漢族習俗,喪事和節日活動按照哈尼族風俗習慣。三世趙文榮爲譜主。本譜無世系表,僅有介紹説明。

本譜載於《哈尼族口傳文化譯註全集》第十三卷《紅河州哈尼族譜牒(四)》

[雲南元陽]團坡村刀玉忠户譜牒　刀玉忠背誦　李美亮搜集　2010年雲南民族出版社排印本　合册　哈漢雙文並註國際音標

該户屬自稱老鄔的刀氏宗族。其譜牒只有三代人,即陳小五、刀自興、刀玉忠,無父子連名。本譜無世系表,僅有介紹説明。

本譜載於《哈尼族口傳文化譯註全集》第十三卷《紅河州哈尼族譜牒(四)》

[雲南元陽]牙獨迷上寨李保明户譜牒　李保明(迎房)背誦　李美亮搜集　2010年雲南民族出版社排印本　合册　哈漢雙文並註國際音標

逢春嶺鄉牙獨迷上寨位於牙獨迷下寨上方,居住有八支哈尼宗支。該户屬自稱老鄔的“果國席蔣然”宗族。遷徙不詳。本譜内容爲世系,至房妹凡五世。

本譜載於《哈尼族口傳文化譯註全集》第十三卷《紅河州哈尼族譜牒(四)》

[雲南元陽]牙獨迷上寨董永澤户譜牒　董永澤(福繳)背誦　李美亮搜集　2010年雲南民族出版社排印本　合册　哈漢雙文並註國際音標

該户屬自稱老鄔的董氏宗族。自江西省遷入。本譜内容爲世系,至策明凡五世。

本譜載於《哈尼族口傳文化譯註全集》第十三卷《紅河州哈尼族譜牒(四)》

[雲南元陽]牙獨迷上寨普録保户譜牒　普録保(薩策)背誦　李美亮搜集　2010年雲南民族出版社排印本　合册　哈漢雙文並註國際音標

該户屬自稱老鄔的普氏宗族。由第十一世“啓則”從新街鎮新寨村遷入本村定居。本譜内容爲世系,至明房凡十五世。

本譜載於《哈尼族口傳文化譯註全集》第十三卷《紅河州哈尼族譜牒(四)》

[雲南元陽]牙獨迷上寨李紹光户譜牒　李紹光(丁策)背誦　李美亮搜集　2010年雲南民族出版社排印本　合册　哈漢雙文並註國際音標

該户屬自稱老鄔的“苗瑪席蔣然”宗族。由第一世“呼朋”從大坪鄉大魚塘村遷入本村定居。本譜内容爲世系,至臘博凡六世。

本譜載於《哈尼族口傳文化譯註全集》第十三卷《紅河州哈尼族譜牒(四)》

[雲南元陽]牙獨迷上寨鄔保明户譜牒　鄔保明(腳寶)背誦　李美亮搜集　2010年雲南民族出版社排印本　合册　哈漢雙文並註國際音標

該户屬自稱老鄔的鄔氏宗族。是本寨的建寨宗支。由第二十五世“薩奕”從逢春嶺鄉老曹寨子村委會壩努村遷入本村定居。本譜内容爲世系,至勒房凡三十二世。

本譜載於《哈尼族口傳文化譯註全集》第十三卷《紅河州哈尼族譜牒(四)》

[雲南元陽]牙獨迷上寨陳志發户譜牒　陳志發(腳房)背誦　李美亮搜集　2010年雲南民族出版社排印本　合册　哈漢雙文並註國際音標

該户屬自稱老鄔的陳氏宗族。由第一世“福策”從小新街鄉石寨村委會巖腳村遷入本村定居。本譜内容爲世系,至房明凡四世。

本譜載於《哈尼族口傳文化譯註全集》第十三卷《紅河州哈尼族譜牒(四)》

[雲南元陽]牙獨迷上寨楊自林户譜牒　楊自林

(腳瑶)背誦　李美亮搜集　2010年雲南民族出版社排印本　合册　哈漢雙文並註國際音標

該户屬自稱老鄔的楊氏宗族。由第一世“吴腳”從逢春嶺鄉獨家中寨村遷入本村定居。本譜内容爲世系,至策福凡四世。

本譜載於《哈尼族口傳文化譯註全集》第十三卷《紅河州哈尼族譜牒(四)》

[雲南元陽]牙獨迷下寨董文學户譜牒　董文學(房薩)背誦　李美亮搜集　2010年雲南民族出版社排印本　合册　哈漢雙文並註國際音標

逢春嶺鄉牙獨迷下寨,位於牙獨迷上寨下方。由六支哈尼宗支組成。該户屬自稱老鄔的董氏宗族。由第二世“房薩”從牙獨迷上寨村遷入本村定居。本譜内容爲世系,至四平凡四世。

本譜載於《哈尼族口傳文化譯註全集》第十三卷《紅河州哈尼族譜牒(四)》

[雲南元陽]牙獨迷下寨楊正明户譜牒　楊正明(寶福)背誦　李美亮搜集　2010年雲南民族出版社排印本　合册　哈漢雙文並註國際音標

該户屬自稱老鄔的楊氏宗族。遷徙不詳。本譜内容爲世系,至策房凡二十九世。

本譜載於《哈尼族口傳文化譯註全集》第十三卷《紅河州哈尼族譜牒(四)》

[雲南元陽]牙獨迷下寨李家林户譜牒　李家林(福文)背誦　李美亮搜集　2010年雲南民族出版社排印本　合册　哈漢雙文並註國際音標

該户屬自稱老鄔的李氏宗族。第一世“篤房”從小新街鄉者臺村巖腳村經本鄉卡里卡村村委會罵機村遷入本村定居。本譜内容爲世系,至文腳凡四世。

本譜載於《哈尼族口傳文化譯註全集》第十三卷《紅河州哈尼族譜牒(四)》

[雲南元陽]牙獨迷下寨白志昌户譜牒　白志昌(策丁)背誦　李美亮搜集　2010年雲南民族出版社排印本　合册　哈漢雙文並註國際音標

該户屬自稱老鄔的或“李勇然”的白氏宗族。第一世“篤房”從小新街鄉者臺村巖腳村遷入本村定居。本譜内容爲世系,至丁明凡五世。

本譜載於《哈尼族口傳文化譯註全集》第十三卷《紅河州哈尼族譜牒(四)》

[雲南元陽]哈尼寨普文和户譜牒　謀嚷背誦　李美亮搜集　2010年雲南民族出版社排印本　合册　哈漢雙文並註國際音標

該户屬自稱糯美的“則佳然”宗族。是本寨的建寨宗支。第六十一世“省熱”從逢春嶺鄉猛多大寨遷入本村定居。第一世至二世、第三十四世至三十五世、第四十三世至四十五世、第四十七世至四十八世之間未連名。第六十三世則濤爲譜主,常用名普文和。本譜内容爲世系,至井嘎凡六十五世。

本譜載於《哈尼族口傳文化譯註全集》第十三卷《紅河州哈尼族譜牒(四)》

[雲南元陽]哈尼寨白沙鬼户譜牒　軌嚷、軌苗背誦　李美亮搜集　2010年雲南民族出版社排印本　合册　哈漢雙文並註國際音標

該户屬自稱糯比的白氏宗族。由第五十三世“薩軌”從金平縣阿得博鄉箐口新寨遷入本村定居。第一世“奥麻”至第十八世“莫威墜”的譜牒與本村普文和户相同。第五十三世薩軌爲譜主,常用名白沙鬼。本譜内容爲世系,至嚷取凡五十五世。

本譜載於《哈尼族口傳文化譯註全集》第十三卷《紅河州哈尼族譜牒(四)》

[雲南元陽]哈尼寨黄則謀户譜牒　黄則謀(則們)背誦　李美亮搜集　2010年雲南民族出版社排印本　合册　哈漢雙文並註國際音標

該户屬自稱糯美的黄氏宗族。由第五十八世“則謀”從逢春嶺鄉猛多大寨遷入本村定居。第一世“奥麻”至第二十九世“里窩”的譜牒與本村普文和户相同。第三十八世“吉娘”中的“娘”與第三十九世“們吉”中的吉爲音變。本譜内容爲世系,至蝦簸凡六十世。

本譜載於《哈尼族口傳文化譯註全集》第十三

卷《紅河州哈尼族譜牒(四)》

[雲南元陽]哈尼寨朱有明户譜牒　朱有明(舉董)背誦　李美亮搜集　2010年雲南民族出版社排印本　合册　哈漢雙文並註國際音標

該户屬自稱糯比的朱氏宗族。由第四十九世"則舉"從逢春嶺鄉猛多大寨遷入本村定居。第一世"奥麻"至第十八世"莫威墜"的譜牒與本村普文和户相同。本譜内容爲世系,至取熱凡五十二世。

本譜載於《哈尼族口傳文化譯註全集》第十三卷《紅河州哈尼族譜牒(四)》

[雲南元陽]哈尼寨李貴忠户譜牒　李貴忠(則苗)背誦　李美亮搜集　2010年雲南民族出版社排印本　合册　哈漢雙文並註國際音標

該户屬自稱糯美的"堅胚然"宗族。由第五十四世"熱董"從金平縣大寨鄉阿牛迷下寨遷入本村定居。第一世"奥麻"至第二十九世"里窩"的譜牒與本村普文和户相同。第四十二世至四十三世之間未連名。本譜内容爲世系,至苗嚷凡五十七世。

本譜載於《哈尼族口傳文化譯註全集》第十三卷《紅河州哈尼族譜牒(四)》

[雲南元陽]哈尼寨張侯嘎户譜牒　張侯嘎(侯嘎)背誦　李美亮搜集　2010年雲南民族出版社排印本　合册　哈漢雙文並註國際音標

該户屬自稱糯美的張氏宗族。由第五十八世"省侯"從逢春嶺鄉猛多大寨遷入本村定居。第一世"奥麻"至第二十九世"里窩"的譜牒與本村普文和户相同。第四十六世與第四十八世之間未連名。本譜内容爲世系,至嘎則凡六十世。

本譜載於《哈尼族口傳文化譯註全集》第十三卷《紅河州哈尼族譜牒(四)》

[雲南元陽]哈尼寨黄志忠户譜牒　謀董(黄志忠)、謀仍背誦　李美亮搜集　2010年雲南民族出版社排印本　合册　哈漢雙文並註國際音標

該户屬自稱糯美的黄氏宗族。從本鄉壩思村委會伙倮沖哈尼寨遷入本村定居。第一世"奥麻"至第二十九世"里窩"的譜牒與本村普文和户相同。第四十二世至四十三世之間未連名。本譜内容爲世系,至董侯凡五十九世。

本譜載於《哈尼族口傳文化譯註全集》第十三卷《紅河州哈尼族譜牒(四)》

[雲南元陽]哈尼寨高德祥户譜牒　高志祥背誦　李美亮搜集　2010年雲南民族出版社排印本　合册　哈漢雙文並註國際音標

該户屬自稱糯美的高氏宗族。由第五十六世"董嘎"從逢春嶺鄉猛多大寨村遷入本村定居。第一世"奥麻"至第二十九世"里窩"的譜牒與本村普文和户相同。本譜内容爲世系,至嬈熱凡六十世。第五十九世韋嬈爲譜主,常用名高德祥。

本譜載於《哈尼族口傳文化譯註全集》第十三卷《紅河州哈尼族譜牒(四)》

[雲南元陽]哈尼寨張有發户譜牒　張自祥背誦　李美亮搜集　2010年雲南民族出版社排印本　合册　哈漢雙文並註國際音標

該户屬自稱糯比的張氏宗族。由第五十四世"謀獎"從小新街安心寨村遷入本村定居。第一世"奥麻"至第十八世"莫威墜"的譜牒與本村普文和户相同。本譜内容爲世系,至侯韋凡五十六世。侯韋之後還有一世,但尚未採用父子連名。

本譜載於《哈尼族口傳文化譯註全集》第十三卷《紅河州哈尼族譜牒(四)》

[雲南元陽]高家寨高志祥户譜牒　高志祥(則苗)背誦　李美亮搜集　2010年雲南民族出版社排印本　合册　哈漢雙文並註國際音標

該户自稱屬糯美的高氏宗族。是本寨的建寨宗支,於1984年由第五十八世"斗則"從本村委會哈尼寨村遷入定居。第一世至第二世之間未連名。本譜内容爲世系,至苗熱凡六十世。

本譜載於《哈尼族口傳文化譯註全集》第十三卷《紅河州哈尼族譜牒(四)》

[雲南元陽]高家寨張自祥户譜牒　張自祥(濤

侯)背誦　李美亮搜集　2010年雲南民族出版社排印本　合册　哈漢雙文並註國際音標

該户屬自稱糯比的張氏宗族。於1984年由第四十五世“謀濤”從小新街鄉安心寨遷入本村定居。第一世“奧麻”至第十八世“莫威墜”的譜牒與本村高志祥户相同。本譜内容爲世系,至侯蝦凡四十七世。

本譜載於《哈尼族口傳文化譯註全集》第十三卷《紅河州哈尼族譜牒(四)》

[雲南元陽]高家寨張壽昌户譜牒　張壽昌(嚷董)背誦　李美亮搜集　2010年雲南民族出版社排印本　合册　哈漢雙文並註國際音標

該户屬自稱糯美的張氏宗族。於1987年由第五十九世“簸嚷”從本村委會哈尼寨村遷入本村定居。第一世“奧麻”至第二十九世“里窩”的譜牒與本村高志祥户相同。第四十六世至四十八世之間未連名。本譜内容爲世系,至董取凡六十一世。

本譜載於《哈尼族口傳文化譯註全集》第十三卷《紅河州哈尼族譜牒(四)》

[雲南元陽]高家寨黄自祥户譜牒　黄自祥(謀則)背誦　李美亮搜集　2010年雲南民族出版社排印本　合册　哈漢雙文並註國際音標

該户屬自稱糯美的黄氏宗族。於1985年由第五十八世“謀仍”從本村委會哈尼寨遷入本村定居。第一世“奧麻”至第二十九世“里窩”的譜牒與本村高志祥户相同。第四十二世與四十三世之間未連名。本譜内容爲世系,至五十九世仍苗凡五十九世。

本譜載於《哈尼族口傳文化譯註全集》第十三卷《紅河州哈尼族譜牒(四)》

[雲南元陽]高家寨普文昌户譜牒　普文昌(則董)背誦　李美亮搜集　2010年雲南民族出版社排印本　合册　哈漢雙文並註國際音標

該户屬自稱糯美的“則佳然”宗族。於1989年由第六十三世“省則”從本鄉壩思下寨村遷入本村定居。第一世“奧麻”至第二十九世“里窩”的譜牒與本村高志祥户相同。第三十四世至三十五世、第四十三世至四十五世之間未連名。本譜内容爲世系,至董韋凡六十五世。

本譜載於《哈尼族口傳文化譯註全集》第十三卷《紅河州哈尼族譜牒(四)》

[雲南元陽]復興寨普文陸户譜牒　普文陸(蝦簸)背誦　李美亮搜集　2010年雲南民族出版社排印本　合册　哈漢雙文並註國際音標

該户屬自稱糯美的“則佳然”宗族。由第六十二世“策蝦”從逢春嶺猛多大寨村遷入本村居住。第一世至二世、第三十四世至三十五世、第四十三世至四十五世、第四十七世至四十八世之間未連名。本譜内容爲世系,至簸井凡六十四世。

本譜載於《哈尼族口傳文化譯註全集》第十三卷《紅河州哈尼族譜牒(四)》

[雲南元陽]復興寨朱正和户譜牒　朱正和(薩井)背誦　李美亮搜集　2010年雲南民族出版社排印本　合册　哈漢雙文並註國際音標

該户屬自稱糯比的朱氏宗譜。由第四十九世“嬈薩”從本鄉逢春嶺村委會哈尼寨村遷入本村定居。第一世“奧麻”至第十八世“莫威墜”的譜牒與本村普文陸户相同。

本譜載於《哈尼族口傳文化譯註全集》第十三卷《紅河州哈尼族譜牒(四)》

[雲南元陽]復興寨李忠文户譜牒　李忠文(熱嚷)背誦　李美亮搜集　2010年雲南民族出版社排印本　合册　哈漢雙文並註國際音標

該户屬自稱糯美的“腰雌然”宗族。由第五十七世“嘎熱”從逢春嶺鄉猛多大寨遷入本村定居。第一世“奧麻”至第二十九世“里窩”的譜牒與本村普文陸户相同。第三十五世至三十六世、第四十世至四十一世之間未連名。本譜内容爲世系,至侯仍凡六十世。

本譜載於《哈尼族口傳文化譯註全集》第十三卷《紅河州哈尼族譜牒(四)》

[雲南元陽]復興寨黄正高户譜牒　黄正高(嘎

簸)背誦　李美亮搜集　2010年雲南民族出版社排印本　合册　哈漢雙文並註國際音標

該户屬自稱糯美的黄氏宗族。由第五十八世"則嘎"從本鄉壩思下寨村遷入本村定居。第一世"奥麻"至二十九世"里窩"的譜牒與本村普文陸户相同。

本譜載於《哈尼族口傳文化譯註全集》第十三卷《紅河州哈尼族譜牒(四)》

[雲南元陽]復興寨曹萬學户譜牒　曹萬學(嚷簸)背誦　李美亮搜集　2010年雲南民族出版社排印本　合册　哈漢雙文並註國際音標

該户屬自稱糯美的曹氏宗族。由第五十五世"則省"從本鄉壩思村委會伙倮沖哈尼寨村遷入本村定居。第一世"奥麻"至第二十九世"里窩"的譜牒與本村普文陸户相同。本譜内容爲世系,至簸仍凡五十九世。

本譜載於《哈尼族口傳文化譯註全集》第十三卷《紅河州哈尼族譜牒(四)》

[雲南元陽]復興寨高明生户譜牒　高明生(熱舉)背誦　李美亮搜集　2010年雲南民族出版社排印本　合册　哈漢雙文並註國際音標

該户屬自稱糯美的高氏宗族。由第五十七世"熱舉"從逢春嶺猛多大寨遷入本村定居。第一世"奥麻"至第二十九世"里窩"的譜牒與本村普文陸户相同。本譜内容爲世系,至舉簸凡五十八世。

本譜載於《哈尼族口傳文化譯註全集》第十三卷《紅河州哈尼族譜牒(四)》

[雲南元陽]復興寨張金亮户譜牒　張金亮(嚷省)背誦　李美亮搜集　2010年雲南民族出版社排印本　合册　哈漢雙文並註國際音標

該户屬自稱糯美的張氏宗族。由第五十七世"謀嚷"從本鄉壩思上寨村遷入本村定居。第一世"奥麻"至第二十九世"里窩"的譜牒與本村普文陸户相同。第四十六世至四十八世之間未連名。本譜内容爲世系,至省韋凡五十九世。

本譜載於《哈尼族口傳文化譯註全集》第十三卷《紅河州哈尼族譜牒(四)》

[雲南元陽]哈尼新寨高正學户譜牒　高正學(則蝦)背誦　李美亮搜集　2010年雲南民族出版社排印本　合册　哈漢雙文並註國際音標

該户屬自稱糯美的高氏宗族。由第五十世"苗則"從本村委會三家寨村遷入本村定居。本譜内容爲世系,至謀濤凡五十三世。

本譜載於《哈尼族口傳文化譯註全集》第十三卷《紅河州哈尼族譜牒(四)》

[雲南元陽]哈尼新寨李咱朵户譜牒　李咱朵(嚷董)背誦　李美亮搜集　2010年雲南民族出版社排印本　合册　哈漢雙文並註國際音標

該户屬自稱糯比的"美謙然"宗族。由第五十三世"嘎嚷"從嘎娘鄉蘆猜寨村遷入本村定居。第一世"奥麻"至第二十二世"貓東達"的譜牒與本村高正學户相同。本譜内容爲世系,至熱舉凡五十六世。

本譜載於《哈尼族口傳文化譯註全集》第十三卷《紅河州哈尼族譜牒(四)》

[雲南元陽]哈尼新寨黄苗咱户譜牒　黄苗咱(蝦嚷)背誦　李美亮搜集　2010年雲南民族出版社排印本　合册　哈漢雙文並註國際音標

該户屬自稱糯美的黄氏宗族。由第五十三世"區薩"遷入本村定居。第一世"奥麻"至第二十九世"里窩"的譜牒與本村高正學户相同。本譜内容爲世系,至取仍凡六十一世。

本譜載於《哈尼族口傳文化譯註全集》第十三卷《紅河州哈尼族譜牒(四)》

[雲南元陽]哈尼新寨曹正祥户譜牒　曹正祥(侯嬈)背誦　李美亮搜集　2010年雲南民族出版社排印本　合册　哈漢雙文並註國際音標

該户屬自稱糯美的曹氏宗族。由第五十五世"則打"從本鄉壩思下寨村遷入本村定居。第一世"奥麻"至第三十三世"堵汝"的譜牒與本村高正學户相同。本譜内容爲世系,至嬈嘎凡五十八世。

本譜載於《哈尼族口傳文化譯註全集》第十三卷《紅河州哈尼族譜牒(四)》

[雲南元陽]哈尼新寨普玉昌户譜牒　普玉昌(熱蝦)背誦　李美亮搜集　2010年雲南民族出版社排印本　合册　哈漢雙文並註國際音標

該户屬自稱糯美的"礱普普瑪然"宗族。由第五十七世"井熱"從建水縣坡頭鄉緑竹寨村遷入本村定居。第一世"奥麻"至第二十九世"里窩"的譜牒與本村高正學户相同。本譜内容爲世系,至則董凡六十世。

本譜載於《哈尼族口傳文化譯註全集》第十三卷《紅河州哈尼族譜牒(四)》

[雲南元陽]哈尼新寨李假則户譜牒　李假則(獎則)背誦　李美亮搜集　2010年雲南民族出版社排印本　合册　哈漢雙文並註國際音標

該户屬自稱糯美的"堅胚然"宗族。由第五十七世"嘎獎"從嘎娘鄉馬鹿塘村遷入本村定居。第一世"奥麻"至第三十一世"腰堅"的譜牒與本村高正學户相同。第四十五世至四十七世之間未連名。本譜内容爲世系,至蝦嚷凡六十世。

本譜載於《哈尼族口傳文化譯註全集》第十三卷《紅河州哈尼族譜牒(四)》

[雲南元陽]哈尼新寨李金明户譜牒　李金明(侯仍)背誦　李美亮搜集　2010年雲南民族出版社排印本　合册　哈漢雙文並註國際音標

該户屬自稱糯美的"董薩然"宗族。於1979年由第六十世"侯仍"從大坪鄉新馬嶺村入贅本村定居。第一世"奥麻"至第二十九世"里窩"的譜牒與本村高正學户相同。本譜内容爲世系,至仍取凡六十一世。

本譜載於《哈尼族口傳文化譯註全集》第十三卷《紅河州哈尼族譜牒(四)》

[雲南元陽]哈尼新寨李紹祥户譜牒　李紹祥(礱仍)背誦　李美亮搜集　2010年雲南民族出版社排印本　合册　哈漢雙文並註國際音標

該户屬自稱糯美的"腰雌然"宗族。由第五十世"嘎韋"從上新城鄉瓦灰城村遷入本村定居。第一世"奥麻"至第三十世"窩腰"的譜牒與本村高正學户相同。第三十五世至三十六世之間未連名。本譜内容爲世系,至仍董凡五十四世。

本譜載於《哈尼族口傳文化譯註全集》第十三卷《紅河州哈尼族譜牒(四)》

[雲南元陽]哈尼新寨龍金滿户譜牒　龍金滿(侯嚷)背誦　李美亮搜集　2010年雲南民族出版社排印本　合册　哈漢雙文並註國際音標

該户屬自稱糯比的龍氏宗族。於1949年由第十五世"舉侯"從小新街鄉克甲村委會遷入本村定居。據該户保存的漢文家譜記載,本户從龍政開始由漢族衍化爲哈尼族。本譜内容爲世系,至嚷希舉凡十七世。

本譜載於《哈尼族口傳文化譯註全集》第十三卷《紅河州哈尼族譜牒(四)》

[雲南元陽]哈尼老寨李有明户譜牒　李有明(井熱)背誦　李美亮搜集　2010年雲南民族出版社排印本　合册　哈漢雙文並註國際音標

該户屬自稱糯美的"堅胚然"宗族。遷徙不詳。第四十二世至四十三世之間未連名。本譜内容爲世系,至熱則凡五十七世。

本譜載於《哈尼族口傳文化譯註全集》第十三卷《紅河州哈尼族譜牒(四)》

[雲南元陽]哈尼老寨張文新户譜牒　張文新(嚷省)背誦　李美亮搜集　2010年雲南民族出版社排印本　合册　哈漢雙文並註國際音標

該户屬自稱糯美的張氏宗族。由第五十六世"井則"從建水縣坡頭鄉小者茶村遷入本鄉本村定居。第一世"奥麻"至第二十九世"里窩"的譜牒與本村李有明户相同。本譜内容爲世系,至嚷省凡五十九世。

本譜載於《哈尼族口傳文化譯註全集》第十三卷《紅河州哈尼族譜牒(四)》

[雲南元陽]哈尼老寨普文亮户譜牒　獎嚷(普文亮)背誦　李美亮搜集　2010年雲南民族出版社

排印本　合册　哈漢雙文並註國際音標

該户屬自稱糯美的"礱普普瑪然"宗族。由第五十五世"侯董"從娘嘎鄉鳳港村遷入本鄉本村定居。第一世"奥麻"至第二十九世"里窩"的譜牒與本村李有明户相同。本譜内容爲世系,至打謀凡六十一世。

本譜載於《哈尼族口傳文化譯註全集》第十三卷《紅河州哈尼族譜牒(四)》

[雲南元陽]哈尼老寨李自成户譜牒　李自成(獎謀)背誦　李美亮搜集　2010年雲南民族出版社排印本　合册　哈漢雙文並註國際音標

該户屬自稱糯美的"董薩然"宗族。遷徙不詳。第一世"奥麻"至第二十九世"里窩"的譜牒與本村李有明户相同。第五十八世至五十九世之間未連名。本譜内容爲世系,至謀嘎凡六十一世。

本譜載於《哈尼族口傳文化譯註全集》第十三卷《紅河州哈尼族譜牒(四)》

[雲南元陽]哈尼老寨黄才門户譜牒　黄才門(策謀)背誦　李美亮搜集　2010年雲南民族出版社排印本　合册　哈漢雙文並註國際音標

該户屬自稱糯美的黄氏宗族。由第五十二世"薩打"從嘎娘鄉鳳港村遷入本村定居。第一世"奥麻"至第二十九世"里窩"的譜牒與本村李有明户相同。本譜内容爲世系,至嘎則凡五十八世。

本譜載於《哈尼族口傳文化譯註全集》第十三卷《紅河州哈尼族譜牒(四)》

[雲南元陽]哈尼老寨李仇保户譜牒　李仇保(省舉)背誦　李美亮搜集　2010年雲南民族出版社排印本　合册　哈漢雙文並註國際音標

該户屬自稱糯美的"腰雌然"宗族。由第五十二世"打謀"從小新街鄉嘎媽新寨遷入本村定居。第一世"奥麻"至第三十世"窩腰"的譜牒與本村李有明户相同。第三十五世至三十六世之間未連名。本譜内容爲世系,至舉熱凡五十七世。

本譜載於《哈尼族口傳文化譯註全集》第十三卷《紅河州哈尼族譜牒(四)》

[雲南元陽]哈尼老寨張有福户譜牒　張有福(嬈則)背誦　李美亮搜集　2010年雲南民族出版社排印本　合册　哈漢雙文並註國際音標

該户屬自稱糯比的張氏宗族。由第四十七世"嘎嬈"從金平縣沙依坡鄉嗎康波村遷入本村定居。第一世"奥麻"至第二十二世"貓東達"的譜牒與本村李有明户相同。第三十七世與三十八世之間未連名。本譜内容爲世系,至則簸凡四十九世。

本譜載於《哈尼族口傳文化譯註全集》第十三卷《紅河州哈尼族譜牒(四)》

[雲南元陽]哈尼老寨李正學户譜牒　張有福背誦　李美亮搜集　2010年雲南民族出版社排印本　合册　哈漢雙文並註國際音標

該户屬自稱糯比的李氏宗族。由第五十一世"謀嘎"從金平縣金河鎮枯岔河村遷入本村定居。第一世"奥麻"至第二十二世"貓東達"的譜牒與本村李有明户相同。第三十一世與三十二世之間未連名。本譜内容爲世系,至謀打凡五十四世。第五十三世則謀爲譜主,常用名李正學。

本譜載於《哈尼族口傳文化譯註全集》第十三卷《紅河州哈尼族譜牒(四)》

[雲南元陽]哈尼老寨曹文明户譜牒　曹文明(斗簸)背誦　李美亮搜集　2010年雲南民族出版社排印本　合册　哈漢雙文並註國際音標

該户屬自稱糯美的曹氏宗族。遷徙不詳。第一世"奥麻"至第三十一世"腰堅"的譜牒與本村李有明户相同。本譜内容爲世系,至高獎凡五十八世。

本譜載於《哈尼族口傳文化譯註全集》第十三卷《紅河州哈尼族譜牒(四)》

[雲南元陽]哈尼老寨普文忠户譜牒　普文忠(蝦謀)背誦　李美亮搜集　2010年雲南民族出版社排印本　合册　哈漢雙文並註國際音標

該户屬自稱糯美的"則佳然"宗族。由第四十三世"嚷井"從金平縣阿得博鄉水銀村委會苦笱寨遷入本村定居。第一世"奥麻"至第二十九世

"里窩"的譜牒與本村李有明户相同。第三十五世至三十六世之間未連名。本譜内容爲世系,至謀簸凡五十一世。

本譜載於《哈尼族口傳文化譯註全集》第十三卷《紅河州哈尼族譜牒(四)》

[雲南元陽]哈尼老寨陳文學户譜牒 陳文學(嚷苗)背誦 李美亮搜集 2010年雲南民族出版社排印本 合册 哈漢雙文並註國際音標

該户屬自稱糯比的陳氏宗族。由第五十七世"翁嚷"從本鄉復興寨遷入本村定居。第一世"奥麻"至第十六世"烏鴻冉"的譜牒與本村李有明户相同。本譜内容爲世系,至嘎取凡六十世。

本譜載於《哈尼族口傳文化譯註全集》第十三卷《紅河州哈尼族譜牒(四)》

[雲南元陽]三家寨村曹忠餘户譜牒 曹忠餘(仍熱)背誦 李美亮搜集 2010年雲南民族出版社排印本 合册 哈漢雙文並註國際音標

三家寨因王、劉、陳三姓氏人先定居得名,現有自稱糯比、糯美的哈尼族十四支宗支在此居住。該户遷徙不詳。本譜内容爲世系,至熱井凡五十七世。

本譜載於《哈尼族口傳文化譯註全集》第十三卷《紅河州哈尼族譜牒(四)》

[雲南元陽]三家寨村普金木户譜牒 普金木(仍苗)背誦 李美亮搜集 2010年雲南民族出版社排印本 合册 哈漢雙文並註國際音標

該户屬自稱糯美的"礱普普瑪然"宗族。從嘎娘鄉鳳港村遷入本村定居。第一世"奥麻"至第二十九世"里窩"的譜牒與本村曹忠餘户相同。本譜内容爲世系,至熱韋凡六十三世。

本譜載於《哈尼族口傳文化譯註全集》第十三卷《紅河州哈尼族譜牒(四)》

[雲南元陽]三家寨村李昂朵户譜牒 李昂朵(則苗)背誦 李美亮搜集 2010年雲南民族出版社排印本 合册 哈漢雙文並註國際音標

該户屬自稱糯比的"奔甲然"宗族。由第五十三世"則苗"從大坪鄉老箐村遷入本村定居。第一世"奥麻"至第二十二世"貓東達"的譜牒與本村曹忠餘户相同。本户與本鄉卡沙迷上寨村李則謀共祖至四十二世"嬈輝"。本譜内容爲世系,至苗梭凡五十四世。

本譜載於《哈尼族口傳文化譯註全集》第十三卷《紅河州哈尼族譜牒(四)》

[雲南元陽]三家寨村張侯爲户譜牒 張侯爲(侯韋)背誦 李美亮搜集 2010年雲南民族出版社排印本 合册 哈漢雙文並註國際音標

該户屬自稱糯美的張氏宗族。從新街鎮新寨村委會拋竹寨遷入本村定居。第一世"奥麻"至第二十九世"里窩"的譜牒與本村曹忠餘户相同。本譜内容爲世系,至韋嚷凡五十七世。

本譜載於《哈尼族口傳文化譯註全集》第十三卷《紅河州哈尼族譜牒(四)》

[雲南元陽]三家寨村李哈朵户譜牒 李哈朵(嘎斗)背誦 李美亮搜集 2010年雲南民族出版社排印本 合册 哈漢雙文並註國際音標

該户屬自稱糯美的"堅胚然"宗族。遷徙不詳。第一世"奥麻"至第三十一世"腰堅"的譜牒與本村曹忠餘户相同。第四十一世至四十二世之間未連名。本譜内容爲世系,至斗獎凡五十七世。

本譜載於《哈尼族口傳文化譯註全集》第十三卷《紅河州哈尼族譜牒(四)》

[雲南元陽]三家寨村李獨惹户譜牒 李獨惹(簸蝦)背誦 李美亮搜集 2010年雲南民族出版社排印本 合册 哈漢雙文並註國際音標

該户屬自稱糯美的"董薩然"宗族。遷徙不詳。第一世"奥麻"至第二十九世"里窩"的譜牒與本村曹忠餘户相同。本譜内容爲世系,至嘎打凡六十一世。

本譜載於《哈尼族口傳文化譯註全集》第十三卷《紅河州哈尼族譜牒(四)》

[雲南元陽]三家寨村李成餘户譜牒 李成餘(策蝦)背誦 李美亮搜集 2010年雲南民族出版社

排印本　合册　哈漢雙文並註國際音標

該户屬自稱糯美的"腰雌然"。由第三十五世"斗策"從本鄉卡沙迷村遷入本村定居。第一世"奥麻"至第三十世"窩腰"的譜牒與本村曹忠餘户相同。第三十五世至三十六世之間未連名。本譜内容爲世系,至策蝦凡五十四世。

本譜載於《哈尼族口傳文化譯註全集》第十三卷《紅河州哈尼族譜牒(四)》

[雲南元陽]三家寨村普自學户譜牒　普自學(嘎則)背誦　李美亮搜集　2010年雲南民族出版社排印本　合册　哈漢雙文並註國際音標

該户屬自稱糯美的"則佳然"宗族。由第六十三世"斗嘎"從上新城鄉哈卡村遷入本村定居。第一世"奥麻"至第二十九世"里窩"的譜牒與本村曹忠餘户相同。第三十四世至三十五世、第四十三世至四十五世之間未連名。本譜内容爲世系,至則苗凡六十五世。

本譜載於《哈尼族口傳文化譯註全集》第十三卷《紅河州哈尼族譜牒(四)》

[雲南元陽]三家寨村黄假則户譜牒　黄假則(奬則)背誦　李美亮搜集　2010年雲南民族出版社排印本　合册　哈漢雙文並註國際音標

該户屬自稱糯美的黄氏宗族。由第五十六世"舉謀"從小新街鄉嘎媽下寨村遷入本村定居。第一世"奥麻"至第二十九世"里窩"的譜牒與本村曹忠餘户相同。本譜内容爲世系,至取嘎凡六十世。

本譜載於《哈尼族口傳文化譯註全集》第十三卷《紅河州哈尼族譜牒(四)》

[雲南元陽]三家寨村何哈惹户譜牒　何哈惹(熱井)背誦　李美亮搜集　2010年雲南民族出版社排印本　合册　哈漢雙文並註國際音標

該户屬自稱糯比的何氏宗族。由第五十七世"熱井"從本鄉壩思村維護伙倮沖哈尼寨村遷入本村定居。第一世"奥麻"至第二十二世"貓東達"的譜牒與本村曹忠餘户相同。第四十三世至四十四世之間未連名。本譜内容爲世系,至井苗凡五十八世。

本譜載於《哈尼族口傳文化譯註全集》第十三卷《紅河州哈尼族譜牒(四)》

[雲南元陽]三家寨村高哈朵户譜牒　高哈朵(謀嘎)背誦　李美亮搜集　2010年雲南民族出版社排印本　合册　哈漢雙文並註國際音標

該户屬自稱糯比的高氏宗族。遷徙不詳。第一世"奥麻"至第三十一世"腰堅"的譜牒與本村曹忠餘户相同。本譜内容爲世系,至嘎則凡五十三世。

本譜載於《哈尼族口傳文化譯註全集》第十三卷《紅河州哈尼族譜牒(四)》

[雲南元陽]三家寨村朱餘侯户譜牒　朱餘侯(熱侯)背誦　李美亮搜集　2010年雲南民族出版社排印本　合册　哈漢雙文並註國際音標

該户屬自稱糯比的朱氏宗族。據傳該户從金平縣遷入本村定居。第一世"奥麻"至第十八世"莫威墜"的譜牒與本村曹忠餘户相同。本譜内容爲世系,至侯謀凡五十四世。

本譜載於《哈尼族口傳文化譯註全集》第十三卷《紅河州哈尼族譜牒(四)》

[雲南元陽]三家寨村陳文明户譜牒　陳文明(則省)背誦　李美亮搜集　2010年雲南民族出版社排印本　合册　哈漢雙文並註國際音標

該户屬自稱糯比的陳氏宗族。遷徙不詳。第一世"奥麻"至第十五世"烏鴻冉"的譜牒與本村曹忠餘户相同。本譜内容爲世系,至苗嚷凡五十九世。

本譜載於《哈尼族口傳文化譯註全集》第十三卷《紅河州哈尼族譜牒(四)》

[雲南元陽]革命村董家詳户譜牒　董家詳(腳文)背誦　盧志福搜集　2010年雲南民族出版社排印本　合册　哈漢雙文並註國際音標

逢春嶺鄉革命村又稱鄔族寨,有六支宗支居住於此。該户屬自稱老鄔的董氏宗族。自石屏縣遷入本村定居。本譜内容爲世系,至文博凡四世。

本譜載於《哈尼族口傳文化譯註全集》第十三卷《紅河州哈尼族譜牒(四)》

[雲南元陽]革命村刀志榮户譜牒　刀志榮(文明)背誦　盧志福搜集　2010年雲南民族出版社排印本　合册　哈漢雙文並註國際音標

該户屬自稱老鄔的刀氏宗族。第一世"明舉"從南沙鎮五邦村遷入本村定居,並由傣族融入哈尼族。本譜内容爲世系,至策房凡五世。

本譜載於《哈尼族口傳文化譯註全集》第十三卷《紅河州哈尼族譜牒(四)》

[雲南元陽]革命村盧小財户譜牒　盧小財(房策)背誦　盧志福搜集　2010年雲南民族出版社排印本　合册　哈漢雙文並註國際音標

該户屬自稱老鄔的盧氏宗族。由第一世"安强"從嘎娘鄉遷入本村定居。本譜内容爲世系,至明舉凡七世。

本譜載於《哈尼族口傳文化譯註全集》第十三卷《紅河州哈尼族譜牒(四)》

[雲南元陽]革命村楊光福户譜牒　楊光福(文明)背誦　盧志福搜集　2010年雲南民族出版社排印本　合册　哈漢雙文並註國際音標

該户屬自稱老鄔的楊氏宗族。據傳自江西湖廣一帶遷入本村定居。本譜内容爲世系,至策有凡六世。

本譜載於《哈尼族口傳文化譯註全集》第十三卷《紅河州哈尼族譜牒(四)》

[雲南元陽]革命村鄔志榮户譜牒　鄔志榮(策房)背誦　盧志福搜集　2010年雲南民族出版社排印本　合册　哈漢雙文並註國際音標

該户屬自稱"李勇然"的鄔氏宗族。遷徙不詳。本譜内容爲世系,至房丹凡五世。

本譜載於《哈尼族口傳文化譯註全集》第十三卷《紅河州哈尼族譜牒(四)》

[雲南元陽]革命村李正昌户譜牒　李正昌(霎福)背誦　盧志福搜集　2010年雲南民族出版社排印本　合册　哈漢雙文並註國際音標

該户屬自稱"李勇然"的李氏宗族。據傳從江西、湖廣一帶遷入本村定居。本譜内容爲世系,至福房凡四世。

本譜載於《哈尼族口傳文化譯註全集》第十三卷《紅河州哈尼族譜牒(四)》

[雲南元陽]尼枯補村高氏家族譜系　佚名念誦　楊六金記録　2008年中國大百科全書出版社排印本　合册

哈尼語哈雅方言家譜。流傳於雲南省元陽縣。本譜所載僅爲世系,自第一世蘇咪烏至簸嘎凡五十八世。

本譜載於《中國少數民族古籍總目提要・哈尼族卷》

[雲南元陽]尼枯補村高氏家族譜系　佚名念誦　楊六金記録　2005年民族出版社排印本　合册　哈漢雙文

參見上條。世系與上條同。

本譜載於《紅河哈尼族譜牒》

[雲南元陽]尼枯補老寨李朵惹户譜牒　李維明背誦　李美亮搜集　2010年雲南民族出版社排印本　合册　哈漢雙文並註國際音標

逢春嶺鄉尼枯補老寨有十二支宗支居住於此。該户屬自稱糯美的"董薩然"宗族。由第五十八世"則章"從本鄉三家寨村遷入本村定居。本譜内容爲世系,至仍侯凡六十一世。六十世董仍爲譜主,常用名李朵惹。

本譜載於《哈尼族口傳文化譯註全集》第十三卷《紅河州哈尼族譜牒(四)》

[雲南元陽]尼枯補老寨陳小保户譜牒　陳小保(熱閏)背誦　李美亮搜集　2010年雲南民族出版社排印本　合册　哈漢雙文並註國際音標

該户屬自稱糯比的陳氏宗族。由第五十一世"舉薩"從嘎娘鄉苦魯寨村遷入本村定居。第一世"奥麻"至十五世"烏鴻冉"的譜牒與本村李朵惹户相同。本譜内容爲世系,至熱董凡五十九世。

其後還有一世,全爲女性。

本譜載於《哈尼族口傳文化譯註全集》第十三卷《紅河州哈尼族譜牒(四)》

[雲南元陽]尼枯補老寨黄舉苗户譜牒　黄舉苗(舉苗)背誦　李美亮搜集　2010年雲南民族出版社排印本　合册　哈漢雙文並註國際音標

該户屬自稱糯美的黄氏宗族。由第五十六世"侯薩"從嘎娘鄉苦魯寨村遷入本村定居。第一世"奥麻"至第二十九世"里窩"的譜牒與本村李朵惹户相同。本譜内容爲世系,至雟侯凡六十一世。

本譜載於《哈尼族口傳文化譯註全集》第十三卷《紅河州哈尼族譜牒(四)》

[雲南元陽]尼枯補老寨趙含則户譜牒　陳小保背誦　李美亮搜集　2010年雲南民族出版社排印本　合册　哈漢雙文並註國際音標

該户屬自稱糯比的陳氏宗族。據傳該户由漢族融入哈尼族。本譜内容爲世系,至則董凡十三世。

本譜載於《哈尼族口傳文化譯註全集》第十三卷《紅河州哈尼族譜牒(四)》

[雲南元陽]尼枯補老寨曹牛則户譜牒　舉謀背誦　李美亮搜集　2010年雲南民族出版社排印本　合册　哈漢雙文並註國際音標

該户屬自稱糯美的曹氏宗族。由第五十二世"井簸"遷入本村定居。第一世"奥麻"至第二十九世"里窩"的譜牒與本村李朵惹户相同。本譜内容爲世系,至獎簸凡五十九世。第五十七世謀嘎爲譜主,常用名曹牛則。

本譜載於《哈尼族口傳文化譯註全集》第十三卷《紅河州哈尼族譜牒(四)》

[雲南元陽]尼枯補老寨朱成保户譜牒　朱成保(嬈董)背誦　李美亮搜集　2010年雲南民族出版社排印本　合册　哈漢雙文並註國際音標

該户屬自稱糯比的朱氏宗族。遷徙不詳。第一世"奥麻"至第十八世"莫威墜"的譜牒與本村李朵惹户相同。本譜内容爲世系,至嘎苗凡六十三世。

本譜載於《哈尼族口傳文化譯註全集》第十三卷《紅河州哈尼族譜牒(四)》

[雲南元陽]尼枯補老寨張朝海户譜牒　張朝海(則苗)背誦　李美亮搜集　2010年雲南民族出版社排印本　合册　哈漢雙文並註國際音標

該户屬自稱糯比的張氏宗族。由第四十三世"省則"從嘎娘鄉盧猜寨村遷入本村定居。第一世"奥麻"至第十八世"莫威墜"的譜牒與本村李朵惹户相同。本譜内容爲世系,至苗仍凡四十五世。

本譜載於《哈尼族口傳文化譯註全集》第十三卷《紅河州哈尼族譜牒(四)》

[雲南元陽]尼枯補老寨李舉攏户譜牒　李舉攏(舉嬈)背誦　李美亮搜集　2010年雲南民族出版社排印本　合册　哈漢雙文並註國際音標

該户屬自稱糯比的"奔甲然"宗族。由第四十八世"仍薩"從上新城鄉下新城村遷入本村定居。本譜内容爲世系,至嬈苗凡五十二世。

本譜載於《哈尼族口傳文化譯註全集》第十三卷《紅河州哈尼族譜牒(四)》

[雲南元陽]尼枯補老寨李福興户譜牒　李福興(舉則)背誦　李美亮搜集　2010年雲南民族出版社排印本　合册　哈漢雙文並註國際音標

該户屬自稱糯美的"腰雌然"宗族。從金平縣阿得博鄉高興寨村委會批坡寨遷入本村定居。第一世"奥麻"至第二十九世"里窩"的譜牒與本村李朵惹户相同。第四十五世至四十七世之間未連名。本譜内容爲世系,至熱嚷凡六十世。

本譜載於《哈尼族口傳文化譯註全集》第十三卷《紅河州哈尼族譜牒(四)》

[雲南元陽]尼枯補老寨吴惹則户譜牒　吴惹則(仍則)背誦　李美亮搜集　2010年雲南民族出版社排印本　合册　哈漢雙文並註國際音標

該户屬自稱糯比的吴氏宗族。本譜採自譜主家存音譯漢字手抄家譜。第十八世至十九世之間未連名。本譜内容爲世系,至仍則凡三十一世。其後還有一世,全爲女性。

本譜載於《哈尼族口傳文化譯註全集》第十三卷《紅河州哈尼族譜牒(四)》

[雲南元陽]尼枯補中寨黄正明户譜牒 黄正明(獎侯)背誦 李美亮搜集 2010年雲南民族出版社排印本 合册 哈漢雙文並註國際音標

尼枯補中寨位於尼枯補新寨與老寨中間,有九支宗支定居於此。該户屬自稱糯美的黄氏宗族。由第五十三世"翁仍"從建水縣坡頭鄉遷入本村定居。本譜内容爲世系,至井苗凡五十九世。

本譜載於《哈尼族口傳文化譯註全集》第十三卷《紅河州哈尼族譜牒(四)》

[雲南元陽]尼枯補中寨李哈惹户譜牒 李哈惹(獎侯)背誦 李美亮搜集 2010年雲南民族出版社排印本 合册 哈漢雙文並註國際音標

該户屬自稱糯美的"腰雌然"宗族。遷徙不詳。第一世"奥麻"至第二十九世"里窩"的譜牒與本村李朵惹户相同。第四十五世至四十七世之間未連名。本譜内容爲世系,至侯打凡五十九世。

本譜載於《哈尼族口傳文化譯註全集》第十三卷《紅河州哈尼族譜牒(四)》

[雲南元陽]尼枯補中寨李侯惹户譜牒 李侯惹(侯仍)背誦 李美亮搜集 2010年雲南民族出版社排印本 合册 哈漢雙文並註國際音標

該户屬自稱糯美的"美謙然"宗族。由第四十五世"斗荏"從嘎娘鄉嘎娘上寨村遷入本村定居。第一世"奥麻"至第二十二世"貓東達"的譜牒與本村黄正明户相同。本譜内容爲世系,至獎嬈凡五十三世。

本譜載於《哈尼族口傳文化譯註全集》第十三卷《紅河州哈尼族譜牒(四)》

[雲南元陽]尼枯補中寨陳文義户譜牒 陳文義(舉蝦)背誦 李美亮搜集 2010年雲南民族出版社排印本 合册 哈漢雙文並註國際音標

該户屬自稱糯比的陳氏宗族。遷徙不詳。第一世"奥麻"至第十五世"烏鴻冉"的譜牒與本村黄正明户相同。本譜内容爲世系,至嚷韋凡六十世。

本譜載於《哈尼族口傳文化譯註全集》第十三卷《紅河州哈尼族譜牒(四)》

[雲南元陽]尼枯補中寨高舍門户譜牒 高舍門(省謀)背誦 李美亮搜集 2010年雲南民族出版社排印本 合册 哈漢雙文並註國際音標

該户屬自稱糯美的高氏宗族。由第五十六世"苗嬈"從小新街鄉大拉卡村委會哈尼寨村遷入本村定居。第一世"奥麻"至第二十九世"里窩"的譜牒與本村黄正明户相同。本譜内容爲世系,至嚷董凡六十世。

本譜載於《哈尼族口傳文化譯註全集》第十三卷《紅河州哈尼族譜牒(四)》

[雲南元陽]尼枯補中寨李牛然户譜牒 李牛然(打嬈)背誦 李美亮搜集 2010年雲南民族出版社排印本 合册 哈漢雙文並註國際音標

該户屬自稱糯美的"董薩然"宗族。據傳從建水縣坡頭鄉遷入本村定居。第一世"奥麻"至第二十九世"里窩"的譜牒與本村黄正明户相同。本譜内容爲世系,至斗韋凡六十四世。

本譜載於《哈尼族口傳文化譯註全集》第十三卷《紅河州哈尼族譜牒(四)》

[雲南元陽]尼枯補中寨普開福户譜牒 普開福(嘎謀)背誦 李美亮搜集 2010年雲南民族出版社排印本 合册 哈漢雙文並註國際音標

該户屬自稱糯美的"礱普普瑪然"宗族。由第五十七世"侯嘎"從上新城瓦灰城村遷入本村定居。第一世"奥麻"至第二十九世"里窩"的譜牒與本村黄正明户相同。本譜内容爲世系,至謀哦凡五十九世。

本譜載於《哈尼族口傳文化譯註全集》第十三卷《紅河州哈尼族譜牒(四)》

[雲南元陽]尼枯補中寨何石圖户譜牒 嚷偶(何石圖)背誦 李美亮搜集 2010年雲南民族出版社排印本 合册 哈漢雙文並註國際音標

遷徙不詳。第一世"奥麻"至第二十二世"貓東達"的譜牒與本村黄正明户相同。第四十四世至四十五世之間未連名。本譜内容爲世系,至嘎簸凡五十九世。

本譜載於《哈尼族口傳文化譯註全集》第十三卷《紅河州哈尼族譜牒(四)》

[雲南元陽]尼枯補中寨曹毛朵户譜牒　曹毛朵(舉嚷)背誦　李美亮搜集　2010年雲南民族出版社排印本　合册　哈漢雙文並註國際音標

該户屬自稱糯美的曹氏宗族。由第五十六世"則侯"從小新街鄉大魯沙村遷入本村定居。第一世"奥麻"至第二十九世"里窩"的譜牒與本村黄正明户相同。本譜内容爲世系,至嚷舉凡五十九世。

本譜載於《哈尼族口傳文化譯註全集》第十三卷《紅河州哈尼族譜牒(四)》

[雲南元陽]尼枯補新寨高大保户譜牒　高大保(獎嘎)背誦　李美亮搜集　2010年雲南民族出版社排印本　合册　哈漢雙文並註國際音標

該户屬自稱糯美的高氏宗族。由第四十三世"薩仍"從小新街鄉嘎媽上寨遷入本村定居。本譜内容爲世系,至嘎侯凡五十世。其後還有一世,全爲女性。

本譜載於《哈尼族口傳文化譯註全集》第十三卷《紅河州哈尼族譜牒(四)》

[雲南元陽]尼枯補新寨曹假侯户譜牒　曹假侯(獎侯)背誦　李美亮搜集　2010年雲南民族出版社排印本　合册　哈漢雙文並註國際音標

該户屬自稱糯美的曹氏宗族。由第五十六世"薩獎"從金平縣阿得博鄉水源村委會苦筍寨村遷入本村定居。第一世"奥麻"至第二十九世"里窩"的譜牒與本村高大保户相同。本譜内容爲世系,至侯嚷凡五十八世。其後還有一世,但尚未採用父子連名。

本譜載於《哈尼族口傳文化譯註全集》第十三卷《紅河州哈尼族譜牒(四)》

[雲南元陽]尼枯補新寨陳石則户譜牒　陳石則(董薩)背誦　李美亮搜集　2010年雲南民族出版社排印本　合册　哈漢雙文並註國際音標

該户屬自稱糯比的陳氏宗族。據傳從建水縣坡頭鄉遷入本村定居。第一世"奥麻"至第十五世"烏鴻冉"的譜牒與本村高大保户相同。本譜内容爲世系,至取蝦凡六十世。

本譜載於《哈尼族口傳文化譯註全集》第十三卷《紅河州哈尼族譜牒(四)》

[雲南元陽]尼枯補新寨李成福户譜牒　李成福(董嬈)背誦　李美亮搜集　2010年雲南民族出版社排印本　合册　哈漢雙文並註國際音標

該户屬自稱糯美的"彤薩然"宗族。遷徙不詳。第一世"奥麻"至第二十九世"里窩"的譜牒與本村高大保户相同。第四十世至四十一世、第四十六世至四十七世之間未連名。本譜内容爲世系,至嬈省凡六十世。

本譜載於《哈尼族口傳文化譯註全集》第十三卷《紅河州哈尼族譜牒(四)》

[雲南元陽]尼枯補新寨羅哈朵户譜牒　羅哈朵(省董)背誦　李美亮搜集　2010年雲南民族出版社排印本　合册　哈漢雙文並註國際音標

該户屬自稱糯比的"車打熱"宗族。由第五十三世"矮則"從嘎娘鄉嘎娘上寨村遷入本村定居。第一世"奥麻"至第二十二世"貓東達"的譜牒與本村高大保户相同。本譜内容爲世系,至取苗凡六十世。

本譜載於《哈尼族口傳文化譯註全集》第十三卷《紅河州哈尼族譜牒(四)》

[雲南元陽]尼枯補新寨何哈則户譜牒　何哈則(韋嘎)背誦　李美亮搜集　2010年雲南民族出版社排印本　合册　哈漢雙文並註國際音標

該户屬自稱糯比的何氏宗族。由第五十三世"斗魯"從小新街鄉嘎媽新寨村遷入本村定居。第一世"奥麻"至第二十二世"貓東達"的譜牒與本村高大保户相同。第四十四世至四十五世之間未連名。本譜内容爲世系,至嘎簸凡六十世。

本譜載於《哈尼族口傳文化譯註全集》第十三卷《紅河州哈尼族譜牒(四)》

[雲南元陽]尼枯補新寨黄小伍户譜牒　黄小伍(嘎侯)背誦　李美亮搜集　2010年雲南民族出版社排印本　合册　哈漢雙文並註國際音標

該户屬自稱糯美的黄氏宗族。據傳由第五十四世"則嘎"從建水縣坡頭鄉遷入本村定居。第一世"奥麻"至第二十二世"貓東達"的譜牒與本村高大保户相同。本譜内容爲世系,至侯嬈凡五十六世。

本譜載於《哈尼族口傳文化譯註全集》第十三卷《紅河州哈尼族譜牒(四)》

[雲南元陽]尼枯補新寨張阿攏户譜牒　張阿攏(苗嬈)背誦　李美亮搜集　2010年雲南民族出版社排印本　合册　哈漢雙文並註國際音標

該户屬自稱糯比的張氏宗族。遷徙不詳。第一世"奥麻"至第二十二世"貓東達"的譜牒與本村高大保户相同。本譜内容爲世系,至則韋凡五十五世。

本譜載於《哈尼族口傳文化譯註全集》第十三卷《紅河州哈尼族譜牒(四)》

[雲南元陽]獨家中寨蘇正元户譜牒　蘇發富背誦　李美亮搜集　2010年雲南民族出版社排印本　合册　哈漢雙文並註國際音標

該户屬自稱老鄔的蘇氏宗族。由蘇正元從本村委會獨家下寨村遷入本村定居。該族由漢族融入哈尼族已有三代歷史,即蘇正元、蘇發明、蘇同興,但遷徙不詳,且未採用父子連名。本譜無世系。

本譜載於《哈尼族口傳文化譯註全集》第十三卷《紅河州哈尼族譜牒(四)》

[雲南元陽]獨家中寨白忠祥户譜牒　白忠祥(策明)背誦　李美亮搜集　2010年雲南民族出版社排印本　合册　哈漢雙文並註國際音標

該户屬自稱老鄔的白氏宗族。從小新街鄉石巖寨村委會遷入本村定居。本譜内容爲世系,至房福凡五世。

本譜載於《哈尼族口傳文化譯註全集》第十三卷《紅河州哈尼族譜牒(四)》

[雲南元陽]黄草坪下寨村李波香户譜牒　李波香(簸蝦)背誦　李美亮搜集　2010年雲南民族出版社排印本　合册　哈漢雙文並註國際音標

該户屬自稱糯比的"奔甲然"宗族。於1980年由第五十二世"簸蝦"從本鄉凹腰山村委會姚家寨村遷入本村定居。第一世至二世之間未連名。本譜内容爲世系,至蝦塔凡五十三世。

本譜載於《哈尼族口傳文化譯註全集》第十三卷《紅河州哈尼族譜牒(四)》

[雲南元陽]黄草坪下寨村張志開户譜牒　張志開(井薩)背誦　曹紹忠搜集　2010年雲南民族出版社排印本　合册　哈漢雙文並註國際音標

該户屬自稱糯比的張氏宗族。於1990年由第五十世"井薩"從本鄉壩思下寨村遷入本村定居。從第一世"奥麻"至第二十二世"貓東達"的譜牒與本村李波香户相同。本譜内容爲世系,至薩斗凡五十一世。

本譜載於《哈尼族口傳文化譯註全集》第十三卷《紅河州哈尼族譜牒(四)》

[雲南元陽]黄草坪下寨村蘇自華户譜牒　蘇自華(策房)背誦　曹紹忠搜集　2010年雲南民族出版社排印本　合册　哈漢雙文並註國際音標

該户屬自稱"李勇然"的蘇氏宗族。於1980年由第五世"策房"從本鄉巖子腳村委會團坡村遷入本村定居。本譜内容爲世系,至丹奕凡七世。

本譜載於《哈尼族口傳文化譯註全集》第十三卷《紅河州哈尼族譜牒(四)》

[雲南元陽]坡頭村李舍英户譜牒　李家德背誦　李成華搜集　2010年雲南民族出版社排印本　合册　哈漢雙文並註國際音標

大坪鄉坡頭村有四支宗支居住。該户屬自稱糯美的"董薩然"宗族。於二十世紀四十年代由第五十七世"簸取"從逢春嶺鄉尼枯補新寨村遷入本村定居。第一世至二世、第六世至七世之間未連名。本譜内容爲世系,至英嫂凡六十世,英嫂爲女性。第五十九世省英爲譜主,常用名李舍英。

本譜載於《哈尼族口傳文化譯註全集》第十三卷《紅河州哈尼族譜牒(四)》

[雲南元陽]坡頭村李正榮户譜牒 李正榮(董取)背誦 李成華搜集 2010年雲南民族出版社排印本 合册 哈漢雙文並註國際音標

該户屬自稱糯比的"奔甲然"宗族。於二十世紀二十年代由第五十二世"舉則"從上新城鄉下新城村遷入本村定居。第一世"奥麻"至第二十三世"貓東達"的譜牒與本村李舍英户相同。本譜内容爲世系,至取仍凡五十五世。

本譜載於《哈尼族口傳文化譯註全集》第十三卷《紅河州哈尼族譜牒(四)》

[雲南元陽]坡頭村曹紹林户譜牒 李家德背誦 李成華搜集 2010年雲南民族出版社排印本 合册 哈漢雙文並註國際音標

該户屬自稱糯美的曹氏宗族。於二十世紀四十年代由第五十世"井苗"從本鄉老馬嶺村遷入本村定居。第一世"奥麻"至第三十一世"里窩"的譜牒與本村李舍英户相同。本譜内容爲世系,至嚷謀凡五十二世。第五十一世苗嚷爲譜主,常用名曹紹林。

本譜載於《哈尼族口傳文化譯註全集》第十三卷《紅河州哈尼族譜牒(四)》

[雲南元陽]坡頭村何侯舍户譜牒 何侯舍(侯省)背誦 李成華搜集 2010年雲南民族出版社排印本 合册 哈漢雙文並註國際音標

該户屬自稱糯比的何氏宗族。於二十世紀七十年代由第十二世"磐嬈"從逢春嶺鄉尼枯補新寨遷入本村定居。本譜内容爲世系,至省則凡十六世。

本譜載於《哈尼族口傳文化譯註全集》第十三卷《紅河州哈尼族譜牒(四)》

[雲南元陽]羅家下寨曹三軍户譜牒 李家德背誦 李成華搜集 2010年雲南民族出版社排印本 合册 哈漢雙文並註國際音標

該户屬自稱糯美的曹氏宗族。於二十世紀四十年代由第五十世"井侯"從本鄉老馬嶺村遷入本村定居。第一世至二世、第六世至七世之間未連名。本譜内容爲世系,至井濤凡五十三世。第五十一世侯籤爲譜主,常用名曹三軍。

本譜載於《哈尼族口傳文化譯註全集》第十三卷《紅河州哈尼族譜牒(四)》

[雲南元陽]羅家下寨黄有忠户譜牒 李家德背誦 李成華搜集 2010年雲南民族出版社排印本 合册 哈漢雙文並註國際音標

該户屬自稱糯美的黄氏宗族。遷徙不詳。第一世"奥麻"至第三十一世"里窩"的譜牒與本村曹三軍户相同。本譜内容爲世系,至董韋凡五十六世。第五十五世仍董爲譜主,常用名黄有忠。

本譜載於《哈尼族口傳文化譯註全集》第十三卷《紅河州哈尼族譜牒(四)》

[雲南元陽]羅家下寨羅文明户譜牒 盧家四、羅成榮背誦 李成華、李美亮搜集 2010年雲南民族出版社排印本 合册 哈漢雙文並註國際音標

該户屬自稱糯比的羅氏宗族。從本鄉白石新寨村遷入本村定居。第一世"奥麻"至第二十三世"貓東達"的譜牒與本村曹三軍户相同。第三十六至三十七世、第五十一世至五十二世之間未連名。本譜内容爲世系,至苗省凡六十五世。第六十三世侯仍爲譜主,常用名羅文明。

本譜載於《哈尼族口傳文化譯註全集》第十三卷《紅河州哈尼族譜牒(四)》

[雲南元陽]羅家下寨李苗舉户譜牒 李苗舉(苗舉)背誦 李成華、李美亮搜集 2010年雲南民族出版社排印本 合册 哈漢雙文並註國際音標

該户屬自稱糯比的"從國南奔然"宗族。於二十世紀二十年代由第六十一世"董則"從逢春嶺鄉老曹寨村遷入本鄉白石寨村再遷入本村定居。第一世"奥麻"至第十九世"莫威墜"的譜牒與本村曹三軍户相同。第四十一世至四十二世、第四十三世至四十五世、第五十二世至五十五世之間

未連名。本譜内容爲世系,至謀簸凡六十八世。

本譜載於《哈尼族口傳文化譯註全集》第十三卷《紅河州哈尼族譜牒(四)》

[雲南元陽]小平子村李忠明户譜牒　李忠明(車福)背誦　陳海雲搜集　2010年雲南民族出版社排印本　合册　哈漢雙文並註國際音標

該户屬自稱"李勇然"的"半折李"宗族。由第一世"老祖"從"奔家老武毛"(哈尼語地名,現址不詳)遷入本村定居。第一世至二世之間未連名。本譜内容爲世系,至福策凡七世。

本譜載於《哈尼族口傳文化譯註全集》第十三卷《紅河州哈尼族譜牒(四)》

[雲南元陽]小平子村董文亮户譜牒　董文亮(明腳)背誦　陳海雲搜集　2010年雲南民族出版社排印本　合册　哈漢雙文並註國際音標

該户屬自稱老鄔的董氏宗族。由第二十四世"文炯"從本鄉蘆山中寨村遷入本村定居。本譜内容爲世系,至房福凡二十八世。

本譜載於《哈尼族口傳文化譯註全集》第十三卷《紅河州哈尼族譜牒(四)》

[雲南元陽]小平子村刀家興户譜牒　刀家興(腳臘)背誦　陳海雲搜集　2010年雲南民族出版社排印本　合册　哈漢雙文並註國際音標

該户屬自稱老鄔的刀氏宗族。由第四世"拉勇"從逢春嶺鄉革命村遷入本村定居。本譜内容爲世系,至井策凡九世。

本譜載於《哈尼族口傳文化譯註全集》第十三卷《紅河州哈尼族譜牒(四)》

[雲南元陽]小平子村鄔志林户譜牒　鄔志林(腳房)背誦　陳海雲搜集　2010年雲南民族出版社排印本　合册　哈漢雙文並註國際音標

該户屬自稱老鄔的鄔氏宗族。於1939年由第三代"拉腳"從"始博可"(今大平鄉蘆山村)遷入本村定居。本譜内容爲世系,至側文凡六世。

本譜載於《哈尼族口傳文化譯註全集》第十三卷《紅河州哈尼族譜牒(四)》

[雲南元陽]小平子村楊志文户譜牒　楊志文(車明)背誦　陳海雲搜集　2010年雲南民族出版社排印本　合册　哈漢雙文並註國際音標

該户屬自稱老鄔的楊氏宗族。據傳由第一世"雲奕普"遷入本村定居。第一世至二世之間未連名。本譜内容爲世系,至炯林凡七世。

本譜載於《哈尼族口傳文化譯註全集》第十三卷《紅河州哈尼族譜牒(四)》

[雲南元陽]小平子村盧永砍户譜牒　盧永砍(炯明)背誦　陳海雲搜集　2010年雲南民族出版社排印本　合册　哈漢雙文並註國際音標

該户屬自稱老鄔的盧氏宗族。於1936年由第一世"吴炯"從逢春嶺鄉團坡村遷入本村定居。本譜内容爲世系,至明里凡三世。

本譜載於《哈尼族口傳文化譯註全集》第十三卷《紅河州哈尼族譜牒(四)》

[雲南元陽]小平子村楊全發户譜牒　楊全發(文井)背誦　陳海雲搜集　2010年雲南民族出版社排印本　合册　哈漢雙文並註國際音標

該户屬自稱老鄔的楊氏宗族。由第三世"光嫂"從"庫姆毛"(今逢春嶺鄉革命村)遷入大坪鄉本村定居。本譜内容爲世系,至井雲凡十一世。

本譜載於《哈尼族口傳文化譯註全集》第十三卷《紅河州哈尼族譜牒(四)》

[雲南元陽]小平子村陳海雲户譜牒　陳海雲(房福)背誦　陳海雲搜集　2010年雲南民族出版社排印本　合册　哈漢雙文並註國際音標

該户屬自稱老鄔的陳氏宗族。由第一世"雲明"從小新街鄉新魯沙上寨村遷入本村定居。本譜内容爲世系,至福全凡五世。

本譜載於《哈尼族口傳文化譯註全集》第十三卷《紅河州哈尼族譜牒(四)》

[雲南元陽]老馬嶺村龍金明户譜牒　龍金明(嬈董)背誦　陳雲龍搜集　2010年雲南民族出版社排印本　合册　哈漢雙文並註國際音標

該户屬自稱糯美的龍氏宗族。是本村的建寨宗支,由第五十四世“高舉”從小新街鄉大魯沙村遷入本村定居。第一世至二世、第六世至七世、第四十五世至四十七世之間未連名。第二十八世“里拉魏”中的“魏”和“拉歐車”中的“歐”爲變讀。本譜内容爲世系,至董謀凡五十七世。

本譜載於《哈尼族口傳文化譯註全集》第十三卷《紅河州哈尼族譜牒(四)》

[雲南元陽]老馬嶺村李文學户譜牒 李文學(嬈嘎)背誦 陳雲龍搜集 2010年雲南民族出版社排印本 合册 哈漢雙文並註國際音標

該户屬自稱糯比的“美謙然”宗族。於1950年由第三十七世“簸嬈”從嘎娘鄉大伍寨村遷入本村定居。該户從第一世“奥麻”至第十九世“莫威墜”的譜牒與本村龍金明户相同。本譜内容爲世系,至濤嚷凡四十世。

本譜載於《哈尼族口傳文化譯註全集》第十三卷《紅河州哈尼族譜牒(四)》

[雲南元陽]馬嶺小寨曹紹明户譜牒 曹紹明(則薩)背誦 陳雲龍搜集 2010年雲南民族出版社排印本 合册 哈漢雙文並註國際音標

該户屬自稱糯美的曹氏宗族。於1934年由第五十八世“省打”攜子“打則”從本村委會馬嶺老寨村遷入本村定居。第一世至二世、第六世至七世之間未連名。本譜内容爲世系,至獎簸凡六十世。

本譜載於《哈尼族口傳文化譯註全集》第十三卷《紅河州哈尼族譜牒(四)》

[雲南元陽]馬嶺小寨李家順户譜牒 李家順(簸謀)背誦 陳雲龍搜集 2010年雲南民族出版社排印本 合册 哈漢雙文並註國際音標

該户屬自稱糯美的“腰雌然”宗族。於1938年由第五十九世“侯嬈”從金平縣阿得博鄉箐口新寨村遷入本村定居。第一世“奥麻”至第三十二世“窩腰”的譜牒與本村曹紹明户相同。第三十七世至三十八世、第四十二世至四十三世之間未連名。本譜内容爲世系,至謀董凡六十二世。

本譜載於《哈尼族口傳文化譯註全集》第十三卷《紅河州哈尼族譜牒(四)》

[雲南元陽]馬嶺小寨黄紹明户譜牒 黄紹明(謀嚷)背誦 陳雲龍搜集 2010年雲南民族出版社排印本 合册 哈漢雙文並註國際音標

該户屬自稱糯美的黄氏宗族。由第五十七世“舉嘎”從本鄉老馬嶺村遷入本村定居。第一世“奥麻”至第三十一世“里窩”的譜牒與本村曹紹明户相同。本譜内容爲世系,至嚷董凡六十一世。

本譜載於《哈尼族口傳文化譯註全集》第十三卷《紅河州哈尼族譜牒(四)》

[雲南元陽]新馬嶺村李家德户譜牒 李家德(苗仍)背誦 陳雲龍、李美亮搜集 2010年雲南民族出版社排印本 合册 哈漢雙文並註國際音標

該户屬自稱糯美的“董薩然”宗族。是本村的建寨宗支之一,由第五十九世“表省”從上新城鄉哈卡村遷入本村定居。第一世至二世、第六世至七世之間未連名。本譜内容爲世系,至嘎謀凡六十六世。

本譜載於《哈尼族口傳文化譯註全集》第十三卷《紅河州哈尼族譜牒(四)》

[雲南元陽]新馬嶺村曹文亮户譜牒 曹文亮(謀則)背誦 陳雲龍搜集 2010年雲南民族出版社排印本 合册 哈漢雙文並註國際音標

該户屬自稱糯美的曹氏宗族。由第五十五世“取仍”從小新街鄉大魯沙村遷入本村定居。第一世“奥麻”至第三十一世“里窩”的譜牒與本村李家德户相同。本譜内容爲世系,至謀則凡五十九世。

本譜載於《哈尼族口傳文化譯註全集》第十三卷《紅河州哈尼族譜牒(四)》

[雲南元陽]新馬嶺村羅正有户譜牒 羅正有(苗省)背誦 陳雲龍搜集 2010年雲南民族出版社排印本 合册 哈漢雙文並註國際音標

該户屬自稱糯比的“車打然”宗族。由第四十八世“嘎斗”從嘎娘鄉上寨村遷入本村定居。第一世“奥麻”至第二十三世“貓東達”的譜牒與本

村李家德户相同。本譜内容爲世系，至省熱凡五十一世。

本譜載於《哈尼族口傳文化譯註全集》第十三卷《紅河州哈尼族譜牒（四）》

［雲南元陽］新馬嶺村陳井斗户譜牒　李家德、陳井斗（井斗）背誦　陳雲龍、李美亮搜集　2010年雲南民族出版社排印本　合册　哈漢雙文並註國際音標

該户屬自稱糯比的陳氏宗族。是本村的建寨宗支之一，由第五十六世"熱宗"從逢春嶺鄉尼枯補老寨遷入本村定居。第一世"奥麻"至第十六世"烏鴻冉"的譜牒與本村李家德户相同。本譜内容爲世系，至斗嚷凡六十二世。

本譜載於《哈尼族口傳文化譯註全集》第十三卷《紅河州哈尼族譜牒（四）》

［雲南元陽］老箐村陳光亮户譜牒　陳光亮（則蝦）背誦　李美亮搜集　2010年雲南民族出版社排印本　合册　哈漢雙文並註國際音標

該户屬自稱糯比的陳氏宗族。從建水縣遷入元陽縣境内，曾居住於上新城鄉哈卡村、同春山村、小新街鄉大魯沙村、逢春嶺鄉尼枯補老寨村。於1907年由第五十四世"策仍"攜子"仍謀"等人從逢春嶺鄉尼枯補老寨村遷入本村定居。第一世至第二世之間未連名。本譜内容爲世系，至嘎嚷凡五十九世。

本譜載於《哈尼族口傳文化譯註全集》第十三卷《紅河州哈尼族譜牒（四）》

［雲南元陽］老箐村趙保金户譜牒　趙保金（嚷韋）背誦　陳光亮、李美亮搜集　2010年雲南民族出版社排印本　合册　哈漢雙文並註國際音標

該户自稱趙氏宗族。於1910年由第一世"斯雄"從逢春嶺鄉尼枯補老寨村遷入本村定居。據傳本户曾在南京等地居住，且在"斯雄"前爲漢族，斯雄始融入哈尼族。本譜内容爲世系，至韋謀凡四世。

本譜載於《哈尼族口傳文化譯註全集》第十三卷《紅河州哈尼族譜牒（四）》

［雲南元陽］老箐村曹侯講户譜牒　曹侯講（侯獎）背誦　李美亮搜集　2010年雲南民族出版社排印本　合册　哈漢雙文並註國際音標

該户屬自稱糯美的曹氏宗族。由第五十六世"舉嬈"從上新城鄉箐竹林村遷入本村定居。第一世"奥麻"至第十五世"烏鴻冉"的譜牒與本村李家德户相同。本譜内容爲世系，至獎董凡五十九世。

本譜載於《哈尼族口傳文化譯註全集》第十三卷《紅河州哈尼族譜牒（四）》

［雲南元陽］老箐村普紹和户譜牒　普紹和（謀仍）背誦　李美亮搜集　2010年雲南民族出版社排印本　合册　哈漢雙文並註國際音標

該户屬自稱糯美的"則佳然"宗族。於1908年由第五十五世"策井"從上新城鄉下新城村遷入本鄉媽達迷村居住。第一世"奥麻"至第十五世"烏鴻冉"的譜牒與本村李家德户相同。第三十八世至四十世之間未連名。本譜内容爲世系，至則薩凡五十九世。

本譜載於《哈尼族口傳文化譯註全集》第十三卷《紅河州哈尼族譜牒（四）》

［雲南元陽］老箐村伍德强户譜牒　伍德强（獎嬈）背誦　李美亮搜集　2010年雲南民族出版社排印本　合册　哈漢雙文並註國際音標

該户屬自稱糯比的"伍氏"宗族。於1950年由第五十一世"取高"從上新城鄉箐竹林村遷入本村定居。第一世"奥麻"至第十五世"烏鴻冉"的譜牒與本村李家德户相同。本譜内容爲世系，至獎嬈凡五十三世。

本譜載於《哈尼族口傳文化譯註全集》第十三卷《紅河州哈尼族譜牒（四）》

［雲南元陽］老箐村高嘎講户譜牒　高嘎講（嘎獎）背誦　李美亮搜集　2010年雲南民族出版社排印本　合册　哈漢雙文並註國際音標

該户屬自稱糯美的高氏宗族，由第五十六世"薩謀"從本鄉媽達迷村遷入本村定居。第一世"奥麻"至第十五世"烏鴻冉"的譜牒與本村李家德户

相同。本譜内容爲世系,至獎則凡五十九世。

本譜載於《哈尼族口傳文化譯註全集》第十三卷《紅河州哈尼族譜牒(四)》

[雲南元陽]老箐村李家明户譜牒 李家明(謀井)背誦 李美亮搜集 2010年雲南民族出版社排印本 合册 哈漢雙文並註國際音標

該户屬自稱糯比的"美謙然"宗族。由第五十四世"苗井"從本鄉白石老寨村遷入本村定居。第一世"奥麻"至第十五世"烏鴻冉"的譜牒與本村李家德户相同。第四十四世至四十五世之間未連名。本譜内容爲世系,至井仆凡五十七世。

本譜載於《哈尼族口傳文化譯註全集》第十三卷《紅河州哈尼族譜牒(四)》

[雲南元陽]媽達迷村李光明户譜牒 李光明(打謀)背誦 李美亮搜集 2010年雲南民族出版社排印本 合册 哈漢雙文並註國際音標

該户屬自稱糯比的"美謙然"宗族。於1914年由第五十世"取嚷"從逢春嶺鄉尼枯補中寨遷入本村定居。第一世至二世、第六世至七世之間未連名。本譜内容爲世系,至謀簸凡五十三世。

本譜載於《哈尼族口傳文化譯註全集》第十三卷《紅河州哈尼族譜牒(四)》

[雲南元陽]媽達迷村黄有明户譜牒 黄有明(取董)背誦 陳雲龍、李美亮搜集 2010年雲南民族出版社排印本 合册 哈漢雙文並註國際音標

該户屬自稱糯美的黄氏宗族。是本村的建寨宗支,於1910年由第五十二世"打韋"從逢春嶺鄉逢春嶺村委會哈尼老寨村遷到現址定居。第一世"奥麻"至第二十三世"貓東達"的譜牒與本村李文學户相同。本譜内容爲世系,至韋濤凡五十八世。

本譜載於《哈尼族口傳文化譯註全集》第十三卷《紅河州哈尼族譜牒(四)》

[雲南元陽]媽達迷村李自墻户譜牒 李自墻(嬈簸)背誦 李美亮搜集 2010年雲南民族出版社排印本 合册 哈漢雙文並註國際音標

該户屬自稱糯比的"奔甲然"宗族。由第四十九世"侯董"從逢春嶺鄉尼枯補新寨村遷入本村定居。第一世"奥麻"至第二十三世"貓東達"的譜牒與本村李文學户相同。本譜内容爲世系,至謀則凡五十三世。

本譜載於《哈尼族口傳文化譯註全集》第十三卷《紅河州哈尼族譜牒(四)》

[雲南元陽]媽達迷村曹聾謀户譜牒 曹聾謀(省蝦)背誦 陳雲龍、李美亮搜集 2010年雲南民族出版社排印本 合册 哈漢雙文並註國際音標

該户屬自稱糯美的曹氏宗族。由第五十六世"高仍"從上新城鄉瓦灰城村遷入本村定居。第一世"奥麻"至第二十三世"貓東達"的譜牒與本村李文學户相同。第一世"奥麻"至四十八世"則井"的譜牒與上新城鄉瓦灰城村曹則户相同。本譜内容爲世系,至蝦韋凡六十世。

本譜載於《哈尼族口傳文化譯註全集》第十三卷《紅河州哈尼族譜牒(四)》

[雲南元陽]媽達迷村羅玉蓮户譜牒 羅玉蓮(侯打)背誦 李美亮搜集 2010年雲南民族出版社排印本 合册 哈漢雙文並註國際音標

該户屬自稱糯比的羅氏宗族。於1998年由第六十二世"侯打"從本鄉白石新寨村遷入本村定居。第一世"奥麻"至第十五世"烏鴻冉"的譜牒與本村李文學户相同。第三十五世至三十六世之間未連名。本譜内容爲世系,至打斗凡六十三世。

本譜載於《哈尼族口傳文化譯註全集》第十三卷《紅河州哈尼族譜牒(四)》

[雲南元陽]媽達迷村高德明户譜牒 高德明(嘎熱)背誦 李美亮搜集 2010年雲南民族出版社排印本 合册 哈漢雙文並註國際音標

該户屬自稱糯美的高氏宗族。由第五十六世"舉薩"從逢春嶺鄉尼枯補新寨村進入本村定居。第一世"奥麻"至第二十三世"貓東達"的譜牒與本村李文學户相同。本譜内容爲世系,至熱苗凡五十九世。

本譜載於《哈尼族口傳文化譯註全集》第十三

卷《紅河州哈尼族譜牒(四)》

[雲南元陽]風景村黄紹昌户譜牒　黄紹昌(獎軏)背誦　李美亮搜集　2010年雲南民族出版社排印本　合册　哈漢雙文並註國際音標

該户屬自稱糯比的黄氏宗族。於1993年由第六十世"取獎"從媽達迷村遷入本村定居。第六世至七世之間未連名。本譜内容爲世系,至軏苗凡六十二世。

本譜載於《哈尼族口傳文化譯註全集》第十三卷《紅河州哈尼族譜牒(四)》

[雲南元陽]風景村李志新户譜牒　李志新(嬈打)背誦　李美亮搜集　2010年雲南民族出版社排印本　合册　哈漢雙文並註國際音標

該户屬自稱糯比的"奔甲然"宗族。由第五十一世"里侯"從上新城鄉下新城村遷入逢春嶺尼枯補新寨村居住,又由第五十二世"侯董"從尼枯補新寨村遷入本村定居。第一世"奥麻"至第二十世"墜雄哦"的譜牒與本村黄紹昌户相同。第二十四世至二十五世之間未連名。本譜内容爲世系,至取苗凡五十六世。

本譜載於《哈尼族口傳文化譯註全集》第十三卷《紅河州哈尼族譜牒(四)》

[雲南元陽]風景村陳文光户譜牒　陳文光(省嚷)背誦　李美亮搜集　2010年雲南民族出版社排印本　合册　哈漢雙文並註國際音標

該户屬自稱糯比的陳氏宗族。是本村的建寨宗支之一,由第五十六世"省侯"從金平縣沙依坡鄉托麻寨(今名漢田村)遷入本鄉媽達迷村,1980年由第五十八世"省嚷"及二哥"省獎"從媽達迷村遷入本村定居。第一世"奥麻"至第十五世"烏鴻冉"的譜牒與本村黄紹昌户相同。本譜内容爲世系,至嚷董凡五十九世。

本譜載於《哈尼族口傳文化譯註全集》第十三卷《紅河州哈尼族譜牒(四)》

[雲南元陽]風景村李文學户譜牒　李文學(董苗)背誦　陳雲龍、李美亮搜集　2010年雲南民族出版社排印本　合册　哈漢雙文並註國際音標

該户屬自稱糯比的"美謙然"宗族。於1914年由五十世"取熱"及其同胞兄弟"取嚷"從逢春嶺鄉尼枯補中寨村遷入本村委會媽達迷村定居,1900年第五十一世"熱董"從媽達迷村遷入本村定居。第一世"奥麻"至第二十三世"貓東達"的譜牒與本村黄紹昌户相同。本譜内容爲世系,至嘎謀凡五十四世。

本譜載於《哈尼族口傳文化譯註全集》第十三卷《紅河州哈尼族譜牒(四)》

[雲南元陽]風景村高得二户譜牒　高得二(嘎斗)背誦　李美亮搜集　2010年雲南民族出版社排印本　合册　哈漢雙文並註國際音標

該户屬自稱糯美的高氏宗族。於1991年由第五十八世"嘎斗"從本鄉媽達迷村遷入本村定居。第一世"奥麻"至第二十三世"貓東達"的譜牒與本村黄紹昌户相同。本譜内容爲世系,至斗侯凡五十九世。

本譜載於《哈尼族口傳文化譯註全集》第十三卷《紅河州哈尼族譜牒(四)》

[雲南元陽]大魚塘村普有明户譜牒　普有明(明腳)背誦　董金有搜集　2010年雲南民族出版社排印本　合册　哈漢雙文並註國際音標

大魚塘村有九支哈尼宗支居住。該户屬自稱糯美的普氏宗族。從金平縣沙依坡鄉拴牛田村遷入本村定居。本譜内容爲世系,至文井凡九世。

本譜載於《哈尼族口傳文化譯註全集》第十三卷《紅河州哈尼族譜牒(四)》

[雲南元陽]大魚塘村楊正元户譜牒　楊正元(迎福)背誦　董金有搜集　2010年雲南民族出版社排印本　合册　哈漢雙文並註國際音標

該户屬自稱"李勇然"的楊氏宗族。從本鄉小平子村遷入定居。本譜内容爲世系,至福井凡十世。

本譜載於《哈尼族口傳文化譯註全集》第十三卷《紅河州哈尼族譜牒(四)》

[雲南元陽]大魚塘村盧正祥户譜牒　盧正祥(房强)背誦　董金有搜集　2010年雲南民族出版社排印本　合册　哈漢雙文並註國際音標

該户屬自稱老鄔的盧氏宗族。從逢春嶺鄉牙獨迷下寨村遷入本村定居。本譜内容爲世系,至强福凡四世。

本譜載於《哈尼族口傳文化譯註全集》第十三卷《紅河州哈尼族譜牒(四)》

[雲南元陽]大魚塘村李文元户譜牒　李文元(福房)背誦　董金有搜集　2010年雲南民族出版社排印本　合册　哈漢雙文並註國際音標

該户屬自稱老鄔的"果國席獎然"宗族。從金平縣阿得博鄉區咱迷村遷入本村定居。本譜内容爲世系,至福瑶凡五世。

本譜載於《哈尼族口傳文化譯註全集》第十三卷《紅河州哈尼族譜牒(四)》

[雲南元陽]大魚塘村李自元户譜牒　李自元(明房)背誦　董金有搜集　2010年雲南民族出版社排印本　合册　哈漢雙文並註國際音標

該户屬自稱老鄔"董根李"宗族,從逢春嶺鄉革命村遷入本村定居。本譜内容爲世系,至策臘凡七世。

本譜載於《哈尼族口傳文化譯註全集》第十三卷《紅河州哈尼族譜牒(四)》

[雲南元陽]大魚塘村白金學户譜牒　白金學(林福)背誦　董金有搜集　2010年雲南民族出版社排印本　合册　哈漢雙文並註國際音標

該户屬自稱老鄔的白氏宗族。據傳從曲靖市宣威區遷入本村定居。本譜内容爲世系,至迎策凡五世。

本譜載於《哈尼族口傳文化譯註全集》第十三卷《紅河州哈尼族譜牒(四)》

[雲南元陽]大魚塘村董勇户譜牒　董勇(策貴)背誦　董金有搜集　2010年雲南民族出版社排印本　合册　哈漢雙文並註國際音標

該户屬自稱"李勇然"的普氏宗族。據傳該户祖先曾在江西居住,從本鄉老么多上寨村遷入本村定居。本譜内容爲世系,至貴房凡七世。

本譜載於《哈尼族口傳文化譯註全集》第十三卷《紅河州哈尼族譜牒(四)》

[雲南元陽]大魚塘村龍王保户譜牒　龍王保(文臘)背誦　董金有搜集　2010年雲南民族出版社排印本　合册　哈漢雙文並註國際音標

該户屬自稱老鄔的龍氏宗族。從緑春縣騎馬壩村遷入本村定居。本譜内容爲世系,至福策凡六世。

本譜載於《哈尼族口傳文化譯註全集》第十三卷《紅河州哈尼族譜牒(四)》

[雲南元陽]大魚塘村陳文興户譜牒　陳文興(房前)背誦　董金有搜集　2010年雲南民族出版社排印本　合册　哈漢雙文並註國際音標

該户屬自稱老鄔的普氏(注:原書如此)宗族。從金平縣沙依坡鄉拴牛田村遷入本村定居。本譜内容爲世系,至福芳凡六世。

本譜載於《哈尼族口傳文化譯註全集》第十三卷《紅河州哈尼族譜牒(四)》

[雲南元陽]大魚塘村刀金明户譜牒　刀金明(前保)背誦　董金有搜集　2010年雲南民族出版社排印本　合册　哈漢雙文並註國際音標

該户屬自稱老鄔的刀氏宗族。從金平縣沙依坡鄉拴牛田村遷入本村定居。本譜内容爲世系,至保國凡六世。

本譜載於《哈尼族口傳文化譯註全集》第十三卷《紅河州哈尼族譜牒(四)》

[雲南元陽]大魚塘村李自科户譜牒　李自科(腳福)背誦　董金有搜集　2010年雲南民族出版社排印本　合册　哈漢雙文並註國際音標

該户屬自稱老鄔的"半折李"宗族。從金平縣沙依坡鄉拴牛田村遷入本村定居。本譜内容爲世系,至福保凡三世。

本譜載於《哈尼族口傳文化譯註全集》第十三卷《紅河州哈尼族譜牒(四)》

[雲南元陽]蘆山村鄔開有户譜牒　鄔開有(房謙)背誦　董金有搜集　2010年雲南民族出版社排印本　合册　哈漢雙文並註國際音標

該户屬自稱老鄔的鄔氏宗族。從逢春嶺鄉老曹寨村委會壩努村遷入本村定居。本譜内容爲世系,至謙高凡五世。

本譜載於《哈尼族口傳文化譯註全集》第十三卷《紅河州哈尼族譜牒(四)》

[雲南元陽]蘆山村普自林户譜牒　普自林(傾雯)背誦　董金有搜集　2010年雲南民族出版社排印本　合册　哈漢雙文並註國際音標

該户屬自稱老鄔的普氏宗族。從金平縣沙依坡鄉拴牛田村遷入本村定居。本譜内容爲世系,至迎臘凡八世。

本譜載於《哈尼族口傳文化譯註全集》第十三卷《紅河州哈尼族譜牒(四)》

[雲南元陽]蘆山村楊正林户譜牒　楊正林(策房)背誦　董金有搜集　2010年雲南民族出版社排印本　合册　哈漢雙文並註國際音標

該户屬自稱老鄔的"果國楊"宗族。從逢春嶺鄉牙獨迷村遷入本村定居。本譜内容爲世系,至房腳凡五世。

本譜載於《哈尼族口傳文化譯註全集》第十三卷《紅河州哈尼族譜牒(四)》

[雲南元陽]蘆山村陳金亮户譜牒　陳金亮(井房)背誦　董金有搜集　2010年雲南民族出版社排印本　合册　哈漢雙文並註國際音標

該户屬自稱老鄔的陳氏宗族。從金平縣營盤鄉蘇林坡村遷入本村定居。本譜内容爲世系,至房迎凡六世。

本譜載於《哈尼族口傳文化譯註全集》第十三卷《紅河州哈尼族譜牒(四)》

[雲南元陽]蘆山村李文學户譜牒　李文學(迎策)背誦　董金有搜集　2010年雲南民族出版社排印本　合册　哈漢雙文並註國際音標

該户屬自稱老鄔的"苗瑪席獎然"宗族。從金平縣營盤鄉遷入本村定居。本譜内容爲世系,至房明凡六世。

本譜載於《哈尼族口傳文化譯註全集》第十三卷《紅河州哈尼族譜牒(四)》

[雲南元陽]蘆山村楊志林户譜牒　楊志林(迎傾)背誦　董金有搜集　2010年雲南民族出版社排印本　合册　哈漢雙文並註國際音標

該户屬自稱老鄔的"初美楊"宗族。從金平縣阿得博鄉高興寨村委會老鄔寨村遷入本村定居。本譜内容爲世系,至策保凡十二世。

本譜載於《哈尼族口傳文化譯註全集》第十三卷《紅河州哈尼族譜牒(四)》

[雲南元陽]蘆山村刀發亮户譜牒　刀發亮(房策)背誦　董金有搜集　2010年雲南民族出版社排印本　合册　哈漢雙文並註國際音標

該户屬自稱老鄔的刀氏宗族。從逢春嶺鄉革命村遷入大坪鄉本村定居。本譜内容爲世系,至腳則凡五世。

本譜載於《哈尼族口傳文化譯註全集》第十三卷《紅河州哈尼族譜牒(四)》

[雲南元陽]蘆山村李保興户譜牒　李保興(策雯)背誦　董金有搜集　2010年雲南民族出版社排印本　合册　哈漢雙文並註國際音標

該户屬自稱老鄔的李氏宗族。從逢春嶺鄉牙獨迷村遷入本村定居。本譜内容爲世系,至迎陽凡八世。

本譜載於《哈尼族口傳文化譯註全集》第十三卷《紅河州哈尼族譜牒(四)》

[雲南元陽]中寨村鄔正和户譜牒　鄔正和(策迎)背誦　董金有、李美亮搜集　2010年雲南民族出版社排印本　合册　哈漢雙文並註國際音標

該户屬自稱老鄔的李氏宗族。從金平縣阿得博鄉老鄔寨村遷入本村定居。本譜内容爲世系,至福則凡九世。

本譜載於《哈尼族口傳文化譯註全集》第十三卷《紅河州哈尼族譜牒(四)》

[雲南元陽]中寨村李萬有户譜牒　李萬有(文腳)背誦　董金有搜集　2010年雲南民族出版社排印本　合册　哈漢雙文並註國際音標

該户屬自稱老鄔的"苗瑪席奬然"宗族。從金平縣營盤鄉毛草坡村遷入本村定居。本譜内容爲世系,至迎福凡六世。

本譜載於《哈尼族口傳文化譯註全集》第十三卷《紅河州哈尼族譜牒(四)》

[雲南元陽]中寨村楊金亮户譜牒　楊金亮(迎腳)背誦　董金有搜集　2010年雲南民族出版社排印本　合册　哈漢雙文並註國際音標

該户屬自稱老鄔的"果國楊"宗族。從逢春嶺鄉團坡村遷入本村定居。本譜内容爲世系,至文强凡八世。

本譜載於《哈尼族口傳文化譯註全集》第十三卷《紅河州哈尼族譜牒(四)》

[雲南元陽]中寨村楊自福户譜牒　楊自福(房腳)背誦　董金有搜集　2010年雲南民族出版社排印本　合册　哈漢雙文並註國際音標

該户屬自稱老鄔的"初美楊"宗族。從金平縣阿得博鄉老鄔寨村遷入本村定居。本譜内容爲世系,至腳迎凡六世。

本譜載於《哈尼族口傳文化譯註全集》第十三卷《紅河州哈尼族譜牒(四)》

[雲南元陽]中寨村刀發亮户譜牒　刀發亮(福明)背誦　董金有搜集　2010年雲南民族出版社排印本　合册　哈漢雙文並註國際音標

該户屬自稱老鄔的刀氏宗族。從金平縣金河鎮大老塘村遷入本村定居。本譜内容爲世系,至明房凡三世。

本譜載於《哈尼族口傳文化譯註全集》第十三卷《紅河州哈尼族譜牒(四)》

[雲南元陽]中寨村普金有户譜牒　普金有(腳篤)背誦　董金有搜集　2010年雲南民族出版社排印本　合册　哈漢雙文並註國際音標

該户屬自稱老鄔的普氏宗族。從金平縣沙依坡鄉拴牛田村遷入本村定居。本譜内容爲世系,至篤林凡九世。

本譜載於《哈尼族口傳文化譯註全集》第十三卷《紅河州哈尼族譜牒(四)》

[雲南元陽]中寨村李景山湖譜牒　李景山(策篤)背誦　董金有搜集　2010年雲南民族出版社排印本　合册　哈漢雙文並註國際音標

該户屬自稱老鄔的"果國席奬然"宗族。從金平縣營盤鄉冬瓜嶺村委會鄔族寨遷入本村定居。本譜内容爲世系,至房保凡六世。

本譜載於《哈尼族口傳文化譯註全集》第十三卷《紅河州哈尼族譜牒(四)》

[雲南元陽]中寨村董忠文户譜牒　董忠文(策瑶)背誦　董金有搜集　2010年雲南民族出版社排印本　合册　哈漢雙文並註國際音標

該户屬自稱老鄔的董氏宗族。從金平縣銅廠鄉董棕河村遷入本村定居。本譜内容爲世系,至策瑶凡六世。

本譜載於《哈尼族口傳文化譯註全集》第十三卷《紅河州哈尼族譜牒(四)》

[雲南元陽]老么多上寨鄔永發户譜牒　鄔永發(策房)背誦　董金有搜集　2010年雲南民族出版社排印本　合册　哈漢雙文並註國際音標

該户屬自稱老鄔的鄔氏宗族。從本鄉蘆山村遷入本村定居。本譜内容爲世系,至貴迎凡八世。

本譜載於《哈尼族口傳文化譯註全集》第十三卷《紅河州哈尼族譜牒(四)》

[雲南元陽]老么多上寨李永興户譜牒　李永興(井房)背誦　董金有搜集　2010年雲南民族出版社排印本　合册　哈漢雙文並註國際音標

該户屬自稱老鄔的李氏宗族。從金平縣營盤鄉老街村遷入本村定居。本譜内容爲世系,至房迎凡六世。

本譜載於《哈尼族口傳文化譯註全集》第十三卷《紅河州哈尼族譜牒(四)》

[雲南元陽]老么多上寨鄧小發户譜牒　鄧小發(福臘)背誦　董金有搜集　2010年雲南民族出版社排印本　合册　哈漢雙文並註國際音標

該户屬自稱老鄔的"果國席獎然"宗族。從小新街鄉新魯沙村遷入本村定居。本譜内容爲世系,至明則凡六世。

本譜載於《哈尼族口傳文化譯註全集》第十三卷《紅河州哈尼族譜牒(四)》

[雲南元陽]老么多上寨楊文和户譜牒　楊文和(腳文)背誦　董金有搜集　2010年雲南民族出版社排印本　合册　哈漢雙文並註國際音標

該户屬自稱老鄔的"初美然"宗族。遷徙不詳。本譜内容爲世系,至準明凡五世。

本譜載於《哈尼族口傳文化譯註全集》第十三卷《紅河州哈尼族譜牒(四)》

[雲南元陽]老么多上寨龍正文户譜牒　龍正文(井文)背誦　董金有搜集　2010年雲南民族出版社排印本　合册　哈漢雙文並註國際音標

該户屬自稱老鄔的龍氏宗族。據傳從臨安(今建水)遷入本村定居。第一世至二世之間未連名。本譜内容爲世系,至文房凡四世。

本譜載於《哈尼族口傳文化譯註全集》第十三卷《紅河州哈尼族譜牒(四)》

[雲南元陽]老么多上寨普發光户譜牒　普發光(迎房)背誦　董金有搜集　2010年雲南民族出版社排印本　合册　哈漢雙文並註國際音標

該户屬自稱老鄔的普氏宗族。從金平縣沙依坡鄉拴牛田村遷入本村定居。本譜内容爲世系,至腳臘凡六世。

本譜載於《哈尼族口傳文化譯註全集》第十三卷《紅河州哈尼族譜牒(四)》

[雲南元陽]老么多上寨白文榮户譜牒　白文榮(迎房)背誦　董金有搜集　2010年雲南民族出版社排印本　合册　哈漢雙文並註國際音標

該户屬自稱老鄔的白氏宗族。遷徙不詳。本譜内容爲世系,至房文凡六世。

本譜載於《哈尼族口傳文化譯註全集》第十三卷《紅河州哈尼族譜牒(四)》

[雲南元陽]老么多上寨郭發榮户譜牒　郭發榮(福瑶)背誦　董金有搜集　2010年雲南民族出版社排印本　合册　哈漢雙文並註國際音標

該户屬自稱老鄔的郭氏宗族。從金平縣營盤鄉野豬塘村遷入本村定居。本譜内容爲世系,至瑶明凡七世。

本譜載於《哈尼族口傳文化譯註全集》第十三卷《紅河州哈尼族譜牒(四)》

[雲南元陽]老么多上寨董志亮户譜牒　董志亮(策房)背誦　董金有搜集　2010年雲南民族出版社排印本　合册　哈漢雙文並註國際音標

該户屬自稱老鄔的董氏宗族。從逢春嶺鄉牙獨迷村遷入大坪鄉本村定居。本譜内容爲世系,至房腳凡四世。

本譜載於《哈尼族口傳文化譯註全集》第十三卷《紅河州哈尼族譜牒(四)》

[雲南元陽]老么多上寨陳文亮户譜牒　陳文亮(明玖)背誦　董金有搜集　2010年雲南民族出版社排印本　合册　哈漢雙文並註國際音標

該户屬自稱老鄔的陳氏宗族。從金平縣營盤鄉樹林村遷入本村定居。本譜内容爲世系,至玖迎凡五世。

本譜載於《哈尼族口傳文化譯註全集》第十三卷《紅河州哈尼族譜牒(四)》

[雲南元陽]老么多上寨盧文興户譜牒　盧文興(房腳)背誦　董金有搜集　2010年雲南民族出版社排印本　合册　哈漢雙文並註國際音標

該户屬自稱老鄔的盧氏宗族。從逢春嶺鄉牙獨迷村遷入本村定居。本譜内容爲世系,至福常凡四世。

本譜載於《哈尼族口傳文化譯註全集》第十三卷《紅河州哈尼族譜牒(四)》

[雲南元陽]老金山村高正忠户譜牒　高印熊背

誦　李美亮搜集　2010年雲南民族出版社排印本　合册　哈漢雙文並註國際音標

該户屬自稱糯美的高氏宗族。由第六十一世"高謀"從本鄉白石新寨村遷入本村定居。第一世至二世之間未連名。本譜内容爲世系,至取省凡六十三世。第六十二世謀取爲譜主,常用名高正忠。

本譜載於《哈尼族口傳文化譯註全集》第十三卷《紅河州哈尼族譜牒(四)》

[雲南元陽]老金山村曹傑紅户譜牒　曹傑紅(則嚷)背誦　李美亮搜集　2010年雲南民族出版社排印本　合册　哈漢雙文並註國際音標

該户屬自稱糯美的曹氏宗族。於1996年由第五十五世"則嚷"從金平縣金河鎮十里村入贅本村定居。第一世"奥麻"至第十八世"莫威墜"的譜牒與本村高正忠户相同。本譜内容爲世系,至嚷井凡五十六世。

本譜載於《哈尼族口傳文化譯註全集》第十三卷《紅河州哈尼族譜牒(四)》

[雲南元陽]老金山村羅正興户譜牒　取董(羅正興)背誦　李美亮搜集　2010年雲南民族出版社排印本　合册　哈漢雙文並註國際音標

該户屬自稱糯比的羅氏宗族。由第五十六世"軌則"及其同胞弟兄從"得西普"(今新街鎮多依樹村委會普高寨)村遷入本鄉白石新寨村定居,1970年由第六十一世"取董"從白石寨村遷入本村定居。第一世"奥麻"至第二十二世"貓東達"的譜牒與本村高正忠户相同。第三十五世至三十六世、第五十世至五十一世、第五十二世至五十三世之間未連名。本譜内容爲世系,至嘎蝦凡六十四世。

本譜載於《哈尼族口傳文化譯註全集》第十三卷《紅河州哈尼族譜牒(四)》

[雲南元陽]老金山村李金明户譜牒　李勇、李金明(董嘎)背誦　李美亮搜集　2010年雲南民族出版社排印本　合册　哈漢雙文並註國際音標

該户屬自稱糯比的"美謙然"宗族。由第四十九世"熱打"從嘎娘鄉嘎娘上寨村遷入本鄉平安寨村定居,1955年第五十三世"謀董"從平安寨村入贅本村定居。第一世"奥麻"至第二十二世"貓東達"的譜牒與本村高正忠户相同。第三十九世至四十一世之間未連名。本譜内容爲世系,至嘎嚷凡五十五世。

本譜載於《哈尼族口傳文化譯註全集》第十三卷《紅河州哈尼族譜牒(四)》

[雲南元陽]老金山村盧得發户譜牒　盧得發(簸仍)背誦　李美亮搜集　2010年雲南民族出版社排印本　合册　哈漢雙文並註國際音標

該户屬自稱糯比的盧氏宗族。於1963年由第六十二世"簸仍"從本鄉白石老寨村入贅到本村定居。第一世"奥麻"至第十五世"烏鴻冉"的譜牒與本村高正忠户相同。第三十五世至三十六世之間未連名。本譜内容爲世系,至嚷嘎凡六十五世。

本譜載於《哈尼族口傳文化譯註全集》第十三卷《紅河州哈尼族譜牒(四)》

[雲南元陽]老金山村李志明户譜牒　李志明(董則)背誦　李美亮搜集　2010年雲南民族出版社排印本　合册　哈漢雙文並註國際音標

該户屬自稱糯比的"奔甲然"宗族。於1962年由第五十八世"舉董"攜長子"董則"從本鄉平安寨村遷入丫叉寨定居,1969年又遷入本村定居。第一世"奥麻"至第十八世"莫威墜"的譜牒與本村高正忠户相同。第四十五世至四十七世之間未連名。本譜内容爲世系,至則嚷凡六十世。

本譜載於《哈尼族口傳文化譯註全集》第十三卷《紅河州哈尼族譜牒(四)》

[雲南元陽]老金山村鄔正福户譜牒　鄔正福(房福)背誦　李美亮搜集　2010年雲南民族出版社排印本　合册　哈漢雙文並註國際音標

該户屬自稱老鄔的鄔氏宗族。由第二世"寶明"從小新街鄉石巖寨村委會魚塘村遷入本村定居。本譜内容爲世系,至福策凡五世。

本譜載於《哈尼族口傳文化譯註全集》第十三

卷《紅河州哈尼族譜牒(四)》

[雲南元陽]老金山村楊志林户譜牒　楊志林(福策)背誦　李美亮搜集　2010年雲南民族出版社排印本　合册　哈漢雙文並註國際音標

該户屬自稱老鄔的楊氏宗族。是本村的建寨宗支,於1937年由第一世“普井”從小新街鄉嘎上寨村遷入本村建寨定居。本譜内容爲世系,至策獎凡四世。

本譜載於《哈尼族口傳文化譯註全集》第十三卷《紅河州哈尼族譜牒(四)》

[雲南元陽]新安寨村楊志榮户譜牒　楊志榮(房明)背誦　李美亮搜集　2010年雲南民族出版社排印本　合册　哈漢雙文並註國際音標

該户屬自稱老鄔的楊氏宗族。由第三世“仁道”從小新街鄉嘎媽上寨村入贅本村定居。本譜内容爲世系,至明福凡七世。

本譜載於《哈尼族口傳文化譯註全集》第十三卷《紅河州哈尼族譜牒(四)》

[雲南元陽]新安寨村李自祥户譜牒　李自祥(策堅)背誦　李美亮搜集　2010年雲南民族出版社排印本　合册　哈漢雙文並註國際音標

該户屬自稱老鄔的“果國席獎然”宗族。據傳該族祖先曾在丘北居住,由第一世“腳文”從金平縣大火地村遷入本村定居。本譜内容爲世系,至勇石凡六世。

本譜載於《哈尼族口傳文化譯註全集》第十三卷《紅河州哈尼族譜牒(四)》

[雲南元陽]新安寨村李有發户譜牒　李有發(咨福)背誦　李美亮搜集　2010年雲南民族出版社排印本　合册　哈漢雙文並註國際音標

該户屬自稱老鄔的“苗瑪席獎然”宗族。於1937年由第三世“明房”從小新街鄉新魯沙下寨村遷入本村定居。本譜内容爲世系,至福勇凡六世。

本譜載於《哈尼族口傳文化譯註全集》第十三卷《紅河州哈尼族譜牒(四)》

[雲南元陽]新安寨村白志祥户譜牒　白志祥(策文)背誦　李美亮搜集　2010年雲南民族出版社排印本　合册　哈漢雙文並註國際音標

該户屬自稱老鄔的白氏宗族。由第一代“霎文”從金平縣營盤鄉冬瓜嶺村遷入本村定居。本譜内容爲世系,至腳房凡五世。

本譜載於《哈尼族口傳文化譯註全集》第十三卷《紅河州哈尼族譜牒(四)》

[雲南元陽]丫叉寨村李金發户譜牒　李志明背誦　李美亮搜集　2010年雲南民族出版社排印本　合册　哈漢雙文並註國際音標

該户屬自稱糯比的“奔甲然”宗族。由第五十八世“舉蝦”從本鄉平安寨村遷入本村定居。第四十五世至四十七世之間未連名。本譜内容爲世系,至章省凡六十一世。第六十世嘎章爲譜主,常用名李金發。

本譜載於《哈尼族口傳文化譯註全集》第十三卷《紅河州哈尼族譜牒(四)》

[雲南元陽]丫叉寨村高金貴户譜牒　高金貴(蝦謀)背誦　李美亮搜集　2010年雲南民族出版社排印本　合册　哈漢雙文並註國際音標

該户屬自稱糯美的高氏宗族。是本村的建寨宗支之一,由第五十九世“省熱”從本鄉白石新寨村遷入本村定居。第一世“奥麻”至第十八世“莫威墜”的譜牒與本村李金發户相同。本譜内容爲世系,至謀井凡六十二世。

本譜載於《哈尼族口傳文化譯註全集》第十三卷《紅河州哈尼族譜牒(四)》

[雲南元陽]白石老寨張若干户譜牒　張若干(嬈嘎)背誦　李文、李美亮搜集　2010年雲南民族出版社排印本　合册　哈漢雙文並註國際音標

該户屬自稱糯比的張氏宗族。由第四十八世“蝦取”從逢春嶺鄉尼枯補新寨村遷入本村定居。本譜内容爲世系,至嘎井凡五十四世。

本譜載於《哈尼族口傳文化譯註全集》第十三卷《紅河州哈尼族譜牒(四)》

[雲南元陽]白石老寨朱爲惹户譜牒　朱爲惹(韋仍)背誦　李文、李美亮搜集　2010年雲南民族出版社排印本　合册　哈漢雙文並註國際音標

該户屬自稱糯比的朱氏宗族。是本村的建寨宗支之一,遷徙不詳。第一世"奥麻"至第十八世"莫威墜"的譜牒與本村張若干户相同。本譜内容爲世系,至仍斗凡四十九世。

本譜載於《哈尼族口傳文化譯註全集》第十三卷《紅河州哈尼族譜牒(四)》

[雲南元陽]白石老寨盧蝦惹户譜牒　盧蝦惹(蝦仍)背誦　李文、李美亮搜集　2010年雲南民族出版社排印本　合册　哈漢雙文並註國際音標

該户屬自稱糯比的盧氏宗族。是本村的建寨宗支之一,由第五十八世"仍謀"從新街鎮主魯村遷入本村定居。第一世"奥麻"至第十五世"烏鴻冉"的譜牒與本村張若干户相同。第三十五世至三十六世之間未連名。本譜内容爲世系,至侯董凡六十五世。

本譜載於《哈尼族口傳文化譯註全集》第十三卷《紅河州哈尼族譜牒(四)》

[雲南元陽]白石老寨陳得富户譜牒　陳得富(高苗)背誦　李文、李美亮搜集　2010年雲南民族出版社排印本　合册　哈漢雙文並註國際音標

該户屬自稱糯比的陳氏宗族。於二十世紀五十年代由第五十五世"董省"從逢春嶺鄉尼枯補老寨村遷入本村定居。第一世"奥麻"至第十五世"烏鴻冉"的譜牒與本村張若干户相同。本譜内容爲世系,至苗薩凡五十八世。

本譜載於《哈尼族口傳文化譯註全集》第十三卷《紅河州哈尼族譜牒(四)》

[雲南元陽]白石老寨普批圖户譜牒　普批圖(舉嚷)背誦　李文、李美亮搜集　2010年雲南民族出版社排印本　合册　哈漢雙文並註國際音標

該户屬自稱普氏宗族。遷徙不詳。第一世"奥麻"至第二十九世"仍魏"的譜牒與本村張若干户相同。第三十三世至三十四世之間未連名。本譜内容爲世系,至嚷董凡五十七世。

本譜載於《哈尼族口傳文化譯註全集》第十三卷《紅河州哈尼族譜牒(四)》

[雲南元陽]白石老寨李保木户譜牒　李保木(簸謀)背誦　李文、李美亮搜集　2010年雲南民族出版社排印本　合册　哈漢雙文並註國際音標

該户屬自稱糯比的"美謙然"宗族。由第四十七世"董侯"從小新街鄉石巖寨村遷入本村定居。第一世"奥麻"至第二十四世"武蘇篤"的譜牒與本村張若干户相同。第四十四世至四十五世之間未連名。本譜内容爲世系,至董嘎凡五十二世。

本譜載於《哈尼族口傳文化譯註全集》第十三卷《紅河州哈尼族譜牒(四)》

[雲南元陽]白石老寨李開華户譜牒　李開華(嚷韋)背誦　李文、李美亮搜集　2010年雲南民族出版社排印本　合册　哈漢雙文並註國際音標

該户屬自稱糯比的"從國南奔然"宗族。於二十世紀二十年代由第五十八世"仍謀"從逢春嶺鄉老曹寨村遷入本村定居。第一世"奥麻"至第十八世"莫威墜"的譜牒與本村張若干户相同。第三十二世至三十四世、第三十八世至三十九世、第四十世至四十二世、第四十三世至四十四世、第四十八世至四十九世之間未連名。本譜内容爲世系,至井嘎凡六十四世。

本譜載於《哈尼族口傳文化譯註全集》第十三卷《紅河州哈尼族譜牒(四)》

[雲南元陽]白石老寨李生木户譜牒　李生木(仍取)背誦　李美亮搜集　2010年雲南民族出版社排印本　合册　哈漢雙文並註國際音標

該户屬自稱糯美的"腰雌然"宗族。由第五十三世"侯苗"從上新城鄉瓦灰城村遷入本村定居。第一世"奥麻"至第二十二世"貓東達"的譜牒與本村張若干户相同。第三十五世至三十六世、第四十世至四十一世之間未連名。本譜内容爲世系,至取簸凡五十九世。

本譜載於《哈尼族口傳文化譯註全集》第十三卷《紅河州哈尼族譜牒(四)》

[雲南元陽]白石老寨何春華户譜牒　何春華(獎簸)背誦　李文搜集　2010年雲南民族出版社排印本　合册　哈漢雙文並註國際音標

該户屬自稱糯比的何氏宗族。於二十世紀四十年代由第五十四世"嘎韋"從逢春嶺鄉尼枯補村老寨遷入本村定居。第一世"奥麻"至第二十二世"貓東達"的譜牒與本村張若干户相同,並與逢春嶺鄉猛多大寨村何家文户共祖至五十二世"斗魯"。第四十三世至四十四世之間未連名。本譜内容爲世系,至苗嘎凡五十九世。

本譜載於《哈尼族口傳文化譯註全集》第十三卷《紅河州哈尼族譜牒(四)》

[雲南元陽]白石老寨高德生户譜牒　高德生(苗則)背誦　李文搜集　2010年雲南民族出版社排印本　合册　哈漢雙文並註國際音標

該户屬自稱糯美的高氏宗族。遷徙不詳。第一世"奥麻"至第二十二世"貓東達"的譜牒與本村張若干户相同。本譜内容爲世系,至謀濤凡六十二世。

本譜載於《哈尼族口傳文化譯註全集》第十三卷《紅河州哈尼族譜牒(四)》

[雲南元陽]白石老寨許哈朵户譜牒　許哈朵(則謀)背誦　李美亮搜集　2010年雲南民族出版社排印本　合册　哈漢雙文並註國際音標

該户屬自稱各和的許氏宗族。由第四世"井則"從金平縣營盤鄉野豬塘村遷入本村定居。本譜内容爲世系,至則謀凡五世。

本譜載於《哈尼族口傳文化譯註全集》第十三卷《紅河州哈尼族譜牒(四)》

[雲南元陽]白石老寨羅榮成户譜牒　羅榮成(謀簸)背誦　李文、李美亮搜集　2010年雲南民族出版社排印本　合册　哈漢雙文並註國際音標

該户屬自稱糯比的何氏宗族。於二十世紀七十年代由第六十一世"則謀"攜子"謀簸"從本鄉白石新寨村遷入本村定居。第一世"奥麻"至第二十二世"貓東達"的譜牒與本村張若干户相同。第三十五世至三十六世、第五十二世至五十三世之間未連名。本譜内容爲世系,至簸獎凡六十三世。

本譜載於《哈尼族口傳文化譯註全集》第十三卷《紅河州哈尼族譜牒(四)》

[雲南元陽]平安寨伍價門户譜牒　伍價門(董則)背誦　李美亮搜集　2010年雲南民族出版社排印本　合册　哈漢雙文並註國際音標

該户屬自稱糯比的伍氏宗族。於二十世紀七十年代由第五十二世"仍董"從本鄉白石老寨遷入本村定居。第一世至第二世之間未連名。本譜内容爲世系,至省侯凡五十五世。

本譜載於《哈尼族口傳文化譯註全集》第十三卷《紅河州哈尼族譜牒(四)》

[雲南元陽]平安寨吴偉惹户譜牒　吴偉惹(蝦嘎)背誦　李文搜集　2010年雲南民族出版社排印本　合册　哈漢雙文並註國際音標

該户屬自稱糯比的吴氏宗族。遷徙不詳。第一世"奥麻"至第二十九世"薩嬈"的譜牒與本村伍價門户相同。本譜内容爲世系,至嘎簸凡四十九世。

本譜載於《哈尼族口傳文化譯註全集》第十三卷《紅河州哈尼族譜牒(四)》

[雲南元陽]平安寨李志祥户譜牒　李志祥(蝦嘎)背誦　李文、李美亮搜集　2010年雲南民族出版社排印本　合册　哈漢雙文並註國際音標

該户屬自稱糯比的"美謙然"宗族。由第四十六世"苗宗"從嘎娘鄉嘎娘上寨村遷入本村定居。第一世"奥麻"至第三十二世"車墜"的譜牒與本村伍價門户相同。本譜内容爲世系,至董嬈凡五十四世。

本譜載於《哈尼族口傳文化譯註全集》第十三卷《紅河州哈尼族譜牒(四)》

[雲南元陽]平安寨黄有亮户譜牒　黄有亮(省董)背誦　李文、李美亮搜集　2010年雲南民族出版社排印本　合册　哈漢雙文並註國際音標

該户屬自稱糯美的黄氏宗族。於二十世紀九十

年代由第四十七世“省矮”從金平縣沙依坡鄉嗎沙村遷入本村定居。第一世“奥麻”至第二十二世“貓東達”的譜牒與本村伍價門户相同。本譜内容爲世系,至董侯凡五十七世。

本譜載於《哈尼族口傳文化譯註全集》第十三卷《紅河州哈尼族譜牒(四)》

[雲南元陽]平安寨李文新户譜牒　李文新(侯獎)背誦　李文、李美亮搜集　2010年雲南民族出版社排印本　合册　哈漢雙文並註國際音標

該户屬自稱糯比的“媽們然”宗族。由第五十二世“薩取”從上新城鄉下新城村遷入本村定居。第一世“奥麻”至第十八世“莫威墜”的譜牒與本村伍價門户相同。第四十五世至四十七世之間未連名。本譜内容爲世系,至獎省凡六十世。

本譜載於《哈尼族口傳文化譯註全集》第十三卷《紅河州哈尼族譜牒(四)》

[雲南元陽]平安寨楊明富户譜牒　楊明富(謀熱)背誦　李文、李美亮搜集　2010年雲南民族出版社排印本　合册　哈漢雙文並註國際音標

該户屬自稱糯比的楊氏宗族。遷徙不詳。第一世“奥麻”至第十八世“莫威墜”的譜牒與本村伍價門户相同。第二十六世至二十七世之間未連名。本譜内容爲世系,至熱董凡三十四世。

本譜載於《哈尼族口傳文化譯註全集》第十三卷《紅河州哈尼族譜牒(四)》

[雲南元陽]平安寨豐志成户譜牒　豐志成(獎簸)背誦　李文、李美亮搜集　2010年雲南民族出版社排印本　合册　哈漢雙文並註國際音標

該户屬自稱各和的豐氏宗族。據傳該户從元江縣遷入金平縣銅廠,於二十世紀二十年代由第三世“霎宗”從金平縣銅廠鄉勐謝村遷入本村定居。第一世至第二世之間未連名。本譜内容爲世系,至簸嬈凡八世。

本譜載於《哈尼族口傳文化譯註全集》第十三卷《紅河州哈尼族譜牒(四)》

[雲南元陽]平安寨盧石讓户譜牒　盧石讓(蝦省)背誦　李美亮搜集　2010年雲南民族出版社排印本　合册　哈漢雙文並註國際音標

該户屬自稱糯比的黄氏宗族。是本村的建寨宗支,由第一世“仍散”從新街鎮新寨村委會新寨村遷入本村定居。本譜内容爲世系,至省侯凡十三世。

本譜載於《哈尼族口傳文化譯註全集》第十三卷《紅河州哈尼族譜牒(四)》

[雲南元陽]平安寨李龍則户譜牒　李龍則(省謀)背誦　李美亮搜集　2010年雲南民族出版社排印本　合册　哈漢雙文並註國際音標

該户屬自稱糯美的“董薩然”宗族。由第六十世“苗省”從本鄉丫叉寨村遷入本村定居。第一世“奥麻”至第二十二世“貓東達”的譜牒與本村伍價門户相同。本譜内容爲世系,至謀侯凡六十二世。

本譜載於《哈尼族口傳文化譯註全集》第十三卷《紅河州哈尼族譜牒(四)》

[雲南元陽]平安寨曹岸惹户譜牒　曹岸惹(嘎謀)背誦　李文、李美亮搜集　2010年雲南民族出版社排印本　合册　哈漢雙文並註國際音標

該户屬自稱糯美的曹氏宗族。從小新街鄉扒保村遷入本村定居。第一世“奥麻”至第二十二世“貓東達”的譜牒與本村伍價門户相同。本譜内容爲世系,至謀熱凡六十一世。

本譜載於《哈尼族口傳文化譯註全集》第十三卷《紅河州哈尼族譜牒(四)》

[雲南元陽]平安寨白友文户譜牒　白友文(省嚷)背誦　李文、李美亮搜集　2010年雲南民族出版社排印本　合册　哈漢雙文並註國際音標

該户屬自稱糯比的白氏宗族。於二十世紀六十年代“薩野”從金平縣營盤鄉老街村委會黄石板村遷入本村定居。第一世“奥麻”至第十九世“墜雄哦”的譜牒與本村伍價門户相同。“庫薩”和“薩野”非父子關係,但背誦人不知兩者之間還有幾代。該户“薩野”前的譜牒採用了陳氏“野嚷”家族的譜名。本譜内容爲世系,至嚷嘎凡三十

四世。

本譜載於《哈尼族口傳文化譯註全集》第十三卷《紅河州哈尼族譜牒(四)》

[雲南元陽]平安寨陳建生户譜牒　陳建生(熱礱)、石則山背誦　李文、李美亮搜集　2010年雲南民族出版社排印本　合册　哈漢雙文並註國際音標

該户屬自稱糯比的陳氏宗族。於二十世紀三十年代由第五十七世"魯寅"從本鄉白石新寨村遷入本村定居。第一世"奥麻"至第三十七世"策儂"的譜牒與俄扎鄉阿東村委會格卡村石歐干户、黄草嶺鄉哈埂下寨村車勒簸户相同。第一世至二世、第八世至九世、第十八世至十九世、第三十三世至三十四世之間未連名。本譜内容爲世系,至礱謀凡六十四世。

本譜載於《哈尼族口傳文化譯註全集》第十三卷《紅河州哈尼族譜牒(四)》

[雲南元陽]平安寨錢毛則户譜牒　錢毛則(舉侯)背誦　李文搜集　2010年雲南民族出版社排印本　合册　哈漢雙文並註國際音標

該户屬自稱錢氏宗族。由第四十八世"省謀"從金平縣遷入本村定居。第一世"奥麻"至第十五世"烏鴻冉"的譜牒與本村伍價門户相同。本譜内容爲世系,至謀獎凡五十四世。

本譜載於《哈尼族口傳文化譯註全集》第十三卷《紅河州哈尼族譜牒(四)》

[雲南元陽]平安寨李蝦則户譜牒　李蝦則(蝦則)背誦　李文搜集　2010年雲南民族出版社排印本　合册　哈漢雙文並註國際音標

該户屬自稱糯美的"基胚然"宗族。於二十世紀三十年代由第八世"策簸"從金平縣營盤鄉采山皮村遷入本村定居。本譜内容爲世系,至仍取凡十三世。

本譜載於《哈尼族口傳文化譯註全集》第十三卷《紅河州哈尼族譜牒(四)》

[雲南元陽]平安寨龍德亮户譜牒　龍德亮(熱謀)背誦　李文、李美亮搜集　2010年雲南民族出版社排印本　合册　哈漢雙文並註國際音標

該户屬自稱糯比的龍氏宗族。從金平縣阿得博鄉箐口村遷入本村定居。第一世"奥麻"至第二十四世"武蘇篤"的譜牒與本村伍價門户相同。本譜内容爲世系,至獎則凡五十一世。

本譜載於《哈尼族口傳文化譯註全集》第十三卷《紅河州哈尼族譜牒(四)》

[雲南元陽]平安寨鄔小武户譜牒　鄔小武(仍侯)背誦　李文搜集　2010年雲南民族出版社排印本　合册　哈漢雙文並註國際音標

該户屬自稱老鄔的鄔氏宗族。於二十世紀三十年代由第四世"策陽"從本鄉蘆山村遷入本村定居。第五世至六世之間未連名。本譜内容爲世系,至侯苗凡七世。

本譜載於《哈尼族口傳文化譯註全集》第十三卷《紅河州哈尼族譜牒(四)》

[雲南元陽]白石新寨村羅小萬户譜牒　羅小萬(則取)背誦　羅惹舉、李美亮搜集　2010年雲南民族出版社排印本　合册　哈漢雙文並註國際音標

該户遷徙不詳,該户宗族近親在本村居住。第一世至二世、第三十五世至三十六世、第五十世至五十一世、第五十二世至五十三世之間未連名。本譜内容爲世系,至則取凡六十一世。

本譜載於《哈尼族口傳文化譯註全集》第十三卷《紅河州哈尼族譜牒(四)》

[雲南元陽]白石新寨村盧苗爲户譜牒　盧苗爲(苗韋)背誦　羅惹舉、李美亮搜集　2010年雲南民族出版社排印本　合册　哈漢雙文並註國際音標

該户遷徙不詳,近親宗族在本村居住。第一世"奥麻"至第四十九世"簸則"的譜牒與本村羅小萬户相同。本譜内容爲世系,至韋侯凡六十四世。

本譜載於《哈尼族口傳文化譯註全集》第十三卷《紅河州哈尼族譜牒(四)》

[雲南元陽]白石新寨村錢香取户譜牒　錢香取(蝦取)背誦　李剛搜集　2010年雲南民族出版社排印本　合册　哈漢雙文並註國際音標

該户何時遷徙至本村不詳。第一世“奥麻”至第十九世“墜雄哦”的譜牒與本村羅小萬户相同。本譜内容爲世系,至取嬈凡五十世。

本譜載於《哈尼族口傳文化譯註全集》第十三卷《紅河州哈尼族譜牒(四)》

[雲南元陽]白石新寨村黄永昌户譜牒　黄永昌(薩舉)背誦　羅惹舉搜集　2010年雲南民族出版社排印本　合册　哈漢雙文並註國際音標

該户屬自稱糯美的黄氏宗族。遷徙不詳。第一世“奥麻”至第二十八世“雌索”的譜牒與本村羅小萬户相同。第四十二世至四十三世、第四十六世至四十八世之間未連名。本譜内容爲世系,至翁井凡五十七世。

本譜載於《哈尼族口傳文化譯註全集》第十三卷《紅河州哈尼族譜牒(四)》

[雲南元陽]白石新寨朱家福户譜牒　朱家福(侯章)背誦　李剛搜集　2010年雲南民族出版社排印本　合册　哈漢雙文並註國際音標

該户屬自稱朱氏宗族。遷徙不詳。第一世“奥麻”至第十八世“莫威墜”的譜牒與本村羅小萬户相同。本譜内容爲世系,至侯章凡四十六世。

本譜載於《哈尼族口傳文化譯註全集》第十三卷《紅河州哈尼族譜牒(四)》

[雲南元陽]白石新寨普蝦打户譜牒　普蝦打(蝦打)背誦　羅惹舉、李美亮搜集　2010年雲南民族出版社排印本　合册　哈漢雙文並註國際音標

該户屬自稱糯美的“則佳然”宗族。遷徙不詳。第一世“奥麻”至第二十八世“雌索”的譜牒與本村羅小萬户相同。第三十五世至三十六世、四十五世至四十六世之間未連名。本譜内容爲世系,至蝦打凡六十三世。

本譜載於《哈尼族口傳文化譯註全集》第十三卷《紅河州哈尼族譜牒(四)》

[雲南元陽]白石新寨李減蝦户譜牒　李減蝦(井蝦)背誦　羅惹舉搜集　2010年雲南民族出版社排印本　合册　哈漢雙文並註國際音標

該户屬自稱糯比的“美謙然”宗族。第一世“奥麻”至第二十八世“雌索”的譜牒與本村羅小萬户相同,並與上新城鄉下中寨村李國户共祖至第五十一世“井則”。本譜内容爲世系,至蝦則凡五十五世。

本譜載於《哈尼族口傳文化譯註全集》第十三卷《紅河州哈尼族譜牒(四)》

[雲南元陽]白石新寨李鬼井户譜牒　李鬼井(軌井)背誦　羅惹舉、李美亮搜集　2010年雲南民族出版社排印本　合册　哈漢雙文並註國際音標

該户屬自稱糯美的“董薩然”宗族。由第五十九世“熱則”從逢春嶺鄉逢春嶺村委會哈尼寨村遷入本村定居。第一世“奥麻”至第二十八世“雌索”的譜牒與本村羅小萬户相同。本譜内容爲世系,至井苗凡六十三世。

本譜載於《哈尼族口傳文化譯註全集》第十三卷《紅河州哈尼族譜牒(四)》

[雲南元陽]白石新寨李建新户譜牒　李建新(苗獎)背誦　李剛、李美亮搜集　2010年雲南民族出版社排印本　合册　哈漢雙文並註國際音標

該户屬自稱糯美的“腰雌然”宗族。由第五十六世“嘎薩”從上新城鄉瓦灰城村遷入本村定居。第一世“奥麻”至第二十八世“雌索”的譜牒與本村羅小萬户相同。第三十六世至三十七世、第四十一世至四十二世之間未連名。本譜内容爲世系,至獎嬈凡六十二世。

本譜載於《哈尼族口傳文化譯註全集》第十三卷《紅河州哈尼族譜牒(四)》

[雲南元陽]白石新寨李苗董户譜牒　李苗董(苗董)背誦　羅惹舉、李美亮搜集　2010年雲南民族出版社排印本　合册　哈漢雙文並註國際音標

該户屬自稱糯比的“奔甲然”宗族。遷徙不詳。第一世“奥麻”至第二十二世“貓東達”的譜牒與本村羅小萬户相同。本譜内容爲世系,至取嬈凡

五十四世。

本譜載於《哈尼族口傳文化譯註全集》第十三卷《紅河州哈尼族譜牒(四)》

[雲南元陽]白石新寨高印熊户譜牒　高印熊(侯薩)背誦　李美亮搜集　2010年雲南民族出版社排印本　合册　哈漢雙文並註國際音標

該户屬自稱糯美的高氏宗族。由第五十六世"哺董"從小新街鄉者臺村遷入本村定居,並與小新街鄉者臺村李保户共祖至五十四世"仍獎"。第一世"奥麻"至第二十八世"雌索"的譜牒與本村羅小萬户相同。本譜内容爲世系,至獎簸凡六十四世。

本譜載於《哈尼族口傳文化譯註全集》第十三卷《紅河州哈尼族譜牒(四)》

[雲南元陽]冉哈寨羅蝦取户譜牒　羅蝦取(蝦取)背誦　李剛搜集　2010年雲南民族出版社排印本　合册　哈漢雙文並註國際音標

該户屬自稱糯比的羅氏宗族。遷徙不詳。第一世至二世、第六世至七世、第三十六世至三十七世、第五十一世至五十二世、第五十三世至五十四世之間未連名。本譜内容爲世系,至取嚷凡六十四世。

本譜載於《哈尼族口傳文化譯註全集》第十三卷《紅河州哈尼族譜牒(四)》

[雲南元陽]冉哈寨盧苗嚷户譜牒　盧家四背誦　李美亮搜集　2010年雲南民族出版社排印本　合册　哈漢雙文並註國際音標

該户屬自稱糯比的盧氏宗族。從小新街鄉新魯沙上寨村遷入本村定居。第十一世至十二世、第十四世至十五世之間未連名。本譜内容爲世系,至嚷董凡三十六世。第三十五世苗嚷爲譜主,常用名盧苗嚷。

本譜載於《哈尼族口傳文化譯註全集》第十三卷《紅河州哈尼族譜牒(四)》

[雲南元陽]冉哈寨普玉福户譜牒　普玉福(嚷韋)背誦　李美亮搜集　2010年雲南民族出版社排印本　合册　哈漢雙文並註國際音標

該户屬自稱糯美的"礱普普瑪然"宗族。由第六十世"嘎嬈"從嘎娘鄉苦魯寨村馬鹿塘村遷居小新街鄉者臺村、嘎媽下寨村一段時間後,由第六十一世"嬈井"從小新街鄉嘎媽下寨村遷入本村定居。第一世"奥麻"至第二十八世"雌索"的譜牒與本村羅蝦取户相同。本譜内容爲世系,至嬈某凡六十五世。

本譜載於《哈尼族口傳文化譯註全集》第十三卷《紅河州哈尼族譜牒(四)》

[雲南元陽]冉哈寨李文應户譜牒　李文應(嚷嘎)背誦　李美亮搜集　2010年雲南民族出版社排印本　合册　哈漢雙文並註國際音標

該户屬自稱糯比的"美謙然"宗族。從嘎娘鄉嘎娘上寨村遷居小新街鄉者臺村委會大魚塘村、大坪鄉雞冠嶺村一段時間後,由第五十世"董嚷"從雞冠嶺村遷入本村定居。第一世"奥麻"至第二十三世"貓東達"的譜牒與本村羅蝦取户相同。本譜内容爲世系,至嘎簸凡五十二世。

本譜載於《哈尼族口傳文化譯註全集》第十三卷《紅河州哈尼族譜牒(四)》

[雲南元陽]冉哈寨李家順户譜牒　李家順(嚷韋)背誦　李美亮搜集　2010年雲南民族出版社排印本　合册　哈漢雙文並註國際音標

該户屬自稱糯美的"東薩然"宗族。於1949年由第六十三世"侯簸"從金平縣大寨鄉阿牛迷下寨村遷入本村定居。第一世"奥麻"至第二十九世"雌索"的譜牒與本村羅蝦取户相同。本譜内容爲世系,至韋仍凡六十六世。

本譜載於《哈尼族口傳文化譯註全集》第十三卷《紅河州哈尼族譜牒(四)》

[雲南元陽]鄔族寨盧文明户譜牒　盧文明(腳策)背誦　李剛搜集　2010年雲南民族出版社排印本　合册　哈漢雙文並註國際音標

該户屬自稱老鄔的盧氏宗族。由第一世"達里"從小新街鄉石巖寨村委會魚塘村遷入本村定居。本譜内容爲世系,至策寶凡六世。

本譜載於《哈尼族口傳文化譯註全集》第十三卷《紅河州哈尼族譜牒(四)》

[雲南元陽]郞族寨董朵謀户譜牒　董朵謀(董謀)背誦　李剛搜集　2010年雲南民族出版社排印本　合册　哈漢雙文並註國際音標

該户屬自稱老郞的董氏宗族。由第一世"福啓"從逢春嶺鄉革命村遷入本村定居。本譜内容爲世系,至謀竇凡五世。

本譜載於《哈尼族口傳文化譯註全集》第十三卷《紅河州哈尼族譜牒(四)》

[雲南元陽]郞族寨刀文英户譜牒　刀文英(文英)背誦　李剛搜集　2010年雲南民族出版社排印本　合册　哈漢雙文並註國際音標

該户屬自稱老郞的刀氏宗族。由第一世"迎井"從小新街鄉新魯沙村委會遷入本村定居。本譜内容爲世系,至英策凡五世。

本譜載於《哈尼族口傳文化譯註全集》第十三卷《紅河州哈尼族譜牒(四)》

[雲南元陽]新鳳港下寨普家祥户譜牒　普家祥(嘎仍)背誦　李美亮搜集　2010年雲南民族出版社排印本　合册　哈漢雙文並註國際音標

該户屬自稱糯美的"麏普普瑪然"宗族。是本村的建寨宗支之一,由第五十世"矮松"從建水縣六竹寨遷入本村定居。第一世至二世之間未連名。本譜内容爲世系,至仍侯凡六十一世。仍侯之後還有一世,但尚無父子連名。

本譜載於《哈尼族口傳文化譯註全集》第十三卷《紅河州哈尼族譜牒(四)》

[雲南元陽]新鳳港下寨李文光户譜牒　李文光(苗嚷)背誦　李美亮搜集　2010年雲南民族出版社排印本　合册　哈漢雙文並註國際音標

該户屬自稱糯美的"腰雌然"宗族。由第五十四世"嘎董"從上新城鄉瓦灰城村遷入本村定居。第一世"奥麻"至第二十九世"里窩"的譜牒與本村普家祥户相同。第三十五世至三十六世、第三十九世至四十世之間未連名。本譜内容爲世系,至嚷圖凡五十九世。

本譜載於《哈尼族口傳文化譯註全集》第十三卷《紅河州哈尼族譜牒(四)》

[雲南元陽]新鳳港下寨高樹安户譜牒　高樹安(薩獎)背誦　李美亮搜集　2010年雲南民族出版社排印本　合册　哈漢雙文並註國際音標

該户屬自稱糯美的高氏宗族。遷徙不詳。第一世"奥麻"至第二十九世"里窩"的譜牒與本村普家祥户相同。本譜内容爲世系,至薩獎凡五十二世。薩獎之後還有一世,但尚未取父子連名。

本譜載於《哈尼族口傳文化譯註全集》第十三卷《紅河州哈尼族譜牒(四)》

[雲南元陽]新鳳港下寨曹正光户譜牒　曹正光(韋董)背誦　李美亮搜集　2010年雲南民族出版社排印本　合册　哈漢雙文並註國際音標

該户屬自稱糯美的曹氏宗族。是本村的建寨宗支之一,由第四十七世"嬈省"從建水縣遷入本村定居。第一世"奥麻"至第二十九世"里窩"的譜牒與本村普家祥户相同。本譜内容爲世系,至董獎凡五十八世。

本譜載於《哈尼族口傳文化譯註全集》第十三卷《紅河州哈尼族譜牒(四)》

[雲南元陽]新鳳港下寨普正明户譜牒　普正明(韋則)背誦　李美亮搜集　2010年雲南民族出版社排印本　合册　哈漢雙文並註國際音標

該户屬自稱糯美的"則佳然"宗族。是本村的建寨宗支之一,由第五十五世"苗嬈"從本鄉苦魯寨村遷入本村定居。第一世"奥麻"至第二十九世"里窩"的譜牒與本村普家祥户相同。第三十四世至三十五世、第四十三世至四十五世、第五十世至五十一世之間未連名。本譜内容爲世系,至麏薩凡六十二世。

本譜載於《哈尼族口傳文化譯註全集》第十三卷《紅河州哈尼族譜牒(四)》

[雲南元陽]新鳳港下寨朱石惹户譜牒　朱石惹(獎則)背誦　李美亮搜集　2010年雲南民族出

版社排印本　合册　哈漢雙文並註國際音標

該户屬自稱朱氏宗族。是本村的建寨宗支之一,由第四十七世"草嚷"從建水縣遷入本村定居。第一世"奥麻"至第十八世"莫威墜"的譜牒與本村普家祥户相同。本譜内容爲世系,至圖侯凡五十九世。

本譜載於《哈尼族口傳文化譯註全集》第十三卷《紅河州哈尼族譜牒(四)》

[雲南元陽]新鳳港下寨李舍苗户譜牒　李舍苗(省苗)背誦　李美亮搜集　2010年雲南民族出版社排印本　合册　哈漢雙文並註國際音標

該户屬自稱糯美的"堅胚然"宗族。由第五十六世"斗省"從本鄉馬鹿塘鎮村遷入本村定居。第一世"奥麻"至第二十九世"里窩"的譜牒與本村普家祥户相同。第四十五世至四十七世之間未連名。本譜内容爲世系,至苗省凡五十八世。

本譜載於《哈尼族口傳文化譯註全集》第十三卷《紅河州哈尼族譜牒(四)》

[雲南元陽]龍克上寨羅正昌户譜牒　羅正昌(蝦則)背誦　李美亮搜集　2010年雲南民族出版社排印本　合册　哈漢雙文並註國際音標

該户屬自稱糯比的羅氏宗族。由第四十七世"齊省"從本鄉嘎娘上寨村遷入本村定居。第一世至二世、第四十五世至四十六世之間未連名。本譜内容爲世系,至則濤凡五十七世。

本譜載於《哈尼族口傳文化譯註全集》第十三卷《紅河州哈尼族譜牒(四)》

[雲南元陽]龍克上寨李雲漢户譜牒　李雲漢(則蝦)背誦　李美亮搜集　2010年雲南民族出版社排印本　合册　哈漢雙文並註國際音標

該户屬自稱糯比的"美謙然"宗族。由第四十八世"則董"從本鄉嘎娘上寨村遷入本村定居。第一世"奥麻"至第三十二世"車墜"的譜牒與本村羅正昌户相同。第四十一世至四十二世之間未連名。本譜内容爲世系,至謀侯凡五十三世。

本譜載於《哈尼族口傳文化譯註全集》第十三卷《紅河州哈尼族譜牒(四)》

[雲南元陽]龍克上寨錢龍保户譜牒　錢龍保(簸省)背誦　李美亮搜集　2010年雲南民族出版社排印本　合册　哈漢雙文並註國際音標

該户屬自稱糯比的錢氏宗族。由第四十七世"增軌"從"娘多"(今元陽縣馬街鄉丫多村)遷入本村定居。第一世"奥麻"至第二十二世"媽登達"(又稱貓東達)的譜牒與本村羅正昌户相同。第四十世至四十一世、第四十二世至四十三世之間未連名。本譜内容爲世系,至苗斗凡六十世。

本譜載於《哈尼族口傳文化譯註全集》第十三卷《紅河州哈尼族譜牒(四)》

[雲南元陽]龍克上寨羅正林户譜牒　蝦則背誦　李美亮搜集　2010年雲南民族出版社排印本　合册　哈漢雙文並註國際音標

該户屬自稱糯比的"車打然"宗族。由第四十三世"斗嬈"從本鄉嘎娘上寨村遷入本村定居。第一世"奥麻"至第二十五世"篤歐"的譜牒與本村羅正昌户相同。本譜内容爲世系,至嬈福凡五十四世。第五十二世則侯爲譜主,常用名羅正林。

本譜載於《哈尼族口傳文化譯註全集》第十三卷《紅河州哈尼族譜牒(四)》

[雲南元陽]龍克上寨李家福户譜牒　李家福(打謀)背誦　李美亮搜集　2010年雲南民族出版社排印本　合册　哈漢雙文並註國際音標

該户屬自稱糯美的"堅胚然"宗族。由第五十九世"省打"從上新城鄉下新城村遷入本村定居。第一世"奥麻"至第二十二世"媽登達"(又稱貓東達)的譜牒與本村羅正昌户相同。第四十五世至四十七世之間未連名。本譜内容爲世系,至董取凡六十二世。

本譜載於《哈尼族口傳文化譯註全集》第十三卷《紅河州哈尼族譜牒(四)》

[雲南元陽]新嘎娘普世亮户譜牒　普世亮(謀侯)背誦　羅正福搜集　2010年雲南民族出版社排印本　合册　哈漢雙文並註國際音標

該户屬自稱糯美的"礱普普瑪然"宗族。由第六十一世"薩韋"從上新城鄉瓦灰城村遷入本村定居。第一世至二世之間未連名。本譜内容爲世系,至侯嘎凡六十四世。

本譜載於《哈尼族口傳文化譯註全集》第十三卷《紅河州哈尼族譜牒(四)》

[雲南元陽]苦魯寨村普中華户譜牒 普中華(奬仍)背誦 李美亮搜集 2010年雲南民族出版社排印本 合册 哈漢雙文並註國際音標

該户屬自稱糯美的"犫普普瑪然"宗族。由第五十四世"坦薩"從建水縣坡頭鄉遷入本村定居。第一世至二世之間未連名。本譜内容爲世系,至則圖凡六十五世。

本譜載於《哈尼族口傳文化譯註全集》第十三卷《紅河州哈尼族譜牒(四)》

[雲南元陽]苦魯寨村普讓保户譜牒 普中華背誦 李美亮搜集 2010年雲南民族出版社排印本 合册 哈漢雙文並註國際音標

該户屬自稱糯美的"則佳然"宗族。由第五十三世"濤軌"從建水縣坡頭鄉咪的村遷入本村定居。第一世"奥麻"至第三十二世"貓塔"的譜牒與本村普中華户相同。第四十一世至四十四世、第四十五世至四十六世、第四十九世至五十世之間未連名。本譜内容爲世系,至博謀凡六十二世。第六十一世嚷博爲譜主,常用名普讓保。

本譜載於《哈尼族口傳文化譯註全集》第十三卷《紅河州哈尼族譜牒(四)》

[雲南元陽]苦魯寨村黄有林户譜牒 黄有林(侯奬)背誦 李美亮搜集 2010年雲南民族出版社排印本 合册 哈漢雙文並註國際音標

該户屬自稱糯美的黄氏宗族。由第五十二世"董苗"從建水縣遷入本村定居。第一世"奥麻"至第二十九世"里窩"的譜牒與本村普中華户相同。本譜内容爲世系,至奬博凡五十九世。

本譜載於《哈尼族口傳文化譯註全集》第十三卷《紅河州哈尼族譜牒(四)》

[雲南元陽]苦魯寨村李旭户譜牒 侯則背誦 李美亮搜集 2010年雲南民族出版社排印本 合册 哈漢雙文並註國際音標

該户屬自稱糯比的"美謙然"宗族。由第四十六世"侯嚷"從本鄉大伍寨村遷入本村定居。第一世"奥麻"至第二十二世"貓東達"的譜牒與本村普中華户相同。第三十六世至三十九世之間未連名。本譜内容爲世系,至奬董凡五十一世。五十世則奬爲譜主,常用名李旭。

本譜載於《哈尼族口傳文化譯註全集》第十三卷《紅河州哈尼族譜牒(四)》

[雲南元陽]苦魯寨村李侯苗户譜牒 李侯苗(侯苗)背誦 李美亮搜集 2010年雲南民族出版社排印本 合册 哈漢雙文並註國際音標

該户屬自稱糯美的"董薩然"宗族。由第四十九世"嚷奬"從本鄉標鋪村遷居本村定居。第一世"奥麻"至第二十九世"里窩"的譜牒與本村普中華户相同。本譜内容爲世系,至苗犫凡五十二世。

本譜載於《哈尼族口傳文化譯註全集》第十三卷《紅河州哈尼族譜牒(四)》

[雲南元陽]苦魯寨村陳有亮户譜牒 陳有亮(博謀)背誦 李美亮搜集 2010年雲南民族出版社排印本 合册 哈漢雙文並註國際音標

該户屬自稱糯比的陳氏宗族。由第四十四世"翁荏"從建水縣遷入本村定居。第一世"奥麻"至第十五世"烏鴻冉"的譜牒與本村普中華户相同。本譜内容爲世系,至謀嚷凡五十四世。

本譜載於《哈尼族口傳文化譯註全集》第十三卷《紅河州哈尼族譜牒(四)》

[雲南元陽]苦魯寨村曹有亮户譜牒 曹有亮(則奬)背誦 李美亮搜集 2010年雲南民族出版社排印本 合册 哈漢雙文並註國際音標

該户屬自稱糯美的曹氏宗族。由第四十九世"濤侯"從建水縣遷入本村定居。第一世"奥麻"至第二十九世"里窩"的譜牒與本村普中華户相同。本譜内容爲世系,至熱媒凡五十九世。

本譜載於《哈尼族口傳文化譯註全集》第十三卷《紅河州哈尼族譜牒(四)》

[雲南元陽]標鋪村普光亮户譜牒　普光亮(侯簸)背誦　李美亮搜集　2010年雲南民族出版社排印本　合册　哈漢雙文並註國際音標

該户屬自稱糯美的"奲普普瑪然"宗族。由第五十五世"飄打"從建水縣坡頭鄉黄草壩村遷入本村定居。第一世至二世、第三十四世至三十五世之間未連名。本譜内容爲世系,至獎韋凡六十四世。

本譜載於《哈尼族口傳文化譯註全集》第十三卷《紅河州哈尼族譜牒(四)》

[雲南元陽]馬鹿塘羅文勝户譜牒　羅文勝(侯謀)背誦　李美亮搜集　2010年雲南民族出版社排印本　合册　哈漢雙文並註國際音標

該户屬自稱糯比的羅氏宗族。由第三十六世"巍主"從本鄉白馬上寨村遷入本村定居。第一世至二世、第四十三世至四十四世之間未連名。本譜内容爲世系,至省韋凡五十七世。

本譜載於《哈尼族口傳文化譯註全集》第十三卷《紅河州哈尼族譜牒(四)》

[雲南元陽]馬鹿塘村白舍朵户譜牒　羅文勝背誦　李美亮搜集　2010年雲南民族出版社排印本　合册　哈漢雙文並註國際音標

該户屬自稱糯比的白氏宗族。由第四十五世"好主"從本鄉嘎娘上寨村遷入本村定居。第一世"奥麻"至第三十一世"韋車"的譜牒與本村羅文勝户相同。第四十一世至四十二世之間未連名。本譜内容爲世系,至省董凡五十三世。

本譜載於《哈尼族口傳文化譯註全集》第十三卷《紅河州哈尼族譜牒(四)》

[雲南元陽]馬鹿塘村普世發户譜牒　普世發(謀宗)背誦　李美亮搜集　2010年雲南民族出版社排印本　合册　哈漢雙文並註國際音標

該户屬自稱糯美的"奲普普瑪然"宗族。由第五十五世"閏翁"從本鄉鳳港村遷入本村定居。第一世"奥麻"至第二十二世"貓東達"的譜牒與本村羅文勝户相同。本譜内容爲世系,至簸則凡六十一世。

本譜載於《哈尼族口傳文化譯註全集》第十三卷《紅河州哈尼族譜牒(四)》

[雲南元陽]馬鹿塘村李文光户譜牒　李文光(嘎侯)背誦　李美亮搜集　2010年雲南民族出版社排印本　合册　哈漢雙文並註國際音標

該户屬自稱糯美的"堅胚然"宗族。由第五十一世"簸英"遷入本村定居,具體時間不詳。第一世"奥麻"至第二十二世"貓東達"的譜牒與本村羅文勝户相同。第四十六世至四十八世之間未連名。本譜内容爲世系,至簸則凡六十一世。

本譜載於《哈尼族口傳文化譯註全集》第十三卷《紅河州哈尼族譜牒(四)》

[雲南元陽]苦筍寨李正明户譜牒　李正明(省簸)背誦　李美亮搜集　2010年雲南民族出版社排印本　合册　哈漢雙文並註國際音標

該户屬自稱糯比的"美謙然"宗族。由第四十一世"等舉"從本村委會白馬下寨遷入本村定居。第一世至二世之間未連名。本譜内容爲世系,至簸井凡四十六世。

本譜載於《哈尼族口傳文化譯註全集》第十三卷《紅河州哈尼族譜牒(四)》

[雲南元陽]苦筍寨張建林户譜牒　張建林(則圖)背誦　李美亮搜集　2010年雲南民族出版社排印本　合册　哈漢雙文並註國際音標

該户屬自稱糯比的張氏宗族。是本村的建寨宗支之一,遷徙不詳。第一世"奥麻"至第二十五世"篤歐"的譜牒與本村李正明户相同。本譜内容爲世系,至則圖凡五十五世。則圖後還有一世,但尚未父子連名。

本譜載於《哈尼族口傳文化譯註全集》第十三卷《紅河州哈尼族譜牒(四)》

[雲南元陽]苦筍寨伍哈則户譜牒　伍哈則背誦　李美亮搜集　2010年雲南民族出版社排印本　合册　哈漢雙文並註國際音標

該户屬自稱糯比的"美濤然"宗族。是本村的建寨宗支之一,由第五十四世"謀空"從本村委會蘆猜寨村遷入本村定居。第一世“奥麻”至第二十五世“篤歐”的譜牒與本村李正明户相同。第四十五世至四十七世之間未連名。本譜内容爲世系,至侯薩凡五十七世。

本譜載於《哈尼族口傳文化譯註全集》第十三卷《紅河州哈尼族譜牒(四)》

[雲南元陽]苦筍寨高德有户譜牒 馬有金、高德有(獎取)背誦 李美亮搜集 2010年雲南民族出版社排印本 合册 哈漢雙文並註國際音標

該户屬自稱糯比的馬氏宗族。由第五十四世“打仍”從新街鎮多依樹村委會牛倮村遷入本村定居。第一世“奥麻”至第十八世“莫威墜”的譜牒與本村李正明户相同。第三十五世至三十七世之間未連名。本譜内容爲世系,至取帕凡五十八世。

本譜載於《哈尼族口傳文化譯註全集》第十三卷《紅河州哈尼族譜牒(四)》

[雲南元陽]苦筍寨錢春發户譜牒 錢春發(舉嬈)背誦 李美亮搜集 2010年雲南民族出版社排印本 合册 哈漢雙文並註國際音標

該户屬自稱糯比的錢氏宗族。由第五十四世“侯則”從新街鎮中巧村遷入本村定居。第一世“奥麻”至第二十二世“媽登達”(有譜爲“貓東達”)的譜牒與本村李正明户相同。第三十五世至三十六世之間未連名。本譜内容爲世系,至嬈獎凡五十八世。

本譜載於《哈尼族口傳文化譯註全集》第十三卷《紅河州哈尼族譜牒(四)》

[雲南元陽]苦筍寨羅正祥户譜牒 羅正祥(苗熱)背誦 李美亮搜集 2010年雲南民族出版社排印本 合册 哈漢雙文並註國際音標

該户屬自稱糯比的“展佬然”宗族。由第五十一世“嚷嘎”從上新城鄉箐竹林村遷入本村定居。第一世“奥麻”至第三十一世“車墜”的譜牒與本村李正明户相同。本譜内容爲世系,至侯省凡五十六世。

本譜載於《哈尼族口傳文化譯註全集》第十三卷《紅河州哈尼族譜牒(四)》

[雲南元陽]苦筍寨白文清户譜牒 錢永光、白文清(熱簸)背誦 李美亮搜集 2010年雲南民族出版社排印本 合册 哈漢雙文並註國際音標

該户屬自稱糯比的白氏宗族。由第五十四世“嘎舉”從新街鎮中巧村遷入本村定居。第一世“奥麻”至第二十二世“媽登達”(有譜爲貓東達)的譜牒與本村李正明户相同。本譜内容爲世系,至薩取凡五十八世。

本譜載於《哈尼族口傳文化譯註全集》第十三卷《紅河州哈尼族譜牒(四)》

[雲南元陽]白馬上寨何建户譜牒 何建(省獎)背誦 李美亮搜集 2010年雲南民族出版社排印本 合册 哈漢雙文並註國際音標

該户屬自稱糯比的何氏宗族。據傳從個舊市大屯遷居本村,並由漢族融入哈尼族。第一世至二世之間未連名。本譜内容爲世系,至獎嘎凡五十八世。

本譜載於《哈尼族口傳文化譯註全集》第十三卷《紅河州哈尼族譜牒(四)》

[雲南元陽]白馬上寨羅忠全户譜牒 羅忠全(獎苗)背誦 李美亮搜集 2010年雲南民族出版社排印本 合册 哈漢雙文並註國際音標

該户屬自稱糯比的“車打然”宗族。由第一世“魯臺”由漢族融入哈尼族,並由第十世“蝦則”從本鄉嘎娘上寨村遷居本村。該譜牒采自譜主家存漢字手抄譜牒。本譜内容爲世系,至叶嚷凡十四世。

本譜載於《哈尼族口傳文化譯註全集》第十三卷《紅河州哈尼族譜牒(四)》

[雲南元陽]白馬上寨盧光户譜牒 盧光(獎嘎)背誦 李美亮搜集 2010年雲南民族出版社排印本 合册 哈漢雙文並註國際音標

該户屬自稱糯比的盧氏宗族。由第四十一世“謀嘎”從黄茅嶺鄉大山村委會遷入本村定居。第一世“奥麻”至第二十四世“武蘇篤”的譜牒與

本村何建户相同。第三十世至三十二世之間未連名。本譜内容爲世系，至嘎侯凡四十四世。

本譜載於《哈尼族口傳文化譯註全集》第十三卷《紅河州哈尼族譜牒（四）》

［雲南元陽］白馬上寨朱文亮户譜牒　朱文亮（嘎侯）背誦　李美亮搜集　2010年雲南民族出版社排印本　合册　哈漢雙文並註國際音標

該户屬自稱糯比的朱氏宗族。由第五十七世"謀嘎"從"薩我普"（今元陽縣攀枝花鄉洞浦村）遷入本村定居。第一世"奥麻"至第十八世"莫威墜"的譜牒與本村何建户相同。本譜内容爲世系，至侯糪凡五十九世。

本譜載於《哈尼族口傳文化譯註全集》第十三卷《紅河州哈尼族譜牒（四）》

［雲南元陽］白馬上寨張文春户譜牒　張文春（嚷韋）背誦　李美亮搜集　2010年雲南民族出版社排印本　合册　哈漢雙文並註國際音標

該户屬自稱糯比的張氏宗族。遷徙不詳。第一世"奥麻"至第三十一世"韋車"的譜牒與本村何建户相同。本譜内容爲世系，至韋侯凡五十八世。

本譜載於《哈尼族口傳文化譯註全集》第十三卷《紅河州哈尼族譜牒（四）》

［雲南元陽］白馬上寨高文順户譜牒　高文順（則韋）背誦　李美亮搜集　2010年雲南民族出版社排印本　合册　哈漢雙文並註國際音標

該户屬自稱糯比的"兵國然"宗族。從新街鎮中巧村遷入本村定居。第一世"奥麻"至第十八世"莫威墜"的譜牒與本村何建户相同。第三十九世至四十三世之間未連名。本譜内容爲世系，至韋侯凡六十六世。

本譜載於《哈尼族口傳文化譯註全集》第十三卷《紅河州哈尼族譜牒（四）》

［雲南元陽］白馬上寨李建户譜牒　李建（韋侯）背誦　李美亮搜集　2010年雲南民族出版社排印本　合册　哈漢雙文並註國際音標

該户屬自稱糯比的"美謙然"宗族。由第四十四世"齊省"從本鄉鳳港村遷入本村定居。第一世"奥麻"至第三十一世"韋車"的譜牒與本村何建户相同。本譜内容爲世系，至侯則凡五十二世。

本譜載於《哈尼族口傳文化譯註全集》第十三卷《紅河州哈尼族譜牒（四）》

［雲南元陽］白馬上寨馬建祥户譜牒　馬有金、馬建祥（苗省）背誦　李美亮搜集　2010年雲南民族出版社排印本　合册　哈漢雙文並註國際音標

該户屬自稱糯比的馬氏宗族。由第六十五世"嘎則"從新街鎮愛春村委會大魚塘村遷入本村定居。第一世"奥麻"至第十八世"莫威墜"的譜牒與本村何建户相同。第三十九世至四十世、第四十三世至四十五世、第四十六世至四十七世、第五十世至五十一世、第五十二世至五十三世、第五十六世至五十七世之間未連名。本譜内容爲世系，至省侯凡六十八世。

本譜載於《哈尼族口傳文化譯註全集》第十三卷《紅河州哈尼族譜牒（四）》

［雲南元陽］白馬上寨盧小六户譜牒　盧小六（熱則）背誦　李美亮搜集　2010年雲南民族出版社排印本　合册　哈漢雙文並註國際音標

該户屬自稱糯比的馬氏宗族。由第五十二世"簸熱"從新街鎮愛春村遷入本村定居。第一世"奥麻"至第二十四世"武蘇篤"的譜牒與本村何建户相同。第三十一世至三十三世、第四十二世至四十三世之間未連名。本譜内容爲世系，至則侯凡五十四世。

本譜載於《哈尼族口傳文化譯註全集》第十三卷《紅河州哈尼族譜牒（四）》

［雲南元陽］白馬上寨王文寬户譜牒　馬有金、王文寬（則薩）背誦　李美亮搜集　2010年雲南民族出版社排印本　合册　哈漢雙文並註國際音標

該户屬自稱糯比的王氏宗族。由第六十四世"舉熱"從新街鎮愛春村委會大魚塘村遷入本村定居，據傳該户由第五十九世"宗則"從漢族融入哈尼族。第一世"奥麻"至第十八世"莫威墜"的譜牒與本村何建户相同。第三十五世至三十六

世、第三十九世至四十一世、第四十三世至四十四世、第四十五世至四十六世、第五十四世至五十五世之間未連名。本譜内容爲世系,至薩圖凡六十七世。

本譜載於《哈尼族口傳文化譯註全集》第十三卷《紅河州哈尼族譜牒(四)》

[雲南元陽]蘆猜寨李文昌户譜牒 高順庭背誦 李美亮搜集 2010年雲南民族出版社排印本 合册 哈漢雙文並註國際音標

該户屬自稱糯比的"美謙然"宗族。遷徙不詳。第一世至二世、第四十世至四十二世之間未連名。本譜内容爲世系,至蝦省凡五十七世。第五十六世籛蝦爲譜主,常用名李文昌。

本譜載於《哈尼族口傳文化譯註全集》第十三卷《紅河州哈尼族譜牒(四)》

[雲南元陽]蘆猜寨馬建祥户譜牒 馬建祥(嘎董)、馬有金背誦 李美亮搜集 2010年雲南民族出版社排印本 合册 哈漢雙文並註國際音標

該户屬自稱糯比的馬氏宗族。由第六十五世"嘎薩"從新街鎮愛春村委會大魚塘村遷入本村定居。第一世"奥麻"至第十八世"莫威墜"的譜牒與本村李文昌户相同。第三十九世至四十世、第四十三世至四十五世、第四十六世至四十七世、第五十世至五十一世、第五十二世至五十三世、第五十六世至五十七世之間未連名。本譜内容爲世系,至熱薩凡七十一世。

本譜載於《哈尼族口傳文化譯註全集》第十三卷《紅河州哈尼族譜牒(四)》

[雲南元陽]蘆猜寨伍朝明户譜牒 伍朝明(嚷礱)背誦 李美亮搜集 2010年雲南民族出版社排印本 合册 哈漢雙文並註國際音標

該户屬自稱糯比的"美濤然"宗族。由第四十八世"我墜"從本鄉大伍寨村遷入本村定居。第一世"奥麻"至第三十二世"車墜"的譜牒與本村李文昌户相同。第四十六世至四十八世之間未連名。本譜内容爲世系,至礱井凡五十九世。

本譜載於《哈尼族口傳文化譯註全集》第十三卷《紅河州哈尼族譜牒(四)》

[雲南元陽]蘆猜寨張三户譜牒 張三(蝦熱)背誦 李美亮搜集 2010年雲南民族出版社排印本 合册 哈漢雙文並註國際音標

該户屬自稱糯比的張氏宗族。由第五十二世"野嘎"從新街鎮新寨村委會拋竹寨遷入本村定居。第一世"奥麻"至第三十二世"車墜"的譜牒與本村李文昌户相同。本譜内容爲世系,至熱獎凡五十六世。

本譜載於《哈尼族口傳文化譯註全集》第十三卷《紅河州哈尼族譜牒(四)》

[雲南元陽]蘆猜寨高瑞庭户譜牒 高瑞庭(礱嚷)背誦 李美亮搜集 2010年雲南民族出版社排印本 合册 哈漢雙文並註國際音標

該户屬自稱糯比的高氏宗族。由第四十八世"整雌"從新街鎮中巧村遷入本村定居。第一世"奥麻"至第十八世"莫威墜"的譜牒與本村李文昌户相同。第三十九世至四十世、第四十一世至四十三世之間未連名。本譜内容爲世系,至韋濤凡六十三世。

本譜載於《哈尼族口傳文化譯註全集》第十三卷《紅河州哈尼族譜牒(四)》

[雲南元陽]嘎娘上寨羅建華户譜牒 羅建華(苗取)背誦 李美亮搜集 2010年雲南民族出版社排印本 合册 哈漢雙文並註國際音標

該户屬自稱糯比的"車打然"宗族。由第四十八世"閏苟"從個舊市賈山遷入本村定居。第一世至二世之間未連名。本譜内容爲世系,至圖寶凡五十九世。

本譜載於《哈尼族口傳文化譯註全集》第十三卷《紅河州哈尼族譜牒(四)》

[雲南元陽]嘎娘上寨楊玉元户譜牒 楊玉元(省謀)背誦 李美亮搜集 2010年雲南民族出版社排印本 合册 哈漢雙文並註國際音標

該户屬自稱糯比的"美捻然"宗族。是本村的建寨宗支之一,第三十一世"車打"是最早遷入本

村定居者。第一世“奧麻”至第二十五世“篤歐”的譜牒與本村羅建華户相同。本譜内容爲世系，至謀高凡四十九世。

本譜載於《哈尼族口傳文化譯註全集》第十三卷《紅河州哈尼族譜牒(四)》

[雲南元陽]嘎娘上寨普紹兵户譜牒　普紹兵(嚷侯)背誦　李美亮搜集　2010年雲南民族出版社排印本　合册　哈漢雙文並註國際音標

該户屬自稱糯美的普氏宗族。遷徙不詳。第一世“奧麻”至第二十二世“媽登達”(有譜爲貓東達)的譜牒與本村羅建華户相同。本譜内容爲世系，至嚷侯凡六十世。

本譜載於《哈尼族口傳文化譯註全集》第十三卷《紅河州哈尼族譜牒(四)》

[雲南元陽]嘎娘上寨李貴福户譜牒　李貴福(礱熱)背誦　李美亮搜集　2010年雲南民族出版社排印本　合册　哈漢雙文並註國際音標

該户屬自稱糯比的“美謙然”宗族。由第五十三世“舉礱”從攀枝花鄉一碗水村遷入本村定居。第一世“奧麻”至第二十三世“達武蘇”的譜牒與本村羅建華户相同。第三十三世至三十六世、第三十九世至四十世、第四十一世至四十二世之間未連名。本譜内容爲世系，至濤省凡五十六世。

本譜載於《哈尼族口傳文化譯註全集》第十三卷《紅河州哈尼族譜牒(四)》

[雲南元陽]嘎娘上寨龍文賢户譜牒　龍文賢(省嚷)背誦　李美亮搜集　2010年雲南民族出版社排印本　合册　哈漢雙文並註國際音標

該户屬自稱糯比的“貓然”宗族。從本鄉龍克村委會新嘎娘村遷入本村定居。第一世“奧麻”至第十八世“莫威墜”的譜牒與本村羅建華户相同。本譜内容爲世系，至則圖凡五十五世。

本譜載於《哈尼族口傳文化譯註全集》第十三卷《紅河州哈尼族譜牒(四)》

[雲南元陽]嘎娘上寨高正興户譜牒　高正興(蝦熱)背誦　李美亮搜集　2010年雲南民族出版社排印本　合册　哈漢雙文並註國際音標

該户屬自稱糯美的高氏宗族。由第五十六世“蝦熱”從上新城鄉瓦灰城村遷入本村定居。第一世“奧麻”至第二十二世“媽登達”(有譜爲貓東達)的譜牒與本村羅建華户相同。本譜内容爲世系，至熱韋凡五十七世。

本譜載於《哈尼族口傳文化譯註全集》第十三卷《紅河州哈尼族譜牒(四)》

[雲南元陽]嘎娘上寨盧玉和户譜牒　盧玉昌背誦　李美亮搜集　2010年雲南民族出版社排印本　合册　哈漢雙文並註國際音標

該户屬自稱糯比的盧氏宗族。由第三十六世“苗則”從新街鎮麻栗寨村遷入本村定居。第一世“奧麻”至第二十六世“歐車”的譜牒與本村羅建華户相同。本譜内容爲世系，至博侯凡四十一世。第三十九世省嘎爲譜主，常用名盧玉和。

本譜載於《哈尼族口傳文化譯註全集》第十三卷《紅河州哈尼族譜牒(四)》

[雲南元陽]嘎娘上寨曹文强户譜牒　曹文强(斗謀)背誦　李美亮搜集　2010年雲南民族出版社排印本　合册　哈漢雙文並註國際音標

該户屬自稱糯美的曹氏宗族。由第五十五世“斗謀”從上新城鄉哈卡村遷入本村定居。第一世“奧麻”至第二十二世“媽登達”(有譜爲貓東達)的譜牒與本村羅建華户相同。本譜内容爲世系，至謀董凡五十六世。

本譜載於《哈尼族口傳文化譯註全集》第十三卷《紅河州哈尼族譜牒(四)》

[雲南元陽]嘎娘上寨張有興户譜牒　張有興(省野)背誦　李美亮搜集　2010年雲南民族出版社排印本　合册　哈漢雙文並註國際音標

該户屬自稱糯比的張氏宗族。由第五十三世“省野”從新街鎮新寨村委會拋竹老寨遷入嘎娘鄉本村定居。第一世“奧麻”至第十八世“莫威墜”的譜牒與本村羅建華户相同，並與新街鎮新寨村委會拋竹新寨張六昌家族共祖第五十世“薩簸”。本譜内容爲世系，至野則凡五十四世。“野則”之後還有一世，但尚未取父子連名。

本譜載於《哈尼族口傳文化譯註全集》第十三卷《紅河州哈尼族譜牒（四）》

［雲南元陽］上廣坪村張正和户譜牒　白正興背誦　馬金濤、李美亮搜集　2011 年雲南民族出版社排印本　合册　哈漢雙文並註國際音標

該户屬自稱愛俣的“斗們然”宗支。是本村的建寨宗支，遷徙不詳。第一世至二世、第八世至九世之間未連名。本譜内容爲世系，至則野凡五十五世。則野爲譜主，常用名張正和。

本譜載於《哈尼族口傳文化譯註全集》第十四卷《紅河州哈尼族譜牒（五）》

［雲南元陽］上廣坪村李正明户譜牒　白正興背誦　馬金濤、李美亮搜集　2011 年雲南民族出版社排印本　合册　哈漢雙文並註國際音標

該户屬自稱愛俣的“野期然”宗支。遷徙不詳。第一世“奥瑪”至第二十三世“博冷批”的譜牒與本村張正和户相同。第四十三世至四十四世之間未連名。本譜内容爲世系，至則簸凡五十九世。則簸爲譜主，常用名李正明。

本譜載於《哈尼族口傳文化譯註全集》第十四卷《紅河州哈尼族譜牒（五）》

［雲南元陽］上廣坪村馬批後户譜牒　白正發背誦　馬金濤、李美亮搜集　2011 年雲南民族出版社排印本　合册　哈漢雙文並註國際音標

該户屬自稱愛俣的“毛平然”宗支。第一世“奥瑪”至第二十二世“墜童博”的譜牒與本村張正和户相同。第四十七世至四十八世之間未連名。本譜内容爲世系，至則仍凡四十八世。則仍爲譜主，常用名馬批後。

本譜載於《哈尼族口傳文化譯註全集》第十四卷《紅河州哈尼族譜牒（五）》

［雲南元陽］上廣坪村白中後户譜牒　白正發背誦　馬金濤、李美亮搜集　2011 年雲南民族出版社排印本　合册　哈漢雙文並註國際音標

該户屬自稱愛俣的“克甲然”宗支。第一世“奥瑪”至第二十二世“墜童博”的譜牒與本村張正和户相同。本譜内容爲世系，至熱侯凡五十六世。熱侯爲譜主，常用名白中後。

本譜載於《哈尼族口傳文化譯註全集》第十四卷《紅河州哈尼族譜牒（五）》

［雲南元陽］上廣坪村羅正興户譜牒　白正發背誦　馬金濤、李美亮搜集　2011 年雲南民族出版社排印本　合册　哈漢雙文並註國際音標

該户屬自稱愛俣的“哦塘然”宗支。第一世“奥瑪”至第二十一世“莫威墜”的譜牒與本村張正和户相同。第四十八世至四十九世之間未連名。本譜内容爲世系，至門薩凡六十一世。門薩爲譜主，常用名羅正興。

本譜載於《哈尼族口傳文化譯註全集》第十四卷《紅河州哈尼族譜牒（五）》

［雲南元陽］新廣坪村馬文興户譜牒　白正興背誦　馬金濤、李美亮搜集　2011 年雲南民族出版社排印本　合册　哈漢雙文並註國際音標

該户屬自稱愛俣的“毛平然”宗支。遷徙不詳。第六十六世“宗福”和第六十七世“宗薩”爲同胞兄弟。第四十四世至四十五世之間未連名。本譜内容爲世系，至薩木凡六十八世。薩木爲譜主，常用名馬文興。

本譜載於《哈尼族口傳文化譯註全集》第十四卷《紅河州哈尼族譜牒（五）》

［雲南元陽］新廣坪村白建忠户譜牒　白正興背誦　馬金濤、李美亮搜集　2011 年雲南民族出版社排印本　合册　哈漢雙文並註國際音標

該户屬自稱愛俣的“克甲然”宗支。遷徙不詳。第五十五世“宗木”和第五十六世“宗嘎”爲同胞兄弟。第一世“奥瑪”至第三十二世“打冷儂”的譜牒與本村馬文興户相同。本譜内容爲世系，至熱矮凡六十四世。熱矮爲譜主，常用名白建忠。

本譜載於《哈尼族口傳文化譯註全集》第十四卷《紅河州哈尼族譜牒（五）》

[雲南元陽]新廣坪村李正學户譜牒　白正興背誦　馬金濤、李美亮搜集　2011年雲南民族出版社排印本　合册　哈漢雙文並註國際音標

該户屬自稱愛倮的"鴻增然"宗支。遷徙不詳。第一世"奥瑪"至第二十一世"莫威墜"的譜牒與本村馬文興户相同。第四十七世至四十八世、第五十一世至五十二世之間未連名。本譜内容爲世系,至矮打凡六十二世。矮打爲譜主,常用名李正學。

本譜載於《哈尼族口傳文化譯註全集》第十四卷《紅河州哈尼族譜牒(五)》

[雲南元陽]新廣坪村羅興榮户譜牒　白正興背誦　馬金濤、李美亮搜集　2011年雲南民族出版社排印本　合册　哈漢雙文並註國際音標

該户屬自稱愛倮的"哦塘然"宗支。遷徙不詳。第一世"奥瑪"至第二十一世"莫威墜"的譜牒與本村馬文興户相同。第四十八世至四十九世之間未連名。本譜内容爲世系,至簸侯凡六十一世。第五十九世軌侯爲譜主,常用名羅興榮。

本譜載於《哈尼族口傳文化譯註全集》第十四卷《紅河州哈尼族譜牒(五)》

[雲南元陽]新廣坪村龍光明户譜牒　白正興背誦　馬金濤、李美亮搜集　2011年雲南民族出版社排印本　合册　哈漢雙文並註國際音標

該户屬自稱愛倮的"晗彤然"宗支。遷徙不詳。第一世"奥瑪"至第二十一世"莫威墜"的譜牒與本村馬文興户相同。第三十五世至三十六世、第四十一世至四十二世、第五十世至五十一世、第五十二世至五十三世之間未連名。本譜内容爲世系,至仍侯凡五十三世。仍侯爲譜主,常用名龍光明。

本譜載於《哈尼族口傳文化譯註全集》第十四卷《紅河州哈尼族譜牒(五)》

[雲南元陽]新廣坪村楊正明户譜牒　白正興背誦　馬金濤、李美亮搜集　2011年雲南民族出版社排印本　合册　哈漢雙文並註國際音標

該户屬自稱愛倮的"瑪你然"宗支。遷徙不詳。第一世"奥瑪"至第二十一世"莫威墜"的譜牒與本村馬文興户相同。第三十六世至三十八世之間未連名。本譜内容爲世系,至熱薩凡六十六世。熱薩爲譜主,常用名楊正明。

本譜載於《哈尼族口傳文化譯註全集》第十四卷《紅河州哈尼族譜牒(五)》

[雲南元陽]新廣坪村盧紹有户譜牒　白正發背誦　馬金濤、李美亮搜集　2011年雲南民族出版社排印本　合册　哈漢雙文並註國際音標

該户屬自稱愛倮的"窩妮然"宗支。遷徙不詳。第一世"奥瑪"至第二十一世"莫威墜"的譜牒與本村馬文興户相同。第四十七世至四十八世、第五十一世至五十二世之間未連名。本譜内容爲世系,至舉嘎凡六十七世。舉嘎爲譜主,常用名盧紹有。

本譜載於《哈尼族口傳文化譯註全集》第十四卷《紅河州哈尼族譜牒(五)》

[雲南元陽]下廣坪上寨李正光户譜牒　李正光(則礱)背誦　馬金濤、李美亮搜集　2011年雲南民族出版社排印本　合册　哈漢雙文並註國際音標

該户屬自稱愛倮的"扎增然"宗支。是本村的建寨宗支,由第五十六世"門打"從本鎮主魯村遷入土鍋寨村委會大魚塘村,由第六十一世"則門"從土鍋寨村委會大魚塘村遷入本村定居。第一世至二世、第八世至九世、第五十一世至五十二世、第五十八世至五十九世之間未連名。本譜内容爲世系,至薩礱凡六十五世。

本譜載於《哈尼族口傳文化譯註全集》第十四卷《紅河州哈尼族譜牒(五)》

[雲南元陽]下廣坪上寨龍正興户譜牒　白正發背誦　馬金濤、李美亮搜集　2011年雲南民族出版社排印本　合册　哈漢雙文並註國際音標

該户屬自稱愛倮的"晗彤然"宗支。遷徙不詳。第一世"奥瑪"至第二十一世"莫威墜"(有譜爲十八世)的譜牒與本村李正光户相同。本譜内容爲世系,至野薩凡五十八世。野薩爲譜主,常用名龍

正興。

本譜載於《哈尼族口傳文化譯註全集》第十四卷《紅河州哈尼族譜牒(五)》

[雲南元陽]下廣坪上寨李龍則户譜牒 李興文背誦 李美亮搜集 2011年雲南民族出版社排印本 合册 哈漢雙文並註國際音標

該户屬自稱愛倮的"娘批然"宗支。第一世"奥瑪"至第七世"匈能"的譜牒與本村李正光户相同。本譜内容爲世系,至礱則凡六十三世。礱則爲譜主,常用名李龍則。

本譜載於《哈尼族口傳文化譯註全集》第十四卷《紅河州哈尼族譜牒(五)》

[雲南元陽]下廣坪下寨龍正祥户譜牒 白正發背誦 馬金濤、李美亮搜集 2011年雲南民族出版社排印本 合册 哈漢雙文並註國際音標

該户屬自稱愛倮的龍氏"晗彤然"宗支。由第六十世"侯韋"從本村委會舊寨遷入本村定居。第一世至二世、第八世至九世、第三十五世至三十六世、第四十一世至四十二世之間未連名。本譜内容爲世系,至韋主凡六十一世。第六十世侯韋爲譜主,常用名龍正祥。

本譜載於《哈尼族口傳文化譯註全集》第十四卷《紅河州哈尼族譜牒(五)》

[雲南元陽]下廣坪下寨羅小三户譜牒 羅小三(牛薩)背誦 馬金濤、李美亮搜集 2011年雲南民族出版社排印本 合册 哈漢雙文並註國際音標

該户屬自稱愛倮的龍氏(注: 原書如此)"窩塘然"宗支。遷徙不詳。第一世"奥瑪"至第二十一世"莫威墜"的譜牒與本村龍正祥户相同。第四十八世至五十世、第五十三世至五十四世、第五十六世至五十九世之間未連名。本譜内容爲世系,至童薩凡五十九世。

本譜載於《哈尼族口傳文化譯註全集》第十四卷《紅河州哈尼族譜牒(五)》

[雲南元陽]下廣坪下寨李文和户譜牒 白正發背誦 馬金濤、李美亮搜集 2011年雲南民族出版社排印本 合册 哈漢雙文並註國際音標

該户屬自稱愛倮的龍氏(注: 原書如此)"鴻增然"宗支。遷徙不詳。第一世"奥瑪"至第二十二世"墜童博"的譜牒與本村龍正祥户相同。本譜内容爲世系,至宗培凡五十五世。宗培爲譜主,常用名李文和。

本譜載於《哈尼族口傳文化譯註全集》第十四卷《紅河州哈尼族譜牒(五)》

[雲南元陽]下廣坪下寨馬文亮户譜牒 白正發背誦 馬金濤、李美亮搜集 2011年雲南民族出版社排印本 合册 哈漢雙文並註國際音標

該户屬自稱愛倮的"毛平然"宗支。遷徙不詳。第一世"奥瑪"至第二十二世"墜童博"的譜牒與本村龍正祥户相同。本譜内容爲世系,至薩嘎凡四十九世。薩嘎爲譜主,常用名馬文亮。

本譜載於《哈尼族口傳文化譯註全集》第十四卷《紅河州哈尼族譜牒(五)》

[雲南元陽]金竹寨盧沙魯户譜牒 李興文背誦 李美亮搜集 2011年雲南民族出版社排印本 合册 哈漢雙文並註國際音標

該户屬自稱愛倮的"翁鳥然"宗支。從本鎮麻栗寨村經水卜龍村委會棕匹上寨遷入本村定居。第一世至二世、第八世至九世、第四十七世至四十九世、第五十二世至五十三世之間未連名。本譜内容爲世系,至薩魯凡六十七世。薩魯爲譜主,常用名盧沙魯。

本譜載於《哈尼族口傳文化譯註全集》第十四卷《紅河州哈尼族譜牒(五)》

[雲南元陽]金竹寨龍應户譜牒 李興文背誦 李美亮搜集 2011年雲南民族出版社排印本 合册 哈漢雙文並註國際音標

該户屬自稱愛倮的"晗彤然"宗支。是本村的建寨宗支,遷徙不詳。第一世"奥瑪"至第七世"匈能"的譜牒與本村盧沙魯户相同。第八世至九世、第四十一世至四十二世、第四十四世至四十五世、第五十五世至五十七世之間未連名。本譜

内容爲世系，至磐熱凡五十七世。磐熱爲譜主，常用名龍應。

本譜載於《哈尼族口傳文化譯註全集》第十四卷《紅河州哈尼族譜牒（五）》

[雲南元陽]金竹寨李永明户譜牒　白正發背誦　馬金濤、李美亮搜集　2011年雲南民族出版社排印本　合册　哈漢雙文並註國際音標

該户屬自稱愛倮的"阿努努然"宗支。遷徙不詳。第一世"奥瑪"至第二十一世"莫威墜"的譜牒與本村盧沙魯户相同。第三十六世至三十七世、第四十六世至四十八世之間未連名。本譜内容爲世系，至福矮凡六十四世。福矮爲譜主，常用名李永明。

本譜載於《哈尼族口傳文化譯註全集》第十四卷《紅河州哈尼族譜牒（五）》

[雲南元陽]金竹寨白正興户譜牒　白正發背誦　馬金濤、李美亮搜集　2011年雲南民族出版社排印本　合册　哈漢雙文並註國際音標

該户屬自稱愛倮的"克甲然"宗支。遷徙不詳。第一世"奥瑪"至第二十一世"莫威墜"的譜牒與本村盧沙魯户相同。第四十一世至四十二世、第五十一世至五十三世、第五十七世至五十八世之間未連名。本譜内容爲世系，至打薩共六十三世。打薩爲譜主，常用名白正興。

本譜載於《哈尼族口傳文化譯註全集》第十四卷《紅河州哈尼族譜牒（五）》

[雲南元陽]金竹寨楊小二户譜牒　白正發背誦　馬金濤、李美亮搜集　2011年雲南民族出版社排印本　合册　哈漢雙文並註國際音標

該户屬自稱愛倮的"瑪你然"宗支。遷徙不詳。第一世"奥瑪"至第二十一世"莫威墜"的譜牒與本村盧沙魯户相同。第三十七世至三十九世之間未連名。本譜内容爲世系，至嘎野凡六十三世。嘎野爲譜主，常用名楊小二。

本譜載於《哈尼族口傳文化譯註全集》第十四卷《紅河州哈尼族譜牒（五）》

[雲南元陽]舊寨龍正祥户譜牒　龍正祥（嬈舉）背誦　馬金濤、李美亮搜集　2011年雲南民族出版社排印本　合册　哈漢雙文並註國際音標

該户屬自稱愛倮的"晗彤然"宗支。是本村的建寨宗支，遷徙不詳。第一世至二世、第八世至九世、第三十五世至三十六世、第四十一世至四十二世、第四十九世至五十世之間未連名。本譜内容爲世系，至嬈舉凡六十二世。

本譜載於《哈尼族口傳文化譯註全集》第十四卷《紅河州哈尼族譜牒（五）》

[雲南元陽]舊寨盧文興户譜牒　盧文興（侯朵）背誦　馬金濤、李美亮搜集　2011年雲南民族出版社排印本　合册　哈漢雙文並註國際音標

該户屬自稱愛倮的"窩你然"宗支。第一世"奥瑪"至第二十二世"墜童博"的譜牒與本村龍正祥户相同。第四十六世至四十七世之間未連名。本譜内容爲世系，至侯朵凡六十四世。

本譜載於《哈尼族口傳文化譯註全集》第十四卷《紅河州哈尼族譜牒（五）》

[雲南元陽]舊寨羅强户譜牒　羅小三背誦　馬金濤、李美亮搜集　2011年雲南民族出版社排印本　合册　哈漢雙文並註國際音標

該户屬自稱愛倮的"哦塘然"宗支。第一世"奥瑪"至第二十二世"墜童博"的譜牒與本村龍正祥户相同。第四十六世至四十七世、第五十五世至五十九世之間未連名。本譜内容爲世系，至宗取凡六十世。宗取爲譜主，常用名羅强。

本譜載於《哈尼族口傳文化譯註全集》第十四卷《紅河州哈尼族譜牒（五）》

[雲南元陽]老峰寨大寨李忠後户譜牒　白正發背誦　馬金濤、李美亮搜集　2011年雲南民族出版社排印本　合册　哈漢雙文並註國際音標

該户屬自稱愛倮的"野期然"宗支。遷徙不詳。第一世至二世、第八世至九世、第四十三世至四十四世之間未連名。本譜内容爲世系，至宗侯凡六十一世。宗侯爲譜主，常用名李忠後。

本譜載於《哈尼族口傳文化譯註全集》第十四

卷《紅河州哈尼族譜牒(五)》

[雲南元陽]老峰寨大寨盧萬明户譜牒 李興文背誦 李美亮搜集 2011年雲南民族出版社排印本 合册 哈漢雙文並註國際音標

該户屬自稱愛倮的"翁鳥然"宗支。遷徙不詳。第一世"奥瑪"至第二十一世"莫威墜"的譜牒與本村李忠後户相同。第四十五世至四十六世、第五十世至五十一世、第五十六世至五十七世之間未連名。本譜内容爲世系,至矮薩凡六十三世。盧萬明爲譜主,矮薩之子。

本譜載於《哈尼族口傳文化譯註全集》第十四卷《紅河州哈尼族譜牒(五)》

[雲南元陽]老峰寨大寨白志忠户譜牒 白正發背誦 馬金濤、李美亮搜集 2011年雲南民族出版社排印本 合册 哈漢雙文並註國際音標

該户屬自稱愛倮的"克甲然"宗支。遷徙不詳。第一世"奥瑪"至第二十二世"墜童博"的譜牒與本村李忠後户相同。第三十世至三十一世、第四十二世至四十三世、第五十二世至五十四世之間未連名。本譜内容爲世系,至門侯凡六十六世。門侯爲譜主,常用名白志忠。

本譜載於《哈尼族口傳文化譯註全集》第十四卷《紅河州哈尼族譜牒(五)》

[雲南元陽]老峰寨大寨高文玉户譜牒 高文玉(嘎木)背誦 馬金濤搜集 2011年雲南民族出版社排印本 合册 哈漢雙文並註國際音標

該户屬自稱"兵國然"宗支。遷徙不詳。第一世"奥瑪"至第二十二世"墜童博"的譜牒與本村李忠後户相同。本譜内容爲世系,至嚷野凡五十二世。

本譜載於《哈尼族口傳文化譯註全集》第十四卷《紅河州哈尼族譜牒(五)》

[雲南元陽]老峰寨大寨朱玉學户譜牒 朱玉學(嘎簸)背誦 馬金濤、李美亮搜集 2011年雲南民族出版社排印本 合册 哈漢雙文並註國際音標

該户屬自稱愛倮的"賢儂然"宗支。由第四十六世"簸木"從本鎮陳安村遷入本村定居。第一世"奥瑪"至第二十二世"墜童博"的譜牒與本村李忠後户相同。本譜内容爲世系,至簸門凡四十九世。

本譜載於《哈尼族口傳文化譯註全集》第十四卷《紅河州哈尼族譜牒(五)》

[雲南元陽]老峰寨大寨龍志新户譜牒 龍志新(門仍)背誦 馬金濤、李美亮搜集 2011年雲南民族出版社排印本 合册 哈漢雙文並註國際音標

該户屬自稱"晗彤然"宗支。遷徙不詳。第一世"奥瑪"至第二十二世"墜童博"的譜牒與本村李忠後户相同。第三十五世至三十六世、第四十一世至四十二世之間未連名。本譜内容爲世系,至門仍凡五十七世。

本譜載於《哈尼族口傳文化譯註全集》第十四卷《紅河州哈尼族譜牒(五)》

[雲南元陽]陳安大寨李正光户譜牒 李世榮背誦 李澤光、李美亮搜集 2011年雲南民族出版社排印本 合册 哈漢雙文並註國際音標

該户屬自稱愛倮的"阿努努瑪然"宗支。遷徙不詳。第一世至二世、第八世至九世、第二十八世至二十九世、第四十七世至四十九世、第五十九世至六十世、第六十一世至六十二世、第六十五世至六十六世之間未連名。本譜内容爲世系,至簸則凡七十六世。第七十五世侯則爲譜主,常用名李正光。

本譜載於《哈尼族口傳文化譯註全集》第十四卷《紅河州哈尼族譜牒(五)》

[雲南元陽]陳安大寨李小二户譜牒 李沙同背誦 李澤光搜集 2011年雲南民族出版社排印本 合册 哈漢雙文並註國際音標

該户屬自稱愛倮的"阿努努然"宗支。遷徙不詳。第一世"奥瑪"至第五十二世"薩則"的譜牒與本村李正光户相同。本譜内容爲世系,至讋芳凡七十五世。第七十四世讋羅爲譜主,常用名李

小二。

本譜載於《哈尼族口傳文化譯註全集》第十四卷《紅河州哈尼族譜牒(五)》

[雲南元陽]陳安大寨陳躍武户譜牒　陳國芳背誦　李澤光、李美亮搜集　2011年雲南民族出版社排印本　合册　哈漢雙文並註國際音標

該户屬自稱愛保的"春依然"宗支。遷徙不詳。第一世"奥瑪"至第十八世"烏鴻然"的譜牒與本村李正光户相同。本譜内容爲世系,至矮省凡六十六世。第六十五世門矮爲譜主,常用名陳躍武。

本譜載於《哈尼族口傳文化譯註全集》第十四卷《紅河州哈尼族譜牒(五)》

[雲南元陽]陳安大寨李正玉户譜牒　李沙同背誦　李澤光搜集　2011年雲南民族出版社排印本　合册　哈漢雙文並註國際音標

該户屬自稱愛保的"野期然"宗支。遷徙不詳。第一世"奥瑪"至第二十一世"莫威墜"的譜牒與本村李正光户相同。本譜内容爲世系,至矮謀凡五十五世。第五十四世熱矮爲譜主,常用名李正玉。

本譜載於《哈尼族口傳文化譯註全集》第十四卷《紅河州哈尼族譜牒(五)》

[雲南元陽]陳安大寨徐正學户譜牒　徐干惹背誦　李澤光搜集　2011年雲南民族出版社排印本　合册　哈漢雙文並註國際音標

該户屬自稱愛保的"賢依然"宗支。遷徙不詳。第一世"奥瑪"至第三十六"文儂"的譜牒與本村李正光户相同。第三十九世至四十世、第四十一世至四十二世、第四十六世至四十七世、第五十世至五十三世、第五十五世至五十六世、第五十九世至六十一世、第六十二世至六十四世之間未連名。本譜内容爲世系,至侯則凡六十八世。第六十七世野侯爲譜主,常用名徐正學。

本譜載於《哈尼族口傳文化譯註全集》第十四卷《紅河州哈尼族譜牒(五)》

[雲南元陽]陳安大寨李文榮户譜牒　李文榮(嚷則)背誦　李澤光搜集　2011年雲南民族出版社排印本　合册　哈漢雙文並註國際音標

該户屬自稱愛保的"烏批然"宗支。遷徙不詳。第一世"奥瑪"至第二十一世"莫威墜"的譜牒與本村李正光户相同。本譜内容爲世系,至則野凡五十九世。

本譜載於《哈尼族口傳文化譯註全集》第十四卷《紅河州哈尼族譜牒(五)》

[雲南元陽]陳安大寨盧正昌户譜牒　李國芳背誦　李澤光搜集　2011年雲南民族出版社排印本　合册　哈漢雙文並註國際音標

該户屬自稱愛保的"窩妮然"宗支。遷徙不詳。第一世"奥瑪"至第二十一世"莫威墜"的譜牒與本村李正光户相同。本譜内容爲世系,至嘎嚷凡七十世。

本譜載於《哈尼族口傳文化譯註全集》第十四卷《紅河州哈尼族譜牒(五)》

[雲南元陽]陳安大寨朱有明户譜牒　李等侯背誦　李澤光搜集　2011年雲南民族出版社排印本　合册　哈漢雙文並註國際音標

該户屬自稱愛保的"兵松然"宗支。遷徙不詳。第一世"奥瑪"至第二十一世"莫佐堵"的譜牒與本村李正光户相同。本譜内容爲世系,至野嘎凡五十八世。第五十六世忍則爲譜主,常用名朱有明。

本譜載於《哈尼族口傳文化譯註全集》第十四卷《紅河州哈尼族譜牒(五)》

[雲南元陽]陳安大寨吴劍户譜牒　李世榮背誦　李澤光搜集　2011年雲南民族出版社排印本　合册　哈漢雙文並註國際音標

該户屬自稱愛保的"阿迪然"宗支。遷徙不詳。第一世"奥瑪"至第二十一世"莫佐堵"的譜牒與本村李正光户相同。本譜内容爲世系,至主侯凡七十六世。主侯爲譜主,常用名吴劍。

本譜載於《哈尼族口傳文化譯註全集》第十四卷《紅河州哈尼族譜牒(五)》

[雲南元陽]陳安大寨白小二户譜牒　李世榮背誦　李澤光搜集　2011年雲南民族出版社排印本　合册　哈漢雙文並註國際音標

該户屬自稱"克甲然"宗支。遷徙不詳。第一世"奥瑪"至第十八世"烏鴻然"的譜牒與本村李正光户相同。第四十六世至五十四世、第五十五世至五十八世之間未連名。本譜内容爲世系,至魯仆凡六十二世。第六十世薩忍爲譜主,常用名白小二。

本譜載於《哈尼族口傳文化譯註全集》第十四卷《紅河州哈尼族譜牒(五)》

[雲南元陽]陳安大寨張建明户譜牒　李世榮背誦　李澤光搜集　2011年雲南民族出版社排印本　合册　哈漢雙文並註國際音標

該户屬自稱愛倮的"斗們然"宗支。遷徙不詳。第一世"奥瑪"至第二十一世"莫威墜"的譜牒與本村李正光户相同。本譜内容爲世系,至門野凡五十九世。第五十八世魯門爲譜主,常用名張建明。

本譜載於《哈尼族口傳文化譯註全集》第十四卷《紅河州哈尼族譜牒(五)》

[雲南元陽]陳安大寨曹文忠户譜牒　陳國芳背誦　李澤光搜集　2011年雲南民族出版社排印本　合册　哈漢雙文並註國際音標

該户屬自稱愛倮的曹氏宗支。遷徙不詳。第一世"奥瑪"至第十八世"烏鴻然"的譜牒與本村李正光户相同。本譜内容爲世系,至野青凡五十八世。第五十六世宗省爲譜主,常用名曹文忠。

本譜載於《哈尼族口傳文化譯註全集》第十四卷《紅河州哈尼族譜牒(五)》

[雲南元陽]陳安大寨羅忠華户譜牒　陳國芳背誦　李澤光搜集　2011年雲南民族出版社排印本　合册　哈漢雙文並註國際音標

該户屬自稱愛倮的"烏松然"宗支。遷徙不詳。第一世"奥瑪"至第二十一世"莫威墜"的譜牒與本村李正光户相同。本譜内容爲世系,至則木凡五十五世。第五十三世簸舉爲譜主,常用名羅忠華。

本譜載於《哈尼族口傳文化譯註全集》第十四卷《紅河州哈尼族譜牒(五)》

[雲南元陽]陳安大寨馬偉忠户譜牒　陳國芳背誦　李澤光搜集　2011年雲南民族出版社排印本　合册　哈漢雙文並註國際音標

該户屬自稱愛倮的"毛平然"宗支。遷徙不詳。第一世"奥瑪"至第二十四世"散魯白"的譜牒與本村李正光户相同。本譜内容爲世系,至門仆凡五十九世。

本譜載於《哈尼族口傳文化譯註全集》第十四卷《紅河州哈尼族譜牒(五)》

[雲南元陽]陳安大寨李金明户譜牒　陳國芳背誦　李澤光、李美亮搜集　2011年雲南民族出版社排印本　合册　哈漢雙文並註國際音標

該户屬自稱愛倮的"鴻增然"宗支。遷徙不詳。第一世"奥瑪"至第二十一世"莫威墜"的譜牒與本村李正光户相同。本譜内容爲世系,至魯則凡六十一世。第六十世帕魯爲譜主,常用名李金明。

本譜載於《哈尼族口傳文化譯註全集》第十四卷《紅河州哈尼族譜牒(五)》

[雲南元陽]黄草嶺村李萬祥户譜牒　李興文背誦　李美亮搜集　2011年雲南民族出版社排印本　合册　哈漢雙文並註國際音標

該户屬自稱愛倮的"烏批然"宗支。從本鎮麻栗寨村遷入本村定居。第一世至二世、第四十六世至四十七世、第五十一世至五十二世之間未連名。本譜内容爲世系,至軛礱凡六十二世。

本譜載於《哈尼族口傳文化譯註全集》第十四卷《紅河州哈尼族譜牒(五)》

[雲南元陽]黄草嶺村盧干保户譜牒　李興文背誦　李美亮搜集　2011年雲南民族出版社排印本　合册　哈漢雙文並註國際音標

該户屬自稱愛倮的"翁烏然"宗支。從本鎮麻栗寨村遷入本村定居。第一世"奥瑪"至第三十三世"車米"的譜牒與本村李萬祥户相同。本譜

内容爲世系,至綳簸凡六十五世。綳簸爲譜主,常用名盧干保。

本譜載於《哈尼族口傳文化譯註全集》第十四卷《紅河州哈尼族譜牒(五)》

[雲南元陽]黄草嶺村白舉卜户譜牒 白批保背誦 李美亮搜集 2011年雲南民族出版社排印本 合册 哈漢雙文並註國際音標

該户屬自稱愛倮的白氏宗支。第一世"奥瑪"至第二十世"莫威墜"的譜牒與本村李萬祥户相同。第四十世至四十一世、第四十六世至四十七世、第五十一世至五十二世、第五十四世至五十五世、第五十九世至六十世、第六十五世至六十六世之間未連名。本譜内容爲世系,至舉仆凡六十六世。舉仆爲譜主,常用名白舉卜。

本譜載於《哈尼族口傳文化譯註全集》第十四卷《紅河州哈尼族譜牒(五)》

[雲南元陽]箐口村李平真户譜牒 李興文背誦 李美亮搜集 2011年雲南民族出版社排印本 合册 哈漢雙文並註國際音標

該户屬自稱"鴻增然"宗支。從本鎮麻栗寨村遷入本村定居。第一世至二世、第四十七世至四十八世、第五十一世至五十二世、第六十二世至六十三世之間未連名。本譜内容爲世系,至平增凡六十三世。平增爲譜主,常用名李平真。

本譜載於《哈尼族口傳文化譯註全集》第十四卷《紅河州哈尼族譜牒(五)》

[雲南元陽]箐口村盧矮以户譜牒 李興文背誦 李美亮搜集 2011年雲南民族出版社排印本 合册 哈漢雙文並註國際音標

該户屬自稱愛倮的"翁烏然"宗支。從本鎮麻栗寨村遷入本村定居。第一世"奥瑪"至第三十三世"車米"的譜牒與本村李平真户相同。第四十六世至四十八世、第五十一世至五十二世、第五十三世至五十四世之間未連名。本譜内容爲世系,至矮野凡六十四世。矮野爲譜主,常用名盧矮以。

本譜載於《哈尼族口傳文化譯註全集》第十四卷《紅河州哈尼族譜牒(五)》

[雲南元陽]箐口村李龍則户譜牒 李興文背誦 李美亮搜集 2011年雲南民族出版社排印本 合册 哈漢雙文並註國際音標

該户屬自稱愛倮的"烏批然"宗支。從本鎮麻栗寨村遷入本村定居。第一世"奥瑪"至第三十四世"米晗"的譜牒與本村李平真户相同。第四十六世至四十七世、第五十一世至五十二世、第六十二世至六十三世之間未連名。本譜内容爲世系,至礱嘎凡六十三世。礱嘎爲譜主,常用名李龍則。

本譜載於《哈尼族口傳文化譯註全集》第十四卷《紅河州哈尼族譜牒(五)》

[雲南元陽]大魚塘盧沙魯户譜牒 李興文背誦 李美亮搜集 2011年雲南民族出版社排印本 合册 哈漢雙文並註國際音標

該户屬自稱愛倮的"窩妮然"宗支。第一世至二世、第四十六世至四十八世、第五十一世至五十二世、第五十三世至五十四世之間未連名。本譜内容爲世系,至薩魯凡六十三世。薩魯爲譜主,常用名盧沙魯。

本譜載於《哈尼族口傳文化譯註全集》第十四卷《紅河州哈尼族譜牒(五)》

[雲南元陽]大魚塘李學金户譜牒 李興文、則嘎背誦 李美亮搜集 2011年雲南民族出版社排印本 合册 哈漢雙文並註國際音標

該户屬自稱愛倮的"烏批然"宗支。從本鎮麻栗寨村遷入本村定居。第一世"奥瑪"至第三十三世"車米"的譜牒與本村李平真户相同。本譜内容爲世系,至毛吉凡六十七世。第六十六世嘎魯爲譜主,常用名李學金。

本譜載於《哈尼族口傳文化譯註全集》第十四卷《紅河州哈尼族譜牒(五)》

[雲南元陽]棕匹上寨李尚福户譜牒 李興文、李尚福(侯宗)背誦 李美亮搜集 2011年雲南民族出版社排印本 合册 哈漢雙文並註國際音標

該户屬自稱愛倮的"烏批然"宗支。是本村的建寨宗支,由第五十八世"薩野"從石屏縣遷入新街鎮安汾寨村委會勵志樹村居住一段時間後遷入本村定居。第一世至二世、第四十六世至四十七世、第五十世至五十一世、第五十三世至五十五世之間未連名。本譜内容爲世系,至宗嘎凡六十四世。

本譜載於《哈尼族口傳文化譯註全集》第十四卷《紅河州哈尼族譜牒(五)》

[雲南元陽]棕匹上寨李嘎矮户譜牒 白批倮背誦 李美亮搜集 2011年雲南民族出版社排印本 合册 哈漢雙文並註國際音標

該户自稱"鴻增然"宗支。遷徙不詳。第一世"奧瑪"至第二世"奧翁"的譜牒與本村李尚福户相同。本譜内容爲世系,至嘎矮凡四十九世。嘎矮爲譜主,常用名李嘎矮。

本譜載於《哈尼族口傳文化譯註全集》第十四卷《紅河州哈尼族譜牒(五)》

[雲南元陽]棕匹上寨盧保應户譜牒 白批保背誦 李美亮搜集 2011年雲南民族出版社排印本 合册 哈漢雙文並註國際音標

該户自稱"烏批然"宗支。從本鎮麻栗寨村遷入本村定居。第一世"奧瑪"至第二世"奧翁"的譜牒與本村李尚福户相同。第四世至七世、第三十八世至四十世、第四十三世至四十四世、第五十二世至五十三世之間未連名。本譜内容爲世系,至簸熱凡五十三世。簸熱爲譜主,常用名盧保應。

本譜載於《哈尼族口傳文化譯註全集》第十四卷《紅河州哈尼族譜牒(五)》

[雲南元陽]棕匹上寨吴尚門户譜牒 李興文背誦 李美亮搜集 2011年雲南民族出版社排印本 合册 哈漢雙文並註國際音標

該户屬自稱糯比的"阿迪然"宗支。由第三十四世"侯謀"從逢春嶺鄉卡沙迷村遷入本村定居。第一世"奧瑪"至第十七世"烏鴻然"的譜牒與本村李尚福户相同。本譜内容爲世系,至薩謀凡三十六世。薩謀爲譜主,常用名吴尚門。

本譜載於《哈尼族口傳文化譯註全集》第十四卷《紅河州哈尼族譜牒(五)》

[雲南元陽]棕匹下寨楊阿行户譜牒 楊文貴背誦 李澤光搜集 2011年雲南民族出版社排印本 合册 哈漢雙文並註國際音標

該户屬自稱愛倮的楊氏宗支。遷徙不詳。第一世至二世、第四世至七世、第二十八世至三十世、第五十世至五十一世之間未連名。本譜内容爲世系,至嘎宗凡五十五世。譜主楊阿行,爲嘎宗之子。

本譜載於《哈尼族口傳文化譯註全集》第十四卷《紅河州哈尼族譜牒(五)》

[雲南元陽]棕匹下寨車哈木户譜牒 白批保背誦 李美亮搜集 2011年雲南民族出版社排印本 合册 哈漢雙文並註國際音標

該户自稱"演青然"宗支。遷徙不詳。第一世"奧瑪"至第十七世"莫威墜"的譜牒與本村楊阿行户相同。第三十八世至三十九世、第四十世至四十一世、第四十五世至四十七世、第四十九世至五十世、第六十世至六十一世之間未連名。本譜内容爲世系,至晗謀凡六十一世。晗謀爲譜主,常用名車哈木。

本譜載於《哈尼族口傳文化譯註全集》第十四卷《紅河州哈尼族譜牒(五)》

[雲南元陽]棕匹下寨白中省户譜牒 白批保背誦 李美亮搜集 2011年雲南民族出版社排印本 合册 哈漢雙文並註國際音標

該户自稱"演青然"宗支。遷徙不詳。第一世"奧瑪"至第十七世"莫威墜"的譜牒與本村楊阿行户相同。第四十八世至四十九世之間未連名。本譜内容爲世系,至宗省凡四十九世。宗省爲譜主,常用名白中省。

本譜載於《哈尼族口傳文化譯註全集》第十四卷《紅河州哈尼族譜牒(五)》

[雲南元陽]棕匹下寨李應沙户譜牒 李興文背誦 李美亮搜集 2011年雲南民族出版社排印

本　合册　哈漢雙文並註國際音標

該户自稱“鴻增然”宗支。遷徙不詳。第一世“奥瑪”至第二世“奥翁”的譜牒與本村楊阿行户相同。第五十六世至五十八世之間未連名。本譜内容爲世系,至熱薩凡六十世。熱薩爲譜主,常用名李應沙。

本譜載於《哈尼族口傳文化譯註全集》第十四卷《紅河州哈尼族譜牒(五)》

[雲南元陽]棕匹下寨盧斗沙户譜牒　李興文背誦　李美亮搜集　2011年雲南民族出版社排印本　合册　哈漢雙文並註國際音標

該户自稱“翁烏然”宗支。從本鎮麻栗寨村遷入本村定居。第一世“奥瑪”至第二世“奥翁”的譜牒與本村楊阿行户相同。第四十六世至四十八世、第五十一世至五十二世、第六十三世至六十四世之間未連名。本譜内容爲世系,至斗薩凡六十四世。斗薩爲譜主,常用名盧斗沙。

本譜載於《哈尼族口傳文化譯註全集》第十四卷《紅河州哈尼族譜牒(五)》

[雲南元陽]柞子外村馬龍則户譜牒　李興文背誦　李美亮搜集　2011年雲南民族出版社排印本　合册　哈漢雙文並註國際音標

該户屬自稱愛倮的“毛平然”宗支。遷徙不詳。第一世至二世之間未連名。本譜内容爲世系,至礱則凡五十三世。礱則爲譜主,常用名馬龍則。其後還有兩代人,但背誦人不知是否連名。

本譜載於《哈尼族口傳文化譯註全集》第十四卷《紅河州哈尼族譜牒(五)》

[雲南元陽]水溝腳村李四光户譜牒　白批保背誦　李美亮搜集　2011年雲南民族出版社排印本　合册　哈漢雙文並註國際音標

該户屬自稱愛倮的“美青然”宗支。是本村的建寨宗支之一,由第四十三世“簸謀”從本鎮新寨村委會新寨村遷入本村定居。第一世至二世、第四世至七世之間未連名。本譜内容爲世系,至簸謀凡四十三世。簸謀爲譜主,常用名李四光。

本譜載於《哈尼族口傳文化譯註全集》第十四卷《紅河州哈尼族譜牒(五)》

[雲南元陽]水溝腳村盧峰户譜牒　盧峰(門薩)背誦　李美亮搜集　2011年雲南民族出版社排印本　合册　哈漢雙文並註國際音標

該户屬自稱愛倮的“窩妮然”宗支。是本村的建寨宗支之一,由第六十一世“嘎則”從本鎮麻栗寨村委會倮馬點村遷入本村定居。第四十一世至四十四世之間未連名。本譜内容爲世系,至謀則凡六十五世。

本譜載於《哈尼族口傳文化譯註全集》第十四卷《紅河州哈尼族譜牒(五)》

[雲南元陽]全福村莊盧氏家族譜系　佚名念誦　楊六金記録　2008年中國大百科全書出版社排印本　合册

哈尼語哈雅方言家譜。流傳於雲南省元陽縣。本譜所載僅爲世系,自第一世俄瑪至候簸凡七十三世。

本譜載於《中國少數民族古籍總目提要・哈尼族卷》

[雲南元陽]全福村莊盧氏家族譜系　佚名念誦　楊六金記録　2005年民族出版社排印本　合册　哈漢雙文

參見上條。本譜所載僅爲世系,自第一世俄瑪至候簸凡六十五世,與上條世系略有出入。

本譜載於《紅河哈尼族譜牒》

[雲南元陽]全福莊大寨盧貴亮户譜牒　李興文背誦　李美亮搜集　2011年雲南民族出版社排印本　合册　哈漢雙文並註國際音標

該户屬自稱愛倮的“翁烏然”宗支。遷徙不詳。第一世至二世、第四十四世至四十五世、第四十九世至五十世、第五十五世至五十六世之間未連名。本譜内容爲世系,至礱簸凡六十二世。譜主盧貴亮,爲礱簸之子。

本譜載於《哈尼族口傳文化譯註全集》第十四卷《紅河州哈尼族譜牒(五)》

[雲南元陽]全福莊小寨李惹主户譜牒　李惹主背誦　李美亮搜集　2011年雲南民族出版社排印本　合册　哈漢雙文並註國際音標

該户自稱"鴻增然"宗支。由"野謀"從本鎮主魯村遷入本村定居。第一世至二世之間未連名。本譜内容爲世系,至斗籔凡五十三世。

本譜載於《哈尼族口傳文化譯註全集》第十四卷《紅河州哈尼族譜牒(五)》

[雲南元陽]全福莊小寨張文貴户譜牒　楊志和背誦　李美亮搜集　2011年雲南民族出版社排印本　合册　哈漢雙文並註國際音標

該户屬自稱"斗們然"宗支。遷徙不詳。第一世"奥瑪"至第三十三世"米晗"的譜牒與本村李惹主户相同。第四十六世至四十七世之間未連名。本譜内容爲世系,至僰則凡五十九世。僰則爲譜主,常用名張文貴。

本譜載於《哈尼族口傳文化譯註全集》第十四卷《紅河州哈尼族譜牒(五)》

[雲南元陽]全福莊小寨羅金貴户譜牒　楊志和背誦　李美亮搜集　2011年雲南民族出版社排印本　合册　哈漢雙文並註國際音標

該户屬自稱愛倮的"晗彤然"宗支。遷徙不詳。第一世"奥瑪"至第二十世"莫威墜"的譜牒與本村李惹主户相同。本譜内容爲世系,至嘎則凡五十一世。譜主羅金貴,爲嘎則的孫輩。

本譜載於《哈尼族口傳文化譯註全集》第十四卷《紅河州哈尼族譜牒(五)》

[雲南元陽]全福莊小寨楊忠哪户譜牒　楊志和背誦　李美亮搜集　2011年雲南民族出版社排印本　合册　哈漢雙文並註國際音標

該户自稱"瑪捻然"宗支。由第五十六世"達省"從本鎮麻栗寨村遷入本村定居。第一世"奥瑪"至第三十三世"米晗"的譜牒與本村李惹主户相同。本譜内容爲世系,至策僰凡六十五世。第六十四世謀策爲譜主,常用名楊忠哪。

本譜載於《哈尼族口傳文化譯註全集》第十四卷《紅河州哈尼族譜牒(五)》

[雲南元陽]全福莊小寨盧文祥户譜牒　楊志和背誦　李美亮搜集　2011年雲南民族出版社排印本　合册　哈漢雙文並註國際音標

該户自稱"翁鳥然"宗支。遷徙不詳。第一世"奥瑪"至第三十二世"車米"的譜牒與本村李惹主户相同。第四十五世至四十七世、第四十九世至五十一世、第五十六世至五十七世之間未連名。本譜内容爲世系,至薩野凡六十六世。薩野爲譜主,常用名盧文祥。

本譜載於《哈尼族口傳文化譯註全集》第十四卷《紅河州哈尼族譜牒(五)》

[雲南元陽]全福莊小寨高學明户譜牒　楊志和背誦　李美亮搜集　2011年雲南民族出版社排印本　合册　哈漢雙文並註國際音標

該户屬自稱愛倮的"兵國然"宗支。遷徙不詳。第一世"奥瑪"至第二十世"莫威墜"的譜牒與本村李惹主户相同。第二十九世至三十世、第三十九世至四十一世、第四十七世至四十九世之間未連名。本譜内容爲世系,至侯僰凡五十八世。侯僰爲譜主,常用名高學明。

本譜載於《哈尼族口傳文化譯註全集》第十四卷《紅河州哈尼族譜牒(五)》

[雲南元陽]全福莊中寨李惹應户譜牒　李興文背誦　李美亮搜集　2011年雲南民族出版社排印本　合册　哈漢雙文並註國際音標

該户自稱愛倮。遷徙不詳。第一世至二世、第四十六世至四十七世、第五十一世至五十二世之間未連名。本譜内容爲世系,至仍熱凡六十三世。仍熱爲譜主,常用名李惹應。

本譜載於《哈尼族口傳文化譯註全集》第十四卷《紅河州哈尼族譜牒(五)》

[雲南元陽]全福莊上寨李嘎斗户譜牒　楊志和背誦　李美亮搜集　2011年雲南民族出版社排印本　合册　哈漢雙文並註國際音標

該户自稱愛倮。遷徙不詳。第一世至二世、第四世至五世之間未連名。本譜内容爲世系,至嘎斗凡六十世。嘎斗爲譜主,常用名李嘎斗。

本譜載於《哈尼族口傳文化譯註全集》第十四卷《紅河州哈尼族譜牒(五)》

[雲南元陽]全福莊上寨盧正芳户譜牒　楊志和背誦　李美亮搜集　2011年雲南民族出版社排印本　合册　哈漢雙文並註國際音標

該户屬自稱愛倮的楊氏(注：原書如此)宗支。遷徙不詳。第一世"奥瑪"至第三十二世"車米"的譜牒與本村李嘎斗户相同。第四十五世至四十七世、第四十九世至五十一世、第五十六世至五十七世之間未連名。本譜内容爲世系,至熱嘎凡六十三世。譜主盧正芳,爲熱嘎的孫輩。

本譜載於《哈尼族口傳文化譯註全集》第十四卷《紅河州哈尼族譜牒(五)》

[雲南元陽]全福莊上寨李打侯户譜牒　李興文背誦　李美亮搜集　2011年雲南民族出版社排印本　合册　哈漢雙文並註國際音標

該户自稱"烏批然"宗支。從本鎮麻栗寨村遷入本村定居。第一世"奥瑪"至第八世"能烏"的譜牒與本村李嘎斗户相同。第四十六世至四十七世、第五十一世至五十二世、第五十九世至六十世之間未連名。本譜内容爲世系,至打侯凡六十五世。打侯爲譜主,常用名李打侯。

本譜載於《哈尼族口傳文化譯註全集》第十四卷《紅河州哈尼族譜牒(五)》

[雲南元陽]麻栗寨李氏家族譜系　佚名念誦　楊六金記録　2008年中國大百科全書出版社排印本　合册

哈尼語哈雅方言家譜。流傳於雲南省元陽縣。本譜所載僅爲世系,自第一世奥瑪至黑諸凡五十七世。

本譜載於《中國少數民族古籍總目提要·哈尼族卷》

[雲南元陽]麻栗寨李氏家族譜系　佚名念誦　楊六金記録　2005年民族出版社排印本　合册　哈漢雙文

參見上條。本譜所載僅爲世系,自第一世奥瑪至黑諸凡五十二世,與上條世系略有出入。

本譜載於《紅河哈尼族譜牒》

[雲南元陽]麻栗寨李興文户譜牒　李興文(則仆)背誦　李美亮搜集　2011年雲南民族出版社排印本　合册　哈漢雙文並註國際音標

該户屬自稱愛倮的"烏批然"宗支。從新街鎮上主魯村遷入本村定居。第一世至二世、第四十六世至四十七世、第五十一世至五十二世之間未連名。本譜内容爲世系,至薩宗凡六十四世。

本譜載於《哈尼族口傳文化譯註全集》第十四卷《紅河州哈尼族譜牒(五)》

[雲南元陽]麻栗寨李克龍户譜牒　李興文背誦　李美亮搜集　2011年雲南民族出版社排印本　合册　哈漢雙文並註國際音標

該户自稱"鴻增然"宗支。從本鎮下主魯村遷入本村定居。第一世"奥瑪"至第三十四世"米晗"的譜牒與本村李興文户相同。本譜内容爲世系,至克礱凡六十世。克礱爲譜主,常用名李克龍。

本譜載於《哈尼族口傳文化譯註全集》第十四卷《紅河州哈尼族譜牒(五)》

[雲南元陽]麻栗寨馬門則户譜牒　李興文背誦　李美亮搜集　2011年雲南民族出版社排印本　合册　哈漢雙文並註國際音標

該户屬自稱愛倮的"毛平然"宗支。由第四十四世"斗則"從俄扎鄉阿樹村遷入本村定居。第一世"奥瑪"至第二十世"莫威墜"的譜牒與本村李興文户相同。本譜内容爲世系,至斗則凡四十四世。斗則爲譜主,常用名馬斗則。

本譜載於《哈尼族口傳文化譯註全集》第十四卷《紅河州哈尼族譜牒(五)》

[雲南元陽]麻栗寨白批保户譜牒　白批保(野省)背誦　李美亮搜集　2011年雲南民族出版社排印本　合册　哈漢雙文並註國際音標

該户屬自稱"糯比"的白氏宗支。從小新鄉安心寨村遷入本村定居。第一世"奥瑪"至第二世

"奥翁"的譜牒與本村李興文户相同。第四世至七世、第三十七世至三十八世、第四十三世至四十四、第四十八世至四十九世、第五十一世至五十二世、第五十六世至五十七世之間未連名。本譜内容爲世系,至嘎謀凡六十五世。第六十二世野省爲譜主,常用名白批保。

本譜載於《哈尼族口傳文化譯註全集》第十四卷《紅河州哈尼族譜牒(五)》

[雲南元陽]麻栗寨盧後龍户譜牒 楊軌則背誦 盧正光搜集 2011年雲南民族出版社排印本 合册 哈漢雙文並註國際音標

該户屬自稱愛倮的"翁鳥然"宗支。從本鎮主魯村委會上主魯村遷入本村定居。第一世"奥瑪"至第三十三世"車米"的譜牒與本村李興文户相同。第四十六世至四十七世之間未連名。本譜内容爲世系,至侯礱凡六十四世。侯礱爲譜主,常用名盧後龍。

本譜載於《哈尼族口傳文化譯註全集》第十四卷《紅河州哈尼族譜牒(五)》

[雲南元陽]麻栗寨楊沙木户譜牒 楊軌則背誦 盧正光搜集 2011年雲南民族出版社排印本 合册 哈漢雙文並註國際音標

該户自稱"瑪捻然"宗支。從上主魯村遷入本村定居。第一世"奥瑪"至第三十四世"米晗"的譜牒與本村李興文户相同。第三十六世至三十八世之間未連名。本譜内容爲世系,至薩謀凡六十六世。薩謀未譜主,常用名楊沙木。

本譜載於《哈尼族口傳文化譯註全集》第十四卷《紅河州哈尼族譜牒(五)》

[雲南元陽]麻栗寨張門管户譜牒 朱干應背誦 盧正光搜集 2011年雲南民族出版社排印本 合册 哈漢雙文並註國際音標

該户屬自稱愛倮的"斗們然"宗支。從上主魯村遷入本村定居。第一世"奥瑪"至第二十世"莫威墜"的譜牒與本村李興文户相同。本譜内容爲世系,至門軌凡四十五世。門軌爲譜主,常用名張門管。

本譜載於《哈尼族口傳文化譯註全集》第十四卷《紅河州哈尼族譜牒(五)》

[雲南元陽]壩達村張批舍户譜牒 楊文貴背誦 李美亮搜集 2011年雲南民族出版社排印本 合册 哈漢雙文並註國際音標

該户屬自稱愛倮的"斗們然"宗支。遷徙不詳。第一世至二世、第四世至七世、第三十三世至三十四世、第四十世至四十一世之間未連名。本譜内容爲世系,至批省凡五十世。批省爲譜主,常用名張批舍。

本譜載於《哈尼族口傳文化譯註全集》第十四卷《紅河州哈尼族譜牒(五)》

[雲南元陽]倮馬點村楊文貴户譜牒 楊文貴(礱則)背誦 李美亮搜集 2011年雲南民族出版社排印本 合册 哈漢雙文並註國際音標

該户屬自稱愛倮的"瑪捻然"宗支。由第五十一世"空哺"從麻栗寨村遷入本村定居。第一世至二世、第四世至七世、第二十八世至三十世之間未連名。本譜内容爲世系,至嘎野凡六十世。

本譜載於《哈尼族口傳文化譯註全集》第十四卷《紅河州哈尼族譜牒(五)》

[雲南元陽]倮馬點村盧祥户譜牒 楊文貴背誦 李美亮搜集 2011年雲南民族出版社排印本 合册 哈漢雙文並註國際音標

該户屬自稱愛倮的"鳥翁然"宗支。是本村的的建寨宗支,從麻栗寨遷入本村定居。第一世"奥瑪"至第二十五世"車米"的譜牒與本村楊文貴户相同。第三十八世至四十世之間未連名。本譜内容爲世系,至軌省凡五十九世。第五十八世熱軌爲譜主,常用名盧祥。

本譜載於《哈尼族口傳文化譯註全集》第十四卷《紅河州哈尼族譜牒(五)》

[雲南元陽]主魯村李偉惹户譜牒 李保興背誦 羅興搜集 2011年雲南民族出版社排印本 合册 哈漢雙文並註國際音標

該户自稱"鴻增然"宗支。是本村的的建寨宗支之一，由第四十三世“篾嬈”從本村委會主魯上老寨遷入本村定居。本譜内容爲世系，至薩嘎凡五十世。第四十九世木薩爲譜主，常用名李偉惹。

本譜載於《哈尼族口傳文化譯註全集》第十四卷《紅河州哈尼族譜牒（五）》

[雲南元陽]主魯村羅文榮户譜牒　李上忠背誦　羅興搜集　2011年雲南民族出版社排印本　合册　哈漢雙文並註國際音標

該户自稱“賢擠然”宗支。由第二十八世“瑪得”遷入。第一世“奥瑪”至第二十五世“曙歐”的譜牒與本村李偉惹户相同。第二十七世至二十九世、第三十一世至三十二世、第四十世至四十一世、第四十四世至四十五世、第四十七世至四十八世之間未連名。本譜内容爲世系，至莫野凡四十八世。第四十七世侯野爲譜主，常用名羅文榮。

本譜載於《哈尼族口傳文化譯註全集》第十四卷《紅河州哈尼族譜牒（五）》

[雲南元陽]主魯村盧哈主户譜牒　李保興背誦　羅興搜集　2011年雲南民族出版社排印本　合册　哈漢雙文並註國際音標

該户屬自稱愛倮的“窩妮然”宗支。是本村的的建寨宗支之一，遷徙不詳。第一世“奥瑪”至第二十五世“曙歐”的譜牒與本村李偉惹户譜牒相同。第三十六世至三十七世、第三十八世至三十九世、第四十三世至四十五世、第四十七世至四十八世、第五十四世至五十五世之間未連名。本譜内容爲世系，至晗舉凡五十五世。晗舉爲譜主，常用名盧哈主。

本譜載於《哈尼族口傳文化譯註全集》第十四卷《紅河州哈尼族譜牒（五）》

[雲南元陽]主魯村朱國祥户譜牒　李保興背誦　羅興搜集　2011年雲南民族出版社排印本　合册　哈漢雙文並註國際音標

該户自稱“兵松然”宗支。從本村委會主魯上老寨村遷入本村定居。第一世“奥瑪”至第十四世“莫依墜”的譜牒與本村李偉惹户相同。本譜内容爲世系，至雟仆凡五十四世。雟仆爲譜主，常用名朱國祥。

本譜載於《哈尼族口傳文化譯註全集》第十四卷《紅河州哈尼族譜牒（五）》

[雲南元陽]主魯村高貴福户譜牒　李上忠背誦　羅興、李美亮搜集　2011年雲南民族出版社排印本　合册　哈漢雙文並註國際音標

該户自稱“兵國然”宗支。由第五十一世“篾高”遷入本村定居。第一世“奥瑪”至第十二世“鴻然沖”的譜牒與本村李偉惹户相同。第三十八世至三十九世、第四十一世至四十二世、第四十六世至四十七世、第五十七世至五十九世之間未連名。本譜内容爲世系，至阿林凡五十九世。第五十八世腰仆爲譜主，常用名高貴福。

本譜載於《哈尼族口傳文化譯註全集》第十四卷《紅河州哈尼族譜牒（五）》

[雲南元陽]主魯村龍中撲户譜牒　李保興背誦　羅興搜集　2011年雲南民族出版社排印本　合册　哈漢雙文並註國際音標

該户自稱“晗彤然”宗支。從本村委會上老寨遷入本村定居。第一世“奥瑪”至第十二世“鴻然沖”的譜牒與本村李偉惹户相同。第二十三世至二十四世、第四十一世至四十二世、第四十九世至五十一世、第六十一世至六十三世之間未連名。本譜内容爲世系，至宗仆凡六十三世。宗仆爲譜主，常用名龍中撲。

本譜載於《哈尼族口傳文化譯註全集》第十四卷《紅河州哈尼族譜牒（五）》

[雲南元陽]主魯村刀篾主户譜牒　李上忠背誦　羅興搜集　2011年雲南民族出版社排印本　合册　哈漢雙文並註國際音標

該户屬自稱刀氏的“崇國南碑然”宗支。由第四十八世“篾洛”遷入本村定居。第一世“奥瑪”至第十二世“鴻然沖”的譜牒與本村李偉惹户相同。本譜内容爲世系，至篾侯凡五十八世。第五十七世篾舉爲譜主，常用名刀篾主。

本譜載於《哈尼族口傳文化譯註全集》第十四卷《紅河州哈尼族譜牒（五）》

[雲南元陽]上新寨李忠主户譜牒　李保興背誦　羅興搜集　2011年雲南民族出版社排印本　合册　哈漢雙文並註國際音標

該户屬自稱愛倮的"鴻增然"宗支。是本村的建寨宗支之一,從本村委會主魯上老寨遷入本村定居。本譜内容爲世系,至宗主凡五十世。宗主爲譜主,常用名李忠主。

本譜載於《哈尼族口傳文化譯註全集》第十四卷《紅河州哈尼族譜牒(五)》

[雲南元陽]上新寨李沙主户譜牒　李保興背誦　羅興搜集　2011年雲南民族出版社排印本　合册　哈漢雙文並註國際音標

該户屬自稱愛倮的"扎增然"宗支。是本村的建寨宗支之一,從本村委會上老寨遷入本村定居。第一世"福佬阿平"至第二十九世"鴻增"的譜牒與本村李忠主户相同。本譜内容爲世系,至仆舉凡五十二世。

本譜載於《哈尼族口傳文化譯註全集》第十四卷《紅河州哈尼族譜牒(五)》

[雲南元陽]上新寨高貴忠户譜牒　李上忠背誦　羅興、李美亮搜集　2011年雲南民族出版社排印本　合册　哈漢雙文並註國際音標

該户屬自稱愛倮的"兵國然"宗支。是本村的建寨宗支之一,由第五十三世"軌簸"從本村委會上老寨遷入本村定居。第一世"福佬阿平"至第十四世"莫依墜"的譜牒與本村李忠主户相同。本譜内容爲世系,至倮省凡五十六世。倮省爲譜主,常用名高貴忠。

本譜載於《哈尼族口傳文化譯註全集》第十四卷《紅河州哈尼族譜牒(五)》

[雲南元陽]上新寨李以沙户譜牒　李學清背誦　羅興搜集　2011年雲南民族出版社排印本　合册　哈漢雙文並註國際音標

該户自稱"鴻增然"宗支。是本村的建寨宗支之一,遷徙不詳。第四十世至四十一世、第五十一世至五十二世之間未連名。本譜内容爲世系,至倮薩凡五十二世。倮薩爲譜主,常用名李以沙。

本譜載於《哈尼族口傳文化譯註全集》第十四卷《紅河州哈尼族譜牒(五)》

[雲南元陽]下新寨李普沙户譜牒　李上忠背誦　羅興搜集　2011年雲南民族出版社排印本　合册　哈漢雙文並註國際音標

該户屬自稱愛倮的"鴻增然"宗支。於1948年由第五十一世"嘎主"從本村委會主魯村遷入本村定居。第四十世至四十一世、第五十一世至五十二世之間未連名。本譜内容爲世系,至普薩凡五十二世。普薩爲譜主,常用名李普沙。

本譜載於《哈尼族口傳文化譯註全集》第十四卷《紅河州哈尼族譜牒(五)》

[雲南元陽]下新寨羅波嘎户譜牒　李上忠背誦　羅興搜集　2011年雲南民族出版社排印本　合册　哈漢雙文並註國際音標

該户屬自稱愛倮的"賢擠然"宗支。於1948年由第五十世"熱軌"從本村委會主魯村遷入本村定居。第一世"福佬阿平"至第二十五世"曙歐"的譜牒與本村李普沙户相同。本譜内容爲世系,至簸嘎凡五十一世。簸嘎爲譜主,常用名羅波嘎。

本譜載於《哈尼族口傳文化譯註全集》第十四卷《紅河州哈尼族譜牒(五)》

[雲南元陽]倮鋪村羅矮落户譜牒　羅矮落(矮磐)背誦　李美亮搜集　2011年雲南民族出版社排印本　合册　哈漢雙文並註國際音標

該户屬自稱愛倮的"鳥松然"宗支。由第四十九世"舉侯"從本鎮主魯村遷入本村定居。第七世至八世、第三十五世至三十六世、第三十八世至三十九世之間未連名。本譜内容爲世系,至演省凡六十二世。

本譜載於《哈尼族口傳文化譯註全集》第十四卷《紅河州哈尼族譜牒(五)》

[雲南元陽]倮鋪村錢紹輝户譜牒　錢紹輝(歐省)背誦　李美亮搜集　2011年雲南民族出版社排印本　合册　哈漢雙文並註國際音標

該户屬自稱各和的"春依然"宗支。第一世"奥

瑪”至第三世“翁順”的譜牒與本村羅矮落户相同。第三世至五世、第二十七世至二十八世、第五十七至六十世、第六十二世至六十三世之間未連名。本譜内容爲世系,至省嘎凡七十三世。

本譜載於《哈尼族口傳文化譯註全集》第十四卷《紅河州哈尼族譜牒(五)》

[雲南元陽]倮鋪村楊折玉户譜牒　錢紹輝背誦　李美亮搜集　2011年雲南民族出版社排印本　合册　哈漢雙文並註國際音標

該户屬自稱各和的“演青然”宗支。遷徙不詳。第一世“奥瑪”至第二十世“鳥鴻冉”的譜牒與本村羅矮落户相同。第四十九世至五十一世之間未連名。本譜内容爲世系,至熱仆凡六十三世。六十二世則熱爲譜主,常用名楊折玉。

本譜載於《哈尼族口傳文化譯註全集》第十四卷《紅河州哈尼族譜牒(五)》

[雲南元陽]倮鋪村普以謀户譜牒　羅主謀背誦　李美亮搜集　2011年雲南民族出版社排印本　合册　哈漢雙文並註國際音標

該户屬自稱各和的“門克然”宗支。遷徙不詳。第一世“奥瑪”至第二十二世“飄媽登達”(有譜爲“貓東達”)的譜牒與本村羅矮落户相同。第四十七世至四十八世、第五十九世至六十世之間未連名。本譜内容爲世系,至野謀凡六十世。野謀爲譜主,常用名普以謀。

本譜載於《哈尼族口傳文化譯註全集》第十四卷《紅河州哈尼族譜牒(五)》

[雲南元陽]倮鋪小寨羅惹謀户譜牒　羅惹謀(仍謀)背誦　李美亮搜集　2011年雲南民族出版社排印本　合册　哈漢雙文並註國際音標

該户自稱“門克然”宗支。遷徙不詳。第三十一世至三十二世、第三十四世至三十五世、第四十二世至四十三世之間未連名。本譜内容爲世系,至礱策凡五十六世。

本譜載於《哈尼族口傳文化譯註全集》第十四卷《紅河州哈尼族譜牒(五)》

[雲南元陽]倮鋪小寨普文祥户譜牒　羅主謀背誦　李美亮搜集　2011年雲南民族出版社排印本　合册　哈漢雙文並註國際音標

該户屬自稱各和的“門克然”宗支。是本村的建寨宗支之一,遷徙不詳。第一世“奥瑪”至第二十四世“則娘”的譜牒與本村羅惹謀户相同。本譜内容爲世系,至礱策凡六十世。

本譜載於《哈尼族口傳文化譯註全集》第十四卷《紅河州哈尼族譜牒(五)》

[雲南元陽]黄草嶺村普則安户譜牒　普則安背誦　李美亮搜集　2011年雲南民族出版社排印本　合册　哈漢雙文並註國際音標

該户屬自稱愛倮的“門克然”宗支。是本村的建寨宗支之一,於1737年由第六十世“宗斗”從紅河縣“哺倮蘇們”村遷入本村定居。第十一世至十八世、第四十二世至四十三世之間未連名。本譜内容爲世系,至礱熱凡六十九世。

本譜載於《哈尼族口傳文化譯註全集》第十四卷《紅河州哈尼族譜牒(五)》

[雲南元陽]黄草嶺村馬白學户譜牒　馬白學(矮謀)背誦　李美亮搜集　2011年雲南民族出版社排印本　合册　哈漢雙文並註國際音標

該户屬自稱愛倮的“毛平然”宗支。是本村的建寨宗支之一,於1737年由第六十九世“宗則”從本鎮勝村村委會巖子腳村遷入本村。第一世“奥瑪”至第二十六世“莫威墜”的譜牒與本村普則安户相同。第四十七世至四十八世、第五十一世至五十二世、第五十三世至五十四世、第五十七世至五十八世、第五十九世至六十世、第六十四世至六十五世、第七十五世至七十六世之間未連名。本譜内容爲世系,至謀舉凡七十七世。

本譜載於《哈尼族口傳文化譯註全集》第十四卷《紅河州哈尼族譜牒(五)》

[雲南元陽]黄草嶺村李龍門户譜牒　李龍門(礱謀)背誦　李美亮搜集　2011年雲南民族出版社排印本　合册　哈漢雙文並註國際音標

該户屬自稱愛倮的“東冷然”宗支。於1737年由“門則”從本村委會沙拉河村遷入巖子脚村居住一段時間後遷入本村定居。第一世“奥瑪”至第二十六世“莫威墜”的譜牒與本村普則安户相同。第五十三世至五十五世、第七十世至七十一世、第七十二世至七十三世之間未連名。本譜内容爲世系,至簡則凡七十六世。

本譜載於《哈尼族口傳文化譯註全集》第十四卷《紅河州哈尼族譜牒(五)》

[雲南元陽]黄草嶺村盧簸成户譜牒 李龍門背誦 李美亮搜集 2011年雲南民族出版社排印本 合册 哈漢雙文並註國際音標

該户屬自稱愛倮的“窩妮然”宗支。從本鎮麻栗寨村委會上馬點村遷入本村定居。第一世“奥瑪”至第二十六世“莫威墜”的譜牒與本村普則安户相同。第五十三世至五十五世、第五十七世至五十八世、第六十世至六十一世、第七十世至七十一世之間未連名。本譜内容爲世系,至策薩凡七十二世。第七十一世簸策爲譜主,常用名盧簸成。

本譜載於《哈尼族口傳文化譯註全集》第十四卷《紅河州哈尼族譜牒(五)》

[雲南元陽]黑桃寨馬正學户譜牒 馬正學(壟軌)背誦 李美亮搜集 2011年雲南民族出版社排印本 合册 哈漢雙文並註國際音標

注釋里爲核桃寨。該户屬自稱愛倮的“毛平然”宗支。於1739年由第六十九世“門英”從本鎮高城村委會遷入本村定居。第十一世至十三世、第十五世至十八世、第五十一世至五十三世、第五十四世至五十五世、第五十三八世至五十九世、第六十世至六十一世、第六十一世至六十五世之間未連名。本譜内容爲世系,至熱假凡七十八世。

本譜載於《哈尼族口傳文化譯註全集》第十四卷《紅河州哈尼族譜牒(五)》

[雲南元陽]核桃寨李正光户譜牒 李正光(舉熱)背誦 李美亮搜集 2011年雲南民族出版社排印本 合册 哈漢雙文並註國際音標

該户屬自稱愛倮的“們松然”宗支。於1739年由第五十九世“則薩”從本鎮高城村遷入本村定居。第一世“奥瑪”至第二十七世“墜童博”的譜牒與本村馬正學户相同。本譜内容爲世系,至謀薩凡六十八世。

本譜載於《哈尼族口傳文化譯註全集》第十四卷《紅河州哈尼族譜牒(五)》

[雲南元陽]核桃寨朱皮惹户譜牒 李正光背誦 李美亮搜集 2011年雲南民族出版社排印本 合册 哈漢雙文並註國際音標

該户屬自稱愛倮的“兵松然”宗支。於1739年由第五十七世“熱舉”從本鎮高城村遷入本村定居。第一世“奥瑪”至第二十七世“墜童博”的譜牒與本村馬正學户相同。本譜内容爲世系,至謀仍凡六十七世。謀仍爲譜主,常用名朱皮惹。

本譜載於《哈尼族口傳文化譯註全集》第十四卷《紅河州哈尼族譜牒(五)》

[雲南元陽]核桃寨楊玉門户譜牒 馬正學背誦 李美亮搜集 2011年雲南民族出版社排印本 合册 哈漢雙文並註國際音標

該户屬自稱愛倮的“演期然”宗支。從本鎮團結村委會遷入本村居住。第一世“奥瑪”至第二十七世“墜童博”的譜牒與本村馬正學户相同。第五十至五十一世、第五十三世至五十五世、第六十世至六十一世之間未連名。本譜内容爲世系,至熱門凡六十九世。熱門爲譜主,常用名楊玉門。

本譜載於《哈尼族口傳文化譯註全集》第十四卷《紅河州哈尼族譜牒(五)》

[雲南元陽]沙拉河村周有文户譜牒 周有文(熱則)背誦 李美亮搜集 2011年雲南民族出版社排印本 合册 哈漢雙文並註國際音標

該户屬自稱愛倮的“東冷然”宗支。據傳該户祖先曾在“各晗”居住,後經石屏縣、元陽縣,由馬街鄉丫多村、本鎮麻栗寨村委會上馬點村遷入本村定居。第十一世至十三世、第十五世至十八世、第五十二世至五十五世、第六十世至六十一世之間未連名。本譜内容爲世系,至省聰七十四世。

本譜載於《哈尼族口傳文化譯註全集》第十四

卷《紅河州哈尼族譜牒(五)》

[雲南元陽]沙拉河村馬家文户譜牒 馬家文(謀省)背誦 李美亮搜集 2011年雲南民族出版社排印本 合册 哈漢雙文並註國際音標

該户屬自稱愛倮的"毛平然"宗支。據傳該户祖先曾在昆明、建水縣、"棗等"、本縣馬街鄉丫多村等地居住,最後從丫多村遷入本村定居。第一世"奥瑪"至第二十七世"墜童博"的譜牒與本村周有文户相同。第五十一世至五十三世、第五十七世至五十八世、第五十九世至六十世、第六十三世至六十四世之間未連名。本譜内容爲世系,至熱舉凡七十五世。

本譜載於《哈尼族口傳文化譯註全集》第十四卷《紅河州哈尼族譜牒(五)》

[雲南元陽]沙拉河村張文光户譜牒 張文光背誦 李美亮搜集 2011年雲南民族出版社排印本 合册 哈漢雙文並註國際音標

該户屬自稱愛倮的"斗們然"宗支。該户祖先曾在石屏縣、本縣馬街鄉丫多村、新街鎮麻栗寨村委會上馬點村居住,後遷入本村定居。第一世"奥瑪"至第二十六世"莫威墜"的譜牒與本村周有文户相同。第四十二世至四十三世、第四十九世至五十世之間未連名。本譜内容爲世系,至省俟凡六十二世。

本譜載於《哈尼族口傳文化譯註全集》第十四卷《紅河州哈尼族譜牒(五)》

[雲南元陽]沙拉河村李正昌户譜牒 李正昌(謀省)背誦 李美亮搜集 2011年雲南民族出版社排印本 合册 哈漢雙文並註國際音標

該户屬自稱愛倮的"鴻增然"宗支。是本村的建寨宗支,從石屏縣馬街鄉丫多村、本鎮上馬點村遷入本處定居。第一世"奥瑪"至第二十六世"莫威墜"的譜牒與本村周有文户相同。第四十六世至四十七世、第六十三世至六十四世之間未連名。本譜内容爲世系,至謀省凡六十五世。

本譜載於《哈尼族口傳文化譯註全集》第十四卷《紅河州哈尼族譜牒(五)》

[雲南元陽]普高老寨盧家福户譜牒 盧家福(高謀)背誦 李美亮搜集 2011年雲南民族出版社排印本 合册 哈漢雙文並註國際音標

該户屬自稱愛倮的"窩妮然"宗支。由第四十七世"者嘎"從本鎮大瓦遮村委會存多普村遷入本村定居。第十一世至十八世、第四十一世至四十三世之間未連名。本譜内容爲世系,至敖則凡五十五世。

本譜載於《哈尼族口傳文化譯註全集》第十四卷《紅河州哈尼族譜牒(五)》

[雲南元陽]普高老寨陳永明户譜牒 陳永明(打野)背誦 李美亮搜集 2011年雲南民族出版社排印本 合册 哈漢雙文並註國際音標

該户屬自稱愛倮的"哺倮然"宗支。由第五十四世"俟野"從本鎮全福莊小寨村遷入本村定居。第一世"奥瑪"至第二十三世"烏鴻然"的譜牒與本村盧家福户相同。第三十七世至三十八世、第四十七世至四十八世、第五十世至五十二世之間未連名。本譜内容爲世系,至野謀凡五十九世。野謀之後還有一世,但尚未採用父子連名。

本譜載於《哈尼族口傳文化譯註全集》第十四卷《紅河州哈尼族譜牒(五)》

[雲南元陽]普高老寨馬太明户譜牒 馬太明(舉俟)背誦 李美亮搜集 2011年雲南民族出版社排印本 合册 哈漢雙文並註國際音標

該户屬自稱愛倮的"毛平然"宗支。由第六十三世"嘎好"從本鎮大瓦遮村遷入本村定居。第一世"奥瑪"至第二十六世"莫威墜"的譜牒與本村盧家福户相同。第五十一世至五十三世、第五十四世至五十五世、第五十八世至五十九世、第六十世至六十一世、第六十五世至六十六世之間未連名。本譜内容爲世系,至俟省凡七十六世。俟省之後還有一世,但尚未採用父子連名。

本譜載於《哈尼族口傳文化譯註全集》第十四卷《紅河州哈尼族譜牒(五)》

[雲南元陽]普高老寨普家才户譜牒 普家才(野仆)背誦 李美亮搜集 2011年雲南民族出版社

排印本　合册　哈漢雙文並註國際音標

該户屬自稱愛倮的“門克然”宗支。是本村的建寨宗支,由第六十四世“嚷嘎”從大坪鄉白石寨村遷入本村定居。第一世“奥瑪”至第二十六世“莫威墜”的譜牒與本村盧家福户相同。第四十二世至四十三世之間未連名。本譜内容爲世系,至仆嘎凡六十八世。

本譜載於《哈尼族口傳文化譯註全集》第十四卷《紅河州哈尼族譜牒(五)》

[雲南元陽]普高新寨羅金祥户譜牒　羅金祥(簸仍)背誦　李美亮搜集　2011年雲南民族出版社排印本　合册　哈漢雙文並註國際音標

該户屬自稱愛倮的“窩妮然”宗支。是本村的建寨宗支,由第五十八世“舉嚷”從本村委會普高老寨遷入本村定居。第十一世至十八世、第三十九世至四十一世、第四十三世至四十四世、第五十世至五十三世之間未連名。本譜内容爲世系,至舉宗凡六十三世。

本譜載於《哈尼族口傳文化譯註全集》第十四卷《紅河州哈尼族譜牒(五)》

[雲南元陽]普高新寨高朝明户譜牒　高朝明(仍謀)背誦　李美亮搜集　2011年雲南民族出版社排印本　合册　哈漢雙文並註國際音標

該户屬自稱愛倮的“兵國然”宗支。由第六十七世“熱嘎”從本村委會普高老寨遷入本村定居。第一世“奥瑪”至第二十六世“莫威墜”的譜牒與本村羅金祥户相同。第四十三世至四十四世、第四十六世至四十九世、第五十三世至五十四世、第五十八世至五十九世之間未連名。本譜内容爲世系,至忍則凡七十一世。

本譜載於《哈尼族口傳文化譯註全集》第十四卷《紅河州哈尼族譜牒(五)》

[雲南元陽]普高新寨普有興户譜牒　普有興(熱軌)背誦　李美亮搜集　2011年雲南民族出版社排印本　合册　哈漢雙文並註國際音標

該户屬自稱愛倮的“門克然”宗支。由第六十六世“舉熱”從普高老寨遷入本村。第一世“奥瑪”至第二十六世“莫威墜”的譜牒與本村羅金祥户相同。第四十二世至四十三世之間未連名。本譜内容爲世系,至軌仆凡六十八世。

本譜載於《哈尼族口傳文化譯註全集》第十四卷《紅河州哈尼族譜牒(五)》

[雲南元陽]猴子寨高福榮户譜牒　盧里才背誦　李美亮搜集　2011年雲南民族出版社排印本　合册　哈漢雙文並註國際音標

該户屬自稱愛倮的“兵國然”宗支。由第六十二世“侯嫂”從本鎮大瓦遮村遷入本村定居。第十一世至十四世、第四十六世至四十九世、第五十七世至六十世之間未連名。本譜内容爲世系,至則嚷凡七十三世。七十一世簸謀爲譜主,常用名高福榮。

本譜載於《哈尼族口傳文化譯註全集》第十四卷《紅河州哈尼族譜牒(五)》

[雲南元陽]猴子寨盧里才户譜牒　盧里才(謀簸)背誦　李美亮搜集　2011年雲南民族出版社排印本　合册　哈漢雙文並註國際音標

該户屬自稱愛倮的“窩妮然”宗支。是本村的建寨宗支,由第五十二世“虎簡”從新街鎮主魯村遷入本村定居。第一世“奥瑪”至第二十六世“莫威墜”的譜牒與本村高福榮户相同。本譜内容爲世系,至謀簸凡六十五世。

本譜載於《哈尼族口傳文化譯註全集》第十四卷《紅河州哈尼族譜牒(五)》

[雲南元陽]猴子寨馬有文户譜牒　盧里才背誦　李美亮搜集　2011年雲南民族出版社排印本　合册　哈漢雙文並註國際音標

該户屬自稱愛倮的“毛平然”宗支。由第七十五世“董嘎”從本村委會高普老寨經新寨遷入本村定居。第一世“奥瑪”至第三十七世“倘冷儂”的譜牒與本村高福榮户相同。第四十七世至四十八世、第五十一世至五十三世、第五十八世至五十九世、第六十世至六十一世之間未連名。本譜内容爲世系,至省謀凡七十七世。第七十六世嘎省爲譜主,常用名馬有文。

本譜載於《哈尼族口傳文化譯註全集》第十四卷《紅河州哈尼族譜牒（五）》

［雲南元陽］多依樹馬金福户譜牒　馬正貴背誦　李美亮搜集　2011年雲南民族出版社排印本　合册　哈漢雙文並註國際音標

該户屬自稱愛保的“毛平然”宗支。是本村的建寨宗支，由第四十一世“索門迪”從本鎮高城村遷入本村定居。第十一世至十八世、第四十二世至四十三世。本譜内容爲世系，至取則凡六十九世。第六十八世嘎取爲譜主，常用名馬金福。

本譜載於《哈尼族口傳文化譯註全集》第十四卷《紅河州哈尼族譜牒（五）》

［雲南元陽］多依樹盧正興户譜牒　馬正貴背誦　李美亮搜集　2011年雲南民族出版社排印本　合册　哈漢雙文並註國際音標

該户屬自稱愛保的“毛平然”宗支。是本村的建寨宗支，遷徙不詳。第一世“奥瑪”至第二十六世“莫威墜”的譜牒與本村馬金福户相同。第四十世至四十二世、第四十四世至四十五世、第五十二世至五十三世之間未連名。本譜内容爲世系，至取則凡五十八世。第五十七世嘎取爲譜主，常用名盧正興。

本譜載於《哈尼族口傳文化譯註全集》第十四卷《紅河州哈尼族譜牒（五）》

［雲南元陽］多依樹高正華户譜牒　高正華（仍野）背誦　李美亮搜集　2011年雲南民族出版社排印本　合册　哈漢雙文並註國際音標

該户屬自稱愛保的“兵國然”宗支。由第六十三世“矮苟”從本鎮大瓦遮村遷入本村定居。第一世“奥瑪”至第二十六世“莫威墜”的譜牒與本村馬金福户相同。第四十三世至四十五世、第五十二世至五十三世之間未連名。本譜内容爲世系，至野嘎凡七十一世。

本譜載於《哈尼族口傳文化譯註全集》第十四卷《紅河州哈尼族譜牒（五）》

［雲南元陽］牛倮村朱永康户譜牒　朱永康（省宗）背誦　李美亮搜集　2011年雲南民族出版社排印本　合册　哈漢雙文並註國際音標

該户屬自稱愛保的“兵松然”宗支。從本鎮高城村遷入本村定居。第四世至五世、第四十九世至五十世、第五十一世至五十三世之間未連名。本譜内容爲世系，至宗礱凡六十四世。

本譜載於《哈尼族口傳文化譯註全集》第十四卷《紅河州哈尼族譜牒（五）》

［雲南元陽］牛倮村馬福金户譜牒　馬福金（省仆）背誦　李美亮搜集　2011年雲南民族出版社排印本　合册　哈漢雙文並註國際音標

該户屬自稱愛保的“毛平然”宗支。是本村的建寨宗支之一，由第七十一世“嘎宗”從本鎮“松倮轟”即本鎮勝村村委會沙拉河村遷入本村定居。第一世“奥瑪”至第二十七世“散魯白”的譜牒與本村朱永康户相同。本譜内容爲世系，至省仆凡七十三世。

本譜載於《哈尼族口傳文化譯註全集》第十四卷《紅河州哈尼族譜牒（五）》

［雲南元陽］阿者科高保全户譜牒　馬有金、高保全（簸薩）背誦　李美亮搜集　2011年雲南民族出版社排印本　合册　哈漢雙文並註國際音標

該户屬自稱愛保的“兵國然”宗支。由第七十世“謀簸”從本鎮愛春村委會大魚塘村遷入本村定居。第三世至四世、第四十五世至四十七世、第四十九世至五十世、第五十一世至五十二世、第六十世至六十一世之間未連名。本譜内容爲世系，至礱侯凡七十三世。

本譜載於《哈尼族口傳文化譯註全集》第十四卷《紅河州哈尼族譜牒（五）》

［雲南元陽］阿者科馬建昌户譜牒　馬有金、馬建昌（苗嘎）背誦　李美亮搜集　2011年雲南民族出版社排印本　合册　哈漢雙文並註國際音標

該户屬自稱愛保的“兵國然”宗支。是本村的建寨宗支之一，由第六十世“宗熱”從愛春村委會大魚塘村遷入本村定居。第一世“奥瑪”至第三十三世“倘冷儂”的譜牒與本村高保全户相同。

第四十八世至五十世、第五十二世至五十四世之間未連名。本譜内容爲世系，至侯薩凡六十八世。

本譜載於《哈尼族口傳文化譯註全集》第十四卷《紅河州哈尼族譜牒（五）》

[雲南元陽]阿者科普家明户譜牒　馬有金、普家明（舉侯）背誦　李美亮搜集　2011年雲南民族出版社排印本　合册　哈漢雙文並註國際音標

該户屬自稱愛倮的"門克然"宗支。是本村的建寨宗支之一，由第六十二世"宗謀"從愛春村委會大魚塘村遷入本村定居。第一世"奥瑪"至第二十二世"莫威墜"的譜牒與本村高保全户相同。第五十三世至五十五世、第五十六世至五十八世之間未連名。本譜内容爲世系，至仆嘎凡七十世。

本譜載於《哈尼族口傳文化譯註全集》第十四卷《紅河州哈尼族譜牒（五）》

[雲南元陽]阿者科盧正昌户譜牒　馬有金背誦　李美亮搜集　2011年雲南民族出版社排印本　合册　哈漢雙文並註國際音標

該户屬自稱愛倮的"窩妮然"宗支。由第五十六世"打薩"從本村委會大魚塘村遷入本村定居。第一世"奥瑪"至第二十二世"莫威墜"的譜牒與本村高保全户相同。第三十五世至三十七世、第三十九世至四十世之間未連名。本譜内容爲世系，至嚷薩凡五十九世。第五十八世軌嚷爲譜主，常用名盧正昌。

本譜載於《哈尼族口傳文化譯註全集》第十四卷《紅河州哈尼族譜牒（五）》

[雲南元陽]牛倮普馬金亮户譜牒　馬有金、馬金亮（熱省）背誦　李美亮搜集　2011年雲南民族出版社排印本　合册　哈漢雙文並註國際音標

該户屬自稱愛倮的"毛平然"宗支。是本村的建寨宗支之一，於1962年由第七十一世"嘎簡"從本村委會大魚塘村遷入本村定居。第三世至四世、第四十五世至四十六世、第四十九世至五十一世、第五十二世至五十三世、第五十六世至五十七世、第五十八世至五十九世、第六十二世至六十三世之間未連名。本譜内容爲世系，至省薩凡七十四世。

本譜載於《哈尼族口傳文化譯註全集》第十四卷《紅河州哈尼族譜牒（五）》

[雲南元陽]牛倮普高有貴户譜牒　馬有金、高有貴（嘎苗）背誦　李美亮搜集　2011年雲南民族出版社排印本　合册　哈漢雙文並註國際音標

該户屬自稱愛倮的"兵國然"宗支。是本村的建寨宗支之一，於1964年由第六十七世"嘎苗"從本鎮愛春村委會阿者科村遷入本村定居。第一世"奥瑪"至第三十五世"倘冷儂"的譜牒與本村馬金亮户相同。第四十二世至四十三世、第五十二世至五十三世之間未連名。本譜内容爲世系，至嘎苗凡六十七世。

本譜載於《哈尼族口傳文化譯註全集》第十四卷《紅河州哈尼族譜牒（五）》

[雲南元陽]牛倮普盧小二户譜牒　馬有金、盧小二（取野）背誦　李美亮搜集　2011年雲南民族出版社排印本　合册　哈漢雙文並註國際音標

該户屬自稱愛倮的"兵國然"宗支。於1983年由第六十世"取野"從愛春村委會阿者科村遷入本村定居。第一世"奥瑪"至第二十四世"莫威墜"的譜牒與本村馬金亮户相同。第三十七世至三十九世、第四十一世至四十二世之間未連名。本譜内容爲世系，至礱薩凡六十二世。

本譜載於《哈尼族口傳文化譯註全集》第十四卷《紅河州哈尼族譜牒（五）》

[雲南元陽]大魚塘村馬建昌户譜牒　馬建昌（野董）背誦　李美亮搜集　2011年雲南民族出版社排印本　合册　哈漢雙文並註國際音標

該户屬自稱愛倮的"毛平然"宗支。是本村的建寨宗支之一，由第六十世"英苗"從本鎮大瓦遮村遷入本村定居。第三世至四世、第五十一世至五十二世、第五十四世至五十六世之間未連名。本譜内容爲世系，至董嘎凡六十七世。

本譜載於《哈尼族口傳文化譯註全集》第十四卷《紅河州哈尼族譜牒（五）》

[雲南元陽]大魚塘村高朝貴户譜牒　馬有金、高朝貴(嘎省)背誦　普學明搜集　2011年雲南民族出版社排印本　合册　哈漢雙文並註國際音標

該户屬自稱愛倮的"兵國然"宗支。是本村的建寨宗支之一,由第六十二世"野宗"從本鎮大瓦遮村遷入本村定居。第一世"奥瑪"至第二十二世"莫威墜"的譜牒與本村馬建昌户相同。本譜内容爲世系,至舉侯凡七十二世。

本譜載於《哈尼族口傳文化譯註全集》第十四卷《紅河州哈尼族譜牒(五)》

[雲南元陽]大魚塘村普學明户譜牒　普學明(謀簸)背誦　李美亮搜集　2011年雲南民族出版社排印本　合册　哈漢雙文並註國際音標

該户屬自稱愛倮的"門克然"宗支。由第五十一世"侯簸"從本鎮大瓦遮村遷入本村定居。第一世"奥瑪"至第二十二世"莫威墜"的譜牒與本村馬建昌户相同。本譜内容爲世系,至簸仍凡六十世。

本譜載於《哈尼族口傳文化譯註全集》第十四卷《紅河州哈尼族譜牒(五)》

[雲南元陽]大魚塘村盧正昌户譜牒　馬有金背誦　普學明搜集　2011年雲南民族出版社排印本　合册　哈漢雙文並註國際音標

該户屬自稱愛倮的"窩妮然"宗支。由第五十八世"苗謀"從本鎮大瓦遮村遷入本村定居。第一世"奥瑪"至第二十二世"莫威墜"的譜牒與本村馬建昌户相同。第三十五世至三十七世、第三十九世至四十世、第四十七世至四十八世之間未連名。本譜内容爲世系,至侯董凡六十一世。第六十世省侯爲譜主,常用名盧正昌。

本譜載於《哈尼族口傳文化譯註全集》第十四卷《紅河州哈尼族譜牒(五)》

[雲南元陽]愛春村普中華户譜牒　馬有金背誦　李美亮搜集　2011年雲南民族出版社排印本　合册　哈漢雙文並註國際音標

該户屬自稱愛倮的"毛平然"宗支。由第五十六世"則矮"從本村委會大魚塘村遷入本村定居。第三世至四世、第四十世至四十二世、第四十七世至四十八世之間未連名。本譜内容爲世系,至宗取凡六十世。第五十九世侯宗爲譜主,常用名普中華。

本譜載於《哈尼族口傳文化譯註全集》第十四卷《紅河州哈尼族譜牒(五)》

[雲南元陽]愛春村盧簸則户譜牒　盧正昌背誦　李美亮搜集　2011年雲南民族出版社排印本　合册　哈漢雙文並註國際音標

該户屬自稱愛倮的"窩妮然"宗支。是本村的建寨宗支之一,由第五十六世"薩簸"從本村委會大魚塘村遷入本村定居。第一世"奥瑪"至第二十二世"莫威墜"的譜牒與本村普中華户相同。第三十五世至三十七世、第三十九世至四十世、第四十七世至四十八世、第五十六世至五十七世之間未連名。本譜内容爲世系,至簸則凡五十八世。簸則爲譜主,常用名盧簸則。

本譜載於《哈尼族口傳文化譯註全集》第十四卷《紅河州哈尼族譜牒(五)》

[雲南元陽]愛春村馬朝光户譜牒　馬有金背誦　李美亮搜集　2011年雲南民族出版社排印本　合册　哈漢雙文並註國際音標

該户屬自稱愛倮的"毛平然"宗支。是本村的建寨宗支之一,由第七十一世"董省"從本村委會大魚塘村遷入本村定居。第一世"奥瑪"至第二十二世"莫威墜"的譜牒與本村普中華户相同。第四十三世至四十四世、第四十七世至四十九世、第五十世至五十一世、第五十四世至五十五世、第五十六世至五十七世、第六十世至六十一世之間未連名。本譜内容爲世系,至礱取凡七十四世。第七十二世省謀爲譜主,常用名馬朝光。

本譜載於《哈尼族口傳文化譯註全集》第十四卷《紅河州哈尼族譜牒(五)》

[雲南元陽]愛春村高健海户譜牒　馬有金背誦　李美亮搜集　2011年雲南民族出版社排印本　合册　哈漢雙文並註國際音標

該户屬自稱愛倮的"兵國然"宗支。遷徙不詳。

第一世"奥瑪"至第二十二世"莫威墜"的譜牒與本村普中華户相同。第三十九世至四十世之間未連名。本譜内容爲世系,至打省凡六十五世。

本譜載於《哈尼族口傳文化譯註全集》第十四卷《紅河州哈尼族譜牒(五)》

[雲南元陽]愛春村錢志光户譜牒　馬有金、錢有光背誦　李美亮搜集　2011 年雲南民族出版社排印本　合册　哈漢雙文並註國際音標

該户屬自稱愛倮的"哺竜然"宗支。由第六十世"省侯"從本鎮中巧村遷入本村定居。第一世"奥瑪"至第二十四世"哦里飄"的譜牒與本村普中華户相同。本譜内容爲世系,至薩簸凡六十三世。

本譜載於《哈尼族口傳文化譯註全集》第十四卷《紅河州哈尼族譜牒(五)》

[雲南元陽]哈單普馬愛舍户譜牒　馬有金背誦　李美亮搜集　2011 年雲南民族出版社排印本　合册　哈漢雙文並註國際音標

該户屬自稱愛倮的"毛平然"宗支。由第七十二世"則舉"從本村委會大魚塘村遷入本村定居。第四十九世至五十一世、第五十二世至五十三世、第五十六世至五十七世、第五十八世至五十九世、第六十二世至六十三世之間未連名。本譜内容爲世系,至薩則凡七十五世。第七十三世舉野爲譜主,常用名馬愛舍。

本譜載於《哈尼族口傳文化譯註全集》第十四卷《紅河州哈尼族譜牒(五)》

[雲南元陽]哈單普普雲主户譜牒　馬有金背誦　普學明搜集　2011 年雲南民族出版社排印本　合册　哈漢雙文並註國際音標

該户屬自稱愛倮的"門克然"宗支。由第六十四世"熱舉"及其弟"熱則"從本鎮大瓦遮村遷入本村定居。第一世"奥瑪"至第二十四世"莫威墜"的譜牒與本村馬愛舍户譜牒相同。第五十四世至五十六世、第五十七世至五十九世之間未連名。本譜内容爲世系,至熱薩凡六十七世。六十四世熱舉爲譜主,常用名普雲主。

本譜載於《哈尼族口傳文化譯註全集》第十四卷《紅河州哈尼族譜牒(五)》

[雲南元陽]哈單普王朝明户譜牒　馬有金背誦　普學明搜集　2011 年雲南民族出版社排印本　合册　哈漢雙文並註國際音標

該户屬自稱愛倮的"兵國然"宗支。遷徙不詳。第一世"奥瑪"至第三十二世"鴻雾普"的譜牒與本村馬愛舍户相同。本譜第一世"奥瑪"至第六十四世"野宗"採用高氏宗支的祖名。據傳第六十五世"宗則"爲王氏之後,因變故,投奔高氏門下做了第六十四世"野宗"的兒子。"省取"採用王姓。第四十五世至四十七世、第四十九世至五十世、第五十一世至五十二世、第六十世至六十一世之間未連名。本譜内容爲世系,至薩則凡七十一世。第六十九世省取爲譜主,常用名王朝明。

本譜載於《哈尼族口傳文化譯註全集》第十四卷《紅河州哈尼族譜牒(五)》

[雲南元陽]巖子脚馬落則户譜牒　馬有金背誦　李美亮搜集　2011 年雲南民族出版社排印本　合册　哈漢雙文並註國際音標

該户屬自稱愛倮的"毛平然"宗支。由第六十三世"董仍"從本村委會大魚塘村遷入本村定居。第三世至四世、第五十世至五十二世、第五十四世至五十六世、第六十二世至六十三世之間未連名。本譜内容爲世系,至仍苗凡六十四世。仍苗爲譜主,常用名馬落則。

本譜載於《哈尼族口傳文化譯註全集》第十四卷《紅河州哈尼族譜牒(五)》

[雲南元陽]巖子脚高世亮户譜牒　馬有金背誦　李美亮搜集　2011 年雲南民族出版社排印本　合册　哈漢雙文並註國際音標

該户屬自稱愛倮的"兵國然"宗支。是本村的建寨宗支,1903 年由第六十七世"仍侯"從大瓦遮村委會阿者科村遷入本村定居。第一世"奥瑪"至第二十二世"莫威墜"的譜牒與本村盧世光户相同。第三十九世至四十世、第四十三世至四十五世、第四十七世至四十八世、第四十九世至五十

世、第五十八世至五十九世之間未連名。本譜内容爲世系，至打薩凡七十世。第六十九世磐打爲譜主，常用名高世亮。

本譜載於《哈尼族口傳文化譯註全集》第十四卷《紅河州哈尼族譜牒（五）》

[雲南元陽]大瓦遮盧正榮户譜牒　盧正榮（謀侯）背誦　李美亮搜集　2011年雲南民族出版社排印本　合册　哈漢雙文並註國際音標

該户屬自稱愛俁的“窩妮然”宗支。遷徙不詳。第三世至四世、第十一世至十四世、第三十九世至四十一世、第四十三世至四十四世、第五十一世至五十二世之間未連名。本譜内容爲世系，至舉省凡六十四世。

本譜載於《哈尼族口傳文化譯註全集》第十四卷《紅河州哈尼族譜牒（五）》

[雲南元陽]大瓦遮張龍門户譜牒　張龍門（磐謀）背誦　李美亮搜集　2011年雲南民族出版社排印本　合册　哈漢雙文並註國際音標

該户屬自稱愛俁的“斗們然”宗支。遷徙不詳。第一世“奥瑪”至第三十七世“晗曙”的譜牒與本村盧正榮户譜牒相同。本譜内容爲世系，至仍野凡六十五世。

本譜載於《哈尼族口傳文化譯註全集》第十四卷《紅河州哈尼族譜牒（五）》

[雲南元陽]大瓦遮高萬榮户譜牒　高萬榮（省薩）背誦　李美亮搜集　2011年雲南民族出版社排印本　合册　哈漢雙文並註國際音標

該户屬自稱愛俁的“兵國然”宗支。是本村的建寨宗支，遷徙不詳。第一世“奥瑪”至第二十六世“莫威墜”的譜牒與本村盧正榮户相同。第四十三世至四十四世、第四十七世至五十一世、第五十二世至五十三世、第六十一世至六十二世、第六十三世至六十六世之間未連名。本譜内容爲世系，至薩林凡七十三世。

本譜載於《哈尼族口傳文化譯註全集》第十四卷《紅河州哈尼族譜牒（五）》

[雲南元陽]大瓦遮普正興户譜牒　普正興（仆宗）背誦　李美亮搜集　2011年雲南民族出版社排印本　合册　哈漢雙文並註國際音標

該户屬自稱愛俁的“門克然”宗支。由第五十五世“空哺”從本鎮俁鋪村遷入本村定居。第一世“奥瑪”至第二十七世“墜雄哦”的譜牒與本村盧正榮户相同。第四十二世至四十三世、第五十一世至五十二世之間未連名。本譜内容爲世系，至宗木凡六十六世。

本譜載於《哈尼族口傳文化譯註全集》第十四卷《紅河州哈尼族譜牒（五）》

[雲南元陽]大瓦遮朱正亮户譜牒　朱正亮（熱軌）背誦　李美亮搜集　2011年雲南民族出版社排印本　合册　哈漢雙文並註國際音標

該户屬自稱愛俁的“石腦然”宗支。從本鎮麻栗寨村遷入本村定居。第一世“奥瑪”至第二十六世“莫威墜”的譜牒與本村盧正榮户相同。本譜内容爲世系，至薩嘎凡六十三世。

本譜載於《哈尼族口傳文化譯註全集》第十四卷《紅河州哈尼族譜牒（五）》

[雲南元陽]大瓦遮馬家亮户譜牒　馬家亮（薩磐）背誦　李美亮搜集　2011年雲南民族出版社排印本　合册　哈漢雙文並註國際音標

該户屬自稱愛俁的“毛平然”宗支。據傳該户從“瑪們波瑪”遷入“當簸轟胎”（今本村委會轄地聯辦廠下方）居住一段時間後遷入本村定居。第一世“奥瑪”至第二十六世“莫威墜”的譜牒與本村盧正榮户相同。第四十七世至四十八世、第五十一世至五十二世、第五十三世至五十四世、第六十世至六十一世、第六十五世至六十六世、第七十一世至七十二世之間未連名。本譜内容爲世系，至侯軌凡七十五世。

本譜載於《哈尼族口傳文化譯註全集》第十四卷《紅河州哈尼族譜牒（五）》

[雲南元陽]阿者科馬龍門户譜牒　馬龍門（磐木）背誦　李美亮搜集　2011年雲南民族出版社排印本　合册　哈漢雙文並註國際音標

該户屬自稱愛倮的“毛平然”宗支。由第七十二世“熱打”從本鎮愛春村委會大魚塘村遷入本村定居。第三世至四世、第十一世至十四世、第四十七世至四十八世、第五十一世至五十三世、第五十四世至五十五世、第五十八世至五十九世、第六十世至六十一世、第六十四世至六十五世之間未連名。本譜内容爲世系,至熱省凡七十七世。

本譜載於《哈尼族口傳文化譯註全集》第十四卷《紅河州哈尼族譜牒(五)》

[雲南元陽]阿者科普嘎則户譜牒　普嘎則(嘎則)背誦　李美亮搜集　2011年雲南民族出版社排印本　合册　哈漢雙文並註國際音標

該户屬自稱愛倮的“門克然”宗支。由第六十二世“打薩”從本鎮大瓦遮村遷入本村定居。第一世“奥瑪”至第二十六世“莫威墜”的譜牒與本村馬龍門户相同。第四十二世至四十三世、第五十四世至五十六世、第五十九世至六十世之間未連名。本譜内容爲世系,至則謀凡六十八世。

本譜載於《哈尼族口傳文化譯註全集》第十四卷《紅河州哈尼族譜牒(五)》

[雲南元陽]阿者科盧世成户譜牒　馬龍謀背誦　李美亮搜集　2011年雲南民族出版社排印本　合册　哈漢雙文並註國際音標

該户屬自稱愛倮的“窩妮然”宗支。是本村的建寨宗支,遷徙不詳。第一世“奥瑪”至第二十七世“墜雄哦”的譜牒與本村普嘎則户相同。第四十世至四十二世、第四十四世至四十五世、第五十二世至五十三世之間未連名。本譜内容爲世系,至董則凡六十四世。第六十三世舉董爲譜主,常用名盧世成。

本譜載於《哈尼族口傳文化譯註全集》第十四卷《紅河州哈尼族譜牒(五)》

[雲南元陽]阿者科高牛嘎户譜牒　馬龍謀背誦　李美亮搜集　2011年雲南民族出版社排印本　合册　哈漢雙文並註國際音標

該户屬自稱愛倮的“兵國然”宗支。遷徙不詳。第一世“奥瑪”至第二十六世“莫威墜”的譜牒與本村馬龍門户相同。第四十三世至四十四世之間未連名。本譜内容爲世系,至嘎薩凡六十九世。

本譜載於《哈尼族口傳文化譯註全集》第十四卷《紅河州哈尼族譜牒(五)》

[雲南元陽]龍普寨高有貴户譜牒　高有貴(木礱)背誦　李美亮搜集　2011年雲南民族出版社排印本　合册　哈漢雙文並註國際音標

該户屬自稱愛倮的“兵國然”宗支。是本村的建寨宗支之一,由第七十二世“野門”從本鎮大瓦遮村遷入本村定居。第三世至四世、第十一世至十四世、第四十三世至四十四世、第四十七世至五十一世、第六十一世至六十四世之間未連名。本譜内容爲世系,至熱省凡七十七世。

本譜載於《哈尼族口傳文化譯註全集》第十四卷《紅河州哈尼族譜牒(五)》

[雲南元陽]存多普上寨高正昌户譜牒　盧有光背誦　李美亮搜集　2011年雲南民族出版社排印本　合册　哈漢雙文並註國際音標

該户屬自稱愛倮的“兵國然”宗支。是本村的建寨宗支之一,由第七十五世“熱則”從本委會存多普下寨遷入本村定居。第三世至四世、第十一世至十四世、第四十三世至四十四世、第四十七世至四十八世、第四十九世至五十一世、第六十一世至六十四世之間未連名。本譜内容爲世系,至熱則凡七十五世。熱則爲譜主,常用名高正昌。

本譜載於《哈尼族口傳文化譯註全集》第十四卷《紅河州哈尼族譜牒(五)》

[雲南元陽]存多普上寨盧有明户譜牒　盧有明(舉礱)背誦　李美亮搜集　2011年雲南民族出版社排印本　合册　哈漢雙文並註國際音標

該户屬自稱愛倮的“窩妮然”宗支。由第六十一世“籐省”從本村委會存多普下寨遷入本村定居。第一世“奥瑪”至第二十六世“莫威墜”的譜牒與本村高正昌户相同。第三十九世至四十一世、第四十三世至四十四世、第五十一世至五十二世之間未連名。本譜内容爲世系,至舉礱凡六十三世。

本譜載於《哈尼族口傳文化譯註全集》第十四卷《紅河州哈尼族譜牒(五)》

[雲南元陽]存多普上寨張正明户譜牒 張正明(嘎省)背誦 李美亮搜集 2011年雲南民族出版社排印本 合册 哈漢雙文並註國際音標

該户屬自稱愛倮的“斗們然”宗支。是本村的建寨宗支之一,於1964年由第五十七世“侯嘎”從本村委會存多普下寨遷入本村定居。第一世“奥瑪”至第二十六世“莫威墜”的譜牒與本村高正昌户相同。第四十四世至四十五世之間未連名。本譜内容爲世系,至嚷魯凡六十世。

本譜載於《哈尼族口傳文化譯註全集》第十四卷《紅河州哈尼族譜牒(五)》

[雲南元陽]存多普下寨盧有華譜牒 盧有華(軰熱)背誦 李美亮搜集 2011年雲南民族出版社排印本 合册 哈漢雙文並註國際音標

該户屬自稱愛倮的“翁鳥然”宗支。由第四十六世“矮者”從“當簸轟胎”(今本村委會轄地聯辦廠下方)遷入本村定居。第三世至四世、第十一世至十四世、第四十世至四十二世、第四十五世至四十六世之間未連名。本譜内容爲世系,至熱軌凡五十四世。

本譜載於《哈尼族口傳文化譯註全集》第十四卷《紅河州哈尼族譜牒(五)》

[雲南元陽]存多普下寨張立光户譜牒 張立光(薩舉)背誦 李美亮搜集 2011年雲南民族出版社排印本 合册 哈漢雙文並註國際音標

該户屬自稱愛倮的“斗們然”宗支。是本村的建寨宗支之一,由第六十世“翁苗”從本鎮中巧村遷入本村定居,並與居住在中巧村的近親張順明、張順祥户共祖至五十五世“省翁”。第一世“奥瑪”至第三十二世“武蘇篤”的譜牒與本村盧有華户相同。第五十世至五十三世、第五十九世至六十世之間未連名。本譜内容爲世系,至薩侯凡六十五世。

本譜載於《哈尼族口傳文化譯註全集》第十四卷《紅河州哈尼族譜牒(五)》

[雲南元陽]存多普下寨高朝貴户譜牒 高朝貴(苗簸)背誦 李美亮搜集 2011年雲南民族出版社排印本 合册 哈漢雙文並註國際音標

該户屬自稱愛倮的“兵國然”宗支。遷徙不詳。第一世“奥瑪”至第二十六世“莫威墜”的譜牒與本村盧有華户相同。第四十三世至四十四世、第四十七世至五十一世、第六十一世至六十四世之間未連名。本譜内容爲世系,至宗侯凡七十六世。

本譜載於《哈尼族口傳文化譯註全集》第十四卷《紅河州哈尼族譜牒(五)》

[雲南元陽]存多普下寨馬有昌户譜牒 馬有昌(省宗)背誦 李美亮搜集 2011年雲南民族出版社排印本 合册 哈漢雙文並註國際音標

該户屬自稱愛倮的“毛平然”宗支。從本鎮愛春村委會大魚塘村遷入本村定居。第一世“奥瑪”至第二十六世“莫威墜”的譜牒與本村盧有華户相同。第五十一世至五十三世、第五十四世至五十五世、第五十八世至五十九世、第六十世至六十一世、第六十四世至六十五世之間未連名。本譜内容爲世系,至薩仆凡七十七世。

本譜載於《哈尼族口傳文化譯註全集》第十四卷《紅河州哈尼族譜牒(五)》

[雲南元陽]阿窩主一村馬正祥户譜牒 馬正祥(謀省)背誦 李美亮搜集 2011年雲南民族出版社排印本 合册 哈漢雙文並註國際音標

該户屬自稱愛倮的“毛平然”宗支。由第七十六世“則侯”從本鎮大瓦遮村遷入本村定居。第三世至四世、第十二世至十三世、第四十六世至四十七世、第五十世至五十二世、第五十三世至五十四世、第五十七世至五十八世、第五十九世至六十世、第六十三世至六十四世、第七十世至七十一世之間未連名。本譜内容爲世系,至舉侯凡八十一世。

本譜載於《哈尼族口傳文化譯註全集》第十四卷《紅河州哈尼族譜牒(五)》

[雲南元陽]阿窩主一村高虎舉户譜牒 馬正祥背誦 李美亮搜集 2011年雲南民族出版社排

印本　合册　哈漢雙文並註國際音標

該户屬自稱愛倮的"兵國然"宗支。是本村的建寨宗支之一,從本鎮大瓦遮村遷入本村定居。第一世"奥瑪"至第三十三世"鴻霎普"的譜牒與本村馬正祥户相同。第四十五世至四十九世、第五十九世至六十二世之間未連名。本譜内容爲世系,至嘎舉凡七十二世。嘎舉爲譜主,常用名高虎舉。

本譜載於《哈尼族口傳文化譯註全集》第十四卷《紅河州哈尼族譜牒(五)》

[雲南元陽]阿窩主一村盧牛則户譜牒　盧牛則(野甏)背誦　李美亮搜集　2011年雲南民族出版社排印本　合册　哈漢雙文並註國際音標

該户屬自稱愛倮的"窩妮然"宗支。於1952年由第四十六世"姆野"從本鎮大瓦遮村遷入本村定居。第一世"奥瑪"至第二十六世"莫威墜"的譜牒與本村馬正祥户相同。本譜内容爲世系,至甏則凡四十八世。

本譜載於《哈尼族口傳文化譯註全集》第十四卷《紅河州哈尼族譜牒(五)》

[雲南元陽]阿窩主二村馬有萬户譜牒　馬正祥背誦　李美亮搜集　2011年雲南民族出版社排印本　合册　哈漢雙文並註國際音標

該户屬自稱愛倮的"毛平然"宗支。從本村委會大瓦遮村遷入本村定居。第三世至四世、第十二世至十三世、第四十六世至四十七世、第五十世至五十二世、第五十三世至五十四世、第五十七世至五十八世、第五十九世至六十世、第七十二世至七十三世之間未連名。本譜内容爲世系,至簸侯凡七十三世。譜主馬有萬,是簸侯的兒子。

本譜載於《哈尼族口傳文化譯註全集》第十四卷《紅河州哈尼族譜牒(五)》

[雲南元陽]中巧村李保祥户譜牒　李保祥(則野)背誦　李美亮搜集　2011年雲南民族出版社排印本　合册　哈漢雙文並註國際音標

該户屬自稱愛倮的"臘很然"宗支。是本村的建寨宗支之一,由第五十二世"舉策"從"當簸轟胎"(今本村委會轄地聯辦廠下方)遷入本村定居。第一世至二世、第八世至十世、第四十六世至四十七世之間未連名。本譜内容爲世系,至侯嘎凡六十四世。

本譜載於《哈尼族口傳文化譯註全集》第十四卷《紅河州哈尼族譜牒(五)》

[雲南元陽]中巧村高世光户譜牒　李保祥背誦　李美亮搜集　2011年雲南民族出版社排印本　合册　哈漢雙文並註國際音標

該户屬自稱愛倮的"兵閣然"宗支。是本村的建寨宗支之一,由第四十八世"術噴"從"當簸轟胎"(今本村委會轄地聯辦廠下方)遷入本村定居。第一世"奥瑪"至第二十二世"莫威墜"的譜牒與本村李保祥户相同。第四十五世至四十六世之間未連名。本譜内容爲世系,至嘎簸凡六十八世。第六十七世仍嘎爲譜主,常用名高世光。

本譜載於《哈尼族口傳文化譯註全集》第十四卷《紅河州哈尼族譜牒(五)》

[雲南元陽]中巧村伍文亮户譜牒　李保祥背誦　李美亮搜集　2011年雲南民族出版社排印本　合册　哈漢雙文並註國際音標

該户屬自稱愛倮的"美濤然"宗支。由第四十九世"矮者"從"童青普"(今元陽縣嘎娘鄉大伍寨村委會蘆猜寨)遷入本村定居。第一世"奥瑪"至第二十六世"媽登達"(有譜爲"貓東達")的譜牒與本村李保祥户相同。本譜内容爲世系,至野省凡五十八世。野省爲譜主,常用名伍文亮。

本譜載於《哈尼族口傳文化譯註全集》第十四卷《紅河州哈尼族譜牒(五)》

[雲南元陽]中巧村錢偉世户譜牒　李文家背誦　李美亮搜集　2011年雲南民族出版社排印本　合册　哈漢雙文並註國際音標

該户屬自稱愛倮的"哺倮然"宗支。是本村的建寨宗支之一,從"當簸轟胎"(今本村委會轄地聯辦廠下方)遷入本村定居。第一世"奥瑪"至第二十八世"蘇莫佐"的譜牒與本村李保祥户相同。第三十九世至四十世之間未連名。本譜内容爲世系，至薩侯凡六十五世。薩侯爲譜主，常用名錢偉世。

本譜載於《哈尼族口傳文化譯註全集》第十四卷《紅河州哈尼族譜牒（五）》

［雲南元陽］中巧村龍各舍户譜牒　李文家背誦　李美亮搜集　2011年雲南民族出版社排印本　合册　哈漢雙文並註國際音標

該户屬自稱愛倮的"晗彤然"宗支。是本村的建寨宗支之一，從"當簸轟胎"（今本村委會轄地聯辦廠下方）遷入本村定居。第一世"奧瑪"至第二十二世"莫威墜"的譜牒與本村李保祥户相同。第四十四世至四十五世之間未連名。本譜内容爲世系，至則謀凡五十三世。

本譜載於《哈尼族口傳文化譯註全集》第十四卷《紅河州哈尼族譜牒（五）》

［雲南元陽］中巧村李明光户譜牒　李保祥背誦　李美亮搜集　2011年雲南民族出版社排印本　合册　哈漢雙文並註國際音標

該户屬自稱愛倮的"瑪們然"宗支。從"當簸轟胎"（今本村委會轄地聯辦廠下方）遷入本村定居。第一世"奧瑪"至第二十二世"莫威墜"的譜牒與本村李保祥户相同。第四十九世至五十二世之間未連名。本譜内容爲世系，至董謀凡六十二世。第六十一世薩董爲譜主，常用名李明光。

本譜載於《哈尼族口傳文化譯註全集》第十四卷《紅河州哈尼族譜牒（五）》

［雲南元陽］中巧村盧正光户譜牒　盧正光（則謀）背誦　李美亮搜集　2011年雲南民族出版社排印本　合册　哈漢雙文並註國際音標

該户屬自稱愛倮的"窩妮然"宗支。從嘎娘鄉龍克上寨村經"當簸轟胎"（今本村委會轄地聯辦廠下方）遷入本村定居。第一世"奧瑪"至第二十六世"媽登達"（有譜爲"貓東達"）的譜牒與本村李保祥户相同。第三十六世至三十七世之間未連名。本譜内容爲世系，至求苗凡五十五世。

本譜載於《哈尼族口傳文化譯註全集》第十四卷《紅河州哈尼族譜牒（五）》

［雲南元陽］中巧村張擁侯户譜牒　張擁侯（簸省）背誦　李美亮搜集　2011年雲南民族出版社排印本　合册　哈漢雙文並註國際音標

該户屬自稱愛倮的張氏宗支。由第五十一世"省翁"從嘎娘鄉龍克上寨村遷入本村定居。第一世"奧瑪"至第二十六世"媽登達"（有譜爲"貓東達"）的譜牒與本村李保祥户相同。第四十六世至四十九世之間未連名。本譜内容爲世系，至省嘎凡六十一世。

本譜載於《哈尼族口傳文化譯註全集》第十四卷《紅河州哈尼族譜牒（五）》

［雲南元陽］小中巧李文亮户譜牒　李文亮（嚷礱）背誦　李美亮搜集　2011年雲南民族出版社排印本　合册　哈漢雙文並註國際音標

該户屬自稱愛倮的"門克然"宗支。由第五十世"矮礱"從"臘晗"遷入本村定居。第一世至二世、第八世至十世、第三十三世至三十四世、第四十四世至四十六世之間未連名。本譜内容爲世系，至然薩凡五十七世。

本譜載於《哈尼族口傳文化譯註全集》第十四卷《紅河州哈尼族譜牒（五）》

［雲南元陽］新寨田有志户譜牒　田有志（則董）背誦　李美亮搜集　2011年雲南民族出版社排印本　合册　哈漢雙文並註國際音標

該户屬自稱糯畢的"兵松然"宗支。是本村的建寨宗支之一，由第六十世"簸則"從本村委會上寨村遷入本村定居。第三世至四世之間未連名。本譜内容爲世系，至董省凡六十二世。

本譜載於《哈尼族口傳文化譯註全集》第十四卷《紅河州哈尼族譜牒（五）》

［雲南元陽］新寨馬干謀户譜牒　馬干謀（熱謀）背誦　李美亮搜集　2011年雲南民族出版社排印本　合册　哈漢雙文並註國際音標

該户屬自稱愛倮的"毛平然"宗支。由第七十一世"嘎礱"從本鎮多依樹村遷入本村定居。第一世"奧瑪"至第二十七世"散魯白"的譜牒與本村田有志户相同。第四十五世至四十六世、第四十九世至五十一世、第五十二世至五十三世、第五十六世至五十七世、第六十二世至六十三世之間未連名。本譜内容爲世系,至省則凡七十五世。

本譜載於《哈尼族口傳文化譯註全集》第十四卷《紅河州哈尼族譜牒(五)》

[雲南元陽]新寨高文昌户譜牒 高文昌(嘎薩)背誦 李美亮搜集 2011年雲南民族出版社排印本 合册 哈漢雙文並註國際音標

該户屬自稱愛俁的"兵國然"宗支。由第五十九世"宗嘎"從本鎮哈單普村遷入本村定居。第一世"奥瑪"至第二十七世"散魯白"的譜牒與本村田有志户相同。本譜内容爲世系,至則謀凡六十二世。

本譜載於《哈尼族口傳文化譯註全集》第十四卷《紅河州哈尼族譜牒(五)》

[雲南元陽]新寨李文亮户譜牒 李文亮(省謀)背誦 李美亮搜集 2011年雲南民族出版社排印本 合册 哈漢雙文並註國際音標

該户屬自稱愛俁的"臘很然"宗支。從本鎮中巧村遷入本村定居。第一世"奥瑪"至第二十二世"鴻然沖"的譜牒與本村田有志户相同。第四十八世至四十九世之間未連名。本譜内容爲世系,至侯董凡六十七世。

本譜載於《哈尼族口傳文化譯註全集》第十四卷《紅河州哈尼族譜牒(五)》

[雲南元陽]拋竹老寨朱歐則户譜牒 朱歐則(謀則)背誦 李美亮搜集 2011年雲南民族出版社排印本 合册 哈漢雙文並註國際音標

該户屬自稱愛俁的"賢儂然"宗支。是本村的建寨宗支,從"當簸轟胎"(今本村委會轄地聯辦廠下方)經中巧村、"很古"、"嘎簸普"、"嘎簸普存"村遷入本村定居。第一世至二世、第四十六世至四十九世之間未連名。本譜内容爲世系,至則野凡六十九世。

本譜載於《哈尼族口傳文化譯註全集》第十四卷《紅河州哈尼族譜牒(五)》

[雲南元陽]拋竹老寨馬志祥户譜牒 朱歐則背誦 李美亮搜集 2011年雲南民族出版社排印本 合册 哈漢雙文並註國際音標

該户屬自稱愛俁的"毛平然"宗支。從本鎮愛春村遷入本村定居。第一世"奥瑪"至第二十三世"散魯白"的譜牒與本村朱歐則户相同。第四十一世至四十二世、第四十五世至四十七世、第四十八世至四十九世、第五十二世至五十三世、第五十四世至五十五世、第五十八世至五十九世之間未連名。本譜内容爲世系,至薩謀凡七十一世。

本譜載於《哈尼族口傳文化譯註全集》第十四卷《紅河州哈尼族譜牒(五)》

[雲南元陽]拋竹老寨高文亮户譜牒 高文亮(鵯嚷)背誦 李美亮搜集 2011年雲南民族出版社排印本 合册 哈漢雙文並註國際音標

該户屬自稱愛俁的"兵國然"宗支。由第六十世"野打"從本鎮多依樹村遷入本村定居。第一世"奥瑪"至第二十三世"散魯白"的譜牒與本村朱歐則户相同。第三十八世至三十九世之間未連名。本譜内容爲世系,至省謀凡六十四世。

本譜載於《哈尼族口傳文化譯註全集》第十四卷《紅河州哈尼族譜牒(五)》

[雲南元陽]拋竹新寨田文華户譜牒 田文華(侯省)背誦 李美亮搜集 2011年雲南民族出版社排印本 合册 哈漢雙文並註國際音標

該户屬自稱愛俁的"兵松然"宗支。由第六十一世"嘎侯"從本鎮新寨村委會新寨村遷入本村定居。第三世至四世之間未連名。本譜内容爲世系,至熱薩凡六十四世。

本譜載於《哈尼族口傳文化譯註全集》第十四卷《紅河州哈尼族譜牒(五)》

[雲南元陽]拋竹新寨朱正浜户譜牒 盧愛侯背誦 李美亮搜集 2011年雲南民族出版社排印本 合册 哈漢雙文並註國際音標

該户屬自稱愛俁的"石腦然"宗支。由第七十一世"則謀"從本村委會拋竹老寨遷入本村定居。第一世"奥瑪"至第三十四世"俄冷濤"的譜牒與本村田文華户相同。第四十九世至五十一世之間未連名。本譜内容爲世系,至侯省凡七十三世。第七十二世謀後爲譜主,常用名朱正浜。

本譜載於《哈尼族口傳文化譯註全集》第十四卷《紅河州哈尼族譜牒(五)》

[雲南元陽]拋竹新寨盧愛侯户譜牒 盧愛侯(省野)背誦 李美亮搜集 2011年雲南民族出版社排印本 合册 哈漢雙文並註國際音標

該户屬自稱愛倮的"窩烏然"宗支。由第六十二世"謀則"從本鎮中巧村遷入本村委會拋竹老寨,於1971年由第六十五世"省野"從拋竹老寨遷入本村定居。第一世"奥瑪"至第三十四世"俄冷濤"的譜牒與本村田文華户相同。第六十世至六十一世之間未連名。本譜内容爲世系,至謀嘎凡六十七世。

本譜載於《哈尼族口傳文化譯註全集》第十四卷《紅河州哈尼族譜牒(五)》

[雲南元陽]拋竹新寨張六昌户譜牒 馬省朵背誦 李美亮搜集 2011年雲南民族出版社排印本 合册 哈漢雙文並註國際音標

該户屬自稱愛倮的"毛平然"宗支。於1988年由第五十八世"仍侯"從本村委會拋竹老寨遷入本村定居。第一世"奥瑪"至第二十四世"莫威墜"的譜牒與本村田文華户相同。本譜内容爲世系,至則培凡六十世。

本譜載於《哈尼族口傳文化譯註全集》第十四卷《紅河州哈尼族譜牒(五)》

[雲南元陽]新寨上寨盧得亮户譜牒 盧得亮(嚷野)背誦 李美亮搜集 2011年雲南民族出版社排印本 合册 哈漢雙文並註國際音標

該户屬自稱糯比的"窩妮然"宗支。由第五十五世"矮嚷"從本村委會平安寨遷入本村定居。第三世至四世、第三十七世至三十九世、第四十一世至四十二世之間未連名。本譜内容爲世系,至野嘎凡五十七世。

本譜載於《哈尼族口傳文化譯註全集》第十四卷《紅河州哈尼族譜牒(五)》

[雲南元陽]新寨上寨李正光户譜牒 盧得亮、李正光(宗熱)背誦 李美亮搜集 2011年雲南民族出版社排印本 合册 哈漢雙文並註國際音標

該户屬自稱糯比的"鴻增然"宗支。由第六十三世"仍謀"從本鎮高城村委會高城村遷入本村定居。第一世"奥瑪"至第二十四世"莫威墜"的譜牒與本村盧得亮户相同。本譜内容爲世系,至熱樸凡六十八世。

本譜載於《哈尼族口傳文化譯註全集》第十四卷《紅河州哈尼族譜牒(五)》

[雲南元陽]新寨上寨伍丁則户譜牒 盧得亮背誦 李美亮搜集 2011年雲南民族出版社排印本 合册 哈漢雙文並註國際音標

該户屬自稱糯比的"美濤然"宗支。是本村的建寨宗支之一,從本村委會平安寨遷入本村定居。第一世"奥瑪"至第三十世"武蘇篤"的譜牒與本村盧得亮户相同。本譜内容爲世系,至嘎嚷凡六十五世。嘎嚷爲譜主伍丁則的父親。

本譜載於《哈尼族口傳文化譯註全集》第十四卷《紅河州哈尼族譜牒(五)》

[雲南元陽]新寨上寨張有亮户譜牒 張有亮(蝦則)背誦 李美亮搜集 2011年雲南民族出版社排印本 合册 哈漢雙文並註國際音標

該户屬自稱糯美的張氏宗支。是本村的建寨宗支之一,由第六十七世"蝦謀"從嘎娘鄉白馬上寨村遷入本村定居。第一世"奥瑪"至第三十世"武蘇篤"的譜牒與本村盧得亮户相同。第四十三世至四十四世、第六十三世至六十四世之間未連名。本譜内容爲世系,至則薩凡六十九世。

本譜載於《哈尼族口傳文化譯註全集》第十四卷《紅河州哈尼族譜牒(五)》

[雲南元陽]新寨上寨何中户譜牒 何中(直嘎)背誦 李美亮搜集 2011年雲南民族出版社排印本 合册 哈漢雙文並註國際音標

該户屬自稱糯比的何氏宗支。由嘎娘鄉遷入本村定居。第一世至二世、第四十三世至四十四世之間未連名。本譜内容爲世系,至嘎韋凡五十

八世。

本譜載於《哈尼族口傳文化譯註全集》第十四卷《紅河州哈尼族譜牒(五)》

[雲南元陽]新寨下寨馬省朵户譜牒　馬省朵(簸則)背誦　李美亮搜集　2011年雲南民族出版社排印本　合册　哈漢雙文並註國際音標

該户屬自稱各和的“毛平然”宗支。由第六十六世“魯簸”從俄扎鄉普甲村委會龍卜村遷入本村定居。第三世至四世、第五十一世至五十二世之間未連名。本譜内容爲世系,至苗省凡六十九世。

本譜載於《哈尼族口傳文化譯註全集》第十四卷《紅河州哈尼族譜牒(五)》

[雲南元陽]新寨下寨張得亮户譜牒　馬省朵背誦　李美亮搜集　2011年雲南民族出版社排印本　合册　哈漢雙文並註國際音標

該户屬自稱糯比的張氏宗支。從嘎娘鄉白馬上寨村遷入本村定居。第一世“奥瑪”至第二十四世“莫威墜”的譜牒與本村馬省朵户相同。本譜内容爲世系,至謀則凡五十八世。

本譜載於《哈尼族口傳文化譯註全集》第十四卷《紅河州哈尼族譜牒(五)》

[雲南元陽]新寨下寨李文學户譜牒　馬省朵背誦　李美亮搜集　2011年雲南民族出版社排印本　合册　哈漢雙文並註國際音標

該户屬自稱糯比的“美青然”宗支。從嘎娘鄉白馬上寨村遷入本村定居。第一世“奥瑪”至第二十四世“莫威墜”的譜牒與本村馬省朵户相同。本譜内容爲世系,至侯嬈凡五十六世。第五十四世嘎嚷爲譜主,常用名李文學。

本譜載於《哈尼族口傳文化譯註全集》第十四卷《紅河州哈尼族譜牒(五)》

[雲南元陽]新寨下寨錢有亮户譜牒　錢有亮(世董)背誦　李美亮搜集　2011年雲南民族出版社排印本　合册　哈漢雙文並註國際音標

該户屬自稱糯比的“哺竜然”宗支。由第六十三世“則董”從中巧村遷入本村定居。第一世“奥瑪”至第二十四世“莫威墜”的譜牒與本村馬省朵户譜牒相同。本譜内容爲世系,至董仆凡六十七世。第六十四世董仍爲譜主,常用名錢有亮。

本譜載於《哈尼族口傳文化譯註全集》第十四卷《紅河州哈尼族譜牒(五)》

[雲南元陽]新寨下寨龍哈則户譜牒　馬省朵背誦　李美亮搜集　2011年雲南民族出版社排印本　合册　哈漢雙文並註國際音標

該户屬自稱糯比的“毛平然”宗支。從嘎娘鄉白馬寨遷入本村定居。第一世“奥瑪”至第二十四世“莫威墜”的譜牒與本村馬省朵户相同。本譜内容爲世系,至哈則凡四十四世。哈則爲譜主,常用名龍哈則。

本譜載於《哈尼族口傳文化譯註全集》第十四卷《紅河州哈尼族譜牒(五)》

[雲南元陽]新寨下寨伍家明户譜牒　馬省朵背誦　李美亮搜集　2011年雲南民族出版社排印本　合册　哈漢雙文並註國際音標

該户屬自稱糯比的“美濤然”宗支。遷徙不詳。第一世“奥瑪”至第二十四世“莫威墜”的譜牒與本村馬省朵户相同。第四十六世至四十八世之間未連名。本譜内容爲世系,至省嚷凡五十三世。

本譜載於《哈尼族口傳文化譯註全集》第十四卷《紅河州哈尼族譜牒(五)》

[雲南元陽]平安寨錢紅武户譜牒　錢紅武(薩則)背誦　李美亮搜集　2011年雲南民族出版社排印本　合册　哈漢雙文並註國際音標

該户屬自稱糯比的“哺竜然”宗支。由第五十一世“增軌”從“舉瑪阿烏等”遷到嘎娘鄉克龍上寨村居住一段時間後,又由五十三世“矮聰”遷到“阿摸東”,再由第五十四世“聰打”遷到“阿白東”,最終由五十六世“宗嘎”遷到本村定居。第三世至四世、第四十七世至五十世之間未連名。本譜内容爲世系,至仍薩凡六十三世。第六十一世薩則爲譜主,常用名錢紅武。

本譜載於《哈尼族口傳文化譯註全集》第十四

卷《紅河州哈尼族譜牒(五)》

[雲南元陽]平安寨張才侯户譜牒　馬省朵、張文明背誦　李美亮搜集　2011 年雲南民族出版社排印本　合册　哈漢雙文並註國際音標

該户屬自稱糯比的張氏宗支。從嘎娘鄉白馬寨遷入本村定居。第一世"奥瑪"至第二十四世"莫威墜"的譜牒與本村錢紅武户相同。本譜内容爲世系,至則董凡五十九世。則董爲譜主,常用名張才侯。

本譜載於《哈尼族口傳文化譯註全集》第十四卷《紅河州哈尼族譜牒(五)》

[雲南元陽]平安寨陳有和户譜牒　盧波苗背誦　李美亮搜集　2011 年雲南民族出版社排印本　合册　哈漢雙文並註國際音標

該户屬自稱糯比的陳氏宗支。由第六十世"野主"從新街鎮陳委村遷入本村定居。第一世"奥瑪"至第十九世"哩波白"的譜牒與本村錢紅武户相同。本譜内容爲世系,至謀簪凡六十五世。第六十四世矮謀爲譜主,常用名陳有和。

本譜載於《哈尼族口傳文化譯註全集》第十四卷《紅河州哈尼族譜牒(五)》

[雲南元陽]平安寨盧波苗户譜牒　盧波苗(波苗)背誦　李美亮搜集　2011 年雲南民族出版社排印本　合册　哈漢雙文並註國際音標

該户屬自稱糯比的"窩妮然"宗支。由第六十二世"矮嚷"從本鎮愛春村遷入本村定居。第十一世至十九世、第四十一世至四十三世、第四十五世至四十六世、第五十三世至五十四世之間未連名。本譜内容爲世系,至侯薩凡六十六世。

本譜載於《哈尼族口傳文化譯註全集》第十四卷《紅河州哈尼族譜牒(五)》

[雲南元陽]石壩塘何有亮户譜牒　何有亮(打嚷)背誦　李美亮搜集　2011 年雲南民族出版社排印本　合册　哈漢雙文並註國際音標

該户屬自稱糯比的何氏宗支。據傳該户從嘎娘鄉寶白馬上寨村遷入本鎮新寨村委會上寨村,又由第五十四世"宗則"遷入本村定居。第一世至二世、第四十三世至四十四世之間未連名。本譜内容爲世系,至打嚷凡五十六世。

本譜載於《哈尼族口傳文化譯註全集》第十四卷《紅河州哈尼族譜牒(五)》

[雲南元陽]高城村李文昌户譜牒　李文昌(則薩)背誦　李美亮搜集　2011 年雲南民族出版社排印本　合册　哈漢雙文並註國際音標

該户屬自稱愛傈的"扎增然"宗支。由第六十三世"謀嚷"從本鎮沙拉河村遷入本村定居。第十一世至十九世之間未連名。本譜内容爲世系,至簸熱凡六十七世。

本譜載於《哈尼族口傳文化譯註全集》第十四卷《紅河州哈尼族譜牒(五)》

[雲南元陽]高城村馬文明户譜牒　馬文明(取薩)背誦　李美亮搜集　2011 年雲南民族出版社排印本　合册　哈漢雙文並註國際音標

該户屬自稱愛傈的"毛平然"宗支。是本村的建寨宗支之一,由第六十五世"喊宗"從本鎮沙拉河存錢入本村定居。第一世"奥瑪"至第二十六世"莫威墜"的譜牒與本村李文昌户相同。第五十一世至五十三世、第五十四世至五十五世、第五十八世至五十九世、第六十世至六十一世之間未連名。本譜内容爲世系,至則謀凡七十六世。

本譜載於《哈尼族口傳文化譯註全集》第十四卷《紅河州哈尼族譜牒(五)》

[雲南元陽]高城村李文亮户譜牒　李文亮(舉則)背誦　李美亮搜集　2011 年雲南民族出版社排印本　合册　哈漢雙文並註國際音標

該户屬自稱愛傈的"們松然"宗支。從牛角寨鄉遷入本村定居。第一世"奥瑪"至第二十六世"莫威墜"的譜牒與本村李文昌户相同。第四十五世至四十六世之間未連名。本譜内容爲世系,至則省凡五十二世。

本譜載於《哈尼族口傳文化譯註全集》第十四卷《紅河州哈尼族譜牒(五)》

[雲南元陽]高城村朱文寬户譜牒　朱文寬(采侯)背誦　李美亮搜集　2011 年雲南民族出版社排印本　合册　哈漢雙文並註國際音標

該户屬自稱愛倮的“兵松然”宗支。是本村的建寨宗支之一,從本鎮沙拉河村遷入本村定居。第一世“奥瑪”至第三世“翁佳”的譜牒與本村李文昌户相同。第四世至五世、第四十五世至四十六世、第五十二世至五十三世、第六十世至六十一世之間未連名。本譜内容爲世系,至薩舉凡六十四世。

本譜載於《哈尼族口傳文化譯註全集》第十四卷《紅河州哈尼族譜牒(五)》

[雲南元陽]高城村盧正明户譜牒　盧正明(嚷則)背誦　李美亮搜集　2011 年雲南民族出版社排印本　合册　哈漢雙文並註國際音標

該户屬自稱愛倮的“窩妮然”宗支。由第六十七世“謀野”從本鎮麻栗寨村遷居本村定居。第一世“奥瑪”至第二十六世“莫威墜”的譜牒與本村李文昌户相同。第五十三世至五十四世、第五十六世至五十七世之間未連名。本譜内容爲世系,至熱獎凡七十一世。

本譜載於《哈尼族口傳文化譯註全集》第十四卷《紅河州哈尼族譜牒(五)》

[雲南元陽]高城村高正明户譜牒　高正明(嘎礱)背誦　李美亮搜集　2011 年雲南民族出版社排印本　合册　哈漢雙文並註國際音標

該户屬自稱愛倮的“兵國然”宗支。由第六十六世“空嘎”從本鎮小瓦遮村遷入本村定居。第一世“奥瑪”至第二十六世“莫威墜”的譜牒與本村李文昌户相同。第四十三世至四十五世、第六十世至六十一世、第六十二世至六十三世之間未連名。本譜内容爲世系,至薩軌凡六十九世。

本譜載於《哈尼族口傳文化譯註全集》第十四卷《紅河州哈尼族譜牒(五)》

[雲南元陽]高城村普科落户譜牒　普科落(空礱)背誦　李美亮搜集　2011 年雲南民族出版社排印本　合册　哈漢雙文並註國際音標

該户屬自稱愛倮的“窩妮然”宗支。從本鎮勝村村委會“松竜轟”即沙拉河村遷入本村定居。第一世“奥瑪”至第二十六世“莫威墜”的譜牒與本村李文昌户相同。本譜内容爲世系,至省謀凡七十一世。

本譜載於《哈尼族口傳文化譯註全集》第十四卷《紅河州哈尼族譜牒(五)》

[雲南元陽]高城村周上則户譜牒　周上則(熱則)背誦　朱文抄搜集　2011 年雲南民族出版社排印本　合册　哈漢雙文並註國際音標

該户屬自稱愛倮的“多林然”宗支。從本鎮沙拉河村遷入本村定居。第一世“奥瑪”至第二十七世“墜雄哦”的譜牒與本村李文昌户相同。第三十六世至三十七世、第四十五世至四十七世、第五十四世至五十六世之間未連名。本譜内容爲世系,至則嘎凡五十七世。

本譜載於《哈尼族口傳文化譯註全集》第十四卷《紅河州哈尼族譜牒(五)》

[雲南元陽]高城村錢正亮户譜牒　錢正亮(簸薩)背誦　李美亮搜集　2011 年雲南民族出版社排印本　合册　哈漢雙文並註國際音標

該户屬自稱愛倮的“多林然”宗支。從本鎮陳安村遷入本村定居。第一世“奥瑪”至第二十三世“烏鴻然”的譜牒與本村李文昌户相同。第五十一世至五十二世、第五十五世至五十六世之間未連名。本譜内容爲世系,至薩熱凡六十五世。

本譜載於《哈尼族口傳文化譯註全集》第十四卷《紅河州哈尼族譜牒(五)》

[雲南元陽]壩達村李文昌户譜牒　李正光背誦　李美亮搜集　2011 年雲南民族出版社排印本　合册　哈漢雙文並註國際音標

該户屬自稱愛倮的“們松然”宗支。由第六十世“謀野”從本村委會高城村遷入本村定居。第十一世至十八世、第四十五世至四十六世、第四十九世至五十世、第五十一世至五十二世、第五十四世至五十六世、第五十八世至五十九世之間未連名。本譜内容爲世系,至礱策凡六十五世。礱策爲譜主,常用名李文昌。

本譜載於《哈尼族口傳文化譯註全集》第十四卷《紅河州哈尼族譜牒(五)》

[雲南元陽]壩達村朱以主户譜牒 朱以主(野省)背誦 李美亮搜集 2011年雲南民族出版社排印本 合册 哈漢雙文並註國際音標

該户屬自稱愛倮的"兵松然"宗支。由第五十九世"嘎嬈"從本村委會高城村遷入本村定居。第一世"奥瑪"至第三世"翁佳"的譜牒與本村李文昌户相同。第四世至五世、第四十五世至四十六世、第五十三世至五十四世之間未連名。本譜内容爲世系,至宗謀凡六十五世。第六十三世野省爲譜主,常用名朱以主。

本譜載於《哈尼族口傳文化譯註全集》第十四卷《紅河州哈尼族譜牒(五)》

[雲南元陽]壩達村錢波謀户譜牒 普煙侯背誦 李美亮搜集 2011年雲南民族出版社排印本 合册 哈漢雙文並註國際音標

該户屬自稱各和的錢氏宗支。遷徙不詳。第一世"奥瑪"至第二十三世"武鴻然"的譜牒與本村李文昌户譜牒相同。第四十八世至四十九世之間未連名。本譜内容爲世系,至矮省凡六十一世。

本譜載於《哈尼族口傳文化譯註全集》第十四卷《紅河州哈尼族譜牒(五)》

[雲南元陽]壩達村馬主咱户譜牒 馬主咱(舉嚷)背誦 李美亮搜集 2011年雲南民族出版社排印本 合册 哈漢雙文並註國際音標

該户屬自稱愛倮的"毛平然"宗支。遷徙不詳。第一世"奥瑪"至第二十六世"莫威墜"的譜牒與本村李文昌户相同。第四十七世至四十八世、第五十一世至五十三世、第五十四世至五十五世、第五十八世至五十九世、第六十世至六十一世、第六十四世至六十五世之間未連名。本譜内容爲世系,至嚷謀凡七十六世。

本譜載於《哈尼族口傳文化譯註全集》第十四卷《紅河州哈尼族譜牒(五)》

[雲南元陽]壩達村普煙侯户譜牒 普煙侯(熱侯)背誦 李美亮搜集 2011年雲南民族出版社排印本 合册 哈漢雙文並註國際音標

該户屬自稱愛倮的"門克然"宗支。由第六十六世"矮簸"從本村委會高城村遷入本村定居。第一世"奥瑪"至第二十六世"莫威墜"的譜牒與本村李文昌户相同。第四十二世至四十三世、第五十四世至五十六世之間未連名。本譜内容爲世系,至簸嘎凡七十一世。

本譜載於《哈尼族口傳文化譯註全集》第十四卷《紅河州哈尼族譜牒(五)》

[雲南元陽]阿嘎大寨李礎三户譜牒 李礎三(楚薩)背誦 李興亮、李美亮搜集 2011年雲南民族出版社排印本 合册 哈漢雙文並註國際音標

該户屬自稱各和支系"娘芝然"宗支。據傳從石屏縣遷入本村定居。第一世至二十世、第八世至九世、第十九世至二十世、第四十七世至四十八世、第五十一世至五十二世、第五十四世至五十七世之間未連名。本譜内容爲世系,至楚薩凡六十四世。

本譜載於《哈尼族口傳文化譯註全集》第十四卷《紅河州哈尼族譜牒(五)》

[雲南元陽]阿嘎中寨朱成三户譜牒 朱成三(策薩)背誦 李興亮、李美亮搜集 2011年雲南民族出版社排印本 合册 哈漢雙文並註國際音標

該户屬自稱各和支系"娘芝然"宗支。據傳該户從紅河縣洛恩鄉遷入本村定居。第七世至八世、第十五世至十六世之間未連名。本譜内容爲世系,至策薩凡十六世。

本譜載於《哈尼族口傳文化譯註全集》第十四卷《紅河州哈尼族譜牒(五)》

[雲南元陽]阿嘎上寨李娘侯户譜牒 李娘侯(娘侯)背誦 李興亮、李美亮搜集 2011年雲南民族出版社排印本 合册 哈漢雙文並註國際音標

該户屬自稱各和支系"娘芝然"宗支。從石屏縣經建水縣官廳鄉遷入本村定居。第一世至二世、第八世至九世、第十八世至十九世、第三十三

世至三十四世、第四十八世至四十九世、第六十五世至六十六世之間未連名。本譜内容爲世系,至娘侯凡六十八世。

本譜載於《哈尼族口傳文化譯註全集》第十四卷《紅河州哈尼族譜牒(五)》

[雲南元陽]咪卡上寨馬侯檢户譜牒 馬侯檢(侯簡)背誦 李興亮、李美亮搜集 2011年雲南民族出版社排印本 合册 哈漢雙文並註國際音標

該户屬自稱各和支系"和然然"宗支。據傳該户從個舊市雞街鎮遷入本村定居,由回族融合爲哈尼族。第一世至二世、第八世至九世、第十八世至十九世、第五十九世至六十世之間未連名。本譜内容爲世系,至簡斗凡六十一世。

本譜載於《哈尼族口傳文化譯註全集》第十四卷《紅河州哈尼族譜牒(五)》

[雲南元陽]咪卡中寨馬魯檢户譜牒 馬魯檢(魯簡)背誦 李興亮、李美亮搜集 2011年雲南民族出版社排印本 合册 哈漢雙文並註國際音標

該户屬自稱各和支系"瑪們然"宗支。從石屏縣經建水縣官廳鄉遷入本村定居。第一世至二世、第八世至九世、第十八世至十九世之間未連名。本譜内容爲世系,至魯簡凡五十九世。

本譜載於《哈尼族口傳文化譯註全集》第十四卷《紅河州哈尼族譜牒(五)》

[雲南元陽]咪卡中寨李興亮户譜牒 李興亮(薩演)背誦 李美亮搜集 2011年雲南民族出版社排印本 合册 哈漢雙文並註國際音標

該户屬自稱各和支系"娘芝然"宗支。從紅河縣阿扎河鄉洛孟村遷入本村定居。本譜内容爲世系,至薩演凡六世。薩演後還有一世,尚未採用父子連名。

本譜載於《哈尼族口傳文化譯註全集》第十四卷《紅河州哈尼族譜牒(五)》

[雲南元陽]咪卡中寨馬成礎户譜牒 馬成礎(策取)背誦 李興亮、李美亮搜集 2011年雲南民族出版社排印本 合册 哈漢雙文並註國際音標

該户屬自稱各和支系"娘芝然"宗支。從紅河縣洛恩鄉遷入本村定居。第一世"奥瑪"至第二十世"璋塔婆"的譜牒與本村馬魯檢户相同。第三十三世至三十四世、第四十五世至四十六世之間未連名。本譜内容爲世系,至策取凡四十七世。

本譜載於《哈尼族口傳文化譯註全集》第十四卷《紅河州哈尼族譜牒(五)》

[雲南元陽]咪卡下寨馬侯咀户譜牒 馬侯咀(侯舉)背誦 李興亮、李美亮搜集 2011年雲南民族出版社排印本 合册 哈漢雙文並註國際音標

該户屬自稱各和支系"瑪們然"宗支。從個舊市雞街鎮經紅河縣阿扎河鄉洛孟村遷入本村定居。據傳第十九世"鴻然璋"至三十六世"們則"爲回族,三十七世後融合爲哈尼族。第一世至二世、第八世至九世、第十八世至十九世、第三十世至三十一世、第六十一世至六十二世之間未連名。本譜内容爲世系,至舉然凡六十三世。

本譜載於《哈尼族口傳文化譯註全集》第十四卷《紅河州哈尼族譜牒(五)》

[雲南元陽]蘇碑新寨李忠六户譜牒 李忠六(宗録)背誦 李興亮、李美亮搜集 2011年雲南民族出版社排印本 合册 哈漢雙文並註國際音標

該户屬各和支系"娘芝然"宗支。從紅河縣遷入本村定居。第一世至二世、第八世至九世、第十九世至二十世、第三十四世至三十五世、第五十五世至五十七世之間未連名。本譜内容爲世系,至宗録凡六十九世。

本譜載於《哈尼族口傳文化譯註全集》第十四卷《紅河州哈尼族譜牒(五)》

[雲南元陽]蘇碑新寨王批娘户譜牒 王批娘背誦 李美亮搜集 2011年雲南民族出版社排印本 合册 哈漢雙文並註國際音標

該户屬各和支系"春依然"宗支。從紅河縣洛恩鄉遷入本村定居。第一世"奥瑪"至第二十世"鴻然璋"的譜牒與本村李忠六户相同。第三十六世至三十七世之間未連名。本譜内容爲世系,至則斗凡五十七世。

本譜載於《哈尼族口傳文化譯註全集》第十四卷《紅河州哈尼族譜牒(五)》

[雲南元陽]蘇碑舊寨李然則户譜牒　李然則(嚷則)背誦　李興亮、李美亮搜集　2011年雲南民族出版社排印本　合册　哈漢雙文並註國際音標

該户屬各和支系"春依然"宗支。從紅河縣浪堤鄉遷入本村定居。第一世至二世、第八世至九世、第十九世至二十世、第三十六世至三十七世、第四十七世至四十九世之間未連名。本譜内容爲世系,至嚷則凡六十九世。

本譜載於《哈尼族口傳文化譯註全集》第十四卷《紅河州哈尼族譜牒(五)》

[雲南元陽]松樹寨李波娘户譜牒　李軌簸(李波娘)背誦　李興亮、李美亮搜集　2011年雲南民族出版社排印本　合册　哈漢雙文並註國際音標

該户屬各和支系"娘芝然"宗支。從石屏縣遷入本村定居。第一世至二世、第八世至十世、第十九世至二十世、第二十八世至二十九世、第五十六世至五十七世、第六十世至六十一世之間未連名。本譜内容爲世系,至簸娘凡七十二世。

本譜載於《哈尼族口傳文化譯註全集》第十四卷《紅河州哈尼族譜牒(五)》

[雲南元陽]迷琶村王礎侯户譜牒　王礎侯(礎侯)背誦　李興亮、李美亮搜集　2011年雲南民族出版社排印本　合册　哈漢雙文並註國際音標

該户屬各和支系"娘芝然"宗支。從建水縣官廳鄉遷入本村定居。本譜内容爲世系,至礎侯凡五十七世。

本譜載於《哈尼族口傳文化譯註全集》第十四卷《紅河州哈尼族譜牒(五)》

[雲南元陽]波勒村李娘嘎户譜牒　李娘嘎(娘嘎)背誦　李興亮、李美亮搜集　2011年雲南民族出版社排印本　合册　哈漢雙文並註國際音標

該户屬各和支系"娘芝然"宗支。從紅河縣遷入本村定居。第一世至二世、第八世至九世、第十八世至十九世、第三十三世至三十四世、第五十四世至五十六世之間未連名。本譜内容爲世系,至娘嘎凡六十六世。

本譜載於《哈尼族口傳文化譯註全集》第十四卷《紅河州哈尼族譜牒(五)》

[雲南元陽]波勒村羅然斗户譜牒　羅然斗(嚷斗)背誦　李興亮搜集　2011年雲南民族出版社排印本　合册　哈漢雙文並註國際音標

該户屬各和支系"莫作然"宗支。從紅河縣石頭寨村遷入本村定居。第一世"奥瑪"至第二十一世"塔婆哺"的譜牒與本村李娘嘎户相同。第四十一世至四十二世、第五十三世至五十四世、第五十六世至五十七世、第五十八世至五十九世之間未連名。本譜内容爲世系,至嚷斗凡六十五世。

本譜載於《哈尼族口傳文化譯註全集》第十四卷《紅河州哈尼族譜牒(五)》

[雲南元陽]草果洞村石尖卜户譜牒　石尖卜(簡仆)背誦　李興亮、李美亮搜集　2011年雲南民族出版社排印本　合册　哈漢雙文並註國際音標

該户屬各和支系的"石氏"宗支。從紅河縣遷入本村定居。第五世至六世、第十六世至十八世之間未連名。本譜内容爲世系,至簡仆凡十八世。

本譜載於《哈尼族口傳文化譯註全集》第十四卷《紅河州哈尼族譜牒(五)》

[雲南元陽]哈卡大寨羅咀三户譜牒　羅咀三(舉薩)背誦　李興亮、李美亮搜集　2011年雲南民族出版社排印本　合册　哈漢雙文並註國際音標

該户屬各和支系"莫作然"宗支。從紅河縣阿扎河鄉俄比多村遷入本村定居。第一世至二世、第八世至九世、第十八世至十九世、第三十三世至三十四世、第四十六世至四十七世、第五十三世至五十四世之間未連名。本譜内容爲世系,至舉薩凡五十六世。

本譜載於《哈尼族口傳文化譯註全集》第十四卷《紅河州哈尼族譜牒(五)》

[雲南元陽]界排大寨李忠卜户譜牒　李忠卜(宗仆)背誦　李興亮、李美亮搜集　2011年雲南民

族出版社排印本　合册　哈漢雙文並註國際音標

該户屬各和支系“春依然”宗支。從昆明遷入本村定居。第一世至二世、第八世至九世、第十八世至十九世、第三十三世至三十四世、第四十六世至四十八世之間未連名。本譜内容爲世系,至宗仆凡七十世。

本譜載於《哈尼族口傳文化譯註全集》第十四卷《紅河州哈尼族譜牒(五)》

[雲南元陽]界排大寨吴演嘎户譜牒　吴演嘎(演嘎)背誦　李興亮、李美亮搜集　2011年雲南民族出版社排印本　合册　哈漢雙文並註國際音標

該户屬各和支系“春依然”宗支。從紅河縣洛恩鄉遷入本處定居。第一世“奥瑪”至第十六世“里波白”的譜牒與本村李忠卜户相同。第十八世至十九世、第三十五世至三十六世、第四十九世至五十世之間未連名。本譜内容爲世系,至演嘎凡六十六世。

本譜載於《哈尼族口傳文化譯註全集》第十四卷《紅河州哈尼族譜牒(五)》

[雲南元陽]界排大寨李卜侯户譜牒　李卜侯(仆侯)背誦　李興亮、李美亮搜集　2011年雲南民族出版社排印本　合册　哈漢雙文並註國際音標

該户屬各和支系“春依然”宗支。從昆明經石屏縣、建水縣官廳一帶遷入本村定居。第一世“奥瑪”至第十六世“里波白”的譜牒與本村李忠卜户相同。第十八世至十九世、第三十五世至三十六世、第四十六世至四十七世、第四十八世至四十九世、第五十一世至五十二世、第六十三世至六十四世之間未連名。本譜内容爲世系,至仆侯凡六十七世。

本譜載於《哈尼族口傳文化譯註全集》第十四卷《紅河州哈尼族譜牒(五)》

[雲南元陽]界排大寨施則坤户譜牒　施則坤(則坤)背誦　李興亮、李美亮搜集　2011年雲南民族出版社排印本　合册　哈漢雙文並註國際音標

該户屬各和支系“春依然”宗支。從紅河縣洛恩鄉遷入本村定居。第一世“奥瑪”至第十六世“里波白”的譜牒與本村李忠卜户相同。第十八世至十九世、第三十六世至三十八世之間未連名。本譜内容爲世系,至則坤凡五十六世。

本譜載於《哈尼族口傳文化譯註全集》第十四卷《紅河州哈尼族譜牒(五)》

[雲南元陽]界排小寨王嘎遠户譜牒　王嘎遠(嘎演)背誦　李興亮、李美亮搜集　2011年雲南民族出版社排印本　合册　哈漢雙文並註國際音標

該户屬各和支系“娘芝然”宗支。從昆明地區遷入本村定居。第一世至二世、第十八世至十九世、第三十三世至三十四世、第四十三世至四十五世之間未連名。本譜内容爲世系,至嘎演凡五十六世。

本譜載於《哈尼族口傳文化譯註全集》第十四卷《紅河州哈尼族譜牒(五)》

[雲南元陽]界排小寨吴龍香户譜牒　吴龍香(礱蝦)背誦　李興亮搜集　2011年雲南民族出版社排印本　合册　哈漢雙文並註國際音標

該户屬各和支系“春依然”宗支。從紅河縣阿扎河鄉遷入本村定居。第一世“奥瑪”至第十八世“烏木然”的譜牒與本村王嘎遠户相同。第十八世至十九世、第四十九世至五十世之間未連名。本譜内容爲世系,至礱蝦凡六十二世。

本譜載於《哈尼族口傳文化譯註全集》第十四卷《紅河州哈尼族譜牒(五)》

[雲南元陽]漫江河村馬波目户譜牒　馬波目(簸謀)背誦　李興亮、李美亮搜集　2011年雲南民族出版社排印本　合册　哈漢雙文並註國際音標

該户屬各和支系“瑪則然”宗支。據傳從石屏縣遷入本村定居。第一世至二世、第八世至九世、第十八世至十九世、第四十七世至四十八世之間未連名。本譜内容爲世系,至簸謀凡六十世。

本譜載於《哈尼族口傳文化譯註全集》第十四卷《紅河州哈尼族譜牒(五)》

[雲南元陽]漫江河村羅則礎户譜牒　羅則礎(則取)背誦　李興亮、李美亮搜集　2011年雲南民

族出版社排印本　合册　哈漢雙文並註國際音標

該户屬各和支系"莫作然"宗支。從石屏縣龍朋鎮遷入本村定居。第一世"奥瑪"至第十七世"波白烏"的譜牒與本村馬波目户相同。第十八世至十九世、第二十九世至三十世之間未連名。本譜内容爲世系,至則取凡五十五世。

本譜載於《哈尼族口傳文化譯註全集》第十四卷《紅河州哈尼族譜牒(五)》

[雲南元陽]牛倮哈尼寨楊惡娘户譜牒　楊惡娘(哦娘)背誦　李興亮、李美亮搜集　2011年雲南民族出版社排印本　合册　哈漢雙文並註國際音標

該户屬各和支系"娘芝然"宗支。從石屏縣經建水縣官廳鄉遷入本村定居。第一世至二世、第八世至九世、第十八世至十九世、第三十三至三十四世、第四十四世至四十六世、第五十三世至五十四世、第五十六世至五十八世之間未連名。本譜内容爲世系,至哦娘凡五十九世。

本譜載於《哈尼族口傳文化譯註全集》第十四卷《紅河州哈尼族譜牒(五)》

[雲南元陽]批魯寨李尼那户譜牒　李有文背誦　李興亮、李美亮搜集　2011年雲南民族出版社排印本　合册　哈漢雙文並註國際音標

該户屬各和支系"娘芝然"宗支。從紅河縣洛恩鄉遷入本村定居。第一世至二世、第八世至九世、第十八世至十九世、第三十三世至三十四世、第三十九世至四十世、第四十一世至四十二世、第四十九世至五十世之間未連名。本譜内容爲世系,至鴻魯凡五十三世。

本譜載於《哈尼族口傳文化譯註全集》第十四卷《紅河州哈尼族譜牒(五)》

[雲南元陽]小窩中上寨馬沙侯户譜牒　馬沙侯(薩侯)背誦　李興亮、李美亮搜集　2011年雲南民族出版社排印本　合册　哈漢雙文並註國際音標

該户屬各和支系"瑪們然"宗支。據傳從元江縣遷入本村定居。第一世至二世、第八世至九世、第十八世至十九世、第三十七世至三十八世、第四十二世至四十三世之間未連名。本譜内容爲世系,至薩侯凡四十八世。薩侯後還有兩世,但未採用父子連名。

本譜載於《哈尼族口傳文化譯註全集》第十四卷《紅河州哈尼族譜牒(五)》

[雲南元陽]小窩中下寨吴檢三户譜牒　吴皮龍背誦　李興亮、李美亮搜集　2011年雲南民族出版社排印本　合册　哈漢雙文並註國際音標

該户屬各和支系"娘芝然"宗支。從紅河縣阿扎河鄉遷入本村定居。第一世至二世、第八世至九世、第二十三世至二十四世、第二十六世至二十八世、第四十世至四十一世、第五十六世至六十世之間未連名。本譜内容爲世系,至平礱凡六十世。平礱爲譜主,常用名吴檢三。

本譜載於《哈尼族口傳文化譯註全集》第十四卷《紅河州哈尼族譜牒(五)》

[雲南元陽]小窩中下寨羅成咀户譜牒　羅成咀(策舉)背誦　李興亮、李美亮搜集　2011年雲南民族出版社排印本　合册　哈漢雙文並註國際音標

該户屬各和支系"莫佐然"宗支。從紅河縣阿扎河鄉牛洞村遷入本村定居。第一世"奥瑪"至第二十一世"里碧仆"的譜牒與本村吴皮龍户相同。第二十三世至二十四世、第二十六世至二十七世、第三十九世至四十世、第四十六世至五十世、第五十五世至五十六世、第五十八世至五十九世之間未連名。本譜内容爲世系,至策舉凡六十世。

本譜載於《哈尼族口傳文化譯註全集》第十四卷《紅河州哈尼族譜牒(五)》

[雲南元陽]泡竹寨陳沙侯户譜牒　陳斗沙背誦　李興亮、李美亮搜集　2011年雲南民族出版社排印本　合册　哈漢雙文並註國際音標

該户屬各和支系"娘芝然"宗支。從本縣馬街鄉遷入本村定居。第一世至二世、第八世至九世、第十八世至十九世、第五十二世至五十三世之間

未連名。本譜内容爲世系,至薩侯凡五十六世。薩侯爲譜主,常用名陳沙侯。

本譜載於《哈尼族口傳文化譯註全集》第十四卷《紅河州哈尼族譜牒(五)》

[雲南元陽]格卡村馬簸們户譜牒 馬簸們(簸們)背誦 羅智華、李美亮搜集 2011年雲南民族出版社排印本 合册 哈漢雙文並註國際音標

該户屬哈尼族臘咪支系馬氏"瑪則然"宗支。於1848年由第五十九世"堅吉"從緑春縣大興鎮路俄村遷入本村定居。第七世至九世、第三十九世至四十世、第四十八世至四十九世、第五十五世至五十六世、第五十九世至六十世之間未連名。本譜内容爲世系,至們侯凡六十七世。

本譜載於《哈尼族口傳文化譯註全集》第十五卷《紅河州哈尼族譜牒(六)》

[雲南元陽]格卡村石歐干户譜牒 石歐干(歐嘎)背誦 羅智華、李美亮搜集 2011年雲南民族出版社排印本 合册 哈漢雙文並註國際音標

該户屬哈尼族臘咪支系石氏宗支。於1845年由第五十二世"舉策"從緑春縣戈奎鄉加梅村委會加梅村遷入定居。第一世"奥翁"到第二十世"璋塔婆"的譜牒與本村馬簸們户相同。第四十六世至四十七世、第四十九世至五十一世、第五十六世至五十七世、第六十一世至六十四世之間未連名。本譜内容爲世系,至普薩凡七十四世。

本譜載於《哈尼族口傳文化譯註全集》第十五卷《紅河州哈尼族譜牒(六)》

[雲南元陽]格卡村陳則山户譜牒 陳則山(們薩)背誦 羅智華搜集 2011年雲南民族出版社排印本 合册 哈漢雙文並註國際音標

該户屬哈尼族臘咪支系陳氏"策普然"宗支。由第六十七世"簸們"從咪藤、娘篤遷入本村定居。第一世"奥翁"到第二十世"博本烏"的譜牒與本村馬簸們户相同。第四十二世至四十三世、第四十四世至四十六世、第五十二世至五十三世、第五十九世至六十一世、第六十五世至六十七世之間未連名。本譜内容爲世系,至薩粗凡六十九世。

本譜載於《哈尼族口傳文化譯註全集》第十五卷《紅河州哈尼族譜牒(六)》

[雲南元陽]格卡村羅朱龍户譜牒 羅朱龍(娘嘎)背誦 羅智華、李美亮搜集 2011年雲南民族出版社排印本 合册 哈漢雙文並註國際音標

該户屬哈尼族臘咪支系陳氏"儂竜然"宗支。於1926年由第六十五世"犂嚷"從本村委會巖甲村遷入本村定居。第一世"奥窩"到第十七世"博本烏"的譜牒與本村馬簸們户相同。本譜内容爲世系,至嘎薩凡六十八世。

本譜載於《哈尼族口傳文化譯註全集》第十五卷《紅河州哈尼族譜牒(六)》

[雲南元陽]阿東村羅我成户譜牒 羅我成背誦 羅智華、李美亮搜集 2011年雲南民族出版社排印本 合册 哈漢雙文並註國際音標

該户屬哈尼族臘咪支系陳氏"儂竜丹普然"宗支。從紅河縣寶華鄉個碧村遷入本村定居。第七世至九世、第十八世至十九世之間未連名。本譜内容爲世系,至侯魯凡六十五世。

本譜載於《哈尼族口傳文化譯註全集》第十五卷《紅河州哈尼族譜牒(六)》

[雲南元陽]阿東村馬牛斗户譜牒 馬牛斗背誦 羅正發搜集 2011年雲南民族出版社排印本 合册 哈漢雙文並註國際音標

該户屬哈尼族臘咪支系馬氏"媽們然"宗支。從紅河縣"萊綱東德"(現地址不詳)遷入本村定居。第一世"奥窩"到第七世"能本"的譜牒與本村羅我成户相同。第七世至八世、第四十四世至四十五世、第四十九世至五十一世、第五十二世至五十四世之間未連名。本譜内容爲世系,至墜娘凡六十二世。

本譜載於《哈尼族口傳文化譯註全集》第十五卷《紅河州哈尼族譜牒(六)》

[雲南元陽]阿東村王中後户譜牒 王中後背誦 羅正發搜集 2011年雲南民族出版社排印本

合册　哈漢雙文並註國際音標

該户屬哈尼族臘咪支系王氏宗支。由第五十七世"簡嘎"從緑春縣托牛村遷入本村定居。第一世"奥窩"到第十八世"吴哦然"的譜牒與本村羅我成户相同。第十八世至十九世、第三十三世至三十四世之間未連名。本譜内容爲世系,至則歐凡六十世。

本譜載於《哈尼族口傳文化譯註全集》第十五卷《紅河州哈尼族譜牒(六)》

[雲南元陽]巖甲村陳龍歸户譜牒　陳龍歸(磨軌)背誦　陳勒山、李美亮搜集　2011年雲南民族出版社排印本　合册　哈漢雙文並註國際音標

該户屬哈尼族臘咪支系陳氏"策普然"宗支。由第五十九世"則勒"從"咪藤娘篤"(哈尼語地名,現地址不詳)遷入本村定居,並與本村委會格卡村陳則山户共祖至六十六世"堅牛"。第七世至九世、第四十一世至四十二世、第四十三世至四十五世、第五十一世至五十二世、第五十八世至六十世、第六十四世至六十六世之間未連名。本譜内容爲世系,至則娘凡六十八世。

本譜載於《哈尼族口傳文化譯註全集》第十五卷《紅河州哈尼族譜牒(六)》

[雲南元陽]巖甲村王龍娘户譜牒　王龍娘背誦　陳勒山、李美亮搜集　2011年雲南民族出版社排印本　合册　哈漢雙文並註國際音標

該户屬哈尼族臘咪支系王氏"春依然"宗支。由第六十世"魯則"從紅河縣寶華鄉一帶遷入本村定居。第一世"奥翁"到第十八世"鴻然璋"的譜牒與本村陳龍歸户相同。本譜内容爲世系,至薩晗凡六十五世。

本譜載於《哈尼族口傳文化譯註全集》第十五卷《紅河州哈尼族譜牒(六)》

[雲南元陽]巖甲村盧侯然户譜牒　盧侯然(侯嚷)背誦　陳勒山、李美亮搜集　2011年雲南民族出版社排印本　合册　哈漢雙文並註國際音標

該户屬哈尼族臘咪支系盧氏宗支。由第六十六世"熱薩"從攀枝花鄉路那村遷入本村定居。第一世"奥翁"到第十七世"烏鴻然"的譜牒與本村陳龍歸户相同。第四十七世至四十八世、第六十二世至六十三世之間未連名。本譜内容爲世系,至嚷則凡六十九世。

本譜載於《哈尼族口傳文化譯註全集》第十五卷《紅河州哈尼族譜牒(六)》

[雲南元陽]巖甲村李後普户譜牒　李後普(侯普)背誦　陳勒山、李美亮搜集　2011年雲南民族出版社排印本　合册　哈漢雙文並註國際音標

該户屬哈尼族臘咪支系李氏"苗芝然"宗支。由第六十一世"侯普"之兄"侯追"從"娘期臘白"(哈尼語地名,現地址不詳)遷入本村定居。第一世"奥翁"到第三十三世"苗芝"的譜牒與本村陳龍歸户相同。第四十世至四十一世、第四十二世至四十三世之間未連名。本譜内容爲世系,至磨娘凡六十三世。

本譜載於《哈尼族口傳文化譯註全集》第十五卷《紅河州哈尼族譜牒(六)》

[雲南元陽]巖甲村吴山俄户譜牒　吴山俄(薩哦)背誦　陳勒山、李美亮搜集　2011年雲南民族出版社排印本　合册　哈漢雙文並註國際音標

該户屬哈尼族臘咪支系陳氏宗支。由第五十六世"則冷"從"鄧渴"(哈尼語地名,現地址不詳)遷入本村定居。第一世"奥翁"到第十六世"博本烏"的譜牒與本村陳龍歸户相同。第二十一世至二十二世、第四十二世至四十三世、第四十九世至五十一世、第五十三世至五十四世、第五十八世至五十九世之間未連名。本譜内容爲世系,至娘侯凡六十三世。

本譜載於《哈尼族口傳文化譯註全集》第十五卷《紅河州哈尼族譜牒(六)》

[雲南元陽]巖甲村羅牛保户譜牒　羅牛保(斗薩)背誦　李美亮搜集　2011年雲南民族出版社排印本　合册　哈漢雙文並註國際音標

該户屬哈尼族臘咪支系羅氏宗支。由第六十一世"普嚷"從紅河縣寶華鄉一帶遷入本村定居。第一世"奥翁"到第十七世"烏鴻然"的譜牒與本

村陳龍歸户譜牒相同。第五十八世至五十九世、第六十一世至六十二世之間未連名。本譜内容爲世系,至薩則凡六十六世。

本譜載於《哈尼族口傳文化譯註全集》第十五卷《紅河州哈尼族譜牒(六)》

[雲南元陽]阿樹上寨李勒斗户譜牒　李勒斗(則簸)背誦　李美亮搜集　2011年雲南民族出版社排印本　合册　哈漢雙文並註國際音標

該户屬臘咪支系李氏宗支。由第二世"簸礱"從緑春縣戈奎鄉加梅村委會加梅村遷入本村定居。本譜内容爲世系,至侯則凡十世。

本譜載於《哈尼族口傳文化譯註全集》第十五卷《紅河州哈尼族譜牒(六)》

[雲南元陽]阿樹上寨錢娘三户譜牒　錢娘三(娘薩)背誦　李美亮搜集　2011年雲南民族出版社排印本　合册　哈漢雙文並註國際音標

該户屬哈尼族臘咪支系錢氏"阿者然"宗支。由第三世"簸則"從紅河縣"阿者奎竜"(哈尼語地名,現地址不詳)遷入本村定居。第七世至八世之間未連名。本譜内容爲世系,至夫斗凡八世。

本譜載於《哈尼族口傳文化譯註全集》第十五卷《紅河州哈尼族譜牒(六)》

[雲南元陽]阿樹上寨白繼亮户譜牒　白繼亮(則取)背誦　李美亮搜集　2011年雲南民族出版社排印本　合册　哈漢雙文並註國際音標

該户屬哈尼族臘咪支系白氏宗支。由第四世"此簸"自俄扎鄉哈播村遷入本村定居。本譜内容爲世系,至取華凡十世。

本譜載於《哈尼族口傳文化譯註全集》第十五卷《紅河州哈尼族譜牒(六)》

[雲南元陽]阿樹上寨段歐嘎户譜牒　段歐嘎(歐嘎)背誦　李美亮搜集　2011年雲南民族出版社排印本　合册　哈漢雙文並註國際音標

該户屬哈尼族臘咪支系段氏宗支。由第一世"墜薩"從石屏縣流遷入緑春縣戈奎鄉,又遷到本村委會"塞窩"居住一段時間後,由第三世"斗則"遷入本村居住。本譜内容爲世系,至宗軌凡十一世。

本譜載於《哈尼族口傳文化譯註全集》第十五卷《紅河州哈尼族譜牒(六)》

[雲南元陽]阿樹上寨陳背山户譜牒　陳背山(則取)背誦　李美亮搜集　2011年雲南民族出版社排印本　合册　哈漢雙文並註國際音標

該户屬哈尼族臘咪支系陳氏宗支。由第二世"薩舉"從緑春縣戈奎鄉加梅村委會格波村遷入本村定居。本譜内容爲世系,至克取凡九世。

本譜載於《哈尼族口傳文化譯註全集》第十五卷《紅河州哈尼族譜牒(六)》

[雲南元陽]阿樹上寨車魯波户譜牒　車魯波(魯波)背誦　李愛則搜集　2011年雲南民族出版社排印本　合册　哈漢雙文並註國際音標

該户屬哈尼族臘咪支系車氏"童等然"宗支。遷徙不詳。本譜内容爲世系,至仍侯凡十世。

本譜載於《哈尼族口傳文化譯註全集》第十五卷《紅河州哈尼族譜牒(六)》

[雲南元陽]阿樹下寨白干山户譜牒　白干山(嚷侯)背誦　李美亮搜集　2011年雲南民族出版社排印本　合册　哈漢雙文並註國際音標

該户屬哈尼族臘咪支系白石宗支。由第四世"此薩"從本村委會阿樹上寨遷入本村定居。本譜内容爲世系,至簸努凡九世。

本譜載於《哈尼族口傳文化譯註全集》第十五卷《紅河州哈尼族譜牒(六)》

[雲南元陽]哈腳上寨郭作山户譜牒　郭作山(則嚷)背誦　李美亮搜集　2011年雲南民族出版社排印本　合册　哈漢雙文並註國際音標

該户屬哈尼族臘咪支系郭氏"策妮然"宗支。由第六十四世"簸嘎"從緑春縣戈奎鄉加梅村委會加梅村遷入本村定居。第七世至八世、第二十一世至二十二世、第四十世至四十一世、第四十二世至四十三世、第四十七世至四十八世之間未連名。本譜内容爲世系,至嚷則凡六十七世。

本譜載於《哈尼族口傳文化譯註全集》第十五卷《紅河州哈尼族譜牒(六)》

[雲南元陽]哈腳上寨陳伙波户譜牒　陳伙波(侯韋)背誦　李美亮搜集　2011年雲南民族出版社排印本　合册　哈漢雙文並註國際音標

該户屬哈尼族臘咪支系陳氏宗支。由第五十九世"歐侯"從本村委會哈腳下寨遷入本村定居。第一世"奥翁"到第十七世"烏敖然"的譜牒與本村郭作山户相同。第十七世至十八世、第三十二世至三十三世、第四十八世至四十九世、第五十世至五十一世之間未連名。本譜内容爲世系,至侯韙凡六十二世。

本譜載於《哈尼族口傳文化譯註全集》第十五卷《紅河州哈尼族譜牒(六)》

[雲南元陽]哈腳上寨石生保户譜牒　陳伙波背誦　李玉華搜集　2011年雲南民族出版社排印本　合册　哈漢雙文並註國際音標

該户屬哈尼族臘咪支系石氏宗支。據傳從"竜們坡德"(哈尼語地名,現地址不詳)遷入本村定居。第八世至十一世之間未連名。本譜内容爲世系,至陽粗凡十一世。第十世森簸爲譜主,常用名石生保。

本譜載於《哈尼族口傳文化譯註全集》第十五卷《紅河州哈尼族譜牒(六)》

[雲南元陽]腳拉村郭生侯户譜牒　郭生侯(侯宗)背誦　李美亮搜集　2011年雲南民族出版社排印本　合册　哈漢雙文並註國際音標

該户屬哈尼族臘咪支系郭氏"策妮然"宗支。從本村委會哈腳村遷入本村定居。第七世至八世、第二十一世至二十二世、第三十四世至三十五世、第四十世至四十一世、第四十二世至四十三世、第四十七世至四十八世、第五十三世至五十四世之間未連名。本譜内容爲世系,至侯宗凡六十五世。

本譜載於《哈尼族口傳文化譯註全集》第十五卷《紅河州哈尼族譜牒(六)》

[雲南元陽]腳拉村李成山户譜牒　李成山(策薩)背誦　李美亮搜集　2011年雲南民族出版社排印本　合册　哈漢雙文並註國際音標

該户屬哈尼族臘咪支系李氏宗支。遷徙不詳。本譜内容爲世系,至薩則凡十世。

本譜載於《哈尼族口傳文化譯註全集》第十五卷《紅河州哈尼族譜牒(六)》

[雲南元陽]哈腳下寨陳斗嘎户譜牒　陳斗嘎(斗嘎)背誦　李美亮搜集　2011年雲南民族出版社排印本　合册　哈漢雙文並註國際音標

該户屬哈尼族臘咪支系陳氏宗支。由第五十五世"侯斗"從"竜們"(哈尼語地名,現地址不詳)遷入本村定居。第七世至八世、第十七世至十八世、第四十八世至四十九世、第五十世至五十一世、第六十世至六十一世之間未連名。本譜内容爲世系,至嘎侯凡六十五世。

本譜載於《哈尼族口傳文化譯註全集》第十五卷《紅河州哈尼族譜牒(六)》

[雲南元陽]哈腳下寨石然學户譜牒　石然學(然學)背誦　李玉華搜集　2011年雲南民族出版社排印本　合册　哈漢雙文並註國際音標

該户屬哈尼族臘咪支系石氏宗支。從紅河縣"竜們"(哈尼語地名,現地址不詳)遷入本村定居。本譜内容爲世系,至然學凡九世。

本譜載於《哈尼族口傳文化譯註全集》第十五卷《紅河州哈尼族譜牒(六)》

[雲南元陽]哈播村車雲海户譜牒　車雲海(薩娘)背誦　李美亮搜集　2011年雲南民族出版社排印本　合册　哈漢雙文並註國際音標

該户屬哈尼族臘咪支系車氏支系。由第五十八世"烏簸"從"竜們普瑪"(哈尼語地名,現地址不詳)遷入本村定居。第七世至八世、第十七世至十八世、第三十二世至三十三世、第四十四世至四十五世之間未連名。本譜内容爲世系,至娘則凡六十七世。

本譜載於《哈尼族口傳文化譯註全集》第十五卷《紅河州哈尼族譜牒(六)》

[雲南元陽]哈播村李勒三户譜牒　李勒三(嘎奪)背誦　李美亮搜集　2011年雲南民族出版社排印本　合册　哈漢雙文並註國際音標

該户屬哈尼族臘咪支系李氏宗支。由第五世"林斗"從石屏縣遷入本村定居。第二世至三世之間未連名。本譜内容爲世系,至則娘凡十世。

本譜載於《哈尼族口傳文化譯註全集》第十五卷《紅河州哈尼族譜牒(六)》

[雲南元陽]哈播村林波曼户譜牒　林波曼(簸麻)背誦　李美亮搜集　2011年雲南民族出版社排印本　合册　哈漢雙文並註國際音標

該户屬哈尼族臘咪支系李氏"晗崇臘咪然"宗支。由第一世"伙簡"從緑春縣戈奎鄉俄普村委會、俄瑪村委會一帶遷入本村定居。本譜内容爲世系,至舉策凡八世。

本譜載於《哈尼族口傳文化譯註全集》第十五卷《紅河州哈尼族譜牒(六)》

[雲南元陽]哈播村趙文强户譜牒　趙魯三背誦　李美亮搜集　2011年雲南民族出版社排印本　合册　哈漢雙文並註國際音標

該户屬哈尼族臘咪支系趙氏"媽們然"宗支。從"竜們普瑪"(哈尼語地名,現地址不詳)遷入本村定居。第一世"奥翁"到第十九世"璋塔婆"的譜牒與本村車雲海户相同。第三十三世至三十四世、第三十六世至三十七世、第四十二世至四十三世、第四十五世至四十六世之間未連名。本譜内容爲世系,至魯簸凡四十九世。第四十八世薩魯爲譜主,常用名趙文强。

本譜載於《哈尼族口傳文化譯註全集》第十五卷《紅河州哈尼族譜牒(六)》

[雲南元陽]多沙村白氏家族譜系　佚名念誦　楊六金記録　2008年中國大百科全書出版社排印本　合册

哈尼語哈雅方言家譜。流傳於雲南省元陽縣。本譜所載僅爲世系,自第一世奥瑪至木竹凡五十世。

本譜載於《中國少數民族古籍總目提要・哈尼族卷》

[雲南元陽]多沙村楊氏家族譜系　佚名念誦　楊六金記録　2008年中國大百科全書出版社排印本　合册

哈尼語哈雅方言家譜。流傳於雲南省元陽縣。本譜所載僅爲世系,自第一世奥瑪至應白凡五十三世。

本譜載於《中國少數民族古籍總目提要・哈尼族卷》

[雲南元陽]多沙村楊氏家族譜系　佚名念誦　楊六金記録　2005年民族出版社排印本　合册　哈漢雙文

參見上條。本譜所載僅爲世系,自第一世奥瑪至應白凡四十世,與上條世系略有出入。

本譜載於《紅河哈尼族譜牒》

[雲南元陽]多沙村馬文光户譜牒　馬文光(韋簸)背誦　李美亮搜集　2011年雲南民族出版社排印本　合册　哈漢雙文並註國際音標

該户屬哈尼族臘咪支系馬氏"阿毛然"宗支。由第四十三世"則魯"從本村村委會哈播村遷入本村定居。第七世至八世、第三十六世至三十九世、第四十四世至四十五世、第四十七世至四十八世之間未連名。本譜内容爲世系,至娘福凡四十九世。

本譜載於《哈尼族口傳文化譯註全集》第十五卷《紅河州哈尼族譜牒(六)》

[雲南元陽]多沙村趙文學户譜牒　趙文學(普簸)背誦　李美亮搜集　2011年雲南民族出版社排印本　合册　哈漢雙文並註國際音標

該户屬哈尼族臘咪支系趙氏"媽們然"宗支。由第五十三世"薩嘎"從本村委會哈播村遷入本村定居。第一世"奥翁"到第二十四世"鴻索主"的譜牒與本村馬文光户相同。本譜内容爲世系,至普策凡五十八世。

本譜載於《哈尼族口傳文化譯註全集》第十五卷《紅河州哈尼族譜牒(六)》

[雲南元陽]楚腳村陳舉龍户譜牒　陳舉龍(舉礱)背誦　李美亮搜集　2011年雲南民族出版社排印本　合册　哈漢雙文並註國際音標

該户屬哈尼族臘咪支系陳氏宗支。由第五十五世"打則"從紅河縣甲寅村遷到緑春縣大興鎮阿迪上寨,由第五十九世"礱嘎"從阿迪上寨經本縣黄草嶺鄉河順村委會勐董村遷入本村定居。第七世至八世、第二十七世至二十八世之間未連名。本譜内容爲世系,至侯高凡六十三世。

本譜載於《哈尼族口傳文化譯註全集》第十五卷《紅河州哈尼族譜牒(六)》

[雲南元陽]瑶仁寨趙批額户譜牒　趙批額(薩嘎)背誦　李美亮搜集　2011年雲南民族出版社排印本　合册　哈漢雙文並註國際音標

該户屬哈尼族臘咪支系趙氏"媽們然"宗支。由第四十五世"耿歐"從哈播村遷入本村定居。第三十三世至三十四世、第三十六世至三十七世之間未連名。本譜内容爲世系,至宗鴻凡五十世。

本譜載於《哈尼族口傳文化譯註全集》第十五卷《紅河州哈尼族譜牒(六)》

[雲南元陽]瑶仁寨馬哈沙户譜牒　馬哈沙(斗礱)背誦　李美亮搜集　2011年雲南民族出版社排印本　合册　哈漢雙文並註國際音標

該户屬哈尼族臘咪支系馬氏"阿毛然"宗支。遷徙不詳。據傳該户祖先曾在緑春縣騎馬壩鄉居住。本譜内容爲世系,至斗策凡九世。

本譜載於《哈尼族口傳文化譯註全集》第十五卷《紅河州哈尼族譜牒(六)》

[雲南元陽]伙東村馬宏奄户譜牒　馬宏奄(則礱)背誦　李美亮搜集　2011年雲南民族出版社排印本　合册　哈漢雙文並註國際音標

該户屬哈尼族臘咪支系馬氏"阿毛然"宗支。由第八世"墜則"從哈播村遷入本村定居。本譜内容爲世系,至礱薩凡十五世。

本譜載於《哈尼族口傳文化譯註全集》第十五卷《紅河州哈尼族譜牒(六)》

[雲南元陽]生枯村李俄嘎户譜牒　李俄嘎(哦嘎)背誦　李美亮搜集　2011年雲南民族出版社排印本　合册　哈漢雙文並註國際音標

該户屬哈尼族臘咪支系李氏"當蘇里然"或"臘白然"宗支。由第一世"斗侯"從石屏縣遷入俄扎鄉三臺村委會阿百洞村居住,又由二世"策斗"遷入本村委會勐仲村再遷本村委會歐核村居住,1988年第七世"哦嘎"從歐核村入贅本村定居。本譜内容爲世系,至哦則凡八世。

本譜載於《哈尼族口傳文化譯註全集》第十五卷《紅河州哈尼族譜牒(六)》

[雲南元陽]生枯村馬噴山户譜牒　馬噴山(則斗)背誦　李美亮搜集　2011年雲南民族出版社排印本　合册　哈漢雙文並註國際音標

該户屬哈尼族臘咪支系馬氏"臘白然"宗支。由第四世"嘎則"從本村委會勐仲村遷到哈播村委會哈播村居住,後於1958年遷入本村定居。本譜内容爲世系,至則礱凡六世。

本譜載於《哈尼族口傳文化譯註全集》第十五卷《紅河州哈尼族譜牒(六)》

[雲南元陽]生枯村王牛礎户譜牒　王牛礎(牛楚)背誦　陳莫初、李美亮搜集　2011年雲南民族出版社排印本　合册　哈漢雙文並註國際音標

該户屬哈尼族臘咪支系王氏宗支。由第一世"波斗"從緑春縣戈奎鄉普洞轟馬村遷入本村定居。第四世至六世之間未連名。本譜内容爲世系,至采斗凡六世。

本譜載於《哈尼族口傳文化譯註全集》第十五卷《紅河州哈尼族譜牒(六)》

[雲南元陽]折洞村車大山户譜牒　車大山(簸侯)背誦　李美亮搜集　2011年雲南民族出版社排印本　合册　哈漢雙文並註國際音標

該户屬哈尼族臘咪支系車氏"童等然"宗支。是折洞村建寨宗支之一,由第五十五世"則嚷"從紅河縣"羅們普"遷入本村定居。第一世至二世、第八世至九世、第十八世至十九世、第三十三世至三十四世、第四十二世至四十三世、第四十六世至

四十八世、第五十二世至五十四世之間未連名。本譜内容爲世系,至則簸凡六十五世。

本譜載於《哈尼族口傳文化譯註全集》第十五卷《紅河州哈尼族譜牒(六)》

[雲南元陽]折洞村李則波户譜牒 李則波(則簸)背誦 李美亮搜集 2011年雲南民族出版社排印本 合册 哈漢雙文並註國際音標

該户屬哈尼族臘咪支系李氏"當蘇里然"宗支。由第一世"方守"及其子"方簸"從紅河縣"當福鳥周"(哈尼語地名,現地址不詳)遷入本村委會歐核村居住兩個月後又遷入本村定居。第一世至三世之間未連名。本譜内容爲世系,至則簸凡五世。

本譜載於《哈尼族口傳文化譯註全集》第十五卷《紅河州哈尼族譜牒(六)》

[雲南元陽]折洞村石皮則户譜牒 石皮則(魯嘎)背誦 李美亮搜集 2011年雲南民族出版社排印本 合册 哈漢雙文並註國際音標

該户屬哈尼族臘咪支系石氏宗支。由第六十九世"魯嘎"從本鄉阿東村委會格卡村遷入本村定居。第一世"奥瑪"到第三十八世"波儂"的譜牒與本村車大山户譜牒相同。第四十四世至四十五世、第四十六世至四十七世、第四十八世至四十九世、第五十四世至五十六世、第五十八世至五十九世之間未連名。本譜内容爲世系,至嘎斗凡七十世。

本譜載於《哈尼族口傳文化譯註全集》第十五卷《紅河州哈尼族譜牒(六)》

[雲南元陽]折洞村張古娘户譜牒 張山歐背誦 李美亮搜集 2011年雲南民族出版社排印本 合册 哈漢雙文並註國際音標

該户屬哈尼族臘咪支系張氏宗支。據傳該户從"竜們普瑪"(哈尼語地名,現地址不詳)遷入本村委會龍卜村,第一世貓則從龍卜村遷入本村建寨定居。本譜内容爲世系,至娘方凡七世。第六世歐娘爲譜主,常用名張古娘。

本譜載於《哈尼族口傳文化譯註全集》第十五卷《紅河州哈尼族譜牒(六)》

[雲南元陽]折洞村李歸波户譜牒 李歸波(軌簸)背誦 李美亮搜集 2011年雲南民族出版社排印本 合册 哈漢雙文並註國際音標

該户屬哈尼族臘咪支系李氏"臘白然"宗支。由第一世嚷伙隨嫁入本村的母親從本鄉三臺坡村委會地盤大寨遷入本村定居。本譜内容爲世系,至森仆凡八世。

本譜載於《哈尼族口傳文化譯註全集》第十五卷《紅河州哈尼族譜牒(六)》

[雲南元陽]龍卜村馬初侯户譜牒 馬初侯(侯嘎)背誦 李美亮搜集 2011年雲南民族出版社排印本 合册 哈漢雙文並註國際音標

該户屬哈尼族臘咪支系馬氏"阿毛然"宗支。爲龍卜村建寨宗支之一,據傳由第三十一世"則歐"從緑春縣遷到本鄉哈播村、生枯村,後遷到本村委會勐仲村居住,再由勒斗從勐仲村遷入本村定居。但本譜中没有出現勒斗其人。第三十七世至三十九世之間未連名。本譜内容爲世系,至嘎薩凡四十世。

本譜載於《哈尼族口傳文化譯註全集》第十五卷《紅河州哈尼族譜牒(六)》

[雲南元陽]龍卜村陳斗則户譜牒 陳斗則(斗則)背誦 李美亮搜集 2011年雲南民族出版社排印本 合册 哈漢雙文並註國際音標

該户屬哈尼族臘咪支系陳氏"毛策然"宗支。爲龍卜村建寨宗支之一,由第四十三世"侯薩"從本鄉俄鋪下寨遷入本村定居。第一世"奥翁"到第十九世"璋塔婆"的譜牒與本村馬初侯户相同。本譜内容爲世系,至則嘎凡四十九世。

本譜載於《哈尼族口傳文化譯註全集》第十五卷《紅河州哈尼族譜牒(六)》

[雲南元陽]勐仲村陳古侯户譜牒 陳古侯(谷侯)背誦 李美亮搜集 2011年雲南民族出版社排印本 合册 哈漢雙文並註國際音標

該户屬哈尼族臘咪支系陳氏"礱瑪然"宗支。由第一世"舉哦"從本鄉哈腳村委會哈腳村遷入本村定居。第一世至二世、第四世至七世之間未連名。本譜内容爲世系,至斗楚凡七世。

本譜載於《哈尼族口傳文化譯註全集》第十五卷《紅河州哈尼族譜牒(六)》

[雲南元陽]勐仲村李長山户譜牒　李勇龍、李長山(簸楚)背誦　李美亮搜集　2011年雲南民族出版社排印本　合册　哈漢雙文並註國際音標

該户屬哈尼族臘咪支系李氏"臘白然"宗支。是勐仲村建寨宗支之一,從石屏縣個舊市雞街鎮遷入本村定居。第一世至二世、第五世至六世、第七世至九世之間未連名。本譜内容爲世系,至海薩凡九世。

本譜載於《哈尼族口傳文化譯註全集》第十五卷《紅河州哈尼族譜牒(六)》

[雲南元陽]勐仲村朱捕嘎户譜牒　朱捕嘎(哺嘎)背誦　陳莫粗搜集　2011年雲南民族出版社排印本　合册　哈漢雙文並註國際音標

該户屬哈尼族臘咪支系朱氏"昂鳥然"宗支。遷徙不詳。本譜内容爲世系,至嚷録凡八世。

本譜載於《哈尼族口傳文化譯註全集》第十五卷《紅河州哈尼族譜牒(六)》

[雲南元陽]多沙村楊莫波户譜牒　楊莫波(薩侯)背誦　李美亮、白繼亮搜集　2011年雲南民族出版社排印本　合册　哈漢雙文並註國際音標

該户屬哈尼族臘咪支系楊氏"晗省然"宗支。是多沙村建寨宗支,由第五十八世"策侯"從本鄉松樹寨村委會勐秀大寨遷入本村定居。第七世至八世、第十六世至十八世、第三十二世至三十三世、第四十一世至四十二世、第五十二世至五十三世之間未連名。本譜内容爲世系,至嘎取凡六十二世。

本譜載於《哈尼族口傳文化譯註全集》第十五卷《紅河州哈尼族譜牒(六)》

[雲南元陽]多沙村張叔山户譜牒　張叔山(斗取)背誦　李美亮、白繼亮搜集　2011年雲南民族出版社排印本　合册　哈漢雙文並註國際音標

該户屬哈尼族臘咪支系張氏宗支。由第二十七世"則嚷"從本鄉三臺坡村委會洞鋪村遷入本村定居。第一世"奧翁"到第十九世"璋塔坡"的譜牒與本村楊莫波户相同。第二十九世至三十世之間未連名。本譜内容爲世系,至取侯凡三十一世。

本譜載於《哈尼族口傳文化譯註全集》第十五卷《紅河州哈尼族譜牒(六)》

[雲南元陽]多沙村陳皮侯户譜牒　陳皮侯背誦　李美亮搜集　2011年雲南民族出版社排印本　合册　哈漢雙文並註國際音標

該户屬哈尼族臘咪支系陳氏宗支。由第二世"侯薩"從本鄉俄鋪村遷入本村委會龍卜村定居。本譜内容爲世系,至芝常凡八世。

本譜載於《哈尼族口傳文化譯註全集》第十五卷《紅河州哈尼族譜牒(六)》

[雲南元陽]多沙村車動則户譜牒　車動則(薩則)背誦　李美亮搜集　2011年雲南民族出版社排印本　合册　哈漢雙文並註國際音標

該户屬哈尼族臘咪支系車氏"童等然"宗支。由第五十四世"則嚷"從緑春縣牛孔鄉比得村遷入本村定居。第一世"奧翁"到第十八世"鴻然璋"的譜牒與本村楊莫波户相同。第三十二世至三十三世、第四十一世至四十二世、第四十五世至四十七世、第五十一世至五十三世、第五十八世至五十九世之間未連名。本譜内容爲世系,至宗薩凡六十二世。

本譜載於《哈尼族口傳文化譯註全集》第十五卷《紅河州哈尼族譜牒(六)》

[雲南元陽]歐核村李龍嘎户譜牒　李龍嘎(嘎斗)背誦　李美亮搜集　2011年雲南民族出版社排印本　合册　哈漢雙文並註國際音標

該户屬哈尼族臘咪支系李氏宗支。由第二世"策斗"從本鄉阿百洞村遷入本村委會勐仲村居住,後遷入現址建寨定居。第一世至二世之間未連名。本譜内容爲世系,至簸斗凡六世。

本譜載於《哈尼族口傳文化譯註全集》第十五卷《紅河州哈尼族譜牒(六)》

［雲南元陽］多脚村馬石礎户譜牒　馬石礎（石楚）背誦　李美亮搜集　2011年雲南民族出版社排印本　合册　哈漢雙文並註國際音標

該户屬哈尼族臘咪支系馬氏“瑪則瑪們然”宗支。由第一世“索斗”從紅河縣“礱策策妮”一帶遷入本村定居。第一世至二世、第七世至十世之間未連名。本譜内容爲世系，至迪高凡十世。

本譜載於《哈尼族口傳文化譯註全集》第十五卷《紅河州哈尼族譜牒（六）》

［雲南元陽］地盤中寨陳石則户譜牒　陳石則（石則）背誦　李美亮搜集　2011年雲南民族出版社排印本　合册　哈漢雙文並註國際音標

該户屬臘咪支系陳氏“陳妮然”宗支。是地盤中寨建寨宗支，由第一世“則打”從紅河縣樂育鄉龍車、寶華鄉嘎他一帶遷入本村定居。第一世至二世、第六世至九世之間未連名。本譜内容爲世系，至省薩凡九世。

本譜載於《哈尼族口傳文化譯註全集》第十五卷《紅河州哈尼族譜牒（六）》

［雲南元陽］地盤中寨車江龍户譜牒　車初則背誦　李美亮搜集　2011年雲南民族出版社排印本　合册　哈漢雙文並註國際音標

該户屬哈尼族臘咪支系車氏“礱瑪然”宗支。由第一世“窩礱”從“馬妥羅門”（今本縣南沙鎮境内）遷入本村定居。本譜内容爲世系，至則俁凡五世。

本譜載於《哈尼族口傳文化譯註全集》第十五卷《紅河州哈尼族譜牒（六）》

［雲南元陽］地盤上寨李龍俁户譜牒　李龍俁（策俁）背誦　李美亮搜集　2011年雲南民族出版社排印本　合册　哈漢雙文並註國際音標

該户屬哈尼族臘咪支系李氏“霎批臘咪然”宗支。由第五世“昂策”從紅河縣樂育鄉龍車、寶華鄉嘎他一帶遷入本村定居。本譜内容爲世系，至俁謀凡七世。

本譜載於《哈尼族口傳文化譯註全集》第十五卷《紅河州哈尼族譜牒（六）》

［雲南元陽］打得村馬平斗户譜牒　馬平斗（簡簸）背誦　李美亮搜集　2011年雲南民族出版社排印本　合册　哈漢雙文並註國際音標

該户屬哈尼族臘咪支系馬氏“瑪則媽們然”宗支。由第四十六世“簡宗”從“郭別礱策”（哈尼語地名，現地址不詳）遷入本村定居。第七世至八世、第十六世至十七世、第三十三世至三十四世、第三十八世至三十九世、第四十一世至四十三世之間未連名。本譜内容爲世系，至嘎取凡五十三世。

本譜載於《哈尼族口傳文化譯註全集》第十五卷《紅河州哈尼族譜牒（六）》

［雲南元陽］打得村盧呼歸户譜牒　盧呼歸（夫軌）背誦　羅機貴、李美亮搜集　2011年雲南民族出版社排印本　合册　哈漢雙文並註國際音標

該户屬哈尼族臘咪支系盧氏“哈歐然”宗支。由第二世“簸開”從紅河縣甲寅鄉一帶遷入本鄉松樹寨村委會阿哈多村居住，第三世“石則”從阿哈多村遷入本村定居。第一世至五世、第七世至十世之間未連名。本譜内容爲世系，至正文凡十世。

本譜載於《哈尼族口傳文化譯註全集》第十五卷《紅河州哈尼族譜牒（六）》

［雲南元陽］打得村石批龍户譜牒　石批龍（歐俁）背誦　李美亮搜集　2011年雲南民族出版社排印本　合册　哈漢雙文並註國際音標

該户屬哈尼族臘咪支系石氏“春依然”宗支。是本村建寨宗支，由第一世“牛則”從紅河縣甲寅鄉一帶遷入本鄉俄鋪村委會依戈村，由第二世“則都”遷入本村定居。第四世至六世之間未連名。本譜内容爲世系，至俁娘凡七世。

本譜載於《哈尼族口傳文化譯註全集》第十五卷《紅河州哈尼族譜牒（六）》

［雲南元陽］阿百洞村羅成斗户譜牒　羅成斗（策斗）背誦　李美亮搜集　2011年雲南民族出版社排印本　合册　哈漢雙文並註國際音標

該户屬哈尼族臘咪支系張氏（注：原書如此）宗

支。據傳從石屏縣經元陽縣新街鎮水卜龍村、本鄉俄扎村、本村委會地盤上寨居住一段時間後遷入本村定居。第一世至六世之間未連名。本譜内容爲世系，至楊健康凡七世。

本譜載於《哈尼族口傳文化譯註全集》第十五卷《紅河州哈尼族譜牒(六)》

[雲南元陽]阿百洞村張力户譜牒　張力背誦　張文華搜集　2011年雲南民族出版社排印本　合册　哈漢雙文並註國際音標

該户屬哈尼族臘咪支系張氏宗支。遷徙不詳。本譜内容爲世系，至萬保凡五世。第二世張力爲譜主。

本譜載於《哈尼族口傳文化譯註全集》第十五卷《紅河州哈尼族譜牒(六)》

[雲南元陽]洞鋪村楊娘嘎户譜牒　楊娘嘎(斗侯)背誦　李美亮搜集　2011年雲南民族出版社排印本　合册　哈漢雙文並註國際音標

該户屬哈尼族臘咪支系楊氏"晗省然"宗支。由第六十世"則魯"從黄草嶺鄉河順村委會猛董村遷入本村定居。第七世至八世、第十六世至十八世、第四十三世至四十四世、第五十七世至五十九世之間未連名。本譜内容爲世系，至陽森凡六十八世。

本譜載於《哈尼族口傳文化譯註全集》第十五卷《紅河州哈尼族譜牒(六)》

[雲南元陽]洞鋪村陳么三户譜牒　陳么三(策侯)背誦　李美亮搜集　2011年雲南民族出版社排印本　合册　哈漢雙文並註國際音標

該户屬哈尼族臘咪支系陳氏"策普然"宗支。是洞鋪村建寨宗支之一，由第五世"窩娘"從紅河縣樂育鄉龍車、寶華鄉嘎他一帶遷入本村定居。第二世至三世、第四世至六世之間未連名。本譜内容爲世系，至侯簸凡十二世。

本譜載於《哈尼族口傳文化譯註全集》第十五卷《紅河州哈尼族譜牒(六)》

[雲南元陽]洞鋪村李初娘户譜牒　李批嘎背誦　李美亮搜集　2011年雲南民族出版社排印本　合册　哈漢雙文並註國際音標

該户屬哈尼族臘咪支系李氏"單蘇李然"宗支。是洞鋪村建寨宗支之一，由第一世"瑟周"的父親從臨安(今建水)遷入本村定居，並由漢族融入哈尼族。第一世至二世之間未連名。本譜内容爲世系，至侯舉凡六世。第五世娘侯爲譜主，常用名李初娘。

本譜載於《哈尼族口傳文化譯註全集》第十五卷《紅河州哈尼族譜牒(六)》

[雲南元陽]洞鋪村張歐六户譜牒　張歐六(歐録)背誦　李美亮搜集　2011年雲南民族出版社排印本　合册　哈漢雙文並註國際音標

該户自稱張氏宗支。由第二世"薩娘"從紅河縣樂育鄉龍車、寶華鄉嘎他一帶遷入本村定居。第一世至二世之間未連名。本譜内容爲世系，至娘侯凡十世。

本譜載於《哈尼族口傳文化譯註全集》第十五卷《紅河州哈尼族譜牒(六)》

[雲南元陽]依戈上寨王達嘎户譜牒　王達嘎(則取)背誦　李美亮搜集　2011年雲南民族出版社排印本　合册　哈漢雙文並註國際音標

該户屬哈尼族臘咪支系王氏"昂獎然"宗支。遷徙不詳。第七世至八世、第十六世至十八世之間未連名。本譜内容爲世系，至取娘凡四十四世。

本譜載於《哈尼族口傳文化譯註全集》第十五卷《紅河州哈尼族譜牒(六)》

[雲南元陽]依戈上寨石煙成户譜牒　石煙成背誦　石勒沙、李美亮搜集　2011年雲南民族出版社排印本　合册　哈漢雙文並註國際音標

該户屬哈尼族臘咪支系石氏"子矣然"宗支。是依戈上寨建寨宗支，於1934年由第十世"策斗"從沙拉托鄉草果洞村遷入本村定居。第五世至六世、第十六世至十七世之間未連名。本譜内容爲世系，至娘策凡二十二世。

本譜載於《哈尼族口傳文化譯註全集》第十五卷《紅河州哈尼族譜牒(六)》

[雲南元陽]依戈上寨馬擁斗户譜牒 馬擁斗(伙魯)背誦 石勒沙、李美亮搜集 2011年雲南民族出版社排印本 合册 哈漢雙文並註國際音標

該户屬哈尼族臘咪支系馬氏宗支。由第四十六世"石則"從紅河縣阿扎河鄉俄瑪村委會么術村遷入本村定居。第一世"奥翁"到第十九世"璋塔婆"的譜牒與本村王達嘎户相同。第三十七世至三十九世、第四十五世至四十六世之間未連名。本譜内容爲世系,至嘎仆凡五十五世。

本譜載於《哈尼族口傳文化譯註全集》第十五卷《紅河州哈尼族譜牒(六)》

[雲南元陽]依戈下寨馬轟取户譜牒 侯娘、馬轟取(侯嘎)背誦 李美亮搜集 2011年雲南民族出版社排印本 合册 哈漢雙文並註國際音標

該户屬哈尼族臘咪支系馬氏"瑪則然"宗支。遷徙不詳。第七世至九世、第十八世至十九世、第二十四世至二十五世、第三十八世至四十世、第四十六世至四十七世、第五十一世至五十二世之間未連名。本譜内容爲世系,至嘎斗凡五十五世。

本譜載於《哈尼族口傳文化譯註全集》第十五卷《紅河州哈尼族譜牒(六)》

[雲南元陽]依戈下寨車娘則户譜牒 車娘則(娘則)背誦 李美亮搜集 2011年雲南民族出版社排印本 合册 哈漢雙文並註國際音標

該户屬哈尼族臘咪支系車氏"娘兵然"宗支。從紅河縣"竜們"(哈尼語地名,現地址不詳)遷入本村定居。本譜内容爲世系,至則墜凡六世。

本譜載於《哈尼族口傳文化譯註全集》第十五卷《紅河州哈尼族譜牒(六)》

[雲南元陽]依戈下寨白龍取户譜牒 白龍取(嘎礱)背誦 李美亮搜集 2011年雲南民族出版社排印本 合册 哈漢雙文並註國際音標

該户屬哈尼族臘咪支系白氏"增竜然"宗支。由第一世"則蝦"從"噴竜普瑪"即新街鎮陳安村委會陳安大寨遷到緑春縣窩濤村居住一段時間後,又遷入本村定居。第二世至三世之間未連名。本譜内容爲世系,至取宗凡八世。

本譜載於《哈尼族口傳文化譯註全集》第十五卷《紅河州哈尼族譜牒(六)》

[雲南元陽]戈哈村馬山娘户譜牒 馬則保背誦 李美亮搜集 2011年雲南民族出版社排印本 合册 哈漢雙文並註國際音標

該户屬哈尼族臘咪支系馬氏"瑪們然"宗支。從牛角寨鄉"拉毛普瑪"(哈尼語地名,現地址不詳)遷入本村定居。本譜内容爲世系,至薩娘凡八世。薩娘爲譜主,常用名馬山娘。

本譜載於《哈尼族口傳文化譯註全集》第十五卷《紅河州哈尼族譜牒(六)》

[雲南元陽]戈哈村王斗則户譜牒 王斗則(斗則)背誦 李美亮搜集 2011年雲南民族出版社排印本 合册 哈漢雙文並註國際音標

該户屬哈尼族臘咪支系王氏"昂甲然"宗支。從攀枝花鄉碧播村遷入本村定居。第三世至五世之間未連名。本譜内容爲世系,至薩簸凡八世。

本譜載於《哈尼族口傳文化譯註全集》第十五卷《紅河州哈尼族譜牒(六)》

[雲南元陽]戈哈村彭龍礎户譜牒 彭龍礎(礱屈)背誦 李美亮搜集 2011年雲南民族出版社排印本 合册 哈漢雙文並註國際音標

該户屬哈尼族臘咪支系彭氏"哈濤里然"宗支。據傳從石屏縣遷入本村定居。第一世至四世之間未連名。本譜内容爲世系,至簸森凡八世。

本譜載於《哈尼族口傳文化譯註全集》第十五卷《紅河州哈尼族譜牒(六)》

[雲南元陽]依師村馬雲海户譜牒 馬雲海(嘎魯)背誦 李美亮搜集 2011年雲南民族出版社排印本 合册 哈漢雙文並註國際音標

該户屬哈尼族臘咪支系馬氏宗支。由第五十二世"歐簸"從俄鋪村遷入本村定居。第七世至九世、第十八世至十九世、第二十四世至二十五世、第三十八世至四十世、第四十六世至四十七世之間未連名。本譜内容爲世系,至嘎魯凡五十五世。

本譜載於《哈尼族口傳文化譯註全集》第十五

卷《紅河州哈尼族譜牒（六）》

[雲南元陽]依師村石保們户譜牒　石保們（波們）背誦　李美亮搜集　2011年雲南民族出版社排印本　合册　哈漢雙文並註國際音標

該户屬哈尼族臘咪支系石氏"書雨然"宗支。由第四十八世"簸綱"從沙拉托鄉草果洞村遷入本村定居。第一世"奥翁"至第七世"能本"的譜牒與本村馬雲海户譜牒相同。第七世至八世、第十七世至十八世之間未連名。本譜内容爲世系，至們則凡五十四世。

本譜載於《哈尼族口傳文化譯註全集》第十五卷《紅河州哈尼族譜牒（六）》

[雲南元陽]依師村陳牛佉户譜牒　陳牛佉（宗仆）背誦　李美亮搜集　2011年雲南民族出版社排印本　合册　哈漢雙文並註國際音標

該户屬哈尼族臘咪支系陳氏宗支。從紅河縣阿扎河鄉垤施羅孟一帶遷入本村定居。第一世"奥翁"至第九世"蘇咪威"的譜牒與本村馬雲海户相同。第二十二世至二十三世、第二十七世至二十八世、第三十三世至三十四世、第三十七世至三十八世、第四十二世至四十三世、第四十四世至四十五世、第四十九世至五十一世、第五十二世至五十四世之間未連名。本譜内容爲世系，至仆策凡六十五世。

本譜載於《哈尼族口傳文化譯註全集》第十五卷《紅河州哈尼族譜牒（六）》

[雲南元陽]依師村刀則歐户譜牒　刀則歐（則歐）背誦　王文義、李美亮搜集　2011年雲南民族出版社排印本　合册　哈漢雙文並註國際音標

該户屬哈尼族臘咪支系刀氏宗支。是本村的建寨宗支之一，由第一世"簡索"從紅河縣遷到現址建寨定居。本譜内容爲世系，至歐薩凡十世。

本譜載於《哈尼族口傳文化譯註全集》第十五卷《紅河州哈尼族譜牒（六）》

[雲南元陽]俄鋪上寨王佉龍户譜牒　普則、王佉龍（嘎策）背誦　李美亮搜集　2011年雲南民族出版社排印本　合册　哈漢雙文並註國際音標

該户屬哈尼族臘咪支系王氏"春依然"宗支。是本村的建寨宗支，由第四十六世"宗麻"從本村委會依師村遷入本村定居。第七世至八世、第十七世至十八世、第二十六世至二十七世、第三十二世至三十三世、第三十八世至三十九世、第四十世至四十二世之間未連名。本譜内容爲世系，至策聾凡五十四世。

本譜載於《哈尼族口傳文化譯註全集》第十五卷《紅河州哈尼族譜牒（六）》

[雲南元陽]俄鋪上寨羅米波户譜牒　羅米波（波耿）背誦　李美亮搜集　2011年雲南民族出版社排印本　合册　哈漢雙文並註國際音標

該户屬哈尼族臘咪支系羅氏"儂竜然"宗支。於1943年由第六十世"波斗"從本鄉松樹寨勐秀村遷入本村定居。第一世"奥翁"至第十五世"哩博本"的譜牒與本村王佉龍户譜牒相同。第十六世至十七世、第二十九世至三十世、第三十八世至三十九世、第四十八世至五十世、第五十一世至五十二世之間未連名。本譜内容爲世系，至耿娘凡六十三世。

本譜載於《哈尼族口傳文化譯註全集》第十五卷《紅河州哈尼族譜牒（六）》

[雲南元陽]俄鋪上寨石然魯户譜牒　石然魯（佉薩）背誦　李美亮搜集　2011年雲南民族出版社排印本　合册　哈漢雙文並註國際音標

該户屬哈尼族臘咪支系石氏宗支。於1909年由第十五世"策舉"從沙拉托鄉草果洞遷入本村定居。第五世至六世之間未連名。本譜内容爲世系，至薩取凡十九世。

本譜載於《哈尼族口傳文化譯註全集》第十五卷《紅河州哈尼族譜牒（六）》

[雲南元陽]俄鋪上寨朱斗龍户譜牒　朱斗龍（則嘎）背誦　李美亮搜集　2011年雲南民族出版社排印本　合册　哈漢雙文並註國際音標

該户屬哈尼族臘咪支系朱氏"昂妮然"宗支。於1899年由第四十七世"斗薩"從本鄉戈哈村遷

入本村定居。第一世“奥翁”至第十世“鴻然璋”的譜牒與本村王侯龍户相同。本譜内容爲世系,至歐軌凡五十五世。

本譜載於《哈尼族口傳文化譯註全集》第十五卷《紅河州哈尼族譜牒(六)》

[雲南元陽]俄鋪下寨楊平咀户譜牒 楊平咀(舉謀)背誦 李美亮搜集 2011年雲南民族出版社排印本 合册 哈漢雙文並註國際音標

該户屬哈尼族臘咪支系楊氏“晗省董薩然”宗支。是本村的建寨宗支,由第六十一世“石薩”從石屏縣經紅河縣遷入本村定居,並由漢族融合爲哈尼族。第七世至八世、第十七世至十八世、第四十四世至四十八世、第五十世至五十一世、第五十三世至五十四世、第六十世至六十一世之間未連名。本譜内容爲世系,至謀則凡七十世。

本譜載於《哈尼族口傳文化譯註全集》第十五卷《紅河州哈尼族譜牒(六)》

[雲南元陽]俄鋪下寨李毛娘户譜牒 李沙嘎背誦 李美亮搜集 2011年雲南民族出版社排印本 合册 哈漢雙文並註國際音標

該户屬哈尼族臘咪支系李氏“娘芝然”宗支。由第五十世“舉祟”從緑春縣戈奎鄉一帶遷入本村定居,並由彝族融入哈尼族。第一世“奥翁”至第三十三世“娘芝”的譜牒與本村楊平咀户相同。第四十四世至四十五世之間未連名。本譜内容爲世系,至則取凡六十一世。

本譜載於《哈尼族口傳文化譯註全集》第十五卷《紅河州哈尼族譜牒(六)》

[雲南元陽]俄鋪下寨石生咀户譜牒 石生咀(森舉)背誦 楊紹明、李美亮搜集 2011年雲南民族出版社排印本 合册 哈漢雙文並註國際音標

該户屬哈尼族臘咪支系石氏宗支。由第一世“東則”從沙拉托鄉“班里普”即草果洞村委會遷入本村定居。第七世至八世之間未連名。本譜内容爲世系,至批斗凡十世。

本譜載於《哈尼族口傳文化譯註全集》第十五卷《紅河州哈尼族譜牒(六)》

[雲南元陽]俄鋪下寨張牛嘎户譜牒 張牛嘎(舉嘎)背誦 楊紹明、李美亮搜集 2011年雲南民族出版社排印本 合册 哈漢雙文並註國際音標

該户屬哈尼族臘咪支系張氏宗支。於1946年由第一世“磛薩”從勐仲村委會龍卜村遷入本村定居。第四世至五世之間未連名。本譜内容爲世系,至看則凡五世。

本譜載於《哈尼族口傳文化譯註全集》第十五卷《紅河州哈尼族譜牒(六)》

[雲南元陽]俄鋪下寨陳最侯户譜牒 張牛嘎背誦 楊紹明搜集 2011年雲南民族出版社排印本 合册 哈漢雙文並註國際音標

該户屬哈尼族臘咪支系張氏(注:原書如此)宗支。從緑春縣戈奎鄉一帶遷入本村定居。第三世至七世之間未連名。本譜内容爲世系,至林宗凡七世。

本譜載於《哈尼族口傳文化譯註全集》第十五卷《紅河州哈尼族譜牒(六)》

[雲南元陽]俄鋪下寨白機三户譜牒 白機三(基薩)背誦 李美亮搜集 2011年雲南民族出版社排印本 合册 哈漢雙文並註國際音標

該户屬哈尼族臘咪支系白石宗支。於1955年由第一世“基薩”從本鄉松樹寨村委會卜拉寨遷入本村定居,並由自稱濮拉帕的彝族支系融入哈尼族,但尚未父子連名。本譜内容爲世系,至基娘凡三世。

本譜載於《哈尼族口傳文化譯註全集》第十五卷《紅河州哈尼族譜牒(六)》

[雲南元陽]伙格村楊志剛户譜牒 楊志剛(舉仆)背誦 李美亮搜集 2011年雲南民族出版社排印本 合册 哈漢雙文並註國際音標

該户屬哈尼族白宏支系李氏“董沙然”宗支。由本村委會俄鋪村遷入本村定居。第七世至八世、第十七世至十八世、第四十六世至四十九世、第五十四世至五十五世之間未連名。本譜内容爲世系,至仆努凡六十六世。

本譜載於《哈尼族口傳文化譯註全集》第十五

卷《紅河州哈尼族譜牒(六)》

[雲南元陽]伙格村羅嘎山户譜牒　羅嘎山(嘎薩)背誦　李美亮搜集　2011 年雲南民族出版社排印本　合册　哈漢雙文並註國際音標

該户屬哈尼族臘咪支系羅氏"儂竜然"宗支。由第六十七世"歐嘎"從黄草嶺鄉大排村入贅本村定居。第一世"奥翁"至第二十五世"飄里瑶"的譜牒與本村楊志剛户相同。第四十七世至五十世、第五十四世至五十五世、第五十七世至五十八世之間未連名。本譜内容爲世系,至薩楚凡六十九世。

本譜載於《哈尼族口傳文化譯註全集》第十五卷《紅河州哈尼族譜牒(六)》

[雲南元陽]阿哈多村馬侯龍户譜牒　馬侯龍(斗舉)背誦　李美亮搜集　2011 年雲南民族出版社排印本　合册　哈漢雙文並註國際音標

該户屬哈尼族臘咪支系馬氏宗支。爲本村的建寨宗支之一,由第五十四世"簸則"從"娘多"(今馬街鄉丫多村)遷入本村定居。第七世至八世、第十六世至十七世、第三十七世至三十八世、第四十三世至四十四世、第四十五世至四十六世之間未連名。本譜内容爲世系,至枯娘凡六十二世。

本譜載於《哈尼族口傳文化譯註全集》第十五卷《紅河州哈尼族譜牒(六)》

[雲南元陽]阿哈多村楊件山户譜牒　楊件山(軌鵲)背誦　李美亮搜集　2011 年雲南民族出版社排印本　合册　哈漢雙文並註國際音標

該户屬哈尼族臘咪支系楊氏"娘芝然"宗支。爲本村的建寨宗支之一,由第三十六世"依薩"從娘多即本縣馬街鄉丫多村遷入本村定居。第一世至二世、第八世至九世、第十八世至十九世、第四十三世至四十四世、第四十五世至四十六世、第五十二世至五十四世之間未連名。本譜内容爲世系,至陽基凡六十七世。

本譜載於《哈尼族口傳文化譯註全集》第十五卷《紅河州哈尼族譜牒(六)》

[雲南元陽]阿哈多村盧機干户譜牒　盧機干背誦　李美亮搜集　2011 年雲南民族出版社排印本　合册　哈漢雙文並註國際音標

該户屬哈尼族臘咪支系盧氏"晗歐然"宗支。爲本村的建寨宗支之一,從紅河縣"哦宗"(村名,疑指紅河縣甲寅鄉瓦渣村)遷入本村定居,本户爲從傣族融合爲哈尼族,至今未取用父子連名。本譜内容爲世系,至明則凡五世。

本譜載於《哈尼族口傳文化譯註全集》第十五卷《紅河州哈尼族譜牒(六)》

[雲南元陽]俄扎下寨羅永平户譜牒　羅永平(永平)背誦　李美亮搜集　2011 年雲南民族出版社排印本　合册　哈漢雙文並註國際音標

該户屬哈尼族多泥支系羅氏"晗兵帕"宗支。由第一世"阿南"從本縣新街鎮水卜龍村遷入本村定居。本譜内容爲世系,至主官凡九世。

本譜載於《哈尼族口傳文化譯註全集》第十五卷《紅河州哈尼族譜牒(六)》

[雲南元陽]哈多村羅分山户譜牒　羅分山(薩簸)背誦　羅干則、李美亮搜集　2011 年雲南民族出版社排印本　合册　哈漢雙文並註國際音標

該户屬哈尼族臘咪支系羅氏"儂竜然"宗支。遷徙不詳。第十六世至十七世、第四十八世至四十九世之間未連名。本譜内容爲世系,至簸娘凡六十三世。

本譜載於《哈尼族口傳文化譯註全集》第十五卷《紅河州哈尼族譜牒(六)》

[雲南元陽]哈多村馬興華户譜牒　馬興華背誦　羅干則搜集　2011 年雲南民族出版社排印本　合册　哈漢雙文並註國際音標

該户屬哈尼族臘咪支系馬氏宗支。遷徙不詳。第一世"奥翁"至第十七世"窩姆然"的譜牒與本村羅分山户譜牒相同。第四十三世至四十四世、第五十五世至五十六世之間未連名。本譜内容爲世系,至墜簸凡五十八世。

本譜載於《哈尼族口傳文化譯註全集》第十五卷《紅河州哈尼族譜牒(六)》

[雲南元陽]松樹寨龍窩山户譜牒　龍窩山(窩薩)背誦　李美亮搜集　2011年雲南民族出版社排印本　合册　哈漢雙文並註國際音標

該户屬哈尼族臘咪支系龍氏“儂竜然”宗支。爲本村的建寨宗支之一,由第六世“簸軌”從本村委會勐秀村遷入本村定居。本譜内容爲世系,至昂娘凡九世。

本譜載於《哈尼族口傳文化譯註全集》第十五卷《紅河州哈尼族譜牒(六)》

[雲南元陽]折洞下寨羅初保户譜牒　羅初保(斗娘)背誦　李美亮搜集　2011年雲南民族出版社排印本　合册　哈漢雙文並註國際音標

該户屬哈尼族臘咪支系羅氏宗支。由第四十八世“簸沖”從本鄉俄鋪村委會依師村遷入本村定居。第七世至八世、第十六世至十七世、第二十八世至二十九世、第三十一世至三十三世、第三十六世至三十七世、第三十八世至三十九世、第四十五世至四十八世之間未連名。本譜内容爲世系,至娘斗凡五十五世。

本譜載於《哈尼族口傳文化譯註全集》第十五卷《紅河州哈尼族譜牒(六)》

[雲南元陽]折洞下寨朱三層户譜牒　朱三層(薩策)背誦　李美亮搜集　2011年雲南民族出版社排印本　合册　哈漢雙文並註國際音標

該户屬哈尼族臘咪支系朱氏“昂妮然”宗支。由第六十二世“薩歐”從俄鋪大寨遷入本村定居。第一世“奥翁”至第十九世“璋塔婆”的譜牒與本村羅初保户譜牒相同。第四十二世至四十三世、第四十七世至四十八世、第五十九世至六十一世、第六十五世至六十六世之間未連名。本譜内容爲世系,至策侯凡六十七世。

本譜載於《哈尼族口傳文化譯註全集》第十五卷《紅河州哈尼族譜牒(六)》

[雲南元陽]折洞下寨段基礎户譜牒　段基礎(簡取)背誦　李美亮搜集　2011年雲南民族出版社排印本　合册　哈漢雙文並註國際音標

該户屬哈尼族臘咪支系段氏“娘芝然”宗支。據傳從石屏縣經紅河縣“國者”(哈尼語地名,現地址不詳)遷入沙拉托鄉草果洞村委會高平小寨居住,並由漢族融入哈尼族。該户居住在高平小寨時使用王姓、居住在牛角寨鄉新安所村時使用白姓,遷入本村後使用段姓。由第七世“演矮”從牛角寨鄉新安所村遷入本村定居。本譜内容爲世系,至嘎仍凡十四世。

本譜載於《哈尼族口傳文化譯註全集》第十五卷《紅河州哈尼族譜牒(六)》

[雲南元陽]折洞下寨陳三初户譜牒　陳三初(薩粗)背誦　朱江搜集　2011年雲南民族出版社排印本　合册　哈漢雙文並註國際音標

該户屬哈尼族臘咪支系陳氏宗支。遷徙不詳。本譜内容爲世系,至演轟凡十世。

本譜載於《哈尼族口傳文化譯註全集》第十五卷《紅河州哈尼族譜牒(六)》

[雲南元陽]土老下寨馬批則户譜牒　馬批則(斗昂)背誦　李石則、李美亮搜集　2011年雲南民族出版社排印本　合册　哈漢雙文並註國際音標

該户屬哈尼族臘咪支系馬氏“瑪則然”宗支。遷徙不詳。第七世至八世、第十一世至十七世、第四十五世至四十六世、第四十七世至四十八世之間未連名。本譜内容爲世系,至鴻策凡六十三世。

本譜載於《哈尼族口傳文化譯註全集》第十五卷《紅河州哈尼族譜牒(六)》

[雲南元陽]土老下寨朱初中户譜牒　朱初中(侯礱)背誦　李石則、李美亮搜集　2011年雲南民族出版社排印本　合册　哈漢雙文並註國際音標

該户屬哈尼族臘咪支系朱氏“窩鳥然”宗支。由第七世“網薩”從本村委會勐秀小寨遷入本村定居。第三世至四世、第九世至十世之間未連名。本譜内容爲世系,至侯簸凡十世。

本譜載於《哈尼族口傳文化譯註全集》第十五卷《紅河州哈尼族譜牒(六)》

[雲南元陽]土老下寨楊娘咀户譜牒　楊娘咀(娘舉)背誦　李石則、李美亮搜集　2011年雲南民

族出版社排印本　合册　哈漢雙文並註國際音標

該户屬哈尼族臘咪支系楊氏"晗省然"宗支。遷徙不詳。第五世至六世之間未連名。本譜内容爲世系,至正宗凡七世。

本譜載於《哈尼族口傳文化譯註全集》第十五卷《紅河州哈尼族譜牒(六)》

[雲南元陽]土老下寨李谷則户譜牒　李谷則(谷則)背誦　李石則、李美亮搜集　2011年雲南民族出版社排印本　合册　哈漢雙文並註國際音標

該户屬哈尼族臘咪支系李氏宗支。遷徙不詳。第三世至八世之間未連名。本譜内容爲世系,至批矣薩凡八世。

本譜載於《哈尼族口傳文化譯註全集》第十五卷《紅河州哈尼族譜牒(六)》

[雲南元陽]哈馬村李我侯户譜牒　李我侯(舉侯)背誦　李美亮搜集　2011年雲南民族出版社排印本　合册　哈漢雙文並註國際音標

該户屬哈尼族白宏支系李氏"單蘇里然"宗支。由第六世"嘎舉"從嘎娘鄉大伍寨入贅本鄉樹皮村委會冷水上寨居住,第七世"晗舉"從冷水上寨遷居金平縣老集寨鄉金竹寨後,入贅本村定居。本譜内容爲世系,至侯娘凡九世。

本譜載於《哈尼族口傳文化譯註全集》第十五卷《紅河州哈尼族譜牒(六)》

[雲南元陽]哈馬村朱建華户譜牒　朱建華(舉仆)背誦　李美亮搜集　2011年雲南民族出版社排印本　合册　哈漢雙文並註國際音標

該户屬哈尼族白宏支系朱氏宗支。由第六世"則磐"從本鄉龍塘村委會閟龍村遷入本村定居。本譜内容爲世系,至仆董凡十世。

本譜載於《哈尼族口傳文化譯註全集》第十五卷《紅河州哈尼族譜牒(六)》

[雲南元陽]哈馬村白波山户譜牒　白波山(波薩)背誦　李美亮搜集　2011年雲南民族出版社排印本　合册　哈漢雙文並註國際音標

該户屬哈尼族白宏支系白氏"晗省昂妮然"宗支。由第一世"秋墜"從俄扎鄉俄鋪村委會伙格村遷入本村定居。第二世至四世、第七世至八世之間未連名。本譜内容爲世系,至薩魯凡九世。

本譜載於《哈尼族口傳文化譯註全集》第十五卷《紅河州哈尼族譜牒(六)》

[雲南元陽]哈馬村張克侯户譜牒　張克侯背誦　朱建華搜集　2011年雲南民族出版社排印本　合册　哈漢雙文並註國際音標

該户屬哈尼族白宏支系張氏宗支。是本村建寨宗支之一,從本鄉墮鐵村遷入本村定居。第二世至三世、第十世至十三世之間未連名。本譜内容爲世系,至文興凡十三世。

本譜載於《哈尼族口傳文化譯註全集》第十五卷《紅河州哈尼族譜牒(六)》

[雲南元陽]哈馬村陳偉户譜牒　陳偉(簸策)背誦　李美亮、李明燈搜集　2011年雲南民族出版社排印本　合册　哈漢雙文並註國際音標

該户屬哈尼族白宏支系陳氏宗支。由第五世"侯薩"從紅河縣遷入本村定居。本譜内容爲世系,至策薩凡十四世。

本譜載於《哈尼族口傳文化譯註全集》第十五卷《紅河州哈尼族譜牒(六)》

[雲南元陽]哈馬村馬力沙户譜牒　馬力沙(林薩)背誦　朱建華、李美亮搜集　2011年雲南民族出版社排印本　合册　哈漢雙文並註國際音標

該户屬哈尼族白宏支系馬氏宗支。遷徙不詳。第三世至四世、第五世至六世之間未連名。本譜内容爲世系,至馬婷凡八世。

本譜載於《哈尼族口傳文化譯註全集》第十五卷《紅河州哈尼族譜牒(六)》

[雲南元陽]哈馬村李宿簸户譜牒　李宿簸(歐嘎)背誦　李美亮、李明燈搜集　2011年雲南民族出版社排印本　合册　哈漢雙文並註國際音標

該户屬哈尼族白宏支系李氏"克薩然"宗支。由第十二世"哦斗"從建水縣坡頭鄉遷入"阿勒"即今黄草嶺鄉墮谷村委會依哩村居住一段時間後

遷入本村定居。本譜内容爲世系,至嘎薩凡十八世。

本譜載於《哈尼族口傳文化譯註全集》第十五卷《紅河州哈尼族譜牒(六)》

[雲南元陽]墮谷小寨羅干立户譜牒 羅干立(綱林)背誦 李美亮搜集 2011年雲南民族出版社排印本 合册 哈漢雙文並註國際音標

該户屬哈尼族多泥支系羅氏"晗兵帕"宗支。據傳由第一世"阿麻"從石屏縣經通海遷入本村墮谷大寨居住,於1952年由第六世"綱林"從墮谷大寨遷入本村定居。本譜内容爲世系,至修圖凡九世。

本譜載於《哈尼族口傳文化譯註全集》第十五卷《紅河州哈尼族譜牒(六)》

[雲南元陽]墮谷小寨代批龍户譜牒 代批龍(批礱)背誦 李美亮搜集 2011年雲南民族出版社排印本 合册 哈漢雙文並註國際音標

該户屬哈尼族多泥支系代氏"遲兵帕"宗支。是本村建寨宗支之一,由第一世"礱斗"從本村委會墮谷大寨遷入本村定居。本譜内容爲世系,至學强凡六世。

本譜載於《哈尼族口傳文化譯註全集》第十五卷《紅河州哈尼族譜牒(六)》

[雲南元陽]墮谷小寨普黑斗户譜牒 普黑斗(黑斗培)背誦 李美亮搜集 2011年雲南民族出版社排印本 合册 哈漢雙文並註國際音標

該户屬哈尼族多泥支系普氏"晗崇帕"宗支。是本村建寨宗支之一,於1904年由第一世"石房"從本村委會墮谷大寨遷入現址建寨定居。本譜内容爲世系,至瑪努甲凡四世。

本譜載於《哈尼族口傳文化譯註全集》第十五卷《紅河州哈尼族譜牒(六)》

[雲南元陽]墮谷小寨何阿勒户譜牒 何阿勒(阿萊)背誦 李美亮搜集 2011年雲南民族出版社排印本 合册 哈漢雙文並註國際音標

該户屬哈尼族多泥支系何氏"佬曉帕"宗支。由第二世"拉簸"從本村委會墮谷大寨遷入本村定居。本譜内容爲世系,至礱薩凡五世。

本譜載於《哈尼族口傳文化譯註全集》第十五卷《紅河州哈尼族譜牒(六)》

[雲南元陽]墮谷小寨馬進明户譜牒 馬進明(麻代)背誦 李美亮搜集 2011年雲南民族出版社排印本 合册 哈漢雙文並註國際音標

該户屬哈尼族多泥支系馬氏宗支。是本村建寨宗支之一,由第一世"麻代"從本村委會墮谷大寨遷入本村定居。本譜内容爲世系,至成明凡四世。

本譜載於《哈尼族口傳文化譯註全集》第十五卷《紅河州哈尼族譜牒(六)》

[雲南元陽]墮谷大寨吴麻努山户譜牒 吴麻努山(麻努山)背誦 李美亮搜集 2011年雲南民族出版社排印本 合册 哈漢雙文並註國際音標

該户屬哈尼族多泥支系吴氏宗支。據譜主介紹,本户爲三國時期吴國後裔,曾在浙江居住,清朝時被迫流遷到雲南昆明,後經石屏縣遷入本村定居。本譜内容爲世系,至革谷凡五世。

本譜載於《哈尼族口傳文化譯註全集》第十五卷《紅河州哈尼族譜牒(六)》

[雲南元陽]墮谷大寨代清里户譜牒 代清里(青里)背誦 李美亮搜集 2011年雲南民族出版社排印本 合册 哈漢雙文並註國際音標

該户屬哈尼族多泥支系代氏"遲兵帕"宗支。是本村建寨宗支之一,由第一世"薩簸"從俄扎鄉三臺坡村委會洞鋪村遷入本村定居。本譜内容爲世系,至平礱凡十世。

本譜載於《哈尼族口傳文化譯註全集》第十五卷《紅河州哈尼族譜牒(六)》

[雲南元陽]麻栗山村李成龍户譜牒 李成龍(侯强)背誦 羅永會、李美亮搜集 2011年雲南民族出版社排印本 合册 哈漢雙文並註國際音標

該户屬哈尼族臘咪支系李氏"娘批然"宗支。從新街鎮麻栗寨遷到攀枝花鄉一碗水村居住一段時間後,於1916年又遷到本鄉哈馬村委會金竹寨

居住，於 1918 年由第六十一世“則薩”遷入本村定居。第一世至二世、第十世至十一世、第五十五世至五十六世之間未連名。本譜内容爲世系，至高青凡六十五世。

本譜載於《哈尼族口傳文化譯註全集》第十五卷《紅河州哈尼族譜牒（六）》

［雲南元陽］麻栗山村童山俄户譜牒 車大山、童山俄背誦 羅擁會、李美亮搜集 2011 年雲南民族出版社排印本 合册 哈漢雙文並註國際音標

該户屬哈尼族臘咪支系童氏宗支。從俄扎鄉勐仲村委會折洞村經多沙村遷入本村定居。第一世至二世、第八世至九世、第十八世至十九世、第四十二世至四十三世、第四十六世至四十八世、第五十二世至五十四世之間未連名。本譜内容爲世系，至甲輝凡六十三世。

本譜載於《哈尼族口傳文化譯註全集》第十五卷《紅河州哈尼族譜牒（六）》

［雲南元陽］麻栗山村車勒娘户譜牒 車勒娘（勒娘）背誦 羅擁會搜集 2011 年雲南民族出版社排印本 合册 哈漢雙文並註國際音標

該户屬哈尼族臘咪支系車氏宗支。從通海經俄扎鄉哈腳村委會哈腳村遷入本村定居。第九世至十一世之間未連名。本譜内容爲世系，至策文凡十一世。

本譜載於《哈尼族口傳文化譯註全集》第十五卷《紅河州哈尼族譜牒（六）》

［雲南元陽］鹿塘村白羊龍户譜牒 張則克背誦 李美亮、李明燈搜集 2011 年雲南民族出版社排印本 合册 哈漢雙文並註國際音標

該户屬哈尼族阿松支系張氏“腳摸然”宗支。是本村建寨宗支之一，由第四十四世“臘雲”從姆基寨遷入本村定居。第二十九世至三十一世、第三十三世至三十七世、第三十八世至三十九世、第四十世至四十七世之間未連名。本譜内容爲世系，至普薩凡四十七世。第四十五世陽洛爲譜主，常用名白羊龍。

本譜載於《哈尼族口傳文化譯註全集》第十五卷《紅河州哈尼族譜牒（六）》

［雲南元陽］鹿塘村楊獎衣龍户譜牒 白哈努背誦 李美亮、李明燈搜集 2011 年雲南民族出版社排印本 合册 哈漢雙文並註國際音標

該户屬哈尼族阿松支系“阿舉然”宗支。是本村建寨宗支之一，由第四十二世“增洛”從本村委會姆基寨遷入本村定居。第一世“遲石勳”至第十一世“塔婆貓”的譜牒與本村白羊龍户相同。第二十四世至二十六世、第三十三世至三十五世、第三十六世至三十七世、第三十九世至四十四世之間未連名。本譜内容爲世系，至奴主凡四十四世。第四十三世獎依洛爲譜主，常用名楊獎衣龍。

本譜載於《哈尼族口傳文化譯註全集》第十五卷《紅河州哈尼族譜牒（六）》

［雲南元陽］黑泥塘村李高斗户譜牒 李高斗（高斗）背誦 李美亮、李明燈搜集 2011 年雲南民族出版社排印本 合册 哈漢雙文並註國際音標

該户屬哈尼族阿松支系“克薩然”宗支。遷徙不詳。第十六世至十七世、第二十五世至三十五世之間未連名。本譜内容爲世系，至批文凡三十五世。

本譜載於《哈尼族口傳文化譯註全集》第十五卷《紅河州哈尼族譜牒（六）》

［雲南元陽］黑泥塘村張山斗户譜牒 張山斗（薩斗）背誦 李美亮、李明燈搜集 2011 年雲南民族出版社排印本 合册 哈漢雙文並註國際音標

該户屬哈尼族阿松支系“昂哈然”宗支。是本村建寨宗支之一，由第四十三世“薩策”從本村委會姆基寨遷入本村定居。第一世“遲石勳”至第十一世“塔婆貓”的譜牒與本村李高斗户相同。第三十五世至三十七世、第四十世至四十一世、第四十二世至四十七世之間未連名。本譜内容爲世系，至策侯凡四十七世。

本譜載於《哈尼族口傳文化譯註全集》第十五卷《紅河州哈尼族譜牒（六）》

［雲南元陽］黑泥塘村劉公仆户譜牒 劉公仆（高

仆)背誦 李美亮、李明燈搜集 2011年雲南民族出版社排印本 合册 哈漢雙文並註國際音標

該户屬哈尼族阿松支系"昂薩菊們然"宗支。據傳該户祖先曾在"棗等咪常石兵普瑪"(哈尼語地名,現地址不詳)居住,並經墨江縣、緑春縣、本縣俄扎鄉哈播村、本村委會姆基寨遷入本村定居。從第一世"遲石勳"至第十一世"塔婆貓"的譜牒與本村李高斗户相同。第十八世至十九世、第二十世至二十一世、第二十六世至二十七世、第二十九世至三十七世、第三十九世至四十世、第四十二世至四十六世之間未連名。本譜内容爲世系,至仆嘎凡四十六世。

本譜載於《哈尼族口傳文化譯註全集》第十五卷《紅河州哈尼族譜牒(六)》

[雲南元陽]黑泥塘村李墾龍户譜牒 李墾龍(懇礱)背誦 李美亮、李明燈搜集 2011年雲南民族出版社排印本 合册 哈漢雙文並註國際音標

該户屬哈尼族阿松支系李氏"兵術然"宗支。是本村建寨宗支之一,由第四十二世"石濤"從本村委會"石勒普瑪"(哈尼語地名,現地址不詳)遷入本村建寨定居。從第一世"遲石勳"至第十世"墜塔婆"的譜牒與本村李高斗户相同。第三十世至三十一世、第三十四世至三十九世、第四十世至四十三世、第四十四世至四十七世、第四十八世至四十九世之間未連名。本譜内容爲世系,至礱則凡五十世。

本譜載於《哈尼族口傳文化譯註全集》第十五卷《紅河州哈尼族譜牒(六)》

[雲南元陽]墮沙大寨盧正明户譜牒 盧正明(斗薩)背誦 李美亮、李明燈搜集 2011年雲南民族出版社排印本 合册 哈漢雙文並註國際音標

該户屬哈尼族白宏支系盧氏"哈歐然"宗支。由第一代"録薩"從緑春縣戈奎鄉埃倮村委會遷入本村定居,並由漢族融入哈尼族。第一世至三世、第四世至五世之間未連名。本譜内容爲世系,至則韋凡八世。

本譜載於《哈尼族口傳文化譯註全集》第十五卷《紅河州哈尼族譜牒(六)》

[雲南元陽]墮沙大寨馬正光户譜牒 馬正光(勒侯)背誦 李美亮、李明燈搜集 2011年雲南民族出版社排印本 合册 哈漢雙文並註國際音標

該户屬哈尼族阿松支系馬氏"馬則然"宗支。於1960年由第三十世"勒侯"從黄茅嶺鄉石門村委會土地寨遷入本村定居。第二十八世至三十一世之間未連名。本譜内容爲世系,至養薩凡三十一世。

本譜載於《哈尼族口傳文化譯註全集》第十五卷《紅河州哈尼族譜牒(六)》

[雲南元陽]墮沙大寨刀文光户譜牒 則嚷背誦 李美亮、李明燈搜集 2011年雲南民族出版社排印本 合册 哈漢雙文並註國際音標

該户屬哈尼族白宏支系刀氏宗支。由第四世"堅魯"從俄扎鄉俄瑪村委會遷入本村定居。第一世至二世之間未連名。本譜内容爲世系,至普翁凡八世。第七世嚷普爲譜主,常用名刀文光。

本譜載於《哈尼族口傳文化譯註全集》第十五卷《紅河州哈尼族譜牒(六)》

[雲南元陽]墮沙小寨趙斗山户譜牒 趙文學、趙牛松背誦 李美亮搜集 2011年雲南民族出版社排印本 合册 哈漢雙文並註國際音標

該户屬哈尼族白宏支系趙氏"媽們然"宗支。是本村建寨宗支之一,由第五十四世"斗礱"從俄扎鄉哈播村委會瑶仁寨遷入本村定居。第七世至八世、第四十四世至四十五世之間未連名。本譜内容爲世系,至薩簸凡五十八世。

本譜載於《哈尼族口傳文化譯註全集》第十五卷《紅河州哈尼族譜牒(六)》

[雲南元陽]電塘村羅木侯户譜牒 羅木侯(謀侯)背誦 李美亮、李明燈搜集 2011年雲南民族出版社排印本 合册 哈漢雙文並註國際音標

該户屬哈尼族阿松支系羅氏宗支。由第四十三世"堅斗"從黄茅嶺鄉石門村委會"麻仁"(哈尼語地名,現地址不詳)遷入本村定居。第十五世至十六世、第三十世至三十二世、第三十四世至四十四世之間未連名。本譜内容爲世系,至侯簸凡四十

五世。

本譜載於《哈尼族口傳文化譯註全集》第十五卷《紅河州哈尼族譜牒(六)》

[雲南元陽]電塘村楊文華户譜牒　楊文華(堅章)背誦　李美亮、李明燈搜集　2011年雲南民族出版社排印本　合册　哈漢雙文並註國際音標

該户屬哈尼族阿松支系楊氏宗支。由第三十二世"冉斗"從本鄉墮鐵村委會黑泥塘村遷入本村定居。從第一世"遲石勳"至第十世"墜塔婆"的譜牒與本村羅木侯户相同。第二十四世至二十六世、第三十三世至四十一世之間未連名。本譜内容爲世系,至堅章凡四十一世。

本譜載於《哈尼族口傳文化譯註全集》第十五卷《紅河州哈尼族譜牒(六)》

[雲南元陽]楊林村楊主力山户譜牒　楊主力山(舉林薩)背誦　李美亮、李明燈搜集　2011年雲南民族出版社排印本　合册　哈漢雙文並註國際音標

該户屬哈尼族阿松支系楊氏宗支。是本村建寨宗支之一,由第四十三世"阿斗"從本村委會姆基寨遷入本村定居。第二十六世至二十七世、第三十五世至三十七世、第三十八世至三十九世、第四十二世至四十九世之間未連名。本譜内容爲世系,至養濤凡四十九世。

本譜載於《哈尼族口傳文化譯註全集》第十五卷《紅河州哈尼族譜牒(六)》

[雲南元陽]楊林村李牛山户譜牒　李牛山(牛薩)背誦　李美亮、李明燈搜集　2011年雲南民族出版社排印本　合册　哈漢雙文並註國際音標

該户屬哈尼族阿松支系李氏"兵術然"宗支。於1959年由第四十八世"牛薩"從本鄉墮鐵村委會黑泥塘村入贅本村定居。從第一世"遲石勳"至第十世"墜塔婆"的譜牒與本村楊主力山户相同。第三十世至三十一世、第三十四世至三十九世、第四十世至四十三世、第四十四世至五十世之間未連名。本譜内容爲世系,至董則凡五十世。

本譜載於《哈尼族口傳文化譯註全集》第十五卷《紅河州哈尼族譜牒(六)》

[雲南元陽]龍塘村朱上咀户譜牒　朱上咀(嫂足)背誦　李美亮、李明燈搜集　2011年雲南民族出版社排印本　合册　哈漢雙文並註國際音標

該户屬哈尼族白宏支系朱氏宗支。於1972年由第六十五世"侯嫂"從本村委會閎龍村遷入本村定居。第七世至八世、第十六世至十七世、第五十七世至五十九世、第六十一世至六十二世之間未連名。本譜内容爲世系,至足礱凡六十七世。

本譜載於《哈尼族口傳文化譯註全集》第十五卷《紅河州哈尼族譜牒(六)》

[雲南元陽]歸洞大寨張新祥户譜牒　張新祥(嘎斗)背誦　李美亮搜集　2011年雲南民族出版社排印本　合册　哈漢雙文並註國際音標

該户屬哈尼族臘咪支系張氏宗支。由第五十一世"哦濤"從本鄉墮鐵村委會姆基寨遷入本村定居。第一世至二世、第八世至十世、第十八世至十九世、第五十九世至六十世之間未連名。本譜内容爲世系,至斗福凡六十世。

本譜載於《哈尼族口傳文化譯註全集》第十五卷《紅河州哈尼族譜牒(六)》

[雲南元陽]歸洞大寨羅沖山户譜牒　羅沖山(則簡)背誦　李明登、李美亮搜集　2011年雲南民族出版社排印本　合册　哈漢雙文並註國際音標

該户屬哈尼族臘咪支系羅氏宗支。由第六十三世"則礱"從阿東村遷入本村定居。第一世"奧瑪"至十八世"竇白美"的譜牒與本村張新祥户相同。第十八世至二十一世、第五十世至五十一世、第五十四世至五十五世、第六十三世至六十四世之間未連名。本譜内容爲世系,至俄薩凡六十六世。

本譜載於《哈尼族口傳文化譯註全集》第十五卷《紅河州哈尼族譜牒(六)》

[雲南元陽]黄草嶺村馬普山户譜牒　馬普山(普薩)背誦　李明登、李美亮搜集　2011年雲南民族出版社排印本　合册　哈漢雙文並註國際音標

該户屬哈尼族臘咪支系馬氏“瑪則然”宗支。於1960年由第五十八世“斗普”攜子從本鄉墮碑村委會扭瑪村遷入本村定居。第七世至八世、第三十九世至四十二世、第四十四世至四十五世、第五十七世至五十八世之間未連名。本譜内容爲世系,至魯福凡六十一世。

本譜載於《哈尼族口傳文化譯註全集》第十五卷《紅河州哈尼族譜牒(六)》

[雲南元陽]黄草嶺村馬東祥户譜牒　馬東祥(婁薩)背誦　李明登、李美亮搜集　2011年雲南民族出版社排印本　合册　哈漢雙文並註國際音標

該户屬哈尼族臘咪支系馬氏“阿毛然”宗支。於1942年由第六十二世“直薩”從本鄉樹皮村委會冷水村遷入本村定居。第一世“奥翁”至二十六世“索楚克”的譜牒與本村馬普山户相同。第四十五世至四十六世、第五十二世至五十四世、第六十世至六十一世之間未連名。本譜内容爲世系,至薩嘎凡六十四世。

本譜載於《哈尼族口傳文化譯註全集》第十五卷《紅河州哈尼族譜牒(六)》

[雲南元陽]黄草嶺村陳羊簸户譜牒　陳羊簸(央則)背誦　李明登、李美亮搜集　2011年雲南民族出版社排印本　合册　哈漢雙文並註國際音標

該户屬哈尼族臘咪支系陳氏宗支。於1932年由第二世“簸侯”攜子從俄扎鄉三臺坡村委會洞鋪村遷入本村定居。第二世至三世之間未連名。本譜内容爲世系,至舉簸凡六世。

本譜載於《哈尼族口傳文化譯註全集》第十五卷《紅河州哈尼族譜牒(六)》

[雲南元陽]哈埂下寨車勒簸户譜牒　車勒簸(簡簸)背誦　李美亮搜集　2011年雲南民族出版社排印本　合册　哈漢雙文並註國際音標

該户屬哈尼族臘咪支系車氏“童等然”宗支。由第六十五世“鳥簸”從“羅美”(哈尼語地名,現地址不詳)遷入本村定居。第一世至二世、第八世至九世、第十八世至十九世、第四十六世至四十七世、第五十一世至五十二世之間未連名。本譜内容爲世系,至簸娘凡七十二世。

本譜載於《哈尼族口傳文化譯註全集》第十五卷《紅河州哈尼族譜牒(六)》

[雲南元陽]哈埂下寨石山初户譜牒　石山初(薩粗)背誦　車勒簸、李美亮搜集　2011年雲南民族出版社排印本　合册　哈漢雙文並註國際音標

該户屬哈尼族臘咪支系石氏宗支。由第五十四世“娘侯”從牛角寨“羅美”(哈尼語地名,現地址不詳)遷入本村定居。第一世“奥瑪”至三十九世“車包”的譜牒與本村車勒簸户相同。第四十六世至四十七世、第五十世至五十一世、第五十三世至五十四世之間未連名。本譜内容爲世系,至薩粗凡五十八世。

本譜載於《哈尼族口傳文化譯註全集》第十五卷《紅河州哈尼族譜牒(六)》

[雲南元陽]哈埂下寨馬然苦户譜牒　馬拾龍背誦　車勒簸、李美亮搜集　2011年雲南民族出版社排印本　合册　哈漢雙文並註國際音標

該户屬哈尼族臘咪支系馬氏“瑪則然”宗支。由第五十一世“薩昂”從石屏縣遷入本村定居。第一世“奥瑪”至二十世“璋塔婆”的譜牒與本村車勒簸户相同。第二十四世至二十五世、第四十世至四十二世、第四十七世至四十八世、第四十九世至五十一世之間未連名。本譜内容爲世系,至簡嘎凡五十八世。簡嘎爲譜主,常用名馬然苦。

本譜載於《哈尼族口傳文化譯註全集》第十五卷《紅河州哈尼族譜牒(六)》

[雲南元陽]哈埂下寨李仇嘎户譜牒　李仇嘎(斗侯)背誦　車勒簸、李美亮搜集　2011年雲南民族出版社排印本　合册　哈漢雙文並註國際音標

該户屬哈尼族臘咪支系李氏宗支。由第四十八世“仆斗”從緑春縣戈奎村遷入本村定居。第一世“奥瑪”至三十四世“娘芝”的譜牒與本村車勒簸户相同。第四十一世至四十二世之間未連名。本譜内容爲世系,至斗侯凡四十九世。

本譜載於《哈尼族口傳文化譯註全集》第十五

卷《紅河州哈尼族譜牒（六）》

［雲南元陽］哈埂下寨羅哈山户譜牒　羅哈山（侯娘）背誦　車勒籏搜集　2011年雲南民族出版社排印本　合册　哈漢雙文並註國際音標

該户屬哈尼族臘咪支系羅氏宗支。由第四十二世“娘宗”從本縣牛角寨“羅美”（哈尼語地名，現地址不詳）遷入本村定居。第一世“奥瑪”至二十四世“南里俄”的譜牒與本村車勒籏户相同。本譜内容爲世系，至侯娘凡四十九世。

本譜載於《哈尼族口傳文化譯註全集》第十五卷《紅河州哈尼族譜牒（六）》

［雲南元陽］哈埂上寨李打龍户譜牒　李打龍（林嘎）背誦　李美亮搜集　2011年雲南民族出版社排印本　合册　哈漢雙文並註國際音標

該户屬哈尼族臘咪支系李氏“昂勾然”宗支。是本村建寨宗支之一，由第五十一世“松矮”從俄扎鄉哈腳村遷入本村定居。第七世至八世、第三十二世至三十三世、第四十一世至四十二世、第四十五世至四十六世、第五十四世至五十五世之間未連名。本譜内容爲世系，至林嘎凡五十七世。

本譜載於《哈尼族口傳文化譯註全集》第十五卷《紅河州哈尼族譜牒（六）》

［雲南元陽］河順大寨王成歸户譜牒　王成歸（策歸）背誦　馬秀華搜集　2011年雲南民族出版社排印本　合册　哈漢雙文並註國際音標

該户屬哈尼族臘咪支系王氏宗支。由第五十七世“波然”從緑春縣戈奎鄉戈奎村遷入本村定居。第七世至八世、第四十世至四十一世、第四十三世至四十四世、第四十六世至四十七世之間未連名。本譜内容爲世系，至波叟凡六十六世。

本譜載於《哈尼族口傳文化譯註全集》第十五卷《紅河州哈尼族譜牒（六）》

［雲南元陽］普朵村王成礎户譜牒　王成礎（策楚）背誦　白有興、李美亮搜集　2011年雲南民族出版社排印本　合册　哈漢雙文並註國際音標

該户屬哈尼族臘咪支系王氏宗支。於1940年由第五十六世“松波”從本村委會師針村遷入本村定居。第七世至八世、第四十世至四十一世、第四十三世至四十四世、第四十六世至四十七世之間未連名。本譜内容爲世系，至磐熱凡六十六世。

本譜載於《哈尼族口傳文化譯註全集》第十五卷《紅河州哈尼族譜牒（六）》

［雲南元陽］多腳村龍成則户譜牒　龍成則（薩則）背誦　馬秀華、李美亮搜集　2011年雲南民族出版社排印本　合册　哈漢雙文並註國際音標

該户屬哈尼族臘咪支系龍氏“佳斗儂竜然”宗支。於1940年由第六十七世“薩則”從本鄉大排下寨遷入本村定居。第七世至八世、第三十二世至三十三世、第三十七世至三十八世、第四十八世至五十世、第五十六世至五十七世之間未連名。本譜内容爲世系，至策瑶凡六十九世。

本譜載於《哈尼族口傳文化譯註全集》第十五卷《紅河州哈尼族譜牒（六）》

［雲南元陽］猛董村楊山則户譜牒　楊則山（薩則）背誦　馬秀華、李美亮搜集　2011年雲南民族出版社排印本　合册　哈漢雙文並註國際音標

該户屬哈尼族臘咪支系楊氏“晗省然”宗支。由第五十八世“斗昂”從“娘加俄東普”（哈尼語地名，現地址不詳）遷入本村定居。第七世至八世、第三十二世至三十三世、第四十二世至四十三世、第五十五世至五十六世、第六十世至六十二世、第六十三世至六十四世、第六十五世至六十七世之間未連名。本譜内容爲世系，至宗叟凡六十七世。

本譜載於《哈尼族口傳文化譯註全集》第十五卷《紅河州哈尼族譜牒（六）》

［雲南元陽］猛董村馬咀保户譜牒　馬咀保（舉籏）背誦　馬秀華搜集　2011年雲南民族出版社排印本　合册　哈漢雙文並註國際音標

該户屬哈尼族臘咪支系馬氏“瑪則然”宗支。由第四十九世“娘籏”從本鄉哈埂村委會哈埂下寨遷入本村定居。第一世“奥翁”至十九世“璋塔婆”的譜牒與本村楊則山户相同。第三十八世至四十世、第四十八世至四十九世、第五十二世至五

十三世之間未連名。本譜内容爲世系,至克福凡五十四世。

本譜載於《哈尼族口傳文化譯註全集》第十五卷《紅河州哈尼族譜牒(六)》

[雲南元陽]猛董村石成貴户譜牒 石成貴(軌策)背誦 馬秀華搜集 2011年雲南民族出版社排印本 合册 哈漢雙文並註國際音標

該户屬哈尼族臘咪支系石氏宗支。由第五十六世"矮薩"從緑春縣"晗波來普"(哈尼語地名,現地址不詳)遷入本村定居。第一世"奥翁"至三十三世"娘芝"的譜牒與本村楊則山户相同。第四十世至四十一世、第四十四世至四十五世之間未連名。本譜内容爲世系,至策嘎凡六十四世。

本譜載於《哈尼族口傳文化譯註全集》第十五卷《紅河州哈尼族譜牒(六)》

[雲南元陽]猛董村陳噴侯户譜牒 陳噴侯背誦 馬秀華搜集 2011年雲南民族出版社排印本 合册 哈漢雙文並註國際音標

該户屬哈尼族臘咪支系陳氏宗支。由第六十世"佬嘎"從緑春縣遷入本村定居。第一世"奥翁"至十九世"璋塔婆"的譜牒與本村楊則山户相同。本譜内容爲世系,至則興凡六十五世。

本譜載於《哈尼族口傳文化譯註全集》第十五卷《紅河州哈尼族譜牒(六)》

[雲南元陽]大排上寨龍黄娘户譜牒 龍黄娘(鴻娘)背誦 李美亮搜集 2011年雲南民族出版社排印本 合册 哈漢雙文並註國際音標

該户屬哈尼族臘咪支系龍氏"儂竜然"宗支。由第六十七世"墜普"從本村委會大排下寨遷入本村定居。第一世至二世、第八世至九世、第十八世至十九世、第三十三世至三十四世、第三十八世至三十九世、第四十九世至五十一世、第五十五世至五十六世、第五十八世至五十九世之間未連名。本譜内容爲世系,至娘則凡七十世。

本譜載於《哈尼族口傳文化譯註全集》第十五卷《紅河州哈尼族譜牒(六)》

[雲南元陽]大排上寨羅則三户譜牒 羅則三(則薩)背誦 李美亮搜集 2011年雲南民族出版社排印本 合册 哈漢雙文並註國際音標

該户屬哈尼族臘咪支系羅氏宗支。於1950年由羅氏"薩軌"從大排下寨分出建寨。第一世"奥瑪"至二十六世"飘里搖"的譜牒與本村龍黄娘户相同。第三十八世至三十九世、第四十九世至五十一世、第五十七世至五十九世之間未連名。本譜内容爲世系,至薩嘎凡七十世。

本譜載於《哈尼族口傳文化譯註全集》第十五卷《紅河州哈尼族譜牒(六)》

[雲南元陽]大排下寨龍娘户譜牒 龍娘(礱娘)背誦 李美亮搜集 2011年雲南民族出版社排印本 合册 哈漢雙文並註國際音標

該户屬哈尼族臘咪支系龍氏"儂竜然"宗支。是本村的建寨宗支之一,由第六十二世"薩簡"從紅河縣經黄草嶺鄉河順大寨遷入本村定居。第七世至八世、第十六世至十七世、第三十七世至三十九世、第四十一世至四十二世、第四十七世至五十世、第五十四世至五十五世、第五十七世至五十八世之間未連名。本譜内容爲世系,至娘恩凡七十世。

本譜載於《哈尼族口傳文化譯註全集》第十五卷《紅河州哈尼族譜牒(六)》

[雲南元陽]沙聾村吴噴斗户譜牒 吴噴斗(嘎斗)背誦 李美亮、李明燈搜集 2011年雲南民族出版社排印本 合册 哈漢雙文並註國際音標

該户屬哈尼族臘咪支系吴氏"娘宗然"宗支。由第五十八世"薩空"從娘嘎鄉大伍寨委會遷入本鄉河順大寨居住一段時間後遷入本村定居。第一世至二世、第八世至九世、第十八世至十九世、第三十三世至三十四世、第三十七世至三十八世、第三十九世至四十世、第五十九世至六十世之間未連名。本譜内容爲世系,至魯則凡六十六世。

本譜載於《哈尼族口傳文化譯註全集》第十五卷《紅河州哈尼族譜牒(六)》

[雲南元陽]聾天村錢魯中户譜牒 錢魯中(魯

宗)背誦　李美亮搜集　2011年雲南民族出版社排印本　合册　哈漢雙文並註國際音標

該户屬哈尼族臘咪支系錢氏"錢普然"宗支。是本村的建寨宗支,由第一世"斗則"從紅河縣浪堤鄉小浪堤村遷入本村定居。本譜内容爲世系,至宗迎凡九世。

本譜載於《哈尼族口傳文化譯註全集》第十五卷《紅河州哈尼族譜牒(六)》

[雲南元陽]南林新寨黄伙成户譜牒　黄伙成(薩取)背誦　李美亮搜集　2011年雲南民族出版社排印本　合册　哈漢雙文並註國際音標

該户屬哈尼族臘咪支系黄氏宗支。是本村的建寨宗支之一,於1971年由第五十四世"薩取"從本村委會南林村遷到現址建寨定居。第一世至二世、第三十八世至四十世、第四十五世至四十六世、第四十七世至四十八世、第五十一世至五十三世之間未連名。本譜内容爲世系,至取娘凡五十五世。

本譜載於《哈尼族口傳文化譯註全集》第十五卷《紅河州哈尼族譜牒(六)》

[雲南元陽]南林新寨羅成山户譜牒　羅成山(策薩)背誦　李美亮搜集　2011年雲南民族出版社排印本　合册　哈漢雙文並註國際音標

該户屬哈尼族多泥支系羅氏宗支。於1968年由第六世"策薩"從本村委會南林村遷入本村定居。本譜内容爲世系,至陽侯凡八世。

本譜載於《哈尼族口傳文化譯註全集》第十五卷《紅河州哈尼族譜牒(六)》

[雲南元陽]南林新寨何勒山户譜牒　何勒山(勒薩)背誦　李美亮搜集　2011年雲南民族出版社排印本　合册　哈漢雙文並註國際音標

該户屬哈尼族臘咪支系何氏宗支。於1972年由第六世"勒薩"從本村委會南林村遷入本村定居。本譜内容爲世系,至陽鴻凡八世。

本譜載於《哈尼族口傳文化譯註全集》第十五卷《紅河州哈尼族譜牒(六)》

[雲南元陽]南林新寨馬噴簸户譜牒　馬噴簸(噴簸)背誦　李美亮搜集　2011年雲南民族出版社排印本　合册　哈漢雙文並註國際音標

該户屬哈尼族臘咪支系馬氏"瑪則然"宗支。於1972年由"噴簸"從本村委會南林村遷入本村定居。第四世至五世之間未連名。本譜内容爲世系,至則舉凡七世。

本譜載於《哈尼族口傳文化譯註全集》第十五卷《紅河州哈尼族譜牒(六)》

[雲南元陽]南林村何文開户譜牒　何文開(舉薩)背誦　李美亮搜集　2011年雲南民族出版社排印本　合册　哈漢雙文並註國際音標

該户屬哈尼族臘咪支系何氏宗支。由第五十二世"批矮"從金平縣金水河鎮國作村遷入本村定居。第一世至二世、第三十三世至三十四世、第四十世至四十二世、第四十七世至四十八世、第五十一世至五十二世、第五十七世至五十九世之間未連名。本譜内容爲世系,至刀則凡六十二世。

本譜載於《哈尼族口傳文化譯註全集》第十五卷《紅河州哈尼族譜牒(六)》

[雲南元陽]普白村錢燈則户譜牒　錢燈則(登則)背誦　李美亮、李明燈搜集　2011年雲南民族出版社排印本　合册　哈漢雙文並註國際音標

該户屬哈尼族臘咪支系錢氏"策普然"宗支。由第五十四世"磨簸"從"達普"(今已成廢墟)遷入本村定居。第一世至二世、第八世至九世、第十七世至十八世、第三十三世至三十四世、第四十五世至四十六世、第四十八世至五十一世、第五十三世至五十八世之間未連名。本譜内容爲世系,至則宗凡五十九世。

本譜載於《哈尼族口傳文化譯註全集》第十五卷《紅河州哈尼族譜牒(六)》

[雲南元陽]牛簸村陳木嘎户譜牒　陳木嘎(則舉)背誦　李美亮、李明燈搜集　2011年雲南民族出版社排印本　合册　哈漢雙文並註國際音標

該户屬哈尼族臘咪支系陳氏宗支。由第六十八世"磨則"從俄扎鄉阿東村委會阿東村遷入本村

定居。第一世至二世、第八世至九世、第三十二世至三十三世之間未連名。本譜内容爲世系,至策華凡七十一世。

本譜載於《哈尼族口傳文化譯註全集》第十五卷《紅河州哈尼族譜牒(六)》

[雲南元陽]牛簸村楊寶德户譜牒 楊寶德(簸斗)背誦 李美亮、李明燈搜集 2011年雲南民族出版社排印本 合册 哈漢雙文並註國際音標

該户屬哈尼族臘咪支系楊氏"晗省然"宗支。從本鄉依東村委會哈斗村遷入本村定居。第一世"奥瑪"至十七世"博本烏"的譜牒與本村陳木嘎户相同。第四十九世至五十一世之間未連名。本譜内容爲世系,至簸磨凡六十三世。

本譜載於《哈尼族口傳文化譯註全集》第十五卷《紅河州哈尼族譜牒(六)》

[雲南元陽]牛簸村馬克則户譜牒 馬克則(薩簸)背誦 李美亮、李明燈搜集 2011年雲南民族出版社排印本 合册 哈漢雙文並註國際音標

該户屬哈尼族臘咪支系馬氏宗支。於1943年由第四十七世"薩簡"從本村委會扭馬村遷入本村定居。第一世"奥瑪"至十七世"博本烏"的譜牒與本村陳木嘎户相同。第二十一世至二十二世、第三十五世至三十七世、第四十六世至四十八世之間未連名。本譜内容爲世系,至則薩凡五十世。

本譜載於《哈尼族口傳文化譯註全集》第十五卷《紅河州哈尼族譜牒(六)》

[雲南元陽]牛簸村石文興户譜牒 石文興(周嘎)背誦 李美亮、李明燈搜集 2011年雲南民族出版社排印本 合册 哈漢雙文並註國際音標

該户屬哈尼族臘咪支系石氏"昂鴻然"宗支。由第六十三世"策則"從本鄉大排村委會沙聾村遷入本村定居。第七世至九世、第十二世至十三世、第十七世至十八世、第三十三世至三十四世、第四十六世至四十八世之間未連名。本譜内容爲世系,至周嘎凡六十五世。

本譜載於《哈尼族口傳文化譯註全集》第十五卷《紅河州哈尼族譜牒(六)》

[雲南元陽]多普村吴額斗户譜牒 吴額斗(磨斗)背誦 李繼春搜集 2011年雲南民族出版社排印本 合册 哈漢雙文並註國際音標

該户屬哈尼族臘咪支系吴氏"春依然"宗支。由第四世"則嘎"從本縣牛角寨鄉金平縣者米鄉一帶遷入本村定居。第七世至十世之間未連名。本譜内容爲世系,至福侯凡十世。

本譜載於《哈尼族口傳文化譯註全集》第十五卷《紅河州哈尼族譜牒(六)》

[雲南元陽]多普村陳殺則户譜牒 陳殺則(則歐)背誦 李繼春搜集 2011年雲南民族出版社排印本 合册 哈漢雙文並註國際音標

該户屬哈尼族臘咪支系陳氏"春依然"宗支。由第二世"斗克"從沙拉托鄉"晗普來東"(哈尼語地名,現地址不詳)遷入本村定居。第五世至九世之間未連名。本譜内容爲世系,至則策凡十一世。

本譜載於《哈尼族口傳文化譯註全集》第十五卷《紅河州哈尼族譜牒(六)》

[雲南元陽]多普村陳江龍户譜牒 陳江龍(江磨)背誦 李繼春搜集 2011年雲南民族出版社排印本 合册 哈漢雙文並註國際音標

該户屬哈尼族臘咪支系陳氏"策尼然"宗支。由第三世"堅薩"從沙拉托鄉"晗普來東"(哈尼語地名,現地址不詳)遷入本村定居。第七世至十世之間未連名。本譜内容爲世系,至波秋凡十世。

本譜載於《哈尼族口傳文化譯註全集》第十五卷《紅河州哈尼族譜牒(六)》

[雲南元陽]河壩村陳胡山户譜牒 陳胡山背誦 李繼春、李美亮搜集 2011年雲南民族出版社排印本 合册 哈漢雙文並註國際音標

該户屬哈尼族臘咪支系陳氏"陳妮然"宗支。由第五十九世"簡磨"從沙拉托鄉幹培村遷入本村定居。第一世至二世、第八世至十世、第十九世至二十世、第三十六世至三十七世、第四十一世至四十二世、第四十三世至四十四世、第四十六世至

四十七世、第六十三世至六十六世之間未連名。本譜内容爲世系，至舉策凡六十六世。

本譜載於《哈尼族口傳文化譯註全集》第十五卷《紅河州哈尼族譜牒（六）》

［雲南元陽］河壩村陳翁斗户譜牒　陳翁斗（翁斗）背誦　李繼春搜集　2011年雲南民族出版社排印本　合册　哈漢雙文並註國際音標

該户屬哈尼族臘咪支系陳氏“巖甲然”宗支。由第六十二世“奔則”從緑春縣戈奎村遷入本村定居。第一世“奥瑪”至三十六世“取依”的譜牒與本村陳胡山户譜牒相同。第三十六世至三十七世、第四十九世至五十世、第六十二世至六十三世、第六十八世至七十世、第七十一世至七十二世之間未連名。本譜内容爲世系，至森薩凡七十二世。

本譜載於《哈尼族口傳文化譯註全集》第十五卷《紅河州哈尼族譜牒（六）》

［雲南元陽］河壩村陳術侯户譜牒　陳術侯背誦　李繼春搜集　2011年雲南民族出版社排印本　合册　哈漢雙文並註國際音標

該户屬哈尼族臘咪支系陳氏“春依然”宗支。由第一世“磐斗”從沙拉托鄉“晗普牛東”（哈尼語地名，現地址不詳）遷入本村定居。第八世至十世之間未連名。本譜内容爲世系，至普侯凡十世。

本譜載於《哈尼族口傳文化譯註全集》第十五卷《紅河州哈尼族譜牒（六）》

［雲南元陽］依東村李魯則户譜牒　李魯則（魯則）背誦　李繼春、李美亮搜集　2011年雲南民族出版社排印本　合册　哈漢雙文並註國際音標

該户屬哈尼族臘咪支系李氏宗支。是本村建寨宗支之一，由第五十八世“則宗”從本鄉河順村委會遷入本村定居。第一世至二世、第八世至十世、第四十五世至四十六世、第五十五世至五十七世、第六十四世至六十五世之間未連名。本譜内容爲世系，至磐娘凡六十五世。

本譜載於《哈尼族口傳文化譯註全集》第十五卷《紅河州哈尼族譜牒（六）》

［雲南元陽］依東村陳蘭嘎户譜牒　陳蘭嘎背誦　李繼春搜集　2011年雲南民族出版社排印本　合册　哈漢雙文並註國際音標

該户屬哈尼族臘咪支系陳氏“娘芝然”宗支。是本村建寨宗支之一，由第六十五世“娘策”從緑春縣蘭海村遷入本村定居。第一世“奥麻”至五世“濤麻”的譜牒與本村李魯則户相同。第八世至十世、第十九世至二十世、第三十六世至三十七世、第四十九世至五十世、第七十世至七十一世之間未連名。本譜内容爲世系，至們侯凡七十一世。

本譜載於《哈尼族口傳文化譯註全集》第十五卷《紅河州哈尼族譜牒（六）》

［雲南元陽］依東村陳則斗户譜牒　波嘎背誦　李繼春搜集　2011年雲南民族出版社排印本　合册　哈漢雙文並註國際音標

該户屬哈尼族臘咪支系陳氏“策妮然”宗支。是本村建寨宗支之一，由第二世“薩普”從沙拉托鄉一帶遷入本村定居。第四世至六世、第八世至十世之間未連名。本譜内容爲世系，至毛簸凡十世。

本譜載於《哈尼族口傳文化譯註全集》第十五卷《紅河州哈尼族譜牒（六）》

［雲南元陽］依東村陳普侯户譜牒　南則背誦　李繼春搜集　2011年雲南民族出版社排印本　合册　哈漢雙文並註國際音標

該户屬哈尼族臘咪支系陳氏“春依然”宗支。是本村建寨宗支之一，由第一世“磐斗”從沙拉托鄉一帶遷入本村定居。第五世至六世、第八世至十世之間未連名。本譜内容爲世系，至批謀凡十世。

本譜載於《哈尼族口傳文化譯註全集》第十五卷《紅河州哈尼族譜牒（六）》

［雲南元陽］依東村羅羊嘎户譜牒　羅羊嘎（陽嘎）背誦　李繼春搜集　2011年雲南民族出版社排印本　合册　哈漢雙文並註國際音標

該户屬哈尼族臘咪支系羅氏“儂竜然”宗支。由第一世“嚷斗”從本鄉河順村遷入本村定居。

第七世至十世之間未連名。本譜内容爲世系,至陽侯凡十世。

本譜載於《哈尼族口傳文化譯註全集》第十五卷《紅河州哈尼族譜牒(六)》

[雲南元陽]多腳村楊溝加户譜牒 楊溝加(薩策)背誦 李繼春、李美亮搜集 2011年雲南民族出版社排印本 合册 哈漢雙文並註國際音標

該户屬哈尼族臘咪支系楊氏"昂增然"宗支。由"普勒"攜其子從本鄉墮鐵村遷入本村定居。第一世至二世、第十世至十一世之間未連名。本譜内容爲世系,至策斗凡十三世。

本譜載於《哈尼族口傳文化譯註全集》第十五卷《紅河州哈尼族譜牒(六)》

[雲南元陽]多腳村李哩嘎户譜牒 李哩嘎(礱策)背誦 李繼春搜集 2011年雲南民族出版社排印本 合册 哈漢雙文並註國際音標

該户屬哈尼族臘咪支系李氏"媽黑然"宗支。由第一世"婆簸"從緑春縣遷入本村定居。第五世至七世、第十一世至十二世、第十三世至十五世之間未連名。本譜内容爲世系,至批則凡十五世。

本譜載於《哈尼族口傳文化譯註全集》第十五卷《紅河州哈尼族譜牒(六)》

[雲南元陽]多腳村朱斗礎户譜牒 朱斗礎(薩嘎)背誦 李繼春搜集 2011年雲南民族出版社排印本 合册 哈漢雙文並註國際音標

該户屬哈尼族臘咪支系朱氏"宗礱然"宗支。由第二世"歐普"從本鄉龍塘村遷入本村定居。第一世至二世、第三世至四世、第七世至十世之間未連名。本譜内容爲世系,至陽侯凡十世。

本譜載於《哈尼族口傳文化譯註全集》第十五卷《紅河州哈尼族譜牒(六)》

[雲南元陽]伙東村楊侯龍户譜牒 楊侯龍(侯礱)背誦 李繼春、李美亮搜集 2011年雲南民族出版社排印本 合册 哈漢雙文並註國際音標

該户屬哈尼族臘咪支系楊氏宗支。本村建寨宗支,由第五十九世"則斗"從嘎娘鄉一帶遷入本村定居。第一世至二世、第八世至九世、第三十八世至三十九世、第四十五世至四十七世、第五十三世至五十四世、第五十七世至五十八世、第五十九世至六十世之間未連名。本譜内容爲世系,至礱依凡六十七世。

本譜載於《哈尼族口傳文化譯註全集》第十五卷《紅河州哈尼族譜牒(六)》

[雲南元陽]多沙村羅夫保户譜牒 羅夫保(仆斗)背誦 陳文祥、李美亮搜集 2011年雲南民族出版社排印本 合册 哈漢雙文並註國際音標

該户屬哈尼族臘咪支系羅氏宗支。從緑春縣平和鄉一帶遷入本村定居。第一世至二世、第八世至九世、第十七世至十九世、第四十一世至四十二世、第六十三世至六十四世之間未連名。本譜内容爲世系,至仆斗凡六十四世。

本譜載於《哈尼族口傳文化譯註全集》第十五卷《紅河州哈尼族譜牒(六)》

[雲南元陽]多沙村陳文祥户譜牒 陳夫沙背誦 陳文祥(文强)、李美亮搜集 2011年雲南民族出版社排印本 合册 哈漢雙文並註國際音標

該户屬哈尼族臘咪支系陳氏宗支。從"哦德普瑪"(哈尼語地名,現地址不詳)經金平縣冷水下寨遷入本村定居。第五十八世至五十九世、第六十世至六十一世、第六十二世至六十五世之間未連名。本譜内容爲世系,至鴻萬凡六十五世。第六十四世文强爲譜主,常用名陳文祥。

本譜載於《哈尼族口傳文化譯註全集》第十五卷《紅河州哈尼族譜牒(六)》

[雲南元陽]樹皮村張坑龍户譜牒 張坑龍(礱薩)背誦 陳文祥、李美亮搜集 2011年雲南民族出版社排印本 合册 哈漢雙文並註國際音標

該户屬哈尼族白宏支系張氏宗支。該村爲哈尼族臘咪支系和哈尼族白宏支系混居。由第六十一世"則斗"從本鄉河順村委會多腳村遷入本村定居。第一世至二世、第八世至九世、第十七世至十九世、第四十一世至四十二世、第五十六世至五十七世、第五十八世至六十一世、第六十三世至六十

六世之間未連名。本譜内容爲世系，至董策凡六十六世。

本譜載於《哈尼族口傳文化譯註全集》第十五卷《紅河州哈尼族譜牒（六）》

［雲南元陽］樹皮村馬來沙户譜牒　馬來沙背誦　陳文祥、李美亮搜集　2011年雲南民族出版社排印本　合册　哈漢雙文並註國際音標

該户屬哈尼族白宏支系馬氏宗支。由第五十二世"簡努"從牛角寨鄉歐樂村委會經本村委會冷水村遷入本村定居。第一世"奧麻"至十七世"竇白木"的譜牒與本村張坑龍户相同。第十七世至十八世、第二十四世至二十五世、第二十九世至三十世、第四十五世至四十六世、第四十九世至五十世、第五十二世至五十三世之間未連名。本譜内容爲世系，至則斗凡五十六世。

本譜載於《哈尼族口傳文化譯註全集》第十五卷《紅河州哈尼族譜牒（六）》

［雲南元陽］澤尼村楊斗竇户譜牒　楊斗竇（宗簸）背誦　陳文祥、李美亮搜集　2011年雲南民族出版社排印本　合册　哈漢雙文並註國際音標

該户屬哈尼族阿松支系楊氏"阿增然"宗支。從本鄉龍塘村委會楊力村遷入依東村委會多腳村居住一段時間後，由第二十六世"薩則"遷入本村定居。第十八世至十九世之間未連名。本譜内容爲世系，至宗策凡三十世。

本譜載於《哈尼族口傳文化譯註全集》第十五卷《紅河州哈尼族譜牒（六）》

［雲南元陽］澤尼村李侯成户譜牒　李侯成（侯策）背誦　陳文祥、李美亮搜集　2011年雲南民族出版社排印本　合册　哈漢雙文並註國際音標

該户屬哈尼族臘咪支系李氏宗支。由第一世"哩采"從攀枝花鄉阿猛控村遷入本村定居，並由彝族衍化爲哈尼族。第三世至四世、第六世至七世之間未連名。本譜内容爲世系，至哩整凡七世。

本譜載於《哈尼族口傳文化譯註全集》第十五卷《紅河州哈尼族譜牒（六）》

［雲南元陽］黄興寨羅正學户譜牒　羅有忠背誦　羅正學、李美亮搜集　2011年雲南民族出版社排印本　合册　哈漢雙文並註國際音標

該户屬哈尼族愛倮支系羅氏"鳥松然"宗支。於1869年由第六十三世"簸仍"從新街鎮倮鋪村遷入本村定居。第十二世至十三世、第四十六世至四十七世之間未連名。本譜内容爲世系，至熱礱凡六十八世。第六十七世侯熱爲譜主，常用名羅正學。

本譜載於《哈尼族口傳文化譯註全集》第十五卷《紅河州哈尼族譜牒（六）》

［雲南元陽］黄興寨馬有忠户譜牒　馬有忠背誦　羅正學搜集　2011年雲南民族出版社排印本　合册　哈漢雙文並註國際音標

該户屬哈尼族愛倮支系馬氏宗支。是本村的建寨宗支，從新街鎮愛春村委會愛春村遷入本村定居。第一世"奧瑪"至二十五世"墜童博"的譜牒與本村羅正學户相同。第五十五世至五十六世、第五十七世至五十八世、第六十一世至六十二世、第六十四世至六十五世、第七十一世至七十二世之間未連名。本譜内容爲世系，至薩仆凡七十二世。

本譜載於《哈尼族口傳文化譯註全集》第十五卷《紅河州哈尼族譜牒（六）》

［雲南元陽］黄興寨李文科户譜牒　李文科（克省）背誦　羅正學、李美亮搜集　2011年雲南民族出版社排印本　合册　哈漢雙文並註國際音標

該户屬哈尼族愛倮支系李氏"篤車然"宗支。從新街鎮主魯村遷入本村定居。第一世"奧瑪"至二十五世"墜童博"的譜牒與本村羅正學户相同。本譜内容爲世系，至毛省凡六十五世。

本譜載於《哈尼族口傳文化譯註全集》第十五卷《紅河州哈尼族譜牒（六）》

［雲南元陽］黄興寨高日侯户譜牒　高日侯（熱侯）背誦　羅正學、李美亮搜集　2011年雲南民族出版社排印本　合册　哈漢雙文並註國際音標

該户屬哈尼族愛倮支系高氏"兵國然"宗支。

遷徙不詳。第一世"奥瑪"至二十五世"墜童博"的譜牒與本村羅正學户相同。本譜内容爲世系,至則薩凡六十一世。

本譜載於《哈尼族口傳文化譯註全集》第十五卷《紅河州哈尼族譜牒(六)》

[雲南元陽]盧子山哈尼寨楊健偉户譜牒 楊正才背誦 羅正學、李美亮搜集 2011年雲南民族出版社排印本 合册 哈漢雙文並註國際音標

該户屬哈尼族愛倮支系楊氏"演欽然"宗支。從"兵然普"即新街鎮高城村遷入本鄉大山村居住一段時間後,由第六十五世"薩韋"從大山村遷入本村定居。第十二世至十三世、第五十一世至五十三世、第五十七世至五十八世之間未連名。本譜内容爲世系,至打仆凡七十二世。

本譜載於《哈尼族口傳文化譯註全集》第十五卷《紅河州哈尼族譜牒(六)》

[雲南元陽]新寨楊有明户譜牒 楊有明(嘎薩)背誦 李靖、李美亮搜集 2011年雲南民族出版社排印本 合册 哈漢雙文並註國際音標

該户屬哈尼族愛倮支系楊氏"演欽然"宗支。是本村的建寨宗支,由第五十七世"矣簸"從新街鎮高城村遷入本村定居。第十二世至十三世、第五十世至五十一世、第五十三世至五十四世、第五十六世至五十七世之間未連名。本譜内容爲世系,至薩則凡六十四世。

本譜載於《哈尼族口傳文化譯註全集》第十五卷《紅河州哈尼族譜牒(六)》

[雲南元陽]新寨馬家明户譜牒 馬家明(侯熱)背誦 李靖、李美亮搜集 2011年雲南民族出版社排印本 合册 哈漢雙文並註國際音標

該户屬哈尼族愛倮支系馬氏"毛平然"宗支。由第六十九世"軌礱"從新街鎮高城村遷入本村定居。第一世"奥瑪"至二十五世"墜童博"的譜牒與本村羅正學户相同。第四十六世至四十七世、第五十世至五十一世、第五十七世至五十八世、第五十九世至六十世、第六十三世至六十四世之間未連名。本譜内容爲世系,至則矣凡七十四世。

本譜載於《哈尼族口傳文化譯註全集》第十五卷《紅河州哈尼族譜牒(六)》

[雲南元陽]新寨李有明户譜牒 李有明背誦 李靖搜集 2011年雲南民族出版社排印本 合册 哈漢雙文並註國際音標

該户屬哈尼族愛倮支系李氏"多冷然"宗支。從新街鎮高城村遷入本村定居。第一世"奥瑪"至二十九世"吴冷批"的譜牒與本村楊有明户相同。本譜内容爲世系,至佬打凡六十世。

本譜載於《哈尼族口傳文化譯註全集》第十五卷《紅河州哈尼族譜牒(六)》

[雲南元陽]新寨李有福户譜牒 李有福背誦 李靖、李美亮搜集 2011年雲南民族出版社排印本 合册 哈漢雙文並註國際音標

該户屬哈尼族愛倮支系李氏"美松然"宗支。從新街鎮高城村遷入本村定居。第一世"奥瑪"至二世"瑪翁"的譜牒與本村楊有明户相同。第十二世至十五世、第四十六世至四十九世、第五十一世至五十三世之間未連名。本譜内容爲世系,至矣薩凡六十五世。

本譜載於《哈尼族口傳文化譯註全集》第十五卷《紅河州哈尼族譜牒(六)》

[雲南元陽]舊大寨李志才户譜牒 李志才(打熱)背誦 李美亮搜集 2011年雲南民族出版社排印本 合册 哈漢雙文並註國際音標

該户屬哈尼族愛倮支系李氏"阿烏然"宗支。爲本村建寨宗支,由第六十八世"取嘎"從本鄉黄興寨遷到現址建寨定居。第十一世至十三世、第四十七世至四十九世、第五十世至五十一世、第五十五世至五十六世、第五十七世至五十八世、第六十世至六十一世、第七十一世至七十二世之間未連名。本譜内容爲世系,至宗薩凡七十五世。

本譜載於《哈尼族口傳文化譯註全集》第十五卷《紅河州哈尼族譜牒(六)》

[雲南元陽]舊大寨楊牛則户譜牒 楊牛則背誦

李靖搜集　2011 年雲南民族出版社排印本　合册　哈漢雙文並註國際音標

該户屬哈尼族愛倮支系楊氏宗支。從高城村遷入本村定居。第一世“奥瑪”至二十五世“莫威墜”的譜牒與本村李志才户相同。本譜内容爲世系,至宗則凡五十五世。

本譜載於《哈尼族口傳文化譯註全集》第十五卷《紅河州哈尼族譜牒(六)》

[雲南元陽]舊大寨馬有和户譜牒　馬有和(熱木)背誦　李美亮搜集　2011 年雲南民族出版社排印本　合册　哈漢雙文並註國際音標

該户屬哈尼族愛倮支系馬氏宗支。由第七十二世“打熱”從新街鎮高城村入贅本村定居。第一世“奥瑪”至二十五世“莫威墜”的譜牒與本村李志才户相同。第五十世至五十二世、第五十三世至五十四世、第五十七世至五十八世、第五十九世至六十世、第六十三世至六十四世之間未連名。本譜内容爲世系,至木嘎凡七十四世。

本譜載於《哈尼族口傳文化譯註全集》第十五卷《紅河州哈尼族譜牒(六)》

[雲南元陽]舊大寨普文學户譜牒　普文學背誦　李靖、李美亮搜集　2011 年雲南民族出版社排印本　合册　哈漢雙文並註國際音標

該户屬哈尼族愛倮支系普氏宗支。遷徙不詳。第一世“奥瑪”至二十五世“莫威墜”的譜牒與本村李志才户相同。第五十八世至六十世、第六十七世至七十世之間未連名。本譜内容爲世系,至本策凡七十世。

本譜載於《哈尼族口傳文化譯註全集》第十五卷《紅河州哈尼族譜牒(六)》

[雲南元陽]舊小寨楊正和户譜牒　楊正和(薩侯)背誦　李美亮、李靖搜集　2011 年雲南民族出版社排印本　合册　哈漢雙文並註國際音標

該户屬哈尼族愛倮支系楊氏“演欽然”宗支。由第六十三世“矣簸”從新街鎮高城村委會遷入本村定居。第十二世至十五世、第四十九世至五十世、第五十二世至五十四世、第五十七世至五十八世之間未連名。本譜内容爲世系,至省則凡七十一世。

本譜載於《哈尼族口傳文化譯註全集》第十五卷《紅河州哈尼族譜牒(六)》

[雲南元陽]夕歐村石來白户譜牒　石來白、石册嘎背誦　陳擁成、李美亮搜集　2011 年雲南民族出版社排印本　合册　哈漢雙文並註國際音標

該户屬哈尼族愛倮支系石氏宗支。由第三十二世“韋簸”從“臘晗”(哈尼語地名,現地址不詳)遷入本村定居。第七世至八世之間未連名。本譜内容爲世系,至斗薩凡三十七世。

本譜載於《哈尼族口傳文化譯註全集》第十五卷《紅河州哈尼族譜牒(六)》

[雲南元陽]夕歐村盧偉則户譜牒　盧偉則(簸木)背誦　陳擁成、李美亮搜集　2011 年雲南民族出版社排印本　合册　哈漢雙文並註國際音標

該户屬哈尼族愛倮支系盧氏宗支。由第一世“牛斗”從紅河縣“牛胡”(哈尼語地名,現地址不詳)遷入本村定居。第四世至五世、第八世至十世之間未連名。本譜内容爲世系,至帕斗凡十世。

本譜載於《哈尼族口傳文化譯註全集》第十五卷《紅河州哈尼族譜牒(六)》

[雲南元陽]夕歐村段叔則户譜牒　段叔則(術則)背誦　陳擁成、李美亮搜集　2011 年雲南民族出版社排印本　合册　哈漢雙文並註國際音標

該户屬哈尼族愛倮支系段氏宗支。由第一世“歐嘎”從“來不窩間”(哈尼語地名,現地址不詳)遷入本村定居。第二世至五世、第六世至九世之間未連名。本譜内容爲世系,至門侯凡九世。

本譜載於《哈尼族口傳文化譯註全集》第十五卷《紅河州哈尼族譜牒(六)》

[雲南元陽]夕歐村楊旺興户譜牒　楊旺興背誦　陳擁成搜集　2011 年雲南民族出版社排印本　合册　哈漢雙文並註國際音標

該户由第一世“礱嘎”從通海縣遷入本村定居。本譜内容爲世系,至嘎策凡七世。

本譜載於《哈尼族口傳文化譯註全集》第十五卷《紅河州哈尼族譜牒(六)》

[雲南元陽]夕歐村羅果立户譜牒　羅果立(果林)背誦　陳擁成搜集　2011年雲南民族出版社排印本　合册　哈漢雙文並註國際音標

該户屬哈尼族愛倮支系“儂竜然”宗支。由第一世“主則”從俄扎鄉龍卜村遷入本村定居。本譜内容爲世系,至磐策凡七世。

本譜載於《哈尼族口傳文化譯註全集》第十五卷《紅河州哈尼族譜牒(六)》

[雲南元陽]夕歐村錢楚嘎户譜牒　錢楚嘎(屈嘎)背誦　陳擁成搜集　2011年雲南民族出版社排印本　合册　哈漢雙文並註國際音標

該户屬哈尼族愛倮支系錢氏宗支。於1934年由第一世“晗簸”從俄扎鄉普甲村委會蝦河村遷入本村定居。本譜内容爲世系,至然則凡四世。

本譜載於《哈尼族口傳文化譯註全集》第十五卷《紅河州哈尼族譜牒(六)》

[雲南元陽]迷大寨車金貴户譜牒　車金貴(策簡)背誦　李擁成、李美亮搜集　2011年雲南民族出版社排印本　合册　哈漢雙文並註國際音標

該户屬哈尼族各和支系車氏“童等然”宗支。由第六十二世“嚷斗”從馬街鄉丫多村遷入本村定居。第七世至八世、第十七世至十八世、第四十四世至四十五世、第五十世至五十二世、第五十四世至五十五世、第六十四世至六十七世之間未連名。本譜内容爲世系,至簡侯凡六十九世。

本譜載於《哈尼族口傳文化譯註全集》第十五卷《紅河州哈尼族譜牒(六)》

[雲南元陽]迷大寨李沙後户譜牒　李沙後(薩侯)背誦　李擁成搜集　2011年雲南民族出版社排印本　合册　哈漢雙文並註國際音標

該户屬哈尼族各和支系李氏宗支。由第一世“磐仆”從“宗等”(哈尼語地名,現地址不詳)遷入本村定居。本譜内容爲世系,至演嘎凡七世。

本譜載於《哈尼族口傳文化譯註全集》第十五卷《紅河州哈尼族譜牒(六)》

[雲南元陽]迷大寨馬加沙户譜牒　馬加沙(加薩)背誦　李擁成搜集　2011年雲南民族出版社排印本　合册　哈漢雙文並註國際音標

該户屬哈尼族各和支系馬氏“車日然”宗支。由第一世“磐則”從“格瑪磐洞”(哈尼語地名,現地址不詳)遷入本村定居。本譜内容爲世系,至陽秋凡七世。

本譜載於《哈尼族口傳文化譯註全集》第十五卷《紅河州哈尼族譜牒(六)》

[雲南元陽]迷大寨陳則娘户譜牒　陳則娘(則娘)背誦　李擁成搜集　2011年雲南民族出版社排印本　合册　哈漢雙文並註國際音標

該户屬哈尼族各和支系陳氏“娘標然”宗支。由第一世“森簸”從“迷茶磐”(哈尼語地名,現地址不詳)遷入本村定居。本譜内容爲世系,至楚斗凡六世。

本譜載於《哈尼族口傳文化譯註全集》第十五卷《紅河州哈尼族譜牒(六)》

[雲南元陽]迷大寨張保木户譜牒　張保木(簸木)背誦　李擁成搜集　2011年雲南民族出版社排印本　合册　哈漢雙文並註國際音標

該户屬哈尼族各和支系張氏宗支。由第一世“鴻則”從“角努”遷入本村定居。本譜内容爲世系,至木楚凡七世。

本譜載於《哈尼族口傳文化譯註全集》第十五卷《紅河州哈尼族譜牒(六)》

[雲南元陽]迷小寨馬後斗户譜牒　馬後斗(侯斗)背誦　李擁成、李美亮搜集　2011年雲南民族出版社排印本　合册　哈漢雙文並註國際音標

該户屬哈尼族各和支系李氏“毛平然”宗支。是本村建寨宗支,於1915年由第一世“磐仆”從俄扎鄉普甲村委會普甲村遷入本村定居。第一世至二世之間未連名。本譜内容爲世系,至嚷偌凡七世。

本譜載於《哈尼族口傳文化譯註全集》第十五

卷《紅河州哈尼族譜牒(六)》

[雲南元陽]迷小寨車爲保户譜牒　車爲保(韋簸)背誦　李擁成、李美亮搜集　2011年雲南民族出版社排印本　合册　哈漢雙文並註國際音標

該户屬哈尼族各和支系車氏"童等然"宗支。由第六十五世"薩策"從本縣馬街鄉丫多村遷入本村定居。第四十四世至四十五世、第六十七世至六十八世之間未連名。本譜内容爲世系,至超生凡七十世。

本譜載於《哈尼族口傳文化譯註全集》第十五卷《紅河州哈尼族譜牒(六)》

[雲南元陽]迷小寨楊本初户譜牒　楊本初(本粗)背誦　李擁成搜集　2011年雲南民族出版社排印本　合册　哈漢雙文並註國際音標

該户屬哈尼族各和支系楊氏"晗省然"宗支。於1915年由第一世"薩矮"從本村委會咱倮村遷入本村定居。第三世至六世之間未連名。本譜内容爲世系,至腰耿凡六世。

本譜載於《哈尼族口傳文化譯註全集》第十五卷《紅河州哈尼族譜牒(六)》

[雲南元陽]咱倮村楊上保户譜牒　楊上保(霎簸)背誦　李擁成、李美亮搜集　2011年雲南民族出版社排印本　合册　哈漢雙文並註國際音標

該户屬哈尼族各和支系楊氏"晗省然"宗支。由第一世"貓則"從黄草嶺鄉一帶遷入本村定居。第六世至七世、第八世至十一世之間未連名。本譜内容爲世系,至哦正福凡十一世。

本譜載於《哈尼族口傳文化譯註全集》第十五卷《紅河州哈尼族譜牒(六)》

[雲南元陽]咱倮村段石娘户譜牒　段石娘(石娘)背誦　李擁成、李美亮搜集　2011年雲南民族出版社排印本　合册　哈漢雙文並註國際音標

該户屬哈尼族各和支系段氏宗支。於1955年由第三世"石娘"從本村委會夕歐村遷入本村定居。第二世至七世、第八世至九世之間未連名。本譜内容爲世系,至矣森凡九世。

本譜載於《哈尼族口傳文化譯註全集》第十五卷《紅河州哈尼族譜牒(六)》

[雲南元陽]土地寨馬龍户譜牒　馬龍(瑪礱)背誦　馬文光、李美亮搜集　2011年雲南民族出版社排印本　合册　哈漢雙文並註國際音標

該户屬哈尼族愛倮支系馬氏"毛哺然"宗支。從"俄東"(哈尼語地名,現地址不詳)遷入本村定居。第二十八世至二十九世、第三十三世至三十四世、第三十七世至四十世、第四十一世至四十七世之間未連名。本譜内容爲世系,至牛薩凡四十七世。

本譜載於《哈尼族口傳文化譯註全集》第十五卷《紅河州哈尼族譜牒(六)》

[雲南元陽]土地寨羅央路户譜牒　羅央路(央録)背誦　馬文光、李美亮搜集　2011年雲南民族出版社排印本　合册　哈漢雙文並註國際音標

該户屬哈尼族愛倮支系羅氏"倮妮然"宗支。從"來晗阿東"(哈尼語地名,現地址不詳)遷入本村定居。第一世"齊石哩"至十世"墜塔婆"的譜牒與本村馬龍户相同。第十五世至十六世、第二十八世至三十世、第三十二世至三十三世、第三十七世至四十世、第四十三世至四十九世、第五十世至五十一世、第五十二世至五十三世之間未連名。本譜内容爲世系,至礱薩凡五十三世。

本譜載於《哈尼族口傳文化譯註全集》第十五卷《紅河州哈尼族譜牒(六)》

[雲南元陽]土地寨朱羊侯户譜牒　朱羊侯(陽侯)背誦　馬文光、李美亮搜集　2011年雲南民族出版社排印本　合册　哈漢雙文並註國際音標

該户屬哈尼族愛倮支系朱氏"萊宗然"宗支。從黄草嶺鄉南林村委會牛簸村經依東村委會依東村遷入本村定居。第一世"齊石哩"至十世"墜塔婆"的譜牒與本村馬龍户相同。第三十四世至三十六世、第三十七世至四十世、第四十一世至四十九世之間未連名。本譜内容爲世系,至陽侯凡四十九世。

本譜載於《哈尼族口傳文化譯註全集》第十五

卷《紅河州哈尼族譜牒(六)》

[雲南元陽]土地寨刀和以三户譜牒 刀和以三(鴻矣薩)背誦 馬文光、李美亮搜集 2011年雲南民族出版社排印本 合册 哈漢雙文並註國際音標

該户屬哈尼族愛倮支系刀氏宗支。由第一世"臘迂"從臨安(今建水)遷入本村定居,並由漢族融合爲哈尼族。本譜内容爲世系,至嚷舉凡八世。

本譜載於《哈尼族口傳文化譯註全集》第十五卷《紅河州哈尼族譜牒(六)》

[雲南元陽]土地寨漢羊山户譜牒 漢羊山(陽薩)背誦 馬文光、李美亮搜集 2011年雲南民族出版社排印本 合册 哈漢雙文並註國際音標

該户屬哈尼族愛倮支系漢氏宗支。從俄扎鄉普甲村委會姆基寨遷入本村定居。第一世至二世、第六世至十世之間未連名。本譜内容爲世系,至宗薩凡十世。

本譜載於《哈尼族口傳文化譯註全集》第十五卷《紅河州哈尼族譜牒(六)》

[雲南元陽]土地寨石叔山户譜牒 石叔山(術薩)背誦 李美亮搜集 2011年雲南民族出版社排印本 合册 哈漢雙文並註國際音標

該户屬哈尼族愛倮支系石氏"賢腦然"宗支。是本村的建寨宗支之一,由第三世"薩謀"從本鄉夕歐村入贅本村定居。本譜内容爲世系,至術矣則凡七世。

本譜載於《哈尼族口傳文化譯註全集》第十五卷《紅河州哈尼族譜牒(六)》

[雲南元陽]土地寨何霍成户譜牒 何霍成(鴻策)背誦 馬文光搜集 2011年雲南民族出版社排印本 合册 哈漢雙文並註國際音標

該户屬哈尼族愛倮支系何氏"哺竜然"宗支。從蒙自縣遷入本村定居。本譜内容爲世系,至拔簡凡八世。

本譜載於《哈尼族口傳文化譯註全集》第十五卷《紅河州哈尼族譜牒(六)》

[雲南元陽]芭蕉寨馬本則户譜牒 馬本則(本則)背誦 馬文光、李美亮搜集 2011年雲南民族出版社排印本 合册 哈漢雙文並註國際音標

該户屬哈尼族阿松支系馬氏"毛哺然"宗支。是本村的建寨宗支之一,從"俄東"(哈尼語地名,現地址不詳)遷入本村定居。第二十八世至二十九世、第三十三世至三十四世、第三十五世至三十六世、第三十七世至四十世、第四十一世至四十四世、第四十五世至四十七世之間未連名。本譜内容爲世系,至則發凡四十七世。

本譜載於《哈尼族口傳文化譯註全集》第十五卷《紅河州哈尼族譜牒(六)》

[雲南元陽]芭蕉寨朱黑侯户譜牒 朱黑侯(黑侯)背誦 馬文光搜集 2011年雲南民族出版社排印本 合册 哈漢雙文並註國際音標

該户屬哈尼族阿松支系朱氏"萊宗然"宗支。從黄草嶺鄉南林村委會牛簸村遷入本村定居。第一世"齊石哩"至十世"墜塔婆"的譜牒與本村馬本則户相同。第三十四世至三十六世、第三十七世至四十世、第四十一世至四十九世之間未連名。本譜内容爲世系,至黑木凡五十世。

本譜載於《哈尼族口傳文化譯註全集》第十五卷《紅河州哈尼族譜牒(六)》

[雲南元陽]芭蕉寨羅上九户譜牒 羅上九(霎舉)背誦 馬文光搜集 2011年雲南民族出版社排印本 合册 哈漢雙文並註國際音標

該户屬哈尼族阿松支系羅氏"窩妮然"宗支。從"萊晗阿東"(哈尼語地名,現地址不詳)遷入本村定居。第一世"齊石哩"至十世"墜塔婆"的譜牒與本村馬本則户相同。第十五世至十六世、第二十八世至三十世、第三十二世至三十三世、第三十七世至四十世、第四十三世至五十三世之間未連名。本譜内容爲世系,至舉則凡五十四世。

本譜載於《哈尼族口傳文化譯註全集》第十五卷《紅河州哈尼族譜牒(六)》

[雲南元陽]芭蕉寨王山嘎户譜牒 王山嘎(薩嘎)背誦 馬文光搜集 2011年雲南民族出版社

排印本　合册　哈漢雙文並註國際音標

該户屬哈尼族阿松支系“石哦然”宗支。從金平縣老集寨鄉丫口村委會遷入本村定居。第一世“齊石哩”至十世“墜塔婆”的譜牒與本村馬本則户相同。第二十六世至二十七世、第二十九世至三十世、第三十六世至三十八世、第四十三世至四十四世、第四十八世至五十四世之間未連名。本譜内容爲世系,至薩嘎凡五十六世。

本譜載於《哈尼族口傳文化譯註全集》第十五卷《紅河州哈尼族譜牒(六)》

[雲南元陽]芭蕉寨劉倮卜户譜牒　劉倮卜(竜仆)、羊路背誦　馬文光、李美亮搜集　2011年雲南民族出版社排印本　合册　哈漢雙文並註國際音標

該户屬哈尼族阿松支系劉氏“批妮然”宗支。從“月得邦薩”(哈尼語地名,指今黄草嶺鄉龍塘村委會)遷入本村定居。第一世“齊石哩”至十世“墜塔婆”的譜牒與本村馬本則户相同。第十三世至十四世、第十九世至二十世、第二十二世至三十三世之間未連名。本譜内容爲世系,至嘎録凡三十七世。

本譜載於《哈尼族口傳文化譯註全集》第十五卷《紅河州哈尼族譜牒(六)》

[雲南元陽]芭蕉寨張叔成户譜牒　張叔成(術策)背誦　馬文光、李美亮搜集　2011年雲南民族出版社排印本　合册　哈漢雙文並註國際音標

該户屬哈尼族愛倮支系張氏“術伙然”宗支。是本村的建寨宗支之一,據傳從石屏縣遷入本村定居。第十七世至二十世、第二十三世至二十八世之間未連名。本譜内容爲世系,至普策凡二十八世。

本譜載於《哈尼族口傳文化譯註全集》第十五卷《紅河州哈尼族譜牒(六)》

[雲南元陽]芭蕉寨何阿路户譜牒　何阿路(阿録)背誦　馬文光、李美亮搜集　2011年雲南民族出版社排印本　合册　哈漢雙文並註國際音標

該户屬哈尼族愛倮支系何氏“毛哺然”宗支。從臨安(今建水)遷入本村定居。第一世至十世、第五世至八世之間未連名。本譜内容爲世系,至堵録凡八世。

本譜載於《哈尼族口傳文化譯註全集》第十五卷《紅河州哈尼族譜牒(六)》

[雲南元陽]芭蕉寨李則斗户譜牒　李則斗(則斗)背誦　馬文光、李美亮搜集　2011年雲南民族出版社排印本　合册　哈漢雙文並註國際音標

該户屬哈尼族愛倮支系李氏“兵術然”宗支。由第三世“斗侯”從黄草嶺鄉堕鐵村委會堕沙村入贅到本村定居。第三世至六世之間未連名。本譜内容爲世系,至則仆凡六世。

本譜載於《哈尼族口傳文化譯註全集》第十五卷《紅河州哈尼族譜牒(六)》

[雲南元陽]草果丁村石文明户譜牒　石文明(魯則)背誦　李文亮、李美亮搜集　2011年雲南民族出版社排印本　合册　哈漢雙文並註國際音標

該户屬哈尼族各和支系石氏“賢腦然”宗支。由第四十九世“侯矣”從牛角寨鄉“翁取璋竜”即果統村委會遷入本村定居。第一世至二世、第八世至九世、第四十世至四十二世、第四十四世至四十五世之間未連名。本譜内容爲世系,至薩侯凡五十八世。

本譜載於《哈尼族口傳文化譯註全集》第十五卷《紅河州哈尼族譜牒(六)》

[雲南元陽]草果丁村張減則户譜牒　張減則(簡則)背誦　李文亮搜集　2011年雲南民族出版社排印本　合册　哈漢雙文並註國際音標

該户屬哈尼族各和支系張氏“腳竜然”宗支。由第一世“侯則”從“臘晗歐哺晗批東”(哈尼語地名,現地址不詳)遷入本村定居。第三世至七世之間未連名。本譜内容爲世系,至基華凡七世。

本譜載於《哈尼族口傳文化譯註全集》第十五卷《紅河州哈尼族譜牒(六)》

[雲南元陽]草果丁村李批斗户譜牒　李批斗(批斗)背誦　李文亮搜集　2011年雲南民族出版社

排印本　合册　哈漢雙文並註國際音標

該户屬哈尼族各和支系李氏“臘咪然”宗支。由第一世“木嚷”從“阿鳥等”(村名,指本縣馬街鄉登雲村)遷入本村定居。第二世至三世、第四世至五世之間未連名。本譜内容爲世系,至志元凡七世。

本譜載於《哈尼族口傳文化譯註全集》第十五卷《紅河州哈尼族譜牒(六)》

[雲南元陽]草果丁村馬侯則户譜牒　馬侯則(侯則)背誦　李文亮、李美亮搜集　2011 年雲南民族出版社排印本　合册　哈漢雙文並註國際音標

該户屬哈尼族各和支系馬氏“瑪則然”宗支。由第五世“簸洛”從牛角寨鄉遷入本村定居。第六世至七世之間未連名。本譜内容爲世系,至則嘎凡十世。

本譜載於《哈尼族口傳文化譯註全集》第十五卷《紅河州哈尼族譜牒(六)》

[雲南元陽]草果丁村段偉嘎户譜牒　段偉嘎(偉嘎)背誦　李文亮搜集　2011 年雲南民族出版社排印本　合册　哈漢雙文並註國際音標

該户屬哈尼族各和支系段氏“臘白然”宗支。由第一世“斗則”從俄扎鄉普甲村委會俄馬村遷入本村定居。第四世至六世之間未連名。本譜内容爲世系,至美花凡六世。

本譜載於《哈尼族口傳文化譯註全集》第十五卷《紅河州哈尼族譜牒(六)》

[雲南元陽]草果丁村陳文武户譜牒　陳文武(則薩)背誦　李文亮、李美亮搜集　2011 年雲南民族出版社排印本　合册　哈漢雙文並註國際音標

該户屬哈尼族各和支系陳氏“娘兵然”宗支。由第一世“薩策”從俄扎鄉普甲村委會姆基寨遷入本村定居。第一世至二世、第四世至五世之間未連名。本譜内容爲世系,至虎侯凡五世。

本譜載於《哈尼族口傳文化譯註全集》第十五卷《紅河州哈尼族譜牒(六)》

[雲南元陽]阿黨寨李有光户譜牒　李有光背誦　普家祥、李美亮搜集　2011 年雲南民族出版社排印本　合册　哈漢雙文並註國際音標

該户屬哈尼族愛倮支系李氏“多冷然”宗支。由第四十九世“墜窩”和第五十世“窩薩”父子從紅河縣“昂甲”即今紅河縣甲寅村遷入本村定居。第一世至二世、第四世至五世、第三十五世至三十八世、第四十一世至四十二世、第四十三世至四十四世之間未連名。本譜内容爲世系,至窩薩凡五十世。

本譜載於《哈尼族口傳文化譯註全集》第十五卷《紅河州哈尼族譜牒(六)》

[雲南元陽]阿黨寨錢文三户譜牒　李有光背誦　普家祥搜集　2011 年雲南民族出版社排印本　合册　哈漢雙文並註國際音標

該户屬哈尼族各和支系錢氏宗支。從“昂甲”即今紅河縣甲寅村遷入本村定居。第一世“奥瑪”至十四世“烏鴻然”的譜牒與本村李有光户相同。第二十五世至二十七世之間未連名。本譜内容爲世系,至木宗凡三十二世。木宗爲譜主,常用名錢文三。

本譜載於《哈尼族口傳文化譯註全集》第十五卷《紅河州哈尼族譜牒(六)》

[雲南元陽]阿黨寨盧有明户譜牒　李有光背誦　普家祥搜集　2011 年雲南民族出版社排印本　合册　哈漢雙文並註國際音標

該户屬哈尼族愛倮支系李氏“窩妮然”宗支。從本縣新街鎮麻栗寨遷入本村定居。第一世“奥瑪”至二十四世“達堵蘇”的譜牒與本村李有光户譜牒相同。本譜内容爲世系,至鴻矣凡三十五世。

本譜載於《哈尼族口傳文化譯註全集》第十五卷《紅河州哈尼族譜牒(六)》

[雲南元陽]阿黨寨村張文三户譜牒　李有光背誦　普家祥搜集　2011 年雲南民族出版社排印本　合册　哈漢雙文並註國際音標

該户屬哈尼族愛倮支系張氏“斗們然”宗支。從本縣新街鎮土鍋寨村委會大魚塘村遷入本村定居。第一世“奥瑪”至二十四世“達堵蘇”的譜牒

與本村李有光户相同。第三十九世至四十世之間未連名。本譜内容爲世系,至欽斗凡四十二世。

本譜載於《哈尼族口傳文化譯註全集》第十五卷《紅河州哈尼族譜牒(六)》

[雲南元陽]堕脚村李擁木户譜牒　李榮背誦　普家祥、李美亮搜集　2011年雲南民族出版社排印本　合册　哈漢雙文並註國際音標

該户屬哈尼族愛倮支系李氏"演欽然"宗支。由第五十九世"簸侯"從牛角寨鄉英鳥村遷入本村定居。第八世至十一世、第五十世至五十一世之間未連名。本譜内容爲世系,至矮門凡六十二世。矮門爲譜主,常用名李擁木。

本譜載於《哈尼族口傳文化譯註全集》第十五卷《紅河州哈尼族譜牒(六)》

[雲南元陽]堕脚村石學開户譜牒　李榮背誦　普家祥、李美亮搜集　2011年雲南民族出版社排印本　合册　哈漢雙文並註國際音標

該户屬哈尼族愛倮支系石氏"賢腦然"宗支。遷徙不詳。第一世"奥瑪"至二十四世"墜童博"的譜牒與本村李擁木户相同。第三十八世至四十一世、第四十五世至四十六世、第四十九世至五十世之間未連名。本譜内容爲世系,至熱宗凡五十八世。熱宗爲譜主,常用名石學開。

本譜載於《哈尼族口傳文化譯註全集》第十五卷《紅河州哈尼族譜牒(六)》

[雲南元陽]堕脚村張正福户譜牒　李榮背誦　普家祥、李美亮搜集　2011年雲南民族出版社排印本　合册　哈漢雙文並註國際音標

該户屬哈尼族愛倮支系張氏"斗們然"宗支。從本鄉勐品村委會多沙村遷入本村定居。第一世"奥瑪"至二十七世"吴批冷"的譜牒與本村李擁木户相同。本譜内容爲世系,至熱謀凡五十八世。熱謀爲譜主,常用名張正福。

本譜載於《哈尼族口傳文化譯註全集》第十五卷《紅河州哈尼族譜牒(六)》

[雲南元陽]堕脚村吴文三户譜牒　李榮背誦　普家祥搜集　2011年雲南民族出版社排印本　合册　哈漢雙文並註國際音標

該户屬哈尼族愛倮支系吴氏"阿迪然"宗支。從本村委會阿黨寨遷入本村定居。第一世"奥瑪"至二十七世"吴批冷"的譜牒與本村李擁木户相同。第三十七世至三十八世、第四十世至四十一世之間未連名。本譜内容爲世系,至嘎熱凡四十八世。嘎熱爲譜主,常用名吴文三。

本譜載於《哈尼族口傳文化譯註全集》第十五卷《紅河州哈尼族譜牒(六)》

[雲南元陽]堕脚村李自開户譜牒　李榮背誦　普家祥搜集　2011年雲南民族出版社排印本　合册　哈漢雙文並註國際音標

該户屬哈尼族愛倮支系李氏"本古然"宗支。從本縣牛角寨鄉英鳥村遷入本村定居。第一世"奥瑪"至二十四世"墜童博"的譜牒與本村李擁木户相同。第四十世至四十二世之間未連名。本譜内容爲世系,至簸矣凡五十三世。簸矣爲譜主,常用名李自開。

本譜載於《哈尼族口傳文化譯註全集》第十五卷《紅河州哈尼族譜牒(六)》

[雲南元陽]多沙村陳文祥户譜牒　盧志文背誦　李美亮搜集　2011年雲南民族出版社排印本　合册　哈漢雙文並註國際音標

該户屬哈尼族各和支系陳氏宗支。由第五十七世"梯前"從"噴竜普"即新街鎮陳安村委會陳安大寨遷入本村定居。第四世至五世、第二十八世至二十九世、第三十七世至三十八世、第五十六世至五十七世、第五十九世至六十世、第六十一世至六十二世之間未連名。本譜内容爲世系,至牛瑟凡六十四世。第六十二世苗宗爲譜主,常用名陳文祥。

本譜載於《哈尼族口傳文化譯註全集》第十五卷《紅河州哈尼族譜牒(六)》

[雲南元陽]多沙村盧志文户譜牒　盧志文(仆嘎)背誦　李美亮搜集　2011年雲南民族出版社排印本　合册　哈漢雙文並註國際音標

該户屬哈尼族愛倮支系盧氏"窩鳥然"宗支。由第六十五世"侯薩"從新街鎮麻栗寨村委會麻栗寨遷入本村定居。第一世"奧瑪"至二十一世"鳥鴻然"的譜牒與本村陳文祥户相同。第五十三世至五十四世、第五十七世至五十八世、第六十四世至六十五世、第七十二世至七十四世之間未連名。本譜内容爲世系,至省謀凡七十四世。第七十二世仆嘎爲譜主,常用名盧志文。

本譜載於《哈尼族口傳文化譯註全集》第十五卷《紅河州哈尼族譜牒(六)》

[雲南元陽]東林寨盧正貴户譜牒 盧正貴背誦 李美亮搜集 2011年雲南民族出版社排印本 合册 哈漢雙文並註國際音標

該户屬哈尼族愛倮支系盧氏"窩鳥然"宗支。由第六十一世"則簸"從新街鎮倮馬點村遷入現址建寨定居。第四世至五世、第五十三世至五十四世、第五十五世至五十七世之間未連名。本譜内容爲世系,至熱省凡六十六世。熱省係譜主盧正貴的祖父。

本譜載於《哈尼族口傳文化譯註全集》第十五卷《紅河州哈尼族譜牒(六)》

[雲南元陽]東林寨朱小明户譜牒 朱文義、李文開背誦 李美亮搜集 2011年雲南民族出版社排印本 合册 哈漢雙文並註國際音標

該户屬哈尼族愛倮支系朱氏"兵松然"宗支。由第六十六世"則簸"從洞浦村遷入本村定居。第一世"奧瑪"至二十四世"莫威墜"的譜牒與本村盧正貴户相同。第四十四世至四十五世、第五十六世至五十七世之間未連名。本譜内容爲世系,至則簸凡六十六世。

本譜載於《哈尼族口傳文化譯註全集》第十五卷《紅河州哈尼族譜牒(六)》

[雲南元陽]東林寨李文開户譜牒 李文開(簸侯)背誦 李美亮搜集 2011年雲南民族出版社排印本 合册 哈漢雙文並註國際音標

該户屬哈尼族愛倮支系"阿牛然"宗支。由第六十五世"矣薩"從新街鎮陳安村遷入洞浦村,第七十世"仍簸"從洞浦村遷入本村定居。第一世"奧瑪"至第三世"翁佳"的譜牒與本村盧正貴户相同。本譜内容爲世系,至侯矣凡七十二世。

本譜載於《哈尼族口傳文化譯註全集》第十五卷《紅河州哈尼族譜牒(六)》

[雲南元陽]東林寨龍文才户譜牒 李文開背誦 李美亮搜集 2011年雲南民族出版社排印本 合册 哈漢雙文並註國際音標

該户屬哈尼族愛倮支系李氏"晗彤然"宗支。由第五十一世"英謀"從洞浦村遷入本村定居。第一世"奧瑪"至二十五世"墜童博"的譜牒與本村盧正貴户相同。本譜内容爲世系,至忍礱凡五十三世。

本譜載於《哈尼族口傳文化譯註全集》第十五卷《紅河州哈尼族譜牒(六)》

[雲南元陽]洞浦村朱小和户譜牒 朱小和(矮木)背誦 李正科、李美亮搜集 2011年雲南民族出版社排印本 合册 哈漢雙文並註國際音標

該户屬哈尼族愛倮支系朱氏"兵松然"宗支。由第五十六世"高則"從新街鎮高城村遷入本村定居。第四世至五世之間未連名。本譜内容爲世系,至則薩凡六十八世。

本譜載於《哈尼族口傳文化譯註全集》第十五卷《紅河州哈尼族譜牒(六)》

[雲南元陽]洞浦村李華玉户譜牒 李華玉(矣仍)背誦 李美亮搜集 2011年雲南民族出版社排印本 合册 哈漢雙文並註國際音標

該户屬哈尼族愛倮支系李氏"車打然"宗支。從新街鎮主魯村遷入本村定居。第一世"奧瑪"至二十二世"莫威墜"的譜牒與本村朱小和户相同。第三十五世至三十七世、第三十九世至四十世、第四十五世至四十六世之間未連名。本譜内容爲世系,至侯帕凡五十八世。

本譜載於《哈尼族口傳文化譯註全集》第十五卷《紅河州哈尼族譜牒(六)》

[雲南元陽]洞浦村李大發户譜牒 李華玉、李大

發背誦　李正科、李美亮搜集　2011 年雲南民族出版社排印本　合册　哈漢雙文並註國際音標

該户屬哈尼族愛倮支系李氏“石擠然”宗支。從新街鎮主魯村遷入本村定居。第一世“奥瑪”至二十二世“莫威墜”的譜牒與本村朱小和户相同。本譜内容爲世系，至門軌凡五十三世。

本譜載於《哈尼族口傳文化譯註全集》第十五卷《紅河州哈尼族譜牒（六）》

［雲南元陽］洞浦村李哈三户譜牒　李文義、李哈三（木薩）背誦　李美亮搜集　2011 年雲南民族出版社排印本　合册　哈漢雙文並註國際音標

該户屬哈尼族愛倮支系李氏“鴻增然”宗支。由第五十一世“侯則”從新街鎮主魯村遷入本村定居。第一世“奥瑪”至二十二世“莫威墜”的譜牒與本村朱小和户相同。本譜内容爲世系，至侯里凡六十三世。

本譜載於《哈尼族口傳文化譯註全集》第十五卷《紅河州哈尼族譜牒（六）》

［雲南元陽］洞浦村羅開明户譜牒　羅開明（簸木）背誦　李正科搜集　2011 年雲南民族出版社排印本　合册　哈漢雙文並註國際音標

該户屬哈尼族愛倮支系羅氏“娘兵然”宗支。從新街鎮倮鋪村遷入本村定居。第一世“奥瑪”至二十二世“莫威墜”的譜牒與本村朱小和户相同。第三十六世至三十七世、第三十八世至三十九世之間未連名。本譜内容爲世系，至嚷矣凡六十一世。

本譜載於《哈尼族口傳文化譯註全集》第十五卷《紅河州哈尼族譜牒（六）》

［雲南元陽］洞浦村高學亮户譜牒　高學亮（主則）背誦　高文忠、李美亮搜集　2011 年雲南民族出版社排印本　合册　哈漢雙文並註國際音標

該户屬哈尼族愛倮支系高氏“兵國然”宗支。遷徙不詳。第一世“奥瑪”至二十二世“莫威墜”的譜牒與本村朱小和户相同。第四十三世至四十七世之間未連名。本譜内容爲世系，至則木凡七十三世。

本譜載於《哈尼族口傳文化譯註全集》第十五卷《紅河州哈尼族譜牒（六）》

［雲南元陽］洞浦村普正亮户譜牒　李大發背誦　李正科、李美亮搜集　2011 年雲南民族出版社排印本　合册　哈漢雙文並註國際音標

該户屬哈尼族愛倮支系普氏“門克然”宗支。從新街鎮主魯村遷入本村定居。第一世“奥瑪”至二十二世“莫威墜”的譜牒與本村朱小和户相同。本譜内容爲世系，至嘎則凡四十九世。第四十八世簡嘎爲譜主，常用名普正亮。

本譜載於《哈尼族口傳文化譯註全集》第十五卷《紅河州哈尼族譜牒（六）》

［雲南元陽］洞浦村朱氏家族譜系　佚名念誦　楊六金記録　2008 年中國大百科全書出版社排印本　合册

哈尼語哈雅方言家譜。流傳於雲南省元陽縣。本譜所載僅爲世系，自第一世俄瑪至賢呼凡六十六世。

本譜載於《中國少數民族古籍總目提要・哈尼族卷》

［雲南元陽］洞浦村朱氏家族譜系　佚名念誦　楊六金記録　2005 年民族出版社排印本　合册　哈漢雙文

參見上條。本譜所載僅爲世系，自第一世俄瑪至打後凡五十六世，與上條世系略有出入。

本譜載於《紅河哈尼族譜牒》

［雲南元陽］洞浦村羅氏家族譜系　佚名念誦　楊六金記録　2008 年中國大百科全書出版社排印本　合册

哈尼語哈雅方言家譜。流傳於雲南省元陽縣。本譜所載僅爲世系，自第一世凹瑪至打後凡六十九世。

本譜載於《中國少數民族古籍總目提要・哈尼族卷》

［雲南元陽］洞浦村羅氏家族譜系　佚名念誦

楊六金記録　2005 年民族出版社排印本　合册　哈漢雙文

參見上條。本譜所載僅爲世系，自第一世凹瑪至打後凡五十六世，與上條世系略有出入。

本譜載於《紅河哈尼族譜牒》

[雲南元陽]普朵上寨高點户譜牒　高志昌背誦　李美亮搜集　2011 年雲南民族出版社排印本　合册　哈漢雙文並註國際音標

該户屬哈尼族愛倮支系高氏“兵國然”宗支。從本村委會洞浦村遷入本村定居。第四世至五世、第四十五世至四十九世、第五十六世至五十七世、第六十一世至六十二世、第六十四世至六十五世之間未連名。本譜内容爲世系，至侯仆凡七十一世。第七十世嘎侯爲譜主，常用名高點。

本譜載於《哈尼族口傳文化譯註全集》第十五卷《紅河州哈尼族譜牒（六）》

[雲南元陽]普朵上寨馬文忠户譜牒　馬文忠（侯謀）　馬白學背誦　李文壽、李美亮搜集　2011 年雲南民族出版社排印本　合册　哈漢雙文並註國際音標

該户屬哈尼族愛倮支系馬氏“毛平然”宗支。於 1936 年由第七十世“謀夫”從新街鎮普高老寨遷入本村定居。第一世“奥瑪”至二十四世“莫威墜”的譜牒與本村高點户相同。第四十九世至五十世、第五十一世至五十二世、第五十五世至五十六世、第五十七世至五十八世、第六十二世至六十三世之間未連名。本譜内容爲世系，至謀薩凡七十五世。

本譜載於《哈尼族口傳文化譯註全集》第十五卷《紅河州哈尼族譜牒（六）》

[雲南元陽]普朵下寨張堵龍户譜牒　李世榮、羅開明背誦　李美亮搜集　2011 年雲南民族出版社排印本　合册　哈漢雙文並註國際音標

該户屬哈尼族愛倮支系張氏“斗們然”宗支。從本村委會洞浦村遷入本村定居。第四世至五世、第五十世至五十一世之間未連名。本譜内容爲世系，至矣薩凡六十二世。

本譜載於《哈尼族口傳文化譯註全集》第十五卷《紅河州哈尼族譜牒（六）》

[雲南元陽]普朵下寨羅志昌户譜牒　羅開明、李華玉背誦　李美亮搜集　2011 年雲南民族出版社排印本　合册　哈漢雙文並註國際音標

該户屬哈尼族愛倮支系羅氏“娘松然”宗支。從本村委會洞浦村遷入本村定居。第一世“奥瑪”至二十二世“莫威墜”的譜牒與本村張堵龍户相同。第四十世至四十一世之間未連名。本譜内容爲世系，至嘎矣凡六十四世。

本譜載於《哈尼族口傳文化譯註全集》第十五卷《紅河州哈尼族譜牒（六）》

[雲南元陽]一碗水村馬太昌户譜牒　馬偉科背誦　李文昌、李美亮搜集　2011 年雲南民族出版社排印本　合册　哈漢雙文並註國際音標

該户屬哈尼族愛倮支系馬氏“毛平然”宗支。由第六十四世“省偉”從新街鎮大瓦遮村遷入本村定居。第三世至四世、第四十五世至四十六世、第四十九世至五十世、第五十一世至五十二世、第五十四世至五十五世、第六十世至六十一世之間未連名。本譜内容爲世系，至仍嘎凡七十世。仍嘎爲譜主，常用名馬太昌。

本譜載於《哈尼族口傳文化譯註全集》第十五卷《紅河州哈尼族譜牒（六）》

[雲南元陽]一碗水村李牛則户譜牒　李牛則（牛則）背誦　羅發貴搜集　2011 年雲南民族出版社排印本　合册　哈漢雙文並註國際音標

該户屬哈尼族愛倮支系李氏“多冷然”宗支。從新街鎮沙拉河村遷入本村定居。第一世“奥瑪”至二十五世“墜童博”的譜牒與本村馬太昌户相同。第五十二世至五十四世、第五十九世至六十世之間未連名。本譜内容爲世系，至牛則凡七十世。

本譜載於《哈尼族口傳文化譯註全集》第十五卷《紅河州哈尼族譜牒（六）》

[雲南元陽]一碗水村盧文昌户譜牒　盧文昌（仍

嘎)背誦　李文昌、李美亮搜集　2011 年雲南民族出版社排印本　合册　哈漢雙文並註國際音標

該户屬哈尼族愛倮支系盧氏“石擠然”宗支。由第五十六世“矮宗”從新街寨普高老寨遷入本村定居。第一世“奥瑪”至二十四世“莫威墜”的譜牒與本村馬太昌户相同。第三十七世至三十九世、第四十一世至四十二世、第五十世至五十一世之間未連名。本譜内容爲世系,至舉嚷凡六十二世。

本譜載於《哈尼族口傳文化譯註全集》第十五卷《紅河州哈尼族譜牒(六)》

[雲南元陽]埡口村李文忠户譜牒　李文忠(嘎熱)背誦　羅發貴、李美亮搜集　2011 年雲南民族出版社排印本　合册　哈漢雙文並註國際音標

該户屬哈尼族愛倮支系李氏“多冷然”宗支。於 1909 年由第六十二世“謀則”從本鄉一碗水村遷入本村定居。第三世至四世、第四十九世至五十一世、第五十二世至五十三世之間未連名。本譜内容爲世系,至謀省凡六十六世。

本譜載於《哈尼族口傳文化譯註全集》第十五卷《紅河州哈尼族譜牒(六)》

[雲南元陽]泡竹寨李萬明户譜牒　李萬明(仍侯)背誦　李文昌、李美亮搜集　2011 年雲南民族出版社排印本　合册　哈漢雙文並註國際音標

該户屬哈尼族愛倮支系李氏“石擠然”宗支。從新街鎮普高寨遷入本村定居。第三世至四世、第三十九世至四十一世、第四十三世至四十四世、第四十九世至五十六世、第五十八世至五十九世之間未連名。本譜内容爲世系,至仍侯凡六十七世。

本譜載於《哈尼族口傳文化譯註全集》第十五卷《紅河州哈尼族譜牒(六)》

[雲南元陽]泡竹寨馬小六户譜牒　馬小六(策侯)背誦　李文昌、李美亮搜集　2011 年雲南民族出版社排印本　合册　哈漢雙文並註國際音標

該户屬哈尼族愛倮支系馬氏“毛平然”宗支。由第六十六世“宗舉”從新街鎮勝村村委會黄草嶺村遷入本村定居。第一世“奥瑪”至二十二世“鴻然搓”的譜牒與本村李萬明户相同。第四十五世至四十六世、第四十九世至五十世、第五十一世至五十二世、第五十四世至五十五世、第六十一世至六十二世之間未連名。本譜内容爲世系,至策侯凡七十一世。

本譜載於《哈尼族口傳文化譯註全集》第十五卷《紅河州哈尼族譜牒(六)》

[雲南元陽]姆基寨馬文學户譜牒　馬文學(礱省)背誦　羅發貴、李美亮搜集　2011 年雲南民族出版社排印本　合册　哈漢雙文並註國際音標

該户屬哈尼族愛倮支系馬氏“毛平然”宗支。從新街鎮愛春村遷入本村定居。第三世至四世、第四十八世至四十九世、第五十二世至五十三世、第六十世至六十二世之間未連名。本譜内容爲世系,至礱省凡六十二世。

本譜載於《哈尼族口傳文化譯註全集》第十五卷《紅河州哈尼族譜牒(六)》

[雲南元陽]巖倮普村楊學昌户譜牒　李文開背誦　羅發貴、李美亮搜集　2011 年雲南民族出版社排印本　合册　哈漢雙文並註國際音標

該户屬哈尼族愛倮支系楊氏宗支。由第五十世“飄散”從新街鎮高城村遷入本村定居。第三世至四世之間未連名。本譜内容爲世系,至舉則凡六十世。第五十八世矣薩爲譜主,常用名楊學昌。

本譜載於《哈尼族口傳文化譯註全集》第十五卷《紅河州哈尼族譜牒(六)》

[雲南元陽]巖倮普村李文開户譜牒　李文開(謀礱)背誦　李美亮搜集　2011 年雲南民族出版社排印本　合册　哈漢雙文並註國際音標

該户屬哈尼族愛倮支系李氏宗支。由第六十一世“打舉”從新街鎮沙拉河村遷入本村定居。第一世“奥瑪”至二十八世“吴冷然”的譜牒與本村楊學昌户相同。第三世至四世之間未連名。本譜内容爲世系,至礱矣凡七十一世。

本譜載於《哈尼族口傳文化譯註全集》第十五卷《紅河州哈尼族譜牒(六)》

[雲南元陽]五里寨李文明户譜牒 李正和(則舉)背誦 李美亮搜集 2011年雲南民族出版社排印本 合册 哈漢雙文並註國際音標

該户屬哈尼族愛倮支系李氏"鴻增然"宗支。是本村的建寨宗支之一,由第五十二世"崇不"從新街鎮主魯村遷入本村定居。本譜内容爲世系,至松嘎凡六十三世。

本譜載於《哈尼族口傳文化譯註全集》第十五卷《紅河州哈尼族譜牒(六)》

[雲南元陽]五里寨李文忠户譜牒 李文忠(嘎仍)背誦 李美亮搜集 2011年雲南民族出版社排印本 合册 哈漢雙文並註國際音標

該户屬哈尼族愛倮支系李氏"石擠然"宗支。由第六十四世"侯舉"從洞浦村遷入本村定居。第三世至四世、第三十九世至四十一世、第四十三世至四十四世、第四十九世至五十六世、第五十八世至五十九世之間未連名。本譜内容爲世系,至門謀凡六十九世。

本譜載於《哈尼族口傳文化譯註全集》第十五卷《紅河州哈尼族譜牒(六)》

[雲南元陽]五里寨盧文山户譜牒 盧文山(舉門)背誦 李美亮搜集 2011年雲南民族出版社排印本 合册 哈漢雙文並註國際音標

該户屬哈尼族愛倮支系盧氏"窩鳥然"宗支。由第六十世"高則"從本鄉洞浦村遷入本村定居。第四世至五世、第五十三世至五十四世、第五十七世至六十世、第六十一世至六十二世、第六十四世至六十六世之間未連名。本譜内容爲世系,至昂薩凡七十二世。

本譜載於《哈尼族口傳文化譯註全集》第十五卷《紅河州哈尼族譜牒(六)》

[雲南元陽]五里寨羅正和户譜牒 羅開明背誦 李美亮搜集 2011年雲南民族出版社排印本 合册 哈漢雙文並註國際音標

該户屬哈尼族愛倮支系羅氏"娘松然"宗支。由第六十三世"熱謀"從本鄉洞浦村入贅到本村定居。第一世"奥瑪"至二十四世"莫威壂"的譜牒與本村盧文山户相同。第四十世至四十一世之間未連名。本譜内容爲世系,至則獎凡六十五世。

本譜載於《哈尼族口傳文化譯註全集》第十五卷《紅河州哈尼族譜牒(六)》

[雲南元陽]路那村盧有亮户譜牒 陳國房、盧有亮(斗則)背誦 李美亮搜集 2011年雲南民族出版社排印本 合册 哈漢雙文並註國際音標

該户屬哈尼族愛倮支系盧氏"窩鳥然"宗支。由第六十五世"則礱"從新街鎮陳安村委會陳安小寨遷居本村。本譜内容爲世系,至則薩凡七十二世。

本譜載於《哈尼族口傳文化譯註全集》第十五卷《紅河州哈尼族譜牒(六)》

[雲南元陽]路那村陳有亮户譜牒 陳有亮(仍斗)背誦 吴文亮搜集 2011年雲南民族出版社排印本 合册 哈漢雙文並註國際音標

該户屬哈尼族愛倮支系陳氏"蘭采然"宗支。由第一世"薩侯"從俄扎鄉普甲村委會阿倮普村遷入本村定居。本譜内容爲世系,至仍斗凡七世。

本譜載於《哈尼族口傳文化譯註全集》第十五卷《紅河州哈尼族譜牒(六)》

[雲南元陽]路那村楊文忠户譜牒 楊文忠(毛侯)背誦 吴文亮、李美亮搜集 2011年雲南民族出版社排印本 合册 哈漢雙文並註國際音標

該户屬哈尼族愛倮支系楊氏"晗省然"宗支。由第一世"竜斗"從建水縣遷入本村定居。本譜内容爲世系,至毛侯凡六世。

本譜載於《哈尼族口傳文化譯註全集》第十五卷《紅河州哈尼族譜牒(六)》

[雲南元陽]攀枝花村普萬祥户譜牒 普萬祥(打木)背誦 吴文亮、李美亮搜集 2011年雲南民族出版社排印本 合册 哈漢雙文並註國際音標

該户屬哈尼族愛倮支系普氏宗支。由第六十世"矣宗"從攀枝花鄉洞浦村遷居本村。第一世至二世、第五世至六世、第五十世至五十一世之間未連名。本譜内容爲世系,至打木凡六十三世。

本譜載於《哈尼族口傳文化譯註全集》第十五卷《紅河州哈尼族譜牒(六)》

[雲南元陽]攀枝花村馬文和户譜牒　馬文和(嚷則)背誦　吴文亮搜集　2011年雲南民族出版社排印本　合册　哈漢雙文並註國際音標

該户屬哈尼族愛倮支系"毛平然"宗支。由第四十一世"門薩"從本縣牛角寨鄉良心寨村委會英鳥村遷居本村定居。第一世"奥瑪"至二十三世"莫依墜"的譜牒與本村普萬祥户相同。本譜内容爲世系,至嚷則凡四十六世。

本譜載於《哈尼族口傳文化譯註全集》第十五卷《紅河州哈尼族譜牒(六)》

[雲南元陽]攀枝花村盧學文户譜牒　陳國芳、盧學文(仍侯)背誦　李美亮、吴文亮搜集　2011年雲南民族出版社排印本　合册　哈漢雙文並註國際音標

該户屬哈尼族愛倮支系盧氏"窩鳥然"宗支。從新街鎮陳安村小寨遷入本村定居。第一世"奥瑪"至六十二世"宗矣"的譜牒與新街鎮陳安村盧正昌户相同。第一世至二世、第八世至九世、第四十八世至四十九世之間未連名。本譜内容爲世系,至嘎獎凡七十一世。

本譜載於《哈尼族口傳文化譯註全集》第十五卷《紅河州哈尼族譜牒(六)》

[雲南元陽]攀枝花村白旭東户譜牒　李美亮搜集　2011年雲南民族出版社排印本　合册　哈漢雙文並註國際音標

該户屬哈尼族愛倮支系白氏宗支。據傳該户屬猛弄昂姓土司,祖籍老撾人。先後在黄草嶺、哈播、猛品建司署,最後定居於攀枝花。本譜内容爲世系,至薩瑋凡二十一世。

本譜載於《哈尼族口傳文化譯註全集》第十五卷《紅河州哈尼族譜牒(六)》

[雲南元陽]登雲村蘭我扒户譜牒　蘭我扒(偉帕)背誦　朱玉、李美亮搜集　2011年雲南民族出版社排印本　合册　哈漢雙文並註國際音標

該户屬哈尼族各和支系蘭氏宗支。由第三十一世"宗演"從綠春縣遷入本村定居。第一世至二世、第六世至七世、第十六世至十七世、第二十八世至二十九世之間未連名。本譜内容爲世系,至習斗凡六十五世。

本譜載於《哈尼族口傳文化譯註全集》第十五卷《紅河州哈尼族譜牒(六)》

[雲南元陽]登雲村白陽沙户譜牒　白陽沙(陽薩)背誦　朱玉、李美亮搜集　2011年雲南民族出版社排印本　合册　哈漢雙文並註國際音標

該户屬哈尼族各和支系白氏"奶倮然"宗支。從石屏縣遷入本村定居。第一世"奥麻"至十五世"博本烏"的譜牒與本村蘭我扒户相同。本譜内容爲世系,至陽薩凡五十二世。

本譜載於《哈尼族口傳文化譯註全集》第十五卷《紅河州哈尼族譜牒(六)》

[雲南元陽]登雲村李倮侯户譜牒　李倮侯(勒侯)背誦　朱玉、李美亮搜集　2011年雲南民族出版社排印本　合册　哈漢雙文並註國際音標

該户屬哈尼族各和支系李氏宗支。從石屏縣遷入本村定居。第一世"奥麻"至二十一世"塔婆舉"的譜牒與本村蘭我扒户相同。第二十九世至三十世、第四十七世至四十八世、第五十五世至五十六世之間未連名。本譜内容爲世系,至霎斗凡六十九世。

本譜載於《哈尼族口傳文化譯註全集》第十五卷《紅河州哈尼族譜牒(六)》

[雲南元陽]登雲村郭牛然户譜牒　郭牛然(牛然)背誦　朱玉、李美亮搜集　2011年雲南民族出版社排印本　合册　哈漢雙文並註國際音標

該户屬哈尼族各和支系郭氏宗支。是本村的建寨宗支,從紅河縣迤薩鎮遷入本村定居。第一世"奥麻"至十五世"博本烏"的譜牒與本村蘭我扒户相同。本譜内容爲世系,至牛然凡五十三世。

本譜載於《哈尼族口傳文化譯註全集》第十五卷《紅河州哈尼族譜牒(六)》

[雲南元陽]登雲新寨張呢卜户譜牒 張呢卜(呢仆)背誦 朱玉、李美亮搜集 2011年雲南民族出版社排印本 合册 哈漢雙文並註國際音標

該户屬哈尼族各和支系張氏宗支。從紅河縣甲寅鄉甲寅村遷入本村定居。第六世至七世、第二十六世至二十七世之間未連名。本譜内容爲世系,至呢仆凡五十一世。

本譜載於《哈尼族口傳文化譯註全集》第十五卷《紅河州哈尼族譜牒(六)》

[雲南元陽]增益寨馬批沙户譜牒 馬批沙(批薩)背誦 朱玉、李美亮搜集 2011年雲南民族出版社排印本 合册 哈漢雙文並註國際音標

該户屬哈尼族各和支系馬氏宗支。據傳該户從石屏縣遷入本村定居。第一世至二世、第五世至六世、第十六世至十七世、第三十世至三十二世之間未連名。本譜内容爲世系,至批薩凡四十二世。

本譜載於《哈尼族口傳文化譯註全集》第十五卷《紅河州哈尼族譜牒(六)》

[雲南元陽]增益寨李皮嘎户譜牒 李皮嘎(皮嘎)背誦 朱玉、李美亮搜集 2011年雲南民族出版社排印本 合册 哈漢雙文並註國際音標

該户屬哈尼族各和支系李氏宗支。從石屏縣遷入本村定居。第一世"奥瑪"至四世"侯濤"的譜牒與本村馬批沙户相同。第六世至七世、第十七世至十八世、第三十四世至三十五世、第三十八世至三十九世、第四十二世至四十三世、第五十五世至五十六世之間未連名。本譜内容爲世系,至平嘎凡五十八世。

本譜載於《哈尼族口傳文化譯註全集》第十五卷《紅河州哈尼族譜牒(六)》

[雲南元陽]增益寨趙卜斗户譜牒 趙卜斗(仆斗)背誦 朱玉、李美亮搜集 2011年雲南民族出版社排印本 合册 哈漢雙文並註國際音標

該户屬哈尼族各和支系趙氏"宗獎然"宗支。從建水縣遷入本村定居。第三世至五世、第十世至十一世、第二十世至二十一世、第二十九世至三十世、第三十九世至四十二世、第四十三世至四十四世之間未連名。本譜内容爲世系,至仆斗凡四十六世。

本譜載於《哈尼族口傳文化譯註全集》第十五卷《紅河州哈尼族譜牒(六)》

[雲南元陽]增益寨蘭巖侯户譜牒 蘭巖侯(昂侯)背誦 朱玉、李美亮搜集 2011年雲南民族出版社排印本 合册 哈漢雙文並註國際音標

該户屬哈尼族各和支系蘭氏"多則然"宗支。從緑春縣遷入本村定居。第二十世至二十一世、第二十九世至三十世、第四十世至四十二世之間未連名。本譜内容爲世系,至昂侯凡四十三世。

本譜載於《哈尼族口傳文化譯註全集》第十五卷《紅河州哈尼族譜牒(六)》

[雲南元陽]石頭寨蘭咀侯户譜牒 蘭咀侯(舉)背誦 朱玉、李美亮搜集 2011年雲南民族出版社排印本 合册 哈漢雙文並註國際音標

該户屬哈尼族各和支系蘭氏"臘宗"宗支。據傳從石屏縣遷入本村定居。第一世至二世、第二十世至二十一世、第二十二世至二十三世、第三十六世至三十七世、第五十二世至五十三世、第五十四世至五十七世之間未連名。本譜内容爲世系,至霎斗凡五十七世。

本譜載於《哈尼族口傳文化譯註全集》第十五卷《紅河州哈尼族譜牒(六)》

[雲南元陽]城頭村蘭則沙户譜牒 蘭則沙(則薩)背誦 朱玉、李美亮搜集 2011年雲南民族出版社排印本 合册 哈漢雙文並註國際音標

該户屬哈尼族各和支系蘭氏"臘宗"宗支。從緑春縣遷入本村定居。第一世至二世、第三世至五世、第十世至十二世、第二十世至二十一世、第二十九世至三十世之間未連名。本譜内容爲世系,至搓閏凡五十四世。

本譜載於《哈尼族口傳文化譯註全集》第十五卷《紅河州哈尼族譜牒(六)》

[雲南元陽]城頭村蘭沙習户譜牒 蘭沙習(薩習)背誦 朱玉、李美亮搜集 2011年雲南民族

出版社排印本　合册　哈漢雙文並註國際音標

該户屬哈尼族各和支系蘭氏“宗演然”宗支。從建水縣官廳鄉遷入本村定居。第一世至二世、第五世至六世、第十四世至十五世、第十七世至十八世、第二十三世至二十五世、第三十世至三十一世、第三十七世至三十八世之間未連名。本譜内容爲世系,至里春凡五十七世。

本譜載於《哈尼族口傳文化譯註全集》第十五卷《紅河州哈尼族譜牒(六)》

[雲南元陽]麻栗新寨何干則户譜牒　何干則(綢則)背誦　朱玉、李美亮搜集　2011年雲南民族出版社排印本　合册　哈漢雙文並註國際音標

該户屬哈尼族各和支系何氏宗支。由第五十一世“侯礱”從紅河縣石頭寨經本村委會麻栗寨遷入本村建寨定居。第一世至二世、第六世至七世、第二十世至二十一世、第四十六世至四十七世之間未連名。本譜内容爲世系,至綢則凡五十三世。

本譜載於《哈尼族口傳文化譯註全集》第十五卷《紅河州哈尼族譜牒(六)》

[雲南元陽]麻栗寨蘭馬長把户譜牒　蘭馬長把(瑪長板)背誦　朱玉、李美亮搜集　2011年雲南民族出版社排印本　合册　哈漢雙文並註國際音標

該户屬哈尼族各和支系蘭氏“演則然”宗支。從石屏縣遷入馬街鄉本村定居。第一世至二世、第六世至七世、第十九世至二十世、第三十九世至四十世、第五十三世至五十四世之間未連名。本譜内容爲世系,至臘門凡六十世。

本譜載於《哈尼族口傳文化譯註全集》第十五卷《紅河州哈尼族譜牒(六)》

[雲南元陽]祥雲新寨朱玉户譜牒　朱玉(習娘)背誦　李美亮搜集　2011年雲南民族出版社排印本　合册　哈漢雙文並註國際音標

該户屬哈尼族各和支系朱氏宗支。從建水縣官廳鄉經本縣新街鎮熱水塘村遷入本村定居。第一世至二世、第六世至八世、第十六世至十七世、第三十世至三十二世之間未連名。本譜内容爲世系,至周侯凡四十二世。

本譜載於《哈尼族口傳文化譯註全集》第十五卷《紅河州哈尼族譜牒(六)》

[雲南元陽]祥雲新寨白收嘎户譜牒　白收嘎(叟嘎)背誦　朱玉搜集　2011年雲南民族出版社排印本　合册　哈漢雙文並註國際音標

該户屬哈尼族各和支系“奶倮然”宗支。從建水縣官廳鄉遷入本村定居。第一世至二世、第三世至六世、第十二世至十三世、第十六世至十八世、第二十世至二十一世、第三十四世至三十六世、第四十一世至四十三世、第四十四世至四十七世之間未連名。本譜内容爲世系,至薩簸凡四十七世。

本譜載於《哈尼族口傳文化譯註全集》第十五卷《紅河州哈尼族譜牒(六)》

[雲南元陽]丫多村車建明户譜牒　車建明(哩嘎)背誦　李對沙、李美亮搜集　2011年雲南民族出版社排印本　合册　哈漢雙文並註國際音標

該户屬哈尼族各和支系車氏“童等然”宗支。從石屏縣遷入本村定居。第一世至二世、第八世至九世、第十八世至十九世之間未連名。本譜内容爲世系,至哩薩凡五十三世。

本譜載於《哈尼族口傳文化譯註全集》第十五卷《紅河州哈尼族譜牒(六)》

[雲南元陽]丫多村李光忠户譜牒　李光忠(里仆)背誦　馬正明、李美亮搜集　2011年雲南民族出版社排印本　合册　哈漢雙文並註國際音標

該户屬哈尼族各和支系李氏“昂吴然”宗支。由第二十二世“牛簸”從本鄉木梳賈村遷入本村定居。第七世至八世、第二十一世至二十二世、第二十四世至二十五世、第二十六世至二十七世之間未連名。本譜内容爲世系,至里仆凡二十七世。

本譜載於《哈尼族口傳文化譯註全集》第十五卷《紅河州哈尼族譜牒(六)》

[雲南元陽]丫多村白仁哪户譜牒　白仁哪(閏哪)背誦　車忠亮搜集　2011年雲南民族出版社

排印本　合册　哈漢雙文並註國際音標

該户屬哈尼族各和支系白氏"儂倮然"宗支。遷徙不詳。第十三世至十六世之間未連名。本譜内容爲世系,至閏哪凡十六世。

本譜載於《哈尼族口傳文化譯註全集》第十五卷《紅河州哈尼族譜牒(六)》

[雲南元陽]丫多村朱拉飛户譜牒　朱拉飛(拉飛)背誦　車忠亮、李美亮搜集　2011 年雲南民族出版社排印本　合册　哈漢雙文並註國際音標

該户屬哈尼族各和支系朱氏"儂古然"宗支。遷徙不詳。第一世至二世、第四十世至四十一世、第四十六世至四十七世、第五十世至五十一世之間未連名。本譜内容爲世系,至拉飛凡五十一世。

本譜載於《哈尼族口傳文化譯註全集》第十五卷《紅河州哈尼族譜牒(六)》

[雲南元陽]丫多新寨李王文户譜牒　李足撲背誦　白志明、李美亮搜集　2011 年雲南民族出版社排印本　合册　哈漢雙文並註國際音標

該户屬哈尼族各和支系李氏宗支。由第一世"策賨"從石屏縣經本縣南沙鎮賽刀村(居住半年)、桃源村(居住三年),於 1807 年遷入本村定居。本譜内容爲世系,至薩森凡十三世。第十二世王文爲譜主,常用名李王文。

本譜載於《哈尼族口傳文化譯註全集》第十五卷《紅河州哈尼族譜牒(六)》

[雲南元陽]丫多新寨吴林省户譜牒　吴林省(仆林森)背誦　白志明、李美亮搜集　2011 年雲南民族出版社排印本　合册　哈漢雙文並註國際音標

該户屬哈尼族各和支系吴氏"策妮然"宗支。於 1933 年由第十世"追薩"從本縣牛角寨子鄉歐樂村委會臘批大寨遷入本村定居。第七世至八世之間未連名。本譜内容爲世系,至諸侯凡十三世。

本譜載於《哈尼族口傳文化譯註全集》第十五卷《紅河州哈尼族譜牒(六)》

[雲南元陽]阿批多村白批侯户譜牒　白批侯(批侯)背誦　白志明、李美亮搜集　2011 年雲南民族出版社排印本　合册　哈漢雙文並註國際音標

該户屬哈尼族各和支系白氏"儂倮然"宗支。由第四十七世"仍嘎"從本村委會新興二寨遷入本村。第一世至二世、第六世至七世、第十九世至二十世、第四十六世至四十七世之間未連名。本譜内容爲世系,至批侯凡五十四世。

本譜載於《哈尼族口傳文化譯註全集》第十五卷《紅河州哈尼族譜牒(六)》

[雲南元陽]阿批多村張羊則户譜牒　張羊則(陽則)背誦　白志明、李美亮搜集　2011 年雲南民族出版社排印本　合册　哈漢雙文並註國際音標

該户屬哈尼族各和支系張氏"春依然"宗支。由第五十四世"薩斗"從本村委會新興二寨遷入本村定居。第一世"奥瑪"至四十一世"本吉"的譜牒與本村白批侯户相同。第四十四世至四十五世、第五十世至五十一世、第五十三世至五十四世之間未連名。本譜内容爲世系,至璋帕凡五十八世。

本譜載於《哈尼族口傳文化譯註全集》第十五卷《紅河州哈尼族譜牒(六)》

[雲南元陽]阿批多村郭學亮户譜牒　郭學亮(哩簸)背誦　李美亮搜集　2011 年雲南民族出版社排印本　合册　哈漢雙文並註國際音標

該户屬哈尼族各和支系郭氏"翁啓然"宗支。由第六十一世"仍簸"從本縣牛角寨鄉果期大寨遷入本村定居。第一世"奥瑪"至二十三世"吴冷飄"的譜牒與本村白批侯户相同。本譜内容爲世系,至倮侯凡七十世。

本譜載於《哈尼族口傳文化譯註全集》第十五卷《紅河州哈尼族譜牒(六)》

[雲南元陽]丫口村馬明光户譜牒　馬明光(洛閔)背誦　李美亮搜集　2011 年雲南民族出版社排印本　合册　哈漢雙文並註國際音標

該户屬哈尼族各和支系馬氏"昂呢然"宗支。是本村的建寨宗支,於 1955 年由第四十二世"昂薩"從本村委會阿批多村遷入本村定居。第三十

九世至四十四世之間未連名。本譜内容爲世系，至洛閏凡四十四世。

本譜載於《哈尼族口傳文化譯註全集》第十五卷《紅河州哈尼族譜牒（六）》

［雲南元陽］丫口村張羊追户譜牒　張丫追（娘追）背誦　李美亮搜集　2011年雲南民族出版社排印本　合册　哈漢雙文並註國際音標

該户屬哈尼族各和支系張氏"春依然"宗支。由第三十七世"阿追"從本村委會新興二寨遷入本村定居。第一世"奥瑪"至十八世"烏鴻然"的譜牒與本村馬明光户相同。第三十三世至四十一世之間未連名。本譜内容爲世系，至然區凡四十一世。

本譜載於《哈尼族口傳文化譯註全集》第十五卷《紅河州哈尼族譜牒（六）》

［雲南元陽］小河邊村張皮追户譜牒　張皮追（平追）背誦　李美亮搜集　2011年雲南民族出版社排印本　合册　哈漢雙文並註國際音標

該户屬哈尼族各和支系張氏"苗芝然"宗支。從本鄉鳩媽村委會倮沙村經丫多村遷入本村定居。第四十二世至四十三世、第五十一世至五十二世、第五十四世至五十五世之間未連名。本譜内容爲世系，至平追凡五十七世。

本譜載於《哈尼族口傳文化譯註全集》第十五卷《紅河州哈尼族譜牒（六）》

［雲南元陽］小河邊村車正亮户譜牒　車正亮（然帕）背誦　馬正明、李美亮搜集　2011年雲南民族出版社排印本　合册　哈漢雙文並註國際音標

該户屬哈尼族各和支系車氏"丕基然"宗支。從本村委會新興二寨遷入本村定居。第一世"奥瑪"至二十三世"賢依瑪"的譜牒與本村張皮追户相同。第二十三世至二十四世、第三十九世至四十一世、第四十三世至四十五世之間未連名。本譜内容爲世系，至然帕凡四十六世。

本譜載於《哈尼族口傳文化譯註全集》第十五卷《紅河州哈尼族譜牒（六）》

［雲南元陽］小河邊村李沙簸户譜牒　李沙簸（薩簸）背誦　馬正明、李美亮搜集　2011年雲南民族出版社排印本　合册　哈漢雙文並註國際音標

該户屬哈尼族各和支系李氏"昂吴然"宗支。從本村委會丫多村遷入本村定居。第一世"奥瑪"至十八世"烏鴻然"的譜牒與本村張皮追户相同。第二十八世至二十九世、第三十一世至三十二世、第三十三世至三十四世之間未連名。本譜内容爲世系，至薩簸凡三十四世。

本譜載於《哈尼族口傳文化譯註全集》第十五卷《紅河州哈尼族譜牒（六）》

［雲南元陽］果統大寨龍惹户譜牒　龍惹背誦　李美亮搜集　2011年雲南民族出版社排印本　合册　哈漢雙文並註國際音標

該户屬各和支系"魯車然"宗支。一世祖奥麻。本譜内容爲世系，至嚷侯凡六十二世。

本譜載於《哈尼族口傳文化譯註全集》第二十卷《紅河州哈尼族譜牒（十一）》

［雲南元陽］果統大寨李講苗户譜牒　李講苗背誦　李美亮搜集　2011年雲南民族出版社排印本　合册　哈漢雙文並註國際音標

該户屬各和支系李氏"崇國然"宗支。從第一世祖至二十四世散魯白前的譜牒與本村龍惹户相同。一世祖奥麻。本譜内容爲世系，至斗謀凡六十八世。

本譜載於《哈尼族口傳文化譯註全集》第二十卷《紅河州哈尼族譜牒（十一）》

［雲南元陽］果統大寨李講苗户譜牒　李講苗背誦　李美亮搜集　2011年雲南民族出版社排印本　合册　哈漢雙文並註國際音標

該户屬各和支系李氏"崇國然"宗支。從第一世祖至二十四世散魯白前的譜牒與本村龍惹户相同。一世祖奥麻。本譜内容爲世系，至斗謀凡六十八世。

本譜載於《哈尼族口傳文化譯註全集》第二十卷《紅河州哈尼族譜牒（十一）》

[雲南元陽]果統大寨李國祥户譜牒　龍惹背誦　李美亮搜集　2011年雲南民族出版社排印本　合册　哈漢雙文並註國際音標

該户屬各和支系李氏“崇國然”宗支。從第一世祖至二十四世散魯白前的譜牒與本村龍惹户相同。一世祖奥麻。本譜内容爲世系，至薩熱凡六十二世。

本譜載於《哈尼族口傳文化譯註全集》第二十卷《紅河州哈尼族譜牒(十一)》

[雲南元陽]果統大寨朱愛取户譜牒　李講苗背誦　李美亮搜集　2011年雲南民族出版社排印本　合册　哈漢雙文並註國際音標

從第一世祖至二十四世濤冷勳前的譜牒與本村龍惹户相同。一世祖奥麻。本譜内容爲世系，至則斗凡四十七世。

本譜載於《哈尼族口傳文化譯註全集》第二十卷《紅河州哈尼族譜牒(十一)》

[雲南元陽]洛馬河上寨羅建文户譜牒　羅建文背誦　李美亮搜集　2011年雲南民族出版社排印本　合册　哈漢雙文並註國際音標

該户屬各和支系“魯稱然”宗支。一世祖奥翁。始遷祖第五十三世門簡自元陽縣牛角寨鄉果統大寨遷入。本譜内容爲世系，至侯薩凡五十五世。

本譜載於《哈尼族口傳文化譯註全集》第二十卷《紅河州哈尼族譜牒(十一)》

[雲南元陽]化龍寨蘇正有户譜牒　蘇正有背誦　李美亮搜集　2011年雲南民族出版社排印本　合册　哈漢雙文並註國際音標

該户屬各和支系“門芝然”宗支。一世祖薩礱。始遷祖第二世礱取自紅河縣經石屏縣遷入。本譜内容爲世系，至森嘎凡六世。

本譜載於《哈尼族口傳文化譯註全集》第二十卷《紅河州哈尼族譜牒(十一)》

[雲南元陽]果期大寨郭有生户譜牒　李福明背誦　李美亮搜集　2011年雲南民族出版社排印本　合册　哈漢雙文並註國際音標

該户屬各和支系郭氏“翁啓然”宗支。一世祖奥麻。始遷祖第三十五世翁啓自“閣晗”(哈尼語地名，疑指今雲南省昆明地區)遷入。本譜内容爲世系，至則簸凡七十四世。

本譜載於《哈尼族口傳文化譯註全集》第二十卷《紅河州哈尼族譜牒(十一)》

[雲南元陽]果期大寨李福明户譜牒　李福明背誦　李美亮搜集　2011年雲南民族出版社排印本　合册　哈漢雙文並註國際音標

該户屬各和支系李氏“仍空然”宗支。從第一世至三十三世苗周前的譜牒與本村郭有生户相同。一世祖奥麻。始遷祖第六十三世礱簸於1920年自元陽縣攀枝花鄉遷入。本譜内容爲世系，至侯簸凡六十八世。

本譜載於《哈尼族口傳文化譯註全集》第二十卷《紅河州哈尼族譜牒(十一)》

[雲南元陽]果期大寨陳巖礎户譜牒　陳巖礎背誦　郭智友、李美亮搜集　2011年雲南民族出版社排印本　合册　哈漢雙文並註國際音標

該户屬各和支系陳氏“儂瑪然”宗支。從第一世至第三十三世苗周前的譜牒與本村郭有生户相同。一世祖奥麻。本譜内容爲世系，至簸熱(常用名陳巖礎)凡六十六世。

本譜載於《哈尼族口傳文化譯註全集》第二十卷《紅河州哈尼族譜牒(十一)》

[雲南元陽]果期大寨徐取沙譜牒　徐取沙背誦　郭智友、李美亮搜集　2011年雲南民族出版社排印本　合册　哈漢雙文並註國際音標

該户屬各和支系徐氏宗支。從第一世至第三十三世苗周前的譜牒與本村郭有生户相同。一世祖奥麻。本譜内容爲世系，至薩則凡五十世。

本譜載於《哈尼族口傳文化譯註全集》第二十卷《紅河州哈尼族譜牒(十一)》

[雲南元陽]果期大寨周煙卜户譜牒　李福明背誦　李美亮搜集　2011年雲南民族出版社排印本　合册　哈漢雙文並註國際音標

該户屬各和支系李氏“演欽然”宗支。從第一世至第三十三世苗周前的譜牒與本村郭有生户相同。一世祖奥麻。本譜内容爲世系,至演仆(常用名周煙卜)凡五十八世。

本譜載於《哈尼族口傳文化譯註全集》第二十卷《紅河州哈尼族譜牒(十一)》

[雲南元陽]果期大寨錢奪侯户譜牒　錢奪侯背誦　李美亮搜集　2011年雲南民族出版社排印本　合册　哈漢雙文並註國際音標

該户屬各和支系錢氏“鳥鴻然”宗支。從第一世至第二十三世吴冷飄前的譜牒與本村郭有生户相同。一世祖奥麻。本譜内容爲世系,至偉録凡六十二世。

本譜載於《哈尼族口傳文化譯註全集》第二十卷《紅河州哈尼族譜牒(十一)》

[雲南元陽]果期大寨馬雙福户譜牒　陳文亮背誦　郭智友、李美亮搜集　2011年雲南民族出版社排印本　合册　哈漢雙文並註國際音標

該户屬各和支系馬氏宗支。從第一世至第十八世搓莫依前的譜牒與本村郭有生户相同。一世祖奥麻。本譜内容爲世系,至宗省凡五十九世。

本譜載於《哈尼族口傳文化譯註全集》第二十卷《紅河州哈尼族譜牒(十一)》

[雲南元陽]果期大寨吴批雲户譜牒　陳文亮背誦　李美亮搜集　2011年雲南民族出版社排印本　合册　哈漢雙文並註國際音標

該户屬各和支系吴氏“阿迪然”宗支。從第一世至第二十三世吴冷飄前的譜牒與本村郭有生户相同。一世祖奥麻。本譜内容爲世系,至侯嘎凡六十五世。

本譜載於《哈尼族口傳文化譯註全集》第二十卷《紅河州哈尼族譜牒(十一)》

[雲南元陽]果期小寨陳文亮户譜牒　陳文亮背誦　郭智友、李美亮搜集　2011年雲南民族出版社排印本　合册　哈漢雙文並註國際音標

該户屬各和支系陳氏“儂瑪然”宗支。一世祖奥麻。始遷祖第六十二世軌熱自元陽縣牛角寨鄉果期大寨遷入。本譜内容爲世系,至簸謀凡七十世。

本譜載於《哈尼族口傳文化譯註全集》第二十卷《紅河州哈尼族譜牒(十一)》

[雲南元陽]果期小寨錢忠華户譜牒　李福明、錢忠華背誦　郭智友、李美亮搜集　2011年雲南民族出版社排印本　合册　哈漢雙文並註國際音標

該户屬各和支系錢氏宗支。從第一世至第二十三世吴冷飄前的譜牒與本村陳文亮户相同。一世祖奥麻。本譜内容爲世系,至則侯凡六十七世。

本譜載於《哈尼族口傳文化譯註全集》第二十卷《紅河州哈尼族譜牒(十一)》

[雲南元陽]果期小寨白取苗户譜牒　陳文亮背誦　李美亮搜集　2011年雲南民族出版社排印本　合册　哈漢雙文並註國際音標

該户屬各和支系陳氏“門克然”宗支。從第一世至第十九世莫依芝前的譜牒與本村陳文亮户相同。一世祖奥麻。本譜内容爲世系,至薩侯凡五十七世。

本譜載於《哈尼族口傳文化譯註全集》第二十卷《紅河州哈尼族譜牒(十一)》

[雲南元陽]果期小寨馬啓讓户譜牒　陳文亮背誦　李美亮搜集　2011年雲南民族出版社排印本　合册　哈漢雙文並註國際音標

該户屬各和支系馬氏宗支。從第一世至第十八世搓莫依前的譜牒與本村陳文亮户相同。一世祖奥麻。本譜内容爲世系,至簸謀凡七十世。

本譜載於《哈尼族口傳文化譯註全集》第二十卷《紅河州哈尼族譜牒(十一)》

[雲南元陽]果期小寨郭爬六户譜牒　陳文亮背誦　李美亮搜集　2011年雲南民族出版社排印本　合册　哈漢雙文並註國際音標

該户屬各和支系郭氏“娘啓然”宗支。從第一世至第十八世搓莫依前的譜牒與本村陳文亮户相同。一世祖奥麻。始遷祖第七十世薩則自元陽縣

牛角寨鄉果期大寨遷入。本譜内容爲世系,至拔福凡七十二世。

本譜載於《哈尼族口傳文化譯註全集》第二十卷《紅河州哈尼族譜牒(十一)》

[雲南元陽]果期小寨周榮生户譜牒 陳文亮背誦 李美亮搜集 2011年雲南民族出版社排印本 合册 哈漢雙文並註國際音標

該户屬各和支系周氏“演欽然”宗支。從第一世至第十八世搓莫依前的譜牒與本村陳文亮户相同。一世祖奥麻。本譜内容爲世系,至礱取(常用名周榮生)凡六十二世。

本譜載於《哈尼族口傳文化譯註全集》第二十卷《紅河州哈尼族譜牒(十一)》

[雲南元陽]西乃座村郭石卜户譜牒 陳文亮背誦 李美亮搜集 2011年雲南民族出版社排印本 合册 哈漢雙文並註國際音標

該户屬各和支系郭氏“勾啓然”宗支。一世祖奥麻。本譜内容爲世系,至舉侯凡七十三世。

本譜載於《哈尼族口傳文化譯註全集》第二十卷《紅河州哈尼族譜牒(十一)》

[雲南元陽]馬安寨郭然者户譜牒 李愛沙背誦 李美亮搜集 2011年雲南民族出版社排印本 合册 哈漢雙文並註國際音標

該户屬各和支系郭氏宗支。一世祖奥瑪。本譜内容爲世系,至熱斗(常用名郭然者)凡五十六世。

本譜載於《哈尼族口傳文化譯註全集》第二十卷《紅河州哈尼族譜牒(十一)》

[雲南元陽]馬安寨馬井後户譜牒 李愛沙背誦 李美亮搜集 2011年雲南民族出版社排印本 合册 哈漢雙文並註國際音標

該户屬各和支系李氏宗支。從第一世至第十九世烏木然前的譜牒與本村郭然者户相同。一世祖奥瑪。本譜内容爲世系,至謀侯(常用名馬井後)凡四十六世。

本譜載於《哈尼族口傳文化譯註全集》第二十卷《紅河州哈尼族譜牒(十一)》

[雲南元陽]馬安寨錢中木户譜牒 陳文亮背誦 李美亮搜集 2011年雲南民族出版社排印本 合册 哈漢雙文並註國際音標

該户屬各和支系陳氏“烏鴻然”宗支。從第一世至第十九世烏木然前的譜牒與本村郭然者户相同。一世祖奥麻。本譜内容爲世系,至熱則凡六十六世。

本譜載於《哈尼族口傳文化譯註全集》第二十卷《紅河州哈尼族譜牒(十一)》

[雲南元陽]馬安寨羅有和户譜牒 陳文亮背誦 李美亮搜集 2011年雲南民族出版社排印本 合册 哈漢雙文並註國際音標

該户屬各和支系羅氏“烏鴻然”宗支。從第一世至第十九世烏木然前的譜牒與本村郭然者户相同。一世祖奥麻。本譜内容爲世系,至演苗凡六十八世。

本譜載於《哈尼族口傳文化譯註全集》第二十卷《紅河州哈尼族譜牒(十一)》

[雲南元陽]白沙腳村陳木侯户譜牒 陳木侯背誦 馬有明、李美亮搜集 2011年雲南民族出版社排印本 合册 哈漢雙文並註國際音標

該户屬各和支系陳氏“儂瑪然”宗支。一世祖侯養唉瑪。本譜内容爲世系,至謀侯(常用名陳木侯)凡十一世。

本譜載於《哈尼族口傳文化譯註全集》第二十卷《紅河州哈尼族譜牒(十一)》

[雲南元陽]阿楚洞村羅朱和户譜牒 羅朱和背誦 馬有明、李美亮搜集 2011年雲南民族出版社排印本 合册 哈漢雙文並註國際音標

該户屬各和支系羅氏“烏松然”宗支。一世祖奥麻。始遷祖第五十一世礱簸自元陽縣牛角寨鄉大鍋中村遷入。本譜内容爲世系,至牛薩凡六十八世。

本譜載於《哈尼族口傳文化譯註全集》第二十卷《紅河州哈尼族譜牒(十一)》

[雲南元陽]阿楚洞村李侯苗户譜牒 李沖那背誦 李美亮搜集 2011年雲南民族出版社排印本 合册 哈漢雙文並註國際音標

該户屬各和支系李氏"媽們然"宗支。從第一世至第七世匈能前的譜牒與本村羅朱和户譜牒相同。一世祖奥麻。始遷祖第四十一世礱則自建水縣遷入。本譜内容爲世系,至侯苗(常用名李侯苗)凡四十八世。

本譜載於《哈尼族口傳文化譯註全集》第二十卷《紅河州哈尼族譜牒(十一)》

[雲南元陽]阿楚洞村普落嘎户譜牒 普落嘎背誦 李美亮搜集 2011年雲南民族出版社排印本 合册 哈漢雙文並註國際音標

該户原屬彝族,現屬哈尼族各和支系普氏"晗窩然"宗支。始遷祖即一世祖則邦自元陽縣新街鎮水卜龍村遷入。本譜内容爲世系,至宗帕凡十三世。

本譜載於《哈尼族口傳文化譯註全集》第二十卷《紅河州哈尼族譜牒(十一)》

[雲南元陽]阿楚洞村徐侯直户譜牒 徐侯直背誦 馬有明搜集 2011年雲南民族出版社排印本 合册 哈漢雙文並註國際音標

該户屬各和支系"苗芝然"宗支。從第一世至第八世能本前的譜牒與本村羅朱和户相同。本譜内容爲世系,至侯則(常用名徐侯直)凡四十五世。

本譜載於《哈尼族口傳文化譯註全集》第二十卷《紅河州哈尼族譜牒(十一)》

[雲南元陽]硬村新寨徐家福户譜牒 徐家福背誦 李美亮搜集 2011年雲南民族出版社排印本 合册 哈漢雙文並註國際音標

該户屬各和支系徐氏"徐儂然"宗支。一世祖奥麻。始遷祖第六十八世薩舉於1961年自元陽縣牛角寨鄉硬村遷入。本譜内容爲世系,至則簸凡七十一世。

本譜載於《哈尼族口傳文化譯註全集》第二十卷《紅河州哈尼族譜牒(十一)》

[雲南元陽]硬村新寨何有明户譜牒 何有明背誦 李美亮搜集 2011年雲南民族出版社排印本 合册 哈漢雙文並註國際音標

該户屬各和支系何氏宗支。原姓王,後改何。一世祖奥麻。本譜内容爲世系,至則偉凡二十六世。

本譜載於《哈尼族口傳文化譯註全集》第二十卷《紅河州哈尼族譜牒(十一)》

[雲南元陽]硬村車金明户譜牒 車金明(仆熱)背誦 李美亮搜集 2011年雲南民族出版社排印本 合册 哈漢雙文並註國際音標

該户屬各和支系車氏"童等然"宗支。一世祖奥麻。本譜内容爲世系,至仆熱(常用名車金明)凡六十六世。

本譜載於《哈尼族口傳文化譯註全集》第二十卷《紅河州哈尼族譜牒(十一)》

[雲南元陽]普馬中村馬正明户譜牒 馬正福背誦 馬正明、李美亮搜集 2011年雲南民族出版社排印本 合册 哈漢雙文並註國際音標

該户屬各和支系"毛平然"宗支。一世祖奥瑪。本譜内容爲世系,至苗嘎凡七十世。

本譜載於《哈尼族口傳文化譯註全集》第二十卷《紅河州哈尼族譜牒(十一)》

[雲南元陽]普馬中村白永光户譜牒 馬正福背誦 馬正明、李美亮搜集 2011年雲南民族出版社排印本 合册 哈漢雙文並註國際音標

該户屬各和支系白氏宗支。從第一世至第二十世莫依直前的譜牒與本村馬正明户相同。一世祖奥麻。本譜内容爲世系,至録熱凡六十三世。

本譜載於《哈尼族口傳文化譯註全集》第二十卷《紅河州哈尼族譜牒(十一)》

[雲南元陽]普馬中村陳應昌户譜牒 馬正福背誦 馬正明、李美亮搜集 2011年雲南民族出版社排印本 合册 哈漢雙文並註國際音標

該户屬各和支系陳氏"儂瑪然"宗支。從第一世至第二十世莫依直前的譜牒與本村馬正明户相

同。一世祖奥麻。本譜内容爲世系,至普薩凡六十四世。

本譜載於《哈尼族口傳文化譯註全集》第二十卷《紅河州哈尼族譜牒(十一)》

[雲南元陽]普馬中村錢新明户譜牒　馬正福背誦　馬正明、李美亮搜集　2011年雲南民族出版社排印本　合册　哈漢雙文並註國際音標

該户屬各和支系"烏鴻然"宗支。從第一世至第二十世莫依直前的譜牒與本村馬正明户相同。一世祖奥麻。本譜内容爲世系,至斗嘎(常用名錢新明)凡六十世。

本譜載於《哈尼族口傳文化譯註全集》第二十卷《紅河州哈尼族譜牒(十一)》

[雲南元陽]普馬中村郭羊扒户譜牒　馬正福背誦　馬正明、李美亮搜集　2011年雲南民族出版社排印本　合册　哈漢雙文並註國際音標

該户屬各和支系郭氏"翁啓然"宗支。從第一世至第二十世莫依直前的譜牒與本村馬正明户相同。一世祖奥麻。始遷祖第六十八世空則自元陽縣牛角寨鄉新乃座村遷入。本譜内容爲世系,至雾韋凡七十二世。

本譜載於《哈尼族口傳文化譯註全集》第二十卷《紅河州哈尼族譜牒(十一)》

[雲南元陽]臘批大寨周李生户譜牒　李愛沙背誦　李美亮搜集　2011年雲南民族出版社排印本　合册　哈漢雙文並註國際音標

該户屬各和支系周氏"苗芝然"宗支。一世祖奥瑪。本譜内容爲世系,至里森(常用名周李生)凡五十六世。

本譜載於《哈尼族口傳文化譯註全集》第二十卷《紅河州哈尼族譜牒(十一)》

[雲南元陽]臘批小寨李苗則户譜牒　李建保背誦　李美亮搜集　2011年雲南民族出版社排印本　合册　哈漢雙文並註國際音標

該户屬各和支系"莫佐然"宗支。始遷祖即一世祖阿璋自紅河縣"哺竜"(哈尼語地名,現地址不詳)遷入。本譜内容爲世系,至則斗(常用名李苗則)凡十三世。

本譜載於《哈尼族口傳文化譯註全集》第二十卷《紅河州哈尼族譜牒(十一)》

[雲南元陽]全寨村李愛沙户譜牒　李愛沙背誦　李美亮搜集　2011年雲南民族出版社排印本　合册　哈漢雙文並註國際音標

該户屬各和支系"苗芝然"宗支。一世祖奥麻。始遷祖第五十八世薩簸自元陽縣沙拉托鄉牛倮村遷入。本譜内容爲世系,至取謀凡六十五世。

本譜載於《哈尼族口傳文化譯註全集》第二十卷《紅河州哈尼族譜牒(十一)》

[雲南元陽]全寨村白幹保户譜牒　李愛沙背誦　李美亮搜集　2011年雲南民族出版社排印本　合册　哈漢雙文並註國際音標

該户屬各和支系白氏宗支。從第一世至第二十三世俄冷飄前的譜牒與本村李愛沙户相同。一世祖奥麻。本譜内容爲世系,至礱謀凡四十四世。

本譜載於《哈尼族口傳文化譯註全集》第二十卷《紅河州哈尼族譜牒(十一)》

[雲南元陽]全寨村張文興户譜牒　李愛沙背誦　李美亮搜集　2011年雲南民族出版社排印本　合册　哈漢雙文並註國際音標

該户屬各和支系張氏"春依然"宗支。從第一世至第二十三世鴻然璋前的譜牒與本村李愛沙户相同。一世祖奥麻。本譜内容爲世系,至則苗凡四十五世。

本譜載於《哈尼族口傳文化譯註全集》第二十卷《紅河州哈尼族譜牒(十一)》

[雲南元陽]上中寨吴志生户譜牒　吴志生(平嘎)背誦　李美亮搜集　2011年雲南民族出版社排印本　合册　哈漢雙文並註國際音標

該户屬各和支系吴氏宗支。一世祖奥瑪。本譜内容爲世系,至平嘎(常用名吴志生)凡四十四世。

本譜載於《哈尼族口傳文化譯註全集》第二十

卷《紅河州哈尼族譜牒(十一)》

[雲南元陽]上中寨張李得户譜牒　李愛沙背誦　李美亮搜集　2011年雲南民族出版社排印本　合册　哈漢雙文並註國際音標

該户屬各和支系李氏"春依然"宗支。從第一世至第十九世鴻然璋前的譜牒與本村吴志生户相同。一世祖奥瑪。本譜内容爲世系,至里得(常用名張李得)凡四十七世。

本譜載於《哈尼族口傳文化譯註全集》第二十卷《紅河州哈尼族譜牒(十一)》

[雲南元陽]上中寨徐陽光户譜牒　李愛沙背誦　李美亮搜集　2011年雲南民族出版社排印本　合册　哈漢雙文並註國際音標

該户屬各和支系徐氏"儂瑪然"宗支。從第一世至第十九世鴻然璋前的譜牒與本村吴志生户相同。一世祖奥瑪。本譜内容爲世系,至礱策凡四十一世。

本譜載於《哈尼族口傳文化譯註全集》第二十卷《紅河州哈尼族譜牒(十一)》

[雲南元陽]上中寨李文光户譜牒　李愛沙背誦　李美亮搜集　2011年雲南民族出版社排印本　合册　哈漢雙文並註國際音標

該户屬各和支系"臘咪然"宗支。從第一世至第十八世烏鴻然前的譜牒與本村吴志生户相同。一世祖奥瑪。本譜内容爲世系,至侯苗凡六十一世。

本譜載於《哈尼族口傳文化譯註全集》第二十卷《紅河州哈尼族譜牒(十一)》

[雲南元陽]下中寨吴平苗户譜牒　李愛沙背誦　李美亮搜集　2011年雲南民族出版社排印本　合册　哈漢雙文並註國際音標

該户屬各和支系吴氏"阿迪然"宗支。一世祖奥麻。本譜内容爲世系,至爬魯凡六十四世。

本譜載於《哈尼族口傳文化譯註全集》第二十卷《紅河州哈尼族譜牒(十一)》

[雲南元陽]下中寨周玉和户譜牒　李愛沙背誦　李美亮搜集　2011年雲南民族出版社排印本　合册　哈漢雙文並註國際音標

該户屬各和支系周氏"演欽然"宗支。從第一世至第八世能本前的譜牒與本村吴平苗户相同。一世祖奥麻。本譜内容爲世系,至苗斗(常用名周玉和)凡四十八世。

本譜載於《哈尼族口傳文化譯註全集》第二十卷《紅河州哈尼族譜牒(十一)》

[雲南元陽]巖子脚村張春侯户譜牒　李建保背誦　李美亮搜集　2011年雲南民族出版社排印本　合册　哈漢雙文並註國際音標

該户屬各和支系張氏"春依然"宗支。一世祖奥翁。本譜内容爲世系,至則斗(常用名張春侯)凡五十五世。

本譜載於《哈尼族口傳文化譯註全集》第二十卷《紅河州哈尼族譜牒(十一)》

[雲南元陽]巖子脚村羅雲盆户譜牒　羅雲盆背誦　李美亮搜集　2011年雲南民族出版社排印本　合册　哈漢雙文並註國際音標

該户屬各和支系羅氏"莫佐然"宗支。一世祖捆省。始遷祖第十五世侯嘎自元陽縣沙拉托鄉小窩中村遷入。本譜内容爲世系,至帕嘎凡十九世。

本譜載於《哈尼族口傳文化譯註全集》第二十卷《紅河州哈尼族譜牒(十一)》

[雲南元陽]河馬大寨張殺侯户譜牒　李建保背誦　李美亮搜集　2011年雲南民族出版社排印本　合册　哈漢雙文並註國際音標

該户屬各和支系"春依然"宗支。一世祖奥翁。本譜内容爲世系,至要侯(常用名張殺侯)凡五十五世。

本譜載於《哈尼族口傳文化譯註全集》第二十卷《紅河州哈尼族譜牒(十一)》

[雲南元陽]河馬大寨陳農沙户譜牒　李建保背誦　李美亮搜集　2011年雲南民族出版社排印本　合册　哈漢雙文並註國際音標

該户屬各和支系陳氏“苗芝然”宗支。一世祖獎們。本譜内容爲世系，至儂薩（常用名陳農沙）凡十一世。

本譜載於《哈尼族口傳文化譯註全集》第二十卷《紅河州哈尼族譜牒（十一）》

[雲南元陽]河馬小寨李然卜户譜牒　李愛沙背誦　李美亮搜集　2011年雲南民族出版社排印本　合册　哈漢雙文並註國際音標

該户屬各和支系李氏“春依然”宗支。一世祖奥翁。本譜内容爲世系，至侯謀凡四十八世。

本譜載於《哈尼族口傳文化譯註全集》第二十卷《紅河州哈尼族譜牒（十一）》

[雲南元陽]河馬小寨徐馬則户譜牒　李建保背誦　李美亮搜集　2011年雲南民族出版社排印本　合册　哈漢雙文並註國際音標

該户屬各和支系徐氏“苗芝然”宗支。從第一世至第十八世鴻然璋前的譜牒與本村李然卜户相同。一世祖奥翁。始遷祖第五十四世宗演自元陽縣牛角寨鄉果期村遷入。本譜内容爲世系，至牛薩（常用名徐馬則）凡五十六世。

本譜載於《哈尼族口傳文化譯註全集》第二十卷《紅河州哈尼族譜牒（十一）》

[雲南元陽]河馬小寨張陽侯户譜牒　李建保背誦　李美亮搜集　2011年雲南民族出版社排印本　合册　哈漢雙文並註國際音標

該户屬各和支系。始遷祖即一世祖佳斗自建水縣坡頭鄉咪的村遷入。本譜内容爲世系，至礱嚷（常用名張陽侯）凡十七世。

本譜載於《哈尼族口傳文化譯註全集》第二十卷《紅河州哈尼族譜牒（十一）》

[雲南元陽]戈底塘大寨李偉卜户譜牒　李建保背誦　李美亮搜集　2011年雲南民族出版社排印本　合册　哈漢雙文並註國際音標

該户屬各和支系李氏“苗芝然”宗支。一世祖奥翁。本譜内容爲世系，至偶仆（常用名李偉卜）凡五十五世。

本譜載於《哈尼族口傳文化譯註全集》第二十卷《紅河州哈尼族譜牒（十一）》

[雲南元陽]戈底塘大寨車嚷斗户譜牒　李建保背誦　李美亮搜集　2011年雲南民族出版社排印本　合册　哈漢雙文並註國際音標

該户屬各和支系車氏“苗芝然”宗支。一世祖竜侯。本譜内容爲世系，至嚷斗（常用名車倮後）凡十二世。

本譜載於《哈尼族口傳文化譯註全集》第二十卷《紅河州哈尼族譜牒（十一）》

[雲南元陽]戈底塘大寨李蘭殺户譜牒　李建保背誦　李美亮搜集　2011年雲南民族出版社排印本　合册　哈漢雙文並註國際音標

該户屬各和支系李氏“娘表崇國然”宗支。從第一世至第十八世鴻然璋前的譜牒與本村李偉卜户相同。一世祖奥翁。始遷祖第四十四世翁嘎自元陽縣牛角寨鄉果統村遷入。本譜内容爲世系，至臘耍（常用名李蘭殺）凡五十世。

本譜載於《哈尼族口傳文化譯註全集》第二十卷《紅河州哈尼族譜牒（十一）》

[雲南元陽]戈底塘小寨陳表則户譜牒　李建保背誦　李美亮搜集　2011年雲南民族出版社排印本　合册　哈漢雙文並註國際音標

該户屬各和支系陳氏“苗芝然”宗支。一世祖奥翁。本譜内容爲世系，至表則（常用名陳表則）凡五十八世。

本譜載於《哈尼族口傳文化譯註全集》第二十卷《紅河州哈尼族譜牒（十一）》

[雲南元陽]大窩中一村周興林户譜牒　李愛沙背誦　李美亮搜集　2011年雲南民族出版社排印本　合册　哈漢雙文並註國際音標

該户屬各和支系周氏“春依然”宗支。一世祖奥瑪。本譜内容爲世系，至簸斗凡四十九世。

本譜載於《哈尼族口傳文化譯註全集》第二十卷《紅河州哈尼族譜牒（十一）》

[雲南元陽]大窩中一村李尚沙户譜牒　李愛沙背誦　李美亮搜集　2011年雲南民族出版社排印本　合册　哈漢雙文並註國際音標

該户屬各和支系李氏"哺竜然"宗支。從第一世至第十九世烏木然前的譜牒與本村周興林户相同。一世祖奥瑪。本譜内容爲世系,至策謀(常用名李尚沙)凡四十七世。

本譜載於《哈尼族口傳文化譯註全集》第二十卷《紅河州哈尼族譜牒(十一)》

[雲南元陽]大窩中二村李阿向户譜牒　李建保背誦　李美亮搜集　2011年雲南民族出版社排印本　合册　哈漢雙文並註國際音標

該户屬各和支系李氏"哺竜然"宗支。一世祖奥翁。始遷祖第五十七世演斗自元陽縣馬街鄉木梳買村遷入。本譜内容爲世系,至嘎俟(常用名李阿向)凡六十五世。

本譜載於《哈尼族口傳文化譯註全集》第二十卷《紅河州哈尼族譜牒(十一)》

[雲南元陽]大窩中二村李青卜户譜牒　李建保背誦　李美亮搜集　2011年雲南民族出版社排印本　合册　哈漢雙文並註國際音標

該户屬各和支系李氏"大樹李"宗支。原屬漢族,後融入哈尼族。一世祖阿陽。本譜内容爲世系,至克帕凡十七世。

本譜載於《哈尼族口傳文化譯註全集》第二十卷《紅河州哈尼族譜牒(十一)》

[雲南元陽]大窩中二村張批主户譜牒　李建保背誦　李美亮搜集　2011年雲南民族出版社排印本　合册　哈漢雙文並註國際音標

該户屬各和支系張氏"春依然"宗支。從第一世至第十五世哩博本前的譜牒與本村李阿向户相同。一世祖奥翁。始遷祖第六十世斗簡自"昂講昂薩"(哈尼語村名,疑在今紅河縣甲寅鄉境内)遷入。本譜内容爲世系,至簸英(常用名張批主)凡六十六世。

本譜載於《哈尼族口傳文化譯註全集》第二十卷《紅河州哈尼族譜牒(十一)》

[雲南元陽]大窩中二村陳文光户譜牒　李建保背誦　李美亮搜集　2011年雲南民族出版社排印本　合册　哈漢雙文並註國際音標

該户屬各和支系陳氏宗支。從第一世至第十五世哩博本前的譜牒與本村李阿向户譜牒相同。一世祖奥翁。本譜内容爲世系,至薩魯(常用名陳文光)凡六十二世。

本譜載於《哈尼族口傳文化譯註全集》第二十卷《紅河州哈尼族譜牒(十一)》

[雲南元陽]大窩中二村羅有和户譜牒　李建保背誦　李美亮搜集　2011年雲南民族出版社排印本　合册　哈漢雙文並註國際音標

該户屬各和支系羅氏宗支。從第一世至第二十八世蘇莫佐前的譜牒與本村李阿向户相同。一世祖奥翁。始遷祖第五十五世則達自"哺竜"(哈尼語地名,現地址不詳)遷入。本譜内容爲世系,至腰則(常用名羅有和)凡六十世。

本譜載於《哈尼族口傳文化譯註全集》第二十卷《紅河州哈尼族譜牒(十一)》

[雲南元陽]大窩中二村車文中户譜牒　李建保背誦　李美亮搜集　2011年雲南民族出版社排印本　合册　哈漢雙文並註國際音標

該户屬各和支系車氏宗支。始遷祖即一世祖竜俟自建水縣官廳鄉遷入。本譜内容爲世系,至薩培(常用名車文中)凡十一世。

本譜載於《哈尼族口傳文化譯註全集》第二十卷《紅河州哈尼族譜牒(十一)》

[雲南元陽]大窩中二村周煙龍户譜牒　李建保背誦　李美亮搜集　2011年雲南民族出版社排印本　合册　哈漢雙文並註國際音標

該户屬各和支系周氏"苗芝然"宗支。從第一世至第七世能本前的譜牒與本村李阿向户相同。一世祖奥翁。本譜内容爲世系,至英礱(常用名周煙龍)凡四十六世。

本譜載於《哈尼族口傳文化譯註全集》第二十卷《紅河州哈尼族譜牒(十一)》

[雲南元陽]大窩中二村白克簸户譜牒　李建保背誦　李美亮搜集　2011年雲南民族出版社排印本　合册　哈漢雙文並註國際音標

該户屬各和支系白氏宗支。從第一世至第十五世哩博本前的譜牒與本村李阿向户相同。一世祖奥翁。本譜内容爲世系,至薩礱(常用名白克簸)凡五十八世。

本譜載於《哈尼族口傳文化譯註全集》第二十卷《紅河州哈尼族譜牒(十一)》

[雲南元陽]大窩中三村李丫成户譜牒　李建保背誦　李美亮搜集　2011年雲南民族出版社排印本　合册　哈漢雙文並註國際音標

該户屬各和支系李氏宗支。一世祖奥翁。本譜内容爲世系,至薩斗凡六十七世。

本譜載於《哈尼族口傳文化譯註全集》第二十卷《紅河州哈尼族譜牒(十一)》

[雲南元陽]大窩中三村張志華户譜牒　李建保背誦　李美亮搜集　2011年雲南民族出版社排印本　合册　哈漢雙文並註國際音標

該户屬各和支系張氏"春依然"宗支。從第一世至第十七世烏鴻然前的譜牒與本村李丫成户相同。一世祖奥翁。始遷祖第六十三世熱舉於1970年12月自元陽縣牛角寨鄉大窩中一村遷入。本譜内容爲世系,至舉苗(常用名張志華)凡六十四世。

本譜載於《哈尼族口傳文化譯註全集》第二十卷《紅河州哈尼族譜牒(十一)》

[雲南元陽]大窩中三村陳金林户譜牒　李建保背誦　李美亮搜集　2011年雲南民族出版社排印本　合册　哈漢雙文並註國際音標

該户屬各和支系陳氏宗支。從第一世至第十七世烏鴻然前的譜牒與本村李丫成户相同。一世祖奥翁。始遷祖第五十七世薩嘎於1970年12月自元陽縣牛角寨鄉大窩中一村遷入。本譜内容爲世系,至嘎仆(常用名陳金林)凡五十八世。

本譜載於《哈尼族口傳文化譯註全集》第二十卷《紅河州哈尼族譜牒(十一)》

[雲南元陽]大窩中小寨張則保户譜牒　李建保背誦　李美亮搜集　2011年雲南民族出版社排印本　合册　哈漢雙文並註國際音標

該户屬各和支系張氏"春依然"宗支。一世祖奥翁。始遷祖第五十八世嚷嘎自"巖甲阿薩"(哈尼語地名,疑在紅河縣甲寅鄉境内)遷入。本譜内容爲世系,至林侯凡六十四世。

本譜載於《哈尼族口傳文化譯註全集》第二十卷《紅河州哈尼族譜牒(十一)》

[雲南元陽]大窩中小寨羅平舉户譜牒　李建保背誦　李美亮搜集　2011年雲南民族出版社排印本　合册　哈漢雙文並註國際音標

該户屬各和支系羅氏"莫佐然"宗支。從第一世至第十七世武鴻然前的譜牒與本村張則保户相同。一世祖奥翁。始遷祖第五十九世取則自"策主主轟"(哈尼語地名,現地址不詳)遷入。本譜内容爲世系,至簡則(常用名羅平舉)凡六十一世。

本譜載於《哈尼族口傳文化譯註全集》第二十卷《紅河州哈尼族譜牒(十一)》

[雲南元陽]倮里一村羅成强户譜牒　羅木則背誦　李美亮搜集　2011年雲南民族出版社排印本　合册　哈漢雙文並註國際音標

該户屬各和支系盧氏"依竜然"宗支。一世祖坤省。始遷祖第十一世墜苗自紅河縣"堅烏"(哈尼語地名,現地址不詳)遷入。本譜内容爲世系,至礱仍凡十七世。

本譜載於《哈尼族口傳文化譯註全集》第二十卷《紅河州哈尼族譜牒(十一)》

[雲南元陽]倮里二村張批則户譜牒　李建保背誦　李美亮搜集　2011年雲南民族出版社排印本　合册　哈漢雙文並註國際音標

該户屬各和支系李氏"春依然"宗支。一世祖奥翁。始遷祖第五十九世仍舉自"巖甲阿薩"(哈尼語地名,現地址不詳)遷入。本譜内容爲世系,至娘則(常用名張批則)凡六十四世。

本譜載於《哈尼族口傳文化譯註全集》第二十

卷《紅河州哈尼族譜牒(十一)》

[雲南元陽]倮里三村吴斗取户譜牒　李建保背誦　李美亮搜集　2011年雲南民族出版社排印本　合册　哈漢雙文並註國際音標

該户屬各和支系吴氏"陳奶然"宗支。一世祖飄冷。始遷祖第十世平則自紅河縣寶華鄉境内的"郭别"、"策尼"遷入。本譜内容爲世系,至磐薩凡十四世。

本譜載於《哈尼族口傳文化譯註全集》第二十卷《紅河州哈尼族譜牒(十一)》

[雲南元陽]倮里四村羅志祥户譜牒　李建保背誦　李美亮搜集　2011年雲南民族出版社排印本　合册　哈漢雙文並註國際音標

該户屬各和支系羅氏"儂竜然"宗支。一世祖奥翁。始遷祖第四十五世仆嘎自紅河縣阿扎鄉境内的"牛東普"(哈尼語地名)遷入。本譜内容爲世系,至白里生凡四十八世。

本譜載於《哈尼族口傳文化譯註全集》第二十卷《紅河州哈尼族譜牒(十一)》

[雲南元陽]歐樂村王洛則户譜牒　王洛則背誦　王文興、李美亮搜集　2011年雲南民族出版社排印本　合册　哈漢雙文並註國際音標

該户屬各和支系王氏"娘芝然"宗支。一世祖奥翁。始遷祖第五十三世侯耿自元陽縣牛角寨鄉罵哈大寨遷入。本譜内容爲世系,至英斗凡六十一世。

本譜載於《哈尼族口傳文化譯註全集》第二十卷《紅河州哈尼族譜牒(十一)》

[雲南元陽]歐樂村馬克魯户譜牒　馬克魯背誦　李美亮搜集　2011年雲南民族出版社排印本　合册　哈漢雙文並註國際音標

該户屬各和支系馬氏"瑪則然"宗支。從第一世至第十九世璋塔婆前的譜牒與本村王洛則户相同。一世祖奥翁。始遷祖第四十八世瑪歐自石屏縣遷入。本譜内容爲世系,至篤侯凡六十世。

本譜載於《哈尼族口傳文化譯註全集》第二十卷《紅河州哈尼族譜牒(十一)》

[雲南元陽]拋竹上寨馬金亮户譜牒　馬金亮(魯侯)背誦　李美亮搜集　2011年雲南民族出版社排印本　合册　哈漢雙文並註國際音標

該户屬各和支系馬氏"莫佐然"宗支。一世祖奥翁。本譜内容爲世系,至魯侯(常用名馬金亮)凡五十七世。

本譜載於《哈尼族口傳文化譯註全集》第二十卷《紅河州哈尼族譜牒(十一)》

[雲南元陽]拋竹下寨車有亮户譜牒　車有亮(斗取)背誦　王文光、李美亮搜集　2011年雲南民族出版社排印本　合册　哈漢雙文並註國際音標

該户屬各和支系車氏"娘芝然"宗支。一世祖奥瑪。始遷祖第四十九世磐吴自元陽縣牛角寨鄉歐樂村遷入。本譜内容爲世系,至斗取(常用名車有亮)凡五十五世。

本譜載於《哈尼族口傳文化譯註全集》第二十卷《紅河州哈尼族譜牒(十一)》

[雲南元陽]拋竹下寨楊志和户譜牒　車波文背誦　李美亮搜集　2011年雲南民族出版社排印本　合册　哈漢雙文並註國際音標

該户屬各和支系楊氏"晗窩然"宗支。始遷祖即一世祖仍伙自元陽縣牛角寨鄉阿努寨遷入。原屬彝族。本譜内容爲世系,至策里福(常用名楊志和)凡五世。

本譜載於《哈尼族口傳文化譯註全集》第二十卷《紅河州哈尼族譜牒(十一)》

[雲南元陽]木嘎下寨吴皮三户譜牒　吴皮三(簸侯)背誦　李美亮搜集　2011年雲南民族出版社排印本　合册　哈漢雙文並註國際音標

該户屬各和支系吴氏"阿迪然"宗支。一世祖奥麻。始遷祖第六十一世歐耿自元陽縣牛角寨鄉佐塔小寨經罵哈下寨遷入。本譜内容爲世系,至簸侯(常用名吴皮三)凡六十九世。

本譜載於《哈尼族口傳文化譯註全集》第二十卷《紅河州哈尼族譜牒(十一)》

[雲南元陽]木嘎小寨吴高侯户譜牒 吴高侯(娘侯)背誦 李美亮搜集 2011年雲南民族出版社排印本 合册 哈漢雙文並註國際音標

該户屬各和支系吴氏宗支。一世祖奥麻。始遷祖第六十一世歐耿自元陽縣牛角寨鄉佐塔小寨經罵哈下寨遷入。本譜内容爲世系,至娘侯(常用名吴高侯)凡六十九世。

本譜載於《哈尼族口傳文化譯註全集》第二十卷《紅河州哈尼族譜牒(十一)》

[雲南元陽]木嘎小寨車羊斗户譜牒 車羊斗(録簸)背誦 李美亮搜集 2011年雲南民族出版社排印本 合册 哈漢雙文並註國際音標

該户屬各和支系車氏宗支。從第一世至第十九世鴻然璋前的譜牒與本村吴高侯户譜牒相同。一世祖奥麻。本譜内容爲世系,至録簸(常用名車羊斗)凡五十五世。

本譜載於《哈尼族口傳文化譯註全集》第二十卷《紅河州哈尼族譜牒(十一)》

[雲南元陽]姑卜村馬金玉户譜牒 馬金玉(嚕謀)背誦 李美亮搜集 2011年雲南民族出版社排印本 合册 哈漢雙文並註國際音標

該户屬各和支系馬氏"莫佐然"宗支。一世祖奥麻。始遷祖第五十三世歐耿自元陽縣牛角寨鄉歐樂村遷入。本譜内容爲世系,至嚕謀(常用名馬金玉)凡五十八世。

本譜載於《哈尼族口傳文化譯註全集》第二十卷《紅河州哈尼族譜牒(十一)》

[雲南元陽]罵哈上寨王興華户譜牒 王興華背誦 王文華、李美亮搜集 2011年雲南民族出版社排印本 合册 哈漢雙文並註國際音標

該户屬各和支系王氏"娘芝然"宗支。一世祖奥翁。始遷祖第五十二世軌侯自石屏縣遷入。本譜内容爲世系,至謀則凡六十一世。

本譜載於《哈尼族口傳文化譯註全集》第二十卷《紅河州哈尼族譜牒(十一)》

[雲南元陽]罵哈上寨徐明光户譜牒 徐明光背誦 王文光搜集 2011年雲南民族出版社排印本 合册 哈漢雙文並註國際音標

該户屬各和支系徐氏"春依然"宗支。從第一世至第十八世鴻然璋前的譜牒與本村王興華户相同。一世祖奥翁。始遷祖第五十九世婆斗自紅河縣甲寅鄉遷入。本譜内容爲世系,至取斗凡六十八世。

本譜載於《哈尼族口傳文化譯註全集》第二十卷《紅河州哈尼族譜牒(十一)》

[雲南元陽]罵哈下寨王有亮户譜牒 王有亮背誦 王文光、李美亮搜集 2011年雲南民族出版社排印本 合册 哈漢雙文並註國際音標

該户屬各和支系王氏宗支。一世祖奥窩。始遷祖第五十二世軌侯自元陽縣牛角寨鄉罵哈上寨遷入。本譜内容爲世系,至英侯凡六十一世。

本譜載於《哈尼族口傳文化譯註全集》第二十卷《紅河州哈尼族譜牒(十一)》

[雲南元陽]罵哈下寨吴則嘎户譜牒 吴則嘎(則嘎)背誦 王文光、李美亮搜集 2011年雲南民族出版社排印本 合册 哈漢雙文並註國際音標

該户屬各和支系吴氏"春依然"宗支。從第一世至第十七世窩姆然前的譜牒與本村王有亮户相同。一世祖奥窩。本譜内容爲世系,至則嘎(常用名吴則嘎)凡六十七世。

本譜載於《哈尼族口傳文化譯註全集》第二十卷《紅河州哈尼族譜牒(十一)》

[雲南元陽]罵哈下寨羅小興户譜牒 羅嘎録背誦 王文光、李美亮搜集 2011年雲南民族出版社排印本 合册 哈漢雙文並註國際音標

該户屬各和支系"莫佐然"宗支。從第一世至第十七世窩姆然前的譜牒與本村王有亮户相同。一世祖奥窩。始遷祖第五十六世娘嘎自元陽縣俄扎鄉遷入。本譜内容爲世系,至薩取凡五十八世。

本譜載於《哈尼族口傳文化譯註全集》第二十卷《紅河州哈尼族譜牒(十一)》

[雲南元陽]罵哈下寨李建興户譜牒 李建興背

誦　李美亮搜集　2011 年雲南民族出版社排印本　合册　哈漢雙文並註國際音標

該户屬各和支系。從第一世至第十七世窩姆然前的譜牒與本村王有亮户相同。一世祖奧窩。本譜内容爲世系,至取娘凡五十三世。

本譜載於《哈尼族口傳文化譯註全集》第二十卷《紅河州哈尼族譜牒(十一)》

[雲南元陽]罵哈下寨車么存户譜牒　車么存背誦　王文光、李美亮搜集　2011 年雲南民族出版社排印本　合册　哈漢雙文並註國際音標

該户屬各和支系。從第一世至第十七世窩姆然前的譜牒與本村王有亮户相同。一世祖奧窩。本譜内容爲世系,至耿國凡七十世。

本譜載於《哈尼族口傳文化譯註全集》第二十卷《紅河州哈尼族譜牒(十一)》

[雲南元陽]罵哈下寨馬正有户譜牒　馬正有背誦　李美亮搜集　2011 年雲南民族出版社排印本　合册　哈漢雙文並註國際音標

該户屬各和支系馬氏"瑪則然"宗支。從第一世至第十七世窩姆然前的譜牒與本村王有亮户相同。一世祖奧窩。本譜内容爲世系,至楚嘎凡六十四世。

本譜載於《哈尼族口傳文化譯註全集》第二十卷《紅河州哈尼族譜牒(十一)》

[雲南元陽]罵哈下寨李家興户譜牒　李家興背誦　李美亮搜集　2011 年雲南民族出版社排印本　合册　哈漢雙文並註國際音標

該户屬各和支系李氏"春依然"宗支。從第一世至第十七世窩姆然前的譜牒與本村王有亮户相同。一世祖奧窩。始遷祖第六十五世矮魯自元陽縣沙拉托鄉果排大寨遷入。本譜内容爲世系,至礱娘凡六十九世。

本譜載於《哈尼族口傳文化譯註全集》第二十卷《紅河州哈尼族譜牒(十一)》

[雲南元陽]姆基大寨陳光亮户譜牒　陳光亮(腰娘)背誦　王文光、李美亮搜集　2011 年雲南民族出版社排印本　合册　哈漢雙文並註國際音標

該户屬各和支系"昂侯然"宗支。一世祖奧瑪。始遷祖第五十五世嘎普自元陽縣牛角寨鄉歐樂村遷入。本譜内容爲世系,至腰娘(常用名陳光亮)凡五十八世。

本譜載於《哈尼族口傳文化譯註全集》第二十卷《紅河州哈尼族譜牒(十一)》

[雲南元陽]姆基大寨楊文亮户譜牒　楊文亮(取簸)背誦　李美亮搜集　2011 年雲南民族出版社排印本　合册　哈漢雙文並註國際音標

該户屬各和支系楊氏宗支。一世祖石薩。始遷祖第三世哩斗自元陽縣牛角寨鄉牛角寨村遷入。本譜内容爲世系,至取簸(常用名楊文亮)凡八世。

本譜載於《哈尼族口傳文化譯註全集》第二十卷《紅河州哈尼族譜牒(十一)》

[雲南元陽]大嶺崗村馬中侯户譜牒　徐正祥背誦　李美亮搜集　2011 年雲南民族出版社排印本　合册　哈漢雙文並註國際音標

該户屬各和支系馬氏"毛平然"宗支。一世祖奧瑪。本譜内容爲世系,至侯謀凡五十八世。

本譜載於《哈尼族口傳文化譯註全集》第二十卷《紅河州哈尼族譜牒(十一)》

[雲南元陽]佐塔大寨李新華户譜牒　李智華背誦　李美亮搜集　2011 年雲南民族出版社排印本　合册　哈漢雙文並註國際音標

該户屬各和支系李氏"咪松松瑪然"宗支。一世祖奧翁。本譜内容爲世系,至娘斗凡六十三世。

本譜載於《哈尼族口傳文化譯註全集》第二十卷《紅河州哈尼族譜牒(十一)》

[雲南元陽]佐塔大寨李志華户譜牒　李志華背誦　李美亮搜集　2011 年雲南民族出版社排印本　合册　哈漢雙文並註國際音標

該户屬各和支系李氏"咪松松瑪然"宗支。從第一世至第五十三世腰圖前的譜牒與本村李新華户相同。一世祖奧翁。本譜内容爲世系,至侯謀

凡六十二世。

本譜載於《哈尼族口傳文化譯註全集》第二十卷《紅河州哈尼族譜牒(十一)》

[雲南元陽]佐塔大寨馬術斗户譜牒 李智華背誦 李美亮搜集 2011年雲南民族出版社排印本 合册 哈漢雙文並註國際音標

該户屬各和支系馬氏"毛平然"宗支。從第一世至第十九世墜童博前的譜牒與本村李新華户相同。一世祖奥翁。本譜内容爲世系,至磨侯凡六十八世。

本譜載於《哈尼族口傳文化譯註全集》第二十卷《紅河州哈尼族譜牒(十一)》

[雲南元陽]佐塔大寨羅光祥户譜牒 李智華背誦 李美亮搜集 2011年雲南民族出版社排印本 合册 哈漢雙文並註國際音標

該户屬各和支系羅氏宗支。從第一世至第二十七世莫佐欽前的譜牒與本村李新華户相同。一世祖奥翁。本譜内容爲世系,至則多(常用名羅光祥)凡五十四世。

本譜載於《哈尼族口傳文化譯註全集》第二十卷《紅河州哈尼族譜牒(十一)》

[雲南元陽]佐塔大寨吴文和户譜牒 李智華背誦 李美亮搜集 2011年雲南民族出版社排印本 合册 哈漢雙文並註國際音標

該户屬各和支系吴氏"阿迪然"宗支。從第一世至第十九世墜童博前的譜牒與本村李新華户相同。一世祖奥翁。本譜内容爲世系,至簸侯凡四十七世。

本譜載於《哈尼族口傳文化譯註全集》第二十卷《紅河州哈尼族譜牒(十一)》

[雲南元陽]佐塔大寨楊雲户譜牒 李智華背誦 李美亮搜集 2011年雲南民族出版社排印本 合册 哈漢雙文並註國際音標

該户屬各和支系楊氏"娘芝然"宗支。從第一世至第十二世齊習哩前的譜牒與本村李新華户相同。一世祖奥翁。始遷祖第五十一世薩則自元陽縣沙拉托鄉牛倮村入贅遷入。本譜内容爲世系,至娘薩凡五十四世。

本譜載於《哈尼族口傳文化譯註全集》第二十卷《紅河州哈尼族譜牒(十一)》

[雲南元陽]佐塔大寨周文學户譜牒 李智華背誦 李美亮搜集 2011年雲南民族出版社排印本 合册 哈漢雙文並註國際音標

該户屬各和支系李氏"演期然"宗支。從第一世至第十九世墜童博前的譜牒與本村李新華户相同。一世祖奥翁。始遷祖第四十三世取嘎自元陽縣牛角寨鄉英鳥村遷入。本譜内容爲世系,至嘎魯凡四十六世。

本譜載於《哈尼族口傳文化譯註全集》第二十卷《紅河州哈尼族譜牒(十一)》

[雲南元陽]佐塔小寨羅門侯户譜牒 李智華背誦 李美亮搜集 2011年雲南民族出版社排印本 合册 哈漢雙文並註國際音標

該户屬各和支系羅氏"翁倘然"宗支。一世祖奥翁。本譜内容爲世系,至謀侯(常用名羅門侯)凡五十四世。

本譜載於《哈尼族口傳文化譯註全集》第二十卷《紅河州哈尼族譜牒(十一)》

[雲南元陽]佐塔小寨吴文學户譜牒 李智華背誦 李美亮搜集 2011年雲南民族出版社排印本 合册 哈漢雙文並註國際音標

該户屬各和支系吴氏"阿迪然"宗支。從第一世至第十九世墜童博前的譜牒與本村羅門侯户相同。一世祖奥翁。本譜内容爲世系,至簸謀(常用名吴文學)凡四十四世。

本譜載於《哈尼族口傳文化譯註全集》第二十卷《紅河州哈尼族譜牒(十一)》

[雲南元陽]佐塔小寨馬文光户譜牒 李智華背誦 李美亮搜集 2011年雲南民族出版社排印本 合册 哈漢雙文並註國際音標

該户屬各和支系馬氏"毛平然"宗支。從第一世至第十九世墜童博前的譜牒與本村羅門侯户相同。一世祖奥翁。本譜内容爲世系,至嘎取(常用名馬文光)凡六十八世。

本譜載於《哈尼族口傳文化譯註全集》第二十卷《紅河州哈尼族譜牒(十一)》

[雲南元陽]英鳥上寨盧小三户譜牒　盧小三背誦　李美亮搜集　2011年雲南民族出版社排印本　合册　哈漢雙文並註國際音標

該户屬愛倮支系盧氏"窩鳥然"宗支。一世祖奥麻。始遷祖第五十八世薩宗自元陽縣新街鎮主魯大寨遷入。本譜内容爲世系,至嘎歐凡六十六世。

本譜載於《哈尼族口傳文化譯註全集》第二十卷《紅河州哈尼族譜牒(十一)》

[雲南元陽]英鳥上寨徐正祥户譜牒　徐正祥背誦　李美亮搜集　2011年雲南民族出版社排印本　合册　哈漢雙文並註國際音標

該户屬各和支系徐氏"賢腦然"宗支。從第一世至第十九世墜童博前的譜牒與本村盧小三户相同。一世祖奥麻。本譜内容爲世系,至則矣凡六十四世。

本譜載於《哈尼族口傳文化譯註全集》第二十卷《紅河州哈尼族譜牒(十一)》

[雲南元陽]英鳥上寨李長户譜牒　徐正祥背誦　李美亮搜集　2011年雲南民族出版社排印本　合册　哈漢雙文並註國際音標

該户屬各和支系李氏"臘顯然"宗支。從第一世至第二十六世蘇莫佐前的譜牒與本村盧小三户相同。一世祖奥麻。本譜内容爲世系,至矣則凡五十九世。

本譜載於《哈尼族口傳文化譯註全集》第二十卷《紅河州哈尼族譜牒(十一)》

[雲南元陽]英鳥上寨吴萬忠户譜牒　徐正祥背誦　李美亮搜集　2011年雲南民族出版社排印本　合册　哈漢雙文並註國際音標

該户屬各和支系吴氏"阿迪然"宗支。從第一世至第二十六世蘇莫佐前的譜牒與本村盧小三户相同。一世祖奥麻。本譜内容爲世系,至謀矣凡六十五世。

本譜載於《哈尼族口傳文化譯註全集》第二十卷《紅河州哈尼族譜牒(十一)》

[雲南元陽]英鳥上寨周玉昌户譜牒　徐正祥背誦　李美亮搜集　2011年雲南民族出版社排印本　合册　哈漢雙文並註國際音標

該户屬各和支系周氏"矣欽然"宗支。從第一世至第二十二世吴冷飄前的譜牒與本村盧小三户相同。一世祖奥麻。本譜内容爲世系,至簸薩凡五十七世。

本譜載於《哈尼族口傳文化譯註全集》第二十卷《紅河州哈尼族譜牒(十一)》

[雲南元陽]英鳥上寨李開明户譜牒　徐正祥背誦　李美亮搜集　2011年雲南民族出版社排印本　合册　哈漢雙文並註國際音標

該户屬各和支系李氏"本古然"宗支。從第一世至第十九世墜童博前的譜牒與本村盧小三户相同。一世祖奥麻。本譜内容爲世系,至則熱凡六十六世。

本譜載於《哈尼族口傳文化譯註全集》第二十卷《紅河州哈尼族譜牒(十一)》

[雲南元陽]英鳥上寨李愛木户譜牒　徐正祥背誦　李美亮搜集　2011年雲南民族出版社排印本　合册　哈漢雙文並註國際音標

該户屬各和支系李氏"阿牛然"宗支。從第一世至第十九世墜童博前的譜牒與本村盧小三户相同。一世祖奥麻。本譜内容爲世系,至薩矣(常用名李愛木)凡六十二世。

本譜載於《哈尼族口傳文化譯註全集》第二十卷《紅河州哈尼族譜牒(十一)》

[雲南元陽]英鳥上寨石正明户譜牒　徐正祥背誦　李美亮搜集　2011年雲南民族出版社排印本　合册　哈漢雙文並註國際音標

該户屬愛倮支系石氏"儂瑪然"宗支。從第一世至第十九世墜童博前的譜牒與本村盧小三户相同。一世祖奥麻。本譜内容爲世系,至矣則凡六十五世。

本譜載於《哈尼族口傳文化譯註全集》第二十卷《紅河州哈尼族譜牒(十一)》

[雲南元陽]英鳥下寨馬侯沙户譜牒　徐有忠背誦　李美亮搜集　2011年雲南民族出版社排印本　合册　哈漢雙文並註國際音標

該户屬愛倮支系馬氏"瑪則然"宗支。一世祖奥麻。本譜内容爲世系,至侯薩(常用名馬侯沙)凡五十七世。

本譜載於《哈尼族口傳文化譯註全集》第二十卷《紅河州哈尼族譜牒(十一)》

[雲南元陽]英鳥下寨李三簸户譜牒　徐有忠背誦　李美亮搜集　2011年雲南民族出版社排印本　合册　哈漢雙文並註國際音標

該户屬各和支系李氏"本古然"宗支。從第一世至第二十世墜童博前的譜牒與本村馬侯沙户相同。一世祖奥麻。本譜内容爲世系,至簸則凡六十四世。

本譜載於《哈尼族口傳文化譯註全集》第二十卷《紅河州哈尼族譜牒(十一)》

[雲南元陽]英鳥下寨石三簸户譜牒　徐有忠背誦　李美亮搜集　2011年雲南民族出版社排印本　合册　哈漢雙文並註國際音標

該户屬各和支系石氏"賢腦腦瑪然"宗支。從第一世至第二十世墜童博前的譜牒與本村馬侯沙户相同。一世祖奥麻。本譜内容爲世系,至薩簸(常用名石三簸)凡六十七世。

本譜載於《哈尼族口傳文化譯註全集》第二十卷《紅河州哈尼族譜牒(十一)》

[雲南元陽]英鳥下寨李正明户譜牒　李正明背誦　李美亮搜集　2011年雲南民族出版社排印本　合册　哈漢雙文並註國際音標

該户屬各和支系李氏"臘顯然"宗支。從第一世至第二十世墜童博前的譜牒與本村馬侯沙户相同。一世祖奥麻。始遷祖第五十一世策則自元陽縣牛角寨鄉"常妮等"(哈尼語地名,在今牛角寨鄉平寨村的田壩一帶)遷入。本譜内容爲世系,至謀侯凡五十四世。

本譜載於《哈尼族口傳文化譯註全集》第二十卷《紅河州哈尼族譜牒(十一)》

[雲南元陽]英鳥下寨周文祥户譜牒　李正明背誦　李美亮搜集　2011年雲南民族出版社排印本　合册　哈漢雙文並註國際音標

該户屬愛倮支系周氏"演欽然"宗支。從第一世至第二十世墜童博前的譜牒與本村馬侯沙户相同。一世祖奥麻。本譜内容爲世系,至謀礱凡五十七世。

本譜載於《哈尼族口傳文化譯註全集》第二十卷《紅河州哈尼族譜牒(十一)》

[雲南元陽]英鳥下寨吴建明户譜牒　李正明背誦　李美亮搜集　2011年雲南民族出版社排印本　合册　哈漢雙文並註國際音標

該户屬各和支系吴氏"阿迪然"宗支。從第一世至第二十世墜童博前的譜牒與本村馬侯沙户相同。一世祖奥麻。本譜内容爲世系,至簸侯凡六十一世。

本譜載於《哈尼族口傳文化譯註全集》第二十卷《紅河州哈尼族譜牒(十一)》

[雲南元陽]英鳥新寨陳得華户譜牒　李正明背誦　李美亮搜集　2011年雲南民族出版社排印本　合册　哈漢雙文並註國際音標

該户屬愛倮支系陳氏宗支。一世祖奥麻。始遷祖第五十八世謀省自元陽縣攀枝花鄉洞浦村遷入。本譜内容爲世系,至謀省凡五十八世。

本譜載於《哈尼族口傳文化譯註全集》第二十卷《紅河州哈尼族譜牒(十一)》

[雲南元陽]英鳥新寨張文學户譜牒　李正明背誦　李美亮搜集　2011年雲南民族出版社排印本　合册　哈漢雙文並註國際音標

該户屬愛倮支系張氏"斗們然"宗支。從第一世至第十六世烏鴻冉前的譜牒與本村陳得華户相同。一世祖奧麻。本譜内容爲世系,至侯嘎(常用名張文學)凡六十世。

本譜載於《哈尼族口傳文化譯註全集》第二十卷《紅河州哈尼族譜牒(十一)》

[雲南元陽]伍家寨周文祥户譜牒　李正明、周文祥背誦　李美亮搜集　2011年雲南民族出版社排印本　合册　哈漢雙文並註國際音標

該户屬愛倮支系周氏"矣欽然"宗支。一世祖奧翁。始遷祖第五十七世謀礱自元陽縣牛角寨鄉英鳥上寨遷入。本譜内容爲世系,至侯薩凡六十世。

本譜載於《哈尼族口傳文化譯註全集》第二十卷《紅河州哈尼族譜牒(十一)》

[雲南元陽]墮尼下寨馬福興户譜牒　馬福興背誦　李美亮搜集　2011年雲南民族出版社排印本　合册　哈漢雙文並註國際音標

該户屬各和支系馬氏"瑪則然"宗支。一世祖奧窩。始遷祖第五十五世歐魯自元陽縣牛角寨鄉罵哈下寨遷入。本譜内容爲世系,至礱薩凡六十五世。

本譜載於《哈尼族口傳文化譯註全集》第二十卷《紅河州哈尼族譜牒(十一)》

[雲南元陽]墮尼下寨羅玉福户譜牒　羅玉福背誦　李美亮搜集　2011年雲南民族出版社排印本　合册　哈漢雙文並註國際音標

該户屬各和支系羅氏"儂竜然"宗支。從第一世至第八世蘇咪迂前的譜牒與本村馬福興户相同。一世祖奧窩。始遷祖第五十六世拔森自元陽縣牛角寨鄉腳弄村經墮尼下寨遷入。本譜内容爲世系,至凹文凡六十五世。

本譜載於《哈尼族口傳文化譯註全集》第二十卷《紅河州哈尼族譜牒(十一)》

[雲南元陽]墮尼下寨王正忠户譜牒　王正忠背誦　李美亮搜集　2011年雲南民族出版社排印本　合册　哈漢雙文並註國際音標

該户屬多泥支系王氏宗支。始遷祖即一世祖童福自元陽縣沙拉托鄉哈卡村遷入。本譜内容爲世系,至里斗凡八世。

本譜載於《哈尼族口傳文化譯註全集》第二十卷《紅河州哈尼族譜牒(十一)》

[雲南元陽]核桃寨白書文户譜牒　白書文背誦　李美亮搜集　2011年雲南民族出版社排印本　合册　哈漢雙文並註國際音標

該户屬多泥支系白氏"佬勐然"宗支。一世祖濤海。始遷祖第六世謀矮自元陽縣新街鎮熱水塘村入贅遷入。本譜内容爲世系,至毛斗凡九世。

本譜載於《哈尼族口傳文化譯註全集》第二十卷《紅河州哈尼族譜牒(十一)》

[雲南元陽]鳩媽村趙苗沙户譜牒　趙苗沙背誦　李美亮搜集　2011年雲南民族出版社排印本　合册　哈漢雙文並註國際音標

該户屬趙氏"莫佐然"宗支。一世祖奧翁。始遷祖第五十九世策簸自元陽縣馬街鄉送妹村遷入。本譜内容爲世系,至則演凡六十八世。

本譜載於《哈尼族口傳文化譯註全集》第二十卷《紅河州哈尼族譜牒(十一)》

[雲南元陽]鳩媽村馬洪光户譜牒　馬洪光背誦　李美亮搜集　2011年雲南民族出版社排印本　合册　哈漢雙文並註國際音標

該户屬馬氏"莫佐然"宗支。從第一世至第二十九世莫佐宗前的譜牒與本村趙苗沙户相同。一世祖奧翁。始遷祖第六十二世苗薩自元陽縣馬街鄉送妹村遷入。本譜内容爲世系,至侯簸凡六十九世。

本譜載於《哈尼族口傳文化譯註全集》第二十卷《紅河州哈尼族譜牒(十一)》

[雲南元陽]鳩媽村馬沙木户譜牒　馬沙木背誦　李美亮搜集　2011年雲南民族出版社排印本　合册　哈漢雙文並註國際音標

該户屬各和支系馬氏"莫佐然"宗支。一世祖奧麻。始遷祖第四十九世簡昂自紅河縣么索村遷入。本譜内容爲世系,至侯仆凡五十八世。

本譜載於《哈尼族口傳文化譯註全集》第二十卷《紅河州哈尼族譜牒(十一)》

[雲南元陽]觀音山村白擁則户譜牒　白擁則背誦　李美亮搜集　2011年雲南民族出版社排印本　合册　哈漢雙文並註國際音標

該户屬各和支系白氏宗支。一世祖蘇咪。始遷祖第四十七世薩苗自元陽縣馬街鄉新興二寨遷入。本譜内容爲世系,至毛嘎凡五十二世。

本譜載於《哈尼族口傳文化譯註全集》第二十卷《紅河州哈尼族譜牒(十一)》

[雲南元陽]倮沙村車窩鋪户譜牒　車窩鋪背誦　李美亮搜集　2011年雲南民族出版社排印本　合册　哈漢雙文並註國際音標

該户屬各和支系"苗芝然"宗支。原姓郭,後改姓車。一世祖奥瑪。本譜内容爲世系,至窩苗凡五十八世。

本譜載於《哈尼族口傳文化譯註全集》第二十卷《紅河州哈尼族譜牒(十一)》

[雲南元陽]如新寨白嘎普户譜牒　白嘎普背誦　李美亮搜集　2011年雲南民族出版社排印本　合册　哈漢雙文並註國際音標

該户屬各和支系白氏"妮竜然"宗支。始遷祖即一世祖空侯自元陽縣馬街鄉土弄村遷入。本譜内容爲世系,至斗帕凡十一世。

本譜載於《哈尼族口傳文化譯註全集》第二十卷《紅河州哈尼族譜牒(十一)》

[雲南元陽]昆普新寨吴喊沙户譜牒　吴春籏背誦　李美亮搜集　2011年雲南民族出版社排印本　合册　哈漢雙文並註國際音標

該户屬各和支系吴氏"策奶然"宗支。始遷祖即一世祖歐哺自元陽縣馬街鄉如新寨遷入。本譜内容爲世系,至森仆凡十世。

本譜載於《哈尼族口傳文化譯註全集》第二十卷《紅河州哈尼族譜牒(十一)》

[雲南元陽]昆普新寨白卜斗户譜牒　白卜斗背誦　李美亮搜集　2011年雲南民族出版社排印本　合册　哈漢雙文並註國際音標

該户屬各和支系白氏"孬竜然"宗支。始遷祖即一世祖薩舉自元陽縣馬街鄉如新寨外遷,經昆普大寨遷入。本譜内容爲世系,至簡侯凡七世。

本譜載於《哈尼族口傳文化譯註全集》第二十卷《紅河州哈尼族譜牒(十一)》

[雲南元陽]昆普新寨李幹習户譜牒　李幹習背誦　李美亮搜集　2011年雲南民族出版社排印本　合册　哈漢雙文並註國際音標

該户屬各和支系李氏"比瑪然"宗支。始遷祖即一世祖薩侯自元陽縣馬街鄉麻栗鄉外遷,經昆普大寨遷入。本譜内容爲世系,至薩仆凡七世。

本譜載於《哈尼族口傳文化譯註全集》第二十卷《紅河州哈尼族譜牒(十一)》

[雲南元陽]瓦那新寨張建華户譜牒　張建華背誦　李美亮搜集　2011年雲南民族出版社排印本　合册　哈漢雙文並註國際音標

該户屬各和支系"春依然"宗支。一世祖蘇咪。始遷祖第四十六世策薩自紅河縣阿扎河過者上寨遷入。本譜内容爲世系,至侯養凡五十九世。

本譜載於《哈尼族口傳文化譯註全集》第二十卷《紅河州哈尼族譜牒(十一)》

[雲南元陽]瓦那新寨刀俊户譜牒　刀俊背誦　李美亮搜集　2011年雲南民族出版社排印本　合册　哈漢雙文並註國際音標

該户屬各和支系。一世祖毛娘。始遷祖第三世牛斗於1963年自元陽縣俄扎鄉俄瑪村遷入。本譜内容爲世系,至薩籏(常用名刀俊)凡五世。

本譜載於《哈尼族口傳文化譯註全集》第二十卷《紅河州哈尼族譜牒(十一)》

[雲南元陽]瓦那新寨唐阿龍户譜牒　唐阿龍背誦　李美亮搜集　2011年雲南民族出版社排印本　合册　哈漢雙文並註國際音標

該户屬各和支系"批妮然"宗支。始遷祖即一世祖毛則自元陽縣馬街鄉土弄村遷入。本譜内容爲世系，至仆策凡七世。

本譜載於《哈尼族口傳文化譯註全集》第二十卷《紅河州哈尼族譜牒（十一）》

［雲南元陽］瓦那舊寨馬哈沙户譜牒　馬哈沙（喊薩）背誦　李美亮搜集　2011年雲南民族出版社排印本　合册　哈漢雙文並註國際音標

該户屬各和支系馬氏"摸索然"宗支。一世祖墜宗。本譜内容爲世系，至喊薩（常用名馬哈沙）凡九世。

本譜載於《哈尼族口傳文化譯註全集》第二十卷《紅河州哈尼族譜牒（十一）》

［雲南元陽］瓦那舊寨吴相福户譜牒　吴相福背誦　李美亮搜集　2011年雲南民族出版社排印本　合册　哈漢雙文並註國際音標

該户屬各和支系"策奶然"宗支。一世祖嚷侯。本譜内容爲世系，至簸侯凡十一世。

本譜載於《哈尼族口傳文化譯註全集》第二十卷《紅河州哈尼族譜牒（十一）》

［雲南元陽］瓦那舊寨馬龍簸户譜牒　馬龍簸背誦　李美亮搜集　2011年雲南民族出版社排印本　合册　哈漢雙文並註國際音標

該户屬各和支系"莫佐然"宗支。一世祖軌簡。本譜内容爲世系，至喇斗凡十一世。

本譜載於《哈尼族口傳文化譯註全集》第二十卷《紅河州哈尼族譜牒（十一）》

［雲南元陽］木梳賈村李建文户譜牒　李毛斗背誦　李美亮搜集　2011年雲南民族出版社排印本　合册　哈漢雙文並註國際音標

該户屬李氏"毛佐然"宗支。一世祖蘇咪。本譜内容爲世系，至嘎斗凡五十一世。

本譜載於《哈尼族口傳文化譯註全集》第二十卷《紅河州哈尼族譜牒（十一）》

［雲南元陽］木梳賈村李蘭卜户譜牒　李蘭卜背誦　李美亮搜集　2011年雲南民族出版社排印本　合册　哈漢雙文並註國際音標

該户屬李氏"妮摸然"宗支。一世祖妮摸。本譜内容爲世系，至録光凡二十二世。

本譜載於《哈尼族口傳文化譯註全集》第二十卷《紅河州哈尼族譜牒（十一）》

［雲南元陽］木梳賈村李躍光户譜牒　李躍光背誦　李美亮搜集　2011年雲南民族出版社排印本　合册　哈漢雙文並註國際音標

該户屬李氏"崩嚕然"宗支。從第一世至第二十八世車瑟前的譜牒與本村李建文户譜牒相同。一世祖蘇咪。本譜内容爲世系，至仆簸凡四十世。

本譜載於《哈尼族口傳文化譯註全集》第二十卷《紅河州哈尼族譜牒（十一）》

［雲南元陽］木梳賈村張忠侯户譜牒　張忠侯（侯苗）背誦　李美亮搜集　2011年雲南民族出版社排印本　合册　哈漢雙文並註國際音標

該户屬各和支系張氏"春依然"宗支。一世祖簸飄。本譜内容爲世系，至侯苗（常用名張忠侯）凡十五世。

本譜載於《哈尼族口傳文化譯註全集》第二十卷《紅河州哈尼族譜牒（十一）》

［雲南元陽］送妹村何嘎成户譜牒　何嘎成背誦　李美亮搜集　2011年雲南民族出版社排印本　合册　哈漢雙文並註國際音標

該户屬各和支系何氏"哪竜然"宗支。一世祖嘎普。始遷祖第五世簡録於1909年自"哺七"（疑在今紅河縣石頭寨鄉么索村委會境内）遷入。本譜内容爲世系，至簸薩凡八世。

本譜載於《哈尼族口傳文化譯註全集》第二十卷《紅河州哈尼族譜牒（十一）》

［雲南元陽］送妹村李沙們户譜牒　李沙們背誦　李美亮搜集　2011年雲南民族出版社排印本　合册　哈漢雙文並註國際音標

該户屬李氏"策散然"宗支。一世祖蘇咪。始遷祖第三十五世庫矮自紅河縣石頭寨鄉么索上寨遷入。本譜内容爲世系，至則斗凡四十五世。

本譜載於《哈尼族口傳文化譯註全集》第二十

卷《紅河州哈尼族譜牒(十一)》

[雲南元陽]送妹村馬成永户譜牒 馬斗沙背誦 李美亮搜集 2011年雲南民族出版社排印本 合册 哈漢雙文並註國際音標

該户屬馬氏"昂璋然"宗支。一世祖奥翁。本譜内容爲世系,至策勇(常用名馬成永)凡七十一世。

本譜載於《哈尼族口傳文化譯註全集》第二十卷《紅河州哈尼族譜牒(十一)》

[雲南元陽]阿八寨羅正祥户譜牒 羅成沙背誦 李美亮搜集 2011年雲南民族出版社排印本 合册 哈漢雙文並註國際音標

該户屬各和支系羅氏"烏松然"宗支。一世祖蘇咪。始遷祖第二十七世飄簡自紅河縣遷入。本譜内容爲世系,至策發凡三十三世。

本譜載於《哈尼族口傳文化譯註全集》第二十卷《紅河州哈尼族譜牒(十一)》

[雲南元陽]阿八寨王光福户譜牒 王光福背誦 李美亮搜集 2011年雲南民族出版社排印本 合册 哈漢雙文並註國際音標

該户屬各和支系宗支。該户原屬彝族。原姓孔,第五世子站自幼體弱多病,改用乾爹王姓。一世祖阿魯。本譜内容爲世系,至磐則凡六世。

本譜載於《哈尼族口傳文化譯註全集》第二十卷《紅河州哈尼族譜牒(十一)》

[雲南元陽]阿八寨李批舉户譜牒 李毛斗背誦 李美亮搜集 2011年雲南民族出版社排印本 合册 哈漢雙文並註國際音標

該户屬李氏"毛佐然"宗支。一世祖蘇咪。始遷祖第五十世批舉於1997年自元陽縣馬街鄉木梳賈村遷入。本譜内容爲世系,至批舉(常用名李批舉)凡五十世。

本譜載於《哈尼族口傳文化譯註全集》第二十卷《紅河州哈尼族譜牒(十一)》

[雲南紅河]毛斗周家家族譜系 佚名念誦 普雷碾提供 2008年中國大百科全書出版社排印本 合册

哈尼語哈雅方言家譜。流傳於雲南省紅河縣浪堤鄉紅波洛村委會普戈村。本譜所載僅爲世系,自第一世木瑪至斗州凡六十二世。

本譜載於《中國少數民族古籍總目提要·哈尼族卷》

[雲南紅河]毛然沙家家族譜系 佚名念誦 黄世榮提供 2008年中國大百科全書出版社排印本 合册

哈尼語哈雅方言家譜。流傳於雲南省紅河縣羊街鄉新村委會瑪培下寨。本譜所載僅爲世系,自第一世母翁至然沙凡六十四世。

本譜載於《中國少數民族古籍總目提要·哈尼族卷》

[雲南紅河]浪施上寨白氏家族立譜系 佚名念誦 楊六金記録 2008年中國大百科全書出版社排印本 合册

哈尼語哈雅方言家譜。流傳於雲南省紅河縣。本譜所載僅爲世系,自第一世母翁至者沙凡六十八世。

本譜載於《中國少數民族古籍總目提要·哈尼族卷》

[雲南紅河]浪施上寨白氏家族立譜系 佚名念誦 楊六金記録 2005年民族出版社排印本 合册 哈漢雙文

參見上條。本譜所載僅爲世系,自第一世母翁至者沙凡六十一世,與上條世系略有出入。

本譜載於《紅河哈尼族譜牒》

[雲南紅河]白牛舉家家族譜系 佚名念誦 普雷碾提供 2008年中國大百科全書出版社排印本 合册

哈尼語哈雅方言家譜。流傳於雲南省紅河縣浪堤鄉紅波洛村委會紅波洛村。本譜所載僅爲世系,自第一世木瑪至娘松凡四十九世。

本譜載於《中國少數民族古籍總目提要·哈尼

族卷》

[雲南紅河]朱唅德家家族譜系　佚名念誦　朱照强提供　2008年中國大百科全書出版社排印本　合册

哈尼語豪白方言家譜。流傳於雲南省紅河縣垤瑪鄉。本譜所載僅爲世系，自第一世吾瑪至直唅唅得三十四世。

本譜載於《中國少數民族古籍總目提要·哈尼族卷》

[雲南紅河]李保忠家家族譜系　佚名念誦　普雷碾提供

哈尼語哈雅方言家譜。流傳於雲南省紅河縣浪堤鄉紅波羅村委會龍普村。本譜所載僅爲世系，自第一世木瑪木翁至别期凡四十六世。

本譜載於《中國少數民族古籍總目提要·哈尼族卷》

[雲南紅河]李嘎禾家家族譜系　佚名念誦　普雷碾提供　2008年中國大百科全書出版社排印本　合册

哈尼語哈雅方言家譜。流傳於雲南省紅河縣樂育鄉樂育村委會阿孟村。本譜所載僅爲世系，自第一世木翁至嘎護凡六十五世。

本譜載於《中國少數民族古籍總目提要·哈尼族卷》

[雲南紅河]李期呼家家族譜系　佚名念誦　普雷碾提供　2008年中國大百科全書出版社排印本　合册

哈尼語哈雅方言家譜。流傳於雲南省紅河縣樂育鄉龍車村委會比子村。本譜所載僅爲世系，自第一世木翁至阿忠凡五十九世。

本譜載於《中國少數民族古籍總目提要·哈尼族卷》

[雲南紅河]李皮周家家族譜系　佚名念誦　普雷碾提供　2008年中國大百科全書出版社排印本　合册

哈尼語哈雅方言家譜。流傳於雲南省紅河縣樂育鄉龍車村委會比子村。本譜所載僅爲世系，自第一世木翁至日孃凡五十三世。

本譜載於《中國少數民族古籍總目提要·哈尼族卷》

[雲南紅河]李博然家家族譜系　佚名念誦　普雷碾提供　2008年中國大百科全書出版社排印本　合册

哈尼語哈雅方言家譜。流傳於雲南省紅河縣樂育鄉樂育村委會娘珠村。本譜所載僅爲世系，自第一世木翁至忠崩凡六十六世。

本譜載於《中國少數民族古籍總目提要·哈尼族卷》

[雲南紅河]李周寶家家族譜系　佚名念誦　普雷碾提供　2008年中國大百科全書出版社排印本　合册

哈尼語哈雅方言家譜。流傳於雲南省紅河縣樂育鄉樂育村委會娘珠村。本譜所載僅爲世系，自第一世木翁至周寶凡六十世。

本譜載於《中國少數民族古籍總目提要·哈尼族卷》

[雲南紅河]李曉東家家族譜系　佚名念誦　普雷碾提供　2008年中國大百科全書出版社排印本　合册

哈尼語哈雅方言家譜。流傳於雲南省紅河縣浪堤鄉紅波洛村委會東沙村。本譜所載僅爲世系，自第一世木瑪至崩尚凡五十一世。

本譜載於《中國少數民族古籍總目提要·哈尼族卷》

[雲南紅河]李娘沙家家族譜系　佚名念誦　普雷碾提供　2008年中國大百科全書出版社排印本　合册

哈尼語哈雅方言家譜。流傳於雲南省紅河縣浪堤鄉浪堤村委會小浪堤村。本譜所載僅爲世系，自第一世木瑪至瑪七凡四十五世。

本譜載於《中國少數民族古籍總目提要·哈尼

族卷》

[雲南紅河]李立娘家家族譜系　佚名念誦　普雷碾提供　2008 年中國大百科全書出版社排印本　合册

哈尼語哈雅方言家譜。流傳於雲南省紅河浪堤鄉浪堤村委會小浪堤村。本譜所載僅爲世系，自第一世木瑪至奴思凡六十七世。

本譜載於《中國少數民族古籍總目提要・哈尼族卷》

[雲南紅河]李保龍家家族譜系　佚名念誦　李保龍提供　2008 年中國大百科全書出版社排印本　合册

哈尼語哈雅方言家譜。流傳於雲南省紅河縣樂育鄉窩夥垤村委會孟卡村。本譜所載僅爲世系，自第一世木瑪至保龍凡五十六世。

本譜載於《中國少數民族古籍總目提要・哈尼族卷》

[雲南紅河]李七卓家家族譜系　佚名念誦　李七卓提供　2008 年中國大百科全書出版社排印本　合册

哈尼語哈雅方言家譜。流傳於雲南省紅河縣樂育鄉大新寨村委會阿女垤村。本譜所載僅爲世系，自第一世娘卓至卓蝦凡三十二世。

本譜載於《中國少數民族古籍總目提要・哈尼族卷》

[雲南紅河]李爲者家家族譜系　佚名念誦　李建黑提供　2008 年中國大百科全書出版社排印本　合册

哈尼語豪白方言家譜。流傳於雲南省紅河縣三村鄉規洞村。本譜所載僅爲世系，自第一世提拾利至爲者凡五十二世。

本譜載於《中國少數民族古籍總目提要・哈尼族卷》

[雲南紅河]左能土司吴氏家族譜系　佚名念誦　楊六金記録　2008 年中國大百科全書出版社排印本　合册

哈尼語哈雅方言家譜。流傳於雲南省紅河縣。本譜所載僅爲世系，自第一世咪翁至龍仰凡六十六世。

本譜載於《中國少數民族古籍總目提要・哈尼族卷》

[雲南紅河]左能土司吴氏家族譜系　佚名念誦　楊六金記録　2005 年民族出版社排印本　合册　哈漢雙文

參見上條。本譜所載僅爲世系，自第一世咪翁至龍仰凡六十世，與上條世系略有出入。

本譜載於《紅河哈尼族譜牒》

[雲南紅河]李沙斗家家族譜系　佚名念誦　普雷碾提供　2008 年中國大百科全書出版社排印本　合册

哈尼語哈雅方言家譜。流傳於雲南省紅河縣樂育鄉樂育村委會爲周村。本譜所載僅爲世系，自第一世木翁至斗克凡六十一世。

本譜載於《中國少數民族古籍總目提要・哈尼族卷》

[雲南紅河]何蝦頗家家族譜系　佚名念誦　普雷碾提供　2008 年中國大百科全書出版社排印本　合册

哈尼語哈雅方言家譜。流傳於雲南省紅河縣浪堤鄉娘普村委會規普村。本譜所載僅爲世系，自第一世木瑪至波思凡四十六世。

本譜載於《中國少數民族古籍總目提要・哈尼族卷》

[雲南紅河]馬博龍家家族譜系　佚名念誦　馬博龍提供　2008 年中國大百科全書出版社排印本　合册

哈尼語哈雅方言家譜。流傳於雲南省紅河縣樂育鄉窩夥垤村委會女東村。本譜所載僅爲世系，自第一世木翁至博龍凡五十二世。

本譜載於《中國少數民族古籍總目提要・哈尼族卷》

[雲南紅河]馬爲娘家家族譜系　佚名念誦　普雷碾提供　2008年中國大百科全書出版社排印本　合册

哈尼語哈雅方言家譜。流傳於雲南省紅河縣樂育鄉龍車村委會比子村。本譜所載僅爲世系,自第一世木瑪至給普凡四十九世。

本譜載於《中國少數民族古籍總目提要·哈尼族卷》

[雲南紅河]馬宏嘎家家族譜系　佚名念誦　馬期偉提供　2008年中國大百科全書出版社排印本　合册

哈尼語哈雅方言家譜。流傳於雲南省紅河縣樂育鄉窩夥垤村委會龍爲村。本譜所載僅爲世系,自第一世木翁宏嘎凡五十九世。

本譜載於《中國少數民族古籍總目提要·哈尼族卷》

[雲南紅河]馬美件家家族譜系　佚名念誦　黄世榮提供　2008年中國大百科全書出版社排印本　合册

哈尼語哈雅方言家譜。流傳於雲南省紅河縣羊街鄉妥垤村委會妥浦下寨。本譜所載僅爲世系,自第一世母翁至美件凡五十八世。

本譜載於《中國少數民族古籍總目提要·哈尼族卷》

[雲南紅河]馬嘎沙家家族譜系　佚名念誦　黄世榮提供　2008年中國大百科全書出版社排印本　合册

哈尼語哈雅方言家譜。流傳於南省紅河縣寶華鄉普臘嘎曲村。本譜所載僅爲世系,自第一世母翁至嘎沙凡五十一世。

本譜載於《中國少數民族古籍總目提要·哈尼族卷》

[雲南紅河]哈木普村唐氏家族譜系　佚名念誦　楊六金記録　2008年中國大百科全書出版社排印本　合册

哈尼語哈雅方言家譜。流傳於雲南省紅河縣。本譜所載僅爲世系,自第一世母翁至愁同凡五十九世。

本譜載於《中國少數民族古籍總目提要·哈尼族卷》

[雲南紅河]哈木普村唐氏家族譜系　佚名念誦　楊六金記録　2005年民族出版社排印本　合册　哈漢雙文

參見上條。本譜所載僅爲世系,自第一世母翁至愁同凡五十二世,與上條世系略有出入。

本譜載於《紅河哈尼族譜牒》

[雲南紅河]陳周舉家家族譜系　佚名念誦　普雷碾提供　2008年中國大百科全書出版社排印本　合册

哈尼語哈雅方言家譜。流傳於雲南省紅河縣樂育鄉龍車村委會比子村。本譜所載僅爲世系,自第一世木翁至周舉凡六十四世。

本譜載於《中國少數民族古籍總目提要·哈尼族卷》

[雲南紅河]陳保忠家家族譜系　佚名念誦　普雷碾提供　2008年中國大百科全書出版社排印本　合册

哈尼語哈雅方言家譜。流傳於雲南省紅河縣浪堤鄉娘普村委會阿蕾村。本譜所載僅爲世系,自第一世木翁至忠保凡六十三世。

本譜載於《中國少數民族古籍總目提要·哈尼族卷》

[雲南紅河]陳期龍家家族譜系　佚名念誦　普雷碾提供　2008年中國大百科全書出版社排印本　合册

哈尼語哈雅方言家譜。流傳於雲南省紅河縣樂育鄉樂育村委會娘珠村。本譜所載僅爲世系,自第一世木瑪至沙件凡六十五世。

本譜載於《中國少數民族古籍總目提要·哈尼族卷》

[雲南紅河]陳龍然家家族譜系　佚名念誦　普

雷碾提供　2008 年中國大百科全書出版社排印本　合册

哈尼語哈雅方言家譜。流傳於雲南省紅河縣浪堤鄉娘普村委會達龍村。本譜所載僅爲世系，自第一世木翁至龍歐凡五十三世。

本譜載於《中國少數民族古籍總目提要・哈尼族卷》

[雲南紅河]陳什嘎家家族譜系　佚名念誦　普雷碾提供　2008 年中國大百科全書出版社排印本　合册

哈尼語哈雅方言家譜。流傳於雲南省紅河縣浪堤鄉娘普村委會阿蕾村。本譜所載僅爲世系，自第一世木翁至博然(什嘎)凡五十四世。

本譜載於《中國少數民族古籍總目提要・哈尼族卷》

[雲南紅河]陳卓保家家族譜系　佚名念誦　陳卓保提供　2008 年中國大百科全書出版社排印本　合册

哈尼語哈雅方言家譜。流傳於雲南省紅河縣樂育鄉窩夥垤村委會龍爲村。本譜所載僅爲世系，自第一世木翁至保桌凡四十八世。

本譜載於《中國少數民族古籍總目提要・哈尼族卷》

[雲南紅河]陳龍爲家家族譜系　佚名念誦　普雷碾提供　2008 年中國大百科全書出版社排印本　合册

哈尼語哈雅方言家譜。流傳於雲南省紅河縣浪堤鄉娘普村委會阿蕾村。本譜所載僅爲世系，自第一世木瑪至克斗凡四十八世。

本譜載於《中國少數民族古籍總目提要・哈尼族卷》

[雲南紅河]常頗龍家家族譜系　佚名念誦　常龍嘎提供　2008 年中國大百科全書出版社排印本　合册

哈尼語哈雅方言家譜。流傳於雲南省紅河縣樂育鄉窩夥垤村委會龍爲村。本譜所載僅爲世系，自第一世木翁至嘎斗凡六十二世。

本譜載於《中國少數民族古籍總目提要・哈尼族卷》

[雲南紅河]常保頗家家族譜系　佚名念誦　普雷碾提供　2008 年中國大百科全書出版社排印本　合册

哈尼語哈雅方言家譜。流傳於雲南省紅河縣樂育鄉窩夥垤村委會孟卡村。本譜所載僅爲世系，自第一世木瑪至保頗凡五十八世。

本譜載於《中國少數民族古籍總目提要・哈尼族卷》

[雲南紅河]架伍六村許氏家族譜系　佚名念誦　楊六金記録　2008 年中國大百科全書出版社排印本　合册

哈尼語哈雅方言家譜。流傳於雲南省紅河縣。本譜所載僅爲世系，自第一世明翁至貴仰凡六十六世。

本譜載於《中國少數民族古籍總目提要・哈尼族卷》

[雲南紅河]架伍六村許氏家族譜系　佚名念誦　楊六金記録　2005 年民族出版社排印本　合册　哈漢雙文

參見上條。本譜所載僅爲世系，自第一世明翁至貴仰凡六十二世，與上條世系略有出入。

本譜載於《紅河哈尼族譜牒》

[雲南紅河]普斗偉家家族譜系　佚名念誦　普保沙提供　2008 年中國大百科全書出版社排印本　合册

哈尼語哈雅方言家譜。流傳於雲南省紅河縣浪堤鄉娘普村委會規普村。本譜所載僅爲世系，自第一世木翁至偉斗凡五十二世。

本譜載於《中國少數民族古籍總目提要・哈尼族卷》

[雲南紅河]普賴碾家家族譜系　佚名念誦　普雷碾提供　2008 年中國大百科全書出版社排印

本　合册

哈尼語哈雅方言家譜。流傳於雲南省紅河縣浪堤鄉娘普村委會朋垤村。本譜所載僅爲世系，自第一世木翁至斗最凡五十六世。

本譜載於《中國少數民族古籍總目提要・哈尼族卷》

[雲南紅河]普博然家家族譜系　佚名念誦　普雷碾提供　2008年中國大百科全書出版社排印本　合册

哈尼語哈雅方言家譜。流傳於雲南省紅河縣浪堤鄉娘普村委會達龍村。本譜所載僅爲世系，自第一世木翁至博然凡五十六世。

本譜載於《中國少數民族古籍總目提要・哈尼族卷》著録

[雲南紅河]普保沙家家族譜系　佚名念誦　普保沙提供　2008年中國大百科全書出版社排印本　合册

哈尼語哈雅方言家譜。流傳於雲南省紅河縣樂育鄉窩夥垤村委會龍爲村。本譜所載僅爲世系，自第一世木翁至保沙凡五十五世。

本譜載於《中國少數民族古籍總目提要・哈尼族卷》

[雲南紅河]規洞村楊氏家族譜系　佚名念誦　楊六金記録　2008年中國大百科全書出版社排印本　合册

哈尼語哈雅方言家譜。流傳於雲南省紅河縣。本譜所載僅爲世系，自第一世提拾利至黑者凡五十二世。

本譜載於《中國少數民族古籍總目提要・哈尼族卷》

[雲南紅河]規洞村楊氏家族譜系　佚名念誦　楊六金記録　2005年民族出版社排印本　合册　哈漢雙文

參見上條。世系與上條同。

本譜載於《紅河哈尼族譜牒》

[雲南紅河]浪堵村龍氏家族譜系　佚名念誦　楊六金記録　2008年中國大百科全書出版社排印本　合册

哈尼語哈雅方言家譜。流傳於雲南省紅河縣。本譜所載僅爲世系，自第一世母翁至龍咀凡四十四世。

本譜載於《中國少數民族古籍總目提要・哈尼族卷》

[雲南紅河]浪堵村龍氏家族譜系　佚名念誦　楊六金記録　2005年民族出版社排印本　合册　哈漢雙文

參見上條。本譜所載僅爲世系，自第一世母翁至威姐凡三十七世。與上條世系有出入。

本譜載於《紅河哈尼族譜牒》

[雲南紅河]龍忠同家家族譜系　佚名念誦　普雷碾提供　2008年中國大百科全書出版社排印本　合册

哈尼語哈雅方言家譜。流傳於雲南省紅河縣浪堤鄉娘普村委會規普村。本譜所載僅爲世系，自第一世木瑪至初娘凡四十五世。

本譜載於《中國少數民族古籍總目提要・哈尼族卷》

[雲南紅河]思陀李姓土司譜系　纂修者不詳　1964年中國科學院民族研究所雲南民族調查組、雲南省歷史研究所民族社會歷史研究室排印本　一册

本譜所載僅爲世系，記録了自木翁至舉者凡七十一代世系，譜内有幾處聯不上，可能有錯漏。

本條目據《雲南省哈尼族社會歷史調查》著録

[雲南紅河]唐盤橘支家庭譜系之一　纂修者不詳　版本不詳

本譜所載僅爲世系，記録了自尊唐盤（雜它明）至舉者凡五十二代世系。現居雲南省景洪市小街鄉阿克新寨。

本條目據1993年第1期《雲南師範大學學報（哲學社會科學版）》載楊忠明撰《哈尼族及東南

亞阿卡人譜系初探》一文著録

[雲南紅河]中寨村王忠龍户譜牒 李龍沙、王坡六背誦 王依學搜集 2011年雲南民族出版社排印本 合册 哈漢雙文並註國際音標

譜主爲"咱塔朋"後裔。第四十二世"你耶"從本鄉曼培村遷到河瑪村委會什虚普瑪村後,再到垤瑪村委會中寨村建寨定居。在世二代後裔未列入譜牒。第五十五世未連名。本譜内容爲世系,至沙黑凡六十八世。

本譜載於《哈尼族口傳文化譯註全集》第十六卷《紅河州哈尼族譜牒(七)》

[雲南紅河]中寨村李學生户譜牒 李學生背誦 李建龍、王依學搜集 2011年雲南民族出版社排印本 合册 哈漢雙文並註國際音標

譜主爲"咱塔朋"後裔。第五十七世"總翁"曾住紅河縣架車鄉規普村委會窩培村、垤瑪鄉牛紅村委會牛紅村、垤瑪村委會塔普村,後遷到垤瑪村委會中寨村定居。第一世至三十二世譜牒與本村王忠龍户譜牒相同。第四十九世、第六十二世、第六十三世未連名。本譜内容爲世系,至沙波凡七十一世。

本譜載於《哈尼族口傳文化譯註全集》第十六卷《紅河州哈尼族譜牒(七)》

[雲南紅河]中明村朱利里户譜牒 朱利里背誦 李建龍、王依學搜集 2011年雲南民族出版社排印本 合册 哈漢雙文並註國際音標

譜主爲"咱塔朋"後裔。第三十九世"咪擁"從南京遷徙,經貴州、玉溪、元江縣因遠鎮安定村,最後遷到紅河縣垤瑪鄉垤瑪村委會垤瑪建寨定居。第五十一世、第五十二世、第六十一世、第六十二世、第六十三世、第六十四世未連名。本譜内容爲世系,至最沙凡七十一世。

本譜載於《哈尼族口傳文化譯註全集》第十六卷《紅河州哈尼族譜牒(七)》

[雲南紅河]中明村朱黑沙户譜牒 朱黑沙背誦 李建龍、王依學搜集 2011年雲南民族出版社排印本 合册 哈漢雙文並註國際音標

譜主爲"咱塔朋"後裔。第一世至六十六世譜牒與本村朱利里户相同。在世三世後裔尚未列入譜牒。第六十八世未連名。本譜内容爲世系,至耶黑凡七十二世。

本譜載於《哈尼族口傳文化譯註全集》第十六卷《紅河州哈尼族譜牒(七)》

[雲南紅河]田壩村朱龍格户譜牒 朱龍格背誦 李建龍、王依學搜集 2011年雲南民族出版社排印本 合册 哈漢雙文並註國際音標

譜主爲"咱塔朋"後裔。先祖從紅河縣垤瑪鄉垤瑪村委會中明村遷到本村委會田壩村定居。在世三世後裔尚未列入譜牒。第五十一世、第六十五世、第六十六世、第六十七世未連名。本譜内容爲世系,至沙龍凡六十九世。

本譜載於《哈尼族口傳文化譯註全集》第十六卷《紅河州哈尼族譜牒(七)》

[雲南紅河]田壩村李王才户譜牒 李王才背誦 李建龍、王依學搜集 2011年雲南民族出版社排印本 合册 哈漢雙文並註國際音標

譜主爲"咱塔朋"後裔。第五十七世"總才"從玉溪市元江縣因遠鎮安定村遷到紅河縣垤瑪鄉垤瑪村委會塔普村建寨,第六十七世"者沙"遷到田壩村定居。第一世至三十二世譜牒與本村朱龍格户相同。在世四世後裔尚未列入譜牒。第四十九世、第六十五世、第六十六世未連名。本譜内容爲世系,至者沙凡六十七世。

本譜載於《哈尼族口傳文化譯註全集》第十六卷《紅河州哈尼族譜牒(七)》

[雲南紅河]田壩村李孟月户譜牒 李孟月背誦 李建龍、王依學搜集 2011年雲南民族出版社排印本 合册 哈漢雙文並註國際音標

譜主爲"咱塔朋"後裔。第六十三世"者三"從紅河縣垤瑪鄉垤瑪村委會塔普村遷到本村委會田壩村定居。第一世至三十二世譜牒與本村朱龍格户相同。在世三世後裔尚未列入譜牒。第五十五世、第五十六世、第五十七世未連名。本譜内容爲

世系，至三者凡六十四世。

本譜載於《哈尼族口傳文化譯註全集》第十六卷《紅河州哈尼族譜牒（七）》

［雲南紅河］塔普村李普黑户譜牒　李普黑背誦　李建龍、王依學搜集　2011年雲南民族出版社排印本　合册　哈漢雙文並註國際音標

譜主爲"咱塔朋"後裔。第五十四世"生五"從玉溪市元江縣因遠鎮安定村遷到紅河縣埡瑪鄉埡瑪村委會塔普村建寨定居。在世三世後裔尚未列入譜牒。第四十九世、第六十五世未連名。本譜内容爲世系，至者薩凡六十九世。

本譜載於《哈尼族口傳文化譯註全集》第十六卷《紅河州哈尼族譜牒（七）》

［雲南紅河］塔普村李社者户譜牒　李社者背誦　李建龍、王依學搜集　2011年雲南民族出版社排印本　合册　哈漢雙文並註國際音標

譜主爲"咱塔朋"後裔。第五十八世"坡歐"遷到塔普村定居。第一世至三十五世譜牒與本村李普黑户相同。在世二世後裔尚未列入譜牒。第五十五世、第五十六世未連名。本譜内容爲世系，至黑呀凡六十四世。

本譜載於《哈尼族口傳文化譯註全集》第十六卷《紅河州哈尼族譜牒（七）》

［雲南紅河］則東達紅村李才忠户譜牒　李才忠背誦　李建龍、王依學搜集　2011年雲南民族出版社排印本　合册　哈漢雙文並註國際音標

譜主爲"咱塔朋"後裔。第三十八世"奴瑪"從紅河縣大羊街鄉新村村委會"奴瑪腳東"（現地名白土克）遷到本縣埡瑪鄉埡瑪村委會腳巴村，再遷到本村委會俄普塔普村定居。在世三世後裔尚未列入譜牒。第五十五世、第五十六世未連名。本譜内容爲世系，至龍才凡六十四世。

本譜載於《哈尼族口傳文化譯註全集》第十六卷《紅河州哈尼族譜牒（七）》

［雲南紅河］腳巴村王者沙户譜牒　王者沙背誦　李建龍、王依學搜集　2011年雲南民族出版社排印本　合册　哈漢雙文並註國際音標

譜主爲"咱塔朋"後裔。先祖從紅河縣埡瑪鄉曼培村委會曼培村遷到本鄉埡瑪村委會中寨村，後又遷本村委會腳巴村定居。在世二世後裔尚未列入譜牒。第五十九世、第六十四世、第六十六世未連名。本譜内容爲世系，至坡者凡六十七世。

本譜載於《哈尼族口傳文化譯註全集》第十六卷《紅河州哈尼族譜牒（七）》

［雲南紅河］腳巴村楊黑啊户譜牒　楊黑啊背誦　李建龍、王依學搜集　2011年雲南民族出版社排印本　合册　哈漢雙文並註國際音標

譜主爲"咱塔朋"後裔。第五十三世"撮者"從紅河縣埡瑪鄉埡瑪村委會遷到本鄉河瑪村委會奪埡村，後又遷回埡瑪村委會腳巴村建寨定居。第一世至三十九世與本村王者沙户相同。在世二世後裔尚未列入譜牒。第四十九世、第五十四世未連名。本譜内容爲世系，至者黑凡六十三世。

本譜載於《哈尼族口傳文化譯註全集》第十六卷《紅河州哈尼族譜牒（七）》

［雲南紅河］腳巴村朱立者户譜牒　朱立者背誦　李建龍、王依學搜集　2011年雲南民族出版社排印本　合册　哈漢雙文並註國際音標

譜主爲"咱塔朋"後裔。第五十七世"咪龍"從紅河縣埡瑪鄉埡瑪村委會遷往本鄉臘哈村委會臘哈村，再遷到埡瑪村委會腳巴村定居。第一世至三十九世譜牒與本村王者沙户相同。在世二世後裔尚未列入譜牒。第五十四世未連名。本譜内容爲世系，至格福凡六十世。

本譜載於《哈尼族口傳文化譯註全集》第十六卷《紅河州哈尼族譜牒（七）》

［雲南紅河］腳巴仰普村王方義户譜牒　王方義背誦　李建龍、王依學搜集　2011年雲南民族出版社排印本　合册　哈漢雙文並註國際音標

譜主爲"咱塔朋"後裔。先祖從紅河縣埡瑪鄉埡瑪村委會遷往本鄉曼培村，再遷本鄉埡瑪村委會中寨村，後到本村委會腳巴村定居。在世三世後裔尚未列入譜牒。第五十七世未連名。本譜内

容爲世系,至者安凡六十六世。

本譜載於《哈尼族口傳文化譯註全集》第十六卷《紅河州哈尼族譜牒(七)》

[雲南紅河]楊八寨村楊立保户譜牒 楊立保背誦 李建龍、王依學搜集 2011年雲南民族出版社排印本 合册 哈漢雙文並註國際音標

譜主爲"咱塔朋"後裔。第六十二世"龍才"從紅河縣垤瑪鄉垤瑪村委會遷往河瑪村委會奪垤村定居,再遷回垤瑪村委會楊八寨建寨定居。在世三世後裔尚未列入譜牒。第四十九世未連名。本譜内容爲世系,至才斗凡六十三世。

本譜載於《哈尼族口傳文化譯註全集》第十六卷《紅河州哈尼族譜牒(七)》

[雲南紅河]楊八寨村李榮沙户譜牒 李榮沙背誦 李建龍、王依學搜集 2011年雲南民族出版社排印本 合册 哈漢雙文並註國際音標

譜主爲"咱塔朋"後裔。第六十五世"龍戛"從本鄉獨格村委會畢確村遷到本鄉垤瑪村委會楊八寨定居。第一世至三十二世與本村楊立保户譜牒相同。在世三世後裔尚未列入譜牒。第五十五世、第五十六世未連名。本譜内容爲世系,至龍戛凡六十五世。

本譜載於《哈尼族口傳文化譯註全集》第十六卷《紅河州哈尼族譜牒(七)》

[雲南紅河]楊八寨村王榮文户譜牒 王榮文背誦 李建龍、王依學搜集 2011年雲南民族出版社排印本 合册 哈漢雙文並註國際音標

該户共祖和遷徙路綫與本村委會王方義户相同。第五十九世、第六十四世、第六十六世未連名。本譜内容爲世系,至波麻凡六十七世。

本譜載於《哈尼族口傳文化譯註全集》第十六卷《紅河州哈尼族譜牒(七)》

[雲南紅河]不迪村李澤沙户譜牒 李澤沙背誦 李建龍、王依學搜集 2011年雲南民族出版社排印本 合册 哈漢雙文並註國際音標

譜主爲"咱塔朋"後裔。遷徙不詳。在世三世後裔尚未列入譜牒。第四十三世、第四十八世未連名。本譜内容爲世系,至日格凡六十一世。

本譜載於《哈尼族口傳文化譯註全集》第十六卷《紅河州哈尼族譜牒(七)》

[雲南紅河]不迪村朱黑沙户譜牒 朱黑沙背誦 李建龍、王依學搜集 2011年雲南民族出版社排印本 合册 哈漢雙文並註國際音標

該户爲"咱塔朋"後裔。遷徙路綫與本村委會中明村朱利里祖先相同。第一世至三十二世譜牒與本村李澤沙户相同。在世三世後裔尚未列入譜牒。第五十一世、第五十二世、第六十一世、第六十二世、第六十三世、第六十四世、第六十八世、第六十九世未連名。本譜内容爲世系,至沙才凡七十二世。

本譜載於《哈尼族口傳文化譯註全集》第十六卷《紅河州哈尼族譜牒(七)》

[雲南紅河]哈頭村李批法户譜牒 李批法背誦 李建龍、王依學搜集 2011年雲南民族出版社排印本 合册 哈漢雙文並註國際音標

譜主爲"咱塔朋"後裔。先祖從玉溪市元江縣因遠鎮安定村遷到紅河縣垤瑪鄉垤瑪村委會哈朋村居住,第五十四世"波最"遷到本村委會哈頭村定居。在世三世後裔尚未列入譜牒。第四十三世、第四十八世未連名。本譜内容爲世系,至波安凡六十一世。

本譜載於《哈尼族口傳文化譯註全集》第十六卷《紅河州哈尼族譜牒(七)》

[雲南紅河]哈頭村白西阿户譜牒 白西阿背誦 李建龍、王依學搜集 2011年雲南民族出版社排印本 合册 哈漢雙文並註國際音標

譜主爲"咱塔朋"後裔。先祖從玉溪市元江縣"則東"(具體地址不詳)遷到紅河縣垤瑪鄉垤瑪村委會賈垤村,再遷到本鄉垤瑪村委會哈頭村定居。第一世至二十世譜牒與本村李批法户相同。在世四世後裔尚未列入譜牒。第四十七世、第四十八世、第五十二世、第六十一世、第六十二世未連名。本譜内容爲世系,至者總凡六十七世。

本譜載於《哈尼族口傳文化譯註全集》第十六卷《紅河州哈尼族譜牒(七)》

[雲南紅河]哈朋村李莫者户譜牒　李莫者背誦　李建龍、王依學搜集　2011年雲南民族出版社排印本　合册　哈漢雙文並註國際音標

譜主爲"咱塔朋"後裔。先祖從紅河縣大羊街鄉遷到垤瑪鄉垤瑪村委會垤瑪村,再遷到本村委會哈朋村定居。在世四世後裔尚未列入譜牒。第五十八世、第五十九世未連名。本譜内容爲世系,至黑沙凡六十六世。

本譜載於《哈尼族口傳文化譯註全集》第十六卷《紅河州哈尼族譜牒(七)》

[雲南紅河]哈朋村李王松户譜牒　李王松背誦　李建龍、王依學搜集　2011年雲南民族出版社排印本　合册　哈漢雙文並註國際音標

譜主爲"咱塔朋"後裔。先祖從紅河縣垤瑪鄉垤瑪村委會俄普村遷到本村委會哈朋村定居。第一世至三十二世譜牒與本村李莫者户相同。在世三世後裔尚未列入譜牒。第五十八世、第五十九世未連名。本譜内容爲世系,至倮沙凡六十六世。

本譜載於《哈尼族口傳文化譯註全集》第十六卷《紅河州哈尼族譜牒(七)》

[雲南紅河]哈朋村李立者户譜牒　李立者背誦　李建龍、王依學搜集　2011年雲南民族出版社排印本　合册　哈漢雙文並註國際音標

譜主爲"咱塔朋"後裔。先祖從紅河縣大羊街鄉車普村委會車普村遷徙到垤瑪鄉垤瑪村委會塔普村居住,第六十二世"才爲"從塔普村遷到本村委會哈朋村定居。第一世至四十八世譜牒與本村李莫者户相同。在世二世後裔尚未列入譜牒。第五十五世、第五十六世未連名。本譜内容爲世系,至哈龍凡六十四世。

本譜載於《哈尼族口傳文化譯註全集》第十六卷《紅河州哈尼族譜牒(七)》

[雲南紅河]哈朋村李初福户譜牒　李初福背誦　李建龍、王依學搜集　2011年雲南民族出版社排印本　合册　哈漢雙文並註國際音標

譜主爲"咱塔朋"後裔。先祖從玉溪市元江縣因遠鎮安定村遷到紅河縣垤瑪鄉垤瑪村委會哈朋村居住。第一世至三十四世譜牒與本村李莫者户相同。在世三世後裔尚未列入譜牒。第四十三世、第四十八世、第五十四世、第五十五世未連名。本譜内容爲世系,至龍黑凡六十世。

本譜載於《哈尼族口傳文化譯註全集》第十六卷《紅河州哈尼族譜牒(七)》

[雲南紅河]哈朋村方孟沙户譜牒　方孟沙背誦　李建龍、王依學搜集　2011年雲南民族出版社排印本　合册　哈漢雙文並註國際音標

該户祖先情況不詳。據譜主口述,其祖先原爲彝族,與紅河縣垤瑪鄉垤瑪村委會東腳村方家爲同一宗支,從本鄉河瑪村委會東腳村遷往垤瑪村委會哈朋村居住後,融入哈尼族。在世三世後裔尚未列入譜牒。本譜内容爲世系,至日龍凡四世。

本譜載於《哈尼族口傳文化譯註全集》第十六卷《紅河州哈尼族譜牒(七)》

[雲南紅河]哈朋村楊學明户譜牒　楊學明背誦　李建龍、王依學搜集　2011年雲南民族出版社排印本　合册　哈漢雙文並註國際音標

譜主爲"咱塔朋"後裔。先祖紅河縣垤瑪鄉河瑪村委會奪垤村遷到本縣三村鄉車同村委會車同村居住。第六十三世"耶波"從車同村遷到紅河縣垤瑪鄉垤瑪村委會哈朋村定居。第一世至三十二世譜牒與本村李莫者户相同。在世三世後裔尚未列入譜牒。本譜内容爲世系,至波周凡六十四世。

本譜載於《哈尼族口傳文化譯註全集》第十六卷《紅河州哈尼族譜牒(七)》

[雲南紅河]普瑪村李哈利者户譜牒　李哈利者背誦　李建龍、王依學搜集　2011年雲南民族出版社排印本　合册　哈漢雙文並註國際音標

譜主爲"咱塔朋"後裔。第六十五世"黑者"從紅河縣垤瑪鄉垤瑪村委會俄普村遷到本村委會普瑪村定居。在世三世後裔尚未列入譜牒。本譜内

容爲世系,至黑者凡六十五世。

本譜載於《哈尼族口傳文化譯註全集》第十六卷《紅河州哈尼族譜牒(七)》

[雲南紅河]普瑪村李成龍户譜牒 李成龍背誦 李建龍、王依學搜集 2011年雲南民族出版社排印本 合册 哈漢雙文並註國際音標

譜主爲"咱塔朋"後裔。第五十一世"推哄"從紅河縣垤瑪鄉河瑪村委會奪垤村遷到本鄉垤瑪村委會普瑪村建寨定居。第一世至五十六世譜牒與本村李哈利者户相同。在世三世後裔尚未列入譜牒。本譜内容爲世系,至龍才凡六十四世。

本譜載於《哈尼族口傳文化譯註全集》第十六卷《紅河州哈尼族譜牒(七)》

[雲南紅河]普瑪村朱立光户譜牒 朱立光背誦 李建龍、王依學搜集 2011年雲南民族出版社排印本 合册 哈漢雙文並註國際音標

譜主爲"咱塔朋"後裔。遷徙不詳。第一世至三十九世譜牒與本村李哈利者户相同。在世三世後裔尚未列入譜牒。第五十四世、第六十六世未連名。本譜内容爲世系,至波戛凡七十六世。

本譜載於《哈尼族口傳文化譯註全集》第十六卷《紅河州哈尼族譜牒(七)》

[雲南紅河]普瑪塔普村朱建者户譜牒 朱建者背誦 李建龍、王依學搜集 2011年雲南民族出版社排印本 合册 哈漢雙文並註國際音標

譜主爲"咱塔朋"後裔。第六十六世"批龍"與"薩波"共同建塔普村並定居。在世三世後裔尚未列入譜牒。第五十四世、第六十六世未連名。本譜内容爲世系,至埡波凡七十四世。

本譜載於《哈尼族口傳文化譯註全集》第十六卷《紅河州哈尼族譜牒(七)》

[雲南紅河]普瑪塔普村李龍沙户譜牒 李龍沙背誦 李建龍、王依學搜集 2011年雲南民族出版社排印本 合册 哈漢雙文並註國際音標

第五十八世"坡歐"從紅河縣大羊街鄉車普村委會車普村遷到垤瑪鄉垤瑪村委會腳巴村,再遷本村委會俄普村,最後在本村委會普瑪塔普村定居。第一世至三十二世譜牒與本村朱建者户相同。在世三世後裔尚未列入譜牒。第五十五世、第五十六世未連名。本譜内容爲世系,至爲坡凡六十三世。

本譜載於《哈尼族口傳文化譯註全集》第十六卷《紅河州哈尼族譜牒(七)》

[雲南紅河]普瑪塔普村李中啊户譜牒 李中啊背誦 李建龍、王依學搜集 2011年雲南民族出版社排印本 合册 哈漢雙文並註國際音標

第五十三世"波者"從紅河縣車古鄉阿期村委會妥昆村遷到垤瑪鄉垤瑪村委會普瑪塔普村定居。第一世至三十二世譜牒與本村朱建者户相同。在世三世後裔尚未列入譜牒。第五十五世、第五十六世未連名。本譜内容爲世系,至八者凡六十三世。

本譜載於《哈尼族口傳文化譯註全集》第十六卷《紅河州哈尼族譜牒(七)》

[雲南紅河]普瑪塔普村李黑龍户譜牒 李黑龍背誦 李建龍、王依學搜集 2011年雲南民族出版社排印本 合册 哈漢雙文並註國際音標

第五十五世"薩波"從紅河縣車古鄉阿期村委會遷到垤瑪鄉臘哈村委會洛紅村,再遷到本鄉垤瑪村委會普瑪塔普村定居。第一世至三十二世譜牒與本村朱建者户相同。在世三世後裔尚未列入譜牒。第四十七世、第五十一世、第五十二世未連名。本譜内容爲世系,至周者凡六十二世。

本譜載於《哈尼族口傳文化譯註全集》第十六卷《紅河州哈尼族譜牒(七)》

[雲南紅河]俄普村李立沙户譜牒 李立沙背誦 李建龍、王依學搜集 2011年雲南民族出版社排印本 合册 哈漢雙文並註國際音標

譜主爲"咱塔朋"後裔。先祖從紅河縣垤瑪鄉河瑪村委會遷到本鄉河瑪村委會奪垤村居住,第五十二世"哄波"從奪垤村遷到本鄉垤瑪村委會俄普村建寨定居。在世三世後裔尚未列入譜牒。第五十八世、第五十九世未連名。本譜内容爲世

系，至總黑凡六十五世。

本譜載於《哈尼族口傳文化譯註全集》第十六卷《紅河州哈尼族譜牒（七）》

[雲南紅河]俄普村李主明户譜牒 李主明背誦 李建龍、王依學搜集 2011年雲南民族出版社排印本 合册 哈漢雙文並註國際音標

先祖從紅河縣車古鄉阿期村委會阿期村遷到垤瑪鄉河瑪村委會普瑪塔普村，再遷到本村委會俄普村定居。第一世至三十二世譜牒與本村李立沙户相同。在世三世後裔尚未列入譜牒。第四十五世、第四十八世未連名。本譜内容爲世系，至波松凡五十八世。

本譜載於《哈尼族口傳文化譯註全集》第十六卷《紅河州哈尼族譜牒（七）》

[雲南紅河]龍歸村李珠寶户譜牒 李珠寶背誦 李建龍、王依學搜集 2011年雲南民族出版社排印本 合册 哈漢雙文並註國際音標

譜主爲"咱塔朋"後裔。第七十三世"安波"遷到紅河縣垤瑪鄉垤瑪村委會龍歸村建寨定居。在世四世後裔尚未列入譜牒。第六十二世、第六十三世、第六十四世未連名。本譜内容爲世系，至安波凡七十三世。

本譜載於《哈尼族口傳文化譯註全集》第十六卷《紅河州哈尼族譜牒（七）》

[雲南紅河]龍歸村李珠福户譜牒 李珠福背誦 李建龍、王依學搜集 2011年雲南民族出版社排印本 合册 哈漢雙文並註國際音標

先祖從紅河縣車古鄉阿期村委會遷到紅河縣垤瑪鄉垤瑪村委會普瑪塔普村居住，第五十八世"波耶"從普瑪塔普村遷到本村委會龍歸村定居。第一世至三十四世譜牒與本村李珠寶户相同。在世二世後裔尚未列入譜牒。第四十五世、第四十八世未連名。本譜内容爲世系，至波耶凡五十八世。

本譜載於《哈尼族口傳文化譯註全集》第十六卷《紅河州哈尼族譜牒（七）》

[雲南紅河]舍哈東哈李約斗户譜牒 李約斗背誦 李建龍、王依學搜集 2011年雲南民族出版社排印本 合册 哈漢雙文並註國際音標

譜主爲"咱塔朋"後裔。第六十一世祖先"通周"遷到紅河縣垤瑪鄉垤瑪村委會舍哈東哈村建寨定居。在世三世後裔尚未列入譜牒。本譜内容爲世系，至爲安凡六十七世。

本譜載於《哈尼族口傳文化譯註全集》第十六卷《紅河州哈尼族譜牒（七）》

[雲南紅河]爲獨村李時黑户譜牒 李時黑背誦 李建龍、王依學搜集 2011年雲南民族出版社排印本 合册 哈漢雙文並註國際音標

譜主爲"咱塔朋"後裔。第七十世"者總"遷到紅河縣垤瑪鄉垤瑪村委會爲獨村建寨定居。在世三世後裔尚未列入譜牒。第五十四世、第六十六世未連名。本譜内容爲世系，至松爲凡七十七世。

本譜載於《哈尼族口傳文化譯註全集》第十六卷《紅河州哈尼族譜牒（七）》

[雲南紅河]宗特村李正黑户譜牒 李正黑背誦 李建龍、王依學搜集 2011年雲南民族出版社排印本 合册 哈漢雙文並註國際音標

譜主爲"咱塔朋"後裔。第六十五世"周波"從紅河縣垤瑪鄉垤瑪村委會俄普村遷到本村委會宗特村定居。在世四世後裔尚未列入譜牒。第五十八世、第五十九世未連名。本譜内容爲世系，至波者凡六十六世。

本譜載於《哈尼族口傳文化譯註全集》第十六卷《紅河州哈尼族譜牒（七）》

[雲南紅河]宗特村張哈啊户譜牒 張哈啊背誦 李建龍、王依學搜集 2011年雲南民族出版社排印本 合册 哈漢雙文並註國際音標

第四十五世"周波"從貴州經昆明、紅河州石屏縣、玉溪市元江縣垤哈遷到紅河縣垤瑪鄉垤瑪村委會宗特村建寨定居。第一世至二十世譜牒與本村李正黑户相同。在世四世後裔尚未列入譜牒。第三十六世未連名。本譜内容爲世系，至者哈凡五十二世。

本譜載於《哈尼族口傳文化譯註全集》第十六

卷《紅河州哈尼族譜牒(七)》

[雲南紅河]臘哈村李周龍户譜牒 李周龍背誦 李建龍、王依學搜集 2011年雲南民族出版社排印本 合册 哈漢雙文並註國際音標

譜主爲"咱塔朋"後裔。第五十三世"黑背"、"朱歐才"從紅河縣車古鄉阿期村委會魯龍村遷到垤瑪鄉臘哈村委會臘哈村建寨定居。在世四世後裔尚未列入譜牒。第四十二世、第四十三世、第五十三世未連名。本譜内容爲世系,至們者凡五十八世。

本譜載於《哈尼族口傳文化譯註全集》第十六卷《紅河州哈尼族譜牒(七)》

[雲南紅河]作曲村李歐黑户譜牒 李歐黑背誦 李建龍、王依學搜集 2011年雲南民族出版社排印本 合册 哈漢雙文並註國際音標

譜主爲"咱塔朋"後裔。第五十五世"啊海"從紅河縣車古鄉阿期村委會魯龍村遷到垤瑪鄉臘哈村委會臘哈村,後又遷到本村委會作曲村定居。在世三世後裔尚未列入譜牒。第四十二世、第四十三世、第五十三世、第五十五世未連名。本譜内容爲世系,至沙坡凡五十七世。

本譜載於《哈尼族口傳文化譯註全集》第十六卷《紅河州哈尼族譜牒(七)》

[雲南紅河]賈瑪村李啊波户譜牒 李啊波背誦 李建龍、王依學搜集 2011年雲南民族出版社排印本 合册 哈漢雙文並註國際音標

譜主爲"咱塔朋"後裔。第五十四世"海周"從紅河縣車古鄉阿期村委會遷到垤瑪鄉臘哈村委會洛紅、臘哈村,後在本村委會賈瑪村定居。在世四世後裔尚未列入譜牒。第四十七世、第四十八世、第五十一世、第五十二世未連名。本譜内容爲世系,至孟安凡五十八世。

本譜載於《哈尼族口傳文化譯註全集》第十六卷《紅河州哈尼族譜牒(七)》

[雲南紅河]塔普村李啊龍户譜牒 李啊龍背誦 李建龍、王依學搜集 2011年雲南民族出版社排印本 合册 哈漢雙文並註國際音標

譜主爲"咱塔朋"後裔。第五十五世"波亥"從紅河縣垤瑪鄉臘哈村委會臘哈村遷到本村委會塔普村建寨定居。在世三世後裔尚未列入譜牒。第四十二世、第四十三世、第五十三世未連名。本譜内容爲世系,至才安凡六十一世。

本譜載於《哈尼族口傳文化譯註全集》第十六卷《紅河州哈尼族譜牒(七)》

[雲南紅河]東哈村李時沙户譜牒 李時沙背誦 李建龍、王依學搜集 2011年雲南民族出版社排印本 合册 哈漢雙文並註國際音標

譜主爲"咱塔朋"後裔。第六十一世"亞才"從紅河縣車古鄉阿期村委會魯龍村遷到垤瑪鄉臘哈村委東哈村定居。在世三世後裔尚未列入譜牒。第四十二世、第四十三世、第五十三世未連名。本譜内容爲世系,至亞才凡六十一世。

本譜載於《哈尼族口傳文化譯註全集》第十六卷《紅河州哈尼族譜牒(七)》

[雲南紅河]東哈村李黑沙户譜牒 李黑沙背誦 李建龍、王依學搜集 2011年雲南民族出版社排印本 合册 哈漢雙文並註國際音標

第六十一世"格黑"從紅河縣車古鄉阿期村委會遷至垤瑪鄉臘哈村委洛紅村,繼遷臘哈、賈瑪村,後定居於本村委會東哈村。本譜内容爲世系,至格黑凡六十一世。

本譜載於《哈尼族口傳文化譯註全集》第十六卷《紅河州哈尼族譜牒(七)》

[雲南紅河]東哈村朱直阿户譜牒 朱直阿背誦 李建龍、王依學搜集 2011年雲南民族出版社排印本 合册 哈漢雙文並註國際音標

第六十五世"斗番"從紅河縣垤瑪鄉垤瑪村委會遷到本鄉臘哈村委會臘哈村,再遷到本村委會東哈村定居。第一世至三十二世譜牒與本村李時沙户相同。在世三世後裔尚未列入譜牒。第五十四世、第六十四世、第六十五世、第六十六世未連名。本譜内容爲世系,至才者凡六十九世。

本譜載於《哈尼族口傳文化譯註全集》第十六

卷《紅河州哈尼族譜牒(七)》

[雲南紅河]三家村李孟福户譜牒　李孟福背誦　李建龍、王依學搜集　2011年雲南民族出版社排印本　合册　哈漢雙文並註國際音標

譜主爲"咱塔朋"後裔。第六十世"耶黑"從紅河縣車古鄉阿期村委會魯龍村遷到埡瑪鄉臘哈村委臘哈村,再遷到本村委會三家村定居。在世三世後裔尚未列入譜牒。第四十二世、第四十三世、第五十三世未連名。本譜内容爲世系,至耶最凡六十二世。

本譜載於《哈尼族口傳文化譯註全集》第十六卷《紅河州哈尼族譜牒(七)》

[雲南紅河]普施村李直啊户譜牒　李直啊背誦　李建龍、王依學搜集　2011年雲南民族出版社排印本　合册　哈漢雙文並註國際音標

譜主爲"咱塔朋"後裔。第六十一世"波沙"從埡瑪鄉臘哈村委會遷到本村委會普施村定居。在世三世後裔尚未列入譜牒。第四十二世、第四十三世、第五十三世、第五十八世、第五十九世未連名。本譜内容爲世系,至波沙凡六十一世。

本譜載於《哈尼族口傳文化譯註全集》第十六卷《紅河州哈尼族譜牒(七)》

[雲南紅河]普施村朱偉沙户譜牒　朱偉沙背誦　李建龍、王依學搜集　2011年雲南民族出版社排印本　合册　哈漢雙文並註國際音標

第七十二世"哄黑"從紅河縣埡瑪鄉河瑪村委會達白村遷往埡瑪村委會腳巴村,再遷到臘哈村委會臘哈村,最後在本村委會普施村定居。第一世至三十二世譜牒與本村李直啊户相同。在世三世後裔尚未列入譜牒。第五十四世、第六十六世未連名。本譜内容爲世系,至黑者凡七十三世。

本譜載於《哈尼族口傳文化譯註全集》第十六卷《紅河州哈尼族譜牒(七)》

[雲南紅河]臘哈壩東村李皮龍户譜牒　李皮龍背誦　李建龍、王依學搜集　2011年雲南民族出版社排印本　合册　哈漢雙文並註國際音標

譜主爲"咱塔朋"後裔。第五十八世"章耶"從紅河縣車古鄉阿期村委會魯龍村遷到埡瑪鄉臘哈村委會臘哈村,再遷到臘哈壩東村定居。在世三世後裔尚未列入譜牒。第四十二世、第四十三世、第五十三世、第五十八世未連名。本譜内容爲世系,至三者凡六十一世。

本譜載於《哈尼族口傳文化譯註全集》第十六卷《紅河州哈尼族譜牒(七)》

[雲南紅河]洛紅村李白福户譜牒　李白福背誦　李建龍、王依學搜集　2011年雲南民族出版社排印本　合册　哈漢雙文並註國際音標

譜主爲"咱塔朋"後裔。第五十四世"海沙"從紅河縣車古鄉阿期村委會阿期村遷到埡瑪鄉臘哈村委會洛紅村定居。在世三世後裔尚未列入譜牒。第四十七世、第四十八世、第五十一世、第五十二世、第五十七世、第五十八世未連名。本譜内容爲世系,至坡車凡六十一世。

本譜載於《哈尼族口傳文化譯註全集》第十六卷《紅河州哈尼族譜牒(七)》

[雲南紅河]洛紅村趙啊三户譜牒　趙啊三背誦　李建龍、王依學搜集　2011年雲南民族出版社排印本　合册　哈漢雙文並註國際音標

第一世"挨者"爲普洱市墨江縣龍壩鄉石頭寨哈尼族(阿松支系),後私奔到紅河縣埡瑪鄉臘哈村委會洛紅村定居。在世三世後裔尚未列入譜牒。第二世、第四世、第六世未連名。本譜内容爲世系,至批安凡六世。

本譜載於《哈尼族口傳文化譯註全集》第十六卷《紅河州哈尼族譜牒(七)》

[雲南紅河]洛紅村段批戛户譜牒　段批戛背誦　李建龍、王依學搜集　2011年雲南民族出版社排印本　合册　哈漢雙文並註國際音標

第一世"批黑"原爲白族,從紅河車古鄉么當村委會哈啊村遷到埡瑪鄉河瑪村委會賈埡村,最後在臘哈村委會洛紅村定居,融入哈尼族。在世二世後裔尚未列入譜牒。本譜内容爲世系,至者黑凡八世。

本譜載於《哈尼族口傳文化譯註全集》第十六卷《紅河州哈尼族譜牒(七)》

[雲南紅河]洛紅村朱生福户譜牒　朱生福背誦　李建龍、王依學搜集　2011年雲南民族出版社排印本　合册　哈漢雙文並註國際音標

第七十四世"黑才"從紅河縣垤瑪鄉垤瑪村委會達白村遷到本鄉臘哈村委會洛紅村定居。第一世至三十二世譜牒與本村李白福户相同。在世三世後裔尚未列入譜牒。第五十四世、第六十五世未連名。本譜内容爲世系,至黑才凡七十四世。

本譜載於《哈尼族口傳文化譯註全集》第十六卷《紅河州哈尼族譜牒(七)》

[雲南紅河]河瑪村楊孟福户譜牒　楊孟福背誦　李建龍、王依學搜集　2011年雲南民族出版社排印本　合册　哈漢雙文並註國際音標

譜主爲"咱塔朋"後裔。第五十八世"波最"從紅河縣垤瑪鄉河瑪村委會"奪垤牛角"(地名)遷到本村委會河瑪村定居。在世三世後裔尚未列入譜牒。本譜内容爲世系,至者波凡六十四世。

本譜載於《哈尼族口傳文化譯註全集》第十六卷《紅河州哈尼族譜牒(七)》

[雲南紅河]河瑪村李珠寶户譜牒　李珠寶背誦　李建龍、王依學搜集　2011年雲南民族出版社排印本　合册　哈漢雙文並註國際音標

祖先從本村委會奪垤村遷入河瑪村定居。譜主與本村李黑龍爲同一宗支,現已相隔十五世。第一世至四十世譜牒與本村楊孟福户相同。在世三世後裔尚未列入譜牒。第五十五世、第五十六世未連名。本譜内容爲世系,至沙才凡六十二世。

本譜載於《哈尼族口傳文化譯註全集》第十六卷《紅河州哈尼族譜牒(七)》

[雲南紅河]河瑪村李黑龍户譜牒　李黑龍背誦　李建龍、王依學搜集　2011年雲南民族出版社排印本　合册　哈漢雙文並註國際音標

第五十世"瑪推"從紅河縣垤瑪鄉河瑪村委會遷到本鄉河瑪村委會河瑪村建寨定居。第一世至四十世譜牒與本村楊孟福户相同。在世三世後裔尚未列入譜牒。第五十五世、第五十六世未連名。本譜内容爲世系,至龍爲凡六十八世。

本譜載於《哈尼族口傳文化譯註全集》第十六卷《紅河州哈尼族譜牒(七)》

[雲南紅河]河瑪村段波直户譜牒　段波直背誦　李建龍、王依學搜集　2011年雲南民族出版社排印本　合册　哈漢雙文並註國際音標

據譜主口述,先祖段氏爲白族,從玉溪市元江縣因遠鎮"個斗"(哈尼語地名),經擇東、那諾,遷到紅河縣車古鄉么當村委會哈啊村居住,再遷到垤瑪鄉河瑪村委會河瑪村定居,融入哈尼族。在世三世後裔尚未列入譜牒。本譜内容爲世系,至格斗凡十一世。

本譜載於《哈尼族口傳文化譯註全集》第十六卷《紅河州哈尼族譜牒(七)》

[雲南紅河]河瑪村王好者户譜牒　王好者背誦　李建龍、王依學搜集　2011年雲南民族出版社排印本　合册　哈漢雙文並註國際音標

譜主爲"咱塔朋"後裔。第六十六世"黑者"從紅河縣垤瑪鄉河瑪村委會腳巴村遷到本鄉河瑪村委會河瑪村建寨定居。在世三世後裔尚未列入譜牒。第五十九世、第六十四世未連名。本譜内容爲世系,至者安凡六十七世。

本譜載於《哈尼族口傳文化譯註全集》第十六卷《紅河州哈尼族譜牒(七)》

[雲南紅河]河瑪村李建陸户譜牒　李建陸背誦　李建龍、王依學搜集　2011年雲南民族出版社排印本　合册　哈漢雙文並註國際音標

譜主爲"咱塔朋"後裔。先祖從紅河縣垤瑪鄉河瑪村委會奪垤村遷到曼培村委會定居,第六十世"斗麻"從本鄉曼培村委會崩昆村遷河瑪村建寨定居。在世四世後裔尚未列入譜牒。本譜内容爲世系,至龍坐凡六十四世。

本譜載於《哈尼族口傳文化譯註全集》第十六卷《紅河州哈尼族譜牒(七)》

[雲南紅河]塔普村楊克者户譜牒　楊克者背誦　李建龍、王依學搜集　2011年雲南民族出版社排印本　合册　哈漢雙文並註國際音標

譜主爲"咱塔朋"後裔。第五十一世"最沖"遷徙到紅河縣垤瑪村委會垤瑪村,後又遷徙到本鄉河瑪村委會塔普村定居。在世三世後裔尚未列入譜牒。第五十四世未連名。本譜内容爲世系,至安黑凡六十四世。

本譜載於《哈尼族口傳文化譯註全集》第十六卷《紅河州哈尼族譜牒(七)》

[雲南紅河]嘎腳村楊松簡户譜牒　楊松簡背誦　李建龍、王依學搜集　2011年雲南民族出版社排印本　合册　哈漢雙文並註國際音標

譜主爲"咱塔朋"後裔。第五十三世"最戛"從紅河縣垤瑪鄉河瑪村委會塔普村遷到本村委會戛腳村建寨定居。本譜内容爲世系,至偉松凡六十五世。

本譜載於《哈尼族口傳文化譯註全集》第十六卷《紅河州哈尼族譜牒(七)》

[雲南紅河]奪垤村楊伙者户譜牒　楊伙者背誦　李建龍、王依學搜集　2011年雲南民族出版社排印本　合册　哈漢雙文並註國際音標

譜主爲"咱塔朋"後裔。先祖從紅河縣垤瑪鄉垤瑪村委會遷到本鄉河瑪村委會奪垤村定居。在世四世後裔尚未列入譜牒。第五十四世未連名。本譜内容爲世系,至科黑凡六十六世。

本譜載於《哈尼族口傳文化譯註全集》第十六卷《紅河州哈尼族譜牒(七)》

[雲南紅河]奪垤村李孟發户譜牒　李孟發背誦　李建龍、王依學搜集　2011年雲南民族出版社排印本　合册　哈漢雙文並註國際音標

該户遷徙不詳。第五十四世是紅河縣垤瑪鄉河瑪村委會奪垤村的建寨人。第一世至四十世譜牒與本村楊伙者户相同。在世三世後裔尚未列入譜牒。本譜内容爲世系,至者安凡六十五世。

本譜載於《哈尼族口傳文化譯註全集》第十六卷《紅河州哈尼族譜牒(七)》

[雲南紅河]賈垤村白批者户譜牒　白批者背誦　李建龍、王依學搜集　2011年雲南民族出版社排印本　合册　哈漢雙文並註國際音標

譜主爲"咱塔朋"後裔。第六十五世"者黑"從玉溪市元江縣那諾鄉遷入紅河縣垤瑪鄉河瑪村委會賈垤村,與段批黑共同建賈垤村定居。在世三世後裔尚未列入譜牒。第四十七世、第四十八世、第五十二世、第六十一世、第六十二世、第六十八世未連名。本譜内容爲世系,至福者凡七十三世。

本譜載於《哈尼族口傳文化譯註全集》第十六卷《紅河州哈尼族譜牒(七)》

[雲南紅河]批哈村楊爲龍户譜牒　楊爲龍背誦　李建龍、王依學搜集　2011年雲南民族出版社排印本　合册　哈漢雙文並註國際音標

譜主爲"咱塔朋"後裔。第五十七世"者最"從紅河縣垤瑪鄉河瑪村委會奪垤村遷到本村委會批哈村建寨定居。在世三世後裔尚未列入譜牒。第五十五世未連名。本譜内容爲世系,至安波凡六十四世。

本譜載於《哈尼族口傳文化譯註全集》第十六卷《紅河州哈尼族譜牒(七)》

[雲南紅河]批哈獨家村王啊松户譜牒　王啊松背誦　李建龍、王依學搜集　2011年雲南民族出版社排印本　合册　哈漢雙文並註國際音標

譜主爲"咱塔朋"後裔。第五十九世"者牙"從紅河垤瑪鄉曼培村委會曼培村遷到三村鄉車同村委會一竹村,再遷到本村委會梅垤村,最後在垤瑪鄉河瑪村委會批哈獨家寨建寨定居。在世三世後裔尚未列入譜牒。第五十八世未連名。本譜内容爲世系,至斗者凡六十三世。

本譜載於《哈尼族口傳文化譯註全集》第十六卷《紅河州哈尼族譜牒(七)》

[雲南紅河]紅九格村楊克龍户譜牒　楊克龍背誦　李建龍、王依學搜集　2011年雲南民族出版社排印本　合册　哈漢雙文並註國際音標

譜主爲"咱塔朋"後裔。第五十九世"最黑"從紅河縣垤瑪鄉河瑪村委會奪垤村遷到曼培村委會

崩昆村,後遷到河瑪村委會紅九格村定居。在世三世後裔尚未列入譜牒。第五十六世未連名。本譜内容爲世系,至機龍凡六十五世。

本譜載於《哈尼族口傳文化譯註全集》第十六卷《紅河州哈尼族譜牒(七)》

[雲南紅河]紅九格村張伙章户譜牒 張伙章背誦 李建龍、王依學搜集 2011年雲南民族出版社排印本 合册 哈漢雙文並註國際音標

該户祖先是從"垤哈叔龜"(具體地點不詳)遷到紅河縣垤瑪鄉河瑪村委會達白村,再遷到曼培村委會崩昆村,最後到紅九格村建寨定居。第一世至二十一世譜牒與本村楊克龍户相同。在世三世後裔尚未列入譜牒。第四十七世未連名。本譜内容爲世系,至爲周凡五十三世。

本譜載於《哈尼族口傳文化譯註全集》第十六卷《紅河州哈尼族譜牒(七)》

[雲南紅河]查和村王西六户譜牒 王西六背誦 李建龍、王依學搜集 2011年雲南民族出版社排印本 合册 哈漢雙文並註國際音標

譜主爲"咱塔朋"後裔。第六十世"龍埡"從紅河縣垤瑪鄉河瑪村委會腳巴村遷到本鄉河瑪村委會查和村建寨定居。在世三世後裔尚未列入譜牒。本譜内容爲世系,至格龍凡六十三世。

本譜載於《哈尼族口傳文化譯註全集》第十六卷《紅河州哈尼族譜牒(七)》

[雲南紅河]達白村白黑機户譜牒 白黑機背誦 李建龍、王依學搜集 2011年雲南民族出版社排印本 合册 哈漢雙文並註國際音標

譜主爲"咱塔朋"後裔。遷徙不詳。在世二世後裔尚未列入譜牒。第四十七世、第四十八世、第五十二世、第六十一世、第六十二世未連名。本譜内容爲世系,至科周凡七十二世。

本譜載於《哈尼族口傳文化譯註全集》第十六卷《紅河州哈尼族譜牒(七)》

[雲南紅河]達白村朱立斗户譜牒 朱立斗背誦 李建龍、王依學搜集 2011年雲南民族出版社排印本 合册 哈漢雙文並註國際音標

第六十三世"崩才"到紅河縣垤瑪鄉河瑪村委會達白村建寨定居。第一世至二十世譜牒與本村白黑機户相同。在世四世後裔尚未列入譜牒。第五十四世未連名。譜主與本村朱嘎斗爲同一宗支。本譜内容爲世系,至戛龍凡七十八世。

本譜載於《哈尼族口傳文化譯註全集》第十六卷《紅河州哈尼族譜牒(七)》

[雲南紅河]達白村朱嘎斗户譜牒 朱嘎斗背誦 李建龍、王依學搜集 2011年雲南民族出版社排印本 合册 哈漢雙文並註國際音標

第六十三世"崩才"到紅河縣垤瑪鄉河瑪村委會達白村建寨定居。第一世至二十世譜牒與本村白黑機户相同。在世四世後裔尚未列入譜牒。第五十四世未連名。譜主與本村朱立斗爲同一宗支。本譜内容爲世系,至安者凡七十八世。

本譜載於《哈尼族口傳文化譯註全集》第十六卷《紅河州哈尼族譜牒(七)》

[雲南紅河]達白村周雙福户譜牒 周雙福背誦 李建龍、王依學搜集 2011年雲南民族出版社排印本 合册 哈漢雙文並註國際音標

該户遷徙不詳。第一世至二十世譜牒與本村白黑機户相同。在世四世後裔尚未列入譜牒。第五十四世未連名。本譜内容爲世系,至埡松凡七十六世。

本譜載於《哈尼族口傳文化譯註全集》第十六卷《紅河州哈尼族譜牒(七)》

[雲南紅河]達白村朱章里户譜牒 朱章里背誦 李建龍、王依學搜集 2011年雲南民族出版社排印本 合册 哈漢雙文並註國際音標

第七十世"山者"從紅河縣垤瑪鄉河瑪村委會遷徙到河瑪村委會達白村定居。第一世至二十世譜牒與本村白黑機户相同。在世四世後裔尚未列入譜牒。第五十四世、第七十九世未連名。本譜内容爲世系,至斗者凡八十二世。

本譜載於《哈尼族口傳文化譯註全集》第十六卷《紅河州哈尼族譜牒(七)》

[雲南紅河]規東村朱幹才户譜牒　朱幹才背誦　李建龍、王依學搜集　2011年雲南民族出版社排印本　合册　哈漢雙文並註國際音標

譜主爲“咱塔朋”後裔。先祖從紅河縣垤瑪鄉垤瑪村委會垤瑪村遷到河瑪村委會規東村定居。在世四世後裔尚未列入譜牒。本譜内容爲世系，至黑格凡六十五世。

本譜載於《哈尼族口傳文化譯註全集》第十六卷《紅河州哈尼族譜牒（七）》

[雲南紅河]規東村朱歐哈户譜牒　朱歐哈背誦　李建龍、王依學搜集　2011年雲南民族出版社排印本　合册　哈漢雙文並註國際音標

第六十世“安者”從紅河縣垤瑪鄉垤瑪村委會遷徙到河瑪村委會河瑪村，再遷到本村委會規東村建寨定居。第一世至六十二世譜牒與本村朱幹才户相同。在世四世後裔尚未列入譜牒。本譜内容爲世系，至龍沙凡六十七世。

本譜載於《哈尼族口傳文化譯註全集》第十六卷《紅河州哈尼族譜牒（七）》

[雲南紅河]東腳村方者爲户譜牒　方者爲背誦　李建龍、王依學搜集　2011年雲南民族出版社排印本　合册　哈漢雙文並註國際音標

第五十六世“沙周”從紅河縣垤瑪鄉河瑪村委會奪瑪村遷到本村委會東腳村定居。在世三世後裔尚未列入譜牒。本譜内容爲世系，至爲呀凡六十世。

本譜載於《哈尼族口傳文化譯註全集》第十六卷《紅河州哈尼族譜牒（七）》

[雲南紅河]東腳村李黑爲户譜牒　李黑爲背誦　李建龍、王依學搜集　2011年雲南民族出版社排印本　合册　哈漢雙文並註國際音標

譜主爲“咱塔朋”後裔。先祖從紅河縣垤瑪鄉河瑪村委會河瑪村遷到本村委會東腳村定居。在世四世後裔尚未列入譜牒。第五十五世未連名。本譜内容爲世系，至車安凡六十五世。

本譜載於《哈尼族口傳文化譯註全集》第十六卷《紅河州哈尼族譜牒（七）》

[雲南紅河]腳瑪村方好沙户譜牒　方好沙背誦　李建龍、王依學搜集　2011年雲南民族出版社排印本　合册　哈漢雙文並註國際音標

該户先祖原爲彝族，經玉溪市元江縣甘莊、卜册、么龜、龜賓遷入紅河縣垤瑪鄉垤瑪村委會宗特村並融入哈尼族，又遷往本鄉河瑪村委會東腳村，最後在腳瑪村定居。在世三世後裔尚未列入譜牒。本譜内容爲世系，至周斗凡七世。

本譜載於《哈尼族口傳文化譯註全集》第十六卷《紅河州哈尼族譜牒（七）》

[雲南紅河]曼培村楊忠斗户譜牒　楊忠斗背誦　李建龍、王依學搜集　2011年雲南民族出版社排印本　合册　哈漢雙文並註國際音標

譜主爲“咱塔朋”後裔。先祖由紅河縣垤瑪鄉垤瑪村委會遷到本鄉曼培村委會曼培村定居。在世三世後裔尚未列入譜牒。第五十八世未連名。本譜内容爲世系，至戛龍凡六十四世。

本譜載於《哈尼族口傳文化譯註全集》第十六卷《紅河州哈尼族譜牒（七）》

[雲南紅河]曼培村楊高發户譜牒　楊高發背誦　李建龍、王依學搜集　2011年雲南民族出版社排印本　合册　哈漢雙文並註國際音標

譜主爲“咱塔朋”後裔。先祖由紅河縣垤瑪鄉曼培村委會遷往本村委會么東村，後又遷往曼培村委會曼培村定居。在世三世後裔尚未列入譜牒。本譜内容爲世系，至安周凡六十四世。

本譜載於《哈尼族口傳文化譯註全集》第十六卷《紅河州哈尼族譜牒（七）》

[雲南紅河]曼培村楊祖機户譜牒　楊祖機背誦　李建龍、王依學搜集　2011年雲南民族出版社排印本　合册　哈漢雙文並註國際音標

第六十世“波歐”從紅河縣垤瑪鄉河瑪村委會奪垤村遷往達白村，再遷到本鄉曼培村委會曼培村定居。第一世至四十二世譜牒與本村楊忠斗户相同。在世二世後裔尚未列入譜牒。第五十七世、五十八世未連名。本譜内容爲世系，至龍偉凡六十七世。

本譜載於《哈尼族口傳文化譯註全集》第十六卷《紅河州哈尼族譜牒(七)》

[雲南紅河]曼培村李才者户譜牒 李才者背誦 李建龍、王依學搜集 2011年雲南民族出版社排印本 合册 哈漢雙文並註國際音標

該户遷徙不詳。第一世至四十世譜牒與本村楊忠斗户相同。在世三世後裔尚未列入譜牒。第四十二世、第五十一世未連名。本譜内容爲世系,至者波凡六十四世。

本譜載於《哈尼族口傳文化譯註全集》第十六卷《紅河州哈尼族譜牒(七)》

[雲南紅河]曼培村李波沙户譜牒 李波沙背誦 李建龍、王依學搜集 2011年雲南民族出版社排印本 合册 哈漢雙文並註國際音標

第五十二世"格哄"從紅河縣垤瑪鄉垤瑪村委會遷到曼培村定居。第一世至四十世譜牒與本村楊忠斗户相同。在世三世後裔尚未列入譜牒。第四十二世、第五十一世、第五十五世未連名。本譜内容爲世系,至耶最凡六十三世。

本譜載於《哈尼族口傳文化譯註全集》第十六卷《紅河州哈尼族譜牒(七)》

[雲南紅河]曼培村張窩者户譜牒 張窩者背誦 李建龍、王依學搜集 2011年雲南民族出版社排印本 合册 哈漢雙文並註國際音標

第三十四世"馬聰"從紅河州石屏縣經元江遷到紅河縣垤瑪鄉曼培村委會曼培村定居。在世三世後裔尚未列入譜牒。第三十三世、第三十四世、第四十二世未連名。本譜内容爲世系,至沙倮凡五十六世。

本譜載於《哈尼族口傳文化譯註全集》第十六卷《紅河州哈尼族譜牒(七)》

[雲南紅河]曼培村張龍才户譜牒 張龍才背誦 李建龍、王依學搜集 2011年雲南民族出版社排印本 合册 哈漢雙文並註國際音標

該户遷徙不詳。第一世至二十世譜牒與本村楊忠斗户相同。在世二世後裔尚未列入譜牒。第三十三世、第三十四世、第四十三世未連名。本譜内容爲世系,至耶龍凡六十世。

本譜載於《哈尼族口傳文化譯註全集》第十六卷《紅河州哈尼族譜牒(七)》

[雲南紅河]達羊村朱者户譜牒 朱者背誦 李建龍、王依學搜集 2011年雲南民族出版社排印本 合册 哈漢雙文並註國際音標

譜主爲"咱塔朋"後裔。先祖從紅河縣垤瑪鄉河瑪村委會達白村遷到曼培村委會達羊村定居。在世三世後裔尚未列入譜牒。第五十四世未連名。本譜内容爲世系,至斗波凡七十七世。

本譜載於《哈尼族口傳文化譯註全集》第十六卷《紅河州哈尼族譜牒(七)》

[雲南紅河]達羊村朱哈龍户譜牒 朱哈龍背誦 李建龍、王依學搜集 2011年雲南民族出版社排印本 合册 哈漢雙文並註國際音標

第五十二世"納斗"爲紅河縣垤瑪鄉曼培村委會達羊村的建寨人。第一世至五十世譜牒與本村朱者户相同。在世三世後裔尚未列入譜牒。第五十七世、第五十八世未連名。本譜内容爲世系,至黑福凡七十世。

本譜載於《哈尼族口傳文化譯註全集》第十六卷《紅河州哈尼族譜牒(七)》

[雲南紅河]達羊村周龍成户譜牒 周龍成背誦 李建龍、王依學搜集 2011年雲南民族出版社排印本 合册 哈漢雙文並註國際音標

第七十一世"者直"從紅河縣垤瑪鄉河瑪村委會達白村遷到曼培村委會達羊村定居。第一世至六十四世譜牒與本村朱者户相同。在世三世後裔尚未列入譜牒。第七十二世、第七十三世未連名。本譜内容爲世系,至松龍凡七十七世。

本譜載於《哈尼族口傳文化譯註全集》第十六卷《紅河州哈尼族譜牒(七)》

[雲南紅河]達羊村周直斗户譜牒 周直斗背誦 李建龍、王依學搜集 2011年雲南民族出版社排印本 合册 哈漢雙文並註國際音標

該户祖先從紅河縣埡瑪鄉河瑪村委會達白村遷到曼培村委會達羊村定居。第一世至六十四世譜牒與本村朱者户相同。在世二世後裔尚未列入譜牒。第六十八世未連名。本譜内容爲世系，至麻龍凡七十七世。

本譜載於《哈尼族口傳文化譯註全集》第十六卷《紅河州哈尼族譜牒（七）》

［雲南紅河］達羊村楊皮福户譜牒　楊皮福背誦　李建龍、王依學搜集　2011年雲南民族出版社排印本　合册　哈漢雙文並註國際音標

第六十世"者龍"遷到達羊村定居。第一世至三十九世譜牒與本村朱者户相同。在世三世後裔尚未列入譜牒。第六十一世未連名。本譜内容爲世系，至波龍凡六十七世。

本譜載於《哈尼族口傳文化譯註全集》第十六卷《紅河州哈尼族譜牒（七）》

［雲南紅河］達羊村楊安者户譜牒　楊安者背誦　李建龍、王依學搜集　2011年雲南民族出版社排印本　合册　哈漢雙文並註國際音標

先祖從玉溪市元江縣因遠鎮二甲街遷到紅河縣埡瑪鄉曼培村委會達羊村定居。第一世至三十九世譜牒與本村朱者户相同。在世三世後裔尚未列入譜牒。本譜内容爲世系，至波安凡六十四世。

本譜載於《哈尼族口傳文化譯註全集》第十六卷《紅河州哈尼族譜牒（七）》

［雲南紅河］達白村楊牙龍户譜牒　楊牙龍背誦　李建龍、王依學搜集　2011年雲南民族出版社排印本　合册　哈漢雙文並註國際音標

譜主爲"咱塔朋"後裔。先祖從紅河縣埡瑪鄉河瑪村委會奪埡村遷到本鄉達白村定居。在世三世後裔尚未列入譜牒。第五十七世未連名。本譜内容爲世系，至者歐凡六十五世。

本譜載於《哈尼族口傳文化譯註全集》第十六卷《紅河州哈尼族譜牒（七）》

［雲南紅河］達白村李決龍户譜牒　李決龍背誦　李建龍、王依學搜集　2011年雲南民族出版社排印本　合册　哈漢雙文並註國際音標

第五十一世"才總"遷到本鄉達白村建寨定居。第一世至四十世譜牒與本村楊牙龍户相同。在世三世後裔尚未列入譜牒。第四十二世、第五十三世、第五十七世、第六十世未連名。本譜内容爲世系，至斗最凡六十四世。

本譜載於《哈尼族口傳文化譯註全集》第十六卷《紅河州哈尼族譜牒（七）》

［雲南紅河］達白村達白村張批爲户譜牒　張批爲背誦　李建龍、王依學搜集　2011年雲南民族出版社排印本　合册　哈漢雙文並註國際音標

先祖由紅河縣埡瑪鄉曼培村委會遷到本鄉達白村定居。第一世至二十世譜牒與本村楊牙龍户相同。在世三世後裔尚未列入譜牒。第三十三世、第三十四世、第四十一世、第四十三世未連名。本譜内容爲世系，至期黑凡五十八世。

本譜載於《哈尼族口傳文化譯註全集》第十六卷《紅河州哈尼族譜牒（七）》

［雲南紅河］普臘村李波才户譜牒　李波才背誦　李建龍、王依學搜集　2011年雲南民族出版社排印本　合册　哈漢雙文並註國際音標

譜主爲"咱塔朋"後裔。第五十六世"坡歐"從紅河縣埡瑪鄉曼培村委會曼培村遷到本村委會普臘村建寨定居。在世三世後裔尚未列入譜牒。第四十二世、第五十一世未連名。本譜内容爲世系，至爲龍凡六十三世。

本譜載於《哈尼族口傳文化譯註全集》第十六卷《紅河州哈尼族譜牒（七）》

［雲南紅河］轟腳村楊安福户譜牒　楊安福背誦　李建龍、王依學搜集　2011年雲南民族出版社排印本　合册　哈漢雙文並註國際音標

譜主爲"咱塔朋"後裔。第五十七世"波麻"從紅河縣埡瑪鄉曼培村委會曼培村遷到本村委會轟腳村建寨定居。在世四世後裔尚未列入譜牒。本譜内容爲世系，至黑安凡六十三世。

本譜載於《哈尼族口傳文化譯註全集》第十六卷《紅河州哈尼族譜牒（七）》

[雲南紅河]轟腳村李珠福户譜牒 李珠福背誦 李建龍、王依學搜集 2011年雲南民族出版社排印本 合册 哈漢雙文並註國際音標

第五十八世"周最"從紅河縣垤瑪鄉曼培村委會曼培村遷到轟腳村定居,與"波麻"共同建轟腳村。第一世至三十二世譜牒與本村楊安福户相同。在世三世後裔尚未列入譜牒。第四十九世未連名。本譜内容爲世系,至孟周凡六十四世。

本譜載於《哈尼族口傳文化譯註全集》第十六卷《紅河州哈尼族譜牒(七)》

[雲南紅河]農場(又名扒收)村劉石甲户譜牒 劉石甲背誦 李建龍、王依學搜集 2011年雲南民族出版社排印本 合册 哈漢雙文並註國際音標

該户屬哈尼族阿松支系,是共祖"咱塔朋"後裔。第五十五世"者勝"從紅河州石屏縣遷到普洱市墨江縣楊谷街,再遷到紅河縣垤瑪鄉曼培村委會農場村建寨定居。在世三世後裔尚未列入譜牒。第三十四世、第三十九世、第四十世、第四十二世、第四十四世、第四十八世、第五十世、第五十一世、第五十三世未連名。本譜内容爲世系,至者勝凡五十五世。

本譜載於《哈尼族口傳文化譯註全集》第十六卷《紅河州哈尼族譜牒(七)》

[雲南紅河]樹洛村李批沙户譜牒 李批沙背誦 李建龍、王依學搜集 2011年雲南民族出版社排印本 合册 哈漢雙文並註國際音標

譜主爲"咱塔朋"後裔。第五十八世"安斗"從紅河縣垤瑪鄉曼培村委會曼培村遷到本村委會樹洛村建寨定居。在世三世後裔尚未列入譜牒。第四十二世、第五十一世未連名。本譜内容爲世系,至者安凡六十五世。

本譜載於《哈尼族口傳文化譯註全集》第十六卷《紅河州哈尼族譜牒(七)》

[雲南紅河]崩昆村李約山户譜牒 李約山背誦 李建龍、王依學搜集 2011年雲南民族出版社排印本 合册 哈漢雙文並註國際音標

譜主爲"咱塔朋"後裔。先祖從紅河縣垤瑪鄉曼培村委會奪垤村遷到崩昆村定居。在世二世後裔尚未列入譜牒。本譜内容爲世系,至黑龍凡六十七世。

本譜載於《哈尼族口傳文化譯註全集》第十六卷《紅河州哈尼族譜牒(七)》

[雲南紅河]么東村楊耶啊户譜牒 楊耶啊背誦 李建龍、王依學搜集 2011年雲南民族出版社排印本 合册 哈漢雙文並註國際音標

譜主爲"咱塔朋"後裔。第六十世"坡爲"從紅河縣垤瑪鄉曼培村委會曼培村遷到本村委會么東村建寨定居。在世四世後裔尚未列入譜牒。本譜内容爲世系,至耶安凡六十七世。

本譜載於《哈尼族口傳文化譯註全集》第十六卷《紅河州哈尼族譜牒(七)》

[雲南紅河]八哈村李明者户譜牒 李明者背誦 李建龍、王依學搜集 2011年雲南民族出版社排印本 合册 哈漢雙文並註國際音標

譜主爲"咱塔朋"後裔。第六十五世"龍周"從紅河縣垤瑪鄉曼培村委會崩昆村遷到本村委會八哈村建寨定居。在世一世後裔尚未列入譜牒。本譜内容爲世系,至明者凡七十二世。

本譜載於《哈尼族口傳文化譯註全集》第十六卷《紅河州哈尼族譜牒(七)》

[雲南紅河]獨格村李黑龍户譜牒 李黑龍背誦 李建龍、王依學搜集 2011年雲南民族出版社排印本 合册 哈漢雙文並註國際音標

譜主爲"咱塔朋"後裔。先祖從紅河縣垤瑪鄉垤瑪村委會塔普村遷到本鄉獨格村委會格然村,再遷到本村委會獨格村定居。在世四世後裔尚未列入譜牒。第五十五世、第五十六世未連名。本譜内容爲世系,至黑松凡六十四世。

本譜載於《哈尼族口傳文化譯註全集》第十六卷《紅河州哈尼族譜牒(七)》

[雲南紅河]獨格村朱波呀户譜牒 朱波呀背誦

李建龍、王依學搜集　2011 年雲南民族出版社排印本　合册　哈漢雙文並註國際音標

第五十六世“斗爲”從貴州省遷到紅河縣垤瑪鄉垤瑪村委會,再遷到獨格村建寨定居。第一世至三十二世譜牒與本村李黑龍户譜牒相同。在世三世後裔尚未列入譜牒。第五十二世、第五十四世、第五十五世、第五十八世未連名。本譜内容爲世系,至者安凡六十四世。

本譜載於《哈尼族口傳文化譯註全集》第十六卷《紅河州哈尼族譜牒(七)》

[雲南紅河]巴阿村王哈沙户譜牒　王哈沙背誦　李建龍、王依學搜集　2011 年雲南民族出版社排印本　合册　哈漢雙文並註國際音標

譜主爲“咱塔朋”後裔。第六十三世“才者”從紅河縣垤瑪鄉垤瑪村委會中寨村遷到本鄉獨格村委會巴阿村建寨定居。在世三世後裔尚未列入譜牒。第五十七世、第六十八世、第六十九世未連名。本譜内容爲世系,至戛周凡七十世。

本譜載於《哈尼族口傳文化譯註全集》第十六卷《紅河州哈尼族譜牒(七)》

[雲南紅河]茨普村李時機户譜牒　李時機背誦　李建龍、王依學搜集　2011 年雲南民族出版社排印本　合册　哈漢雙文並註國際音標

該户爲“咱塔朋”後裔。第六十七世“毛者”從紅河縣垤瑪鄉垤瑪村委會遷到本鄉獨格村委會茨普村建寨定居。在世三世後裔尚未列入譜牒。第四十九世、第六十二世未連名。本譜内容爲世系,至總黑凡七十四世。

本譜載於《哈尼族口傳文化譯註全集》第十六卷《紅河州哈尼族譜牒(七)》

[雲南紅河]茨普村李者松户譜牒　李者松背誦　李建龍、王依學搜集　2011 年雲南民族出版社排印本　合册　哈漢雙文並註國際音標

先祖從紅河縣垤瑪村委會遷到獨格村委會茨普村定居。第一世至六十三世譜牒與本村李時機户相同。在世三世後裔尚未列入譜牒。第六十五世未連名。本譜内容爲世系,至斗者凡七十二世。

本譜載於《哈尼族口傳文化譯註全集》第十六卷《紅河州哈尼族譜牒(七)》

[雲南紅河]畢確村李龍沙户譜牒　李龍沙背誦　李建龍、王依學搜集　2011 年雲南民族出版社排印本　合册　哈漢雙文並註國際音標

譜主爲“咱塔朋”後裔。第三十八世“奴瑪”從紅河縣大羊街鄉新村“奴瑪腳東”(現名白土克)遷到元江縣因遠鎮安定村,再遷紅河縣垤瑪鄉垤瑪村委會塔普村建寨定居,第五十八世“格波”又遷到本鄉獨格村委會畢確村建寨定居。在世三世後裔尚未列入譜牒。本譜内容爲世系,至龍沙凡六十四世。

本譜載於《哈尼族口傳文化譯註全集》第十六卷《紅河州哈尼族譜牒(七)》

[雲南紅河]臘約村李立爲户譜牒　李立爲背誦　李建龍、王依學搜集　2011 年雲南民族出版社排印本　合册　哈漢雙文並註國際音標

譜主爲“咱塔朋”後裔。第七十世“者坡”從紅河縣垤瑪鄉垤瑪村委會中寨村遷到本鄉獨格村委會臘約村建寨定居。在世四世後裔尚未列入譜牒。第四十九世、第六十二世、第六十三世、第六十六世未連名。本譜内容爲世系,至才總凡七十二世。

本譜載於《哈尼族口傳文化譯註全集》第十六卷《紅河州哈尼族譜牒(七)》

[雲南紅河]臘約村李立差户譜牒　李立差背誦　李建龍、王依學搜集　2011 年雲南民族出版社排印本　合册　哈漢雙文並註國際音標

先祖從紅河縣垤瑪鄉垤瑪村委會中寨村遷到獨格村委會臘約村定居。第一世至六十四世譜牒與本村李立爲户相同。在世二世後裔尚未列入譜牒。第六十五世未連名。本譜内容爲世系,至者格凡七十世。

本譜載於《哈尼族口傳文化譯註全集》第十六卷《紅河州哈尼族譜牒(七)》

[雲南紅河]楚工珠村朱爲黑户譜牒　朱爲黑背

誦　李建龍、王依學搜集　2011 年雲南民族出版社排印本　合册　哈漢雙文並註國際音標

譜主爲“咱塔朋”後裔。第六十五世“坡最”到楚工珠村建寨定居。在世二世後裔尚未列入譜牒。第五十一世、第五十二世、第六十一世、第六十六世未連名。本譜内容爲世系,至者斗凡七十四世。

本譜載於《哈尼族口傳文化譯註全集》第十六卷《紅河州哈尼族譜牒(七)》

[雲南紅河]楚工珠村朱孟啊户譜牒　朱孟啊背誦　李建龍、王依學搜集　2011 年雲南民族出版社排印本　合册　哈漢雙文並註國際音標

該户遷徙不詳。第一世至六十四世譜牒與本村朱爲黑户相同。在世三世後裔尚未列入譜牒。本譜内容爲世系,至安孟凡七十一世。

本譜載於《哈尼族口傳文化譯註全集》第十六卷《紅河州哈尼族譜牒(七)》

[雲南紅河]格然村李利陸户譜牒　李利陸背誦　李建龍、王依學搜集　2011 年雲南民族出版社排印本　合册　哈漢雙文並註國際音標

譜主爲“咱塔朋”後裔。先祖從垤瑪村委會塔普村遷到本鄉格然村定居。在世三世後裔尚未列入譜牒。第五十五世、第五十六世未連名。本譜内容爲世系,至坡麻凡六十三世。

本譜載於《哈尼族口傳文化譯註全集》第十六卷《紅河州哈尼族譜牒(七)》

[雲南紅河]格然上寨李黑龍户譜牒　李黑龍背誦　李建龍、王依學搜集　2011 年雲南民族出版社排印本　合册　哈漢雙文並註國際音標

譜主爲“咱塔朋”後裔。先祖從紅河縣垤瑪鄉垤瑪村委會則單達紅遷到本鄉獨格村委會格然上寨定居。在世三世後裔尚未列入譜牒。第五十五世、第五十六世未連名。本譜内容爲世系,至山黑凡六十五世。

本譜載於《哈尼族口傳文化譯註全集》第十六卷《紅河州哈尼族譜牒(七)》

[雲南紅河]格瑪村李沙爲户譜牒　李沙爲背誦　李建龍、王依學搜集　2011 年雲南民族出版社排印本　合册　哈漢雙文並註國際音標

譜主爲“咱塔朋”後裔。第五十八世“斗黑”從紅河縣垤瑪鄉垤瑪村委會塔普村遷到本鄉獨格村委會格瑪村建寨定居。在世三世後裔尚未列入譜牒。第五十五世、第五十六世未連名。本譜内容爲世系,至周沙凡六十四世。

本譜載於《哈尼族口傳文化譯註全集》第十六卷《紅河州哈尼族譜牒(七)》

[雲南紅河]格瑪村王沙黑户譜牒　王沙黑背誦　李建龍、王依學搜集　2011 年雲南民族出版社排印本　合册　哈漢雙文並註國際音標

第六十三世“才龍”從紅河縣垤瑪鄉垤瑪村委會中寨村遷到本鄉獨格村委會格瑪村定居。第一世至三十二世譜牒與本村李沙爲户相同。在世四世後裔尚未列入譜牒。第五十七世、第七十世未連名。本譜内容爲世系,至戛沙凡七十世。

本譜載於《哈尼族口傳文化譯註全集》第十六卷《紅河州哈尼族譜牒(七)》

[雲南紅河]格瑪下寨村李偉沙户譜牒　李偉沙背誦　李建龍、王依學搜集　2011 年雲南民族出版社排印本　合册　哈漢雙文並註國際音標

譜主爲“咱塔朋”後裔。先祖從垤瑪村委會塔普村遷到格瑪下寨村定居。在世四世後裔尚未列入譜牒。第五十五世、第五十六世、第六十二世未連名。本譜内容爲世系,至周者凡六十四世。

本譜載於《哈尼族口傳文化譯註全集》第十六卷《紅河州哈尼族譜牒(七)》

[雲南紅河]牛紅村朱德光户譜牒　朱德光背誦　李建龍、王依學搜集　2011 年雲南民族出版社排印本　合册　哈漢雙文並註國際音標

譜主爲“咱塔朋”後裔。遷徙不詳。在世二世後裔尚未列入譜牒。第五十四世、第六十六世未連名。本譜内容爲世系,至斗黑凡七十七世。

本譜載於《哈尼族口傳文化譯註全集》第十六卷《紅河州哈尼族譜牒(七)》

［雲南紅河］牛紅村朱毛龍户譜牒　朱毛龍背誦　李建龍、王依學搜集　2011年雲南民族出版社排印本　合册　哈漢雙文並註國際音標

先祖從紅河縣垤瑪鄉河瑪村委會達白村遷到牛紅村委會宗和村，再遷到牛紅村定居。第一世至六十七世譜牒與本村朱德光户相同。在世二世後裔尚未列入譜牒。第五十四世、第六十六世未連名。本譜内容爲世系，至安沙凡七十六世。

本譜載於《哈尼族口傳文化譯註全集》第十六卷《紅河州哈尼族譜牒（七）》

［雲南紅河］牛紅村李啊者户譜牒　李啊者背誦　李建龍、王依學搜集　2011年雲南民族出版社排印本　合册　哈漢雙文並註國際音標

該户遷徙不詳。第一世至三十二世譜牒與本村朱德光户相同。在世二世後裔尚未列入譜牒。第五十五世、第五十六世未連名。本譜内容爲世系，至沙者凡六十五世。

本譜載於《哈尼族口傳文化譯註全集》第十六卷《紅河州哈尼族譜牒（七）》

［雲南紅河］畢垤村朱牙爲户譜牒　朱牙爲背誦　李建龍、王依學搜集　2011年雲南民族出版社排印本　合册　哈漢雙文並註國際音標

譜主爲“咱塔朋”後裔。先祖從紅河縣垤瑪鄉牛紅村委會宗和村遷到牛紅村畢垤村定居。在世四世後裔尚未列入譜牒。第五十四世、第六十六世、第七十五世未連名。本譜内容爲世系，至沙者凡七十五世。

本譜載於《哈尼族口傳文化譯註全集》第十六卷《紅河州哈尼族譜牒（七）》

［雲南紅河］吼瑪村朱者波户譜牒　朱者波背誦　李建龍、王依學搜集　2011年雲南民族出版社排印本　合册　哈漢雙文並註國際音標

譜主爲“咱塔朋”後裔。先祖從紅河縣垤瑪鄉曼培村委會達白村遷到垤瑪村委會，再遷到本鄉牛紅村委會宗和村居住，第六十九世“松海”遷徙到本村委會吼瑪村建寨居住。在世三世後裔尚未列入譜牒。第五十四世、第六十六世未連名。本譜内容爲世系，至者波凡七十八世。

本譜載於《哈尼族口傳文化譯註全集》第十六卷《紅河州哈尼族譜牒（七）》

［雲南紅河］宗和村李沙黑户譜牒　李沙黑背誦　李建龍、王依學搜集　2011年雲南民族出版社排印本　合册　哈漢雙文並註國際音標

譜主爲“咱塔朋”後裔。先祖從紅河縣車古鄉阿期村委會遷到紅河縣垤瑪鄉垤瑪村委會普瑪塔普村，再遷到本鄉牛紅村委會宗和村定居。在世三世後裔尚未列入譜牒。第四十五世、第四十八世未連名。本譜内容爲世系，至安沙凡五十八世。

本譜載於《哈尼族口傳文化譯註全集》第十六卷《紅河州哈尼族譜牒（七）》

［雲南紅河］宗和村李奎啊户譜牒　李奎啊背誦　李建龍、王依學搜集　2011年雲南民族出版社排印本　合册　哈漢雙文並註國際音標

先祖從垤瑪村委會普瑪塔普村遷到牛紅村委會宗和村定居。第一世至三十四世譜牒與本村李沙黑户相同。在世三世後裔尚未列入譜牒。第五十五世、第五十六世未連名。本譜内容爲世系，至者爲凡六十五世。

本譜載於《哈尼族口傳文化譯註全集》第十六卷《紅河州哈尼族譜牒（七）》

［雲南紅河］宗和村朱爲格户譜牒　朱爲格背誦　李建龍、王依學搜集　2011年雲南民族出版社排印本　合册　哈漢雙文並註國際音標

先祖從紅河縣垤瑪鄉河瑪村委會達白村遷到本鄉牛紅村委會宗和村定居。第一世至三十二世譜牒與本村李沙黑户相同。在世四世後裔尚未列入譜牒。第五十四世、第六十六世、第七十一世、第七十二世未連名。本譜内容爲世系，至龍耶凡七十六世。

本譜載於《哈尼族口傳文化譯註全集》第十六卷《紅河州哈尼族譜牒（七）》

［雲南紅河］賈東村朱好沙户譜牒　朱好沙背誦　李建龍、王依學搜集　2011年雲南民族出版社排

印本　合册　哈漢雙文並註國際音標

譜主爲"咱塔朋"後裔。第六十九世"松安"從紅河縣垤瑪鄉垤瑪村委會遷到牛紅村委會宗和村,再遷到賈東村建寨定居。在世三世後裔尚未列入譜牒。第五十四世、第六十六世未連名。本譜内容爲世系,至者斗凡七十八世。

本譜載於《哈尼族口傳文化譯註全集》第十六卷《紅河州哈尼族譜牒(七)》

[雲南紅河]賈東村朱奴者户譜牒　朱奴者背誦　李建龍、王依學搜集　2011年雲南民族出版社排印本　合册　哈漢雙文並註國際音標

先祖從紅河縣垤瑪鄉曼培村委會達白村遷到本鄉垤瑪村,再遷到本鄉牛紅村委會宗和村居住,第七十世"松安"遷到本村委會賈東村定居。第一世至六十六世譜牒與本村朱好沙户相同。在世三世後裔尚未列入譜牒。本譜内容爲世系,至黑周凡七十九世。

本譜載於《哈尼族口傳文化譯註全集》第十六卷《紅河州哈尼族譜牒(七)》

[雲南紅河]賈東村朱波六户譜牒　朱波六背誦　李建龍、王依學搜集　2011年雲南民族出版社排印本　合册　哈漢雙文並註國際音標

該户遷徙不詳。第一世至六十六世譜牒與本村朱好沙户相同。在世三世後裔尚未列入譜牒。本譜内容爲世系,至戛歐凡七十八世。

本譜載於《哈尼族口傳文化譯註全集》第十六卷《紅河州哈尼族譜牒(七)》

[雲南紅河]賈東村李哈斗户譜牒　李哈斗背誦　李建龍、王依學搜集　2011年雲南民族出版社排印本　合册　哈漢雙文並註國際音標

第七十世"最者"從紅河縣三村鄉車同村委會阿支扎阿村遷到垤瑪鄉牛紅村委會賈東村定居。第一世至三十九世譜牒與本村朱好沙户相同。在世二世後裔尚未列入譜牒。本譜内容爲世系,至最者凡七十世。

本譜載於《哈尼族口傳文化譯註全集》第十六卷《紅河州哈尼族譜牒(七)》

[雲南紅河]俄腳村朱有才户譜牒　朱有才背誦　李建龍、王依學搜集　2011年雲南民族出版社排印本　合册　哈漢雙文並註國際音標

譜主爲"咱塔朋"後裔。第六十九世"龍歐"從紅河縣垤瑪鄉牛紅村委會宗和村遷到本村委會俄腳村建寨定居。在世三世後裔尚未列入譜牒。第五十四世、第六十六世、第七十六世未連名。本譜内容爲世系,至沙黑凡七十七世。

本譜載於《哈尼族口傳文化譯註全集》第十六卷《紅河州哈尼族譜牒(七)》

[雲南紅河]臘東村朱雅松户譜牒　朱雅松背誦　李建龍、王依學搜集　2011年雲南民族出版社排印本　合册　哈漢雙文並註國際音標

譜主爲"咱塔朋"後裔。先祖從紅河縣垤瑪鄉牛紅村委會宗和村遷到本村委會臘東村定居。在世三世後裔尚未列入譜牒。第五十四世、第六十六世未連名。本譜内容爲世系,至坡者凡七十四世。

本譜載於《哈尼族口傳文化譯註全集》第十六卷《紅河州哈尼族譜牒(七)》

[雲南紅河]臘東村朱牛沙户譜牒　朱牛沙背誦　李建龍、王依學搜集　2011年雲南民族出版社排印本　合册　哈漢雙文並註國際音標

該户遷徙不詳。第一世至六十八世譜牒與本村朱雅松户相同。在世三世後裔尚未列入譜牒。本譜内容爲世系,至總者凡七十八世。

本譜載於《哈尼族口傳文化譯註全集》第十六卷《紅河州哈尼族譜牒(七)》

[雲南紅河]洛瑪村李推沙户譜牒　李推沙背誦　李建龍、王依學搜集　2011年雲南民族出版社排印本　合册　哈漢雙文並註國際音標

譜主爲"咱塔朋"後裔。第五十九世"斗章"遷到洛瑪村建寨定居。在世三世後裔尚未列入譜牒。第四十六世、第五十七世未連名。本譜内容爲世系,至龍章凡六十二世。

本譜載於《哈尼族口傳文化譯註全集》第十六卷《紅河州哈尼族譜牒(七)》

[雲南紅河]洛瑪村毛氏家族譜系　佚名念誦　楊六金記録　2008年中國大百科全書出版社排印本　合册

哈尼語哈雅方言家譜。流傳於雲南省紅河縣。本譜所載僅爲世系,自第一世母翁至周卜凡六十五世。

本譜載於《中國少數民族古籍總目提要·哈尼族卷》

[雲南紅河]洛瑪村毛氏家族譜系　佚名念誦　楊六金記録　2005年民族出版社排印本　合册　哈漢雙文

參見上條。本譜所載僅爲世系,自第一世母翁至周卜凡五十九世,與上條世系略有出入。

本譜載於《紅河哈尼族譜牒》

[雲南紅河]洛瑪村張氏家族譜系　佚名念誦　楊六金記録　2008年中國大百科全書出版社排印本　合册

哈尼語哈雅方言家譜。流傳於雲南省紅河縣。本譜所載僅爲世系,自第一世母翁至猛鋭凡五十六世。

本譜載於《中國少數民族古籍總目提要·哈尼族卷》

[雲南紅河]洛瑪村張氏家族譜系　佚名念誦　楊六金記録　2005年民族出版社排印本　合册　哈漢雙文

參見上條。本譜所載僅爲世系,自第一世母翁至猛鋭凡四十九世,與上條世系略有出入。

本譜載於《紅河哈尼族譜牒》

[雲南紅河]女果村朱者坡户譜牒　朱者坡背誦　李建龍、王依學搜集　2011年雲南民族出版社排印本　合册　哈漢雙文並註國際音標

譜主爲"咱塔朋"後裔。先祖從紅河縣垤瑪鄉垤瑪村委會遷到牛紅村委會女果村定居。在世三世後裔尚未列入譜牒。第五十二世未連名。本譜内容爲世系,至總者凡六十三世。

本譜載於《哈尼族口傳文化譯註全集》第十六卷《紅河州哈尼族譜牒(七)》

[雲南紅河]女果村朱爲黑户譜牒　朱爲黑背誦　李建龍、王依學搜集　2011年雲南民族出版社排印本　合册　哈漢雙文並註國際音標

先祖從紅河縣垤瑪村委會遷到牛紅村委會宗和村,再遷到該村委會臘東村居住,第七十五世"龍爲"遷到女果村定居。第一世至五十世譜牒與本村朱者坡户相同。在世三世後裔尚未列入譜牒。第五十四世、第六十六世未連名。本譜内容爲世系,至龍爲凡七十五世。

本譜載於《哈尼族口傳文化譯註全集》第十六卷《紅河州哈尼族譜牒(七)》

[雲南紅河]威碑然村李奴啊户譜牒　李奴啊背誦　李建龍、王依學搜集　2011年雲南民族出版社排印本　合册　哈漢雙文並註國際音標

譜主爲"咱塔朋"後裔。先祖從紅河縣垤瑪鄉河瑪村委會奪垤村遷往牛紅村委會威碑然村定居。在世三世後裔尚未列入譜牒。第五十五世、第五十六世、第六十七世未連名。本譜内容爲世系,至福斗凡六十七世。

本譜載於《哈尼族口傳文化譯註全集》第十六卷《紅河州哈尼族譜牒(七)》

[雲南紅河]毛腳村朱咪者户譜牒　朱咪者背誦　李建龍、王依學搜集　2011年雲南民族出版社排印本　合册　哈漢雙文並註國際音標

譜主爲"咱塔朋"後裔。先祖從紅河縣垤瑪鄉垤瑪村委會中明村遷到本鄉牛紅村委會毛腳村定居。在世三世後裔尚未列入譜牒。第五十一世、第五十二世、第六十一世、第六十二世、第六十三世、第六十四世未連名。本譜内容爲世系,至安黑凡七十二世。

本譜載於《哈尼族口傳文化譯註全集》第十六卷《紅河州哈尼族譜牒(七)》

[雲南紅河]毛腳村李克者户譜牒　李克者背誦　李建龍、王依學搜集　2011年雲南民族出版社排印本　合册　哈漢雙文並註國際音標

第六十五世“保松”從紅河縣垤瑪鄉河瑪村委會奪垤村遷到牛紅村委會毛腳村建寨定居。第一世至三十九世譜牒與本村朱咪者户相同。在世三世後裔尚未列入譜牒。第五十五世、第五十六世、第六十五世未連名。本譜内容爲世系,至倮松凡六十五世。

本譜載於《哈尼族口傳文化譯註全集》第十六卷《紅河州哈尼族譜牒(七)》

[雲南紅河]格腳村朱批沙户譜牒 朱批沙背誦 李建龍、王依學搜集 2011年雲南民族出版社排印本 合册 哈漢雙文並註國際音標

譜主爲“咱塔朋”後裔。第六十九世“松耶”從紅河縣垤瑪鄉牛紅村委會宗和村遷到本村委會格腳村建寨定居。在世三世後裔尚未列入譜牒。第五十四世、第六十六世未連名。本譜内容爲世系,至者黑凡七十九世。

本譜載於《哈尼族口傳文化譯註全集》第十六卷《紅河州哈尼族譜牒(七)》

[雲南紅河]龍曲村李好斗户譜牒 李好斗背誦 李建龍、王依學搜集 2011年雲南民族出版社排印本 合册 哈漢雙文並註國際音標

譜主爲“咱塔朋”後裔。第六十四世“八爲”從紅河縣垤瑪鄉獨格村委會畢確村遷到本鄉牛紅村委會龍曲村定居。在世三世後裔尚未列入譜牒。第五十五世、第五十六世未連名。本譜内容爲世系,至八爲凡六十四世。

本譜載於《哈尼族口傳文化譯註全集》第十六卷《紅河州哈尼族譜牒(七)》

[雲南紅河]龍曲村李好者户譜牒 李好者背誦 李建龍、王依學搜集 2011年雲南民族出版社排印本 合册 哈漢雙文並註國際音標

先祖從紅河縣垤瑪鄉河瑪村委會奪垤村遷到本村委會河瑪村居住,第五十七世“沙坡”從河瑪村遷到本鄉牛紅村委會龍曲村建寨定居。第一世至三十二世譜牒與本村李好斗户相同。在世三世後裔尚未列入譜牒。第五十五世、第五十六世未連名。本譜内容爲世系,至斗者凡六十四世。

本譜載於《哈尼族口傳文化譯註全集》第十六卷《紅河州哈尼族譜牒(七)》

[雲南紅河]獨家村朱忠沙户譜牒 朱忠沙背誦 李建龍、王依學搜集 2011年雲南民族出版社排印本 合册 哈漢雙文並註國際音標

譜主爲“咱塔朋”後裔。第七十五世“倮爲”從紅河縣垤瑪鄉牛紅村委會臘約村遷到本村委會獨家村建寨定居。在世四世後裔尚未列入譜牒。第五十四世、第六十六世未連名。本譜内容爲世系,至爲耶凡七十六世。

本譜載於《哈尼族口傳文化譯註全集》第十六卷《紅河州哈尼族譜牒(七)》

[雲南紅河]臘約村朱新明户譜牒 朱新明背誦 李建龍、王依學搜集 2011年雲南民族出版社排印本 合册 哈漢雙文並註國際音標

譜主爲“咱塔朋”後裔。第七十五世“爲斗”從紅河縣垤瑪鄉河瑪村委會達白村遷到牛紅村委會宗和村,再遷到該村委會毛腳村,最後遷到臘約村定居。在世二世後裔尚未列入譜牒。第五十四世、第六十六世未連名。本譜内容爲世系,至斗格凡七十六世。

本譜載於《哈尼族口傳文化譯註全集》第十六卷《紅河州哈尼族譜牒(七)》

[雲南紅河]塔普村王松補户譜牒 王松補背誦 王建美、王依學搜集 2011年雲南民族出版社排印本 合册 哈漢雙文並註國際音標

譜主爲“咱塔朋”後裔。二十世紀四十年代第六十三世“歐瑪”從紅河縣三村鄉車同村委會龍珠村遷到本鄉三村村委會塔普村定居。在世二世後裔尚未列入譜牒。本譜内容爲世系,至歐瑪凡六十三世。

本譜載於《哈尼族口傳文化譯註全集》第十六卷《紅河州哈尼族譜牒(七)》

[雲南紅河]塔普村張批陸户譜牒 張批陸背誦 王建美、王依學搜集 2011年雲南民族出版社排印本 合册 哈漢雙文並註國際音標

該户遷徙不詳。第一世至二十世譜牒與本村王松補户相同。在世三世後裔尚未列入譜牒。第二十七世、第二十八世、第三十四世、第三十八世、第四十七世未連名。第四十一世至四十六世、第四十八世至五十世名字首字相同,原因不詳。本譜内容爲世系,至者牙凡五十世。

本譜載於《哈尼族口傳文化譯註全集》第十六卷《紅河州哈尼族譜牒(七)》

[雲南紅河]塔普村李皮陸户譜牒　李皮陸背誦　王建美、王依學搜集　2011年雲南民族出版社排印本　合册　哈漢雙文並註國際音標

第六十七世"沙中"從紅河縣三村鄉車同村委會車同村遷到本村委會蘇尼都紅村,再遷到本鄉三村村委會塔普村定居。第一世至三十九世譜牒與本村王松補户相同。在世三世後裔尚未列入譜牒。本譜内容爲世系,至中者凡六十九世。

本譜載於《哈尼族口傳文化譯註全集》第十六卷《紅河州哈尼族譜牒(七)》

[雲南紅河]塔普村周永福户譜牒　周永福背誦　王建美、王依學搜集　2011年雲南民族出版社排印本　合册　哈漢雙文並註國際音標

先祖從紅河縣三村鄉補干村委會南哈中寨遷到塔普村定居。第一世至三十九世譜牒與本村王松補户相同。在世二世後裔尚未列入譜牒。第五十四世、第六十六世、第七十二世未連名。本譜内容爲世系,至建沙凡七十五世。

本譜載於《哈尼族口傳文化譯註全集》第十六卷《紅河州哈尼族譜牒(七)》

[雲南紅河]塔普村段本昌户譜牒　段本昌背誦　王建美、王依學搜集　2011年雲南民族出版社排印本　合册　哈漢雙文並註國際音標

先祖從玉溪市元江縣因遠鎮遷到普洱市墨江縣龍壩鄉竜賓村,再遷到紅河州紅河縣三村鄉三村村委會螺螄寨,最後遷到本村委會塔普村定居。第一世至二十世譜牒與本村王松補户相同。在世三世後裔尚未列入譜牒。第二十三世、第二十七世未連名。本譜内容爲世系,至松安凡三十世。

本譜載於《哈尼族口傳文化譯註全集》第十六卷《紅河州哈尼族譜牒(七)》

[雲南紅河]螺螄寨村楊偉龍户譜牒　楊偉龍背誦　李建龍、王依學搜集　2011年雲南民族出版社排印本　合册　哈漢雙文並註國際音標

該户又名段偉龍,爲"咱塔朋"後裔。先祖從紅河縣垤瑪鄉河瑪村委會遷到三村鄉扎么村委會壩茨村,再遷到黄善寨,繼遷普洱市墨江縣龍壩鄉哈鋪路村,最後遷回紅河縣三村鄉三村村委會螺螄寨村定居。在世三世後裔尚未列入譜牒。本譜内容爲世系,至者戛凡五十四世。

本譜載於《哈尼族口傳文化譯註全集》第十六卷《紅河州哈尼族譜牒(七)》

[雲南紅河]螺螄寨村楊偉波户譜牒　楊偉波背誦　王建美、王依學搜集　2011年雲南民族出版社排印本　合册　哈漢雙文並註國際音標

第六十四世"黑孟"從紅河縣三村鄉車同村委會車同村遷到本鄉三村村委會螺螄寨村居住。第一世至四十二世譜牒與本村楊偉龍户相同。在世三世後裔尚未列入譜牒。第五十六世未連名。本譜内容爲世系,至黑波凡六十七世。

本譜載於《哈尼族口傳文化譯註全集》第十六卷《紅河州哈尼族譜牒(七)》

[雲南紅河]螺螄寨村李羊德户譜牒　李羊德背誦　王建美、王依學搜集　2011年雲南民族出版社排印本　合册　哈漢雙文並註國際音標

第三十六世"者者"遷到紅河縣三村鄉三村村委會螺螄寨村定居。第一世至二十世譜牒與本村楊偉龍户相同。在世三世後裔尚未列入譜牒。本譜内容爲世系,至波沙凡四十二世。

本譜載於《哈尼族口傳文化譯註全集》第十六卷《紅河州哈尼族譜牒(七)》

[雲南紅河]螺螄寨村白然高户譜牒　白然高背誦　王建美、王依學搜集　2011年雲南民族出版社排印本　合册　哈漢雙文並註國際音標

先祖從紅河縣垤瑪鄉河瑪村委會河瑪村遷到三

村鄉三村村委會螺螄寨村定居。在世三世後裔尚未列入譜牒。第三十二世未連名。本譜内容爲世系,至波者凡三十七世。

本譜載於《哈尼族口傳文化譯註全集》第十六卷《紅河州哈尼族譜牒(七)》

[雲南紅河]達東村李黑安户譜牒　李黑安背誦　王建美、王依學搜集　2011年雲南民族出版社排印本　合册　哈漢雙文並註國際音標

譜主爲"咱塔朋"後裔。遷徙不詳。在世三世後裔尚未列入譜牒。第四十四世未連名。本譜内容爲世系,至爲松凡四十七世。

本譜載於《哈尼族口傳文化譯註全集》第十六卷《紅河州哈尼族譜牒(七)》

[雲南紅河]達東村李機福户譜牒　李機福背誦　王建美、王依學搜集　2011年雲南民族出版社排印本　合册　哈漢雙文並註國際音標

該户遷徙不詳。第一世至二十世譜牒與本村李黑安户相同。在世三世後裔尚未列入譜牒。第五十二世、第五十五世、第五十六世未連名。本譜内容爲世系,至批者凡五十六世。

本譜載於《哈尼族口傳文化譯註全集》第十六卷《紅河州哈尼族譜牒(七)》

[雲南紅河]田房村李阿收户譜牒　李阿收背誦　王建美、王依學搜集　2011年雲南民族出版社排印本　合册　哈漢雙文並註國際音標

譜主爲"咱塔朋"後裔。第六十世"洛松"從紅河縣三村鄉車同村委會龍珠村遷到本鄉三村村委會田房村定居。在世三世後裔尚未列入譜牒。第六十世"洛松"、第六十一世"洛福"爲父子關係。本譜内容爲世系,至洛福凡六十一世。

本譜載於《哈尼族口傳文化譯註全集》第十六卷《紅河州哈尼族譜牒(七)》

[雲南紅河]田房村周波黑户譜牒　周波黑背誦　王建美、王依學搜集　2011年雲南民族出版社排印本　合册　哈漢雙文並註國際音標

第六十八世"歐沙"從垤哈叔竜(今地名不詳)遷到紅河縣垤瑪鄉河瑪村委會達白村,再遷到本縣三村鄉三村村委會田房村建寨定居。第一世至三十九世譜牒與本村李阿收户相同。在世四世後裔尚未列入譜牒。第七十二世、第七十三世、第七十四世名字首字相同,原因不詳。本譜内容爲世系,至通里凡七十四世。

本譜載於《哈尼族口傳文化譯註全集》第十六卷《紅河州哈尼族譜牒(七)》

[雲南紅河]龍洞村李阿三户譜牒　李阿三背誦　王建美、王依學搜集　2011年雲南民族出版社排印本　合册　哈漢雙文並註國際音標

該户爲共祖"咱塔朋"後裔。先祖從紅河縣三村鄉車同村委會龍珠村遷到本鄉三村村委會塔普村,再遷到本村委會龍洞村定居。在世三世後裔尚未列入譜牒。本譜内容爲世系,至斗福凡六十世。

本譜載於《哈尼族口傳文化譯註全集》第十六卷《紅河州哈尼族譜牒(七)》

[雲南紅河]龍洞村王批龍户譜牒　王批龍背誦　王建美、王依學搜集　2011年雲南民族出版社排印本　合册　哈漢雙文並註國際音標

先祖"才批"從貴州遷入雲南省玉溪市元江縣因遠鎮,再遷到紅河州紅河縣三村鄉三村村委會龍洞村定居。在世四世後裔尚未列入譜牒。本譜内容爲世系,至安坡凡九世。

本譜載於《哈尼族口傳文化譯註全集》第十六卷《紅河州哈尼族譜牒(七)》

[雲南紅河]大梁子下寨李戛陸户譜牒　李戛陸背誦　王建美、王依學搜集　2011年雲南民族出版社排印本　合册　哈漢雙文並註國際音標

譜主爲"咱塔朋"後裔。第五十二世"波克"遷到紅河縣三村鄉三村村委會大梁子下寨村定居。在世三世後裔尚未列入譜牒。第五十二世、第五十三世、第五十四世未連名。本譜内容爲世系,至者爲凡五十五世。

本譜載於《哈尼族口傳文化譯註全集》第十六卷《紅河州哈尼族譜牒(七)》

［雲南紅河］大梁子下寨村李建松户譜牒　李建松背誦　王建美、王依學搜集　2011年雲南民族出版社排印本　合册　哈漢雙文並註國際音標

第三十五世"者歐"遷到紅河縣三村鄉三村村委會大梁子下寨村建寨定居。在世二世後裔尚未列入譜牒。第四十六世、第四十七世、第五十二世、第五十三世未連名。第四十八世、第四十九世、第五十世、第五十一世名字首字相同，原因不詳。本譜内容爲世系，至斗立凡五十三世。

本譜載於《哈尼族口傳文化譯註全集》第十六卷《紅河州哈尼族譜牒（七）》

［雲南紅河］車同村楊牙者户譜牒　楊牙者背誦　王建美、王依學搜集　2011年雲南民族出版社排印本　合册　哈漢雙文並註國際音標

譜主爲"咱塔朋"後裔。第五十六世"直龍"從紅河縣垤瑪鄉河瑪村委會奪垤村遷到本縣三村鄉車同村委會車同村建寨定居。在世二世後裔尚未列入譜牒。第五十三世未連名。本譜内容爲世系，至龍中凡六十五世。

本譜載於《哈尼族口傳文化譯註全集》第十六卷《紅河州哈尼族譜牒（七）》

［雲南紅河］車同村李建福户譜牒　李建福背誦　王建美、王依學搜集　2011年雲南民族出版社排印本　合册　哈漢雙文並註國際音標

第五十二世"哄卑"從紅河縣三村鄉車同村委會一竹村遷到本村委會車同村定居。第一世至四十世譜牒與本村楊牙者户相同。在世三世後裔尚未列入譜牒。本譜内容爲世系，至尖波凡六十五世。

本譜載於《哈尼族口傳文化譯註全集》第十六卷《紅河州哈尼族譜牒（七）》

［雲南紅河］獨車村楊者松户譜牒　楊者松背誦　王建美、王依學搜集　2011年雲南民族出版社排印本　合册　哈漢雙文並註國際音標

譜主爲"咱塔朋"後裔。第五十九世"才歐"從紅河縣垤瑪鄉河瑪村委會奪垤村遷到本縣三村鄉車同村委會車同村，再遷到本村委會獨車村定居。在世三世後裔尚未列入譜牒。第五十四世未連名。本譜内容爲世系，至洛者凡六十五世。

本譜載於《哈尼族口傳文化譯註全集》第十六卷《紅河州哈尼族譜牒（七）》

［雲南紅河］余收垤翁村李榮者户譜牒　李榮者背誦　王建美、王依學搜集　2011年雲南民族出版社排印本　合册　哈漢雙文並註國際音標

譜主爲"咱塔朋"後裔。第五十八世"龍安"從紅河縣三村鄉車同村委會阿支扎阿村遷到本村委會余收垤翁村建寨定居。在世三世後裔尚未列入譜牒。本譜内容爲世系，至沙戞凡六十七世。

本譜載於《哈尼族口傳文化譯註全集》第十六卷《紅河州哈尼族譜牒（七）》

［雲南紅河］阿支扎阿村王從斗户譜牒　王從斗背誦　王建美、王依學搜集　2011年雲南民族出版社排印本　合册　哈漢雙文並註國際音標

譜主爲"咱塔朋"後裔。第五十七世"哄中"從紅河縣垤瑪鄉曼培村委會曼培村遷到本縣三村鄉車同村委會一竹村定居，第五十八世"中斗"從紅河縣三村鄉車同村委會一竹村遷到本村委會阿支扎阿村定居。在世三世後裔尚未列入譜牒。本譜内容爲世系，至斗中凡六十五世。

本譜載於《哈尼族口傳文化譯註全集》第十六卷《紅河州哈尼族譜牒（七）》

［雲南紅河］蘇尼都紅村李皮陸户譜牒　李皮陸背誦　王建美、王依學搜集　2011年雲南民族出版社排印本　合册　哈漢雙文並註國際音標

譜主爲"咱塔朋"後裔。第六十世"波歐"從紅河縣垤瑪鄉河瑪村委會奪垤村遷到本縣三村鄉車同村委會蘇尼都紅村建寨定居。在世三世後裔尚未列入譜牒。本譜内容爲世系，至戞才凡六十八世。

本譜載於《哈尼族口傳文化譯註全集》第十六卷《紅河州哈尼族譜牒（七）》

［雲南紅河］蘇尼都紅村朱正明户譜牒　朱正明背誦　王建美、王依學搜集　2011年雲南民族出

版社排印本　合册　哈漢雙文並註國際音標

第六十世“沙斗”從紅河縣垤瑪鄉曼培村委會達羊村遷到普洱市墨江縣龍壩鄉竜賓村，後遷到本縣三村鄉車同村委會蘇尼都紅村定居。第一世至三十九世譜牒與本村李皮陸户相同。在世三世後裔尚未列入譜牒。本譜内容爲世系，至直沙凡六十七世。

本譜載於《哈尼族口傳文化譯註全集》第十六卷《紅河州哈尼族譜牒(七)》

[雲南紅河]初瑪村張立龍户譜牒　張立龍背誦　王建美、王依學搜集　2011年雲南民族出版社排印本　合册　哈漢雙文並註國際音標

第五十二世“安者”從紅河縣三村鄉車同村委會一竹村遷到本村委會初瑪村定居。在世四世後裔尚未列入譜牒。第三十八世、第三十九世、第四十五世、第四十六世、第四十七世、第五十世未連名。本譜内容爲世系，至呀龍凡五十七世。

本譜載於《哈尼族口傳文化譯註全集》第十六卷《紅河州哈尼族譜牒(七)》

[雲南紅河]妥東村李爲福户譜牒　李爲福背誦　王建美、王依學搜集　2011年雲南民族出版社排印本　合册　哈漢雙文並註國際音標

譜主爲“咱塔朋”後裔。第六十一世“批歐”從紅河縣車古鄉阿期村委會遷到三村鄉車同村委會妥東村定居。在世三世後裔尚未列入譜牒。第五十五世、第六十一世、第六十四世未連名。本譜内容爲世系，至坡爲凡六十七世。

本譜載於《哈尼族口傳文化譯註全集》第十六卷《紅河州哈尼族譜牒(七)》

[雲南紅河]梅垤村白安爲户譜牒　白安爲背誦　王建美、王依學搜集　2011年雲南民族出版社排印本　合册　哈漢雙文並註國際音標

譜主爲“咱塔朋”後裔。遷徙不詳。在世三世後裔尚未列入譜牒。第四十五世、第五十一世未連名。本譜内容爲世系，至斗安凡六十世。

本譜載於《哈尼族口傳文化譯註全集》第十六卷《紅河州哈尼族譜牒(七)》

[雲南紅河]梅垤村楊皮龍户譜牒　楊皮龍背誦　王建美、王依學搜集　2011年雲南民族出版社排印本　合册　哈漢雙文並註國際音標

二十世紀二十年代第六十一世“松黑”從紅河縣垤瑪鄉河瑪村委會紅九格村遷到三村鄉車同村委會梅垤村定居。第一世至三十二世譜牒與本村白安爲户相同。在世三世後裔尚未列入譜牒。第五十一世、第五十二世未連名。本譜内容爲世系，至松黑凡六十一世。

本譜載於《哈尼族口傳文化譯註全集》第十六卷《紅河州哈尼族譜牒(七)》

[雲南紅河]梅垤村李羊德户譜牒　李羊德背誦　王建美、王依學搜集　2011年雲南民族出版社排印本　合册　哈漢雙文並註國際音標

第六十二世“毛者”從紅河縣垤瑪鄉垤瑪村委會遷到普洱市墨江縣龍壩鄉竜賓村委會規普村，再遷到紅河縣三村鄉三村村委會塔普村，最後到本鄉車同村委會梅垤村定居。第一世至三十四世譜牒與本村白安爲户相同。在世三世後裔尚未列入譜牒。第四十九世、第六十二世、第六十七世未連名。本譜内容爲世系，至龍者凡七十世。

本譜載於《哈尼族口傳文化譯註全集》第十六卷《紅河州哈尼族譜牒(七)》

[雲南紅河]梅垤村李機者户譜牒　李機者背誦　王建美、王依學搜集　2011年雲南民族出版社排印本　合册　哈漢雙文並註國際音標

先祖從紅河縣三村鄉車同村委會蘇尼都紅村遷到本村委會梅垤村定居。第一世至三十二世譜牒與本村白安爲户相同。在世三世後裔尚未列入譜牒。本譜内容爲世系，至黑格凡六十七世。

本譜載於《哈尼族口傳文化譯註全集》第十六卷《紅河州哈尼族譜牒(七)》

[雲南紅河]梅垤村王黑陸户譜牒　王黑陸背誦　王建美、王依學搜集　2011年雲南民族出版社排印本　合册　哈漢雙文並註國際音標

第五十六世“哄才”從紅河縣垤瑪鄉垤瑪村委會遷到三村鄉車同村委會一竹村，後遷到梅垤村

建寨定居。第一世至三十二世譜牒與本村白安爲户相同。在世五世後裔尚未列入譜牒。本譜内容爲世系,至安建凡六十四世。

本譜載於《哈尼族口傳文化譯註全集》第十六卷《紅河州哈尼族譜牒(七)》

[雲南紅河]梅垤村王玉發户譜牒　王玉發背誦　王建美、王依學搜集　2011年雲南民族出版社排印本　合册　哈漢雙文並註國際音標

該户遷徙不詳。第一世至三十二世譜牒與本村白安爲户相同。在世三世後裔尚未列入譜牒。第五十八世未連名。本譜内容爲世系,至斗沙凡六十六世。

本譜載於《哈尼族口傳文化譯註全集》第十六卷《紅河州哈尼族譜牒(七)》

[雲南紅河]一竹村張龍斗户譜牒　張龍斗背誦　王建美、王依學搜集　2011年雲南民族出版社排印本　合册　哈漢雙文並註國際音標

譜主爲"咱塔朋"後裔。第四十九世"沙黑"從紅河縣架車鄉遷到三村鄉車同村委會一竹村定居。在世三世後裔尚未列入譜牒。第三十六世、第三十七世、第三十八世、第四十四世、第四十五世、第四十六世、第四十七世、第五十世、第五十三世、第五十四世未連名。本譜内容爲世系,至安福凡六十世。

本譜載於《哈尼族口傳文化譯註全集》第十六卷《紅河州哈尼族譜牒(七)》

[雲南紅河]一竹村李才松户譜牒　李才松背誦　王建美、王依學搜集　2011年雲南民族出版社排印本　合册　哈漢雙文並註國際音標

第五十七世"安哄"從紅河縣垤瑪鄉獨格村委會畢確村遷到三村鄉車同村委會一竹村定居。第一世至二十一世譜牒與本村張龍斗户相同。在世三世後裔尚未列入譜牒。第五十七世、第五十八世未連名。本譜内容爲世系,至斗孟凡六十一世。

本譜載於《哈尼族口傳文化譯註全集》第十六卷《紅河州哈尼族譜牒(七)》

[雲南紅河]一竹村李牙沙户譜牒　李牙沙背誦　王建美、王依學搜集　2011年雲南民族出版社排印本　合册　哈漢雙文並註國際音標

第五十七世"者坡"從玉溪市元江縣因遠鎮遷到紅河州紅河縣大羊街鄉新村一帶,繼遷至垤瑪村委會,最後遷到三村鄉車同村委會一竹村定居。第一世至二十一世譜牒與本村張龍斗户相同。在世二世後裔尚未列入譜牒。第五十五世未連名。本譜内容爲世系,至龍中凡六十三世。

本譜載於《哈尼族口傳文化譯註全集》第十六卷《紅河州哈尼族譜牒(七)》

[雲南紅河]龍珠村李拾福户譜牒　李拾福背誦　王建美、王依學搜集　2011年雲南民族出版社排印本　合册　哈漢雙文並註國際音標

譜主爲"咱塔朋"後裔。第四十七世"格朋"從玉溪市元江縣"松比麻木"(具體村名不詳)遷到紅河縣三村鄉車同村委會龍珠村定居。在世三世後裔尚未列入譜牒。第五十一世、第五十二世未連名。本譜内容爲世系,至爲黑凡五十六世。

本譜載於《哈尼族口傳文化譯註全集》第十六卷《紅河州哈尼族譜牒(七)》

[雲南紅河]龍珠村王立福户譜牒　王立福背誦　王建美、王依學搜集　2011年雲南民族出版社排印本　合册　哈漢雙文並註國際音標

第五十五世"斗哄"從紅河縣垤瑪鄉曼培村委會曼培村遷到三村鄉車同村委會一竹村,後遷到本村委會龍珠村定居。第一世至三十二世譜牒與本村李拾福户相同。在世四世後裔尚未列入譜牒。本譜内容爲世系,至歐瑪凡六十三世。

本譜載於《哈尼族口傳文化譯註全集》第十六卷《紅河州哈尼族譜牒(七)》

[雲南紅河]納博同村李海者户譜牒　李海者背誦　王建美、王依學搜集　2011年雲南民族出版社排印本　合册　哈漢雙文並註國際音標

譜主爲"咱塔朋"後裔。先祖從紅河縣垤瑪鄉河瑪村委會奪垤村遷到本村委會河瑪村,再遷到本縣三村鄉車同村委會阿支扎阿村,最後遷到本

村委會納博同村定居。第六十四世未連名。本譜内容爲世系,至黑者凡六十九世。

本譜載於《哈尼族口傳文化譯註全集》第十六卷《紅河州哈尼族譜牒(七)》

[雲南紅河]納博同村朱玉陸户譜牒 朱玉陸背誦 王建美、王依學搜集 2011年雲南民族出版社排印本 合册 哈漢雙文並註國際音標

該户遷徙不詳。第一世至三十九世譜牒與本村李海者户相同。在世三世後裔尚未列入譜牒。第五十二世、第六十二世、第六十三世未連名。本譜内容爲世系,至格哄凡七十一世。

本譜載於《哈尼族口傳文化譯註全集》第十六卷《紅河州哈尼族譜牒(七)》

[雲南紅河]納博同村楊沙德户譜牒 楊沙德背誦 王建美、王依學搜集 2011年雲南民族出版社排印本 合册 哈漢雙文並註國際音標

第五十世"才格"從玉溪市元江縣因遠鎮坡垤村遷到紅河縣三村鄉車同村委會納博同村建寨定居。第一世至四十世譜牒與本村李海者户相同。在世三世後裔尚未列入譜牒。第五十世未連名。本譜内容爲世系,至才沙凡五十九世。

本譜載於《哈尼族口傳文化譯註全集》第十六卷《紅河州哈尼族譜牒(七)》

[雲南紅河]扎么村李戈里户譜牒 李戈里背誦 王建美、王依學搜集 2011年雲南民族出版社排印本 合册 哈漢雙文並註國際音標

譜主爲"咱塔朋"後裔。遷徙不詳。在世三世後裔尚未列入譜牒。第五十七世未連名。本譜内容爲世系,至黑坡凡六十一世。

本譜載於《哈尼族口傳文化譯註全集》第十六卷《紅河州哈尼族譜牒(七)》

[雲南紅河]扎么村張批黑户譜牒 張批黑背誦 王建美、王依學搜集 2011年雲南民族出版社排印本 合册 哈漢雙文並註國際音標

該户遷徙不詳。第一世至二十一世譜牒與本村李戈里户相同。在世三世後裔尚未列入譜牒。第二十七世、第三十五世未連名。本譜内容爲世系,至福安凡三十八世。

本譜載於《哈尼族口傳文化譯註全集》第十六卷《紅河州哈尼族譜牒(七)》

[雲南紅河]扎么村白進山户譜牒 白進山背誦 王建美、王依學搜集 2011年雲南民族出版社排印本 合册 哈漢雙文並註國際音標

第二十三世時由紅河縣三村鄉扎么村委會尖茨村遷到本村委會東垤村,再遷到本村委會扎么村定居。第一世至十九世譜牒與本村李戈里户相同。在世四世後裔尚未列入譜牒。第二十七世、第二十九世未連名。本譜内容爲世系,至安黑凡三十三世。

本譜載於《哈尼族口傳文化譯註全集》第十六卷《紅河州哈尼族譜牒(七)》

[雲南紅河]扒龍村周忠黑户譜牒 周忠黑背誦 王建美、王依學搜集 2011年雲南民族出版社排印本 合册 哈漢雙文並註國際音標

譜主爲"咱塔朋"後裔。二十世紀二十年代第六十七世"者斗"從普洱市墨江縣臘哈鄉壩洛村遷到紅河縣三村鄉扎么村委會扒龍村入贅定居。在世三世後裔尚未列入譜牒。本譜内容爲世系,至者斗凡六十七世。

本譜載於《哈尼族口傳文化譯註全集》第十六卷《紅河州哈尼族譜牒(七)》

[雲南紅河]扒龍村李連甲户譜牒 李連甲背誦 王建美、王依學搜集 2011年雲南民族出版社排印本 合册 哈漢雙文並註國際音標

第五十二世"中波"遷三村鄉扎么村委會扒龍村主持建寨定居。第一世至三十九世譜牒與本村周忠黑户相同。在世五世後裔尚未列入譜牒。本譜内容爲世系,至哄陸凡六十六世。

本譜載於《哈尼族口傳文化譯註全集》第十六卷《紅河州哈尼族譜牒(七)》

[雲南紅河]扒龍村王哈陸户譜牒 王哈陸背誦 王建美、王依學搜集 2011年雲南民族出版社排

印本　合册　哈漢雙文並註國際音標

第五十七世"中斗"從紅河縣三村鄉車同村委會阿支扎阿村遷到本鄉扎么村委會扒龍村建寨定居。第一世至三十九世譜牒與本村周忠黑户相同。在世三世後裔尚未列入譜牒。本譜内容爲世系,至龍才凡六十四世。

本譜載於《哈尼族口傳文化譯註全集》第十六卷《紅河州哈尼族譜牒(七)》

[雲南紅河]宗貢村王哈松户譜牒　王哈松背誦　王建美、王依學搜集　2011年雲南民族出版社排印本　合册　哈漢雙文並註國際音標

譜主爲"咱塔朋"後裔。第五十七世"中斗"從紅河縣三村鄉車同村委會阿支扎阿村遷到本鄉扎么村委會扒龍村建寨定居。在世三世後裔尚未列入譜牒。本譜内容爲世系,至龍才凡六十四世。

本譜載於《哈尼族口傳文化譯註全集》第十六卷《紅河州哈尼族譜牒(七)》

[雲南紅河]東垤村白先德户譜牒　白先德背誦　王建美、王依學搜集　2011年雲南民族出版社排印本　合册　哈漢雙文並註國際音標

譜主爲"咱塔朋"後裔。第三十一世"斗爲"從紅河縣三村鄉扎么村委會尖茨村遷到本村委會東垤村建寨定居。在世三世後裔尚未列入譜牒。第二十五世、第四十七世、第四十八世、第五十二世、第五十四世未連名。在世三世後裔尚未列入譜牒。本譜内容爲世系,至者斗凡五十六世。

本譜載於《哈尼族口傳文化譯註全集》第十六卷《紅河州哈尼族譜牒(七)》

[雲南紅河]東垤村白安孟户譜牒　白安孟背誦　李建龍、王依學搜集　2011年雲南民族出版社排印本　合册　哈漢雙文並註國際音標

先祖從玉溪市元江縣則東(今地名不詳)遷到紅河縣三村鄉扎么村委會東垤村定居。第一世至五十二世譜牒與本村白先德户相同。在世三世後裔尚未列入譜牒。第六十一世、第六十二世、第六十三世、第六十七世未連名。本譜内容爲世系,至者安凡六十九世。

本譜載於《哈尼族口傳文化譯註全集》第十六卷《紅河州哈尼族譜牒(七)》

[雲南紅河]東垤村王偉者户譜牒　王偉者背誦　王建美、王依學搜集　2011年雲南民族出版社排印本　合册　哈漢雙文並註國際音標

第一世"沙歐"從貴州省遷到雲南省玉溪市元江縣,再遷到紅河州紅河縣三村鄉扎么村委會壩茨村,最後遷到本村委會東垤村定居。在世三世後裔尚未列入譜牒。第二世、第四世、第五世、第六世未連名。本譜内容爲世系,至根者凡八世。

本譜載於《哈尼族口傳文化譯註全集》第十六卷《紅河州哈尼族譜牒(七)》

[雲南紅河]阿松村楊毛黑户譜牒　楊毛黑背誦　李建龍、王依學搜集　2011年雲南民族出版社排印本　合册　哈漢雙文並註國際音標

譜主爲"咱塔朋"後裔。先祖從紅河縣三村鄉車同村委會車同村遷到本鄉扎么村委會阿松村定居。在世四世後裔尚未列入譜牒。第五十五世"龍東"未連名。本譜内容爲世系,至龍波凡六十七世。

本譜載於《哈尼族口傳文化譯註全集》第十六卷《紅河州哈尼族譜牒(七)》

[雲南紅河]呸洛村周批戛户譜牒　周批戛背誦　王建美、王依學搜集　2011年雲南民族出版社排印本　合册　哈漢雙文並註國際音標

譜主爲"咱塔朋"後裔。第六十一世"才規"從紅河縣垤瑪鄉曼培村委會達白村遷到本縣三村鄉扎么村委會呸洛村建寨定居。在世三世後裔尚未列入譜牒。本譜内容爲世系,至才龍凡七十二世。

本譜載於《哈尼族口傳文化譯註全集》第十六卷《紅河州哈尼族譜牒(七)》

[雲南紅河]呸洛村李學玉户譜牒　李學玉背誦　王建美、王依學搜集　2011年雲南民族出版社排印本　合册　哈漢雙文並註國際音標

第三十世"安沙"從確普(今地名不詳)遷到紅河縣三村鄉扎么村委會呸洛村定居。第一世至二

十世譜牒與本村周批戛户相同。在世三世後裔尚未列入譜牒。本譜内容爲世系，至黑者凡三十五世。

本譜載於《哈尼族口傳文化譯註全集》第十六卷《紅河州哈尼族譜牒（七）》

［雲南紅河］咗洛村王批斗户譜牒　王批斗背誦　王建美、王依學搜集　2011年雲南民族出版社排印本　合册　哈漢雙文並註國際音標

第六十四世“安直”從紅河縣三村鄉車同村委會阿支扎阿村遷到本鄉扎么村委會咗洛村定居。第一世至三十九世譜牒與本村周批戛户相同。在世三世後裔尚未列入譜牒。本譜内容爲世系，至安直凡六十四世。

本譜載於《哈尼族口傳文化譯註全集》第十六卷《紅河州哈尼族譜牒（七）》

［雲南紅河］河瑪村李建者户譜牒　李建者背誦　王建美、王依學搜集　2011年雲南民族出版社排印本　合册　哈漢雙文並註國際音標

第六十二世“立沙”於二十世紀二十年代從普洱市墨江縣龍壩鄉竜賓村委會美東村遷到紅河縣三村鄉扎么村委會河瑪村定居。在世三世後裔尚未列入譜牒。本譜内容爲世系，至立沙凡六十二世。

本譜載於《哈尼族口傳文化譯註全集》第十六卷《紅河州哈尼族譜牒（七）》

［雲南紅河］尖茨村白波戛户譜牒　白波戛背誦　王建美、王依學搜集　2011年雲南民族出版社排印本　合册　哈漢雙文並註國際音標

譜主爲“咱塔朋”後裔。第五十八世“波龍”從紅河縣垤瑪鄉和瑪村委會賈垤村遷到本縣三村鄉扎么村委會尖茨村定居。在世三世後裔尚未列入譜牒。第四十七世、第四十八世、第五十二世、第六十世、第六十一世、第六十二世未連名。本譜内容爲世系，至安發凡六十三世。

本譜載於《哈尼族口傳文化譯註全集》第十六卷《紅河州哈尼族譜牒（七）》

［雲南紅河］尖茨村李龍哈户譜牒　李龍哈背誦　王建美、王依學搜集　2011年雲南民族出版社排印本　合册　哈漢雙文並註國際音標

第六十四世“哈直”從朋垤（今地名不詳）遷到紅河縣三村鄉扎么村委會尖茨村定居。第一世至二十世譜牒與本村白波戛户相同。在世三世後裔尚未列入譜牒。第五十九世、第六十世、第六十一世、第六十三世、第六十四世未連名。本譜内容爲世系，至直波凡六十五世。

本譜載於《哈尼族口傳文化譯註全集》第十六卷《紅河州哈尼族譜牒（七）》

［雲南紅河］尖茨村王揚生户譜牒　王揚生背誦　王建美、王依學搜集　2011年雲南民族出版社排印本　合册　哈漢雙文並註國際音標

第五十九世“安沙”從紅河縣垤瑪鄉垤瑪村委會遷到本縣三村鄉扎么村委會尖茨村定居。第一世至二十世譜牒與本村白波戛户相同。在世三世後裔尚未列入譜牒。第五十九世未連名。本譜内容爲世系，至者爲凡六十六世。

本譜載於《哈尼族口傳文化譯註全集》第十六卷《紅河州哈尼族譜牒（七）》

［雲南紅河］尖茨村李牙者户譜牒　李牙者背誦　王建美、王依學搜集　2011年雲南民族出版社排印本　合册　哈漢雙文並註國際音標

第三十一世“安沙”從確普（今地名不詳）遷到紅河縣三村鄉扎么村委會尖茨村定居。第一世至二十六世譜牒與本村白波戛户相同。在世三世後裔尚未列入譜牒。本譜内容爲世系，至格沙凡三十七世。

本譜載於《哈尼族口傳文化譯註全集》第十六卷《紅河州哈尼族譜牒（七）》

［雲南紅河］尖茨村張德明户譜牒　張德明背誦　王建美、王依學搜集　2011年雲南民族出版社排印本　合册　哈漢雙文並註國際音標

第三十八世“爲沙”從普洱市墨江縣朋垤村遷到紅河縣三村鄉扎么村委會尖茨村定居。第一世至二十世譜牒與本村白波戛户相同。在世三世後

裔尚未列入譜牒。第二十七世、第二十八世、第三十四世、第三十八世、第三十九世未連名。本譜内容爲世系,至黑松凡四十世。

本譜載於《哈尼族口傳文化譯註全集》第十六卷《紅河州哈尼族譜牒(七)》

[雲南紅河]朋東村楊立者户譜牒　楊立者背誦　王建美、王依學搜集　2011 年雲南民族出版社排印本　合册　哈漢雙文並註國際音標

譜主爲"咱塔朋"後裔。第六十三世"者坡"從紅河縣三村鄉車同村委會車同村遷到本鄉扎么村委會朋東村定居。在世三世後裔尚未列入譜牒。第五十四世未連名。本譜内容爲世系,至坡福凡六十四世。

本譜載於《哈尼族口傳文化譯註全集》第十六卷《紅河州哈尼族譜牒(七)》

[雲南紅河]朋東村周波龍户譜牒　周波龍背誦　王建美、王依學搜集　2011 年雲南民族出版社排印本　合册　哈漢雙文並註國際音標

第七十世"許沙"從普洱市墨江縣龍壩鄉竜賓村委會美東村遷到三村鄉扎么村委會朋東村定居。第一世至三十九世譜牒與本村楊立者户相同。在世三世後裔尚未列入譜牒。第六十二世、第六十八世、第七十世未連名。本譜内容爲世系,至沙福凡七十二世。

本譜載於《哈尼族口傳文化譯註全集》第十六卷《紅河州哈尼族譜牒(七)》

[雲南紅河]依尼洛村李發德户譜牒　李發德背誦　王建美、王依學搜集　2011 年雲南民族出版社排印本　合册　哈漢雙文並註國際音標

譜主爲"咱塔朋"後裔。第五十世"朋龍"從紅河縣三村鄉補干村委會壩利村遷到本鄉扎么村委會依尼洛村定居。在世四世後裔尚未列入譜牒。本譜内容爲世系,至安黑凡五十二世。

本譜載於《哈尼族口傳文化譯註全集》第十六卷《紅河州哈尼族譜牒(七)》

[雲南紅河]依期洛村白光德户譜牒　白光德背誦　王建美、王依學搜集　2011 年雲南民族出版社排印本　合册　哈漢雙文並註國際音標

譜主爲"咱塔朋"後裔。第七十一世"直黑"從普洱市墨江縣壩利鄉壩利村委會牛紅比垤遷到紅河縣三村鄉依期洛村委會依期洛村入贅定居。在世三世後裔尚未列入譜牒。第二十五世、第四十七世、第五十二世、第六十一世、第六十四世、第六十五世、第六十八世未連名。本譜内容爲世系,至直黑凡七十一世。

本譜載於《哈尼族口傳文化譯註全集》第十六卷《紅河州哈尼族譜牒(七)》

[雲南紅河]依期洛村王中建户譜牒　王中建背誦　王建美、王依學搜集　2011 年雲南民族出版社排印本　合册　哈漢雙文並註國際音標

第六十三世"安坡"從紅河縣三村鄉車同村委會阿支扎阿村遷到普洱市墨江縣龍壩鄉夾界樹村委會坡垤村,再遷回紅河縣三村鄉依期洛村委會依期洛村入贅定居。第一世至二十世譜牒與本村白光德户相同。在世二世後裔尚未列入譜牒。本譜内容爲世系,至戞福凡六十七世。

本譜載於《哈尼族口傳文化譯註全集》第十六卷《紅河州哈尼族譜牒(七)》

[雲南紅河]格哈村周阿黑户譜牒　周阿黑背誦　王建美、王依學搜集　2011 年雲南民族出版社排印本　合册　哈漢雙文並註國際音標

譜主爲"咱塔朋"後裔。第六十八世"安直"從紅河縣垤瑪鄉曼培村委會達白村遷到"規馬"(今地名不詳),再遷到本縣三村鄉依期洛村委會格哈村建寨定居。在世三世後裔尚未列入譜牒。本譜内容爲世系,至松發凡七十三世。

本譜載於《哈尼族口傳文化譯註全集》第十六卷《紅河州哈尼族譜牒(七)》

[雲南紅河]崩哈村周建沙户譜牒　周建沙背誦　王建美、王依學搜集　2011 年雲南民族出版社排印本　合册　哈漢雙文並註國際音標

譜主爲"咱塔朋"後裔。第七十六世"沙爲"從紅河縣垤瑪鄉曼培村委會達白村遷到墨江縣臘哈

鄉阿榮村，後又遷回紅河縣三村鄉依期洛村委會崩哈村入贅定居。本譜内容爲世系，至沙爲凡七十六世。

本譜載於《哈尼族口傳文化譯註全集》第十六卷《紅河州哈尼族譜牒（七）》

[雲南紅河]崩哈村白哈沙户譜牒　白哈沙背誦　王建美、王依學搜集　2011年雲南民族出版社排印本　合册　哈漢雙文並註國際音標

第六十世"内茨"從紅河縣垤瑪鄉河瑪村委會賈垤村遷到三村鄉依期洛村委會崩哈村定居。第一世至二十世譜牒與本村周建沙户相同。在世三世後裔尚未列入譜牒。第二十五世、第四十七世、第五十二世、第六十世、第六十一世、第六十二世未連名。本譜内容爲世系，至才龍凡六十四世。

本譜載於《哈尼族口傳文化譯註全集》第十六卷《紅河州哈尼族譜牒（七）》

[雲南紅河]哈阿洛村張波里户譜牒　張波里背誦　王建美、王依學搜集　2011年雲南民族出版社排印本　合册　哈漢雙文並註國際音標

譜主爲"咱塔朋"後裔。遷徙不詳。在世四世後裔尚未列入譜牒。第二十七世、第二十八世、第三十四世、第三十八世、第四十四世未連名。本譜内容爲世系，至銀光凡四十四世。

本譜載於《哈尼族口傳文化譯註全集》第十六卷《紅河州哈尼族譜牒（七）》

[雲南紅河]龍洛村馬里松户譜牒　馬里松背誦　王建美、王依學搜集　2011年雲南民族出版社排印本　合册　哈漢雙文並註國際音標

譜主爲"咱塔朋"後裔。先祖是從甘肅遷到雲南昆明，再遷到玉溪市元江縣因遠鎮，第三十四世"皮者"遷到紅河縣三村鄉依期洛村委會龍洛村建寨定居。在世三世後裔尚未列入譜牒。第三十三世、第三十四世未連名。本譜内容爲世系，至戛黑凡三十八世。

本譜載於《哈尼族口傳文化譯註全集》第十六卷《紅河州哈尼族譜牒（七）》

[雲南紅河]龍特村周阿胖户譜牒　周阿胖背誦　王建美、王依學搜集　2011年雲南民族出版社排印本　合册　哈漢雙文並註國際音標

譜主爲"咱塔朋"後裔。第六十九世"批松"從紅河縣垤瑪鄉曼培村委會達白村遷到普洱市墨江縣龍壩鄉竜賓村委會美東村，繼遷到紅河縣三村鄉依期洛村委會依期洛村，最後到本村委會龍特村定居。在世四世後裔尚未列入譜牒。第六十二世、第六十三世、第六十九世未連名。本譜内容爲世系，至福才凡七十二世。

本譜載於《哈尼族口傳文化譯註全集》第十六卷《紅河州哈尼族譜牒（七）》

[雲南紅河]女東村楊玉福户譜牒　楊玉福背誦　王建美、王依學搜集　2011年雲南民族出版社排印本　合册　哈漢雙文並註國際音標

譜主爲"咱塔朋"後裔。第六十五世"批者"從紅河縣垤瑪鄉曼培村委會曼培村遷到普洱市墨江縣壩利鄉壩利村委會跟崩村，再遷回紅河縣三村鄉依期洛村委會女東村定居。在世三世後裔尚未列入譜牒。本譜内容爲世系，至爲安凡六十七世。

本譜載於《哈尼族口傳文化譯註全集》第十六卷《紅河州哈尼族譜牒（七）》

[雲南紅河]克索洛村金批偉户譜牒　金批偉背誦　王建美、王依學搜集　2011年雲南民族出版社排印本　合册　哈漢雙文並註國際音標

譜主爲"咱塔朋"後裔。第三十七世"偉們"從普洱市墨江縣壩利鄉壩沙（今地名不詳）遷到紅河州紅河縣三村鄉依期洛村委會克索洛村定居。在世四世後裔尚未列入譜牒。第三十七世、第四十二世未連名。本譜内容爲世系，至者黑凡四十五世。

本譜載於《哈尼族口傳文化譯註全集》第十六卷《紅河州哈尼族譜牒（七）》

[雲南紅河]楚瑪村王波里户譜牒　王波里背誦　王建美、王依學搜集　2011年雲南民族出版社排印本　合册　哈漢雙文並註國際音標

譜主爲"咱塔朋"後裔。第四十九世"撒爲"從

貴州省遷到雲南省紅河州石屏縣,再遷到玉溪市元江縣女垤(今地名不詳),最後到紅河州紅河縣三村鄉依期洛村委會楚瑪村定居。在世三世後裔尚未列入譜牒。第四十七世未連名。本譜内容爲世系,至許波凡五十一世。

本譜載於《哈尼族口傳文化譯註全集》第十六卷《紅河州哈尼族譜牒(七)》

[雲南紅河]楚瑪村周牛黑户譜牒　周牛黑背誦　王建美、王依學搜集　2011年雲南民族出版社排印本　合册　哈漢雙文並註國際音標

第七十三世"爲者"從普洱市墨江縣那哈鄉"胎拿"(今地名不詳)遷到紅河縣三村鄉依期洛村委會楚瑪村定居。在世二世後裔尚未列入譜牒。第六十七世、第七十四世、第七十五世未連名。本譜内容爲世系,至安四凡七十五世。

本譜載於《哈尼族口傳文化譯註全集》第十六卷《紅河州哈尼族譜牒(七)》

[雲南紅河]補干村李建者户譜牒　李建者背誦　李建龍、王依學搜集　2011年雲南民族出版社排印本　合册　哈漢雙文並註國際音標

先祖從紅河縣車古鄉阿期村委會魯龍村遷入垤瑪鄉臘哈村委會臘哈村,再遷到三村鄉補干村委會補干村定居。在世三世後裔尚未列入譜牒。第四十二世、第四十三世、第五十三世未連名。本譜内容爲世系,至黑龍凡六十二世。

本譜載於《哈尼族口傳文化譯註全集》第十六卷《紅河州哈尼族譜牒(七)》

[雲南紅河]補干村周皮黑户譜牒　周皮黑背誦　李建龍、王依學搜集　2011年雲南民族出版社排印本　合册　哈漢雙文並註國際音標

第五十九世"沙者"從紅河縣垤瑪鄉遷到普洱市墨江縣龍壩鄉美東村,再遷到紅河縣三村鄉補干村委會補干村定居。在世三世後裔尚未列入譜牒。第五十四世未連名。本譜内容爲世系,至黑呀凡六十八世。

本譜載於《哈尼族口傳文化譯註全集》第十六卷《紅河州哈尼族譜牒(七)》

[雲南紅河]補干村楊約者户譜牒　楊約者背誦　李建龍、王依學搜集　2011年雲南民族出版社排印本　合册　哈漢雙文並註國際音標

該户遷徙不詳。在世三世後裔尚未列入譜牒。第五十五世未連名。本譜内容爲世系,至黑龍凡六十六世。

本譜載於《哈尼族口傳文化譯註全集》第十六卷《紅河州哈尼族譜牒(七)》

[雲南紅河]補干村王哈者户譜牒　王哈者背誦　李建龍、王依學搜集　2011年雲南民族出版社排印本　合册　哈漢雙文並註國際音標

先祖從紅河縣三村鄉車同村委會梅垤村遷到本鄉補干村委會補干村定居。在世三世後裔尚未列入譜牒。本譜内容爲世系,至波沙凡六十二世。

本譜載於《哈尼族口傳文化譯註全集》第十六卷《紅河州哈尼族譜牒(七)》

[雲南紅河]壩蘭村周白福户譜牒　周白福背誦　李建龍、王依學搜集　2011年雲南民族出版社排印本　合册　哈漢雙文並註國際音標

譜主爲"咱塔朋"後裔。遷徙不詳。在世四世後裔尚未列入譜牒。第五十四世、第六十三世、第六十五世、第六十九世未連名。本譜内容爲世系,至爲龍凡七十五世。

本譜載於《哈尼族口傳文化譯註全集》第十六卷《紅河州哈尼族譜牒(七)》

[雲南紅河]壩蘭村周斗才户譜牒　周斗才背誦　李建龍、王依學搜集　2011年雲南民族出版社排印本　合册　哈漢雙文並註國際音標

該户遷徙不詳。第一世至六十二世譜牒與本村周白福户相同。在世三世後裔尚未列入譜牒。本譜内容爲世系,至斗才凡七十二世。

本譜載於《哈尼族口傳文化譯註全集》第十六卷《紅河州哈尼族譜牒(七)》

[雲南紅河]壩蘭村李牙斗户譜牒　李牙斗背誦　李建龍、王依學搜集　2011年雲南民族出版社排印本　合册　哈漢雙文並註國際音標

先祖到壩蘭村建寨定居後，因匪患移居他鄉，第四十六世“偉沙”又回到壩蘭村重新建寨定居。第一世至二十世譜牒與本村周白福户相同。在世三世後裔尚未列入譜牒。第三十九世、第四十世、第四十三世、第五十世、第五十一世、第五十六世未連名。本譜内容爲世系，至耶黑凡五十六世。

本譜載於《哈尼族口傳文化譯註全集》第十六卷《紅河州哈尼族譜牒（七）》

[雲南紅河]壩蘭村白拾陸户譜牒　白拾陸背誦　王建美、王依學搜集　2011年雲南民族出版社排印本　合册　哈漢雙文並註國際音標

該户爲“咱奴崩”後裔。第三十二世“爲龍”從紅河縣三村鄉扎么村委會遷到本鄉補干村委會壩蘭村定居。第一世至十九世譜牒與本村周白福户相同。在世三世後裔尚未列入譜牒。第二十三世、第二十七世、第二十九世未連名。本譜内容爲世系，至龍沙凡三十六世。

本譜載於《哈尼族口傳文化譯註全集》第十六卷《紅河州哈尼族譜牒（七）》

[雲南紅河]壩蘭村楊莫福户譜牒　楊莫福背誦　王建美、王依學搜集　2011年雲南民族出版社排印本　合册　哈漢雙文並註國際音標

第五十七世“波沙”從紅河縣三村鄉車同村委會獨車村遷到本鄉補干村委會壩蘭村定居。第一世至三十九世譜牒與本村周白福户相同。在世三世後裔尚未列入譜牒。第五十二世未連名。本譜内容爲世系，至沙里凡六十三世。

本譜載於《哈尼族口傳文化譯註全集》第十六卷《紅河州哈尼族譜牒（七）》

[雲南紅河]南哈上寨村楊偉福户譜牒　楊偉福背誦　王建美、王依學搜集　2011年雲南民族出版社排印本　合册　哈漢雙文並註國際音標

譜主爲“咱塔朋”後裔。第六十五世“洛龍”於二十世紀四十年代從紅河縣三村鄉車同村委會車同村遷到本鄉補干村委會南哈上寨村定居。在世二世後裔尚未列入譜牒。第五十五世未連名。本譜内容爲世系，至洛龍凡六十五世。

本譜載於《哈尼族口傳文化譯註全集》第十六卷《紅河州哈尼族譜牒（七）》

[雲南紅河]南哈上寨村李龍安户譜牒　李龍安背誦　王建美、王依學搜集　2011年雲南民族出版社排印本　合册　哈漢雙文並註國際音標

第五十一世“茨龍”從紅河縣大羊街鄉遷到“哈崩”（今地名不詳），再遷到紅河縣三村鄉補干村委會南哈上寨村定居。第一世至三十二世譜牒與本村楊偉福户相同。在世三世後裔尚未列入譜牒。第四十四世、第四十九世、第五十三世、第五十四世、第五十五世、第五十七世未連名。本譜内容爲世系，至爲黑凡五十八世。

本譜載於《哈尼族口傳文化譯註全集》第十六卷《紅河州哈尼族譜牒（七）》

[雲南紅河]南哈上寨村楊奎松户譜牒　楊奎松背誦　王建美、王依學搜集　2011年雲南民族出版社排印本　合册　哈漢雙文並註國際音標

第六十二世“松牙”從玉溪市元江縣因遠鎮坡垤村遷到紅河縣三村鄉補干村委會南哈上寨村定居。第一世至四十二世譜牒與本村楊偉福户相同。在世三世後裔尚未列入譜牒。本譜内容爲世系，至松福凡六十四世。

本譜載於《哈尼族口傳文化譯註全集》第十六卷《紅河州哈尼族譜牒（七）》

[雲南紅河]南哈上寨村李章發户譜牒　李章發背誦　王建美、王依學搜集　2011年雲南民族出版社排印本　合册　哈漢雙文並註國際音標

第六十八世“波龍”從紅河縣三村鄉車同村委會阿支扎阿村遷到本鄉補干村委會南哈上寨村定居。第一世至四十世譜牒與本村楊偉福户相同。在世四世後裔尚未列入譜牒。本譜内容爲世系，至波龍凡六十八世。

本譜載於《哈尼族口傳文化譯註全集》第十六卷《紅河州哈尼族譜牒（七）》

[雲南紅河]南哈上寨村李牛者户譜牒　李牛者背誦　王建美、王依學搜集　2011年雲南民族出

版社排印本　合册　哈漢雙文並註國際音標

第六十六世"沖者"從紅河縣三村鄉車同村委會蘇尼都紅村遷到本鄉補干村委會南哈上寨村定居。第一世至四十世譜牒與本村楊偉福户相同。在世三世後裔尚未列入譜牒。本譜内容爲世系，至者福凡六十七世。

本譜載於《哈尼族口傳文化譯註全集》第十六卷《紅河州哈尼族譜牒(七)》

[雲南紅河]南哈上寨村李波發户譜牒　李波發背誦　王建美、王依學搜集　2011年雲南民族出版社排印本　合册　哈漢雙文並註國際音標

第五十五世"安才"從紅河縣車古鄉阿期村委會遷到紅河縣三村鄉補干村委會南哈上寨村定居。第一世至三十二世譜牒與本村楊偉福户相同。在世三世後裔尚未列入譜牒。第四十二世、第四十三世未連名。本譜内容爲世系，至斗戛凡六十三世。

本譜載於《哈尼族口傳文化譯註全集》第十六卷《紅河州哈尼族譜牒(七)》

[雲南紅河]南哈上寨村李陸黑户譜牒　李陸黑背誦　王建美、王依學搜集　2011年雲南民族出版社排印本　合册　哈漢雙文並註國際音標

先祖從紅河縣車古鄉阿期村委會遷到紅河縣三村鄉補干村委會南哈上寨村定居。第一世至三十二世譜牒與本村楊偉福户相同。在世三世後裔尚未列入譜牒。第四十二世、第四十三世、第五十世、第五十一世、第五十九世未連名。本譜内容爲世系，至者斗凡六十二世。

本譜載於《哈尼族口傳文化譯註全集》第十六卷《紅河州哈尼族譜牒(七)》

[雲南紅河]南哈中寨村李保甲户譜牒　李保甲背誦　李建龍、王依學搜集　2011年雲南民族出版社排印本　合册　哈漢雙文並註國際音標

譜主爲"咱塔朋"後裔。第六十三世"黑者"於二十世紀二十年代從紅河縣三村鄉車同村委會一竹村遷本鄉補干村委會南哈中寨村定居。在世三世後裔尚未列入譜牒。第五十六世、第六十世、第六十二世未連名。本譜内容爲世系，至黑者凡六十三世。

本譜載於《哈尼族口傳文化譯註全集》第十六卷《紅河州哈尼族譜牒(七)》

[雲南紅河]南哈中寨村李順德户譜牒　李順德背誦　王建美、王依學搜集　2011年雲南民族出版社排印本　合册　哈漢雙文並註國際音標

第六十世"斗通"從紅河縣車古鄉阿期村委會遷到垤瑪鄉臘哈村委會臘哈村，再遷到本鄉三村鄉補干村委會南哈中寨村定居。第一世至三十四世譜牒與本村李保甲户相同。在世三世後裔尚未列入譜牒。第四十二世、第四十三世、第五十三世未連名。本譜内容爲世系，至者龍凡六十二世。

本譜載於《哈尼族口傳文化譯註全集》第十六卷《紅河州哈尼族譜牒(七)》

[雲南紅河]南哈中寨村李立松户譜牒　李立松背誦　王建美、王依學搜集　2011年雲南民族出版社排印本　合册　哈漢雙文並註國際音標

第六十九世"安陸"於二十世紀二十年代從紅河縣三村鄉車同村委會車同村委會阿支扎阿村遷到本鄉三村鄉補干村委會南哈中寨村定居。第一世至三十二世譜牒與本村李保甲户相同。在世三世後裔尚未列入譜牒。本譜内容爲世系，至安陸凡六十九世。

本譜載於《哈尼族口傳文化譯註全集》第十六卷《紅河州哈尼族譜牒(七)》

[雲南紅河]南哈中寨村李批爲户譜牒　李批爲背誦　李建龍、王依學搜集　2011年雲南民族出版社排印本　合册　哈漢雙文並註國際音標

先祖從紅河縣車古鄉阿期村委會魯龍村遷到垤瑪鄉臘哈村委會臘哈村，再遷到三村鄉補干村委會補干村，最後遷到本村委會南哈中寨村定居。第一世至三十四世譜牒與本村李保甲户相同。在世三世後裔尚未列入譜牒。第四十二世、第四十三世、第五十三世未連名。本譜内容爲世系，至者龍凡六十一世。

本譜載於《哈尼族口傳文化譯註全集》第十六

卷《紅河州哈尼族譜牒(七)》

[雲南紅河]南哈下寨村李中斗户譜牒 李中斗背誦 王建美、王依學搜集 2011年雲南民族出版社排印本 合册 哈漢雙文並註國際音標

譜主爲"咱塔朋"後裔。第五十五世"安才"從紅河縣車古縣阿期村委會遷到本縣三村鄉補干村委會南哈下寨村定居。在世二世後裔尚未列入譜牒。第四十二世、第四十三世、第五十九世未連名。本譜内容爲世系,至斗才凡六十一世。

本譜載於《哈尼族口傳文化譯註全集》第十六卷《紅河州哈尼族譜牒(七)》

[雲南紅河]南哈下寨村李和者户譜牒 李和者背誦 王建美、王依學搜集 2011年雲南民族出版社排印本 合册 哈漢雙文並註國際音標

第五十一世"偉沙"從紅河縣車古縣阿期村委會遷到本縣三村鄉補干村委會南哈下寨村定居。在世四世後裔尚未列入譜牒。第一世至四十七世譜牒與本村李中斗户相同。在世四世後裔尚未列入譜牒。第五十世、第五十一世、第五十九世未連名。本譜内容爲世系,至黑沙凡六十二世。

本譜載於《哈尼族口傳文化譯註全集》第十六卷《紅河州哈尼族譜牒(七)》

[雲南紅河]南哈下寨村楊忠者户譜牒 楊忠者背誦 王建美、王依學搜集 2011年雲南民族出版社排印本 合册 哈漢雙文並註國際音標

第六十五世"黑坡"於二十世紀二十年代從紅河縣三村鄉補干村委會南哈中寨村遷到本村委會南哈下寨村定居。第一世至三十二世譜牒與本村李中斗户相同。在世二世後裔尚未列入譜牒。第五十五世未連名。本譜内容爲世系,至坡安凡六十六世。

本譜載於《哈尼族口傳文化譯註全集》第十六卷《紅河州哈尼族譜牒(七)》

[雲南紅河]南哈下寨村楊批松户譜牒 楊批松背誦 王建美、王依學搜集 2011年雲南民族出版社排印本 合册 哈漢雙文並註國際音標

第六十五世"斗黑"於二十世紀四十年代從南哈上寨遷到南哈下寨村定居。第一世至三十二世譜牒與本村李中斗户相同。在世二世後裔尚未列入譜牒。第五十五世未連名。本譜内容爲世系,至斗黑凡六十五世。

本譜載於《哈尼族口傳文化譯註全集》第十六卷《紅河州哈尼族譜牒(七)》

[雲南紅河]南哈下寨村李東福户譜牒 李東福背誦 王建美、王依學搜集 2011年雲南民族出版社排印本 合册 哈漢雙文並註國際音標

第六十四世"沙龍"從紅河縣三村鄉車同村委會一竹村遷到本鄉補干村委會南哈下寨村入贅定居。第一世至三十四世譜牒與本村李中斗户相同。在世二世後裔尚未列入譜牒。第五十五世、第六十一世未連名。本譜内容爲世系,至沙龍凡六十四世。

本譜載於《哈尼族口傳文化譯註全集》第十六卷《紅河州哈尼族譜牒(七)》

[雲南紅河]南哈下寨村李松沙户譜牒 李松沙背誦 王建美、王依學搜集 2011年雲南民族出版社排印本 合册 哈漢雙文並註國際音標

第五十九世"者沙"爲南哈上寨、中寨、下寨村建寨的主持者。第一世至三十八世譜牒與本村李中斗户相同。在世三世後裔尚未列入譜牒。第五十二世、第六十一世、第六十九世未連名。本譜内容爲世系,至爲安凡六十九世。

本譜載於《哈尼族口傳文化譯註全集》第十六卷《紅河州哈尼族譜牒(七)》

[雲南紅河]南哈下寨村王安孟户譜牒 王安孟背誦 王建美、王依學搜集 2011年雲南民族出版社排印本 合册 哈漢雙文並註國際音標

先祖從紅河縣三村鄉車同村委會梅垤村遷到本鄉補干村委會南哈下寨村定居。第一世至三十二世譜牒與本村李中斗户相同。在世四世後裔尚未列入譜牒。本譜内容爲世系,至龍爲凡六十三世。

本譜載於《哈尼族口傳文化譯註全集》第十六卷《紅河州哈尼族譜牒(七)》

[雲南紅河]建東村李章連户譜牒 李章連背誦 王建美、王依學搜集 2011年雲南民族出版社排印本 合册 哈漢雙文並註國際音標

該户爲“咱塔朋”後裔。第六十一世“許哄”從紅河縣三村鄉補干村委會南哈中寨村遷到本村委會建東村定居。在世四世後裔尚未列入譜牒。第五十二世、第六十一世未連名。本譜内容爲世系,至波安凡六十六世。

本譜載於《哈尼族口傳文化譯註全集》第十六卷《紅河州哈尼族譜牒(七)》

[雲南紅河]建東村李者才户譜牒 李者才背誦 王建美、王依學搜集 2011年雲南民族出版社排印本 合册 哈漢雙文並註國際音標

第六十四世“爲黑”從紅河縣三村鄉補干村委會南哈中寨村遷到本村委會建東村定居。第一世至三十四世譜牒與本村李章連户相同。在世四世後裔尚未列入譜牒。第五十五世、第六十一世未連名。本譜内容爲世系,至龍者凡六十六世。

本譜載於《哈尼族口傳文化譯註全集》第十六卷《紅河州哈尼族譜牒(七)》

[雲南紅河]建東村李莫者户譜牒 李莫者背誦 王建美、王依學搜集 2011年雲南民族出版社排印本 合册 哈漢雙文並註國際音標

二十世紀四十年代第六十五世“沙安”從紅河縣三村鄉補干村委會梅普村遷到本村委會建東村定居。第一世至三十二世譜牒與本村李章連户相同。在世二世後裔尚未列入譜牒。第六十三世未連名。本譜内容爲世系,至沙安凡六十五世。

本譜載於《哈尼族口傳文化譯註全集》第十六卷《紅河州哈尼族譜牒(七)》

[雲南紅河]建東村李阿黑户譜牒 李阿黑背誦 王建美、王依學搜集 2011年雲南民族出版社排印本 合册 哈漢雙文並註國際音標

第五十二世“者安”從紅河縣垤瑪鄉垤瑪村委會哈頭村遷到本縣三村鄉補干村委會建東村建寨定居。第一世至三十五世譜牒與本村李章連户相同。在世五世後裔尚未列入譜牒。第四十三世、第四十八世、第五十三世未連名。本譜内容爲世系,至龍格凡六十二世。

本譜載於《哈尼族口傳文化譯註全集》第十六卷《紅河州哈尼族譜牒(七)》

[雲南紅河]建東村楊約者户譜牒 楊約者背誦 王建美、王依學搜集 2011年雲南民族出版社排印本 合册 哈漢雙文並註國際音標

二十世紀四十年代第六十五世“斗安”從紅河縣三村鄉車同村委會獨車村遷到本鄉補干村委會建東村居住。第一世至三十二世譜牒與本村李章連户相同。在世二世後裔尚未列入譜牒。第五十五世未連名。本譜内容爲世系,至斗安凡六十五世。

本譜載於《哈尼族口傳文化譯註全集》第十六卷《紅河州哈尼族譜牒(七)》

[雲南紅河]建東村張洛福户譜牒 張洛福背誦 王建美、王依學搜集 2011年雲南民族出版社排印本 合册 哈漢雙文並註國際音標

第四十二世“者歐”從紅河縣三村鄉車通村委會一竹村遷到本鄉補干村委會建東村建寨居住。第一世至二十世譜牒與本村李章連户相同。在世三世後裔尚未列入譜牒。第二十五世、第三十三世、第三十九世、第五十四世未連名。本譜内容爲世系,至者才凡五十六世。

本譜載於《哈尼族口傳文化譯註全集》第十六卷《紅河州哈尼族譜牒(七)》

[雲南紅河]建東村朱直福户譜牒 朱直福背誦 王建美、王依學搜集 2011年雲南民族出版社排印本 合册 哈漢雙文並註國際音標

第六十七世“波馬”從普洱市墨江縣龍壩鄉仰普村遷到紅河縣三村鄉補干村委會建東村居住。第一世至三十二世譜牒與本村李章連户相同。在世四世後裔尚未列入譜牒。第五十七世、第五十八世未連名。本譜内容爲世系,至波馬凡六十七世。

本譜載於《哈尼族口傳文化譯註全集》第十六

卷《紅河州哈尼族譜牒(七)》

[雲南紅河]規東村張毛黑户譜牒　張毛黑背誦　李建龍、王依學搜集　2011年雲南民族出版社排印本　合册　哈漢雙文並註國際音標

譜主爲"咱塔朋"後裔。遷徙不詳。在世三世後裔尚未列入譜牒。第二十五世、第三十六世未連名。本譜内容爲世系,至沖斗凡四十三世。

本譜載於《哈尼族口傳文化譯註全集》第十六卷《紅河州哈尼族譜牒(七)》

[雲南紅河]規東村李建黑户譜牒　李建黑背誦　李建龍、王依學搜集　2011年雲南民族出版社排印本　合册　哈漢雙文並註國際音標

該户遷徙不詳。第一世至二十世譜牒與本村張毛黑户相同。在世三世後裔尚未列入譜牒。本譜内容爲世系,至爲沙凡六十七世。

本譜載於《哈尼族口傳文化譯註全集》第十六卷《紅河州哈尼族譜牒(七)》

[雲南紅河]規東村楊哈爲户譜牒　楊哈爲背誦　李建龍、王依學搜集　2011年雲南民族出版社排印本　合册　哈漢雙文並註國際音標

先祖從紅河縣三村鄉車同村委會車同村遷到補干村委會規東村居住。第一世至二十世譜牒與本村張毛黑户相同。在世三世後裔尚未列入譜牒。第五十五世未連名。本譜内容爲世系,至黑者凡六十六世。

本譜載於《哈尼族口傳文化譯註全集》第十六卷《紅河州哈尼族譜牒(七)》

[雲南紅河]壩利村李呀黑户譜牒　李呀黑背誦　李建龍、王依學搜集　2011年雲南民族出版社排印本　合册　哈漢雙文並註國際音標

譜主爲"咱塔朋"後裔。先祖從紅河縣車古鄉阿期村委會魯龍村遷到本鄉利博村委會利博村,再遷到紅河縣三村鄉補干村委會壩利村定居。在世三世後裔尚未列入譜牒。本譜内容爲世系,至者安凡五十四世。

本譜載於《哈尼族口傳文化譯註全集》第十六卷《紅河州哈尼族譜牒(七)》

[雲南紅河]壩利村李機黑户譜牒　李機黑背誦　李建龍、王依學搜集　2011年雲南民族出版社排印本　合册　哈漢雙文並註國際音標

先祖從紅河縣車古鄉阿期村委會魯龍村遷到垤瑪鄉臘哈村委會臘哈村,再遷到三村鄉補干村委會補干村居住。第六十世"通周"遷本村委會壩利村居住。第一世至三十四世譜牒與本村李呀黑户相同。在世三世後裔尚未列入譜牒。第四十二世、第四十三世、第五十三世未連名。本譜内容爲世系,至周麻六十一世。

本譜載於《哈尼族口傳文化譯註全集》第十六卷《紅河州哈尼族譜牒(七)》

[雲南紅河]壩利村李建爲户譜牒　李建爲背誦　李建龍、王依學搜集　2011年雲南民族出版社排印本　合册　哈漢雙文並註國際音標

先祖從紅河縣車古鄉阿期村委會魯龍村遷到垤瑪鄉臘哈村委會臘哈村居住,第五十世"最倮"從臘哈村遷到三村鄉補干村委會壩利村建寨居住。第一世至三十四世譜牒與本村李呀黑户相同。在世三世後裔尚未列入譜牒。第四十二世、第四十三世、第五十三世未連名。本譜内容爲世系,至龍戛凡六十世。

本譜載於《哈尼族口傳文化譯註全集》第十六卷《紅河州哈尼族譜牒(七)》

[雲南紅河]壩利村李自言户譜牒　李自言背誦　李建龍、王依學搜集　2011年雲南民族出版社排印本　合册　哈漢雙文並註國際音標

先祖從紅河縣垤瑪鄉垤瑪村委會哈朋村遷到三村鄉補干村委會南哈村,再遷到本村委會壩利村定居。第一世至三十四世譜牒與本村李呀黑户相同。在世三世後裔尚未列入譜牒。第四十四世、第四十九世、第五十三世、第五十五世未連名。本譜内容爲世系,至坡麻五十九世。

本譜載於《哈尼族口傳文化譯註全集》第十六卷《紅河州哈尼族譜牒(七)》

[雲南紅河]壩利村李王才户譜牒　李王才背誦　李建龍、王依學搜集　2011 年雲南民族出版社排印本　合册　哈漢雙文並註國際音標

先祖從紅河縣垤瑪鄉河瑪村委會奪垤村遷到架車鄉妥阿村委會哈紅村,再遷到紅河縣三村鄉補干村委會壩利村居住。第一世至三十二世譜牒與本村李呀黑户相同。在世二世後裔尚未列入譜牒。第六十三世、第六十五世未連名。本譜内容爲世系,至戛黑凡六十五世。

本譜載於《哈尼族口傳文化譯註全集》第十六卷《紅河州哈尼族譜牒(七)》

[雲南紅河]梅普村朱波者户譜牒　朱波者背誦　王建美、王依學搜集　2011 年雲南民族出版社排印本　合册　哈漢雙文並註國際音標

譜主爲“咱塔朋”後裔。第七十一世“波者”從紅河縣垤瑪鄉垤瑪村委會遷到本鄉獨格村委會獨格村,再遷到本村委會格然村,後到本縣三村鄉補干村委會梅普村定居。在世三世後裔尚未列入譜牒。第五十二世、第六十一世、第六十二世、第六十三世、第六十四世未連名。本譜内容爲世系,至波者凡七十一世。

本譜載於《哈尼族口傳文化譯註全集》第十六卷《紅河州哈尼族譜牒(七)》

[雲南紅河]梅普村段生啊户譜牒　段生啊背誦　李建龍、王依學搜集　2011 年雲南民族出版社排印本　合册　哈漢雙文並註國際音標

第五世“者格”從紅河縣垤瑪鄉河瑪村委會河瑪村遷到三村鄉補干村委會梅普村定居。該户原爲白族,後融入哈尼族。在世四世後裔尚未列入譜牒。本譜内容爲世系,至才安凡七世。

本譜載於《哈尼族口傳文化譯註全集》第十六卷《紅河州哈尼族譜牒(七)》

[雲南紅河]榮馬村段爲黑户譜牒　段爲黑背誦　王建美、王依學搜集　2011 年雲南民族出版社排印本　合册　哈漢雙文並註國際音標

譜主爲“咱塔朋”後裔。第二十六世“朋牙”從紅河縣垤瑪鄉河瑪村委會賈垤村遷到三村鄉補干村委會榮馬村定居。在世四世後裔尚未列入譜牒。第二十三世、第二十四世未連名。本譜内容爲世系,至格爲凡二十九世。

本譜載於《哈尼族口傳文化譯註全集》第十六卷《紅河州哈尼族譜牒(七)》

[雲南紅河]壩木村李陽斗户譜牒　李陽斗背誦　李建龍、王依學搜集　2011 年雲南民族出版社排印本　合册　哈漢雙文並註國際音標

譜主爲“咱塔朋”後裔。先祖從尚畢(今地名不詳)遷入紅河縣三村鄉補干村委會壩蘭河,再遷到補干舊寨和壩木村委會咪尼村,最後遷到壩木村定居。在世三世後裔尚未列入譜牒。第四十四世未連名。本譜内容爲世系,至斗者凡六十世。

本譜載於《哈尼族口傳文化譯註全集》第十六卷《紅河州哈尼族譜牒(七)》

[雲南紅河]壩木村李利者户譜牒　李利者背誦　李建龍、王依學搜集　2011 年雲南民族出版社排印本　合册　哈漢雙文並註國際音標

先祖從紅河縣三村鄉補干村委會規東村遷到本鄉壩木村委會咪尼村,再遷到本村委會壩木村定居。第一世至三十四世譜牒與本村李陽斗户相同。在世三世後裔尚未列入譜牒。第四十二世、第四十三世、第五十三世未連名。本譜内容爲世系,至麻斗凡六十世。

本譜載於《哈尼族口傳文化譯註全集》第十六卷《紅河州哈尼族譜牒(七)》

[雲南紅河]壩木村段波才户譜牒　段波才背誦　李建龍、王依學搜集　2011 年雲南民族出版社排印本　合册　哈漢雙文並註國際音標

段氏原爲白族,後融入哈尼族。先祖從紅河縣車古鄉阿期村委會魯龍村遷到三村鄉么扎村委會么扎村,再遷到本鄉壩木村委會壩木村定居。在世三世後裔尚未列入譜牒。本譜内容爲世系,至戛陸凡五世。

本譜載於《哈尼族口傳文化譯註全集》第十六卷《紅河州哈尼族譜牒(七)》

[雲南紅河]納奪村李建福户譜牒 李建福背誦 李建龍、王依學搜集 2011年雲南民族出版社排印本 合册 哈漢雙文並註國際音標

譜主爲“咱塔朋”後裔。先祖從尚畢(今地名不詳)遷入紅河縣三村鄉壩木村委會咪尼村,再遷到本村委會納奪村定居。在世二世後裔尚未列入譜牒。第四十四世未連名。本譜内容爲世系,至才沙凡六十世。

本譜載於《哈尼族口傳文化譯註全集》第十六卷《紅河州哈尼族譜牒(七)》

[雲南紅河]咪尼村楊直黑户譜牒 楊直黑背誦 王建美、王依學搜集 2011年雲南民族出版社排印本 合册 哈漢雙文並註國際音標

譜主爲“咱塔朋”後裔。第六十五世“黑松”從紅河縣三村鄉車同村委會車同村遷到本鄉壩木村委會咪尼村定居。在世二世後裔尚未列入譜牒。第五十五世未連名。本譜内容爲世系,至黑松凡六十五世。

本譜載於《哈尼族口傳文化譯註全集》第十六卷《紅河州哈尼族譜牒(七)》

[雲南紅河]咪尼村周利者户譜牒 周利者背誦 王建美、王依學搜集 2011年雲南民族出版社排印本 合册 哈漢雙文並註國際音標

二十世紀二十年代第五十九世“者松”從紅河縣三村鄉壩木村委會依東村遷到本村委會咪尼村定居。第一世至三十九世譜牒與本村楊直黑户相同。在世三世後裔尚未列入譜牒。本譜内容爲世系,至者松凡五十八世。

本譜載於《哈尼族口傳文化譯註全集》第十六卷《紅河州哈尼族譜牒(七)》

[雲南紅河]咪尼村李建福户譜牒 李建福背誦 王建美、王依學搜集 2011年雲南民族出版社排印本 合册 哈漢雙文並註國際音標

先祖是從紅河縣車古鄉阿期利博(今村名不詳)遷到本縣三村鄉壩木村委會咪尼村定居。第一世至三十二世譜牒與本村楊直黑户相同。在世四世後裔尚未列入譜牒。本譜内容爲世系,至沙黑凡六十三世。

本譜載於《哈尼族口傳文化譯註全集》第十六卷《紅河州哈尼族譜牒(七)》

[雲南紅河]咪尼村李莫沙户譜牒 李莫沙背誦 李建龍、王依學搜集 2011年雲南民族出版社排印本 合册 哈漢雙文並註國際音標

先祖從尚畢(今地名不詳)遷入紅河縣三村鄉補干村委會壩蘭河,再遷到壩木村委會咪尼村定居。第一世至三十二世譜牒與本村楊直黑户相同。在世三世後裔尚未列入譜牒。第四十四世未連名。本譜内容爲世系,至戛沙凡六十世。

本譜載於《哈尼族口傳文化譯註全集》第十六卷《紅河州哈尼族譜牒(七)》

[雲南紅河]咪尼村楊雙六户譜牒 楊雙六背誦 李建龍、王依學搜集 2011年雲南民族出版社排印本 合册 哈漢雙文並註國際音標

該户遷徙不詳。第一世至四十三世譜牒與本村楊直黑户相同。在世三世後裔尚未列入譜牒。第五十六世未連名。本譜内容爲世系,至黑沙凡六十七世。

本譜載於《哈尼族口傳文化譯註全集》第十六卷《紅河州哈尼族譜牒(七)》

[雲南紅河]咪尼村王建斗户譜牒 王建斗背誦 王建美、王依學搜集 2011年雲南民族出版社排印本 合册 哈漢雙文並註國際音標

第五十六世“克沙”從紅河縣三村鄉依期洛村委會楚瑪村遷到本鄉壩木村委會咪尼村定居。第一世至三十二世譜牒與本村楊直黑户相同。在世二世後裔尚未列入譜牒。第五十一世、第五十二世、第五十三世未連名。本譜内容爲世系,至沙爲凡五十四世。

本譜載於《哈尼族口傳文化譯註全集》第十六卷《紅河州哈尼族譜牒(七)》

[雲南紅河]咪尼村李建龍户譜牒 李建龍背誦 李建龍、王依學搜集 2011年雲南民族出版社排印本 合册 哈漢雙文並註國際音標

先祖從尚畢(今地名不詳)遷入紅河縣三村鄉壩木村委會咪尼村定居。第一世至三十二世譜牒與本村楊直黑户相同。在世三世後裔尚未列入譜牒。第四十四世未連名。本譜内容爲世系,至沙者凡六十一世。

本譜載於《哈尼族口傳文化譯註全集》第十六卷《紅河州哈尼族譜牒(七)》

[雲南紅河]妥女村金哈者户譜牒　金哈者背誦　王建美、王依學搜集　2011年雲南民族出版社排印本　合册　哈漢雙文並註國際音標

該户屬哈尼族阿松支系。第三十八世“本得”從普洱市墨江縣龍壩鄉遷到紅河州紅河縣三村鄉壩木村委會妥女村定居。在世三世後裔尚未列入譜牒。第七世、第二十一世、第三十四世、第三十六世、第三十七世、第三十八世、第三十九世未連名。本譜内容爲世系,至安昌凡四十二世。

本譜載於《哈尼族口傳文化譯註全集》第十六卷《紅河州哈尼族譜牒(七)》

[雲南紅河]妥女村楊五拾二户譜牒　楊五拾二背誦　王建美、王依學搜集　2011年雲南民族出版社排印本　合册　哈漢雙文並註國際音標

第三十世“安洛”從普洱市墨江縣龍壩鄉美東村委會土收收資(今地名不詳)遷到紅河州紅河縣三村鄉壩木村委會妥女村定居。在世三世後裔尚未列入譜牒。第二十一世、第二十九世、第三十世、第三十五世、第三十七世、第三十八世、第三十九世未連名。本譜内容爲世系,至安發凡四十一世。

本譜載於《哈尼族口傳文化譯註全集》第十六卷《紅河州哈尼族譜牒(七)》

[雲南紅河]切佐村李哈者户譜牒　李哈者背誦　李建龍、王依學搜集　2011年雲南民族出版社排印本　合册　哈漢雙文並註國際音標

譜主爲“咱塔朋”後裔。先祖從尚畢(今地名不詳)遷入紅河縣三村鄉壩木村委會咪尼村,後又遷到本村委會切佐村定居。在世三世後裔尚未列入譜牒。第四十四世未連名。本譜内容爲世系,至坡黑凡六十世。

本譜載於《哈尼族口傳文化譯註全集》第十六卷《紅河州哈尼族譜牒(七)》

[雲南紅河]切佐村張皮爲户譜牒　張皮爲背誦　李建龍、王依學搜集　2011年雲南民族出版社排印本　合册　哈漢雙文並註國際音標

該户遷徙不詳。第一世至二十世譜牒與本村李哈者户相同。在世三世後裔尚未列入譜牒。本譜内容爲世系,至戛斗凡五十六世。

本譜載於《哈尼族口傳文化譯註全集》第十六卷《紅河州哈尼族譜牒(七)》

[雲南紅河]切佐村姜光福户譜牒　姜光福背誦　李建龍、王依學搜集　2011年雲南民族出版社排印本　合册　哈漢雙文並註國際音標

該户係哈尼族阿松人。第一世至二十世譜牒與本村李哈者户相同。在世三世後裔尚未列入譜牒。第四十三世、第四十九世、第五十世、第五十五世、第五十六世、第五十七世、第五十八世未連名。本譜内容爲世系,至安者凡六十世。

本譜載於《哈尼族口傳文化譯註全集》第十六卷《紅河州哈尼族譜牒(七)》

[雲南紅河]切佐村王克者户譜牒　王克者背誦　李建龍、王依學搜集　2011年雲南民族出版社排印本　合册　哈漢雙文並註國際音標

先祖從紅河縣垤瑪鄉曼培村委會曼培村遷到本鄉垤瑪村委會,再遷到紅河州緑春縣壩海(今地名不詳),最後遷到紅河州三村鄉壩木村委會切佐村定居。第一世至三十二世譜牒與本村李哈者户相同。在世三世後裔尚未列入譜牒。本譜内容爲世系,至斗才凡六十三世。

本譜載於《哈尼族口傳文化譯註全集》第十六卷《紅河州哈尼族譜牒(七)》

[雲南紅河]切佐村李波呀户譜牒　李波呀背誦　李建龍、王依學搜集　2011年雲南民族出版社排印本　合册　哈漢雙文並註國際音標

該户遷徙不詳。第一世至三十四世譜牒與本村

李哈者户相同。在世三世後裔尚未列入譜牒。第五十世、第五十九世未連名。本譜内容爲世系，至斗龍凡六十六世。

本譜載於《哈尼族口傳文化譯註全集》第十六卷《紅河州哈尼族譜牒（七）》

［雲南紅河］切佐村李波爲户譜牒　李波爲背誦　李建龍、王依學搜集　2011年雲南民族出版社排印本　合册　哈漢雙文並註國際音標

先祖從紅河縣垤瑪村委會遷到本村委會哈期村，再遷到本縣三村鄉補干村委會建東村，最後遷到本鄉壩木村委會切佐村定居。第一世至三十四世譜牒與本村李哈者户相同。在世三世後裔尚未列入譜牒。第四十三世、第四十八世、第五十三世未連名。本譜内容爲世系，至黑爲凡五十八世。

本譜載於《哈尼族口傳文化譯註全集》第十六卷《紅河州哈尼族譜牒（七）》

［雲南紅河］切佐村熊黑斗户譜牒　熊黑斗背誦　李建龍、王依學搜集　2011年雲南民族出版社排印本　合册　哈漢雙文並註國際音標

先祖從紅河縣車古鄉利博村委會遷到紅河縣三村鄉補干村委會建東村，再遷到壩木村委會阿呸勒格村，最後遷到本村委會切佐村定居。第一世至三十五世譜牒與本村李哈者户相同。在世三世後裔尚未列入譜牒。第四十四世、第四十六世、第五十世未連名。本譜内容爲世系，至福者凡五十九世。

本譜載於《哈尼族口傳文化譯註全集》第十六卷《紅河州哈尼族譜牒（七）》

［雲南紅河］依東村宗爲黑户譜牒　宗爲黑背誦　李建龍、王依學搜集　2011年雲南民族出版社排印本　合册　哈漢雙文並註國際音標

譜主爲“咱塔朋”後裔。先祖從紅河縣垤瑪鄉遷到本縣三村鄉壩木村委會依東村定居。在世三世後裔尚未列入譜牒。第五十二世、第六十一世未連名。本譜内容爲世系，至者爲凡七十二世。

本譜載於《哈尼族口傳文化譯註全集》第十六卷《紅河州哈尼族譜牒（七）》

［雲南紅河］依東村王利者户譜牒　王利者背誦　李建龍、王依學搜集　2011年雲南民族出版社排印本　合册　哈漢雙文並註國際音標

先祖從紅河縣垤瑪鄉曼培村委會曼培村遷到本鄉垤瑪村委會，再遷到紅河州緑春縣壩海（今地名不詳），最後遷到紅河州三村鄉壩木村委會依東村定居。第一世至三十九世譜牒與本村宗爲黑户相同。在世三世後裔尚未列入譜牒。本譜内容爲世系，至沙才凡六十五世。

本譜載於《哈尼族口傳文化譯註全集》第十六卷《紅河州哈尼族譜牒（七）》

［雲南紅河］依東村李批黑户譜牒　李批黑背誦　李建龍、王依學搜集　2011年雲南民族出版社排印本　合册　哈漢雙文並註國際音標

該户遷徙不詳。第一世至三十二世譜牒與本村宗爲黑户相同。在世三世後裔尚未列入譜牒。第五十五世、第五十六世未連名。本譜内容爲世系，至安者凡六十二世。

本譜載於《哈尼族口傳文化譯註全集》第十六卷《紅河州哈尼族譜牒（七）》

［雲南紅河］阿呸勒格村李奴沙户譜牒　李奴沙背誦　李建龍、王依學搜集　2011年雲南民族出版社排印本　合册　哈漢雙文並註國際音標

該户爲共祖“咱塔朋”後裔。先祖從紅河縣垤瑪鄉河瑪村委會奪垤村遷到本縣三村鄉車同村委會蘇尼都紅村，後到本鄉壩木村委會阿呸勒格村定居。在世四世後裔尚未列入譜牒。本譜内容爲世系，至周麻六十五世。

本譜載於《哈尼族口傳文化譯註全集》第十六卷《紅河州哈尼族譜牒（七）》

［雲南紅河］阿呸勒格村何呀者户譜牒　何呀者背誦　李建龍、王依學搜集　2011年雲南民族出版社排印本　合册　哈漢雙文並註國際音標

該户祖先爲白族。第一世“安歐”從玉溪市元江縣因遠鎮二甲街遷到紅河縣三村鄉補干村委會補干村，融入哈尼族。背誦者後入贅本鄉壩木村委會阿呸勒格村定居。本譜内容爲世系，至山黑

凡十世。

本譜載於《哈尼族口傳文化譯註全集》第十六卷《紅河州哈尼族譜牒(七)》

[雲南紅河]洛瑪村張思文户譜牒　張思文背誦　張思文、牛赫搜集　2011年雲南民族出版社排印本　合册　哈漢雙文並註國際音標

該户屬奕車支系。一世祖母昂。始遷祖第五十九世"貴歐"自紅河縣浪堤鄉"貴龍"(哈尼族地名,在浪堵村委會境内)遷入。本譜内容爲世系,至永正凡六十八世。

本譜載於《哈尼族口傳文化譯註全集》第十七卷《紅河州哈尼族譜牒(八)》

[雲南紅河]洛瑪村毛勒居户譜牒　毛勒居背誦　牛赫、毛勒居搜集　2011年雲南民族出版社排印本　合册　哈漢雙文並註國際音標

該户屬奕車支系。一世祖母昂。從第一世至第三十五世奕車前的譜牒與本村張思文户相同。本譜内容爲世系,至居黄凡七十二世。

本譜載於《哈尼族口傳文化譯註全集》第十七卷《紅河州哈尼族譜牒(八)》

[雲南紅河]洛瑪村李勒七户譜牒　李勒七背誦　牛赫、毛勒居搜集　2011年雲南民族出版社排印本　合册　哈漢雙文並註國際音標

該户屬奕車支系。一世祖母昂。從第一世至第三十五世奕車前的譜牒與本村張思文户相同。本譜内容爲世系,至周仰凡六十八世。

本譜載於《哈尼族口傳文化譯註全集》第十七卷《紅河州哈尼族譜牒(八)》

[雲南紅河]洛瑪村錢口周户譜牒　錢口周背誦　牛赫搜集　2011年雲南民族出版社排印本　合册　哈漢雙文並註國際音標

該户屬奕車支系。一世祖母昂。先祖從本縣大羊街鄉妥垤村委會遷居本村。從第一世至第三十五世奕車的譜牒與本村張思文户相同。本譜内容爲世系,至魯周凡六十四世。

本譜載於《哈尼族口傳文化譯註全集》第十七卷《紅河州哈尼族譜牒(八)》

[雲南紅河]查尼村張約紅户譜牒　張約紅背誦　牛赫搜集　2011年雲南民族出版社排印本　合册　哈漢雙文並註國際音標

該户屬奕車支系。一世祖母昂。始遷祖第五十八世七仰自紅河縣浪堤鄉浪堵村委會昂龍村遷入。本譜内容爲世系,至仰澤凡七十一世。

本譜載於《哈尼族口傳文化譯註全集》第十七卷《紅河州哈尼族譜牒(八)》

[雲南紅河]查尼村李勒呼户譜牒　李勒呼背誦　牛赫搜集　2011年雲南民族出版社排印本　合册　哈漢雙文並註國際音標

該户屬奕車支系。一世祖母昂。從第一世至第三十五世奕車前的譜牒與本村張約紅户相同。本譜内容爲世系,至仰七凡六十九世。

本譜載於《哈尼族口傳文化譯註全集》第十七卷《紅河州哈尼族譜牒(八)》

[雲南紅河]查垤村李最仰户譜牒　李最仰背誦　牛赫搜集　2011年雲南民族出版社排印本　合册　哈漢雙文並註國際音標

該户原屬糯比支系"最瑪"宗支。現屬奕車支系。先祖從本鄉紅波洛村委會遷居本村。一世祖母昂。本譜内容爲世系,至博發凡五十二世。

本譜載於《哈尼族口傳文化譯註全集》第十七卷《紅河州哈尼族譜牒(八)》

[雲南紅河]新華村李切候户譜牒　李切候背誦　牛赫搜集　2011年雲南民族出版社排印本　合册　哈漢雙文並註國際音標

該户屬奕車支系。第一世至第三十五代奕車前的譜牒與查尼村張約紅户相同。一世祖母昂。本譜内容爲世系,至居同凡六十七世。

本譜載於《哈尼族口傳文化譯註全集》第十七卷《紅河州哈尼族譜牒(八)》

[雲南紅河]仰龍村龍期普户譜牒　龍期普背誦　牛赫搜集　2011年雲南民族出版社排印本　合

册　哈漢雙文並註國際音標

該户屬奕車支系。先祖原居今浪堤鄉浪堤村，屢遷至本村。一世祖母昂。本譜内容爲世系，至克博凡四十八世。

本譜載於《哈尼族口傳文化譯註全集》第十七卷《紅河州哈尼族譜牒(八)》

[雲南紅河]仰龍村龍斗蝦户譜牒　龍斗蝦背誦　牛赫搜集　2011年雲南民族出版社排印本　合册　哈漢雙文並註國際音標

該户屬奕車支系。先祖原居今浪堤鄉浪堤村，屢遷至本村。從第一世至三十五世且候前的譜牒與本村龍期普户相同。一世祖母昂。本譜内容爲世系，至蝦周凡四十七世。

本譜載於《哈尼族口傳文化譯註全集》第十七卷《紅河州哈尼族譜牒(八)》

[雲南紅河]新寨村龍同周户譜牒　龍同周背誦　牛赫搜集　2011年雲南民族出版社排印本　合册　哈漢雙文並註國際音標

該户屬奕車支系。先祖原住浪堤鄉浪堤村一帶，屢遷至本村。一世祖母昂。本譜内容爲世系，至沙車凡四十七世。

本譜載於《哈尼族口傳文化譯註全集》第十七卷《紅河州哈尼族譜牒(八)》

[雲南紅河]新寨村蘇龍寶户譜牒　蘇龍寶背誦　牛赫搜集　2011年雲南民族出版社排印本　合册　哈漢雙文並註國際音標

該户原屬臘咪支系，現屬奕車支系。從第一世至二十世它盤糾前的譜牒與本村龍同周户相同。一世祖母昂。始遷祖第六十二世貴德自紅河縣架車鄉浪施村遷入。本譜内容爲世系，至建榮凡六十八世。

本譜載於《哈尼族口傳文化譯註全集》第十七卷《紅河州哈尼族譜牒(八)》

[雲南紅河]新寨村李時居户譜牒　李時居背誦　牛赫搜集　2011年雲南民族出版社排印本　合册　哈漢雙文並註國際音標

該户屬奕車支系。從第一世至三十三世仰者前的譜牒與本村蘇龍寶户相同。一世祖母昂。本譜内容爲世系，至沙龍凡七十二世。

本譜載於《哈尼族口傳文化譯註全集》第十七卷《紅河州哈尼族譜牒(八)》

[雲南紅河]吾龍村陳阿沙户譜牒　陳阿沙背誦　牛赫搜集　2011年雲南民族出版社排印本　合册　哈漢雙文並註國際音標

該户屬奕車支系。先祖原住浪堤鄉浪堤村，屢遷至本村。一世祖母昂。本譜内容爲譜系，至仰候凡六十二世。

本譜載於《哈尼族口傳文化譯註全集》第十七卷《紅河州哈尼族譜牒(八)》

[雲南紅河]吾龍村陳學明户譜牒　陳學明背誦　牛赫搜集　2011年雲南民族出版社排印本　合册　哈漢雙文並註國際音標

該户原屬糯比支系，現屬奕車支系。先祖原住浪堤鄉浪堤村，屢遷至本村。從第一世至三十八世車日前的譜牒與本村陳阿沙户相同。一世祖母昂。本譜内容爲世系，至周明凡六十三世。

本譜載於《哈尼族口傳文化譯註全集》第十七卷《紅河州哈尼族譜牒(八)》

[雲南紅河]吾龍村龍玉仰户譜牒　龍玉仰背誦　牛赫搜集　2011年雲南民族出版社排印本　合册　哈漢雙文並註國際音標

該户屬奕車支系。從第一世至第二十八世最瑪前的譜牒與本村陳阿沙户相同。一世祖母昂。本譜内容爲世系，至龍昆凡四十五世。

本譜載於《哈尼族口傳文化譯註全集》第十七卷《紅河州哈尼族譜牒(八)》

[雲南紅河]吾龍村李阿周譜牒　李阿周背誦　牛赫搜集　2011年雲南民族出版社排印本　合册　哈漢雙文並註國際音標

該户屬奕車支系。從第一世至第二十世它盤沙前的譜牒與本村陳阿沙户相同。一世祖母昂。本譜内容爲世系，至周博凡七十三世。

本譜載於《哈尼族口傳文化譯註全集》第十七卷《紅河州哈尼族譜牒(八)》

[雲南紅河]昂龍村張周哈户譜牒 張周所背誦 牛赫搜集 2011年雲南民族出版社排印本 合册 哈漢雙文並註國際音標

該户屬奕車支系。先祖從本縣大羊街鄉妥垤村委會遷居本村。一世祖母昂。本譜内容爲世系,至哈車凡七十世。

本譜載於《哈尼族口傳文化譯註全集》第十七卷《紅河州哈尼族譜牒(八)》

[雲南紅河]昂龍村張歐通户譜牒 張歐通背誦 牛赫搜集 2011年雲南民族出版社排印本 合册 哈漢雙文並註國際音標

該户屬奕車支系。先祖從本縣大羊街鄉妥垤村委會遷居本村。從第一世至第五十六世孟云前的譜牒與本村張周哈户譜牒相同。一世祖母昂。本譜内容爲世系,至通澤凡七十世。

本譜載於《哈尼族口傳文化譯註全集》第十七卷《紅河州哈尼族譜牒(八)》

[雲南紅河]金竹林村白勒福户譜牒 白勒福背誦 牛赫搜集 2011年雲南民族出版社排印本 合册 哈漢雙文並註國際音標

該户屬奕車支系"它盤沙"後裔。先祖原住本縣大街鄉新春村村委會,屢遷至本村。一世祖母昂。本譜内容爲世系,至博沙凡五十二世。

本譜載於《哈尼族口傳文化譯註全集》第十七卷《紅河州哈尼族譜牒(八)》

[雲南紅河]金竹林村李思居户譜牒 李思居背誦 牛赫搜集 2011年雲南民族出版社排印本 合册 哈漢雙文並註國際音標

該户屬奕車支系。先祖從本縣大羊街鄉妥垤村委會遷居本村。從第一世至第二十世它盤糾前的譜牒與本村委會吾龍村李阿周户相同。一世祖母昂。本譜内容爲世系,至竇同凡七十一世。

本譜載於《哈尼族口傳文化譯註全集》第十七卷《紅河州哈尼族譜牒(八)》

[雲南紅河]金竹林村李拉仰户譜牒 李拉仰背誦 牛赫搜集 2011年雲南民族出版社排印本 合册 哈漢雙文並註國際音標

該户屬奕車支系。從第一世至三十三世仰者前的譜牒與本村李思居户相同。一世祖母昂。本譜内容爲世系,至發生凡六十六世。

本譜載於《哈尼族口傳文化譯註全集》第十七卷《紅河州哈尼族譜牒(八)》

[雲南紅河]紅土寨李斗博户譜牒 李斗博背誦 牛赫搜集 2011年雲南民族出版社排印本 合册 哈漢雙文並註國際音標

該户屬奕車支系"仰者"後裔。先祖自本縣大街鄉妥垤村委會遷居本村。一世祖母昂。本譜内容爲世系,至濃澤凡七十世。

本譜載於《哈尼族口傳文化譯註全集》第十七卷《紅河州哈尼族譜牒(八)》

[雲南紅河]紅土寨李斗魯户譜牒 李拉龍背誦 牛赫搜集 2011年雲南民族出版社排印本 合册 哈漢雙文並註國際音標

該户屬奕車支系。從第一世至第三十三世仰者前譜牒與本村李斗博户相同。一世祖母昂。本譜内容爲世系,至黑龍凡六十六世。

本譜載於《哈尼族口傳文化譯註全集》第十七卷《紅河州哈尼族譜牒(八)》

[雲南紅河]歐腳龍村李伙居户譜牒 張思文背誦 張思文、牛赫搜集 2011年雲南民族出版社排印本 合册 哈漢雙文並註國際音標

該户屬奕車支系。先祖自本縣大街鄉車普村委會遷居本村。從第一世至第三十三世仰者前的譜牒與本村委會洛瑪村張思文户相同。一世祖母昂。本譜内容爲世系,至周貴(常用名李伙居)凡六十八世。

本譜載於《哈尼族口傳文化譯註全集》第十七卷《紅河州哈尼族譜牒(八)》

[雲南紅河]妥勺村李社仰户譜牒 李社仰背誦 牛赫搜集 2011年雲南民族出版社排印本 合

册 哈漢雙文並註國際音標

該户屬奕車支系。先祖自本縣大羊街鄉妥垤村委會遷居本村。一世祖母昂。本譜内容爲世系,至仰發凡六十九世。

本譜載於《哈尼族口傳文化譯註全集》第十七卷《紅河州哈尼族譜牒(八)》

[雲南紅河]妥勺村毛周龍户譜牒 毛周龍背誦 牛赫搜集 2011年雲南民族出版社排印本 合册 哈漢雙文並註國際音標

該户屬奕車支系。從第一世至第五十一世臘幹前的譜牒與本村李社仰户相同。一世祖母昂。始遷祖第六十五世甫紅自本縣大羊街鄉妥垤村委會遷居本村。本譜内容爲世系,至紅河凡六十六世。

本譜載於《哈尼族口傳文化譯註全集》第十七卷《紅河州哈尼族譜牒(八)》

[雲南紅河]樹羅村唐勒偉户譜牒 毛周龍背誦 牛赫搜集 2011年雲南民族出版社排印本 合册 哈漢雙文並註國際音標

本村唐氏家族原住本縣車古鄉,屬"糯美"支系。後遷至本村,融爲奕車支系。一世祖母昂。本譜内容爲世系,至龍候凡七十四世。

本譜載於《哈尼族口傳文化譯註全集》第十七卷《紅河州哈尼族譜牒(八)》

[雲南紅河]浪施村李約忠户譜牒 李么呼背誦 牛赫搜集 2011年雲南民族出版社排印本 合册 哈漢雙文並註國際音標

該户屬奕車支系。從第一世至第二十世它盤糾前的譜牒與樹羅村唐勒偉户相同。一世祖母昂。本譜内容爲世系,至榮發凡五十九世。

本譜載於《哈尼族口傳文化譯註全集》第十七卷《紅河州哈尼族譜牒(八)》

[雲南紅河]浪依村李牛郎户譜牒 李斗博背誦 牛赫搜集 2011年雲南民族出版社排印本 合册 哈漢雙文並註國際音標

該户屬奕車支系。先祖自浪堵村委會金竹林村遷居本村。從第一世至第三十三世仰者前的譜牒與樹羅村唐勒偉户相同。一世祖母昂。本譜内容爲世系,至福生凡六十八世。

本譜載於《哈尼族口傳文化譯註全集》第十七卷《紅河州哈尼族譜牒(八)》

[雲南紅河]落阿村陳社保户譜牒 陳社保背誦 牛赫搜集 2011年雲南民族出版社排印本 合册 哈漢雙文並註國際音標

該户屬奕車支系。從第一世至第三十三世仰者前的譜牒與樹羅村唐勒偉户相同。一世祖母昂。本譜内容爲世系,至勒文凡六十三世。

本譜載於《哈尼族口傳文化譯註全集》第十七卷《紅河州哈尼族譜牒(八)》

[雲南紅河]咪東村陳勒沙户譜牒 陳勒沙背誦 牛赫搜集 2011年雲南民族出版社排印本 合册 哈漢雙文並註國際音標

該户屬奕車支系。從第一世至第三十三世仰者前的譜牒與樹羅村唐勒偉户相同。本譜内容爲世系,至博柒凡六十九世。

本譜載於《哈尼族口傳文化譯註全集》第十七卷《紅河州哈尼族譜牒(八)》

[雲南紅河]娘姿村白嘎沙户譜牒 白嘎沙背誦 牛赫搜集 2011年雲南民族出版社排印本 合册 哈漢雙文並註國際音標

該户屬奕車支系。從第一世至第三十三世仰者前的譜牒與樹羅村唐勒偉户相同。一世祖母昂。本譜内容爲世系,至澤明凡六十七世。

本譜載於《哈尼族口傳文化譯註全集》第十七卷《紅河州哈尼族譜牒(八)》

[雲南紅河]洛瑪村白社斗户譜牒 白社斗背誦 牛赫搜集 2011年雲南民族出版社排印本 合册 哈漢雙文並註國際音標

該户屬奕車支系。從第一世至第三十三世仰者前的譜牒與樹羅村唐勒偉户相同。一世祖母昂。本譜内容爲世系,至朗嘎凡五十八世。

本譜載於《哈尼族口傳文化譯註全集》第十七卷《紅河州哈尼族譜牒(八)》

[雲南紅河]新聯村白勒仰户譜牒　白勒仰背誦　牛赫搜集　2011年雲南民族出版社排印本　合册　哈漢雙文並註國際音標

該户屬奕車支系。從第一世至第三十三世仰者前的譜牒與樹羅村唐勒偉户相同。一世祖母昂。本譜内容爲世系,至忠發凡六十六世。

本譜載於《哈尼族口傳文化譯註全集》第十七卷《紅河州哈尼族譜牒(八)》

[雲南紅河]新聯村李勒六户譜牒　李勒六背誦　牛赫搜集　2011年雲南民族出版社排印本　合册　哈漢雙文並註國際音標

該户自元江縣遷至本村。原屬糯美支系,現屬奕車支系。從第一世至第三十三世仰者前的譜牒與樹羅村唐勒偉户相同。一世祖母昂。本譜内容爲世系,至周仰凡七十一世。

本譜載於《哈尼族口傳文化譯註全集》第十七卷《紅河州哈尼族譜牒(八)》

[雲南紅河]玉克村白拉蝦户譜牒　白拉蝦背誦　牛赫搜集　2011年雲南民族出版社排印本　合册　哈漢雙文並註國際音標

該户屬奕車支系。從第一世至第三十三世仰者前的譜牒與樹羅村唐勒偉户相同。一世祖母昂。本譜内容爲世系,至發明凡六十五世。

本譜載於《哈尼族口傳文化譯註全集》第十七卷《紅河州哈尼族譜牒(八)》

[雲南紅河]東沙村李是仰户譜牒　李是仰(周居)背誦　牛赫搜集　2011年雲南民族出版社排印本　合册　哈漢雙文並註國際音標

該户屬糯比支系"它盤沙"後裔。一世祖母昂。本譜内容爲世系,至周居(常用名李是仰)凡六十一世。

本譜載於《哈尼族口傳文化譯註全集》第十七卷《紅河州哈尼族譜牒(八)》

[雲南紅河]東沙村李者沙户譜牒　李者沙背誦　牛赫搜集　2011年雲南民族出版社排印本　合册　哈漢雙文並註國際音標

該户屬糯比支系"它盤沙"後裔。從第一世至第二十世它盤沙前的譜牒與本村李是仰户相同。一世祖母昂。本譜内容爲世系,至龍仰凡四十世。

本譜載於《哈尼族口傳文化譯註全集》第十七卷《紅河州哈尼族譜牒(八)》

[雲南紅河]龍普村李勒黑户譜牒　李勒黑背誦　牛赫搜集　2011年雲南民族出版社排印本　合册　哈漢雙文並註國際音標

該户屬糯比支系"它盤沙"後裔。從第一世至第二十世它盤沙前的譜牒與本村李是仰户相同。一世祖母昂。本譜内容爲世系,至沙克凡五十二世。

本譜載於《哈尼族口傳文化譯註全集》第十七卷《紅河州哈尼族譜牒(八)》

[雲南紅河]龍普村李龍格户譜牒　李龍格背誦　牛赫搜集　2011年雲南民族出版社排印本　合册　哈漢雙文並註國際音標

該户屬糯比支系"最瑪"後裔。從第一世至第二十八世最瑪前的譜牒與本村李勒黑户相同。一世祖母昂。本譜内容爲世系,至格同凡五十六世。

本譜載於《哈尼族口傳文化譯註全集》第十七卷《紅河州哈尼族譜牒(八)》

[雲南紅河]紅波洛村李批優户譜牒　李批優背誦　牛赫搜集　2011年雲南民族出版社排印本　合册　哈漢雙文並註國際音標

該户屬糯比支系"奕車"後裔。先祖自大羊街鄉車普村委會遷至本村。從第一世至第二十世它盤糾前的譜牒與俄期村委會樹羅村唐勒偉户相同。一世祖母昂。本譜内容爲世系,至澤福凡四十八世。

本譜載於《哈尼族口傳文化譯註全集》第十七卷《紅河州哈尼族譜牒(八)》

[雲南紅河]普戈村毛孟周户譜牒　毛孟周背誦　牛赫搜集　2011年雲南民族出版社排印本　合册　哈漢雙文並註國際音標

該户屬糯比支系"它盤沙"後裔。從第一世至第二十世它盤沙前的譜牒與東沙村李是仰户相同。一世祖母昂。本譜内容爲世系,至龍七凡六十四世。

本譜載於《哈尼族口傳文化譯註全集》第十七卷《紅河州哈尼族譜牒(八)》

[雲南紅河]普戈村毛保全户譜牒　毛保全背誦　牛赫搜集　2011年雲南民族出版社排印本　合册　哈漢雙文並註國際音標

該户屬糯比支系"它盤沙"後裔。從第一世至第二十世它盤沙前的譜牒與東沙村李是仰户相同。一世祖母昂。本譜内容爲世系,至居阿凡六十三世。

本譜載於《哈尼族口傳文化譯註全集》第十七卷《紅河州哈尼族譜牒(八)》

[雲南紅河]馬他村蘇是仰户譜牒　蘇是仰(周阿)背誦　牛赫搜集　2011年雲南民族出版社排印本　合册　哈漢雙文並註國際音標

該户屬糯比支系"它盤沙"後裔。從第一世至第二十世它盤沙前的譜牒與東沙村李是仰户相同。一世祖母昂。本譜内容爲世系,至周阿(常用名蘇是仰)凡五十九世。

本譜載於《哈尼族口傳文化譯註全集》第十七卷《紅河州哈尼族譜牒(八)》

[雲南紅河]阿龍上寨李牛仰户譜牒　李牛仰(居周)背誦　牛赫搜集　2011年雲南民族出版社排印本　合册　哈漢雙文並註國際音標

該户屬糯比支系。先祖自本縣車古鄉利博村遷至本村。一世祖母昂。本譜内容爲世系,至居周(常用名李牛仰)凡七十三世。

本譜載於《哈尼族口傳文化譯註全集》第十七卷《紅河州哈尼族譜牒(八)》

[雲南紅河]阿龍下寨李忠斗户譜牒　李忠斗背誦　牛赫搜集　2011年雲南民族出版社排印本　合册　哈漢雙文並註國際音標

該户屬糯比支系。從第一世至第三十三世仰者前的譜牒與阿龍上寨李牛仰户相同。一世祖母昂。本譜内容爲世系,至勒克凡七十一世。

本譜載於《哈尼族口傳文化譯註全集》第十七卷《紅河州哈尼族譜牒(八)》

[雲南紅河]次阿村李藥保户譜牒　李藥保背誦　牛赫搜集　2011年雲南民族出版社排印本　合册　哈漢雙文並註國際音標

該户屬糯比支系。從第一世至第三十三世仰者前的譜牒與阿龍上寨李牛仰户相同。一世祖母昂。本譜内容爲世系,至然歐凡六十六世。

本譜載於《哈尼族口傳文化譯註全集》第十七卷《紅河州哈尼族譜牒(八)》

[雲南紅河]洛阿村陳保龍户譜牒　陳保龍背誦　牛赫搜集　2011年雲南民族出版社排印本　合册　哈漢雙文並註國際音標

該户屬糯比支系"它盤沙"後裔。從第一世至第二十世它盤沙前的譜牒與東沙村李是仰户相同。一世祖母昂。本譜内容爲世系,至斗周凡五十五世。

本譜載於《哈尼族口傳文化譯註全集》第十七卷《紅河州哈尼族譜牒(八)》

[雲南紅河]浪施村陳最蝦户譜牒　陳最蝦背誦　牛赫搜集　2011年雲南民族出版社排印本　合册　哈漢雙文並註國際音標

該户屬糯比支系"它盤沙"後裔。從第一世至第二十世它盤沙前的譜牒與阿龍上寨李牛仰户相同。一世祖母昂。本譜内容爲世系,至龍發凡四十四世。

本譜載於《哈尼族口傳文化譯註全集》第十七卷《紅河州哈尼族譜牒(八)》

[雲南紅河]拉姑村李牛龍户譜牒　李牛龍背誦　牛赫搜集　2011年雲南民族出版社排印本　合册　哈漢雙文並註國際音標

該户屬糯比支系。從第一世至第三十三世仰者前的譜牒與阿龍上寨李牛仰户相同。一世祖母昂。本譜内容爲世系,至保龍凡六十九世。

本譜載於《哈尼族口傳文化譯註全集》第十七

卷《紅河州哈尼族譜牒(八)》

[雲南紅河]**木沖村李勒甫户譜牒**　李勒甫背誦　牛赫搜集　2011年雲南民族出版社排印本　合册　哈漢雙文並註國際音標

該户屬糯比支系。一世祖龍斗。本譜内容爲世系,至居仰凡十三世。

本譜載於《哈尼族口傳文化譯註全集》第十七卷《紅河州哈尼族譜牒(八)》

[雲南紅河]**浪依村陳拉候户譜牒**　陳拉候(福侯)背誦　牛赫搜集　2011年雲南民族出版社排印本　合册　哈漢雙文並註國際音標

該户屬糯比支系。一世祖斗紅。本譜内容爲世系,至福候(常用名陳拉候)凡十世。

本譜載於《哈尼族口傳文化譯註全集》第十七卷《紅河州哈尼族譜牒(八)》

[雲南紅河]**扒瑪宗村李社沙户譜牒**　李社沙(侯發)背誦　牛赫搜集　2011年雲南民族出版社排印本　合册　哈漢雙文並註國際音標

該户屬糯比支系。一世祖建斗。本譜内容爲世系,至候發(常用名李社沙)凡十一世。

本譜載於《哈尼族口傳文化譯註全集》第十七卷《紅河州哈尼族譜牒(八)》

[雲南紅河]**洛那村李最周户譜牒**　李最周(通軍)背誦　牛赫搜集　2011年雲南民族出版社排印本　合册　哈漢雙文並註國際音標

該户屬糯比支系。一世祖沙建。本譜内容爲世系,至通軍(常用名李最周)凡九世。

本譜載於《哈尼族口傳文化譯註全集》第十七卷《紅河州哈尼族譜牒(八)》

[雲南紅河]**洛瑪阿們村龍俄朗户譜牒**　龍俄朗(忠然)背誦　牛赫搜集　2011年雲南民族出版社排印本　合册　哈漢雙文並註國際音標

該户屬糯比支系。一世祖歐蝦。本譜内容爲世系,至忠然(常用名龍俄朗)凡十一世。

本譜載於《哈尼族口傳文化譯註全集》第十七卷《紅河州哈尼族譜牒(八)》

[雲南紅河]**浪然村陳批歐户譜牒**　陳批歐背誦　牛赫搜集　2011年雲南民族出版社排印本　合册　哈漢雙文並註國際音標

該户屬糯比支系。一世祖候然。本譜内容爲世系,至甫候凡十二世。

本譜載於《哈尼族口傳文化譯註全集》第十七卷《紅河州哈尼族譜牒(八)》

[雲南紅河]**次阿村李周沙户譜牒**　李周沙背誦　牛赫搜集　2011年雲南民族出版社排印本　合册　哈漢雙文並註國際音標

該户屬糯比支系。從第一世至第三十三世仰者前的譜牒與阿龍上寨村李牛仰户相同。一世祖母昂。本譜内容爲世系,至嘎仰凡七十一世。

本譜載於《哈尼族口傳文化譯註全集》第十七卷《紅河州哈尼族譜牒(八)》

[雲南紅河]**阿蕾村陳勒周户譜牒**　陳勒周(建沙)背誦　牛赫搜集　2011年雲南民族出版社排印本　合册　哈漢雙文並註國際音標

該户屬糯比支系“它盤沙”後裔。一世祖母昂。本譜内容爲世系,至建沙(常用名陳勒周)凡六十八世。

本譜載於《哈尼族口傳文化譯註全集》第十七卷《紅河州哈尼族譜牒(八)》

[雲南紅河]**嘎沖村馬結沙户譜牒**　馬結沙背誦　牛赫搜集　2011年雲南民族出版社排印本　合册　哈漢雙文並註國際音標

該户屬糯比支系“它盤沙”後裔。從第一世至第二十世它盤沙前的譜牒與阿蕾村陳勒周户相同。一世祖母昂。本譜内容爲世系,至貴發凡五十六世。

本譜載於《哈尼族口傳文化譯註全集》第十卷《紅河州哈尼族譜牒(八)

[雲南紅河]**朋垤村普澤舉户譜牒**　普澤舉背誦　牛赫搜集　2011年雲南民族出版社排印本　合

册 哈漢雙文並註國際音標

該户屬糯比支系"它盤布"支。從第一世至第十九世扎它盤前的譜牒與阿蕾村陳勒周户相同。一世祖母昂。本譜内容爲世系,至格建凡五十九世。

本譜載於《哈尼族口傳文化譯註全集》第十七卷《紅河州哈尼族譜牒(八)》

[雲南紅河]娘額村龍施娘户譜牒 龍施娘背誦 牛赫搜集 2011年雲南民族出版社排印本 合册 哈漢雙文並註國際音標

該户屬糯比支系"它盤沙"支。從第一世至第二十世它盤沙前的譜牒與阿蕾村陳勒周户相同。一世祖母昂。本譜内容爲世系,至斗發凡五十八世。

本譜載於《哈尼族口傳文化譯註全集》第十七卷《紅河州哈尼族譜牒(八)》

[雲南紅河]達龍上寨普博龍户譜牒 普博龍背誦 牛赫搜集 2011年雲南民族出版社排印本 合册 哈漢雙文並註國際音標

該户屬糯比支系"它盤布"後裔。從第一世至第二十世它盤布前的譜牒與阿蕾村陳勒周户相同。一世祖母昂。本譜内容爲世系,至龍蝦凡五十八世。

本譜載於《哈尼族口傳文化譯註全集》第十七卷《紅河州哈尼族譜牒(八)》

[雲南紅河]大龍下寨馬周阿户譜牒 陳嘎斗背誦 牛赫搜集 2011年雲南民族出版社排印本合册 哈漢雙文並註國際音標

該户屬糯比支系"它盤沙"後裔。從第一世至第二十八世最瑪前的譜牒與阿蕾村陳勒周户相同。一世祖母昂。本譜内容爲世系,至阿蝦凡六十二世。

本譜載於《哈尼族口傳文化譯註全集》第十七卷《紅河州哈尼族譜牒(八)》

[雲南紅河]規普村普舉澤户譜牒 普舉澤背誦 牛赫搜集 2011年雲南民族出版社排印本 合册 哈漢雙文並註國際音標

該户屬糯比支系"它盤布"後裔。從第一世至第二十世它盤布前的譜牒與阿蕾村陳勒周户相同。一世祖母昂。本譜内容爲世系,至澤沙凡五十三世。

本譜載於《哈尼族口傳文化譯註全集》第十七卷《紅河州哈尼族譜牒(八)》

[雲南紅河]規普村普孟甫户譜牒 普孟甫背誦 牛赫搜集 2011年雲南民族出版社排印本 合册 哈漢雙文並註國際音標

該户屬糯比支系"它盤布"後裔。先祖自石屏縣遷入。從第一世至第二十世它盤布前的譜牒與阿蕾村陳勒周户相同。一世祖母昂。本譜内容爲世系,至澤沙凡五十六世。

本譜載於《哈尼族口傳文化譯註全集》第十七卷《紅河州哈尼族譜牒(八)》

[雲南紅河]塔普村普波蝦户譜牒 普波蝦背誦 牛赫搜集 2011年雲南民族出版社排印本 合册 哈漢雙文並註國際音標

該户屬糯比支系"它盤布"後裔。從第一世至第二十世它盤布前的譜牒與阿蕾村陳勒周相同。一世祖母昂。本譜内容爲世系,至蝦龍凡五十三世。

本譜載於《哈尼族口傳文化譯註全集》第十七卷《紅河州哈尼族譜牒(八)》

[雲南紅河]依沙村常仰歐户譜牒 常仰歐背誦 牛赫搜集 2011年雲南民族出版社排印本 合册 哈漢雙文並註國際音標

該户屬糯比支系。一世祖波斗。本譜内容爲世系,至沙舉凡十七世。

本譜載於《哈尼族口傳文化譯註全集》第十七卷《紅河州哈尼族譜牒(八)》

[雲南紅河]阿施垤村李周舉户譜牒 李周舉背誦 牛赫搜集 2011年雲南民族出版社排印本合册 哈漢雙文並註國際音標

該户屬糯比支系。一世祖母昂。本譜内容爲世系，至舉周凡六十四世。

本譜載於《哈尼族口傳文化譯註全集》第十七卷《紅河州哈尼族譜牒（八）》

［雲南紅河］埡瑪村李最博户譜牒 李最博背誦 牛赫搜集 2011年雲南民族出版社排印本 合册 哈漢雙文並註國際音標

該户屬糯比支系“它盤沙”後裔。從第一世至第二十世它盤沙前的譜牒與阿施埡村李周舉户相同。一世祖母昂。本譜内容爲世系，至建興凡六十世。

本譜載於《哈尼族口傳文化譯註全集》第十七卷《紅河州哈尼族譜牒（八）》

［雲南紅河］娘龍村白斗沙户譜牒 白斗沙背誦 牛赫搜集 2011年雲南民族出版社排印本 合册 哈漢雙文並註國際音標

該户屬糯比支系“它盤糾”後裔。從第一世至第三十三世仰者前的譜牒與阿施埡村李周舉户相同。一世祖母昂。本譜内容爲世系，至沙車凡七十一世。

本譜載於《哈尼族口傳文化譯註全集》第十七卷《紅河州哈尼族譜牒（八）》

［雲南紅河］坡埡村陳嘎斗户譜牒 陳嘎斗背誦 牛赫搜集 2011年雲南民族出版社排印本 合册 哈漢雙文並註國際音標

該户屬糯比支系“它盤沙”後裔。從第一世至第二十世它盤沙前的譜牒與阿施埡村李周舉户相同。一世祖母昂。本譜内容爲世系，至斗甫凡六十七世。

本譜載於《哈尼族口傳文化譯註全集》第十七卷《紅河州哈尼族譜牒（八）》

［雲南紅河］瑪梅村李勝永户譜牒 李勝永背誦 牛赫搜集 2011年雲南民族出版社排印本 合册 哈漢雙文並註國際音標

該户屬糯比支系“它盤沙”後裔。一世祖母昂。本譜内容爲世系，至紅斗凡五十九世。

本譜載於《哈尼族口傳文化譯註全集》第十七卷《紅河州哈尼族譜牒（八）》

［雲南紅河］小浪堤村陳孟周户譜牒 陳孟周（仰然）背誦 牛赫搜集 2011年雲南民族出版社排印本 合册 哈漢雙文並註國際音標

該户屬糯比支系“它盤沙”後裔。一世祖母昂。本譜内容爲世系，至仰然（常用名陳孟周）凡五十九世。

本譜載於《哈尼族口傳文化譯註全集》第十七卷《紅河州哈尼族譜牒（八）》

［雲南紅河］小浪堤村李里仰户譜牒 李里仰背誦 牛赫搜集 2011年雲南民族出版社排印本 合册 哈漢雙文並註國際音標

該户屬糯比支系“扎羅崩”後裔。從第一世至第十八世木扎扎前的譜牒與本村陳孟周户相同。一世祖母昂。本譜内容爲世系，至嘎甫凡六十二世。

本譜載於《哈尼族口傳文化譯註全集》第十七卷《紅河州哈尼族譜牒（八）》

［雲南紅河］妥埡村白阿普户譜牒 白機沙背誦 常亞昕、龍思秋搜集 2011年雲南民族出版社排印本 合册 哈漢雙文並註國際音標

該户屬奕車支系。一世祖母昂。始遷祖第四十八世山伙自“哈嘎德”（古村名，在大羊街鄉妥埡村委會境内）遷入。本譜内容爲世系，至健周凡七十世。

本譜載於《哈尼族口傳文化譯註全集》第十七卷《紅河州哈尼族譜牒（八）》

［雲南紅河］妥埡村李局周户譜牒 李局周背誦 常亞昕、龍思秋搜集 2011年雲南民族出版社排印本 合册 哈漢雙文並註國際音標

該户屬奕車支系。從第一世至第三十五世奕車前的譜牒與本村白阿普户相同。一世祖母昂。始遷祖第六十七世格周由“站咪嘎嘿”（哈尼語地名，在大洋街鄉妥埡村下方）遷入。本譜内容爲世系，至周奎凡七十世。

本譜載於《哈尼族口傳文化譯註全集》第十七

卷《紅河州哈尼族譜牒(八)》

[雲南紅河]妥垤村毛機魯户譜牒　毛機魯(函柒)背誦　常亞昕、龍思秋搜集　2011年雲南民族出版社排印本　合册　哈漢雙文並註國際音標

該户屬奕車支系。從第一世至第三十五世奕車前的譜牒與本村白阿普户相同。一世祖母昂。本譜内容爲世系,至函柒(常用名毛機魯)凡七十世。

本譜載於《哈尼族口傳文化譯註全集》第十七卷《紅河州哈尼族譜牒(八)》

[雲南紅河]妥龍村白約龍户譜牒　白約龍背誦　常亞昕、龍思秋搜集　2011年雲南民族出版社排印本　合册　哈漢雙文並註國際音標

該户屬奕車支系。一世祖母昂。本譜内容爲世系,至克服凡七十一世。

本譜載於《哈尼族口傳文化譯註全集》第十七卷《紅河州哈尼族譜牒(八)》

[雲南紅河]妥龍村李普周户譜牒　李普周背誦　常亞昕、龍思秋搜集　2011年雲南民族出版社排印本　合册　哈漢雙文並註國際音標

該户屬奕車支系"仰者"後裔。從第一世至第三十五世奕車前的譜牒與本村白約龍户相同。一世祖母昂。本譜内容爲世系,至周普凡六十八世。

本譜載於《哈尼族口傳文化譯註全集》第十七卷《紅河州哈尼族譜牒(八)》

[雲南紅河]妥龍村毛勒居户譜牒　毛勒居背誦　常亞昕、龍思秋搜集　2011年雲南民族出版社排印本　合册　哈漢雙文並註國際音標

該户屬奕車支系。從第一世至第三十五世奕車前的譜牒與本村白約龍户相同。一世祖母昂。本譜内容爲世系,至發洋凡七十二世。

本譜載於《哈尼族口傳文化譯註全集》第十七卷《紅河州哈尼族譜牒(八)》

[雲南紅河]妥咪上寨白蝦斗户譜牒　白蝦斗背誦　常亞昕、龍思秋搜集　2011年雲南民族出版社排印本　合册　哈漢雙文並註國際音標

該户屬奕車支系。一世祖母昂。始遷祖第六十三世博函由妥垤村遷入。本譜内容爲世系,至斗農凡六十九世。

本譜載於《哈尼族口傳文化譯註全集》第十七卷《紅河州哈尼族譜牒(八)》

[雲南紅河]妥咪上寨白沙車户譜牒　白沙車背誦　常亞昕、龍思秋搜集　2011年雲南民族出版社排印本　合册　哈漢雙文並註國際音標

該户屬奕車支系。先祖自妥龍村遷入。從第一世至第三十五世奕車前的譜牒與本村白蝦斗户相同。一世祖母昂。本譜内容爲世系,至富旺凡六十九世。

本譜載於《哈尼族口傳文化譯註全集》第十七卷《紅河州哈尼族譜牒(八)》

[雲南紅河]妥咪上寨常伙者户譜牒　常亞昕背誦　常亞昕、龍思秋搜集　2011年雲南民族出版社排印本　合册　哈漢雙文並註國際音標

該户屬奕車支系。從第一世至第三十五世奕車前的譜牒與本村白蝦斗户相同。一世祖母昂。本譜内容爲世系,至通博凡七十一世。

本譜載於《哈尼族口傳文化譯註全集》第十七卷《紅河州哈尼族譜牒(八)》

[雲南紅河]妥咪上寨涂來斗户譜牒　涂來斗背誦　常亞昕、龍思秋搜集　2011年雲南民族出版社排印本　合册　哈漢雙文並註國際音標

該户屬奕車支系。從第一世至第三十五世奕車前的譜牒與本村白蝦斗户相同。一世祖母昂。本譜内容爲世系,至斗蒙凡六十五世。

本譜載於《哈尼族口傳文化譯註全集》第十七卷《紅河州哈尼族譜牒(八)》

[雲南紅河]妥咪下寨涂批周户譜牒　涂批周背誦　常亞昕、龍思秋搜集　2011年雲南民族出版社排印本　合册　哈漢雙文並註國際音標

該户屬奕車支系。從第一世至第三十五世奕車前的譜牒與本村白蝦斗户相同。一世祖母昂。本

譜内容爲世系,至嘎測凡七十三世。

本譜載於《哈尼族口傳文化譯註全集》第十七卷《紅河州哈尼族譜牒(八)》

[雲南紅河]妥普村李厚周户譜牒　李厚周背誦　常亞昕、龍思秋搜集　2011年雲南民族出版社排印本　合册　哈漢雙文並註國際音標

該户屬奕車支系。一世祖母昂。本譜内容爲世系,至周柒凡六十六世。

本譜載於《哈尼族口傳文化譯註全集》第十七卷《紅河州哈尼族譜牒(八)》

[雲南紅河]妥普村張勒七户譜牒　張勒七背誦　常亞昕、龍思秋搜集　2011年雲南民族出版社排印本　合册　哈漢雙文並註國際音標

該户屬奕車支系。從第一世至第三十五世奕車前的譜牒與本村李厚周户相同。一世祖母昂。本譜内容爲世系,至蝦農凡六十八世。

本譜載於《哈尼族口傳文化譯註全集》第十七卷《紅河州哈尼族譜牒(八)》

[雲南紅河]妥普村陳哈波户譜牒　陳哈波背誦　常亞昕、龍思秋搜集　2011年雲南民族出版社排印本　合册　哈漢雙文並註國際音標

該户屬奕車支系。從第一世至第三十五世奕車前的譜牒與本村李厚周户相同。一世祖母昂。本譜内容爲世系,至魯福凡六十五世。

本譜載於《哈尼族口傳文化譯註全集》第十七卷《紅河州哈尼族譜牒(八)》

[雲南紅河]妥普村馬普克户譜牒　馬普克背誦　常亞昕、龍思秋搜集　2011年雲南民族出版社排印本　合册　哈漢雙文並註國際音標

該户屬奕車支系。從第一世至第三十五世奕車前的譜牒與本村李厚周户相同。一世祖母昂。本譜内容爲世系,至局生凡六十八世。

本譜載於《哈尼族口傳文化譯註全集》第十七卷《紅河州哈尼族譜牒(八)》

[雲南紅河]東博村李伙保户譜牒　李歐局背誦　常亞昕、龍思秋搜集　2011年雲南民族出版社排印本　合册　哈漢雙文並註國際音標

該户屬奕車支系。一世祖母昂。始遷祖第六十世怕仰回居妥普村“腳馬都阿”(地名),後遷妥普村旁的“農村紅特”(地名),再遷“中社”,終居東博村。本譜内容爲世系,至車福凡六十八世。

本譜載於《哈尼族口傳文化譯註全集》第十七卷《紅河州哈尼族譜牒(八)》

[雲南紅河]合牛扎村白柱沙户譜牒　白柱沙背誦　常亞昕、龍思秋搜集　2011年雲南民族出版社排印本　合册　哈漢雙文並註國際音標

該户屬奕車支系。一世祖母昂。始遷祖第七十二世普沙(即白柱沙)自“嘎我農收”遷入。本譜内容爲世系,至霍沙凡七十三世。

本譜載於《哈尼族口傳文化譯註全集》第十七卷《紅河州哈尼族譜牒(八)》

[雲南紅河]合牛扎村毛勒車户譜牒　毛勒車背誦　常亞昕、龍思秋搜集　2011年雲南民族出版社排印本　合册　哈漢雙文並註國際音標

該户屬奕車支系。從第一世至第三十五世奕車前的譜牒與本村白柱沙户相同。一世祖母昂。始遷祖第五十六世函歐自妥龍村“老愛沖培”(地名)遷入。本譜内容爲世系,至周生凡七十世。

本譜載於《哈尼族口傳文化譯註全集》第十七卷《紅河州哈尼族譜牒(八)》

[雲南紅河]車普村陳氏家族譜系　佚名念誦　楊六金記録　2008年中國大百科全書出版社排印本　合册

哈尼語哈雅方言家譜。流傳於雲南省紅河縣。本譜所載僅爲世系,自第一世母翁至嘎沙凡六十三世。

本譜載於《中國少數民族古籍總目提要・哈尼族卷》

[雲南紅河]車普村陳氏家族譜系　佚名念誦　楊六金記録　2005年民族出版社排印本　合册　哈漢雙文

參見上條。本譜所載僅爲世系,自第一世母翁至嘎沙凡五十七世,與上條世系略有出入。

本譜載於《紅河哈尼族譜牒》

[雲南紅河]車普村陳俊户譜牒 陳俊背誦 常亞昕、龍思秋搜集 2011年雲南民族出版社排印本 合册 哈漢雙文並註國際音標

該户屬奕車支系。一世祖母昂。本譜内容爲世系,至格厚凡六十七世。

本譜載於《哈尼族口傳文化譯註全集》第十七卷《紅河州哈尼族譜牒(八)》

[雲南紅河]車普村李勒斗户譜牒 李勒斗背誦 常亞昕、龍思秋搜集 2011年雲南民族出版社排印本 合册 哈漢雙文並註國際音標

該户屬奕車支系。從第一世至第三十五世奕車前的譜牒與本村陳俊户相同。一世祖母昂。本譜内容爲世系,至仰函凡六十一世。

本譜載於《哈尼族口傳文化譯註全集》第十七卷《紅河州哈尼族譜牒(八)》

[雲南紅河]車普村魏仰格户譜牒 魏仰格背誦 常亞昕、龍思秋搜集 2011年雲南民族出版社排印本 合册 哈漢雙文並註國際音標

該户屬奕車支系。從第一世至第三十五世奕車前的譜牒與本村陳俊户相同。一世祖母昂。本譜内容爲世系,至周陽凡六十九世。

本譜載於《哈尼族口傳文化譯註全集》第十七卷《紅河州哈尼族譜牒(八)》

[雲南紅河]洛尖村陳約朗户譜牒 陳約朗背誦 常亞昕、龍思秋搜集 2011年雲南民族出版社排印本 合册 哈漢雙文並註國際音標

該户屬奕車支系。一世祖母昂。本譜内容爲世系,至然車凡六十六世。

本譜載於《哈尼族口傳文化譯註全集》第十七卷《紅河州哈尼族譜牒(八)》

[雲南紅河]達埡下寨李阿周户譜牒 李阿周背誦 常亞昕、龍思秋搜集 2011年雲南民族出版社排印本 合册 哈漢雙文並註國際音標

該户屬奕車支系。一世祖母昂。本譜内容爲世系,至威農凡六十九世。

本譜載於《哈尼族口傳文化譯註全集》第十七卷《紅河州哈尼族譜牒(八)》

[雲南紅河]達埡下寨李嘎斗户譜牒 李嘎斗背誦 常亞昕、龍思秋搜集 2011年雲南民族出版社排印本 合册 哈漢雙文並註國際音標

該户屬奕車支系。一世祖母昂。本譜内容爲世系,至斗法凡六十七世。

本譜載於《哈尼族口傳文化譯註全集》第十七卷《紅河州哈尼族譜牒(八)》

[雲南紅河]達埡上寨李周仰户譜牒 李阿周背誦 常亞昕、龍思秋搜集 2011年雲南民族出版社排印本 合册 哈漢雙文並註國際音標

該户屬奕車支系。從第一世至第三十五世奕車前的譜牒與本村李嘎斗户相同。一世祖母昂。本譜内容爲世系,至仰克凡六十六世。

本譜載於《哈尼族口傳文化譯註全集》第十七卷《紅河州哈尼族譜牒(八)》

[雲南紅河]達埡上寨張周仰户譜牒 張柱車背誦 常亞昕、龍思秋搜集 2011年雲南民族出版社排印本 合册 哈漢雙文並註國際音標

該户屬奕車支系"它盤沙"後裔。一世祖母昂。本譜内容爲世系,至仰然凡五十九世。

本譜載於《哈尼族口傳文化譯註全集》第十七卷《紅河州哈尼族譜牒(八)》

[雲南紅河]堵波村李孟斗户譜牒 李孟斗背誦 常亞昕、龍思秋搜集 2011年雲南民族出版社排印本 合册 哈漢雙文並註國際音標

該户屬奕車支系。一世祖母昂。本譜内容爲世系,至建發凡六十七世。

本譜載於《哈尼族口傳文化譯註全集》第十七卷《紅河州哈尼族譜牒(八)》

[雲南紅河]堵波村毛局斗户譜牒 毛局斗背誦

常亞昕、龍思秋搜集　2011年雲南民族出版社排印本　合册　哈漢雙文並註國際音標

該户屬奕車支系。從第一世至第三十五世奕車前的譜牒與本村李孟斗户相同。一世祖母昂。始遷祖第六十四世沙普,因守山林,從大羊街鄉妥龍村"羅安差拍"(地名)遷入。本譜内容爲世系,至周發凡七十一世。

本譜載於《哈尼族口傳文化譯註全集》第十七卷《紅河州哈尼族譜牒(八)》

[雲南紅河]堵波村毛爲仰户譜牒　毛皮仰背誦　常亞昕、龍思秋搜集　2011年雲南民族出版社排印本　合册　哈漢雙文並註國際音標

該户屬奕車支系。從第一世至第三十三世仰者前的譜牒與本村李孟斗户相同。一世祖母昂。本譜内容爲世系,至忠厚(常用名毛爲仰)凡六十一世。

本譜載於《哈尼族口傳文化譯註全集》第十七卷《紅河州哈尼族譜牒(八)》

[雲南紅河]格咪村魏勒車户譜牒　魏勒車背誦　常亞昕、龍思秋搜集　2011年雲南民族出版社排印本　合册　哈漢雙文並註國際音標

該户屬奕車支系。一世祖母昂。始遷祖第六十七世博忠自"仰農紅特"(哈尼語地名,在大羊街境内)遷入。本譜内容爲世系,至者洋凡七十二世。

本譜載於《哈尼族口傳文化譯註全集》第十七卷《紅河州哈尼族譜牒(八)》

[雲南紅河]格咪村白勒祖户譜牒　白局仰背誦　常亞昕、龍思秋搜集　2011年雲南民族出版社排印本　合册　哈漢雙文並註國際音標

該户屬奕車支系。從第一世至第三十五世奕車前的譜牒與本村魏勒車户相同。一世祖母昂。本譜内容爲世系,至厚農凡七十一世。

本譜載於《哈尼族口傳文化譯註全集》第十七卷《紅河州哈尼族譜牒(八)》

[雲南紅河]格咪村李勒祖户譜牒　白局仰背誦　常亞昕、龍思秋搜集　2011年雲南民族出版社排印本　合册　哈漢雙文並註國際音標

該户屬奕車支系。從第一世至第三十三世仰者前的譜牒與本村魏勒車户相同。一世祖母昂。始遷祖第五十六世沙仰自"樹拉腳"(哈尼語地名,在今本縣迤薩鎮境内)遷入。本譜内容爲世系,至厚發凡五十八世。

本譜載於《哈尼族口傳文化譯註全集》第十七卷《紅河州哈尼族譜牒(八)》

[雲南紅河]勒德村李仰黑户譜牒　李仰黑背誦　常亞昕、龍思秋搜集　2011年雲南民族出版社排印本　合册　哈漢雙文並註國際音標

該户屬奕車支系。一世祖母昂。本譜内容爲世系,至建威凡七十世。

本譜載於《哈尼族口傳文化譯註全集》第十七卷《紅河州哈尼族譜牒(八)》

[雲南紅河]龍施村陳斗蝦户譜牒　陳斗蝦背誦　常亞昕、龍思秋搜集　2011年雲南民族出版社排印本　合册　哈漢雙文並註國際音標

該户屬奕車支系。一世祖母昂。本譜内容爲世系,至蝦博(常用名陳勒勇)凡六十六世。

本譜載於《哈尼族口傳文化譯註全集》第十七卷《紅河州哈尼族譜牒(八)》

[雲南紅河]孟龍村陳龍切户譜牒　陳龍切背誦　常亞昕、龍思秋搜集　2011年雲南民族出版社排印本　合册　哈漢雙文並註國際音標

該户屬奕車支系。一世祖母昂。始遷祖第六十六世忠局自"仰龍紅特"(哈尼語地名)遷入。本譜内容爲世系,至農切凡六十八世。

本譜載於《哈尼族口傳文化譯註全集》第十七卷《紅河州哈尼族譜牒(八)》

[雲南紅河]孟龍村魏龍貴户譜牒　魏龍貴背誦　常亞昕、龍思秋搜集　2011年雲南民族出版社排印本　合册　哈漢雙文並註國際音標

該户屬奕車支系。從第一世至第三十五世奕車前的譜牒與本村陳龍切户相同。一世祖母昂。本

譜内容爲世系,至博函凡六十九世。

本譜載於《哈尼族口傳文化譯註全集》第十七卷《紅河州哈尼族譜牒(八)》

[雲南紅河]普腳村楊約仰户譜牒　楊約仰背誦　常亞昕、龍思秋搜集　2011年雲南民族出版社排印本　合册　哈漢雙文並註國際音標

該户屬奕車支系。一世祖母昂。本譜内容爲世系,至車局(常用名楊約仰)凡六十五世。

本譜載於《哈尼族口傳文化譯註全集》第十七卷《紅河州哈尼族譜牒(八)》

[雲南紅河]塔切村陳皮波户譜牒　陳皮波背誦　常亞昕、龍思秋搜集　2011年雲南民族出版社排印本　合册　哈漢雙文並註國際音標

該户屬奕車支系"它盤沙"後裔。一世祖母昂。本譜内容爲世系,至斗函凡六十一世。

本譜載於《哈尼族口傳文化譯註全集》第十七卷《紅河州哈尼族譜牒(八)》

[雲南紅河]塔切村陳社後户譜牒　陳社後背誦　常亞昕、龍思秋搜集　2011年雲南民族出版社排印本　合册　哈漢雙文並註國際音標

該户屬奕車支系。一世祖母昂。本譜内容爲世系,至仰函凡六十三世。

本譜載於《哈尼族口傳文化譯註全集》第十七卷《紅河州哈尼族譜牒(八)》

[雲南紅河]塔切村張勒仰户譜牒　張勒仰背誦　常亞昕、龍思秋搜集　2011年雲南民族出版社排印本　合册　哈漢雙文並註國際音標

該户屬奕車支系。從第一世至第三十五世奕車前的譜牒與本村陳社後户相同。一世祖母昂。本譜内容爲世系,至見厚凡四十五世。

本譜載於《哈尼族口傳文化譯註全集》第十七卷《紅河州哈尼族譜牒(八)》

[雲南紅河]西沙格村陳拉仰户譜牒　陳拉仰背誦　常亞昕搜集　2011年雲南民族出版社排印本　合册　哈漢雙文並註國際音標

該户屬奕車支系。一世祖母昂。始遷祖第四十九世格布自塔切村遷入。本譜内容爲世系,至周雄凡六十三世。

本譜載於《哈尼族口傳文化譯註全集》第十七卷《紅河州哈尼族譜牒(八)》

[雲南紅河]海東村毛克仰户譜牒　毛克仰背誦　常亞昕、龍思秋搜集　2011年雲南民族出版社排印本　合册　哈漢雙文並註國際音標

該户屬奕車支系。一世祖母昂。本譜内容爲世系,至厚農凡六十六世。

本譜載於《哈尼族口傳文化譯註全集》第十七卷《紅河州哈尼族譜牒(八)》

[雲南紅河]海東村涂農蝦户譜牒　涂卻周背誦　常亞昕、龍思秋搜集　2011年雲南民族出版社排印本　合册　哈漢雙文並註國際音標

該户屬奕車支系。從第一世至第三十五世奕車前的譜牒與本村毛克仰户相同。一世祖母昂。本譜内容爲世系,至農蝦凡六十八世。

本譜載於《哈尼族口傳文化譯註全集》第十七卷《紅河州哈尼族譜牒(八)》

[雲南紅河]立博村何魯嘎户譜牒　何魯嘎背誦　常亞昕、龍思秋搜集　2011年雲南民族出版社排印本　合册　哈漢雙文並註國際音標

該户屬奕車支系。一世祖母昂。始遷祖第四十七世格熱自"沙美"(哈尼語地名,在紅河大羊街鄉妥賒村委會)遷入。本譜内容爲世系,至魯嘎凡五十九世。

本譜載於《哈尼族口傳文化譯註全集》第十七卷《紅河州哈尼族譜牒(八)》

[雲南紅河]立博村毛普周户譜牒　毛普周背誦　常亞昕、龍思秋搜集　2011年雲南民族出版社排印本　合册　哈漢雙文並註國際音標

該户屬奕車支系"它盤沙"後裔。一世祖母昂。始遷祖第五十九世沙普,原屬糯比支系,自紅河縣浪堤鄉東沙村入贅本村何氏家族。本譜内容爲世系,至周文凡六十六世。

本譜載於《哈尼族口傳文化譯註全集》第十七卷《紅河州哈尼族譜牒(八)》

[雲南紅河]立博村李周沙户譜牒　李周沙背誦　常亞昕、龍思秋搜集　2011年雲南民族出版社排印本　合册　哈漢雙文並註國際音標

該户屬奕車支系。一世祖母昂。始遷祖第六十世居斗自紅河縣大羊街鄉妥普村遷入。本譜内容爲世系,至周沙凡六十三世。

本譜載於《哈尼族口傳文化譯註全集》第十七卷《紅河州哈尼族譜牒(八)》

[雲南紅河]魯初村錢氏家族譜系　佚名念誦　楊六金記録　2008年中國大百科全書出版社排印本　合册

哈尼語哈雅方言家譜。流傳於雲南省紅河縣。本譜所載僅爲世系,自第一世母翁至期決凡六十世。

本譜載於《中國少數民族古籍總目提要・哈尼族卷》

[雲南紅河]魯初村錢氏家族譜系　佚名念誦　楊六金記録　2005年民族出版社排印本　合册　哈漢雙文

參見上條。本譜所載僅爲世系,自第一世母翁至期決凡五十四世,與上條世系略有出入。

本譜載於《紅河哈尼族譜牒》

[雲南紅河]魯初村錢勒農户譜牒　錢勒農背誦　常亞昕、龍思秋搜集　2011年雲南民族出版社排印本　合册　哈漢雙文並註國際音標

該户屬奕車支系。一世祖母昂。始遷祖第五十七世瑞山自"測仰"(哈尼語地名,在紅河縣大羊街鄉妥賒村委會)遷至"巴欠老堵"(地名),再遷至本村。本譜内容爲世系,至周沙凡六十三世。

本譜載於《哈尼族口傳文化譯註全集》第十七卷《紅河州哈尼族譜牒(八)》

[雲南紅河]孟子紅格陳村陳勒農户譜牒　陳博美背誦　常亞昕、龍思秋搜集　2011年雲南民族出版社排印本　合册　哈漢雙文並註國際音標

該户屬奕車支系。一世祖母昂。始遷祖第五十三世最農自妥普村遷入。本譜内容爲世系,至者建凡六十七世。

本譜載於《哈尼族口傳文化譯註全集》第十七卷《紅河州哈尼族譜牒(八)》

[雲南紅河]孟子紅老紅村李立周户譜牒　李立周背誦　常亞昕、龍思秋搜集　2011年雲南民族出版社排印本　合册　哈漢雙文並註國際音標

該户屬奕車支系。一世祖母昂。始遷祖第六十六世測沙自"達摩"(哈尼語地名,在紅河縣大羊街鄉妥賒村委會)遷入。本譜内容爲世系,至然厚凡六十九世。

本譜載於《哈尼族口傳文化譯註全集》第十七卷《紅河州哈尼族譜牒(八)》

[雲南紅河]孟子紅莫來村白皮仰户譜牒　白皮仰背誦　常亞昕、龍思秋搜集　2011年雲南民族出版社排印本　合册　哈漢雙文並註國際音標

該户屬奕車支系"奕沙"宗支。一世祖母昂。始遷祖第三十五世奕沙自紅河縣迤薩鎮遷入。本譜内容爲世系,至魯通凡六十八世。

本譜載於《哈尼族口傳文化譯註全集》第十七卷《紅河州哈尼族譜牒(八)》

[雲南紅河]孟子紅恰垤村白克局户譜牒　白克局(沙函)背誦　常亞昕、龍思秋搜集　2011年雲南民族出版社排印本　合册　哈漢雙文並註國際音標

該户屬奕車支系。一世祖母昂。始遷祖第七十世沙函(常用名白克局)自孟子紅村遷入。本譜内容爲世系,至局周凡七十二世。

本譜載於《哈尼族口傳文化譯註全集》第十七卷《紅河州哈尼族譜牒(八)》

[雲南紅河]孟子紅忠府村李農局户譜牒　李農局背誦　常亞昕、龍思秋搜集　2011年雲南民族出版社排印本　合册　哈漢雙文並註國際音標

該户屬奕車支系。一世祖母昂。本譜内容爲世

系,至斗車凡六十四世。

本譜載於《哈尼族口傳文化譯註全集》第十七卷《紅河州哈尼族譜牒(八)》

[雲南紅河]仰龍村錢貴福户譜牒 錢貴福背誦 常亞昕、龍思秋搜集 2011年雲南民族出版社排印本 合册 哈漢雙文並註國際音標

該户屬奕車支系。一世祖母昂。本譜内容爲世系,至吉榮凡七十世。

本譜載於《哈尼族口傳文化譯註全集》第十七卷《紅河州哈尼族譜牒(八)》

[雲南紅河]娘垤村錢伙沙户譜牒 錢伙沙背誦 常亞昕、龍思秋搜集 2011年雲南民族出版社排印本 合册 哈漢雙文並註國際音標

該户屬奕車支系。一世祖母昂。始遷祖第六十四世者博自魯初村遷入。本譜内容爲世系,至蝦斗凡七十世。

本譜載於《哈尼族口傳文化譯註全集》第十七卷《紅河州哈尼族譜牒(八)》

[雲南紅河]牛站垤村錢呼周户譜牒 錢呼周背誦 常亞昕、龍思秋搜集 2011年雲南民族出版社排印本 合册 哈漢雙文並註國際音標

該户屬奕車支系。一世祖母昂。本譜内容爲世系,至呼周凡七十世。

本譜載於《哈尼族口傳文化譯註全集》第十七卷《紅河州哈尼族譜牒(八)》

[雲南紅河]牛站垤村楊厚沙户譜牒 楊厚沙背誦 常亞昕、龍思秋搜集 2011年雲南民族出版社排印本 合册 哈漢雙文並註國際音標

該户屬奕車支系。從第一世至第三十五世奕車前的譜牒與本村錢呼周户相同。一世祖母昂。本譜内容爲世系,至吉者凡六十七世。

本譜載於《哈尼族口傳文化譯註全集》第十七卷《紅河州哈尼族譜牒(八)》

[雲南紅河]普瑪村何玉成户譜牒 何玉成背誦 常亞昕、龍思秋搜集 2011年雲南民族出版社排印本 合册 哈漢雙文並註國際音標

該户屬奕車支系。一世祖母昂。始遷祖第五十五世農搓自立波村遷入。本譜内容爲世系,至沙蝦凡六十五世。

本譜載於《哈尼族口傳文化譯註全集》第十七卷《紅河州哈尼族譜牒(八)》

[雲南紅河]普瑪下村毛偉周户譜牒 毛偉周(者斗)背誦 常亞昕、龍思秋搜集 2011年雲南民族出版社排印本 合册 哈漢雙文並註國際音標

該户屬奕車支系。一世祖母昂。本譜内容爲世系,至者斗(常用名毛偉周)凡六十四世。

本譜載於《哈尼族口傳文化譯註全集》第十七卷《紅河州哈尼族譜牒(八)》

[雲南紅河]普瑪下村錢居呼户譜牒 錢居呼背誦 常亞昕、龍思秋搜集 2011年雲南民族出版社排印本 合册 哈漢雙文並註國際音標

該户屬奕車支系。從第一世至第三十五世奕車前的譜牒與本村毛偉周户相同。一世祖母昂。本譜内容爲世系,至呼沙凡七十二世。

本譜載於《哈尼族口傳文化譯註全集》第十七卷《紅河州哈尼族譜牒(八)》

[雲南紅河]小垤嘎村錢勒格户譜牒 錢勒格背誦 常亞昕、龍思秋搜集 2011年雲南民族出版社排印本 合册 哈漢雙文並註國際音標

該户屬奕車支系。一世祖母昂。始遷祖第六十八世斗沙自“農余紅特”(哈尼語地名,在紅河縣大羊街鄉境内)遷入。本譜内容爲世系,至測光凡七十一世。

本譜載於《哈尼族口傳文化譯註全集》第十七卷《紅河州哈尼族譜牒(八)》

[雲南紅河]小妥賒村陳然保户譜牒 陳然保(魯仰)背誦 常亞昕、龍思秋搜集 2011年雲南民族出版社排印本 合册 哈漢雙文並註國際音標

該户屬奕車支系。一世祖母昂。始遷祖第四十八世山斗自紅河縣大羊街鄉妥垤村遷入。本譜内容爲世系,至魯仰(常用名陳然保)凡六十五世。

本譜載於《哈尼族口傳文化譯註全集》第十七卷《紅河州哈尼族譜牒(八)》

[雲南紅河]小妥賒村毛哈波户譜牒　毛哈波背誦　常亞昕、龍思秋搜集　2011年雲南民族出版社排印本　合册　哈漢雙文並註國際音標

該户屬奕車支系。從第一世至第三十五世奕車前的譜牒與本村陳然保户相同。一世祖母昂。本譜内容爲世系,至斗蝦凡七十一世。

本譜載於《哈尼族口傳文化譯註全集》第十七卷《紅河州哈尼族譜牒(八)》

[雲南紅河]者牛村錢思厚户譜牒　錢思厚(然林)背誦　常亞昕、龍思秋搜集　2011年雲南民族出版社排印本　合册　哈漢雙文並註國際音標

該户屬奕車支系。一世祖母昂。始遷祖第五十四仰機自"仰機老半"(哈尼語地名,在紅河縣境内)遷入。本譜内容爲世系,至然林(常用名錢思厚)凡六十二世。

本譜載於《哈尼族口傳文化譯註全集》第十七卷《紅河州哈尼族譜牒(八)》

[雲南紅河]者牛村何周魯户譜牒　何周魯背誦　常亞昕、龍思秋搜集　2011年雲南民族出版社排印本　合册　哈漢雙文並註國際音標

該户屬奕車支系。從第一世至第三十五世奕車前的譜牒與本村錢思厚户相同。一世祖母昂。始遷祖第六十一世局博自普瑪上寨遷入。本譜内容爲世系,至然者福六十三世。

本譜載於《哈尼族口傳文化譯註全集》第十七卷《紅河州哈尼族譜牒(八)》

[雲南紅河]阿洛村陳拉仰户譜牒　陳拉仰背誦　常亞昕、龍思秋搜集　2011年雲南民族出版社排印本　合册　哈漢雙文並註國際音標

該户屬奕車支系。一世祖母昂。本譜内容爲世系,至沙車凡六十七世。

本譜載於《哈尼族口傳文化譯註全集》第十七卷《紅河州哈尼族譜牒(八)》

[雲南紅河]賈垤村李勒古户譜牒　李勒古背誦　常亞昕、龍思秋搜集　2011年雲南民族出版社排印本　合册　哈漢雙文並註國際音標

該户屬奕車支系。一世祖母昂。始遷祖第五十七世沙者自"歐農紅特"(哈尼語地名,在紅河縣大羊街鄉境内)遷入。本譜内容爲世系,至者函凡六十六世。

本譜載於《哈尼族口傳文化譯註全集》第十七卷《紅河州哈尼族譜牒(八)》

[雲南紅河]嘎宋村楊孟仰户譜牒　楊孟仰(魯盛)背誦　常亞昕、龍思秋搜集　2011年雲南民族出版社排印本　合册　哈漢雙文並註國際音標

該户屬奕車支系。一世祖母昂。本譜内容爲世系,至魯盛(常用名楊孟仰)凡六十五世。

本譜載於《哈尼族口傳文化譯註全集》第十七卷《紅河州哈尼族譜牒(八)》

[雲南紅河]嘎仰村白勒然户譜牒　白勒然背誦　常亞昕、龍思秋搜集　2011年雲南民族出版社排印本　合册　哈漢雙文並註國際音標

該户屬奕車支系"它盤沙"宗支。一世祖母昂。本譜内容爲世系,至發周凡五十五世。

本譜載於《哈尼族口傳文化譯註全集》第十七卷《紅河州哈尼族譜牒(八)》

[雲南紅河]嘎仰村陳社魯户譜牒　陳社魯(阿沙)背誦　常亞昕、龍思秋搜集　2011年雲南民族出版社排印本　合册　哈漢雙文並註國際音標

該户屬奕車支系。一世祖母昂。始遷祖第五十七世嘎美自紅河縣車古鄉洛古村遷入。本譜内容爲世系,至阿沙(常用名陳社魯)凡七十一世。

本譜載於《哈尼族口傳文化譯註全集》第十七卷《紅河州哈尼族譜牒(八)》

[雲南紅河]嘎仰村毛通沙户譜牒　毛通沙背誦　常亞昕、龍思秋搜集　2011年雲南民族出版社排印本　合册　哈漢雙文並註國際音標

該户屬奕車支系。從第一世至第三十五世奕車前的譜牒與本村陳社魯户相同。一世祖母昂。始

遷祖第六十八世普格因娶本村姑娘而遷入。本譜内容爲世系,至者法凡七十世。

本譜載於《哈尼族口傳文化譯註全集》第十七卷《紅河州哈尼族譜牒(八)》

[雲南紅河]嘎仰仰龍村白勒居户譜牒 白勒居背誦 常亞昕、龍思秋搜集 2011年雲南民族出版社排印本 合册 哈漢雙文並註國際音標

該户屬奕車支系"它盤沙"宗支。一世祖母昂。始遷祖第四十三世若白自元江縣垤蝦村逃荒至龍施村,再遷至本村。本譜内容爲世系,至沙函凡六十世。

本譜載於《哈尼族口傳文化譯註全集》第十七卷《紅河州哈尼族譜牒(八)》

[雲南紅河]羅主愛村白普局户譜牒 白普局背誦 常亞昕、龍思秋搜集 2011年雲南民族出版社排印本 合册 哈漢雙文並註國際音標

該户屬奕車支系。一世祖母昂。本譜内容爲世系,至普局凡五十五世。

本譜載於《哈尼族口傳文化譯註全集》第十七卷《紅河州哈尼族譜牒(八)》

[雲南紅河]洛席村錢勒仰户譜牒 錢勒仰背誦 常亞昕、龍思秋搜集 2011年雲南民族出版社排印本 合册 哈漢雙文並註國際音標

該户屬奕車支系。一世祖母昂。始遷祖第五十九世周斗自魯初村遷入。本譜内容爲世系,至威博凡七十二世。

本譜載於《哈尼族口傳文化譯註全集》第十七卷《紅河州哈尼族譜牒(八)》

[雲南紅河]米娜紅特村陳批斗户譜牒 陳批斗(厚蝦)背誦 常亞昕、龍思秋搜集 2011年雲南民族出版社排印本 合册 哈漢雙文並註國際音標

該户屬奕車支系。一世祖母昂。始遷祖第六十世斗阿自"老瑪農尼紅特"(哈尼語地名,在紅河縣境内)遷至"歐農紅特"(哈尼語地名,在紅河縣境内),終遷本村。本譜内容爲世系,至厚蝦(常用名陳批斗)凡六十五世。

本譜載於《哈尼族口傳文化譯註全集》第十七卷《紅河州哈尼族譜牒(八)》

[雲南紅河]米娜紅特村李柱輝户譜牒 李柱輝背誦 常亞昕、龍思秋搜集 2011年雲南民族出版社排印本 合册 哈漢雙文並註國際音標

該户屬奕車支系。從第一世至第三十三世仰者前的譜牒與本村陳批斗户相同。一世祖母昂。始遷祖第五十七世沙博原屬糯美支系,自元江縣拉諾鄉阿尼村遷居"歐農紅特"。本譜内容爲世系,至嘎忠凡六十九世。

本譜載於《哈尼族口傳文化譯註全集》第十七卷《紅河州哈尼族譜牒(八)》

[雲南紅河]農遷村李勒周户譜牒 李勒周背誦 常亞昕、龍思秋搜集 2011年雲南民族出版社排印本 合册 哈漢雙文並註國際音標

該户屬奕車支系。一世祖母昂。本譜内容爲世系,至忠法凡六十七世。

本譜載於《哈尼族口傳文化譯註全集》第十七卷《紅河州哈尼族譜牒(八)》

[雲南紅河]農遷村白啓德户譜牒 白啓德背誦 常亞昕、龍思秋搜集 2011年雲南民族出版社排印本 合册 哈漢雙文並註國際音標

該户屬奕車支系。從第一世至第三十五世奕車前的譜牒與本村李勒周户相同。一世祖母昂。本譜内容爲世系,至廣亮凡五十八世。

本譜載於《哈尼族口傳文化譯註全集》第十七卷《紅河州哈尼族譜牒(八)》

[雲南紅河]上瑪普村陳社仰户譜牒 陳社仰背誦 常亞昕、龍思秋搜集 2011年雲南民族出版社排印本 合册 哈漢雙文並註國際音標

該户屬奕車支系。一世祖母昂。始遷祖第六十一世阿者自嘎仰村遷入。本譜内容爲世系,至厚法凡六十七世。

本譜載於《哈尼族口傳文化譯註全集》第十七卷《紅河州哈尼族譜牒(八)》

［雲南紅河］上瑪普村龍農斗户譜牒　龍農斗背誦　常亞昕、龍思秋搜集　2011 年雲南民族出版社排印本　合册　哈漢雙文並註國際音標

該户屬奕車支系。從第一世至第三十五世奕車前的譜牒與本村陳社仰户相同。一世祖母昂。始遷祖第五十九世博車。本譜内容爲世系,至博福凡六十四世。

本譜載於《哈尼族口傳文化譯註全集》第十七卷《紅河州哈尼族譜牒(八)》

［雲南紅河］下瑪普村毛世民户譜牒　毛世民背誦　常亞昕、龍思秋搜集　2011 年雲南民族出版社排印本　合册　哈漢雙文並註國際音標

該户屬奕車支系。一世祖母昂。始遷祖第五十六世美然自"阿龍紅特"遷居紅河縣大羊街鄉妥赊村"農尼紅特",再遷"賈垤山",終遷本村。本譜内容爲世系,至爾辛凡七十一世。

本譜載於《哈尼族口傳文化譯註全集》第十七卷《紅河州哈尼族譜牒(八)》

［雲南紅河］上作咪村毛博仰户譜牒　毛博仰背誦　常亞昕、龍思秋搜集　2011 年雲南民族出版社排印本　合册　哈漢雙文並註國際音標

該户屬奕車支系。一世祖母昂。始遷祖第五十三世蝦然自"奴瑪得安"(哈尼語地名,在紅河縣大羊街鄉妥赊村委會境内)遷入。本譜内容爲世系,至仰函凡六十四世。

本譜載於《哈尼族口傳文化譯註全集》第十七卷《紅河州哈尼族譜牒(八)》

［雲南紅河］下作咪村龍里斗户譜牒　龍里斗(厚蝦)背誦　常亞昕、龍思秋搜集　2011 年雲南民族出版社排印本　合册　哈漢雙文並註國際音標

該户屬奕車支系。一世祖母昂。先祖自"妥秋紅特"(哈尼語地名,在紅河縣大羊街鄉妥赊村委會)遷入。本譜内容爲世系,至厚蝦(常用名龍里斗)凡七十一世。

本譜載於《哈尼族口傳文化譯註全集》第十七卷《紅河州哈尼族譜牒(八)》

［雲南紅河］阿施東村倪氏家族譜系　佚名念誦　楊六金記録　2008 年中國大百科全書出版社排印本　合册

哈尼語哈雅方言家譜。流傳於雲南省紅河縣。本譜所載僅爲世系,自第一世母翁至者黑凡六十八世。

本譜載於《中國少數民族古籍總目提要・哈尼族卷》

［雲南紅河］阿施東村倪氏家族譜系　佚名念誦　楊六金記録　2005 年民族出版社排印本　合册　哈漢雙文

參見上條。本譜所載僅爲世系,自第一世母翁至者黑凡六十一世,與上條世系略有出入。

本譜載於《紅河哈尼族譜牒》

［雲南紅河］阿施東村聶克農户譜牒　聶克農背誦　常亞昕、龍思秋搜集　2011 年雲南民族出版社排印本　合册　哈漢雙文並註國際音標

該户屬奕車支系。一世祖母昂。始遷祖第五十六世洋貴自"普怕尼過"(哈尼語地名,在紅河縣大羊街鄉境内)遷入。本譜内容爲世系,至生發凡六十五世。

本譜載於《哈尼族口傳文化譯註全集》第十七卷《紅河州哈尼族譜牒(八)》

［雲南紅河］阿施東村陳後居户譜牒　陳勒周背誦　常亞昕、龍思秋搜集　2011 年雲南民族出版社排印本　合册　哈漢雙文並註國際音標

該户屬奕車支系。一世祖母昂。始遷祖第五十二世後居於 1958 年自土牛村遷入。本譜内容爲世系,至後居凡五十二世。

本譜載於《哈尼族口傳文化譯註全集》第十七卷《紅河州哈尼族譜牒(八)》

［雲南紅河］達拉嘎村李魯仰户譜牒　李魯仰背誦　常亞昕、龍思秋搜集　2011 年雲南民族出版社排印本　合册　哈漢雙文並註國際音標

該户屬奕車支系。一世祖母昂。始遷祖第五十四世博追自立博村遷入。本譜内容爲世系,至後

居凡五十二世。

本譜載於《哈尼族口傳文化譯註全集》第十七卷《紅河州哈尼族譜牒(八)》

[雲南紅河]達拉嘎村錢哈忠户譜牒 錢哈忠背誦 常亞昕、龍思秋搜集 2011年雲南民族出版社排印本 合册 哈漢雙文並註國際音標

該户屬奕車支系。一世祖母昂。本譜内容爲世系,至穎帆凡七十二世。

本譜載於《哈尼族口傳文化譯註全集》第十七卷《紅河州哈尼族譜牒(八)》

[雲南紅河]小土牛村陳勒周户譜牒 陳勒周(普後)背誦 常亞昕、龍思秋搜集 2011年雲南民族出版社排印本 合册 哈漢雙文並註國際音標

該户屬奕車支系。一世祖母昂。始遷祖第三十七世牛惹自“阿奴紅特”(哈尼語地名,在紅河縣大羊街鄉境内)遷入。本譜内容爲世系,至普後(常用名陳勒周)凡五十一世。

本譜載於《哈尼族口傳文化譯註全集》第十七卷《紅河州哈尼族譜牒(八)》

[雲南紅河]土牛村陳嘎魯户譜牒 陳嘎魯背誦 常亞昕、龍思秋搜集 2011年雲南民族出版社排印本 合册 哈漢雙文並註國際音標

該户屬奕車支系。一世祖母昂。始遷祖第五十二世最農自“阿奴紅特”遷入。本譜内容爲世系,至者福凡六十五世。

本譜載於《哈尼族口傳文化譯註全集》第十七卷《紅河州哈尼族譜牒(八)》

[雲南紅河]土牛村白貴福户譜牒 白貴福背誦 常亞昕、龍思秋搜集 2011年雲南民族出版社排印本 合册 哈漢雙文並註國際音標

該户屬奕車支系。從第一世至第三十三世仰者前的譜牒與本村陳嘎魯户相同。一世祖母昂。本譜内容爲世系,至金法凡五十七世。

本譜載於《哈尼族口傳文化譯註全集》第十七卷《紅河州哈尼族譜牒(八)》

[雲南紅河]洞期村楊成普户譜牒 楊成普(車甫)背誦 牛赫搜集 2011年雲南民族出版社排印本 合册 哈漢雙文並註國際音標

該户屬糯美支系“仰者”後裔。一世祖母昂。本譜内容爲世系,至車甫(常用名楊成普)凡五十八世。

本譜載於《哈尼族口傳文化譯註全集》第十七卷《紅河州哈尼族譜牒(八)》

[雲南紅河]期瑪村李偉周户譜牒 李偉周(偉周)背誦 牛赫搜集 2011年雲南民族出版社排印本 合册 哈漢雙文並註國際音標

該户屬糯美支系。先祖自車古鄉哈垤村遷入。從第一世至第三十三世仰者前的譜牒與洞期村楊成普户相同。一世祖母昂。本譜内容爲世系,至偉周(常用名李偉周)凡五十五世。

本譜載於《哈尼族口傳文化譯註全集》第十七卷《紅河州哈尼族譜牒(八)》

[雲南紅河]小車古村楊黑農户譜牒 楊黑農(黑農)背誦 牛赫搜集 2011年雲南民族出版社排印本 合册 哈漢雙文並註國際音標

該户屬奕車支系。從第一世至第三十三世仰者前的譜牒與洞期村楊成普户相同。一世祖母昂。本譜内容爲世系,至黑農(常用名楊黑農)凡五十五世。

本譜載於《哈尼族口傳文化譯註全集》第十七卷《紅河州哈尼族譜牒(八)》

[雲南紅河]里都村楊勒發户譜牒 楊勒發(來發)背誦 牛赫搜集 2011年雲南民族出版社排印本 合册 哈漢雙文並註國際音標

該户屬糯美支系“仰者”後裔。從第一世至第三十三世仰者前的譜牒與洞期村楊成普户相同。一世祖母昂。本譜内容爲世系,至來發(常用名楊勒發)凡四十七世。

本譜載於《哈尼族口傳文化譯註全集》第十七卷《紅河州哈尼族譜牒(八)》

[雲南紅河]洛瑪村李從周户譜牒 李從周背誦

牛赫搜集　2011年雲南民族出版社排印本　合册　哈漢雙文並註國際音標

該户屬糯美支系。先祖自車古鄉利博村遷入。從第一世至第三十三世仰者前的譜牒與洞期村楊成普户相同。一世祖母昂。本譜内容爲世系，至周龍凡六十五世。

本譜載於《哈尼族口傳文化譯註全集》第十七卷《紅河州哈尼族譜牒（八）》

［雲南紅河］洛瑪村李仰紅户譜牒　李仰紅背誦　牛赫搜集　2011年雲南民族出版社排印本　合册　哈漢雙文並註國際音標

該户屬糯美支系。先祖自車古鄉利博村遷入。一世祖批甫。本譜内容爲世系，至紅福凡十七世。

本譜載於《哈尼族口傳文化譯註全集》第十七卷《紅河州哈尼族譜牒（八）》

［雲南紅河］哈垤村白合樓户譜牒　白合樓（忠周）背誦　常亞昕、龍思秋搜集　2011年雲南民族出版社排印本　合册　哈漢雙文並註國際音標

該户屬奕車支系。一世祖母昂。始遷祖第七十世忠周（常用名白合樓）同父親博忠自哈垤舊寨遷至本村。本譜内容爲世系，至局方凡七十二世。

本譜載於《哈尼族口傳文化譯註全集》第十七卷《紅河州哈尼族譜牒（八）》

［雲南紅河］哈垤村李農博户譜牒　李農博背誦　常亞昕、龍思秋搜集　2011年雲南民族出版社排印本　合册　哈漢雙文並註國際音標

該户屬奕車支系。一世祖母昂。始遷祖第六十六世農博自哈垤舊寨遷入。本譜内容爲世系，至博生凡六十七世。

本譜載於《哈尼族口傳文化譯註全集》第十七卷《紅河州哈尼族譜牒（八）》

［雲南紅河］東女村李博周户譜牒　李博周背誦　常亞昕、龍思秋搜集　2011年雲南民族出版社排印本　合册　哈漢雙文並註國際音標

該户屬奕車支系。一世祖母昂。始遷祖第六十二世厚測自“吾龍紅特”（哈尼語地名，在紅河縣車古鄉車古村委會）遷入。本譜内容爲世系，至阿法凡七十一世。

本譜載於《哈尼族口傳文化譯註全集》第十七卷《紅河州哈尼族譜牒（八）》

［雲南紅河］農安村陳魯厚户譜牒　白里局背誦　常亞昕、龍思秋搜集　2011年雲南民族出版社排印本　合册　哈漢雙文並註國際音標

該户屬奕車支系。一世祖母昂。始遷祖第五十八世見班自站咪村遷入。本譜内容爲世系，至魯厚凡六十六世。

本譜載於《哈尼族口傳文化譯註全集》第十七卷《紅河州哈尼族譜牒（八）》

［雲南紅河］農尖村陳克局户譜牒　涂伙沙背誦　常亞昕、龍思秋搜集　2011年雲南民族出版社排印本　合册　哈漢雙文並註國際音標

該户屬奕車支系。一世祖母昂。始遷祖第四十六世普米自哈垤魯龍村遷入。本譜内容爲世系，至仰格凡六十六世。

本譜載於《哈尼族口傳文化譯註全集》第十七卷《紅河州哈尼族譜牒（八）》

［雲南紅河］洛古村陳勒沙户譜牒　陳勒沙背誦　常亞昕、龍思秋搜集　2011年雲南民族出版社排印本　合册　哈漢雙文並註國際音標

該户屬奕車支系。一世祖母昂。始遷祖第四十六世坡魯自紅河縣大羊街鄉妥普村遷入。本譜内容爲世系，至仰周凡六十九世。

本譜載於《哈尼族口傳文化譯註全集》第十七卷《紅河州哈尼族譜牒（八）》

［雲南紅河］農村村白沙蝦户譜牒　白仰忠背誦　常亞昕、龍思秋搜集　2011年雲南民族出版社排印本　合册　哈漢雙文並註國際音標

該户屬奕車支系。一世祖母昂。始遷祖第四十八世沙引自“吾龍紅特”（哈尼語地名）遷入。本譜内容爲世系，至斗仰凡六十五世。

本譜載於《哈尼族口傳文化譯註全集》第十七卷《紅河州哈尼族譜牒（八）》

[雲南紅河]恰垤村白厚局户譜牒　白仰忠背誦　常亞昕、龍思秋搜集　2011年雲南民族出版社排印本　合册　哈漢雙文並註國際音標

該户屬奕車支系。一世祖母昂。始遷祖第五十八世賒歐自農村村遷入。本譜内容爲世系，至厚局凡六十五世。

本譜載於《哈尼族口傳文化譯註全集》第十七卷《紅河州哈尼族譜牒(八)》

[雲南紅河]龍施上寨白皮仰户譜牒　白皮仰(農者)背誦　常亞昕、龍思秋搜集　2011年雲南民族出版社排印本　合册　哈漢雙文並註國際音標

該户屬奕車支系。一世祖母昂。始遷祖第六十七世農者(常用名白皮仰)遷入本村。本譜内容爲世系，至者沙凡六十八世。

本譜載於《哈尼族口傳文化譯註全集》第十七卷《紅河州哈尼族譜牒(八)》

[雲南紅河]龍施上寨陳格沙户譜牒　白里局背誦　常亞昕、龍思秋搜集　2011年雲南民族出版社排印本　合册　哈漢雙文並註國際音標

該户屬奕車支系。從第一世至第三十五世奕車前的譜牒與本村白皮仰户相同。一世祖母昂。本譜内容爲世系，至厚忠凡六十三世。

本譜載於《哈尼族口傳文化譯註全集》第十七卷《紅河州哈尼族譜牒(八)》

[雲南紅河]龍施上寨陳牛農户譜牒　白里局背誦　常亞昕、龍思秋搜集　2011年雲南民族出版社排印本　合册　哈漢雙文並註國際音標

該户屬奕車支系。從第一世至第三十五世奕車前的譜牒與本村白皮仰户相同。一世祖母昂。本譜内容爲世系，至函測凡六十八世。

本譜載於《哈尼族口傳文化譯註全集》第十七卷《紅河州哈尼族譜牒(八)》

[雲南紅河]龍施上寨涂伙沙户譜牒　涂伙沙(農厚)背誦　常亞昕、龍思秋搜集　2011年雲南民族出版社排印本　合册　哈漢雙文並註國際音標

該户屬奕車支系。從第一世至第三十五世奕車前的譜牒與本村白皮仰户相同。一世祖母昂。始遷祖第七十世農厚(常用名涂伙沙)於1957年自貴安村遷居龍施下寨，1958年遷入本村。本譜内容爲世系，至厚普凡七十一世。

本譜載於《哈尼族口傳文化譯註全集》第十七卷《紅河州哈尼族譜牒(八)》

[雲南紅河]龍施下寨陳伙仰户譜牒　涂伙沙背誦　常亞昕、龍思秋搜集　2011年雲南民族出版社排印本　合册　哈漢雙文並註國際音標

該户屬奕車支系。一世祖母昂。本譜内容爲世系，至森法凡六十三世。

本譜載於《哈尼族口傳文化譯註全集》第十七卷《紅河州哈尼族譜牒(八)》

[雲南紅河]龍施下寨陳然周户譜牒　涂伙沙背誦　常亞昕、龍思秋搜集　2011年雲南民族出版社排印本　合册　哈漢雙文並註國際音標

該户屬奕車支系。從第一世至第三十五世奕車前的譜牒與本村陳伙仰户相同。本譜内容爲世系，至然者凡六十二世。

本譜載於《哈尼族口傳文化譯註全集》第十七卷《紅河州哈尼族譜牒(八)》

[雲南紅河]龍施下寨涂勒普户譜牒　涂伙沙背誦　常亞昕、龍思秋搜集　2011年雲南民族出版社排印本　合册　哈漢雙文並註國際音標

該户屬奕車支系。從第一世至第三十五世奕車前的譜牒與本村陳伙仰户相同。一世祖母昂。始遷祖第六十八世普沙於1957年自貴安村遷入。本譜内容爲世系，至普歐凡七十世。

本譜載於《哈尼族口傳文化譯註全集》第十七卷《紅河州哈尼族譜牒(八)》

[雲南紅河]洛馬村李厚周户譜牒　李厚周背誦　常亞昕、龍思秋搜集　2011年雲南民族出版社排印本　合册　哈漢雙文並註國際音標

該户屬奕車支系。一世祖母昂。本譜内容爲世系，至者局凡七十一世。

本譜載於《哈尼族口傳文化譯註全集》第十七

卷《紅河州哈尼族譜牒(八)》

[雲南紅河]備啓上寨毛仰黑户譜牒　白里局背誦　常亞昕、龍思秋搜集　2011年雲南民族出版社排印本　合册　哈漢雙文並註國際音標

該户屬奕車支系。一世祖母昂。始遷祖第七十世椰仰自備啓下寨遷入。本譜内容爲世系,至黑測凡七十二世。

本譜載於《哈尼族口傳文化譯註全集》第十七卷《紅河州哈尼族譜牒(八)》

[雲南紅河]備啓下寨毛伙仰户譜牒　毛伙仰背誦　常亞昕、龍思秋搜集　2011年雲南民族出版社排印本　合册　哈漢雙文並註國際音標

該户屬奕車支系。一世祖母昂。始遷祖第六十三世博然自本縣妥龍村遷入。本譜内容爲世系,至歐局凡七十二世。

本譜載於《哈尼族口傳文化譯註全集》第十七卷《紅河州哈尼族譜牒(八)》

[雲南紅河]吾龍上村李普厚户譜牒　李普厚背誦　常亞昕、龍思秋搜集　2011年雲南民族出版社排印本　合册　哈漢雙文並註國際音標

該户屬奕車支系。一世祖母昂。本譜内容爲世系,至斗克凡七十世。

本譜載於《哈尼族口傳文化譯註全集》第十七卷《紅河州哈尼族譜牒(八)》

[雲南紅河]吾龍下村白厚農户譜牒　白里局背誦　常亞昕、龍思秋搜集　2011年雲南民族出版社排印本　合册　哈漢雙文並註國際音標

該户屬奕車支系。一世祖母昂。本譜内容爲世系,至農見凡七十世。

本譜載於《哈尼族口傳文化譯註全集》第十七卷《紅河州哈尼族譜牒(八)》

[雲南紅河]仰里村白阿仰户譜牒　白普函背誦　常亞昕、龍思秋搜集　2011年雲南民族出版社排印本　合册　哈漢雙文並註國際音標

該户屬奕車支系。一世祖母昂。始遷祖第五十八世施歐自吾龍村遷入。本譜内容爲世系,至函仰凡六十七世。

本譜載於《哈尼族口傳文化譯註全集》第十七卷《紅河州哈尼族譜牒(八)》

[雲南紅河]永安村李勒通户譜牒　李勒通背誦　常亞昕、龍思秋搜集　2011年雲南民族出版社排印本　合册　哈漢雙文並註國際音標

該户屬奕車支系。一世祖母昂。本譜内容爲世系,至周上凡七十世。

本譜載於《哈尼族口傳文化譯註全集》第十七卷《紅河州哈尼族譜牒(八)》

[雲南紅河]站咪村陳車博户譜牒　白里局背誦　常亞昕、龍思秋搜集　2011年雲南民族出版社排印本　合册　哈漢雙文並註國際音標

該户屬奕車支系。一世祖母昂。本譜内容爲世系,至車博凡六十七世。

本譜載於《哈尼族口傳文化譯註全集》第十七卷《紅河州哈尼族譜牒(八)》

[雲南紅河]垤堤村李哈議户譜牒　李么周背誦　牛赫搜集　2011年雲南民族出版社排印本　合册　哈漢雙文並註國際音標

該户屬糯美支系。先祖自奕車地區遷入。一世祖母昂。本譜内容爲世系,至周斗(常用名李哈議)凡六十九世。

本譜載於《哈尼族口傳文化譯註全集》第十七卷《紅河州哈尼族譜牒(八)》

[雲南紅河]娘龍村李好嘎户譜牒　李仰周背誦　牛赫搜集　2011年雲南民族出版社排印本　合册　哈漢雙文並註國際音標

該户屬糯美支系“者歐”宗支。從第一世至第三十三世仰者前的譜牒與垤堤村李哈議户相同。一世祖母昂。本譜内容爲世系,至紅保凡六十九世。

本譜載於《哈尼族口傳文化譯註全集》第十七卷《紅河州哈尼族譜牒(八)》

[雲南紅河]臘娘埡上寨李來忠户譜牒　李批波背誦　牛赫搜集　2011年雲南民族出版社排印本　合册　哈漢雙文並註國際音標

該户屬糯美支系“者某”宗支。從第一世至第三十三世仰者前的譜牒與埡堤村李哈議户相同。一世祖母昂。本譜内容爲世系,至博軍凡六十四世。

本譜載於《哈尼族口傳文化譯註全集》第十七卷《紅河州哈尼族譜牒(八)》

[雲南紅河]妥叢村白除周户譜牒　白家旺背誦　牛赫搜集　2011年雲南民族出版社排印本　合册　哈漢雙文並註國際音標

該户屬糯美支系“者某”宗支。從第一世至第三十三世仰者前的譜牒與埡堤村李哈議户相同。一世祖母昂。本譜内容爲世系,至周然凡六十八世。

本譜載於《哈尼族口傳文化譯註全集》第十七卷《紅河州哈尼族譜牒(八)》

[雲南紅河]妥叢村李安周户譜牒　李安周背誦　牛赫搜集　2011年雲南民族出版社排印本　合册　哈漢雙文並註國際音標

該户屬糯美支系“者歐”宗支。從第一世至第三十三世仰者前的譜牒與埡堤村李哈議户相同。一世祖母昂。本譜内容爲世系,至周沙凡六十五世。

本譜載於《哈尼族口傳文化譯註全集》第十七卷《紅河州哈尼族譜牒(八)》

[雲南紅河]俄龍村李拉偉户譜牒　李拉偉背誦　牛赫搜集　2011年雲南民族出版社排印本　合册　哈漢雙文並註國際音標

該户屬糯美支系“吕波”宗支。從第一世至第三十三世仰者前的譜牒與埡堤村李哈議户相同。一世祖母昂。本譜内容爲世系,至沙然(常用名李拉偉)凡六十七世。

本譜載於《哈尼族口傳文化譯註全集》第十七卷《紅河州哈尼族譜牒(八)》

[雲南紅河]臘娘埡下寨李孟呼户譜牒　李孟呼背誦　牛赫搜集　2011年雲南民族出版社排印本　合册　哈漢雙文並註國際音標

該户屬糯美支系“吕波”宗支。從第一世至第三十三世仰者前的譜牒與埡堤村李哈議户相同。一世祖母昂。本譜内容爲世系,至甫紅(常用名李孟呼)凡六十六世。

本譜載於《哈尼族口傳文化譯註全集》第十七卷《紅河州哈尼族譜牒(八)》

[雲南紅河]利博村李生呼户譜牒　李皮衣背誦　牛赫搜集　2011年雲南民族出版社排印本　合册　哈漢雙文並註國際音標

該户屬糯美支系“吕波”宗支。一世祖母昂。本譜内容爲世系,至農忠凡六十七世。

本譜載於《哈尼族口傳文化譯註全集》第十七卷《紅河州哈尼族譜牒(八)》

[雲南紅河]俄龍村李慢轉户譜牒　李慢轉背誦　牛赫搜集　2011年雲南民族出版社排印本　合册　哈漢雙文並註國際音標

該户屬糯美支系“奕古”宗支。從第一世至第三十三世仰者前的譜牒與利博村李生呼户相同。一世祖母昂。本譜内容爲世系,至沙厚凡六十世。

本譜載於《哈尼族口傳文化譯註全集》第十七卷《紅河州哈尼族譜牒(八)》

[雲南紅河]嘎施村李伙沙户譜牒　李伙沙背誦　牛赫搜集　2011年雲南民族出版社排印本　合册　哈漢雙文並註國際音標

該户屬糯美支系“吕博”宗支。從第一世至第三十三世仰者前的譜牒與利博村李生呼户相同。一世祖母昂。本譜内容爲世系,至車沙凡六十二世。

本譜載於《哈尼族口傳文化譯註全集》第十七卷《紅河州哈尼族譜牒(八)》

[雲南紅河]嘎施村朱牛周户譜牒　朱牛周背誦　牛赫搜集　2011年雲南民族出版社排印本　合册　哈漢雙文並註國際音標

該户屬糯美支系"仰者"宗支。從第一世至第三十世説培黑前的譜牒與利博村李生呼户相同。一世祖母昂。本譜内容爲世系,至立周凡六十四世。

本譜載於《哈尼族口傳文化譯註全集》第十七卷《紅河州哈尼族譜牒(八)》

[雲南紅河]羅榮村李仰忠户譜牒 李仰忠背誦 牛赫搜集 2011年雲南民族出版社排印本 合册 哈漢雙文並註國際音標

該户屬糯美支系"吕博"宗支。從第一世至第三十三世仰者前的譜牒與利博村李生呼户相同。一世祖母昂。本譜内容爲世系,至見周凡六十四世。

本譜載於《哈尼族口傳文化譯註全集》第十七卷《紅河州哈尼族譜牒(八)》

[雲南紅河]娘普村李車龍户譜牒 李車龍背誦 牛赫搜集 2011年雲南民族出版社排印本 合册 哈漢雙文並註國際音標

該户屬糯美支系"吕博"宗支。從第一世至第三十三世仰者前的譜牒與利博村李生呼户相同。一世祖母昂。本譜内容爲世系,至紅沙凡六十三世。

本譜載於《哈尼族口傳文化譯註全集》第十七卷《紅河州哈尼族譜牒(八)》

[雲南紅河]娘普村王勒那户譜牒 王勒那背誦 牛赫搜集 2011年雲南民族出版社排印本 合册 哈漢雙文並註國際音標

該户屬糯美支系"奕古"宗支。從第一世至第三十三世仰者前的譜牒與利博村李生呼户相同。一世祖母昂。本譜内容爲世系,至然斗凡六十七世。

本譜載於《哈尼族口傳文化譯註全集》第十七卷《紅河州哈尼族譜牒(八)》

[雲南紅河]么當村李哈沙户譜牒 段祖仰背誦 牛赫搜集 2011年雲南民族出版社排印本 合册 哈漢雙文並註國際音標

該户屬糯美支系"者某"宗支。一世祖母昂。本譜内容爲世系,至阿斗凡五十八世。

本譜載於《哈尼族口傳文化譯註全集》第十七卷《紅河州哈尼族譜牒(八)》

[雲南紅河]么當龍施村李立約户譜牒 李立約背誦 牛赫搜集 2011年雲南民族出版社排印本 合册 哈漢雙文並註國際音標

該户屬糯美支系。譜以故勒爲一世祖。故勒之前的譜牒失傳。本譜内容爲世系,至取莫凡十六世。

本譜載於《哈尼族口傳文化譯註全集》第十七卷《紅河州哈尼族譜牒(八)》

[雲南紅河]蒙者村李批沙户譜牒 李批沙(勒農)背誦 牛赫搜集 2011年雲南民族出版社排印本 合册 哈漢雙文並註國際音標

該户屬糯美支系"者某"宗支。從第一世至第三十三世仰者前的譜牒與么當村李哈沙户相同。一世祖母昂。本譜内容爲世系,至勒農(常用名李批沙)凡六十九世。

本譜載於《哈尼族口傳文化譯註全集》第十七卷《紅河州哈尼族譜牒(八)》

[雲南紅河]車威村李勒呼户譜牒 李勒呼(候嘎)背誦 牛赫搜集 2011年雲南民族出版社排印本 合册 哈漢雙文並註國際音標

該户屬糯美支系"者歐"宗支。從第一世至第三十三世仰者前的譜牒與么當村李哈沙户相同。一世祖母昂。本譜内容爲世系,至候嘎(常用名李勒呼)凡六十九世。

本譜載於《哈尼族口傳文化譯註全集》第十七卷《紅河州哈尼族譜牒(八)》

[雲南紅河]哈阿村李么周户譜牒 李么周(農候)背誦 牛赫搜集 2011年雲南民族出版社排印本 合册 哈漢雙文並註國際音標

該户屬糯美支系"者某"宗支。從第一世至第三十三世仰者前的譜牒與么當村李哈沙户相同。一世祖母昂。本譜内容爲世系,至農候(常用名李么周)凡六十六世。

本譜載於《哈尼族口傳文化譯註全集》第十七卷《紅河州哈尼族譜牒(八)》

[雲南紅河]龍施村李批崩户譜牒 李么周背誦 牛赫搜集 2011年雲南民族出版社排印本 合册 哈漢雙文並註國際音標

該户屬糯美支系"者歐"宗支。從第一世至第三十三世仰者前的譜牒與么當村李哈沙户相同。一世祖母昂。本譜内容爲世系,至周額凡六十一世。

本譜載於《哈尼族口傳文化譯註全集》第十七卷《紅河州哈尼族譜牒(八)》

[雲南紅河]宗瑪埡村段批仰户譜牒 段批仰背誦 牛赫搜集 2011年雲南民族出版社排印本 合册 哈漢雙文並註國際音標

該户屬糯美支系。先祖不詳。譜以然偉爲一世祖。然偉之前的譜牒失傳。本譜内容爲世系,至蝦博凡五世。

本譜載於《哈尼族口傳文化譯註全集》第十七卷《紅河州哈尼族譜牒(八)》

[雲南紅河]阿期村李么周户譜牒 段祖仰背誦 牛赫搜集 2011年雲南民族出版社排印本 合册 哈漢雙文並註國際音標

該户屬糯美支系"者歐"宗支。一世祖母昂。本譜内容爲世系,至措蝦凡五十五世。

本譜載於《哈尼族口傳文化譯註全集》第十七卷《紅河州哈尼族譜牒(八)》

[雲南紅河]阿期村白合斗户譜牒 李時甫背誦 牛赫搜集 2011年雲南民族出版社排印本 合册 哈漢雙文並註國際音標

該户屬糯美支系。從第一世至第二十世它盤沙前的譜牒與本村李么周户相同。一世祖母昂。本譜内容爲世系,至博者凡五十二世。

本譜載於《哈尼族口傳文化譯註全集》第十七卷《紅河州哈尼族譜牒(八)》

[雲南紅河]阿期村李拉斗户譜牒 李周龍背誦 牛赫搜集 2011年雲南民族出版社排印本 合册 哈漢雙文並註國際音標

該户屬糯美支系"者歐"宗支。從第一世至第三十三世仰者前的譜牒與本村李么周户相同。一世祖母昂。本譜内容爲世系,至那沙凡五十七世。

本譜載於《哈尼族口傳文化譯註全集》第十七卷《紅河州哈尼族譜牒(八)》

[雲南紅河]魯龍村張立保户譜牒 李時甫背誦 牛赫搜集 2011年雲南民族出版社排印本 合册 哈漢雙文並註國際音標

該户屬糯美支系。從第一世至第二十世它盤莫前的譜牒與阿期村李么周户相同。一世祖母昂。本譜内容爲世系,至甫沙凡四十九世。

本譜載於《哈尼族口傳文化譯註全集》第十七卷《紅河州哈尼族譜牒(八)》

[雲南紅河]瑪姆村白仰保户譜牒 李時甫背誦 牛赫搜集 2011年雲南民族出版社排印本 合册 哈漢雙文並註國際音標

該户屬糯美支系。從第一世至第二十世它盤沙前的譜牒與阿期村李么周户相同。一世祖母昂。本譜内容爲世系,至揚發凡五十一世。

本譜載於《哈尼族口傳文化譯註全集》第十七卷《紅河州哈尼族譜牒(八)》

[雲南紅河]瑪姆村王阿者户譜牒 李時甫背誦 牛赫搜集 2011年雲南民族出版社排印本 合册 哈漢雙文並註國際音標

該户屬糯美支系"奕古"宗支。從第一世至第三十三世仰者前的譜牒與阿期村李么周户相同。一世祖母昂。本譜内容爲世系,至周牙凡六十七世。

本譜載於《哈尼族口傳文化譯註全集》第十七卷《紅河州哈尼族譜牒(八)》

[雲南紅河]瑪姆村聶呼者户譜牒 李時甫背誦 牛赫搜集 2011年雲南民族出版社排印本 合册 哈漢雙文並註國際音標

該户屬糯美支系“者歐”宗支。從第一世至第三十三世仰者前的譜牒與阿期村李么周户相同。一世祖母昂。本譜内容爲世系,至周魯凡五十八世。

本譜載於《哈尼族口傳文化譯註全集》第十七卷《紅河州哈尼族譜牒(八)》

[雲南紅河]妥昆村李格沙户譜牒　李時甫背誦　牛赫搜集　2011 年雲南民族出版社排印本　合册　哈漢雙文並註國際音標

該户屬糯美支系“者歐”宗支。從第一世至第三十三世仰者前的譜牒與阿期村李么周户相同。一世祖母昂。本譜内容爲世系,至厚居凡五十九世。

本譜載於《哈尼族口傳文化譯註全集》第十七卷《紅河州哈尼族譜牒(八)》

[雲南紅河]架車村李周保户譜牒　李嘎周背誦　牛赫搜集　2011 年雲南民族出版社排印本　合册　哈漢雙文並註國際音標

該户屬臘咪支系“者歐”後裔。一世祖母昂。本譜内容爲世系,至美周凡六十八世。

本譜載於《哈尼族口傳文化譯註全集》第十七卷《紅河州哈尼族譜牒(八)》

[雲南紅河]架車村倪坡歐户譜牒　李嘎周背誦　牛赫搜集　2011 年雲南民族出版社排印本　合册　哈漢雙文並註國際音標

該户屬臘咪支系“者歐”後裔。從第一世至第三十三世仰者前的譜牒與本村李周保户相同。一世祖母昂。本譜内容爲世系,至坡歐(常用名倪坡歐)凡六十三世。

本譜載於《哈尼族口傳文化譯註全集》第十七卷《紅河州哈尼族譜牒(八)》

[雲南紅河]架車村普舉呼户譜牒　李嘎周背誦　牛赫搜集　2011 年雲南民族出版社排印本　合册　哈漢雙文並註國際音標

該户屬臘咪支系“者歐”宗支。從第一世至第三十三世仰者前的譜牒與本村李周保户相同。一世祖母昂。本譜内容爲世系,至舉呼(常用名普舉呼)凡六十三世。

本譜載於《哈尼族口傳文化譯註全集》第十七卷《紅河州哈尼族譜牒(八)》

[雲南紅河]架車村楊舉呼户譜牒　李嘎周背誦　牛赫搜集　2011 年雲南民族出版社排印本　合册　哈漢雙文並註國際音標

該户屬臘咪支系“者歐”宗支。從第一世至第三十三世仰者前的譜牒與本村李周保户相同。一世祖母昂。本譜内容爲世系,至舉呼(常用名楊舉呼)凡六十九世。

本譜載於《哈尼族口傳文化譯註全集》第十七卷《紅河州哈尼族譜牒(八)》

[雲南紅河]白龍村李保忠户譜牒　李保忠背誦　牛赫搜集　2011 年雲南民族出版社排印本　合册　哈漢雙文並註國際音標

該户屬臘咪支系“者歐”宗支。從第一世至第三十三世仰者前的譜牒與架車村李周保户相同。一世祖母昂。本譜内容爲世系,至周然凡七十世。

本譜載於《哈尼族口傳文化譯註全集》第十七卷《紅河州哈尼族譜牒(八)》

[雲南紅河]白仁村李安牛户譜牒　李嘎周背誦　牛赫搜集　2011 年雲南民族出版社排印本　合册　哈漢雙文並註國際音標

該户屬臘咪支系“者歐”宗支。從第一世至第二十世仰者前的譜牒與架車村李周保户相同。一世祖母昂。本譜内容爲世系,至安牛(常用名李保忠)凡六十九世。

本譜載於《哈尼族口傳文化譯註全集》第十七卷《紅河州哈尼族譜牒(八)》

[雲南紅河]比龍村李舉斗户譜牒　李舉斗(舉斗)背誦　牛赫搜集　2011 年雲南民族出版社排印本　合册　哈漢雙文並註國際音標

該户屬臘咪支系“者歐”宗支。從第一世至第三十三世仰者前的譜牒與架車村李周保户相同。一世祖母昂。本譜内容爲世系,至舉斗(常用名李舉斗)凡六十九世。

本譜載於《哈尼族口傳文化譯註全集》第十七卷《紅河州哈尼族譜牒(八)》

[雲南紅河]茨普村李落忠户譜牒 李嘎周背誦 牛赫搜集 2011年雲南民族出版社排印本 合册 哈漢雙文並註國際音標

該户屬臘咪支系“者歐”宗支。從第一世至第三十三世仰者前的譜牒與架車村李周保户相同。一世祖母昂。本譜内容爲世系,至普沙凡七十二世。

本譜載於《哈尼族口傳文化譯註全集》第十七卷《紅河州哈尼族譜牒(八)》

[雲南紅河]龍施村李車仰户譜牒 李車仰背誦 牛赫搜集 2011年雲南民族出版社排印本 合册 哈漢雙文並註國際音標

該户屬臘咪支系“者歐”宗支。從第一世至第三十三世仰者前的譜牒與架車村李周保户相同。一世祖母昂。本譜内容爲世系,至魯車凡六十五世。

本譜載於《哈尼族口傳文化譯註全集》第十七卷《紅河州哈尼族譜牒(八)》

[雲南紅河]達龍村李舉沙户譜牒 李舉沙(舉沙)背誦 牛赫搜集 2011年雲南民族出版社排印本 合册 哈漢雙文並註國際音標

該户屬臘咪支系“者歐”宗支。從第一世至第三十三世仰者前的譜牒與架車村李周保户相同。一世祖母昂。本譜内容爲世系,至舉沙(常用名李舉沙)凡六十四世。

本譜載於《哈尼族口傳文化譯註全集》第十七卷《紅河州哈尼族譜牒(八)》

[雲南紅河]哈沖俄普李嘎沖户譜牒 李嘎沖背誦 牛赫搜集 2011年雲南民族出版社排印本 合册 哈漢雙文並註國際音標

該户屬臘咪支系“者歐”宗支。從第一世至第三十三世仰者前的譜牒與架車村李周保户相同。一世祖母昂。本譜内容爲世系,至沖周凡六十六世。

本譜載於《哈尼族口傳文化譯註全集》第十七卷《紅河州哈尼族譜牒(八)》

[雲南紅河]大龍施村李龍保户譜牒 李龍保背誦 牛赫搜集 2011年雲南民族出版社排印本 合册 哈漢雙文並註國際音標

該户屬臘咪支系“者某”宗支。從第一世至第三十三世仰者前的譜牒與架車村李周保户相同。一世祖母昂。本譜内容爲世系,至斗然凡七十一世。

本譜載於《哈尼族口傳文化譯註全集》第十七卷《紅河州哈尼族譜牒(八)》

[雲南紅河]龍尼村李們龍户譜牒 李伙坡背誦 牛赫搜集 2011年雲南民族出版社排印本 合册 哈漢雙文並註國際音標

該户屬臘咪支系“者歐”宗支。從第一世至第三十三世仰者前的譜牒與架車村李周保户相同。一世祖母昂。本譜内容爲世系,至周孟凡六十九世。

本譜載於《哈尼族口傳文化譯註全集》第十七卷《紅河州哈尼族譜牒(八)》

[雲南紅河]龍然村李拉保户譜牒 李保忠背誦 牛赫搜集 2011年雲南民族出版社排印本 合册 哈漢雙文並註國際音標

該户屬臘咪支系“者歐”宗支。從第一世至第三十三世仰者前的譜牒與架車村李周保户相同。一世祖母昂。本譜内容爲世系,至破則凡六十二世。

本譜載於《哈尼族口傳文化譯註全集》第十七卷《紅河州哈尼族譜牒(八)》

[雲南紅河]大浪施村李呼偉户譜牒 李呼偉背誦 牛赫搜集 2011年雲南民族出版社排印本 合册 哈漢雙文並註國際音標

該户屬臘咪支系“者歐”宗支。從第一世至第三十三世仰者前的譜牒與架車村李周保户相同。一世祖母昂。本譜内容爲世系,至龍厚凡六十四世。

本譜載於《哈尼族口傳文化譯註全集》第十七卷《紅河州哈尼族譜牒(八)》

[雲南紅河]模垤村李阿後户譜牒　李阿後背誦　牛赫搜集　2011 年雲南民族出版社排印本　合册　哈漢雙文並註國際音標

該户屬臘咪支系"奕車"宗支。從第一世至第三十三世仰者前的譜牒與架車村李周保户相同。一世祖母昂。本譜内容爲世系,至阿候(常用名李阿候)凡六十八世。

本譜載於《哈尼族口傳文化譯註全集》第十七卷《紅河州哈尼族譜牒(八)》

[雲南紅河]小龍施村李保格户譜牒　李伙坡背誦　牛赫搜集　2011 年雲南民族出版社排印本　合册　哈漢雙文並註國際音標

該户屬臘咪支系"者歐"宗支。從第一世至第三十三世仰者前的譜牒與架車村李周保户相同。一世祖母昂。本譜内容爲世系,至保格(常用名李保格)凡六十八世。

本譜載於《哈尼族口傳文化譯註全集》第十七卷《紅河州哈尼族譜牒(八)》

[雲南紅河]宗臘村李歐博户譜牒　李嘎周背誦　牛赫搜集　2011 年雲南民族出版社排印本　合册　哈漢雙文並註國際音標

該户屬臘咪支系"者歐"宗支。從第一世至第三十三世仰者前的譜牒與架車村李周保户相同。一世祖母昂。本譜内容爲世系,至仰然凡六十九世。

本譜載於《哈尼族口傳文化譯註全集》第十七卷《紅河州哈尼族譜牒(八)》

[雲南紅河]切初村李牙周户譜牒　李么呼背誦　牛赫搜集　2011 年雲南民族出版社排印本　合册　哈漢雙文並註國際音標

該户屬臘咪支系"者歐"宗支。一世祖母昂。本譜内容爲世系,至牙周(常用名李牙周)凡六十四世。

本譜載於《哈尼族口傳文化譯註全集》第十七卷《紅河州哈尼族譜牒(八)》

[雲南紅河]牛威村李保舉户譜牒　李保舉(保舉)背誦　牛赫搜集　2011 年雲南民族出版社排印本　合册　哈漢雙文並註國際音標

該户屬臘咪支系"者歐"宗支。從第一世至第三十三世仰者前的譜牒與切初村李牙周户相同。一世祖母昂。本譜内容爲世系,至保舉(常用名李保舉)凡七十一世。

本譜載於《哈尼族口傳文化譯註全集》第十七卷《紅河州哈尼族譜牒(八)》

[雲南紅河]龍普村李格龍户譜牒　李蝦沙背誦　牛赫搜集　2011 年雲南民族出版社排印本　合册　哈漢雙文並註國際音標

該户屬臘咪支系"者歐"宗支。從第一世至第三十三世仰者前的譜牒與切初村李牙周户相同。一世祖母昂。本譜内容爲世系,至格龍(常用名李格龍)凡六十二世。

本譜載於《哈尼族口傳文化譯註全集》第十七卷《紅河州哈尼族譜牒(八)》

[雲南紅河]娘普村李歐們户譜牒　李孟呀背誦　牛赫搜集　2011 年雲南民族出版社排印本　合册　哈漢雙文並註國際音標

該户屬臘咪支系"者歐"宗支。從第一世至第三十三世仰者前的譜牒與切初村李牙周户相同。一世祖母昂。本譜内容爲世系,至歐們(常用名李歐們)凡六十世。

本譜載於《哈尼族口傳文化譯註全集》第十七卷《紅河州哈尼族譜牒(八)》

[雲南紅河]普依村李龍嘎户譜牒　李龍嘎(龍嘎)背誦　牛赫搜集　2011 年雲南民族出版社排印本　合册　哈漢雙文並註國際音標

該户屬臘咪支系"者歐"宗支。從第一世至第三十三世仰者前的譜牒與切初村李牙周户相同。一世祖母昂。本譜内容爲世系,至龍嘎(常用名李龍嘎)凡六十四世。

本譜載於《哈尼族口傳文化譯註全集》第十七卷《紅河州哈尼族譜牒(八)》

[雲南紅河]沙博上寨李那普户譜牒　李松周背誦　牛赫搜集　2011 年雲南民族出版社排印本　合册　哈漢雙文並註國際音標

該户屬臘咪支系“者歐”宗支。從第一世至第三十三世仰者前的譜牒與切初村李牙周户相同。一世祖母昂。本譜内容爲世系,至那普(常用名李那普)凡六十二世。

本譜載於《哈尼族口傳文化譯註全集》第十七卷《紅河州哈尼族譜牒(八)》

[雲南紅河]沙博蝦寨李忠斗户譜牒　李生斗背誦　牛赫搜集　2011 年雲南民族出版社排印本　合册　哈漢雙文並註國際音標

該户屬臘咪支系“者歐”宗支。從第一世至第三十三世仰者前的譜牒與切初村李牙周户相同。一世祖母昂。本譜内容爲世系,至忠斗(常用名李忠斗)凡六十二世。

本譜載於《哈尼族口傳文化譯註全集》第十七卷《紅河州哈尼族譜牒(八)》

[雲南紅河]宗普村李嘎坡户譜牒　李批呼背誦　牛赫搜集　2011 年雲南民族出版社排印本　合册　哈漢雙文並註國際音標

該户屬臘咪支系“奕古”宗支。從第一世至第三十三世仰者前的譜牒與切初村李牙周户相同。一世祖母昂。本譜内容爲世系,至嘎坡(常用名李嘎坡)凡六十五世。

本譜載於《哈尼族口傳文化譯註全集》第十七卷《紅河州哈尼族譜牒(八)》

[雲南紅河]扎垤村李勒沙户譜牒　李勒沙(斗那)背誦　牛赫搜集　2011 年雲南民族出版社排印本　合册　哈漢雙文並註國際音標

該户屬臘咪支系“者歐”宗支。一世祖母昂。本譜内容爲世系,至斗那(常用名李勒沙)凡六十二世。

本譜載於《哈尼族口傳文化譯註全集》第十七卷《紅河州哈尼族譜牒(八)》

[雲南紅河]女東村李魯周户譜牒　陳幹格背誦　牛赫搜集　2011 年雲南民族出版社排印本　合册　哈漢雙文並註國際音標

該户屬臘咪支系“者歐”宗支。從第一世至第三十三世仰者前的譜牒與扎垤村李勒沙户相同。一世祖母昂。本譜内容爲世系,至魯周(常用名李魯周)凡七十世。

本譜載於《哈尼族口傳文化譯註全集》第十七卷《紅河州哈尼族譜牒(八)》

[雲南紅河]蘇居下寨村李里周户譜牒　李嘎周背誦　牛赫搜集　2011 年雲南民族出版社排印本　合册　哈漢雙文並註國際音標

該户屬臘咪支系“者歐”宗支。從第一世至第三十三世仰者前的譜牒與扎垤村李勒沙户相同。一世祖母昂。本譜内容爲世系,至沙仰凡六十三世。

本譜載於《哈尼族口傳文化譯註全集》第十七卷《紅河州哈尼族譜牒(八)》

[雲南紅河]妥女村李斗居户譜牒　陳幹格背誦　牛赫搜集　2011 年雲南民族出版社排印本　合册　哈漢雙文並註國際音標

該户屬臘咪支系“者歐”宗支。從第一世至第三十三世仰者前的譜牒與扎垤村李勒沙户相同。一世祖母昂。本譜内容爲世系,至斗居(常用名李斗居)凡六十七世。

本譜載於《哈尼族口傳文化譯註全集》第十七卷《紅河州哈尼族譜牒(八)》

[雲南紅河]妥女村李斗毆户譜牒　陳幹格背誦　牛赫搜集　2011 年雲南民族出版社排印本　合册　哈漢雙文並註國際音標

該户屬臘咪支系“它盤莫”宗支。從第一世至第二十世它盤莫前的譜牒與扎垤村李勒沙户相同。一世祖母昂。本譜内容爲世系,至斗周凡五十二世。

本譜載於《哈尼族口傳文化譯註全集》第十七

卷《紅河州哈尼族譜牒(八)》

[雲南紅河]扎羅村李建龍户譜牒　李嘎周背誦　牛赫搜集　2011年雲南民族出版社排印本　合册　哈漢雙文並註國際音標

該户屬臘咪支系"者歐"宗支。從第一世至第三十三世仰者前的譜牒與扎堃村李勒沙户相同。一世祖母昂。本譜内容爲世系,至建龍(常用名李建龍)凡六十八世。

本譜載於《哈尼族口傳文化譯註全集》第十七卷《紅河州哈尼族譜牒(八)》

[雲南紅河]達堃村李者阿户譜牒　李者阿背誦　牛赫搜集　2011年雲南民族出版社排印本　合册　哈漢雙文並註國際音標

該户屬臘咪支系"奕古"宗支。一世祖母昂。本譜内容爲世系,至澤者凡六十四世。

本譜載於《哈尼族口傳文化譯註全集》第十七卷《紅河州哈尼族譜牒(八)》

[雲南紅河]規普村李批魯户譜牒　李批魯(坡者)背誦　牛赫搜集　2011年雲南民族出版社排印本　合册　哈漢雙文並註國際音標

該户屬臘咪支系"奕沙"宗支。從第一世至第三十三世仰者前的譜牒與達堃村李者阿户相同。一世祖母昂。本譜内容爲世系,至坡者(常用名李批魯)凡五十四世。

本譜載於《哈尼族口傳文化譯註全集》第十七卷《紅河州哈尼族譜牒(八)》

[雲南紅河]翁龍村李牙中户譜牒　李牙中背誦　牛赫搜集　2011年雲南民族出版社排印本　合册　哈漢雙文並註國際音標

該户屬臘咪支系"黑布月"宗支。從第一世至第三十世説培黑前的譜牒與達堃村李者阿户相同。一世祖母昂。本譜内容爲世系,至博嘎凡六十四世。

本譜載於《哈尼族口傳文化譯註全集》第十七卷《紅河州哈尼族譜牒(八)》

[雲南紅河]龍施村李者沙户譜牒　李者沙背誦　牛赫搜集　2011年雲南民族出版社排印本　合册　哈漢雙文並註國際音標

該户屬臘咪支系"奕沙"宗支。從第一世至第三十三世仰者前的譜牒與達堃村李者阿户相同。一世祖母昂。本譜内容爲世系,至周嘎凡七十世。

本譜載於《哈尼族口傳文化譯註全集》第十七卷《紅河州哈尼族譜牒(八)》

[雲南紅河]龍施村張里沙户譜牒　張里沙背誦　牛赫搜集　2011年雲南民族出版社排印本　合册　哈漢雙文並註國際音標

該户屬臘咪支系"它盤布"宗支。從第一世至第二十世它盤布前的譜牒與達堃村李者阿户相同。一世祖母昂。本譜内容爲世系,至居斗凡五十五世。

本譜載於《哈尼族口傳文化譯註全集》第十七卷《紅河州哈尼族譜牒(八)》

[雲南紅河]窩培村張里周户譜牒　張里周背誦　牛赫搜集　2011年雲南民族出版社排印本　合册　哈漢雙文並註國際音標

該户屬臘咪支系"它盤布"宗支。從第一世至第二十世它盤布前的譜牒與達堃村李者阿户相同。一世祖母昂。本譜内容爲世系,至斗松凡六十四世。

本譜載於《哈尼族口傳文化譯註全集》第十七卷《紅河州哈尼族譜牒(八)》

[雲南紅河]窩培村李祖阿户譜牒　李祖阿背誦　牛赫搜集　2011年雲南民族出版社排印本　合册　哈漢雙文並註國際音標

該户屬臘咪支系"奕沙"宗支。從第一世至第三十三世仰者前的譜牒與達堃村李者阿户相同。一世祖母昂。本譜内容爲世系,至周斗凡七十一世。

本譜載於《哈尼族口傳文化譯註全集》第十七卷《紅河州哈尼族譜牒(八)》

[雲南紅河]阿扒村李梅候户譜牒　李梅候(梅

候)背誦　牛赫搜集　2011年雲南民族出版社排印本　合册　哈漢雙文並註國際音標

該户屬臘咪支系"奕沙"宗支。一世祖母昂。本譜内容爲世系,至梅候(常用名李梅候)凡六十三世。

本譜載於《哈尼族口傳文化譯註全集》第十七卷《紅河州哈尼族譜牒(八)》

[雲南紅河]阿扒村陳嘎候户譜牒　陳嘎候背誦　牛赫搜集　2011年雲南民族出版社排印本　合册　哈漢雙文並註國際音標

該户屬臘咪支系"奕沙"宗支。從第一世至第三十七世車格前的譜牒與本村李梅候户相同。一世祖母昂。本譜内容爲世系,至忠嘎凡六十三世。

本譜載於《哈尼族口傳文化譯註全集》第十七卷《紅河州哈尼族譜牒(八)》

[雲南紅河]阿扒村陸們龍户譜牒　陸們龍背誦　牛赫搜集　2011年雲南民族出版社排印本　合册　哈漢雙文並註國際音標

該户屬臘咪支系。一世祖無名牙。本譜内容爲世系,至哈咒凡三十四世。

本譜載於《哈尼族口傳文化譯註全集》第十七卷《紅河州哈尼族譜牒(八)》

[雲南紅河]么東上寨陸們嘎户譜牒　陸們嘎背誦　牛赫搜集　2011年雲南民族出版社排印本　合册　哈漢雙文並註國際音標

該户屬臘咪支系"者歐"宗支。從第一世至第三十三世仰者前的譜牒與阿扒村李梅候户相同。一世祖母昂。本譜内容爲世系,至忠美凡六十五世。

本譜載於《哈尼族口傳文化譯註全集》第十七卷《紅河州哈尼族譜牒(八)》

[雲南紅河]合莫村李龍牙户譜牒　李龍牙背誦　牛赫搜集　2011年雲南民族出版社排印本　合册　哈漢雙文並註國際音標

該户屬臘咪支系"奕沙"宗支。從第一世至第三十三世仰者前的譜牒與阿扒村李梅候户相同。一世祖母昂。本譜内容爲世系,至澤歐凡六十三世。

本譜載於《哈尼族口傳文化譯註全集》第十七卷《紅河州哈尼族譜牒(八)》

[雲南紅河]龍然村張周博户譜牒　張周博背誦　牛赫搜集　2011年雲南民族出版社排印本　合册　哈漢雙文並註國際音標

該户屬臘咪支系"它盤布"宗支。從第一世至第二十世它盤布前的譜牒與阿扒村李梅候户相同。一世祖母昂。本譜内容爲世系,至亞發凡五十八世。

本譜載於《哈尼族口傳文化譯註全集》第十七卷《紅河州哈尼族譜牒(八)》

[雲南紅河]莫東下寨陳坡者户譜牒　陳坡者背誦　牛赫搜集　2011年雲南民族出版社排印本　合册　哈漢雙文並註國際音標

該户屬臘咪支系"者歐"宗支。從第一世至第三十三世仰者前的譜牒與阿扒村李梅候户相同。一世祖母昂。本譜内容爲世系,至候咒凡六十三世。

本譜載於《哈尼族口傳文化譯註全集》第十七卷《紅河州哈尼族譜牒(八)》

[雲南紅河]爲嘎村李保斗户譜牒　李保斗背誦　牛赫搜集　2011年雲南民族出版社排印本　合册　哈漢雙文並註國際音標

該户屬臘咪支系"它盤糾"宗支"者歐"後裔。從第一世至第三十三世仰者前的譜牒與阿扒村李梅候户相同。一世祖母昂。本譜内容爲世系,至居博凡六十六世。

本譜載於《哈尼族口傳文化譯註全集》第十七卷《紅河州哈尼族譜牒(八)》

[雲南紅河]宗依村李斗龍户譜牒　李建克背誦　牛赫搜集　2011年雲南民族出版社排印本　合册　哈漢雙文並註國際音標

該户屬臘咪支系"者歐"宗支。從第一世至第三十三世仰者前的譜牒與阿扒村李梅候户相同。

一世祖母昂。本譜内容爲世系,至斗龍(常用名李斗龍)凡六十七世。

本譜載於《哈尼族口傳文化譯註全集》第十七卷《紅河州哈尼族譜牒(八)》

[雲南紅河]妥産村李舉那户譜牒　李舉那(舉那)背誦　牛赫搜集　2011年雲南民族出版社排印本　合册　哈漢雙文並註國際音標

該户屬臘咪支系"者某"宗支。一世祖母昂。本譜内容爲世系,至舉那(常用名李舉那)凡五十世。

本譜載於《哈尼族口傳文化譯註全集》第十七卷《紅河州哈尼族譜牒(八)》

[雲南紅河]妥産村王忠歐户譜牒　王忠歐(忠歐)背誦　牛赫搜集　2011年雲南民族出版社排印本　合册　哈漢雙文並註國際音標

該户屬臘咪支系"者歐"宗支。從第一世至第三十三世仰者前的譜牒與本村李舉那户相同。一世祖母昂。本譜内容爲世系,至忠歐(常用名王忠歐)凡五十八世。

本譜載於《哈尼族口傳文化譯註全集》第十七卷《紅河州哈尼族譜牒(八)》

[雲南紅河]妥産村白規沙户譜牒　白規沙(規沙)背誦　牛赫搜集　2011年雲南民族出版社排印本　合册　哈漢雙文並註國際音標

該户屬臘咪支系"者歐"宗支。從第一世至第三十三世仰者前的譜牒與本村李舉那户相同。一世祖母昂。本譜内容爲世系,至規沙(常用名白規沙)凡五十八世。

本譜載於《哈尼族口傳文化譯註全集》第十七卷《紅河州哈尼族譜牒(八)》

[雲南紅河]茨東村李坡們户譜牒　李坡們(坡們)背誦　牛赫搜集　2011年雲南民族出版社排印本　合册　哈漢雙文並註國際音標

該户屬臘咪支系"奕車"宗支。從第一世至第三十三世仰者前的譜牒與妥産村李舉那户相同。一世祖母昂。本譜内容爲世系,至坡們(常用名李坡們)凡五十八世。

本譜載於《哈尼族口傳文化譯註全集》第十七卷《紅河州哈尼族譜牒(八)》

[雲南紅河]咪初村白忠克户譜牒　白忠克(忠克)背誦　牛赫搜集　2011年雲南民族出版社排印本　合册　哈漢雙文並註國際音標

該户屬臘咪支系"者歐"宗支。從第一世至第三十三世仰者前的譜牒與妥産村李舉那户相同。一世祖母昂。本譜内容爲世系,至忠克(常用名白忠克)凡六十世。

本譜載於《哈尼族口傳文化譯註全集》第十七卷《紅河州哈尼族譜牒(八)》

[雲南紅河]歐爲村白正忠户譜牒　白正忠(澤忠)背誦　牛赫搜集　2011年雲南民族出版社排印本　合册　哈漢雙文並註國際音標

該户屬臘咪支系"者歐"宗支。從第一世至第三十三世仰者前的譜牒與妥産村李舉那户相同。一世祖母昂。本譜内容爲世系,至澤忠(常用名白正忠)凡五十九世。

本譜載於《哈尼族口傳文化譯註全集》第十七卷《紅河州哈尼族譜牒(八)》

[雲南紅河]歐爲村李舉九户譜牒　李舉九(舉九)背誦　牛赫搜集　2011年雲南民族出版社排印本　合册　哈漢雙文並註國際音標

該户屬臘咪支系"者歐"宗支。從第一世至第三十三世仰者前的譜牒與妥産村李舉那户相同。一世祖母昂。本譜内容爲世系,至舉九(常用名李舉九)凡六十七世。

本譜載於《哈尼族口傳文化譯註全集》第十七卷《紅河州哈尼族譜牒(八)》

[雲南紅河]莫底村李嘎普户譜牒　李嘎普背誦　牛赫搜集　2011年雲南民族出版社排印本　合册　哈漢雙文並註國際音標

該户屬臘咪支系"者歐"宗支。一世祖母昂。本譜内容爲世系,至沙斗凡六十六世。

本譜載於《哈尼族口傳文化譯註全集》第十七

卷《紅河州哈尼族譜牒(八)》

[雲南紅河]妥普村朱周保户譜牒　朱周保(偉忠)背誦　牛赫搜集　2011年雲南民族出版社排印本　合册　哈漢雙文並註國際音標

該户屬臘咪支系"黑布月"宗支。從第一世至第三十世説培黑前的譜牒與莫底村李嘎普户譜牒相同。一世祖母昂。本譜内容爲世系,至偉忠(常用名朱周保)凡七十二世。

本譜載於《哈尼族口傳文化譯註全集》第十七卷《紅河州哈尼族譜牒(八)》

[雲南紅河]翁居村李周阿户譜牒　李周阿背誦　牛赫搜集　2011年雲南民族出版社排印本　合册　哈漢雙文並註國際音標

該户屬臘咪支系"者歐"宗支。從第一世至第三十三世仰者前的譜牒與莫底村李嘎普户相同。一世祖母昂。本譜内容爲世系,至歐周凡六十世。

本譜載於《哈尼族口傳文化譯註全集》第十七卷《紅河州哈尼族譜牒(八)》

[雲南紅河]東立村李斗周户譜牒　李斗周(斗周)背誦　牛赫搜集　2011年雲南民族出版社排印本　合册　哈漢雙文並註國際音標

該户屬臘咪支系"扎洛崩"宗支。從第一世至第十八世木扎扎前的譜牒與莫底村李嘎普户相同。一世祖母昂。本譜内容爲世系,至斗周(常用名李斗周)凡五十九世。

本譜載於《哈尼族口傳文化譯註全集》第十七卷《紅河州哈尼族譜牒(八)》

[雲南紅河]者東村李波者户譜牒　李嘎沖背誦　牛赫搜集　2011年雲南民族出版社排印本　合册　哈漢雙文並註國際音標

該户屬臘咪支系"者歐"宗支。從第一世至第三十三世仰者前的譜牒與莫底村李嘎普户相同。一世祖母昂。本譜内容爲世系,至忠那凡六十四世。

本譜載於《哈尼族口傳文化譯註全集》第十七卷《紅河州哈尼族譜牒(八)》

[雲南紅河]妥阿村張立者户譜牒　張立者背誦　牛赫搜集　2011年雲南民族出版社排印本　合册　哈漢雙文並註國際音標

該户屬臘咪支系"它盤布"宗支。一世祖母昂。本譜内容爲世系,至忠魯凡四十九世。

本譜載於《哈尼族口傳文化譯註全集》第十七卷《紅河州哈尼族譜牒(八)》

[雲南紅河]臘依村朱嘎黑户譜牒　朱安魯背誦　牛赫搜集　2011年雲南民族出版社排印本　合册　哈漢雙文並註國際音標

該户屬臘咪支系"黑畢"宗支。從第一世至第十九世扎它盤前的譜牒與妥阿村張立者户相同。一世祖母昂。本譜内容爲世系,至沙嘎凡六十世。

本譜載於《哈尼族口傳文化譯註全集》第十七卷《紅河州哈尼族譜牒(八)》

[雲南紅河]俄普村李舉斗户譜牒　李舉斗背誦　牛赫搜集　2011年雲南民族出版社排印本　合册　哈漢雙文並註國際音標

該户屬臘咪支系"奕沙"宗支。從第一世至第十九世扎它盤前的譜牒與妥阿村張立者户相同。一世祖母昂。本譜内容爲世系,至博亞凡五十三世。

本譜載於《哈尼族口傳文化譯註全集》第十七卷《紅河州哈尼族譜牒(八)》

[雲南紅河]哈紅村李西沙户家譜　李西沙背誦　李建龍、王依學搜集　2011年雲南民族出版社排印本　合册　哈漢雙文並註國際音標

該户屬白宏支系,還有在世的三代譜名未録入本譜。先世自本縣車古鄉魯龍村遷入。一世祖木翁。本譜内容爲世系,至嘎沙凡六十四世。

本譜載於《哈尼族口傳文化譯註全集》第十七卷《紅河州哈尼族譜牒(八)》

[雲南紅河]哈紅村李生黑户譜牒　李生黑背誦　李建龍、王依學搜集　2011年雲南民族出版社排印本　合册　哈漢雙文並註國際音標

該户屬白宏支系。從第一世至第五十七世通麻

前的譜牒與本村李西沙户相同。還有在世的三代譜名未録入本譜。先世自本縣車古鄉魯龍村遷入。一世祖木翁。本譜内容爲世系,至沙格凡六十四世。

本譜載於《哈尼族口傳文化譯註全集》第十七卷《紅河州哈尼族譜牒(八)》

[雲南紅河]哈紅村李啊黑户譜牒　李啊黑背誦　李建龍、王依學搜集　2011年雲南民族出版社排印本　合册　哈漢雙文並註國際音標

該户屬白宏支系。從第一世至第五十二世批歐前的譜牒與本村李西沙户相同。還有在世的四代譜名未録入本譜。先世自本縣車古鄉魯龍村遷至墨江縣,後遷入本村。一世祖木翁。本譜内容爲世系,至坡沙凡五十六世。

本譜載於《哈尼族口傳文化譯註全集》第十七卷《紅河州哈尼族譜牒(八)》

[雲南紅河]哈紅村楊約斗户譜牒　楊約斗背誦　李建龍、王依學搜集　2011年雲南民族出版社排印本　合册　哈漢雙文並註國際音標

該户屬白宏支系"黑比雨"宗支。從第一世至第三十三世黑比雨前的譜牒與本村李西沙户相同。還有在世的三代譜名未録入本譜。先世自本縣三村鄉一竹村遷入。一世祖木翁。本譜内容爲世系,至者麻凡六十一世。

本譜載於《哈尼族口傳文化譯註全集》第十七卷《紅河州哈尼族譜牒(八)》

[雲南紅河]哈紅村陳沙忠户譜牒　陳沙忠背誦　李建龍、王依學搜集　2011年雲南民族出版社排印本　合册　哈漢雙文並註國際音標

該户屬白宏支系"奕沙"宗支。從第一世至第三十五世者奕前的譜牒與本村李西沙户相同。還有在世的四代譜名未録入本譜。先世自本縣架車鄉規普村遷入。一世祖木翁。本譜内容爲世系,至沙爲凡五十八世。

本譜載於《哈尼族口傳文化譯註全集》第十七卷《紅河州哈尼族譜牒(八)》

[雲南紅河]哈紅村楊龍保户譜牒　楊龍保背誦　牛赫搜集　2011年雲南民族出版社排印本　合册　哈漢雙文並註國際音標

該户屬臘咪支系"者比玉"宗支。"者比玉"與"仰者"爲同一世。從第一世至第二十世它盤糾前的譜牒與妥阿村張立者户相同。一世祖木翁。本譜内容爲世系,至紅龍凡五十六世。

本譜載於《哈尼族口傳文化譯註全集》第十七卷《紅河州哈尼族譜牒(八)》

[雲南紅河]哈紅村李波黑户譜牒　李波黑背誦　牛赫搜集　2011年雲南民族出版社排印本　合册　哈漢雙文並註國際音標

該户屬臘咪支系"車格"宗支。從第一世至第三十二世仰某者前的譜牒與本村楊龍保户相同。一世祖木翁。本譜内容爲世系,至蘭南凡五十五世。

本譜載於《哈尼族口傳文化譯註全集》第十七卷《紅河州哈尼族譜牒(八)》

[雲南紅河]合莫村馬批斗户譜牒　馬批斗背誦　牛赫搜集　2011年雲南民族出版社排印本　合册　哈漢雙文並註國際音標

一世祖坡鎖。本譜内容爲世系,至博斗凡二十五世。

本譜載於《哈尼族口傳文化譯註全集》第十七卷《紅河州哈尼族譜牒(八)》

[雲南紅河]爲周村李斗三户譜牒　李斗三背誦　馬岑曄搜集　2011年雲南民族出版社排印本　合册　哈漢雙文並註國際音標

一世祖木翁。始遷祖第六十二世保仰自然仁村至爲周村當僕人後入贅。本譜内容爲世系,至嘎發凡六十八世。

本譜載於《哈尼族口傳文化譯註全集》第十八卷《紅河州哈尼族譜牒(九)》

[雲南紅河]爲周村馬頗周户譜牒　馬龍舉背誦　馬岑曄搜集　2011年雲南民族出版社排印本　合册　哈漢雙文並註國際音標

該户屬“瑪梅”宗支。從第一世至第十九世扎他朋前的譜牒與本村李斗三户相同。一世祖木翁。始遷祖第五十三世舉周遷入。本譜内容爲世系，至周龍凡五十六世。

本譜載於《哈尼族口傳文化譯註全集》第十八卷《紅河州哈尼族譜牒（九）》

[雲南紅河]爲周村李沙龍户譜牒　李社斗背誦　馬岑曄、李保忠搜集　2011年雲南民族出版社排印本　合册　哈漢雙文並註國際音標

從第一世至第三十三世仰者前的譜牒與本村李斗三户相同。一世祖木翁。本譜内容爲世系，至龍嘎凡五十八世。

本譜載於《哈尼族口傳文化譯註全集》第十八卷《紅河州哈尼族譜牒（九）》

[雲南紅河]爲周村李皮斗户譜牒　李皮斗背誦　馬岑曄、李保忠搜集　2011年雲南民族出版社排印本　合册　哈漢雙文並註國際音標

從第一世至第三十三世仰者前的譜牒與本村李斗三户相同。一世祖木翁。本譜内容爲世系，至周威凡六十三世。

本譜載於《哈尼族口傳文化譯註全集》第十八卷《紅河州哈尼族譜牒（九）》

[雲南紅河]爲周村李沙仰户譜牒　李沙仰背誦　馬岑曄搜集　2011年雲南民族出版社排印本　合册　哈漢雙文並註國際音標

該户屬臘咪支系。從第一世至第三十三世仰者前的譜牒與本村李斗三户相同。一世祖木翁。始遷祖第六十五世沙仰自紅河縣樂育鄉社龍村遷入。本譜内容爲世系，至宗福凡六十七世。

本譜載於《哈尼族口傳文化譯註全集》第十八卷《紅河州哈尼族譜牒（九）》

[雲南紅河]爲周村李周沙户譜牒　李周沙背誦　馬岑曄搜集　2011年雲南民族出版社排印本　合册　哈漢雙文並註國際音標

從第一世至第三十三世仰者前的譜牒與本村李斗三户相同。一世祖木翁。始遷祖第四十七世克斗自“夏普龍”（哈尼語地名，在紅河縣樂育鄉境内）遷入。本譜内容爲世系，至給宗凡七十二世。

本譜載於《哈尼族口傳文化譯註全集》第十八卷《紅河州哈尼族譜牒（九）》

[雲南紅河]爲周村瞿斗周户譜牒　瞿斗周背誦　馬岑曄搜集　2011年雲南民族出版社排印本　合册　哈漢雙文並註國際音標

該户屬“瞿羽”宗支。從第一世至第十八世木然扎前的譜牒與本村李斗三户相同。一世祖木翁。始遷祖斗周於1961年自阿哈龍東村遷入。本譜内容爲世系，至龍發凡六十九世。

本譜載於《哈尼族口傳文化譯註全集》第十八卷《紅河州哈尼族譜牒（九）》

[雲南紅河]爲周村李約周户譜牒　李仰龍背誦　馬岑曄、李保忠搜集　2011年雲南民族出版社排印本　合册　哈漢雙文並註國際音標

從第一世至第三十三世仰者前的譜牒與本村李斗三户相同。一世祖木翁。始遷祖第六十二世周仰自紅河縣樂育鄉舊寨遷入。本譜内容爲世系，至龍沙凡六十四世。

本譜載於《哈尼族口傳文化譯註全集》第十八卷《紅河州哈尼族譜牒（九）》

[雲南紅河]爲周村李沙斗户譜牒　普勒仰背誦　馬岑曄搜集　2011年雲南民族出版社排印本　合册　哈漢雙文並註國際音標

從第一世至第三十三世仰者前的譜牒與本村李斗三户相同。一世祖木翁。本譜内容爲世系，至斗克凡六十二世。

本譜載於《哈尼族口傳文化譯註全集》第十八卷《紅河州哈尼族譜牒（九）》

[雲南紅河]樂育街干田村李頗格户譜牒　李頗格背誦　馬岑曄搜集　2011年雲南民族出版社排印本　合册　哈漢雙文並註國際音標

從第一世至第三十三世仰者前的譜牒與爲周村李斗三户相同。一世祖木翁。本譜内容爲世系，至仰周凡六十世。

本譜載於《哈尼族口傳文化譯註全集》第十八卷《紅河州哈尼族譜牒(九)》

[雲南紅河]規東村李斗給户譜牒　李斗給(斗給)背誦　馬岑嘩搜集　2011年雲南民族出版社排印本　合册　哈漢雙文並註國際音標

該户屬"臘咪"支系。先祖自玉溪市元江縣遷至紅河縣大羊街鄉羊街村,再遷本鄉社龍村,終遷本村。一世祖木翁。本譜内容爲世系,至斗給(常用名李斗給)凡六十四世。

本譜載於《哈尼族口傳文化譯註全集》第十八卷《紅河州哈尼族譜牒(九)》

[雲南紅河]規東村李保周户譜牒　李斗給背誦　馬岑嘩搜集　2011年雲南民族出版社排印本　合册　哈漢雙文並註國際音標

該户屬"糯美"支系。從第一世至第三十三世仰者前的譜牒與本村李斗給户相同。一世祖木翁。始遷祖第六十四世周嘎自巴龍村遷入。本譜内容爲世系,至仰斗凡六十九世。

本譜載於《哈尼族口傳文化譯註全集》第十八卷《紅河州哈尼族譜牒(九)》

[雲南紅河]規東村李河保户譜牒　李河保背誦　馬岑嘩、李保忠搜集　2011年雲南民族出版社排印本　合册　哈漢雙文並註國際音標

從第一世至第三十三世仰者前的譜牒與本村李斗給户相同。一世祖木翁。始遷祖第五十四世周沙自紅河縣樂育鄉玉古村遷入。本譜内容爲世系,至龍斗凡六十四世。

本譜載於《哈尼族口傳文化譯註全集》第十八卷《紅河州哈尼族譜牒(九)》

[雲南紅河]尼哈村李頗嘎户譜牒　李頗嘎背誦　馬岑嘩、李保忠搜集　2011年雲南民族出版社排印本　合册　哈漢雙文並註國際音標

一世祖木翁。始遷祖第六十三世保最隨母嫁至浪堤鄉埡那村,後遷比子村,終遷本村。本譜内容爲世系,至嘎龍凡六十六世。

本譜載於《哈尼族口傳文化譯註全集》第十八卷《紅河州哈尼族譜牒(九)》

[雲南紅河]尼哈村黄然沙户譜牒　黄然沙背誦　馬岑嘩搜集　2011年雲南民族出版社排印本　合册　哈漢雙文並註國際音標

從第一世至第十九世扎他朋前的譜牒與本村李頗嘎户相同。一世祖木翁。始遷祖第五十五世歐周自哈普村遷入。本譜内容爲世系,至沙龍凡五十八世。

本譜載於《哈尼族口傳文化譯註全集》第十八卷《紅河州哈尼族譜牒(九)》

[雲南紅河]尼哈村吴河楚户譜牒　吴河楚(河沙)背誦　馬岑嘩搜集　2011年雲南民族出版社排印本　合册　哈漢雙文並註國際音標

該户屬"瞿羽"宗支。從第一世至第十八世木然扎前的譜牒與本村李頗嘎户相同。一世祖木翁。始遷祖第六十六世河保自紅河縣寶華鄉俄垤村遷居樂育街趕馬幫村,後遷入本村。本譜内容爲世系,至河楚(常用名吴河沙)凡六十七世。

本譜載於《哈尼族口傳文化譯註全集》第十八卷《紅河州哈尼族譜牒(九)》

[雲南紅河]尼哈村李龍沙户譜牒　李龍沙背誦　馬岑嘩、李保忠搜集　2011年雲南民族出版社排印本　合册　哈漢雙文並註國際音標

先祖自貴州遷至雲南省石屏縣,再遷紅河縣勐甸壩,後遷洛瑪得(爲周村境内),終遷本村。從第一世至第三十三世仰者前的譜牒與本村李頗嘎户相同。一世祖木翁。本譜内容爲世系,至保龍凡六十五世。

本譜載於《哈尼族口傳文化譯註全集》第十八卷《紅河州哈尼族譜牒(九)》

[雲南紅河]尼哈村李牛周户譜牒　李牛周背誦　馬岑嘩、李保忠搜集　2011年雲南民族出版社排印本　合册　哈漢雙文並註國際音標

先祖自貴州遷至雲南省石屏縣,再遷紅河縣勐甸壩,後遷洛瑪得(爲周村境内),終遷本村。從第一世至第三十三世仰者前的譜牒與本村李頗嘎

户相同。一世祖木翁。本譜内容爲世系,至沙河凡六十五世。

本譜載於《哈尼族口傳文化譯註全集》第十八卷《紅河州哈尼族譜牒(九)》

[雲南紅河]娘珠村李然嘎户譜牒 李斗給背誦 馬岑曄、普勒仰搜集 2011年雲南民族出版社排印本 合册 哈漢雙文並註國際音標

該户屬"車普"宗支。一世祖木翁。始遷祖第六十五世保河自紅河縣羊街鄉車普村經"者東"(哈尼語地名,在紅河縣樂育鄉娘珠村境内)遷入。本譜内容爲世系,至嘎沙凡六十九世。

本譜載於《哈尼族口傳文化譯註全集》第十八卷《紅河州哈尼族譜牒(九)》

[雲南紅河]娘珠村李周保户譜牒 普勒仰背誦 馬岑曄、普勒仰搜集 2011年雲南民族出版社排印本 合册 哈漢雙文並註國際音標

從第一世至第二十世他朋就前的譜牒與本村李然嘎户相同。一世祖木翁。本譜内容爲世系,至周保(常用名李周保)凡六十一世。

本譜載於《哈尼族口傳文化譯註全集》第十八卷《紅河州哈尼族譜牒(九)》

[雲南紅河]玉古村李沙仰户譜牒 李沙仰背誦 馬岑曄、李保忠搜集 2011年雲南民族出版社排印本 合册 哈漢雙文並註國際音標

一世祖木翁。始遷祖第六十三世建歐自紅河縣樂育鄉龍車村遷入。本譜内容爲世系,至仰龍凡七十一世。

本譜載於《哈尼族口傳文化譯註全集》第十八卷《紅河州哈尼族譜牒(九)》

[雲南紅河]玉古村李嘎沙户譜牒 李嘎沙背誦 馬岑曄搜集 2011年雲南民族出版社排印本 合册 哈漢雙文並註國際音標

從第一世至第三十三世仰者前的譜牒與本村李沙仰户相同。一世祖木翁。始遷祖第六十八世沙嘎自紅河縣車古鄉車老阿(地名,在本鄉小丘村境内)遷入。本譜内容爲世系,至發清凡七十二世。

本譜載於《哈尼族口傳文化譯註全集》第十八卷《紅河州哈尼族譜牒(九)》

[雲南紅河]玉古村李沙舉户譜牒 李沙舉背誦 馬岑曄搜集 2011年雲南民族出版社排印本 合册 哈漢雙文並註國際音標

先祖自玉溪市元江縣遷至紅河縣大羊街鄉羊街村,再遷本鄉社龍村,後遷規東村,終遷本村。從第一世至第三十三世仰者前的譜牒與本村李沙仰户相同。一世祖木翁。本譜内容爲世系,至嘎沙凡六十七世。

本譜載於《哈尼族口傳文化譯註全集》第十八卷《紅河州哈尼族譜牒(九)》

[雲南紅河]然仁村李貴保户譜牒 李貴保背誦 馬岑曄、李保忠搜集 2011年雲南民族出版社排印本 合册 哈漢雙文並註國際音標

先祖自本鄉"龍孟紅得"(哈尼語地名,在紅河縣樂育鄉然仁村委會境内)遷入。一世祖木翁。本譜内容爲世系,至斗仰凡六十六世。

本譜載於《哈尼族口傳文化譯註全集》第十八卷《紅河州哈尼族譜牒(九)》

[雲南紅河]然仁村李來呼户譜牒 李周局背誦 馬岑曄搜集 2011年雲南民族出版社排印本 合册 哈漢雙文並註國際音標

從第一世至第三十三世仰者前的譜牒與本村李貴保户相同。一世祖木翁。始遷祖第四十九世貝斗自玉溪市元江縣遷入。本譜内容爲世系,至高仰凡六十七世。

本譜載於《哈尼族口傳文化譯註全集》第十八卷《紅河州哈尼族譜牒(九)》

[雲南紅河]然仁村翟氏家族譜系 佚名念誦 楊六金記録 2008年中國大百科全書出版社排印本 合册

哈尼語哈雅方言家譜。流傳於雲南省紅河縣。本譜所載僅爲世系,自第一世思米語至沙福凡五十七世。

本譜載於《中國少數民族古籍總目提要・哈尼

族卷》

[雲南紅河]然仁村翟氏家族譜系　佚名念誦　楊六金記録　2005年民族出版社排印本　合册　哈漢雙文

參見上條。世系與上條同。

本譜載於《紅河哈尼族譜牒》

[雲南紅河]然仁村瞿保沙户譜牒　瞿保沙背誦　馬岑曄、李保忠搜集　2011年雲南民族出版社排印本　合册　哈漢雙文並註國際音標

該户屬“瞿羽”宗支。從第一世至第十七世哦木然前的譜牒與本村李貴保户相同。一世祖木翁。第五十五世降安自他普村遷入。本譜内容爲世系,至沙克凡六十六世。

本譜載於《哈尼族口傳文化譯註全集》第十八卷《紅河州哈尼族譜牒(九)》

[雲南紅河]然仁村李沙保户譜牒　李最仰背誦　馬岑曄、李保忠搜集　2011年雲南民族出版社排印本　合册　哈漢雙文並註國際音標

從第一世至第三十四世者威前的譜牒與本村李貴保户相同。一世祖木翁。始遷祖第六十三世建周自紅河縣樂育鄉樂育街遷入。本譜内容爲世系,至保舉凡七十世。

本譜載於《哈尼族口傳文化譯註全集》第十八卷《紅河州哈尼族譜牒(九)》

[雲南紅河]然仁村李嘎斗户譜牒　李沙保背誦　馬岑曄、李保忠搜集　2011年雲南民族出版社排印本　合册　哈漢雙文並註國際音標

從第一世至第三十三世仰者前的譜牒與本村李貴保户相同。一世祖木翁。始遷祖第六十一世偉保自紅河縣樂育鄉小丘村遷入。本譜内容爲世系,至貴保凡六十九世。

本譜載於《哈尼族口傳文化譯註全集》第十八卷《紅河州哈尼族譜牒(九)》

[雲南紅河]東山村李龍周户譜牒　李克仰背誦　馬岑曄、李保忠搜集　2011年雲南民族出版社排印本　合册　哈漢雙文並註國際音標

該户屬“車崩”宗支。一世祖木翁。始遷祖第五十八世色歐自紅河縣樂育鄉石岡遷入。本譜内容爲世系,至周龍凡六十二世。

本譜載於《哈尼族口傳文化譯註全集》第十八卷《紅河州哈尼族譜牒(九)》

[雲南紅河]東山村李斗出户譜牒　李貴發背誦　馬岑曄、李保忠搜集　2011年雲南民族出版社排印本　合册　哈漢雙文並註國際音標

該户屬“臘咪”宗支。從第一世至第三十三世仰者前的譜牒與本村李龍周户相同。一世祖木翁。本譜内容爲世系,至嘎沙凡六十四世。

本譜載於《哈尼族口傳文化譯註全集》第十八卷《紅河州哈尼族譜牒(九)》

[雲南紅河]塔普村李貴周户譜牒　李貴周背誦　馬岑曄、李保忠搜集　2011年雲南民族出版社排印本　合册　哈漢雙文並註國際音標

該户屬“池克車崩”宗支。一世祖木翁。本譜内容爲世系,至普周凡六十七世。

本譜載於《哈尼族口傳文化譯註全集》第十八卷《紅河州哈尼族譜牒(九)》

[雲南紅河]塔普村瞿魯沙户譜牒　瞿魯沙背誦　馬岑曄、李保忠搜集　2011年雲南民族出版社排印本　合册　哈漢雙文並註國際音標

該户屬“瞿羽”宗支。從第一世至第十八世木然扎前的譜牒與本村李貴周户相同。一世祖木翁。本譜内容爲世系,至沙最凡七十一世。

本譜載於《哈尼族口傳文化譯註全集》第十八卷《紅河州哈尼族譜牒(九)》

[雲南紅河]塔普村馬嘎舉户譜牒　馬白三背誦　馬岑曄、李保忠搜集　2011年雲南民族出版社排印本　合册　哈漢雙文並註國際音標

從第一世至第十七世哦木然前的譜牒與本村李貴周户相同。一世祖木翁。本譜内容爲世系,至舉頗凡五十七世。

本譜載於《哈尼族口傳文化譯註全集》第十八

卷《紅河州哈尼族譜牒(九)》

[雲南紅河]哈腳村李孟周户譜牒 李孟周背誦 馬岑曄、李保忠搜集 2011 年雲南民族出版社排印本 合册 哈漢雙文並註國際音標

該户屬"車崩"宗支。一世祖木翁。始遷祖第五十五世周嘎自紅河縣樂育鄉妥色村遷入。本譜内容爲世系,至周普凡五十八世。

本譜載於《哈尼族口傳文化譯註全集》第十八卷《紅河州哈尼族譜牒(九)》

[雲南紅河]哈腳村李克龍户譜牒 李勇七背誦 馬岑曄、李保忠搜集 2011 年雲南民族出版社排印本 合册 哈漢雙文並註國際音標

從第一世至第三十三世仰者前的譜牒與本村李孟周户相同。一世祖木翁。本譜内容爲世系,至龍周凡五十五世。

本譜載於《哈尼族口傳文化譯註全集》第十八卷《紅河州哈尼族譜牒(九)》

[雲南紅河]哈腳村李周河户譜牒 李周河(周河)背誦 馬岑曄、李保忠搜集 2011 年雲南民族出版社排印本 合册 哈漢雙文並註國際音標

該户屬"者俄"宗支。從第一世至第三十三世仰者前的譜牒與本村李孟周户相同。一世祖木翁。本譜内容爲世系,至周河(常用名李周河)凡五十五世。

本譜載於《哈尼族口傳文化譯註全集》第十八卷《紅河州哈尼族譜牒(九)》

[雲南紅河]格烏村李爲龍户譜牒 李爲龍背誦 馬岑曄、李保忠搜集 2011 年雲南民族出版社排印本 合册 哈漢雙文並註國際音標

該户自稱"阿尼"。一世祖木翁。始遷祖第六十五世仰龍自瑪普村遷入。本譜内容爲世系,至努保凡六十九世。

本譜載於《哈尼族口傳文化譯註全集》第十八卷《紅河州哈尼族譜牒(九)》

[雲南紅河]妥色村李斗最户譜牒 李斗最背誦 馬岑曄、李保忠搜集 2011 年雲南民族出版社排印本 合册 哈漢雙文並註國際音標

該户屬"臘咪"宗支。一世祖木翁。始遷祖第六十七世沙仰自紅河縣寶華鄉遷入。本譜内容爲世系,至最仰凡七十世。

本譜載於《哈尼族口傳文化譯註全集》第十八卷《紅河州哈尼族譜牒(九)》

[雲南紅河]妥色村吴克周户譜牒 吴克周背誦 馬岑曄、李保忠搜集 2011 年雲南民族出版社排印本 合册 哈漢雙文並註國際音標

該户自稱"瞿堆招壩"後裔。從第一世至第十八世木然扎前的譜牒與本村李斗最户相同。一世祖木翁。始遷祖第六十四世歐建自紅河縣瞿堆新寨遷入。本譜内容爲世系,至發沙凡六十八世。

本譜載於《哈尼族口傳文化譯註全集》第十八卷《紅河州哈尼族譜牒(九)》

[雲南紅河]妥色村吴仰貴户譜牒 吴仰貴背誦 馬岑曄、李保忠搜集 2011 年雲南民族出版社排印本 合册 哈漢雙文並註國際音標

從第一世至第十八世木然扎前的譜牒與本村李斗最户相同。一世祖木翁。始遷祖第五十九世孟斗自紅河縣樂育鄉尼美村遷入。本譜内容爲世系,至貴河凡六十八世。

本譜載於《哈尼族口傳文化譯註全集》第十八卷《紅河州哈尼族譜牒(九)》

[雲南紅河]達垤村馬格然户譜牒 馬皮保背誦 馬岑曄、李保忠搜集 2011 年雲南民族出版社排印本 合册 哈漢雙文並註國際音標

該户屬"瑪梅"宗支。一世祖木翁。始遷祖第五十七世阿周自樂育鄉然仁村遷入。本譜内容爲世系,至然嘎凡六十六世。

本譜載於《哈尼族口傳文化譯註全集》第十八卷《紅河州哈尼族譜牒(九)》

[雲南紅河]尼美村普仰周户譜牒 普仰周背誦 馬岑曄搜集 2011 年雲南民族出版社排印本 合册 哈漢雙文並註國際音標

一世祖木翁。本譜内容爲世系,至嘎仰凡六十三世。

本譜載於《哈尼族口傳文化譯註全集》第十八卷《紅河州哈尼族譜牒(九)》

[雲南紅河]尼美村李舉斗户譜牒　李社仰背誦　馬岑曄搜集　2011 年雲南民族出版社排印本　合册　哈漢雙文並註國際音標

從第一世至第十九世扎他朋前的譜牒與本村普仰周户相同。一世祖木翁。始遷祖第六十二世建阿自紅河縣樂育鄉俄比村遷入。本譜内容爲世系,至周成凡七十世。

本譜載於《哈尼族口傳文化譯註全集》第十八卷《紅河州哈尼族譜牒(九)》

[雲南紅河]尼美村李河頗户譜牒　李河頗背誦　馬岑曄搜集　2011 年雲南民族出版社排印本　合册　哈漢雙文並註國際音標

一世祖即始遷祖松,自石屏縣逃難至紅河縣寶華鄉安慶村,後遷本鄉小丘村,再遷俄比村、浪堤鄉依沙村,終遷本村。本譜内容爲世系,至頗周凡十二世。

本譜載於《哈尼族口傳文化譯註全集》第十八卷《紅河州哈尼族譜牒(九)》

[雲南紅河]尼美村李舉保户譜牒　李舉保背誦　馬岑曄搜集　2011 年雲南民族出版社排印本　合册　哈漢雙文並註國際音標

該户屬"瞿羽"宗支。從第一世至第十八世木扎然前的譜牒與本村普仰周户相同。一世祖木翁。始遷祖第六十四世舉保於 2004 年自紅河縣樂育鄉龍蝦村遷入。本譜内容爲世系,至斗發凡六十八世。

本譜載於《哈尼族口傳文化譯註全集》第十八卷《紅河州哈尼族譜牒(九)》

[雲南紅河]尼美村馬周保户譜牒　馬周保(周保)背誦　馬岑曄搜集　2011 年雲南民族出版社排印本　合册　哈漢雙文並註國際音標

從第一世至第十七世哦木然前的譜牒與本村普仰周户相同。一世祖木翁。始遷祖第五十六世宏沙自紅河縣樂育鄉尼美村委會紅星水庫附近遷入。本譜内容爲世系,至周保(常用名馬周保)凡六十二世。

本譜載於《哈尼族口傳文化譯註全集》第十八卷《紅河州哈尼族譜牒(九)》

[雲南紅河]尼美村馬頗魯户譜牒　馬克周(頗魯)背誦　馬岑曄搜集　2011 年雲南民族出版社排印本　合册　哈漢雙文並註國際音標

該户屬"瑪梅"宗支。先祖解放初期自本縣浪堤鄉阿蕾村遷入。一世祖木瑪。本譜内容爲世系,至頗魯(常用名馬克周)凡四十三世。

本譜載於《哈尼族口傳文化譯註全集》第十八卷《紅河州哈尼族譜牒(九)》

[雲南紅河]龍蝦村李斗成户譜牒　李舉保背誦　馬岑曄搜集　2011 年雲南民族出版社排印本　合册　哈漢雙文並註國際音標

該户屬"瞿羽"宗支。一世祖木翁。始遷祖第六十世建沙自紅河縣樂育鄉比子村遷入。本譜内容爲世系,至成仰凡六十六世。

本譜載於《哈尼族口傳文化譯註全集》第十八卷《紅河州哈尼族譜牒(九)》

[雲南紅河]壩美村普氏家族譜系　佚名念誦　楊六金記録　2008 年中國大百科全書出版社排印本　合册

哈尼語哈雅方言家譜。流傳於雲南省紅河縣。本譜所載僅爲世系,自第一世木翁至澤斗凡五十三世。

本譜載於《中國少數民族古籍總目提要・哈尼族卷》

[雲南紅河]壩美村普氏家族譜系　佚名念誦　楊六金記録　2005 年民族出版社排印本　合册　哈漢雙文

參見上條。本譜所載僅爲世系,自第一世木翁至澤斗凡四十九世,與上條世系略有出入。

本譜載於《紅河哈尼族譜牒》

[雲南紅河]壩美村普祖周户譜牒 李期博背誦 馬岑曄搜集 2011年雲南民族出版社排印本 合册 哈漢雙文並註國際音標

先祖自紅河縣浪堤鄉娘鋪村遷入。一世祖木翁。本譜内容爲世系,至斗樂凡五十五世。

本譜載於《哈尼族口傳文化譯註全集》第十八卷《紅河州哈尼族譜牒(九)》

[雲南紅河]壩美村李七周户譜牒 李期博背誦 馬岑曄搜集 2011年雲南民族出版社排印本 合册 哈漢雙文並註國際音標

一世祖松,自石屏縣逃難至紅河縣寶華鄉安慶村,後遷本鄉小丘村,再遷俄比村、浪堤鄉依沙村,終遷尼美村。始遷祖第四世周阿遷入本村。周阿生阿仰、阿周,阿周爲本譜支祖。本譜内容爲世系,至宗成凡十三世。

本譜載於《哈尼族口傳文化譯註全集》第十八卷《紅河州哈尼族譜牒(九)》

[雲南紅河]壩美村李舉湯户譜牒 李期博背誦 馬岑曄搜集 2011年雲南民族出版社排印本 合册 哈漢雙文並註國際音標

一世祖松,自石屏縣逃難至紅河縣寶華鄉安慶村,後遷本鄉小丘村,再遷俄比村、浪堤鄉依沙村,終遷尼美村。始遷祖第四世周阿遷入本村。周阿生阿仰、阿周,阿仰爲本譜支祖。本譜内容爲世系,至舉湯凡十三世。

本譜載於《哈尼族口傳文化譯註全集》第十八卷《紅河州哈尼族譜牒(九)》

[雲南紅河]壩美村普魯沙户譜牒 李期博背誦 馬岑曄搜集 2011年雲南民族出版社排印本 合册 哈漢雙文並註國際音標

從第一世至第二十世他朋普前的譜牒與本村普祖周户相同。一世祖木翁。本譜内容爲世系,至沙昂凡五十六世。

本譜載於《哈尼族口傳文化譯註全集》第十八卷《紅河州哈尼族譜牒(九)》

[雲南紅河]壩美村馬龍者户譜牒 李期博背誦 馬岑曄搜集 2011年雲南民族出版社排印本 合册 哈漢雙文並註國際音標

從第一世至第十九世扎他朋前的譜牒與本村普祖周户相同。一世祖木翁。本譜内容爲世系,至龍者(常用名馬龍者)凡六十七世。

本譜載於《哈尼族口傳文化譯註全集》第十八卷《紅河州哈尼族譜牒(九)》

[雲南紅河]壩美村普舉龍户譜牒 李期博背誦 馬岑曄搜集 2011年雲南民族出版社排印本 合册 哈漢雙文並註國際音標

該户本姓陳,因第三世博格無嫡子,由普姓人繼嗣,遂改爲普。一世祖龍美。本譜内容爲世系,至舉龍(常用名普舉龍)凡六世。

本譜載於《哈尼族口傳文化譯註全集》第十八卷《紅河州哈尼族譜牒(九)》

[雲南紅河]壩美村楊周河户譜牒 李期博背誦 馬岑曄搜集 2011年雲南民族出版社排印本 合册 哈漢雙文並註國際音標

譜以嘎斗爲一世祖。嘎斗之前的譜牒失傳。本譜内容爲世系,至周河(常用名楊周河)凡五世。

本譜載於《哈尼族口傳文化譯註全集》第十八卷《紅河州哈尼族譜牒(九)》

[雲南紅河]比姿村瞿沙仰户譜牒 瞿沙仰背誦 馬岑曄搜集 2011年雲南民族出版社排印本 合册 哈漢雙文並註國際音標

該户屬"瞿羽"宗支。一世祖木翁。始遷祖第六十一世龍阿自紅河縣樂育鄉尼美村遷入。本譜内容爲世系,至魯建凡六十八世。

本譜載於《哈尼族口傳文化譯註全集》第十八卷《紅河州哈尼族譜牒(九)》

[雲南紅河]比姿村吴嘎保户譜牒 吴嘎保背誦 馬岑曄搜集 2011年雲南民族出版社排印本 合册 哈漢雙文並註國際音標

從第一世至第三十四世瞿羽前的譜牒與本村瞿沙仰户相同。一世祖木翁。始遷祖第六十一世貴周自紅河縣得阿村(古村名,寶華鄉境内)遷入。

本譜内容爲世系，至雷保凡六十五世。

本譜載於《哈尼族口傳文化譯註全集》第十八卷《紅河州哈尼族譜牒（九）》

［雲南紅河］比姿村李河嘎户譜牒　李河嘎背誦　馬岑曄搜集　2011年雲南民族出版社排印本　合册　哈漢雙文並註國際音標

從第一世至第三十四世瞿羽前的譜牒與本村瞿沙仰户相同。一世祖木翁。始遷祖第五十九世仁阿自紅河縣寶華鄉俄垤村委會至思陀土司家做馬夫，後遷至本村。本譜内容爲世系，至嘎最凡六十九世。

本譜載於《哈尼族口傳文化譯註全集》第十八卷《紅河州哈尼族譜牒（九）》

［雲南紅河］蒙居村楊斗保户譜牒　楊斗保背誦　馬岑曄搜集　2011年雲南民族出版社排印本　合册　哈漢雙文並註國際音標

始遷祖即一世祖石貴，本爲漢人，自石屏縣遷至紅河縣樂育鄉規東村，後遷社龍村，終遷本村。後融爲哈尼族。本譜内容爲世系，至保建凡十二世。

本譜載於《哈尼族口傳文化譯註全集》第十八卷《紅河州哈尼族譜牒（九）》

［雲南紅河］賈保垤馬宗斗户譜牒　馬宗斗背誦　馬岑曄搜集　2011年雲南民族出版社排印本　合册　哈漢雙文並註國際音標

一世祖木翁。始遷祖第五十九世舉宗自尼美村遷入。本譜内容爲世系，至宗斗（常用名馬宗斗）凡六十世。

本譜載於《哈尼族口傳文化譯註全集》第十八卷《紅河州哈尼族譜牒（九）》

［雲南紅河］巴龍村李沙周户譜牒　李沙周背誦　馬岑曄搜集　2011年雲南民族出版社排印本　合册　哈漢雙文並註國際音標

該户屬"者某"宗支。一世祖木翁。始遷祖第六十四世仰沙自哈阿村遷入。本譜内容爲世系，至河頗凡六十八世。

本譜載於《哈尼族口傳文化譯註全集》第十八卷《紅河州哈尼族譜牒（九）》

［雲南紅河］巴龍村普歐仰户譜牒　普甲斗（歐仰）背誦　馬岑曄搜集　2011年雲南民族出版社排印本　合册　哈漢雙文並註國際音標

從第一世至第十九世扎他朋前的譜牒與本村李沙周户相同。一世祖木翁。始遷祖第五十三世給最自哈阿村遷入。本譜内容爲世系，至歐仰（常用名普甲斗）凡六十世。

本譜載於《哈尼族口傳文化譯註全集》第十八卷《紅河州哈尼族譜牒（九）》

［雲南紅河］巴龍村李周沙户譜牒　李周沙背誦　馬岑曄搜集　2011年雲南民族出版社排印本　合册　哈漢雙文並註國際音標

該户屬"臘咪"宗支。從第一世至第三十三世仰者前的譜牒與本村李沙周户相同。一世祖木翁。始遷祖第六十二世保沙自架七鄉哈叢遷入。本譜内容爲世系，至約發凡六十七世。

本譜載於《哈尼族口傳文化譯註全集》第十八卷《紅河州哈尼族譜牒（九）》

［雲南紅河］阿哈龍東村瞿周楚户譜牒　瞿河周背誦　馬岑曄搜集　2011年雲南民族出版社排印本　合册　哈漢雙文並註國際音標

該户屬"瞿羽"宗支。一世祖木翁。始遷祖第六十四世舉龍自比姿村遷入。本譜内容爲世系，至周給凡七十一世。

本譜載於《哈尼族口傳文化譯註全集》第十八卷《紅河州哈尼族譜牒（九）》

［雲南紅河］阿哈龍東村李頗斗户譜牒　李頗斗背誦　馬岑曄搜集　2011年雲南民族出版社排印本　合册　哈漢雙文並註國際音標

始遷祖即第一世拾優自元江縣那諾鄉哈施村遷入。本譜内容爲世系，至斗仰凡九世。

本譜載於《哈尼族口傳文化譯註全集》第十八卷《紅河州哈尼族譜牒（九）》

［雲南紅河］哈阿村瞿嘎斗户譜牒　瞿嘎斗背誦

馬岑曄搜集　2011年雲南民族出版社排印本　合册　哈漢雙文並註國際音標

該户屬"瞿羽"宗支。一世祖木翁。始遷祖第六十四世陸嘎自紅河縣寶華鄉瑪普村遷入。本譜内容爲世系,至沙仰凡六十七世。

本譜載於《哈尼族口傳文化譯註全集》第十八卷《紅河州哈尼族譜牒(九)》

[雲南紅河]哈阿村普貴然户譜牒　普貴然(貴然)背誦　馬岑曄搜集　2011年雲南民族出版社排印本　合册　哈漢雙文並註國際音標

從第一世至第十八世木然扎前的譜牒與本村瞿嘎斗户相同。一世祖木翁。始遷祖第四十六世拾歐自元江縣朧沙米比(古村名)遷至本縣車古鄉,歷遷浪堤鄉達龍村、比阿達龍阿(在今浪堤鄉塔普村境内)、尼美村委會境内,終遷本村。本譜内容爲世系,至貴然(常用名普貴然)凡五十八世。

本譜載於《哈尼族口傳文化譯註全集》第十八卷《紅河州哈尼族譜牒(九)》

[雲南紅河]社龍村楊周普户譜牒　楊周普(周普)背誦　馬岑曄搜集　2011年雲南民族出版社排印本　合册　哈漢雙文並註國際音標

一世祖木翁。本譜内容爲世系,至周普(常用名楊周普)凡六十五世。

本譜載於《哈尼族口傳文化譯註全集》第十八卷《紅河州哈尼族譜牒(九)》

[雲南紅河]社龍村李宏沙户譜牒　李書周背誦　馬岑曄搜集　2011年雲南民族出版社排印本　合册　哈漢雙文並註國際音標

該户屬"仰者"宗支。從第一世至第十八世木然扎前的譜牒與本村楊周普户相同。一世祖木翁。始遷祖第三十六世機羅自紅河縣架車鄉龍色龍尼村遷入。本譜内容爲世系,至龍福凡六十五世。

本譜載於《哈尼族口傳文化譯註全集》第十八卷《紅河州哈尼族譜牒(九)》

[雲南紅河]龍普村馬夏斗户譜牒　馬夏斗背誦　馬岑曄搜集　2011年雲南民族出版社排印本　合册　哈漢雙文並註國際音標

該户屬"瑪梅"宗支。一世祖木翁。始遷祖第五十四世歐建自紅河縣樂育鄉妥色村遷入。本譜内容爲世系,至克龍凡六十五世。

本譜載於《哈尼族口傳文化譯註全集》第十八卷《紅河州哈尼族譜牒(九)》

[雲南紅河]俄比村李斗周户譜牒　李斗周背誦　馬岑曄搜集　2011年雲南民族出版社排印本　合册　哈漢雙文並註國際音標

一世祖木翁。始遷祖第六十世斗周於1949年自紅河縣樂育鄉摸克索村遷入。本譜内容爲世系,至周保凡六十一世。

本譜載於《哈尼族口傳文化譯註全集》第十八卷《紅河州哈尼族譜牒(九)》

[雲南紅河]俄比村李周舉户譜牒　李周舉(周舉)背誦　馬岑曄搜集　2011年雲南民族出版社排印本　合册　哈漢雙文並註國際音標

該户屬"者威"宗支。從第一世至第十九世扎他朋前的譜牒與本村李斗周户相同。一世祖木翁。始遷祖第五十一世碧周遷入本村。本譜内容爲世系,至周舉(常用名李九三)凡五十三世。

本譜載於《哈尼族口傳文化譯註全集》第十八卷《紅河州哈尼族譜牒(九)》

[雲南紅河]俄比村馬龍梅户譜牒　馬最嘎背誦　馬岑曄搜集　2011年雲南民族出版社排印本　合册　哈漢雙文並註國際音標

從第一世至第十七世哦木然前的譜牒與本村李斗周户相同。一世祖木翁。始遷祖第六十四世嘎斗自東沙村遷入。本譜内容爲世系,至周龍凡六十九世。

本譜載於《哈尼族口傳文化譯註全集》第十八卷《紅河州哈尼族譜牒(九)》

[雲南紅河]阿女垤村李勒央户譜牒　李最周背誦　馬岑曄、普勒仰搜集　2011年雲南民族出版社排印本　合册　哈漢雙文並註國際音標

一世祖木翁。始遷祖第五十七世爲建自比若村遷入。本譜内容爲世系,至周保凡六十七世。

本譜載於《哈尼族口傳文化譯註全集》第十八卷《紅河州哈尼族譜牒(九)》

[雲南紅河]阿女垤村李牛龍户譜牒　李牛龍(然保)背誦　馬岑曄搜集　2011年雲南民族出版社排印本　合册　哈漢雙文並註國際音標

該户屬"臘咪"宗支。從第一世至第三十三世仰者前的譜牒與本村李勒央户相同。一世祖木翁。始遷祖斗七自龍車村委會遷入。本譜内容爲世系,至然保(常用名李牛龍)凡六十世。

本譜載於《哈尼族口傳文化譯註全集》第十八卷《紅河州哈尼族譜牒(九)》

[雲南紅河]阿女垤村李七周户譜牒　李七周背誦　馬岑曄搜集　2011年雲南民族出版社排印本　合册　哈漢雙文並註國際音標

從第一世至第三十三世仰者前的譜牒與本村李勒央户相同。一世祖木翁。本譜内容爲世系,至周夏凡六十五世。

本譜載於《哈尼族口傳文化譯註全集》第十八卷《紅河州哈尼族譜牒(九)》

[雲南紅河]摸可索村陳勒收户譜牒　陳勒收背誦　馬岑曄搜集　2011年雲南民族出版社排印本　合册　哈漢雙文並註國際音標

該户屬"車熱"宗支。一世祖木翁。始遷祖第五十五世克周自紅河縣樂育鄉窩尼村遷入。本譜内容爲世系,至保建凡五十九世。

本譜載於《哈尼族口傳文化譯註全集》第十八卷《紅河州哈尼族譜牒(九)》

[雲南紅河]摸可索村李孟努户譜牒　李孟努背誦　馬岑曄搜集　2011年雲南民族出版社排印本　合册　哈漢雙文並註國際音標

該户屬"車崩"宗支。從第一世至第十九世扎他朋前的譜牒與本村陳勒收户相同。一世祖木翁。始遷祖第五十七世沙斗討飯自嘎曲村遷入。本譜内容爲世系,至宗嘎凡六十世。

本譜載於《哈尼族口傳文化譯註全集》第十八卷《紅河州哈尼族譜牒(九)》

[雲南紅河]摸可索村普保斗户譜牒　普保斗背誦　馬岑曄搜集　2011年雲南民族出版社排印本　合册　哈漢雙文並註國際音標

從第一世至第十九世扎他朋前的譜牒與本村陳勒收户相同。一世祖木翁。本譜内容爲世系,至斗最凡五十二世。

本譜載於《哈尼族口傳文化譯註全集》第十八卷《紅河州哈尼族譜牒(九)》

[雲南紅河]特扒村毛勒舉户譜牒　毛勒舉背誦　馬岑曄搜集　2011年雲南民族出版社排印本　合册　哈漢雙文並註國際音標

從第一世至第十九世扎他朋前的譜牒與本村陳勒收户相同。一世祖木翁。第四十七世直克後裔遷至本村。本譜内容爲世系,至周宗凡六十世。

本譜載於《哈尼族口傳文化譯註全集》第十八卷《紅河州哈尼族譜牒(九)》

[雲南紅河]特扒村黄同仰户譜牒　黄同仰背誦　馬岑曄搜集　2011年雲南民族出版社排印本　合册　哈漢雙文並註國際音標

該户屬"術雜"宗支。從第一世至第三十六博術與本村毛勒舉户相同。一世祖木翁。本譜内容爲世系,至仰沙凡五十六世。

本譜載於《哈尼族口傳文化譯註全集》第十八卷《紅河州哈尼族譜牒(九)》

[雲南紅河]特扒村李魯河户譜牒　李魯河背誦　馬岑曄搜集　2011年雲南民族出版社排印本　合册　哈漢雙文並註國際音標

該户屬"車普"宗支。從第一世至第十九世扎他朋前的譜牒與本村毛勒舉户相同。一世祖木翁。始遷祖第四十六世宗沙因無耕田自娘珠村遷入。本譜内容爲世系,至河保凡四十八世。

本譜載於《哈尼族口傳文化譯註全集》第十八卷《紅河州哈尼族譜牒(九)》

[雲南紅河]特扒村許河保户譜牒 許河保背誦 馬岑曄搜集 2011年雲南民族出版社排印本 合册 哈漢雙文並註國際音標

該户屬"瞿羽"宗支。從第一世至第十八世木然扎前的譜牒與本村毛勒舉户相同。一世祖木翁。始遷祖第五十五世保斗自紅河縣甲寅鄉達水溝遷入。本譜内容爲世系,至斗建(常用名許斗保)凡五十六世。

本譜載於《哈尼族口傳文化譯註全集》第十八卷《紅河州哈尼族譜牒(九)》

[雲南紅河]普瑪紅特村陳居沙户譜牒 陳社仰背誦 馬岑曄、普勒仰搜集 2011年雲南民族出版社排印本 合册 哈漢雙文並註國際音標

該户屬"奕車"宗支。一世祖木翁。始遷祖第六十一世阿宗自紅河縣浪堤鄉孟學村遷入。本譜内容爲世系,至湯保凡六十五世。

本譜載於《哈尼族口傳文化譯註全集》第十八卷《紅河州哈尼族譜牒(九)》

[雲南紅河]普瑪紅特村陳蝦周户譜牒 陳蝦周背誦 馬岑曄、普勒仰搜集 2011年雲南民族出版社排印本 合册 哈漢雙文並註國際音標

該户屬"瞿羽"宗支。從第一世至第十八世木然扎前的譜牒與本村陳居沙户相同。一世祖木翁。始遷祖第六十五世沙斗自紅河縣寶華鄉窩火村委會境内遷入。本譜内容爲世系,至周湯凡六十八世。

本譜載於《哈尼族口傳文化譯註全集》第十八卷《紅河州哈尼族譜牒(九)》

[雲南紅河]普瑪紅特村李特嘎户譜牒 李特嘎背誦 馬岑曄、普勒仰搜集 2011年雲南民族出版社排印本 合册 哈漢雙文並註國際音標

該户屬"者額"宗支。從第一世至第三十三世仰者前的譜牒與本村陳居沙户相同。一世祖木翁。始遷祖第四十四世龍七(頗仰)因飢餓自紅河縣大羊街鄉遷入。本譜内容爲世系,至忠福凡四十七世。

本譜載於《哈尼族口傳文化譯註全集》第十八卷《紅河州哈尼族譜牒(九)》

[雲南紅河]普瑪紅特村李期仰户譜牒 李期仰背誦 馬岑曄搜集 2011年雲南民族出版社排印本 合册 哈漢雙文並註國際音標

從第一世至第三十六世車奴前的譜牒與本村陳居沙户相同。一世祖木翁。始遷祖第六十四世成然自紅河縣大羊街鄉新村村委會遷入。本譜内容爲世系,至周保凡六十八世。

本譜載於《哈尼族口傳文化譯註全集》第十八卷《紅河州哈尼族譜牒(九)》

[雲南紅河]普瑪紅特村李期周户譜牒 李期周背誦 馬岑曄搜集 2011年雲南民族出版社排印本 合册 哈漢雙文並註國際音標

該户屬"者額"宗支。從第一世至第三十三世仰者前的譜牒與本村陳居沙户相同。一世祖木翁。始遷祖第六十四世龍仰自歸米(地名,在紅河縣樂育鄉比子村境内)遷入。本譜内容爲世系,至周湯凡六十七世。

本譜載於《哈尼族口傳文化譯註全集》第十八卷《紅河州哈尼族譜牒(九)》

[雲南紅河]普瑪紅特村陳牛保户譜牒 陳牛保背誦 馬岑曄、普勒仰搜集 2011年雲南民族出版社排印本 合册 哈漢雙文並註國際音標

該户屬"車崩"宗支。先祖自紅河縣浪堤鄉達龍村遷入。第一世與本村陳居沙户相同。一世祖木翁。本譜内容爲世系,至舉河凡五十八世。

本譜載於《哈尼族口傳文化譯註全集》第十八卷《紅河州哈尼族譜牒(九)》

[雲南紅河]普瑪紅特村陳牛保户譜牒 陳牛保(湯嘎)背誦 馬岑曄、普勒仰搜集 2011年雲南民族出版社排印本 合册 哈漢雙文並註國際音標

該户與上一户"陳牛保"、"頗舉"爲同一人,因其爲"車崩"和"仰牛"兩個家族繼嗣,故有兩個家譜。一世祖木翁。第五十世湯嘎於1958年出生在浪堤鄉達龍村,九歲來本村繼嗣。該户屬"仰

牛"宗支。其祖先自玉溪市元江縣遷入紅河縣浪堤鄉阿蕾村。始遷祖第四十八世仰沙遷入本村。第四十九世沙湯因無子,故第五十世湯嘎(常用名陳牛保)於 1967 年來本村繼嗣。本譜内容爲世系,至舉河凡五十八世。

本譜載於《哈尼族口傳文化譯註全集》第十八卷《紅河州哈尼族譜牒(九)》

[雲南紅河]普瑪紅特村李河通户譜牒　李河通(河通)背誦　馬岑曄搜集　2011 年雲南民族出版社排印本　合册　哈漢雙文並註國際音標

先祖自紅河縣樂育鄉比若村遷入。從第一世至第三十三世仰者前的譜牒與本村陳居沙户相同。一世祖木翁。本譜内容爲世系,至河通(常用名李河通)凡五十七世。

本譜載於《哈尼族口傳文化譯註全集》第十八卷《紅河州哈尼族譜牒(九)》

[雲南紅河]普瑪紅特村楊阿沙户譜牒　楊阿沙(保斗)背誦　馬岑曄、普勒仰搜集　2011 年雲南民族出版社排印本　合册　哈漢雙文並註國際音標

該户屬"車普"宗支。從第一世至第三十五世奕車前的譜牒與本村陳居沙户相同。一世祖木翁。始遷祖第五十四世頗徵攜子徵沙自紅河縣浪堤鄉俄期村委會遷入。本譜内容爲世系,至保斗(常用名楊阿沙)凡五十八世。

本譜載於《哈尼族口傳文化譯註全集》第十八卷《紅河州哈尼族譜牒(九)》

[雲南紅河]比子村李周舉户譜牒　李周舉背誦　馬岑曄、普勒仰搜集　2011 年雲南民族出版社排印本　合册　哈漢雙文並註國際音標

該户屬"車崩"宗支。一世祖木翁。始遷祖第六十二世舉周自紅河縣車古鄉遷入。本譜内容爲世系,至舉嘎凡六十九世。

本譜載於《哈尼族口傳文化譯註全集》第十八卷《紅河州哈尼族譜牒(九)》

[雲南紅河]比子村李期河户譜牒　李期河背誦　馬岑曄搜集　2011 年雲南民族出版社排印本　合册　哈漢雙文並註國際音標

該户屬"車崩"宗支。從第一世至第三十三世仰者前的譜牒與本村李周舉户相同。一世祖木翁。第六十三世保最隨母嫁至紅河縣浪堤鄉垤那村,後遷至比子村。保最生四子,次子最沙留居本村,是爲始遷祖。餘子隨保最遷至尼哈村。本譜内容爲世系,至歐建凡六十八世。

本譜載於《哈尼族口傳文化譯註全集》第十八卷《紅河州哈尼族譜牒(九)》

[雲南紅河]比子村方克沙户譜牒　方克沙背誦　馬岑曄、普勒仰搜集　2011 年雲南民族出版社排印本　合册　哈漢雙文並註國際音標

從第一世至第七世尼白前的譜牒與本村李周舉户相同。一世祖木翁。始遷祖第六十世舉周遷入本村。本譜内容爲世系,至龍法凡六十四世。

本譜載於《哈尼族口傳文化譯註全集》第十八卷《紅河州哈尼族譜牒(九)》

[雲南紅河]比子村陳皮法户譜牒　陳皮法背誦　馬岑曄、普勒仰搜集　2011 年雲南民族出版社排印本　合册　哈漢雙文並註國際音標

從第一世至第十八世木然扎前的譜牒與本村李周舉户相同。一世祖木翁。始遷祖第四十九世保周自紅河縣浪堤鄉瑪梅村遷入。本譜内容爲世系,至周斗凡五十一世。

本譜載於《哈尼族口傳文化譯註全集》第十八卷《紅河州哈尼族譜牒(九)》

[雲南紅河]比子村陳祖斗户譜牒　陳祖斗背誦　馬岑曄、普勒仰搜集　2011 年雲南民族出版社排印本　合册　哈漢雙文並註國際音標

從第一世至第七世尼白前的譜牒與本村李周舉户相同。一世祖木翁。始遷祖第五十九世舉保自紅河縣浪堤鄉阿蕾村遷入。長子保車留居本村,次子保龍回遷阿蕾村。本譜内容爲世系,至周仰凡六十三世。

本譜載於《哈尼族口傳文化譯註全集》第十八卷《紅河州哈尼族譜牒(九)》

[雲南紅河]比子村黄批舉户譜牒　黄批舉背誦　普勒仰、馬岑曄搜集　2011年雲南民族出版社排印本　合册　哈漢雙文並註國際音標

從第一世至第七世尼白前的譜牒與本村李周舉户相同。一世祖木翁。本譜内容爲世系,至阿夏凡六十二世。

本譜載於《哈尼族口傳文化譯註全集》第十八卷《紅河州哈尼族譜牒(九)》

[雲南紅河]比若村李龍沙户譜牒　李龍沙(龍沙)背誦　馬岑曄搜集　2011年雲南民族出版社排印本　合册　哈漢雙文並註國際音標

該户屬"瞿羽"宗支。原姓瞿,後改李。一世祖木翁。始遷祖第六十四世陸克自紅河縣樂育鄉阿女垤村遷入。本譜内容爲世系,至龍沙(常用名李龍沙)凡六十五世。

本譜載於《哈尼族口傳文化譯註全集》第十八卷《紅河州哈尼族譜牒(九)》

[雲南紅河]比若村李頗嘎户譜牒　李頗嘎背誦　馬岑曄搜集　2011年雲南民族出版社排印本　合册　哈漢雙文並註國際音標

該户屬"臘咪"宗支。先祖自紅河縣架七鄉牛爲村遷入。從第一世至第十八世木然扎前的譜牒與本村李龍沙户相同。一世祖木翁。本譜内容爲世系,至河周凡六十世。

本譜載於《哈尼族口傳文化譯註全集》第十八卷《紅河州哈尼族譜牒(九)》

[雲南紅河]比若村錢勒仰户譜牒　錢勒仰背誦　馬岑曄搜集　2011年雲南民族出版社排印本　合册　哈漢雙文並註國際音標

從第一世至第十八世木然扎前的譜牒與本村李龍沙户相同。一世祖木翁。始遷祖第四十八世宏周自紅河縣大羊街鄉遷入。本譜内容爲世系,至嘎楚凡五十七世。

本譜載於《哈尼族口傳文化譯註全集》第十八卷《紅河州哈尼族譜牒(九)》

[雲南紅河]比若村白批河户譜牒　白批河背誦　馬岑曄搜集　2011年雲南民族出版社排印本　合册　哈漢雙文並註國際音標

該户屬"奕車"宗支。先祖自紅河縣大羊街鄉新村村委會遷入。從第一世至第十八世木然扎前的譜牒與本村李龍沙户相同。一世祖木翁。本譜内容爲世系,至七周凡五十五世。

本譜載於《哈尼族口傳文化譯註全集》第十八卷《紅河州哈尼族譜牒(九)》

[雲南紅河]比若村普孟聰户譜牒　普孟聰背誦　馬岑曄搜集　2011年雲南民族出版社排印本　合册　哈漢雙文並註國際音標

從第一世至第十八世木然扎前的譜牒與本村李龍沙户相同。一世祖木翁。始遷祖第三十八世特卡自紅河縣浪堤鄉洛厄村遷入。本譜内容爲世系,至龍金凡四十六世。

本譜載於《哈尼族口傳文化譯註全集》第十八卷《紅河州哈尼族譜牒(九)》

[雲南紅河]龍車村黄作培户譜牒　黄作培背誦　馬岑曄搜集　2011年雲南民族出版社排印本　合册　哈漢雙文並註國際音標

一世祖木翁。始遷祖第五十八世斗發因父母早亡隨外祖父、母自紅河縣樂育鄉特帕村遷入。本譜内容爲世系,至發車凡五十九世。

本譜載於《哈尼族口傳文化譯註全集》第十八卷《紅河州哈尼族譜牒(九)》

[雲南紅河]龍車村常舉周户譜牒　常舉周(頗成)背誦　馬岑曄搜集　2011年雲南民族出版社排印本　合册　哈漢雙文並註國際音標

該户屬"龍阿"宗支。從第一世至第七世尼白前的譜牒與本村黄作培户相同。一世祖木翁。始遷祖第五十九世保阿自紅河縣浪堤鄉依沙村遷入。生子阿克、阿忠、阿貴、阿徵,本譜爲阿克一支。本譜内容爲世系,至頗成(常用名常舉周)凡六十六世。

本譜載於《哈尼族口傳文化譯註全集》第十八卷《紅河州哈尼族譜牒(九)》

[雲南紅河]龍車村李魯成壽户譜牒　李魯成壽背誦　馬岑曄搜集　2011年雲南民族出版社排印本　合册　哈漢雙文並註國際音標

該户屬"瞿羽"宗支。本爲漢人,先祖自石屏縣異龍鎮上水溝村遷至紅河縣歸垤海村。一世祖木翁。從第一世至第十八世木然扎前的譜牒與本村黄作培户相同。第六十七世兄弟較多,田地不够,故至龍車村入贅彝族。本譜内容爲世系,至偉福凡七十世。

本譜載於《哈尼族口傳文化譯註全集》第十八卷《紅河州哈尼族譜牒(九)》

[雲南紅河]車洛村李仰河户譜牒　李仰河背誦　馬岑曄搜集　2011年雲南民族出版社排印本　合册　哈漢雙文並註國際音標

該户屬"臘咪"宗支。一世祖木翁。始遷祖第六十四世歐仰於1942年自紅河縣浪堤鄉依沙村遷入。本譜内容爲世系,至舉湯凡六十七世。

本譜載於《哈尼族口傳文化譯註全集》第十八卷《紅河州哈尼族譜牒(九)》

[雲南紅河]哈普村李建周户譜牒　李冉嘎背誦　馬岑曄搜集　2011年雲南民族出版社排印本　合册　哈漢雙文並註國際音標

一世祖木翁。始遷祖第六十八世建周自紅河縣樂育鄉然仁村遷入。本譜内容爲世系,至建沙凡六十九世。

本譜載於《哈尼族口傳文化譯註全集》第十八卷《紅河州哈尼族譜牒(九)》

[雲南紅河]哈普村黄哈周户譜牒　黄哈周背誦　馬岑曄搜集　2011年雲南民族出版社排印本　合册　哈漢雙文並註國際音標

從第一世至第七世尼白前的譜牒與本村李建周户相同。一世祖木翁。始遷祖第四十八世周阿自紅河縣浪堤鄉瑪梅村遷居樂育鄉車龍村,後遷至本村。本譜内容爲世系,至沙舉凡五十七世。

本譜載於《哈尼族口傳文化譯註全集》第十八卷《紅河州哈尼族譜牒(九)》

[雲南紅河]哈普村李梅仰户譜牒　李梅仰背誦　馬岑曄搜集　2011年雲南民族出版社排印本　合册　哈漢雙文並註國際音標

一世祖松。始遷祖第十一世梅仰於1978年自紅河縣樂育鄉壩美村遷入。本譜内容爲世系,至河蘭凡十三世。

本譜載於《哈尼族口傳文化譯註全集》第十八卷《紅河州哈尼族譜牒(九)》

[雲南紅河]車瑪村陳牛龍户譜牒　陳牛龍背誦　馬岑曄搜集　2011年雲南民族出版社排印本　合册　哈漢雙文並註國際音標

該户屬"者奕"宗支。先祖自紅河縣大羊鄉街遷入。一世祖木翁。本譜内容爲世系,至沙舉凡六十一世。

本譜載於《哈尼族口傳文化譯註全集》第十八卷《紅河州哈尼族譜牒(九)》

[雲南紅河]車瑪村馬勒河户譜牒　馬勒河背誦　馬岑曄搜集　2011年雲南民族出版社排印本　合册　哈漢雙文並註國際音標

從第一世至第十七世哦木然前的譜牒與本村陳牛龍户相同。一世祖木翁。始遷祖第五十八世仰周自紅河縣樂育鄉尼美村委會遷入。本譜内容爲世系,至周龍凡六十一世。

本譜載於《哈尼族口傳文化譯註全集》第十八卷《紅河州哈尼族譜牒(九)》

[雲南紅河]車瑪村黄建仰户譜牒　黄建仰背誦　馬岑曄搜集　2011年雲南民族出版社排印本　合册　哈漢雙文並註國際音標

先祖自紅河縣樂育鄉車龍村遷入。從第一世至第十九世扎他朋前的譜牒與本村陳牛龍户相同。一世祖木翁。本譜内容爲世系,至仰周凡五十四世。

本譜載於《哈尼族口傳文化譯註全集》第十八卷《紅河州哈尼族譜牒(九)》

[雲南紅河]車瑪村張祖周户譜牒　張祖周背誦　馬岑曄搜集　2011年雲南民族出版社排印本

合册　哈漢雙文並註國際音標

該户屬"車崩"宗支。從第一世至第四十四世成普前的譜牒與本村陳牛龍户相同。一世祖木翁。始遷祖第五十三世仰則自紅河縣浪堤鄉浪堵村遷至洛瑪村,後遷查尼村,終遷本村。本譜内容爲世系,至沙周凡六十一世。

本譜載於《哈尼族口傳文化譯註全集》第十八卷《紅河州哈尼族譜牒(九)》

[雲南紅河]車瑪村何臘周户譜牒　張祖周背誦　馬岑曄搜集　2011年雲南民族出版社排印本　合册　哈漢雙文並註國際音標

從第一世至第十九世扎他朋前的譜牒與本村陳牛龍户相同。一世祖木翁。始遷祖第四十五世保克自紅河縣浪堤鄉達龍村遷入。本譜内容爲世系,至臘周(常用名何臘周)凡四十七世。

本譜載於《哈尼族口傳文化譯註全集》第十八卷《紅河州哈尼族譜牒(九)》

[雲南紅河]洛厄村普小東户譜牒　普小東背誦　馬岑曄搜集　2011年雲南民族出版社排印本　合册　哈漢雙文並註國際音標

一世祖木翁。本譜内容爲世系,至保沙凡五十五世。

本譜載於《哈尼族口傳文化譯註全集》第十八卷《紅河州哈尼族譜牒(九)》

[雲南紅河]洛厄村普牛舉户譜牒　普牛舉背誦　馬岑曄搜集　2011年雲南民族出版社排印本　合册　哈漢雙文並註國際音標

從第一世至第四十世聰英前的譜牒與本村普小東户相同。一世祖木翁。始遷祖第四十九世仰宏自朋垤村遷入。本譜内容爲世系,至龍歐凡五十五世。

本譜載於《哈尼族口傳文化譯註全集》第十八卷《紅河州哈尼族譜牒(九)》

[雲南紅河]洛厄村普嘎周户譜牒　普嘎周(嘎周)背誦　馬岑曄搜集　2011年雲南民族出版社排印本　合册　哈漢雙文並註國際音標

從第一世至第二十八世石城嘎前的譜牒與本村普小東户相同。一世祖木翁。始遷祖第五十五世龍賀自紅河縣樂育鄉孟卡村遷入。本譜内容爲世系,至嘎周(常用名普嘎周)凡五十七世。

本譜載於《哈尼族口傳文化譯註全集》第十八卷《紅河州哈尼族譜牒(九)》

[雲南紅河]洛厄村馬同周户譜牒　馬同周(嘎通)背誦　馬岑曄搜集　2011年雲南民族出版社排印本　合册　哈漢雙文並註國際音標

從第一世至第十九世扎他朋前的譜牒與本村普小東户相同。一世祖木翁。始遷祖第五十二世布斗自紅河縣樂育鄉宗崔(今洛厄村境内)遷入。本譜内容爲世系,至嘎通(常用名馬同周)凡六十二世。

本譜載於《哈尼族口傳文化譯註全集》第十八卷《紅河州哈尼族譜牒(九)》

[雲南紅河]洛厄村常社仰户譜牒　常社仰(沙博)背誦　馬岑曄搜集　2011年雲南民族出版社排印本　合册　哈漢雙文並註國際音標

從第一世至第十九世扎他朋前的譜牒與本村普小東户相同。一世祖木翁。始遷祖第五十八世周博自丈志(在紅河縣樂育鄉窩垤孟卡村境内)遷入。本譜内容爲世系,至沙博(常用名常社仰)凡六十六世。

本譜載於《哈尼族口傳文化譯註全集》第十八卷《紅河州哈尼族譜牒(九)》

[雲南紅河]洛厄村常勒歐户譜牒　常勒歐(保偉)背誦　馬岑曄搜集　2011年雲南民族出版社排印本　合册　哈漢雙文並註國際音標

參見常舉周背誦、馬岑曄搜集《[雲南紅河]龍車村常舉周户譜牒》。從第一世至第十九世扎他朋前的譜牒與本村普小東户相同。一世祖木翁。保阿自紅河縣浪堤鄉依沙村遷入龍車村。生子阿克、阿忠、阿貴、阿徵,阿貴、阿忠遷入本村。本譜爲阿貴支系。本譜内容爲世系,至保偉(常用名常勒歐)凡六十六世。

本譜載於《哈尼族口傳文化譯註全集》第十八

卷《紅河州哈尼族譜牒(九)》

[雲南紅河]洛厄村常嘎斗户譜牒　常嘎斗(嘎斗)背誦　馬岑曄搜集　2011年雲南民族出版社排印本　合册　哈漢雙文並註國際音標

先祖自紅河縣樂育鄉孟卡村遷入。從第一世至第十九世扎他朋前的譜牒與本村普小東户相同。一世祖木翁。本譜内容爲世系,至嘎斗(常用名常嘎斗)凡六十三世。

本譜載於《哈尼族口傳文化譯註全集》第十八卷《紅河州哈尼族譜牒(九)》

[雲南紅河]洛厄村陳最保户譜牒　陳最保背誦　馬岑曄搜集　2011年雲南民族出版社排印本　合册　哈漢雙文並註國際音標

從第一世至第十九世扎他朋前的譜牒與本村普小東户相同。一世祖木翁。始遷祖第五十九世仰河自紅河縣浪堤鄉依沙村遷至女東村,後遷洛厄村境内的哈作田,終遷本村。本譜内容爲世系,至瑪他凡六十二世。

本譜載於《哈尼族口傳文化譯註全集》第十八卷《紅河州哈尼族譜牒(九)》

[雲南紅河]洛厄村陳周保户譜牒　陳周保背誦　馬岑曄搜集　2011年雲南民族出版社排印本　合册　哈漢雙文並註國際音標

從第一世至第十九世扎他朋前的譜牒與本村普小東户相同。一世祖木翁。本譜内容爲世系,至保周(常用名陳然周)凡四十九世。

本譜載於《哈尼族口傳文化譯註全集》第十八卷《紅河州哈尼族譜牒(九)》

[雲南紅河]洛厄村馬河仰户譜牒　馬河仰(河仰)背誦　馬岑曄搜集　2011年雲南民族出版社排印本　合册　哈漢雙文並註國際音標

從第一世至第十九世扎他朋前的譜牒與本村普小東户相同。一世祖木翁。始遷祖第六十四世斗周自紅河縣樂育鄉阿孟村遷入。本譜内容爲世系,至河仰(常用名馬河仰)凡六十六世。

本譜載於《哈尼族口傳文化譯註全集》第十八卷《紅河州哈尼族譜牒(九)》

[雲南紅河]洛厄村陳梅沙户譜牒　陳牛沙(七周)背誦　馬岑曄搜集　2011年雲南民族出版社排印本　合册　哈漢雙文並註國際音標

從第一世至第十九世扎他朋前的譜牒與本村普小東户相同。一世祖木翁。始遷祖第六十五世七周(常用名陳牛沙)於1964年自紅河縣浪堤鄉孟卡村遷入。本譜内容爲世系,至七周凡六十五世。

本譜載於《哈尼族口傳文化譯註全集》第十八卷《紅河州哈尼族譜牒(九)》

[雲南紅河]女東村馬批周户譜牒　馬批周背誦　馬岑曄搜集　2011年雲南民族出版社排印本　合册　哈漢雙文並註國際音標

一世祖木翁。始遷祖第五十一世建沙自紅河縣浪堤鄉孟卡村遷入。本譜内容爲世系,至保貴凡六十世。

本譜載於《哈尼族口傳文化譯註全集》第十八卷《紅河州哈尼族譜牒(九)》

[雲南紅河]女東村普仰沙户譜牒　普牛舉背誦　馬岑曄搜集　2011年雲南民族出版社排印本　合册　哈漢雙文並註國際音標

從第一世至第十九世扎他朋前的譜牒與本村馬批周户相同。一世祖木翁。始遷祖第四十九世仰保自紅河縣浪堤鄉朋垤村遷入。本譜内容爲世系,至沙仰凡五十三世。

本譜載於《哈尼族口傳文化譯註全集》第十八卷《紅河州哈尼族譜牒(九)》

[雲南紅河]孟卡村馬批周户譜牒　馬周舉背誦　馬岑曄搜集　2011年雲南民族出版社排印本　合册　哈漢雙文並註國際音標

先祖爲孟卡村建寨人。一世祖木翁。第五十七世斗然居本村。本譜内容爲世系,至德忠凡六十七世。

本譜載於《哈尼族口傳文化譯註全集》第十八卷《紅河州哈尼族譜牒(九)》

[雲南紅河]孟卡村陳阿歐户譜牒　陳夏沙背誦　馬岑曄搜集　2011年雲南民族出版社排印本　合册　哈漢雙文並註國際音標

先祖自紅河縣浪堤鄉瑪梅村遷入。從第一世至第三十六世愽術前的譜牒與本村馬批周户相同。一世祖木翁。本譜内容爲世系,至歐舉凡六十世。

本譜載於《哈尼族口傳文化譯註全集》第十八卷《紅河州哈尼族譜牒(九)》

[雲南紅河]孟卡村常斗保户譜牒　常斗保背誦　馬岑曄搜集　2011年雲南民族出版社排印本　合册　哈漢雙文並註國際音標

先祖自紅河縣浪堤鄉嘎曲村遷入。從第一世至第三十二世松瑪前的譜牒與本村馬批周户相同。一世祖木翁。本譜内容爲世系,至保頗凡六十三世。

本譜載於《哈尼族口傳文化譯註全集》第十八卷《紅河州哈尼族譜牒(九)》

[雲南紅河]孟卡村龍仰沙户譜牒　龍仰沙背誦　馬岑曄搜集　2011年雲南民族出版社排印本　合册　哈漢雙文並註國際音標

從第一世至第三十二世松瑪前的譜牒與本村馬批周户相同。一世祖木翁。本譜内容爲世系,至沙頗凡五十八世。

本譜載於《哈尼族口傳文化譯註全集》第十八卷《紅河州哈尼族譜牒(九)》

[雲南紅河]孟卡村李給河户譜牒　李給河背誦　馬岑曄搜集　2011年雲南民族出版社排印本　合册　哈漢雙文並註國際音標

從第一世至第四十世頑前的譜牒與本村馬批周户相同。一世祖木翁。始遷祖第五十六世最保自紅河縣樂育鄉丈至遷入。本譜内容爲世系,至宗嘎凡六十五世。

本譜載於《哈尼族口傳文化譯註全集》第十八卷《紅河州哈尼族譜牒(九)》

[雲南紅河]孟卡村馬成周户譜牒　馬成周背誦　馬岑曄搜集　2011年雲南民族出版社排印本　合册　哈漢雙文並註國際音標

從第一世至第三十九世七溪前的譜牒與本村馬批周户相同。一世祖木翁。始遷祖第五十二世布仰自紅河縣樂育鄉宗崔(在孟卡村委會洛厄村旁)遷入。本譜内容爲世系,至舉保凡六十四世。

本譜載於《哈尼族口傳文化譯註全集》第十八卷《紅河州哈尼族譜牒(九)》

[雲南紅河]阿孟村李勒倡户譜牒　李勒倡(仰倡)背誦　馬岑曄搜集　2011年雲南民族出版社排印本　合册　哈漢雙文並註國際音標

該户屬"車普"宗支。一世祖木翁。始遷祖第五十九世牛歐遷入本村。本譜内容爲世系,至仰倡(常用名李勒倡)凡六十八世。

本譜載於《哈尼族口傳文化譯註全集》第十八卷《紅河州哈尼族譜牒(九)》

[雲南紅河]阿孟村李洛保户譜牒　李洛保背誦　馬岑曄搜集　2011年雲南民族出版社排印本　合册　哈漢雙文並註國際音標

該户屬"崩尚"宗支。從第一世至第十九世扎他朋前的譜牒與本村李勒倡户相同。一世祖木翁。始遷祖第六十一世最河先遷紅河縣浪堤鄉哈角村遷至洛那村,終遷本村。本譜内容爲世系,至河保凡六十四世。

本譜載於《哈尼族口傳文化譯註全集》第十八卷《紅河州哈尼族譜牒(九)》

[雲南紅河]阿孟村馬克斗户譜牒　馬克斗背誦　馬岑曄搜集　2011年雲南民族出版社排印本　合册　哈漢雙文並註國際音標

從第一世至第十九世扎他朋前的譜牒與本村李勒倡户相同。一世祖木翁。始遷祖第六十七世忠舉自孟卡村遷入。本譜内容爲世系,至斗沙凡六十九世。

本譜載於《哈尼族口傳文化譯註全集》第十八卷《紅河州哈尼族譜牒(九)》

[雲南紅河]牛爲村馬伙龍户譜牒　馬伙龍背誦　馬岑曄搜集　2011年雲南民族出版社排印本

合册　哈漢雙文並註國際音標

一世祖木翁。始遷祖第六十世七龍於 1958 年自孟卡村遷入。本譜内容爲世系,至貴福凡六十四世。

本譜載於《哈尼族口傳文化譯註全集》第十八卷《紅河州哈尼族譜牒(九)》

[雲南紅河]牛爲村李立沙户譜牒　李立沙背誦　馬岑曄　普勒仰搜集　2011 年雲南民族出版社排印本　合册　哈漢雙文並註國際音標

從第一世至第十九世扎他朋前的譜牒與本村馬伙龍户的相同。一世祖木翁。始遷祖第四十九世保斗自紅河縣寶華鄉遷至阿孟村,1958 年遷至本村。本譜内容爲世系,至斗法凡五十二世。

本譜載於《哈尼族口傳文化譯註全集》第十八卷《紅河州哈尼族譜牒(九)》

[雲南紅河]牛爲村馬周河户譜牒　馬周河背誦　馬岑曄搜集　2011 年雲南民族出版社排印本　合册　哈漢雙文並註國際音標

從第一世至第三十五世湯博前的譜牒與本村馬伙龍户相同。一世祖木翁。本譜内容爲世系,至仰斗凡六十一世。

本譜載於《哈尼族口傳文化譯註全集》第十八卷《紅河州哈尼族譜牒(九)》

[雲南紅河]牛爲村李立周户譜牒　李洛保背誦　馬岑曄搜集　2011 年雲南民族出版社排印本　合册　哈漢雙文並註國際音標

從第一世至第三十五世湯博前的譜牒與本村馬伙龍户相同。一世祖木翁。始遷祖第六十二世河嘎(常用名李立周)於 1960 年遷入。本譜内容爲世系,至龍發凡六十四世。

本譜載於《哈尼族口傳文化譯註全集》第十八卷《紅河州哈尼族譜牒(九)》

[雲南紅河]牛爲村李勒歐户譜牒　李勒歐背誦　馬岑曄、普勒仰搜集　2011 年雲南民族出版社排印本　合册　哈漢雙文並註國際音標

從第一世至第三十五世湯博前的譜牒與本村馬伙龍户相同。一世祖木翁。本譜内容爲世系,至周發凡五十世。

本譜載於《哈尼族口傳文化譯註全集》第十八卷《紅河州哈尼族譜牒(九)》

[雲南紅河]牛爲村王老二户譜牒　王老二背誦　馬岑曄搜集　2011 年雲南民族出版社排印本　合册　哈漢雙文並註國際音標

一世祖木翁。始遷祖第六十五世沙宗自紅河縣寶華鄉思龍村(今龍車村委會普瑪紅特村附近)遷入。本譜内容爲世系,至周寶凡六十八世。

本譜載於《哈尼族口傳文化譯註全集》第十八卷《紅河州哈尼族譜牒(九)》

[雲南紅河]架五六村許貴發户譜牒　許貴發背誦　陳祖明搜集　2011 年雲南民族出版社排印本　合册　哈漢雙文並註國際音標

先祖自紅河縣寶華鄉作失村遷入。一世祖明敵敵臘。本譜内容爲世系,至發周凡八十四世。

本譜載於《哈尼族口傳文化譯註全集》第十八卷《紅河州哈尼族譜牒(九)》

[雲南紅河]座落村普三周户譜牒　普三周背誦　陳祖明搜集　2011 年雲南民族出版社排印本　合册　哈漢雙文並註國際音標

該户屬"資奕"宗支。一世祖算明月。始遷祖第三十五世龍魂自紅河縣樂育鄉哈博德遷入。本譜内容爲世系,至普燈所凡四十七世。

本譜載於《哈尼族口傳文化譯註全集》第十八卷《紅河州哈尼族譜牒(九)》

[雲南紅河]者烏村馬氏家族譜系　佚名念誦　楊六金記録　2008 年中國大百科全書出版社排印本　合册

哈尼語哈雅方言家譜。流傳於雲南省紅河縣。本譜所載僅爲世系,自第一世司米鋭至洪博凡六十世。

本譜載於《中國少數民族古籍總目提要・哈尼族卷》

[雲南紅河]者烏村馬氏家族譜系　佚名念誦　楊六金記録　2005年民族出版社排印本　合册　哈漢雙文

參見上條。同爲六十世,世系名字略有出入。

本譜載於《紅河哈尼族譜牒》

[雲南紅河]者烏村馬紅博户譜牒　馬紅博背誦　陳祖明搜集　2011年雲南民族出版社排印本　合册　哈漢雙文並註國際音標

一世祖明敵敵臘。始遷祖第三十五世主立吾自紅河縣寶華鄉朝陽村境内的"宗仰樹龍"(哈尼語地名)遷入。本譜内容爲世系,至博斗凡八十世。

本譜載於《哈尼族口傳文化譯註全集》第十八卷《紅河州哈尼族譜牒(九)》

[雲南紅河]者烏村吴批龍户譜牒　吴批龍背誦　陳祖明搜集　2011年雲南民族出版社排印本　合册　哈漢雙文並註國際音標

該户屬"區"宗支。一世祖明翁。始遷祖第六十二世歐斗自紅河縣寶華鄉規針村遷入。本譜内容爲世系,至常周凡六十八世。

本譜載於《哈尼族口傳文化譯註全集》第十八卷《紅河州哈尼族譜牒(九)》

[雲南紅河]龍垤村李别合户譜牒　李别合背誦　陳祖明搜集　2011年雲南民族出版社排印本　合册　哈漢雙文並註國際音標

該户屬"奕沙"宗支。先祖自紅河縣樂育鄉遷入。一世祖明敵敵臘。本譜内容爲世系,至幹紅凡六十世。

本譜載於《哈尼族口傳文化譯註全集》第十八卷《紅河州哈尼族譜牒(九)》

[雲南紅河]大科寨村李克山户譜牒　李克山背誦　陳祖明搜集　2011年雲南民族出版社排印本　合册　哈漢雙文並註國際音標

該户屬"奕車"宗支。先祖自紅河縣大羊街鄉遷入。一世祖明敵敵臘。本譜内容爲世系,至同紅凡六十五世。

本譜載於《哈尼族口傳文化譯註全集》第十八卷《紅河州哈尼族譜牒(九)》

[雲南紅河]架龍村李家福户譜牒　李家福背誦　陳祖明搜集　2011年雲南民族出版社排印本　合册　哈漢雙文並註國際音標

該户屬"奕車"宗支。先祖自紅河縣大羊街鄉遷寶華鄉朝陽村境内的"宗娘説龍"(哈尼語地名),再遷本村。一世祖明敵敵臘。本譜内容爲世系,至斗生凡七十七世。

本譜載於《哈尼族口傳文化譯註全集》第十八卷《紅河州哈尼族譜牒(九)》

[雲南紅河]秋同村馬發周户譜牒　馬發周背誦　陳祖明搜集　2011年雲南民族出版社排印本　合册　哈漢雙文並註國際音標

一世祖司明月。本譜内容爲世系,至生福凡五十一世。

本譜載於《哈尼族口傳文化譯註全集》第十八卷《紅河州哈尼族譜牒(九)》

[雲南紅河]邑哈垤村吴沙舉户譜牒　吴沙舉背誦　陳祖明搜集　2011年雲南民族出版社排印本　合册　哈漢雙文並註國際音標

先祖自紅河縣寶華鄉嘎他村遷入。一世祖周成。本譜内容爲世系,至幹然凡二十世。

本譜載於《哈尼族口傳文化譯註全集》第十八卷《紅河州哈尼族譜牒(九)》

[雲南紅河]碧居村吴斗法户譜牒　吴斗法背誦　陳祖明搜集　2011年雲南民族出版社排印本　合册　哈漢雙文並註國際音標

該户屬"區"宗支。一世祖波仰。始遷祖第十四世居紅自紅河縣寶華鄉嘎他村遷入。本譜内容爲世系,至法文凡二十三世。

本譜載於《哈尼族口傳文化譯註全集》第十八卷《紅河州哈尼族譜牒(九)》

[雲南紅河]朝陽村陳永發户譜牒　陳永發背誦　陳祖明搜集　2011年雲南民族出版社排印本　合册　哈漢雙文並註國際音標

該户屬"區"宗支。一世祖明敵敵臘。本譜内容爲世系,至永文凡七十四世。

本譜載於《哈尼族口傳文化譯註全集》第十八卷《紅河州哈尼族譜牒(九)》

[雲南紅河]朝陽村陳規斗户譜牒 陳規斗背誦 陳祖明搜集 2011年雲南民族出版社排印本 合册 哈漢雙文並註國際音標

該户屬"區"宗支。一世祖明敵敵臘。本譜内容爲世系,至德發凡七十七世。

本譜載於《哈尼族口傳文化譯註全集》第十八卷《紅河州哈尼族譜牒(九)》

[雲南紅河]朝陽村郭繼發户譜牒 郭繼發背誦 陳祖明搜集 2011年雲南民族出版社排印本 合册 哈漢雙文並註國際音標

該户屬"區"宗支。一世祖區。始遷祖第三十世坡歐自紅河縣寶華鄉蝦昆村遷入。本譜内容爲世系,至繼發凡三十四世。

本譜載於《哈尼族口傳文化譯註全集》第十八卷《紅河州哈尼族譜牒(九)》

[雲南紅河]朝陽村陳里仰户譜牒 陳里仰背誦 陳祖明搜集 2011年雲南民族出版社排印本 合册 哈漢雙文並註國際音標

該户屬"區"宗支。先祖自紅河縣境内安慶後山"比歐"(哈尼語地名)遷入。一世祖米翁。本譜内容爲世系,至文華凡五十世。

本譜載於《哈尼族口傳文化譯註全集》第十八卷《紅河州哈尼族譜牒(九)》

[雲南紅河]龍瑪村陳有朋户譜牒 陳打勒背誦 陳祖明搜集 2011年雲南民族出版社排印本 合册 哈漢雙文並註國際音標

該户屬"區"宗支。先祖自紅河縣境内安慶後山"比歐"(地名)遷入。一世祖明翁。本譜内容爲世系,至陳楠凡六十五世。

本譜載於《哈尼族口傳文化譯註全集》第十八卷《紅河州哈尼族譜牒(九)》

[雲南紅河]龍瑪村李三建户譜牒 李三建背誦 陳祖明搜集 2011年雲南民族出版社排印本 合册 哈漢雙文並註國際音標

該户屬"區"宗支。一世祖司母月。始遷祖第四十七世紅貴自紅河縣甲寅鄉阿撒村遷入。本譜内容爲世系,至建發凡六十世。

本譜載於《哈尼族口傳文化譯註全集》第十八卷《紅河州哈尼族譜牒(九)》

[雲南紅河]龍瑪村陳保民户譜牒 陳保民背誦 陳祖明搜集 2011年雲南民族出版社排印本 合册 哈漢雙文並註國際音標

該户屬"區"宗支。一世祖明敵敵臘。本譜内容爲世系,至青雲凡七十七世。

本譜載於《哈尼族口傳文化譯註全集》第十八卷《紅河州哈尼族譜牒(九)》

[雲南紅河]龍瑪村郭斗三户譜牒 郭斗三背誦 陳祖明搜集 2011年雲南民族出版社排印本 合册 哈漢雙文並註國際音標

該户屬"區"宗支。一世祖明區。始遷祖第九世生龍自紅河縣寶華鄉嘎他村遷入。本譜内容爲世系,至三博凡三十三世。

本譜載於《哈尼族口傳文化譯註全集》第十八卷《紅河州哈尼族譜牒(九)》

[雲南紅河]龍瑪村石周娘户譜牒 石周娘背誦 陳祖明搜集 2011年雲南民族出版社排印本 合册 哈漢雙文並註國際音標

該户屬"資奕"宗支。一世祖明翁。本譜内容爲世系,至斗發凡五十世。

本譜載於《哈尼族口傳文化譯註全集》第十八卷《紅河州哈尼族譜牒(九)》

[雲南紅河]龍瑪村李周三户譜牒 李周三背誦 陳祖明搜集 2011年雲南民族出版社排印本 合册 哈漢雙文並註國際音標

一世祖腳歲。本譜内容爲世系,至李建凡三十世。

本譜載於《哈尼族口傳文化譯註全集》第十八

卷《紅河州哈尼族譜牒(九)》

[雲南紅河]普臘嘎曲村李書周户譜牒 李書周背誦 陳祖明搜集 2011年雲南民族出版社排印本 合册 哈漢雙文並註國際音標

該户屬“拉崩”宗支。一世祖拉崩。本譜内容爲世系,至施祥凡十二世。

本譜載於《哈尼族口傳文化譯註全集》第十八卷《紅河州哈尼族譜牒(九)》

[雲南紅河]普臘嘎曲村吴施仰户譜牒 吴施仰背誦 陳祖明搜集 2011年雲南民族出版社排印本 合册 哈漢雙文並註國際音標

該户屬“區”宗支。一世祖明翁。始遷祖第六十三世歐三自紅河縣寶華鄉伍作村遷入。本譜内容爲世系,至黎明凡六十七世。

本譜載於《哈尼族口傳文化譯註全集》第十八卷《紅河州哈尼族譜牒(九)》

[雲南紅河]龍甲村陳然魯户譜牒 陳然魯背誦 陳祖明搜集 2011年雲南民族出版社排印本 合册 哈漢雙文並註國際音標

該户屬“區”宗支。一世祖明翁。始遷祖第六十一世生捌自紅河縣寶華鄉龍瑪村遷入。本譜内容爲世系,至永發凡六十三世。

本譜載於《哈尼族口傳文化譯註全集》第十八卷《紅河州哈尼族譜牒(九)》

[雲南紅河]蘇紅村馬爲梁户譜牒 馬爲梁背誦 陳祖明搜集 2011年雲南民族出版社排印本 合册 哈漢雙文並註國際音標

一世祖司明月。本譜内容爲世系,至馬進凡六十五世。

本譜載於《哈尼族口傳文化譯註全集》第十八卷《紅河州哈尼族譜牒(九)》

[雲南紅河]蘇紅塔普村石機周户譜牒 石機周背誦 陳祖明搜集 2011年雲南民族出版社排印本 合册 哈漢雙文並註國際音標

一世祖批兒。本譜内容爲世系,至張力凡十世。

本譜載於《哈尼族口傳文化譯註全集》第十八卷《紅河州哈尼族譜牒(九)》

[雲南紅河]小龍恐村李龍厚户譜牒 吴阿新背誦 陳祖明搜集 2011年雲南民族出版社排印本 合册 哈漢雙文並註國際音標

該户屬“區”宗支。一世祖算咪月。始遷祖第五十世規日自紅河縣甲寅鄉阿撒村遷入。本譜内容爲世系,至厚博凡六十二世。

本譜載於《哈尼族口傳文化譯註全集》第十八卷《紅河州哈尼族譜牒(九)》

[雲南紅河]樹碧村張周呼户譜牒 張周呼背誦 陳祖明搜集 2011年雲南民族出版社排印本 合册 哈漢雙文並註國際音標

該户屬“區”宗支。一世祖區。始遷祖第五世撒瑪自紅河縣甲寅鄉他撒村遷入。本譜内容爲世系,至引福凡十八世。

本譜載於《哈尼族口傳文化譯註全集》第十八卷《紅河州哈尼族譜牒(九)》

[雲南紅河]龍施村李永宏户譜牒 李永宏背誦 陳祖明搜集 2011年雲南民族出版社排印本 合册 哈漢雙文並註國際音標

該户屬“奕除”宗支。一世祖明翁。本譜内容爲世系,至約娘凡六十一世。

本譜載於《哈尼族口傳文化譯註全集》第十八卷《紅河州哈尼族譜牒(九)》

[雲南紅河]嘎他村吴周然户譜牒 吴周然背誦 陳祖明搜集 2011年雲南民族出版社排印本 合册 哈漢雙文並註國際音標

該户屬“區”宗支。一世祖明翁。本譜内容爲世系,至龍仰凡六十七世。

本譜載於《哈尼族口傳文化譯註全集》第十八卷《紅河州哈尼族譜牒(九)》

[雲南紅河]伍作村吴共周户譜牒 吴共周背誦 陳祖明搜集 2011年雲南民族出版社排印本 合册 哈漢雙文並註國際音標

該户屬"區"宗支。一世祖明翁。本譜内容爲世系,至周福凡六十六世。

本譜載於《哈尼族口傳文化譯註全集》第十八卷《紅河州哈尼族譜牒(九)》

[雲南紅河]作咪村普四財户譜牒　普四財背誦　陳祖明搜集　2011年雲南民族出版社排印本　合册　哈漢雙文並註國際音標

該户屬"區"宗支。一世祖算米月。本譜内容爲世系,至周破凡六十世。

本譜載於《哈尼族口傳文化譯註全集》第十八卷《紅河州哈尼族譜牒(九)》

[雲南紅河]作咪村吴受康户譜牒　吴受康背誦　陳祖明搜集　2011年雲南民族出版社排印本　合册　哈漢雙文並註國際音標

該户屬"區"宗支。一世祖明翁。本譜内容爲世系,至周仰凡六十八世。

本譜載於《哈尼族口傳文化譯註全集》第十八卷《紅河州哈尼族譜牒(九)》

[雲南紅河]蝦昆村普呼博户譜牒　普呼博背誦　陳祖明搜集　2011年雲南民族出版社排印本　合册　哈漢雙文並註國際音標

該户屬"區"宗支。一世祖明翁。本譜内容爲世系,至周祥凡六十八世。

本譜載於《哈尼族口傳文化譯註全集》第十八卷《紅河州哈尼族譜牒(九)》

[雲南紅河]蝦昆村常祖周户譜牒　常祖周背誦　陳祖明搜集　2011年雲南民族出版社排印本　合册　哈漢雙文並註國際音標

該户屬"區"宗支。一世祖算米月。始遷祖第六十一世祖周自紅河縣寶華鄉娘龍村遷入。本譜内容爲世系,至坡都凡六十二世。

本譜載於《哈尼族口傳文化譯註全集》第十八卷《紅河州哈尼族譜牒(九)》

[雲南紅河]娘龍村常龍周户譜牒　常龍周背誦　陳祖明搜集　2011年雲南民族出版社排印本　合册　哈漢雙文並註國際音標

該户屬"區"宗支。一世祖算米月。本譜内容爲世系,至忠成凡六十一世。

本譜載於《哈尼族口傳文化譯註全集》第十八卷《紅河州哈尼族譜牒(九)》

[雲南紅河]娘龍村郭高博户譜牒　郭高博背誦　陳祖明搜集　2011年雲南民族出版社排印本　合册　哈漢雙文並註國際音標

該户屬"區"宗支。一世祖算米月。本譜内容爲世系,至周言凡六十一世。

本譜載於《哈尼族口傳文化譯註全集》第十八卷《紅河州哈尼族譜牒(九)》

[雲南紅河]娘龍村李祖周户譜牒　李祖周背誦　陳祖明搜集　2011年雲南民族出版社排印本　合册　哈漢雙文並註國際音標

該户屬"區"宗支。一世祖算米月。本譜内容爲世系,至郭生凡六十三世。

本譜載於《哈尼族口傳文化譯註全集》第十八卷《紅河州哈尼族譜牒(九)》

[雲南紅河]格龍村李周博户譜牒　李周博背誦　陳祖明搜集　2011年雲南民族出版社排印本　合册　哈漢雙文並註國際音標

該户屬"區"宗支。一世祖明翁。本譜内容爲世系,至言才凡六十三世。

本譜載於《哈尼族口傳文化譯註全集》第十八卷《紅河州哈尼族譜牒(九)》

[雲南紅河]仁龍村吴周博户譜牒　吴周博背誦　陳祖明搜集　2011年雲南民族出版社排印本　合册　哈漢雙文並註國際音標

該户屬"區"宗支。一世祖明翁。本譜内容爲世系,至正發凡六十三世。

本譜載於《哈尼族口傳文化譯註全集》第十八卷《紅河州哈尼族譜牒(九)》

[雲南紅河]仁龍村李書三户譜牒　李書三背誦　陳祖明搜集　2011年雲南民族出版社排印本

合册　哈漢雙文並註國際音標

該户屬“區”宗支。一世祖算米月。本譜内容爲世系,至書娘凡五十七世。

本譜載於《哈尼族口傳文化譯註全集》第十八卷《紅河州哈尼族譜牒(九)》

[雲南紅河]規遮村吴六博户譜牒　吴六博背誦　陳祖明搜集　2011年雲南民族出版社排印本合册　哈漢雙文並註國際音標

該户屬“區”宗支。一世祖明翁。始遷祖第三十八世忠建自紅河縣寶華鄉格龍村遷入。本譜内容爲世系,至批安凡六十一世。

本譜載於《哈尼族口傳文化譯註全集》第十八卷《紅河州哈尼族譜牒(九)》

[雲南紅河]規遮村龍博周户譜牒　龍博周背誦　陳祖明搜集　2011年雲南民族出版社排印本合册　哈漢雙文並註國際音標

該户屬“奕車”宗支。一世祖算明月。始遷祖第五十一世黑見自紅河縣車古鄉哈垤村遷至寶華鄉龍甲村境内的“雷宗紅特”(哈尼語地名),終遷本村。本譜内容爲世系,至周生凡六十一世。

本譜載於《哈尼族口傳文化譯註全集》第十八卷《紅河州哈尼族譜牒(九)》

[雲南紅河]規普村吴三博户譜牒　吴三博背誦　陳祖明搜集　2011年雲南民族出版社排印本合册　哈漢雙文並註國際音標

該户屬“區”宗支。一世祖咪翁。本譜内容爲世系,至博周凡六十四世。

本譜載於《哈尼族口傳文化譯註全集》第十八卷《紅河州哈尼族譜牒(九)》

[雲南紅河]達普村胡三舉户譜牒　胡三舉背誦　陳祖明搜集　2011年雲南民族出版社排印本合册　哈漢雙文並註國際音標

該户屬“區”宗支。一世祖明翁。始遷祖第四十九世毛六自紅河縣寶華鄉作夫村遷入。本譜内容爲世系,至萬成凡六十六世。

本譜載於《哈尼族口傳文化譯註全集》第十八卷《紅河州哈尼族譜牒(九)》

[雲南紅河]達普村瞿幹博户譜牒　瞿幹博背誦　陳祖明搜集　2011年雲南民族出版社排印本合册　哈漢雙文並註國際音標

該户屬“區”宗支。一世祖明翁。始遷祖第四十五世奇孟自紅河縣寶華鄉作夫村遷入。本譜内容爲世系,至六周凡六十六世。

本譜載於《哈尼族口傳文化譯註全集》第十八卷《紅河州哈尼族譜牒(九)》

[雲南紅河]達普村許見娘户譜牒　許見娘背誦　陳祖明搜集　2011年雲南民族出版社排印本合册　哈漢雙文並註國際音標

該户屬“區”宗支。一世祖明翁。本譜内容爲世系,至都三凡六十九世。

本譜載於《哈尼族口傳文化譯註全集》第十八卷《紅河州哈尼族譜牒(九)》

[雲南紅河]美德村吴家明户譜牒　吴家明背誦　陳祖明搜集　2011年雲南民族出版社排印本合册　哈漢雙文並註國際音標

一世祖明翁。本譜内容爲世系,至家榮凡六十六世。

本譜載於《哈尼族口傳文化譯註全集》第十八卷《紅河州哈尼族譜牒(九)》

[雲南紅河]美德村普生四户譜牒　普生四背誦　陳祖明搜集　2011年雲南民族出版社排印本合册　哈漢雙文並註國際音標

一世祖算米月。本譜内容爲世系,至普財凡五十五世。

本譜載於《哈尼族口傳文化譯註全集》第十八卷《紅河州哈尼族譜牒(九)》

[雲南紅河]美德村常然周户譜牒　常然周背誦　陳祖明搜集　2011年雲南民族出版社排印本合册　哈漢雙文並註國際音標

該户屬“區”宗支。一世祖算米月。本譜内容爲世系,至最呼凡五十九世。

本譜載於《哈尼族口傳文化譯註全集》第十八卷《紅河州哈尼族譜牒(九)》

[雲南紅河]美德村楊紅都户譜牒 楊紅都背誦 陳祖明搜集 2011年雲南民族出版社排印本 合册 哈漢雙文並註國際音標

該户屬"資某"宗支。一世祖算米月。本譜内容爲世系,至書保凡五十六世。

本譜載於《哈尼族口傳文化譯註全集》第十八卷《紅河州哈尼族譜牒(九)》

[雲南紅河]美德村許文祥户譜牒 許文祥背誦 陳祖明搜集 2011年雲南民族出版社排印本 合册 哈漢雙文並註國際音標

該户屬"區"宗支。一世祖算米月。本譜内容爲世系,至志光凡六十世。

本譜載於《哈尼族口傳文化譯註全集》第十八卷《紅河州哈尼族譜牒(九)》

[雲南紅河]茨東村吴貴周户譜牒 吴貴周背誦 陳祖明搜集 2011年雲南民族出版社排印本 合册 哈漢雙文並註國際音標

該户屬"區"宗支。一世祖區。本譜内容爲世系,至文華凡三十七世。

本譜載於《哈尼族口傳文化譯註全集》第十八卷《紅河州哈尼族譜牒(九)》

[雲南紅河]俄垤村李博幹户譜牒 李博幹背誦 陳祖明搜集 2011年雲南民族出版社排印本 合册 哈漢雙文並註國際音標

該户屬"區"宗支。一世祖區。本譜内容爲世系,至博幹凡三十三世。

本譜載於《哈尼族口傳文化譯註全集》第十八卷《紅河州哈尼族譜牒(九)》

[雲南紅河]俄垤村胡毛周户譜牒 胡毛周背誦 陳祖明搜集 2011年雲南民族出版社排印本 合册 哈漢雙文並註國際音標

該户屬"區"宗支。一世祖區。本譜内容爲世系,至娘三凡三十三世。

本譜載於《哈尼族口傳文化譯註全集》第十八卷《紅河州哈尼族譜牒(九)》

[雲南紅河]俄垤上寨李博三户譜牒 李博三背誦 陳祖明搜集 2011年雲南民族出版社排印本 合册 哈漢雙文並註國際音標

該户屬"區"宗支。一世祖區。本譜内容爲世系,至博三凡三十二世。

本譜載於《哈尼族口傳文化譯註全集》第十八卷《紅河州哈尼族譜牒(九)》

[雲南紅河]蘇們村李周龍户譜牒 李周龍背誦 陳祖明搜集 2011年雲南民族出版社排印本 合册 哈漢雙文並註國際音標

該户屬"區"宗支。一世祖算明月。始遷祖第三十四世澤尼自紅河縣寶華鄉普施村遷入。本譜内容爲世系,至周龍凡五十二世。

本譜載於《哈尼族口傳文化譯註全集》第十八卷《紅河州哈尼族譜牒(九)》

[雲南紅河]普施上寨村李然呼户譜牒 李然呼背誦 陳祖明搜集 2011年雲南民族出版社排印本 合册 哈漢雙文並註國際音標

該户屬"區"宗支。一世祖算明月。本譜内容爲世系,至然呼凡五十世。

本譜載於《哈尼族口傳文化譯註全集》第十八卷《紅河州哈尼族譜牒(九)》

[雲南紅河]普施下寨石斗礎户譜牒 石斗礎背誦 陳祖明搜集 2011年雲南民族出版社排印本 合册 哈漢雙文並註國際音標

該户屬"奕車"宗支。一世祖明敵敵臘。本譜内容爲世系,至斗礎凡七十三世。

本譜載於《哈尼族口傳文化譯註全集》第十八卷《紅河州哈尼族譜牒(九)》

[雲南紅河]吉垤龍們村李都呼户譜牒 李都呼背誦 陳祖明搜集 2011年雲南民族出版社排印本 合册 哈漢雙文並註國際音標

該户屬"奕車"宗支。一世祖算明月。本譜内容爲世系,至都呼凡五十九世。

本譜載於《哈尼族口傳文化譯註全集》第十八卷《紅河州哈尼族譜牒(九)》

[雲南紅河]吉埡龍們村許幹周户譜牒 許幹周背誦 陳祖明搜集 2011年雲南民族出版社排印本 合册 哈漢雙文並註國際音標

該户屬"區"宗支。一世祖算明月。本譜内容爲世系,至幹周凡六十二世。

本譜載於《哈尼族口傳文化譯註全集》第十八卷《紅河州哈尼族譜牒(九)》

[雲南紅河]規埡海上寨李周紅户譜牒 李都呼背誦 陳祖明搜集 2011年雲南民族出版社排印本 合册 哈漢雙文並註國際音標

該户屬"區"宗支。一世祖明敵敵臘。始遷祖第六十五世奥可自紅河縣寶華鄉作夫村委會遷至俄埡村,再遷本村。本譜内容爲世系,至武成凡八十世。

本譜載於《哈尼族口傳文化譯註全集》第十八卷《紅河州哈尼族譜牒(九)》

[雲南紅河]規埡海上寨諾魯三户譜牒 諾魯三背誦 陳祖明搜集 2011年雲南民族出版社排印本 合册 哈漢雙文並註國際音標

該户屬"區"宗支。一世祖算明月。始遷祖第三十七世龍干自紅河縣甲寅鄉龍美村委會遷入。本譜内容爲世系,至三機凡四十二世。

本譜載於《哈尼族口傳文化譯註全集》第十八卷《紅河州哈尼族譜牒(九)》

[雲南紅河]規埡海村普結有户譜牒 普結有背誦 陳祖明搜集 2011年雲南民族出版社排印本 合册 哈漢雙文並註國際音標

一世祖算明月。本譜内容爲世系,至祖立發凡四十九世。

本譜載於《哈尼族口傳文化譯註全集》第十八卷《紅河州哈尼族譜牒(九)》

[雲南紅河]規埡海下寨吴都博户譜牒 吴都博背誦 陳祖明搜集 2011年雲南民族出版社排印本 合册 哈漢雙文並註國際音標

該户屬"區"宗支。一世祖算明月。本譜内容爲世系,至博思凡八十一世。

本譜載於《哈尼族口傳文化譯註全集》第十八卷《紅河州哈尼族譜牒(九)》

[雲南紅河]達依村胡周呼户譜牒 胡周呼背誦 陳祖明搜集 2011年雲南民族出版社排印本 合册 哈漢雙文並註國際音標

一世祖區。始遷祖第二十六世秋三自紅河縣寶華鄉作夫村遷入。本譜内容爲世系,至三周凡三十二世。

本譜載於《哈尼族口傳文化譯註全集》第十八卷《紅河州哈尼族譜牒(九)》

[雲南紅河]期埡村胡勒三户譜牒 胡勒三背誦 陳祖明搜集 2011年雲南民族出版社排印本 合册 哈漢雙文並註國際音標

一世祖算咪月。本譜内容爲世系,至高福凡六十世。

本譜載於《哈尼族口傳文化譯註全集》第十八卷《紅河州哈尼族譜牒(九)》

[雲南紅河]期埡村吴忠三户譜牒 吴忠三背誦 陳祖明搜集 2011年雲南民族出版社排印本 合册 哈漢雙文並註國際音標

一世祖明翁。本譜内容爲世系,至三福凡六十五世。

本譜載於《哈尼族口傳文化譯註全集》第十八卷《紅河州哈尼族譜牒(九)》

[雲南紅河]期埡上寨吴周博户譜牒 吴周博背誦 陳祖明搜集 2011年雲南民族出版社排印本 合册 哈漢雙文並註國際音標

該户屬"區"宗支。一世祖區。本譜内容爲世系,至周博凡三十五世。

本譜載於《哈尼族口傳文化譯註全集》第十八卷《紅河州哈尼族譜牒(九)》

[雲南紅河]期垤下寨郭斗三户譜牒　郭斗三背誦　陳祖明搜集　2011年雲南民族出版社排印本　合册　哈漢雙文並註國際音標

該户屬"區"宗支。一世祖區。本譜内容爲世系,至三礎凡三十四世。

本譜載於《哈尼族口傳文化譯註全集》第十八卷《紅河州哈尼族譜牒(九)》

[雲南紅河]期垤下寨常都博户譜牒　常都博背誦　陳祖明搜集　2011年雲南民族出版社排印本　合册　哈漢雙文並註國際音標

該户屬"區"宗支。一世祖區月。本譜内容爲世系,至宗周凡三十四世。

本譜載於《哈尼族口傳文化譯註全集》第十八卷《紅河州哈尼族譜牒(九)》

[雲南紅河]作夫村胡幹成户譜牒　胡幹成背誦　陳祖明搜集　2011年雲南民族出版社排印本　合册　哈漢雙文並註國際音標

該户屬"區"宗支。一世祖算咪月。本譜内容爲世系,至去周凡五十三世。

本譜載於《哈尼族口傳文化譯註全集》第十八卷《紅河州哈尼族譜牒(九)》

[雲南紅河]作夫村吴周後户譜牒　吴周後背誦　陳祖明搜集　2011年雲南民族出版社排印本　合册　哈漢雙文並註國際音標

該户屬"區"宗支。一世祖明翁。本譜内容爲世系,至除周凡七十世。

本譜載於《哈尼族口傳文化譯註全集》第十八卷《紅河州哈尼族譜牒(九)》

[雲南紅河]龍普村下寨李波五户譜牒　李波五背誦　陳祖明搜集　2011年雲南民族出版社排印本　合册　哈漢雙文並註國際音標

該户屬"資歐"宗支。一世祖明翁。本譜内容爲世系,至五三凡六十四世。

本譜載於《哈尼族口傳文化譯註全集》第十八卷《紅河州哈尼族譜牒(九)》

[雲南紅河]瑪普村郭約礎户譜牒　郭約礎背誦　陳祖明搜集　2011年雲南民族出版社排印本　合册　哈漢雙文並註國際音標

該户屬"區"宗支。一世祖算咪月。本譜内容爲世系,至礎三凡六十二世。

本譜載於《哈尼族口傳文化譯註全集》第十八卷《紅河州哈尼族譜牒(九)》

[雲南紅河]洛恩上寨陳和克户譜牒　陳和克背誦　陳祖明搜集　2011年雲南民族出版社排印本　合册　哈漢雙文並註國際音標

該户屬"區"宗支。一世祖算咪月。始遷祖第五十一世榮斗自紅河縣洛恩鄉娘普村遷入。本譜内容爲世系,至沖仰凡六十二世。

本譜載於《哈尼族口傳文化譯註全集》第十八卷《紅河州哈尼族譜牒(九)》

[雲南紅河]洛恩下寨陳然樂户譜牒　陳然樂背誦　陳祖明搜集　2011年雲南民族出版社排印本　合册　哈漢雙文並註國際音標

該户屬"區"宗支。一世祖算咪月。本譜内容爲世系,至然樂凡六十一世。

本譜載於《哈尼族口傳文化譯註全集》第十八卷《紅河州哈尼族譜牒(九)》

[雲南紅河]塔朋村白宗博户譜牒　白宗博背誦　陳祖明搜集　2011年雲南民族出版社排印本　合册　哈漢雙文並註國際音標

一世祖博沖。始遷祖第二世沖呼自紅河縣甲寅鄉緑樹格村遷入。本譜内容爲世系,至博福凡十一世。

本譜載於《哈尼族口傳文化譯註全集》第十八卷《紅河州哈尼族譜牒(九)》

[雲南紅河]夫龍村瞿美博户譜牒　瞿美博背誦　陳祖明搜集　2011年雲南民族出版社排印本　合册　哈漢雙文並註國際音標

該户屬"區"宗支。一世祖算咪月。本譜内容爲世系,至周斗凡六十二世。

本譜載於《哈尼族口傳文化譯註全集》第十八

卷《紅河州哈尼族譜牒(九)》

[雲南紅河]夫龍普施瞿坡龍户譜牒 瞿坡龍背誦 陳祖明搜集 2011年雲南民族出版社排印本 合册 哈漢雙文並註國際音標

該户屬“區”宗支。一世祖算咪月。始遷祖第三十世確古自紅河縣寶華鄉“阿皮區普思”(哈尼語地名,今洛恐尖山)遷至洛恩鄉多腳村委會境内“咪翁阿普”(哈尼語地名),後遷至茨農村委會妥昆村“普雨”(哈尼語地名),終遷本村。本譜内容爲世系,至呼發凡六十一世。

本譜載於《哈尼族口傳文化譯註全集》第十八卷《紅河州哈尼族譜牒(九)》

[雲南紅河]美俄村陳周礎户譜牒 陳周礎背誦 陳祖明搜集 2011年雲南民族出版社排印本 合册 哈漢雙文並註國際音標

該户屬“區”宗支。一世祖算咪月。本譜内容爲世系,至周斗凡五十九世。

本譜載於《哈尼族口傳文化譯註全集》第十八卷《紅河州哈尼族譜牒(九)》

[雲南紅河]多腳村馬最坡户譜牒 馬最坡背誦 陳祖明搜集 2011年雲南民族出版社排印本 合册 哈漢雙文並註國際音標

該户屬“區”宗支。一世祖算咪月。本譜内容爲世系,至最坡凡六十世。

本譜載於《哈尼族口傳文化譯註全集》第十八卷《紅河州哈尼族譜牒(九)》

[雲南紅河]多腳新寨村陳呼沖户譜牒 陳呼沖背誦 陳祖明搜集 2011年雲南民族出版社排印本 合册 哈漢雙文並註國際音標

該户屬“區”宗支。一世祖算咪月。本譜内容爲世系,至礎牛凡五十八世。

本譜載於《哈尼族口傳文化譯註全集》第十八卷《紅河州哈尼族譜牒(九)》

[雲南紅河]妥垤村李仰忠户譜牒 李仰忠背誦 陳祖明搜集 2011年雲南民族出版社排印本 合册 哈漢雙文並註國際音標

該户屬“資謀”宗支。一世祖母毛。本譜内容爲世系,至忠福凡六十三世。

本譜載於《哈尼族口傳文化譯註全集》第十八卷《紅河州哈尼族譜牒(九)》

[雲南紅河]娘垤村李仰幹户譜牒 李仰幹背誦 陳祖明搜集 2011年雲南民族出版社排印本 合册 哈漢雙文並註國際音標

該户屬“區”宗支。一世祖算咪月。本譜内容爲世系,至幹斗凡六十世。

本譜載於《哈尼族口傳文化譯註全集》第十八卷《紅河州哈尼族譜牒(九)》

[雲南紅河]格普村馬澤呼户譜牒 馬澤呼背誦 陳祖明搜集 2011年雲南民族出版社排印本 合册 哈漢雙文並註國際音標

該户屬“區”宗支。一世祖算咪月。本譜内容爲世系,至呼保凡六十一世。

本譜載於《哈尼族口傳文化譯註全集》第十八卷《紅河州哈尼族譜牒(九)》

[雲南紅河]蘇紅村李紅然户譜牒 李紅然背誦 陳祖明搜集 2011年雲南民族出版社排印本 合册 哈漢雙文並註國際音標

該户屬“資謀”宗支。一世祖母毛。本譜内容爲世系,至最三凡六十世。

本譜載於《哈尼族口傳文化譯註全集》第十八卷《紅河州哈尼族譜牒(九)》

[雲南紅河]臺安村楊幹周户譜牒 楊幹周背誦 陳祖明搜集 2011年雲南民族出版社排印本 合册 哈漢雙文並註國際音標

該户屬“區”宗支。一世祖算咪月。本譜内容爲世系,至幹最凡五十九世。

本譜載於《哈尼族口傳文化譯註全集》第十八卷《紅河州哈尼族譜牒(九)》

[雲南紅河]茨孔上寨村陳然舉户譜牒 陳然舉背誦 陳祖明搜集 2011年雲南民族出版社排

印本 合册 哈漢雙文並註國際音標

該户屬"區"宗支。一世祖算咪月。本譜内容爲世系,至舉忠凡六十一世。

本譜載於《哈尼族口傳文化譯註全集》第十八卷《紅河州哈尼族譜牒(九)》

[雲南紅河]茨孔上寨村何舉普户譜牒 何舉普背誦 陳祖明搜集 2011年雲南民族出版社排印本 合册 哈漢雙文並註國際音標

該户屬"區"宗支。一世祖算咪月。本譜内容爲世系,至舉普凡六十六世。

本譜載於《哈尼族口傳文化譯註全集》第十八卷《紅河州哈尼族譜牒(九)》

[雲南紅河]王溝村楊保普户譜牒 楊保普背誦 陳祖明搜集 2011年雲南民族出版社排印本 合册 哈漢雙文並註國際音標

該户屬"區"宗支。一世祖算咪月。本譜内容爲世系,至普忠凡六十三世。

本譜載於《哈尼族口傳文化譯註全集》第十八卷《紅河州哈尼族譜牒(九)》

[雲南紅河]同洛村李周保户譜牒 李周保背誦 陳祖明搜集 2011年雲南民族出版社排印本 合册 哈漢雙文並註國際音標

一世祖謀王。本譜内容爲世系,至周保凡六十九世。

本譜載於《哈尼族口傳文化譯註全集》第十八卷《紅河州哈尼族譜牒(九)》

[雲南紅河]期瑪村何忠克户譜牒 何忠克背誦 陳祖明搜集 2011年雲南民族出版社排印本 合册 哈漢雙文並註國際音標

該户屬"區"宗支。一世祖算咪月。本譜内容爲世系,至忠克凡六十六世。

本譜載於《哈尼族口傳文化譯註全集》第十八卷《紅河州哈尼族譜牒(九)》

[雲南紅河]妥昆村楊呼澤户譜牒 楊呼澤背誦 陳祖明搜集 2011年雲南民族出版社排印本 合册 哈漢雙文並註國際音標

該户屬"區"宗支。一世祖算咪月。本譜内容爲世系,至呼成凡六十五世。

本譜載於《哈尼族口傳文化譯註全集》第十八卷《紅河州哈尼族譜牒(九)》

[雲南紅河]東普村陶幹歐户譜牒 陶幹歐背誦 陳祖明搜集 2011年雲南民族出版社排印本 合册 哈漢雙文並註國際音標

該户屬"區"宗支。一世祖算咪月。本譜内容爲世系,至歐澤凡五十七世。

本譜載於《哈尼族口傳文化譯註全集》第十八卷《紅河州哈尼族譜牒(九)》

[雲南紅河]娘宗村陳票成户譜牒 陳票成背誦 陳祖明搜集 2011年雲南民族出版社排印本 合册 哈漢雙文並註國際音標

該户屬"車普"宗支。一世祖伍王。本譜内容爲世系,至票成凡六十五世。

本譜載於《哈尼族口傳文化譯註全集》第十八卷《紅河州哈尼族譜牒(九)》

[雲南紅河]車瑪村李澤斗户譜牒 李澤斗背誦 陳祖明搜集 2011年雲南民族出版社排印本 合册 哈漢雙文並註國際音標

該户屬"資歐"宗支。一世祖母翁。本譜内容爲世系,至斗們凡六十四世。

本譜載於《哈尼族口傳文化譯註全集》第十八卷《紅河州哈尼族譜牒(九)》

[雲南紅河]車瑪村李來周户譜牒 李來周背誦 陳祖明搜集 2011年雲南民族出版社排印本 合册 哈漢雙文並註國際音標

該户屬"資歐"宗支。一世祖母翁。本譜内容爲世系,至周最凡八十一世。

本譜載於《哈尼族口傳文化譯註全集》第十八卷《紅河州哈尼族譜牒(九)》

[雲南紅河]妥普村李斗呼户譜牒 李斗呼背誦 陳祖明搜集 2011年雲南民族出版社排印本

合册　哈漢雙文並註國際音標

該户屬"資歐"宗支。一世祖母奥。本譜内容爲世系,至呼洛凡六十世。

本譜載於《哈尼族口傳文化譯註全集》第十八卷《紅河州哈尼族譜牒(九)》

[雲南紅河]索瑪村李周然户譜牒　李周然背誦　陳祖明搜集　2011 年雲南民族出版社排印本　合册　哈漢雙文並註國際音標

該户屬"區"宗支。一世祖母噢。本譜内容爲世系,至然歐凡五十三世。

本譜載於《哈尼族口傳文化譯註全集》第十八卷《紅河州哈尼族譜牒(九)》

[雲南紅河]冷軟村楊歐克户譜牒　楊歐克背誦　陳祖明搜集　2011 年雲南民族出版社排印本　合册　哈漢雙文並註國際音標

該户屬"區"宗支。一世祖母噢。本譜内容爲世系,至歐克凡六十七世。

本譜載於《哈尼族口傳文化譯註全集》第十八卷《紅河州哈尼族譜牒(九)》

[雲南紅河]朋洛村李周沖户譜牒　李周沖背誦　陳祖明搜集　2011 年雲南民族出版社排印本　合册　哈漢雙文並註國際音標

該户屬"區"宗支。一世祖思咪月。本譜内容爲世系,至沖發凡五十六世。

本譜載於《哈尼族口傳文化譯註全集》第十八卷《紅河州哈尼族譜牒(九)》

[雲南紅河]規東村李娘周户譜牒　李娘周背誦　陳祖明搜集　2011 年雲南民族出版社排印本　合册　哈漢雙文並註國際音標

該户屬"區"宗支。一世祖思咪月。本譜内容爲世系,至娘周凡六十八世。

本譜載於《哈尼族口傳文化譯註全集》第十八卷《紅河州哈尼族譜牒(九)》

[雲南紅河]仁東村李普博户譜牒　李普博背誦　陳祖明搜集　2011 年雲南民族出版社排印本　合册　哈漢雙文並註國際音標

該户屬"區考"宗支。一世祖算女。本譜内容爲世系,至博忠凡五十一世。

本譜載於《哈尼族口傳文化譯註全集》第十八卷《紅河州哈尼族譜牒(九)》

[雲南紅河]阿東村陳舉三户譜牒　陳舉三背誦　陳祖明搜集　2011 年雲南民族出版社排印本　合册　哈漢雙文並註國際音標

該户屬"資歐"宗支。一世祖娘見。本譜内容爲世系,至舉三凡三十一世。

本譜載於《哈尼族口傳文化譯註全集》第十八卷《紅河州哈尼族譜牒(九)》

[雲南紅河]坡則村李幹周户譜牒　李幹周背誦　陳祖明搜集　2011 年雲南民族出版社排印本　合册　哈漢雙文並註國際音標

該户屬"歐考"宗支。一世祖算女。本譜内容爲世系,至周四凡五十世。

本譜載於《哈尼族口傳文化譯註全集》第十八卷《紅河州哈尼族譜牒(九)》

[雲南紅河]嘎達村李斗礎户譜牒　李斗礎背誦　陳祖明搜集　2011 年雲南民族出版社排印本　合册　哈漢雙文並註國際音標

該户屬"資歐"宗支。一世祖母噢。始遷祖第三十五世歐俄自元江縣遷入。本譜内容爲世系,至礎歐凡五十世。

本譜載於《哈尼族口傳文化譯註全集》第十八卷《紅河州哈尼族譜牒(九)》

[雲南紅河]俄措村李娘歐户譜牒　李娘歐背誦　陳祖明搜集　2011 年雲南民族出版社排印本　合册　哈漢雙文並註國際音標

該户屬"資歐"宗支。一世祖母噢。始遷祖第三十五世歐俄自元江縣遷入。本譜内容爲世系,至歐普凡六十四世。

本譜載於《哈尼族口傳文化譯註全集》第十八卷《紅河州哈尼族譜牒(九)》

[雲南紅河]拉博村楊礎發户譜牒　楊礎發背誦　陳祖明搜集　2011年雲南民族出版社排印本　合册　哈漢雙文並註國際音標

該户屬"仰恩"宗支。一世祖算女。本譜内容爲世系,至礎發凡二十八世。

本譜載於《哈尼族口傳文化譯註全集》第十八卷《紅河州哈尼族譜牒(九)》

[雲南紅河]樟達村楊歐中户譜牒　楊歐中背誦　陳祖明搜集　2011年雲南民族出版社排印本　合册　哈漢雙文並註國際音標

一世祖算女。本譜内容爲世系,至忠周凡六十二世。

本譜載於《哈尼族口傳文化譯註全集》第十八卷《紅河州哈尼族譜牒(九)》

[雲南紅河]達樹普施村普登呼户譜牒　普登呼背誦　陳祖明搜集　2011年雲南民族出版社排印本　合册　哈漢雙文並註國際音標

一世祖算女。本譜内容爲世系,至普上凡四十八世。

本譜載於《哈尼族口傳文化譯註全集》第十八卷《紅河州哈尼族譜牒(九)》

[雲南紅河]達樹普施村普呼普户譜牒　普呼普背誦　陳祖明搜集　2011年雲南民族出版社排印本　合册　哈漢雙文並註國際音標

一世祖算女。本譜内容爲世系,至普上凡四十九世。

本譜載於《哈尼族口傳文化譯註全集》第十八卷《紅河州哈尼族譜牒(九)》

[雲南紅河]莫垤村王讓三户譜牒　王讓三背誦　陳祖明搜集　2011年雲南民族出版社排印本　合册　哈漢雙文並註國際音標

一世祖算女。本譜内容爲世系,至三福凡四十八世。

本譜載於《哈尼族口傳文化譯註全集》第十八卷《紅河州哈尼族譜牒(九)》

[雲南紅河]莫垤村王舉中户譜牒　普登呼背誦　陳祖明搜集　2011年雲南民族出版社排印本　合册　哈漢雙文並註國際音標

一世祖算女。本譜内容爲世系,至沖紅凡四十九世。

本譜載於《哈尼族口傳文化譯註全集》第十八卷《紅河州哈尼族譜牒(九)》

[雲南紅河]棕瑪河村石克忠户譜牒　石克忠背誦　陳祖明搜集　2011年雲南民族出版社排印本　合册　哈漢雙文並註國際音標

一世祖算女。本譜内容爲世系,至克中凡五十七世。

本譜載於《哈尼族口傳文化譯註全集》第十八卷《紅河州哈尼族譜牒(九)》

[雲南紅河]作咪村陳六周户譜牒　陳六周背誦　陳祖明搜集　2011年雲南民族出版社排印本　合册　哈漢雙文並註國際音標

該户屬"車普"宗支。一世祖伍王。本譜内容爲世系,至周斗凡七十世。

本譜載於《哈尼族口傳文化譯註全集》第十八卷《紅河州哈尼族譜牒(九)》

[雲南紅河]普咪新寨村陳龍舉户譜牒　陳龍舉背誦　陳祖明搜集　2011年雲南民族出版社排印本　合册　哈漢雙文並註國際音標

該户屬"車普"宗支。一世祖伍王。本譜内容爲世系,至沖保凡六十九世。

本譜載於《哈尼族口傳文化譯註全集》第十八卷《紅河州哈尼族譜牒(九)》

[雲南紅河]普咪上寨村陳幹燈户譜牒　陳幹燈背誦　陳祖明搜集　2011年雲南民族出版社排印本　合册　哈漢雙文並註國際音標

該户屬"奕車"宗支。一世祖伍王。本譜内容爲世系,至幹燈凡六十八世。

本譜載於《哈尼族口傳文化譯註全集》第十八卷《紅河州哈尼族譜牒(九)》

[雲南紅河]紅然村陳澤忠户譜牒　陳澤忠背誦　陳祖明搜集　2011 年雲南民族出版社排印本　合册　哈漢雙文並註國際音標

該户屬"奕車"宗支。一世祖伍王。本譜内容爲世系,至忠周凡六十六世。

本譜載於《哈尼族口傳文化譯註全集》第十八卷《紅河州哈尼族譜牒(九)》

[雲南紅河]紅然村趙氏家族譜系　佚名念誦　楊六金記録　2008 年中國大百科全書出版社排印本　合册

哈尼語哈雅方言家譜。流傳於雲南省紅河縣。本譜所載僅爲世系,自第一世木翁至礎周凡六十二世。

本譜載於《中國少數民族古籍總目提要・哈尼族卷》

[雲南紅河]紅然村趙氏家族譜系　佚名念誦　楊六金記録　2005 年民族出版社排印本　合册　哈漢雙文

參見上條。本譜所載僅爲世系,自第一世木翁至礎周凡五十五世,與上條世系略有出入。

本譜載於《紅河哈尼族譜牒》

[雲南紅河]紅然村趙呼礎户譜牒　趙呼礎背誦　陳祖明搜集　2011 年雲南民族出版社排印本　合册　哈漢雙文並註國際音標

一世祖木翁。本譜内容爲世系,至礎周凡六十一世。

本譜載於《哈尼族口傳文化譯註全集》第十八卷《紅河州哈尼族譜牒(九)》

[雲南紅河]紅然下寨村李普克户譜牒　陳澤忠背誦　陳祖明搜集　2011 年雲南民族出版社排印本　合册　哈漢雙文並註國際音標

該户屬"車普"宗支。一世祖伍王。本譜内容爲世系,至克娘凡六十四世。

本譜載於《哈尼族口傳文化譯註全集》第十八卷《紅河州哈尼族譜牒(九)》

[雲南紅河]紅然下寨村陳仰周户譜牒　陳仰周背誦　陳祖明搜集　2011 年雲南民族出版社排印本　合册　哈漢雙文並註國際音標

該户屬"車普"宗支。一世祖烏奥。本譜内容爲世系,至仰周凡六十六世。

本譜載於《哈尼族口傳文化譯註全集》第十八卷《紅河州哈尼族譜牒(九)》

[雲南紅河]紅然上寨村李偉坡户譜牒　李偉坡背誦　陳祖明搜集　2011 年雲南民族出版社排印本　合册　哈漢雙文並註國際音標

該户屬"資謀"宗支。一世祖烏奥。本譜内容爲世系,至坡發凡七十四世。

本譜載於《哈尼族口傳文化譯註全集》第十八卷《紅河州哈尼族譜牒(九)》

[雲南紅河]朋普村李成幹户譜牒　李成幹背誦　陳祖明搜集　2011 年雲南民族出版社排印本　合册　哈漢雙文並註國際音標

該户屬"車普"宗支。一世祖伍王。本譜内容爲世系,至幹舉凡六十八世。

本譜載於《哈尼族口傳文化譯註全集》第十八卷《紅河州哈尼族譜牒(九)》

[雲南紅河]朋普新寨趙普幹户譜牒　趙普幹背誦　陳祖明搜集　2011 年雲南民族出版社排印本　合册　哈漢雙文並註國際音標

一世祖伍王。本譜内容爲世系,至幹票凡五十九世。

本譜載於《哈尼族口傳文化譯註全集》第十八卷《紅河州哈尼族譜牒(九)》

[雲南紅河]哈龍村馬舉其户譜牒　馬舉其背誦　陳祖明搜集　2011 年雲南民族出版社排印本　合册　哈漢雙文並註國際音標

該户屬"區"宗支。一世祖烏奥。本譜内容爲世系,至舉其凡五十七世。

本譜載於《哈尼族口傳文化譯註全集》第十八卷《紅河州哈尼族譜牒(九)》

[雲南紅河]哈龍村李斗舉户譜牒　李斗舉背誦　陳祖明搜集　2011年雲南民族出版社排印本　合册　哈漢雙文並註國際音標

該户屬"區"宗支。一世祖烏奥。本譜内容爲世系,至斗舉凡六十五世。

本譜載於《哈尼族口傳文化譯註全集》第十八卷《紅河州哈尼族譜牒(九)》

[雲南紅河]梭羅村馬呼斗户譜牒　馬呼斗背誦　陳祖明搜集　2011年雲南民族出版社排印本　合册　哈漢雙文並註國際音標

該户屬"車農"宗支。一世祖吾奥。本譜内容爲世系,至呼斗凡五十三世。

本譜載於《哈尼族口傳文化譯註全集》第十八卷《紅河州哈尼族譜牒(九)》

[雲南紅河]壩安村馬貴三户譜牒　馬貴三背誦　陳祖明搜集　2011年雲南民族出版社排印本　合册　哈漢雙文並註國際音標

該户屬"車農"宗支。一世祖吾奥。本譜内容爲世系,至貴沙凡六十五世。

本譜載於《哈尼族口傳文化譯註全集》第十八卷《紅河州哈尼族譜牒(九)》

[雲南紅河]紅果普施村唐朝後户譜牒　唐朝後背誦　陳祖明搜集　2011年雲南民族出版社排印本　合册　哈漢雙文並註國際音標

該户屬"區"宗支。一世祖烏奥。本譜内容爲世系,至洛發凡六十九世。

本譜載於《哈尼族口傳文化譯註全集》第十八卷《紅河州哈尼族譜牒(九)》

[雲南紅河]紅果普施村許普三户譜牒　許普三背誦　陳祖明搜集　2011年雲南民族出版社排印本　合册　哈漢雙文並註國際音標

該户屬"區"宗支。一世祖烏奥。本譜内容爲世系,至們億凡七十世。

本譜載於《哈尼族口傳文化譯註全集》第十八卷《紅河州哈尼族譜牒(九)》

[雲南紅河]機然村李斗幹户譜牒　李斗幹背誦　陳祖明搜集　2011年雲南民族出版社排印本　合册　哈漢雙文並註國際音標

該户屬"架車"宗支。一世祖伍奥。本譜内容爲世系,至干洛凡六十四世。

本譜載於《哈尼族口傳文化譯註全集》第十八卷《紅河州哈尼族譜牒(九)》

[雲南紅河]機然村陳舉後户譜牒　陳舉後背誦　陳祖明搜集　2011年雲南民族出版社排印本　合册　哈漢雙文並註國際音標

該户屬"區"宗支。一世祖許略。本譜内容爲世系,至舉後凡五十一世。

本譜載於《哈尼族口傳文化譯註全集》第十八卷《紅河州哈尼族譜牒(九)》

[雲南紅河]甲寅村錢渺三户譜牒　錢渺三背誦　陳祖明搜集　2011年雲南民族出版社排印本　合册　哈漢雙文並註國際音標

該户屬"孟宗"宗支。一世祖昔摩月。本譜内容爲世系,至渺三凡六十一世。

本譜載於《哈尼族口傳文化譯註全集》第二十卷《紅河州哈尼族譜牒(十一)》

[雲南紅河]甲寅村李博厚户譜牒　李博厚背誦　陳祖明搜集　2011年雲南民族出版社排印本　合册　哈漢雙文並註國際音標

該户屬"區"宗支。一世祖司母月。本譜内容爲世系,至勒卜凡五十六世。

本譜載於《哈尼族口傳文化譯註全集》第二十卷《紅河州哈尼族譜牒(十一)》

[雲南紅河]甲寅村楊慶元户譜牒　楊慶元背誦　陳祖明搜集　2011年雲南民族出版社排印本　合册　哈漢雙文並註國際音標

該户屬"區"宗支。一世祖區乙。本譜内容爲世系,至潤林凡二十八世。

本譜載於《哈尼族口傳文化譯註全集》第二十卷《紅河州哈尼族譜牒(十一)》

[雲南紅河]美東村陳銀龍户譜牒　陳銀龍背誦　陳祖明搜集　2011年雲南民族出版社排印本　合册　哈漢雙文並註國際音標

一世祖侖咱。本譜内容爲世系,至銀龍凡十世。

本譜載於《哈尼族口傳文化譯註全集》第二十卷《紅河州哈尼族譜牒(十一)》

[雲南紅河]美東村陳李艷常户譜牒　陳銀龍背誦　陳祖明搜集　2011年雲南民族出版社排印本　合册　哈漢雙文並註國際音標

該户屬"區"宗支。一世祖算咪月。本譜内容爲世系,至艷常凡五十三世。

本譜載於《哈尼族口傳文化譯註全集》第二十卷《紅河州哈尼族譜牒(十一)》

[雲南紅河]拉車村車沙福户譜牒　車沙福背誦　陳祖明搜集　2011年雲南民族出版社排印本　合册　哈漢雙文並註國際音標

一世祖扭子。本譜内容爲世系,至沙福凡十世。

本譜載於《哈尼族口傳文化譯註全集》第二十卷《紅河州哈尼族譜牒(十一)》

[雲南紅河]老博村錢海泉户譜牒　錢海泉背誦　陳祖明搜集　2011年雲南民族出版社排印本　合册　哈漢雙文並註國際音標

一世祖因。據傳該户原屬漢族。本譜内容爲世系,至海泉凡二十六世。

本譜載於《哈尼族口傳文化譯註全集》第二十卷《紅河州哈尼族譜牒(十一)》

[雲南紅河]老博村許就和户譜牒　許就和背誦　陳祖明搜集　2011年雲南民族出版社排印本　合册　哈漢雙文並註國際音標

一世祖克撒。本譜内容爲世系,至刀去凡十四世。

本譜載於《哈尼族口傳文化譯註全集》第二十卷《紅河州哈尼族譜牒(十一)》

[雲南紅河]期撒村車三普户譜牒　車三普背誦　陳祖明搜集　2011年雲南民族出版社排印本　合册　哈漢雙文並註國際音標

一世祖志神。本譜内容爲世系,至車志龍凡十七世。

本譜載於《哈尼族口傳文化譯註全集》第二十卷《紅河州哈尼族譜牒(十一)》

[雲南紅河]咪田寨村李金發户譜牒　錢海泉背誦　陳祖明搜集　2011年雲南民族出版社排印本　合册　哈漢雙文並註國際音標

該户屬"奕車"宗支。一世祖昔摩月。本譜内容爲世系,至衛學凡五十三世。

本譜載於《哈尼族口傳文化譯註全集》第二十卷《紅河州哈尼族譜牒(十一)》

[雲南紅河]龍美村儂普有户譜牒　儂普有背誦　陳祖明搜集　2011年雲南民族出版社排印本　合册　哈漢雙文並註國際音標

一世祖舉部。本譜内容爲世系,至有萬凡十六世。

本譜載於《哈尼族口傳文化譯註全集》第二十卷《紅河州哈尼族譜牒(十一)》

[雲南紅河]龍美舊寨儂保三户譜牒　儂保三背誦　陳祖明搜集　2011年雲南民族出版社排印本　合册　哈漢雙文並註國際音標

一世祖組努。本譜内容爲世系,至們學凡十四世。

本譜載於《哈尼族口傳文化譯註全集》第二十卷《紅河州哈尼族譜牒(十一)》

[雲南紅河]龍美舊寨儂舉者户譜牒　儂舉者背誦　陳祖明搜集　2011年雲南民族出版社排印本　合册　哈漢雙文並註國際音標

一世祖斗保。本譜内容爲世系,至周葉福凡十二世。

本譜載於《哈尼族口傳文化譯註全集》第二十卷《紅河州哈尼族譜牒(十一)》

[雲南紅河]龍美上寨李者六户譜牒　李者六背誦　陳祖明搜集　2011年雲南民族出版社排印

本　合册　哈漢雙文並註國際音標

一世祖仁紅。本譜内容爲世系，至李傑凡十五世。

本譜載於《哈尼族口傳文化譯註全集》第二十卷《紅河州哈尼族譜牒（十一）》

［雲南紅河］龍美上寨農軌三户譜牒　農軌三背誦　陳祖明搜集　2011 年雲南民族出版社排印本　合册　哈漢雙文並註國際音標

一世祖舉部。本譜内容爲世系，至三全凡十一世。

本譜載於《哈尼族口傳文化譯註全集》第二十卷《紅河州哈尼族譜牒（十一）》

［雲南紅河］壩安村李斗舉户譜牒　李斗舉背誦　陳祖明搜集　2011 年雲南民族出版社排印本　合册　哈漢雙文並註國際音標

一世祖保祖。本譜内容爲世系，至祖興凡十七世。

本譜載於《哈尼族口傳文化譯註全集》第二十卷《紅河州哈尼族譜牒（十一）》

［雲南紅河］壩安村儂保簡户譜牒　儂保簡背誦　陳祖明搜集　2011 年雲南民族出版社排印本　合册　哈漢雙文並註國際音標

一世祖斗苗。本譜内容爲世系，至儂華凡十二世。

本譜載於《哈尼族口傳文化譯註全集》第二十卷《紅河州哈尼族譜牒（十一）》

［雲南紅河］大龍村楊龍斗户譜牒　楊龍斗背誦　陳祖明搜集　2011 年雲南民族出版社排印本　合册　哈漢雙文並註國際音標

一世祖斗然。本譜内容爲世系，至記生凡九世。

本譜載於《哈尼族口傳文化譯註全集》第二十卷《紅河州哈尼族譜牒（十一）》

［雲南紅河］大龍新寨唐軌才户譜牒　唐軌才背誦　陳祖明搜集　2011 年雲南民族出版社排印本　合册　哈漢雙文並註國際音標

一世祖安三。本譜内容爲世系，至才斌凡八世。

本譜載於《哈尼族口傳文化譯註全集》第二十卷《紅河州哈尼族譜牒（十一）》

［雲南紅河］他撒村張魯撒户譜牒　張魯撒背誦　陳祖明搜集　2011 年雲南民族出版社排印本　合册　哈漢雙文並註國際音標

該户屬“區”宗支。一世祖司母月。本譜内容爲世系，至普光凡六十四世。

本譜載於《哈尼族口傳文化譯註全集》第二十卷《紅河州哈尼族譜牒（十一）》

［雲南紅河］他撒村張家壽户譜牒　張家壽背誦　陳祖明搜集　2011 年雲南民族出版社排印本　合册　哈漢雙文並註國際音標

該户屬“區”宗支。一世祖司母月。本譜内容爲世系，至三句凡六十一世。

本譜載於《哈尼族口傳文化譯註全集》第二十卷《紅河州哈尼族譜牒（十一）》

［雲南紅河］他撒村郭宗博户譜牒　郭宗博背誦　陳祖明搜集　2011 年雲南民族出版社排印本　合册　哈漢雙文並註國際音標

該户屬“孟宗”宗支。一世祖米阿叢。本譜内容爲世系，至宗博凡三十八世。

本譜載於《哈尼族口傳文化譯註全集》第二十卷《紅河州哈尼族譜牒（十一）》

［雲南紅河］女草村許幹呼户譜牒　許幹呼背誦　陳祖明搜集　2011 年雲南民族出版社排印本　合册　哈漢雙文並註國際音標

該户屬“區”宗支。一世祖算母月。本譜内容爲世系，至蘭周凡五十一世。

本譜載於《哈尼族口傳文化譯註全集》第二十卷《紅河州哈尼族譜牒（十一）》

［雲南紅河］女草村李爲候户譜牒　李爲候背誦　陳祖明搜集　2011 年雲南民族出版社排印本　合册　哈漢雙文並註國際音標

一世祖算母月。本譜内容爲世系，至爲候凡五十一世。

本譜載於《哈尼族口傳文化譯註全集》第二十卷《紅河州哈尼族譜牒(十一)》

[雲南紅河]娘吉村王里發户譜牒 王里發背誦 陳祖明搜集 2011年雲南民族出版社排印本 合册 哈漢雙文並註國際音標

該户屬"區"宗支。一世祖算母月。本譜内容爲世系,至陸三凡六十世。

本譜載於《哈尼族口傳文化譯註全集》第二十卷《紅河州哈尼族譜牒(十一)》

[雲南紅河]娘吉村郭撤力户譜牒 郭撤力背誦 陳祖明搜集 2011年雲南民族出版社排印本 合册 哈漢雙文並註國際音標

一世祖極旗。本譜内容爲世系,至仁斗凡十四世。

本譜載於《哈尼族口傳文化譯註全集》第二十卷《紅河州哈尼族譜牒(十一)》

[雲南紅河]緑樹格村郭博周户譜牒 郭博周背誦 陳祖明搜集 2011年雲南民族出版社排印本 合册 哈漢雙文並註國際音標

該户屬"區"宗支。一世祖司母月。本譜内容爲世系,至周斗凡五十九世。

本譜載於《哈尼族口傳文化譯註全集》第二十卷《紅河州哈尼族譜牒(十一)》

[雲南紅河]緑樹格村郭龍福户譜牒 郭龍福背誦 陳祖明搜集 2011年雲南民族出版社排印本 合册 哈漢雙文並註國際音標

該户屬"孟宗"宗支。一世祖司母月。本譜内容爲世系,至正偉凡五十一世。

本譜載於《哈尼族口傳文化譯註全集》第二十卷《紅河州哈尼族譜牒(十一)》

[雲南紅河]緑樹格村郭常明户譜牒 郭常明背誦 陳祖明搜集 2011年雲南民族出版社排印本 合册 哈漢雙文並註國際音標

一世祖司母月。本譜内容爲世系,至博斗凡五十二世。

本譜載於《哈尼族口傳文化譯註全集》第二十卷《紅河州哈尼族譜牒(十一)》

[雲南紅河]緑樹格村郭壽才户譜牒 郭壽才背誦 陳祖明搜集 2011年雲南民族出版社排印本 合册 哈漢雙文並註國際音標

一世祖司母月。本譜内容爲世系,至蘭上凡五十世。

本譜載於《哈尼族口傳文化譯註全集》第二十卷《紅河州哈尼族譜牒(十一)》

[雲南紅河]鄧脚村李壽明户譜牒 李壽明背誦 陳祖明搜集 2011年雲南民族出版社排印本 合册 哈漢雙文並註國際音標

該户屬"區"宗支。一世祖算母月。本譜内容爲世系,至平周凡五十三世。

本譜載於《哈尼族口傳文化譯註全集》第二十卷《紅河州哈尼族譜牒(十一)》

[雲南紅河]鄧脚村李橋生户譜牒 李橋生背誦 陳祖明搜集 2011年雲南民族出版社排印本 合册 哈漢雙文並註國際音標

一世祖司母月。本譜内容爲世系,至娘魯凡五十五世。

本譜載於《哈尼族口傳文化譯註全集》第二十卷《紅河州哈尼族譜牒(十一)》

[雲南紅河]浪水村王石幹户譜牒 王石幹背誦 陳祖明搜集 2011年雲南民族出版社排印本 合册 哈漢雙文並註國際音標

一世祖司母月。本譜内容爲世系,至龍周凡五十九世。

本譜載於《哈尼族口傳文化譯註全集》第二十卷《紅河州哈尼族譜牒(十一)》

[雲南紅河]浪水村馬正安户譜牒 馬正安背誦 陳祖明搜集 2011年雲南民族出版社排印本 合册 哈漢雙文並註國際音標

一世祖司明月。本譜内容爲世系,至博期凡六十二世。

本譜載於《哈尼族口傳文化譯註全集》第二十卷《紅河州哈尼族譜牒(十一)》

[雲南紅河]阿撒村許斗博户譜牒　許斗博背誦　陳祖明搜集　2011年雲南民族出版社排印本　合册　哈漢雙文並註國際音標

該户屬"區"宗支。一世祖司母月。本譜内容爲世系,至娘魯凡五十九世。

本譜載於《哈尼族口傳文化譯註全集》第二十卷《紅河州哈尼族譜牒(十一)》

[雲南紅河]阿撒村朱撒斗户譜牒　朱撒斗背誦　陳祖明搜集　2011年雲南民族出版社排印本　合册　哈漢雙文並註國際音標

該户屬"區"宗支。一世祖司母月。始遷祖第二十六世許乙自紅河縣寶華鄉落恐尖山一帶遷入。本譜内容爲世系,至嘎才凡五十七世。

本譜載於《哈尼族口傳文化譯註全集》第二十卷《紅河州哈尼族譜牒(十一)》

[雲南紅河]阿撒村李説者户譜牒　李説者背誦　陳祖明搜集　2011年雲南民族出版社排印本　合册　哈漢雙文並註國際音標

該户屬"區"宗支。一世祖司母月。本譜内容爲世系,至者保凡六十四世。

本譜載於《哈尼族口傳文化譯註全集》第二十卷《紅河州哈尼族譜牒(十一)》

[雲南紅河]阿撒村許三陸户譜牒　許三陸背誦　陳祖明搜集　2011年雲南民族出版社排印本　合册　哈漢雙文並註國際音標

該户屬"區"宗支。一世祖四莫月。始遷祖第五十二世幹周自紅河縣甲寅鄉阿撒下寨遷入。本譜内容爲世系,至三陸凡五十六世。

本譜載於《哈尼族口傳文化譯註全集》第二十卷《紅河州哈尼族譜牒(十一)》

[雲南紅河]阿撒下寨李祖斗户譜牒　李祖斗背誦　陳祖明搜集　2011年雲南民族出版社排印本　合册　哈漢雙文並註國際音標

該户屬"區"宗支。一世祖四莫月。始遷祖第二十九世吨撒自紅河縣甲寅鄉鄧腳村遷入。本譜内容爲世系,至祖斗凡六十二世。

本譜載於《哈尼族口傳文化譯註全集》第二十卷《紅河州哈尼族譜牒(十一)》

[雲南紅河]作夫村李仁周户譜牒　李仁周背誦　陳祖明搜集　2011年雲南民族出版社排印本　合册　哈漢雙文並註國際音標

該户屬"區"宗支。一世祖司母月。本譜内容爲世系,至仁周凡五十世。

本譜載於《哈尼族口傳文化譯註全集》第二十卷《紅河州哈尼族譜牒(十一)》

[雲南紅河]作夫村許建超户譜牒　許建超背誦　陳祖明搜集　2011年雲南民族出版社排印本　合册　哈漢雙文並註國際音標

該户屬"區"宗支。一世祖司母月。本譜内容爲世系,至建超凡五十四世。

本譜載於《哈尼族口傳文化譯註全集》第二十卷《紅河州哈尼族譜牒(十一)》

[雲南紅河]勒宗村李周決户譜牒　李周決背誦　陳祖明搜集　2011年雲南民族出版社排印本　合册　哈漢雙文並註國際音標

該户屬"區"宗支。一世祖司母月。本譜内容爲世系,至周決凡五十七世。

本譜載於《哈尼族口傳文化譯註全集》第二十卷《紅河州哈尼族譜牒(十一)》

[雲南紅河]勒宗村朱克周户譜牒　朱克周背誦　陳祖明搜集　2011年雲南民族出版社排印本　合册　哈漢雙文並註國際音標

該户屬"區"宗支。一世祖司母月。始遷祖第五十一世舉博遷入。本譜内容爲世系,至克周凡五十八世。

本譜載於《哈尼族口傳文化譯註全集》第二十卷《紅河州哈尼族譜牒(十一)》

［雲南紅河］勒宗村許建三户譜牒　許建三背誦　陳祖明搜集　2011 年雲南民族出版社排印本　合册　哈漢雙文並註國際音標

該户屬“區”宗支。一世祖司母月。始遷祖第三十六世平斗自紅河縣甲寅鄉作夫村遷入。本譜内容爲世系,至見周凡四十四世。

本譜載於《哈尼族口傳文化譯註全集》第二十卷《紅河州哈尼族譜牒(十一)》

［雲南紅河］勒宗村李周居户譜牒　李周居背誦　陳祖明搜集　2011 年雲南民族出版社排印本　合册　哈漢雙文並註國際音標

該户屬“區”宗支。一世祖四孟月。始遷祖第五十一世安呼自紅河縣甲寅鄉作夫村遷入。本譜内容爲世系,至周居凡五十八世。

本譜載於《哈尼族口傳文化譯註全集》第二十卷《紅河州哈尼族譜牒(十一)》

［雲南紅河］阿庫村朱最斗户譜牒　朱最斗背誦　陳祖明搜集　2011 年雲南民族出版社排印本　合册　哈漢雙文並註國際音標

該户屬“區”宗支。一世祖四么月。始遷祖第三十二世思清自紅河縣甲寅鄉作夫村遷入。本譜内容爲世系,至最斗凡四十八世。

本譜載於《哈尼族口傳文化譯註全集》第二十卷《紅河州哈尼族譜牒(十一)》

［雲南紅河］阿庫村許最周户譜牒　許最周背誦　陳祖明搜集　2011 年雲南民族出版社排印本　合册　哈漢雙文並註國際音標

該户屬“區”宗支。一世祖許乙。始遷祖第二十七世周龍自紅河縣甲寅鄉作夫村遷入。本譜内容爲世系,至建周凡三十世。

本譜載於《哈尼族口傳文化譯註全集》第二十卷《紅河州哈尼族譜牒(十一)》

［雲南紅河］作窩村李常收户譜牒　李常收背誦　陳祖明搜集　2011 年雲南民族出版社排印本　合册　哈漢雙文並註國際音標

一世祖苗阿。本譜内容爲世系,至發明凡十一世。

本譜載於《哈尼族口傳文化譯註全集》第二十卷《紅河州哈尼族譜牒(十一)》

［雲南紅河］女垤村白沙畢户譜牒　白沙畢背誦　陳祖明搜集　2011 年雲南民族出版社排印本　合册　哈漢雙文並註國際音標

該户原屬漢族。一世祖努昂從。本譜内容爲世系,至才志凡二十八世。

本譜載於《哈尼族口傳文化譯註全集》第二十卷《紅河州哈尼族譜牒(十一)》

［雲南紅河］女垤村張畢斗户譜牒　張畢斗背誦　陳祖明搜集　2011 年雲南民族出版社排印本　合册　哈漢雙文並註國際音標

一世祖區。本譜内容爲世系,至莫陸凡五十九世。

本譜載於《哈尼族口傳文化譯註全集》第二十卷《紅河州哈尼族譜牒(十一)》

［雲南紅河］嘎達村李龍克户譜牒　李龍克背誦　陳祖明搜集　2011 年雲南民族出版社排印本　合册　哈漢雙文並註國際音標

一世祖阿索。始遷祖第九世三斗自紅河縣石頭寨下寨遷入。本譜内容爲世系,至紅偉凡十三世。

本譜載於《哈尼族口傳文化譯註全集》第二十卷《紅河州哈尼族譜牒(十一)》

［雲南紅河］作施村李皮周户譜牒　李皮周背誦　陳祖明搜集　2011 年雲南民族出版社排印本　合册　哈漢雙文並註國際音標

該户屬“區”宗支。一世祖區。始遷祖第五十八世嘎澤自紅河縣阿扎河鄉普瑪村遷入。本譜内容爲世系,至澤娘凡五十九世。

本譜載於《哈尼族口傳文化譯註全集》第二十卷《紅河州哈尼族譜牒(十一)》

［雲南紅河］伍作村張苗保户譜牒　張苗保背誦　陳祖明搜集　2011 年雲南民族出版社排印本　合册　哈漢雙文並註國際音標

一世祖哈片。本譜内容爲世系,至保元凡十八世。

本譜載於《哈尼族口傳文化譯註全集》第二十卷《紅河州哈尼族譜牒(十一)》

[雲南紅河]比約洛伙村張規斗户譜牒　張規斗背誦　陳祖明搜集　2011年雲南民族出版社排印本　合册　哈漢雙文並註國際音標

一世祖歐普。本譜内容爲世系,至間幹凡十世。

本譜載於《哈尼族口傳文化譯註全集》第二十卷《紅河州哈尼族譜牒(十一)》

[雲南紅河]路平村錢處規户譜牒　錢處規背誦　陳祖明搜集　2011年雲南民族出版社排印本　合册　哈漢雙文並註國際音標

一世祖木機。始遷祖第九世安克自紅河縣阿扎河鄉阿者村委會境内遷入。本譜内容爲世系,至規周凡十二世。

本譜載於《哈尼族口傳文化譯註全集》第二十卷《紅河州哈尼族譜牒(十一)》

[雲南紅河]作喝上寨唐斗普户譜牒　唐斗普背誦　陳祖明搜集　2011年雲南民族出版社排印本　合册　哈漢雙文並註國際音標

一世祖區。本譜内容爲世系,至克周凡六十四世。

本譜載於《哈尼族口傳文化譯註全集》第二十卷《紅河州哈尼族譜牒(十一)》

[雲南紅河]作喝上寨張亢克户譜牒　張亢克背誦　陳祖明搜集　2011年雲南民族出版社排印本　合册　哈漢雙文並註國際音標

該户屬"區"宗支。一世祖許咪。始遷祖第五十三世間保自紅河縣石頭寨鄉伍作村遷入。本譜内容爲世系,至三間凡五十九世。

本譜載於《哈尼族口傳文化譯註全集》第二十卷《紅河州哈尼族譜牒(十一)》

[雲南紅河]么索村李么舉户譜牒　李么舉背誦　陳祖明搜集　2011年雲南民族出版社排印本　合册　哈漢雙文並註國際音標

一世祖咪索。本譜内容爲世系,至習保凡二十六世。

本譜載於《哈尼族口傳文化譯註全集》第二十卷《紅河州哈尼族譜牒(十一)》

[雲南紅河]么索上寨村馬斗者户譜牒　馬斗者背誦　陳祖明搜集　2011年雲南民族出版社排印本　合册　哈漢雙文並註國際音標

一世祖許咪。本譜内容爲世系,至者苗凡六十三世。

本譜載於《哈尼族口傳文化譯註全集》第二十卷《紅河州哈尼族譜牒(十一)》

[雲南紅河]牛吉村李批三户譜牒　李批三背誦　陳祖明搜集　2011年雲南民族出版社排印本　合册　哈漢雙文並註國際音標

一世祖咪索。本譜内容爲世系,至者減凡三十四世。

本譜載於《哈尼族口傳文化譯註全集》第二十卷《紅河州哈尼族譜牒(十一)》

[雲南紅河]妥東村李上沙户譜牒　李上沙背誦　陳祖明搜集　2011年雲南民族出版社排印本　合册　哈漢雙文並註國際音標

一世祖毛衆忠。本譜内容爲世系,至斗龍凡四十世。

本譜載於《哈尼族口傳文化譯註全集》第二十卷《紅河州哈尼族譜牒(十一)》

[雲南紅河]咪期東村楊傑户譜牒　楊傑背誦　陳祖明搜集　2011年雲南民族出版社排印本　合册　哈漢雙文並註國際音標

一世祖區班。本譜内容爲世系,至踐後凡四十一世。

本譜載於《哈尼族口傳文化譯註全集》第二十卷《紅河州哈尼族譜牒(十一)》

[雲南紅河]咪卡村李三忠户譜牒　李三忠背誦　陳祖明搜集　2011年雲南民族出版社排印本

合册 哈漢雙文並註國際音標

一世祖才少。本譜内容爲世系,至厄處凡二十六世。

本譜載於《哈尼族口傳文化譯註全集》第二十卷《紅河州哈尼族譜牒(十一)》

[雲南紅河]阿甲村初博户譜牒 初博背誦 陳祖明搜集 2011年雲南民族出版社排印本 合册 哈漢雙文並註國際音標

該户屬"區"宗支。一世祖算毛。始遷祖第二十八世羽甲自紅河縣寶華鄉遷甲寅鄉女草村境内,再遷本村。本譜内容爲世系,至突周凡五十六世。

本譜載於《哈尼族口傳文化譯註全集》第二十卷《紅河州哈尼族譜牒(十一)》

[雲南紅河]阿甲村陸厚户譜牒 三斗背誦 陳祖明搜集 2011年雲南民族出版社排印本 合册 哈漢雙文並註國際音標

一世祖馬周。本譜内容爲世系,至陸克凡三十一世。

本譜載於《哈尼族口傳文化譯註全集》第二十卷《紅河州哈尼族譜牒(十一)》

[雲南紅河]娘甫村然斗户譜牒 然斗背誦 陳祖明搜集 2011年雲南民族出版社排印本 合册 哈漢雙文並註國際音標

該户屬"區"宗支。一世祖算毛。本譜内容爲世系,至居陸凡五十七世。

本譜載於《哈尼族口傳文化譯註全集》第二十卷《紅河州哈尼族譜牒(十一)》

[雲南紅河]沙甫村斗舉户譜牒 斗舉背誦 陳祖明搜集 2011年雲南民族出版社排印本 合册 哈漢雙文並註國際音標

該户屬"區"宗支。一世祖算毛。本譜内容爲世系,至普光凡五十九世。

本譜載於《哈尼族口傳文化譯註全集》第二十卷《紅河州哈尼族譜牒(十一)》

[雲南紅河]比歐村陳三博户譜牒 陳三博背誦 陳祖明搜集 2011年雲南民族出版社排印本 合册 哈漢雙文並註國際音標

該户屬"區"宗支。一世祖算毛。始遷祖第四十九世規舉自紅河縣寶華鄉遷入。本譜内容爲世系,至博四凡五十七世。

本譜載於《哈尼族口傳文化譯註全集》第二十卷《紅河州哈尼族譜牒(十一)》

[雲南紅河]阿瑪河村娘斗户譜牒 娘斗背誦 陳祖明搜集 2011年雲南民族出版社排印本 合册 哈漢雙文並註國際音標

該户屬"區"宗支。一世祖算毛。本譜内容爲世系,至軌周凡五十五世。

本譜載於《哈尼族口傳文化譯註全集》第二十卷《紅河州哈尼族譜牒(十一)》

[雲南紅河]大田寨許甫克户譜牒 許甫克背誦 陳祖明搜集 2011年雲南民族出版社排印本 合册 哈漢雙文並註國際音標

該户屬"區"宗支。一世祖算毛。本譜内容爲世系,至忠良凡六十五世。

本譜載於《哈尼族口傳文化譯註全集》第二十卷《紅河州哈尼族譜牒(十一)》

[雲南紅河]草果東吴除三户譜牒 吴除三背誦 陳祖明搜集 2011年雲南民族出版社排印本 合册 哈漢雙文並註國際音標

該户屬"區"宗支。一世祖明翁。始遷祖第五十九世然保自紅河縣寶華鄉嘎他村遷入。本譜内容爲世系,至周厚凡六十六世。

本譜載於《哈尼族口傳文化譯註全集》第二十卷《紅河州哈尼族譜牒(十一)》

[雲南紅河]草果東李塔厚户譜牒 李塔厚背誦 陳祖明搜集 2011年雲南民族出版社排印本 合册 哈漢雙文並註國際音標

該户屬"區"宗支。一世祖算毛。始遷祖第五十一世仰歐自紅河縣阿扎河鄉哈村遷入。本譜内容爲世系,至然忠凡五十八世。

本譜載於《哈尼族口傳文化譯註全集》第二十卷《紅河州哈尼族譜牒(十一)》

[雲南紅河]達普東山村吴規周户譜牒 吴阿三背誦 陳祖明搜集 2011年雲南民族出版社排印本 合册 哈漢雙文並註國際音標

該户屬"區"宗支。一世祖算毛。始遷祖第五十五世保斗自紅河縣寶華鄉嘎他村遷入。本譜内容爲世系,至簡强凡六十一世。

本譜載於《哈尼族口傳文化譯註全集》第二十卷《紅河州哈尼族譜牒(十一)》

[雲南紅河]東山普施李仰規户譜牒 李魯們背誦 陳祖明搜集 2011年雲南民族出版社排印本 合册 哈漢雙文並註國際音標

該户屬"區"宗支。一世祖算毛。本譜内容爲世系,至規斗凡六十五世。

本譜載於《哈尼族口傳文化譯註全集》第二十卷《紅河州哈尼族譜牒(十一)》

[雲南紅河]普瑪村李舉然户譜牒 李舉然背誦 陳祖明搜集 2011年雲南民族出版社排印本 合册 哈漢雙文並註國際音標

該户屬"區"宗支。一世祖算毛。本譜内容爲世系,至三建凡五十六世。

本譜載於《哈尼族口傳文化譯註全集》第二十卷《紅河州哈尼族譜牒(十一)》

[雲南紅河]普瑪村李舉們户譜牒 李舉們背誦 陳祖明搜集 2011年雲南民族出版社排印本 合册 哈漢雙文並註國際音標

該户屬"區"宗支。一世祖玄女。本譜内容爲世系,至斗規凡五十八世。

本譜載於《哈尼族口傳文化譯註全集》第二十卷《紅河州哈尼族譜牒(十一)》

[雲南紅河]普瑪村唐斗哈户譜牒 唐斗哈背誦 陳祖明搜集 2011年雲南民族出版社排印本 合册 哈漢雙文並註國際音標

該户屬"孟宗"宗支。一世祖玄女。本譜内容爲世系,至然沖凡五十七世。

本譜載於《哈尼族口傳文化譯註全集》第二十卷《紅河州哈尼族譜牒(十一)》

[雲南紅河]美東村唐六周户譜牒 唐六周背誦 陳祖明搜集 2011年雲南民族出版社排印本 合册 哈漢雙文並註國際音標

該户屬"孟宗"宗支。一世祖算咪。本譜内容爲世系,至六正凡五十六世。

本譜載於《哈尼族口傳文化譯註全集》第二十卷《紅河州哈尼族譜牒(十一)》

[雲南紅河]切龍村李保舉户譜牒 李保舉背誦 陳祖明搜集 2011年雲南民族出版社排印本 合册 哈漢雙文並註國際音標

該户屬"區"宗支。一世祖算米。本譜内容爲世系,至才舉凡五十二世。

本譜載於《哈尼族口傳文化譯註全集》第二十卷《紅河州哈尼族譜牒(十一)》

[雲南紅河]切龍村李三堵户譜牒 李三堵背誦 陳祖明搜集 2011年雲南民族出版社排印本 合册 哈漢雙文並註國際音標

該户屬"區"宗支。一世祖算米。本譜内容爲世系,至普煙凡五十四世。

本譜載於《哈尼族口傳文化譯註全集》第二十卷《紅河州哈尼族譜牒(十一)》

[雲南紅河]切龍村劉龍咀户譜牒 劉龍咀背誦 陳祖明搜集 2011年雲南民族出版社排印本 合册 哈漢雙文並註國際音標

該户屬"咀馬"宗支。一世祖算米。本譜内容爲世系,至格周凡五十三世。

本譜載於《哈尼族口傳文化譯註全集》第二十卷《紅河州哈尼族譜牒(十一)》

[雲南紅河]依多村陳後元户譜牒 陳後元背誦 陳祖明搜集 2011年雲南民族出版社排印本 合册 哈漢雙文並註國際音標

一世祖算苗。本譜内容爲世系,至寶們凡五十六世。

本譜載於《哈尼族口傳文化譯註全集》第二十卷《紅河州哈尼族譜牒(十一)》

[雲南紅河]依多村許批敢户譜牒 許批敢背誦 陳祖明搜集 2011年雲南民族出版社排印本 合册 哈漢雙文並註國際音標

該户屬“區”宗支。一世祖算咪。本譜内容爲世系,至然都凡五十九世。

本譜載於《哈尼族口傳文化譯註全集》第二十卷《紅河州哈尼族譜牒(十一)》

[雲南紅河]嘎達村許普斗户譜牒 許普斗背誦 陳祖明搜集 2011年雲南民族出版社排印本 合册 哈漢雙文並註國際音標

該户屬“區”宗支。一世祖算米。本譜内容爲世系,至舉普凡五十六世。

本譜載於《哈尼族口傳文化譯註全集》第二十卷《紅河州哈尼族譜牒(十一)》

[雲南紅河]哈普村李社幹户譜牒 李社幹背誦 陳祖明搜集 2011年雲南民族出版社排印本 合册 哈漢雙文並註國際音標

一世祖叫斗。本譜内容爲世系,至山獨凡二十世。

本譜載於《哈尼族口傳文化譯註全集》第二十卷《紅河州哈尼族譜牒(十一)》

[雲南紅河]阿者村周得處户譜牒 周得處背誦 陳祖明搜集 2011年雲南民族出版社排印本 合册 哈漢雙文並註國際音標

一世祖卜斗。本譜内容爲世系,至處新凡三十五世。

本譜載於《哈尼族口傳文化譯註全集》第二十卷《紅河州哈尼族譜牒(十一)》

[雲南紅河]洛曲村李保春户譜牒 李保春背誦 陳祖明搜集 2011年雲南民族出版社排印本 合册 哈漢雙文並註國際音標

一世祖保買。本譜内容爲世系,至保春凡七世。

本譜載於《哈尼族口傳文化譯註全集》第二十卷《紅河州哈尼族譜牒(十一)》

[雲南紅河]哈達東村李周然户譜牒 李周然背誦 陳祖明搜集 2011年雲南民族出版社排印本 合册 哈漢雙文並註國際音標

一世祖後龍。本譜内容爲世系,至然林發凡七世。

本譜載於《哈尼族口傳文化譯註全集》第二十卷《紅河州哈尼族譜牒(十一)》

[雲南紅河]規龍下寨周甫三户譜牒 周甫三背誦 陳祖明搜集 2011年雲南民族出版社排印本 合册 哈漢雙文並註國際音標

一世祖周義。本譜内容爲世系,至普三凡二十三世。

本譜載於《哈尼族口傳文化譯註全集》第二十卷《紅河州哈尼族譜牒(十一)》

[雲南紅河]規龍新寨周貴然户譜牒 周貴然背誦 陳祖明搜集 2011年雲南民族出版社排印本 合册 哈漢雙文並註國際音標

一世祖上周。本譜内容爲世系,至貴然凡八世。

本譜載於《哈尼族口傳文化譯註全集》第二十卷《紅河州哈尼族譜牒(十一)》

[雲南紅河]腳咪村許歐户譜牒 許歐背誦 陳祖明搜集 2011年雲南民族出版社排印本 合册 哈漢雙文並註國際音標

該户屬“區”宗支。一世祖即始遷祖柒所自紅河縣洛恩鄉多腳村遷阿扎河鄉阿者村,終遷本村。本譜内容爲世系,至斗沖凡十一世。

本譜載於《哈尼族口傳文化譯註全集》第二十卷《紅河州哈尼族譜牒(十一)》

[雲南紅河]西巧安村錢龍忠户譜牒 錢龍忠背誦 陳祖明搜集 2011年雲南民族出版社排印本 合册 哈漢雙文並註國際音標

一世祖三安。本譜内容爲世系,至忠發凡十一世。

本譜載於《哈尼族口傳文化譯註全集》第二十卷《紅河州哈尼族譜牒(十一)》

[雲南紅河]切龍村李起歐户譜牒　李起歐背誦　陳祖明搜集　2011年雲南民族出版社排印本　合册　哈漢雙文並註國際音標

一世祖即始遷祖普斗自紅河縣洛恩鄉普咪村遷入。本譜内容爲世系,至斗生凡十三世。

本譜載於《哈尼族口傳文化譯註全集》第二十卷《紅河州哈尼族譜牒(十一)》

[雲南紅河]西拉東村錢都三户譜牒　錢都三背誦　陳祖明搜集　2011年雲南民族出版社排印本　合册　哈漢雙文並註國際音標

該户屬"孟中"宗支。一世祖奥俄。本譜内容爲世系,至建宏凡七十世。

本譜載於《哈尼族口傳文化譯註全集》第二十卷《紅河州哈尼族譜牒(十一)》

[雲南紅河]西拉東村李克龍户譜牒　李克龍背誦　陳祖明搜集　2011年雲南民族出版社排印本　合册　哈漢雙文並註國際音標

該户屬"仰資"宗支。一世祖奥瑪。本譜内容爲世系,至龍三凡七十世。

本譜載於《哈尼族口傳文化譯註全集》第二十卷《紅河州哈尼族譜牒(十一)》

[雲南紅河]西拉東村李波幹户譜牒　李波幹背誦　陳祖明搜集　2011年雲南民族出版社排印本　合册　哈漢雙文並註國際音標

該户屬"仰資"宗支。一世祖奥俄。本譜内容爲世系,至幹克凡五十一世。

本譜載於《哈尼族口傳文化譯註全集》第二十卷《紅河州哈尼族譜牒(十一)》

[雲南紅河]洛瑪紅特村錢舉們户譜牒　錢舉們背誦　陳祖明搜集　2011年雲南民族出版社排印本　合册　哈漢雙文並註國際音標

該户屬"孟宗"宗支。一世祖奥俄。本譜内容爲世系,至六者凡七十一世。

本譜載於《哈尼族口傳文化譯註全集》第二十卷《紅河州哈尼族譜牒(十一)》

[雲南紅河]洛瑪紅特村周後老户譜牒　周後老背誦　陳祖明搜集　2011年雲南民族出版社排印本　合册　哈漢雙文並註國際音標

該户屬"孟宗"宗支。一世祖奥俄。本譜内容爲世系,至拉强凡六十二世。

本譜載於《哈尼族口傳文化譯註全集》第二十卷《紅河州哈尼族譜牒(十一)》

[雲南紅河]洛瑪紅特村李成者户譜牒　李成者背誦　陳祖明搜集　2011年雲南民族出版社排印本　合册　哈漢雙文並註國際音標

該户屬"仰資"宗支。一世祖奥俄。本譜内容爲世系,至保冲凡四十八世。

本譜載於《哈尼族口傳文化譯註全集》第二十卷《紅河州哈尼族譜牒(十一)》

[雲南紅河]洛瑪紅特村許馬普户譜牒　許馬普背誦　陳祖明搜集　2011年雲南民族出版社排印本　合册　哈漢雙文並註國際音標

該户屬"區"宗支。一世祖奥俄。本譜内容爲世系,至貴萬凡六十五世。

本譜載於《哈尼族口傳文化譯註全集》第二十卷《紅河州哈尼族譜牒(十一)》

[雲南紅河]咪龍村李周普户譜牒　李周普背誦　陳祖明搜集　2011年雲南民族出版社排印本　合册　哈漢雙文並註國際音標

該户屬"區"宗支。一世祖算米。始遷祖第三十一世普正自紅河縣寶華鄉俄垤村遷入。本譜内容爲世系,至舉三凡五十五世。

本譜載於《哈尼族口傳文化譯註全集》第二十卷《紅河州哈尼族譜牒(十一)》

[雲南紅河]哈永新寨李周克户譜牒　李周克背誦　陳祖明搜集　2011年雲南民族出版社排印本　合册　哈漢雙文並註國際音標

該户屬"孟宗"宗支。一世祖布都。本譜内容爲世系,至周克凡三十世。

本譜載於《哈尼族口傳文化譯註全集》第二十卷《紅河州哈尼族譜牒(十一)》

[雲南紅河]普春村李公元户譜牒　澤斗背誦　陳祖明搜集　2011年雲南民族出版社排印本　合册　哈漢雙文並註國際音標

一世祖俄麻。本譜内容爲世系,至澤斗凡四十七世。

本譜載於《哈尼族口傳文化譯註全集》第二十卷《紅河州哈尼族譜牒(十一)》

[雲南紅河]洛然村李周品户譜牒　李周品背誦　陳祖明搜集　2011年雲南民族出版社排印本　合册　哈漢雙文並註國際音標

一世祖么作。本譜内容爲世系,至周品凡二十九世。

本譜載於《哈尼族口傳文化譯註全集》第二十卷《紅河州哈尼族譜牒(十一)》

[雲南紅河]們紅村郭成軌户譜牒　郭成軌背誦　陳祖明搜集　2011年雲南民族出版社排印本　合册　哈漢雙文並註國際音標

一世祖扼車。始遷祖第三世勒遠自元陽縣馬街鄉木梳賈村遷至紅河縣甲寅鄉拉博村,終遷本村。本譜内容爲世系,至成軌凡十四世。

本譜載於《哈尼族口傳文化譯註全集》第二十卷《紅河州哈尼族譜牒(十一)》

[雲南紅河]爲瑪村李斗澤户譜牒　李斗澤背誦　陳祖明搜集　2011年雲南民族出版社排印本　合册　哈漢雙文並註國際音標

一世祖哦麻。本譜内容爲世系,至堵忠凡三十七世。

本譜載於《哈尼族口傳文化譯註全集》第二十卷《紅河州哈尼族譜牒(十一)》

[雲南紅河]哈普村郭龍處户譜牒　郭龍處背誦　陳祖明搜集　2011年雲南民族出版社排印本　合册　哈漢雙文並註國際音標

該户屬"區"宗支。一世祖算米。本譜内容爲世系,至龍處凡五十四世。

本譜載於《哈尼族口傳文化譯註全集》第二十卷《紅河州哈尼族譜牒(十一)》

[雲南紅河]哈普村李克者户譜牒　李克者背誦　陳祖明搜集　2011年雲南民族出版社排印本　合册　哈漢雙文並註國際音標

該户屬"區"宗支。一世祖算米。本譜内容爲世系,至克周凡五十九世。

本譜載於《哈尼族口傳文化譯註全集》第二十卷《紅河州哈尼族譜牒(十一)》

[雲南紅河]女東新寨儂普舉户譜牒　儂普舉背誦　陳祖明搜集　2011年雲南民族出版社排印本　合册　哈漢雙文並註國際音標

一世祖許民。本譜内容爲世系,至普舉凡五十六世。

本譜載於《哈尼族口傳文化譯註全集》第二十卷《紅河州哈尼族譜牒(十一)》

[雲南紅河]過者村趙克成户譜牒　趙克成背誦　陳祖明搜集　2011年雲南民族出版社排印本　合册　哈漢雙文並註國際音標

一世祖即始遷祖建保自紅河縣阿扎河鄉普春村遷入。本譜内容爲世系,至園周凡十五世。

本譜載於《哈尼族口傳文化譯註全集》第二十卷《紅河州哈尼族譜牒(十一)》

[雲南紅河]沙洛普施村許娘闒户譜牒　斗娘背誦　陳祖明搜集　2011年雲南民族出版社排印本　合册　哈漢雙文並註國際音標

一世祖雲海。本譜内容爲世系,至娘闒凡十三世。

本譜載於《哈尼族口傳文化譯註全集》第二十卷《紅河州哈尼族譜牒(十一)》

[雲南紅河]俄妥普施村儂三斗户譜牒　儂三斗背誦　陳祖明搜集　2011年雲南民族出版社排印本　合册　哈漢雙文並註國際音標

一世祖叁安。本譜内容爲世系,至叁幹凡七世。

本譜載於《哈尼族口傳文化譯註全集》第二十卷《紅河州哈尼族譜牒(十一)》

[雲南紅河]腳洛普施村陳三娘户譜牒　陳三娘背誦　陳祖明搜集　2011年雲南民族出版社排印本　合册　哈漢雙文並註國際音標

一世祖龍遠。本譜内容爲世系,至關者凡十四世。

本譜載於《哈尼族口傳文化譯註全集》第二十卷《紅河州哈尼族譜牒(十一)》

[雲南紅河]魯扎下寨李舉六户譜牒　李舉六背誦　陳祖明搜集　2011年雲南民族出版社排印本　合册　哈漢雙文並註國際音標

該户屬"區"宗支。一世祖算米。本譜内容爲世系,至周貴凡六十世。

本譜載於《哈尼族口傳文化譯註全集》第二十卷《紅河州哈尼族譜牒(十一)》

[雲南紅河]魯扎上寨許保周户譜牒　許保周背誦　陳祖明搜集　2011年雲南民族出版社排印本　合册　哈漢雙文並註國際音標

始遷祖即一世祖松周自紅河縣三村鄉境内遷入。本譜内容爲世系,至周居凡十世。

本譜載於《哈尼族口傳文化譯註全集》第二十卷《紅河州哈尼族譜牒(十一)》

[雲南紅河]普春村張崩保户譜牒　張崩保背誦　陳祖明搜集　2011年雲南民族出版社排印本　合册　哈漢雙文並註國際音標

一世祖中毛提。本譜内容爲世系,至湯龍文凡二十二世。

本譜載於《哈尼族口傳文化譯註全集》第二十卷《紅河州哈尼族譜牒(十一)》

[雲南紅河]普春村張然龍户譜牒　張然龍背誦　陳祖明搜集　2011年雲南民族出版社排印本　合册　哈漢雙文並註國際音標

一世祖中毛鐵。本譜内容爲世系,至竇者凡十八世。

本譜載於《哈尼族口傳文化譯註全集》第二十卷《紅河州哈尼族譜牒(十一)》

[雲南紅河]普春村起嘎斗户譜牒　起嘎斗背誦　陳祖明搜集　2011年雲南民族出版社排印本　合册　哈漢雙文並註國際音標

一世祖哈依。本譜内容爲世系,至舉仁凡十世。

本譜載於《哈尼族口傳文化譯註全集》第二十卷《紅河州哈尼族譜牒(十一)》

[雲南紅河]羅么村許候保户譜牒　許候保背誦　陳祖明搜集　2011年雲南民族出版社排印本　合册　哈漢雙文並註國際音標

一世祖伙保。本譜内容爲世系,至幹成凡十二世。

本譜載於《哈尼族口傳文化譯註全集》第二十卷《紅河州哈尼族譜牒(十一)》

[雲南紅河]羅么村李席嘎户譜牒　李席嘎背誦　陳祖明搜集　2011年雲南民族出版社排印本　合册　哈漢雙文並註國際音標

一世祖遠。本譜内容爲世系,至者沖凡十八世。

本譜載於《哈尼族口傳文化譯註全集》第二十卷《紅河州哈尼族譜牒(十一)》

[雲南紅河]羅么村楊批勞户譜牒　楊批勞背誦　陳祖明搜集　2011年雲南民族出版社排印本　合册　哈漢雙文並註國際音標

一世祖塔三。本譜内容爲世系,至批勞凡十五世。

本譜載於《哈尼族口傳文化譯註全集》第二十卷《紅河州哈尼族譜牒(十一)》

[雲南紅河]羅么村陳不處户譜牒　陳不處背誦　陳祖明搜集　2011年雲南民族出版社排印本　合册　哈漢雙文並註國際音標

一世祖許咪。本譜内容爲世系,至三普凡四十八世。

本譜載於《哈尼族口傳文化譯註全集》第二十

卷《紅河州哈尼族譜牒(十一)》

[雲南紅河]阿處紅東村楊後保户譜牒　楊後保背誦　陳祖明搜集　2011年雲南民族出版社排印本　合册　哈漢雙文並註國際音標

一世祖依普。本譜内容爲世系,至保成凡十四世。

本譜載於《哈尼族口傳文化譯註全集》第二十卷《紅河州哈尼族譜牒(十一)》

[雲南金平]趙斗撿家家族譜系　佚名念誦　李期博提供　2008年中國大百科全書出版社排印本　合册

哈尼語哈雅方言家譜。流傳於雲南省紅河縣甲寅鄉拉車村。本譜所載僅爲世系,自第一世木翁至斗撿凡五十五世。

本譜載於《中國少數民族古籍總目提要・哈尼族卷》

[雲南金平]哈尼田村朱氏家族譜系　佚名念誦　楊六金記録　2008年中國大百科全書出版社排印本　合册

哈尼語哈雅方言家譜。流傳於雲南省金平苗族瑶族傣族自治縣。本譜所載僅爲世系,自第一世哦麻至讓嘎凡六十三世。

本譜載於《中國少數民族古籍總目提要・哈尼族卷》

[雲南金平]哈尼田村朱氏家族譜系　佚名念誦　楊六金記録　2005年民族出版社排印本　合册　哈漢雙文

參見上條。本譜所載僅爲世系,自第一世哦麻至讓嘎凡五十八世,與上條世系略有出入。

本譜載於《紅河哈尼族譜牒》

[雲南金平]李文明家家族譜系　佚名念誦　李文明(日滔)提供　2008年中國大百科全書出版社排印本　合册

哈尼語哈雅方言家譜。流傳於雲南省金平苗族瑶族傣族自治縣馬鞍底鄉地西北村委會大坪五家寨。本譜所載僅爲世系,自第一世蘇咪依至日滔(李文明)凡四十九世。

本譜載於《中國少數民族古籍總目提要・哈尼族卷》

[雲南金平]李有才家家族譜系　佚名念誦　李有才提供　2008年中國大百科全書出版社排印本　合册

哈尼語哈雅方言家譜。流傳於雲南省金平苗族瑶族傣族自治縣金水河鎮哈尼田村。本譜所載僅爲世系,自第一世俄瑪至日嘎凡五十二世。

本譜載於《中國少數民族古籍總目提要・哈尼族卷》

[雲南金平]李則高家家族譜系　佚名念誦　吴自興提供　2008年中國大百科全書出版社排印本　合册

哈尼語哈雅方言家譜。流傳於雲南省金平苗族瑶族傣族自治縣馬鞍底鄉地西北村委會大坪下寨。本譜所載僅爲世系,自第一世俄瑪至則高凡五十四世。

本譜載於《中國少數民族古籍總目提要・哈尼族卷》

[雲南金平]漢田頭村李氏家族譜系　佚名念誦　楊六金記録　2008年中國大百科全書出版社排印本　合册

哈尼語哈雅方言家譜。流傳於雲南省金平苗族瑶族傣族自治縣。本譜所載僅爲世系,自第一世哦麻至減拖凡六十一世。

本譜載於《中國少數民族古籍總目提要・哈尼族卷》

[雲南金平]漢田頭村李氏家族譜系　佚名念誦　楊六金記録　2005年民族出版社排印本　合册　哈漢雙文

參見上條。本譜所載僅爲世系,自第一世哦麻至減拖凡五十七世,與上條世系略有出入。

本譜載於《紅河哈尼族譜牒》

[雲南金平]李於門家家族譜系　佚名念誦　李有順提供　2008年中國大百科全書出版社排印本　合册

哈尼語哈雅方言家譜。流傳於雲南省金平苗族瑶族傣族自治縣阿得博鄉水源村委會苦筍老寨。本譜所載僅爲世系,自第一世奥瑪至於門凡六十世。

本譜載於《中國少數民族古籍總目提要・哈尼族卷》

[雲南金平]李金河家家族譜系　佚名念誦　李有順提供　2008年中國大百科全書出版社排印本　合册

哈尼語哈雅方言家譜。流傳於雲南省金平苗族瑶族傣族自治縣金水河鎮金水河村委會隔界村。本譜所載僅爲世系,自第一世送咪窩至阿施凡四十八世。

本譜載於《中國少數民族古籍總目提要・哈尼族卷》

[雲南金平]吴自興家家族譜系　佚名念誦　李有順提供　2008年中國大百科全書出版社排印本　合册

哈尼語哈雅方言家譜。流傳於雲南省金平苗族瑶族傣族自治縣馬鞍底鄉地西北村委會大坪五家寨。本譜所載僅爲世系,自第一世俄瑪至讓侯凡六十一世。

本譜載於《中國少數民族古籍總目提要・哈尼族卷》

[雲南金平]吴正祥家家族譜系　佚名念誦　吴正祥提供　2008年中國大百科全書出版社排印本　合册

哈尼語哈雅方言家譜。流傳於雲南省金平苗族瑶族傣族自治縣馬鞍底鄉地西北村委會大坪下寨。本譜所載僅爲世系,自第一世俄瑪至央呼凡五十八世。

本譜載於《中國少數民族古籍總目提要・哈尼族卷》

[雲南金平]十里村何氏家族譜系　佚名念誦　楊六金記録　2008年中國大百科全書出版社排印本　合册

哈尼語哈雅方言家譜。流傳於雲南省金平苗族瑶族傣族自治縣。本譜所載僅爲世系,自第一世哦麻至日則凡六十世。

本譜載於《中國少數民族古籍總目提要・哈尼族卷》

[雲南金平]十里村何氏家族譜系　佚名念誦　楊六金記録　2005年民族出版社排印本　合册　哈漢雙文

參見上條。本譜所載僅爲世系,自第一世哦麻至朵嚷凡五十三世,與上條世系略有出入。

本譜載於《紅河哈尼族譜牒》

[雲南金平]馬革香家家族譜系　佚名念誦　李有順提供　2008年中國大百科全書出版社排印本　合册

哈尼語哈雅方言家譜。流傳於雲南省金平苗族瑶族傣族自治縣金水河鎮金水河村委會隔界村。本譜所載僅爲世系,自第一世松迷依至革香凡四十九世。

本譜載於《中國少數民族古籍總目提要・哈尼族卷》

[雲南金平]中批村馬氏家族譜系　佚名念誦　楊六金記録　2008年中國大百科全書出版社排印本　合册

哈尼語哈雅方言家譜。流傳於雲南省金平苗族瑶族傣族自治縣。本譜所載僅爲世系,自第一世哦窩至舉則凡三十八世。

本譜載於《中國少數民族古籍總目提要・哈尼族卷》

[雲南金平]中批村馬氏家族譜系　佚名念誦　楊六金記録　2005年民族出版社排印本　合册　哈漢雙文

參見上條。本譜所載僅爲世系,自第一世哦窩至舉則凡三十三世,與上條世系略有出入。

本譜載於《紅河哈尼族譜牒》

[雲南金平]金平高氏家族譜系 佚名念誦 楊六金記録 2008年中國大百科全書出版社排印本 合册

哈尼語哈雅方言家譜。流傳於雲南省金平苗族瑶族傣族自治縣。本譜所載僅爲世系,自第一世奥瑪至隴山凡六十一世。

本譜載於《中國少數民族古籍總目提要·哈尼族卷》

[雲南金平]金平高氏家族譜系 佚名念誦 楊六金記録 2005年民族出版社排印本 合册 哈漢雙文

參見上條。本譜所載僅爲世系,自第一世奥瑪至隴山凡五十三世,與上條世系略有出入。

本譜載於《紅河哈尼族譜牒》

[雲南金平]高責舉家家族譜系 佚名念誦 李有順提供 2008年中國大百科全書出版社排印本 合册

哈尼語哈雅方言家譜。流傳於雲南省金平苗族瑶族傣族自治縣阿得博鄉箐口村委會箐口下寨。本譜所載僅爲世系,自第一世奥麻至則舉凡六十世。

本譜載於《中國少數民族古籍總目提要·哈尼族卷》

[雲南金平]高濤高家家族譜系 佚名念誦 吴自興提供 2008年中國大百科全書出版社排印本 合册

哈尼語哈雅方言家譜。流傳於雲南省金平苗族瑶族傣族自治縣馬鞍底鄉地西北村委會大坪下寨。本譜所載僅爲世系,自第一世俄瑪至則高凡六十四世

本譜載於《中國少數民族古籍總目提要·哈尼族卷》

[雲南金平]同心寨陳氏家族譜系 佚名念誦 楊六金記録 2008年中國大百科全書出版社排印本 合册

哈尼語哈雅方言家譜。流傳於雲南省金平苗族瑶族傣族自治縣。本譜所載僅爲世系,自第一世哦麻至則朵凡六十一世。

本譜載於《中國少數民族古籍總目提要·哈尼族卷》

[雲南金平]同心寨陳氏家族譜系 佚名念誦 楊六金記録 2005年民族出版社排印本 合册 哈漢雙文

參見上條。本譜所載僅爲世系,自第一世哦麻至惹奥凡五十五世,與上條世系略有出入。

本譜載於《紅河哈尼族譜牒》

[雲南金平]沙龍村楊氏家族譜系 佚名念誦 楊六金記録 2008年中國大百科全書出版社排印本 合册

哈尼語哈雅方言家譜。流傳於雲南省金平苗族瑶族傣族自治縣。本譜所載僅爲世系,自第一世俄瑪輩至臘鐘凡四十六世。

本譜載於《中國少數民族古籍總目提要·哈尼族卷》

[雲南金平]沙龍村楊氏家族譜系 佚名念誦 楊六金記録 2005年民族出版社排印本 合册 哈漢雙文

參見上條。本譜所載僅爲世系,自第一世俄瑪至臘鐘凡四十三世,與上條世系略有出入。

本譜載於《紅河哈尼族譜牒》

[雲南金平]馬鹿塘村黄氏家族譜系 佚名念誦 楊六金記録 2008年中國大百科全書出版社排印本 合册

哈尼語哈雅方言家譜。流傳於雲南省金平苗族瑶族傣族自治縣。本譜所載僅爲世系,自第一世哦麻至門嘎凡六十世。

本譜載於《中國少數民族古籍總目提要·哈尼族卷》

[雲南金平]馬鹿塘村黄氏家族譜系 佚名念誦

楊六金記録　2005年民族出版社排印本　合册　哈漢雙文

參見上條。本譜所載僅爲世系，自第一世哦麻至門嘎凡五十五世，與上條世系略有出入。

本譜載於《紅河哈尼族譜牒》

[雲南金平]楊食里家家族譜系　佚名念誦　李有順提供　2008年中國大百科全書出版社排印本　合册

哈尼語哈雅方言家譜。流傳於雲南省金平苗族瑶族傣族自治縣金水河鎮金水河村委會隔界村。本譜所載僅爲世系，自第一世送咪烏至食里凡四十八世

本譜載於《中國少數民族古籍總目提要·哈尼族卷》

[雲南金平]中崗嶺村曹氏家族譜系　佚名念誦　楊六金記録　2008年中國大百科全書出版社排印本　合册

哈尼語哈雅方言家譜。流傳於雲南省金平苗族瑶族傣族自治縣。本譜所載僅爲世系，自第一世哦瑪至斗央凡五十七世。

本譜載於《中國少數民族古籍總目提要·哈尼族卷》

[雲南金平]中崗嶺村曹氏家族譜系　佚名念誦　楊六金記録　2005年民族出版社排印本　合册　哈漢雙文

參見上條。本譜所載僅爲世系，自第一世哦瑪至斗央凡五十三世，與上條世系略有出入。

本譜載於《紅河哈尼族譜牒》

[雲南金平]曹讓嘎家家族譜系　佚名念誦　吴自興提供　2008年中國大百科全書出版社排印本　合册

哈尼語哈雅方言家譜。流傳於雲南省金平苗族瑶族傣族自治縣馬鞍底鄉地西北村委會大坪下寨。本譜所載僅爲世系，自第一世俄瑪至讓嘎凡六十一世。

本譜載於《中國少數民族古籍總目提要·哈尼族卷》

[雲南金平]曹取侯家家族譜系　佚名念誦　曹正學提供　2008年中國大百科全書出版社排印本　合册

哈尼語哈雅方言家譜。流傳於雲南省金平苗族瑶族傣族自治縣阿得博鄉水源村。本譜所載僅爲世系，自第一世蘇咪依至侯陽凡五十四世。

本譜載於《中國少數民族古籍總目提要·哈尼族卷》

[雲南金平]大老塘村張氏家族譜系　佚名念誦　楊六金記録　2008年中國大百科全書出版社排印本　合册

哈尼語哈雅方言家譜。流傳於雲南省金平苗族瑶族傣族自治縣。本譜所載僅爲世系，自第一世送米窩至候謀凡五十五世。

本譜載於《中國少數民族古籍總目提要·哈尼族卷》

[雲南金平]大老塘村張氏家族譜系　佚名念誦　楊六金記録　2005年民族出版社排印本　合册　哈漢雙文

參見上條。世系與上條同。

本譜載於《紅河哈尼族譜牒》

[雲南金平]張隨沙家家族譜系　佚名念誦　李有順提供　2008年中國大百科全書出版社排印本　合册

哈尼語哈雅方言家譜。流傳於雲南省金平苗族瑶族傣族自治縣金水河鎮金水河村委會隔界村。本譜所載僅爲世系，自第一世松迷依至隨沙凡五十一世。

本譜載於《中國少數民族古籍總目提要·哈尼族卷》

[雲南金平]大保寨普氏家族譜系　佚名念誦　楊六金記録　2008年中國大百科全書出版社排印本　合册

哈尼語哈雅方言家譜。流傳於雲南省金平苗族

瑶族傣族自治縣。本譜所載僅爲世系,自第一世哦麻至朵少凡六十九世。

本譜載於《中國少數民族古籍總目提要·哈尼族卷》

[雲南金平]大保寨普氏家族譜系 佚名念誦 楊六金記録 2005年民族出版社排印本 合册 哈漢雙文

參見上條。本譜所載僅爲世系,自第一世哦麻至朵少凡六十三世,與上條世系略有出入。

本譜載於《紅河哈尼族譜牒》

[雲南金平]黄家寨錢氏家族譜系 佚名念誦 楊六金記録 2008年中國大百科全書出版社排印本 合册

哈尼語哈雅方言家譜。流傳於雲南省金平苗族瑶族傣族自治縣。本譜所載僅爲世系,自第一世哦麻至黑鄉凡四十六世。

本譜載於《中國少數民族古籍總目提要·哈尼族卷》

[雲南金平]黄家寨錢氏家族譜系 佚名念誦 楊六金記録 2005年民族出版社排印本 合册 哈漢雙文

參見上條。本譜所載僅爲世系,自第一世哦麻至黑鄉凡四十世,與上條世系略有出入。

本譜載於《紅河哈尼族譜牒》

[雲南金平]十里村何氏家族譜系 佚名念誦 楊六金記録 2008年中國大百科全書出版社排印本 合册

哈尼語哈雅方言家譜。流傳於雲南省金平苗族瑶族傣族自治縣。本譜所載僅爲世系,自第一世哦嘛至朵嚷凡五十九世。

本譜載於《中國少數民族古籍總目提要·哈尼族卷》

[雲南金平]十里村何氏家族譜系 佚名念誦 楊六金記録 2005年民族出版社排印本 合册 哈漢雙文

參見上條。本譜所載僅爲世系,自第一世哦嘛至日則凡五十四世,與上條世系略有出入。

本譜載於《紅河哈尼族譜牒》

[雲南金平]龍德利家家族譜系 佚名念誦 郭級提供 2008年中國大百科全書出版社排印本 合册

哈尼語哈雅方言家譜。流傳於雲南省金平苗族瑶族傣族自治縣十里村鄉同心寨。本譜所載僅爲世系,自第一世哦麻至朵讓凡五十九世。

本譜載於《中國少數民族古籍總目提要·哈尼族卷》

[雲南金平]同心寨羅氏家族譜系 佚名念誦 楊六金記録 2008年中國大百科全書出版社排印本 合册

哈尼語哈雅方言家譜。流傳於雲南省金平苗族瑶族傣族自治縣。本譜所載僅爲世系,自第一世哦麻至惹奥凡六十一世。

本譜載於《中國少數民族古籍總目提要·哈尼族卷》

[雲南金平]同心寨羅氏家族譜系 佚名念誦 楊六金記録 2005年民族出版社排印本 合册 哈漢雙文

參見上條。本譜所載僅爲世系,自第一世哦麻至惹奥凡五十五世,與上條世系略有出入。

本譜載於《紅河哈尼族譜牒》

[雲南金平]羅正發家家族譜系 佚名念誦 羅正發提供 2008年中國大百科全書出版社排印本 合册

哈尼語哈雅方言家譜。流傳於雲南省金平苗族瑶族傣族自治縣金水河鎮枯岔河村。本譜所載僅爲世系,自第一世蘇咪翁至保咱凡四十八世。

本譜載於《中國少數民族古籍總目提要·哈尼族卷》

[雲南金平]大保寨普氏家族譜系 佚名念誦 楊六金記録 2008年中國大百科全書出版社排

印本　合册

哈尼語哈雅方言家譜。流傳於雲南省金平苗族瑶族傣族自治縣。本譜所載僅爲世系，自第一世哦麻至朵少凡六十九世。

本譜載於《中國少數民族古籍總目提要・哈尼族卷》

[雲南金平]大保寨普氏家族譜系　佚名念誦　楊六金記録　2005年民族出版社排印本　合册　哈漢雙文

參見上條。本譜所載僅爲世系，自第一世哦麻至朵少凡六十三世，與上條世系略有出入。

本譜載於《紅河哈尼族譜牒》

[雲南金平]大保寨村李滔取户譜牒　李正有(滔取)背誦　李正有搜集　2010年雲南民族出版社排印本　合册　哈漢雙文並註國際音標

該户屬哈尼族羅美支系李氏"腰哧"宗族。據傳金平縣哈尼族有十二支李氏，"腰哧"即爲其一。一世祖噢麻。第二十九世李窩，爲哈尼族羅美支系共祖。第三十一世腰哧。本譜内容爲世系，至取侯凡五十九世。

本譜載於《哈尼族口傳文化譯註全集》第十卷《紅河州哈尼族譜牒(一)》

[雲南金平]大保寨村普苗則户譜牒　普學有(苗則)背誦　李正有搜集　2010年雲南民族出版社排印本　合册　哈漢雙文並註國際音標

哈尼族普姓分大普、小普(則坰)和朱普。該户屬羅美支系普氏"則坰"(小普)宗族。普氏家族爲大保寨村建寨宗族之一，從乾塘村搬遷而至。一世祖噢麻。從第一世"噢麻"至第二十八世"朔李"的譜牒與本村李滔取户相同。本譜内容爲世系，至朵沙凡六十七世。

本譜載於《哈尼族口傳文化譯註全集》第十卷《紅河州哈尼族譜牒(一)》

[雲南金平]大保寨村黄舉侯户譜牒　黄德安(舉侯)背誦　李正有搜集　2010年雲南民族出版社排印本　合册　哈漢雙文並註國際音標

該户屬羅美支系黄氏宗族。黄氏家族爲大保寨(晗達譜)村建寨宗族之一，從乾塘村搬遷而至。一世祖噢麻。從第一世"噢麻"至第二十八世"朔李"的譜牒與本村李滔取户相同。本譜内容爲世系，至侯打凡六十一世。

本譜載於《哈尼族口傳文化譯註全集》第十卷《紅河州哈尼族譜牒(一)》

[雲南金平]大保寨村李尖苗户譜牒　李付榮(尖苗)背誦　李正有搜集　2010年雲南民族出版社排印本　合册　哈漢雙文並註國際音標

該户屬羅美支系李氏"尖培"宗族。"尖培"爲哈尼族十二支李氏之一。一世祖噢麻。從第一世"噢麻"至第二十八世"朔李"的譜牒與本村李滔取户相同。本譜内容爲世系，至通獎凡六十一世。

本譜載於《哈尼族口傳文化譯註全集》第十卷《紅河州哈尼族譜牒(一)》

[雲南金平]大保寨村李簡侯户譜牒　李簡侯背誦　李正有搜集　2010年雲南民族出版社排印本　合册　哈漢雙文並註國際音標

該户屬羅畢支系李氏"朝國南奔"宗族，爲哈尼族十二支李氏之一。一世祖噢麻。從第一世"噢麻"至第十八世"莫威最"的譜牒與本村李滔取户相同。本譜内容爲世系，至侯嘎凡六十三世。

本譜載於《哈尼族口傳文化譯註全集》第十卷《紅河州哈尼族譜牒(一)》

[雲南金平]哈尼田村朱氏家族譜系　佚名念誦　楊六金記録　2008年中國大百科全書出版社排印本　合册

哈尼語哈雅方言家譜。流傳於雲南省金平苗族瑶族傣族自治縣。本譜所載僅爲世系，自第一世哦麻至讓嘎凡六十三世。

本譜載於《中國少數民族古籍總目提要・哈尼族卷》

[雲南金平]哈尼田村朱氏家族譜系　佚名念誦　楊六金記録　2005年民族出版社排印本　合册　哈漢雙文

參見上條。本譜所載僅爲世系,自第一世哦麻至讓嘎凡五十八世,與上條世系略有出入。

本譜載於《紅河哈尼族譜牒》

[雲南金平]哈尼田村王則扔户譜牒 王則扔(吉才)背誦 李正有搜集 2010年雲南民族出版社排印本 合册 哈漢雙文並註國際音標

該户屬羅畢支系王氏宗族。一世祖噢麻。本譜内容爲世系,至扔香凡五十四世。

本譜載於《哈尼族口傳文化譯註全集》第十卷《紅河州哈尼族譜牒(一)》

[雲南金平]哈尼田村李簸繞户譜牒 李學亮(簸繞)背誦 李正有搜集 2010年雲南民族出版社排印本 合册 哈漢雙文並註國際音標

該户屬羅畢支系李氏"奔甲"宗族,爲哈尼田村(多木)建村者之一。"奔甲"爲哈尼族十二支李氏之一。一世祖噢麻。從第一世"噢麻"至第二十一世"飄瑪登"的譜牒與本村王則扔户相同。本譜内容爲世系,至獎侯凡五十四世。

本譜載於《哈尼族口傳文化譯註全集》第十卷《紅河州哈尼族譜牒(一)》

[雲南金平]哈尼田村李則扔户譜牒 李付有(則扔)背誦 龍正發搜集 2010年雲南民族出版社排印本 合册 哈漢雙文並註國際音標

該户屬羅畢支系李氏"奔甲"宗族。一世祖噢麻。從第一世"噢麻"至第二十三世"達堵蘇"的譜牒與本村王則扔户相同。第四十三世博打,從元陽縣小新街鄉遷入金平縣,曾居者米鄉、勐拉鄉,最後定居金河鎮哈尼田村。本譜内容爲世系,至舉日凡五十五世。

本譜載於《哈尼族口傳文化譯註全集》第十卷《紅河州哈尼族譜牒(一)》

[雲南金平]哈尼田村吴沙苗户譜牒 吴自昌背誦 龍正發搜集 2010年雲南民族出版社排印本 合册 哈漢雙文並註國際音標

該户屬羅畢支系吴氏宗族。一世祖噢麻。從第一世"噢麻"至第二十三世"達堵蘇"的譜牒與本村王則扔户相同。第四十八世沙苗,跟隨叔父從元陽縣大坪鄉白石寨遷入金平縣金河鎮哈尼田村。本譜内容爲世系,至苗朵凡四十九世。

本譜載於《哈尼族口傳文化譯註全集》第十卷《紅河州哈尼族譜牒(一)》

[雲南金平]哈尼田村楊獎侯户譜牒 楊明亮(獎侯)背誦 龍正發搜集 2010年雲南民族出版社排印本 合册 哈漢雙文並註國際音標

該户屬羅畢支系楊氏宗族。一世祖噢麻。從第一世"噢麻"至第二十三世"達堵蘇"的譜牒與本村王則扔户相同。第五十二世嚷采,從元陽縣嘎娘鄉遷入金平縣金河鎮哈尼田村。其子采嘎,又遷上樓寨定居。曾孫日沈,後遷回哈尼田村。本譜内容爲世系,至嘎香凡五十九世。

本譜載於《哈尼族口傳文化譯註全集》第十卷《紅河州哈尼族譜牒(一)》

[雲南金平]哈尼田村陳嘎侯户譜牒 陳嘎侯背誦 龍正發搜集 2010年雲南民族出版社排印本 合册 哈漢雙文並註國際音標

該户屬羅畢支系陳氏"堵里"宗族。一世祖噢麻。從第一世"噢麻"至第十四世"補白烏"的譜牒與本村王則扔户相同。第五十二世相岸,從金平縣阿得博鄉箐口村遷入阿得博村,後又遷入哈尼田村。本譜内容爲世系,至朵省凡五十八世。

本譜載於《哈尼族口傳文化譯註全集》第十卷《紅河州哈尼族譜牒(一)》

[雲南金平]哈尼田村李謀嘎户譜牒 李謀嘎背誦 龍正發搜集 2010年雲南民族出版社排印本 合册 哈漢雙文並註國際音標

該户屬羅畢支系李氏"苗千"宗族,爲哈尼族十二支李氏之一。一世祖噢麻。從第一世"噢麻"至第二十世"哦里飄"的譜牒與本村王則扔户相同。第四十七世沙舉,從元陽縣逢春嶺鄉尼枯補村遷入金平縣哈尼田村。本譜内容爲世系,至則獎凡五十二世。

本譜載於《哈尼族口傳文化譯註全集》第十卷《紅河州哈尼族譜牒(一)》

［雲南金平］哈尼田村李則侯户譜牒　李文亮（則侯）背誦　龍正發搜集　2010年雲南民族出版社排印本　合册　哈漢雙文並註國際音標

該户屬羅美支系李氏"尖培"宗族，爲哈尼族十二支李氏之一。一世祖噢麻。從第一世"噢麻"至第二十八世"瑪噴族"的譜牒與本村王則扔户相同。第四十九世日則，從元陽縣瓦灰城村遷入金平縣阿得博鄉期咱迷村。第五十一世嗎才，遷入金河鎮哈尼田村。本譜内容爲世系，至打謀凡五十六世。

本譜載於《哈尼族口傳文化譯註全集》第十卷《紅河州哈尼族譜牒（一）》

［雲南金平］哈尼田村朱則謀户譜牒　朱正學背誦　龍正發搜集　2010年雲南民族出版社排印本　合册　哈漢雙文並註國際音標

該户屬羅畢支系朱氏宗族。一世祖噢麻。從第一世"噢麻"至第十七世"聰莫威"的譜牒與本村王則扔户相同。第五十六世龍朵，從元陽縣逢春嶺鄉尼枯補村遷入金平縣金河鎮永平老寨。龍朵曾孫抖則，遷入哈尼田村。本譜内容爲世系，至奬省凡六十二世。

本譜載於《哈尼族口傳文化譯註全集》第十卷《紅河州哈尼族譜牒（一）》

［雲南金平］哈尼田村張繞苗户譜牒　張繞苗背誦　龍正發搜集　2010年雲南民族出版社排印本　合册　哈漢雙文並註國際音標

該户屬羅畢支系張氏宗族。一世祖噢麻。從第一世"噢麻"至第二十二世"瑪登達"的譜牒與本村王則扔户相同。第五十三世簡打，從金平縣大老塘村遷入哈尼田村。本譜内容爲世系，至扔朵凡五十八世。

本譜載於《哈尼族口傳文化譯註全集》第十卷《紅河州哈尼族譜牒（一）》

［雲南金平］哈尼田村羅省謀户譜牒　羅某舉背誦　龍正發搜集　2010年雲南民族出版社排印本　合册　哈漢雙文並註國際音標

該户屬羅畢支系"小羅"宗族。一世祖噢麻。從第一世"噢麻"至第二十一世"飄瑪登"的譜牒與本村王則扔户相同。第五十一世沙嘎，從元陽縣嘎娘鄉遷入金平縣金河鎮哈尼田村。第五十二世嘎則、五十三世則省、五十四世省謀三代人均爲莫批（即摩批、摩匹，即哈尼族中"巫師"）。本譜内容爲世系，至舉朵凡五十六世。

本譜載於《哈尼族口傳文化譯註全集》第十卷《紅河州哈尼族譜牒（一）》

［雲南金平］哈尼田村李朵謀户譜牒　李朵謀背誦　龍正發搜集　2010年雲南民族出版社排印本　合册　哈漢雙文並註國際音標

該户屬羅畢支系李氏"苗千"宗族。一世祖噢麻。從第一世"噢麻"至第二十二世"瑪登達"的譜牒與本村王則扔户相同。本譜内容爲世系，至嚷則凡五十二世。

本譜載於《哈尼族口傳文化譯註全集》第十卷《紅河州哈尼族譜牒（一）》

［雲南金平］哈尼田村高舉繞户譜牒　高學明（舉繞）背誦　龍正發搜集　2010年雲南民族出版社排印本　合册　哈漢雙文並註國際音標

該户屬羅美支系高氏"汝瑪"宗族。一世祖噢麻。從第一世"噢麻"至第二十八世"朔李"的譜牒與大保寨村李滔取户相同。第五十六世嘎侯，從建水縣坡頭鄉坡頭村遷入金平縣阿得博鄉水源村。嘎侯之子侯省，遷入大寨鄉瓦廠村。侯省之孫嘎舉，遷入金河鎮哈尼田村。本譜内容爲世系，至繞奬凡六十一世。

本譜載於《哈尼族口傳文化譯註全集》第十卷《紅河州哈尼族譜牒（一）》

［雲南金平］哈尼田村李簸侯户譜牒　李新（簸侯）背誦　龍正發搜集　2010年雲南民族出版社排印本　合册　哈漢雙文並註國際音標

該户屬羅美支系李氏"哧吼"宗族。一世祖噢麻。從第一世"噢麻"至第二十八世"朔李"的譜牒與大保寨村李滔取户相同。第五十四世則朵，從金平縣阿得博鄉遷入馬鞍底鄉。則朵之子朵省，遷入哈尼田村上樓寨，後又遷入丫口村棉竹棚村對面。朵省之子省香,遷入哈尼田村。本譜内容爲世系,至侯省凡五十九世。

本譜載於《哈尼族口傳文化譯註全集》第十卷《紅河州哈尼族譜牒(一)》

[雲南金平]哈尼田村普省貴户譜牒 普省貴背誦 龍正發搜集 2010年雲南民族出版社排印本 合册 哈漢雙文並註國際音標

該户屬羅美支系"小普"宗族。一世祖噢麻。從第一世"噢麻"至第二十八世"朔李"的譜牒與大保寨村李滔取户相同。第五十二世嚷剖,從元陽縣新城鄉哈嘎村遷入金平縣金河鎮永平老寨。第五十七世嘎省,又遷入哈尼田村。第五十四世舉日、五十五世日簡、五十六世簡嘎、五十七世嘎省、五十八世省軌均爲莫批,屬前後傳承。本譜内容爲世系,至軌侯凡五十九世。

本譜載於《哈尼族口傳文化譯註全集》第十卷《紅河州哈尼族譜牒(一)》

[雲南金平]哈尼田村黄苗侯户譜牒 黄苗侯背誦 龍正發搜集 2010年雲南民族出版社排印本 合册 哈漢雙文並註國際音標

該户屬羅美支系黄氏宗族。一世祖噢麻。從第一世"噢麻"至第二十八世"朔李"的譜牒與大保寨村李滔取户相同。第五十一世邦忍,從建水縣坡頭鄉遷入元陽縣。第五十五世嚷抖,從元陽縣遷入金平縣阿得博鄉期咱迷村,後又遷入金河鎮哈尼田村。本譜内容爲世系,至舉通凡六十世。

本譜載於《哈尼族口傳文化譯註全集》第十卷《紅河州哈尼族譜牒(一)》

[雲南金平]哈尼田村李朵侯户譜牒 李毛扔背誦 龍正發搜集 2010年雲南民族出版社排印本 合册 哈漢雙文並註國際音標

該户屬羅畢支系李氏"苗姑"宗族,爲哈尼族十二支李氏之一。一世祖噢麻。從第一世"噢麻"至第二十八世"瑪登達"的譜牒與本村王則扔户相同。第四十八世扔取,從金平縣枯岔河村遷入哈尼田村。本譜内容爲世系,至侯獎凡五十二世。

本譜載於《哈尼族口傳文化譯註全集》第十卷《紅河州哈尼族譜牒(一)》

[雲南金平]上路寨村王謀侯户譜牒 王謀侯背誦 龍正發搜集 2010年雲南民族出版社排印本 合册 哈漢雙文並註國際音標

該户屬羅畢支系王氏宗族。一世祖噢麻。第五十二世謀侯,從金平縣哈尼田村遷入上路寨村。本譜内容爲世系,至通嘎凡五十四世。

本譜載於《哈尼族口傳文化譯註全集》第十卷《紅河州哈尼族譜牒(一)》

[雲南金平]枯岔河村普嚷簡户譜牒 普嚷簡背誦 龍正發搜集 2010年雲南民族出版社排印本 合册 哈漢雙文並註國際音標

該户屬羅美支系"小普"宗族。一世祖噢麻。第五十六世車繞,從元陽縣嘎娘鄉普樓寨遷入金平縣金河鎮枯岔河村。本譜内容爲世系,至簡謀凡六十三世。

本譜載於《哈尼族口傳文化譯註全集》第十卷《紅河州哈尼族譜牒(一)》

[雲南金平]枯岔河村曹扔拖户譜牒 曹正福(扔拖)背誦 龍正發搜集 2010年雲南民族出版社排印本 合册 哈漢雙文並註國際音標

該户屬羅美支系曹氏宗族。一世祖噢麻。從第一世"噢麻"至第二十八世"朔李"的譜牒與本村普嚷簡户相同。第五十五世保侯,從元陽縣逢春嶺鄉老曹寨遷入金平縣金河鎮枯岔河村。本譜内容爲世系,至省謀凡五十九世。

本譜載於《哈尼族口傳文化譯註全集》第十卷《紅河州哈尼族譜牒(一)》

[雲南金平]枯岔河村李繞簸户譜牒 李文才(繞簸)背誦 龍正發搜集 2010年雲南民族出版社排印本 合册 哈漢雙文並註國際音標

該户屬羅美支系李氏"朵沙"宗族,爲哈尼族十二支李氏之一。一世祖噢麻。從第一世"噢麻"至第二十八世"朔李"的譜牒與本村普嚷簡户相同。第五十四世謀繞,從元陽縣逢春嶺鄉遷入金平縣金河鎮枯岔河村。本譜内容爲世系,至朵省凡五十七世。

本譜載於《哈尼族口傳文化譯註全集》第十卷《紅河州哈尼族譜牒(一)》

[雲南金平]枯岔河村李繞簸户譜牒　李文寬(繞簸)背誦　龍正發搜集　2010年雲南民族出版社排印本　合册　哈漢雙文並註國際音標

該户屬羅美支系李氏"哧吼"宗族。一世祖噢麻。從第一世"噢麻"至第二十八世"朔李"的譜牒與本村普嚷簡户相同。第五十六世繞簸,從金平縣阿得博鄉箐口老寨遷入金河鎮枯岔河村。本譜内容爲世系,至繞簸凡五十六世。

本譜載於《哈尼族口傳文化譯註全集》第十卷《紅河州哈尼族譜牒(一)》

[雲南金平]枯岔河村普朵簡户譜牒　普有付(朵簡)背誦　龍正發搜集　2010年雲南民族出版社排印本　合册　哈漢雙文並註國際音標

該户屬羅美支系普氏"塔圍"(大普)宗族。一世祖噢麻。從第一世"噢麻"至第二十八世"朔李"的譜牒與本村普嚷簡户相同。第五十八世謀則,從元陽縣小新街鄉者臺村遷入,又遷入大坪鄉馬里新寨。第六十一世簡圍,遷入金平縣金河鎮枯岔河村。本譜内容爲世系,至圍謀凡六十二世。

本譜載於《哈尼族口傳文化譯註全集》第十卷《紅河州哈尼族譜牒(一)》

[雲南金平]枯岔河村高沙則户譜牒　高德明(沙則)背誦　龍正發搜集　2010年雲南民族出版社排印本　合册　哈漢雙文並註國際音標

該户屬羅美支系高氏"汝表"(大高)宗族。一世祖噢麻。從第一世"噢麻"至第二十八世"朔李"的譜牒與本村普嚷簡户相同。第五十六世繞則,從元陽縣逢春嶺鄉尼枯補村遷入金平縣金河鎮枯岔河村。本譜内容爲世系,至沙則凡六十一世。

本譜載於《哈尼族口傳文化譯註全集》第十卷《紅河州哈尼族譜牒(一)》

[雲南金平]枯岔河村龍謀香户譜牒　龍正發(謀香)背誦　龍正發搜集　2010年雲南民族出版社排印本　合册　哈漢雙文並註國際音標

該户屬羅美支系龍氏"恒統"宗族。一世祖噢麻。從第一世"噢麻"至第十七世"聰莫威"的譜牒與本村普嚷簡户相同。第四十八世則取,其先祖從元陽縣勝利村鄉遷入大坪鄉坪子村,後又從坪子村遷入金平縣金河鎮枯岔河村。第五十世嚷謀,於1959年從枯岔河村遷入長嶺山新寨,1965年遷入棉竹棚村。讓謀之子謀香,於1986年又遷回枯岔河村。從元陽縣逢春嶺鄉尼枯補村遷入金平縣金河鎮枯岔河村。本譜内容爲世系,至保繞凡五十三世。

本譜載於《哈尼族口傳文化譯註全集》第十卷《紅河州哈尼族譜牒(一)》

[雲南金平]枯岔河村李簡日户譜牒　李正庭背誦　龍正發搜集　2010年雲南民族出版社排印本　合册　哈漢雙文並註國際音標

該户屬羅畢支系李氏"奔甲"宗族,爲哈尼族十二支李氏之一。一世祖噢麻。從第一世"噢麻"至第二十二世"瑪登達"的譜牒與本村普嚷簡户相同。第四十七世嘎繞,於1925年從元陽縣新街鎮尼寨村遷入金平縣金河鎮枯岔河村,是枯岔河村建村者之一。本譜内容爲世系,至簡日凡五十三世。

本譜載於《哈尼族口傳文化譯註全集》第十卷《紅河州哈尼族譜牒(一)》

[雲南金平]枯岔河村李侯打户譜牒　李加明背誦　龍正發搜集　2010年雲南民族出版社排印本　合册　哈漢雙文並註國際音標

該户屬羅畢支系李氏"苗姑"宗族,爲哈尼族十二支李氏之一。一世祖噢麻。從第一世"噢麻"至第二十二世"瑪登達"的譜牒與本村普嚷簡户相同。第五十世沙取,從元陽縣小新街鄉者臺村委會魚塘村遷入金平縣金河鎮枯岔河村。本譜内容爲世系,至侯打凡五十五世。

本譜載於《哈尼族口傳文化譯註全集》第十卷《紅河州哈尼族譜牒(一)》

[雲南金平]枯岔河村吴獎侯户譜牒　吴自祥(獎侯)背誦　龍正發搜集　2010年雲南民族出版社排印本　合册　哈漢雙文並註國際音標

該户屬羅畢支系吴氏宗族。一世祖噢麻。從第一世"噢麻"至第二十二世"瑪登達"的譜牒與本村普囔簡户相同。第三十六世日獎,從元陽縣大坪鄉平安寨村遷入金平縣金河鎮枯岔河村李家入贅。本譜内容爲世系,至侯謀凡三十八世。

本譜載於《哈尼族口傳文化譯註全集》第十卷《紅河州哈尼族譜牒(一)》

[雲南金平]枯岔河村何軌打户譜牒　何發文(軌打)背誦　龍正發搜集　2010年雲南民族出版社排印本　合册　哈漢雙文並註國際音標

該户屬羅畢支系何氏"攏甘"宗族。一世祖噢麻。從第一世"噢麻"至第二十二世"瑪登達"的譜牒與本村普囔簡户相同。第五十一世沙軌,從元陽縣小新街鄉者臺村魚塘村遷入金平縣金河鎮枯岔河村李家入贅,爲哈尼族莫批,於1976年5月病故。本譜内容爲世系,至打侯凡五十三世。

本譜載於《哈尼族口傳文化譯註全集》第十卷《紅河州哈尼族譜牒(一)》

[雲南金平]枯岔河村王謀則户譜牒　王玉明(謀則)背誦　龍正發搜集　2010年雲南民族出版社排印本　合册　哈漢雙文並註國際音標

該户屬羅畢支系王氏宗族。一世祖噢麻。從第一世"噢麻"至第二十一世"飄瑪登"的譜牒與本村普囔簡户相同。第五十世沙嘎,祖父是彝族,從元陽縣小新街鄉者臺村遷入金平縣金河鎮枯岔河村,與哈尼族通婚後融爲哈尼族,認哈尼田村王家爲一個家族,做王家沈嘎之子,取名嘎沙。本譜内容爲世系,至囔保凡五十四世。

本譜載於《哈尼族口傳文化譯註全集》第十卷《紅河州哈尼族譜牒(一)》

[雲南金平]枯岔河村朱侯則户譜牒　朱有才(侯則)背誦　龍正發搜集　2010年雲南民族出版社排印本　合册　哈漢雙文並註國際音標

該户屬羅畢支系朱氏宗族。一世祖噢麻。從第一世"噢麻"至第十七世"聰莫威"的譜牒與本村普囔簡户相同。第五十八世囔省,從元陽縣小新街鄉趕馬村遷入金平縣金河鎮枯岔河村。第五十九世省舉之次子舉苗,父親病故後母親改嫁,隨母遷入越南萊州省封土縣瑶山鄉東瓜林村。本譜内容爲世系,至繞打凡六十三世。

[雲南金平]枯岔河村龍沙則户譜牒　龍珠保(沙則)背誦　龍正發搜集　2010年雲南民族出版社排印本　合册　哈漢雙文並註國際音標

該户屬羅畢支系龍氏"恒統"宗族。一世祖噢麻。從第一世"噢麻"至第十四世"補白烏"的譜牒與本村普囔簡户相同。第五十二世取嘎,從金平縣金河鎮十里村遷入越南萊州省封土縣瑶山鄉麻栗寨。取嘎之子打沙因父親病故,母親改嫁,隨母遷入中國金平縣金河鎮枯岔河村。本譜内容爲世系,至則獎凡五十六世。

本譜載於《哈尼族口傳文化譯註全集》第十卷《紅河州哈尼族譜牒(一)》

[雲南金平]枯岔河村羅則香户譜牒　羅則香背誦　龍正發搜集　2010年雲南民族出版社排印本　合册　哈漢雙文並註國際音標

該户屬羅畢支系"大羅"宗族。一世祖噢麻。從第一世"噢麻"至第十四世"補白烏"的譜牒與本村普囔簡户相同。第四十六世日舉,從元陽縣大坪鄉老金山遷入金平縣金河鎮枯岔河村。本譜内容爲世系,至香保凡四十九世。

本譜載於《哈尼族口傳文化譯註全集》第十卷《紅河州哈尼族譜牒(一)》

[雲南金平]枯岔河村李侯則户譜牒　李有亮(侯則)背誦　龍正發搜集　2010年雲南民族出版社排印本　合册　哈漢雙文並註國際音標

該户屬羅畢支系李氏"苗姑"宗族。一世祖噢麻。從第一世"噢麻"至第十四世"補白烏"的譜牒與本村普囔簡户相同。第四十七世舉扔,從元陽縣小新街鄉者臺村遷入金平縣金河鎮枯岔河村。本譜内容爲世系,至則日凡五十三世。

本譜載於《哈尼族口傳文化譯註全集》第十卷

《紅河州哈尼族譜牒(一)》

[雲南金平]棉竹棚村王扔獎户譜牒 王繼祥(繞則)背誦 龍正發搜集 2010年雲南民族出版社排印本 合册 哈漢雙文並註國際音標

該户屬羅畢支系王氏宗族。一世祖噢麻。第四十四世則朵,從元陽縣逢春嶺鄉尼枯補村遷入金平縣阿得博鄉箐口新寨。則朵曾孫省繞,遷入棉竹棚村。本譜内容爲世系,至扔獎凡五十世。

本譜載於《哈尼族口傳文化譯註全集》第十卷《紅河州哈尼族譜牒(一)》

[雲南金平]棉竹棚村吴舉朵户譜牒 吴軍(打舉)背誦 龍正發搜集 2010年雲南民族出版社排印本 合册 哈漢雙文並註國際音標

該户屬羅畢支系吴氏宗族。一世祖噢麻。從第一世"噢麻"至第二十一世"飄瑪登"的譜牒與本村王扔獎户相同。第五十三世舉香,從元陽縣小新街鄉趕媽新寨遷入金平縣金河鎮枯岔河村。舉香之子香嘎,遷入棉竹棚村。本譜内容爲世系,至舉朵凡五十七世。

本譜載於《哈尼族口傳文化譯註全集》第十卷《紅河州哈尼族譜牒(一)》

[雲南金平]棉竹棚村羅打侯户譜牒 羅省打背誦 龍正發搜集 2010年雲南民族出版社排印本 合册 哈漢雙文並註國際音標

該户屬羅畢支系"大羅"宗族。一世祖噢麻。從第一世"噢麻"至第二十一世"飄瑪登"的譜牒與本村王扔獎户相同。第四十六世龍扔,從元陽縣大坪鄉平安寨遷入金平縣金河鎮枯岔河村。舉香之子扔獎,遷入棉竹棚村。本譜内容爲世系,至打侯凡五十世。

本譜載於《哈尼族口傳文化譯註全集》第十卷《紅河州哈尼族譜牒(一)》

[雲南金平]棉竹棚村朱工侯户譜牒 朱有紅(工侯)背誦 龍正發搜集 2010年雲南民族出版社排印本 合册 哈漢雙文並註國際音標

該户屬羅畢支系朱氏宗族。一世祖噢麻。從第一世"噢麻"至第十五世"烏活壤"的譜牒與本村王扔獎户相同。第五十八世朵舉,從金平縣沙依坡鄉媽卡波獨家村遷入金河鎮枯岔河村,後遷入棉竹棚村。本譜内容爲世系,至侯嘎凡六十一世。

本譜載於《哈尼族口傳文化譯註全集》第十卷《紅河州哈尼族譜牒(一)》

[雲南金平]棉竹棚村楊省打户譜牒 楊正榮背誦 龍正發搜集 2010年雲南民族出版社排印本 合册 哈漢雙文並註國際音標

該户屬羅畢支系楊氏宗族。一世祖噢麻。從第一世"噢麻"至第二十一世"飄瑪登"的譜牒與本村王扔獎户相同。第四十七世謀通,從金平縣金河鎮哈尼田村委會上樓寨遷入枯岔河村委會棉竹棚村。本譜内容爲世系,至省打凡五十世。

本譜載於《哈尼族口傳文化譯註全集》第十卷《紅河州哈尼族譜牒(一)》

[雲南金平]棉竹棚村李獎嘎户譜牒 李文亮背誦 龍正發搜集 2010年雲南民族出版社排印本 合册 哈漢雙文並註國際音標

該户屬羅美支系李氏"尖培"宗族。一世祖噢麻。從第一世"噢麻"至第二十八世"朔李"的譜牒與哈尼田村委會大保寨村李滔取户相同。第五十二世朵圍,從建水縣遷入金平縣沙依坡鄉魚塘村。朵圍之子圍嚷,從魚塘村遷入金河鎮乾塘村及哈尼田村委會上樓寨。第五十六世通則,遷入哈尼田村茶羅地村,後遷入棉竹棚村。本譜内容爲世系,至獎嘎凡五十八世。

本譜載於《哈尼族口傳文化譯註全集》第十卷《紅河州哈尼族譜牒(一)》

[雲南金平]棉竹棚村普謀獎户譜牒 普謀獎背誦 龍正發搜集 2010年雲南民族出版社排印本 合册 哈漢雙文並註國際音標

該户屬羅美支系"小普"宗族。一世祖噢麻。從第一世"噢麻"至第二十八世"朔李"的譜牒與哈尼田村委會大保寨村李滔取户相同。第五十八世叵矮,從金平縣阿得博鄉遷入金河鎮乾塘村。第六十四世謀獎,遷入枯岔河村委會棉竹棚村。

本譜内容爲世系，至謀獎凡六十四世。

本譜載於《哈尼族口傳文化譯註全集》第十卷《紅河州哈尼族譜牒（一）》

［雲南金平］棉竹棚村張獎扔户譜牒　張正昌（獎扔）背誦　龍正發搜集　2010年雲南民族出版社排印本　合册　哈漢雙文並註國際音標

該户屬羅美支系張氏宗族。一世祖噢麻。從第一世“噢麻”至第二十八世“朔李”的譜牒與哈尼田村委會大保寨村李滔取户相同。第五十七世則省，從金平縣沙依坡鄉獨家遷入阿得博鄉期咱迷，又遷入越南萊州省封土縣瑶山鄉，再遷回中國金平縣金河鎮枯岔河村委會棉竹棚村，係本村建村者之一。本譜内容爲世系，至謀沙凡六十一世。

本譜載於《哈尼族口傳文化譯註全集》第十卷《紅河州哈尼族譜牒（一）》

［雲南金平］棉竹棚村黄打簸户譜牒　黄文亮背誦　龍正發搜集　2010年雲南民族出版社排印本　合册　哈漢雙文並註國際音標

該户屬羅美支系黄氏宗族。一世祖噢麻。從第一世“噢麻”至第二十八世“朔李”的譜牒與哈尼田村委會大保寨村李滔取户相同。第五十六世苗侯，從金平縣沙依坡鄉小箐遷入汗田頭村。苗侯之子侯繞，遷入金河鎮枯岔河村。侯繞之孫簡則，遷入棉竹棚村。本譜内容爲世系，至打簸凡六十一世。

本譜載於《哈尼族口傳文化譯註全集》第十卷《紅河州哈尼族譜牒（一）》

［雲南金平］棉竹棚村高則謀户譜牒　高志祥背誦　龍正發搜集　2010年雲南民族出版社排印本　合册　哈漢雙文並註國際音標

該户屬羅美支系高氏“汝表”（大高）宗族。一世祖噢麻。從第一世“噢麻”至第二十八世“朔李”的譜牒與哈尼田村委會大保寨村李滔取户相同。第五十六世繞則，從元陽縣逢春嶺鄉尼枯補村遷入金平縣金河鎮枯岔河村。繞則曾孫嘎沙，遷入棉竹棚村。本譜内容爲世系，至則謀凡六十一世。

本譜載於《哈尼族口傳文化譯註全集》第十卷《紅河州哈尼族譜牒（一）》

［雲南金平］棉竹棚村李嚷獎户譜牒　李舉嚷背誦　龍正發搜集　2010年雲南民族出版社排印本　合册　哈漢雙文並註國際音標

該户屬羅美支系李氏“朵沙”宗族。一世祖噢麻。從第一世“噢麻”至第二十八世“朔李”的譜牒與哈尼田村委會大保寨村李滔取户相同。第五十九世謀繞，從元陽縣小新街鄉趕媽新寨遷入金平縣金河鎮枯岔河村。謀繞之子繞舉，遷入枯岔河村委會長嶺山新寨。繞舉之子舉嚷，遷入棉竹棚村。本譜内容爲世系，至嚷獎凡六十二世。

本譜載於《哈尼族口傳文化譯註全集》第十卷《紅河州哈尼族譜牒（一）》

［雲南金平］棉竹棚村普侯則户譜牒　侯小明（取侯）背誦　龍正發搜集　2010年雲南民族出版社排印本　合册　哈漢雙文並註國際音標

該户屬羅美支系“小普”宗族。一世祖噢麻。從第一世“噢麻”至第二十八世“朔李”的譜牒與哈尼田村委會大保寨村李滔取户相同。第六十世取侯，常用名侯小明，彝族，元陽縣小土保人，在本縣糧食局工作，1958年下鄉到枯岔河村征收公糧工作，1959年與棉竹棚村曹取芬結爲夫妻，定居棉竹棚村，並從兒女一代起改爲哈尼族，與枯岔河村普氏（普加興）認做一個家族，取名爲取侯。從此兩姓爲一個家族，禁止通婚。本譜内容爲世系，至侯則凡六十一世。

本譜載於《哈尼族口傳文化譯註全集》第十卷《紅河州哈尼族譜牒（一）》

［雲南金平］棉竹棚村高獎嘎户譜牒　高獎嘎背誦　龍正發搜集　2010年雲南民族出版社排印本　合册　哈漢雙文並註國際音標

該户屬羅美支系高氏“汝瑪”（小高）宗族。一世祖噢麻。從第一世“噢麻”至第二十八世“朔李”的譜牒與哈尼田村委會大保寨村李滔取户相同。第五十五世簡侯，從元陽縣逢春嶺鄉卡迷遷入金平縣金河鎮哈尼田村村委會上樓寨。簡侯之子侯取，遷入哈尼田村後又遷入枯岔河村委會丫口寨。侯取之子取獎，遷入乾塘村。取獎之子獎嘎，遷入棉竹棚村。本譜内容爲世系，至獎嘎凡五十八世。

本譜載於《哈尼族口傳文化譯註全集》第十卷《紅河州哈尼族譜牒(一)》

［雲南金平］馬鹿塘村黄氏家族譜系　佚名念誦　楊六金記録　2008年中國大百科全書出版社排印本　合册

哈尼語哈雅方言家譜。流傳於雲南省金平苗族瑶族傣族自治縣。本譜所載僅爲世系，自第一世哦麻至門嘎凡六十世。

本譜載於《中國少數民族古籍總目提要・哈尼族卷》

［雲南金平］馬鹿塘村黄氏家族譜系　佚名念誦　楊六金記録　2005年民族出版社排印本　合册　哈漢雙文

參見上條。本譜所載僅爲世系，自第一世哦麻至門嘎凡五十五世，與上條世系略有出入。

本譜載於《紅河哈尼族譜牒》

［雲南金平］馬鹿塘村朱簡宜户譜牒　朱國興(嚷簡)背誦　朱國興搜集　2010年雲南民族出版社排印本　合册　哈漢雙文並註國際音標

該户屬羅畢支系朱氏宗族。一世祖噢麻。本譜内容爲世系，至簡宜凡六十一世。

本譜載於《哈尼族口傳文化譯註全集》第十卷《紅河州哈尼族譜牒(一)》

［雲南金平］馬鹿塘村陳嘎則户譜牒　陳有祥背誦　普央搜集　2010年雲南民族出版社排印本　合册　哈漢雙文並註國際音標

該户屬羅畢支系陳氏"堵里"宗族。一世祖噢麻。從第一世"噢麻"至第十二世"敵席李"的譜牒與本村朱簡宜户相同。本譜内容爲世系，至則香凡五十八世。

本譜載於《哈尼族口傳文化譯註全集》第十卷《紅河州哈尼族譜牒(一)》

［雲南金平］馬鹿塘村李高日户譜牒　李高日背誦　朱國興搜集　2010年雲南民族出版社排印本　合册　哈漢雙文並註國際音標

該户屬羅畢支系李氏"朵沙"宗族。一世祖噢飄。本譜内容爲世系，至日扔凡五十九世。

本譜載於《哈尼族口傳文化譯註全集》第十卷《紅河州哈尼族譜牒(一)》

［雲南金平］馬鹿塘村普香們户譜牒　普香們背誦　朱國興搜集　2010年雲南民族出版社排印本　合册　哈漢雙文並註國際音標

該户屬羅美支系"大普"宗族。一世祖噢瓢。本譜内容爲世系，至們假凡六十三世。

本譜載於《哈尼族口傳文化譯註全集》第十卷《紅河州哈尼族譜牒(一)》

［雲南金平］馬鹿塘村曹舉通户譜牒　曹舉通背誦　朱國興搜集　2010年雲南民族出版社排印本　合册　哈漢雙文並註國際音標

該户屬羅美支系"大普"宗族。一世祖噢麻。從第一世"噢麻"至第二十八世"朔李"的譜牒與哈尼田村委會大保寨村李滔取户相同。本譜内容爲世系，至舉通凡五十八世。

本譜載於《哈尼族口傳文化譯註全集》第十卷《紅河州哈尼族譜牒(一)》

［雲南金平］馬鹿塘村龍謀朵户譜牒　龍謀朵背誦　朱國興搜集　2010年雲南民族出版社排印本　合册　哈漢雙文並註國際音標

該户屬羅美支系龍氏"恒統"宗族。一世祖噢麻。從第一世"噢麻"至第十七世"聰莫威"的譜牒與本村朱簡宜户相同。本譜内容爲世系，至朵沙凡五十四世。

本譜載於《哈尼族口傳文化譯註全集》第十卷《紅河州哈尼族譜牒(一)》

［雲南金平］馬鹿塘村高省抖户譜牒　高省抖背誦　朱國興搜集　2010年雲南民族出版社排印本　合册　哈漢雙文並註國際音標

該户屬羅美支系"小高"宗族。一世祖噢麻。

從第一世“噢麻”至第二十八世“朔李”的譜牒與哈尼田村委會大保寨村李滔取户相同。本譜内容爲世系，至侯沙凡六十一世。

本譜載於《哈尼族口傳文化譯註全集》第十卷《紅河州哈尼族譜牒(一)》

[雲南金平]馬鹿塘村黄日苗户譜牒　黄文祥(日苗)背誦　朱國興搜集　2010年雲南民族出版社排印本　合册　哈漢雙文並註國際音標

該户屬羅美支系黄氏宗族。一世祖噢麻。從第一世“噢麻”至第二十八世“朔李”的譜牒與哈尼田村委會大保寨村李滔取户相同。本譜内容爲世系，至苗嚷凡六十世。

本譜載於《哈尼族口傳文化譯註全集》第十卷《紅河州哈尼族譜牒(一)》

[雲南金平]黄家寨錢氏家族譜系　佚名念誦　楊六金記録　2008年中國大百科全書出版社排印本　合册

哈尼語哈雅方言家譜。流傳於雲南省金平苗族瑶族傣族自治縣。本譜所載僅爲世系，自第一世哦麻至黑鄉凡四十六世。

本譜載於《中國少數民族古籍總目提要・哈尼族卷》

[雲南金平]黄家寨錢氏家族譜系　佚名念誦　楊六金記録　2005年民族出版社排印本　合册　哈漢雙文

參見上條。本譜所載僅爲世系，自第一世哦麻至黑鄉凡四十世，與上條世系略有出入。

本譜載於《紅河哈尼族譜牒》

[雲南金平]黄家寨村黄扔舉户譜牒　黄扔舉背誦　高自祥搜集　2010年雲南民族出版社排印本　合册　哈漢雙文並註國際音標

該户屬羅美支系黄氏宗族。一世祖噢麻。本譜内容爲世系，至舉省凡五十七世。

本譜載於《哈尼族口傳文化譯註全集》第十卷《紅河州哈尼族譜牒(一)》

[雲南金平]黄家寨村曹舉香户譜牒　曹有發(舉香)背誦　高自祥搜集　2010年雲南民族出版社排印本　合册　哈漢雙文並註國際音標

該户屬羅美支系曹氏宗族。一世祖噢麻。從第一世“噢麻”至第二十八世“朔李”的譜牒與本村黄扔舉户相同。本譜内容爲世系，至取苗凡六十世。

本譜載於《哈尼族口傳文化譯註全集》第十卷《紅河州哈尼族譜牒(一)》

[雲南金平]黄家寨村高侯日户譜牒　高自祥(侯日)背誦　高自祥搜集　2010年雲南民族出版社排印本　合册　哈漢雙文並註國際音標

該户屬羅畢支系高氏宗族。一世祖噢麻。從第一世“噢麻”至第十四世“補白烏”的譜牒與本村黄扔舉户相同。本譜内容爲世系，至日奬凡六十世。

本譜載於《哈尼族口傳文化譯註全集》第十卷《紅河州哈尼族譜牒(一)》

[雲南金平]黄家寨村龍嚷省户譜牒　龍嚷省背誦　高自祥搜集　2010年雲南民族出版社排印本　合册　哈漢雙文並註國際音標

該户屬羅畢支系龍氏“恒統”宗族。一世祖噢麻。從第一世“噢麻”至第十四世“補白烏”的譜牒與本村黄扔舉户相同。本譜内容爲世系，至朵侯凡五十三世。

本譜載於《哈尼族口傳文化譯註全集》第十卷《紅河州哈尼族譜牒(一)》

[雲南金平]黄家寨村李簡繞户譜牒　李自平(簡繞)背誦　高自祥搜集　2010年雲南民族出版社排印本　合册　哈漢雙文並註國際音標

該户屬羅美支系李氏“哧們”宗族。一世祖噢麻。從第一世“噢麻”至第二十八世“朔李”的譜牒與本村黄扔舉户相同。本譜内容爲世系，至打苗凡六十世。

本譜載於《哈尼族口傳文化譯註全集》第十卷《紅河州哈尼族譜牒(一)》

[雲南金平]黄家寨村楊取謀户譜牒　楊有明(取謀)背誦　高自祥搜集　2010年雲南民族出版社排印本　合册　哈漢雙文並註國際音標

該户屬羅畢支系楊氏宗族。一世祖噢麻。從第一世"噢麻"至第二十世"哦里飄"的譜牒與本村黄扔舉户相同。本譜内容爲世系,至打簡凡五十九世。

本譜載於《哈尼族口傳文化譯註全集》第十卷《紅河州哈尼族譜牒(一)》

[雲南金平]黄家寨村羅舉侯户譜牒　羅有發(舉侯)背誦　高自祥搜集　2010年雲南民族出版社排印本　合册　哈漢雙文並註國際音標

該户屬羅畢支系"大羅"宗族。一世祖噢麻。從第一世"噢麻"至第二十一世"飄瑪登"的譜牒與本村黄扔舉户相同。本譜内容爲世系,至苗嚷凡五十九世。

本譜載於《哈尼族口傳文化譯註全集》第十卷《紅河州哈尼族譜牒(一)》

[雲南金平]黄家寨村高則扔户譜牒　高金發(則扔)背誦　高自祥搜集　2010年雲南民族出版社排印本　合册　哈漢雙文並註國際音標

該户屬羅畢支系"小高"宗族。一世祖噢麻。從第一世"噢麻"至第二十八世"朔李"的譜牒與本村黄扔舉户相同。本譜内容爲世系,至取嚷凡六十世。

本譜載於《哈尼族口傳文化譯註全集》第十卷《紅河州哈尼族譜牒(一)》

[雲南金平]黄家寨村何則講户譜牒　何建明(則講)背誦　高自祥搜集　2010年雲南民族出版社排印本　合册　哈漢雙文並註國際音標

該户屬羅畢支系何氏"攏甘"宗族。一世祖噢麻。從第一世"噢麻"至第二十一世"飄瑪登"的譜牒與本村黄扔舉户相同。本譜内容爲世系,至則講凡五十二世。

本譜載於《哈尼族口傳文化譯註全集》第十卷《紅河州哈尼族譜牒(一)》

[雲南金平]雙金橋村曹嚷通户譜牒　曹文明(嚷通)背誦　普鈺禾搜集　2010年雲南民族出版社排印本　合册　哈漢雙文並註國際音標

該户屬羅美支系曹氏宗族。一世祖噢麻。從第一世"噢麻"至第二十八世"朔李"的譜牒與本村黄扔舉户相同。第五十七世嚷通,現名曹文明,生於1936年,1999年從黄家寨遷入。本譜内容爲世系,至賈侯凡五十九世。

本譜載於《哈尼族口傳文化譯註全集》第十卷《紅河州哈尼族譜牒(一)》

[雲南金平]苦竹林村普省繞户譜牒　普和光(省繞)背誦　高自祥搜集　2010年雲南民族出版社排印本　合册　哈漢雙文並註國際音標

該户屬羅畢支系"朱普"宗族。一世祖噢麻。本譜内容爲世系,至繞謀凡六十二世。

本譜載於《哈尼族口傳文化譯註全集》第十卷《紅河州哈尼族譜牒(一)》

[雲南金平]苦竹林村陳香則户譜牒　陳文學(香則)背誦　高自祥搜集　2010年雲南民族出版社排印本　合册　哈漢雙文並註國際音標

該户屬羅畢支系陳氏"堵里"宗族。一世祖噢麻。從第一世"噢麻"至第十四世"補白烏"的譜牒與本村普省繞户相同。本譜内容爲世系,至高寶凡五十九世。

本譜載於《哈尼族口傳文化譯註全集》第十卷《紅河州哈尼族譜牒(一)》

[雲南金平]苦竹林村李謀香户譜牒　李德富(謀香)背誦　高自祥搜集　2010年雲南民族出版社排印本　合册　哈漢雙文並註國際音標

該户屬羅畢支系李氏"苗千"宗族。一世祖噢麻。從第一世"噢麻"至第十四世"補白烏"的譜牒與本村普省繞户相同。本譜内容爲世系,至侯則凡五十七世。

本譜載於《哈尼族口傳文化譯註全集》第十卷《紅河州哈尼族譜牒(一)》

[雲南金平]苦竹林村白嚷抖户譜牒　白金明(嚷

抖)背誦　高自祥搜集　2010年雲南民族出版社排印本　合册　哈漢雙文並註國際音標

該户屬羅畢支系白氏宗族。一世祖噢麻。從第一世"噢麻"至第十七世"聰莫威"的譜牒與本村普省繞户相同。本譜内容爲世系,至雄圍凡六十五世。

本譜載於《哈尼族口傳文化譯註全集》第十卷《紅河州哈尼族譜牒(一)》

[雲南金平]苦竹林村曹取省户譜牒　曹文學(取省)背誦　高自祥搜集　2010年雲南民族出版社排印本　合册　哈漢雙文並註國際音標

該户屬羅美支系曹氏宗族。一世祖噢麻。從第一世"噢麻"至第二十八世"朔李"的譜牒與哈尼田村委會大保寨村李滔取户相同。本譜内容爲世系,至省香凡五十八世。

本譜載於《哈尼族口傳文化譯註全集》第十卷《紅河州哈尼族譜牒(一)》

[雲南金平]苦竹林村黄苗打户譜牒　黄自福(苗打)背誦　高自祥搜集　2010年雲南民族出版社排印本　合册　哈漢雙文並註國際音標

該户屬羅美支系黄氏宗族。一世祖噢麻。從第一世"噢麻"至第二十八世"朔李"的譜牒與哈尼田村委會大保寨村李滔取户相同。本譜内容爲世系,至侯謀凡五十八世。

本譜載於《哈尼族口傳文化譯註全集》第十卷《紅河州哈尼族譜牒(一)》

[雲南金平]苦竹林村錢侯香户譜牒　錢海(侯香)背誦　高自祥搜集　2010年雲南民族出版社排印本　合册　哈漢雙文並註國際音標

該户屬羅畢支系錢氏宗族。一世祖噢麻。從第一世"噢麻"至第十四世"補白烏"的譜牒與本村普省繞户相同。本譜内容爲世系,至香舉凡五十三世。

本譜載於《哈尼族口傳文化譯註全集》第十卷《紅河州哈尼族譜牒(一)》

[雲南金平]黄家寨中寨村白舉日户譜牒　白自華(舉日)背誦　高自祥搜集　2010年雲南民族出版社排印本　合册　哈漢雙文並註國際音標

該户屬羅畢支系白氏宗族。一世祖噢麻。本譜内容爲世系,至舉日凡六十一世。

本譜載於《哈尼族口傳文化譯註全集》第十卷《紅河州哈尼族譜牒(一)》

[雲南金平]黄家寨中寨村朱侯取户譜牒　朱有明(侯取)背誦　高自祥搜集　2010年雲南民族出版社排印本　合册　哈漢雙文並註國際音標

該户屬羅畢支系朱氏宗族。一世祖噢麻。從第一世"噢麻"至第十八世"莫威最"的譜牒與本村白舉日户相同。本譜内容爲世系,至取朵凡五十七世。

本譜載於《哈尼族口傳文化譯註全集》第十卷《紅河州哈尼族譜牒(一)》

[雲南金平]黄家寨中寨村龍舉嘎户譜牒　龍文有(舉嘎)背誦　高自祥搜集　2010年雲南民族出版社排印本　合册　哈漢雙文並註國際音標

該户屬羅畢支系龍氏宗族。一世祖噢麻。從第一世"噢麻"至第十八世"莫威最"的譜牒與本村白舉日户相同。本譜内容爲世系,至嘎則凡五十二世。

本譜載於《哈尼族口傳文化譯註全集》第十卷《紅河州哈尼族譜牒(一)》

[雲南金平]黄家寨中寨村馬謀沙户譜牒　馬文昌(謀沙)背誦　高自祥搜集　2010年雲南民族出版社排印本　合册　哈漢雙文並註國際音標

該户屬羅畢支系馬氏宗族。一世祖噢麻。從第一世"噢麻"至第十七世"聰莫威"的譜牒與本村白舉日户相同。本譜内容爲世系,至省通凡六十六世。

本譜載於《哈尼族口傳文化譯註全集》第十卷《紅河州哈尼族譜牒(一)》

[雲南金平]黄家寨中寨村陳謀香户譜牒　陳自和(謀香)背誦　高自祥搜集　2010年雲南民族出版社排印本　合册　哈漢雙文並註國際音標

該户屬羅畢支系陳氏宗族。一世祖噢麻。從第一世"噢麻"至第十四世"補白烏"的譜牒與本村白舉日户相同。本譜内容爲世系,至日嘎凡五十七世。

本譜載於《哈尼族口傳文化譯註全集》第十卷《紅河州哈尼族譜牒(一)》

[雲南金平]黄家寨中寨村李取嘎户譜牒　李海學(取嘎)背誦　高自祥搜集　2010年雲南民族出版社排印本　合册　哈漢雙文並註國際音標

該户屬羅畢支系李氏"苗千"宗族。一世祖噢麻。從第一世"噢麻"至第十七世"聰莫威"的譜牒與本村白舉日户相同。本譜内容爲世系,至取嘎凡五十五世。

本譜載於《哈尼族口傳文化譯註全集》第十卷《紅河州哈尼族譜牒(一)》

[雲南金平]黄家寨中寨村高謀香户譜牒　高德明(謀香)背誦　高自祥搜集　2010年雲南民族出版社排印本　合册　哈漢雙文並註國際音標

該户屬羅畢支系白氏宗族。一世祖噢麻。從第一世"噢麻"至第十七世"聰莫威"的譜牒與本村白舉日户相同。本譜内容爲世系,至侯竇凡六十世。

本譜載於《哈尼族口傳文化譯註全集》第十卷《紅河州哈尼族譜牒(一)》

[雲南金平]黄家寨中寨村曹嘎香户譜牒　曹德和(嘎香)背誦　高自祥搜集　2010年雲南民族出版社排印本　合册　哈漢雙文並註國際音標

該户屬羅美支系曹氏宗族。一世祖噢麻。從第一世"噢麻"至第二十八世"朔李"的譜牒與哈尼田村委會大保寨村李滔取户相同。本譜内容爲世系,至香竇凡五十九世。

本譜載於《哈尼族口傳文化譯註全集》第十卷《紅河州哈尼族譜牒(一)》

[雲南金平]黄家寨中寨村黄侯苗户譜牒　黄文明(侯苗)背誦　高自祥搜集　2010年雲南民族出版社排印本　合册　哈漢雙文並註國際音標

該户屬羅美支系黄氏宗族。一世祖噢麻。從第一世"噢麻"至第二十八世"朔李"的譜牒與哈尼田村委會大保寨村李滔取户相同。本譜内容爲世系,至侯苗凡五十六世。

本譜載於《哈尼族口傳文化譯註全集》第十卷《紅河州哈尼族譜牒(一)》

[雲南金平]塘子邊村陳朵省户譜牒　陳忠和(朵省)背誦　高自祥搜集　2010年雲南民族出版社排印本　合册　哈漢雙文並註國際音標

該户屬羅畢支系陳氏"堵里"宗族。一世祖噢麻。本譜内容爲世系,至繞簡凡五十九世。

本譜載於《哈尼族口傳文化譯註全集》第十卷《紅河州哈尼族譜牒(一)》

[雲南金平]塘子邊村錢沙則户譜牒　錢有發背誦　高自祥搜集　2010年雲南民族出版社排印本　合册　哈漢雙文並註國際音標

該户屬羅畢支系錢氏宗族。一世祖噢麻。從第一世"噢麻"至第十五世"烏活壤"的譜牒與本村陳朵省户相同。本譜内容爲世系,至省繞凡五十三世。

本譜載於《哈尼族口傳文化譯註全集》第十卷《紅河州哈尼族譜牒(一)》

[雲南金平]塘子邊村曹簡朵户譜牒　曹義安(簡朵)背誦　高自祥搜集　2010年雲南民族出版社排印本　合册　哈漢雙文並註國際音標

該户屬羅美支系曹氏宗族。一世祖噢麻。從第一世"噢麻"至第二十八世"朔李"的譜牒與哈尼田村委會大保寨村李滔取户相同。本譜内容爲世系,至謀高凡五十九世。

本譜載於《哈尼族口傳文化譯註全集》第十卷《紅河州哈尼族譜牒(一)》

[雲南金平]塘子邊村楊侯舉户譜牒　楊金華(侯舉)背誦　高自祥搜集　2010年雲南民族出版社排印本　合册　哈漢雙文並註國際音標

該户屬羅畢支系楊氏宗族。一世祖噢麻。從第一世"噢麻"至第十四世"補白烏"的譜牒與本村陳朵省户相同。本譜内容爲世系,至舉嚷凡三十五世。

本譜載於《哈尼族口傳文化譯註全集》第十卷《紅河州哈尼族譜牒(一)》

[雲南金平]塘子邊村普省謀户譜牒 普有學(省謀)背誦 高自祥搜集 2010年雲南民族出版社排印本 合册 哈漢雙文並註國際音標

該户屬羅畢支系"朱普"宗族。一世祖噢麻。從第一世"噢麻"至第十四世"補白烏"的譜牒與本村陳朵省户相同。本譜内容爲世系,至謀高凡六十二世。

本譜載於《哈尼族口傳文化譯註全集》第十卷《紅河州哈尼族譜牒(一)》

[雲南金平]塘子邊村羅則香户譜牒 羅有亮(則香)背誦 高自祥搜集 2010年雲南民族出版社排印本 合册 哈漢雙文並註國際音標

該户屬羅畢支系羅氏宗族。一世祖噢麻。從第一世"噢麻"至第十四世"補白烏"的譜牒與本村陳朵省户相同。本譜内容爲世系,至香講凡五十八世。

本譜載於《哈尼族口傳文化譯註全集》第十卷《紅河州哈尼族譜牒(一)》

[雲南金平]塘子邊村朱侯繞户譜牒 朱有平(侯繞)背誦 李德有搜集 2010年雲南民族出版社排印本 合册 哈漢雙文並註國際音標

該户屬羅畢支系朱氏宗族。一世祖噢麻。從第一世"噢麻"至第十四世"補白烏"的譜牒與本村陳朵省户相同。本譜内容爲世系,至謀簡凡六十二世。

本譜載於《哈尼族口傳文化譯註全集》第十卷《紅河州哈尼族譜牒(一)》

[雲南金平]魚塘村朱香嘎户譜牒 朱有德(香嘎)背誦 高自祥搜集 2010年雲南民族出版社排印本 合册 哈漢雙文並註國際音標

該户屬羅畢支系朱氏宗族。一世祖噢麻。本譜内容爲世系,至香嘎凡五十八世。

本譜載於《哈尼族口傳文化譯註全集》第十卷《紅河州哈尼族譜牒(一)》

[雲南金平]魚塘村普日沙户譜牒 普紹明(日沙)背誦 高自祥搜集 2010年雲南民族出版社排印本 合册 哈漢雙文並註國際音標

該户屬羅畢支系"朱普"宗族。一世祖噢麻。從第一世"噢麻"至第三十三世"威女"的譜牒與黄家寨村委會苦竹林村普省繞户相同。本譜内容爲世系,至沙謀凡六十二世。

本譜載於《哈尼族口傳文化譯註全集》第十卷《紅河州哈尼族譜牒(一)》

[雲南金平]魚塘村高舉朵户譜牒 高自昌(舉朵)背誦 高自祥搜集 2010年雲南民族出版社排印本 合册 哈漢雙文並註國際音標

該户屬羅畢支系高氏宗族。一世祖噢麻。從第一世"噢麻"至第十八世"莫威最"的譜牒與本村朱香嘎户相同。本譜内容爲世系,至侯高凡五十七世。

本譜載於《哈尼族口傳文化譯註全集》第十卷《紅河州哈尼族譜牒(一)》

[雲南金平]魚塘村李侯繞户譜牒 李文祥(侯繞)背誦 高自祥搜集 2010年雲南民族出版社排印本 合册 哈漢雙文並註國際音標

該户屬羅畢支系李氏"苗千"宗族。一世祖噢麻。從第一世"噢麻"至第十七世"聰莫威"的譜牒與本村朱香嘎户相同。本譜内容爲世系,至繞謀凡五十五世。

本譜載於《哈尼族口傳文化譯註全集》第十卷《紅河州哈尼族譜牒(一)》

[雲南金平]魚塘村張嚷則户譜牒 張明亮(嚷則)背誦 高自祥搜集 2010年雲南民族出版社排印本 合册 哈漢雙文並註國際音標

該户屬羅畢支系張氏宗族。一世祖噢麻。從第一世"噢麻"至第十七世"聰莫威"的譜牒與本村朱香嘎户相同。本譜内容爲世系,至嘎香凡五十三世。

本譜載於《哈尼族口傳文化譯註全集》第十卷

《紅河州哈尼族譜牒(一)》

[雲南金平]魚塘村陳苗繞户譜牒　陳有祥(苗繞)背誦　高自祥搜集　2010年雲南民族出版社排印本　合册　哈漢雙文並註國際音標

該户屬羅畢支系陳氏宗族。一世祖噢麻。從第一世"噢麻"至第十四世"補白烏"的譜牒與本村朱香嘎户相同。本譜内容爲世系,至香嚷凡四十八世。

本譜載於《哈尼族口傳文化譯註全集》第十卷《紅河州哈尼族譜牒(一)》

[雲南金平]魚塘村黄苗則户譜牒　黄有亮背誦　高自祥搜集　2010年雲南民族出版社排印本　合册　哈漢雙文並註國際音標

該户屬羅美支系黄氏宗族。一世祖噢麻。從第一世"噢麻"至第二十八世"朔李"的譜牒與哈尼田村委會大保寨村李滔取户相同。本譜内容爲世系,至扔朵凡六十世。

本譜載於《哈尼族口傳文化譯註全集》第十卷《紅河州哈尼族譜牒(一)》

[雲南金平]乾塘村黄侯通户譜牒　黄國亮(日謀)背誦　李昌學搜集　2010年雲南民族出版社排印本　合册　哈漢雙文並註國際音標

該户屬羅美支系黄氏宗族。一世祖噢麻。家族約於1940年搬遷到金平縣金河鎮黄家寨村委會黄家寨村。本譜内容爲世系,至侯通凡六十二世。

本譜載於《哈尼族口傳文化譯註全集》第十卷《紅河州哈尼族譜牒(一)》

[雲南金平]乾塘村李香侯户譜牒　李昌學(香侯)背誦　李昌學搜集　2010年雲南民族出版社排印本　合册　哈漢雙文並註國際音標

該户屬羅美支系李氏"哧們"宗族。一世祖噢麻。從第一世"噢麻"至第二十八世"朔李"的譜牒與哈尼田村委會大保寨村李滔取户相同。第五十二世才取,從元陽縣上新城鄉新城村遷入金平縣,至侯取有八代。現有五代共四十六户一百七十二人。本譜内容爲世系,至侯取凡五十九世。

本譜載於《哈尼族口傳文化譯註全集》第十卷《紅河州哈尼族譜牒(一)》

[雲南金平]乾塘村普扔謀户譜牒　普貴祥背誦　李昌學搜集　2010年雲南民族出版社排印本　合册　哈漢雙文並註國際音標

該户屬羅美支系"大普"宗族。一世祖噢麻。從第一世"噢麻"至第二十八世"朔李"的譜牒與哈尼田村委會大保寨村李滔取户相同。第五十八世抖省,從元陽縣小新街鄉者臺村遷入金平縣永平老寨。抖省之孫日獎,遷入毛木樹。日獎之子獎扔遷入乾塘村。第五十六世龍日、第六十世日獎、第六十一世獎扔、第六十二世扔謀相繼傳承哈尼莫批。本譜内容爲世系,至謀通凡六十三世。

本譜載於《哈尼族口傳文化譯註全集》第十卷《紅河州哈尼族譜牒(一)》

[雲南金平]永平村曹省苗户譜牒　曹萬明(省苗)背誦　朱國興搜集　2010年雲南民族出版社排印本　合册　哈漢雙文並註國際音標

該户屬羅美支系曹氏宗族。一世祖噢麻。本譜内容爲世系,至省苗凡五十九世。

本譜載於《哈尼族口傳文化譯註全集》第十卷《紅河州哈尼族譜牒(一)》

[雲南金平]永平村普嚷苗户譜牒　普嚷苗背誦　朱國興搜集　2010年雲南民族出版社排印本　合册　哈漢雙文並註國際音標

該户屬羅美支系"小普"宗族。一世祖噢麻。從第一世"噢麻"至第二十八世"朔李"的譜牒與本村曹省苗户相同。本譜内容爲世系,至苗日凡五十七世。

本譜載於《哈尼族口傳文化譯註全集》第十卷《紅河州哈尼族譜牒(一)》

[雲南金平]永平村李侯省户譜牒　李侯省背誦　朱國興搜集　2010年雲南民族出版社排印本　合册　哈漢雙文並註國際音標

該户屬羅美支系李氏"哧吼"宗族。一世祖噢麻。從第一世"噢麻"至第二十八世"朔李"的譜牒與本村曹省苗户相同。本譜内容爲世系，至省苗凡五十六世。

本譜載於《哈尼族口傳文化譯註全集》第十卷《紅河州哈尼族譜牒(一)》

[雲南金平]永平村高侯香户譜牒 高侯香背誦 朱國興搜集 2010年雲南民族出版社排印本 合册 哈漢雙文並註國際音標

該户屬羅美支系高氏"汝滿"宗族。一世祖噢麻。從第一世"噢麻"至第二十八世"朔李"的譜牒與本村曹省苗户相同。本譜内容爲世系，至香謀凡六十一世。

本譜載於《哈尼族口傳文化譯註全集》第十卷《紅河州哈尼族譜牒(一)》

[雲南金平]永平村黄侯嘎户譜牒 黄侯嘎背誦 朱國興搜集 2010年雲南民族出版社排印本 合册 哈漢雙文並註國際音標

該户屬羅美支系黄氏宗族。一世祖噢麻。從第一世"噢麻"至第二十八世"朔李"的譜牒與本村曹省苗户相同。本譜内容爲世系，至嘎直凡六十一世。

本譜載於《哈尼族口傳文化譯註全集》第十卷《紅河州哈尼族譜牒(一)》

[雲南金平]永平村朱香扔户譜牒 朱紅春(香扔)背誦 普鈺禾搜集 2010年雲南民族出版社排印本 合册 哈漢雙文並註國際音標

該户屬羅畢支系朱氏宗族。一世祖噢麻。從第一世"噢麻"至第十七世"聰莫威"的譜牒與本村曹省苗户相同。第五十八世龍朵，爲金平一帶哈尼族羅畢支系部分朱氏家族共祖，清初故於元陽縣嘎娘鄉某村，1975年其尸骨從元陽縣嘎娘鄉遷回金平縣金河鎮永平村委會老寨村安葬。本譜内容爲世系，至扔通凡六十四世。

本譜載於《哈尼族口傳文化譯註全集》第十卷《紅河州哈尼族譜牒(一)》

[雲南金平]毛木樹村李取高户譜牒 李德亮(取高)背誦 李正有搜集 2010年雲南民族出版社排印本 合册 哈漢雙文並註國際音標

該户屬羅美支系李氏"哧吼"宗族。一世祖噢麻。本譜内容爲世系，至高沙凡五十五世。

本譜載於《哈尼族口傳文化譯註全集》第十卷《紅河州哈尼族譜牒(一)》

[雲南金平]毛木樹村李日簸户譜牒 李有林(日簸)背誦 李正有搜集 2010年雲南民族出版社排印本 合册 哈漢雙文並註國際音標

該户屬羅美支系李氏"哧們"宗族。一世祖噢麻。從第一世"噢麻"至第三十世"窩腰"的譜牒與本村李取高户相同。第五十八世日簸，常用名李有林，是毛木樹村年紀最大者，生於1921年。本譜内容爲世系，至嘎扔凡六十一世。

本譜載於《哈尼族口傳文化譯註全集》第十卷《紅河州哈尼族譜牒(一)》

[雲南金平]毛木樹村普朵取户譜牒 普阿七(朵取)背誦 李正有搜集 2010年雲南民族出版社排印本 合册 哈漢雙文並註國際音標

該户屬羅美支系普氏"則垌"宗族。一世祖噢麻。從第一世"噢麻"至第二十八世"朔李"的譜牒與本村李取高户相同。本譜内容爲世系，至抖嘎凡六十六世。

本譜載於《哈尼族口傳文化譯註全集》第十卷《紅河州哈尼族譜牒(一)》

[雲南金平]毛木樹村朱沙謀户譜牒 朱沙謀背誦 李正有搜集 2010年雲南民族出版社排印本 合册 哈漢雙文並註國際音標

該户屬羅畢支系朱氏宗族。一世祖噢麻。從第一世"噢麻"至第十七世"聰莫威"的譜牒與本村李取高户相同。本譜内容爲世系，至謀講凡六十四世。

本譜載於《哈尼族口傳文化譯註全集》第十卷《紅河州哈尼族譜牒(一)》

[雲南金平]地棚村曹扔通户譜牒 曹自明(扔通)背誦 陳有德搜集 2010年雲南民族出版社排印本 合册 哈漢雙文並註國際音標

該户屬羅美支系曹氏宗族。一世祖噢麻。家族於1945年从金平縣金河鎮馬鹿塘村遷入。本譜内容爲世系,至省嘎凡五十九世。

本譜載於《哈尼族口傳文化譯註全集》第十卷《紅河州哈尼族譜牒(一)》

[雲南金平]地棚村普嚷省户譜牒 普文林(嚷省)背誦 陳有德搜集 2010年雲南民族出版社排印本 合册 哈漢雙文並註國際音標

該户屬羅美支系"小普"宗族。一世祖噢麻。從第一世"噢麻"至第二十八世"朔李"的譜牒與本村曹扔通户相同。本譜内容爲世系,至藝謀凡六十六世。

本譜載於《哈尼族口傳文化譯註全集》第十卷《紅河州哈尼族譜牒(一)》

[雲南金平]地棚村朱侯則户譜牒 朱德亮(則壹)背誦 陳有德搜集 2010年雲南民族出版社排印本 合册 哈漢雙文並註國際音標

該户屬羅畢支系朱氏宗族。一世祖噢麻。從第一世"噢麻"至第十七世"聰莫威"的譜牒與本村曹扔通户相同。第六十世則壹,1946年從金平縣金河鎮馬鹿塘村遷入地棚村。本譜内容爲世系,至則講凡六十三世。

本譜載於《哈尼族口傳文化譯註全集》第十卷《紅河州哈尼族譜牒(一)》

[雲南金平]地棚村李扔取户譜牒 李永林(扔取)背誦 陳有德搜集 2010年雲南民族出版社排印本 合册 哈漢雙文並註國際音標

該户屬羅美支系李氏"尖培"宗族。一世祖噢麻。從第一世"噢麻"至第二十八世"朔李"的譜牒與本村曹扔通户相同。本譜内容爲世系,至則簡凡六十世。

本譜載於《哈尼族口傳文化譯註全集》第十卷《紅河州哈尼族譜牒(一)》

[雲南金平]地棚村黄玉省户譜牒 黄國陸(玉省)背誦 陳有德搜集 2010年雲南民族出版社排印本 合册 哈漢雙文並註國際音標

該户屬羅美支系曹氏宗族。一世祖噢麻。從第一世"噢麻"至第二十八世"朔李"的譜牒與本村曹扔通户相同。本譜内容爲世系,至香打凡六十二世。

本譜載於《哈尼族口傳文化譯註全集》第十卷《紅河州哈尼族譜牒(一)》

[雲南金平]地棚村李朵玉户譜牒 李明亮(朵玉)背誦 陳有德搜集 2010年雲南民族出版社排印本 合册 哈漢雙文並註國際音標

該户屬羅美支系李氏"哧們"宗族。一世祖噢麻。從第一世"噢麻"至第二十八世"朔李"的譜牒與本村曹扔通户相同。本譜内容爲世系,至嘎嚷凡六十世。

本譜載於《哈尼族口傳文化譯註全集》第十卷《紅河州哈尼族譜牒(一)》

[雲南金平]地棚村李繞侯户譜牒 李有亮(侯高)背誦 陳有德搜集 2010年雲南民族出版社排印本 合册 哈漢雙文並註國際音標

該户屬羅美支系李氏"朵沙"宗族。一世祖噢麻。從第一世"噢麻"至第二十八世"朔李"的譜牒與本村曹扔通户相同。本譜内容爲世系,至高省凡六十一世。

本譜載於《哈尼族口傳文化譯註全集》第十卷《紅河州哈尼族譜牒(一)》

[雲南金平]地棚村何侯謀户譜牒 何文忠(侯謀)背誦 陳有德搜集 2010年雲南民族出版社排印本 合册 哈漢雙文並註國際音標

該户屬羅畢支系何氏宗族。一世祖噢麻。從第一世"噢麻"至第十七世"聰莫威"的譜牒與本村曹扔通户相同。本譜内容爲世系,至謀朵凡五十九世。

本譜載於《哈尼族口傳文化譯註全集》第十卷《紅河州哈尼族譜牒(一)》

[雲南金平]地棚村陳講成户譜牒 陳有德背誦 陳有德搜集 2010年雲南民族出版社排印本 合册 哈漢雙文並註國際音標

該户屬羅畢支系陳氏"堵里"宗族。一世祖噢麻。從第一世"噢麻"至第十四世"補白烏"的譜牒與本村曹扔通户相同。本譜内容爲世系,至講成凡五十九世。

本譜載於《哈尼族口傳文化譯註全集》第十卷《紅河州哈尼族譜牒(一)》

[雲南金平]地棚村普朵香户譜牒 普自祥背誦 陳有德搜集 2010年雲南民族出版社排印本 合册 哈漢雙文並註國際音標

該户屬羅美支系"大普"宗族。一世祖噢麻。從第一世"噢麻"至第二十八世"朔李"的譜牒與本村曹扔通户相同。本譜内容爲世系,至扔侯凡六十三世。

本譜載於《哈尼族口傳文化譯註全集》第十卷《紅河州哈尼族譜牒(一)》

[雲南金平]地棚村高省繞户譜牒 高文亮背誦 陳有德搜集 2010年雲南民族出版社排印本 合册 哈漢雙文並註國際音標

該户屬羅美支系高氏"汝瑪"宗族。一世祖噢麻。從第一世"噢麻"至第二十八世"朔李"的譜牒與本村曹扔通户相同。本譜内容爲世系,至簸侯凡六十三世。

本譜載於《哈尼族口傳文化譯註全集》第十卷《紅河州哈尼族譜牒(一)》

[雲南金平]地棚村王謀香户譜牒 王謀香背誦 陳有德搜集 2010年雲南民族出版社排印本 合册 哈漢雙文並註國際音標

該户屬羅畢支系王氏宗族。一世祖噢麻。從第一世"噢麻"至第二十三世"達堵蘇"的譜牒與本村曹扔通户相同。本譜内容爲世系,至香日凡四十二世。

本譜載於《哈尼族口傳文化譯註全集》第十卷《紅河州哈尼族譜牒(一)》

[雲南金平]地棚村李侯扔户譜牒 李紹清背誦 陳有德搜集 2010年雲南民族出版社排印本 合册 哈漢雙文並註國際音標

該户屬羅畢支系李氏"苗千"宗族。一世祖噢麻。從第一世"噢麻"至第二十世"哦里飄"的譜牒與本村曹扔通户相同。本譜内容爲世系,至扔苗凡五十七世。

本譜載於《哈尼族口傳文化譯註全集》第十卷《紅河州哈尼族譜牒(一)》

[雲南金平]地棚村李朵嘎户譜牒 李朵嘎背誦 陳有德搜集 2010年雲南民族出版社排印本 合册 哈漢雙文並註國際音標

該户屬羅美支系李氏"哧們"宗族。一世祖噢麻。從第一世"噢麻"至第二十八世"朔李"的譜牒與本村曹扔通户相同。本譜内容爲世系,至嘎則凡五十九世。

本譜載於《哈尼族口傳文化譯註全集》第十卷《紅河州哈尼族譜牒(一)》

[雲南金平]八一村普嘎嚷户譜牒 普有明(嘎嚷)背誦 李文明、李家芬搜集 2010年雲南民族出版社排印本 合册 哈漢雙文並註國際音標

該户屬羅美支系"小普"宗族。一世祖噢麻。第五十八世嚷坡,生於元陽縣逢春嶺鄉哈尼寨,1928年遷入金平縣金河鎮永平老寨。第六十二世苗嘎,生於金河鎮永平老寨,1948年遷入八一村建寨。本譜内容爲世系,至圍謀凡六十五世。

本譜載於《哈尼族口傳文化譯註全集》第十卷《紅河州哈尼族譜牒(一)》

[雲南金平]八一村普苗日户譜牒 普苗日背誦 李文明、李家芬搜集 2010年雲南民族出版社排印本 合册 哈漢雙文並註國際音標

該户屬羅美支系"大普"宗族。一世祖噢麻。從第一世"噢麻"至第二十八世"朔李"的譜牒與本村普嘎嚷户相同。第五十四世嘎取,從元陽縣上新城鄉新城村遷入金平縣金河鎮哈尼田村,後遷到越南萊州省封土縣瑶山,再遷回金平縣金河鎮永平毛木樹,最後遷入八一村。本譜内容爲世系,至謀則凡五十八世。

本譜載於《哈尼族口傳文化譯註全集》第十卷《紅河州哈尼族譜牒(一)》

[雲南金平]八一村曹朵謀户譜牒　曹謀香背誦　李文明、李家芬搜集　2010年雲南民族出版社排印本　合册　哈漢雙文並註國際音標

該户屬羅美支系曹氏宗族。一世祖噢麻。從第一世“噢麻”至第二十八世“朔李”的譜牒與本村普嘎嚷户相同。第五十六世朵謀,生於金平縣金河鎮永平老寨,後遷入八一村。本譜内容爲世系,至繞抖凡五十九世。

本譜載於《哈尼族口傳文化譯註全集》第十卷《紅河州哈尼族譜牒(一)》

[雲南金平]八一村李則省户譜牒　李則省背誦　李文明、李家芬搜集　2010年雲南民族出版社排印本　合册　哈漢雙文並註國際音標

該户屬羅美支系李氏“尖培”宗族。一世祖噢麻。從第一世“噢麻”至第二十八世“朔李”的譜牒與本村普嘎嚷户相同。第五十七世簡則,生於金平縣大寨鄉箐脚新寨,1960年入贅到八一村曹氏家族。本譜内容爲世系,至則省凡五十八世。

本譜載於《哈尼族口傳文化譯註全集》第十卷《紅河州哈尼族譜牒(一)》

[雲南金平]大老塘村黄嚷侯户譜牒　黄取嚷背誦　李正有搜集　2010年雲南民族出版社排印本　合册　哈漢雙文並註國際音標

該户屬羅美支系黄氏宗族。一世祖噢麻。本譜内容爲世系,至嚷侯凡五十七世。

本譜載於《哈尼族口傳文化譯註全集》第十卷《紅河州哈尼族譜牒(一)》

[雲南金平]大老塘村張氏家族譜系　佚名念誦　楊六金記録　2008年中國大百科全書出版社排印本　合册

哈尼語哈雅方言家譜。流傳於雲南省金平苗族瑶族傣族自治縣。本譜所載僅爲世系,自第一世送米窩至侯謀凡五十五世。

本譜載於《中國少數民族古籍總目提要・哈尼族卷》

[雲南金平]大老塘村張氏家族譜系　佚名念誦　楊六金記録　2005年民族出版社排印本　合册　哈漢雙文

參見上條。世系與上條同。

本譜載於《紅河哈尼族譜牒》

[雲南金平]大老塘村張侯謀户譜牒　張侯謀背誦　普央搜集　2010年雲南民族出版社排印本　合册　哈漢雙文並註國際音標

該户屬羅畢支系張氏宗族。一世祖噢麻。從第一世“噢麻”至第十七世“聰莫威”的譜牒與本村黄嚷侯户相同。本譜内容爲世系,至侯謀凡六十一世。

本譜載於《哈尼族口傳文化譯註全集》第十卷《紅河州哈尼族譜牒(一)》

[雲南金平]大老塘村普則朵户譜牒　普正才背誦　普鈺禾搜集　2010年雲南民族出版社排印本　合册　哈漢雙文並註國際音標

該户屬羅畢支系“朱普”宗族。一世祖噢麻。從第一世“噢麻”至第十世“活壤聰”的譜牒與本村黄嚷侯户相同。本譜内容爲世系,至朵香凡六十三世。

本譜載於《哈尼族口傳文化譯註全集》第十卷《紅河州哈尼族譜牒(一)》

[雲南金平]大老塘村陳舉謀户譜牒　陳有發(舉謀)背誦　普鈺禾、李家芬搜集　2010年雲南民族出版社排印本　合册　哈漢雙文並註國際音標

該户屬羅畢支系陳氏“堵里”宗族。一世祖噢麻。從第一世“噢麻”至第十四世“補白烏”的譜牒與本村黄嚷侯户相同。本譜内容爲世系,至謀則凡五十三世。

本譜載於《哈尼族口傳文化譯註全集》第十卷《紅河州哈尼族譜牒(一)》

[雲南金平]大老塘村普嘎沙户譜牒　李朵扔背誦　李德有搜集　2010年雲南民族出版社排印本　合册　哈漢雙文並註國際音標

該户屬羅畢支系“朱普”宗族。一世祖噢麻。從第一世“噢麻”至第十六世“活壤聰”的譜牒與

本村黄嚷侯户相同。本譜内容爲世系,至沙侯凡六十二世。

本譜載於《哈尼族口傳文化譯註全集》第十卷《紅河州哈尼族譜牒(一)》

[雲南金平]大老塘村羅嚷謀户譜牒　羅正明背誦　普鈺禾、李家芬搜集　2010年雲南民族出版社排印本　合册　哈漢雙文並註國際音標

該户屬羅畢支系羅氏宗族。一世祖噢麻。從第一世"噢麻"至第二十二世"瑪登達"的譜牒與本村黄嚷侯户相同。本譜内容爲世系,至謀侯凡五十九世。

本譜載於《哈尼族口傳文化譯註全集》第十卷《紅河州哈尼族譜牒(一)》

[雲南金平]大老塘村曹日省户譜牒　曹文亮(日省)背誦　普鈺禾、李家芬搜集　2010年雲南民族出版社排印本　合册　哈漢雙文並註國際音標

該户屬羅美支系曹氏宗族。一世祖噢麻。從第一世"噢麻"至第二十八世"朔李"的譜牒與本村黄嚷侯户相同。本譜内容爲世系,至謀假凡六十世。

本譜載於《哈尼族口傳文化譯註全集》第十卷《紅河州哈尼族譜牒(一)》

[雲南金平]大老塘村白則香户譜牒　白志學(則香)背誦　普鈺禾、李家芬搜集　2010年雲南民族出版社排印本　合册　哈漢雙文並註國際音標

該户屬羅畢支系白氏宗族。一世祖噢麻。從第一世"噢麻"至第十七世"聰莫威"的譜牒與本村黄嚷侯户相同。本譜内容爲世系,至香打凡六十三世。

本譜載於《哈尼族口傳文化譯註全集》第十卷《紅河州哈尼族譜牒(一)》

[雲南金平]大老塘村李扔謀户譜牒　李正亮(扔謀)背誦　普鈺禾、李家芬搜集　2010年雲南民族出版社排印本　合册　哈漢雙文並註國際音標

該户屬羅畢支系李氏"奔甲"宗族。一世祖噢麻。從第一世"噢麻"至第二十一世"飄瑪登"的譜牒與大老塘村曹日省户相同。本譜内容爲世系,至嘎省凡五十六世。

本譜載於《哈尼族口傳文化譯註全集》第十卷《紅河州哈尼族譜牒(一)》

[雲南金平]老馬寨村龍繞嘎户譜牒　龍正亮(繞嘎)背誦　龍正發搜集　2010年雲南民族出版社排印本　合册　哈漢雙文並註國際音標

該户屬羅畢支系龍氏"恒統"宗族。一世祖噢麻。從第一世"噢麻"至第十七世"聰莫威"的譜牒與大老塘村黄嚷侯户相同。第五十世侯舉,從元陽縣小新街鄉趕瑪村遷入金平縣金河鎮枯岔河村。侯舉之子舉繞又遷入大老塘村老馬寨。本譜内容爲世系,至侯取凡五十四世。

本譜載於《哈尼族口傳文化譯註全集》第十卷《紅河州哈尼族譜牒(一)》

[雲南金平]黄興良村李打繞户譜牒　李自强(繞香)背誦　李昌學搜集　2010年雲南民族出版社排印本　合册　哈漢雙文並註國際音標

該户屬羅畢支系李氏"奔甲"宗族。一世祖噢麻。本譜内容爲世系,至朵賈凡五十四世。

本譜載於《哈尼族口傳文化譯註全集》第十卷《紅河州哈尼族譜牒(一)》

[雲南金平]尖山村普嚷則户譜牒　普有亮(嚷則)背誦　高自祥搜集　2010年雲南民族出版社排印本　合册　哈漢雙文並註國際音標

該户屬羅畢支系"朱普"宗族。一世祖噢麻。本譜内容爲世系,至朵簡凡六十三世。

本譜載於《哈尼族口傳文化譯註全集》第十卷《紅河州哈尼族譜牒(一)》

[雲南金平]尖山村李高侯户譜牒　李文亮(高侯)背誦　高自祥搜集　2010年雲南民族出版社排印本　合册　哈漢雙文並註國際音標

該户屬羅畢支系李氏"苗千"宗族。一世祖噢麻。從第一世"噢麻"至第十八世"莫威最"的譜牒與本村普嚷則户相同。本譜内容爲世系,至取苗凡五十六世。

本譜載於《哈尼族口傳文化譯註全集》第十卷《紅河州哈尼族譜牒(一)》

[雲南金平]尖山村李高侯户譜牒 李文亮(高侯)背誦 高自祥搜集 2010年雲南民族出版社排印本 合册 哈漢雙文並註國際音標

該户屬羅畢支系李氏"苗千"宗族。一世祖噢麻。從第一世"噢麻"至第十八世"莫威最"的譜牒與本村普嚷則户相同。本譜内容爲世系,至取苗凡五十六世。

本譜載於《哈尼族口傳文化譯註全集》第十卷《紅河州哈尼族譜牒(一)》

[雲南金平]尖山村朱侯則户譜牒 朱自明背誦 高自祥搜集 2010年雲南民族出版社排印本 合册 哈漢雙文並註國際音標

該户屬羅畢支系朱氏宗族。一世祖噢麻。從第一世"噢麻"至第二十八世"額里朵"的譜牒與本村普嚷則户相同。本譜内容爲世系,至日朵凡六十世。

本譜載於《哈尼族口傳文化譯註全集》第十卷《紅河州哈尼族譜牒(一)》

[雲南金平]尖山村錢侯則户譜牒 錢自亮背誦 高自祥搜集 2010年雲南民族出版社排印本 合册 哈漢雙文並註國際音標

該户屬羅畢支系錢氏宗族。一世祖噢麻。從第一世"噢麻"至第十四世"補白烏"的譜牒與本村普嚷則户相同。本譜内容爲世系,至朵苗凡五十七世。

本譜載於《哈尼族口傳文化譯註全集》第十卷《紅河州哈尼族譜牒(一)》

[雲南金平]尖山村羅侯朵户譜牒 羅金祥背誦 高自祥搜集 2010年雲南民族出版社排印本 合册 哈漢雙文並註國際音標

該户屬羅畢支系羅氏宗族。一世祖噢麻。從第一世"噢麻"至第十七世"聰莫威"的譜牒與本村普嚷則户相同。本譜内容爲世系,至朵簡凡四十四世。

本譜載於《哈尼族口傳文化譯註全集》第十卷《紅河州哈尼族譜牒(一)》

[雲南金平]五家寨村李繞謀户譜牒 李文華(繞謀)背誦 普鈺禾、李家芬搜集 2010年雲南民族出版社排印本 合册 哈漢雙文並註國際音標

該户屬羅畢支系李氏"苗千"宗族。一世祖噢麻。第四十世薩努、四十一世孔主不相連名。第五十一世沙謀,從元陽縣逢春嶺鄉遷入金平縣哈尼田村。沙謀之子謀打,從哈尼田村遷居五家寨村。本譜内容爲世系,至扔打凡五十六世。

本譜載於《哈尼族口傳文化譯註全集》第十卷《紅河州哈尼族譜牒(一)》

[雲南金平]五家寨村李侯通户譜牒 李自學背誦 高自祥搜集 2010年雲南民族出版社排印本 合册 哈漢雙文並註國際音標

該户屬羅畢支系李氏"奔甲"宗族。一世祖噢麻。從第一世"噢麻"至第二十二世"瑪登達"的譜牒與本村李繞謀户相同。本譜内容爲世系,至侯通凡五十四世。

本譜載於《哈尼族口傳文化譯註全集》第十卷《紅河州哈尼族譜牒(一)》

[雲南金平]五家寨村何嘎賈户譜牒 何家華(嘎賈)背誦 普鈺禾、李家芬搜集 2010年雲南民族出版社排印本 合册 哈漢雙文並註國際音標

該户屬羅畢支系何氏宗族。一世祖噢麻。從第一世"噢麻"至第二十一世"飄瑪登"的譜牒與本村李繞謀户相同。據傳第四十四世阿胡被人追殺,整個家族只剩下一個女孩,好心人把女孩放在背籮裏轉移時,在水溝邊調換了一個男孩,因此何氏才没絶後。本譜内容爲世系,至朵賈凡五十四世。

本譜載於《哈尼族口傳文化譯註全集》第十卷《紅河州哈尼族譜牒(一)》

[雲南金平]五家寨村楊朵侯户譜牒 楊啓榮(朵侯)背誦 普鈺禾、李家芬搜集 2010年雲南民族出版社排印本 合册 哈漢雙文並註國際音標

該户屬羅畢支系楊氏宗族。一世祖噢麻。從第一世"噢麻"至第二十八世"庫沙"的譜牒與本村李繞謀户相同。本譜内容爲世系,至則香凡五十二世。

本譜載於《哈尼族口傳文化譯註全集》第十卷《紅河州哈尼族譜牒(一)》

[雲南金平]五家寨村郭侯省户譜牒　郭文富(侯省)背誦　普鈺禾、李家芬搜集　2010年雲南民族出版社排印本　合册　哈漢雙文並註國際音標

該户屬羅畢支系郭氏"迷克然"宗族。一世祖美伙。金平縣郭氏家族祖先原居紅河縣甲寅地區。第五世歐普遇難後,其子普嚷逃到金平縣金河鎮魚洞村。普嚷病故後,其妻帶領三子投靠到同心寨娘家,從此郭氏家族就定居在同心寨。由於普嚷去世早,郭氏家族的譜牒未傳給後代,故美伙以上的祖先名無法知曉。普嚷長子嚷竇的後代,現居住在金河鎮黄興良村,次子嚷簡的後代居住在金河鎮五家寨和越南萊州省封土縣瑶山鄉麻栗寨,三子嚷魯的後代居住在同心寨。此譜記次子嚷簡一支。本譜内容爲世系,至省苗凡十二世。

本譜載於《哈尼族口傳文化譯註全集》第十卷《紅河州哈尼族譜牒(一)》

[雲南金平]五家寨村高謀通户譜牒　高正祥(謀通)背誦　普鈺禾、李家芬搜集　2010年雲南民族出版社排印本　合册　哈漢雙文並註國際音標

該户屬羅美支系高氏"汝瑪"宗族。一世祖噢麻。從第一世"噢麻"至第二十一世"飄瑪登"的譜牒與本村李繞謀户相同。本譜内容爲世系,至通貴凡六十世。

本譜載於《哈尼族口傳文化譯註全集》第十卷《紅河州哈尼族譜牒(一)》

[雲南金平]五家寨村龍謀香户譜牒　龍雲華(謀香)背誦　普鈺禾、李家芬搜集　2010年雲南民族出版社排印本　合册　哈漢雙文並註國際音標

該户屬羅畢支系龍氏宗族。一世祖七奪,其先祖從元陽縣遷入,原爲老鄔人(彝族),之前先祖名不詳。本譜内容爲世系,至則朵凡七世。

本譜載於《哈尼族口傳文化譯註全集》第十卷《紅河州哈尼族譜牒(一)》

[雲南金平]五家寨村陳舉日户譜牒　陳文亮(舉日)背誦　普鈺禾、李家芬搜集　2010年雲南民族出版社排印本　合册　哈漢雙文並註國際音標

該户屬羅畢支系陳氏"堵里"宗族。一世祖噢麻。從第一世"噢麻"至第十四世"補白烏"的譜牒與本村李繞謀户相同。本譜内容爲世系,至日謀凡五十八世。

本譜載於《哈尼族口傳文化譯註全集》第十卷《紅河州哈尼族譜牒(一)》

[雲南金平]閘門村羅省侯户譜牒　羅文明背誦　高自祥搜集　2010年雲南民族出版社排印本　合册　哈漢雙文並註國際音標

該户屬羅畢支系羅氏宗族。一世祖噢麻。本譜内容爲世系,至香日凡六十一世。

本譜載於《哈尼族口傳文化譯註全集》第十卷《紅河州哈尼族譜牒(一)》

[雲南金平]閘門村白則侯户譜牒　白有亮背誦　高自祥搜集　2010年雲南民族出版社排印本　合册　哈漢雙文並註國際音標

該户屬羅畢支系白氏宗族。一世祖噢麻。從第一世"噢麻"至第十七世"聰莫威"的譜牒與本村羅省侯户相同。本譜内容爲世系,至竇簡凡六十四世。

本譜載於《哈尼族口傳文化譯註全集》第十卷《紅河州哈尼族譜牒(一)》

[雲南金平]閘門村朱簸嘎户譜牒　朱華昌背誦　高自祥搜集　2010年雲南民族出版社排印本　合册　哈漢雙文並註國際音標

該户屬羅畢支系朱氏宗族。一世祖噢麻。從第一世"噢麻"至第十七世"聰莫威"的譜牒與本村羅省侯户相同。本譜内容爲世系,至嘎嚷凡五十九世。

本譜載於《哈尼族口傳文化譯註全集》第十卷《紅河州哈尼族譜牒(一)》

[雲南金平]閘門村黎省俟户譜牒　黎德富背誦　高自祥搜集　2010年雲南民族出版社排印本　合册　哈漢雙文並註國際音標

該户屬羅畢支系黎氏宗族。一世祖噢麻。從第一世"噢麻"至第十七世"聰莫威"的譜牒與本村羅省俟户相同。本譜内容爲世系,至嘎打凡五十六世。

本譜載於《哈尼族口傳文化譯註全集》第十卷《紅河州哈尼族譜牒(一)》

[雲南金平]閘門村楊舉俟户譜牒　楊有亮背誦　高自祥搜集　2010年雲南民族出版社排印本　合册　哈漢雙文並註國際音標

該户屬羅畢支系楊氏宗族。一世祖噢麻。從第一世"噢麻"至第十七世"聰莫威"的譜牒與本村羅省俟户相同。本譜内容爲世系,至嘎謀凡四十二世。

本譜載於《哈尼族口傳文化譯註全集》第十卷《紅河州哈尼族譜牒(一)》

[雲南金平]閘門村張省朵户譜牒　張有明背誦　高自祥搜集　2010年雲南民族出版社排印本　合册　哈漢雙文並註國際音標

該户屬羅畢支系張氏宗族。一世祖噢麻。從第一世"噢麻"至第二十一世"飄瑪登"的譜牒與本村羅省俟户相同。本譜内容爲世系,至苗沙凡五十八世。

本譜載於《哈尼族口傳文化譯註全集》第十卷《紅河州哈尼族譜牒(一)》

[雲南金平]閘門村陳沙省户譜牒　陳德明背誦　高自祥搜集　2010年雲南民族出版社排印本　合册　哈漢雙文並註國際音標

該户屬羅畢支系陳氏"堵里"宗族。一世祖噢麻。從第一世"噢麻"至第十四世"補白烏"的譜牒與本村羅省俟户相同。本譜内容爲世系,至沙省凡五十五世。

本譜載於《哈尼族口傳文化譯註全集》第十卷《紅河州哈尼族譜牒(一)》

[雲南金平]閘門村李俟朵户譜牒　李開學背誦　高自祥搜集　2010年雲南民族出版社排印本　合册　哈漢雙文並註國際音標

該户屬羅畢支系李氏"苗千"宗族。一世祖噢麻。從第一世"噢麻"至第二十一世"飄瑪登"的譜牒與本村羅省俟户相同。本譜内容爲世系,至香獎凡五十四世。

本譜載於《哈尼族口傳文化譯註全集》第十卷《紅河州哈尼族譜牒(一)》

[雲南金平]同心寨陳氏家族譜系　佚名念誦　楊六金記録　2008年中國大百科全書出版社排印本　合册

哈尼語哈雅方言家譜。流傳於雲南省金平苗族瑶族傣族自治縣。本譜所載僅爲世系,自第一世哦麻至則朵凡六十一世。

本譜載於《中國少數民族古籍總目提要·哈尼族卷》

[雲南金平]同心寨陳氏家族譜系　佚名念誦　楊六金記録　2005年民族出版社排印本　合册　哈漢雙文

參見上條。本譜所載僅爲世系,自第一世哦麻至惹奥凡五十五世,與上條世系略有出入。

本譜載於《紅河哈尼族譜牒》

[雲南金平]同心寨羅氏家族譜系　佚名念誦　楊六金記録　2008年中國大百科全書出版社排印本　合册

哈尼語哈雅方言家譜。流傳於雲南省金平苗族瑶族傣族自治縣。本譜所載僅爲世系,自第一世哦麻至惹奥凡六十一世。

本譜載於《中國少數民族古籍總目提要·哈尼族卷》

[雲南金平]同心寨羅氏家族譜系　佚名念誦　楊六金記録　2005年民族出版社排印本　合册　哈漢雙文

參見上條。本譜所載僅爲世系,自第一世哦麻至惹奥凡五十五世,與上條世系略有出入。

本譜載於《紅河哈尼族譜牒》

[雲南金平]同心寨王日朵户譜牒　王進文(日朵)背誦　郭舉搜集　2010年雲南民族出版社排印本　合册　哈漢雙文並註國際音標

該户屬羅畢支系王氏宗族。一世祖噢麻。本譜内容爲世系,至嘎獎凡四十二世。

本譜載於《哈尼族口傳文化譯註全集》第十卷《紅河州哈尼族譜牒(一)》

[雲南金平]同心寨楊香扔户譜牒　楊文祥(香扔)背誦　郭舉搜集　2010年雲南民族出版社排印本　合册　哈漢雙文並註國際音標

該户屬羅畢支系楊氏宗族。一世祖噢麻。從第一世"噢麻"至第十七世"聰莫威"的譜牒與本村王日朵户相同。本譜内容爲世系,至朵侯凡三十六世。

本譜載於《哈尼族口傳文化譯註全集》第十卷《紅河州哈尼族譜牒(一)》

[雲南金平]同心寨李省則户譜牒　李繼紅(省則)背誦　郭舉搜集　2010年雲南民族出版社排印本　合册　哈漢雙文並註國際音標

該户屬羅畢支系李氏"苗千"宗族。一世祖噢麻。從第一世"噢麻"至第二十一世"飄瑪登"的譜牒與本村王日朵户相同。本譜内容爲世系,至沙簡凡五十二世。

本譜載於《哈尼族口傳文化譯註全集》第十卷《紅河州哈尼族譜牒(一)》

[雲南金平]同心寨普日朵户譜牒　普玉有(嘎朵)背誦　普央搜集　2010年雲南民族出版社排印本　合册　哈漢雙文並註國際音標

該户屬羅畢支系"朱普"宗族。金平縣哈尼族羅美、羅畢支系有三個普姓,即大普、小普和朱普。大普、小普屬羅美支系,朱普屬羅畢支系。一説,朱普是從朱姓中分支出來,里遜撲爲朱普始祖;另一説,普姓三兄弟因紛争,老三逃難,被一朱姓大爺收留,後改姓爲朱普,始祖爲女雖。朱普分佈在金平縣金河鎮大老塘、同心寨、同心新寨、十里村、五家營新寨、平沖、牛欄沖、黄家寨塘子邊、苦竹林、魚墉、板板橋尖山及越南萊州省封土縣瑶山鄉麻栗寨。一世祖噢麻。從第一世"噢麻"至第十七世"聰莫威"的譜牒與本村王日朵户相同。本譜内容爲世系,至朵扔凡六十三世。

本譜載於《哈尼族口傳文化譯註全集》第十卷《紅河州哈尼族譜牒(一)》

[雲南金平]同心寨郭通日户譜牒　郭舉(通日)背誦　郭舉搜集　2010年雲南民族出版社排印本　合册　哈漢雙文並註國際音標

該户屬羅畢支系郭氏"迷克然"宗族。一世祖美伙。金平縣郭氏家族祖先原居紅河縣甲寅地區。第五世歐普遇難後,其子普讓逃到金平縣金河鎮魚洞村。普讓病故後,其妻帶領三子投靠到同心寨娘家,從此郭氏家族就定居在同心寨。由於普讓去世早,郭氏家族的譜牒未傳給後代,故美伙以上的祖先名無法知曉。普讓長子讓寶的後代,現居住在金河鎮黄興良村,次子讓減的後代居住在金河鎮五家寨和越南萊州省封土縣瑶山鄉麻栗寨,三子讓魯的後代居住在同心寨。此譜記三子讓魯一支。本譜内容爲世系,至日簡凡十二世。(此譜與《[雲南金平]五家寨村郭侯省户譜牒》在個别的人名翻譯上有出入)

本譜載於《哈尼族口傳文化譯註全集》第十卷《紅河州哈尼族譜牒(一)》

[雲南金平]同心寨何則嚷户譜牒　何光福(則嚷)背誦　郭舉搜集　2010年雲南民族出版社排印本　合册　哈漢雙文並註國際音標

該户屬羅畢支系何氏宗族。一世祖噢麻。從第一世"噢麻"至第十七世"聰莫威"的譜牒與本村王日朵户相同。本譜内容爲世系,至謀香凡六十一世。

本譜載於《哈尼族口傳文化譯註全集》第十卷《紅河州哈尼族譜牒(一)》

[雲南金平]同心寨朱則省户譜牒　朱學明(則省)背誦　郭舉搜集　2010年雲南民族出版社排印本　合册　哈漢雙文並註國際音標

該户屬羅畢支系朱氏宗族。一世祖噢麻。從第一世"噢麻"至第十七世"聰莫威"的譜牒與本村王日朵户相同。本譜内容爲世系,至省苗凡六十四世。

本譜載於《哈尼族口傳文化譯註全集》第十卷《紅河州哈尼族譜牒(一)》

[雲南金平]同心寨黎嚷嘎户譜牒　黎進安(嚷嘎)背誦　郭舉搜集　2010年雲南民族出版社排印本　合册　哈漢雙文並註國際音標

該户屬羅美支系黎氏宗族。一世祖噢麻。從第一世"噢麻"至第二十一世"飄瑪登"的譜牒與本村王日朵户相同。本譜内容爲世系,至嘎朵凡五十七世。

本譜載於《哈尼族口傳文化譯註全集》第十卷《紅河州哈尼族譜牒(一)》

[雲南金平]同心寨羅省謀户譜牒　羅愛民(省謀)背誦　郭舉搜集　2010年雲南民族出版社排印本　合册　哈漢雙文並註國際音標

該户屬羅畢支系羅氏宗族。一世祖噢麻。從第一世"噢麻"至第二十一世"飄瑪登"的譜牒與本村王日朵户相同。本譜内容爲世系,至扔苗凡五十四世。

本譜載於《哈尼族口傳文化譯註全集》第十卷《紅河州哈尼族譜牒(一)》

[雲南金平]同心寨許取苗户譜牒　許軍(取苗)背誦　郭舉搜集　2010年雲南民族出版社排印本　合册　哈漢雙文並註國際音標

該户屬羅畢支系許氏宗族。一世祖噢麻。從第一世"噢麻"至第二十一世"飄瑪登"的譜牒與本村王日朵户相同。第三十世則取,2007年百歲而故,村人稱"百歲老人"。本譜内容爲世系,至朵簡凡三十三世。

本譜載於《哈尼族口傳文化譯註全集》第十卷《紅河州哈尼族譜牒(一)》

[雲南金平]同心寨陳嘎則户譜牒　陳嘎則背誦　郭舉搜集　2010年雲南民族出版社排印本　合册　哈漢雙文並註國際音標

該户屬羅畢支系陳氏"堵里"宗族。一世祖噢麻。從第一世"噢麻"至第十四世"補白烏"的譜牒與本村王日朵户相同。本譜内容爲世系,至則黑凡五十九世。

本譜載於《哈尼族口傳文化譯註全集》第十卷《紅河州哈尼族譜牒(一)》

[雲南金平]同心寨黎采嚷户譜牒　黎采嚷背誦　李德有搜集　2010年雲南民族出版社排印本　合册　哈漢雙文並註國際音標

該户屬羅美支系黎氏宗族。一世祖噢麻。從第一世"噢麻"至第二十一世"飄瑪登"的譜牒與本村王日朵户相同。本譜内容爲世系,至嚷白凡六十三世。

本譜載於《哈尼族口傳文化譯註全集》第十卷《紅河州哈尼族譜牒(一)》

[雲南金平]同心新寨李取扔户譜牒　李自學(取扔)背誦　郭舉搜集　2010年雲南民族出版社排印本　合册　哈漢雙文並註國際音標

該户屬羅畢支系李氏"苗千"宗族。一世祖噢麻。本譜内容爲世系,至謀通凡五十五世。

本譜載於《哈尼族口傳文化譯註全集》第十卷《紅河州哈尼族譜牒(一)》

[雲南金平]同心新寨曹嚷謀户譜牒　曹躍武(嚷謀)背誦　郭舉搜集　2010年雲南民族出版社排印本　合册　哈漢雙文並註國際音標

該户屬羅美支系曹氏宗族。一世祖噢麻。從第一世"噢麻"至第二十八世"朔李"的譜牒與哈尼田村委會大保寨村李滔取户相同。本譜内容爲世系,至通舉凡六十世。

本譜載於《哈尼族口傳文化譯註全集》第十卷《紅河州哈尼族譜牒(一)》

[雲南金平]同心新寨楊取保户譜牒　楊阿圖背誦　郭舉搜集　2010年雲南民族出版社排印本　合册　哈漢雙文並註國際音標

該户屬羅畢支系楊氏宗族。一世祖噢麻。從第一世“噢麻”至第十七世“聰莫威”的譜牒與本村李取扔户相同。第二十五世昂苟,與同心大寨共祖,是昂苟的後代遷入同心新寨。本譜内容爲世系,至苗香凡三十六世。

本譜載於《哈尼族口傳文化譯註全集》第十卷《紅河州哈尼族譜牒(一)》

[雲南金平]同心新寨普朵謀户譜牒　普玉謀背誦　普央搜集　2010年雲南民族出版社排印本　合册　哈漢雙文並註國際音標

該户屬羅畢支系“朱普”宗族。一世祖噢麻。從第一世“噢麻”至第十七世“聰莫威”的譜牒與本村李取扔户相同。本譜内容爲世系,至朵謀凡六十四世。

本譜載於《哈尼族口傳文化譯註全集》第十卷《紅河州哈尼族譜牒(一)》

[雲南金平]同心新寨王省取户譜牒　王森(省取)背誦　郭舉搜集　2010年雲南民族出版社排印本　合册　哈漢雙文並註國際音標

該户屬羅畢支系王氏宗族。一世祖噢麻。從第一世“噢麻”至第十七世“聰莫威”的譜牒與本村李取扔户相同。本譜内容爲世系,至省取凡五十三世。

本譜載於《哈尼族口傳文化譯註全集》第十卷《紅河州哈尼族譜牒(一)》

[雲南金平]十里村何氏家族譜系　佚名念誦　楊六金記録　2008年中國大百科全書出版社排印本　合册

哈尼語哈雅方言家譜。流傳於雲南省金平苗族瑶族傣族自治縣。本譜所載僅爲世系,自第一世哦麻至日則凡六十世。

本譜載於《中國少數民族古籍總目提要·哈尼族卷》

[雲南金平]十里村何氏家族譜系　佚名念誦　楊六金記録　2005年民族出版社排印本　合册　哈漢雙文

參見上條。本譜所載僅爲世系,自第一世哦麻至朵嚷凡五十三世,與上條世系略有出入。

本譜載於《紅河哈尼族譜牒》

[雲南金平]十里村張簡朵户譜牒　張簡朵背誦　郭舉搜集　2010年雲南民族出版社排印本　合册　哈漢雙文並註國際音標

該户屬羅畢支系張氏宗族。一世祖噢麻。本譜内容爲世系,至取賈凡五十二世。

本譜載於《哈尼族口傳文化譯註全集》第十卷《紅河州哈尼族譜牒(一)》

[雲南金平]十里村龍侯簡户譜牒　龍開學背誦　郭舉搜集　2010年雲南民族出版社排印本　合册　哈漢雙文並註國際音標

該户屬羅畢支系龍氏宗族。一世祖噢麻。從第一世“噢麻”至第十七世“聰莫威”的譜牒與本村張簡朵户相同。本譜内容爲世系,至日朵凡五十九世。

本譜載於《哈尼族口傳文化譯註全集》第十卷《紅河州哈尼族譜牒(一)》

[雲南金平]十里村普侯扔户譜牒　普侯扔背誦　郭舉搜集　2010年雲南民族出版社排印本　合册　哈漢雙文並註國際音標

該户屬羅畢支系“朱普”宗族。一世祖噢麻。從第一世“噢麻”至第十七世“聰莫威”的譜牒與本村張簡朵户相同。本譜内容爲世系,至扔舉凡六十一世。

本譜載於《哈尼族口傳文化譯註全集》第十卷《紅河州哈尼族譜牒(一)》

[雲南金平]十里村李取省户譜牒　李文亮(取省)背誦　郭舉搜集　2010年雲南民族出版社排印本　合册　哈漢雙文並註國際音標

該户屬羅畢支系李氏宗族。一世祖噢麻。從第一世“噢麻”至第十七世“聰莫威”的譜牒與本村張簡朵户相同。本譜内容爲世系,至省日凡四十七世。

本譜載於《哈尼族口傳文化譯註全集》第十卷《紅河州哈尼族譜牒(一)》

[雲南金平]十里村許省嚷户譜牒　許長安(省嚷)背誦　郭舉搜集　2010年雲南民族出版社排印本　合册　哈漢雙文並註國際音標

該户屬羅畢支系許氏宗族。一世祖噢麻。從第一世"噢麻"至第十七世"聰莫威"的譜牒與本村張簡朵户相同。本譜内容爲世系,至朵香凡四十九世。

本譜載於《哈尼族口傳文化譯註全集》第十卷《紅河州哈尼族譜牒(一)》

[雲南金平]十里村何侯日户譜牒　何志祥(侯日)背誦　郭舉搜集　2010年雲南民族出版社排印本　合册　哈漢雙文並註國際音標

該户屬羅畢支系何氏宗族。一世祖噢麻。從第一世"噢麻"至第十七世"聰莫威"的譜牒與本村張簡朵户相同。本譜内容爲世系,至則高凡六十一世。

本譜載於《哈尼族口傳文化譯註全集》第十卷《紅河州哈尼族譜牒(一)》

[雲南金平]十里村新寨王侯苗户譜牒　王文亮(侯苗)背誦　郭舉搜集　2010年雲南民族出版社排印本　合册　哈漢雙文並註國際音標

該户屬羅畢支系王氏宗族。一世祖噢麻。本譜内容爲世系,至舉通凡五十世。

本譜載於《哈尼族口傳文化譯註全集》第十卷《紅河州哈尼族譜牒(一)》

[雲南金平]十里村新寨普苗扔户譜牒　普苗扔背誦　郭舉搜集　2010年雲南民族出版社排印本　合册　哈漢雙文並註國際音標

該户屬羅畢支系"朱普"宗族。一世祖噢麻。從第一世"噢麻"至第十七世"聰莫威"的譜牒與本村王侯苗户相同。本譜内容爲世系,至扔香凡六十一世。

本譜載於《哈尼族口傳文化譯註全集》第十卷《紅河州哈尼族譜牒(一)》

[雲南金平]十里村新寨李謀日户譜牒　李謀日背誦　郭舉搜集　2010年雲南民族出版社排印本　合册　哈漢雙文並註國際音標

該户屬羅畢支系李氏"苗千"宗族。一世祖噢麻。從第一世"噢麻"至第十七世"聰莫威"的譜牒與本村王侯苗户相同。十里村新寨李氏(謀日)與同心大寨李氏(省則)同屬一個宗族。第四十七世苗昂之子昂嚷在同心大寨,昂沙在十里新寨。苗昂是同心寨省則與十里村新寨謀日的共祖。本譜内容爲世系,至朵嘎凡五十二世。

本譜載於《哈尼族口傳文化譯註全集》第十卷《紅河州哈尼族譜牒(一)》

[雲南金平]十里村新寨龍則扔户譜牒　龍則扔背誦　郭舉搜集　2010年雲南民族出版社排印本　合册　哈漢雙文並註國際音標

該户屬羅畢支系龍氏宗族。一世祖噢麻。從第一世"噢麻"至第十七世"聰莫威"的譜牒與本村王侯苗户相同。十里村新寨龍氏(則扔)與十里村大寨龍氏(侯簡)同屬一個宗族。第五十二世魯沙是十里村大寨龍氏(侯簡)與十里村新寨龍氏(則扔)的共祖。魯沙之子沙龍後居住在十里村大寨,次子沙取的後代居住在十里村新寨。本譜内容爲世系,至扔苗凡五十八世。

本譜載於《哈尼族口傳文化譯註全集》第十卷《紅河州哈尼族譜牒(一)》

[雲南金平]十里村新寨楊薩嚷户譜牒　楊薩嚷背誦　郭舉搜集　2010年雲南民族出版社排印本　合册　哈漢雙文並註國際音標

該户屬羅畢支系楊氏宗族。一世祖噢麻。從第一世"噢麻"至第十七世"聰莫威"的譜牒與本村王侯苗户相同。十里村新寨楊氏(薩嚷)與同心新寨楊氏(取侯)同屬一個宗族。第三十世沙則是共祖。本譜内容爲世系,至薩嚷凡三十二世。

本譜載於《哈尼族口傳文化譯註全集》第十卷《紅河州哈尼族譜牒(一)》

[雲南金平]十里村新寨高賈則户譜牒　高賈則背誦　郭舉搜集　2010年雲南民族出版社排印本　合册　哈漢雙文並註國際音標

該户屬羅美支系高氏"汝瑪"宗族。一世祖噢麻。從第一世“噢麻”至第二十一世“飄瑪登”的譜牒與本村王侯苗户相同。本譜内容爲世系，至則侯凡五十六世。

本譜載於《哈尼族口傳文化譯註全集》第十卷《紅河州哈尼族譜牒(一)》

[雲南金平]乾樹枝村李省舉户譜牒　李省舉背誦　郭舉搜集　2010年雲南民族出版社排印本　合册　哈漢雙文並註國際音標

該户屬羅畢支系李氏“苗千”宗族。一世祖噢麻。第三十一世拾國，係同心寨李氏(省則)與乾樹枝村李氏(省舉)的共祖。本譜内容爲世系，至舉香凡五十一世。

本譜載於《哈尼族口傳文化譯註全集》第十卷《紅河州哈尼族譜牒(一)》

[雲南金平]乾樹枝村陳扔買户譜牒　陳志亮背誦　郭舉搜集　2010年雲南民族出版社排印本　合册　哈漢雙文並註國際音標

該户屬羅畢支系陳氏“堵里”宗族。一世祖噢麻。從第一世“噢麻”至第十四世“補白烏”的譜牒與本村李省舉户相同。乾樹枝村陳氏(扔買)與同心寨陳氏(嘎則)是同一宗族，第四十九世侯窩是其共祖。侯窩之子窩里的後代居住在同心寨，窩曲的後代居住在乾樹枝村。本譜内容爲世系，至扔買凡五十七世。

本譜載於《哈尼族口傳文化譯註全集》第十卷《紅河州哈尼族譜牒(一)》

[雲南金平]乾樹枝村曹朵日户譜牒　曹自明(朵日)背誦　郭舉搜集　2010年雲南民族出版社排印本　合册　哈漢雙文並註國際音標

該户屬羅美支系曹氏宗族。一世祖噢麻。從第一世“噢麻”至第二十八世“朔李”的譜牒與哈尼田村委會大保寨村李滔取户相同。第三十八世凸簡，是同心新寨與乾樹枝兩寨的共祖。凸簡之子簡空的後代居住在同心寨新寨，簡伙的後代居住在乾樹枝村。本譜内容爲世系，至日沙凡五十七世。

本譜載於《哈尼族口傳文化譯註全集》第十卷《紅河州哈尼族譜牒(一)》

[雲南金平]坪子田村朱嘎侯户譜牒　朱有亮(嘎侯)背誦　郭舉搜集　2010年雲南民族出版社排印本　合册　哈漢雙文並註國際音標

該户屬羅畢支系朱氏宗族。一世祖噢麻。從第一世“噢麻”至第十七世“聰莫威”的譜牒與十里村新寨王侯苗户相同。本譜内容爲世系，至扔謀凡六十四世。

本譜載於《哈尼族口傳文化譯註全集》第十卷《紅河州哈尼族譜牒(一)》

[雲南金平]五家營新寨普謀舉户譜牒　普玉有背誦　普央搜集　2010年雲南民族出版社排印本　合册　哈漢雙文並註國際音標

該户屬羅畢支系“朱普”宗族。一世祖噢麻。第五十八世沙嘎生三子，長子嘎取居越南萊州省封土縣瑶山鄉麻栗寨，次子嘎侯居同心寨，三子嘎謀居金平縣金河鎮尖山村。嘎侯生二男四女，子侯謀住同心寨，侯沙住五家營新寨。侯謀生四男一女，侯沙無子，由侯謀之子謀舉立嗣。本譜内容爲世系，至謀舉凡六十一世。

本譜載於《哈尼族口傳文化譯註全集》第十卷《紅河州哈尼族譜牒(一)》

[雲南金平]五家營新寨普取苗户譜牒　普進祥(取苗)背誦　普進祥搜集　2010年雲南民族出版社排印本　合册　哈漢雙文並註國際音標

該户屬羅美支系“小普”宗族。一世祖噢麻。從第一世“噢麻”至第二十八世“朔李”的譜牒與哈尼田村委會大保寨村李滔取户相同。本譜内容爲世系，至取苗凡六十五世。

本譜載於《哈尼族口傳文化譯註全集》第十卷《紅河州哈尼族譜牒(一)》

[雲南金平]五家營新寨龍貴講户譜牒　龍貴講背誦　普進祥搜集　2010年雲南民族出版社排印本　合册　哈漢雙文並註國際音標

該户屬羅畢支系龍氏宗族。一世祖噢麻。從第一世“噢麻”至第十七世“聰莫威”的譜牒與本村普謀舉户相同。本譜内容爲世系，至貴講凡五十三世。

本譜載於《哈尼族口傳文化譯註全集》第十卷《紅河州哈尼族譜牒(一)》

[雲南金平]平沖村普沙朵户譜牒　普沙朵背誦　李昌學搜集　2010年雲南民族出版社排印本　合册　哈漢雙文並註國際音標

該户屬羅畢支系"朱普"宗族。一世祖噢麻。第五十八世扔謀，從十里村大寨遷入，有三兄弟，其排行第二。本譜内容爲世系，至朵則凡六十一世。

本譜載於《哈尼族口傳文化譯註全集》第十卷《紅河州哈尼族譜牒(一)》

[雲南金平]平沖村李日取户譜牒　李方明背誦　李昌學搜集　2010年雲南民族出版社排印本　合册　哈漢雙文並註國際音標

該户屬羅畢支系李氏宗族。一世祖噢麻。從第一世"噢麻"至第十六世"活壤聰"的譜牒與本村普沙朵户相同。第四十一世則舉，從同心新寨遷入，有五兄弟，其排行老大。本譜内容爲世系，至取朵凡四十七世。

本譜載於《哈尼族口傳文化譯註全集》第十卷《紅河州哈尼族譜牒(一)》

[雲南金平]牛欄沖村陳通侯户譜牒　楊忠祥背誦　普鈺禾搜集　2010年雲南民族出版社排印本　合册　哈漢雙文並註國際音標

該户屬羅畢支系陳氏"堵里"宗族。一世祖噢麻。一百多年前，陳姓祖先從金平縣營盤方向遷入。第五十一世簸謀，現名楊忠祥，原姓陳，其父爲一楊姓人家收養，遂改姓，兒女們也隨父姓楊。自其孫輩起，三代歸宗，恢復爲陳姓。本譜内容爲世系，至侯繞凡五十四世。

本譜載於《哈尼族口傳文化譯註全集》第十卷《紅河州哈尼族譜牒(一)》

[雲南金平]牛欄沖村李繞嘎户譜牒　李自明(嘎香)背誦　普鈺禾搜集　2010年雲南民族出版社排印本　合册　哈漢雙文並註國際音標

該户屬羅美支系李氏"腰哧"宗族。一世祖噢麻。從第一世"噢麻"至第二十八世"朔李"的譜牒與哈尼田村委會大保寨村李滔取户相同。本譜内容爲世系，至香謀凡五十三世。

本譜載於《哈尼族口傳文化譯註全集》第十卷《紅河州哈尼族譜牒(一)》

[雲南金平]牛欄沖村朱扔舉户譜牒　朱有亮(扔舉)背誦　普鈺禾搜集　2010年雲南民族出版社排印本　合册　哈漢雙文並註國際音標

該户屬羅畢支系朱氏宗族。一世祖噢麻。從第一世"噢麻"至第十七世"聰莫威"的譜牒與亞拉寨平沖村普沙朵户相同。本譜内容爲世系，至舉朵凡六十二世。

本譜載於《哈尼族口傳文化譯註全集》第十卷《紅河州哈尼族譜牒(一)》

[雲南金平]牛欄沖村普扔舉户譜牒　普阿六(扔舉)背誦　普鈺禾搜集　2010年雲南民族出版社排印本　合册　哈漢雙文並註國際音標

該户屬羅畢支系"朱普"宗族。一世祖噢麻。從第一世"噢麻"至第十五世"烏活壤"的譜牒與本村陳通侯户相同。本譜内容爲世系，至舉謀凡六十二世。

本譜載於《哈尼族口傳文化譯註全集》第十卷《紅河州哈尼族譜牒(一)》

[雲南金平]牛欄沖村曹門侯户譜牒　曹國華背誦　普鈺禾搜集　2010年雲南民族出版社排印本　合册　哈漢雙文並註國際音標

該户屬羅美支系曹氏宗族。一世祖噢麻。從第一世"噢麻"至第二十八世"朔李"的譜牒與哈尼田村委會大保寨村李滔取户相同。第五十五世門侯，常用名曹國華，生於1937年，據其稱先祖係從元陽縣逢春嶺鄉遷來。本譜内容爲世系，至則通凡五十八世。

本譜載於《哈尼族口傳文化譯註全集》第十卷《紅河州哈尼族譜牒(一)》

[雲南金平]牛欄沖村錢朵日户譜牒　錢進華背誦　普鈺禾搜集　2010年雲南民族出版社排印本　合册　哈漢雙文並註國際音標

該户屬羅畢支系錢氏宗族。一世祖噢麻。從第一世"噢麻"至第十四世"補白烏"的譜牒與本村陳通侯户相同。該族先祖從元陽縣逢春嶺鄉遷來,現有錢姓十二户六十人。第五十二世朵日,常用名錢進華。本譜内容爲世系,至日繞凡五十三世。

本譜載於《哈尼族口傳文化譯註全集》第十卷《紅河州哈尼族譜牒(一)》

[雲南金平]牛欄沖村吴謀省户譜牒　吴自明(謀省)背誦　普鈺禾搜集　2010年雲南民族出版社排印本　合册　哈漢雙文並註國際音標

該户屬羅畢支系吴氏宗族。一世祖噢麻。從第一世"噢麻"至第二十世"哦里飄"的譜牒與十里村乾樹枝村李省舉户相同。第五十二世侯則,從元陽縣遷入金平縣,現在牛欄沖村有吴氏後裔七户三十二人。本譜内容爲世系,至嚷通凡五十七世。

本譜載於《哈尼族口傳文化譯註全集》第十卷《紅河州哈尼族譜牒(一)》

[雲南金平]阿得博下寨普苗朵户譜牒　普苗朵背誦　李文明搜集　2010年雲南民族出版社排印本　合册　哈漢雙文並註國際音標

該户屬羅美支系"小普"宗族。一世祖噢麻。第五十七世講潤,於清道光年間從建水縣普雄鄉普瑪尼查遷入金平縣阿得博下寨。本譜内容爲世系,至苗朵凡六十七世。

本譜載於《哈尼族口傳文化譯註全集》第十卷《紅河州哈尼族譜牒(一)》

[雲南金平]阿得博下寨李則日户譜牒　李則日背誦　李文明搜集　2010年雲南民族出版社排印本　合册　哈漢雙文並註國際音標

該户屬羅美支系李氏"哧們"宗族。一世祖噢麻。從第一世"噢麻"至第二十八世"朔李"的譜牒與本村普苗朵户相同。第五十八世則日,生於建水縣坡頭鄉坡頭村,因父親去世,母親改嫁,遂跟隨母親到金平縣阿得博下寨,距今有五十年的歷史。本譜内容爲世系,至朵沙凡六十世。

本譜載於《哈尼族口傳文化譯註全集》第十卷《紅河州哈尼族譜牒(一)》

[雲南金平]阿得博下寨李侯繞户譜牒　李侯繞背誦　李文明搜集　2010年雲南民族出版社排印本　合册　哈漢雙文並註國際音標

該户屬羅美支系李氏"哧們"宗族。一世祖噢麻。從第一世"噢麻"至第二十八世"朔李"的譜牒與本村普苗朵户相同。第五十五世舉嚷,生於金平縣阿得博鄉偏坡老寨村,後遷入阿得博鄉下寨。本譜内容爲世系,至則沙凡五十九世。

本譜載於《哈尼族口傳文化譯註全集》第十卷《紅河州哈尼族譜牒(一)》

[雲南金平]阿得博下寨李舉通户譜牒　李舉通背誦　李文明搜集　2010年雲南民族出版社排印本　合册　哈漢雙文並註國際音標

該户屬羅美支系李氏"腰哧"宗族。一世祖噢麻。從第一世"噢麻"至第二十八世"朔李"的譜牒與本村普苗朵户相同。第五十四世圍簡,生於金平縣阿得博鄉水源苦筍老寨村,後遷入阿得博鄉下寨。本譜内容爲世系,至通苗凡五十九世。

本譜載於《哈尼族口傳文化譯註全集》第十卷《紅河州哈尼族譜牒(一)》

[雲南金平]阿得博下寨陳香簸户譜牒　陳香簸背誦　李文明搜集　2010年雲南民族出版社排印本　合册　哈漢雙文並註國際音標

該户屬羅畢支系陳氏"堵里"宗族。一世祖噢麻。從第一世"噢麻"至第十四世"補白烏"的譜牒與本村普苗朵户相同。第四十三世則圍,生於元陽縣逢春嶺鄉尼枯補老寨,後遷入阿得博鄉下寨。本譜内容爲世系,至則嚷凡四十八世。

本譜載於《哈尼族口傳文化譯註全集》第十卷《紅河州哈尼族譜牒(一)》

［雲南金平］阿得博下新寨曹簡佚户譜牒　曹簡佚背誦　李文明搜集　2010年雲南民族出版社排印本　合册　哈漢雙文並註國際音標

該户屬羅美支系曹氏宗族。一世祖噢麻。從第一世"噢麻"至第二十八世"朔李"的譜牒與本村普苗朵户相同。第五十四世扔矮，生於金平縣阿得博鄉苦筍老寨村，後遷入阿得博鄉下寨。本譜内容爲世系，至嘎香凡五十八世。

本譜載於《哈尼族口傳文化譯註全集》第十卷《紅河州哈尼族譜牒(一)》

［雲南金平］阿得博下寨高則嚷户譜牒　高則嚷背誦　李文明搜集　2010年雲南民族出版社排印本　合册　哈漢雙文並註國際音標

該户屬羅美支系高氏"汝瑪"宗族。一世祖噢麻。從第一世"噢麻"至第二十八世"朔李"的譜牒與本村普苗朵户相同。第五十五世伙繞，生於金平縣老烏寨，後遷入阿得博鄉下寨。本譜内容爲世系，至朵嘎凡六十一世。

本譜載於《哈尼族口傳文化譯註全集》第十卷《紅河州哈尼族譜牒(一)》

［雲南金平］阿得博下寨黄省則户譜牒　黄省則背誦　李文明搜集　2010年雲南民族出版社排印本　合册　哈漢雙文並註國際音標

該户屬羅美支系黄氏宗族。一世祖噢麻。從第一世"噢麻"至第二十八世"朔李"的譜牒與本村普苗朵户相同。第五十一世嚷鋭，生於建水縣普雄鄉普瑪尼查，後遷入金平縣阿得博鄉下寨。本譜内容爲世系，至則舉凡五十九世。

本譜載於《哈尼族口傳文化譯註全集》第十卷《紅河州哈尼族譜牒(一)》

［雲南金平］劉家寨村李苗謀户譜牒　李苗謀背誦　李文明搜集　2010年雲南民族出版社排印本　合册　哈漢雙文並註國際音標

該户屬羅美支系李氏"哧吼"宗族。一世祖噢麻。第五十二世嘎才，生於金平縣阿得博鄉王恩寨，後遷入劉家寨村。本譜内容爲世系，至謀佚凡五十七世。

本譜載於《哈尼族口傳文化譯註全集》第十卷《紅河州哈尼族譜牒(一)》

［雲南金平］劉家寨村李謀扔户譜牒　李萬明背誦　李文明搜集　2010年雲南民族出版社排印本　合册　哈漢雙文並註國際音標

該户屬羅美支系李氏"尖培"宗族。一世祖噢麻。從第一世"噢麻"至第二十八世"朔李"的譜牒與本村李苗謀户相同。第五十七世日省，生於金平縣阿得博鄉王恩寨，後遷入金河鎮老熊窩，1938年遷入劉家寨村。本譜内容爲世系，至扔科凡六十一世。

本譜載於《哈尼族口傳文化譯註全集》第十卷《紅河州哈尼族譜牒(一)》

［雲南金平］劉家寨村李貴講户譜牒　李貴講背誦　李文明搜集　2010年雲南民族出版社排印本　合册　哈漢雙文並註國際音標

該户屬羅美支系李氏"哧們"宗族。一世祖噢麻。從第一世"噢麻"至第二十八世"朔李"的譜牒與本村李苗謀户相同。第五十八世貴講，生於金平縣阿得博鄉期咱迷村，1943年遷入劉家寨村。本譜内容爲世系，至通讓凡六十世。

本譜載於《哈尼族口傳文化譯註全集》第十卷《紅河州哈尼族譜牒(一)》

［雲南金平］偏坡老寨村李高舉户譜牒　李高舉背誦　李文明搜集　2010年雲南民族出版社排印本　合册　哈漢雙文並註國際音標

該户屬羅美支系李氏"朵沙"宗族。一世祖噢麻。第五十八世佚則，生於元陽縣逢春嶺鄉尼枯補村，後遷居元陽縣大坪鄉馬里新寨。佚則之孫謀抖，遷居金平縣阿得博鄉偏坡老寨。本譜内容爲世系，至舉通凡六十三世。

本譜載於《哈尼族口傳文化譯註全集》第十卷《紅河州哈尼族譜牒(一)》

［雲南金平］偏坡老寨村高舉通户譜牒　李舉通背誦　李文明搜集　2010年雲南民族出版社排印本　合册　哈漢雙文並註國際音標

該户屬羅美支系高氏“汝瑪”宗族。一世祖噢麻。從第一世“噢麻”至第二十八世“朔李”的譜牒與本村李高舉户相同。本譜内容爲世系,至取發凡六十一世。

本譜載於《哈尼族口傳文化譯註全集》第十卷《紅河州哈尼族譜牒(一)》

[雲南金平]偏坡老寨村高沙講户譜牒　高沙講背誦　李文明搜集　2010年雲南民族出版社排印本　合册　哈漢雙文並註國際音標

該户屬羅美支系“小高”宗族。一世祖噢麻。從第一世“噢麻”至第二十八世“朔李”的譜牒與本村李高舉户相同。本譜内容爲世系,至嘎舉凡六十世。

本譜載於《哈尼族口傳文化譯註全集》第十卷《紅河州哈尼族譜牒(一)》

[雲南金平]偏坡老寨村普謀侯户譜牒　普謀侯背誦　李文明搜集　2010年雲南民族出版社排印本　合册　哈漢雙文並註國際音標

該户屬羅美支系“小普”宗族。一世祖噢麻。從第一世“噢麻”至第二十八世“朔李”的譜牒與本村李高舉户相同。本譜内容爲世系,至圍省凡六十四世。

本譜載於《哈尼族口傳文化譯註全集》第十卷《紅河州哈尼族譜牒(一)》

[雲南金平]偏坡老寨村李沙侯户譜牒　李沙侯背誦　李文明搜集　2010年雲南民族出版社排印本　合册　哈漢雙文並註國際音標

該户屬羅美支系李氏“哧吼”宗族。一世祖噢麻。從第一世“噢麻”至第二十八世“朔李”的譜牒與本村李高舉户相同。第四十九世謀翁,從建水縣坡頭鄉咪底村遷居金平縣阿得博鄉偏坡老寨。本譜内容爲世系,至舉嚷凡五十七世。

本譜載於《哈尼族口傳文化譯註全集》第十卷《紅河州哈尼族譜牒(一)》

[雲南金平]偏坡老寨村曹日謀户譜牒　曹日謀背誦　李文明搜集　2010年雲南民族出版社排印本　合册　哈漢雙文並註國際音標

該户屬羅美支系曹氏宗族。一世祖噢麻。從第一世“噢麻”至第二十八世“朔李”的譜牒與本村李高舉户相同。第五十二世沙補,從金平縣阿得博鄉苦笱老寨遷入偏坡老寨。本譜内容爲世系,至日謀凡六十世。

本譜載於《哈尼族口傳文化譯註全集》第十卷《紅河州哈尼族譜牒(一)》

[雲南金平]偏坡老寨村曹取簡户譜牒　曹取簡背誦　李文明搜集　2010年雲南民族出版社排印本　合册　哈漢雙文並註國際音標

該户屬羅美支系曹氏宗族。一世祖噢麻。從第一世“噢麻”至第二十八世“朔李”的譜牒與本村李高舉户相同。第五十三世補朵,生於金平縣阿得博鄉苦笱老寨,後遷入偏坡老寨。本譜内容爲世系,至簡嚷凡五十九世。

本譜載於《哈尼族口傳文化譯註全集》第十卷《紅河州哈尼族譜牒(一)》

[雲南金平]偏坡老寨村黄謀取户譜牒　黄謀取背誦　李文明搜集　2010年雲南民族出版社排印本　合册　哈漢雙文並註國際音標

該户屬羅美支系黄氏宗族。一世祖噢麻。從第一世“噢麻”至第二十八世“朔李”的譜牒與本村李高舉户相同。第五十九世侯謀,生於金平縣阿得博鄉下寨,後遷入偏坡老寨。本譜内容爲世系,至取香凡六十一世。

本譜載於《哈尼族口傳文化譯註全集》第十卷《紅河州哈尼族譜牒(一)》

[雲南金平]偏坡老寨村李侯打户譜牒　李侯打背誦　李文明搜集　2010年雲南民族出版社排印本　合册　哈漢雙文並註國際音標

該户屬羅美支系李氏“哧們”宗族。一世祖噢麻。從第一世“噢麻”至第二十八世“朔李”的譜牒與本村李高舉户相同。第五十六世則香,生於金平縣阿得博鄉苦笱老寨,後遷居於沙依坡鄉二保田、長坡頭,最後落腳阿得博鄉偏坡老寨。本譜内容爲世系,至打省凡六十世。

本譜載於《哈尼族口傳文化譯註全集》第十卷《紅河州哈尼族譜牒(一)》

[雲南金平]偏坡老寨村楊則嘎户譜牒　楊則嘎背誦　黄永鑫搜集　2010年雲南民族出版社排印本　合册　哈漢雙文並註國際音標

該户屬羅畢支系楊氏宗族。一世祖噢麻。從第一世"噢麻"至第二十二世"瑪登達"的譜牒與本村李高舉户相同。第五十世龍侯,原爲金平縣哈尼田村人,清代遷入阿得博鄉期咱迷上寨,後再遷入偏坡老寨。本譜内容爲世系,至朵日凡五十六世。

本譜載於《哈尼族口傳文化譯註全集》第十卷《紅河州哈尼族譜牒(一)》

[雲南金平]偏坡老寨村黄通侯户譜牒　黄通侯背誦　黄永鑫搜集　2010年雲南民族出版社排印本　合册　哈漢雙文並註國際音標

該户屬羅美支系黄氏宗族。一世祖噢麻。從第一世"噢麻"至第二十八世"朔李"的譜牒與本村李高舉户相同。第五十三世簡侯,原爲金平縣阿得博鄉期咱迷上寨人,1956年後遷入偏坡老寨村,係彝族僕拉支系,民國時其子侯朵始變爲哈尼族羅美支系。本譜内容爲世系,至通侯凡五十七世。

本譜載於《哈尼族口傳文化譯註全集》第十卷《紅河州哈尼族譜牒(一)》

[雲南金平]偏坡老寨村李相謀户譜牒　李光福(香謀)背誦　李德有搜集　2010年雲南民族出版社排印本　合册　哈漢雙文並註國際音標

該户屬羅美支系李氏"哧吼"宗族。一世祖噢麻。從第一世"噢麻"至第二十八世"朔李"的譜牒與本村李高舉户相同。本譜内容爲世系,至謀通凡六十世。

本譜載於《哈尼族口傳文化譯註全集》第十卷《紅河州哈尼族譜牒(一)》

[雲南金平]偏坡新寨村黄嘎朵户譜牒　黄嘎朵背誦　李文明搜集　2010年雲南民族出版社排印本　合册　哈漢雙文並註國際音標

該户屬羅美支系黄氏宗族。一世祖噢麻。第五十五世忍龍,生於金平縣阿得博鄉王恩寨,後遷入偏坡新寨。本譜内容爲世系,至朵香凡六十世。

本譜載於《哈尼族口傳文化譯註全集》第十卷《紅河州哈尼族譜牒(一)》

[雲南金平]偏坡新寨村普侯嘎户譜牒　普侯嘎背誦　李文明搜集　2010年雲南民族出版社排印本　合册　哈漢雙文並註國際音標

該户屬羅美支系"小普"宗族。一世祖噢麻。從第一世"噢麻"至第二十八世"朔李"的譜牒與本村黄嘎朵户相同。第六十一世香扔,生於金平縣阿得博鄉偏坡老寨,1934年遷入偏坡新寨。本譜内容爲世系,至嘎舉凡六十五世。

本譜載於《哈尼族口傳文化譯註全集》第十卷《紅河州哈尼族譜牒(一)》

[雲南金平]偏坡新寨村張苗舉户譜牒　張苗舉背誦　李文明搜集　2010年雲南民族出版社排印本　合册　哈漢雙文並註國際音標

該户屬羅畢支系張氏宗族。一世祖噢麻。從第一世"噢麻"至第二十二世"瑪登達"的譜牒與本村黄嘎朵户相同。第五十一世朵嘎,生於元陽縣逢春嶺鄉尼枯補新寨,1939年遷入金平縣阿得博鄉偏坡新寨。本譜内容爲世系,至舉謀凡五十四世。

本譜載於《哈尼族口傳文化譯註全集》第十卷《紅河州哈尼族譜牒(一)》

[雲南金平]偏坡新寨村曹沙侯户譜牒　曹沙侯背誦　李文明搜集　2010年雲南民族出版社排印本　合册　哈漢雙文並註國際音標

該户屬羅美支系曹氏宗族。一世祖噢麻。從第一世"噢麻"至第二十八世"朔李"的譜牒與本村黄嘎朵户相同。第五十六世扔沙,生於金平縣阿得博鄉老烏寨,後遷入偏坡老寨,最後遷入偏坡新寨。本譜内容爲世系,至嚷謀凡六十世。

本譜載於《哈尼族口傳文化譯註全集》第十卷《紅河州哈尼族譜牒(一)》

[雲南金平]王恩寨李則取户譜牒　李則取背誦　李文明搜集　2010年雲南民族出版社排印本　合册　哈漢雙文並註國際音標

該户屬羅美支系李氏"哧們"宗族。一世祖噢麻。第五十七世謀省,生於金平縣阿得博鄉下寨,1958年遷入王恩寨。本譜内容爲世系,至則嚷凡六十世。

本譜載於《哈尼族口傳文化譯註全集》第十卷《紅河州哈尼族譜牒(一)》

[雲南金平]王恩寨李取謀户譜牒　李取謀背誦　李文明搜集　2010年雲南民族出版社排印本　合册　哈漢雙文並註國際音標

該户屬羅畢支系王氏(注:原書如此)宗族。一世祖噢麻。從第一世"噢麻"至第二十二世"瑪登達"的譜牒與本村李取則户相同。第五十七世嚷取,生於金平縣阿得博鄉哈竹林,後遷入苦竹箐,1956年遷入王恩寨。本譜内容爲世系,至扔苗凡六十世。

本譜載於《哈尼族口傳文化譯註全集》第十卷《紅河州哈尼族譜牒(一)》

[雲南金平]王恩寨白朵香户譜牒　白嚷省背誦　李文明搜集　2010年雲南民族出版社排印本　合册　哈漢雙文並註國際音標

該户屬羅畢支系白氏宗族。一世祖噢麻。從第一世"噢麻"至第十八世"莫威最"的譜牒與本村李取則户相同。第二十六世朔明克,據傳其母患乳房腫瘤無法擠出乳汁,便靠家裏老母狗的乳汁餵養長大,從此白氏後代忌食狗肉。第五十一世日嘎,生於元陽縣小新街鄉者臺村大魯沙,後遷入金平縣箐口新寨。本譜内容爲世系,至香朵凡五十六世。

本譜載於《哈尼族口傳文化譯註全集》第十卷《紅河州哈尼族譜牒(一)》

[雲南金平]王恩寨陳抖香户譜牒　陳順明背誦　李文明搜集　2010年雲南民族出版社排印本　合册　哈漢雙文並註國際音標

該户屬羅畢支系陳氏"堵里"宗族。一世祖噢麻。從第一世"噢麻"至第十四世"補白烏"的譜牒與本村李取則户相同。第四十五世日簡,生於元陽縣逢春嶺鄉尼枯補老寨,後遷入金平縣阿得博鄉王恩寨。本譜内容爲世系,至抖香朵凡四十九世。

本譜載於《哈尼族口傳文化譯註全集》第十卷《紅河州哈尼族譜牒(一)》

[雲南金平]王恩寨曹繞則户譜牒　曹繞則背誦　李文明搜集　2010年雲南民族出版社排印本　合册　哈漢雙文並註國際音標

該户屬羅美支系曹氏宗族。一世祖噢麻。從第一世"噢麻"至第二十八世"朔李"的譜牒與本村李取則户相同。第五十六世嚷簸,生於金平縣阿得博鄉老烏寨,後遷入王恩寨。本譜内容爲世系,至則圍凡五十九世。

本譜載於《哈尼族口傳文化譯註全集》第十卷《紅河州哈尼族譜牒(一)》

[雲南金平]王恩寨李高取户譜牒　李舉日背誦　李文明搜集　2010年雲南民族出版社排印本　合册　哈漢雙文並註國際音標

該户屬羅美支系李氏"哧吼"宗族。一世祖噢麻。從第一世"噢麻"至第二十八世"朔李"的譜牒與本村李取則户相同。本譜内容爲世系,至高取凡五十八世。

本譜載於《哈尼族口傳文化譯註全集》第十卷《紅河州哈尼族譜牒(一)》

[雲南金平]王恩寨黄朵嚷户譜牒　黄朵嚷背誦　李文明搜集　2010年雲南民族出版社排印本　合册　哈漢雙文並註國際音標

該户屬羅美支系黄氏宗族。一世祖噢麻。從第一世"噢麻"至第二十八世"朔李"的譜牒與本村李取則户相同。第五十四世侯忍,生於金平縣阿得博鄉老烏寨,後遷入王恩寨。本譜内容爲世系,至朵嚷凡五十九世。

本譜載於《哈尼族口傳文化譯註全集》第十卷《紅河州哈尼族譜牒(一)》

[雲南金平]老烏寨曹謀嘎户譜牒 曹謀嘎背誦 李文明搜集 2010年雲南民族出版社排印本 合册 哈漢雙文並註國際音標

該户屬羅美支系曹氏宗族。一世祖噢麻。第五十一世鋭省,從建水縣遷入金平縣阿得博鄉老烏寨。本譜内容爲世系,至嘎倏凡五十八世。

本譜載於《哈尼族口傳文化譯註全集》第十卷《紅河州哈尼族譜牒(一)》

[雲南金平]老烏寨高抖取户譜牒 高抖取背誦 李文明搜集 2010年雲南民族出版社排印本 合册 哈漢雙文並註國際音標

該户屬羅美支系高氏"汝瑪"宗族。一世祖噢麻。從第一世"噢麻"至第二十八世"朔李"的譜牒與本村曹謀嘎户相同。第五十二世取高,從建水縣普雄鄉普瑪尼查村遷入金平縣阿得博鄉老烏寨。本譜内容爲世系,至日嘎凡五十八世。

本譜載於《哈尼族口傳文化譯註全集》第十卷《紅河州哈尼族譜牒(一)》

[雲南金平]老烏寨李倏嚷户譜牒 李倏嚷背誦 李文明搜集 2010年雲南民族出版社排印本 合册 哈漢雙文並註國際音標

該户屬羅美支系李氏"哧們"宗族。一世祖噢麻。從第一世"噢麻"至第二十八世"朔李"的譜牒與本村曹謀嘎户相同。第五十七世省簸,生於金平縣阿得博鄉水源新寨,後遷入老烏寨。本譜内容爲世系,至嚷打凡六十一世。

本譜載於《哈尼族口傳文化譯註全集》第十卷《紅河州哈尼族譜牒(一)》

[雲南金平]老烏寨陳舉朵户譜牒 陳倏嚷背誦 李文明搜集 2010年雲南民族出版社排印本 合册 哈漢雙文並註國際音標

該户屬羅畢支系陳氏宗族。一世祖噢麻。從第一世"噢麻"至第十四世"補白烏"的譜牒與本村曹謀嘎户相同。第五十世報龍,生於元陽縣勝村鄉麻栗寨,後遷入金平縣阿得博鄉老烏寨。本譜内容爲世系,至舉朵凡五十六世。

本譜載於《哈尼族口傳文化譯註全集》第十卷《紅河州哈尼族譜牒(一)》

[雲南金平]老烏寨李沙日户譜牒 李沙日背誦 李文明搜集 2010年雲南民族出版社排印本 合册 哈漢雙文並註國際音標

該户屬羅畢支系李氏"哧吼"宗族。一世祖噢麻。從第一世"噢麻"至第十四世"補白烏"的譜牒與本村曹謀嘎户相同。本譜内容爲世系,至講倏凡五十七世。

本譜載於《哈尼族口傳文化譯註全集》第十卷《紅河州哈尼族譜牒(一)》

[雲南金平]老烏寨曹抖講户譜牒 曹抖講背誦 李文明搜集 2010年雲南民族出版社排印本 合册 哈漢雙文並註國際音標

該户屬羅美支系曹氏宗族。一世祖噢麻。從第一世"噢麻"至第二十八世"朔李"的譜牒與本村曹謀嘎户相同。第五十一世通扔,生於元陽縣小新街鄉大魯沙,後遷入金平縣阿得博鄉老烏寨。本譜内容爲世系,至謀簸凡五十九世。

本譜載於《哈尼族口傳文化譯註全集》第十卷《紅河州哈尼族譜牒(一)》

[雲南金平]老烏寨羅謀繞户譜牒 羅謀繞背誦 李文明搜集 2010年雲南民族出版社排印本 合册 哈漢雙文並註國際音標

該户屬羅畢支系羅氏宗族。一世祖噢麻。從第一世"噢麻"至第二十二世"瑪登達"的譜牒與本村曹謀嘎户相同。第五十世抖謀,從元陽縣嘎娘鄉遷入金平縣阿得博鄉老烏寨。本譜内容爲世系,至繞倏凡五十六世。

本譜載於《哈尼族口傳文化譯註全集》第十卷《紅河州哈尼族譜牒(一)》

[雲南金平]期咱迷村李取倏户譜牒 李萬明背誦 李文明搜集 2010年雲南民族出版社排印本 合册 哈漢雙文並註國際音標

該户屬羅美支系李氏"尖培"宗族。一世祖噢麻。第四十九世者空,生於建水縣坡頭鄉咪底村,後遷入金平縣阿得博鄉期咱迷村。本譜内容爲世系,至取侯凡六十一世。

本譜載於《哈尼族口傳文化譯註全集》第十卷《紅河州哈尼族譜牒(一)》

[雲南金平]期咱迷村李則繞户譜牒 李則繞背誦 李文明搜集 2010年雲南民族出版社排印本 合册 哈漢雙文並註國際音標

該户屬羅美支系李氏"朵沙"宗族。一世祖噢麻。從第一世"噢麻"至第二十八世"朔李"的譜牒與本村李取侯户相同。第五十一世召扔,由元陽縣逢春嶺鄉尼枯補新寨遷入金平縣阿得博鄉期咱迷村。本譜内容爲世系,至所侯凡六十三世。

本譜載於《哈尼族口傳文化譯註全集》第十卷《紅河州哈尼族譜牒(一)》

[雲南金平]期咱迷村李苗朵户譜牒 李朵苗背誦 李文明搜集 2010年雲南民族出版社排印本 合册 哈漢雙文並註國際音標

該户屬羅美支系李氏"朵沙"宗族。一世祖噢麻。從第一世"噢麻"至第二十八世"朔李"的譜牒與本村李取侯户相同。第五十七世侯謀,由元陽縣逢春嶺鄉尼枯補新寨遷入金平縣阿得博鄉期咱迷村。本譜内容爲世系,至苗朵凡六十世。

本譜載於《哈尼族口傳文化譯註全集》第十卷《紅河州哈尼族譜牒(一)》

[雲南金平]期咱迷村李打嘎户譜牒 李打嘎背誦 李文明搜集 2010年雲南民族出版社排印本 合册 哈漢雙文並註國際音標

該户屬羅美支系李氏"朝告南奔"宗族。一世祖噢麻。從第一世"噢麻"至第十七世"聰莫威"的譜牒與本村李取侯户相同。第六十世打嘎,生於元陽縣逢春嶺鄉尼枯補新寨,遷入金平縣阿得博鄉棚上村,1958年遷入期咱迷村。本譜内容爲世系,至嘎則凡六十一世。

本譜載於《哈尼族口傳文化譯註全集》第十卷《紅河州哈尼族譜牒(一)》

[雲南金平]期咱迷村李扔沙户譜牒 李扔沙背誦 李文明搜集 2010年雲南民族出版社排印本 合册 哈漢雙文並註國際音標

該户屬羅美支系李氏"哧們"宗族。一世祖噢麻。從第一世"噢麻"至第二十八世"朔李"的譜牒與本村李取侯户相同。第五十六世打圍,生於金平縣阿得博鄉苦筍老寨,後遷入期咱迷村。本譜内容爲世系,至侯嘎凡六十世。

本譜載於《哈尼族口傳文化譯註全集》第十卷《紅河州哈尼族譜牒(一)》

[雲南金平]期咱迷村曹講朵户譜牒 曹講朵背誦 李文明搜集 2010年雲南民族出版社排印本 合册 哈漢雙文並註國際音標

該户屬羅美支系曹氏宗族。一世祖噢麻。從第一世"噢麻"至第二十八世"朔李"的譜牒與本村李取侯户相同。第五十六世繞則,生於金平縣阿得博鄉苦筍老寨,後遷入期咱迷村。本譜内容爲世系,至朵嘎凡五十九世。

本譜載於《哈尼族口傳文化譯註全集》第十卷《紅河州哈尼族譜牒(一)》

[雲南金平]期咱迷村黄扔講户譜牒 黄洪(扔講)背誦 普鈺禾搜集 2010年雲南民族出版社排印本 合册 哈漢雙文並註國際音標

該户屬羅美支系黄氏宗族。一世祖噢麻。從第一世"噢麻"至第二十八世"朔李"的譜牒與本村李取侯户相同。本譜内容爲世系,至嘎謀凡六十世。

本譜載於《哈尼族口傳文化譯註全集》第十卷《紅河州哈尼族譜牒(一)》

[雲南金平]苦竹箐村普通省户譜牒 普通省背誦 普鈺禾搜集 2010年雲南民族出版社排印本 合册 哈漢雙文並註國際音標

該户屬羅美支系"小普"宗族。一世祖噢麻。第五十七世侯沙,生於金平縣阿得博鄉苦筍老寨,後遷入偏坡老寨。侯沙之孫繞彩,遷入苦竹箐村。本譜内容爲世系,至省則凡六十二世。

本譜載於《哈尼族口傳文化譯註全集》第十卷《紅河州哈尼族譜牒(一)》

[雲南金平]苦竹箐村黄舉朵户譜牒　黄舉朵背誦　李文明搜集　2010年雲南民族出版社排印本　合册　哈漢雙文並註國際音標

該户屬羅美支系黄氏宗族。一世祖噢麻。從第一世"噢麻"至第二十八世"朔李"的譜牒與本村普通省户相同。第五十五世繞省,從金平縣阿得博鄉下寨遷入苦竹箐村。本譜内容爲世系,至朵侯凡五十九世。

本譜載於《哈尼族口傳文化譯註全集》第十卷《紅河州哈尼族譜牒(一)》

[雲南金平]苦竹箐村李講沙户譜牒　李講沙背誦　李文明搜集　2010年雲南民族出版社排印本　合册　哈漢雙文並註國際音標

該户屬羅美支系李氏"尖培"宗族。一世祖噢麻。從第一世"噢麻"至第二十八世"朔李"的譜牒與本村普通省户相同。第五十二世沙則,從金平縣阿得博鄉哈竹林遷入苦竹箐村。本譜内容爲世系,至才謀凡六十二世。

本譜載於《哈尼族口傳文化譯註全集》第十卷《紅河州哈尼族譜牒(一)》

[雲南金平]苦竹老寨李高則户譜牒　李講沙背誦　李文明搜集　2010年雲南民族出版社排印本　合册　哈漢雙文並註國際音標

該户屬羅美支系李氏"哧們"宗族。一世祖噢麻。第二十九世李窩生有四子：窩腰、窩交、窩威、窩曲。窩腰生子腰哧。腰哧生子哧們、哧吼。第五十一世省潤,清乾隆二十八年(1763)從元陽縣嘎娘鄉瓦灰城村遷入金平縣阿得博鄉苦筍老寨。生七子,此譜記三子潤抖支下世系。本譜内容爲世系,至則繞凡五十九世。

本譜載於《哈尼族口傳文化譯註全集》第十卷《紅河州哈尼族譜牒(一)》

[雲南金平]苦竹老寨曹日取户譜牒　曹自義背誦　李文明、李正有搜集　2010年雲南民族出版社排印本　合册　哈漢雙文並註國際音標

該户屬羅美支系曹氏宗族。一世祖噢麻。從第一世"噢麻"至第二十八世"朔李"的譜牒與本村李高則户相同。第五十世伙貴,從元陽縣嘎娘鄉瓦灰城村遷入金平縣阿得博鄉苦筍老寨。本譜内容爲世系,至簸才凡五十九世。

本譜載於《哈尼族口傳文化譯註全集》第十卷《紅河州哈尼族譜牒(一)》

[雲南金平]苦竹老寨普省嘎户譜牒　普開亮背誦　李文明、李正有搜集　2010年雲南民族出版社排印本　合册　哈漢雙文並註國際音標

該户屬羅美支系"小普"宗族。一世祖噢麻。從第一世"噢麻"至第二十八世"朔李"的譜牒與本村李高則户相同。第五十五世嚷取,從元陽縣嘎娘鄉瓦灰城村遷入金平縣阿得博鄉苦筍老寨。本譜内容爲世系,至通才凡六十三世。

本譜載於《哈尼族口傳文化譯註全集》第十卷《紅河州哈尼族譜牒(一)》

[雲南金平]苦竹老寨曹則嚷户譜牒　曹則嚷背誦　李文明、李正有搜集　2010年雲南民族出版社排印本　合册　哈漢雙文並註國際音標

該户屬羅美支系曹氏宗族。一世祖噢麻。從第一世"噢麻"至第二十八世"朔李"的譜牒與本村李高則户相同。第五十一世鋭沙,從建水縣普雄鄉普瑪尼查村遷入金平縣勐拉、哈尼田村等地,最後遷入阿得博鄉苦筍老寨。本譜内容爲世系,至謀侯凡六十一世。

本譜載於《哈尼族口傳文化譯註全集》第十卷《紅河州哈尼族譜牒(一)》

[雲南金平]苦竹老寨李打則户譜牒　李開聯背誦　李文明、李正有搜集　2010年雲南民族出版社排印本　合册　哈漢雙文並註國際音標

該户屬羅美支系李氏"朵沙"宗族。一世祖噢麻。從第一世"噢麻"至第二十八世"朔李"的譜牒與本村李高則户相同。第五十七世嘎簡,從元陽縣逢春嶺鄉尼枯補新寨遷入金平縣阿得博鄉苦筍老寨。本譜内容爲世系,至打則凡五十九世。

本譜載於《哈尼族口傳文化譯註全集》第十卷《紅河州哈尼族譜牒(一)》

［雲南金平］苦竹老寨高謀通户譜牒　高謀通背誦　李文明、李正有搜集　2010 年雲南民族出版社排印本　合册　哈漢雙文並註國際音標

該户屬羅美支系"小高"宗族。一世祖噢麻。從第一世"噢麻"至第二十八世"朔李"的譜牒與本村李高則户相同。第五十三世謀苗，從建水縣普雄鄉普瑪尼查村遷居屏邊縣大窩子，後遷入金平縣阿得博鄉苦筍老寨。本譜内容爲世系，至省取凡六十二世。

本譜載於《哈尼族口傳文化譯註全集》第十卷《紅河州哈尼族譜牒(一)》

［雲南金平］苦竹老寨黄嘎省户譜牒　黄嘎省背誦　李文明、李正有搜集　2010 年雲南民族出版社排印本　合册　哈漢雙文並註國際音標

該户屬羅美支系黄氏宗族。一世祖噢麻。從第一世"噢麻"至第二十八世"朔李"的譜牒與本村李高則户相同。本譜内容爲世系，至則沙凡六十一世。

本譜載於《哈尼族口傳文化譯註全集》第十卷《紅河州哈尼族譜牒(一)》

［雲南金平］苦竹老寨李日通户譜牒　李日通背誦　李文明、李正有搜集　2010 年雲南民族出版社排印本　合册　哈漢雙文並註國際音標

該户屬羅美支系李氏"腰哧"宗族。一世祖噢麻。從第一世"噢麻"至第二十八世"朔李"的譜牒與本村李高則户相同。第五十一世則簸，從元陽縣上新城鄉遷入金平縣阿得博鄉苦筍老寨。本譜内容爲世系，至通簡凡六十世。

本譜載於《哈尼族口傳文化譯註全集》第十卷《紅河州哈尼族譜牒(一)》

［雲南金平］苦竹老寨李省取户譜牒　李省取背誦　李文明、李正有搜集　2010 年雲南民族出版社排印本　合册　哈漢雙文並註國際音標

該户屬羅美支系李氏"哧們"宗族。一世祖噢麻。從第一世"噢麻"至第二十八世"朔李"的譜牒與本村李高則户相同。第五十六世則省，爲當地有名的莫批。本譜内容爲世系，至嚷打凡六十世。

本譜載於《哈尼族口傳文化譯註全集》第十卷《紅河州哈尼族譜牒(一)》

［雲南金平］苦竹老寨曹省講户譜牒　曹省講背誦　李文明、李正有搜集　2010 年雲南民族出版社排印本　合册　哈漢雙文並註國際音標

該户屬羅美支系曹氏宗族。一世祖噢麻。從第一世"噢麻"至第二十八世"朔李"的譜牒與本村李高則户相同。第五十六世香省，民國初年從元陽縣小新街鄉大魯沙遷入金平縣阿得博鄉苦筍老寨。本譜内容爲世系，至抖日凡五十九世。

本譜載於《哈尼族口傳文化譯註全集》第十卷《紅河州哈尼族譜牒(一)》

［雲南金平］苦竹老寨李苗嘎户譜牒　李苗嘎背誦　李文明、李正有搜集　2010 年雲南民族出版社排印本　合册　哈漢雙文並註國際音標

該户屬羅美支系李氏"腰哧"宗族。一世祖噢麻。從第一世"噢麻"至第二十八世"朔李"的譜牒與本村李高則户相同。本譜内容爲世系，至謀簸凡六十一世。

本譜載於《哈尼族口傳文化譯註全集》第十卷《紅河州哈尼族譜牒(一)》

［雲南金平］苦竹老寨李簡嘎户譜牒　李簡嘎背誦　李文明、李正有搜集　2010 年雲南民族出版社排印本　合册　哈漢雙文並註國際音標

該户屬羅美支系李氏"哧們"宗族。一世祖噢麻。從第一世"噢麻"至第二十八世"朔李"的譜牒與本村李高則户相同。本譜内容爲世系，至日通凡六十一世。

本譜載於《哈尼族口傳文化譯註全集》第十卷《紅河州哈尼族譜牒(一)》

［雲南金平］苦竹中寨高嘎取户譜牒　高嘎取背誦　李自有搜集　2010 年雲南民族出版社排印本　合册　哈漢雙文並註國際音標

該户屬羅美支系高氏"汝瑪"宗族。一世祖噢麻。第五十三世謀扔，從建水縣普雄鄉普瑪尼查

村遷入金平縣阿得博鄉苦筍老寨。本譜内容爲世系,至嚷苗凡六十二世。

本譜載於《哈尼族口傳文化譯註全集》第十卷《紅河州哈尼族譜牒(一)》

[雲南金平]苦竹新寨曹圍謀户譜牒 曹圍謀背誦 李自有搜集 2010年雲南民族出版社排印本 合册 哈漢雙文並註國際音標

該户屬羅美支系曹氏宗族。一世祖噢麻。第五十一世鋭沙,從建水縣普雄鄉普瑪寨遷入金平縣阿得博鄉苦筍老寨。本譜内容爲世系,至日嚷凡五十九世。

本譜載於《哈尼族口傳文化譯註全集》第十卷《紅河州哈尼族譜牒(一)》

[雲南金平]苦竹新寨曹矮日户譜牒 曹矮日背誦 李文明搜集 2010年雲南民族出版社排印本 合册 哈漢雙文並註國際音標

該户屬羅美支系曹氏宗族。一世祖噢麻。從第一世"噢麻"至第二十八世"朔李"的譜牒與本村曹圍謀户相同。本譜内容爲世系,至朵舉凡五十九世。

本譜載於《哈尼族口傳文化譯註全集》第十卷《紅河州哈尼族譜牒(一)》

[雲南金平]苦竹新寨李通謀户譜牒 李通謀背誦 李文明搜集 2010年雲南民族出版社排印本 合册 哈漢雙文並註國際音標

該户屬羅美支系李氏"哧們"宗族。一世祖噢麻。從第一世"噢麻"至第二十八世"朔李"的譜牒與本村曹圍謀户相同。本譜内容爲世系,至日高凡六十世。

本譜載於《哈尼族口傳文化譯註全集》第十卷《紅河州哈尼族譜牒(一)》

[雲南金平]馬鞍山村高侯沙户譜牒 高有昌背誦 李文明搜集 2010年雲南民族出版社排印本 合册 哈漢雙文並註國際音標

該户屬羅美支系高氏"汝瑪"宗族。一世祖噢麻。第五十三世謀扔,是金平縣阿得博鄉一帶有名的莫批,現今當地祭祀所用的祭詞全部由他傳授。第五十八世苗龍,生於金平縣阿得博鄉苦筍老寨,後遷入水源村委會馬鞍山村。本譜内容爲世系,至侯沙凡六十二世。

本譜載於《哈尼族口傳文化譯註全集》第十卷《紅河州哈尼族譜牒(一)》

[雲南金平]馬鞍山村曹打謀户譜牒 曹打謀背誦 李文明搜集 2010年雲南民族出版社排印本 合册 哈漢雙文並註國際音標

該户屬羅美支系曹氏宗族。一世祖噢麻。從第一世"噢麻"至第二十八世"朔李"的譜牒與本村高侯沙户相同。第五十一世通扔,生於元陽縣小新街鄉大魯沙,後遷入金平縣阿得博鄉老烏寨。第五十六世嘎打,遷入水源村委會馬鞍山村。本譜内容爲世系,至謀嚷凡五十八世。

本譜載於《哈尼族口傳文化譯註全集》第十卷《紅河州哈尼族譜牒(一)》

[雲南金平]馬鞍山村李則沙户譜牒 李則沙背誦 李自有搜集 2010年雲南民族出版社排印本 合册 哈漢雙文並註國際音標

該户屬羅美支系李氏"朵沙"宗族。一世祖噢麻。從第一世"噢麻"至第二十八世"朔李"的譜牒與本村高侯沙户相同。第五十七世沙召,從元陽縣小新街鄉者臺村遷入金平縣阿得博鄉水源村委會馬鞍山村。本譜内容爲世系,至省通凡六十三世。

本譜載於《哈尼族口傳文化譯註全集》第十卷《紅河州哈尼族譜牒(一)》

[雲南金平]馬鞍山村朱則香户譜牒 朱則香背誦 李自有搜集 2010年雲南民族出版社排印本 合册 哈漢雙文並註國際音標

該户屬羅畢支系朱氏宗族。一世祖噢麻。從第一世"噢麻"至第十七世"聰莫威"的譜牒與本村高侯沙户相同。第五十八世叵舉,從元陽縣嘎娘鄉伯昂村遷入金平縣阿得博鄉水源村委會馬鞍山村。本譜内容爲世系,至香謀凡六十四世。

本譜載於《哈尼族口傳文化譯註全集》第十卷

《紅河州哈尼族譜牒(一)》

[雲南金平]馬鞍山村李苗則户譜牒 李苗則背誦 李自有搜集 2010年雲南民族出版社排印本 合册 哈漢雙文並註國際音標

該户屬羅畢支系李氏"尖培"宗族。一世祖噢麻。從第一世"噢麻"至第二十八世"朔李"的譜牒與本村高侯沙户相同。本譜内容爲世系,至舉日凡六十世。

本譜載於《哈尼族口傳文化譯註全集》第十卷《紅河州哈尼族譜牒(一)》

[雲南金平]昆一迷村高抖苗户譜牒 高抖苗背誦 李文明搜集 2010年雲南民族出版社排印本 合册 哈漢雙文並註國際音標

該户屬羅美支系"大高"宗族。一世祖噢麻。第六十一世抖苗,從元陽縣逢春嶺鄉尼枯補新寨遷入金平縣水源村委會昆一迷村。本譜内容爲世系,至日講凡六十三世。

本譜載於《哈尼族口傳文化譯註全集》第十卷《紅河州哈尼族譜牒(一)》

[雲南金平]昆一迷村何苗簡户譜牒 何苗簡背誦 李文明搜集 2010年雲南民族出版社排印本 合册 哈漢雙文並註國際音標

該户屬羅畢支系何氏宗族。一世祖噢麻。從第一世"噢麻"至第二十二世"瑪登達"的譜牒與本村高抖苗户相同。第五十六苗簡,生於元陽縣逢春嶺鄉姚家寨,初遷入金平縣阿得博鄉滑石板村,後遷入水源村委會昆一迷村。本譜内容爲世系,至繞打凡五十八世。

本譜載於《哈尼族口傳文化譯註全集》第十卷《紅河州哈尼族譜牒(一)》

[雲南金平]昆一迷村普打扔户譜牒 普侯講背誦 李文明搜集 2010年雲南民族出版社排印本 合册 哈漢雙文並註國際音標

該户屬羅美支系"小普"宗族。一世祖噢麻。從第一世"噢麻"至第二十八世"朔李"的譜牒與本村高抖苗户相同。本譜内容爲世系,至打扔凡六十二世。

本譜載於《哈尼族口傳文化譯註全集》第十卷《紅河州哈尼族譜牒(一)》

[雲南金平]昆一迷村李香則户譜牒 李香則背誦 李文明搜集 2010年雲南民族出版社排印本 合册 哈漢雙文並註國際音標

該户屬羅美支系李氏"哧們"宗族。一世祖噢麻。從第一世"噢麻"至第二十八世"朔李"的譜牒與本村高抖苗户相同。本譜内容爲世系,至則扔凡五十九世。

本譜載於《哈尼族口傳文化譯註全集》第十卷《紅河州哈尼族譜牒(一)》

[雲南金平]昆一迷村李省簸户譜牒 李日簡背誦 李文明搜集 2010年雲南民族出版社排印本 合册 哈漢雙文並註國際音標

該户屬羅美支系李氏"哧們"宗族。一世祖噢麻。從第一世"噢麻"至第二十八世"朔李"的譜牒與本村高抖苗户相同。本譜内容爲世系,至省簸凡五十七世。

本譜載於《哈尼族口傳文化譯註全集》第十卷《紅河州哈尼族譜牒(一)》

[雲南金平]昆一迷村李苗朵户譜牒 李苗朵背誦 李文明搜集 2010年雲南民族出版社排印本 合册 哈漢雙文並註國際音標

該户屬羅畢支系李氏"朝告南奔"宗族。一世祖噢麻。從第一世"噢麻"至第十七世"聰莫威"的譜牒與本村高抖苗户相同。本譜内容爲世系,至朵取凡六十世。

本譜載於《哈尼族口傳文化譯註全集》第十卷《紅河州哈尼族譜牒(一)》

[雲南金平]昆一迷村李繞取户譜牒 李繞取背誦 李文明搜集 2010年雲南民族出版社排印本 合册 哈漢雙文並註國際音標

該户屬羅美支系李氏"尖培"宗族。一世祖噢麻。從第一世"噢麻"至第二十八世"朔李"的譜牒與本村高抖苗户相同。本譜内容爲世系,至取香凡五十八世。

本譜載於《哈尼族口傳文化譯註全集》第十卷《紅河州哈尼族譜牒(一)》

[雲南金平]昆一迷村黄嚷日户譜牒　黄嚷日背誦　李文明搜集　2010年雲南民族出版社排印本　合册　哈漢雙文並註國際音標

該户屬羅美支系黄氏宗族。一世祖噢麻。從第一世"噢麻"至第二十八世"朔李"的譜牒與本村高抖苗户相同。本譜内容爲世系,至日取凡六十世。

本譜載於《哈尼族口傳文化譯註全集》第十卷《紅河州哈尼族譜牒(一)》

[雲南金平]哈竹林村高朵繞户譜牒　高朵繞背誦　李文明搜集　2010年雲南民族出版社排印本　合册　哈漢雙文並註國際音標

該户屬羅美支系高氏"汝瑪"宗族。一世祖噢麻。第五十四世苗席,是當時的莫批,先從建水縣普雄鄉普瑪尼查村遷入金平縣高興寨,後又遷入元陽縣大坪鄉小坪子,最後遷入金平縣阿得博鄉哈竹林村。本譜内容爲世系,至嘎抖凡六十二世。

本譜載於《哈尼族口傳文化譯註全集》第十卷《紅河州哈尼族譜牒(一)》

[雲南金平]哈竹林村黄日舉户譜牒　黄日舉背誦　李自有搜集　2010年雲南民族出版社排印本　合册　哈漢雙文並註國際音標

該户屬羅美支系黄氏宗族。一世祖噢麻。從第一世"噢麻"至第二十八世"朔李"的譜牒與本村高朵繞户相同。第五十七世簡日,從金平縣沙依坡鄉小荒田村遷入阿得博鄉哈竹林村。本譜内容爲世系,至簸朵凡六十世。

本譜載於《哈尼族口傳文化譯註全集》第十卷《紅河州哈尼族譜牒(一)》

[雲南金平]哈竹林村曹通謀户譜牒　曹通謀背誦　李自有搜集　2010年雲南民族出版社排印本　合册　哈漢雙文並註國際音標

該户屬羅美支系曹氏宗族。一世祖噢麻。從第一世"噢麻"至第二十八世"朔李"的譜牒與本村高朵繞户相同。第五十一世貴取,從元陽縣逢春嶺鄉老曹寨村遷入金平縣阿得博鄉哈竹林村。本譜内容爲世系,至謀香凡五十五世。

本譜載於《哈尼族口傳文化譯註全集》第十卷《紅河州哈尼族譜牒(一)》

[雲南金平]三人廠村李簸抖户譜牒　李自明背誦　李文明搜集　2010年雲南民族出版社排印本　合册　哈漢雙文並註國際音標

該户屬羅美支系李氏"哧們"宗族。一世祖噢麻。本譜内容爲世系,至簸抖凡六十一世。

本譜載於《哈尼族口傳文化譯註全集》第十卷《紅河州哈尼族譜牒(一)》

[雲南金平]三人廠村黄則通户譜牒　黄則通背誦　李文明搜集　2010年雲南民族出版社排印本　合册　哈漢雙文並註國際音標

該户屬羅美支系黄氏宗族。一世祖噢麻。從第一世"噢麻"至第二十八世"朔李"的譜牒與本村李簸抖户相同。本譜内容爲世系,至則通凡六十世。

本譜載於《哈尼族口傳文化譯註全集》第十卷《紅河州哈尼族譜牒(一)》

[雲南金平]箐口上寨村高高香户譜牒　高玉龍(高香)背誦　李有順搜集　2010年雲南民族出版社排印本　合册　哈漢雙文並註國際音標

該户屬羅美支系黄氏宗族。一世祖噢麻。第三十三世堵汝,係哈尼族羅美支系大高、小高、曹三姓的共祖。第五十一世嚷軌,從元陽縣逢春嶺鄉尼枯補老寨遷入金平縣阿得博鄉箐口上寨村。本譜内容爲世系,至香抖凡五十九世。

本譜載於《哈尼族口傳文化譯註全集》第十卷《紅河州哈尼族譜牒(一)》

[雲南金平]箐口上寨村李謀嘎户譜牒　李謀嘎背誦　李文明搜集　2010年雲南民族出版社排印本　合册　哈漢雙文並註國際音標

該户屬羅美支系李氏"尖培"宗族。一世祖噢麻。從第一世“噢麻”至第二十八世“朔李”的譜牒與本村高高香户相同。本譜内容爲世系，至日打凡六十世。

本譜載於《哈尼族口傳文化譯註全集》第十卷《紅河州哈尼族譜牒(一)》

[雲南金平]箐口上寨村李圍則户譜牒　李圍則背誦　李文明搜集　2010年雲南民族出版社排印本　合册　哈漢雙文並註國際音標

該户屬羅美支系李氏“朵沙”宗族。一世祖噢麻。從第一世“噢麻”至第二十八世“朔李”的譜牒與本村高高香户相同。第五十七世講才，生於元陽縣上新城鄉，後遷入大坪鄉小坪子，最後遷入金平縣阿得博鄉箐口村。本譜内容爲世系，至苗通凡六十三世。

本譜載於《哈尼族口傳文化譯註全集》第十卷《紅河州哈尼族譜牒(一)》

[雲南金平]箐口上寨村李講苗户譜牒　李講苗背誦　李文明搜集　2010年雲南民族出版社排印本　合册　哈漢雙文並註國際音標

該户屬羅美支系李氏“哧吼”宗族。一世祖噢麻。從第一世“噢麻”至第二十八世“朔李”的譜牒與本村高高香户相同。本譜内容爲世系，至繞則凡五十七世。

本譜載於《哈尼族口傳文化譯註全集》第十卷《紅河州哈尼族譜牒(一)》

[雲南金平]箐口上寨村曹日繞户譜牒　曹日繞背誦　李文明搜集　2010年雲南民族出版社排印本　合册　哈漢雙文並註國際音標

該户屬羅美支系曹氏宗族。一世祖噢麻。從第一世“噢麻”至第二十八世“朔李”的譜牒與本村高高香户相同。第五十五世龍則，從元陽縣小新街鄉大魯沙遷入金平縣阿得博鄉箐口上寨村。本譜内容爲世系，至沙朵凡六十世。

本譜載於《哈尼族口傳文化譯註全集》第十卷《紅河州哈尼族譜牒(一)》

[雲南金平]箐口上寨村李朵沙户譜牒　李紹學(朵沙)背誦　李文明搜集　2010年雲南民族出版社排印本　合册　哈漢雙文並註國際音標

該户屬羅美支系李氏“大尖培”宗族。一世祖噢麻。從第一世“噢麻”至第二十八世“朔李”的譜牒與本村高高香户相同。第五十二世沙伙，生於元陽縣小新街鄉者臺村，清道光二十八年(1848)遷入金平縣阿得博鄉箐口上寨村。本譜内容爲世系，至朵沙凡五十九世。

本譜載於《哈尼族口傳文化譯註全集》第十卷《紅河州哈尼族譜牒(一)》

[雲南金平]箐口下寨村李朵講户譜牒　李朵講背誦　李文明搜集　2010年雲南民族出版社排印本　合册　哈漢雙文並註國際音標

該户屬羅美支系李氏“哧們”宗族。一世祖噢麻。第五十七世苗朵，生於金平縣阿得博鄉苦筍老寨，清道光二十八年(1848)遷入箐口下寨村。本譜内容爲世系，至則高凡六十世。

本譜載於《哈尼族口傳文化譯註全集》第十卷《紅河州哈尼族譜牒(一)》

[雲南金平]箐口下寨村李謀扔户譜牒　李謀扔背誦　李文明搜集　2010年雲南民族出版社排印本　合册　哈漢雙文並註國際音標

該户屬羅美支系李氏“合栽”宗族。一世祖噢麻。從第一世“噢麻”至第二十二世“瑪登達”的譜牒與本村李朵講户相同。第四十八世雜遠，生於元陽縣新街鎮，後遷入金平縣阿得博鄉弄別寨。第五十一世日省，清末遷至越南老街省壩灑縣遠底區阿蘆寨。本譜内容爲世系，至講則凡五十五世。

本譜載於《哈尼族口傳文化譯註全集》第十卷《紅河州哈尼族譜牒(一)》

[雲南金平]箐口下寨村李講日户譜牒　李朵講背誦　李文明搜集　2010年雲南民族出版社排印本　合册　哈漢雙文並註國際音標

該户屬羅美支系李氏“小尖培”宗族。一世祖噢麻。從第一世“噢麻”至第二十八世“朔李”的譜牒與本村李朵講户相同。第五十四世繞才，由金平縣阿得博鄉期咱迷村遷入箐口下寨村。本譜内容爲世系,至日扔凡六十一世。

本譜載於《哈尼族口傳文化譯註全集》第十卷《紅河州哈尼族譜牒(一)》

[雲南金平]箐口新寨村曹舉則户譜牒　曹舉則背誦　李文明搜集　2010年雲南民族出版社排印本　合册　哈漢雙文並註國際音標

該户屬羅美支系曹氏宗族。一世祖噢麻。第五十四世抖伙,於1940年從金平縣阿得博鄉苦筍老寨遷入箐口新寨村。本譜内容爲世系,至日通凡五十九世。

本譜載於《哈尼族口傳文化譯註全集》第十卷《紅河州哈尼族譜牒(一)》

[雲南金平]箐口新寨村陳取嚷户譜牒　陳取嚷背誦　李文明搜集　2010年雲南民族出版社排印本　合册　哈漢雙文並註國際音標

該户屬羅畢支系陳氏"堵里"宗族。一世祖噢麻。從第一世"噢麻"至第十四世"補白烏"的譜牒與本村曹舉則户相同。第三十九世堵里,生於建水縣普雄鄉普瑪尼查村,後遷入元陽縣逢春嶺鄉尼枯補村。第四十五世則才,遷入金平縣阿得博鄉箐口新寨村。本譜内容爲世系,至侯香凡五十二世。

本譜載於《哈尼族口傳文化譯註全集》第十卷《紅河州哈尼族譜牒(一)》

[雲南金平]箐口新寨村李苗日户譜牒　李苗日背誦　李文明搜集　2010年雲南民族出版社排印本　合册　哈漢雙文並註國際音標

該户屬羅畢支系李氏"朝告南奔"宗族。一世祖噢麻。從第一世"噢麻"至第十八世"莫威最"的譜牒與本村曹舉則户相同。第五十四世打簸,生於元陽縣逢春嶺鄉老曹寨,後遷入金平縣阿得博鄉箐口新寨村。本譜内容爲世系,至則高凡六十二世。

本譜載於《哈尼族口傳文化譯註全集》第十卷《紅河州哈尼族譜牒(一)》

[雲南金平]箐口新寨村李嘎謀户譜牒　李嘎謀背誦　李德有搜集　2010年雲南民族出版社排印本　合册　哈漢雙文並註國際音標

該户屬羅畢支系李氏"朝告南奔"宗族。一世祖噢麻。從第一世"噢麻"至第十七世"聰莫威"的譜牒與本村曹舉則户相同。本譜内容爲世系,至朵苗凡六十七世。

本譜載於《哈尼族口傳文化譯註全集》第十卷《紅河州哈尼族譜牒(一)》

[雲南金平]弄别寨村曹謀朵户譜牒　曹德義背誦　李文明搜集　2010年雲南民族出版社排印本　合册　哈漢雙文並註國際音標

該户屬羅畢支系曹氏宗族。一世祖噢麻。第五十三世圍嘎,生於金平縣阿得博鄉苦筍老寨,後遷入弄别寨村。本譜内容爲世系,至謀朵凡五十八世。

本譜載於《哈尼族口傳文化譯註全集》第十卷《紅河州哈尼族譜牒(一)》

[雲南金平]比窩迷村李謀取户譜牒　李德龍背誦　李文明搜集　2010年雲南民族出版社排印本　合册　哈漢雙文並註國際音標

該户屬羅美支系李氏"哧吼"宗族。一世祖噢麻。第五十四世苗省,生於金平縣阿得博鄉偏坡老寨,後遷入沙依坡鄉比窩迷村。本譜内容爲世系,至濤侯凡五十九世。

本譜載於《哈尼族口傳文化譯註全集》第十一卷《紅河州哈尼族譜牒(二)》

[雲南金平]比窩迷村高繞舉户譜牒　高繞舉背誦　李文明搜集　2010年雲南民族出版社排印本　合册　哈漢雙文並註國際音標

該户屬羅美支系高氏"汝瑪"宗族。一世祖噢麻。從第一世"噢麻"至第二十八世"朔李"的譜牒與本村李謀取户相同。本譜内容爲世系,至扔取凡六十二世。

本譜載於《哈尼族口傳文化譯註全集》第十一卷《紅河州哈尼族譜牒(二)》

[雲南金平]比窩迷村黄沙侯户譜牒　黄沙侯背誦　李文明搜集　2010年雲南民族出版社排印本　合册　哈漢雙文並註國際音標

該户屬羅美支系黄氏宗族。一世祖噢麻。從第一世“噢麻”至第二十八世“朔李”的譜牒與本村李謀取户相同。本譜内容爲世系,至扔則凡六十世。

本譜載於《哈尼族口傳文化譯註全集》第十一卷《紅河州哈尼族譜牒(二)》

[雲南金平]比窩迷村張矮則户譜牒　黄沙侯背誦　李文明搜集　2010年雲南民族出版社排印本　合册　哈漢雙文並註國際音標

該户屬羅畢支系張氏宗族。一世祖噢麻。從第一世“噢麻”至第二十一世“飄瑪登”的譜牒與本村李謀取户相同。第四十八世舉扔,生於元陽縣嘎娘鄉龍克村,1948年遷入金平縣沙依坡鄉比窩迷村。本譜内容爲世系,至則沙凡五十一世。

本譜載於《哈尼族口傳文化譯註全集》第十一卷《紅河州哈尼族譜牒(二)》

[雲南金平]比窩迷村李抖苗户譜牒　李抖苗背誦　李文明搜集　2010年雲南民族出版社排印本　合册　哈漢雙文並註國際音標

該户屬羅美支系李氏“尖培”宗族。一世祖噢麻。從第一世“噢麻”至第二十八世“朔李”的譜牒與本村李謀取户相同。第五十七世沙抖,生於元陽縣逢春嶺鄉老曹寨,後遷入金平縣沙依坡鄉比窩迷村。本譜内容爲世系,至苗則凡五十九世。

本譜載於《哈尼族口傳文化譯註全集》第十一卷《紅河州哈尼族譜牒(二)》

[雲南金平]比窩迷村李取高户譜牒　李有德(抖嘎)背誦　李德有搜集　2010年雲南民族出版社排印本　合册　哈漢雙文並註國際音標

該户屬羅美支系李氏“尖培”宗族。一世祖噢麻。從第一世“噢麻”至第二十八世“朔李”的譜牒與本村李謀取户相同。本譜内容爲世系,至取高凡六十二世。

本譜載於《哈尼族口傳文化譯註全集》第十一卷《紅河州哈尼族譜牒(二)》

[雲南金平]小荒田村普簡謀户譜牒　普簡謀背誦　李文明搜集　2010年雲南民族出版社排印本　合册　哈漢雙文並註國際音標

該户屬羅美支系“大普”宗族。一世祖噢麻。本譜内容爲世系,至謀取凡六十一世。

本譜載於《哈尼族口傳文化譯註全集》第十一卷《紅河州哈尼族譜牒(二)》

[雲南金平]小荒田村曹日講户譜牒　曹日講背誦　李文明搜集　2010年雲南民族出版社排印本　合册　哈漢雙文並註國際音標

該户屬羅美支系曹氏宗族。一世祖噢麻。從第一世“噢麻”至第二十八世“朔李”的譜牒與本村李謀取户相同。第五十七世龍日,生於金平縣沙依坡鄉小箐村,1962年遷入小荒田村。本譜内容爲世系,至講謀凡五十九世。

本譜載於《哈尼族口傳文化譯註全集》第十一卷《紅河州哈尼族譜牒(二)》

[雲南金平]小荒田村李煙則户譜牒　李煙則背誦　李文明搜集　2010年雲南民族出版社排印本　合册　哈漢雙文並註國際音標

該户屬羅美支系李氏“朵沙”宗族。一世祖噢麻。從第一世“噢麻”至第二十八世“朔李”的譜牒與本村李謀取户相同。第四十世“打高”與第四十一世“嗎收”之間未連名。本譜内容爲世系,至則苗凡六十世。

本譜載於《哈尼族口傳文化譯註全集》第十一卷《紅河州哈尼族譜牒(二)》

[雲南金平]小荒田村李謀嘎户譜牒　李謀嘎背誦　李文明搜集　2010年雲南民族出版社排印本　合册　哈漢雙文並註國際音標

該户屬羅美支系李氏“哧們”宗族。一世祖噢麻。從第一世“噢麻”至第二十八世“朔李”的譜牒與本村李謀取户相同。第五十八世謀嘎,爲哈尼族莫批,沙依坡一帶稱其爲“師傅”。本譜内容爲世系,至嘎則凡五十九世。

本譜載於《哈尼族口傳文化譯註全集》第十一卷《紅河州哈尼族譜牒(二)》

[雲南金平]小箐村曹簡取户譜牒 曹簡取背誦 李文明搜集 2010年雲南民族出版社排印本 合册 哈漢雙文並註國際音標

該户屬羅美支系曹氏宗族。一世祖噢麻。本譜内容爲世系,至取香凡五十九世。

本譜載於《哈尼族口傳文化譯註全集》第十一卷《紅河州哈尼族譜牒(二)》

[雲南金平]小箐村高侯嘎户譜牒 高侯濤背誦 李文明搜集 2010年雲南民族出版社排印本 合册 哈漢雙文並註國際音標

該户屬羅美支系"小高"宗族。一世祖噢麻。從第一世"噢麻"至第二十八世"朔李"的譜牒與本村曹簡取户相同。本譜内容爲世系,至嘎苗凡六十二世。

本譜載於《哈尼族口傳文化譯註全集》第十一卷《紅河州哈尼族譜牒(二)》

[雲南金平]小箐村李嚷抖户譜牒 李嚷抖背誦 李文明搜集 2010年雲南民族出版社排印本 合册 哈漢雙文並註國際音標

該户屬羅美支系李氏"哧們"宗族。一世祖噢麻。從第一世"噢麻"至第二十八世"朔李"的譜牒與本村曹簡取户相同。本譜内容爲世系,至取扔凡五十九世。

本譜載於《哈尼族口傳文化譯註全集》第十一卷《紅河州哈尼族譜牒(二)》

[雲南金平]小箐村李朵則户譜牒 李紹得背誦 李文明搜集 2010年雲南民族出版社排印本 合册 哈漢雙文並註國際音標

該户屬羅美支系李氏"朵沙"宗族。一世祖噢麻。從第一世"噢麻"至第二十八世"朔李"的譜牒與本村曹簡取户相同。本譜内容爲世系,至朵則凡六十三世。

本譜載於《哈尼族口傳文化譯註全集》第十一卷《紅河州哈尼族譜牒(二)》

[雲南金平]小箐村普嘎謀户譜牒 普嘎謀背誦 李德有搜集 2010年雲南民族出版社排印本 合册 哈漢雙文並註國際音標

該户屬羅美支系"大普"宗族。一世祖噢麻。從第一世"噢麻"至第二十八世"朔李"的譜牒與本村曹簡取户相同。本譜内容爲世系,至謀香凡六十一世。

本譜載於《哈尼族口傳文化譯註全集》第十一卷《紅河州哈尼族譜牒(二)》

[雲南金平]小箐村朱講謀户譜牒 朱講謀背誦 李文明搜集 2010年雲南民族出版社排印本 合册 哈漢雙文並註國際音標

該户屬羅畢支系朱氏宗族。一世祖噢麻。從第一世"噢麻"至第十七世"聰莫威"的譜牒與本村曹簡取户相同。第六十世講謀,生於元陽縣逢春嶺鄉尼枯補老寨,後遷入金平縣沙依坡鄉小箐村,約有七十年歷史。本譜内容爲世系,至濤侯凡六十二世。

本譜載於《哈尼族口傳文化譯註全集》第十一卷《紅河州哈尼族譜牒(二)》

[雲南金平]小箐村高濤則户譜牒 高生全(濤則)背誦 李德有搜集 2010年雲南民族出版社排印本 合册 哈漢雙文並註國際音標

該户屬羅美支系"高然"宗族。一世祖噢麻。從第一世"噢麻"至第二十八世"朔李"的譜牒與本村曹簡取户相同。本譜内容爲世系,至則達凡六十一世。

本譜載於《哈尼族口傳文化譯註全集》第十一卷《紅河州哈尼族譜牒(二)》

[雲南金平]小新箐村普繞講户譜牒 普繞講背誦 李文明搜集 2010年雲南民族出版社排印本 合册 哈漢雙文並註國際音標

該户屬羅美支系"大普"宗族。一世祖噢麻。第五十八世日侯,生於金平縣沙依坡鄉小箐村,1951年遷入小新箐村。本譜内容爲世系,至嚷簡凡六十二世。

本譜載於《哈尼族口傳文化譯註全集》第十一

卷《紅河州哈尼族譜牒(二)》

[雲南金平]小新箐村曹直繞户譜牒　曹直繞背誦　李文明搜集　2010年雲南民族出版社排印本　合册　哈漢雙文並註國際音標

該户屬羅美支系曹氏宗族。一世祖噢麻。從第一世"噢麻"至第二十八世"朔李"的譜牒與本村普繞講户相同。本譜内容爲世系,至朵繞凡五十九世。

本譜載於《哈尼族口傳文化譯註全集》第十一卷《紅河州哈尼族譜牒(二)》

[雲南金平]小新箐村高矮嚷户譜牒　高矮嚷背誦　李文明搜集　2010年雲南民族出版社排印本　合册　哈漢雙文並註國際音標

該户屬羅美支系"小高"宗族。一世祖噢麻。從第一世"噢麻"至第二十八世"朔李"的譜牒與本村普繞講户相同。本譜内容爲世系,至嚷嘎凡六十一世。

本譜載於《哈尼族口傳文化譯註全集》第十一卷《紅河州哈尼族譜牒(二)》

[雲南金平]哈竹棵村黄取打户譜牒　黄榮成背誦　李文明搜集　2010年雲南民族出版社排印本　合册　哈漢雙文並註國際音標

該户屬羅美支系黄氏宗族。一世祖噢麻。本譜内容爲世系,至打才凡六十一世。

本譜載於《哈尼族口傳文化譯註全集》第十一卷《紅河州哈尼族譜牒(二)》

[雲南金平]哈竹林村李簡嚷户譜牒　李文忠背誦　李文明搜集　2010年雲南民族出版社排印本　合册　哈漢雙文並註國際音標

該户屬羅美支系李氏"哧們"宗族。一世祖噢麻。本譜内容爲世系,至謀濤凡五十九世。

本譜載於《哈尼族口傳文化譯註全集》第十一卷《紅河州哈尼族譜牒(二)》

[雲南金平]哈竹林村黄抖侯户譜牒　黄自明(抖侯)背誦　李德有搜集　2010年雲南民族出版社排印本　合册　哈漢雙文並註國際音標

該户屬羅美支系黄氏宗族。一世祖噢麻。從第一世"噢麻"至第十七世"聰莫威"的譜牒與本村李簡嚷户相同。本譜内容爲世系,至濤則凡六十一世。

本譜載於《哈尼族口傳文化譯註全集》第十一卷《紅河州哈尼族譜牒(二)》

[雲南金平]哈竹林村李則侯户譜牒　李有明(嘎則)背誦　李德有搜集　2010年雲南民族出版社排印本　合册　哈漢雙文並註國際音標

該户屬羅美支系黄氏宗族。一世祖噢麻。從第一世"噢麻"至第二十八世"朔李"的譜牒與本村李簡嚷户相同。本譜内容爲世系,至朵則凡六十一世。

本譜載於《哈尼族口傳文化譯註全集》第十一卷《紅河州哈尼族譜牒(二)》

[雲南金平]漢田頭村李氏家族譜系　佚名念誦　楊六金記録　2008年中國大百科全書出版社排印本　合册

哈尼語哈雅方言家譜。流傳於雲南省金平苗族瑶族傣族自治縣。本譜所載僅爲世系,自第一世哦麻至減拖凡六十一世。

本譜載於《中國少數民族古籍總目提要・哈尼族卷》

[雲南金平]漢田頭村李氏家族譜系　佚名念誦　楊六金記録　2005年民族出版社排印本　合册　哈漢雙文

參見上條。本譜所載僅爲世系,自第一世哦麻至減拖凡五十七世,與上條世系略有出入。

本譜載於《紅河哈尼族譜牒》

[雲南金平]漢田頭村李簸扔户譜牒　李德有(簸扔)背誦　李德有搜集　2010年雲南民族出版社排印本　合册　哈漢雙文並註國際音標

該户屬羅美支系李氏"朵沙"宗族。一世祖噢麻。第五十二世苟簡,約於清嘉慶年間自建水縣坡頭遷入元陽縣新城鄉哈卡村。第五十五世取園,生七子。長子園扔、次子園嘎、三子園省、四子園日、五子園簡,約於一百八十年前遷入金平縣沙依坡鄉小箐村,其子孫現居小箐、小漢田、小新箐、漢田頭、二保田、箐腳村、丫口寨九個村,已繁衍爲九代五百餘人;六子園貴仍居哈卡村,其後代現有一户共八人;七子園謀後代未詳。本譜記取園四子園日一支。本譜内容爲世系,至堅濤凡六十一世。

本譜載於《哈尼族口傳文化譯註全集》第十一卷《紅河州哈尼族譜牒(二)》

[雲南金平]漢田頭村李扔則户譜牒　李扔則背誦　李文明搜集　2010年雲南民族出版社排印本　合册　哈漢雙文並註國際音標

該户屬羅美支系李氏"哧們"宗族。一世祖噢麻。從第一世"噢麻"至第二十八世"朔李"的譜牒與本村李簸扔户相同。第五十五世繞侯,生於元陽縣逢春嶺鄉,後遷入金平縣沙依坡鄉漢田頭村。本譜内容爲世系,至則取凡五十八世。

本譜載於《哈尼族口傳文化譯註全集》第十一卷《紅河州哈尼族譜牒(二)》

[雲南金平]漢田頭村曹濤簡户譜牒　曹自明(濤簡)背誦　李德有搜集　2010年雲南民族出版社排印本　合册　哈漢雙文並註國際音標

該户屬羅美支系曹氏宗族。一世祖噢麻。從第一世"噢麻"至第二十八世"朔李"的譜牒與本村李簸扔户相同。第五十五世繞侯,生於元陽縣逢春嶺鄉,後遷入金平縣沙依坡鄉漢田頭村。本譜内容爲世系,至簡日凡五十八世。

本譜載於《哈尼族口傳文化譯註全集》第十一卷《紅河州哈尼族譜牒(二)》

[雲南金平]漢田頭村陳則嘎户譜牒　陳自學(則嘎)背誦　李德有搜集　2010年雲南民族出版社排印本　合册　哈漢雙文並註國際音標

該户屬羅畢支系陳氏"堵里"宗族。一世祖噢麻。從第一世"噢麻"至第十四世"補白烏"的譜牒與本村李簸扔户相同。本譜内容爲世系,至嘎取凡五十三世。

本譜載於《哈尼族口傳文化譯註全集》第十一卷《紅河州哈尼族譜牒(二)》

[雲南金平]罵居迷村李嚷抖户譜牒　李嚷抖背誦　李文明搜集　2010年雲南民族出版社排印本　合册　哈漢雙文並註國際音標

該户屬羅美支系李氏"哧們"宗族。一世祖噢麻。本譜内容爲世系,至抖園凡五十八世。

本譜載於《哈尼族口傳文化譯註全集》第十一卷《紅河州哈尼族譜牒(二)》

[雲南金平]罵居迷村曹貴朵户譜牒　曹貴朵背誦　李文明搜集　2010年雲南民族出版社排印本　合册　哈漢雙文並註國際音標

該户屬羅美支系曹氏宗族。一世祖噢麻。從第一世"噢麻"至第二十八世"朔李"的譜牒與本村李嚷抖户相同。本譜内容爲世系,至朵謀凡六十世。

本譜載於《哈尼族口傳文化譯註全集》第十一卷《紅河州哈尼族譜牒(二)》

[雲南金平]田角寨村黄侯則户譜牒　黄打嘎背誦　李文明搜集　2010年雲南民族出版社排印本　合册　哈漢雙文並註國際音標

該户屬羅美支系黄氏宗族。一世祖噢麻。本譜内容爲世系,至侯則凡五十九世。

本譜載於《哈尼族口傳文化譯註全集》第十一卷《紅河州哈尼族譜牒(二)》

[雲南金平]田角寨村曹取嘎户譜牒　曹取嘎背誦　李文明搜集　2010年雲南民族出版社排印本　合册　哈漢雙文並註國際音標

該户屬羅美支系曹氏宗族。一世祖噢麻。從第一世"噢麻"至第二十八世"朔李"的譜牒與本村黄侯則户相同。本譜内容爲世系,至嘎日凡五十九世。

本譜載於《哈尼族口傳文化譯註全集》第十一卷《紅河州哈尼族譜牒(二)》

[雲南金平]呼馬迷村李朵扔户譜牒　李朵扔背

誦　李文明搜集　2010年雲南民族出版社排印本　合册　哈漢雙文並註國際音標

該户屬羅美支系李氏"哧們"宗族。一世祖噢麻。本譜内容爲世系,至朵扔凡六十世。

本譜載於《哈尼族口傳文化譯註全集》第十一卷《紅河州哈尼族譜牒(二)》

[雲南金平]呼馬迷村高繞香户譜牒　高繞香背誦　李文明搜集　2010年雲南民族出版社排印本　合册　哈漢雙文並註國際音標

該户屬羅美支系"高然"(小高)宗族。一世祖噢麻。從第一世"噢麻"至第二十八世"朔李"的譜牒與本村李朵扔户相同。該族先從建水縣坡頭鄉遷入元陽縣嘎娘鄉瓦灰城村,繼遷逢春嶺鄉卡沙迷上寨,最後遷入金平縣沙依坡鄉新房子村呼馬迷村。本譜内容爲世系,至香扔凡五十八世。

本譜載於《哈尼族口傳文化譯註全集》第十一卷《紅河州哈尼族譜牒(二)》

[雲南金平]老寨村李則嚷户譜牒　李則嚷背誦　李文明、李正有搜集　2010年雲南民族出版社排印本　合册　哈漢雙文並註國際音標

該户屬羅美支系李氏"哧們"宗族。一世祖噢麻。第五十五世謀沙,生於金平縣阿得博鄉苦筍寨,後遷沙依坡鄉,與媽卡坡老寨村人結婚,遂定居於此。本譜内容爲世系,至嚷侯凡五十八世。

本譜載於《哈尼族口傳文化譯註全集》第十一卷《紅河州哈尼族譜牒(二)》

[雲南金平]老寨村黄沙侯户譜牒　黄沙侯背誦　李文明、李正有搜集　2010年雲南民族出版社排印本　合册　哈漢雙文並註國際音標

該户屬羅美支系黄氏宗族。一世祖噢麻。從第一世"噢麻"至第二十八世"朔李"的譜牒與本村李則嚷户相同。第五十一世苟簸,生於元陽縣上新城鄉新城村,後遷入金平縣沙依坡鄉媽卡坡老寨村。本譜内容爲世系,至嚷則凡六十世。

本譜載於《哈尼族口傳文化譯註全集》第十一卷《紅河州哈尼族譜牒(二)》

[雲南金平]老寨村陳香侯户譜牒　陳香侯背誦　李文明、李正有搜集　2010年雲南民族出版社排印本　合册　哈漢雙文並註國際音標

該户屬羅畢支系陳氏"堵里"宗族。一世祖噢麻。從第一世"噢麻"至第十五世"烏活壤"的譜牒與本村李則嚷户相同。第四十九世苗嚷,生於元陽縣逢春嶺鄉尼枯補村,後遷入金平縣沙依坡鄉媽卡坡老寨村。本譜内容爲世系,至苗講凡五十五世。

本譜載於《哈尼族口傳文化譯註全集》第十一卷《紅河州哈尼族譜牒(二)》

[雲南金平]老寨村李香省户譜牒　李尖福背誦　李文明、李正有搜集　2010年雲南民族出版社排印本　合册　哈漢雙文並註國際音標

該户屬羅美支系李氏"朵沙"宗族。一世祖噢麻。從第一世"噢麻"至第二十八世"朔李"的譜牒與本村李則嚷户相同。第五十八世嘎圍,從元陽縣逢春嶺鄉么多寨遷入金平縣沙依坡鄉媽卡坡老寨村。本譜内容爲世系,至香省凡六十世。

本譜載於《哈尼族口傳文化譯註全集》第十一卷《紅河州哈尼族譜牒(二)》

[雲南金平]新寨村曹簡苗户譜牒　曹簡苗背誦　李文明、李正有搜集　2010年雲南民族出版社排印本　合册　哈漢雙文並註國際音標

該户屬羅美支系曹氏宗族。一世祖噢麻。本譜内容爲世系,至苗省凡五十八世。

本譜載於《哈尼族口傳文化譯註全集》第十一卷《紅河州哈尼族譜牒(二)》

[雲南金平]新寨村朱舉扔户譜牒　朱舉扔背誦　李文明、李正有搜集　2010年雲南民族出版社排印本　合册　哈漢雙文並註國際音標

該户屬羅畢支系朱氏宗族。一世祖噢麻。從第一世"噢麻"至第十七世"聰莫威"的譜牒與本村曹簡苗户相同。第五十五世簡謀,生於元陽縣逢春嶺鄉尼枯補村,後遷入金平縣沙依坡鄉青龍坡,1958年遷入媽卡坡新寨村。本譜内容爲世系,至扔濤凡五十九世。

本譜載於《哈尼族口傳文化譯註全集》第十一卷《紅河州哈尼族譜牒(二)》

[雲南金平]獨家村朱侯濤户譜牒　朱有發(侯濤)背誦　普鈺禾搜集　2010年雲南民族出版社排印本　合册　哈漢雙文並註國際音標

該户屬羅畢支系朱氏宗族。一世祖噢麻。該族祖先從建水縣坡頭南遷,渡過紅河後落脚於元陽縣嘎娘、小新街一帶。至第四十九世農草起葬於嘎娘。第五十二世簸摳生六子,子孫遍佈於元陽縣嘎娘鄉、小新街鄉、逢春嶺鄉和金平縣沙依坡鄉、馬鞍底鄉、金河鎮等地。本譜記簸摳長子摳講一支。第五十七世繞嘎,始定居於獨家村。本譜内容爲世系,至濤取凡六十三世。

本譜載於《哈尼族口傳文化譯註全集》第十一卷《紅河州哈尼族譜牒(二)》

[雲南金平]獨家村黄侯省户譜牒　黄自光(侯省)背誦　普鈺禾搜集　2010年雲南民族出版社排印本　合册　哈漢雙文並註國際音標

該户屬羅美支系黄氏宗族。一世祖噢麻。從第一世"噢麻"至第二十八世"額里朵"的譜牒與本村朱侯濤户相同。第四十三世繞美,係四十二世思神之兒媳,因丈夫離家去向不明,遂由其替代。本譜内容爲世系,至省濤凡六十一世。

本譜載於《哈尼族口傳文化譯註全集》第十一卷《紅河州哈尼族譜牒(二)》

[雲南金平]獨家村李貴嚷户譜牒　李貴嚷背誦　李文明、李正有搜集　2010年雲南民族出版社排印本　合册　哈漢雙文並註國際音標

該户屬羅美支系李氏"哧們"宗族。一世祖噢麻。從第一世"噢麻"至第十七世"聰莫威"的譜牒與本村朱侯濤户相同。第五十五世講繞,生於金平縣阿得博鄉苦筍老寨,後遷入沙依坡鄉獨家村,至今約一百五十餘年。本譜内容爲世系,至省則凡六十世。

本譜載於《哈尼族口傳文化譯註全集》第十一卷《紅河州哈尼族譜牒(二)》

[雲南金平]獨家村普侯嘎户譜牒　普侯嘎背誦　李文明、李正有搜集　2010年雲南民族出版社排印本　合册　哈漢雙文並註國際音標

該户屬羅美支系"大普"宗族。一世祖噢麻。從第一世"噢麻"至第十七世"聰莫威"的譜牒與本村朱侯濤户相同。第五十五世舉侯,生於元陽縣小新街鄉者臺村大魯沙,1948年遷入金平縣沙依坡鄉媽卡坡獨家村。本譜内容爲世系,至香取凡五十八世。

本譜載於《哈尼族口傳文化譯註全集》第十一卷《紅河州哈尼族譜牒(二)》

[雲南金平]獨家村曹嚷則户譜牒　曹嚷則背誦　李文明、李正有搜集　2010年雲南民族出版社排印本　合册　哈漢雙文並註國際音標

該户屬羅美支系曹氏宗族。一世祖噢麻。從第一世"噢麻"至第十七世"聰莫威"的譜牒與本村朱侯濤户相同。第五十七世謀嚷,生於金平縣阿得博鄉苦筍老寨,1950年遷入沙依坡鄉媽卡坡獨家村。本譜内容爲世系,至則香凡五十九世。

本譜載於《哈尼族口傳文化譯註全集》第十一卷《紅河州哈尼族譜牒(二)》

[雲南金平]大坡脚村高貴省户譜牒　高正昌(貴省)背誦　李文明搜集　2010年雲南民族出版社排印本　合册　哈漢雙文並註國際音標

該户屬羅美支系"小高"宗族。一世祖噢麻。該族祖先從建水縣坡頭鄉遷到元陽縣瓦灰城村。第五十二世塔侯,遷入逢春嶺鄉尼枯補中寨。塔侯之孫朵則,遷入金平縣沙依坡鄉媽卡坡大坡脚村。本譜内容爲世系,至省苗取凡五十八世。

本譜載於《哈尼族口傳文化譯註全集》第十一卷《紅河州哈尼族譜牒(二)》

[雲南金平]大坡脚村李抖則户譜牒　李自祥(抖則)背誦　李文明搜集　2010年雲南民族出版社排印本　合册　哈漢雙文並註國際音標

該户屬羅美支系李氏"哧們"宗族。一世祖噢麻。從第一世"噢麻"至第二十八世"朔李"的譜牒與本村高貴省户相同。第五十八世朵省,生於

元陽縣大坪鄉瑪里新寨,1948年遷入金平縣沙依坡鄉媽卡坡大坡腳村。本譜内容爲世系,至侯取凡六十三世。

本譜載於《哈尼族口傳文化譯註全集》第十一卷《紅河州哈尼族譜牒(二)》

[雲南金平]大坡腳村陳則簡户譜牒 陳則簡背誦 李文明搜集 2010年雲南民族出版社排印本 合册 哈漢雙文並註國際音標

該户屬羅畢支系陳氏"堵里"宗族。一世祖噢麻。從第一世"噢麻"至第十四世"補白烏"的譜牒與本村高貴省户相同。第四十九世苗嚷,生於元陽縣逢春嶺鄉尼枯補村,後遷入金平縣沙依坡鄉媽卡坡老寨村。第五十三世謀則,遷入大坡腳村。本譜内容爲世系,至苗講凡五十六世。

本譜載於《哈尼族口傳文化譯註全集》第十一卷《紅河州哈尼族譜牒(二)》

[雲南金平]大坡腳村曹取日户譜牒 曹取日背誦 李文明搜集 2010年雲南民族出版社排印本 合册 哈漢雙文並註國際音標

該户屬羅美支系曹氏宗族。一世祖噢麻。從第一世"噢麻"至第二十八世"朔李"的譜牒與本村高貴省户相同。第五十七世謀取,生於金平縣阿得博鄉苦筍老寨村,1954年遷入沙依坡鄉媽卡坡大坡腳村。本譜内容爲世系,至取日凡五十八世。

本譜載於《哈尼族口傳文化譯註全集》第十一卷《紅河州哈尼族譜牒(二)》

[雲南金平]阿哈把村曹謀日户譜牒 曹謀日背誦 李文明搜集 2010年雲南民族出版社排印本 合册 哈漢雙文並註國際音標

該户屬羅美支系曹氏宗族。一世祖噢麻。第五十三世苗朵,生於金平縣阿得博鄉苦筍老寨村,先遷入沙依坡鄉罵居迷村,後贅居阿哈把村。本譜内容爲世系,至香沙凡五十八世。

本譜載於《哈尼族口傳文化譯註全集》第十一卷《紅河州哈尼族譜牒(二)》

[雲南金平]丫口寨村曹取香户譜牒 曹取香背誦 李文明搜集 2010年雲南民族出版社排印本 合册 哈漢雙文並註國際音標

該户屬羅美支系曹氏宗族。一世祖噢麻。本譜内容爲世系,至香則凡五十九世。

本譜載於《哈尼族口傳文化譯註全集》第十一卷《紅河州哈尼族譜牒(二)》

[雲南金平]丫口寨村李侯簡户譜牒 李侯簡背誦 李文明搜集 2010年雲南民族出版社排印本 合册 哈漢雙文並註國際音標

該户屬羅美支系李氏"哧們"宗族。一世祖噢麻。從第一世"噢麻"至第二十八世"朔李"的譜牒與本村曹取香户相同。本譜内容爲世系,至謀扔凡五十九世。

本譜載於《哈尼族口傳文化譯註全集》第十一卷《紅河州哈尼族譜牒(二)》

[雲南金平]丫口寨村高扔舉户譜牒 高扔舉背誦 李文明搜集 2010年雲南民族出版社排印本 合册 哈漢雙文並註國際音標

該户屬羅美支系"小高"宗族。一世祖噢麻。從第一世"噢麻"至第二十八世"朔李"的譜牒與本村曹取香户相同。本譜内容爲世系,至舉高凡六十一世。

本譜載於《哈尼族口傳文化譯註全集》第十一卷《紅河州哈尼族譜牒(二)》

[雲南金平]老秧田村李簸香户譜牒 李則嚷背誦 李有順、普鈺禾搜集 2010年雲南民族出版社排印本 合册 哈漢雙文並註國際音標

該户屬羅美支系李氏"哧們"宗族。一世祖噢麻。從第一世"噢麻"至第二十八世"朔李"的譜牒與阿哈迷村委會丫口寨村曹取香户相同。本譜内容爲世系,至侯苗凡五十九世。

本譜載於《哈尼族口傳文化譯註全集》第十一卷《紅河州哈尼族譜牒(二)》

[雲南金平]青龍坡村李省舉户譜牒 李阿拾(省舉)背誦 李有順、普鈺禾搜集 2010年雲南民族出版社排印本 合册 哈漢雙文並註國際音標

該户屬羅美支系李氏“哧們”宗族。一世祖噢麻。從第一世“噢麻”至第二十八世“朔李”的譜牒與阿哈迷村委會丫口寨村曹取香户相同。本譜内容爲世系,至舉扔凡五十八世。

本譜載於《哈尼族口傳文化譯註全集》第十一卷《紅河州哈尼族譜牒(二)》

[雲南金平]小漢田村李抖沙户譜牒　李自祥(抖沙)背誦　李文明搜集　2010年雲南民族出版社排印本　合册　哈漢雙文並註國際音標

該户屬羅美支系李氏“朵沙”宗族。一世祖噢麻。本譜内容爲世系,至沙簡凡五十九世。

本譜載於《哈尼族口傳文化譯註全集》第十一卷《紅河州哈尼族譜牒(二)》

[雲南金平]小漢田村李打嘎户譜牒　李打嘎背誦　李文明搜集　2010年雲南民族出版社排印本　合册　哈漢雙文並註國際音標

該户屬羅畢支系李氏“朝告南奔”宗族。一世祖噢麻。從第一世“噢麻”至第十七世“聰莫威”的譜牒與本村李抖沙户相同。第五十三世繞打,生於元陽縣逢春嶺鄉老曹寨,1958年遷入金平縣沙依坡鄉阿都波村委會小漢田村。本譜内容爲世系,至則扔凡六十二世。

本譜載於《哈尼族口傳文化譯註全集》第十一卷《紅河州哈尼族譜牒(二)》

[雲南金平]二保田村李侯嘎户譜牒　李德有背誦　李德有搜集　2010年雲南民族出版社排印本　合册　哈漢雙文並註國際音標

該户屬羅美支系李氏“朵沙”宗族。一世祖噢麻。從第一世“噢麻”至第三十八世“吼貴”的譜牒與阿都波村委會小漢田村李抖沙户相同。本譜内容爲世系,至打簡凡六十二世。

本譜載於《哈尼族口傳文化譯註全集》第十一卷《紅河州哈尼族譜牒(二)》

[雲南金平]麻栗坡村黄嘎侯户譜牒　黄志明(嘎侯)背誦　李國萬搜集　2010年雲南民族出版社排印本　合册　哈漢雙文並註國際音標

該户屬羅美支系黄氏宗族。一世祖噢麻。從第一世“噢麻”至第二十八世“朔李”的譜牒與阿都波村委會小漢田村李抖沙户相同。本譜内容爲世系,至簡打凡六十一世。

本譜載於《哈尼族口傳文化譯註全集》第十一卷《紅河州哈尼族譜牒(二)》

[雲南金平]麻栗坡村曹朵嚷户譜牒　曹文軍(朵嚷)背誦　李國萬搜集　2010年雲南民族出版社排印本　合册　哈漢雙文並註國際音標

該户屬羅美支系曹氏宗族。一世祖噢麻。從第一世“噢麻”至第二十八世“朔李”的譜牒與阿都波村委會小漢田村李抖沙户相同。本譜内容爲世系,至侯講凡五十九世。

本譜載於《哈尼族口傳文化譯註全集》第十一卷《紅河州哈尼族譜牒(二)》

[雲南金平]蘆子箐村普嚷侯户譜牒　普濤省背誦　李文明搜集　2010年雲南民族出版社排印本　合册　哈漢雙文並註國際音標

該户屬羅美支系“大普”宗族。一世祖噢麻。第五十九世鋭則,從元陽縣小新街鄉遷入金平縣沙依坡鄉媽卡波老寨村,後遷入大寨鄉蘆子箐村。本譜内容爲世系,至簸打凡六十五世。

本譜載於《哈尼族口傳文化譯註全集》第十一卷《紅河州哈尼族譜牒(二)》

[雲南金平]蘆子箐村楊日扔户譜牒　楊日扔背誦　李文明搜集　2010年雲南民族出版社排印本　合册　哈漢雙文並註國際音標

該户屬羅美支系楊氏宗族。一世祖噢麻。從第一世“噢麻”至第二十八世“朔李”的譜牒與本村普嚷侯户相同。本譜内容爲世系,至嘎才凡六十一世。

本譜載於《哈尼族口傳文化譯註全集》第十一卷《紅河州哈尼族譜牒(二)》

[雲南金平]蘆子箐村李嘎取户譜牒　李嘎取背誦　李文明搜集　2010年雲南民族出版社排印本　合册　哈漢雙文並註國際音標

該户屬羅美支系李氏"哧們"宗族。一世祖噢麻。從第一世"噢麻"至第二十八世"朔李"的譜牒與本村普嚷侯户相同。第五十三世主龍,從金平縣阿得博鄉弄别寨村遷入乾塘村,又遷入大寨鄉箐腳村,最後遷入蘆子箐村。本譜内容爲世系,至取高凡六十一世。

本譜載於《哈尼族口傳文化譯註全集》第十一卷《紅河州哈尼族譜牒(二)》

[雲南金平]蘆子箐村黄扔打户譜牒 黄扔打背誦 李文明搜集 2010年雲南民族出版社排印本 合册 哈漢雙文並註國際音標

該户屬羅美支系黄氏宗族。一世祖噢麻。從第一世"噢麻"至第二十八世"朔李"的譜牒與本村普嚷侯户相同。第五十七世則扔,從金平縣大寨鄉箐腳老寨村遷入蘆子箐村。本譜内容爲世系,至打香凡五十九世。

本譜載於《哈尼族口傳文化譯註全集》第十一卷《紅河州哈尼族譜牒(二)》

[雲南金平]蘆子箐村高簸則户譜牒 高簸則背誦 李文明搜集 2010年雲南民族出版社排印本 合册 哈漢雙文並註國際音標

該户屬羅美支系"小高"宗族。一世祖噢麻。從第一世"噢麻"至第二十八世"朔李"的譜牒與本村普嚷侯户相同。第五十五世沙召,先從金平縣阿得博鄉苦筍老寨村遷入大寨鄉碗廠村,後遷入蘆子箐村。本譜内容爲世系,至講嚷凡六十二世。

本譜載於《哈尼族口傳文化譯註全集》第十一卷《紅河州哈尼族譜牒(二)》

[雲南金平]蘆子箐村曹嘎扔户譜牒 曹嘎扔背誦 李文明搜集 2010年雲南民族出版社排印本 合册 哈漢雙文並註國際音標

該户屬羅美支系曹氏宗族。一世祖噢麻。從第一世"噢麻"至第二十八世"朔李"的譜牒與本村普嚷侯户相同。第五十四世舉采,先從金平縣阿得博鄉苦筍老寨村遷入大寨鄉白沙坡新寨村,後遷入蘆子箐村。本譜内容爲世系,至打簡凡五十九世。

本譜載於《哈尼族口傳文化譯註全集》第十一卷《紅河州哈尼族譜牒(二)》

[雲南金平]薄竹箐村李抖扔户譜牒 李抖扔背誦 李文明搜集 2010年雲南民族出版社排印本 合册 哈漢雙文並註國際音標

該户屬羅美支系李氏"腰哧"宗族。一世祖噢麻。從第一世"噢麻"至第二十八世"朔李"的譜牒與大寨村委會蘆子箐村普嚷侯户相同。本譜内容爲世系,至打翁凡六十世。

本譜載於《哈尼族口傳文化譯註全集》第十一卷《紅河州哈尼族譜牒(二)》

[雲南金平]碗廠村高圍謀户譜牒 高圍謀背誦 李文明搜集 2010年雲南民族出版社排印本 合册 哈漢雙文並註國際音標

該户屬羅美支系"小高"宗族。一世祖噢麻。從第一世"噢麻"至第二十八世"朔李"的譜牒與大寨村委會蘆子箐村普嚷侯户相同。本譜内容爲世系,至香簡凡六十二世。

本譜載於《哈尼族口傳文化譯註全集》第十一卷《紅河州哈尼族譜牒(二)》

[雲南金平]碗廠村朱繞抖户譜牒 朱繞抖背誦 李文明搜集 2010年雲南民族出版社排印本 合册 哈漢雙文並註國際音標

該户屬羅畢支系朱氏宗族。一世祖噢麻。從第一世"噢麻"至第十七世"聰莫威"的譜牒與大寨村委會蘆子箐村普嚷侯户相同。第五十二世繞抖,從金平縣沙依坡鄉青龍坡遷入大寨鄉碗廠村。本譜内容爲世系,至矮則凡五十四世。

本譜載於《哈尼族口傳文化譯註全集》第十一卷《紅河州哈尼族譜牒(二)》

[雲南金平]新田箐村高香省户譜牒 高香省背誦 李文明搜集 2010年雲南民族出版社排印本 合册 哈漢雙文並註國際音標

該户屬羅美支系"小高"宗族。一世祖噢麻。從第一世"噢麻"至第二十八世"朔李"的譜牒與大寨村委會蘆子箐村普嚷侯户相同。本譜内容爲世系,至日貴凡六十世。

本譜載於《哈尼族口傳文化譯註全集》第十一卷《紅河州哈尼族譜牒(二)》

[雲南金平]中嶺崗村高簸嚷户譜牒　高簸嚷背誦　李文明搜集　2010年雲南民族出版社排印本　合册　哈漢雙文並註國際音標

該户屬羅美支系高氏"汝瑪"宗族。一世祖噢麻。從第一世"噢麻"至第二十八世"朔李"的譜牒與大寨村委會蘆子箐村普嚷侯户相同。本譜内容爲世系,至取謀凡六十二世。

本譜載於《哈尼族口傳文化譯註全集》第十一卷《紅河州哈尼族譜牒(二)》

[雲南金平]灰竹箐村李簡謀户譜牒　李簡謀背誦　李文明搜集　2010年雲南民族出版社排印本　合册　哈漢雙文並註國際音標

該户屬羅美支系李氏"哧們"宗族。一世祖噢麻。第五十七世侯扔,1930年從金平縣阿得博鄉苦筍老寨遷入大寨鄉灰竹箐村。本譜内容爲世系,至簡謀凡五十九世。

本譜載於《哈尼族口傳文化譯註全集》第十一卷《紅河州哈尼族譜牒(二)》

[雲南金平]灰竹箐村曹謀講户譜牒　曹謀講背誦　李文明搜集　2010年雲南民族出版社排印本　合册　哈漢雙文並註國際音標

該户屬羅美支系曹氏宗族。一世祖噢麻。從第一世"噢麻"至第二十八世"朔李"的譜牒與本村李謀簡户相同。本譜内容爲世系,至講苗凡五十九世。

本譜載於《哈尼族口傳文化譯註全集》第十一卷《紅河州哈尼族譜牒(二)》

[雲南金平]灰竹箐村陳取苗户譜牒　陳有得背誦　普鈺禾搜集　2010年雲南民族出版社排印本　合册　哈漢雙文並註國際音標

該户屬羅畢支系陳氏"堵里"宗族。一世祖噢麻。從第一世"噢麻"至第十五世"烏活壤"的譜牒與本村李謀簡户相同。本譜内容爲世系,至苗日凡五十九世。

本譜載於《哈尼族口傳文化譯註全集》第十一卷《紅河州哈尼族譜牒(二)》

[雲南金平]老寨村曹取濤户譜牒　曹取濤背誦　普鈺禾搜集　2010年雲南民族出版社排印本　合册　哈漢雙文並註國際音標

該户屬羅美支系曹氏宗族。一世祖噢麻。第四十九世繞朵,從金平縣阿得博鄉阿得博下寨遷入大寨鄉白沙坡老寨村。本譜内容爲世系,至取濤凡五十二世。

本譜載於《哈尼族口傳文化譯註全集》第十一卷《紅河州哈尼族譜牒(二)》

[雲南金平]老寨村普沙謀户譜牒　普德明(沙謀)背誦　曹啓光搜集　2010年雲南民族出版社排印本　合册　哈漢雙文並註國際音標

該户屬羅美支系"小普"宗族。一世祖噢麻。從第一世"噢麻"至第二十八世"朔李"的譜牒與本村曹取濤户相同。本譜内容爲世系,至謀貴凡六十五世。

本譜載於《哈尼族口傳文化譯註全集》第十一卷《紅河州哈尼族譜牒(二)》

[雲南金平]新寨村張朵取户譜牒　張朵取背誦　李有順搜集　2010年雲南民族出版社排印本　合册　哈漢雙文並註國際音標

該户屬羅美支系張氏宗族。一世祖噢麻。第三十六世召期,係金平縣哈尼族羅美支系張、黄兩姓之共祖。召期之子期兑,係張氏家族之祖先。本譜内容爲世系,至香侯凡六十世。

本譜載於《哈尼族口傳文化譯註全集》第十一卷《紅河州哈尼族譜牒(二)》

[雲南金平]新寨村李高則户譜牒　李高則背誦　李文明搜集　2010年雲南民族出版社排印本　合册　哈漢雙文並註國際音標

該户屬羅美支系李氏"哧們"宗族。一世祖噢麻。從第一世"噢麻"至第二十八世"朔李"的譜牒與本村張朵取户相同。本譜内容爲世系，至則繞凡六十世。

本譜載於《哈尼族口傳文化譯註全集》第十一卷《紅河州哈尼族譜牒(二)》

[雲南金平]新寨村高舉則户譜牒　高舉則背誦　李文明搜集　2010年雲南民族出版社排印本　合册　哈漢雙文並註國際音標

該户屬羅美支系"小高"宗族。一世祖噢麻。從第一世"噢麻"至第二十八世"朔李"的譜牒與本村張朵取户相同。第五十四世工講，先從建水縣普雄鄉普瑪尼查村遷入金平縣阿得博鄉王恩寨，後又遷入大寨鄉白沙坡新寨。本譜内容爲世系，至則講凡五十九世。

本譜載於《哈尼族口傳文化譯註全集》第十一卷《紅河州哈尼族譜牒(二)》

[雲南金平]新寨村李則取户譜牒　李擁圖(則取)背誦　曹啓光搜集　2010年雲南民族出版社排印本　合册　哈漢雙文並註國際音標

該户屬羅美支系李氏"朵沙"宗族。一世祖噢麻。從第一世"噢麻"至第二十八世"朔李"的譜牒與本村張朵取户相同。本譜内容爲世系，至取省凡六十二世。

本譜載於《哈尼族口傳文化譯註全集》第十一卷《紅河州哈尼族譜牒(二)》

[雲南金平]草坪村曹謀繞户譜牒　曹啓光(謀繞)背誦　曹啓光搜集　2010年雲南民族出版社排印本　合册　哈漢雙文並註國際音標

該户屬羅美支系曹氏宗族。一世祖噢麻。本譜内容爲世系，至侯沙凡五十九世。

本譜載於《哈尼族口傳文化譯註全集》第十一卷《紅河州哈尼族譜牒(二)》

[雲南金平]草坪村張日取户譜牒　曹啓光背誦　曹啓光搜集　2010年雲南民族出版社排印本　合册　哈漢雙文並註國際音標

該户屬羅美支系張氏宗族。一世祖噢麻。從第一世"噢麻"至第二十八世"朔李"的譜牒與本村曹謀繞户相同。本譜内容爲世系，至取簡凡五十七世。

本譜載於《哈尼族口傳文化譯註全集》第十一卷《紅河州哈尼族譜牒(二)》

[雲南金平]草坪村王繞取户譜牒　王自明(繞取)背誦　曹啓光搜集　2010年雲南民族出版社排印本　合册　哈漢雙文並註國際音標

該户屬羅畢支系王氏宗族。一世祖噢麻。從第一世"噢麻"至第十七世"聰莫威"的譜牒與本村曹謀繞户相同。本譜内容爲世系，至省貴凡五十五世。

本譜載於《哈尼族口傳文化譯註全集》第十一卷《紅河州哈尼族譜牒(二)》

[雲南金平]牛皮寨村黄則打户譜牒　黄進祥(則打)背誦　曹啓光搜集　2010年雲南民族出版社排印本　合册　哈漢雙文並註國際音標

該户屬羅美支系黄氏宗族。一世祖噢麻。從第一世"噢麻"至第二十八世"朔李"的譜牒與白沙坡村委會草坪村曹謀繞户相同。本譜内容爲世系，至香謀凡六十世。

本譜載於《哈尼族口傳文化譯註全集》第十一卷《紅河州哈尼族譜牒(二)》

[雲南金平]牛皮寨村李省打户譜牒　李小三(省打)背誦　曹啓光搜集　2010年雲南民族出版社排印本　合册　哈漢雙文並註國際音標

該户屬羅美支系李氏"朝告南奔"宗族。一世祖噢麻。從第一世"噢麻"至第十七世"聰莫威"的譜牒與白沙坡村委會草坪村曹謀繞户相同。本譜内容爲世系，至打繞凡六十五世。

本譜載於《哈尼族口傳文化譯註全集》第十一卷《紅河州哈尼族譜牒(二)》

[雲南金平]偏坡村李扔打户譜牒　李自成背誦　李文明搜集　2010年雲南民族出版社排印本　合册　哈漢雙文並註國際音標

該户屬羅美支系李氏"尖培"宗族。一世祖噢麻。從第一世"噢麻"至第二十八世"朔李"的譜牒與白沙坡村委會草坪村曹謀繞户相同。第五十六世簡圍,從金平縣阿得博鄉王恩寨遷入大寨鄉偏坡村。本譜内容爲世系,至扔打凡六十世。

本譜載於《哈尼族口傳文化譯註全集》第十一卷《紅河州哈尼族譜牒(二)》

[雲南金平]偏坡村李侯嚷户譜牒　李侯嚷背誦　李文明搜集　2010年雲南民族出版社排印本　合册　哈漢雙文並註國際音標

該户屬羅美支系李氏"哧們"宗族。一世祖噢麻。從第一世"噢麻"至第二十八世"朔李"的譜牒與白沙坡村委會草坪村曹謀繞户相同。第五十三世侯圍,從金平縣阿得博鄉水源苦筍老寨遷入大寨鄉偏坡村。本譜内容爲世系,至簸才凡五十九世。

本譜載於《哈尼族口傳文化譯註全集》第十一卷《紅河州哈尼族譜牒(二)》

[雲南金平]偏坡村陳苗侯户譜牒　陳苗侯背誦　曹啓光搜集　2010年雲南民族出版社排印本　合册　哈漢雙文並註國際音標

該户屬羅畢支系陳氏"堵里"宗族。一世祖噢麻。從第一世"噢麻"至第十三世"李補白"的譜牒與白沙坡村委會草坪村曹謀繞户相同。本譜内容爲世系,至扔奪凡五十七世。

本譜載於《哈尼族口傳文化譯註全集》第十一卷《紅河州哈尼族譜牒(二)》

[雲南金平]團坡村曹濤嘎户譜牒　曹自國背誦　李文明搜集　2010年雲南民族出版社排印本　合册　哈漢雙文並註國際音標

該户屬羅美支系曹氏宗族。一世祖噢麻。從第一世"噢麻"至第二十八世"朔李"的譜牒與白沙坡村委會草坪村曹謀繞户相同。本譜内容爲世系,至濤嘎凡五十八世。

本譜載於《哈尼族口傳文化譯註全集》第十一卷《紅河州哈尼族譜牒(二)》

[雲南金平]團坡村李成苗户譜牒　李毛扔背誦　曹啓光搜集　2010年雲南民族出版社排印本　合册　哈漢雙文並註國際音標

該户屬羅美支系李氏"哧們"宗族。一世祖噢麻。從第一世"噢麻"至第二十八世"朔李"的譜牒與白沙坡村委會草坪村曹謀繞户相同。本譜内容爲世系,至苗嚷凡五十九世。

本譜載於《哈尼族口傳文化譯註全集》第十一卷《紅河州哈尼族譜牒(二)》

[雲南金平]團坡村李香取户譜牒　李小國(香取)背誦　曹啓光搜集　2010年雲南民族出版社排印本　合册　哈漢雙文並註國際音標

該户屬羅美支系李氏"哧吼"宗族。一世祖噢麻。從第一世"噢麻"至第二十八世"朔李"的譜牒與白沙坡村委會草坪村曹謀繞户相同。本譜内容爲世系,至苗朵凡六十世。

本譜載於《哈尼族口傳文化譯註全集》第十一卷《紅河州哈尼族譜牒(二)》

[雲南金平]箐脚老寨村李謀講户譜牒　李謀講背誦　李文明搜集　2010年雲南民族出版社排印本　合册　哈漢雙文並註國際音標

該户屬羅美支系李氏"哧們"宗族。一世祖噢麻。第五十四世舉朵,從金平縣阿得博鄉水源苦筍老寨村遷入大寨鄉箐脚老寨村。本譜内容爲世系,至則取凡六十世。

本譜載於《哈尼族口傳文化譯註全集》第十一卷《紅河州哈尼族譜牒(二)》

[雲南金平]箐脚新寨村李濤取户譜牒　李濤取背誦　李文明搜集　2010年雲南民族出版社排印本　合册　哈漢雙文並註國際音標

該户屬羅美支系李氏"哧吼"宗族。一世祖噢麻。從第一世"噢麻"至第二十八世"朔李"的譜牒與箐脚村委會箐脚老寨村李謀講户相同。第五十二世取繞,從金平縣阿得博鄉阿得博下寨遷入大寨鄉箐脚新寨村。本譜内容爲世系,至高簡凡五十九世。

本譜載於《哈尼族口傳文化譯註全集》第十一卷《紅河州哈尼族譜牒(二)》

[雲南金平]箐腳新寨村曹扔簡户譜牒　曹文富(扔簡)背誦　李有順、普鈺禾搜集　2010年雲南民族出版社排印本　合册　哈漢雙文並註國際音標

該户屬羅美支系曹氏宗族。一世祖噢麻。從第一世"噢麻"至第二十八世"朔李"的譜牒與箐腳村委會箐腳老寨村李謀講户相同。本譜内容爲世系,至簡嚷凡五十八世。

本譜載於《哈尼族口傳文化譯註全集》第十一卷《紅河州哈尼族譜牒(二)》

[雲南金平]箐腳新寨村黄則謀户譜牒　黄則謀背誦　李文明搜集　2010年雲南民族出版社排印本　合册　哈漢雙文並註國際音標

該户屬羅美支系黄氏宗族。一世祖噢麻。從第一世"噢麻"至第二十八世"朔李"的譜牒與箐腳村委會箐腳老寨村李謀講户相同。第五十四世則朵,從金平縣阿得博鄉阿得博下寨遷入大寨鄉箐腳老寨,後又遷入新寨。本譜内容爲世系,至嘎嚷凡六十一世。

本譜載於《哈尼族口傳文化譯註全集》第十一卷《紅河州哈尼族譜牒(二)》

[雲南金平]箐腳新寨村李扔苗户譜牒　李扔苗背誦　李文明搜集　2010年雲南民族出版社排印本　合册　哈漢雙文並註國際音標

該户屬羅美支系李氏"哧們"宗族。一世祖噢麻。從第一世"噢麻"至第二十八世"朔李"的譜牒與箐腳村委會箐腳老寨村李謀講户相同。本譜内容爲世系,至香龍凡六十一世。

本譜載於《哈尼族口傳文化譯註全集》第十一卷《紅河州哈尼族譜牒(二)》

[雲南金平]老普寨村李繞簡户譜牒　李繞簡背誦　李文明搜集　2010年雲南民族出版社排印本　合册　哈漢雙文並註國際音標

該户屬羅美支系李氏"哧們"宗族。一世祖噢麻。從第一世"噢麻"至第二十八世"朔李"的譜牒與箐腳村委會箐腳老寨村李謀講户相同。本譜内容爲世系,至簡日凡五十九世。

本譜載於《哈尼族口傳文化譯註全集》第十一卷《紅河州哈尼族譜牒(二)》

[雲南金平]阿牛迷上寨村陳簡苗户譜牒　陳文學(簡苗)背誦　李有順、普鈺禾搜集　2010年雲南民族出版社排印本　合册　哈漢雙文並註國際音標

該户屬羅畢支系陳氏"堵里"宗族。一世祖噢麻。本譜内容爲世系,至苗取凡五十九世。

本譜載於《哈尼族口傳文化譯註全集》第十一卷《紅河州哈尼族譜牒(二)》

[雲南金平]阿度吾村曹謀扔户譜牒　曹謀扔背誦　李文明搜集　2010年雲南民族出版社排印本　合册　哈漢雙文並註國際音標

該户屬羅美支系曹氏宗族。一世祖噢麻。本譜内容爲世系,至扔打凡六十世。

本譜載於《哈尼族口傳文化譯註全集》第十一卷《紅河州哈尼族譜牒(二)》

[雲南金平]阿度吾村曹謀扔户譜牒　曹謀扔背誦　李文明搜集　2010年雲南民族出版社排印本　合册　哈漢雙文並註國際音標

該户屬羅美支系曹氏宗族。一世祖噢麻。本譜内容爲世系,至扔打凡六十世。

本譜載於《哈尼族口傳文化譯註全集》第十一卷《紅河州哈尼族譜牒(二)》

[雲南金平]阿度吾村黄高則户譜牒　黄高則背誦　李文明搜集　2010年雲南民族出版社排印本　合册　哈漢雙文並註國際音標

該户屬羅美支系黄氏宗族。一世祖噢麻。從第一世"噢麻"至第二十八世"朔李"的譜牒與本村曹謀扔户相同。第五十四世打簡,生於元陽縣小新街鄉者臺村,民國年間遷到越南老街省壩灑縣遠底區阿蘆寨,後返回國内金平縣馬鞍底鄉馬拐塘村,不久遷入勐橋鄉阿度吾村。本譜内容爲世系,至沙則凡六十世。

本譜載於《哈尼族口傳文化譯註全集》第十一卷《紅河州哈尼族譜牒(二)》

[雲南金平]阿度吾村高侯苗户譜牒　高侯苗背誦　李文明搜集　2010年雲南民族出版社排印本　合册　哈漢雙文並註國際音標

該户屬羅美支系"小高"宗族。一世祖噢麻。從第一世"噢麻"至第二十八世"朔李"的譜牒與本村曹謀扔户相同。本譜内容爲世系,至苗嘎凡六十二世。

本譜載於《哈尼族口傳文化譯註全集》第十一卷《紅河州哈尼族譜牒(二)》

[雲南金平]阿度吾村李苗沙户譜牒　李苗沙背誦　李文明搜集　2010年雲南民族出版社排印本　合册　哈漢雙文並註國際音標

該户屬羅美支系李氏"尖培"宗族。一世祖噢麻。從第一世"噢麻"至第二十八世"朔李"的譜牒與本村曹謀扔户相同。第五十四世簡謀,生於元陽縣逢春嶺鄉老曹寨,後遷入金平縣箐口上寨、期咱迷村等地,又遷入勐橋鄉野豬寨,1972年遷入阿度吾村。本譜内容爲世系,至沙日凡五十九世。

本譜載於《哈尼族口傳文化譯註全集》第十一卷《紅河州哈尼族譜牒(二)》

[雲南金平]阿度吾村普采濤户譜牒　普采濤背誦　李文明搜集　2010年雲南民族出版社排印本　合册　哈漢雙文並註國際音標

該户屬羅美支系普氏"塔則"(小普)宗族。一世祖噢麻。從第一世"噢麻"至第二十八世"朔李"的譜牒與本村曹謀扔户相同。第五十四世嚷侯,生於元陽縣上新城鄉新城村,後遷入逢春嶺鄉卡沙迷村,最後遷入金平縣勐橋鄉阿度吾村。本譜内容爲世系,至省則凡六十世。

本譜載於《哈尼族口傳文化譯註全集》第十一卷《紅河州哈尼族譜牒(二)》

[雲南金平]换瑪田村李扔打户譜牒　李扔打背誦　李文明搜集　2010年雲南民族出版社排印本　合册　哈漢雙文並註國際音標

該户屬羅畢支系李氏"朝告南奔"宗族。一世祖噢麻。第五十五世嚷簸,從金平縣箐口新寨遷入大寨鄉牛皮寨。第六十世圍扔,遷入勐橋鄉换瑪田村。本譜内容爲世系,至打省凡六十二世。

本譜載於《哈尼族口傳文化譯註全集》第十一卷《紅河州哈尼族譜牒(二)》

[雲南金平]野豬寨村高簸才户譜牒　高簸才背誦　李文明搜集　2010年雲南民族出版社排印本　合册　哈漢雙文並註國際音標

該户屬羅美支系"大高"宗族。一世祖噢麻。第五十四世取香,生於元陽縣逢春嶺鄉,後遷入金平縣馬鞍底鄉普瑪村,1940年遷入大寨鄉白沙坡等地,後又遷入野豬寨村。本譜内容爲世系,至才取凡五十九世。

本譜載於《哈尼族口傳文化譯註全集》第十一卷《紅河州哈尼族譜牒(二)》

[雲南金平]野豬寨村陳繞日户譜牒　陳繞日背誦　李文明搜集　2010年雲南民族出版社排印本　合册　哈漢雙文並註國際音標

該户屬羅畢支系陳氏"堵里"宗族。一世祖噢麻。從第一世"噢麻"至第十四世"補白鳥"的譜牒與本村高簸才户相同。第五十世抖繞,生於元陽縣逢春嶺鄉尼枯補新寨,後遷入金平縣阿得博鄉阿得博下寨,不久後遷入勐橋鄉野豬寨。本譜内容爲世系,至取抖凡五十三世。

本譜載於《哈尼族口傳文化譯註全集》第十一卷《紅河州哈尼族譜牒(二)》

[雲南金平]尖山脚村李扔沙户譜牒　李扔沙背誦　李文明搜集　2010年雲南民族出版社排印本　合册　哈漢雙文並註國際音標

該户屬羅美支系李氏"哧們"宗族。一世祖噢麻。第五十八世扔沙,因去勐橋鄉橋頭趕街,見此處土地肥沃,遂於1962年遷到此地建村立寨。本譜内容爲世系,至取抖凡六十世。

本譜載於《哈尼族口傳文化譯註全集》第十一卷《紅河州哈尼族譜牒(二)》

[雲南金平]尖山脚村黄謀高户譜牒　黄謀高背誦　李文明搜集　2010年雲南民族出版社排印

本　合册　哈漢雙文並註國際音標

該户屬羅美支系黄氏宗族。一世祖噢麻。從第一世"噢麻"至第二十八世"朔李"的譜牒與本村李扔沙户相同。第五十九世謀高,生於金平縣大寨鄉箐腳新寨,1965年遷入尖山腳村。本譜内容爲世系,至打嘎凡六十一世。

本譜載於《哈尼族口傳文化譯註全集》第十一卷《紅河州哈尼族譜牒(二)》

[雲南金平]尖山腳村高當侯户譜牒　高當侯背誦　李文明搜集　2010年雲南民族出版社排印本　合册　哈漢雙文並註國際音標

該户屬羅美支系"小高"宗族。一世祖噢麻。從第一世"噢麻"至第二十八世"朔李"的譜牒與本村李扔沙户相同。第五十八世苗舉,生於金平縣阿得博鄉馬鞍山,後遷入大寨鄉碗廠村,1963年遷入尖山腳村。本譜内容爲世系,至侯苗凡六十一世。

本譜載於《哈尼族口傳文化譯註全集》第十一卷《紅河州哈尼族譜牒(二)》

[雲南金平]標水巖村曹侯則户譜牒　曹志亮(侯則)背誦　曹德安搜集　2010年雲南民族出版社排印本　合册　哈漢雙文並註國際音標

該户屬羅美支系曹氏宗族。一世祖噢麻。本譜内容爲世系,至侯則凡五十八世。

本譜載於《哈尼族口傳文化譯註全集》第十一卷《紅河州哈尼族譜牒(二)》

[雲南金平]標水巖村普繞舉户譜牒　普志强(繞舉)背誦　曹德安搜集　2010年雲南民族出版社排印本　合册　哈漢雙文並註國際音標

該户屬羅美支系"小普"宗族。一世祖噢麻。從第一世"噢麻"至第二十八世"朔李"的譜牒與本村曹侯則户相同。本譜内容爲世系,至繞舉凡六十三世。

本譜載於《哈尼族口傳文化譯註全集》第十一卷《紅河州哈尼族譜牒(二)》

[雲南金平]標水巖村陳嚷謀户譜牒　陳嚷謀背誦　曹德安搜集　2010年雲南民族出版社排印本　合册　哈漢雙文並註國際音標

該户屬羅畢支系陳氏"堵里"宗族。一世祖噢麻。從第一世"噢麻"至第十四世"補白烏"的譜牒與本村曹侯則户相同。本譜内容爲世系,至嚷謀凡五十八世。

本譜載於《哈尼族口傳文化譯註全集》第十一卷《紅河州哈尼族譜牒(二)》

[雲南金平]標水巖村黄省嚷户譜牒　黄取嚷背誦　曹德安搜集　2010年雲南民族出版社排印本　合册　哈漢雙文並註國際音標

該户屬羅美支系黄氏宗族。一世祖噢麻。從第一世"噢麻"至第二十八世"朔李"的譜牒與本村曹侯則户相同。本譜内容爲世系,至省嚷凡五十八世。

本譜載於《哈尼族口傳文化譯註全集》第十一卷《紅河州哈尼族譜牒(二)》

[雲南金平]標水巖村張打嘎户譜牒　張打嘎背誦　曹德安搜集　2010年雲南民族出版社排印本　合册　哈漢雙文並註國際音標

該户屬羅美支系張氏宗族。一世祖噢麻。從第一世"噢麻"至第二十八世"朔李"的譜牒與本村曹侯則户相同。本譜内容爲世系,至打嘎凡五十九世。

本譜載於《哈尼族口傳文化譯註全集》第十一卷《紅河州哈尼族譜牒(二)》

[雲南金平]小寨村白舉嚷户譜牒　白自成(舉嚷)背誦　曹德安搜集　2010年雲南民族出版社排印本　合册　哈漢雙文並註國際音標

該户屬羅畢支系白氏宗族。一世祖噢麻。從第一世"噢麻"至第十七世"聰莫威"的譜牒與中寨村委會標水巖村曹侯則户相同。本譜内容爲世系,至舉嚷凡六十二世。

本譜載於《哈尼族口傳文化譯註全集》第十一卷《紅河州哈尼族譜牒(二)》

[雲南金平]新寨村陳侯高户譜牒　陳侯高背誦

曹德安搜集　2010年雲南民族出版社排印本　合册　哈漢雙文並註國際音標

該户屬羅畢支系陳氏"堵里"宗族。一世祖噢麻。從第一世"噢麻"至第十四世"補白烏"的譜牒與中寨村委會標水巖村曹侯則户相同。本譜内容爲世系,至侯高凡五十六世。

本譜載於《哈尼族口傳文化譯註全集》第十一卷《紅河州哈尼族譜牒(二)》

[雲南金平]新寨村李高苗户譜牒　李高苗背誦　曹德安搜集　2010年雲南民族出版社排印本　合册　哈漢雙文並註國際音標

該户屬羅美支系李氏"朵沙"宗族。一世祖噢麻。從第一世"噢麻"至第二十八世"朔李"的譜牒與中寨村委會標水巖村曹侯則户相同。本譜内容爲世系,至高苗凡五十五世。

本譜載於《哈尼族口傳文化譯註全集》第十一卷《紅河州哈尼族譜牒(二)》

[雲南金平]新寨村朱嚷謀户譜牒　朱嚷謀背誦　曹德安搜集　2010年雲南民族出版社排印本　合册　哈漢雙文並註國際音標

該户屬羅畢支系朱氏宗族。一世祖噢麻。從第一世"噢麻"至第十七世"聰莫威"的譜牒與中寨村委會標水巖村曹侯則户相同。本譜内容爲世系,至謀取凡六十五世。

本譜載於《哈尼族口傳文化譯註全集》第十一卷《紅河州哈尼族譜牒(二)》

[雲南金平]太平村曹濤謀户譜牒　曹德安(濤謀)背誦　曹德安搜集　2010年雲南民族出版社排印本　合册　哈漢雙文並註國際音標

該户屬羅美支系曹氏宗族。一世祖噢麻。從第一世"噢麻"至第二十八世"朔李"的譜牒與中寨村委會標水巖村曹侯則户相同。本譜内容爲世系,至謀嘎凡五十九世。

本譜載於《哈尼族口傳文化譯註全集》第十一卷《紅河州哈尼族譜牒(二)》

[雲南金平]太平村普則舉户譜牒　普毛則背誦　曹德安搜集　2010年雲南民族出版社排印本　合册　哈漢雙文並註國際音標

該户屬羅美支系"小普"宗族。一世祖噢麻。從第一世"噢麻"至第二十八世"朔李"的譜牒與中寨村委會標水巖村曹侯則户相同。本譜内容爲世系,至則舉凡六十三世。

本譜載於《哈尼族口傳文化譯註全集》第十一卷《紅河州哈尼族譜牒(二)》

[雲南金平]黄家寨曹打日户譜牒　曹有祥(打日)背誦　曹德安搜集　2010年雲南民族出版社排印本　合册　哈漢雙文並註國際音標

該户屬羅美支系曹氏宗族。一世祖噢麻。從第一世"噢麻"至第二十八世"朔李"的譜牒與中寨村委會標水巖村曹侯則户相同。本譜内容爲世系,至日嚷凡五十八世。

本譜載於《哈尼族口傳文化譯註全集》第十一卷《紅河州哈尼族譜牒(二)》

[雲南金平]黄家寨李則濤户譜牒　李志祥(香取)背誦　曹德安搜集　2010年雲南民族出版社排印本　合册　哈漢雙文並註國際音標

該户屬羅美支系李氏"尖培"宗族。一世祖噢麻。從第一世"噢麻"至第二十八世"朔李"的譜牒與中寨村委會標水巖村曹侯則户相同。本譜内容爲世系,至香取凡五十九世。

本譜載於《哈尼族口傳文化譯註全集》第十一卷《紅河州哈尼族譜牒(二)》

[雲南金平]黄家寨高香取户譜牒　高有和(嘎香)背誦　曹德安搜集　2010年雲南民族出版社排印本　合册　哈漢雙文並註國際音標

該户屬羅美支系"小高"宗族。一世祖噢麻。從第一世"噢麻"至第二十八世"朔李"的譜牒與中寨村委會標水巖村曹侯則户相同。本譜内容爲世系,至香取凡六十世。

本譜載於《哈尼族口傳文化譯註全集》第十一卷《紅河州哈尼族譜牒(二)》

[雲南金平]老寨村張高香户譜牒　張志和(高

香)背誦　曹德安搜集　2010年雲南民族出版社排印本　合册　哈漢雙文並註國際音標

該户屬羅美支系張氏宗族。一世祖噢麻。從第一世"噢麻"至第二十八世"朔李"的譜牒與中寨村委會標水巖村曹侯則户相同。本譜内容爲世系,至香舉凡六十世。

本譜載於《哈尼族口傳文化譯註全集》第十一卷《紅河州哈尼族譜牒(二)》

[雲南金平]普瑪村李則省户譜牒　李自祥背誦　曹德安搜集　2010年雲南民族出版社排印本　合册　哈漢雙文並註國際音標

該户屬羅美支系李氏"尖培"宗族。一世祖噢麻。本譜内容爲世系,至則省凡六十世。

本譜載於《哈尼族口傳文化譯註全集》第十一卷《紅河州哈尼族譜牒(二)》

[雲南金平]普瑪村李則香户譜牒　李萬榮背誦　曹德安搜集　2010年雲南民族出版社排印本　合册　哈漢雙文並註國際音標

該户屬羅美支系李氏"朵沙"宗族。一世祖噢麻。從第一世"噢麻"至第二十八世"朔李"的譜牒與本村李則省户相同。本譜内容爲世系,至則香凡六十二世。

本譜載於《哈尼族口傳文化譯註全集》第十一卷《紅河州哈尼族譜牒(二)》

[雲南金平]普瑪村李香省户譜牒　李文雲背誦　曹德安搜集　2010年雲南民族出版社排印本　合册　哈漢雙文並註國際音標

該户屬羅美支系李氏"哧吼"宗族。一世祖噢麻。從第一世"噢麻"至第二十八世"朔李"的譜牒與本村李則省户相同。本譜内容爲世系,至香省凡五十九世。

本譜載於《哈尼族口傳文化譯註全集》第十一卷《紅河州哈尼族譜牒(二)》

[雲南金平]普瑪村曹才濤户譜牒　曹文和背誦　曹德安搜集　2010年雲南民族出版社排印本　合册　哈漢雙文並註國際音標

該户屬羅美支系曹氏宗族。一世祖噢麻。從第一世"噢麻"至第二十八世"朔李"的譜牒與本村李則省户相同。本譜内容爲世系,至才濤凡五十九世。

本譜載於《哈尼族口傳文化譯註全集》第十一卷《紅河州哈尼族譜牒(二)》

[雲南金平]普瑪村高濤取户譜牒　高志忠背誦　曹德安搜集　2010年雲南民族出版社排印本　合册　哈漢雙文並註國際音標

該户屬羅美支系"小高"宗族。一世祖噢麻。從第一世"噢麻"至第二十八世"朔李"的譜牒與本村李則省户相同。本譜内容爲世系,至濤取凡六十一世。

本譜載於《哈尼族口傳文化譯註全集》第十一卷《紅河州哈尼族譜牒(二)》

[雲南金平]普瑪村黄抖取户譜牒　黄然織背誦　曹德安搜集　2010年雲南民族出版社排印本　合册　哈漢雙文並註國際音標

該户屬羅美支系黄氏宗族。一世祖噢麻。從第一世"噢麻"至第二十八世"朔李"的譜牒與本村李則省户相同。本譜内容爲世系,至濤謀凡五十九世。

本譜載於《哈尼族口傳文化譯註全集》第十一卷《紅河州哈尼族譜牒(二)》

[雲南金平]蘿蔔地李取朵户譜牒　李貴發背誦　曹德安搜集　2010年雲南民族出版社排印本　合册　哈漢雙文並註國際音標

該户屬羅美支系李氏"朵沙"宗族。一世祖噢麻。從第一世"噢麻"至第二十八世"朔李"的譜牒與普瑪村委會普瑪村李則省户相同。本譜内容爲世系,至朵舉凡六十三世。

本譜載於《哈尼族口傳文化譯註全集》第十一卷《紅河州哈尼族譜牒(二)》

[雲南金平]蘿蔔地朱起嚷户譜牒　朱紹榮背誦　曹德安搜集　2010年雲南民族出版社排印本　合册　哈漢雙文並註國際音標

該户屬羅畢支系朱氏宗族。一世祖噢麻。從第一世“噢麻”至第十七世“聰莫威”的譜牒與普瑪村委會普瑪村李則省户相同。本譜内容爲世系，至起嚷凡六十五世。

本譜載於《哈尼族口傳文化譯註全集》第十一卷《紅河州哈尼族譜牒(二)》

[雲南金平]蘿蔔地白嚷嘎户譜牒　白紹科背誦　曹德安搜集　2010年雲南民族出版社排印本　合册　哈漢雙文並註國際音標

該户屬羅畢支系白氏宗族。一世祖噢麻。從第一世“噢麻”至第十七世“聰莫威”的譜牒與普瑪村委會普瑪村李則省户相同。本譜内容爲世系，至嚷嘎凡五十世。

本譜載於《哈尼族口傳文化譯註全集》第十一卷《紅河州哈尼族譜牒(二)》

[雲南金平]蘿蔔地普打嘎户譜牒　普建華(打嘎)背誦　曹德光搜集　2010年雲南民族出版社排印本　合册　哈漢雙文並註國際音標

該户屬羅美支系“大普”宗族。一世祖噢麻。從第一世“噢麻”至第二十八世“朔李”的譜牒與普瑪村委會普瑪村李則省户相同。本譜内容爲世系，至嘎起凡六十四世。

本譜載於《哈尼族口傳文化譯註全集》第十一卷《紅河州哈尼族譜牒(二)》

[雲南金平]蘿蔔地曹嘎香户譜牒　曹貴發背誦　曹德光搜集　2010年雲南民族出版社排印本　合册　哈漢雙文並註國際音標

該户屬羅美支系曹氏宗族。一世祖噢麻。從第一世“噢麻”至第二十八世“朔李”的譜牒與普瑪村委會普瑪村李則省户相同。本譜内容爲世系，至嘎香凡五十九世。

本譜載於《哈尼族口傳文化譯註全集》第十一卷《紅河州哈尼族譜牒(二)》

[雲南金平]蘿蔔地高謀繞户譜牒　高有福(謀繞)背誦　曹德光搜集　2010年雲南民族出版社排印本　合册　哈漢雙文並註國際音標

該户屬羅美支系“小高”宗族。一世祖噢麻。從第一世“噢麻”至第二十八世“朔李”的譜牒與普瑪村委會普瑪村李則省户相同。本譜内容爲世系，至侯乃凡六十世。

本譜載於《哈尼族口傳文化譯註全集》第十一卷《紅河州哈尼族譜牒(二)》

[雲南金平]蘿蔔地錢沙約户譜牒　錢紹林(沙約)背誦　曹德光搜集　2010年雲南民族出版社排印本　合册　哈漢雙文並註國際音標

該户屬羅畢支系錢氏宗族。一世祖噢麻。從第一世“噢麻”至第十四世“補白烏”的譜牒與普瑪村委會普瑪村李則省户相同。本譜内容爲世系，至約够凡四十九世。

本譜載於《哈尼族口傳文化譯註全集》第十一卷《紅河州哈尼族譜牒(二)》

[雲南金平]蘿蔔地中寨高則扔户譜牒　高志明背誦　曹德安搜集　2010年雲南民族出版社排印本　合册　哈漢雙文並註國際音標

該户屬羅美支系“小高”宗族。一世祖噢麻。從第一世“噢麻”至第二十九世“李窩”的譜牒與普瑪村委會普瑪村李則省户相同。本譜内容爲世系，至則扔凡六十二世。

本譜載於《哈尼族口傳文化譯註全集》第十一卷《紅河州哈尼族譜牒(二)》

[雲南金平]蘿蔔地中寨李抖玉户譜牒　李濤扔背誦　曹德安搜集　2010年雲南民族出版社排印本　合册　哈漢雙文並註國際音標

該户屬羅美支系李氏“尖培”宗族。一世祖噢麻。從第一世“噢麻”至第二十八世“朔李”的譜牒與普瑪村委會普瑪村李則省户相同。本譜内容爲世系，至抖玉凡五十六世。

本譜載於《哈尼族口傳文化譯註全集》第十一卷《紅河州哈尼族譜牒(二)》

[雲南金平]蘿蔔地中寨曹日高户譜牒　曹正堂背誦　曹德安搜集　2010年雲南民族出版社排印本　合册　哈漢雙文並註國際音標

該户屬羅美支系曹氏宗族。一世祖噢麻。從第一世"噢麻"至第二十八世"朔李"的譜牒與普瑪村委會普瑪村李則省户相同。本譜内容爲世系,至日高凡五十九世。

本譜載於《哈尼族口傳文化譯註全集》第十一卷《紅河州哈尼族譜牒(二)》

[雲南金平]大魚塘村曹繞才户譜牒 曹正忠背誦 曹德安搜集 2010年雲南民族出版社排印本 合册 哈漢雙文並註國際音標

該户屬羅美支系曹氏宗族。一世祖噢麻。從第一世"噢麻"至第二十八世"朔李"的譜牒與普瑪村委會普瑪村李則省户相同。本譜内容爲世系,至繞才凡五十九世。

本譜載於《哈尼族口傳文化譯註全集》第十一卷《紅河州哈尼族譜牒(二)》

[雲南金平]大魚塘村黄則省户譜牒 黄正祥背誦 曹德安搜集 2010年雲南民族出版社排印本 合册 哈漢雙文並註國際音標

該户屬羅美支系黄氏宗族。一世祖噢麻。從第一世"噢麻"至第二十八世"朔李"的譜牒與普瑪村委會普瑪村李則省户相同。本譜内容爲世系,至則省凡六十一世。

本譜載於《哈尼族口傳文化譯註全集》第十一卷《紅河州哈尼族譜牒(二)》

[雲南金平]大魚塘村李嚷圍户譜牒 李開亮(嚷圍)背誦 曹德安搜集 2010年雲南民族出版社排印本 合册 哈漢雙文並註國際音標

該户屬羅美支系李氏"腰哧"宗族。一世祖噢麻。從第一世"噢麻"至第二十八世"朔李"的譜牒與普瑪村委會普瑪村李則省户相同。是族從金平縣大寨鄉牛皮寨遷入。本譜内容爲世系,至舉白凡六十二世。

本譜載於《哈尼族口傳文化譯註全集》第十一卷《紅河州哈尼族譜牒(二)》

[雲南金平]荒田村黄簡則户譜牒 黄簡則背誦 曹德安搜集 2010年雲南民族出版社排印本 合册 哈漢雙文並註國際音標

該户屬羅美支系黄氏宗族。一世祖噢麻。從第一世"噢麻"至第二十八世"朔李"的譜牒與普瑪村委會普瑪村李則省户相同。本譜内容爲世系,至舉高凡五十六世。

本譜載於《哈尼族口傳文化譯註全集》第十一卷《紅河州哈尼族譜牒(二)》

[雲南金平]荒田村普打取户譜牒 普打取背誦 曹德安搜集 2010年雲南民族出版社排印本 合册 哈漢雙文並註國際音標

該户屬羅美支系"小普"宗族。一世祖噢麻。從第一世"噢麻"至第二十八世"朔李"的譜牒與普瑪村委會普瑪村李則省户相同。本譜内容爲世系,至謀繞凡五十八世。

本譜載於《哈尼族口傳文化譯註全集》第十一卷《紅河州哈尼族譜牒(二)》

[雲南金平]荒田村曹則舉户譜牒 曹則舉背誦 曹德安搜集 2010年雲南民族出版社排印本 合册 哈漢雙文並註國際音標

該户屬羅美支系曹氏宗族。一世祖噢麻。從第一世"噢麻"至第二十八世"朔李"的譜牒與普瑪村委會普瑪村李則省户相同。本譜内容爲世系,至嘎香凡五十六世。

本譜載於《哈尼族口傳文化譯註全集》第十一卷《紅河州哈尼族譜牒(二)》

[雲南金平]荒田村高喊簡户譜牒 高喊簡背誦 曹德安搜集 2010年雲南民族出版社排印本 合册 哈漢雙文並註國際音標

該户屬羅美支系"小高"宗族。一世祖噢麻。從第一世"噢麻"至第二十八世"朔李"的譜牒與普瑪村委會普瑪村李則省户相同。本譜内容爲世系,至簡苗凡五十八世。

本譜載於《哈尼族口傳文化譯註全集》第十一卷《紅河州哈尼族譜牒(二)》

[雲南金平]水井村高則日户譜牒 高自祥(則日)背誦 普鈺禾搜集 2010年雲南民族出版社

排印本　合册　哈漢雙文並註國際音標

該户屬羅美支系"小高"宗族。一世祖噢麻。從第一世"噢麻"至第二十八世"朔李"的譜牒與普瑪村委會普瑪村李則省户相同。本譜内容爲世系,至日濤凡六十世。

本譜載於《哈尼族口傳文化譯註全集》第十一卷《紅河州哈尼族譜牒(二)》

[雲南金平]水井村李嚷濤户譜牒　李嚷濤背誦　普鈺禾搜集　2010年雲南民族出版社排印本　合册　哈漢雙文並註國際音標

該户屬羅美支系李氏"哧吼"宗族。一世祖噢麻。從第一世"噢麻"至第二十八世"朔李"的譜牒與普瑪村委會普瑪村李則省户相同。本譜内容爲世系,至濤舉凡五十八世。

本譜載於《哈尼族口傳文化譯註全集》第十一卷《紅河州哈尼族譜牒(二)》

[雲南金平]水井村黄日高户譜牒　黄紹文(日高)背誦　普鈺禾搜集　2010年雲南民族出版社排印本　合册　哈漢雙文並註國際音標

該户屬羅美支系黄氏宗族。一世祖噢麻。從第一世"噢麻"至第二十八世"朔李"的譜牒與普瑪村委會普瑪村李則省户相同。本譜内容爲世系,至高侯凡六十世。

本譜載於《哈尼族口傳文化譯註全集》第十一卷《紅河州哈尼族譜牒(二)》

[雲南金平]高新寨村李嚷則户譜牒　李文祥(嚷則)背誦　普鈺禾搜集　2010年雲南民族出版社排印本　合册　哈漢雙文並註國際音標

該户屬羅美支系李氏"哧們"宗族。一世祖噢麻。從第一世"噢麻"至第二十八世"朔李"的譜牒與普瑪村委會普瑪村李則省户相同。本譜内容爲世系,至則嘎凡六十世。

本譜載於《哈尼族口傳文化譯註全集》第十一卷《紅河州哈尼族譜牒(二)》

[雲南金平]乾巴香村李高謀户譜牒　李萬福背誦　普鈺禾搜集　2010年雲南民族出版社排印本　合册　哈漢雙文並註國際音標

該户屬羅美支系李氏"哧吼"宗族。一世祖噢麻。從第一世"噢麻"至第二十八世"朔李"的譜牒與普瑪村委會普瑪村李則省户相同。本譜内容爲世系,至繞省凡六十世。

本譜載於《哈尼族口傳文化譯註全集》第十一卷《紅河州哈尼族譜牒(二)》

[雲南金平]乾巴香村朱嚷侯户譜牒　朱嚷侯背誦　普鈺禾搜集　2010年雲南民族出版社排印本　合册　哈漢雙文並註國際音標

該户屬羅畢支系朱氏宗族。一世祖噢麻。從第一世"噢麻"至第十七世"聰莫威"的譜牒與普瑪村委會普瑪村李則省户相同。本譜内容爲世系,至侯高凡五十一世。

本譜載於《哈尼族口傳文化譯註全集》第十一卷《紅河州哈尼族譜牒(二)》

[雲南金平]乾巴香村李苗省户譜牒　李紹光(苗省)背誦　普鈺禾搜集　2010年雲南民族出版社排印本　合册　哈漢雙文並註國際音標

該户屬羅美支系李氏"朵沙"宗族。一世祖噢麻。從第一世"噢麻"至第二十八世"朔李"的譜牒與普瑪村委會普瑪村李則省户相同。本譜内容爲世系,至省嘎凡六十二世。

本譜載於《哈尼族口傳文化譯註全集》第十一卷《紅河州哈尼族譜牒(二)》

[雲南金平]馬拐塘村曹嚷取户譜牒　曹文忠(嚷取)背誦　李有順搜集　2010年雲南民族出版社排印本　合册　哈漢雙文並註國際音標

該户屬羅美支系曹氏宗族。一世祖噢麻。本譜内容爲世系,至取香凡五十九世。

本譜載於《哈尼族口傳文化譯註全集》第十一卷《紅河州哈尼族譜牒(二)》

[雲南金平]馬拐塘村羅則扔户譜牒　羅自寬背誦　李有順搜集　2010年雲南民族出版社排印本　合册　哈漢雙文並註國際音標

該户屬羅畢支系羅氏宗族。一世祖噢麻。從第一世“噢麻”至第二十一世“飄瑪登”的譜牒與本村曹嚷取户相同。本譜内容爲世系,至則扔凡四十八世。

本譜載於《哈尼族口傳文化譯註全集》第十一卷《紅河州哈尼族譜牒(二)》

[雲南金平]馬拐塘村高謀省户譜牒　高自興背誦　李有順搜集　2010年雲南民族出版社排印本　合册　哈漢雙文並註國際音標

該户屬羅美支系“大高”宗族。一世祖噢麻。從第一世“噢麻”至第二十八世“朔李”的譜牒與本村曹嚷取户相同。本譜内容爲世系,至謀省凡六十一世。

本譜載於《哈尼族口傳文化譯註全集》第十一卷《紅河州哈尼族譜牒(二)》

[雲南金平]馬拐塘村黄玉講户譜牒　黄高玉背誦　李有順搜集　2010年雲南民族出版社排印本　合册　哈漢雙文並註國際音標

該户屬羅美支系黄氏宗族。一世祖噢麻。從第一世“噢麻”至第二十八世“朔李”的譜牒與本村曹嚷取户相同。本譜内容爲世系,至玉講凡六十一世。

本譜載於《哈尼族口傳文化譯註全集》第十一卷《紅河州哈尼族譜牒(二)》

[雲南金平]馬拐塘村李高舉户譜牒　李取高背誦　李有順搜集　2010年雲南民族出版社排印本　合册　哈漢雙文並註國際音標

該户屬羅美支系李氏“哧吼”宗族。一世祖噢麻。從第一世“噢麻”至第二十八世“朔李”的譜牒與本村曹嚷取户相同。本譜内容爲世系,至高舉凡五十九世。

本譜載於《哈尼族口傳文化譯註全集》第十一卷《紅河州哈尼族譜牒(二)》

[雲南金平]馬拐塘村劉侯香户譜牒　劉學文(侯香)背誦　李有順、普鈺禾搜集　2010年雲南民族出版社排印本　合册　哈漢雙文並註國際音標

該户屬羅美支系李氏“哧吼”宗族。一世祖噢麻。從第一世“噢麻”至第十四世“補白烏”的譜牒與本村曹嚷取户相同。第五十一世嚷侯,原爲漢族,漢名劉要發,1956年從玉溪市元江縣新官村到金平縣馬鞍底鄉馬拐塘村,與該村一位哈尼族姑娘成家後,改爲哈尼族。後與馬拐塘村委會大坪新寨陳苗扔户譜牒借祖連名,哈尼語稱此種情況爲“直陳陳”。本譜内容爲世系,至香繞凡五十三世。

本譜載於《哈尼族口傳文化譯註全集》第十一卷《紅河州哈尼族譜牒(二)》

[雲南金平]馬苦寨黄扔香户譜牒　黄正雲(扔香)背誦　李有順搜集　2010年雲南民族出版社排印本　合册　哈漢雙文並註國際音標

該户屬羅美支系黄氏宗族。一世祖噢麻。從第一世“噢麻”至第二十八世“朔李”的譜牒與馬拐塘村委會馬拐塘村曹嚷取户相同。本譜内容爲世系,至香省凡五十九世。

本譜載於《哈尼族口傳文化譯註全集》第十一卷《紅河州哈尼族譜牒(二)》

[雲南金平]馬苦寨高則省户譜牒　高萬忠背誦　李有順搜集　2010年雲南民族出版社排印本　合册　哈漢雙文並註國際音標

該户屬羅美支系“小高”宗族。一世祖噢麻。從第一世“噢麻”至第二十八世“朔李”的譜牒與馬拐塘村委會馬拐塘村曹嚷取户相同。本譜内容爲世系,至則省凡六十一世。

本譜載於《哈尼族口傳文化譯註全集》第十一卷《紅河州哈尼族譜牒(二)》

[雲南金平]馬苦寨普嚷謀户譜牒　普萬元(喜嚷)背誦　李有順搜集　2010年雲南民族出版社排印本　合册　哈漢雙文並註國際音標

該户屬羅美支系“小普”宗族。一世祖噢麻。從第一世“噢麻”至第二十八世“朔李”的譜牒與馬拐塘村委會馬拐塘村曹嚷取户相同。本譜内容爲世系,至謀够凡六十六世。

本譜載於《哈尼族口傳文化譯註全集》第十一卷《紅河州哈尼族譜牒(二)》

[雲南金平]馬苦寨錢取則户譜牒 錢紹忠背誦 李有順搜集 2010年雲南民族出版社排印本 合册 哈漢雙文並註國際音標

該户屬羅畢支系錢氏宗族。一世祖噢麻。從第一世"噢麻"至第二十四世"蘇末作"的譜牒與馬拐塘村委會馬拐塘村曹嚷取户相同。本譜内容爲世系,至則濤凡五十九世。

本譜載於《哈尼族口傳文化譯註全集》第十一卷《紅河州哈尼族譜牒(二)》

[雲南金平]馬苦寨朱嘎嚷户譜牒 朱紹先背誦 李有順搜集 2010年雲南民族出版社排印本 合册 哈漢雙文並註國際音標

該户屬羅畢支系朱氏宗族。一世祖噢麻。從第一世"噢麻"至第十七世"聰莫威"的譜牒與馬拐塘村委會馬拐塘村曹嚷取户相同。本譜内容爲世系,至嘎嚷凡六十三世。

本譜載於《哈尼族口傳文化譯註全集》第十一卷《紅河州哈尼族譜牒(二)》

[雲南金平]馬苦寨李嚷濕户譜牒 李紹先背誦 李有順搜集 2010年雲南民族出版社排印本 合册 哈漢雙文並註國際音標

該户屬羅美支系李氏"哧吼"宗族。一世祖噢麻。從第一世"噢麻"至第二十八世"朔李"的譜牒與馬拐塘村委會馬拐塘村曹嚷取户相同。本譜内容爲世系,至嚷濕凡六十世。

本譜載於《哈尼族口傳文化譯註全集》第十一卷《紅河州哈尼族譜牒(二)》

[雲南金平]馬苦寨張謀侯户譜牒 張自榮背誦 李有順搜集 2010年雲南民族出版社排印本 合册 哈漢雙文並註國際音標

該户屬羅美支系張氏宗族。一世祖噢麻。從第一世"噢麻"至第二十八世"朔李"的譜牒與馬拐塘村委會馬拐塘村曹嚷取户相同。本譜内容爲世系,至謀侯凡五十三世。

本譜載於《哈尼族口傳文化譯註全集》第十一卷《紅河州哈尼族譜牒(二)》

[雲南金平]馬尾沖大坪老寨村朱侯省户譜牒 朱萬發(侯省)背誦 曹德安搜集 2010年雲南民族出版社排印本 合册 哈漢雙文並註國際音標

該户屬羅畢支系朱氏宗族。一世祖噢麻。從第一世"噢麻"至第二十八世"朔李"的譜牒與馬拐塘村委會馬拐塘村曹嚷取户相同。本譜内容爲世系,至侯日凡六十一世。

本譜載於《哈尼族口傳文化譯註全集》第十一卷《紅河州哈尼族譜牒(二)》

[雲南金平]水溝坪村高則香户譜牒 高文昌(日則)背誦 曹德安搜集 2010年雲南民族出版社排印本 合册 哈漢雙文並註國際音標

該户屬羅美支系"小高"宗族。一世祖噢麻。從第一世"噢麻"至第二十八世"朔李"的譜牒與馬拐塘村委會馬拐塘村曹嚷取户相同。本譜内容爲世系,至則香凡五十五世。

本譜載於《哈尼族口傳文化譯註全集》第十一卷《紅河州哈尼族譜牒(二)》

[雲南金平]水溝坪村曹則繞户譜牒 曹紹忠背誦 曹德安搜集 2010年雲南民族出版社排印本 合册 哈漢雙文並註國際音標

該户屬羅美支系曹氏宗族。一世祖噢麻。從第一世"噢麻"至第二十八世"朔李"的譜牒與馬拐塘村委會馬拐塘村曹嚷取户相同。本譜内容爲世系,至繞嘎凡五十八世。

本譜載於《哈尼族口傳文化譯註全集》第十一卷《紅河州哈尼族譜牒(二)》

[雲南金平]水溝坪村普扔濤户譜牒 普廣明背誦 曹德安搜集 2010年雲南民族出版社排印本 合册 哈漢雙文並註國際音標

該户屬羅美支系"小普"宗族。一世祖噢麻。從第一世"噢麻"至第二十八世"朔李"的譜牒與馬拐塘村委會馬拐塘村曹嚷取户相同。本譜内容爲世系,至濤舉凡六十四世。

本譜載於《哈尼族口傳文化譯註全集》第十一卷《紅河州哈尼族譜牒(二)》

[雲南金平]水溝坪村陳省高户譜牒　陳志華背誦　曹德安搜集　2010年雲南民族出版社排印本　合册　哈漢雙文並註國際音標

該户屬羅畢支系陳氏宗族。一世祖噢麻。從第一世"噢麻"至第十四世"補白烏"的譜牒與馬拐塘村委會馬拐塘村曹嚷取户相同。本譜内容爲世系,至嚷簡凡六十四世。

本譜載於《哈尼族口傳文化譯註全集》第十一卷《紅河州哈尼族譜牒(二)》

[雲南金平]水溝坪村李苗濤户譜牒　李正明(苗濤)背誦　曹德安搜集　2010年雲南民族出版社排印本　合册　哈漢雙文並註國際音標

該户屬羅美支系李氏"尖培"宗族。一世祖噢麻。從第一世"噢麻"至第二十八世"朔李"的譜牒與馬拐塘村委會馬拐塘村曹嚷取户相同。本譜内容爲世系,至濤侯凡六十一世。

本譜載於《哈尼族口傳文化譯註全集》第十一卷《紅河州哈尼族譜牒(二)》

[雲南金平]水溝坪村黄舉濤户譜牒　黄小二(舉濤)背誦　曹德安搜集　2010年雲南民族出版社排印本　合册　哈漢雙文並註國際音標

該户屬羅美支系黄氏宗族。一世祖噢麻。從第一世"噢麻"至第二十八世"朔李"的譜牒與馬拐塘村委會馬拐塘村曹嚷取户相同。本譜内容爲世系,至濤嚷凡五十九世。

本譜載於《哈尼族口傳文化譯註全集》第十一卷《紅河州哈尼族譜牒(二)》

[雲南金平]普家寨村高取香户譜牒　高則嚷背誦　曹德安、李正有搜集　2010年雲南民族出版社排印本　合册　哈漢雙文並註國際音標

該户屬羅美支系"小高"宗族。一世祖噢麻。從第一世"噢麻"至第二十八世"朔李"的譜牒與馬拐塘村委會馬拐塘村曹嚷取户相同。本譜内容爲世系,至取香凡六十一世。

本譜載於《哈尼族口傳文化譯註全集》第十一卷《紅河州哈尼族譜牒(二)》

[雲南金平]普家寨村黄高侯户譜牒　黄繞省背誦　曹德安、李正有搜集　2010年雲南民族出版社排印本　合册　哈漢雙文並註國際音標

該户屬羅美支系黄氏宗族。一世祖噢麻。從第一世"噢麻"至第二十八世"朔李"的譜牒與馬拐塘村委會馬拐塘村曹嚷取户相同。本譜内容爲世系,至高侯凡五十八世。

本譜載於《哈尼族口傳文化譯註全集》第十一卷《紅河州哈尼族譜牒(二)》

[雲南金平]普家寨村李嚷高户譜牒　李侯苗背誦　曹德安、李正有搜集　2010年雲南民族出版社排印本　合册　哈漢雙文並註國際音標

該户屬羅美支系李氏"哧們"宗族。一世祖噢麻。從第一世"噢麻"至第二十八世"朔李"的譜牒與馬拐塘村委會馬拐塘村曹嚷取户相同。第五十五世則繞,1913年從金平縣阿得博鄉苦笥老寨遷入馬鞍底鄉馬拐塘村,後遷入普家寨村。本譜内容爲世系,至嚷高凡六十世。

本譜載於《哈尼族口傳文化譯註全集》第十一卷《紅河州哈尼族譜牒(二)》

[雲南金平]大坪新寨村普侯繞户譜牒　普斌背誦　李有順、普鈺禾搜集　2010年雲南民族出版社排印本　合册　哈漢雙文並註國際音標

該户屬羅美支系"小普"宗族。一世祖噢麻。從第一世"噢麻"至第二十八世"朔李"的譜牒與馬拐塘村委會馬拐塘村曹嚷取户相同。本譜内容爲世系,至繞省凡六十三世。

本譜載於《哈尼族口傳文化譯註全集》第十一卷《紅河州哈尼族譜牒(二)》

[雲南金平]大坪新寨村李嚷嘎户譜牒　李紹文(嚷嘎)背誦　李有順、普鈺禾搜集　2010年雲南民族出版社排印本　合册　哈漢雙文並註國際音標

該户屬羅美支系李氏"尖培"宗族。一世祖噢麻。從第一世"噢麻"至第二十八世"朔李"的譜牒與馬拐塘村委會馬拐塘村曹嚷取户相同。本譜内容爲世系,至嘎取凡五十四世。

本譜載於《哈尼族口傳文化譯註全集》第十一卷《紅河州哈尼族譜牒(二)》

[雲南金平]大坪新寨村高謀朵户譜牒　高正明背誦　李有順、普鈺禾搜集　2010年雲南民族出版社排印本　合册　哈漢雙文並註國際音標

該户屬羅美支系"小高"宗族。一世祖噢麻。從第一世"噢麻"至第二十八世"朔李"的譜牒與馬拐塘村委會馬拐塘村曹嚷取户相同。本譜内容爲世系,至取直凡六十一世。

本譜載於《哈尼族口傳文化譯註全集》第十一卷《紅河州哈尼族譜牒(二)》

[雲南金平]大坪新寨村吴嚷侯户譜牒　吴紹忠背誦　李有順、普鈺禾搜集　2010年雲南民族出版社排印本　合册　哈漢雙文並註國際音標

該户屬羅畢支系吴氏宗族。一世祖噢麻。從第一世"噢麻"至第十七世"聰莫威"的譜牒與馬拐塘村委會馬拐塘村曹嚷取户相同。本譜内容爲世系,至侯香凡五十六世。

本譜載於《哈尼族口傳文化譯註全集》第十一卷《紅河州哈尼族譜牒(二)》

[雲南金平]大坪新寨村陳苗扔户譜牒　陳苗扔背誦　李有順、普鈺禾搜集　2010年雲南民族出版社排印本　合册　哈漢雙文並註國際音標

該户屬羅畢支系陳氏"堵里"宗族。一世祖噢麻。從第一世"噢麻"至第十四世"補白烏"的譜牒與馬拐塘村委會馬拐塘村曹嚷取户相同。本譜内容爲世系,至扔舉凡五十三世。

本譜載於《哈尼族口傳文化譯註全集》第十一卷《紅河州哈尼族譜牒(二)》

[雲南金平]牛場坪村普侯嘎户譜牒　普正榮背誦　曹德安、李正有搜集　2010年雲南民族出版社排印本　合册　哈漢雙文並註國際音標

該户屬羅美支系"大普"宗族。一世祖噢麻。本譜内容爲世系,至侯嘎凡六十三世。

本譜載於《哈尼族口傳文化譯註全集》第十一卷《紅河州哈尼族譜牒(二)》

[雲南金平]牛場坪村李打取户譜牒　李打取背誦　曹德安、李正有搜集　2010年雲南民族出版社排印本　合册　哈漢雙文並註國際音標

該户屬羅美支系李氏"腰哧"宗族。一世祖噢麻。從第一世"噢麻"至第二十八世"朔李"的譜牒與本村普侯嘎户相同。本譜内容爲世系,至取嘎凡五十九世。

本譜載於《哈尼族口傳文化譯註全集》第十一卷《紅河州哈尼族譜牒(二)》

[雲南金平]牛場坪村曹舉日户譜牒　曹正尖(舉日)背誦　曹德安、李正有搜集　2010年雲南民族出版社排印本　合册　哈漢雙文並註國際音標

該户屬羅美支系曹氏宗族。一世祖噢麻。從第一世"噢麻"至第二十八世"朔李"的譜牒與本村普侯嘎户相同。本譜内容爲世系,至省則凡五十八世。

本譜載於《哈尼族口傳文化譯註全集》第十一卷《紅河州哈尼族譜牒(二)》

[雲南金平]牛場坪村高朵舉户譜牒　高朵舉背誦　曹德安、李正有搜集　2010年雲南民族出版社排印本　合册　哈漢雙文並註國際音標

該户屬羅美支系"大高"宗族。一世祖噢麻。從第一世"噢麻"至第二十八世"朔李"的譜牒與本村普侯嘎户相同。本譜内容爲世系,至濤謀凡六十世。

本譜載於《哈尼族口傳文化譯註全集》第十一卷《紅河州哈尼族譜牒(二)》

[雲南金平]田棚下寨黄嚷謀户譜牒　黄嚷謀背誦　普鈺禾搜集　2010年雲南民族出版社排印本　合册　哈漢雙文並註國際音標

該户屬羅美支系黄氏宗族。一世祖噢麻。從第一世"噢麻"至第二十八世"朔李"的譜牒與馬鞍底村委會牛場坪村普侯嘎户相同。本譜内容爲世系,至香日凡六十一世。

本譜載於《哈尼族口傳文化譯註全集》第十一卷《紅河州哈尼族譜牒(二)》

[雲南金平]大坪下寨村曹省打户譜牒　曹正明(省打)背誦　曹德安、李正有搜集　2010年雲南民族出版社排印本　合册　哈漢雙文並註國際音標

該户屬羅美支系曹氏宗族。一世祖噢麻。本譜内容爲世系,至繞侯凡五十八世。

本譜載於《哈尼族口傳文化譯註全集》第十一卷《紅河州哈尼族譜牒(二)》

[雲南金平]大坪下寨村李舉濤户譜牒　李光祥(舉濤)背誦　曹德光、李正有搜集　2010年雲南民族出版社排印本　合册　哈漢雙文並註國際音標

該户屬羅畢支系李氏宗族。一世祖噢麻。從第一世"噢麻"至第二十一世"飄瑪登"的譜牒與本村曹省打户相同。本譜内容爲世系,至簡香凡五十一世。

本譜載於《哈尼族口傳文化譯註全集》第十一卷《紅河州哈尼族譜牒(二)》

[雲南金平]大坪下寨村陳舉打户譜牒　陳舉打背誦　曹德安、李正有搜集　2010年雲南民族出版社排印本　合册　哈漢雙文並註國際音標

該户屬羅畢支系陳氏宗族。一世祖噢麻。從第一世"噢麻"至第十四世"補白烏"的譜牒與本村曹省打户相同。本譜内容爲世系,至嚷省凡五十四世。

本譜載於《哈尼族口傳文化譯註全集》第十一卷《紅河州哈尼族譜牒(二)》

[雲南金平]大坪下寨村李打日户譜牒　李志開(打日)背誦　曹德安、李正有搜集　2010年雲南民族出版社排印本　合册　哈漢雙文並註國際音標

該户屬羅畢支系李氏"朝告南奔"宗族。一世祖噢麻。從第一世"噢麻"至第十七世"聰莫威"的譜牒與本村曹省打户相同。本譜内容爲世系,至舉省凡六十六世。

本譜載於《哈尼族口傳文化譯註全集》第十一卷《紅河州哈尼族譜牒(二)》

[雲南金平]大坪下寨村黄日高户譜牒　黄志忠(日高)背誦　曹德安、李正有搜集　2010年雲南民族出版社排印本　合册　哈漢雙文並註國際音標

該户屬羅美支系黄氏宗族。一世祖噢麻。從第一世"噢麻"至第二十八世"朔李"的譜牒與本村曹省打户相同。本譜内容爲世系,至簡侯凡六十世。

本譜載於《哈尼族口傳文化譯註全集》第十一卷《紅河州哈尼族譜牒(二)》

[雲南金平]大坪下寨村錢巧高户譜牒　錢有明(巧高)背誦　曹德安、李正有搜集　2010年雲南民族出版社排印本　合册　哈漢雙文並註國際音標

該户屬羅畢支系錢氏宗族。一世祖噢麻。從第一世"噢麻"至第十四世"補白烏"的譜牒與本村曹省打户相同。本譜内容爲世系,至香侯凡四十八世。

本譜載於《哈尼族口傳文化譯註全集》第十一卷《紅河州哈尼族譜牒(二)》

[雲南金平]大坪上寨村普嚷省户譜牒　普文祥(嚷省)背誦　曹德安、李正有搜集　2010年雲南民族出版社排印本　合册　哈漢雙文並註國際音標

該户屬羅美支系"大普"宗族。一世祖噢麻。從第一世"噢麻"至第二十八世"朔李"的譜牒與地西北村委會大坪下寨村曹省打户相同。本譜内容爲世系,至濤嘎凡五十七世。

本譜載於《哈尼族口傳文化譯註全集》第十一卷《紅河州哈尼族譜牒(二)》

[雲南金平]大坪上寨村黄取扔户譜牒　黄文忠(取扔)背誦　曹德安、李正有搜集　2010年雲南民族出版社排印本　合册　哈漢雙文並註國際音標

該户屬羅美支系黄氏宗族。一世祖噢麻。從第一世"噢麻"至第二十八世"朔李"的譜牒與地西北村委會大坪下寨村曹省打户相同。本譜内容爲

世系，至朵侯凡五十九世。

本譜載於《哈尼族口傳文化譯註全集》第十一卷《紅河州哈尼族譜牒(二)》

[雲南金平]大坪上寨村普取繞户譜牒　普文亮(取繞)背誦　曹德安、李正有搜集　2010年雲南民族出版社排印本　合册　哈漢雙文並註國際音標

該户屬羅美支系"小普"宗族。一世祖噢麻。從第一世"噢麻"至第二十八世"朔李"的譜牒與本村普嚷省户相同。本譜内容爲世系，至日謀凡六十三世。

本譜載於《哈尼族口傳文化譯註全集》第十一卷《紅河州哈尼族譜牒(二)》

[雲南金平]五家寨村曹則濤户譜牒　曹志忠(則濤)背誦　曹德安搜集　2010年雲南民族出版社排印本　合册　哈漢雙文並註國際音標

該户屬羅美支系曹氏宗族。一世祖噢麻。從第一世"噢麻"至第二十八世"朔李"的譜牒與地西北村委會大坪下寨村曹省打户相同。本譜内容爲世系，至日取凡五十八世。

本譜載於《哈尼族口傳文化譯註全集》第十一卷《紅河州哈尼族譜牒(二)》

[雲南金平]五家寨村李打饒户譜牒　李正忠(打饒)背誦　曹德安搜集　2010年雲南民族出版社排印本　合册　哈漢雙文並註國際音標

該户屬羅美支系李氏"哧們"宗族。一世祖噢麻。從第一世"噢麻"至第二十八世"朔李"的譜牒與地西北村委會大坪下寨村曹省打户相同。本譜内容爲世系，至日高凡五十九世。

本譜載於《哈尼族口傳文化譯註全集》第十一卷《紅河州哈尼族譜牒(二)》

[雲南金平]五家寨村白則濤户譜牒　白紹和(則濤)背誦　曹德安搜集　2010年雲南民族出版社排印本　合册　哈漢雙文並註國際音標

該户屬羅畢支系白氏宗族。一世祖噢麻。從第一世"噢麻"至第十七世"聰莫威"的譜牒與地西北村委會大坪下寨村曹省打户相同。本譜内容爲世系，至侯嘎凡六十一世。

本譜載於《哈尼族口傳文化譯註全集》第十一卷《紅河州哈尼族譜牒(二)》

[雲南金平]老場村白繞則户譜牒　白餘祥(繞則)背誦　普鈺禾搜集　2010年雲南民族出版社排印本　合册　哈漢雙文並註國際音標

該户屬羅畢支系白氏宗族。一世祖噢麻。從第一世"噢麻"至第十七世"聰莫威"的譜牒與地西北村委會大坪下寨村曹省打户相同。本譜内容爲世系，至則香凡六十二世。

本譜載於《哈尼族口傳文化譯註全集》第十一卷《紅河州哈尼族譜牒(二)》

[雲南金平]大鳳梁村李徵雅户譜牒　李正林背誦　李有順搜集　2010年雲南民族出版社排印本　合册　哈漢雙文並註國際音標

該户屬各作支系李氏宗族。一世祖噢麻。第三十八世彭召，因其爲異姓人所撫養，故没有連父名。彭召之子瑪幾，因無子，由其妻圍扔接替連名。本譜内容爲世系，至偷貴凡五十二世。

本譜載於《哈尼族口傳文化譯註全集》第十一卷《紅河州哈尼族譜牒(二)》

[雲南金平]大鳳梁村楊哲繳户譜牒　楊進由背誦　李有順搜集　2010年雲南民族出版社排印本　合册　哈漢雙文並註國際音標

該户屬各作支系楊氏宗族。一世祖噢麻。從第一世"噢麻"至第二十五世"所幾"的譜牒與本村李徵雅户相同。本譜内容爲世系，至香約凡五十三世。

本譜載於《哈尼族口傳文化譯註全集》第十一卷《紅河州哈尼族譜牒(二)》

[雲南金平]大鳳梁村普抖喬户譜牒　普大背誦　李有順搜集　2010年雲南民族出版社排印本　合册　哈漢雙文並註國際音標

該户屬各作支系普氏宗族。一世祖噢麻。從第一世"噢麻"至第二十五世"所幾"的譜牒與本村

李徵雅户相同。第四十四世孔胡,係異姓上門接替連名。第四十五世民勒,係女兒連名。本譜内容爲世系,至龍略凡五十世。

本譜載於《哈尼族口傳文化譯註全集》第十一卷《紅河州哈尼族譜牒(二)》

[雲南金平]大鳳梁村白濤表户譜牒 白阿來背誦 李有順搜集 2010年雲南民族出版社排印本 合册 哈漢雙文並註國際音標

該户屬各作支系白氏宗族。一世祖噢麻。從第一世"噢麻"至第十二世"烏活壤"的譜牒與本村李徵雅户相同。第二十四世恒車,係金平縣哈尼族白氏中"大白"、"小白"的共祖。第三十六世轟魯,係異姓人接替世系。本譜内容爲世系,至濤表凡四十五世。

本譜載於《哈尼族口傳文化譯註全集》第十一卷《紅河州哈尼族譜牒(二)》

[雲南金平]小鳳梁村白侯才户譜牒 白阿竹背誦 李有順搜集 2010年雲南民族出版社排印本 合册 哈漢雙文並註國際音標

該户屬各作支系白氏宗族。一世祖蘇咪烏。本譜内容爲世系,至侯才凡四十六世。

本譜載於《哈尼族口傳文化譯註全集》第十一卷《紅河州哈尼族譜牒(二)》

[雲南金平]小鳳梁村高賢紅户譜牒 高正華(賢紅)背誦 李有順搜集 2010年雲南民族出版社排印本 合册 哈漢雙文並註國際音標

該户屬各作支系高氏宗族。一世祖噢麻。本譜内容爲世系,至賢紅凡五十二世。

本譜載於《哈尼族口傳文化譯註全集》第十一卷《紅河州哈尼族譜牒(二)》

[雲南金平]小鳳梁村楊矮昂户譜牒 楊自才(矮昂)背誦 李有順搜集 2010年雲南民族出版社排印本 合册 哈漢雙文並註國際音標

該户屬各作支系楊氏宗族。一世祖噢麻。從第一世"噢麻"至第十二世"聰莫威"的譜牒與本村白侯才户相同。第三十九世批超,係異姓人接任乾兒子。第四十世瑪幾,因夫死前没有兒子,遂由妻子連名。第四十七世籠翁,父母雙亡,被人撫養。本譜内容爲世系,至昂攏凡六十一世。

本譜載於《哈尼族口傳文化譯註全集》第十一卷《紅河州哈尼族譜牒(二)》

[雲南金平]小鳳梁村普翁燈户譜牒 普正光背誦 李有順搜集 2010年雲南民族出版社排印本 合册 哈漢雙文並註國際音標

該户屬各作支系普氏宗族。一世祖噢麻。從第一世"噢麻"至第二十二世"車所"的譜牒與本村楊矮昂户相同。本譜内容爲世系,至燈圍凡五十世。

本譜載於《哈尼族口傳文化譯註全集》第十一卷《紅河州哈尼族譜牒(二)》

[雲南金平]小鳳梁村李交夾户譜牒 李小二(交夾)背誦 李有順搜集 2010年雲南民族出版社排印本 合册 哈漢雙文並註國際音標

該户屬各作支系李氏宗族。一世祖噢麻。從第一世"噢麻"至第十五世"莫威最"的譜牒與本村高賢紅户相同。本譜内容爲世系,至侯得凡五十九世。

本譜載於《哈尼族口傳文化譯註全集》第十一卷《紅河州哈尼族譜牒(二)》

[雲南金平]南宋老寨村白侯仁户譜牒 李阿扔背誦 李有順搜集 2010年雲南民族出版社排印本 合册 哈漢雙文並註國際音標

該户屬各作支系白氏宗族。一世祖蘇咪烏。本譜内容爲世系,至仁坡凡三十九世。

本譜載於《哈尼族口傳文化譯註全集》第十一卷《紅河州哈尼族譜牒(二)》

[雲南金平]南宋老寨村普顯朔户譜牒 普興亮背誦 李有順搜集 2010年雲南民族出版社排印本 合册 哈漢雙文並註國際音標

一世祖蘇咪烏。從第一世"蘇咪烏"至第十八世"達堵蘇"的譜牒與本村白侯仁户相同。本譜内容爲世系,至顯幾凡五十八世。

本譜載於《哈尼族口傳文化譯註全集》第十一卷《紅河州哈尼族譜牒(二)》

[雲南金平]南宋老寨村陳拉昂户譜牒　陳小三背誦　李有順搜集　2010年雲南民族出版社排印本　合册　哈漢雙文並註國際音標

該户屬各作支系陳氏宗族。一世祖蘇咪烏。從第一世"蘇咪烏"至第十七世"瑪登達"的譜牒與本村白侯仁户相同。本譜内容爲世系,至拉昂凡五十一世。

本譜載於《哈尼族口傳文化譯註全集》第十一卷《紅河州哈尼族譜牒(二)》

[雲南金平]南宋新寨村白登稿户譜牒　白光亮背誦　李有順搜集　2010年雲南民族出版社排印本　合册　哈漢雙文並註國際音標

該户屬各作支系"小白"宗族。一世祖蘇咪烏。第二十六世恒車,係金水縣金水河鎮哈尼族"大白"、"小白"姓氏家族的共祖。恒車之子車迪,係金水河鎮哈尼族各作支系"小白"姓氏家族的祖先。本譜内容爲世系,至登稿凡五十世。

本譜載於《哈尼族口傳文化譯註全集》第十一卷《紅河州哈尼族譜牒(二)》

[雲南金平]南宋新寨村普雅起户譜牒　普華文背誦　李有順搜集　2010年雲南民族出版社排印本　合册　哈漢雙文並註國際音標

該户屬各作支系普氏宗族。一世祖蘇咪烏。從第一世"蘇咪烏"至第十二世"聰莫威"的譜牒與本村白登稿户相同。本譜内容爲世系,至雅起凡五十六世。

本譜載於《哈尼族口傳文化譯註全集》第十一卷《紅河州哈尼族譜牒(二)》

[雲南金平]南宋新寨村高空許户譜牒　高飛背誦　李有順搜集　2010年雲南民族出版社排印本　合册　哈漢雙文並註國際音標

該户屬各作支系高氏宗族。一世祖噢麻。第三十六世瑪活,爲遺腹子,遂與母連名。第四十世赳統,因常生病,故而與其叔叔連名。本譜内容爲世系,至空許凡五十三世。

本譜載於《哈尼族口傳文化譯註全集》第十一卷《紅河州哈尼族譜牒(二)》

[雲南金平]南宋新寨村李哪鋭户譜牒　李有才(哪鋭)背誦　李有順搜集　2010年雲南民族出版社排印本　合册　哈漢雙文並註國際音標

該户屬各作支系李氏宗族。一世祖噢麻。從第一世"噢麻"至第二十五世"朔幾"的譜牒與本村高空許户相同。本譜内容爲世系,至鋭果凡五十九世。

本譜載於《哈尼族口傳文化譯註全集》第十一卷《紅河州哈尼族譜牒(二)》

[雲南金平]普角老寨村李們福户譜牒　李小二背誦　李有順搜集　2010年雲南民族出版社排印本　合册　哈漢雙文並註國際音標

該户屬各作支系李氏宗族。一世祖蘇咪烏。第四十一世召九,係金平縣金水河鎮哈尼族李、楊兩姓家族的共祖。本譜内容爲世系,至確許凡五十五世。

本譜載於《哈尼族口傳文化譯註全集》第十一卷《紅河州哈尼族譜牒(二)》

[雲南金平]普角老寨村白秀福户譜牒　白華背誦　李有順搜集　2010年雲南民族出版社排印本　合册　哈漢雙文並註國際音標

該户屬各作支系白氏宗族。一世祖蘇咪烏。從第一世"蘇咪烏"至第十二世"聰莫威"的譜牒與本村李們福户相同。本譜内容爲世系,至朽胡凡五十二世。

本譜載於《哈尼族口傳文化譯註全集》第十一卷《紅河州哈尼族譜牒(二)》

[雲南金平]普角老寨村楊燒來户譜牒　楊阿來背誦　李有順搜集　2010年雲南民族出版社排印本　合册　哈漢雙文並註國際音標

該户屬各作支系楊氏宗族。一世祖噢麻。第四十二世召九,係金平縣金水河鎮哈尼族楊、李二姓氏的共祖。本譜内容爲世系,至燒來凡五十五世。

本譜載於《哈尼族口傳文化譯註全集》第十一卷《紅河州哈尼族譜牒(二)》

[雲南金平]普角老寨村曹展旗户譜牒 曹正光(展旗)背誦 李有順搜集 2010年雲南民族出版社排印本 合册 哈漢雙文並註國際音標

該户屬各作支系曹氏宗族。一世祖蘇咪烏。從第一世"蘇咪烏"至第二十三世"所幾"的譜牒與本村李們福户相同。第二十七世尖堵,係金平縣哈尼族羅美人"大高"、"小高"、"曹"三姓及各作人曹姓的共祖。本譜内容爲世系,至起胡凡四十七世。

本譜載於《哈尼族口傳文化譯註全集》第十一卷《紅河州哈尼族譜牒(二)》

[雲南金平]普角新寨村普甘秋户譜牒 普開雲(甘秋)背誦 李有順搜集 2010年雲南民族出版社排印本 合册 哈漢雙文並註國際音標

一世祖蘇咪烏。第四十三世民來,無子而由女兒接替連名。本譜内容爲世系,至窩才凡五十七世。

本譜載於《哈尼族口傳文化譯註全集》第十一卷《紅河州哈尼族譜牒(二)》

[雲南金平]普角新寨村白攏小户譜牒 白正福(攏小)背誦 李有順搜集 2010年雲南民族出版社排印本 合册 哈漢雙文並註國際音標

該户屬各作支系"大白"宗族。一世祖蘇咪烏。從第一世"蘇咪烏"至第十二世"聰莫威"的譜牒與本村普甘秋户相同。金平縣金水河鎮哈尼族各作支系白姓分"大白"、"小白"兩個宗支,第二十四世恒車爲白姓共祖。恒車之子車召爲"大白"宗支始祖。本譜内容爲世系,至旗沙凡五十九世。

本譜載於《哈尼族口傳文化譯註全集》第十一卷《紅河州哈尼族譜牒(二)》

[雲南金平]普角新寨村白胡批户譜牒 白阿批(胡批)背誦 李有順搜集 2010年雲南民族出版社排印本 合册 哈漢雙文並註國際音標

該户屬各作支系"小白"宗族。一世祖蘇咪烏。從第一世"蘇咪烏"至第十二世"聰莫威"的譜牒與本村普甘秋户相同。金平縣金水河鎮哈尼族各作支系白姓分"大白"、"小白"兩個宗支,第二十四世恒車爲白姓共祖。恒車之子車迪爲"小白"宗支始祖。本譜内容爲世系,至批表凡五十四世。

本譜載於《哈尼族口傳文化譯註全集》第十一卷《紅河州哈尼族譜牒(二)》

[雲南金平]南行五隊王氏家族譜系 佚名念誦 楊六金記録 2008年中國大百科全書出版社排印本 合册

哈尼語哈雅方言家譜。流傳於雲南省金平苗族瑶族傣族自治縣。本譜所載僅爲世系,自第一世送米窩至阿羊凡四十一世。

本譜載於《中國少數民族古籍總目提要·哈尼族卷》

[雲南金平]南行五隊王氏家族譜系 佚名念誦 楊六金記録 2005年民族出版社排印本 合册 哈漢雙文

參見上條。本譜所載僅爲世系,自第一世送米窩至阿羊凡四十六世,與上條世系略有出入。

本譜載於《紅河哈尼族譜牒》

[雲南金平]南行伍隊村何喬幾户譜牒 何正光背誦 李有順搜集 2010年雲南民族出版社排印本 合册 哈漢雙文並註國際音標

該户屬各作支系何氏宗族。一世祖蘇咪烏。本譜内容爲世系,至幾搞凡五十世。

本譜載於《哈尼族口傳文化譯註全集》第十一卷《紅河州哈尼族譜牒(二)》

[雲南金平]南行伍隊村王華虎户譜牒 王正軍背誦 李有順搜集 2010年雲南民族出版社排印本 合册 哈漢雙文並註國際音標

該户屬各作支系王氏宗族。一世祖蘇咪烏。從第一世"蘇咪烏"至第十二世"聰莫威"的譜牒與本村何喬幾户相同。本譜内容爲世系,至華虎凡四十八世。

本譜載於《哈尼族口傳文化譯註全集》第十一

卷《紅河州哈尼族譜牒(二)》

[雲南金平]南行伍隊村李合鋭户譜牒 李玉開背誦 李有順搜集 2010年雲南民族出版社排印本 合册 哈漢雙文並註國際音標

該户屬各作支系李氏宗族。一世祖蘇咪烏。從第一世"蘇咪烏"至第十二世"聰莫威"的譜牒與本村何喬幾户相同。本譜内容爲世系,至合鋭凡五十三世。

本譜載於《哈尼族口傳文化譯註全集》第十一卷《紅河州哈尼族譜牒(二)》

[雲南金平]南行伍隊村白胡幾户譜牒 白自新(胡幾)背誦 李有順搜集 2010年雲南民族出版社排印本 合册 哈漢雙文並註國際音標

該户屬各作支系"小白"宗族。一世祖蘇咪烏。從第一世"蘇咪烏"至第十二世"聰莫威"的譜牒與本村何喬幾户相同。本譜内容爲世系,至偉帕凡六十世。

本譜載於《哈尼族口傳文化譯註全集》第十一卷《紅河州哈尼族譜牒(二)》

[雲南金平]南行伍隊村白仁哧户譜牒 白光明(仁哧)背誦 李有順搜集 2010年雲南民族出版社排印本 合册 哈漢雙文並註國際音標

該户屬各作支系"大白"宗族。一世祖蘇咪烏。從第一世"蘇咪烏"至第十二世"聰莫威"的譜牒與本村何喬幾户相同。本譜内容爲世系,至哧約凡五十七世。

本譜載於《哈尼族口傳文化譯註全集》第十一卷《紅河州哈尼族譜牒(二)》

[雲南金平]南行新寨白氏家族譜系 佚名念誦 楊六金記録 2008年中國大百科全書出版社排印本 合册

哈尼語哈雅方言家譜。流傳於雲南省金平苗族瑶族傣族自治縣。本譜所載僅爲世系,自第一世送米窩至軍巴凡四十一世。

本譜載於《中國少數民族古籍總目提要・哈尼族卷》

[雲南金平]南行新寨白氏家族譜系 佚名念誦 楊六金記録 2005年民族出版社排印本 合册 哈漢雙文

參見上條。世系與上條同。

本譜載於《紅河哈尼族譜牒》

[雲南金平]南行新寨村楊幾機户譜牒 楊自光(幾機)背誦 李有順搜集 2010年雲南民族出版社排印本 合册 哈漢雙文並註國際音標

該户屬各作支系楊氏宗族。一世祖蘇咪烏。第三十六世兵超,係異姓之子接嗣而取的名字。本譜内容爲世系,至機海凡五十八世。

本譜載於《哈尼族口傳文化譯註全集》第十一卷《紅河州哈尼族譜牒(二)》

[雲南金平]南行新寨村李起偉户譜牒 李小二(起偉)背誦 李有順搜集 2010年雲南民族出版社排印本 合册 哈漢雙文並註國際音標

該户屬各作支系李氏宗族。一世祖蘇咪烏。從第一世"蘇咪烏"至第二十三世"所幾"的譜牒與本村楊幾機户相同。本譜内容爲世系,至起偉凡五十六世。

本譜載於《哈尼族口傳文化譯註全集》第十一卷《紅河州哈尼族譜牒(二)》

[雲南金平]南行新寨村白傘幾户譜牒 白小二(傘幾)背誦 李有順搜集 2010年雲南民族出版社排印本 合册 哈漢雙文並註國際音標

該户屬各作支系"小白"宗族。一世祖蘇咪烏。從第一世"蘇咪烏"至第十二世"聰莫威"的譜牒與本村楊幾機户相同。本譜内容爲世系,至幾樓凡五十七世。

本譜載於《哈尼族口傳文化譯註全集》第十一卷《紅河州哈尼族譜牒(二)》

[雲南金平]沙羅村白輪歐户譜牒 白阿恩(輪歐)背誦 李有順搜集 2010年雲南民族出版社排印本 合册 哈漢雙文並註國際音標

該户屬各作支系白氏宗族。一世祖蘇咪烏。本譜内容爲世系,至輪歐凡四十七世。

本譜載於《哈尼族口傳文化譯註全集》第十一卷《紅河州哈尼族譜牒(二)》

[雲南金平]沙羅村李空朵户譜牒 李國新背誦 李有順搜集 2010年雲南民族出版社排印本 合册 哈漢雙文並註國際音標

該户屬各作支系李氏宗族。一世祖噢麻。本譜内容爲世系,至空朵凡五十二世。

本譜載於《哈尼族口傳文化譯註全集》第十一卷《紅河州哈尼族譜牒(二)》

[雲南金平]沙羅村黄機仁户譜牒 黄成立(機仁)背誦 李有順搜集 2010年雲南民族出版社排印本 合册 哈漢雙文並註國際音標

該户屬各作支系黄氏宗族。一世祖蘇咪烏。從第一世"蘇咪烏"至第十二世"聰莫威"的譜牒與本村白輪歐户相同。本譜内容爲世系,至作國凡五十四世。

本譜載於《哈尼族口傳文化譯註全集》第十一卷《紅河州哈尼族譜牒(二)》

[雲南金平]沙羅村楊來夾户譜牒 楊萬明(來夾)背誦 李有順搜集 2010年雲南民族出版社排印本 合册 哈漢雙文並註國際音標

該户屬各作支系楊氏宗族。一世祖蘇咪烏。從第一世"蘇咪烏"至第二十三世"所幾"的譜牒與金平縣金水河鎮南科村委會南行新寨村楊幾機户相同。本譜内容爲世系,至小國凡五十七世。

本譜載於《哈尼族口傳文化譯註全集》第十一卷《紅河州哈尼族譜牒(二)》

[雲南金平]下田房村普歸九户譜牒 普二背誦 李有順搜集 2010年雲南民族出版社排印本 合册 哈漢雙文並註國際音標

該户屬各作支系普氏宗族。一世祖蘇咪烏。本譜内容爲世系,至歸九凡三十九世。

本譜載於《哈尼族口傳文化譯註全集》第十一卷《紅河州哈尼族譜牒(二)》

[雲南金平]下田房村楊沙翁户譜牒 楊進生(沙翁)背誦 李有順搜集 2010年雲南民族出版社排印本 合册 哈漢雙文並註國際音標

該户屬各作支系楊氏宗族。一世祖蘇咪烏。從第一世"蘇咪烏"至第二十三世"所幾"的譜牒與本村普歸九户相同。本譜内容爲世系,至翁級凡五十四世。

本譜載於《哈尼族口傳文化譯註全集》第十一卷《紅河州哈尼族譜牒(二)》

[雲南金平]下田房村白表取户譜牒 白雲(表取)背誦 李有順搜集 2010年雲南民族出版社排印本 合册 哈漢雙文並註國際音標

該户屬各作支系"大白"宗族。一世祖蘇咪烏。從第一世"蘇咪烏"至第十二世"聰莫威"的譜牒與本村普歸九户相同。本譜内容爲世系,至取幾凡五十六世。

本譜載於《哈尼族口傳文化譯註全集》第十一卷《紅河州哈尼族譜牒(二)》

[雲南金平]下田房村白交扔户譜牒 白玉輝(交扔)背誦 李有順搜集 2010年雲南民族出版社排印本 合册 哈漢雙文並註國際音標

該户屬各作支系"小白"宗族。一世祖蘇咪烏。從第一世"蘇咪烏"至第二十七世"恒車"的譜牒與本村白表取户相同。本譜内容爲世系,至扔永凡五十八世。

本譜載於《哈尼族口傳文化譯註全集》第十一卷《紅河州哈尼族譜牒(二)》

[雲南金平]下田房村羅昂秀户譜牒 羅玉林(昂秀)背誦 李有順搜集 2010年雲南民族出版社排印本 合册 哈漢雙文並註國際音標

該户屬各作支系羅氏宗族。一世祖蘇咪烏。從第一世"蘇咪烏"至第二十七世"恒車"的譜牒與本村白表取户相同。第五十五世攏召,無子,莽人(布朗族)召昂到白家入贅接嗣,但姓氏不變,仍用羅姓。本譜内容爲世系,至秀玉凡五十八世。

本譜載於《哈尼族口傳文化譯註全集》第十一卷《紅河州哈尼族譜牒(二)》

[雲南金平]下獨眼村白冷香户譜牒　白家由背誦　李有順搜集　2010年雲南民族出版社排印本　合册　哈漢雙文並註國際音標

該户屬各作支系“大白”宗族。一世祖蘇咪烏。本譜内容爲世系,至幾騰凡六十世。

本譜載於《哈尼族口傳文化譯註全集》第十一卷《紅河州哈尼族譜牒(二)》

[雲南金平]下獨眼村普培主户譜牒　普正清背誦　李有順搜集　2010年雲南民族出版社排印本　合册　哈漢雙文並註國際音標

該户屬各作支系普氏宗族。一世祖蘇咪烏。從第一世“蘇咪烏”至第十二世“聰莫威”的譜牒與本村白冷香户相同。本譜内容爲世系,至培主凡五十一世。

本譜載於《哈尼族口傳文化譯註全集》第十一卷《紅河州哈尼族譜牒(二)》

[雲南金平]下獨眼村楊够雅户譜牒　楊正清背誦　李有順搜集　2010年雲南民族出版社排印本　合册　哈漢雙文並註國際音標

該户屬各作支系楊氏宗族。一世祖噢麻。本譜内容爲世系,至够雅凡五十五世。

本譜載於《哈尼族口傳文化譯註全集》第十一卷《紅河州哈尼族譜牒(二)》

[雲南金平]下獨眼村白盆進户譜牒　白自祥(盆進)背誦　李有順搜集　2010年雲南民族出版社排印本　合册　哈漢雙文並註國際音標

該户屬各作支系“大白”宗族。一世祖蘇咪烏。從第一世“蘇咪烏”至第二十七世“標抖侯”的譜牒與本村白冷香户相同。本譜内容爲世系,至角車凡六十七世。

本譜載於《哈尼族口傳文化譯註全集》第十一卷《紅河州哈尼族譜牒(二)》

[雲南金平]烏丫坪村黎農奪户譜牒　黎高得(農奪)背誦　李有順搜集　2010年雲南民族出版社排印本　合册　哈漢雙文並註國際音標

該户屬各作支系黎氏宗族。一世祖蘇咪烏。本譜内容爲世系,至奪簸凡五十七世。

本譜載於《哈尼族口傳文化譯註全集》第十一卷《紅河州哈尼族譜牒(二)》

[雲南金平]烏丫坪村楊巧帕户譜牒　楊保常(朔巧)背誦　李有順搜集　2010年雲南民族出版社排印本　合册　哈漢雙文並註國際音標

該户屬各作支系楊氏宗族。一世祖蘇咪烏。從第一世“蘇咪烏”至第十二世“聰莫威”的譜牒與本村黎農奪户相同。本譜内容爲世系,至巧帕凡五十七世。

本譜載於《哈尼族口傳文化譯註全集》第十一卷《紅河州哈尼族譜牒(二)》

[雲南金平]烏丫坪村朱荀王户譜牒　朱玉春背誦　李有順搜集　2010年雲南民族出版社排印本　合册　哈漢雙文並註國際音標

該户屬各作支系朱氏宗族。一世祖蘇咪烏。從第一世“蘇咪烏”至第二十四世“濤里擁”的譜牒與本村黎農奪户相同。本譜内容爲世系,至給王凡六十二世。

本譜載於《哈尼族口傳文化譯註全集》第十一卷《紅河州哈尼族譜牒(二)》

[雲南金平]烏丫坪村白甘也户譜牒　白甘也(則也)背誦　李有順搜集　2010年雲南民族出版社排印本　合册　哈漢雙文並註國際音標

該户屬各作支系“大白”宗族。一世祖蘇咪烏。從第一世“蘇咪烏”至第二十三世“嗯里濤”的譜牒與本村黎農奪户相同。本譜内容爲世系,至甘也凡六十三世。

本譜載於《哈尼族口傳文化譯註全集》第十一卷《紅河州哈尼族譜牒(二)》

[雲南金平]坡腳村黎角翁户譜牒　黎進明(角翁)背誦　李有順搜集　2010年雲南民族出版社排印本　合册　哈漢雙文並註國際音標

該户屬各作支系黎氏宗族。一世祖蘇咪烏。本譜内容爲世系,至吕角凡五十八世。

本譜載於《哈尼族口傳文化譯註全集》第十一

卷《紅河州哈尼族譜牒(二)》

[雲南金平]坡腳村楊獎沙户譜牒　楊大(獎沙)背誦　李有順搜集　2010年雲南民族出版社排印本　合册　哈漢雙文並註國際音標

該户屬各作支系楊氏宗族。一世祖蘇咪烏。從第一世"蘇咪烏"至第十二世"聰莫威"的譜牒與本村黎角翁户相同。本譜内容爲世系,至侯幾凡五十七世。

本譜載於《哈尼族口傳文化譯註全集》第十一卷《紅河州哈尼族譜牒(二)》

[雲南金平]坡腳村白走雅户譜牒　白自榮(走雅)背誦　李有順搜集　2010年雲南民族出版社排印本　合册　哈漢雙文並註國際音標

該户屬各作支系"大白"宗族。一世祖蘇咪烏。從第一世"蘇咪烏"至第二十三世"額里濤"的譜牒與本村黎角翁户相同。本譜内容爲世系,至幾篝凡六十三世。

本譜載於《哈尼族口傳文化譯註全集》第十一卷《紅河州哈尼族譜牒(二)》

[雲南金平]老寨村黎穹攏户譜牒　黎進清(穹攏)背誦　李有順搜集　2010年雲南民族出版社排印本　合册　哈漢雙文並註國際音標

該户屬各作支系黎氏宗族。一世祖蘇咪烏。本譜内容爲世系,至扔國凡六十一世。

本譜載於《哈尼族口傳文化譯註全集》第十一卷《紅河州哈尼族譜牒(二)》

[雲南金平]老寨村楊子呼户譜牒　楊正清(穹攏)背誦　李有順搜集　2010年雲南民族出版社排印本　合册　哈漢雙文並註國際音標

該户屬各作支系楊氏宗族。一世祖蘇咪烏。從第一世"蘇咪烏"至第十二世"聰莫威"的譜牒與本村黎穹攏户相同。本譜内容爲世系,至子呼凡五十四世。

本譜載於《哈尼族口傳文化譯註全集》第十一卷《紅河州哈尼族譜牒(二)》

[雲南金平]老寨村白胡所户譜牒　白從新(胡所)背誦　李有順搜集　2010年雲南民族出版社排印本　合册　哈漢雙文並註國際音標

該户屬各作支系"大白"宗族。一世祖蘇咪烏。從第一世"蘇咪烏"至第十五世"同婆所"的譜牒與本村黎穹攏户相同。本譜内容爲世系,至胡所凡五十五世。

本譜載於《哈尼族口傳文化譯註全集》第十一卷《紅河州哈尼族譜牒(二)》

[雲南金平]老寨村普朽許户譜牒　普玉海(朽許)背誦　李有順搜集　2010年雲南民族出版社排印本　合册　哈漢雙文並註國際音標

該户屬各作支系普氏宗族。一世祖蘇咪烏。從第一世"蘇咪烏"至第十二世"聰莫威"的譜牒與本村黎穹攏户相同。本譜内容爲世系,至朽許凡五十八世。

本譜載於《哈尼族口傳文化譯註全集》第十一卷《紅河州哈尼族譜牒(二)》

[雲南金平]八家村黎培國户譜牒　黎福新(刻飄)背誦　李有順搜集　2010年雲南民族出版社排印本　合册　哈漢雙文並註國際音標

該户屬各作支系黎氏宗族。一世祖蘇咪烏。第二十八世恒期,係白、黎兩姓的共祖。本譜内容爲世系,至培國凡六十一世。

本譜載於《哈尼族口傳文化譯註全集》第十一卷《紅河州哈尼族譜牒(二)》

[雲南金平]八家村白糾及户譜牒　白光艾(糾及)背誦　李有順搜集　2010年雲南民族出版社排印本　合册　哈漢雙文並註國際音標

該户屬各作支系"大白"宗族。一世祖蘇咪烏。從第一世"蘇咪烏"至第二十四世"濤里擁"的譜牒與本村黎培國户相同。本譜内容爲世系,至侯罷凡六十三世。

本譜載於《哈尼族口傳文化譯註全集》第十一卷《紅河州哈尼族譜牒(二)》

[雲南金平]八家村朱擁西户譜牒　朱玉明(額

擁)背誦　李有順搜集　2010年雲南民族出版社排印本　合册　哈漢雙文並註國際音標

該户屬各作支系朱氏宗族。一世祖蘇咪烏。從第一世"蘇咪烏"至第二十四世"濤里擁"的譜牒與本村黎培國户相同。本譜内容爲世系,至擁西凡五十六世。

本譜載於《哈尼族口傳文化譯註全集》第十一卷《紅河州哈尼族譜牒(二)》

[雲南金平]八家村高抽飄户譜牒　高玉清背誦　李有順搜集　2010年雲南民族出版社排印本　合册　哈漢雙文並註國際音標

該户屬各作支系高氏宗族。一世祖蘇咪烏。從第一世"蘇咪烏"至第十二世"聰莫威"的譜牒與本村黎培國户相同。本譜内容爲世系,至抽飄凡五十一世。

本譜載於《哈尼族口傳文化譯註全集》第十一卷《紅河州哈尼族譜牒(二)》

[雲南金平]八家村普常咪户譜牒　普正德(響許)背誦　李有順搜集　2010年雲南民族出版社排印本　合册　哈漢雙文並註國際音標

該户屬各作支系普氏宗族。一世祖蘇咪烏。從第一世"蘇咪烏"至第二十四世"幾窩"的譜牒與本村高抽飄户相同。本譜内容爲世系,至常咪凡五十八世。

本譜載於《哈尼族口傳文化譯註全集》第十一卷《紅河州哈尼族譜牒(二)》

[雲南金平]八家村劉昂合户譜牒　劉自清(昂合)背誦　李有順搜集　2010年雲南民族出版社排印本　合册　哈漢雙文並註國際音標

該户屬各作支系劉氏宗族。一世祖蘇咪烏。從第一世"蘇咪烏"至第二十四世"幾窩"的譜牒與本村高抽飄户相同。本譜内容爲世系,至常咪凡五十八世。

本譜載於《哈尼族口傳文化譯註全集》第十一卷《紅河州哈尼族譜牒(二)》

[雲南金平]八家村楊敲遠户譜牒　楊有林(小敲)背誦　李有順搜集　2010年雲南民族出版社排印本　合册　哈漢雙文並註國際音標

該户屬各作支系楊氏宗族。一世祖蘇咪烏。從第一世"蘇咪烏"至第二十四世"幾窩"的譜牒與本村高抽飄户相同。本譜内容爲世系,至敲遠凡五十七世。

本譜載於《哈尼族口傳文化譯註全集》第十一卷《紅河州哈尼族譜牒(二)》

[雲南金平]隔界村楊魯里户譜牒　楊德明(小敲)背誦　李有順搜集　2010年雲南民族出版社排印本　合册　哈漢雙文並註國際音標

該户屬各作支系楊氏宗族。一世祖蘇咪烏。本譜内容爲世系,至魯里凡五十一世。

本譜載於《哈尼族口傳文化譯註全集》第十一卷《紅河州哈尼族譜牒(二)》

[雲南金平]隔界村張稅沙户譜牒　張玉明背誦　李有順搜集　2010年雲南民族出版社排印本　合册　哈漢雙文並註國際音標

該户屬各作支系張氏宗族。一世祖蘇咪烏。從第一世"蘇咪烏"至第十二世"聰莫威"的譜牒與本村楊魯里户相同。本譜内容爲世系,至稅沙凡五十二世。

本譜載於《哈尼族口傳文化譯註全集》第十一卷《紅河州哈尼族譜牒(二)》

[雲南金平]隔界村馬客香户譜牒　馬大背誦　李有順搜集　2010年雲南民族出版社排印本　合册　哈漢雙文並註國際音標

該户屬各作支系馬氏宗族。一世祖蘇咪烏。從第一世"蘇咪烏"至第十二世"聰莫威"的譜牒與本村楊魯里户相同。本譜内容爲世系,至客香凡四十九世。

本譜載於《哈尼族口傳文化譯註全集》第十一卷《紅河州哈尼族譜牒(二)》

[雲南金平]翁當村楊奬幾户譜牒　楊文忠(獎幾)背誦　普鈺禾、李有順搜集　2010年雲南民族出版社排印本　合册　哈漢雙文並註國際音標

該户屬各作支系楊氏宗族。一世祖蘇咪烏。本譜内容爲世系,至含謀凡三十九世。

本譜載於《哈尼族口傳文化譯註全集》第十一卷《紅河州哈尼族譜牒(二)》

[雲南金平]翁當村何毛哲户譜牒　何理方(毛哲)背誦　普鈺禾、李有順搜集　2010年雲南民族出版社排印本　合册　哈漢雙文並註國際音標

該户屬各作支系何氏宗族。一世祖蘇咪烏。從第一世"蘇咪烏"至第十三世"莫威最"的譜牒與本村楊獎幾户相同。本譜内容爲世系,至衣胡凡五十七世。

本譜載於《哈尼族口傳文化譯註全集》第十一卷《紅河州哈尼族譜牒(二)》

[雲南金平]翁當村黄則魯户譜牒　黄玉清(則魯)背誦　普鈺禾、李有順搜集　2010年雲南民族出版社排印本　合册　哈漢雙文並註國際音標

該户屬各作支系黄氏宗族。一世祖蘇咪烏。從第一世"蘇咪烏"至第十二世"聰莫威"的譜牒與本村楊獎幾户相同。本譜内容爲世系,至則魯凡六十一世。

本譜載於《哈尼族口傳文化譯註全集》第十一卷《紅河州哈尼族譜牒(二)》

[雲南金平]翁當村朱拾約户譜牒　朱小和(拾約)背誦　普鈺禾、李有順搜集　2010年雲南民族出版社排印本　合册　哈漢雙文並註國際音標

該户屬各作支系朱氏宗族。一世祖蘇咪烏。從第一世"蘇咪烏"至第二十一世"壟兵波"的譜牒與本村何毛哲户相同。本譜内容爲世系,至拾約凡五十一世。

本譜載於《哈尼族口傳文化譯註全集》第十一卷《紅河州哈尼族譜牒(二)》

[雲南金平]翁當村李龍沙户譜牒　李德學背誦　普鈺禾、李有順搜集　2010年雲南民族出版社排印本　合册　哈漢雙文並註國際音標

該户屬各作支系李氏宗族。一世祖蘇咪烏。從第一世"蘇咪烏"至第二十一世"壟兵波"的譜牒與本村何毛哲户相同。本譜内容爲世系,至龍沙凡五十二世。

本譜載於《哈尼族口傳文化譯註全集》第十一卷《紅河州哈尼族譜牒(二)》

[雲南金平]翁當村王攏朔户譜牒　王正華背誦　普鈺禾、李有順搜集　2010年雲南民族出版社排印本　合册　哈漢雙文並註國際音標

該户屬各作支系王氏宗族。一世祖蘇咪烏。從第一世"蘇咪烏"至第十六世"飄瑪登"的譜牒與本村楊獎幾户相同。本譜内容爲世系,至攏朔凡四十五世。

本譜載於《哈尼族口傳文化譯註全集》第十一卷《紅河州哈尼族譜牒(二)》

[雲南金平]翁當村白俠魯户譜牒　白正紅(俠魯)背誦　普鈺禾搜集　2010年雲南民族出版社排印本　合册　哈漢雙文並註國際音標

該户屬各作支系白氏宗族。一世祖噢麻。本譜内容爲世系,至魯垌凡五十五世。

本譜載於《哈尼族口傳文化譯註全集》第十一卷《紅河州哈尼族譜牒(二)》

[雲南金平]三棵樹村楊草則户譜牒　楊自明(草則)背誦　普鈺禾、李有順搜集　2010年雲南民族出版社排印本　合册　哈漢雙文並註國際音標

該户屬各作支系楊氏宗族。一世祖蘇咪烏。本譜内容爲世系,至擴謀凡四十七世。

本譜載於《哈尼族口傳文化譯註全集》第十一卷《紅河州哈尼族譜牒(二)》

[雲南金平]三棵樹村何小恩户譜牒　何小大(胡哲)背誦　普鈺禾、李有順搜集　2010年雲南民族出版社排印本　合册　哈漢雙文並註國際音標

該户屬各作支系何氏宗族。一世祖蘇咪烏。從第一世"蘇咪烏"至第十二世"聰莫威"的譜牒與本村楊草則户相同。本譜内容爲世系,至小恩凡五十四世。

本譜載於《哈尼族口傳文化譯註全集》第十一卷《紅河州哈尼族譜牒(二)》

[雲南金平]三棵樹村黎尖如户譜牒 黎永祥背誦 普鈺禾、李有順搜集 2010年雲南民族出版社排印本 合册 哈漢雙文並註國際音標

該户屬各作支系黎氏宗族。一世祖蘇咪烏。從第一世"蘇咪烏"至第十六世"飄瑪登"的譜牒與本村楊草則户相同。本譜内容爲世系,至如謀凡四十九世。

本譜載於《哈尼族口傳文化譯註全集》第十一卷《紅河州哈尼族譜牒(二)》

[雲南金平]三棵樹村朱俄謀户譜牒 朱小大(拾加)背誦 普鈺禾、李有順搜集 2010年雲南民族出版社排印本 合册 哈漢雙文並註國際音標

該户屬各作支系朱氏宗族。一世祖蘇咪烏。從第一世"蘇咪烏"至第二十二世"兵波嗯"的譜牒與本村何小恩户相同。本譜内容爲世系,至俄謀凡五十二世。

本譜載於《哈尼族口傳文化譯註全集》第十一卷《紅河州哈尼族譜牒(二)》

[雲南金平]三棵樹村黄威就户譜牒 黄玉林(威就)背誦 普鈺禾、李有順搜集 2010年雲南民族出版社排印本 合册 哈漢雙文並註國際音標

該户屬各作支系黄氏宗族。一世祖蘇咪烏。從第一世"蘇咪烏"至第二十一世"壟兵波"的譜牒與本村何小恩户相同。本譜内容爲世系,至赤魯凡五十七世。

本譜載於《哈尼族口傳文化譯註全集》第十一卷《紅河州哈尼族譜牒(二)》

[雲南金平]三棵樹村馬扣剎户譜牒 馬光里(沙抖)背誦 普鈺禾、李有順搜集 2010年雲南民族出版社排印本 合册 哈漢雙文並註國際音標

該户屬各作支系馬氏宗族。一世祖蘇咪烏。從第一世"蘇咪烏"至第二十二世"兵波嗯"的譜牒與本村何小恩户相同。本譜内容爲世系,至扣剎凡五十八世。

本譜載於《哈尼族口傳文化譯註全集》第十一卷《紅河州哈尼族譜牒(二)》

[雲南金平]上羅孟村李熬抖户譜牒 李熬抖背誦 普鈺禾、李有順搜集 2010年雲南民族出版社排印本 合册 哈漢雙文並註國際音標

該户屬哈尼族"臘咪"支系。一世祖噢窩。本譜内容爲世系,至秧簸凡六十七世。

本譜載於《哈尼族口傳文化譯註全集》第十一卷《紅河州哈尼族譜牒(二)》

[雲南金平]上羅孟村馬簸羅户譜牒 馬尖黑背誦 普鈺禾、李有順搜集 2010年雲南民族出版社排印本 合册 哈漢雙文並註國際音標

該户屬臘咪支系馬氏宗族。一世祖噢窩。從第一世"噢窩"至第十七世"木然咱"的譜牒與本村李熬抖户相同。本譜内容爲世系,至簸羅凡四十五世。

本譜載於《哈尼族口傳文化譯註全集》第十一卷《紅河州哈尼族譜牒(二)》

[雲南金平]上羅孟村羅陳汝户譜牒 羅保和背誦 普鈺禾、李有順搜集 2010年雲南民族出版社排印本 合册 哈漢雙文並註國際音標

一世祖批則。原爲漢族,祖籍廣西,約在一百年前來到金平縣者米鄉上羅孟村,變爲哈尼族。此户雖取哈尼族名字,但後代父子未連名。本譜内容爲世系,至陳汝(羅進員)凡五世。

本譜載於《哈尼族口傳文化譯註全集》第十一卷《紅河州哈尼族譜牒(二)》

[雲南金平]石頭寨村李舉保户譜牒 李舉保背誦 張平恒搜集 2010年雲南民族出版社排印本 合册 哈漢雙文並註國際音標

該户屬臘咪支系李氏宗族。一世祖噢麻。該户譜牒多處不連名,背誦者也不知何因所致。本譜内容爲世系,至保沙凡五十三世。

本譜載於《哈尼族口傳文化譯註全集》第十一卷《紅河州哈尼族譜牒(二)》

[雲南金平]石頭寨村張抖沙户譜牒 張斗山背誦 張平恒搜集 2010年雲南民族出版社排印本 合册 哈漢雙文並註國際音標

該户屬臘咪支系張氏宗族。一世祖赤拾顯。赤拾顯前的譜牒無人知曉。該家族在祭祀背誦譜牒時,均從次代開始。本譜内容爲世系,至沙則凡三十一世。

本譜載於《哈尼族口傳文化譯註全集》第十一卷《紅河州哈尼族譜牒(二)》

[雲南金平]河頭上寨馬安保户譜牒　馬小玉背誦　李春江搜集　2010年雲南民族出版社排印本　合册　哈漢雙文並註國際音標

該户屬各和支系馬氏宗族。一世祖噢瑪(麻)。該户譜牒多代不連名,背誦者也不知何因所致。金平縣老勐、老集寨鄉一帶哈尼族有完整譜牒的户數很少。本譜内容爲世系,至安保凡六十二世。

本譜載於《哈尼族口傳文化譯註全集》第十一卷《紅河州哈尼族譜牒(二)》

[雲南金平]勐謝村朱成侯户譜牒　朱沙保背誦　陳文英、許自德搜集　2010年雲南民族出版社排印本　合册　哈漢雙文並註國際音標

該户屬各和支系朱氏宗族。一世祖蘇咪衣。本譜内容爲世系,至成侯凡四十八世。

本譜載於《哈尼族口傳文化譯註全集》第十一卷《紅河州哈尼族譜牒(二)》

[雲南金平]勐謝村封侯謀户譜牒　封文清(直保)背誦　陳文英、許自德搜集　2010年雲南民族出版社排印本　合册　哈漢雙文並註國際音標

一世祖彭女,原爲彝族,其後代變爲哈尼族各和支系。本譜内容爲世系,至侯謀凡九世。

本譜載於《哈尼族口傳文化譯註全集》第十一卷《紅河州哈尼族譜牒(二)》

[雲南金平]勐謝村李日保户譜牒　李雲龍(日保)背誦　陳文英、許自德搜集　2010年雲南民族出版社排印本　合册　哈漢雙文並註國際音標

該户屬各和支系李氏宗族。一世祖噢麻。本譜内容爲世系,至謀成凡五十八世。

本譜載於《哈尼族口傳文化譯註全集》第十一卷《紅河州哈尼族譜牒(二)》

[雲南金平]勐謝村陳保舉户譜牒　陳紹祥(保舉)背誦　陳文英、許自德搜集　2010年雲南民族出版社排印本　合册　哈漢雙文並註國際音標

該户屬各和支系陳氏宗族。一世祖乃本。本譜内容爲世系,至舉成凡四十六世。

本譜載於《哈尼族口傳文化譯註全集》第十一卷《紅河州哈尼族譜牒(二)》

[雲南金平]勐謝村錢沙侯户譜牒　錢沙侯背誦　陳文英、許自德搜集　2010年雲南民族出版社排印本　合册　哈漢雙文並註國際音標

該户屬各和支系錢氏宗族。一世祖乃本。從第一世"乃本"至第十世"博本烏"的譜牒與本村陳保舉户相同。本譜内容爲世系,至日嘎凡三十三世。

本譜載於《哈尼族口傳文化譯註全集》第十一卷《紅河州哈尼族譜牒(二)》

[雲南金平]松林坡下寨陳矮侯户譜牒　陳矮侯背誦　陳文英、許自德搜集　2010年雲南民族出版社排印本　合册　哈漢雙文並註國際音標

該户屬各和支系陳氏宗族。一世祖乃本。本譜内容爲世系,至抖子凡六十世。

本譜載於《哈尼族口傳文化譯註全集》第十一卷《紅河州哈尼族譜牒(二)》

[雲南金平]松林坡上寨陳日才户譜牒　陳萬章(日才)背誦　陳文英、許自德搜集　2010年雲南民族出版社排印本　合册　哈漢雙文並註國際音標

該户屬各和支系陳氏宗族。一世祖乃本。本譜内容爲世系,至句子凡六十一世。

本譜載於《哈尼族口傳文化譯註全集》第十一卷《紅河州哈尼族譜牒(二)》

[雲南金平]野豬塘村封抖謀户譜牒　封小明(抖謀)背誦　陳文英、許自德搜集　2010年雲南民族出版社排印本　合册　哈漢雙文並註國際音標

該户屬各和支系封氏宗族。一世祖噢窩。本譜内容爲世系,至謀侯凡六十一世。

本譜載於《哈尼族口傳文化譯註全集》第十一卷《紅河州哈尼族譜牒(二)》

[雲南金平]野豬塘村陳簡謀户譜牒　陳文清(簡謀)背誦　陳文英、許自德搜集　2010年雲南民族出版社排印本　合册　哈漢雙文並註國際音標

該户屬各和支系陳氏宗族。一世祖噢麻。本譜内容爲世系,至沙侯凡六十世。

本譜載於《哈尼族口傳文化譯註全集》第十一卷《紅河州哈尼族譜牒(二)》

[雲南金平]野豬塘村李沙抖户譜牒　李自新背誦　陳文英、許自德搜集　2010年雲南民族出版社排印本　合册　哈漢雙文並註國際音標

該户屬各和支系李氏宗族。一世祖噢麻。從第一世"噢麻"至第十四世"博白烏"的譜牒與本村陳簡謀户相同。本譜内容爲世系,至抖嘎凡五十六世。

本譜載於《哈尼族口傳文化譯註全集》第十一卷《紅河州哈尼族譜牒(二)》

[雲南金平]野豬塘村雷直樸户譜牒　雷光明背誦　陳文英、許自德搜集　2010年雲南民族出版社排印本　合册　哈漢雙文並註國際音標

該户屬各和支系雷氏宗族。一世祖噢麻。從第一世"噢麻"至第十四世"博白烏"的譜牒與本村封抖謀户相同。本譜内容爲世系,至侯魯凡六十世。

本譜載於《哈尼族口傳文化譯註全集》第十一卷《紅河州哈尼族譜牒(二)》

[雲南金平]采山坪村朱魯們户譜牒　朱自明背誦　陳文英、許自德搜集　2010年雲南民族出版社排印本　合册　哈漢雙文並註國際音標

該户屬各和支系朱氏宗族。一世祖噢麻。本譜内容爲世系,至魯們凡五十世。

本譜載於《哈尼族口傳文化譯註全集》第十一卷《紅河州哈尼族譜牒(二)》

[雲南金平]保山寨村李沙謀户譜牒　李德明(沙謀)背誦　陳文英、許自德搜集　2010年雲南民族出版社排印本　合册　哈漢雙文並註國際音標

該户屬各和支系李氏宗族。一世祖噢麻。本譜内容爲世系,至嘎簡凡二十七世。其間何代缺漏不清。

本譜載於《哈尼族口傳文化譯註全集》第十一卷《紅河州哈尼族譜牒(二)》

[雲南金平]滑石板村陳日侯户譜牒　陳自强(保日)背誦　陳文英、許自德搜集　2010年雲南民族出版社排印本　合册　哈漢雙文並註國際音標

該户屬各和支系陳氏宗族。一世祖噢麻。本譜内容爲世系,至日侯凡六十世。第四十八世山濤和第四十七世里侯不連名。

本譜載於《哈尼族口傳文化譯註全集》第十一卷《紅河州哈尼族譜牒(二)》

[雲南金平]白馬中寨村車侯沙户譜牒　車名正(侯沙)背誦　車文新搜集　2010年雲南民族出版社排印本　合册　哈漢雙文並註國際音標

該户屬各和支系車氏宗族。一世祖噢麻。第三十七世奴車,車姓由此分支。第五十世麻租,因亡而由其妻接名。本譜内容爲世系,至侯沙凡六十四世。

本譜載於《哈尼族口傳文化譯註全集》第十一卷《紅河州哈尼族譜牒(二)》

[雲南金平]白馬中寨村李直保户譜牒　李小二背誦　陳文英、許自德搜集　2010年雲南民族出版社排印本　合册　哈漢雙文並註國際音標

一世祖車最,其之前代數不詳。本譜内容爲世系,至保沙凡十八世。

本譜載於《哈尼族口傳文化譯註全集》第十一卷《紅河州哈尼族譜牒(二)》

[雲南金平]白馬下寨村楊保直户譜牒　楊保直背誦　陳文英、許自德搜集　2010年雲南民族出版社排印本　合册　哈漢雙文並註國際音標

該户屬各和支系楊氏宗族。一世祖活朔祖,其之前代數不詳。白馬下寨村的各姓氏均無人能完

整地背誦譜牒。本譜内容爲世系，至直嘎凡二十世。

本譜載於《哈尼族口傳文化譯註全集》第十一卷《紅河州哈尼族譜牒（二）》

[雲南金平]白馬上寨村許才侯户譜牒　許富祥背誦　陳文英、許自德搜集　2010年雲南民族出版社排印本　合册　哈漢雙文並註國際音標

該户屬各和支系許氏宗族。一世祖羅曹，其之前代數不詳。白馬上寨村的各姓氏均無人能完整地背誦譜牒。本譜内容爲世系，至才侯凡十三世。

本譜載於《哈尼族口傳文化譯註全集》第十一卷《紅河州哈尼族譜牒（二）》

[雲南景洪]瑪木達家譜　纂修者不詳　1982年雲南民族出版社排印本　合册

記録了自孫米窩至皮利共五十一代世系。

本譜載於《哈尼族社會歷史調查》

[雲南景洪]唐盤忠支家庭譜系之一　纂修者不詳　版本不詳

本譜所載僅爲世系，記録了自尊唐盤至才折三十二代世系。現居雲南省景洪縣嘎灑鄉南聯山。

本條目據1993年第1期《雲南師範大學學報（哲學社會科學版）》載楊忠明《哈尼族及東南亞阿卡人譜系初探》一文著録

[雲南景洪]唐盤吹支家庭譜系之一　纂修者不詳　版本不詳

本譜所載僅爲世系，記録了自尊唐盤至二門十九代世系。現居雲南省景洪小街鄉阿克新寨

本條目據1993年第1期《雲南師範大學學報（哲學社會科學版）》載楊忠明《哈尼族及東南亞阿卡人譜系初探》一文著録

[雲南勐海]唐盤漫支家庭譜系之一　纂修者不詳　版本不詳

本譜所載僅爲世系，記録了自尊唐盤至先克四十一代世系。現居雲南勐海縣布郎山邦章寨。

本條目據1993年第1期《雲南師範大學學報（哲學社會科學版）》載楊忠明《哈尼族及東南亞阿卡人譜系初探》一文著録

[雲南勐海]唐盤沙支家庭譜系之一　纂修者不詳　版本不詳

本譜所載僅爲世系，記録了自尊唐盤至章大三十二代世系。

本條目據1993年第1期《雲南師範大學學報（哲學社會科學版）》載楊忠明《哈尼族及東南亞阿卡人譜系初探》一文著録

[雲南勐海]仁説家譜系　纂修者不詳　版本不詳

本譜所載僅爲世系，記録了史前族譜十二代，元祖族譜十四代，胞族族譜唐盤漫至仁説五十五代世系。

本條目據1993年第1期《雲南師範大學學報（哲學社會科學版）》載楊忠明《哈尼族及東南亞阿卡人譜系初探》一文著録

傣　族

[雲南孟連][刀氏]孟連宣撫史不分卷　(清)康朗崗允纂修　清嘉慶二年(1797)抄本　一册　傣文

全書用傣文以詩歌體書寫在八十四頁棉紙上,約4 000行。傣文譜牒一般都没標明著者及成書年代,因此本譜較爲罕見。譜系内容包括自1404年到1797年共三百九十三年間二十代孟連宣撫司土司世系、猛卯簡況、孟連土司遷徙史、孟連大事記、雜記五個部分。值得注意的是,譜系除載録孟連刀氏土司的歷史發展情況外,還記録了傣曆1158年(公元1796年)札堵、札納在瀾滄江北岸率領傣族人民反抗土司、官府的起義。

雲南省孟連縣檔案館

本條目據華林撰《傣族歷史檔案研究》著録

[雲南孟連][刀氏]景谷土司世系不分卷　(清)占達洪昆纂修　清雍正間抄本　一册

作者占達洪昆係曾在佛寺當過比丘而還俗的土司署官員,成書年代未寫明,但從記録上看,當在雍正年間。譜系始自洪武三十五年(1402)一世刀算黨任威遠州知州,止於雍正二年(1724)土知州刀光焕被革職流放,共記載三百二十二年間的景谷土司發展史。譜系内容由"召艾和召依"、"開拓者"共十個部分組成,涉及景谷土司的世系源流、功勳業績、明清王朝在景谷傣族地區的設治經營情況及抗擊外來入侵等諸多史實。

雲南省景谷縣益智鄉刀氏族人

[雲南雙江]猛猛土司世系不分卷　宋子皋纂修　民國抄本　一册　傣文

作者宋子皋,雲南雙江猛猛後城人,曾在佛寺當過和尚、佛爺,還俗後在土司署任召法。譜内世系追述猛猛土司之歷史淵源於猛卯,一世祖罕甸帶領部分傣族族人於傣曆747年(公元1385年)來到猛庫,猛猛到二十五世罕富文於傣曆1279年(公元1917年)任職,約五百四十餘年猛猛土司發展歷史。此譜還記録了猛卯素塔貢瑪拉時代的歷史,思漢法王族世系,明清王朝在邊疆設治經營以及邊疆土司政權狀況,傣族與布朗族、佤族、拉祜族、漢族的關係等内容。譜系以詩歌體撰成,在追述土司世系過程中,還將傣族神話傳説、男女對歌、禮儀民俗貫穿記録在書中。

本條目據華林撰《傣族歷史檔案研究》著録

[雲南德宏]多氏家譜　纂修者不詳　1987年雲南人民出版社排印本　合册

始祖姓恭名忠,原籍四川重慶府人氏,漢代奉命南征孟獲。明正統十一年(1446)立宣撫司,以族人恭項爲宣撫使,其子曾受恩悍法差遣之役,夷語是謂"多綫瓜馬"(漢語意"僅命爾速去速回"),遂以"多"爲姓,自此隴川宣撫司由多氏世襲其職。譜載隴川宣撫使歷代世職功由圖册、族源、誥命、敕書等。

本譜載於《德宏傣族社會歷史調查(三)》

[雲南德宏]麓川思氏譜牒　纂修者不詳　一册　又名猛卯思氏譜牒　傣文

麓川即今雲南省德宏傣族景頗族自治州的瑞麗、隴川、遮放及瑞麗江南岸一帶。十世紀左右,雲南西部出現了一個由操撣傣語的四大部落組成的强聯盟"掛賞彌國",猛卯部爲聯盟成員。元初,又將猛卯建爲麓川路,故稱猛卯爲麓川。譜記麓川統治者之傳位世系,始於南宋寶祐四年(1256)。

本條目據《中國少數民族古籍集解》著録

[雲南潞西]遮放土司世襲史　纂修者不詳　清抄本　一册

此爲多氏家族譜。始祖多懷們,明正統元年(1436)從征猛卯有功被授隴川宣撫司副使之職,居潞西遮放。至傣曆甲戌年(1900)司官多立德"崇尚佛法三寶,遵循佛祖的十戒治理地方"之時,遮放土司已有四百六十餘年之歷史。

本條目據華林撰《傣族歷史檔案研究》著録

[雲南潞西]芒市土司歷代簡史 纂修者不詳 抄本 一册 又名芒市土司簡史、芒市土司方氏宗譜 傣文

譜録自明洪武十五年(1382)至民國二十一年(1932)共五百六十餘年方氏土司家族世系,以及其任職承襲、配偶子女和所轄領域等二十五代家族發展狀況。還記述了德宏地區發生的重大歷史事件及家族主要人物的史迹功勳。譜系對傣族與其他民族的友好關係也進行了具體的考録,對土司内部及與各朝統治者之間的文書往來及承轉關係多有述及,並刊録了部分文書的内容。今有方一龍譯本。

雲南省潞西市

本條目據《中國少數民族古籍集解》、華林撰《傣族歷史檔案研究》著録

[雲南潞西]芒市土司簡史 方御龍、方正春、方克湘整理 1987年德宏民族出版社排印本 合册

本譜載於《潞西縣文史資料》1987年第1期

[雲南盈江]干崖宣撫司刀氏家譜 纂修者不詳 1949年以後抄清同治間修本 一册

始遷祖郗忠國,明洪武三年(1370)自南京上元縣征戰至雲南永昌,又隨師至猛卯,擊敗猛卯思基王子,因領兵征敵有功,遂爲干崖之印官。子郗朗練亦繼爲印官。至第三代刀帕便時,改姓爲刀。此譜多記土司間争權奪利之事。全文由口語體寫成,方言俚語較多。

雲南省盈江縣檔案館

本條目據德宏史志編委會辦公室編《德宏史志資料》第11集載傅于堯撰《盈江民族歷史文物考察》(中)一文著録

[雲南盈江]干崖宣撫司刀氏家譜不分卷 刀安仁纂修 清光緒間抄本 一册 傣文

先祖同上。記事至二十一世刀盈廷。此譜以傣文横書,間有漢文墨批。譜原由刀安濟收藏。

雲南省盈江縣檔案館

本條目據德宏史志編委會辦公室編《德宏史志資料》第11集載傅於堯撰《盈江民族歷史文物考察》(中)一文著録

[雲南盈江]刀氏土司家譜 纂修者不詳 1984年雲南人民出版社排印本 合册

先祖同上。是譜原爲傣文。譜載一世郗忠國至二十三世刀盈廷世系。

本譜載於《德宏傣族社會歷史調查(二)》

[雲南盈江]刀氏土司家譜 纂修者不詳 1984年雲南人民出版社排印本 合册

先祖同上。是譜原文即爲漢文。譜載一世郗忠國至二十三世刀盈廷世系,内容與傣文譜略有出入。

本譜載於《德宏傣族社會歷史調查(二)》

[雲南盈江]盞達土司刀思氏家譜 思洪讓纂修 清末民國初修本 一册

始祖郗忠國。二世祖郗曩例,生三子:長子刀思忠,次子刀思平,三子刀思美。本譜爲刀思忠之譜。思忠,授土司副使職。此譜爲盈江縣已故政協常委思洪讓漢文寫本,主要記載了刀思氏歷代事。

雲南省盈江縣政協刀安禄

本條目據德宏史志編委會辦公室編《德宏史志資料》第11集載傅于堯撰《盈江民族歷史文物考察》(中)一文著録

[雲南盈江]刀思忠及其先祖史 纂修者不詳 刀安禄翻譯 抄本 一册 傣文

先祖同上。譜敘事始於思翰法建立果占壁王國,止於明成化十年(1474)。

雲南省盈江縣政協思洪讓

[雲南盈江]盞達土司刀思氏宗譜　纂修者不詳　白緞　兩幅

先祖同上。此譜爲用漢文墨書的兩條白緞直幅,原爲盞達副宣撫使刀思氏珍藏。直幅一正中自上至下爲《盞達歷代世系》,左右兩側則載《盞達刀思氏宗譜序》。直幅二記載世系、分支,上部題"歷代宗圖"四個大字,右上方爲《宗圖序》。

雲南省盈江縣檔案館

[雲南盈江]孟氏家譜不分卷　(清)孟允善等纂修　1982 年傳抄清咸豐十一年(1861)修本　一册

始祖孟琰。世系凡三十二代。譜載序、世系、孟國楨墓誌銘。

德宏民族出版社孟成信

本條目據德宏史志編委會辦公室編《德宏史志資料》第 11 集載傅于堯撰《盈江民族歷史文物考察》(中)一文著録

[雲南盈江]盞西土目孟氏家譜不分卷　纂修者不詳　清光緒間傳抄清乾隆間本　一册

始祖悶散,原姓孟,係南京應天府上元人氏,隨師南征,落業盞西。諧音改悶姓。記事至十五世。譜末附清嘉慶十年(1805)至光緒十九年(1893)孟氏土目與騰越廳府往來檔案史料十五則。

雲南省盈江縣地方志辦公室

本條目據德宏史志編委會辦公室編《德宏史志資料》第 11 集載傅于堯撰《盈江民族歷史文物考察》(中)一文著録

[雲南盈江]盞西孟氏祖籍頂輩宗圖履歷宗譜　孟守義等纂修　二十世紀四十年代據清修本續修　一册　書名據封面題　記事至民國三十四年(1945)

譜首載世系名氏簡表,凡二十二世二十六人;次載孟氏歷代土目事迹以及祖籍、族姓源流。内容所涉多明清史事。

雲南省盈江縣檔案館

本條目據德宏史志編委會辦公室編《德宏史志資料》第 11 集載傅于堯撰《盈江民族歷史文物考察》(中)一文著録

[雲南洱源]阿氏族譜六卷　(清)阿元善纂修　清道光間抄本　一册

阿氏遠祖刀哀(阿哀),洪武十六年(1383)與長子阿這、次子阿世英率羊塘里戍兵"投軍效",協助都督沐英攻破佛光寨立功,刀哀"未封而卒",阿這和阿世英分别被授爲鄧川州知州、羅川土千户,尊爲一世祖。二世祖阿子賢,因政績卓著,檄攝大理府篆(知府)。六世祖阿驥,軍功政績卓著。七世祖阿國禎,因功受聖旨欽賞。

雲南省洱源縣三營鄉阿允成

本條目據 2004 年第 3 期《雲南社會科學》載王國祥撰《大理傣族追蹤》一文著録

[雲南洱源]阿氏族譜六卷　(清)阿元善纂修　1982 年雲南師範大學圖書館據舊譜複印　一册

參見上條。

雲南師範大學圖書館

[雲南景洪]車里宣慰[刀氏]世系考訂不分卷　李拂一纂修　民國三十六年(1947)昆明文建書局鉛印本　一册　書名據書名頁題

始祖叭真,宋代人。譜分兩部分,前爲"車里宣慰世系考訂",後爲傣漢文對照"車里宣慰世系"。

本譜載於《西南研究叢書》之九

[雲南景洪]傣族宣慰使司世系　纂修者不詳　傅懋勣、刀忠强翻譯　1983 年雲南民族出版社據清稿本排印　合册

此世系原稿爲傣文,1953 年由傅懋勣、刀忠强翻譯爲漢文。内録兩段世系:一是自傣曆五百四十二年入主西雙版納的第一代始祖召叭真起至召喊共十七代世系人名,二是自傣曆九百三十年繼位的宣慰使司召温勐(承襲其父召西里松版位)至召勐含勒(刀世勳)共二十三代世系人名。

本譜載於《傣族社會歷史調查(西雙版納之三)》

[雲南景洪]猛罕土司簡史　纂修者不詳　民國

抄本　一册

該譜牒系統記述了猛罕（今橄欖壩）土司一世雅版納，到"傣曆1296年（公元1934年）宣慰使召孟蘇宛帕鈧委派他的六弟召孟得任猛罕土司職，共九世約三百二十八年間猛罕土司的家族發展歷史。

本條目據華林撰《傣族歷史檔案研究》著録

傈 傈 族

[雲南碧江]括地家族族譜　纂修者不詳　1987年雲南民族出版社排印本　合册

始祖木畢,第四世分尼阿克、尼阿沙兩支。記録了木畢以下十代世系,括地爲第二世。居雲南省碧江縣色德鄉德一登村。

本譜載於《傈僳族社會歷史調查》

佤　族

[雲南西盟][佤族]崗里族譜　隋嘎口述　畢登程、隋嘎記録　2007年排印本　合册　譜名自擬

此爲西盟佤族逆推反連父子連名族譜。譜載一百代世系，第一代爲崗里，末一代也即第一百代爲隋盟磊。隋盟磊爲口述者隋嘎之孫。

本譜載於2007年第1期《思茅師範高等專科學校學報》載畢登程、隋嘎撰《由隋嘎的族譜看西盟佤族進入父系社會的時間》一文

[雲南]永歐姓家譜　纂修者不詳　1983年雲南人民出版社排印本　合册　佤漢合文

此爲佤族逆推反連父子連名族譜。内録自散比里至司崗里赫共二十七代世系。

本譜載於《佤族社會歷史調查》

[雲南]永歐姓家譜　纂修者不詳　2015年文物出版社排印本　合册　佤漢合文

參見前條。

本譜載於《20世紀50年代西盟佤族社會歷史調查》

[雲南]阿芒姓家譜　纂修者不詳　1983年雲南人民出版社排印本　合册　佤漢合文

此爲佤族逆推反連父子連名族譜。内録自蘇塊至司崗里赫共二十六代世系。

本譜載於《佤族社會歷史調查》

[雲南]阿芒姓家譜　纂修者不詳　2015年文物出版社排印本　合册　佤漢合文

參見前條。

本譜載於《20世紀50年代西盟佤族社會歷史調查》

[雲南]西俄姓家譜　纂修者不詳　1983年雲南人民出版社排印本　合册　佤漢合文

此爲佤族逆推反連父子連名族譜。内録自遂其琨至里赫普依共二十六代世系。

本譜載於《佤族社會歷史調查》

[雲南]西俄姓家譜　纂修者不詳　2015年文物出版社排印本　合册　佤漢合文

參見前條。

本譜載於《20世紀50年代西盟佤族社會歷史調查》

[雲南]亞木姓家譜　纂修者不詳　1983年雲南人民出版社排印本　合册　佤漢合文

此爲佤族逆推反連父子連名族譜。内録自南更至司崗里赫共二十五代世系。

本譜載於《佤族社會歷史調查》

[雲南]亞木姓家譜　纂修者不詳　2015年文物出版社排印本　合册　佤漢合文

參見前條。

本譜載於《20世紀50年代西盟佤族社會歷史調查》

[雲南]克里木姓家譜　纂修者不詳　1983年雲南人民出版社排印本　合册　佤漢合文

此爲佤族逆推反連父子連名族譜。内録自凱特布拉至司崗里赫共二十四代世系。

本譜載於《佤族社會歷史調查》

[雲南]克里木姓家譜　纂修者不詳　2015年文物出版社排印本　合册　佤漢合文

參見前條。

本譜載於《20世紀50年代西盟佤族社會歷史調查》

[雲南]木依庫姓家譜　纂修者不詳　1983 年雲南人民出版社排印本　合册　佤漢合文

此爲佤族逆推反連父子連名族譜。内録自夏赫藍至普依司崗共二十四代世系。

本譜載於《佤族社會歷史調查》

[雲南]木依庫姓家譜　纂修者不詳　2015 年文物出版社排印本　合册　佤漢合文

參見前條。

本譜載於《20 世紀 50 年代西盟佤族社會歷史調查》

[雲南]斯庫姓家譜　纂修者不詳　1983 年雲南人民出版社排印本　合册　佤漢合文

此爲佤族逆推反連父子連名族譜。内録自翁南至司崗里赫共二十二代世系。

本譜載於《佤族社會歷史調查》

[雲南]斯庫姓家譜　纂修者不詳　2015 年文物出版社排印本　合册　佤漢合文

參見前條。

本譜載於《20 世紀 50 年代西盟佤族社會歷史調查》

[雲南]彭克依姓家譜　纂修者不詳　1983 年雲南人民出版社排印本　合册　佤漢合文

此爲佤族逆推反連父子連名族譜。内録自龍斯冷至司崗里赫共二十代世系。

本譜載於《佤族社會歷史調查》

[雲南]彭克依姓家譜　纂修者不詳　2015 年文物出版社排印本　合册　佤漢合文

參見前條。

本譜載於《20 世紀 50 年代西盟佤族社會歷史調查》

[雲南]永格萊姓家譜　纂修者不詳　1983 年雲南人民出版社排印本　合册　佤漢合文

此爲佤族逆推反連父子連名族譜。内録自羊因至里赫普依共十九代世系。

本譜載於《佤族社會歷史調查》

[雲南]永格萊姓家譜　纂修者不詳　2015 年文物出版社排印本　合册　佤漢合文

參見前條。

本譜載於《20 世紀 50 年代西盟佤族社會歷史調查》

[雲南]關切木姓家譜　纂修者不詳　1983 年雲南人民出版社排印本　合册　佤漢合文

此爲佤族逆推反連父子連名族譜。内録自噴桑至普依司崗共十九代世系。

本譜載於《佤族社會歷史調查》

[雲南]關切木姓家譜　纂修者不詳　2015 年文物出版社排印本　合册　佤漢合文

參見前條。

本譜載於《20 世紀 50 年代西盟佤族社會歷史調查》

拉 祜 族

[雲南瀾滄]巴卡乃那期家族家譜　纂修者不詳　1983 年雲南人民出版社排印本　合册　譜名自擬

世系記録了自那期(妻)、協卡(夫)以下五代共八十八族人,是體現父系、母系並存的家譜。居雲南省瀾滄縣糯福區。

本譜載於《永寧納西族的母系制》

納　西　族

[四川木里]□□家譜不分卷　纂修者不詳　舊抄本　一册

四川省木里縣俄亞納西族鄉阮可人支系構塔等八户人家的家譜。從阮可人的遠古時期的祖先美忍士開始記載,一直記到後來八户各自分開。最長的一户共記載了四十七代,最短的一户共記載了四十五代。

雲南省麗江東巴文化博物館

本條目據《中國少數民族古籍總目提要·納西族卷》著録

[四川鹽源]英都、老巫二家家譜　纂修者不詳　1987年四川省社會科學院出版社排印本　合册　譜名自擬

屬阿熱斯汝瓦爾塔房支下。僅存世系,記録了塔卡饒阿巴始十二代二十八位族人,英都、老巫均爲第三世。居四川鹽源縣沿海鄉達住村。

本譜載於《四川省納西族社會歷史調查》

[四川鹽源]沛措、撒達二家家譜　纂修者不詳　1987年四川省社會科學院出版社排印本　合册　譜名自擬

屬阿熱斯汝本色房支下。僅存世系,記録了阿鄧始五代二十四位族人,沛措、撒達均爲第三世。居四川鹽源縣沿海鄉達住村。

本譜載於《四川省納西族社會歷史調查》

[四川鹽源]刀登家家譜　纂修者不詳　1987年四川省社會科學院出版社排印本　合册　譜名自擬

屬阿熱斯汝本色房支下。僅存世系,記録了刀登始四代三十一位族人。居四川鹽源縣沿海鄉達住村。

本譜載於《四川省納西族社會歷史調查》

[四川鹽源]次里家家譜　纂修者不詳　1987年四川省社會科學院出版社排印本　合册　譜名自擬

屬阿熱斯汝多巴房支下。僅存世系,記録了格里始四代十八位族人,次里爲第三世。居四川鹽源縣沿海鄉達住村。

本譜載於《四川省納西族社會歷史調查》

[四川鹽源]達珠家家譜　纂修者不詳　1987年四川省社會科學院出版社排印本　合册　譜名自擬

屬阿熱斯汝章成房支下。僅存世系,記録了麻尼娃始四代十七位族人,達珠爲第二世。居四川鹽源縣沿海鄉達住村。

本譜載於《四川省納西族社會歷史調查》

[四川鹽源]沛措、刀登扎石家家譜　纂修者不詳　1987年四川省社會科學院出版社排印本　合册　譜名自擬

屬阿熱斯汝章成房支下。僅存世系,記録了畢林始四代十四位族人,沛措、刀登扎石均爲第二世。居四川鹽源縣沿海鄉達住村。

本譜載於《四川省納西族社會歷史調查》

[四川鹽源]保補、扎石二家家譜　纂修者不詳　1987年四川省社會科學院出版社排印本　合册　譜名自擬

屬阿熱斯汝章成房支下。僅存世系,記録了苟底始四代二十位族人,保補爲第二世,扎石爲第三世。居四川鹽源縣沿海鄉達住村。

本譜載於《四川省納西族社會歷史調查》

[四川鹽源]沙勞家家譜　纂修者不詳　1987年四川省社會科學院出版社排印本　合册　譜名

自擬

屬瓦斯本斯汝色托盤房支下。僅存世系,記録了達什沛措始五代二十四位族人,沙勞爲第三世。居四川鹽源縣沿海鄉達住村。

本譜載於《四川省納西族社會歷史調查》

[四川鹽源]高若、達丹二家家譜 纂修者不詳 1987年四川省社會科學院出版社排印本 合册 譜名自擬

屬瓦斯本斯汝呷饒房支下。僅存世系,記録了阿塔始四代十九位族人,高若、達丹均爲第三世。居四川鹽源縣沿海鄉達住村。

本譜載於《四川省納西族社會歷史調查》

[四川鹽源]次里家家譜 纂修者不詳 1987年四川省社會科學院出版社排印本 合册 譜名自擬

屬瓦塔本斯汝托克饒房支下。僅存世系,記録了次里朵底始六代二十六位族人,次里爲第三世。居四川鹽源縣沿海鄉達住村。

本譜載於《四川省納西族社會歷史調查》

[四川鹽源]古麻家家譜 纂修者不詳 1987年四川省社會科學院出版社排印本 合册 譜名自擬

屬瓦塔本斯汝納卡房支下。僅存世系,記録了本瑪始五代十九位族人,古麻爲第三世。居四川鹽源縣沿海鄉達住村。

本譜載於《四川省納西族社會歷史調查》

[四川鹽源]瑪翁、哲阿瑪二家家譜 纂修者不詳 1987年四川省社會科學院出版社排印本 合册 譜名自擬

屬瓦塔本斯汝瓦哲房支下。僅存世系,記録了納扣始五代十五位族人,瑪翁爲第三世,哲阿瑪爲第四世。居四川鹽源縣沿海鄉達住村。

本譜載於《四川省納西族社會歷史調查》

[四川鹽源]阿光家家譜 纂修者不詳 1987年四川省社會科學院出版社排印本 合册 譜名自擬

屬補美垮斯汝旨丹房支下。僅存世系,記録了達什始四代十二位族人,阿光爲第二世。居四川鹽源縣沿海鄉達住村。

本譜載於《四川省納西族社會歷史調查》

[四川鹽源]達都家家譜 纂修者不詳 1987年四川省社會科學院出版社排印本 合册 譜名自擬

屬補美垮斯汝旨丹房支下。僅存世系,記録了司格達什始三代十三位族人,達都爲第二世。居四川鹽源縣沿海鄉達住村。

本譜載於《四川省納西族社會歷史調查》

[四川鹽源]扎石、沛措二家家譜 纂修者不詳 1987年四川省社會科學院出版社排印本 合册 譜名自擬

屬補美垮斯汝瓦坎房支下。僅存世系,記録了阿肯始四代十六位族人。居四川鹽源縣沿海鄉達住村。

本譜載於《四川省納西族社會歷史調查》

[四川鹽源]呷阿家家譜 纂修者不詳 1987年四川省社會科學院出版社排印本 合册 譜名自擬

屬補美垮斯汝瓦瑪雜房支下。僅存世系,記録了格尺林始五代二十四位族人,呷阿爲第三世。居四川鹽源縣沿海鄉達住村。

本譜載於《四川省納西族社會歷史調查》

[四川鹽源]高若、次車、肯塔三家家譜 纂修者不詳 1987年四川省社會科學院出版社排印本 合册 譜名自擬

屬阿社勞斯汝阿勞房支下。僅存世系,記録了達次里等始五代三十三位族人,高若、次車、肯塔爲第三世。居四川鹽源縣沿海鄉達住村。

本譜載於《四川省納西族社會歷史調查》

[四川鹽源]扎石家家譜 纂修者不詳 1987年四川省社會科學院出版社排印本 合册 譜名

自擬

屬阿社勞斯汝阿勞房支下。僅存世系,記録了刀登始四代十位族人,扎石(達什)爲第三世。居四川鹽源縣沿海鄉達住村。

本譜載於《四川省納西族社會歷史調查》

[四川鹽源]都直扎石家家譜　纂修者不詳　1987年四川省社會科學院出版社排印本　合册　譜名自擬

屬阿社勞斯汝阿勞房支下。僅存世系,記録了都直扎石始兩代六位族人。居四川鹽源縣沿海鄉達住村。

本譜載於《四川省納西族社會歷史調查》

[四川鹽源]司格、沛措二家家譜　纂修者不詳　1987年四川省社會科學院出版社排印本　合册　譜名自擬

屬阿社勞斯汝保者房支下。僅存世系,記録了梭都始四代十七位族人,司格、沛措均爲第三世。居四川鹽源縣沿海鄉達住村。

本譜載於《四川省納西族社會歷史調查》

[四川鹽源]達什家家譜　纂修者不詳　1987年四川省社會科學院出版社排印本　合册　譜名自擬

屬阿社勞斯汝保者房支下。僅存世系,記録了拉中始五代十四位族人,達什爲第四世。居四川鹽源縣沿海鄉達住村。

本譜載於《四川省納西族社會歷史調查》

[四川鹽源]都直家家譜　纂修者不詳　1987年四川省社會科學院出版社排印本　合册　譜名自擬

屬阿社勞斯汝瓦車肯房支下。僅存世系,記録了阿利始四代十八位族人,都直爲第四世。居四川鹽源縣沿海鄉達住村。

本譜載於《四川省納西族社會歷史調查》

[四川鹽源]甲措家家譜　纂修者不詳　1987年四川省社會科學院出版社排印本　合册　譜名自擬

屬瓦拉仁斯汝公瑪房支下。僅存世系,記録了諾補始五代十九位族人,甲措爲第四世。居四川鹽源縣沿海鄉達住村。

本譜載於《四川省納西族社會歷史調查》

[四川鹽源]呷阿、里若二家家譜　纂修者不詳　1987年四川省社會科學院出版社排印本　合册　譜名自擬

屬瓦拉仁斯汝公瑪房支下。僅存世系,記録了崇窩麻始五代三十位族人,呷阿、里若均爲第三世。居四川鹽源縣沿海鄉達住村。

本譜載於《四川省納西族社會歷史調查》

[四川鹽源]阿若、翁吉二家家譜　纂修者不詳　1987年四川省社會科學院出版社排印本　合册　譜名自擬

屬瓦拉仁斯汝公瑪房支下。僅存世系,記録了扎石始五代三十二位族人,阿若不詳,翁吉爲第四世。居四川鹽源縣沿海鄉達住村。

本譜載於《四川省納西族社會歷史調查》

[四川鹽源]苟塔、苟若、司格三家家譜　纂修者不詳　1987年四川省社會科學院出版社排印本　合册　譜名自擬

屬瓦拉仁斯汝多熱房支下。僅存世系,記録了肯若始五代四十二位族人,苟塔、苟若爲第三世,司格爲第四世。居四川鹽源縣沿海鄉達住村。

本譜載於《四川省納西族社會歷史調查》

[四川鹽源]次里扎石家家譜　纂修者不詳　1987年四川省社會科學院出版社排印本　合册　譜名自擬

屬瓦拉仁斯汝者麻房支下。僅存世系,記録了刷義始五代十四位族人。居四川鹽源縣沿海鄉達住村。

本譜載於《四川省納西族社會歷史調查》

[四川鹽源]達什家家譜　纂修者不詳　1987年四川省社會科學院出版社排印本　合册　譜名

自擬

屬瓦拉仁斯汝瓦寒房支下。僅存世系,記録了達什始二代五位族人。居四川鹽源縣沿海鄉達住村。

本譜載於《四川省納西族社會歷史調查》

[四川鹽源]阿措、古麻二家家譜 纂修者不詳 1987年四川省社會科學院出版社排印本 合册 譜名自擬

屬阿寸恒斯汝瓦呷房支下。僅存世系,記録了五代二十八位族人,阿措、古麻分别爲第三、第四世。居四川鹽源縣沿海鄉達住村。

本譜載於《四川省納西族社會歷史調查》

[四川鹽源]扎石家家譜 纂修者不詳 1987年四川省社會科學院出版社排印本 合册 譜名自擬

屬阿寸恒斯汝瓦呷房支下。僅存世系,記録了諾汝始四代十五位族人。居四川鹽源縣沿海鄉達住村。

本譜載於《四川省納西族社會歷史調查》

[四川鹽源]阿遲、沛措二家家譜 纂修者不詳 1987年四川省社會科學院出版社排印本 合册 譜名自擬

屬阿寸恒斯汝瓦格房支下。僅存世系,記録了阿丹瑪始五代二十九位族人,阿遲、沛措分别爲第三、第四世。居四川鹽源縣沿海鄉達住村。

本譜載於《四川省納西族社會歷史調查》

[四川鹽源]達什家家譜 纂修者不詳 1987年四川省社會科學院出版社排印本 合册 譜名自擬

屬阿寸恒斯汝瓦格房支下。僅存世系,記録了都直始三代十二位族人,達什爲第三世。居四川鹽源縣沿海鄉達住村。

本譜載於《四川省納西族社會歷史調查》

[四川鹽源]阿遲家家譜 纂修者不詳 1987年四川省社會科學院出版社排印本 合册 譜名自擬

屬阿寸恒斯汝阿品塔房支下。僅存世系,記録了阿丕始五代十九位族人,阿遲爲第三世。居四川鹽源縣沿海鄉達住村。

本譜載於《四川省納西族社會歷史調查》

[四川鹽源]古麻、次里二家家譜 纂修者不詳 1987年四川省社會科學院出版社排印本 合册 譜名自擬

屬阿寸恒斯汝阿塔房支下。僅存世系,記録了阿哈始五代二十五位族人,阿遲爲第三世。居四川鹽源縣沿海鄉達住村。

本譜載於《四川省納西族社會歷史調查》

[四川鹽源]呷措家家譜 纂修者不詳 1987年四川省社會科學院出版社排印本 合册 譜名自擬

屬阿寸恒斯汝阿塔房支下。僅存世系,記録了格次里始四代十九位族人,呷措爲第三世。居四川鹽源縣沿海鄉達住村。

本譜載於《四川省納西族社會歷史調查》

[四川鹽源]邊瑪家家譜 纂修者不詳 1987年四川省社會科學院出版社排印本 合册 譜名自擬

屬納底斯汝瓦他饒房支下。僅存世系,記録了瓦多始五代十八位族人,邊瑪爲第四世。居四川鹽源縣沿海鄉達住村。

本譜載於《四川省納西族社會歷史調查》

[四川鹽源]阿撒、公瑪二家家譜 纂修者不詳 1987年四川省社會科學院出版社排印本 合册 譜名自擬

屬納底斯汝瓦補肯房支下。僅存世系,記録了瓦塔爾始五代二十八位族人,阿撒、公瑪均爲第三世。居四川鹽源縣沿海鄉達住村。

本譜載於《四川省納西族社會歷史調查》

[四川鹽源]瑪林、阿直二家家譜 纂修者不詳 1987年四川省社會科學院出版社排印本 合册

譜名自擬

屬納底斯汝瓦署鐃房支下。僅存世系,記録了公補始五代二十二位族人,瑪林、阿直均爲第三世。居四川鹽源縣沿海鄉達住村。

本譜載於《四川省納西族社會歷史調查》

[四川鹽源]扎石家家譜　纂修者不詳　1987年四川省社會科學院出版社排印本　合册　譜名自擬

屬納底斯汝瓦鐃房支下。僅存世系,記録了司格塔始五代十五位族人,扎石爲第三世。居四川鹽源縣沿海鄉達住村。

本譜載於《四川省納西族社會歷史調查》

[四川鹽源]依丹、次拉姆二家家譜　纂修者不詳　1987年四川省社會科學院出版社排印本　合册　譜名自擬

屬納底斯汝高鐃房支下。僅存世系,記録了阿措始六代三十四位族人,依丹、次拉姆均爲第四世。居四川鹽源縣沿海鄉達住村。

本譜載於《四川省納西族社會歷史調查》

[四川鹽源]達丹家家譜　纂修者不詳　1987年四川省社會科學院出版社排印本　合册　譜名自擬

屬尼慈格畫斯汝剌瑪塔房支下。僅存世系,記録了阿朗遲始四代十四位族人,達丹爲第三世。居四川鹽源縣沿海鄉達住村。

本譜載於《四川省納西族社會歷史調查》

[四川鹽源]達丹拉措、都知二家家譜　纂修者不詳　1987年四川省社會科學院出版社排印本　合册　譜名自擬

屬尼慈格畫斯汝剌瑪塔房支下。僅存世系,記録了納扣始四代十七位族人,達丹拉措、都知均爲第三世。居四川鹽源縣沿海鄉達住村。

本譜載於《四川省納西族社會歷史調查》

[四川鹽源]扎石家家譜　纂修者不詳　1987年四川省社會科學院出版社排印本　合册　譜名自擬

屬尼慈格畫斯汝格漢勞房支下。僅存世系,記録了達都始五代十七位族人,扎石爲第三世。居四川鹽源縣沿海鄉達住村。

本譜載於《四川省納西族社會歷史調查》

[四川鹽源]阿諾家家譜　纂修者不詳　1987年四川省社會科學院出版社排印本　合册　譜名自擬

屬尼慈格畫斯汝格漢勞房支下。僅存世系,記録了都次里始五代十六位族人,阿諾爲第三世。居四川鹽源縣沿海鄉達住村。

本譜載於《四川省納西族社會歷史調查》

[四川鹽源]次里扎石家家譜　纂修者不詳　1987年四川省社會科學院出版社排印本　合册　譜名自擬

屬尼慈格畫斯汝瓦者盤房支下。僅存世系,記録了阿呷始五代二十位族人,次里扎石爲第三世。居四川鹽源縣沿海鄉達住村。

本譜載於《四川省納西族社會歷史調查》

[四川鹽源]扎石家家譜　纂修者不詳　1987年四川省社會科學院出版社排印本　合册　譜名自擬

屬尼慈格畫斯汝阿國房支下。僅存世系,記録了刀登始六代二十位族人,扎石爲第五世。居四川鹽源縣沿海鄉達住村。

本譜載於《四川省納西族社會歷史調查》

[四川鹽源]二車家家譜　纂修者不詳　1987年四川省社會科學院出版社排印本　合册　譜名自擬

屬尼慈木畫斯汝巴沃房支下。僅存世系,記録了舍多始五代十七位族人,二車爲第三世。居四川鹽源縣沿海鄉達住村。

本譜載於《四川省納西族社會歷史調查》

[四川鹽源]扎石妻家家譜　纂修者不詳　1987年四川省社會科學院出版社排印本　合册　譜名

自擬

屬尼慈木畫斯汝瓦年房支下。僅存世系,記録了阿塔始五代十位族人。居四川鹽源縣沿海鄉達住村。

本譜載於《四川省納西族社會歷史調查》

[四川鹽源]阿遲家家譜 纂修者不詳 1987年四川省社會科學院出版社排印本 合册 譜名自擬

屬尼慈木畫斯汝知呷房支下。僅存世系,記録了阿丹始三代十二位族人,阿遲爲第二世。居四川鹽源縣沿海鄉達住村。

本譜載於《四川省納西族社會歷史調查》

[四川鹽源]朗車家家譜 纂修者不詳 1987年四川省社會科學院出版社排印本 合册 譜名自擬

屬尼慈木畫斯汝瓦巴房支下。僅存世系,記録了保胡始四代十五位族人,朗車爲第二世。居四川鹽源縣沿海鄉達住村。

本譜載於《四川省納西族社會歷史調查》

[四川鹽源]阿若家家譜 纂修者不詳 1987年四川省社會科學院出版社排印本 合册 譜名自擬

屬尼慈木畫斯汝舍塔房支下。僅存世系,記録了公沖始五代二十四位族人,阿若爲第三世。居四川鹽源縣沿海鄉達住村。

本譜載於《四川省納西族社會歷史調查》

[四川鹽源]達丹、丹史二家家譜 纂修者不詳 1987年四川省社會科學院出版社排印本 合册 譜名自擬

屬尼慈木畫斯汝舍塔房支下。僅存世系,記録了阿達始五代三十位族人,達丹、丹史均爲第四世。居四川鹽源縣沿海鄉達住村。

本譜載於《四川省納西族社會歷史調查》

[四川鹽源]都直、扎石二家家譜 纂修者不詳 1987年四川省社會科學院出版社排印本 合册 譜名自擬

屬張姓(無斯汝名)阿沃房支下。僅存世系,記録了勞丹始六代三十二位族人,都直、扎石均爲第三世。居四川鹽源縣沿海鄉達住村。

本譜載於《四川省納西族社會歷史調查》

[四川鹽源]新翁明家家譜 纂修者不詳 1987年四川省社會科學院出版社排印本 合册 譜名自擬

屬納日支系。僅存世系,記録了剌紅雲、新翁明始三代十四位族人。居四川鹽源縣沿海鄉達住村。

本譜載於《四川省納西族社會歷史調查》

[四川鹽源]阿阿阿窩家家譜 纂修者不詳 1987年四川省社會科學院出版社排印本 合册 譜名自擬

母系譜系。僅存世系,記録了優抓馬始四代十位族人。居四川鹽源縣沿海鄉奢夸村。

本譜載於《四川省納西族社會歷史調查》

[四川鹽源]阿珠阿窩家家譜 纂修者不詳 1987年四川省社會科學院出版社排印本 合册 譜名自擬

母系譜系。僅存世系,記録了拉珠馬始四代十位族人。居四川鹽源縣沿海鄉奢夸村。

本譜載於《四川省納西族社會歷史調查》

[四川鹽源]阿珠龍甲馬家家譜 纂修者不詳 1987年四川省社會科學院出版社排印本 合册 譜名自擬

三代雙系譜系。僅存世系,記録了二代十位族人。居四川鹽源縣沿海鄉奢夸村。

本譜載於《四川省納西族社會歷史調查》

[四川鹽源]亨之拉史家家譜 纂修者不詳 1987年四川省社會科學院出版社排印本 合册 譜名自擬

僅存世系,記録了優木始三代九位族人。居四川鹽源縣沿海鄉奢夸村。

本譜載於《四川省納西族社會歷史調查》

[四川鹽源]戈帕家家譜 纂修者不詳 1987年四川省社會科學院出版社排印本 合册 譜名自擬

母系譜系。僅存世系,記録了六代十八位族人。居四川鹽源縣沿海鄉喇瓦村。

本譜載於《四川省納西族社會歷史調查》

[四川鹽源]阿格家家譜 纂修者不詳 1987年四川省社會科學院出版社排印本 合册 譜名自擬

四代雙系家譜。僅存世系,記録了拉搓咪始五代十九位族人。居四川鹽源縣沿海鄉喇瓦村。

本譜載於《四川省納西族社會歷史調查》

[四川鹽源]阿格甲布家家譜 纂修者不詳 1987年四川省社會科學院出版社排印本 合册 譜名自擬

父系譜系。僅存世系,記録了甲補始二代七位族人。居四川鹽源縣沿海鄉喇瓦村。

本譜載於《四川省納西族社會歷史調查》

[四川鹽源]挖基達甲米家家譜 纂修者不詳 1987年四川省社會科學院出版社排印本 合册 譜名自擬

母系譜系。僅存世系,記録了達甲米始四代十位族人。居四川鹽源縣沿海鄉布束村。

本譜載於《四川省納西族社會歷史調查》

[四川鹽源]若先巴爾家家譜 纂修者不詳 1987年四川省社會科學院出版社排印本 合册 譜名自擬

母系譜系。僅存世系,記録了甲初馬始三代五位族人。居四川鹽源縣沿海鄉布束村。

本譜載於《四川省納西族社會歷史調查》

[四川鹽源]布束家家譜 纂修者不詳 1987年四川省社會科學院出版社排印本 合册 譜名自擬

雙系譜系。僅存世系,記録了初窩、阿甲始六代二十一位族人。居四川鹽源縣沿海鄉布束村。

本譜載於《四川省納西族社會歷史調查》

[四川鹽源]作枯依若家家譜 纂修者不詳 1987年四川省社會科學院出版社排印本 合册 譜名自擬

父系譜系。僅存世系,記録了金同爾始四代八位族人。居四川鹽源縣沿海鄉布束村。

本譜載於《四川省納西族社會歷史調查》

[四川鹽源]谷馬家家譜 纂修者不詳 1987年四川省社會科學院出版社排印本 合册 譜名自擬

母系譜系。僅存世系,記録了翁基得馬始五代十位族人。居四川鹽源縣沿海鄉木支村。

本譜載於《四川省納西族社會歷史調查》

[四川鹽源]布塔優抓拉木家家譜 纂修者不詳 1987年四川省社會科學院出版 排印本 合册 譜名自擬

母系譜系。僅存世系,記録了甲爾米四代十一位族人。居四川鹽源縣沿海鄉木支村。

本譜載於《四川省納西族社會歷史調查》

[四川鹽源]包戈達珠家家譜 纂修者不詳 1987年四川省社會科學院出版社排印本 合册 譜名自擬

雙系譜系。世系記録了優抓次爾、直馬米始四代十六位族人。居四川鹽源縣沿海鄉木支村。

本譜載於《四川省納西族社會歷史調查》

[四川鹽源]馮方米家家譜 纂修者不詳 1987年四川省社會科學院出版社排印本 合册 譜名自擬

父系譜系。僅存世系,記録了馮方米始二代五位族人。居四川鹽源縣沿海鄉木支村。

本譜載於《四川省納西族社會歷史調查》

[四川鹽源]多塔家家譜 纂修者不詳 1987年

四川省社會科學院出版社排印本　合册　譜名自擬

母系譜系。僅存世系，記録了多塔沙木始五代十六位族人。居四川鹽源縣沿海鄉多奢村。

本譜載於《四川省納西族社會歷史調查》

[四川鹽源]木在打史家家譜　纂修者不詳　1987年四川省社會科學院出版社排印本　合册　譜名自擬

母系譜系。僅存世系，記録了策翁始四代十三位族人。居四川鹽源縣沿海鄉多奢村。

本譜載於《四川省納西族社會歷史調查》

[四川鹽源]瓦布苦若家家譜　纂修者不詳　1987年四川省社會科學院出版社排印本　合册　譜名自擬

父系譜系。僅存世系，記録了地阿次爾始四代七位族人，苦若爲第二世。居四川鹽源縣沿海鄉多奢村。

本譜載於《四川省納西族社會歷史調查》

[四川鹽源]喇比馬家家譜　纂修者不詳　1987年四川省社會科學院出版社排印本　合册　譜名自擬

雙系譜系。僅存世系，記録了卓比諾加馬、戞若丁子始四代十二位族人，喇比馬爲第三世。居四川鹽源縣沿海鄉多奢村。

本譜載於《四川省納西族社會歷史調查》

[四川鹽源]喇寶成家家譜　纂修者不詳　1987年四川省社會科學院出版社排印本　合册　譜名自擬

僅存世系，記録了喇寶成始四代二十二位族人。居四川鹽源縣沿海鄉多奢村。

本譜載於《四川省納西族社會歷史調查》

[四川鹽源]拔阿扎史家家譜　纂修者不詳　1987年四川省社會科學院出版社排印本　合册　譜名自擬

僅存世系，記録了拔阿厄池米始五代十三位族人。居四川鹽源縣沿海鄉多奢村。

本譜載於《四川省納西族社會歷史調查》

[四川鹽源]拔阿文采家家譜　纂修者不詳　1987年四川省社會科學院出版社排印本　合册　譜名自擬

母系譜系。僅存世系，記録了拔阿灑達馬始三代三代十二位族人，文采爲第二世。居四川鹽源縣沿海鄉多奢村。

本譜載於《四川省納西族社會歷史調查》

[四川鹽源]喇龍布家家譜　纂修者不詳　1987年四川省社會科學院出版社排印本　合册　譜名自擬

雙系譜系。僅存世系，記録了卓瓦拉木始四代十一位族人。居四川鹽源縣沿海鄉多奢村。

本譜載於《四川省納西族社會歷史調查》

[四川鹽源]各查家家譜　纂修者不詳　1987年四川省社會科學院出版社排印本　合册　譜名自擬

母系譜系。僅存世系，記録了甲初扎史始四代八位族人。居四川鹽源縣前所鄉。

本譜載於《四川省納西族社會歷史調查》

[四川鹽源]甲扎家家譜　纂修者不詳　1987年四川省社會科學院出版社排印本　合册　譜名自擬

母系譜系。僅存世系，記録了布爾米始四代十五位族人。居四川鹽源縣前所鄉。

本譜載於《四川省納西族社會歷史調查》

[四川鹽源]阿厄車家家譜　纂修者不詳　1987年四川省社會科學院出版社排印本　合册　譜名自擬

父系譜系。僅存世系，記録了阿史針始三代六位族人。居四川鹽源縣前所鄉。

本譜載於《四川省納西族社會歷史調查》

[四川鹽源]阿厄車家家譜　纂修者不詳　1987

年四川省社會科學院出版社排印本　合册　譜名自擬

雙系譜系。僅存世系，記録了阿高、喇思格始三代十一位族人。居四川鹽源縣前所鄉。

本譜載於《四川省納西族社會歷史調查》

[四川鹽源]如塔達史阿窩家家譜　纂修者不詳　1987年四川省社會科學院出版社排印本　合册　譜名自擬

母系譜系。僅存世系，第一世名不詳，記録了自二世開始的二十三位族人。居四川鹽源縣前所鄉。

本譜載於《四川省納西族社會歷史調查》

[四川鹽源]木帕家家譜　纂修者不詳　1987年四川省社會科學院出版社排印本　合册　譜名自擬

母系譜系。僅存世系，記録了達史納搓始四代二十八位族人。居四川鹽源縣前所鄉。

本譜載於《四川省納西族社會歷史調查》

[四川鹽源]阿如家家譜　纂修者不詳　1987年四川省社會科學院出版社排印本　合册　譜名自擬

雙系譜系。僅存世系，第一世名不詳，記録了自第二世始四代四十一位族人。居四川鹽源縣前所鄉。

本譜載於《四川省納西族社會歷史調查》

[四川鹽源]喬子才馬家家譜　纂修者不詳　1987年四川省社會科學院出版社排印本　合册　譜名自擬

父系譜系。僅存世系，記録了自戛若始二代八位族人。居四川鹽源縣前所鄉。

本譜載於《四川省納西族社會歷史調查》

[雲南麗江]木氏宦譜(文譜)不分卷　(清)木德纂修　清抄本　一册

本譜又名"玉龍山靈腳陽伯那(郡)木氏賢子孫大族宦譜"，明正德十一年(1516)雲南麗江土知府木公撰，時有增益，止於清乾隆年間。木德本當是在木公、木增本基礎上之續本或補修本。内容主要記述從神話傳説一直到清乾隆年間麗江木氏父子連名制世系及其事迹。麗江木氏舊時爲納西族封建領主，歷經元、明、清三朝，直到雍正年間改土歸流。傳有二十二世，凡四百七十年。

雲南省博物館

本條目據《中國少數民族古籍總目提要·納西族卷》、《中國少數民族古籍集解》著録

[雲南麗江]木氏宦譜(文譜)不分卷　(清)木德纂修　抄本　一册

參見前條。雲南省博物館藏本爲正本，此爲副本。

北京大學圖書館

本條目據《中國少數民族古籍集解》著録

[雲南麗江]木氏宦譜(文譜)不分卷　(清)木德纂修　1957年石印本　一册

參見前條。

雲南省麗江市圖書館

本條目據《中國少數民族古籍總目提要·納西族卷》

[雲南麗江]木氏宦譜(文譜)不分卷　(清)木德纂修　2001年雲南美術出版社影印本　一册

參見前條。

[雲南麗江]木氏宦譜(圖譜)不分卷　(清)木秀纂修　清道光年間繪製　一册

本譜又名《木氏宦譜圖像世系考》，從文譜的第十五世祖先牟樂牟保作爲一世祖起，共述二十五世，止於木德，有三十幅木氏土司畫像及文字考。所載前二十五世有文、後五世無文。原係雞足山悉檀寺手抄乙種藏本，現存雲南省博物館，紙本，畫面四十六乘三十一釐米。中國少數民族社會歷史調查資料叢刊雲南省編輯組《納西族社會歷史調查》(雲南民族出版社，1983)有此考本，但無畫像。

雲南省博物館

本條目據《中國少數民族古籍總目提要·納西族卷》、《中國少數民族古籍集解》著録

[雲南麗江]木氏宦譜(圖譜)不分卷　(清)木秀纂修　2001年雲南美術出版社據清道光年間繪製影印　一册

參見前條。此譜與文譜合裝。

[雲南麗江]木氏宦譜(圖譜)不分卷　(清)木秀纂修　清道光年間繪製　一册

參見前條。此本與前條版本不同,是"麗江木氏十六世畫像題字"本。僅有木秀所撰之前十六世,至木東(?—1579)止。應是木秀完成此書後配畫像時的未完稿。

收藏者不詳

本條目據《中國少數民族古籍集解》著録

[雲南麗江]木氏宦譜(圖譜)不分卷　(清)木秀纂修　1979年雲南大學歷史系民族歷史研究室據清道光年間繪製本排印　一册

參見前條。

本譜載於《雲南史料叢刊》第十九輯

[雲南麗江]木氏宦譜(圖譜)不分卷　(清)木秀纂修　1988年麗江納西族自治縣縣志編纂委員會辦公室據清道光年間繪製本排印　一册

參見前條。

本譜載於《麗江志苑》第二期

[雲南麗江]木氏歷代宗譜碑　纂修者不詳　清道光二十二年(1842)木載陽、木朝陽立　一塊

清代雲南麗江納西族木氏土官支系後裔所立之歷代宗譜碑。高一百六十七釐米,寬七十二點五釐米,厚十六釐米。上端題"木氏歷代宗譜"六個篆字。前端有一列較後端諸列字體稍大的文字,計二十行,行十二字;中央有一行大字,文爲:"玉龍山皇腳陽伯那木氏壹世祖秋陽,正妻彌均習鼠,唐初改爲昆明,屬巂州,高宗上元中,爲三甸總軍管。"後端有五列字體稍小的文字,計一百行,行十四字。均左行,正書。立者爲兩兄弟,雲南麗江納西族,元明至清初麗江納西族木氏土官支系之後裔。内容主要記述其歷代祖先父子連名制世系及其事迹,基本上與明代木公始修之《木氏宦譜》相同。元明以來,雲南各族土司之家多有譜牒,以《木氏宦譜》爲詳,此碑據其基本内容鐫刻於石上,以期長存。碑原立於麗江金山鄉漾西行政村米如自然村旁的勒塢村木氏墓地中。

雲南省麗江納西族自治縣博物館

本條目據《中國少數民族古籍集解》著録

[雲南麗江]釋麗江木氏宗族譜碑　李霖燦撰　2003年北京圖書館出版社據《大陸雜志》第九卷第三期影印　合册

參見前條。本文對木氏碑譜作了詳盡詮釋。

本譜載於《北京圖書館藏家譜叢刊·民族卷》第四十八册

[雲南麗江]木氏宦譜　木度纂修　稿本

始祖葉古年,唐代人,歷代以武功顯。木姓爲明皇帝所賜。譜載序及歷代任官裔孫的傳記。記事至康熙。此譜曾爲潘光旦收藏。

中央民族大學圖書館

[雲南麗江]木氏宦譜　木度纂修　2003年北京圖書館出版社據稿本影印　合册

參見前條。

本譜載於《北京圖書館藏家譜叢刊·民族卷》第四十八册

[雲南麗江]木氏宦譜　纂修者不詳　2003年北京圖書館出版社據抄本影印　合册

先祖同上。所載内容詳於前譜。

本譜載於《北京圖書館藏家譜叢刊·民族卷》第四十八册

[雲南寧蒗]永寧土知府承襲宗枝圖譜(甲本)　(清)阿恒芳撰　1983年雲南民族出版社排印本　一册

是爲清光緒二年(1876)雲南永寧納西族土知府阿恒芳呈請題襲詳文,爲土官承襲時據實詳報、以

憑查驗所呈。内容除納西族（自稱蒙古人，文獻記載爲西番，今普米族）阿氏承襲宗枝圖譜外，敘述阿氏於清代授職、立功、效命之經過。

本譜載於《民族問題五種叢書》之《納西族社會歷史調查（一）》

［雲南寧蒗］永寧土知府承襲宗枝圖譜（乙本）（清）阿應瑞撰　1983年雲南民族出版社排印本　一册

是爲光緒二十年（1894）土知府阿應瑞呈請題襲詳文，爲土官承襲時據實詳報、以憑查驗所呈。内容除納西族（自稱蒙古人，文獻記載爲西番，今普米族）阿氏承襲宗枝圖譜外，敘述阿氏於清代授職、立功、效命之經過。故雖僅爲一家之事，但所録據阿氏家歷代相傳之底本，一從原抄本之行款、稱謂。

本譜載於《民族問題五種叢書》之《納西族社會歷史調查（一）》

［雲南寧蒗］胡爾家譜　纂修者不詳　1983年雲南人民出版社排印本　合册　譜名自擬

母系譜系。世系記録自胡爾以下的四代共五十六位族人。居雲南省寧蒗縣永寧區温泉鄉。

本譜載於《永寧納西族的母系制》

［雲南寧蒗］益秸家族家譜　纂修者不詳　1983年雲南人民出版社排印本　合册　譜名自擬

母系譜系。遠祖薩達布。益秸爲一位祖先的名字，並逐漸演變爲該親族的名稱。記録其家族近代世系，自直馬覺以下六代共二十二位族人。居雲南省寧蒗縣永寧區温泉鄉阿古瓦村。

本譜載於《永寧納西族的母系制》

［雲南寧蒗］衣馬阿坡家族家譜　纂修者不詳　1983年雲南人民出版社排印本　合册　譜名自擬

母系譜系。世系記録衣馬阿坡家族的近代世系，即自斯格以下四代共十五位族人。居雲南省寧蒗縣永寧區。

本譜載於《永寧納西族的母系制》

［雲南寧蒗］彩塔家族譜系　瑪拉姆口述　王鶴鳴記録　電腦打印本　一册　書名自擬

在西雙版納永寧納西族中普遍存在母女連名家譜。這種口傳母女家譜的習俗今天仍在部分少數民族中間保留。“口耳相傳”，即對自己的直系親屬記憶非常清晰，能在短時間内將本家族的成員姓名、相互關係，包括每個人的生卒年齡等如實地回憶出來。本譜記載彩塔家族自始祖斯給甲（女）開始的五代二十一人。納西族家譜傳女不傳男，是一份十分珍貴的口傳母女家譜世系表。

上海圖書館

景頗族

[雲南德宏]景頗族歷史傳説代數表　纂修者不詳　2009年民族出版社排印本　合册

此爲德宏州景頗族歷史傳説代數世系表。始祖彭甘寄倫(男)、威純木占(女)。譜内記載十世共五十四位族人名字。

本譜載於《景頗族社會歷史調查(二)》

[雲南德宏]勒排姓家譜　纂修者不詳　2009年民族出版社排印本　合册　書名自擬

此爲德宏州勒排姓家譜。始祖勒排娃臘仲(男)、木董鋭高(女)。譜内記載十八世共七十一位族人名字。

本譜載於《景頗族社會歷史調查(二)》

[雲南潞西]龍準支勒排山官譜系　纂修者不詳　2009年民族出版社排印本　合册

此爲潞西縣龍準支勒排山官譜系。譜内記載自始祖高日臘至八世共一百零二位族人名字。

本譜載於《景頗族社會歷史調查(四)》

[雲南潞西]弄丙寨歷代山官世系表　纂修者不詳　2009年民族出版社排印本　合册

此爲潞西縣弄丙寨歷代山官世系表。譜内記載自始祖功代利至六世早糾、早如共十九位族人世系。當權山官傳承共七位：早弄—臘忍—早鋭—早如—早當—諾坎木—昆先。

本譜載於《景頗族社會歷史調查(二)》

[雲南潞西]潞西縣青龍鄉弄坵寨歷代山官世系表　纂修者不詳　2009年民族出版社排印本　合册

此爲潞西縣青龍鄉弄坵寨歷代山官世系表。譜内記載自始祖早内至六世早弄共十六位族人世系。當權山官傳承共九位：早内—早江—早諾—早相—早莫—早退—早扎—早三—早弄。

本譜載於《景頗族社會歷史調查(二)》

[雲南潞西]跌撒山官譜系　纂修者不詳　2009年民族出版社排印本　合册

此爲潞西縣跌撒山官譜系。譜内記載自始祖早弄至五世共十二位族人名字。

本譜載於《景頗族社會歷史調查(四)》

[雲南潞西]弄丙山官支系　纂修者不詳　2009年民族出版社排印本　合册

此爲潞西縣弄丙山官支系。譜内記載自始祖臘忍至四世早如、早糾共十位族人名字。

本譜載於《景頗族社會歷史調查(四)》

[雲南潞西]吕折山官支系　纂修者不詳　2009年民族出版社排印本　合册

此爲潞西縣吕折山官支系。譜内記載自始祖早扎至四世早利、早亂共十八位族人名字。

本譜載於《景頗族社會歷史調查(四)》

[雲南盈江]景頗族閻氏家譜　1981年據民國九年(1920)刻本影印　一册　封面題閻氏合族歷代世系流源序

始祖虎山，陽武縣大槐樹高克頭上元人氏，明洪武十八年(1385)編充總甲，從沐英征南。始遷祖迎春(係收藏者閻永芳祖父)，清季始居景頗山寨，與景頗族世爲姻婭。譜載閻氏家族字派留言、世系詩、賀族長擬二聯及家譜發起人題名、閻氏合族歷代世系流源序、族規(和睦宗族、孝弟忠信、族長許可權、民事公訴、刑事糾紛、化合黨派、信用圖章、禁戒越控、招夫贅婿、族會朝宗)、閻氏合族歷代祖宗世系表。世系記至第七世。

雲南省盈江縣盞西鎮普關鄉小崩董山寨閻永芳

本條目據德宏史志編委會辦公室編《德宏史志資料》第11集載傅于堯撰《盈江民族歷史文物考察(中)》一文著録

[雲南盈江]盈江縣邦瓦寨歷代山官世系表　纂修者不詳　2009年民族出版社排印本　合册

此爲盈江縣邦瓦寨歷代山官世系表。譜内記載自始祖早麻山至九世早翁共四十五位族人世系。當權山官傳承共八位：早麻山—早糾—早干—早怒—早達—早糾(注：與第二代當權者名字相同)—鞏扎—早都。

本譜載於《景頗族社會歷史調查(二)》

[雲南盈江]盞西新麻寨載瓦支梅何家世系　纂修者不詳　2009年民族出版社排印本　合册

此爲盈江縣盞西鎮新麻寨載瓦支梅何家世系。譜内記載三十一代族人名字：毛磨隴—磨隴拱—拱隴令—令立哦—哦作跌—跌木雨—木雨匹—足必陽—必陽端—端此令—此令米陽—米陽撒科—科土利—利令鼎—令鼎推—推隴帽—帽日諾—諾日浪—浪日晚—晚日崩—崩日陳—陳日湯—袍仲—袍弄—袍臘—何相共—袍臘(注：與兩代前的族人名字相同)—袍忍—勒弄—約應—勒猛。

本譜載於《景頗族社會歷史調查(四)》

[雲南盈江]盞西喇期支格老家世系　纂修者不詳　2009年民族出版社排印本　合册

此爲盈江縣盞西鎮喇期支格老家世系。譜内記載三十五代族人名字：毛磨隴—磨隴拱—拱麻薄—薄斯作—斯作昌—昌作彪—彪作跌—跌木雨—木兩疋—疋必陽—陽隴令—令鼎此—此干約—干約早—早沖其—沖其約—約奥鼎—鼎洛峨—峨羅章—章包—包努—努應—應鼎—鼎勞—勞崩—崩昌—昌更—更昌—昌洛—洛宗—宗崩—崩昌—昌應—應昌—昌可。

本譜載於《景頗族社會歷史調查(四)》

[雲南盈江]盞西洪湯寨喇期支格老榮家世系　纂修者不詳　2009年民族出版社排印本　合册

此爲盈江縣盞西洪湯寨喇期支格老榮家世系。譜内記載三十六代族人名字：毛母倫—母倫拱—拱馬布—□□—布阿昌—昌作彪—彪作得—得木容—木容飄—飄必央—央倫勒—勒等澤—澤港佑—港佑久—久沖車—沖車約—約奥等—等窩羅—羅窩章—章崩—崩魯—魯用—用登—登六—六格—格成—□□—□□—成六—六宗—宗崩—崩昌—昌科—科江—江英、江中—中少。

本譜載於《景頗族社會歷史調查(四)》

[雲南盈江]蓮山支丹山陸咩排山官早拉家世系　纂修者不詳　2009年民族出版社排印本　合册　書名自擬

此爲盈江縣蓮山支丹山陸咩排山官早拉家世系。譜内記載自始祖奥拉當至十二世早拉共二十位族人名字。

本譜載於《景頗族社會歷史調查(四)》

[雲南盈江]蓮山正通砳孟支排木郎家世系　纂修者不詳　2009年民族出版社排印本　合册　書名自擬

此爲盈江縣蓮山正通砳孟支排木郎家世系。譜内記載自始祖奥拉當至三世族人共十五位族人名字。

本譜載於《景頗族社會歷史調查(四)》

[雲南盈江]蓮山龍崩寨排早辣家世系　纂修者不詳　2009年民族出版社排印本　合册　書名自擬

此爲盈江縣蓮山龍崩寨排早辣家世系，該族來盈江已有二百五十年以上。譜内記載十一代族人名字：勒排申日糯—弄各(鋪)弄—早干—早干(注：與第三、七代名字相同)—申瓦臘軟—辣軟—早干(注：與第三、四代名字相同)—早八—辣軟(注：與第六代名字相同)—早東—早翁。

本譜載於《景頗族社會歷史調查(四)》

[雲南盈江]龍盆山官世系表　纂修者不詳　2009年民族出版社排印本　合册

此爲盈江縣龍盆山官世系表。譜内記載自始祖盆代中至麻干、散都十世共十九位族人名字。

本譜載於《景頗族社會歷史調查(四)》

[雲南盈江]木日家世系　纂修者不詳　2009年民族出版社排印本　合册　書名自擬

此爲盈江縣木日家世系。譜内記載六代族人名字：真嘶戛—雲龍弄光—而吭臘—恩頂堵廣—阿容當—翁用。

本譜載於《景頗族社會歷史調查(四)》

[雲南盈江]盞西茶山派世系　纂修者不詳　2009年民族出版社排印本　合册　書名自擬

此爲居盈江縣盞西鎮平廠、崩董兩寨茶山派世系。譜内記載自始祖毛磨龍至三十五世英等共四十九位族人名字。

本譜載於《景頗族社會歷史調查(四)》

[雲南盈江]盞西弄頗雷辣辣家世系　纂修者不詳　2009年民族出版社排印本　合册　書名自擬

此爲盈江縣盞西鎮弄頗雷辣辣家世系。譜内記載自始祖辣當至辣辣八世族人名字。

本譜載於《景頗族社會歷史調查(四)》

[雲南盈江]盞西弄頗山官雷大鳴家世系　纂修者不詳　2009年民族出版社排印本　合册　書名自擬

此爲盈江縣盞西鎮弄頗山官雷氏世系。是族原爲貴州漢族軍官,後遷居盈江縣盞西鎮户頂壩,再遷邑之弄頗。譜内記載十二代族人名字：納涅—辣弄—辣達—泡漢—早當—早丁—早容—早都—早容(注：與第七代名字相同)—早弄(雷大鳴)—早日—早甕。

本譜載於《景頗族社會歷史調查(四)》

[雲南盈江]盞西普關崩董李家世系　纂修者不詳　2009年民族出版社排印本　合册　書名自擬

此爲盈江縣盞西鎮普關、崩董李家世系。譜内記載十一代族人名字：早弄—昆相—早容—早弄—早弄—早干—早干—陸初山—早利—尹慕膳—慕利。(注：早弄、早干有多處重名)

本譜載於《景頗族社會歷史調查(四)》

[雲南盈江]盞西扁歪寨扁歪娃家譜　纂修者不詳　2009年民族出版社排印本　合册　書名自擬

此爲盈江縣盞西鎮扁歪寨扁歪娃家譜。譜内記載自始祖彌麻、寄炸至三十一世早撓共五十位族人名字。

本譜載於《景頗族社會歷史調查(四)》

[雲南隴川]隴川縣邦瓦寨歷代山官世系表　纂修者不詳　2009年民族出版社排印本　合册

此爲隴川縣邦瓦寨歷代山官世系表。譜内記載自始祖邦中臘至六世早都、早臘、早亂、早如共十六位族人世系。當權山官傳承共六位：邦中臘—功陸—臘達—早山—臘達(注：與第三代當權者名字相同)—早都。

本譜載於《景頗族社會歷史調查(二)》

[雲南隴川]隴川縣邦外寨木日姓波勐(蘇温)布蘇世系　纂修者不詳　2009年民族出版社排印本　合册　書名自擬

相傳該寨景頗族原住“卡苦”(江頭),後經盈江縣盞西鎮、梁河縣、潞西縣,遷入緬甸境内“新利勐”,復遷緬甸勐壩,再遷雲南隴川縣邦外寨。此爲隴川縣邦外寨木日姓波勐布蘇世系,遷居此寨已二百五十年以上,傳十一代。其世系爲：奥熱敢—臘莊—麻干(邦悶相)—悶相娃—悶利娃—案相娃—麻乃—恩便龍—布蘇—滚攀—麻扁。

本譜載於《景頗族社會歷史調查(三)》

[雲南隴川]隴川縣邦瓦寨山官早堵世系　纂修者不詳　2009年民族出版社排印本　合册　書名自擬

該族來隴川已七代,其世系爲邦中臘—早茹—臘達—早商—臘達(注：與第三代名字相同)—早堵—早丁。

本譜載於《景頗族社會歷史調查(三)》

[雲南隴川]隴川縣峨窮寨山官早莫(載瓦)世系　纂修者不詳　2009年民族出版社排印本　合册　書名自擬

該族來隴川已五代,其世系爲早都—早緒—早相—早莫—早相(注:與第三代名字相同)。

本譜載於《景頗族社會歷史調查(三)》

阿 昌 族

[雲南瑞麗]蓋氏臘撒土司家譜 纂修者不詳 1983年雲南民族出版社排印本 合册

始祖況本,原四川巴縣人,明正統初隨王驥征麓川而來,軍駐瑞麗臘撒。五世況蓋猛,因父征木邦陣亡,俗云況字不祥(空曠之意),即以名爲姓,遂姓蓋。譜擇要摘録世系,至二十二世蓋萬新止,時臨近解放。

本譜載於《阿昌族社會歷史調查》

[雲南雲龍]漕澗左土司家譜碑 (清)左大雄撰 (清)李德明書 清道光十八年(1838)碑文 石碑 三塊

漕澗左土司家譜碑,又名明季誥封世守漕澗武節將軍早陶墓誌銘碑,實爲明清漕澗阿昌族左土司的家譜碑。碑原立於雲龍縣漕澗鎮仁山村左氏祖塋左陶墓,1958年該墓被毁,碑藏在仁德村一户農民家。碑爲大理石質,分三塊組合,共七十五行,正中行直書"明季誥封世守漕澗武節將軍早公諱陶號國楨太祖老大人之墓",清道光十八年(1838)騰衝明光土司左大雄撰文,明光李德明書丹。碑文敘居住於雲龍縣境内阿昌族左氏土司家族之繁衍、分支遷移等情況,涉及清朝後期發生在滇西一帶的重大歷史事件。

雲南省雲龍縣仁德村

[雲南雲龍]漕澗左土司家譜碑 (清)左大雄撰 (清)李德明書 2009年雲南民族出版社據清道光十八年(1838)碑文影印 合册

參見前條。

本譜載於《大理叢書·族譜篇》第二卷

普 米 族

[雲南寧蒗]韓珠家族譜 纂修者不詳 2009年民族出版社排印本 合册

本譜爲父系轉母系譜系，所載僅爲世系，記録自馬尼起六代十六位族人，韓珠爲第二世。居永寧鄉温泉村。

本譜載於《基諾族普米族社會歷史綜合調查(一)》

[雲南寧蒗]沙拉家族譜 纂修者不詳 2009年民族出版社排印本 合册

本譜爲父系譜系，所載僅爲世系，記録自馬尼起六代八位族人，沙拉爲第二世。居永寧鄉温泉村。

本譜載於《基諾族普米族社會歷史綜合調查(一)》

[雲南寧蒗]阿階家族譜 纂修者不詳 2009年民族出版社排印本 合册

本譜爲父系轉母系譜系，所載僅爲世系，始祖名不詳，記録自第二世其起四代十三位族人。居永寧鄉温泉村。

本譜載於《基諾族普米族社會歷史綜合調查(一)》

[雲南寧蒗]查龍家族譜 纂修者不詳 2009年民族出版社排印本 合册

本譜爲父系母系雙系譜系，所載僅爲世系，始祖名不詳，記録自第二世其起三代五位族人。居永寧鄉温泉村。

本譜載於《基諾族普米族社會歷史綜合調查(一)》

怒　族

[雲南瀘水]怒蘇家族源流譜　纂修者不詳　2009年民族出版社排印本　合册　書名自擬

此爲碧江(今雲南怒江傈僳族自治州瀘水縣)怒族“怒蘇”家族源流家譜。該氏族能够背誦六十三代祖先世系。世系連名如下：密以從—從足人—阿都都—都沙布—沙布必—必那沙—那沙以—以納比—納比歡—歡米滋—米滋報—報以簡—以簡聘—聘狂來—狂奴德—奴德報—報息了—息了威—威韋求—求衛山—山喝洛—喝洛希—希麻奴—麻奴臼—臼夸壽—夸壽丁—丁拉馬—拉馬獨—獨拉里—拉里瓜—瓜息亞—息亞杯—杯紅姊—紅姊土—土南亞—南亞巧—巧丙蘇—蘇杯寛—阿寛寛—阿林林—林普怎—怎勞莽—勞莽丁—丁老巧—巧威楚—楚拉杯—杯楚雀—赫布納—納毫脱—四果勇—木以彪—彪亞怎—怎麥特—特勞安—安勞威—老沮—老恩—老威—老吼—豪果—怎魯—老盤—阿納。

本譜載於《怒族社會歷史調查》

[雲南瀘水]知子羅氏族家譜　纂修者不詳　1981年雲南人民出版社排印本　合册　書名自擬

此爲碧江一區(今雲南怒江傈僳族自治州瀘水縣)怒族“知子羅氏族”家譜。該氏族能够背誦四十三代祖先世系。世系連名如下：阿多朵—朵察波—察波別—別郡查—查那如—如那貝—那貝華—華明及—明及博—博依建—依建唄—唄葵來—葵翁斗—翁斗諜—諜什略—什略畏—畏偉初—初米沙—沙殼羅—殼羅亨—亨馬羅—馬羅覺—覺括色—括色得—得拉馬—拉馬朵—朵拉涅—拉涅瓜—瓜歇約—歇約格—格洪偷—偷那讓—那讓雀—雀貝洛—阿皮—瘍一—拉亮—拉馬(坡馬)—拉維—阿涅佐—阿朵—墨幾—洛加利。

本譜載於《怒族社會歷史調查》

[雲南福貢]斗霍氏族家譜　纂修者不詳　1981年雲南人民出版社排印本　合册　書名自擬

此爲碧江一區九村(今雲南怒江傈僳族自治州福貢縣)怒族“斗霍氏族”家譜。該氏族能够背誦四十一代祖先世系。“斗霍”意譯是“住在上邊的人”,他們自稱係“怒江的土著”。傳説“斗霍”氏族的始祖名“茂英充”,係女性。依據怒族的神話傳説,“茂英充”這一名字包含“從天上降下來的人”之意,而“斗霍族”亦頗以此爲榮。“斗霍氏族”世系連名如下：茂英充—充羅並—羅並者—者茂特—茂特绷—绷喜耀—喜耀維—維維曲—曲維能—能波赤—赤赤維—維羅別—別下休—下休達—達局留—局留谷—谷喜有—喜有賓—賓好給—好給抽—抽那耀—那耀勸—勸下尤—下尤室—室局采—局采奴—奴奴局—奴局谷—谷娟血—娟血獨—獨老底—底老烏—烏老求—求老曼—曼老催—催虐漫—漫額叫—叫走偶—偶同壽—壽砍杜—杜幾舟。

本譜載於《怒族社會歷史調查》

[雲南福貢]達霍氏族家譜　者多口述　1981年雲南人民出版社排印本　合册　書名自擬

此爲碧江一區九村(今雲南怒江傈僳族自治州福貢縣)怒族“達霍氏族”家譜。“達霍”意譯是“住在下邊的人”,定居九村約三百五十餘年。相傳氏族自蘭坪縣彌洛伊村遷來,初居一區七村育篤落村,後二世祖屋曲因追蹤黄蜂,見九村土地肥沃,即遷居九村。該氏族能够背誦十四代祖先世系。世系連名如下：虐羅、虐及—屋曲—屋白—屋搜—屋衣—屋菊—屋池—屋培—屋沽—殺屋—格片—維米—者多—者谷。另口述者者多又追述其始祖在彌羅衣村以前的自“阿奎奎”至“牛拉手”共二十二代世系。

本譜載於《怒族社會歷史調查》

[雲南貢山]吉蘇氏族家譜　纂修者不詳　1981年雲南人民出版社排印本　合册　書名自擬

此爲貢山二區怒族“吉蘇氏族”家譜。該氏族能够背誦六代祖先世系。世系連名如下：伊馬哈—克旺—困地梅—困松—都利—阿崩。

本譜載於《怒族社會歷史調查》

[雲南貢山]達樹氏族家譜　纂修者不詳　1981年雲南人民出版社排印本　合册　書名自擬

此爲貢山二區怒族“達樹氏族”家譜。該氏族能够背誦十一代祖先世系。世系連名如下：生恰—難木拉—敢木拉—都雜—都布—優陽布路—吴吉米—生吉米—大困—彭珊—哈梅。

本譜載於《怒族社會歷史調查》

獨 龍 族

[雲南貢山]藍旺度家族家譜　纂修者不詳　1981年雲南人民出版社排印本　合册　譜名自擬

藍旺度家族係由拉打角遷雲南貢山縣藍旺度河東岸的臺地上,藍旺度譯爲獐子河坪,住下後就以地名爲家族名。其世系記録了自藍旺棒之父以下共九代二十位族人。

本譜載於《獨龍族社會歷史調查》

[雲南貢山]孔當家族族譜　纂修者不詳　2009年民族出版社排印本　合册

本譜所載僅爲世系,記録了自狄害斯摩起凡六代二十七位族人。

本譜載於《獨龍族社會歷史調查(一)》

[雲南貢山]學哇當家族族譜　纂修者不詳　2009年民族出版社排印本　合册

本譜所載僅爲世系,記録了自丁布利起凡四代二十二位族人。

本譜載於《獨龍族社會歷史調查(一)》

[雲南貢山]丙當家族族譜　纂修者不詳　2009年民族出版社排印本　合册

本譜所載僅爲世系,記録了自丁布利起凡四代六位族人。

本譜載於《獨龍族社會歷史調查(一)》

基 諾 族

[雲南景洪]木拉者家族家譜 纂修者不詳 2009年民族出版社排印本 合册

本譜所載僅爲世系,記録了木拉者起四代六十一位族人。居景洪巴朵寨。

本譜載於《基諾族普米族社會歷史綜合調查(一)》

[雲南景洪]木拉杰家族家譜 纂修者不詳 2009年民族出版社排印本 合册

本譜所載僅爲世系,記録了木拉杰起三代十九位族人。居景洪巴朵寨。

本譜載於《基諾族普米族社會歷史綜合調查(一)》

[雲南景洪]白臘車家族家譜 纂修者不詳 2009年民族出版社排印本 合册

本譜所載爲父子連名世系表,記録了白臘車起四代七十七位族人。居景洪亞諾寨。

本譜載於《基諾族普米族社會歷史綜合調查(一)》

苗　族

[全國]楊再思氏族通志　楊昌坤主修　2002年膠印本　一册

是爲漢、侗、苗、土家族通譜。此爲湖南、貴州楊氏合譜。始祖再思,其父居本於唐文宗開成四年(839)由淮南(揚州)丞調守敘州(今湖南黔陽、會同一帶),治龍標(今黔城),開拓五溪(舞陽河、清水江、渠陽河、辰水、巫水)侗寨。唐懿宗咸通元年(860),再思隨父自五溪侗鄉遷居敘州,後因功除知敘州事,守沅州(今湖南芷江)。生十子:政隆、政滔、政修、政約、政款、政綰、政巖、政嵩、政權、政儉(欽)。政隆兄弟於宋太祖開寶八年(975)貢土稱臣。政隆爲臨州知府,治湖南洞口;政滔爲湖耳、古州、柳州等處都總管防禦史,治貴州湖耳;政修爲刺史,治湖南城步;政約爲古州撫使,治洪州;政款爲洪州刺史,治洪州;政綰爲播州知州,居湖南綏寧;政巖爲誠州(五代時改敘州爲誠州)刺史;政嵩爲防疆使,治防疆;政權爲太尉,治潭溪;政儉爲威勝將軍,鎮黔陽。並追封再思爲誠州刺史,賜爵英惠公,立廟於湖南靖州飛山。後裔分佈於湘、黔、滇、桂、川五省六十八縣,有苗、侗、土家等多種民族。該族名人甚多,如果勇侯楊英,鴉片戰爭間率部抵禦侵略;楊藎臣參加辛亥革命,爲貴州首任都督;楊勝治爲國民革命軍第十軍軍長;楊至誠爲中國人民解放軍上將。

湖南圖書館

[湖北建始]建始龍氏族譜不分卷　(清)龍乘雲纂修　清雍正六年(1728)刻本

是族居於建始縣花坪鄉大洪寨,後有子孫分遷小水田。譜載祠則、脈派(世系)、墓誌。

本條目據2005年第3期《中南民族大學學報(人文社會科學版)》載雷翔、龍子建撰《清代西部開發的民間文本——建始龍氏族譜個案研究》一文著録

[湖北建始]建始龍氏族譜不分卷　(清)龍廷傑纂修　清同治七年(1868)增刻清雍正六年(1728)刻本

參見上條。是譜脈派部分有增刻,餘爲雍正修譜舊版。

本條目據2005年第3期《中南民族大學學報(人文社會科學版)》載雷翔、龍子建撰《清代西部開發的民間文本——建始龍氏族譜個案研究》一文著録

[湖北建始]建始龍氏族譜不分卷　纂修者不詳　清光緒六年(1880)增刻清同治七年(1868)刻本

參見上條。譜内增補譜序,脈派、墓誌内容亦有增加。

本條目據2005年第3期《中南民族大學學報(人文社會科學版)》載雷翔、龍子建撰《清代西部開發的民間文本——建始龍氏族譜個案研究》一文著録

[湖北宣恩]石氏族譜不分卷　(清)張進山纂修　清宣統二年(1910)抄本　一册

此係宣恩椿木營石氏苗族源流世系譜。始祖啓官,其妻葉氏,於清光緒二十八年(1902)自湖南遷居湖北宣恩椿木營日西坪,後又遷中間河。譜内敘及遷居過程、習俗、族規等内容。

湖北省宣恩縣石明月

本條目據《中國少數民族古籍總目提要·苗族卷》著録

[湖北宣恩][石氏]先誠其意不分卷　舒綫纂修　民國九年(1920)抄本　一册

此係小茅坡營石氏家譜。是族自湖南遷居湖北宣恩。譜載族源、派系、遷徙及發展過程。

湖北省宣恩縣民族宗教事務局

本條目據《中國少數民族古籍總目提要·苗族卷》著録

[湖北宣恩][石氏]一本宗支不分卷　石光科纂修　民國三十五年(1946)刻本　一册

始遷祖英,與兄錦、弟國、么四人,於湖南辰州瀘溪縣桃子坪分別前,將一支牛角鋸成四節,四兄弟各執一節,作爲將來見面之暗記。後英於清末遷居湖北宣恩七里橋連三灣,再遷甘溝塘卜鍋塘,爲始遷祖。譜載遷徙過程、習俗、禁忌、族規等内容。

湖南省宣恩縣甘溝塘卜鍋塘

本條目據《中國少數民族古籍總目提要·苗族卷》著録

[湖北宣恩]周氏家譜一卷　周連池纂修　民國三年(1914)刻本　五册

譜記椿木營幹竹坪麻陽臺周氏家族之起源、發展及遷徙過程。

湖北省宣恩縣周憲孝

本條目據《中國少數民族古籍總目提要·苗族卷》著録

[湖北宣恩]奚氏家譜不分卷　(清)奚榮纂修　清道光二年(1822)刻本　一册

始遷祖朝國,自湖南麻陽遷居瀘溪,再遷宣恩忠峒里五甲梅子嶺。

湖北省宣恩縣民族宗教事務局

本條目據《中國少數民族古籍總目提要·苗族卷》著録

[湖北宣恩][符氏]先誠其意不分卷　劉金成纂修　民國三十四年(1945)刻本　一册

始遷祖世清,清咸豐十年(1860)自湖南遷居湖北施南府宣恩縣獅子關新路槽。譜載定居過程、習俗、源流等。

湖北省宣恩縣獅子關新路槽符萬銀

本條目據《中國少數民族古籍總目提要·苗族卷》著録

[湖北宣恩]張氏族譜一卷　(清)張先啓纂修　清道光三年(1823)刻本　二册

該族始遷祖自湖南長沙幾經遷徙後定居於湖北宣恩洗馬坪。譜載遷徙過程、風俗習慣、禁忌、族規等。

湖北省宣恩縣洗馬坪張西階

本條目據《中國少數民族古籍總目提要·苗族卷》著録

[湖北宣恩]張氏族譜不分卷　(清)張達山纂修　清光緒六年(1880)抄本　一册

始遷祖居相,自湖南遷貴州,再遷居湖北宣恩水田壩。

湖北省宣恩縣水田壩張歷文

本條目據《中國少數民族古籍總目提要·苗族卷》著録

[湖北宣恩]湯氏族譜一卷　彭新浦纂修　民國二十七年(1938)刻本　十五册　有抄配

譜載該族族源、派系、族規、風俗習慣禁忌、遷徙發展等。

湖北省宣恩縣椿木營湯憲章

本條目據《中國少數民族古籍總目提要·苗族卷》著録

[湖北宣恩]楊氏族譜不分卷　(清)楊再鋒纂修　清同治九年(1870)刻本　一册

該族自湖南遷居貴州,後定居湖北。譜載族規、祖訓、習俗等。

湖北省宣恩縣民族宗教事務局

本條目據《中國少數民族古籍總目提要·苗族卷》著録

[湖北宣恩]鄭氏族譜不分卷　(清)劉國峰纂修　清光緒二十年(1894)抄本　一册

該族自江西遷居湖南,復遷貴州,終居湖北宣恩老司城。譜載家族遷徙、發展過程。

湖北省宣恩縣老司城鄭光樹

本條目據《中國少數民族古籍總目提要·苗族卷》著録

[湖北宣恩]滿氏族譜不分卷 (清)滿庭峰纂修 清道光三年(1823)刻本 一册

該族先自湖南遷貴州,再遷居湖北宣恩青龍嘴。譜載族規祖訓、習俗等。

湖北省宣恩縣青龍嘴滿維幹

本條目據《中國少數民族古籍總目提要·苗族卷》著録

[湖北宣恩]滕氏族譜一卷 (清)滕代發纂修 清光緒七年(1881)刻本 三册

該族自湖南遷居湖北宣恩麻陽寨。譜載定祖訓、家規族規、風俗習慣、供奉禁忌等。

湖北省宣恩縣麻陽寨滕久軍

本條目據《中國少數民族古籍總目提要·苗族卷》著録

[湖北宣恩]戴氏支譜不分卷 李心一纂修 民國十三年(1924)刻本 一册

始遷祖武、福兄弟,清雍正六年(1728)自貴州銅仁府狗牙溪遷居湖北宣恩。譜載禁忌、習俗族規、信仰、供奉"阿普蚩尤"祖先等内容。

湖北省宣恩縣民族宗教事務局

本條目據《中國少數民族古籍總目提要·苗族卷》著録

[湖南]李氏族譜一卷 李宗升等纂修 民國十三年(1924)抄本 一册

是譜記述綏寧、會同等地李姓少數民族之遷徙、源流、宗支和人口分佈等情況。

湖南省綏寧縣史志資料徵集編纂辦公室

本條目據《中國少數民族古籍總目提要·苗族卷》著録

[湖南]湘西陳氏族譜十二卷 陳大詰等主修 陳渠珍倡修 民國二十二年(1933)鳳凰縣瑞文書局鉛印本 十八册

該族爲漢、苗、土家族。民國二十七年(1938)湘西鳳凰、麻陽、沅陵、瀘溪、辰溪、永順、保靖、龍山、桑植、古丈、乾城、吉首、永綏、桃源、芷江、黔陽、大庸、慈利及湘東攸縣共十九縣陳氏合修通譜。倡修此譜者陳渠珍,湘西鳳凰人,曾任國民革命軍第三十四師師長等職,有"湘西王"之稱,又有攸縣陳延祚時任麻陽縣縣長,自願附入本譜。各支始祖不一,皆祖江西,如麻陽、鳳凰始祖壽(字松齡),明洪武初以錦衣衛都指揮由藍山縣下屯麻陽。譜中陳渠珍譜名開瓊,其世原籍麻陽,祖父宏文爲壽十二世孫,始家鳳凰。字派:生初均一本,發育慶珠聯,祖德文明啓,家聲孝義傳,同宗昭愛敬,纘緒仰英賢,永祝膺天佑,祥徵萬億年。中華人民共和國成立後,陳氏有報漢族、土家族,亦有報苗族者,故將其宗譜列入此卷中。卷一至二肇始篇,卷三各縣各支世系表,卷四至五述德篇,卷六至七述言篇,卷八至九軼行篇,卷十事略,卷十一丘隴表,卷十二祠祀表。

湖南圖書館 湖南省湘西土家族苗族自治州檔案館 湖南省湘西土家族苗族自治州民族研究所

本條目據《中國少數民族古籍總目提要·苗族卷》著録

[湖南]楊氏族譜一卷 (清)楊通鋈等纂修 清同治間抄本 一册

譜涉湖南綏寧、城步、靖州、通道等縣楊氏源流及宗支。

湖南省綏寧縣史志資料徵集編纂辦公室

本條目據《中國少數民族古籍總目提要·苗族卷》著録

[湖南]趙氏族譜 趙慶森等纂修 據民國三十三年(1944)石印本複印 十六册 存十五卷

始祖希麟,宋代人,原籍江西南昌豐城,平苗有功遷入湖南靖縣。後裔散居湖南靖州、會同、花垣、綏寧等地。譜載譜序、世系。

湖南省湘西土家族苗族自治州圖書館

[湖南]劉氏族譜一卷 劉第貞等纂修 1984年油印本 一册

爲漢、土家、苗族譜。始祖文質,原籍江西南昌府南昌縣,元順帝時任湖南靖州直隸大夫,後定居今懷化銅溪鎮。後裔散居瀘溪、辰溪、麻陽、沅陵、溆浦等地。由於與苗族雜居、通婚、生子繁衍若干代後，由當地民政部門認定爲苗族，享受當地少數民族相關政策，當地同出一脈的劉氏分屬漢、土家、苗各族。譜載譜序、世系表。

湖南省湘西土家族苗族自治州圖書館

[湖南]龍氏族譜序集一卷　(清)龍憲偉等纂修　清光緒三十四年(1908)抄本　一册

譜述湖南綏寧、靖州、武岡等縣龍姓少數民族之源流、宗支及人口分支情况。

湖南省綏寧縣史志資料徵集編纂辦公室

本條目據《中國少數民族古籍總目提要·苗族卷》著録

[湖南桑植]桑植陳氏族譜三十一卷　(清)合族纂修　清乾隆間印本　十册

譜載桑植陳氏家族史。

湖南省湘西土家族苗族自治州檔案館

本條目據《中國少數民族古籍總目提要·苗族卷》著録

[湖南武岡]龍氏族譜□□卷　(清)龍承先主修　清光緒二十八年(1902)敦厚堂木活字本　一册　存卷首、卷一、二　四修本

始祖宗。始遷祖十五世國顯(又名裕光，字泥封)、國侯(字榮封)，元明之際遷居武岡縣東西二鄉。國顯後裔分居西鄉破塘、青龍、渠渡廟、龍門山、九淵塘、瀉油寺、堯王寺、晏家嶺、江邊、篁子溪、東田寨、石筍一帶；國侯後裔居東鄉沿灘河、豐田、高石山一帶。卷首序、聖諭、家訓、四禮、五服圖、墳山圖、傳贊、名目，卷一至二世系。是族於清嘉慶二十年(1815)初修譜，此爲四修本。

湖南圖書館

[湖南綏寧]龍氏宗譜十二卷　(清)龍懷治等纂修　清宣統元年(1909)敦厚堂木活字本　十册

始祖庚。三世況，生五子：欽、琮、珹、瑀、琳。第二子琮裔七世孫采濂(字高儒，行三)，應天府黄池縣(今河南澠池縣)人，北宋英宗時任會稽令，神宗時遷居河南汲縣。子禹官隨外祖居吉安府泰和縣白下驛，元豐四年(1081)任南昌節置副使，既而南蠻作亂，調升湖南安撫招討使。生五子：宗麻、宗朝、宗靈、宗廷、宗旺。始遷祖宗麻(字元爵)，仕南平侯，隨父任湖南宣撫處置副使，平定長、衡、永、寶、嶽、常、沅、靖等地，不二年苗民感服，移營綏寧東山，寢疾乞休，遂家鐵沖，爲東山始祖。宗祠建於綏寧東山。字派：欲令建表翁，顏定便遠志，漢奇甫黜均，幸嗣興道懷，憲章開景運，立本正家邦，繼述昭先德，統緒永熾昌，祥肇言官際，賢聖啓書香，敦厚基鴻福，忠忱樹紀綱，東山鍾靈淑，普處益騰芳，高飛呈世瑞，麟鳳慶錦長。婦女字派：閨正彝倫敘，坤維毓秀基，端莊金玉節，温惠鳳鸞姿，稼棣賡賢淑，沼蘩展孝思，親桑勤植美，主饋約精焯，警旦貽閫範，擇鄰式母儀，徽音昭令德，蘭桂馥丹池。卷首(即卷一)誥封、源流、序，卷首上(即卷二)聖諭、朱子治家格言、卧碑、家訓、五服圖、儀禮、墓圖、節孝、衣冠、儒行、耆舊、碑記，卷首下(即卷三)首士名目，卷四至卷十二世系。是族於清嘉慶十一年(1806)由欽、琮、珹、瑀、琳五房合修族譜，宣統元年(1909)東山龍氏合修宗譜。

湖南圖書館

[湖南綏寧]龍氏族史　龍錫年等纂修　1987年敦厚堂油印本　二册

先祖同上。譜載麻公後裔分佈示意圖、擴修族史新序、歷代舊序、家規族約、五服圖、墓圖、墓誌、祠記、人物。

湖南圖書館

[湖南綏寧]藍氏族譜一卷　藍錦等纂修　民國三十三年(1944)抄本　一册

譜載綏寧等地藍姓源流、宗支等内容。

湖南省綏寧縣史志辦資料徵集編纂辦公室

本條目據《中國少數民族古籍總目提要·苗族卷》著録

[湖南綏寧]蘇氏族譜十八卷　蘇光旭等纂修　民國七年(1918)刻本　十八册

此係湖南省綏寧縣關下苗族鄉及長鋪子苗族鄉等地蘇氏家譜。譜載家族遷徙時間、宗支派系及

人口分佈。

湖南省綏寧縣史志資料徵集編纂辦公室

本條目據《中國少數民族古籍總目提要·苗族卷》著録

[湖南城步]楊氏譜牒不分卷 纂修者不詳 元至正十二年(1352)刻本 一册

始遷祖完者(字通貫),元末人。譜載元至正年譜序,又録完者率侄輩赴江浙爲元廷征戰之史實。

湖南省城步苗族自治縣儒林鎮清溪村獨溪楊進欽

本條目據《中國少數民族古籍總目提要·苗族卷》著録

[湖南城步]乾隆楊氏墨譜不分卷 纂修者不詳 清乾隆間抄本 一册

是譜主載城步楊氏,又兼載湘西南、桂西北、黔東南楊氏之派衍。

湖南省城步苗族自治縣儒林朱家坳楊文瑜

本條目據《中國少數民族古籍總目提要·苗族卷》著録

[湖南城步]楊氏通譜不分卷 纂修者不詳 佚名增補 據民國十一年(1922)弘農郡木活字本複印 三册

是爲漢族、侗族、苗族、土家族通譜。先祖同楊昌坤主修《楊再思氏族通志》。第一册總序、通譜序、贈序、聖諭十六條、朱柏廬治家格言、服制圖、楊氏受姓源流,第二至三册世系。

湖南圖書館

[湖南城步]楊氏續修德公房譜□□卷 楊大國等主修 民國三十六年(1947)木活字本 四册 卷存首、卷一、二

是爲侗族、苗族譜。先祖同楊昌坤主修《楊再思氏族通志》。第一册題辭、聖諭十六條、青年守則十二條、朱子家訓、凡例、服制圖、班次、合修源流總序、序、飛山威遠廣惠侯王再思公實録、傳贊,第二册墓圖、案卷,第三至四册世表。

湖南圖書館

[湖南城步]楊氏宗譜不分卷 纂修者不詳 抄本 一册 殘

譜載城步苗族楊氏之源由、遷徙、繁衍、仕宦、家族名人、清官故事等。

湖南省城步苗族自治縣蔣坊、清溪一帶楊姓老者

本條目據《中國少數民族古籍總目提要·苗族卷》著録

[湖南城步]藍氏墨譜不分卷 纂修者不詳 清抄本 一册

明開國元勳藍玉、沐英先祖於五代梁開平元年(907)遷居湖南城步扶城。譜内述及藍、沐兩氏如何從城步扶城遷居安徽亳州、定遠之情況。

湖南省城步苗族自治縣劉志階

本條目據《中國少數民族古籍總目提要·苗族卷》著録

[湖南城步]族序集不分卷 纂修者不詳 刻本 一册

此譜共收集城步三十四個姓氏源流(即譜序),有宋、元、明、清、民國各時期刻本。

湖南省城步苗族自治縣民間

本條目據《中國少數民族古籍總目提要·苗族卷》著録

[湖南懷化]青氏族譜二卷 (清)青昌順主修 清光緒三十二年(1906)親睦堂木活字本 二册

是爲漢族、侗族、瑶族、苗族譜。譜載聖諭廣訓、總序、新序、傳、宗派、凡例、家規、五服圖、墳宅圖、祭産、歐氏五代橫圖、世系。

湖南圖書館

[湖南沅陵]田氏族譜 田盛安等主修 2007年紫荆堂排印本 一册 二修本

該族爲土家族、苗族。先世自山東青州府益都縣遷居江西吉安府吉水縣。始遷祖萬川,因貿易遷居沅陵北河口鴨子坪石排柳。譜載沅陵田氏分佈圖、前言、譜論、文件、章程、字派、族訓、世系。字派:岱惠容高雅,復祠振偉積,凱岸舒皓欣,知

嚴育健騏。是族於清道光十二年(1832)初修譜,此爲二修本。

湖南圖書館

[湖南會同]梁氏七修合譜二十四卷　梁錫源主修　民國十九年(1930)安定堂木活字本　一册　存卷首

是爲侗族、苗族譜。始遷祖延繼、延縉,原籍河南開封府祥符縣雲驥橋,北宋政和時佐山西平陽府臨晉縣迪功郎,解組後於南宋紹興十三年(1143)遷居會同縣上方村;胞兄延縉言王安石新法之非,黜湖廣永平縣尉,秩滿偕子過會同,擇居乾溪口。族裔散居漵浦、常德、麻陽、新化以及貴州、廣西、四川等省。至民國三十七年(1948),已傳三十二代,人口約一萬八千六百人。譜載家庭八箴、家規、服制、祠圖、墓圖、稱呼解、里居、源流紀略、世系。是族於明萬曆四十年(1612)初修譜。

湖南圖書館

[湖南會同]楊氏族譜□□卷　(清)楊步雲等主修　1989年據清光緒三年(1877)清白堂木活字本複印　一册　存卷一　二修本

該族爲侗族、苗族。始祖通碧,世居江西吉安府泰和縣鵝頸大丘中排屋基。通碧孫昌國,宋末元初攜子盛隆、盛榜徙楚之靖城,旋隆、榜二人始遷會同水一里瓦窯平。盛榜子四:廷秀、廷茂、廷先、廷科,秀、茂徙居會同水二里高椅村。此爲秀、茂房譜。本族名人楊柳青,道光進士。舊字派:廷進再政通光昌盛。乾隆間重訂字派:廷進再政通,光昌盛世宏,國運榮其遠,家聲吉慶同,繼承思祖澤,萬代永興宗。存卷載聖諭、朱文公治家格言、序、服制圖、祀典、地圖、八景詩、凡例、壽考、紳衿、首事、直圖、横圖。是族於清嘉慶十一年(1806)初修譜,此爲二修本。

湖南圖書館

[湖南會同]龍氏族譜□□卷　纂修者不詳　清光緒十七年(1891)武陵堂木活字本　一册　存卷一

該族爲苗族、侗族。始祖禹官,生五子:宗麻、宗朝、宗靈、宗廷、宗旺。朝衍常德派;靈後裔不詳;旺衍沅州派;廷於宋哲宗時任江夏縣宣教郎,其時金人犯境,乃於北宋徽宗時致仕,道經會同而卜居清溪紅花園,爲會同始遷祖。巖壁字派:大章思克孝,承吉慶常安,成清逢景日,貽世永登翔。大臻橋字派:才濬顯泰運,家國慶安邦,英華昌百代。存卷載聖諭、誥命、家祠圖、敘、傳、祖訓、碑記、字派。

湖南圖書館

[湖南麻陽]李氏族譜不分卷　合族纂修　刻本　一册

譜載清麻陽縣蘭里鎮下汊生員李豐闕於"剿苗叩閽本章"及清朝的"御評"。

湖南省麻陽苗族自治縣梅田

本條目據《中國少數民族古籍總目提要·苗族卷》著録

[湖南麻陽]湘鄂邊區黄氏麻陽宗祠均久公後裔支譜　黄立乾主編　2014年江夏堂排印本　一册

是爲漢族、土家族、苗族譜。沇江始祖瑕公第十八世孫珊(字千瑚),世居豐城。明洪武五年(1372),因柿溪州土官覃垕叛,隨征散毛、柿溪(今來鳳)、赤溪、安福諸峒。失利後貶配雲南寧州府廣南,二十七年(1394)奉旨歸故里。永樂二年(1404)舉家遷湖南辰州府麻陽一都六甲婆田(後改名茶溪)。後裔散居龍山、瀘溪,湖北來鳳、宣恩、恩施等地。

湖南圖書館

[湖南麻陽]滿氏宗族譜一卷　纂修者不詳　清道光二十年(1840)刻本　二册

此係麻陽縣蘭里鎮滿氏族譜。譜載世系、家規字派、人物等。

湖南省麻陽苗族自治縣檔案館

本條目據《中國少數民族古籍總目提要·苗族卷》著録

[湖南麻陽]麻陽高村滕氏族譜五卷首三卷　(清)滕代焜主修　清宣統三年(1911)南陽堂木

活字本　七十册　存首、卷二至五　初修本

始祖相，原籍山東萊州。十傳至仲三、仲四，宋時攜眷由北京真定府趙州烏鴉溪黄栗嶺逃難至湖廣辰州府北江洞，後移盧陽縣，即沅州府。旋仲三奔雲南；仲四（號鳳翔）始奔麻陽齊天坡，復遷麻陽車頭磆溪口大河埠低村落腳，因水溢，元至元十年（1273）徙居高村坪。家族宗祠即建於麻陽高村鳳凰城。家族至民國三十七年（1948）已傳二十八代，族人二萬餘人。道光五年（1825）建宗祠於沅州城（今芷江）。原鐵道部部長滕代遠即出此族。字派：□□仲秉慶，畢穀添志子，茂永祖騰朝，啓世善運自，成家國代久。樹建昭明德，敦倫沛澤長，克開榮繼序，作育裕經邦。譜術治燕冀，蕃昌蔭楚湘，俊英宏起秀，炳蔚焕東陽。譜載聖諭、序、因地名房紀略、派語、凡例、家規、服制圖、陰陽宅圖、遺像、列傳、文武職銜、節孝、見聞録、修輯人名、捐貲名數。

湖南圖書館

［湖南新晃］楊氏族譜□□卷　楊得之等主修　民國三年（1914）四知堂木活字本　四册　存卷首

該族爲侗族、苗族。始遷祖天應，再思十二世孫。天應高祖總、曾祖壽，因避元亂，散住八閩豫章。祖鳳，由江西泰和移居武陵龍陽（今漢壽）。父康、叔父寧，徙居城步縣羅蒙寨，復徙靖州飛山。明永樂間天應自飛山徙居新晃中寨出雲洞。三傳至再權（字文炳），生子四：正音、正曾、正宗、正潤，四房於民國三年（1914）合修族譜。清乾隆五十七年（1792）建祠於高梘村，清道光二十九年（1849）建新祠於中寨。字派：再正通光昌勝秀，承先宗序順天長，世遵清德風標遠，學紹名儒手澤芳，祖述善謀詒燕翼，憲章偉烈振麟祥，相傳宏作群英炳，代起人文藝苑香。存卷載源流總序、各公序、凡例、條例、家規、字派、朱子家訓、像圖、五服圖、祠記、祭儀、祠田圖、祖墳圖、二十四廟、列傳、八景詩、各房世派。

湖南圖書館

［湖南芷江］楊氏族譜十卷首一卷　楊芳淑主修　民國三十二年（1943）道南堂木活字本　四册　存卷一至三、九

該族爲苗族、侗族。先祖同楊昌坤主修《楊再思氏族通志》。卷首序、譜例、始祖朝公遺像、宗祠圖、陰陽宅圖、服制圖、家訓、祠規、科甲、文藝，卷一祠規，卷二紀元表、跋，卷三至九世系。

湖南圖書館

［湖南靖州］延陵［吴氏］族譜不分卷　（明）吴賢智纂修　民國六年（1917）吴慶洪抄本　一册

是族於元代入江西，明初入湘、川、黔。明永樂二年（1404）族人於湖南靖州，與楊、龍、謝、姚結盟立字派。該族宗支與貴州苗民起義領袖吴八月乃係同宗。

重慶市酉陽土家族苗族自治縣龔灘鎮金莊村吴慶祥

本條目據《中國少數民族古籍總目提要・苗族卷》著録

［湖南靖州］渠陽黄氏世譜四十八卷　黄鉞主修　民國二十四年（1935）江夏堂木活字本　四十八册

此爲苗族、漢族譜。譜載譜序、詔令、奏議、族規、家訓、班次、宗史、傳贊、各房源流、藝文。

湖南圖書館

［湖南靖州］靖州渠陽黄氏九修總譜　黄費良等纂修　2013年排印本　一册

參見前條。

湖南圖書館

［湖南湘西］吴氏族譜　（清）吴善文等纂修　清抄刻本　一册　存卷一　譜有缺角

譜載綏寧、靖州、通道等地吴氏源流及宗支。

湖南省綏寧縣史志資料徵集編纂辦公室

本條目據《中國少數民族古籍總目提要・苗族卷》著録

［湖南湘西］龍氏族譜四卷　龍沛霖、龍澤棠等纂修　民國二十六年（1937）石印本　四册

此爲湖南保靖、古丈及湘西地區龍氏家譜。譜載武陵譜敘、宗譜敘源、家訓、重修族譜及大白巖

等地世譜。

湖南省古丈縣檔案館

本條目據《中國少數民族古籍總目提要・苗族卷》著録

[湖南吉首]姬改吴氏宗譜二卷　(明)吴鶴纂修　明吴鶴抄本　一册

吴鶴,明代苗族教育家、詩人。譜叙湘西苗族吴氏家史。譜載姬氏漂流考、魯宗國考、隱姓氏考、溪頭上嶗割分疆域、大房同宗世系、歷代吴姓文武軍功出身録、功碑雜誌録、委任、詩録、歷代名員録、節孝、壽老等。

湖南省湘西土家族苗族自治州民族研究所

本條目據《中國少數民族古籍總目提要・苗族卷》著録

[湖南吉首]張氏族譜四卷　張宏松、張昌俊纂修　民國二十九年(1940)石印本　四册

是爲乾城(今湖南吉首市)張氏家譜。譜載傳敘、宗支、墓地、疆域等。民國總理熊希齡作序。

湖南省湘西土家族苗族自治州民族古籍辦公室

本條目據《中國少數民族古籍總目提要・苗族卷》著録

[湖南吉首]楊氏族譜不分卷　(清)楊岳斌纂修　清同治二年(1863)宏農堂刻本

譜敘楊氏家族之形成、發展及分佈狀況。有曾國藩序。

湖南省湘西土家族苗族自治州圖書館

本條目據《中國少數民族古籍總目提要・苗族卷》著録

[湖南吉首]楊氏族譜不分卷　(清)楊岳斌纂修　據清同治二年(1863)宏農堂刻本複印

參見前條。

湖南省湘西土家族苗族自治州民族研究所

本條目據《中國少數民族古籍總目提要・苗族卷》著録

[湖南瀘溪]石氏族譜一卷　石光澤纂修　民國二十六年(1937)抄本　一册

譜載瀘溪石氏遷徙繁衍歷史。

湖南省湘西土家族苗族自治州民族古籍辦公室

本條目據《中國少數民族古籍總目提要・苗族卷》著録

[湖南鳳凰]田氏族譜三十三卷　(清)田興禮等纂修　清光緒五年(1879)木活字本　三十三册

該族爲土家族、苗族。始祖宗顯,隋開皇元年(581)授黔州刺史,遂家焉。越十四世至祐恭,宋代知思州軍民事,遂爲思人。又八世至明儒銘,以征十五峒功封定蠻威武大將軍,任沱江宣撫使,五子從征有功,各以所闢地分膺長官。族人分佈於鳳凰沱江鎮、上五峒、溪口、筸子坪及芷江,貴州思南、印江、朗溪、萬山等地。宗祠建於鳳凰老營哨喜鵲坡。貴州提督田興恕出於此族。該族至民國三十七年(1948)有男三萬人,女一萬五千人。

湖南省湘西土家族苗族自治州檔案館

[湖南鳳凰]鳳凰田氏族譜　田滿清主修　2012年排印本　二册

該族爲土家族、苗族。先祖同上。譜載功德篇、聯修篇(字派)、傳記篇、淵源篇、家規篇、附録、譜資篇(世系)。

湖南圖書館

[湖南花垣]石氏族譜一卷　石皇璽纂修　民國九年(1920)抄本　一册

譜載石氏世系及試貼、詩文多篇。

湖南省湘西土家族苗族自治州民族古籍辦公室

本條目據《中國少數民族古籍總目提要・苗族卷》著録

[湖南花垣]石氏族譜一卷　石皇璽纂修　據民國九年(1920)抄本複印　一册

參見前條。

湖南省湘西土家族苗族自治州圖書館

本條目據《中國少數民族古籍總目提要・苗族卷》著録

[湖南花垣]宋氏族譜一卷 宋運開纂修 民國二十四年(1935)刻本 一册

譜載歷代班派、族譜圖記、宗祠圖記等。

湖南省湘西土家族苗族自治州檔案館 湖南省湘西土家族苗族自治州民族研究所

本條目據《中國少數民族古籍總目提要·苗族卷》著録

[湖南花垣]胡氏族譜一卷 (清)合族纂修 清光緒十年(1884)石印本 一册

譜載服制、祀祖儀節、墓址、親詞勸訓、宗祠嚴禁等,又以服制與祀祖儀節記載爲詳。

湖南省湘西土家族苗族自治州民族研究所

本條目據《中國少數民族古籍總目提要·苗族卷》著録

[湖南花垣]劉氏族譜十卷 (清)合族纂修 清光緒十七年(1891)石印本 三册

本譜記述劉氏家史,卷首載列傳甚多。

湖南省湘西土家族苗族自治州檔案館 湖南省湘西土家族苗族自治州民族研究所

本條目據《中國少數民族古籍總目提要·苗族卷》著録

[湖南花垣]龍氏族譜一卷 (清)龍正升纂修 清咸豐間抄本 一册

該族原籍江西吉安府吉水縣,後遷湖南花垣。譜載花垣龍正升家譜、家事,僅涉正升一家世系,並附有試貼及數首古詩。龍正升,清同治甲子科舉人,永綏廳麻力場人。

湖南省湘西土家族苗族自治州民族古籍辦公室

本條目據《中國少數民族古籍總目提要·苗族卷》著録

[湖南花垣]龍氏族譜一卷 (清)龍正升纂修 據清咸豐間抄本複印 一册

參見前條。

湖南省湘西土家族苗族自治州圖書館

本條目據《中國少數民族古籍總目提要·苗族卷》著録

[湖南保靖]保靖田氏族譜 田茂藻主修 2006年紫荆堂排印本 一册

該族爲土家族、苗族。始遷祖志明,明末與胞兄志仁、堂弟志義自四川酉陽秀山縣遷保靖。土司授志明把總。字派:祖宗慶興應,景儒茂仁宏。譜載譜牒文獻、源遠流長(田姓由來、田姓分化)、英雄輩出、瓜瓞綿延。

湖南圖書館

[湖南保靖]梁氏文譜一卷 (清)梁映聰纂修 清光緒十五年(1889)抄本 一册

譜僅存譜序兩篇。

湖南省湘西土家族苗族自治州民族研究所

本條目據《中國少數民族古籍總目提要·苗族卷》著録

[湖南保靖]梁氏族譜不分卷 纂修者不詳 抄本 一册 首尾缺頁

是族於明初自江西吉安府蓮花廳大梨樹遷居乾州,復遷保靖。譜述該族來源及分支情況。

湖南省保靖縣檔案館

本條目據《中國少數民族古籍總目提要·苗族卷》著録

[湖南保靖]龍氏族譜四卷 龍文魁纂修 民國二十六年(1937)刻本

譜述保靖龍氏遷徙繁衍歷史。

湖南省保靖縣檔案館

本條目據《中國少數民族古籍總目提要·苗族卷》著録

[湖南古丈]向氏族譜不分卷 纂修者不詳 向昌直抄本 一册 破損

始遷祖寵,因三國時扶保劉備子阿斗有功封鎮殿大將軍,後南遷湘西。譜載譜系。

湖南省古丈縣高峰鎮淘金村向和全

本條目據《中國少數民族古籍總目提要·苗族卷》著録

[湖南古丈]龍氏族譜一卷 龍元吉纂修 民國

二十六年(1937)石印本　四册

譜載譜序、家訓、班字、奠文、世譜等。

湖南省湘西土家族苗族自治州民族古籍辦公室

本條目據《中國少數民族古籍總目提要·苗族卷》著録

[廣西三江]吴氏族譜不分卷　纂修者不詳　1951年抄本　一册

譜述廣西三江苗族地區吴氏家族來歷及由漢族演變爲苗族之歷史過程。

廣西壯族自治區三江統計局吴宗保

本條目據《中國少數民族古籍總目提要·苗族卷》著録

[廣西三江]吴氏族譜不分卷　纂修者不詳　據1951年抄本複印　一册

參見前條。

廣西壯族自治區民族古籍辦公室

本條目據《中國少數民族古籍總目提要·苗族卷》著録

[廣西融水][任氏]宗支譜籍　任川主修　1987年鉛印本　一册　書名據封面題

始遷祖長興,約於十八世紀初自廣東省嘉應州鎮平縣圓子山白泥湖登子村流落至廣西宜州懷遠鎮融江河拱洞鄉良雙村。1982年經融水縣有關部門同意,准予更改族籍爲苗。譜載序言、世系、宗支譜詞(字輩)、宗支盟約、後記等。

廣西壯族自治區柳州市桂良公司鄭節餘

[重慶石柱]馬氏家乘　纂修者不詳　清道光間刻本

始祖定虎,宋建炎間官石柱安撫司,遂家石柱。始遷祖克用,定虎十五世孫,元末人。

重慶市石柱土家族自治縣圖書館

本條目據《民族志資料彙編》(第二集)著録

[重慶石柱]陳氏族譜不分卷　陳于衡纂修　民國二十三年(1934)石印本　一册

始祖陳温,因與馬定虎於石柱"平定苗蠻"之事而居。譜載宗支世系、家法、家規、簡章、字派、詩聯。

重慶市彭水苗族土家族自治縣林業局陳德年

本條目據《中國少數民族古籍總目提要·苗族卷》著録

[重慶彭水]王氏族譜不分卷　纂修者不詳　清嘉慶十九年(1814)稿本　一册

始遷祖良,明代正德元年(1506)遷居彭水長溪(今漢葭鎮土地村)。

重慶市彭水苗族土家族自治縣興隆鄉王氏

本條目據《民族志資料彙編》(第二集)著録

[重慶彭水]王氏族譜不分卷　(清)王吉駿纂修　清光緒六年(1880)刻本　一册

先祖同上。譜載譜序、世系、人物事迹。

重慶市彭水苗族土家族自治縣普子中學王茂修

本條目據《中國少數民族古籍總目提要·苗族卷》著録

[重慶彭水]毛氏族譜不分卷　(清)毛之美等纂修　清光緒十六年(1890)抄本　一册

始遷祖錦,明末自黔江遷居彭水銅鑼寨(今彭水苗族土家族自治縣鬱山鎮銅鑼井)。此譜爲後裔聚居彭水蘆塘一支所修。譜載字派、條戒(即家規)十二條等。

重慶市彭水苗族土家族自治縣李家溝毛正宇

本條目據《中國少數民族古籍總目提要·苗族卷》著録

[重慶彭水]田氏世系譜不分卷　(清)田茂穎纂修　清康熙四十五年(1706)抄本　一册　前八頁左上角缺一字

始祖宗顯,隋開皇二年(582)任黔中太守。譜載譜序、考略、重要人物生平事迹、世系、葬地等。

重慶市彭水苗族土家族自治縣巖東鄉堰塘村田豐普

本條目據《中國少數民族古籍總目提要·苗族卷》著録

[重慶彭水]田氏世系譜不分卷 (清)田茂穎纂修 據清康熙四十五年(1706)抄本複印 一册 前八頁左上角缺一字

參見前條。

重慶市彭水苗族土家族自治縣建委田景元

本條目據《中國少數民族古籍總目提要・苗族卷》著録

[重慶彭水]安氏家譜不分卷 (清)安定邦纂修 清光緒三年(1877)抄本 一册 缺序跋

是族爲土司,清康熙間吴三桂叛亂,該族土司聯合其他七姓土司共同抵抗,失利後移居至湖北利川縣文斗區坡坪鄉。始遷祖行讓,遷居彭水棣棠鄉人字臺。譜載家族生息、繁衍、遷徙、發迹等情況。

重慶市彭水苗族土家族自治縣保家鎮後場街安永林

本條目據《中國少數民族古籍總目提要・苗族卷》著録

[重慶彭水]李氏族譜十卷 纂修者不詳 清嘉慶十一年(1806)隴西堂刻本 十册

此係彭水鞍子鄉李氏族譜。譜載世系、葬地、主要人物簡介。世系始自清雍正元年(1723)出生之世清,記至清嘉慶十一年(1806)出生之正權,歷經八十餘年之生息、繁衍、遷徙、發迹、衰敗的情況。

重慶市彭水苗族土家族自治縣鞍子鄉鞍子村七組李有科

本條目據《中國少數民族古籍總目提要・苗族卷》著録

[重慶彭水]李氏族譜不分卷 (清)李育禎纂修 清光緒二十六年(1900)刻本 一册

始遷祖念貴,明洪武二十三年(1390)因經商自涪陵遷居彭水老年窖(今走馬鄉萬家村)。譜載譜式、服圖、祭禮、儀注、文贊、文翰、告示規程、契約、碑記、家規、世系總圖等。

重慶市彭水苗族土家族自治縣李應祥

本條目據《中國少數民族古籍總目提要・苗族卷》著録

[重慶彭水]李氏族譜不分卷 李文盛纂修 民國二十六年(1937)石印本 三册 第一本上端及前二十餘頁殘破

始遷祖芳,明代永樂間以鹽商身份遷居彭水巴堆(今巖東鄉繞旗村)。譜載序、家訓、家禁、字派、世系、五服圖、嫁娶、人品、孝節、祭田、文藝、墳墓、爵位、流芳、義田、賣約等。

重慶市彭水苗族土家族自治縣人大李魯章

本條目據《中國少數民族古籍總目提要・苗族卷》著録

[重慶彭水]何姓廬江譜序不分卷 纂修者不詳 清嘉慶十年(1805)抄本 一册

始祖元慶,驃騎將軍,子貞代父職同叔德坤征剿金頭和尚,德坤因功授鬱平司正土官。

重慶市彭水苗族土家族自治縣龍溪鄉青杠村何澤紅

本條目據《中國少數民族古籍總目提要・苗族卷》著録

[重慶彭水]何氏族譜 (清)何馥堂纂修 清光緒十六年(1890)稿本

始祖理,因斬寇有功,被敕授貴州思州思南府。後裔分支九派。此後裔居彭水漆園壩、洞底、張詰壩、毛田坪等處。

重慶市彭水苗族土家族自治縣龍溪鄉何氏族人

本條目據《民族志資料彙編》(第二集)著録

[重慶彭水]邵氏祖譜 纂修者不詳 抄本

始遷祖以明,自湘西花垣縣遷居彭水邵家堡,以割漆爲生。

重慶市彭水苗族土家族自治縣龍洋鄉邵氏族人

本條目據《民族志資料彙編》(第二集)著録

[重慶彭水]周氏族譜不分卷 纂修者不詳 清康熙三十年(1691)抄本 一册

始遷祖之仕,元至正十六年(1356)隨徐壽輝入蜀,定居彭水巖東周家溝(今巖東鄉千山村)。

重慶市彭水苗族土家族自治縣民族宗教事務局周信仁

本條目據《中國少數民族古籍總目提要・苗族卷》著録

[重慶彭水]段氏族譜不分卷　纂修者不詳　清光緒間稿本

始遷祖林泉,明萬曆間遷居彭水縣鬱山鎮。

重慶市彭水苗族土家族自治縣走馬鄉官坪村段氏

本條目據《民族志資料彙編》(第二集)著録

[重慶彭水]高氏族譜五卷　(清)高之福纂修　清光緒二十八年(1902)抄本　五册　缺卷一、四、五。

始遷祖權,明弘治三年(1490)自湖北省麻城縣遷居彭水甘棠鄉(今聯合鄉高家村)。譜載世系、葬地、人物簡歷。

重慶市彭水苗族土家族自治縣聯合鄉游家坪高沛元

本條目據《中國少數民族古籍總目提要・苗族卷》著録

[重慶彭水]董氏譜書不分卷　董希奎纂修　民國三十六年(1947)抄本　一册

始遷祖仁高之長子,明永樂間自彭水雙龍鄉遷居邑之靛水鄉。譜敘該家族生息、繁衍、遷徙等内容。

重慶市彭水苗族土家族自治縣靛水鄉五福村一組

本條目據《中國少數民族古籍總目提要・苗族卷》著録

[重慶彭水]焦氏族譜不分卷　焦友强纂修　民國十五年(1926)抄本　一册

始祖君玉。其四代孫於明萬曆間始遷彭水雞冠鄉小溪、灰溪河、核桃園(今龍溪鄉)。譜載序言、人物事迹、世系等,敘該族生息、繁衍、遷徙、發迹等内容。

重慶市彭水苗族土家族自治縣龍溪鄉黄嶺村焦崇熙

本條目據《中國少數民族古籍總目提要・苗族卷》著録

[重慶彭水]寧氏族譜不分卷　(清)寧相訓等纂修　清光緒二十年(1894)抄本　一册

始遷祖茂哲,仕雲南巡撫,明正德五年(1510)遷居彭水前鄉壩(今新田鄉馬蜂村)。譜敘該族人口生息、繁衍、遷徙等内容。

重慶市彭水苗族土家族自治縣寧環友

本條目據《中國少數民族古籍總目提要・苗族卷》著録

[重慶彭水]蔡氏族譜不分卷　(清)蔡育亭纂修　清咸豐元年(1851)抄本　一册

始遷祖仲,明崇禎十七年(1644)遷居彭水白楊坪(今朱砂鄉白楊坪村)。譜載家族生息、繁衍、遷徙等内容。

重慶市彭水苗族土家族自治縣朱砂鄉白楊坪村蔡池

本條目據《中國少數民族古籍總目提要・苗族卷》著録

[重慶彭水]謝氏家譜不分卷　(清)謝應奎纂修　清同治四年(1865)抄本　一册

始祖吾珍。譜載家族生息、繁衍、遷徙、發迹等内容。

重慶市彭水苗族土家族自治縣保家鎮清平居委八組謝朝舉

本條目據《中國少數民族古籍總目提要・苗族卷》著録

[重慶彭水]竇氏族譜　纂修者不詳　清宣統間稿本

始遷祖桂年,因平蜀有功,官居彭水。

重慶市彭水苗族土家族自治縣桑柘鄉竇家壩竇氏族人

本條目據《民族志資料彙編》(第二集)著録

[重慶彭水]龔氏族譜不分卷　(清)龔基亨纂修　清光緒十七年(1891)抄本　一册

始祖尚,明代人。譜載分關(分割財産的文

書)、義塚、祭田、家族主要人物傳記等。

重慶市彭水苗族土家族自治縣漢葭鎮沙沱居委五組桃子樹坡龔德治

本條目據《中國少數民族古籍總目提要・苗族卷》著録

[重慶酉陽]石氏宗譜不分卷 (清)石宏紀纂修 民國二十一年(1932)石宗思抄清嘉慶十八年(1813)修本 一册 殘損

始祖孟爾,自江西遷居貴州古州八灣,五代後漢乾祐二年(949)再遷烏羅府孟溪。裔孫龍祖落業郎溪。龍次子俊,徙居酉陽讓坪,是爲始遷祖。

重慶市酉陽土家族苗族自治縣文物管理所

本條目據《中國少數民族古籍總目提要・苗族卷》著録

[重慶酉陽]石氏宗譜不分卷 (清)石仕彦纂修 清光緒二十九年(1903)石昌岳抄清嘉慶二十四年(1819)修本 二册

始遷祖宦曹,元武宗時自江西遷居酉陽。

重慶市酉陽土家族苗族自治縣水電局石棟樑

本條目據《中國少數民族古籍總目提要・苗族卷》著録

[重慶酉陽]南陽氏[白氏]族譜 纂修者不詳 刻本

重慶市酉陽土家族苗族自治縣後溪鄉白長培

本條目據《民族志資料彙編》(第二集)著録

[重慶酉陽]張氏族譜不分卷 (清)張玉甲纂修 清道光二十四年(1844)刻本 四册

該族先世自宋元之際入貴州。始遷祖朝乾,明代趕苗拓業時遷居酉陽。

重慶市酉陽土家族苗族自治縣李溪鎮立新村張翔美

本條目據《中國少數民族古籍總目提要・苗族卷》著録

[四川敘永]張氏族譜不分卷 張正方纂修 1954年抄民國七年(1918)修本 一册

該族自明洪武初入川。譜載字輩排行、家族族規、家族發展及分支、祖墳分佈等。

四川省敘永縣農業銀行張相鵬

本條目據《中國少數民族古籍總目提要・苗族卷》著録

[四川古藺][張氏]水源木本不分卷 藍俊儒纂修 民國三十七年(1948)抄本 一册 文有校改

該族於清康熙間遷居古藺。譜敘該族發展情況。

四川省古藺縣魚化鄉望龍村張維舟

本條目據《中國少數民族古籍總目提要・苗族卷》著録

[四川古藺][張氏]水源木本不分卷 藍俊儒纂修 據民國三十七年(1948)抄本複印 一册 文有校改

參見前條。

四川省古藺縣民族宗教事務委員會

本條目據《中國少數民族古籍總目提要・苗族卷》著録

[四川古藺]楊氏家譜不分卷 (清)楊佑尚纂修 民國三十三年(1944)抄清光緒十七年(1891)修本 一册

此係古藺縣德躍鎮平義村等地楊姓家譜,該族自明代中葉入蜀。譜敘家族歷史、政治、經濟、文化、人口及入蜀居德躍關以來的發展變化,内附楊姓歷代祖先葬地草圖。

四川省古藺縣德躍鎮平義村一社楊國康

本條目據《中國少數民族古籍總目提要・苗族卷》著録

[四川古藺]楊氏家譜不分卷 (清)楊佑尚纂修 據民國三十三年(1944)抄清光緒十七年(1891)本複印 一册

參見前條。

四川省古藺縣民族宗教事務委員會

本條目據《中國少數民族古籍總目提要・苗族卷》著録

[四川珙縣]王氏宗譜不分卷　王永昌纂修　民國三十七年(1948)廖其先抄民國二十九年(1940)修本　一册

始祖武,本江西吉安泰和縣人,明萬曆二年(1574)隨軍征剿九絲後遷居珙縣王武寨。譜載有關王氏宗族房族分支及婚喪禮儀等内容。

四川省珙縣羅渡槽門村八社王孝典

本條目據《中國少數民族古籍總目提要・苗族卷》著録

[四川珙縣]王氏宗譜不分卷　王永昌纂修　據民國三十七年(1948)廖其先抄民國二十九年(1940)修本複印　一册

參見前條。

四川省珙縣民族宗教事務局

本條目據《中國少數民族古籍總目提要・苗族卷》著録

[貴州貴陽]羅氏連名宗譜　羅國發口述　楊庭碩、張惠泉收集整理　版本不詳　書名自擬　記事至二十世紀八十年代

此爲貴陽市高坡苗族鄉羅氏世系,計十一世:送當—娘送—供娘—厚供—文厚—孟文—朗孟—遠朗(即羅國發)—抽遠—發抽—興發。

本條目據1994年第2期《中南民族學院學報(哲學社會科學版)》載宇曉撰《苗族親子連名制度的基本結構類型》一文著録

[貴州貴陽]羅氏連名宗譜　羅朝錦口述　楊庭碩、張惠泉收集整理　版本不詳　書名自擬　記事至二十世紀八十年代

此爲貴陽市高坡苗族鄉羅氏世系,計十世:送當—娘送—供娘—厚供—文厚—恨文—醜恨—旺醜—洋旺(即羅朝錦)—府洋。

本條目據1994年第2期《中南民族學院學報(哲學社會科學版)》載宇曉撰《苗族親子連名制度的基本結構類型》一文著録

[貴州花溪]顧氏族譜不分卷　(清)顧履均纂修　清光緒七年(1881)刻本　一册

入黔始祖成(字景韶),原籍湖廣汀潭,元末投入朱元璋部,被選爲帳前親兵。洪武八年(1375)調貴州衛。洪武十四年(1381)隨傅友德征雲南,雲南平定後回鎮貴州。洪武二十九年(1396)任都督僉事,充總兵官。譜又載貴陽花溪區王寬寨顧氏,亦爲顧成後裔。

貴州省貴陽市花溪區舒奇峰

本條目據2013年7月31日《貴州都市報數字報》載王堯禮撰《顧氏族譜》一文著録

[貴州烏當]祝氏籍譜不分卷　祝士廷纂修　民國十八年(1929)抄本　一册

始祖開源,明天啓五年(1625)自江西吉安府遷居貴州龍里縣谷腳鎮。三代之後始遷烏當蒼坡西苗寨。譜載一至十八代世系。

貴州省貴陽市烏當區蒼坡西苗寨祝氏後裔

本條目據1998年第4期《文獻》載孫昊撰《貴州民間珍藏家譜提要》一文著録

[貴州烏當]祝氏萬古流傳不分卷　纂修者不詳　清末民國初祝朝魁據舊修本抄　一册　苗文譜牒

先祖同上。是譜爲祝朝魁用苗語寫成,以葬地爲分類,由近及遠,記載其祖先之名字。譜中載有祭祀文、祭祀圖(七幅)。

貴州省貴陽市烏當區蒼坡西苗寨祝氏後裔

本條目據1998年第4期《文獻》載孫昊撰《貴州民間珍藏家譜提要》一文著録

[貴州烏當]劉氏家譜不分卷　纂修者不詳　1971年劉國林抄本　一册　苗文譜牒

此譜原係口述家譜,1971年原石頭寨苗族跳廠總管劉國林用漢字標音法抄録自老祖公傳下來之父子連名譜。老譜最早寫於清光緒間,草創者爲劉克昆、劉克章。

貴州省貴陽市烏當區鳳洛灣石頭寨劉國林

本條目據1998年第4期《文獻》載孫昊撰《貴州民間珍藏家譜提要》一文著録

[貴州烏當]劉氏家譜不分卷　劉芝良纂修　1984年抄本　一册　苗文譜牒

此譜原係口述家譜,1984年石頭寨苗族跳廠總管劉芝良憑記憶用苗語所記録家譜。譜内無世代之分,只記祖先名字,由近及遠,男女均記。

貴州省貴陽市烏當區東鳳洛灣石頭寨關口劉芝良

本條目據1998年第4期《文獻》載孫昊撰《貴州民間珍藏家譜提要》一文著録

[貴州鎮寧]金氏家譜不分卷 金邦禮等纂修 1985年稿本 一册 四修本

從《金氏家譜》及有關史料可知,夜郎王多同後裔金氏漢姓的形成乃自明正統四年(1439)第五十八代後裔改姓金而始。譜載兩方面内容,一是金氏民族的族源及來歷,二是多同受爵封王及其歷代政治上的興衰。該譜的一個重要特點是用漢字記苗名,此前多同後裔皆用苗名。是族初修譜於清雍正二年(1724),爲多同第六十六代孫金大中、金大薰、金大沐及第六十七代孫金琠四人所修;二修於清乾隆四十八年(1783),爲多同第六十八代孫金湯植、金湯宣、金湯灝三人所修;三修於宣統元年(1909),爲多同後裔第七十二代孫金名燦、金名浩及第七十三代孫金在淵三人所修;四修於1985年,爲多同後裔第七十五代孫金邦禮等人所修。

本條目據1993年4月第4期《貴州民族研究》載楊文金撰《夜郎王"多同"後裔金氏家譜簡述》一文著録

[貴州松桃]龍氏志族規不分卷 纂修者不詳 龍秀清整理 一頁

譜載族訓:宗族和睦相處,才能興旺發達;用地理人,不准阻攔,違者斷根絶代;上門養寡,本族不拘禮,外族要行禮,以認族人。

貴州省松桃苗族自治縣民族宗教事務局

本條目據《中國少數民族古籍總目提要·苗族卷》著録

[貴州黔東南]楊氏族譜三卷 纂修者不詳 明刻本 四修本

始祖文廣(又名再思),宋代人。再思第八子正堂之裔,始還貴州施秉一帶,後裔已繁衍三十一代。譜載遠代世系譜、再思正堂支譜、再思十二子中其他支世系譜等。

貴州省黔東南苗族侗族自治州民族博物館

本條目據《中國少數民族古籍總目提要·苗族卷》著録

[貴州凱里]顧氏族譜不分卷 顧道基纂修 民國二十八年(1939)刻本 六册 鈐"爐山顧氏宗祠之圖記"印

譜載顧氏家規、族綱、字派、瓜藤圖、明清宦績、文武庠生、貢生、監生、舉人拔貢進士、節婦烈婦、孝婦賢婦、祭祖陳列圖、春秋二祭儀贊、樂章、祝文、榜示、祠内古匾對聯、五服總圖、五族喪服圖、祠田地名、顧氏宗譜序、續修譜序、顧氏溯源、入黔始祖夏國公等傳、各房世系等。

上海市檔案館

本條目據《中國少數民族古籍總目提要·苗族卷》著録

[貴州凱里]顧氏族譜不分卷 顧道基纂修 據民國二十八年(1939)刻本複印 六册 鈐"爐山顧氏宗祠之圖記"印

參見前條。

貴州省凱里市檔案館

本條目據《中國少數民族古籍總目提要·苗族卷》著録

[貴州三穗]吴氏族譜 吴世光、吴紹泉纂修 1987年排印本 一册

是族於明洪武三年(1370)自陝西西安府華蔭縣七里塘遷居貴州鎮遠府邛水理民縣(今三穗縣)。譜載譜序、宗祠、九族録、世系圖表、藝文等。世系記至二十世。

貴州省三穗縣吴氏後裔

本條目據1998年第4期《文獻》載孫昊撰《貴州民間珍藏家譜提要》一文著録

[貴州錦屏]姜氏家譜不分卷 (清)姜佐卿纂修 清光緒二年(1876)抄本

始遷祖春黎,清順治十一年(1654)遷居貴州錦屏縣文斗村。譜載譜序、祠堂記、世系紀略。

本條目據1989年第4期《貴州民族學院學報(社會科學版)》載楊有庚撰《文門苗族地區的明清社會經濟文化發展——〈姜氏家譜〉剖析》一文著録

[貴州錦屏]龍氏迪光録(亮寨龍氏家譜)八卷 (清)龍紹訥纂修 清同治三年(1864)刻本 六册 紙質變脆且蟲蛀嚴重

譜涉八方面内容:一是朝廷加封土司世襲;二是雍正諭令嚴飭土官;三是紀戰事、明治亂;四是開上進之途,興教育之風,人文蔚起;五是記述人口、物産、田賦、夫徭;六是盡録祠廟、地方、橋渡、村寨;七是要述語言及風俗;八是詳述前人遺文。

貴州省錦屏縣檔案館

本條目據《中國少數民族古籍總目提要・苗族卷》著録

[貴州劍河]郃氏連名宗譜 纂修者不詳 版本不詳 書名自擬

此爲劍河縣久仰鄉郃氏口述世系,計四十一世:有打—信有—昂信—尚昂—九尚—羅九—故羅—相故—板相—留板—貴留—裕貴—講裕—老講—刀老—老刀—勇老—力勇—記力—啊記—渣啊—兄渣—鄂兄—字鄂—甘字—冬甘—打冬—兄打—雞兄—亮雞—十亮—月十—記月—左記—波記—今波—老今—牛老—當牛—萬當—引萬。此譜二十世啊記之前世系與臺江張氏世系相同。

本條目據1994年第2期《民族論壇》載宇曉撰《苗族父子連名制的社會功能析略》一文著録

[貴州臺江]張氏連名宗譜 纂修者不詳 版本不詳 書名自擬

此爲臺江縣巫腳交張氏口述世系,計四十五世:有打—信有—昂信—尚昂—九尚—羅九—故羅—相故—板相—留板—貴留—裕貴—講裕—老講—刀老—老刀—勇老—力勇—記力—加記—書加—耶書—果耶—飛果—報飛—啊報—報啊—兩報—六兩—斗六—報斗—隨報—義隨—翁義—你翁—又你—生又—報生—九報—當九—九當—容九—九容—送九—耶送。此譜二十世加記之前世系與劍河郃氏世系相同。

本條目據1994年第2期《民族論壇》載宇曉撰《苗族父子連名制的社會功能析略》一文著録

[貴州臺江]張氏連名宗譜 張勇保口述 版本不詳 書名自擬

此爲臺江縣反排村張氏口述世系,計十五世:吉記—羊吉—木羊—公木—勇公—記勇—相記—賴相—徼賴—尤徼—勇尤—雙勇—保雙—勇保—瑞勇。

本條目據1994年第2期《中南民族學院學報(哲學社會科學版)》載宇曉撰《苗族親子連名制度的基本結構類型》一文著録

[貴州長順]孫氏家譜 纂修者不詳 抄本一册

是族祖籍山東樂安郡(今山東惠民縣),後裔先後遷居江西、湖南邵陽、貴州定番州(今惠水縣)及長順縣。譜載序、世次録。世系記至二十六世。

貴州省長順縣水波龍孫芝柏

本條目據1998年第4期《文獻》載孫昊撰《貴州民間珍藏家譜提要》一文著録

[貴州都匀]吴氏連名宗譜 顔光華口述 楊昌文收集整理 版本不詳 書名自擬

此爲都匀市内外套地區吴氏世系,計十八世:良孝—盛良—江盛—碾江—臉碾—天臉—老天—昌老—堂昌—鳥堂—井鳥—金井—臉金—井臉—鳥井—硬鳥—永硬—永和。

本條目據1994年第2期《中南民族學院學報(哲學社會科學版)》載宇曉撰《苗族親子連名制度的基本結構類型》一文著録

[貴州福泉]顔氏連名宗譜 顔登祥口述 楊昌文收集整理 版本不詳 書名自擬

此爲福泉市干壩鄉顔氏世系,計八世:七×—仲七—倫仲—卧倫—體卧—三體—新三—華新。

本條目據1994年第2期《中南民族學院學報

(哲學社會科學版)》載宇曉撰《苗族親子連名制度的基本結構類型》一文著録

[貴州貴定]顔氏連名宗譜 顔光華口述 楊昌文收集整理 版本不詳 書名自擬

此爲貴定縣定東鄉大巖寨顔氏世系,計六世:藥嘗—哪藥—神哪—旺神—龍旺(即顔光華)—橋龍。

本條目據1994年第2期《中南民族學院學報(哲學社會科學版)》載宇曉撰《苗族親子連名制度的基本結構類型》一文著録

[貴州貴定]蘭氏連名宗譜 蘭明發口述 楊昌文收集整理 版本不詳 書名自擬

此爲貴定縣竹林溝蘭氏世系,計九世:鵝×—蒙鵝—王蒙—鈴王—約鈴—海約—素海—冬素—七冬。

本條目據1994年第2期《中南民族學院學報(哲學社會科學版)》載宇曉撰《苗族親子連名制度的基本結構類型》一文著録

齊氏族譜不分卷 (明)齊文權纂修 清乾隆四十八年(1783)抄本 一册

該族係趕苗拓業時所遺之苗人。始祖洪一,宋末元初避寇亂與數十苗人避難於蒼蒲塘芙蓉山,洪一藏於屍下,倖免於難。後至伍家溝,居齊何二巖、花園堡。

本條目據《中國少數民族古籍總目提要·苗族卷》著録

布　依　族

[全國]陸氏族譜　佚名纂修　清光緒十二年(1886)手抄本　一册

本譜記江南陸姓氏族世系、各世代的遷徙情況及文武官員學位、官職、字輩等。

貴州省黔西南布依族苗族自治州册亨縣陸學淵

本條目據《中國少數民族古籍總目提要·布依族卷》著録

[貴州]黄氏歷代宗譜不分卷　佚名纂修　清光緒三十一年(1905)手抄本　一册

本譜記述貞豐、册亨、望謨、紫雲、關嶺、鎮寧縣布依族黄氏遷徙、發展的歷史和歷次修譜情況。内録黄氏氏族世系。

貴州省黔西南布依族苗族自治州貞豐縣珉谷鎮巖魚村黄福壽

本條目據《中國少數民族古籍總目提要·布依族卷》著録

[貴州]楊氏族譜不分卷　佚名纂修　手抄本　一册

本譜記述惠水縣和平塘縣克度地區布依族楊姓的源流、遷徙情況。内録楊氏氏族世系。

貴州省黔南布依族苗族自治州惠水縣太陽鄉硐口村楊姓族人

本條目據《中國少數民族古籍總目提要·布依族卷》著録

[貴州貴陽]金氏歷代家譜不分卷　(明)金日禪纂修　明永樂二十一年(1423)　抄本　一册

本譜記載金氏與夜郎古國的淵源關係、布依族歷代歷年大事記、設置金竹府的時間、金氏歷代世系傳人資料。

貴州省貴陽市花溪區王氏族人

本條目據《中國少數民族古籍總目提要·布依族卷》著録

[貴州貴陽]定遠侯王氏重修族譜不分卷　(清)王思軾纂修　清康熙四十五年(1706)手抄本　一册

本譜所載内容爲貴陽花溪王氏氏族世系、王氏源流、誥封播州定遠侯史事、族中戒律等。

貴州省貴陽市花溪區王正儒

本條目據《中國少數民族古籍總目提要·布依族卷》著録

[貴州貴陽]班王氏家譜不分卷　(清)王學尹纂修　清光緒元年(1875)木刻本　一册

明代朱元璋以天下無二王,將班姓改王姓。譜載王氏家族在黔中分佈情況、世系家規律例等。

貴州省貴陽市花溪區王輝康

本條目據《中國少數民族古籍總目提要·布依族卷》著録

[貴州貴陽]花溪區鎮山村班李氏族譜不分卷　佚名纂修　清宣統元年(1909)手抄本　一册

班、李氏始祖仁宇居於江西吉安府廬陵大魚池塘邊李家村,科舉官至協鎮,明萬曆年間奉官府調征南入黔,至半邊山後,遂入贅班門,生二子,長房屬李,次房姓班,始立兩姓族譜,流傳至今。内録李氏氏族世系。

貴州省貴陽市花溪區石板鎮鎮山村班運紅

本條目據《中國少數民族古籍總目提要·布依族卷》著録

[貴州貴陽]金氏家譜不分卷　佚名纂修　清宣統元年(1909)排印本　一册

本譜記述其先祖事迹:漢元光五年(前130)入夜郎,金筑多同討伐且蘭,漢武帝厚賜夜郎王多同;唐貞觀十七年(643)夜郎金筑王入朝;元世祖至元十六年(1279)改置金筑土府;明洪武四年(1371)平蜀,金筑密定差頭目保祝、蔣貴等賫印符,至四川古渝北嘴曹國公處繳納,改授金筑長官司;洪武十年(1377)改授金筑安撫司;洪武二十年(1387)初一金密定病故葬斗篷山。其後代繁衍至今。内録金氏氏族世系。

貴州省貴陽市花溪區溪北社區服務中心竹林村金邦明

本條目據《中國少數民族古籍總目提要・布依族卷》著録

[貴州貴陽]竹林寨班氏族譜不分卷　班雲庵纂修　民國六年(1917)手抄本　一册

班氏祖先從湖北到山西、陝西,再進入江西廣信府(今上饒市),元至元二十五年(1288)由江西遷入貴州定番山羊寨。明洪武六年(1373)遷至中曹司馬家莊,九年(1376)移居竹林寨對面的坡舊寨,數年後搬至新寨,繁衍至今。内録班氏氏族世系。

貴州省貴陽市花溪區溪北社區服務中心竹林村班光會

本條目據《中國少數民族古籍總目提要・布依族卷》著録

[貴州鎮寧]韋氏族譜不分卷　韋漢朝纂修　據抄本複印　合册

始祖郎均,原籍江西吉安府吉水縣人,明洪武間征戰滇黔。始遷祖二世卜鑾,後官居貴州鎮寧。内録韋漢朝所撰《韋氏譜序源流》一篇。

上海圖書館

[貴州紫雲]伍姓遷徙史不分卷　纂修者不詳　清光緒五年(1879)手抄本　一册

本册記述紫雲苗族布依族自治縣布依族伍氏家族的發展情況及定居於水塘鎮猴場鄉的過程。内録伍氏氏族世系。

貴州省安順市紫雲苗族布依族自治縣水塘鎮橋頭村橋頭組伍紹舉

本條目據《中國少數民族古籍總目提要・布依族卷》著録

[貴州威寧]李氏家譜不分卷　佚名纂修　清抄本　一册

本譜記述畢節市威寧彝族回族苗族自治縣新發布依族鄉花園村李氏家族其中一支的族源、遷徙情況。其中記録一段完整的遷徙過程中所經過的地名,主要用於在喪葬祭祀時給亡人指路,意在讓亡人沿所指之路順利歸祖,同祖宗相聚。内録李氏氏族世系。

貴州省畢節市威寧彝族回族苗族自治縣新發布依族鄉花園村

本條目據《中國少數民族古籍總目提要・布依族卷》著録

[貴州黔南]王氏宗譜不分卷　纂修者不詳　據抄本複印　合册

始祖王翦。三十六世祐,宋代居浙江紹興府餘姚。四十七世堯,元代鎮守貴州望謨桑郎。五十二世繼泰,明洪武間守播州(今遵義)。明清以後後人分居在貞豐、羅甸等地。内録王氏宗譜(一)、三槐家譜(二),這兩篇文章記録了王氏的遷徙源流。

上海圖書館

[貴州黔南]陸氏族譜不分卷　纂修者不詳　清光緒十二年(1886)刻本　合册

此爲布依族、水族族譜。始遷祖德晟,唐末因五季亂遷居黔南南寧。德晟有五子,次子仁勝徙居都匀府,三子仁永徙居都匀縣,四子仁安遷徙獨山,五子仁宗逃入荔波。其後裔分佈於今都匀、獨山、荔波、三都及廣西南丹、河池等地。又有德遷十二世孫經自江西金谿遷居江蘇常熟縣,復遷黔南都匀縣;德遷十九世孫大成,因避亂自金谿逃入都匀府清平縣。譜載凡例、源流圖、姓氏考、陸氏自漢初一世至唐末四十世世系、江西一世至十世世系以及貴州各代世系。

貴州省黔南布依族苗族自治州三都水族自治縣

本條目據1992年第4期《貴州民族研究》載劉世彬撰《從〈陸氏族譜〉看布依族水族的"江西遷來説"》一文著録

[貴州貴定]汝南郡豫章汝南堂賈戎袁氏宗譜二卷　袁春華主編　1997年鉛印本　一册　書名據封面題

貴定賈戎四族袁氏,皆於明代自江西吉安府而來。賈戎上房一世祖何引與田壩族一世祖臣潤,原籍廬陵縣(今吉安縣)固江村,明嘉靖間隨軍西征開發滇南,幾經遷徙至賈戎定居。栗寨族與下廟族,據傳祖居吉安府朱氏巷。栗寨之祖於明洪武末年徙居湖廣寶慶府邵東,四世祖子才約於清雍正間自寶慶府徙居栗寨。下廟族祖先也是嘉靖間開發滇南而來,初居雲南鎮雄,1941年第十世開祥攜家眷自鎮雄遷來賈戎。上卷載袁姓之來歷、遷徙與發展,下卷載賈戎四族入黔概況、民族變化、家訓、習俗、世系圖、世傳、史料摘抄等。賈戎昔稱土家之鄉,袁氏入居賈戎後,與土家族人通婚,遂被目爲土家族,1953年又被定爲布依族。

上海圖書館

[貴州獨山]莫氏家乘不分卷　(清)莫友芝纂修　稿本　存一册　書名自擬

是族明初自金陵珠市巷(今屬南京市)移居貴州。譜存歷代名賢、列女傳等。清莫友芝出於是族。

南京圖書館

[貴州平塘]克度上里楊氏家譜不分卷　楊孔音纂修　民國三十二年(1943)手抄本　一册

來黔楊氏,在西周本姬姓,晉陽世族;東周受賜華陰世家;西漢武帝賜郡爲弘農人;西晉時爲河東人;六朝時爲江南人;中唐時爲江西人,後又爲邵陵人、長安人;北宋時爲河南人,後又爲黔南人;至南宋時爲江西人;明初出征至貴州,遂留守邊防。内録克度上里楊氏氏族世系。

貴州省黔南布依族苗族自治州平塘縣克度鎮金星村楊元富

本條目據《中國少數民族古籍總目提要·布依族卷》著録

[貴州平塘]克度中里楊氏家譜不分卷　楊孔音纂修　民國三十二年(1943)手抄本　一册

參見前條。來黔始祖世居江南江寧府大石港,爲弘農郡人氏,又稱"弘農堂"、"四知門第"。内録克度中里楊氏氏族世系、字輩等。

貴州省黔南布依族苗族自治州平塘縣塘邊鎮清水村楊正益

本條目據《中國少數民族古籍總目提要·布依族卷》著録

[貴州羅甸]班氏宗譜不分卷　纂修者不詳　據抄本複印　合册

始祖勝,始居廣西思恩府武録縣北塘創業,後定居武鳴縣。始遷祖四世其魁、其騰,遷居貴州羅甸羅悃。内收録一文記録羅氏遷徙、來源。

上海圖書館

[貴州羅甸]黄氏宗譜不分卷　黄蕊光纂修　據抄本複印　合册

始祖浦,宋代人,原籍江西南昌府豐城縣三場二十九都四圖遠岡人氏。十世簡,元代軍遷貴州興義。始遷祖十五世喜,明洪武間軍遷羅甸龍平。内録編者按、凡例、祖訓、世系傳等。

上海圖書館

[貴州龍里]藕溪羅氏族譜不分卷　羅熙弼、羅錫禄纂修　1983年據民國二十七年(1938)本刻印　一册

本譜記述龍里藕溪羅氏家族遷徙、繁衍和發展的情況。内録譜序、譜傳、宗派、家訓、聚族略圖、廬墓略圖、世系表、世譜、祭祖儀節、書後、墓誌、祭文、遺著、附録。

貴州省黔南布依族苗族自治州龍里縣羊場鎮藕寨

本條目據《中國少數民族古籍總目提要·布依族卷》著録

[貴州惠水]定遠侯王氏重修族譜不分卷　佚名纂修　民國二年(1913)三槐堂手抄本　一册

本譜記述惠水縣甲烈鄉布依族王氏家族的源流、遷徙情況。内録惠水王氏氏族世系。

貴州省黔南布依族苗族自治州惠水縣甲烈鄉新

哨村村委會

本條目據《中國少數民族古籍總目提要·布依族卷》著録

[貴州惠水]花溪大寨班姓族譜不分卷　佚名纂修　民國手抄本　一册

本譜記述惠水縣古陽、花溪湖潮新民、花溪區大珠顯等十八個寨子班姓歷代祖宗姓名，葬於何處，以金、木、水、火、土的字部組合成字輩，供後人取名。内録班氏氏族世系。

貴州省貴陽市花溪區溪北社區服務中心班銘順

本條目據《中國少數民族古籍總目提要·布依族卷》著録

[貴州貞豐]花江梁氏家譜不分卷　梁祖昌主修　複印件　一册

始祖兄弟七人，明洪武間自江西吉安府□□縣賣書巷遷貴州貞豐縣，四房住花江（今平街鄉花江村）。内録家訓、家誡、編者簡介、説明、花江梁氏宗支家譜述詩、前言、梁氏始祖入黔之因、入黔宗支、花江宗支輾轉定居概況、花江文化狀況、花江地名考略、花江文物景點、花江布依人民勤勞耕作、花江梁氏家譜編纂由來、花江梁氏宗支外居概況、花江梁氏宗支治喪習俗、花江梁氏宗支特殊忌諱、布依族的來源等。

上海圖書館

[貴州望謨]王氏族族譜不分卷　（清）王元綱纂修　清光緒三年（1877）手抄本　一册

本譜記述自第一世東周周靈王八世孫王翦始，至六十四世王元綱止的歷史。内録王氏家族世系源流。

貴州省黔西南布依族苗族自治州望謨縣平洞街道辦事處邑賴村王由英

本條目據《中國少數民族古籍總目提要·布依族卷》著録

[貴州望謨]黄氏家譜不分卷　黄天綬纂修　手抄本　一册

本譜記述黄氏家族自始祖黄宏於宋皇祐四年（1052）隨狄青征伐儂智高開始，至黄紹榜於清康熙十九年（1680）征雲南吴三桂期間子孫繁衍和戰功戰績情況。内録黄氏氏族世系。

貴州省黔西南布依族苗族自治州望謨縣王母街道辦事處黄仁書遺孀

本條目據《中國少數民族古籍總目提要·布依族卷》著録

[貴州望謨]王氏宗譜　纂修者不詳　2009年民族出版社排印本　合册

祖籍浙江紹興府餘姚縣杏花村。後征西南，始遷祖初官貴州望謨桑郎亭目，遂居於此。記録自初始二十代世襲亭目。

本譜載於《布依族社會歷史調查》

[貴州册亨]儂氏宗譜遺記不分卷　纂修者不詳　清光緒五年（1879）手抄本　一册

儂氏祖籍遼陽。太祖起雲將軍隨軍南征到册亨，遂於此定居，繁衍後代。内録儂氏氏族世系。

貴州省黔西南布依族苗族自治州册亨縣弼佑鄉秧兵村覃發修

本條目據《中國少數民族古籍總目提要·布依族卷》著録

[貴州册亨]岑氏家譜不分卷　纂修者不詳　清光緒十年（1884）手抄本　一册

本譜以東漢光武帝時名將岑彭爲一世祖。内録岑氏氏族世系，至清光緒十年五十七世岑極秀止。

貴州省黔西南布依族苗族自治州册亨縣巖架鎮岑福顯

本條目據《中國少數民族古籍總目提要·布依族卷》著録

侗　族

[全國]楊再思氏族通志　楊昌坤主修　2002年膠印本　一册

參考苗族"楊再思氏族通志"條。

湖南圖書館

[湖北宣恩]湖北宣恩吴氏族譜八卷　(清)吴士楹纂修　清道光三年(1823)刻本　八册　有抄配　部分殘損

此爲湖北宣恩西坪吴氏家譜。記西坪吴氏家族的宗族起源、發展、遷徙情況和祖訓、家規族規、習俗等。

湖北省宣恩縣西坪吴光勝

本條目據《中國少數民族古籍總目提要·侗族卷》著録

[湖北宣恩]湖北宣恩吴氏宗族家譜不分卷　吴士元等纂修　民國三十五年(1946)抄本　二册

本譜介紹宣恩縣長潭河吴氏宗族之起源、發展及遷徙、支系、字輩、家訓、人員情況。

湖北省宣恩縣長潭河侗族鄉馬家溪馬寶山

本條目據《中國少數民族古籍總目提要·侗族卷》著録

[湖北宣恩]湖北宣恩吴氏族譜不分卷　吴可全纂修　抄本　一册　有旁注

譜載族人士萬後代分支之遷徙、發展、家訓、族譜、族規等。

湖北省宣恩縣會口吴仁階

本條目據《中國少數民族古籍總目提要·侗族卷》著録

[湖北宣恩]湖北宣恩姚氏族譜不分卷　(清)姚福賡纂修　清光緒六年(1880)刻本　一册　有旁注

此係湖北宣恩覃家坪姚氏家譜。是族於清康熙末自湖南省沅州府芷江縣(今湖南新晃)傘寨村坡腳寨遷居宣恩覃家坪馬里光。譜載姚氏族人起源、遷徙、族規、孝義傳、家訓語、風俗習慣等。

湖北省宣恩縣覃家坪馬里光姚源泉

本條目據《中國少數民族古籍總目提要·侗族卷》著録

[湖北宣恩]湖北宣恩會口姚氏族譜不分卷　(清)姚復厚纂修　清光緒十六年(1890)抄本　一册

此係宣恩會口侗族姚氏家譜。譜内述及家族喪葬過程及後世子孫繁衍情況。

湖北省宣恩縣民宗局姚祖瑞

本條目據《中國少數民族古籍總目提要·侗族卷》著録

[湖北宣恩]湖北宣恩會口姚氏族譜不分卷　姚紹田等纂修　民國三十四年(1945)抄本　殘損嚴重

此爲湖北宣恩會口姚氏家譜。記姚氏家族起源、遷徙、派系及其字輩等情況。

湖北省宣恩縣會口黄田姚祖成

本條目據《中國少數民族古籍總目提要·侗族卷》著録

[湖北宣恩]湖北宣恩姚氏族譜不分卷　姚本江纂修　民國四年(1915)刻本　一册

此係宣恩大茅坡營姚氏家譜。是族自湖南遷居貴州,再遷湖北宣恩。譜載族源、支系、遷徙經過。

湖北省宣恩縣大茅坡營姚祖佩

本條目據《中國少數民族古籍總目提要·侗族卷》著録

[湖北宣恩]湖北宣恩黄氏族譜不分卷 黄啓塾纂修 一册 有旁注 嚴重殘損

此系湖北宣恩貢黄家河黄氏家譜。敘述該族起源、遷徙、發展過程。

湖北省宣恩縣貢黄家河黄國乾

本條目據《中國少數民族古籍總目提要·侗族卷》著録

[湖北宣恩]湖北宣恩會口楊氏族譜不分卷 (清)楊宗友纂修 清同治十三年(1874)抄本 一册 有旁注

譜載家族起源、發展、遷徙及其派系情況。

湖北省宣恩縣會口洗馬坪楊順讓

本條目據《中國少數民族古籍總目提要·侗族卷》著録

[湖北宣恩]湖北宣恩會口楊氏族譜不分卷 楊重皆纂修 民國八年(1919)抄本 一册 有旁注 部分殘損

譜載家族起源、遷徙及其發展情況。

湖北省宣恩縣會口楊天柱

本條目據《中國少數民族古籍總目提要·侗族卷》著録

[湖北宣恩]湖北宣恩楊氏家譜不分卷 楊再瑞纂修 抄本 一册 有旁注

譜載家族起源、遷徙、發展及支系宗譜情況。

湖北省宣恩縣會口楊順清

本條目據《中國少數民族古籍總目提要·侗族卷》著録

[湖北宣恩]湖北宣恩鄧家坪楊氏族譜不分卷 楊順皆纂修 民國三十年(1941)刻本 一册 有旁注

始遷祖昌德、昌明、昌祠,清乾隆間自湖南省沅州府芷江縣黄泥塘楊家水晶(井)遷居湖北宣恩東鄉里二甲中心堡。譜内又敘楊天應、姚漸先(君贊)、吴世萬、黄金代四人於沅州芷漢結爲兄弟之經過。

湖北省宣恩縣五里牌鄧家坪楊天明

本條目據《中國少數民族古籍總目提要·侗族卷》著録

[湖北宣恩]湖北宣恩大巖壩楊氏族譜不分卷 楊光部纂修 抄本 一册 有旁注 殘損嚴重

譜載起源、發展、遷徙及宗族派系等情況。

湖北省宣恩縣伍家臺楊光部

本條目據《中國少數民族古籍總目提要·侗族卷》著録

[湖北宣恩]湖北宣恩龍氏族譜不分卷 (清)龍鳳樓纂修 清光緒二十七年(1901)刻本 一册

此係宣恩縣銅鑼坪龍氏家譜。先祖自湖南遷居而來。譜載遷徙過程、龍氏支系、族規等。

湖北省宣恩縣銅鑼坪龍首典

本條目據《中國少數民族古籍總目提要·侗族卷》著録

[湖南城步]楊氏通譜不分卷 纂修者不詳 佚名增補 據民國十一年(1922)弘農郡木活字本複印 三册

是爲漢、侗、苗、土家族通譜。先祖同上。第一册總序、通譜序、贈序、聖諭十六條、朱柏廬治家格言、服制圖、楊氏受姓源流,第二至三册世系。

湖南圖書館

[湖南城步]楊氏續修德公房譜□□卷 楊大國等主修 民國三十六年(1947)木活字本 四册 存卷首、一、二

是爲侗、苗族譜。先祖同上。第一册題辭、聖諭十六條、青年守則十二條、朱子家訓、凡例、服制圖、班次、合修源流總序、序、飛山威遠廣惠侯王再思公實録、傳贊,第二册墓圖、案卷,第三至四册世表。

湖南圖書館

[湖南懷化]青氏族譜二卷 (清)青昌順主修 清光緒三十二年(1906)親睦堂木活字本 二册

是爲漢、侗、瑶、苗族譜。譜載聖諭廣訓、總序、新序、傳、宗派、凡例、家規、五服圖、墳宅圖、祭産、

歐氏五代橫圖、世系。

湖南圖書館

[湖南會同]粟氏族譜　(清)粟盛桂等纂修　清乾隆二十一年(1756)刻本　七册　存卷首、二、六　書名據版心題　書簽題粟氏宗譜　初修本

是族衍自江陵,遷於建業上元縣東方廂柑子坪。相傳粟實寰生有五子,長名順朝,登至元武進士,官遊擊,受命鎮撫通道文坡等地,嗣後没於王事,子孫遂寓居文坡。始遷祖通魁,明洪武十八年(1385)遷居會同高溶。是爲粟裕家族譜。

浙江省慈谿市環城南路勵雙傑

[湖南會同]粟氏續修族譜　(清)粟榮處等纂修　清嘉慶十二年(1807)刻本　六册　存卷一至四、六、七　書名據版心、書簽題　二修本

先祖同上。

浙江省慈谿市環城南路勵雙傑

[湖南會同]粟氏續敘族譜　纂修者不詳　清咸豐四年(1854)江陵堂刻本　九册　存卷二至八、十一、十二　書名據版心題　三修本

先祖同上。

浙江省慈谿市環城南路勵雙傑

[湖南會同]粟氏續敘族譜不分卷　(清)粟滿江主修　清光緒十八年(1892)江陵堂木活字本　十二册　書名據版心題　書簽題粟氏宗譜　四修本

先祖同上。

浙江省慈谿市環城南路勵雙傑

[湖南會同]粟氏族譜　纂修者不詳　民國二十年(1931)江陵堂木活字本　十五册　存卷首、卷一至九、十二、十五至十八、二十　書名據版心、書簽題　五修本

先祖同上。粟裕載入卷八、十五世系。

浙江省慈谿市環城南路勵雙傑

[湖南會同]吴氏族譜□□卷　(清)吴坤德等纂修　清道光十七年(1837)繩武堂木活字本　一册　存卷一　初修本

始祖盛。三傳至節幹,子三:六五徙貴州雞峒,六六徙渠陽,六七仍居遠口。六六公長子世爵,仍歸遠口。子尚絅(字習珍),徙會同巖頭陽田村,爲始遷祖。存卷載本源世系録、遠口盛公位世系圖。

湖南圖書館

[湖南會同]宋氏宗譜不分卷　宋占元等纂修　清嘉慶十四年(1908)賦梅堂刻本　三册

本譜以唐代人宋璟爲始祖,發迹廣州。傳四世邕,遷居江右。始遷祖三十二世東周,自江西遷居會同。譜載恩綸、凡例、宋璟公梅花賦、祖墳圖、宋元明老序、誥詞、實録。其中凡例内容多爲家規、家訓。派語:(原派)以世國興時,輔佐盛虞廷,翼運忠良顯,芳傳萬載欽;(續派)仁義道德永,立志純修長,先賢克繼順,定建鴻猷昌。家族於清同治十三年(1874)、民國五年(1916)曾有續修譜。

湖南圖書館

[湖南會同]宋氏宗譜不分卷　宋忠才、宋一清主編　1988年賦梅堂排印本　六册

先祖同上。

湖南圖書館

[湖南會同]林氏族譜九卷首一卷　纂修者不詳　清同治十二年(1873)九牧堂木活字本　八册　缺卷首

始遷祖思義,南宋寶祐五年(1257)因征楚自莆田遷靖州會同。譜存世系圖。

湖南圖書館

[湖南會同]梁氏七修合譜二十四卷　梁錫源主修　民國十九年(1930)安定堂木活字本　一册　存卷首

是爲侗族、苗族譜。始遷祖延繼、延纘,原籍河南開封府祥符縣雲驥橋,北宋政和時佐山西平陽府臨晉縣迪功郎,解組後於南宋紹興十三年(1143)遷居會同縣上方村;胞兄延纘言王安石新

法之非,黜湖廣永平縣尉,秩滿攜子過會同,擇居乾溪口。族裔散居溆浦、常德、麻陽、新化以及貴州、廣西、四川等省。至民國三十七年(1948),已傳三十二代,人口約一萬八千六百人。譜載家庭八箴、家規、服制、祠圖、墓圖、稱呼解、里居、源流紀略、世系。是族於明萬曆四十年(1612)初修譜。

湖南圖書館

[湖南會同]粟氏續敘族譜□□卷　纂修者不詳　民國木活字本　一册　存卷一

該族衍自江陵,後遷江蘇江寧府上元縣東方廂柑子坪。元初順朝以武進士鎮楚之南寇,歿於王事,子孫遂居辰州。至明洪武十八年(1385),通魁徙居會同高溶村,爲始遷祖。長子總會世居於此;次子總全又徙城東之清溪小坡舊寨。五世克元、克先再徙龍塘。存卷載序、五服圖、白雲山碑記等。是族於清乾隆十九年(1754)初修譜,嘉慶十一年(1806)、咸豐四年(1854)、光緒十八年(1892)有續修。

湖南圖書館

[湖南會同]楊氏族譜□□卷　(清)楊步雲等主修　1989年據清光緒三年(1877)清白堂木活字本複印　一册　存卷一　二修本

該族爲侗族、苗族。始祖通碧,世居江西吉安府泰和縣鵝頸大丘中排屋基。通碧孫昌國,宋末元初攜子盛隆、盛榜徙楚之靖城,旋隆、榜二人始遷會同水一里瓦窯坪。盛榜子四:廷秀、廷茂、廷先、廷科,秀、茂徙居會同水二里高椅村。此爲秀、茂房譜。舊字派:廷進再政通光昌盛。乾隆間重訂字派:廷進再政通,光昌盛世宏,國運榮其遠,家聲吉慶同,繼承思祖澤,萬代永興宗。存卷載聖諭、朱文公治家格言、序、服制圖、祀典、地圖、八景詩、凡例、壽考、紳衿、首事、直圖、橫圖。是族於清嘉慶十一年(1806)初修譜,此爲二修本。

湖南圖書館

[湖南會同]龍氏族譜□□卷　纂修者不詳　清光緒十七年(1891)武陵堂木活字本　一册　存卷一

該族爲苗族、侗族。始祖禹官,生五子:宗麻、宗朝、宗靈、宗廷、宗旺。宗廷於宋哲宗時任江夏縣宣教郎,其時金人犯境,乃於北宋徽宗時致仕,道經會同而卜居清溪紅花園,爲會同始遷祖。巖壁字派:大章思克孝,承吉慶常安,成清逢景日,貽世永登翔。大臻橋字派:才潛顯泰運,家國慶安邦,英華昌百代。存卷載聖諭、誥命、家祠圖、敘、傳、祖訓、碑記、字派。

湖南圖書館

[湖南新晃]吴氏族譜□□卷　吴必先等纂修　民國二十六年(1937)三讓堂石印本　二册　存卷一、二　初修本

該族先世自江西徙廣西,後徙湖廣會同遠口。先祖亮(號月江,行六六),官任巡檢。其三子世萬(字斯年,號熾南,行七十六),元至正間舉茂才武略科,獵於沅芷之西溪,遂於明永樂間遷居新晃,爲西溪始祖。子品象,襲父職,生官、銘、保、階、末、錫、晚、强、賽、魯、寨、蘭十二房。十房魯居大坡寨,爲大坡寨始遷祖。字派:再正通勝秀,文昌必克光,家風延至德,宗派衍天潢,燕翼貽謀遠,書香繼世長,樹人培大本,桂子自騰芳。卷一吴氏先世本源圖、吴氏先世本源紀、延陵季子傳、功臣芮傳、廣平侯傳、唐史臣傳,卷二世系圖。

湖南圖書館

[湖南新晃]姚氏族譜□□卷　(清)姚霖纂修　清道光二十七年(1847)重華堂木活字本　存二册　五修本

鼻祖雲,漢侍郎,世居河南陝州硤石。二十五世尚忠遷居江西瑞州新昌縣。四十二世良珊(一字珊,行三),始居江西瑞州新昌靈源,繼遷南昌府豐城縣濫泥灣,明永樂十四年(1416)奉旨調辰州衛,偕兄能、德二人應詔來楚,卜居沅陵一都灰窯長坪,宣德八年(1433)珊復遷沅州巖子坪;能居沅陵四都羅衣溪千龍坪,旋遷浦市江東沙堆角;德仍居長坪。始遷祖四十六世文獻(字君贊),明代遷居新晃縣傘寨。文獻後傳七世有兄弟十二,分居於腳寨、沙坪寨、石柳坡、顏家寨、地東寨、蒲寨、丈溪、舊惆、扶羅寨、田家寨、禾灘等地。原字派:再

正通光昌勝秀。新字派：紹祖本源茂，敦倫瑞應長，彤廷隆選建，英哲定聯芳。

湖南圖書館

［湖南新晃］姚氏族譜□□卷　（清）姚登高等主修　清光緒十二年（1866）重華堂木活字本　二册　存卷首　六修本

先祖同上。存卷載譜序、墓圖、五服圖、八景圖、祠圖、家訓、儀注、衣冠録、名宦紀略、傳。

湖南圖書館

［湖南新晃］姚氏族譜□□卷　姚源浦等主修　民國三十三年（1944）重華堂木活字本　一册　卷存首　七修本

先祖同上。存卷載譜序、傳贊、十三公住址分圖、訂派、河南世系圖、沅陵世系圖、傘寨世系圖。

湖南圖書館

［湖南新晃］蒲氏族譜□□卷　（清）蒲正卿等主修　清宣統二年（1910）帝師堂木活字本　一册　存卷首　二修本

鼻祖衣子啓，原居山西平陽府河東郡池上，爲蒲阪虞帝師，禹帝即位，遂封衣裔，傳家於蒲阪，因以爲氏。漢惠帝時，族人武被封爲殿侯，因吕氏專權，不仕，遂隱居豫章南昌府豐城縣七里街朱氏巷馬頭寨。至晉洪隋，爲來楚始祖，由楚遷黔至六龍山、米貢山。始遷祖統，元初授辰沅總鎮，攜子子佳、子臣、子裕、子昆同徙居晃州西晃山。宗祠位於芷江城内。字派：承啓文廷朝秀正，光昭祖德慶長春，尊宗規範貽謀遠，繼世簪纓沛澤新，禮義隆師欽士瑞，清廉輔主頌儒珍，淵源久紹重華代，美善同臻作相臣。存卷載聖諭、續修首士、譜序、服制圖、契據、字派、始祖世系總圖。是族於清嘉慶十五年（1810）初修譜，此爲二修本。

湖南圖書館

［湖南新晃］楊氏族譜□□卷　楊得之等主修　民國三年（1914）四知堂木活字本　四册　存卷首

該族爲侗族、苗族。始遷祖天應，再思十二世孫。天應高祖總、曾祖壽，因避元亂，散住八閩豫章。祖鳳，由江西泰和移居武陵龍陽（今漢壽）。父康、叔父寧，徙居城步縣羅蒙寨，復徙靖州飛山。傳至天應，於明永樂間自飛山徙居新晃中寨出雲洞。三傳至再權（字文炳），生子四：正音、正曾、正宗、正潤，此譜即爲四房合修。清乾隆五十七年（1792）合族建祠於高梘村，清道光二十九年（1849）建新祠於中寨。字派：再正通光昌勝秀，承先宗序順天長，世遵清德風標遠，學紹名儒手澤芳，祖述善謀詒燕翼，憲章偉烈振麟祥，相傳宏作群英炳，代起人文藝苑香。存卷載源流總序、各公序、凡例、條例、家規、字派、朱子家訓、像圖、五服圖、祠記、祭儀、祠田圖、祖墳圖、二十四廟、列傳、八景詩、各房世派。

湖南圖書館

［湖南芷江］湖南省芷江田氏族譜八卷　纂修者不詳　清康熙十六年（1677）刻本　八册　部分破損

譜載大壟侗族田氏家族之人丁繁衍、田畝分佈、家族分佈、墓葬、族中有功人物、家族祠堂地形及房屋分佈等史料。

湖南省芷江侗族自治縣大壟鄉下寨龍開金

本條目據《中國少數民族古籍總目提要·侗族卷》著録

［湖南芷江］湖南省芷江郭氏族譜二十卷　纂修者不詳　清光緒十九年（1883）刻本　十册

譜載郭氏家族族源、分佈、田畝、墓葬、遷徙、分支、人物等。

湖南省芷江侗族自治縣大樹坳鄉涼水井郭其樹

本條目據《中國少數民族古籍總目提要·侗族卷》著録

［湖南芷江］湖南省芷江楊氏族譜九卷　纂修者不詳　清光緒二十六年（1887）刻本　八册

譜載該族第三分支之族況，計有人丁繁衍、田畝分佈、遷徙分佈、墓葬、族内對國家有功人物、祠堂地形、房屋分佈、祖先畫像及部分地形圖。

湖南省芷江侗族自治縣冷水溪幃臺上楊務進

本條目據《中國少數民族古籍總目提要·侗族

卷》著録

[湖南芷江]湖南省芷江楊氏族譜二十四卷　(清)楊生國纂修　清宣統二年(1910)四知堂刻本　十六册　部分破損

譜敘芷江碧涌楊氏第十分支子孫起源、遷徙、日常生活、基地分佈、田畝分佈、本族分支、墓誌銘、人物事迹等。

湖南省芷江侗族自治縣碧涌鎮碧河洋溪塘楊志清

本條目據《中國少數民族古籍總目提要・侗族卷》著録

[湖南芷江]楊氏族譜十卷首一卷　楊芳淑纂修　民國三十二年(1943)道南堂木活字本　四册　存卷一至三、九

該族爲苗族、侗族。先祖同楊昌坤主修《楊再思氏族通志》。卷首序、譜例、始祖朝公遺像、宗祠圖、陰陽宅圖、服制圖、家訓、祠規、科甲、文藝,卷一祠規,卷二紀元表、跋,卷三至九世系。

湖南圖書館

[湖南靖州]湖南靖州林氏通譜不分卷　纂修者不詳　油印本　一册

譜載家訓、列傳。

湖南省靖州苗族侗族自治縣圖書館

本條目據《中國少數民族古籍總目提要・侗族卷》著録

[湖南靖州]湖南靖州許氏族譜不分卷　纂修者不詳　清道光三十年(1850)刻本　一册

譜載古孝弟訓意摘抄、古篤宗族雍睦之訓、許氏續譜誡勉詞等。

湖南省靖州苗族侗族自治縣圖書館

本條目據《中國少數民族古籍總目提要・侗族卷》著録

[湖南靖州]湖南靖州覃氏族譜九卷　纂修者不詳　民國油印本　一册

譜爲靖州覃氏家族史。

湖南省靖州苗族侗族自治縣圖書館

本條目據《中國少數民族古籍總目提要・侗族卷》著録

[湖南靖州]湖南靖州龍氏族譜不分卷　纂修者不詳　民國六年(1917)油印本　一册

譜載譜規、家規、家庭内教、婚禮儀注、喪禮儀注等。

湖南省靖州苗族侗族自治縣圖書館

本條目據《中國少數民族古籍總目提要・侗族卷》著録

[湖南靖州]湖南靖州儲氏族譜不分卷　纂修者不詳　民國二十四年(1935)河東堂刻本　一册

本譜記述靖州儲氏家史。

湖南省靖州苗族侗族自治縣史志辦

本條目據《中國少數民族古籍總目提要・侗族卷》著録

[湖南通道]湖南通道李氏族譜十三卷　(清)李浚源纂修　據清乾隆二十九年(1764)青蓮堂刻本複印

譜載本公世系吊圖、榮公世系吊圖、堅公世系吊圖、以仁公世系吊圖等。

湖南省通道侗族自治縣檔案館

本條目據《中國少數民族古籍總目提要・侗族卷》著録

[湖南通道]湖南通道吴氏宗譜不分卷　纂修者不詳　據清道光八年(1828)抄本複印　一册

譜載吴氏四十四代祖宗簡介及其生卒與子嗣,記始自商殷武丁時期,直至通道宗支各代人名及其官職和遷徙情況。内有印章、校改。

湖南省通道侗族自治縣檔案館

本條目據《中國少數民族古籍總目提要・侗族卷》著録

[湖南通道]湖南省通道粟氏族譜不分卷　(清)趙大鯨等纂修　清乾隆九年(1744)抄本　一册　正文有朱印行格

譜載該族自明初至清朝自江西遷徙而來之經過、居地、家教家訓、粟姓歷史名人等。

湖南省通道侗族自治縣牙屯堡鎮樹團村粟興賢

本條目據《中國少數民族古籍總目提要·侗族卷》著録

[湖南通道]湖南省通道楊家族譜十八卷　(清)楊光美等纂修　清道光十三年(1833)抄本

譜載家訓、凡例、卧碑、名宅圖式等。

湖南省通道侗族自治縣隴城鎮竹塘村楊秀俊

本條目據《中國少數民族古籍總目提要·侗族卷》著録

[湖南通道]湖南省通道楊家族譜十八卷　(清)楊光美等纂修　據清道光十三年(1833)抄本複印

參見前條。

湖南省通道侗族自治縣檔案館

本條目據《中國少數民族古籍總目提要·侗族卷》著録

[湖南通道]湖南省通道楊氏宗譜二十七卷　唐盛才等纂修　據民國三年(1914)三鱣堂刻本複印

譜載家訓、圖譜、修雲房通昭一支世系、綰公房通福一支世系、綰公房通照一支世系等。

湖南省通道侗族自治縣檔案館

本條目據《中國少數民族古籍總目提要·侗族卷》著録

[廣西龍勝]廣西龍勝平等李氏宗譜不分卷　纂修者不詳　清末民國初抄本　一册

該族自山西輾轉至湖南,再遷至龍勝平等蒙洞。譜内記有家族軼事趣聞、遷徙原因等。

廣西壯族自治區龍勝各族自治縣平等鄉蒙洞村李勳

本條目據《中國少數民族古籍總目提要·侗族卷》著録

[廣西龍勝]廣西龍勝平等李氏宗譜不分卷　纂修者不詳　據清末民國初抄本複印　一册

參見前條。

廣西壯族自治區民族古籍整理辦公室

本條目據《中國少數民族古籍總目提要·侗族卷》著録

[廣西三江]廣西三江周坪吴氏家譜不分卷　纂修者不詳　據1986年抄本複印　一册

是族先祖居貴州省黎平縣龍安高寨,後遷入廣西三江,至清代中期已歷二十代。後裔散居周坪、獨峒、八江等鄉。該族初修譜於清道光八年(1828),重修於清同治三年(1864)。

廣西壯族自治區三江侗族自治縣圖書館

本條目據《中國少數民族古籍總目提要·侗族卷》著録

[廣西三江]良口村下寨華堂公支系莫姓族譜　莫廣德纂修　2002年鉅鹿堂排印本　一册　書名據封面題

始遷祖伴彭,清順治間自廣東遷居廣西融安,復遷三江縣良口村下寨。至1999年,已繁衍十四代,有二百一十多户,一千一百多人。現散居良口下寨、上寨、塘二、良口鄉白毛、寨沙等五個村屯及移居雲南昆明,廣西南寧、柳州等地。譜載序言、族規、家訓、世系、莫氏(侗族)習俗、理順字輩識別表等。

廣西壯族自治區柳州市桂良公司鄭節餘

[廣西三江]斗江梁氏族譜　梁同排主修　據1998年安定堂抄本複印　一册　書名據封面題

始遷祖才富,自湖南會同堡子分支至河池,復遷三江縣斗江。排行:才公全愛仕,邦梁秀斗機,國家同日治,永世樂雍熙。續排行:溯祖位河南,開支源遠長,中宗由堡子,澤潤衍遐昌。譜載修譜後序言、世系、字輩譜。

廣西壯族自治區柳州市桂良公司鄭節餘

[廣西三江]廣西三江老堡塘楊氏族譜不分卷　纂修者不詳　據清刻本複印　一册

是族係江西吉安府泰和縣清白堂分支,始祖時開、時泰、時榮、時昌兄弟四人,明代遷居廣西思恩府賓州大港口,後遷柳州府懷遠老堡塘入南寨。

世系承傳逾十九代，現子孫散居三江各地。譜載楊氏來源及各代族人之名。

廣西壯族自治區三江侗族自治縣圖書館

本條目據《中國少數民族古籍總目提要·侗族卷》著録

[貴州石阡]貴州石阡王氏族譜二卷　（清）王孚纂修　清同治十一年（1872）抄本　二册

是譜爲石阡司左副長官司樂橋王氏之譜。該族宋元以降由思州（治務川，今沿河）遷居石阡樂喬村。譜載凡例、家訓、序、詩、世系等。凡族人中有學生、功名者皆志之，並有錢邦藝等序文、詩作多篇。

貴州省石阡縣樂橋村王氏族人

本條目據《中國少數民族古籍總目提要·侗族卷》著録

[貴州石阡]貴州石阡王氏族譜二卷　（清）王孚纂修　據清同治十一年（1872）抄本複印　二册

參見前條。

貴州省石阡縣民族宗教局

本條目據《中國少數民族古籍總目提要·侗族卷》著録

[貴州石阡][安氏]木本水源不分卷　合族纂修　抄本　一册

是族於南宋紹興間遷居貴州石阡。譜載譜序、人物等。

貴州省石阡縣河壩鄉安崇基

本條目據《中國少數民族古籍總目提要·侗族卷》著録

[貴州石阡]貴州石阡楊氏譜系不分卷　合族纂修　一册

十七世九龍，元至元十六年（1279）授石阡司副長官，世襲至清光緒間。是族爲協助官府管理少數民族事務時間較長的土司家族，至清傳四十世。

貴州省石阡縣老校場楊岷山

本條目據《中國少數民族古籍總目提要·侗族卷》著録

[貴州石阡]貴州石阡楊氏譜系不分卷　合族纂修　一册　複印本

參見前條。

貴州省石阡縣民族宗教局

本條目據《中國少數民族古籍總目提要·侗族卷》著録

[貴州天柱]江氏增修族譜二卷首一卷　合族纂修　民國二十三年（1934）濟陽堂木活字本　二册　存卷首、卷一、二

始遷祖虎，明初自江西豐城遷居天柱。卷首江氏源流用遷徙紀略、源流世系紀，卷一至二世系圖。

湖南圖書館

[貴州天柱]彭城堂劉氏族譜不分卷　纂修者不詳　稿本　一册

譜載家族歷史、姓氏由來、始祖淵源、遷徙經過、祖宗事迹、祠堂族田及族産、世系圖表、家訓家範、族規族法、傳記、藝文。

本條目據2014年第11卷第5期《讀與寫》載劉秋美、王芳、劉光燦撰《從黔東南地區幾部譜書看家譜的内容》一文著録

水　族

[貴州黔南]陸氏族譜不分卷　纂修者不詳　清光緒十二年(1886)刻本　一册

此爲布依族、水族族譜。始遷祖德晟,唐末五季因亂遷居黔南南寧。德晟有五子,次子仁勝徙居都匀府,三子仁永徙居都匀縣,四子仁安遷徙獨山。五子仁宗逃入荔波,其後裔分佈於今都匀、獨山、荔波、三都及廣西南丹、河池等地。又有德遷十二世孫經自江西金谿遷居江蘇常熟縣,復遷黔南都匀縣;德遷十九世孫大成,因避亂自金谿逃入都匀府清平縣。譜載凡例、源流圖、姓氏考、陸氏自漢初一世至唐末四十世世系、江西一世至十世世系以及貴州各代世系。

本條目據1992年第4期《貴州民族研究》載劉世彬撰《從〈陸氏族譜〉看布依族水族的"江西遷來説"》一文著録

仡佬族

[貴州務川]高氏族譜不分卷　(清)高別昭纂修　清乾隆三年(1738)抄本　一册　初修本

始遷祖玄壽,明洪武間自江西臨江府新喻縣遷居貴州思南府務川縣。世系記至十三代。譜載序、職官等。

貴州省鳳岡縣綏陽場高可壽

本條目據1998年第4期《文獻》載孫昊撰《貴州民間珍藏家譜提要》一文著録

壯　族

[全國]中國韋氏通書　韋漢超纂修　1996年南寧鉛印本　一册　書名據封面題

該族譜修於南寧,以廣西韋氏爲主體。始遷祖有三：始遷祖景岱,祖籍山東兗州府鄒縣人,因功封木蘭安撫司,子孫世襲,在廣西形成八十三個支系,分佈於廣西東蘭、上林、田東、田林、柳江、柳州、鳳山、宜州、都安、河池、南丹、環江、鹿寨、來賓、永福等地;始遷祖經,北宋時世居宜州,後裔主要分佈於廣西平南、桂平、玉林、容縣、蒼梧、北流、象州、金秀等縣市,今子孫繁育一百六十一個支系,總人口五萬七千人;始遷祖料質,係京兆堂裔孫,曾任山東青州府衛指揮使,東漢建武十八年(42)隨馬援征討南粤,平定交趾,授封欽州防城最高長官,後裔分佈於廣西上思、欽州及越南等地,發展到五十三個支系,總人口近三萬人。譜載序言、世系、韋氏淵源考、古今名人等。

廣西壯族自治區柳州市桂良公司鄭節餘

[全國]粤桂韋氏族譜　韋慶林主修　1992年京兆堂鉛印本　一册　書名據封面題

此譜爲廣東信宜、廣西岑溪兩地合譜。始遷祖會國,南雄人,明宣德二年(1427)鎮守瀧水城(今羅定縣)而居此。生九子,散居廣東陽春、雲浮、嘉應州(梅縣)九江、新會、南海,廣西信宜、羅定、容縣、岑溪、北流等縣市。韋雲淞、韋樹模出於此族。譜載序言、排輩詩、世系、歷代名人、中華韋氏族史考略等。

廣西壯族自治區柳州市桂良公司鄭節餘

[全國]中國覃氏通書　覃承勤主修　1996年鉛印本　一册　書名據封面題

廣西覃氏主要有幾支：漢代湖南武陵覃兒健遷人;三國時蜀漢牂牁太守覃萬傳後裔遍及湘鄂黔桂;南北朝梁時的覃元先後裔遍及廣西柳州、貴港,廣東肇慶、化州,湖北等地;唐代覃如夏後裔鎮撫柳州一帶。譜載譜序、覃氏遷徙、世系、名人、覃氏文化(碑文、祠堂、家規族訓等)、班輩字、後記等。該通書雖名爲全國覃氏,但廣西覃氏約占全國總人口的百分之七十,且大部分融合爲壯族。

廣西壯族自治區柳州市桂良公司鄭節餘

[湖南江華]湖南江華嶺東韋氏創修族譜三卷　韋世華主修　民國二十八年(1939)京兆堂木活字本　三册

該族先世居湖南寶慶府邵陽縣大窩韋家村。傳至元末,族人國寶官粤西賓州府,攜四子友金、友忠、友望、友材赴任,因賊盜圍城,國寶殉難,四子逃至永州江華之嶺東。友金卜居金獅寨,後裔分遷高嶺、木山口、鴻福田、横沖等村;友忠於明洪武八年(1375)卜居龍會村,後裔分遷七郎、金獅、練江、新寨等村;友望後居廣西賀縣南鄉;友材流寓廣東連山。清咸豐五年(1855)友忠裔建祠於江華龍會村。字派：世代和平,順時紀聯,肇立宏喜,富貴相傳,東南盡美,沛澤延年。卷一序、家規、傳贊、五服圖、村圖、墓圖、班輩,卷二世系圖,卷三世系。

湖南圖書館

[廣東]粤西北地方韋氏世系録——韋氏族譜　韋留鈿主修　2014年排印本　一册　七修本

此爲壯族、瑶族、漢族三族合譜。韋氏各宗支於明洪武至萬曆二百餘年間陸續自廣西慶遠、平樂、賀縣、蒼梧遷居至廣東連山及懷集牛洲、下帥、冷坑、藍鐘,連南寨南、白芒,陽山秤架等地。譜録連山、懷集、連南及相鄰廣西賀縣共二十九支、散居一百二十多個村寨一千四百餘人的韋氏世系資料。其中連山二十一村支、連南二村支、懷集六村支。連山二十村支爲壯族,另一支係瑶族;連南縣寨崗韋屋村韋全公支系爲壯族,大麥山白芒上洞村韋初平公支系爲瑶族;懷集藍鐘鎮韋屋寨韋松支系爲漢族,其餘村寨支系爲壯族。

廣東省連山壯族瑶族自治縣圖書館

[廣東連山]連山永豐墟李氏族譜不分卷 李高森纂修 民國三十七年(1948)抄本 一册

此支李氏來連山時間較短。始遷祖德選(謚温厚),清代自廣東潮州遷居連山,子孫居邑之蓮花寨。

廣東省連山壯族瑶族自治縣永豐鄉李大全

[廣東連山]連山縣上帥鎮李氏家族 李慶芳主修 2011 年排印本 一册 二修本

始遷祖廣興,清康熙、雍正間自廣東嘉應州珠璣巷遷居連山上帥對門嶺寨。排行:廣正君英盛大輝逢芳;後改:福積祖宗謹誠端厚,祥鍾嗣裔富壽榮康。

廣東省連山壯族瑶族自治縣李福江

[廣東連山]大鑊村韋氏宗譜不分卷 韋慶椿纂修 民國三十七年(1948)抄本 一册

是族先世居江西,後遷廣西。始遷祖輔賢,明正德間避亂遷居廣東懷集,再遷連山小三江鎮大鑊。

廣東省連山壯族瑶族自治縣韋慶享

[廣東連山]韋氏來連始祖宗支部不分卷 韋子熒纂修 民國抄本 一册

始遷祖金滿,明代自廣西省平樂府賀縣白花村遷居連山福堂鎮永豐花羅寨。譜載受姓説、韋氏家乘考、歷代偉人、雜文、世系等。

廣東省連山壯族瑶族自治縣韋益元

[廣東連山][韋氏]姓譜宗支不分卷 韋安林主修 抄本 一册

此爲連山福堂鎮新風村賢洞寨韋氏家譜,始遷祖法應。二世愈盈遷居本縣蒼茂村;愈隆遷居本鎮墩圓寺觀。譜載建堂記、譜序、祀典、義塾等。

廣東省連山壯族瑶族自治縣韋澤源

[廣東連山][韋氏]姓譜宗支不分卷 韋安林主修 據抄本複印 一册

參見前條。

廣東省連山壯族瑶族自治縣檔案館

[廣東連山]莫氏宗譜不分卷 莫受天纂修 民國三十四年(1945)抄本 一册

始祖讓仁,唐中葉居廣東封開縣。始遷祖郭顯,明弘治十年(1497)自廣東封開莫羅寨遷居連山福堂鎮班瓦寨。子朝玉(後改名翠峰),明世宗敕封其爲武略將軍,兼理連(連山、連縣)陽(陽山)懷(集)賀(縣)英(德)清(遠)七屬軍務。譜載莫姓源流考、讓仁公墓碑文、莫氏歷代科第考;自始祖莫讓仁至二十二世觀祥公歷代祖先名、歷代姓氏名號源流。

廣東省連山壯族瑶族自治縣莫鼎亮

[廣東連山]莫氏宗譜 莫乃棉纂修 1979 年增補抄本 一册

先祖同上。譜中有廣東督軍莫榮新於民國八年(1919)倡議修建兩粤莫氏宗祠之記録。

廣東省連山壯族瑶族自治縣莫維新

[廣東連山]莫氏宗譜 莫乃棉纂修 據 1979 年增補抄本複印 一册

參見前條。

廣東省連山壯族瑶族自治縣檔案館

[廣東連山]莫氏宗譜 莫紫光主修 1985 年抄本 十册 書名據封面題

先祖同上。譜載序言、宗譜系統圖表、連山立籍宗支系統考、歷代流傳文史資料、歷代科第考等。

廣東省連山壯族瑶族自治縣檔案館

[廣東連山]狀元公莫宣卿後裔族譜·封開分支連山部分 莫乃建主修 1995 年排印本

來連莫姓共計四支,此爲居連山太保鎮支,尊通德爲始遷祖。另三支爲郭顯居福堂班瓦支、萬祐(大穩)居福堂陂頭支,廣祐(大宣)居福堂石板支。

廣東省連山壯族瑶族自治縣莫自省

[廣東連山]錦衣堂郭顯光宗支總部 莫紫光主修 2000年錦衣堂排印本 封底題連山福堂鎮彬雅莫氏宗族譜

始祖讓仁,唐中葉居廣東封開縣。始遷祖十九世郭顯,明弘治十年(1497)自封開莫羅寨遷居連山福堂。明嘉靖皇帝敕封爲武略將軍的莫朝玉(後改名莫翠峰)出於此族。譜載序、莫氏世系考、莫氏溯流、莫氏源流考、立姓後宗支系統考、封開立籍宗支系統考、狀元公宣卿詩聯選、莫宣卿公家訓、莫氏歷代入選科第考及各村寨立籍史料。

廣東省連山壯族瑶族自治縣莫自省

[廣東連山]陸氏宗支不分卷 陸耀興纂修 民國四年(1915)抄本 一册

始遷祖貴忠,明中葉居連山本聯村。排行:益茂耀榮華,昭彰含(顯)萬象;桂蘭多(定)暢達,運載士文嘉。

廣東省連山壯族瑶族自治縣永豐鄉聯豐村(本聯寨)陸魁槐

[廣東連山]陸氏宗支不分卷 陸耀興纂修 據民國四年(1915)抄本複印 一册

參見前條。

廣東省連山壯族瑶族自治縣檔案館

[廣東連山]廣東連山上帥鄉陸氏族志 陸上來主修 1997年排印本 一册

是族自河南先後遷居貴州、廣西、廣東三水縣筋寨、廣東懷集縣烏必寨,最後遷至廣東連山縣上帥鄉。譜載開篇緒語、追源溯本、人物春秋、繼往開來、分支安居、族事考略、編撰後記。家族現已繁衍至"同"字輩。排行:定忠開成國、聚鎮遊啓光;致平如上治,同樂勝奇方;作述東西美,創垂左右香;永修從厥德,大發十其祥;朔北家聲遠,紹南世澤長;芝蘭雙煥彩,桃李兩芬芳。

廣東省連山壯族瑶族自治縣檔案館

[廣東連山]陸氏族譜 陸榮啓主修 2008年排印本 一册

始遷祖忠,廣東省三水縣江根村人氏,襲父職自燕京帶兵至廣東省平樂府富川縣古里坡駐紮,元至正二十八年(1368)率兵於連陽(連山)平定匪亂,後定居於邑之楓村十里陸屋老寨。族人繁衍二十二代,計兩千餘人。譜又録三世彩明(後改宗明)奉命屯邊到梅洞安居,明嘉靖末六世法舉自梅洞遷居廣西賀縣初洞定居,後代傳七百餘人,散居連山有睦(木)聯、陸屋、竹徑、旱(翰)塘(堂)、花羅、溢田、江濟、上帥八村。

廣東省連山壯族瑶族自治縣陸耀賓

[廣東連山]黄氏族譜二卷 (清)黄興廉纂修 清道光八年(1828)抄本

始遷祖朝聖,約於明萬曆間遷居連山小三江鎮班北村。卷一序、自太始祖黄淵起至六十七世世系、來連始祖朝聖公至五世世系,卷二本支世系(記至十六世)。

廣東省連山壯族瑶族自治縣小三江鎮班北村黄華慶

[廣東連山]小三江鎮三聯村委會江濟村黄氏宗支簿不分卷 (清)黄維正纂修 清道光間抄本 一册

始祖社通,明代遷居連山上帥。始遷祖八世明軒,遷居邑之江濟。排行:明起鼎翰,洪恩延水,超益正(振)大。

廣東省連山壯族瑶族自治縣小三江鎮三聯村黄至誠

[廣東連山]黄氏族譜 黄少斌纂修 抄本 一册

先祖同上。譜載嘉慶元年(1796)序、黄氏大始祖黄淵至六世各祖先名號、世系(記至二十一世)。

廣東省連山壯族瑶族自治縣小三江保險站黄少斌

[廣東連山]梁氏族譜不分卷 纂修者不詳 據清道光十五年(1835)修本抄 一册

始遷祖杖篤。此支梁姓,自廣東懷集縣梁村鎮遷居連山縣加田鄉大寨村。

廣東省連山壯族瑶族自治縣梁立連

[廣東連山]從太始祖梁顯慶公來歷落籍[譜]不分卷　梁傳成據清光緒三十年(1904)修本謄抄　一册

此譜記梁姓始祖昭穆自南京珠璣巷幾經遷徙到懷集縣梁村鎮的經歷。始祖昭穆,居南京珠璣巷。裔孫荷義,明洪武元年(1368)遷居陽山七拱石腳,天順六年(1462)至上下坪招撫瑶民,曾住江西大庾縣,七年後移居韶州府,八年後移居南雄,後又遷順德縣、懷集縣馬寧。後裔杖篤,開基懷集梁村。始遷祖顯慶,昭穆十二世孫,遷居連山。

廣東省連山壯族瑶族自治縣梁立連

[廣東連山]安定郡梁氏族譜九卷　梁立連等主修　1998年鉛印本　一册

始祖永世。始遷祖表垣,明末人。譜除連山梁氏外,還收録廣東懷集、順德、陽山及廣西賀縣等地梁姓。譜載梁氏南北朝族譜敘、山東省東平縣祖譜通敘、梁姓宗賢敘、顯慶公舊譜序、慶公舊譜序、南雄難避難況、梁村權高舊譜序、調查細況、歷代帝王年號表、各支世系等。

廣東省連山壯族瑶族自治縣梁積貴

[廣東連山]忠孝堂覃氏宗支簿(扶堅支系)不分卷　纂修者不詳　民國二十九年(1940)忠孝堂抄本　一册

始祖程學,自廣西柳州遷居賀縣。始遷祖三世扶(父)堅,遷居連山福堂金龜。

廣東省連山壯族瑶族自治縣福堂鎮覃先深

[廣東連山]忠孝堂覃氏宗支簿(扶堅支系)不分卷　纂修者不詳　據民國二十九年(1940)忠孝堂抄本複印　一册

參見前條。

廣東省連山壯族瑶族自治縣檔案館

[廣東連山]覃氏族譜　覃福星等主修　2013年排印本　一册

臨賀始祖程學。族裔聚居廣東連山、懷集,廣西賀縣等地。譜載族譜樂捐芳名照、墓照、序言、覃氏淵源、覃程學公豐功偉績、後裔居地分佈、分關書、宗祠今昔、葛養公頌、父字輩各支系編。

廣東省連山壯族瑶族自治縣圖書館

[廣東連山]覃氏族譜　覃忠淵主修　2009年忠孝堂排印本　一册

始遷祖輔用,明正德十六年(1521)遷居連山,隆慶四年至六年(1570—1572)連山宜善鄉被清遠羅馬賊佔據,慘遭掠殺,輔用率衆與羅馬賊決戰,擊退賊兵。此支覃姓分居連山小三江、福堂、永豐、平洞等地。

廣東省連山壯族瑶族自治縣檔案館

[廣東連山]安定郡連山蒙氏族譜　蒙聰旺等纂修　2003年鉛印本　一册

始遷祖信統,明洪武至建文間率長子自廣西賀縣野鴨塘遷居連山加田(今屬小三江鎮)壯區天南村,後被同化成壯族,子孫講壯話,沿用壯族風俗習慣。而其次、三、四子仁、善、政於明永樂間自野鴨塘遷居連山大富(漢區)蒙洞村定居,未被同化,爲漢族。

廣東省連山壯族瑶族自治縣蒙聰旺

[廣東連山]寶樹堂謝氏族譜　謝益宗主修　2002年寶樹堂排印本　一册

該族原先没有族譜,通過老人回憶編輯而成。始祖山伯。始遷祖十一世有功(又名茂臣),遷居連山,清同治元年(1862)帶兵進雲南鎮壓"苗亂",授提督軍門,賜"穆特本巴圖魯"名號,後任太原鎮總兵,誥授建威將軍。民國元年(1912)辭官回鄉,縣長邀任團總,未上任被袁世凱電詔赴京,不久病逝。

廣東省連山壯族瑶族自治縣加田鎮鵝步村謝益宗

[廣東連山][譚氏]會祖考德□宗不分卷　(清)譚維庭纂修　抄本　二册

始遷祖壽源，居連山小三江鎮華封寨。是譜一册載祭祖儀式，一册載宗枝世系圖。世系記至收藏者譚學義共十二代。

廣東省連山壯族瑶族自治縣譚傑章、譚學義

［廣西］岑氏族譜六卷　岑仕達主編　據1997年鉛印本複印　一册　書名據封面題

是族宗始南陽，景全於宋代自南陽遷居浙江。後正淑自浙遷廣東，兄仲淑隨狄青征南，留居邕州。族裔後遷兩湖、福建、雲貴等處。是譜主載廣西岑氏各支居百色、河池、南寧、柳州、玉林、桂林、貴港、梧州、賀州、欽州等地。卷一源流譜圖，卷二古譜世表，卷三各地新譜圖集，卷四岑氏名人傳略，卷五岑氏文化遺産，卷六附録。

廣西壯族自治區少數民族古籍整理出版規劃領導小組辦公室

［廣西］陸宗才公家史　陸耀熙等主修　1992年鉛印本　一册　書名據封面題

此爲廣西上林、賓陽合修譜。始遷祖宗才，原籍山東省青州府安邱縣鷂鴨塘青鄉埠，北宋皇祐間奉旨隨狄青將軍統一南疆，至廣西賓州，留守得籍。至今已繁衍三十餘代，後裔分佈於賓陽、邕寧、武鳴、上林、馬山、横縣、桂平、貴港、武宣、來賓、平南、象州等十幾個縣市，幾百個村莊。排行：山光雲之祥，天錫世其昌，傳家惟孝友，華國在文章。譜載支系總圖、宗才公墓碑文、班次詩、名人録、編後語等。桂系軍閥首領陸榮廷出於此族。

廣西壯族自治區柳州市桂良公司鄭節餘

［廣西］廣西鹿寨寨上永福拉彎宗支新編增補韋氏族譜　韋楫蕃等纂修　2005年排印本　一册　書名據書名頁題　封面題寨上拉彎韋氏族譜

此爲廣西鹿寨、永福二地合譜。始遷祖郎雲，原籍廣西東蘭縣壯族人，明末因家貧世落，流落搬遷至永福縣鳳凰墟拉敢（彎）村，後遷居中渡縣阪坡村（今安墟境），再遷鹿寨寨上村。新修譜時，已歷十六代，共有男女二千六百二十四人，散居在鹿寨寨上以外的桂林、南寧、柳州、龍州、賀州、柳城、永福、河池、金秀、防城以至貴州、四川等地。譜載序言、前記、綜述、世系、宗祠祭文、輩行詩存等。

廣西壯族自治區桂林圖書館　廣西壯族自治區柳州市桂良公司鄭節餘

［廣西邕寧］金城覃氏族譜　覃錦吉主修　1992年鉛印本　一册　書名據封面題

始祖懷滿，山東人，明初隨征南將軍廖永忠入廣西追擊元兵留戍東蘭，明洪武十二年（1379）移居宜山縣。始遷祖宥千、宥糧，自賓州舊城遷居邕寧縣。譜載代序、覃氏考源及其南遷史略、世系、人名録、後記。

廣西壯族自治區柳州市桂良公司鄭節餘

［廣西横縣］雁門農氏宗族譜　農榮標主修　1998年鉛印本　一册　書名據封面題

始祖宰詢，元代仕湖北武昌正堂。生三子：挺訓、挺瑜、挺琪。挺訓奉旨提兵進廣西潯、梧、思、樂四府，榮立功勳，署武緣縣，擇此地而居。始遷祖喜茂，自武緣縣（今武鳴縣）上禄下馬村遷居横縣陶圩楷螺村。譜載農氏自江南省揚州府通州縣、山西省雁門郡珠璣巷遷居廣西玉林、陸川等縣先祖之遷徙史，裔孫現分佈於廣西貴港市、靈山縣、玉林市、賓陽縣、都安縣、邕寧縣、欽州市、防城港市、扶綏縣、北海市、陸川縣等。譜載譜序、世系、名人集、遺訓詩文、墓圖等。

廣西壯族自治區柳州市桂良公司鄭節餘

［廣西賓陽］韋氏總堂史略　韋瀚山主修　1992年一經鉛印本　一册　書名據封面題

始遷祖山濤（字大猷，號雲郎），北宋皇祐五年（1053）隨狄青入桂征蠻，落居東蘭。此爲居賓陽後裔所修譜。譜載祭祀定例、韋氏名人、總堂聯選等。

廣西壯族自治區柳州市桂良公司鄭節餘

［廣西賓陽］韋氏族譜　韋漢生主修　1998年排印本　一册　書名據封面題

先祖同上。其六子景岱、景明、景宗、景福、景文、景武遂定居廣西。此爲景岱支分册。譜載序言、編輯説明、世系、名人等。

廣西壯族自治區柳州市桂良公司鄭節餘

[廣西賓陽]覃氏族譜 覃可梧主修 1989年鉛印本 一册 書名據封面題

始遷祖思道,山東青州府演樂塘人,明代官廣西思恩軍民府(今武鳴縣)知府,辭官後卜居賓州新橋東海村。譜載前言、譜序、宗祠設置概況、民國前舊學制考、治家訓及警世格言録、家教篇、墓祭儀式、編後記要等。

廣西壯族自治區柳州市桂良公司鄭節餘

[廣西賓陽]覃氏宗譜 覃志浩主修 1996年鉛印本 一册 書名據封面題

始遷祖才繼,原籍山東青州府蒙陰縣野鴨塘,明洪武元年(1368)隨軍南下抵定蠻夷,至賓州楊柳村(今賓陽新圩鎮國村)落户。譜載凡例、宗譜序、宗譜源流傳序、民國前舊學制考、後裔人物志略、世系表、各房後裔遷徙概況、編後記等。

廣西壯族自治區柳州市桂良公司鄭節餘

[廣西上林]韋氏族譜 韋子東主修 1986年鉛印本 一册 書名據封面題

始遷祖金倫(號敬一),原封南統領大將軍,興兵征戰上林而居,皇賜土司世襲。譜載代序、世系等。

廣西壯族自治區柳州市桂良公司鄭節餘

[廣西上林]韋氏族譜續集 韋子東主修 1988年鉛印本 一册 書名據封面題

始祖絲、線,爲東蘭土司。始遷祖正實,明正德二年(1507)奉命率兵至上林,遂定居上林韋漢村。後裔聚居上林、賓陽兩地。譜載有序文、智城洞碑文(韋敬辨撰)、朝代名人録、世系等。

廣西壯族自治區柳州市桂良公司鄭節餘

[廣西上林]韋桐家譜 韋劍烈主修 1991年鉛印本 一册 書名據封面題

始遷祖桐,自山東省宦遊廣西慶遠府東蘭州,平蠻有功,承襲鳳山土州。後裔槐,於明弘治三年(1490)因征剿三寨有功承襲永定土司。譜載前言、世系、始遷祖碑文、家用文書格式、編後語等。

廣西壯族自治區柳州市桂良公司鄭節餘

[廣西上林]覃明越公族譜世系 覃善吟主修 1991年油印本 一册 書名據封面題

始祖紹基,居東蘭。始遷祖明越,紹基之子,明嘉靖七年(1528)功授顯武將軍、河南提督征剿三鎮苗蠻八寨,擒獲陸賊後敕住上林縣。譜載世系。

廣西壯族自治區柳州市桂良公司鄭節餘

[廣西上林]上林覃氏族譜 覃俊惠主修 1997年鉛印本 一册 書名據封面題

始遷祖懷滿、職,祖籍山東青州府,明洪武初遷居廣西。懷滿隨廖永忠率師南征廣西,掃蕩元軍殘部而來;職乃奉旨領兵平西粵而來。譜載譜序、宗支圖解、世系、覃氏名賢及壽星、上林覃氏文化(族規、碑文等)、老宗譜資料摘録、編後話等。

廣西壯族自治區柳州市桂良公司鄭節餘

[廣西馬山]始祖李貴心[族譜] 李瑞煌纂修 2003年隴西堂排印本 一册 書名據封面題

是族於南宋嘉泰二年(1202)自甘肅省天水縣李家莊遷居浙江省蘭溪縣西鄉。鼻祖崇。始祖貴心,生三子:日平、日穩、日泰。三子自蘭溪逃難至廣西省馬山縣州圩鄉,復遷永州鄉俊龍村隴塔屯(本地壯族)定居,爲始遷祖。時值明朝初定,朝廷對地方户口進行清查,特別對外來可疑之人進行清查與驅趕。爲避免土司官清查掠奪,家族遂將漢族改爲本地壯族。至2003年已繁衍二十二代,分佈十多個村莊,後裔三千多人。譜載譜序、宗族世系、名人傳、編後語等。

廣西壯族自治區柳州市桂良公司鄭節餘

[廣西馬山]黄氏封公族譜 黄承主修 2012年江夏堂排印本 一册 書名據封面題

始祖勇,明萬曆四十七年(1619)自東蘭蘭木那咸遷居今巴馬縣所略鄉坡晚村。始遷祖旺、狀、發,皆勇之孫,清康熙二十九年(1690)以傳授來居馬山縣上龍大同村。譜載世系、民俗文化知識、班輩起名規定、後語等。

廣西壯族自治區柳州市桂良公司鄭節餘

[廣西臨桂]桂林池頭馬氏兩江分支族譜　馬文海纂修　1995年鉛印本　一册　書名據封面題

入桂始祖明德,明嘉靖間自江南江寧府(今南京市附近)宦居桂林西門外。二世祖妣龔氏攜三子士驥、士駿、士嘯始遷臨桂縣四塘鄉池頭村。九世國獎,再分支臨桂兩江。譜載前言、家族字輩排行、世系等。

廣西壯族自治區柳州市桂良公司鄭節餘

[廣西靈川]俸氏族譜不分卷　俸惟良纂修　民國十七年(1928)石印本　一册　書名據書衣題

始遷祖法常,明代自江西吉安府廬陵縣竹葉村遷居桂林靈川縣俸家村。裔孫有分遷至柳州者。譜載序、姓氏軼聞、命名次序、世系圖、墓誌銘、世系表。

廣西壯族自治區桂林圖書館

[廣西荔浦]廣西荔浦新坪李氏族譜　合族纂修　2004年排印本　一册

譜稱始遷祖弟,係唐太宗李世民第四十一世孫、入閩始祖火德第十五世孫,明萬曆間自廣東慶遠遷居荔浦寨背,至今已繁衍子孫十四代。譜載譜序、凡例、世系等。

本條目據《中國少數民族家譜通論》載黄家信撰《壯族家譜概説》一文著録

[廣西荔浦]馬嶺龍氏族譜　龍澤啓等纂修　排印本　一册

譜載内容:一、修譜組織機構;二、前言;三、荔浦馬嶺龍氏彦海公修譜序;四、認祖尋根;五、龍氏彦海公分衍源流及簡圖;六、四世真禄公世系源流及簡圖;七、五世仕超公世系源流及簡圖;八、五世仕慶公世系源流及簡圖;九、五世仕定公修譜序;十、四世真朝公世系源流及簡圖;十一、四世真英公世系源流及簡圖;十二、都林龍氏譜序;十三、知名人氏録;十四、龍氏彦海公後裔族訓;十五、各村各支已用字號簡表;十六、六村共用字譜、字譜解説及啓用新字譜説明;十七、文章集萃;十八、編後語及附言。

本條目據《中國少數民族家譜通論》載黄家信撰《壯族家譜概説》一文著録

[廣西柳江]廣西計氏族譜　計大開等纂修　1996年鉛印本　一册　書名據封面題　封面又題計氏春秋

始祖辛然,山東臨淄人,曾獻十言良策於勾踐,著有功績,賜姓計。始遷祖國選,山東青州府益都縣人,明洪武四年(1371)隨軍南征,以功授巡檢職,後定居馬平縣五都都亳鎮(今柳江縣福塘鄉寨上村)。後裔分佈於柳江縣福塘鄉、洛滿鄉、成團鄉、土博鄉、拉堡鎮,柳州市區、郊區石碑坪鎮,鹿寨縣平山鄉、雒容鎮,象州縣羅秀鄉、大樂鄉,荔浦縣雙江鎮、花貢鄉等。至修譜時統計,已繁衍二十三代,共有一千零八户五千三百零三人。柳州史上首位解元計宗道出於此族。譜載清乾隆四十六年譜序及新序言、凡例、班輩排序、世系、編後語等。

廣西壯族自治區柳州市桂良公司鄭節餘

[廣西柳江]韋氏宗史續譜　韋志雄主修　1984年鉛印本　一册　書名據封面題

始遷祖思,乃景岱之後,原居東蘭司馬朝村,明嘉靖二十五年(1546)領兵襲柳州,以軍功封爲柳州府都鎮巡檢官,遂居柳。譜載譜序、班輩次序、十三房分居處、編後語等。

廣西壯族自治區柳州市桂良公司鄭節餘

[廣西柳江]韋光輝家譜　韋慶華主修　1994年油印本　一册　書名據封面題

韋氏源起山東益都縣古羅鄉太平莊。始祖山濤(字大猷,號雲郎),北宋皇祐五年(1053)隨狄青入桂征蠻,落居東蘭。始遷祖光輝(字大廷),雲郎六世孫,明正德十二年(1517)避居柳江上麥。譜載始祖公簡歷、班輩詞、家規、世系等。

廣西壯族自治區柳州市桂良公司鄭節餘

[廣西柳江]韋氏族譜　韋世倫主修　1998年鉛印本　一册　書名據封面題

此爲廣西柳江韋氏族譜。譜載序言、世系、編後記等。

廣西壯族自治區柳州市桂良公司鄭節餘

[廣西柳江]韋咸定族譜 韋奇俊主修 2001年排印本 一册 書名據封面、書名頁題

始遷祖咸定,係老祖山濤二十六世孫,明末自江南遷居成都,後復遷郎弄(今柳江縣廣榮村)。生子三: 長子繼洪定居鳳平村,其後代分支於柳江流山街、近當、隆興,以及柳城縣納樂、境村、妙貝、吉兆,宜州納遂、隆興下乾等村;次子繼富定居廣榮村,其後代分支於拉好、定後、久歪以及宜州良因、龍對、雙甲、板江等村;三子繼修及後裔居桂林永福太平、山尾、瓜田等村。定居廣榮村的後裔因"藍生翠事件"於民國初改姓"咸"。譜載世系、班輩名、咸梧姓的來由。

廣西壯族自治區柳州市桂良公司鄭節餘

[廣西柳江]韋氏族譜 韋立興主修 2010年排印本 一册 書名據封面題

始遷祖顯忠。譜爲布村天道公支系,祖居柳江縣百朋鎮布村。譜載舊譜"溯維"、序言、世系、先賢儀像、古今人物名録等。

廣西壯族自治區柳州市桂良公司鄭節餘

[廣西柳江]柳江縣百朋系覃氏族譜 覃志倫主修 2007年排印本 一册 書名據封面題

始祖勤,遷居宜山。勤長子大業,明洪武三年(1370)遷居柳江福塘鳳山。始遷祖大業之孫庚益,明朝中後期遷居柳江百朋。譜載前言、祖先表、世系表、人物記載、編後記等。

廣西壯族自治區柳州市桂良公司鄭節餘

[廣西柳江]覃氏鳳山世系族譜 覃剛主修 2012年積善堂排印本 一册 書名據封面題

始遷祖大業,明洪武三年(1370)偕弟大政、大旺,率子法錢、法銀,遷居柳州府馬平縣五都拉寨山。國民黨第一次代表大會代表覃超、國民黨陸軍中將覃連芳、廣西壯族自治區人民政府主席覃應機皆出此族。譜載序言、世系、族賢篇、部分祖宗墓圖、附記等。

廣西壯族自治區柳州市桂良公司鄭節餘

[廣西柳江]拉寨村曾氏家譜 曾昭隋主修 2012年排印本 一册 書名據封面題

始遷祖名求,清中葉與季弟名金自福建石門村遷居廣西馬平縣百朋下里卜洞村(今柳江縣百朋鎮拉寨村)。譜載序言、編輯前言、曾氏歷代修譜簡況、曾氏字輩、世系圖、功德碑等。

廣西壯族自治區柳州市桂良公司鄭節餘

[廣西鹿寨]韋氏族譜 韋在昭主修 據1949年抄本複印 一册 書名據封面題

該族始祖原籍東蘭,明隆慶五年(1571)顯忠授古田常安鎮(今鹿寨縣常安屯)巡檢,後調征湖廣楚蠻有功加封宣武將軍職,遂居鹿寨。譜載族序、譜例五條、族規十條、補祠規二十條、補修族譜序、代序、世系、韋顯忠墓碑文等。

廣西壯族自治區柳州市桂良公司鄭節餘

[廣西鹿寨]韋顯忠後裔族譜 韋道瑶主修 1996年鉛印及油印本 一册 書名據封面題

始遷祖顯忠,東蘭土司後裔,因授常安(今鹿寨縣常安屯)土巡檢而定居。排行: 顯應文繼,光兆(國)邦(萬)廷,士之世業,道在於今。新增排行: 敬承先則,福禄天恩,信心孝友,大啓家聲。譜載序言和後記、譜例、補譜例、譜規、補祠規、春秋二祭祭文、祠堂碑記等。

廣西壯族自治區柳州市桂良公司鄭節餘

[廣西融安]韋氏扶社宗族族譜 韋昌餘主修 1997年一經堂鉛印本 一册 書名據封面題

始遷祖扶社,明末自慶遠府宜山縣遷居融安縣板欖鄉古龍村。至1996年底,已繁衍十三代,一千七百五十八人。譜載序言、世系、習俗、後記等。

廣西壯族自治區柳州市桂良公司鄭節餘

[廣西融安]中洞韋氏族譜 韋元詩主修 2002年淮陽堂排印本 一册 書名據封面題

是族先世疑屬韋綱部下宜山慶遠人,因被朝廷

追剿而遷逃至融安大䏝屯。始遷祖四世古學,遷居邑之九洛沖口。從始祖至今已繁衍至十三代,三百九十七人。譜載前言、字輩、族規、世系、十二位世祖碑文、風俗等。

廣西壯族自治區柳州市桂良公司鄭節餘

[廣西融安]韋氏宗譜　韋廣林主修　2013 年排印本　一册　書名據封面題

融安韋氏大多自宜山慶遠遷徙而來,有部分則是從湖南遷來,今有四萬六千餘人。譜載序言、本縣韋氏人香火代表照、文物照、韋氏歷史故事集錦、世系、人物志、後語等。

廣西壯族自治區柳州市桂良公司鄭節餘

[廣西融安]融安莫姓族譜　莫遠文主修　2002 年鉅鹿堂鉛印本　一册　書名據封面題

莫姓發源於河北任丘鄚州。融安莫姓大多數於明末清初從相鄰省、縣遷來。始遷祖有三:朝宗,明末自湖南大漢口遷來;起升,明崇禎時自湖南大鄉口因生活困難遷來;有青,因明季地方擾亂,人口衆多,難以謀生,經商而來。譜載世系、班輩字譜、碑文、族規、人才篇等。

廣西壯族自治區柳州市桂良公司鄭節餘

[廣西三江]韋氏家族志　韋啓敏主修　1994 年鉛印本　一册　書名據封面題

始遷祖棣得,明末清初時自慶遠南丹遷居三江江源村。後裔已發展到十二世孫,人丁過千。譜載譜序、班輩、世系等。

廣西壯族自治區柳州市桂良公司鄭節餘

[廣西三江]覃氏宗譜　覃光琪主修　1999 年鉛印本　一册　書名據封面題

始遷祖明治,約於清順治十一年(1654)自廣西南丹慶遠遷居三江桐葉小河,傳十五代。譜載序言、壯族的由來、我地區壯人的風俗、世系、各支族班輩、後記等。

廣西壯族自治區柳州市桂良公司鄭節餘

[廣西融水]黄氏族譜　黄世典主修　據 1998 年江夏堂鉛印本複印　一册　書名據封面題

此爲融水縣永樂鄉平地村黄氏譜。譜載譜序、字輩、世系表、部分祖墳碑文、編後語等。

廣西壯族自治區柳州市桂良公司鄭節餘

[廣西貴港]盧尚公宗支家譜　盧德忠等主修　1997 年油印本　一册　書名據封面題

始祖尚,原籍山東省青州府石龍縣野鴨塘鄉龍安村,明永樂間調任思恩府臨浦州(今廣西賓陽)刺史,遂擇居夏盧村。始遷祖八世映珍,清順治十二年(1655)自賓陽夏盧村遷居貴縣(今貴港)振南鄉盧村。現居盧村映珍公後裔約四百人皆屬壯族,講壯話。譜載世系、附記、編者的話等。

廣西壯族自治區柳州市桂良公司鄭節餘

[廣西平南]中華韋氏族譜　韋愛榮主修　1989 年一經堂鉛印本　一册　書名據封面題

始遷祖經,北宋承議郎,曾任雷州通判。始遷祖五世武嗣,自宜山縣遷居潯洲武陵郡(今治平南縣)。子孫分居桂平、貴縣、武宣、象州、來賓、柳江、藤縣、容縣、北流等地,所遷地大部分爲壯、瑶、苗民族聚住地。譜載序言、世系、族中知名人士、編後記等。

廣西壯族自治區柳州市桂良公司鄭節餘

[廣西興業]廣西興業縣山心鎮石櫃牛口盧家族譜　纂修者不詳　2013 年排印本

祖先自廣東東莞朱磯巷而來,到貴縣(今貴港)經商,後居貴縣郊藍田,再遷牛口。譜載前言、世系(前九代世系、太祥支系、太生支系、太同支系、文盛支系)、人名録、一至七代先輩墓葬等。

本條目據《中國少數民族家譜通論》載黄家信撰《壯族家譜概説》一文著録

[廣西容縣]莫氏族譜不分卷　纂修者不詳　據 1989 年寫本複印　一册　書名據書衣題　書名頁題靈山羅權式竹莫汝容藏本　記事至 1965 年

始祖公畢,自福建遷居廣西北流,從狼兵,入狼籍。始遷祖爲公畢曾孫日平,贅居容縣羅漢村黄家。譜載世系。

廣西壯族自治區桂林圖書館

[廣西容縣]洛村黄氏譜略 (清)黄金詔等纂修 清光緒十六年(1890)刻本 一册 存卷十五、十六 書名據卷端題 版心題黄氏譜略

始遷祖龍文(字兆平),清康熙間避藩亂隱居於此。卷十五家傳,卷十六藝文、跋。

廣西壯族自治區桂林圖書館

[廣西容縣]楊氏家譜不分卷 纂修者不詳 1991年複印當代修本 一册 書名據書衣題 書名頁題黎村思賢祠相望岡楊佐華藏本 記事至1976年

始遷祖聖(字可珍),元代世居湖南茶陵淩村。始遷祖五世佐時(字顯仕,號文臣),元代宦居容州府。譜載世系。

廣西壯族自治區桂林圖書館

[廣西扶綏]羅陽縣黄氏襲官世系 黄均康抄 1998年廣西民族出版社據民國十年(1921)年修本排印 合册

始遷祖東堂,原籍山東青州府益都縣人,北宋皇祐四年(1052)從狄青征儂智高有功,授土逍嶺峒,世代永襲峒職。明洪武後改峒爲羅陽縣(今扶綏)。譜載譜系、歷代祖輩、墓誌銘。世系載至三十世清末民國初人治邦止。

本譜載於《壯族土官族譜集成》

[廣西扶綏]岜琴黄家譜書 黄精主修 2004年排印本 一册 書名據封面題

始遷祖幼(佑)。譜載序言、世系表、順序排名、名人簡介、後序。

廣西壯族自治區柳州市桂良公司鄭節餘

[廣西大新][李氏]茗盈土官世系 李生珍口述 1987年廣西人民出版社排印本 合册

此爲廣西大新縣茗盈鎮李氏土官世系表。始祖智。始遷祖德卿,智之子,原係山東青州府益都縣白馬街人,初官居大夫,北宋皇祐五年(1053)隨狄青征儂智高有功,隨授銅符鐵契,世守茗盈。智死,德卿扶喪回籍,世系失傳,直至第八世鐵釘起世系始可考。譜載傳承土官世代,至第三十代清光緒時人如珍止。

本譜載於《廣西壯族社會歷史調查(四)》

[廣西大新]茗盈州土司宗支圖 李生珍口述 1998年廣西民族出版社排印本 合册

參見上條。

本譜載於《壯族土官族譜集成》

[廣西大新]太平州[李氏]歷任襲職名銜 纂修者不詳 1998年廣西民族出版社據民國修本排印 合册

始遷祖茂,原籍山東青州府益都縣白馬街人,北宋皇祐四年(1052)從狄青征儂智高有功,授世襲州職,食邑於太平(今屬廣西大新縣)。譜載歷任承襲職務名銜,承襲至第二十七任清末人玿止。

本譜載於《壯族土官族譜集成》

[廣西大新]李氏官譜 (清)李秉圭纂修 1998年廣西民族出版社據清道光二十年(1840)修本排印 合册

始祖茂,原籍山東青州府益都縣白馬街人,北宋皇祐四年(1052)從狄青征儂智高有功,授世襲州職,食邑於太平(今廣西大新)。支祖國(郭)祐,襲安平州州職(今屬廣西大新)。譜載世系,載至國(郭)祐二十世孫清光緒時人德普止。

本譜載於《壯族土官族譜集成》

[廣西大新][許氏]全茗土官世系 纂修者不詳 1987年廣西人民出版社排印本 合册

此爲廣西大新縣全茗鎮許氏土官世系表。始遷祖侯,原係山東青州府益都縣白馬街人,移居福建閩侯縣,北宋皇祐五年(1053)隨狄青征儂智高,落籍太平府全茗峒。後因元朝變亂,元以前世系無考,遂以天慶爲許氏一世祖。世系載至二十二世紹勳。

本譜載於《廣西壯族社會歷史調查(四)》

[廣西大新][許氏]下雷土官世系 纂修者不詳

1987 年廣西人民出版社排印本　合册

此爲廣西大新縣下雷鎮許氏土官世系表。始遷祖天全,原係山東青州府益都縣白馬街人,北宋皇祐五年(1053)隨狄青征儂智高,遂居下雷,因功封太傅左僕射,統領糧餉軍機大臣,兼理吏、兵、刑三部尚書。譜載世系,世系載至二十四世清光緒時人承訓止。

本譜載於《廣西壯族社會歷史調查(四)》

[廣西大新]下雷州許氏歷代宗譜　許仙纂修　1998 年廣西民族出版社據民國二十三年(1934)修本排印　合册

參見上條。

本譜載於《壯族土官族譜集成》

[廣西大新]恩城州[趙氏]土官族譜　纂修者不詳　1998 年廣西民族出版社排印本　合册

始遷祖仁壽,原籍山東青州府益都縣人,跟隨總兵官狄青來征邕州儂智高,因功世襲恩城州(今廣西大新縣恩城)知州。譜載世系,載至二十世清雍正時人康祚止。

本譜載於《壯族土官族譜集成》

[廣西寧明][韋氏]親供世系宗支圖本　纂修者不詳　1998 年廣西民族出版社排印本　合册

始遷祖延壽,明洪武二十一年(1388)襲思陵州知州。譜載世系、請客貼、族規、訴狀書、告狀書。世系載至十八世清同治時人繩武止。

本譜載於《壯族土官族譜集成》

[廣西寧明]知思明府黄公神道碑　(明)解縉撰

此碑係黄忽都的神道碑,於其生平事迹記載尤詳。另該碑文又述思明土知府黄氏十代世系:訓武—長男、次男—(次男子)高祖用元—曾祖克順—祖萬山—父武宗—忽都—子廣成—廣成子静學—静學子玹、璘、瑢。此碑雖屬墓誌銘體,但具備了家譜"記載本族世系和重要人物事迹"的基本構成元素,故可視爲思明土知府黄氏的家譜、官譜。此文收入《解學士文集》。

本條目據《中國少數民族家譜通論》載黄家信撰《壯族家譜概説》一文著録

[廣西寧明]知思明府黄公神道碑　(明)解縉撰　1998 年廣西民族出版社排印本　合册

參見上條。譜載碑文、宗祠照片、世系。世系載自南宋後期人炳始至二十六世清光緒間人篤培止。

本譜載於《壯族土官族譜集成》

[廣西龍州]蒙霜鄉㖤雙屯儂人(壯族)農氏宗支譜不分卷　纂修者不詳　民國修本　記事至民國二十一年(1932)

此爲廣西龍津縣(今龍州縣)下雷鎮㖤雙屯農氏家譜。始祖帝。譜載四代四十二農氏及配偶的世系與出生年月。

廣西壯族自治區龍州縣㖤雙屯農世寬

[廣西龍州]蒙霜鄉㖤雙屯儂人(壯族)農氏宗支譜　纂修者不詳　1987 年廣西人民出版社據民國修本排印　合册　記事至民國二十一年(1932)

參見前條。

本譜載於《廣西壯族社會歷史調查(七)》

[廣西龍州]龍州[趙氏]土官世系　纂修者不詳　1998 年廣西民族出版社據民國修本排印　合册

始遷祖鼎,原籍山東益都縣,北宋皇祐二年(1050)從狄青征交趾,以功授世襲龍州知州。子奎,爲一世祖。譜載世系,載至二十一世清光緒時人德教止。

本譜載於《壯族土官族譜集成》

[廣西龍州]上下凍州趙氏土官世系　纂修者不詳　1998 年廣西民族出版社據民國十六年(1927)修本排印　合册

始祖清任,元代龍州土萬户。始遷祖帖從,清任次子,因元至正間帶兵鎮守龍州有功,明洪武初授上下凍州知州。譜載世系,載至二十四世清光緒時人衍澤止。

本譜載於《壯族土官族譜集成》

[廣西田陽]田州岑氏源流譜不分卷 纂修者不詳 清光緒間抄本 一册 記事至光緒元年(1875)

始祖仲淑。始遷祖翔(字翼升),由永寧軍鎮守邕州始遷居田州(今廣西田陽縣田州鎮)。譜載譜敘、支派圖、官職、世譜、列傳、土官世表等。

廣西壯族自治區檔案館

本條目據《中國少數民族古籍集解》、《壯族土官族譜集成》著録

[廣西田陽]田州岑氏宗譜不分卷 纂修者不詳 清光緒十七年(1891)刻本

先祖同上。本譜成於清末。内容與前譜基本相同。

本譜載於《百色廳志》卷八

[廣西田陽]田州岑氏源流譜 纂修者不詳 1998年廣西民族出版社據民國初修本排印 合册

先祖同上。譜載源流譜敘、支派圖、官職、世譜、列傳、支派記、詔書、土官世表等。

本譜載於《壯族土官族譜集成》

[廣西平果]隴匠鄉隴骨屯阮姓宗支本摘録 纂修者不詳 1987年廣西人民出版社據布面寫本排印 合册 摘録記事至民國八年(1919)

是族自山東遷居廣東,再遷廣西平果縣。族人居邑之布亮、隴堯、隴東、隴西、隴急、隴雙等村。隴骨村始遷祖桂穩。譜節録源流及部分世系。

本譜載於《廣西壯族社會歷史調查(七)》

[廣西平果]永定鄉咘賴屯潘姓(喜班)家譜不分卷 纂修者不詳 民國二十六年(1937)修本

始遷祖福掌,自廣西武鳴縣拂微塘慶村七棟樑遷居果化州(今平果縣)安拙村。長子喜珍留居安拙,次子喜明及後裔居邑之隴盎、咘午、咘堯,三子喜副居邑之咘賴。家族字輩:福、喜、明、朝、繼、景、廷、道、餘、就、善、積、日、英。

廣西壯族自治區平果縣咘賴屯潘善君

[廣西平果]永定鄉咘賴屯潘姓(喜班)家譜摘録 纂修者不詳 1987年廣西人民出版社據民國二十六年(1937)修本排印 合册

參見前條。此爲節録本。

本譜載於《廣西壯族社會歷史調查(七)》

[廣西平果]永定鄉咘賴屯潘姓(源班)家譜不分卷 纂修者不詳 民國修本

始遷祖源勝、源安、源穩,明代自廣西武鳴縣拂微村遷居果化州(今平果縣)咘賴村。家族字輩:源、順、桂、明、朝、廷、景、成、文、潤、加、美、積。

廣西壯族自治區平果縣咘賴屯潘潤餘

[廣西平果]永定鄉咘賴屯潘姓(源班)家譜摘録 纂修者不詳 1987年廣西人民出版社據民國修本排印 合册

參見前條。此爲節録本。

本譜載於《廣西壯族社會歷史調查(七)》

[廣西平果]隴匠鄉隴勞屯盧姓家譜摘録 纂修者不詳 1987年廣西人民出版社據1951年修本排印 合册

是族先世自廣東遷居廣西隆安縣那同村。始遷祖繼穩,明末遷居平果縣果化區樂堯鄉隴勞村。譜節録十一代世系。家譜字輩:繼、福、法、道、桂、善、啓、日、文、本、世、家。

本譜載於《廣西壯族社會歷史調查(七)》

[廣西淩雲]岑氏族譜 纂修者不詳 明末至民國初摩崖石刻

此譜以摩崖石刻形式記載,是廣西境内已發現的最早、最完整的土官族譜之一。全文共一千九百五十四字。有學者認爲此石刻係泗城土官知州岑兆禧還在任上的時候籌畫、施工並完成的,時間在明天啓(1621—1627)年間。亦有學者認爲該石刻應爲岑雲漢所撰寫。石刻包括十七份族譜,除泗城(今淩雲縣泗城鎮)岑氏大約編於明末崇禎初年外,其他編於清末至民國初年,主要内容都是模式化的。始遷祖於宋皇祐時期隨狄青征儂智高留鎮廣西後世代承襲。

本條目據2009年第1期《廣西民族大學學報(哲學社會科學版)》載王暉撰《廣西土官"漢裔"認同過程:以泗城岑氏爲例》一文著録

[廣西淩雲]岑氏宗支世系　(明)岑雲漢纂修　1998年廣西民族出版社排印本　合册

始遷祖慶賓,北宋元豐七年(1084)遷居泗城(今淩雲)七源州。譜載世系,載至二十世清雍正時人映宸、映翰止。

本譜載於《壯族土官族譜集成》

[廣西西林]西林岑氏族譜十卷首一卷　(清)岑毓英纂修　清光緒十四年(1888)南陽堂刻本　十册　書名據版心題　書名頁又題滇黔節署

始祖仲淑,字蘊山,浙江人,北宋皇祐間知永寧軍(今廣西南寧),遂家焉。始遷祖密,明代襲上林峒長官司職,移居西林縣西鄉那勞寨。纂修者毓英爲第十世,光緒時官至雲貴總督。卷首敕書等,卷一至二世系,餘卷載家訓、傳記、禮制、土田及岑氏歷代詩文等。

國家圖書館　中國社會科學院圖書館　中國社會科學院歷史研究所　中國歷史博物館　北京大學圖書館　中國人民大學圖書館　中央民族大學圖書館　吉林大學圖書館　上海圖書館　復旦大學圖書館　廣西壯族自治區圖書館　廣西壯族自治區博物館　美國哈佛大學哈佛燕京圖書館

[廣西西林]西林岑氏族譜十卷首一卷　(清)岑毓英纂修　清光緒十四年(1888)南陽堂刻本　存卷首、卷一至六、九至十　書名據版心題　書名頁又題滇黔節署

參見前條。

湖南圖書館　廣東省立中山圖書館

[廣西西林]西林岑氏族譜十卷首一卷　(清)岑毓英纂修　據清光緒十四年(1888)南陽堂刻本拍攝　膠卷　書名據版心題　書名頁又題滇黔節署

參見前條。

山西省社會科學院中國家譜資料研究中心　美國猶他州家譜協會

[廣西河池]韋氏族譜　韋士風主修　2002年排印本　二册

始祖韓信,生韓瀅(又名天保)。信遇難後,天保匿入南粤趙佗,佗養以爲子,賜姓韋雲際。十九世韋斯明,殿試二甲科進士第八名,薦任湖廣監察御史,辭官歸魯,又復韓姓。三十二世韓天貞因元末逃難,改姓名爲韋天貢(又名富饒)。始遷祖天貢子玉龍,明朝帶兵進剿苗亂有功,世襲鳳山土司知州。其後裔有遷賓州、馬山、宜山、河池、都安、上林等地。此譜爲居河池者後裔所修。韋拔群、韋國清、韋傑、韋祖珍等軍事名將皆出於此族。譜載序言、儀像、世系、名人録、古墓碑文記載等。

廣西壯族自治區柳州市桂良公司鄭節餘

[廣西河池]河池覃氏族譜　覃樹柱主修　1999年排印本　一册　書名據封面題

始祖三保。始遷祖懷滿。譜載前言、序世系、公職名録、墓碑選登、編後語等。

廣西壯族自治區柳州市桂良公司鄭節餘

[廣西南丹]鉅鹿宗支南丹知州官譜　纂修者不詳　1998年廣西民族出版社排印本　合册

始遷祖偉勳,原籍山東青州府益都縣,北宋神宗元豐二年(1079)以奉政大夫遠征廣西,清剿溪峒徭蠻,以功欽加副總兵加三級,世襲南丹知州。該族世襲南丹知州官,傳襲至三十一代泌。譜載土官傳承世系、墓誌。

本譜載於《壯族土官族譜集成》

[廣西南丹]莫氏族譜　莫移魁主修　1990年鉛印本　一册　書名據封面題

先祖同上。譜載序言、世系等。

廣西壯族自治區柳州市桂良公司鄭節餘

[廣西南丹]南丹莫氏　莫秀珠主修　2000年鉛印本　一册　書名據封面題

族分兩支:一支於秦始皇三十三年(前214)即至南丹定居,尊洪燕爲一世祖;一支始遷祖偉勳,

北宋皇祐四年(1052)隨狄青平叛留居南丹,授世襲南丹知州。譜載前言、南丹土州世襲大系表、南丹莫氏後裔分佈、字譜、名人録、新增家規、家訓、宗親聯誼會等。

廣西壯族自治區柳州市桂良公司鄭節餘

[廣西南丹]莫氏系譜續編本　莫秀珠纂修　2001年鉛印本　二册　書名據封面題

莫氏於秦始皇時始移居南方。亮於北宋皇祐六年(1054)自山東隨軍南征廣西;念一於南宋紹興五年(1135)隨岳飛南征到灌陽;量於元元統元年(1333)隨軍南征到宜山,後至忻城任土司;時揚於明成化元年(1465)自山西遷居桂平;秀成自廣東封開始遷南丹竹鎮。本譜主載廣西河池、來賓、柳州、南寧、玉林等五十個市縣之世系,以壯族爲最多。另兼載莫氏分佈於廣東、海南、貴州、湖南、湖北、山東、内蒙古、黑龍江、江蘇、浙江、福建、雲南等省的情況。譜載序言、世系、族規、家訓、部分土司(知州)墓誌碑記、名人録等。

廣西壯族自治區柳州市桂良公司鄭節餘

[廣西南丹]羅氏宗譜　纂修者不詳　1998年廣西民族出版社排印本　合册

始遷祖貌,原籍江西,明洪武初奉命征討廣西那地州(今屬南丹)有功,遂世襲該州知州。譜載字輩、建造州署規例、世系。世系載至二十九世清光緒時人權(又名松麟)止。

本譜載於《壯族土官族譜集成》

[廣西東蘭]韋氏祖源　韋啓科主修　1994年鉛印本　一册　書名據封面題

始遷祖景岱,自山東青州隨狄青征儂智高,因功授木蘭(今東蘭)土司,世襲管理。景岱次子英改姓華,三子雄改姓韓,四子俊改姓牙,五子傑改姓施。譜載編寫説明、世系、宗支班輩等。

廣西壯族自治區柳州市桂良公司鄭節餘

[廣西東蘭]韋氏族譜　韋家良主修　1995年蠟刻油印本　一册　書名據封面題

始遷祖山濤(字大猷,號雲郎),北宋皇祐五年(1053)隨狄青入桂征蠻,落居東蘭。譜載前言、世系、班輩表、東蘭土司歷代征戰各地大事記、編後話等。

廣西壯族自治區柳州市桂良公司鄭節餘

[廣西東蘭]東蘭州韋氏土官世系　黄文觀纂修　1998年廣西民族出版社據民國三十五年(1946)修本排印　合册

始遷祖君朝,宋廣南西路賓州土夷長,後因征東蘭州文蘭洞酋長叛亂有功,遂遷居文蘭洞。子晏鬧,承襲東蘭州州長,爲一世祖。譜載世系、東蘭州韋氏土官族屬考辯。世系載至三十四世清光緒時人述勳止。

本譜載於《壯族土官族譜集成》

[廣西東蘭]廣西那咸黄氏族譜　黄祖影主修　2005年排印本　一册　書名據封面題

始遷祖猛文,原籍山東白馬縣(今濟南一帶),漢族,北宋皇祐四年(1052)奉隨狄青南下討儂智高,至木蘭洞,任東蘭州土司佐官。其後裔與當地人通婚,融合成今黄氏壯族。譜載前言、黄氏字輩、世系、黄氏孝道文化、知名人士、後記等。

廣西壯族自治區柳州市桂良公司鄭節餘

[廣西都安]石家支譜史録　石國基主修　1993年鉛印本　一册　書名據封面題

是族自江西遷山東,後遷貴州大桑樹三枝屯,再遷廣西環江縣。明成化間,後裔始遷都安。長房灣,遷都安縣大興鄉太陽村;二房真,遷都安縣高嶺鎮;三房崖遷都安縣板嶺鄉吉隆村。譜載世系、排班輩次序等。

廣西壯族自治區柳州市桂良公司鄭節餘

[廣西都安]韋氏支譜史録　韋東福主修　1989年蠟刻油印本　一册　書名據封面題

始祖韓信,生韓瀅(又名天保)。信遇難後,天保匿入南粤趙佗,佗養以爲子,賜姓韋雲際。至十九世韋斯明,殿試二甲科進士第八名,薦任湖廣監察御史,辭官歸魯,又復韓姓。三十二世韓天貞因元末逃難,改姓名爲韋天貢(又名富饒)。始遷祖天貢子玉龍，明朝帶兵進剿苗亂有功，世襲鳳山土司知州。其後裔有遷賓州、馬山、宜山、河池、都安、上林等地。此譜爲居都安者後裔所修。譜載序言説明、支譜實用詞語典故、世系、老祖墳墓碑文、編後記等。

廣西壯族自治區柳州市桂良公司鄭節餘

[廣西來賓]石氏玄樹公系族譜　石建主修　2000年武威堂鉛印本　一册　書名據封面題

始遷祖玄樹，明正統九年(1444)自河南省開封府祥符縣對河石排村謀生至廣西桂林，復遷柳州，三遷來賓石龍村。清石鴻韶出於此族。譜載譜序、族規、老祖墳墓圖片、世系、名人録、後記等。

廣西壯族自治區柳州市桂良公司鄭節餘

[廣西來賓]何氏族譜　何富恩主修　1997年鉛印本　一册　書名據封面題

始祖源美，明洪武三年(1370)自福建武平南巖冷洋徑遷居廣東嘉應州程鄉縣(今梅縣)烏蓼沙村。始遷祖誦勝，自廣州福建街豬仔巷遷居廣西桂嶺南鄉(今來賓縣寺山鄉)。譜載序言、裔孫分佈村名録、祖墳圖、家訓、歷代祖宗世系、詞、對聯、詩、文選等。

廣西壯族自治區柳州市桂良公司鄭節餘

[廣西來賓]黄氏族譜　黄永衡等主修　據1994年抄本複印　一册　書名據封面題

始遷祖抱記，年十六歲由象州縣因商遷居賓縣南二里黄峡村。譜載代序、名牌(字輩)順序、世系。

廣西壯族自治區柳州市桂良公司鄭節餘

[廣西來賓]梁、譚、黄春魁公家譜　黄吉康、黄吉韜主修　2006年排印本　一册　書名據封面題

始遷祖梁福生，清末民國初人，攜子梁弟外出做貨郎，後弟至上塘村譚家入贅，按輩份排班改名譚啓七。啓七子譚春魁，後改姓黄。譜載譜序、世系、生辰録、歲月留痕(照片選集)、清明節祭祖輪值名單等。

廣西壯族自治區柳州市桂良公司鄭節餘

[廣西來賓]梁轉公族譜　梁延紀主修　1982年油印本　一册　書名據封面題

始遷祖轉，明萬曆十八年(1590)自廣東遷居廣西省來賓縣古昔鄉古簪村。至今已繁衍十五世，人口約八百六十多人。譜載族譜序言、分佈概況、文化概況、世系表。

廣西壯族自治區柳州市桂良公司鄭節餘

[廣西來賓]覃桐公族譜　覃有松主修　2001年鉛印本　一册　書名據封面題

是族先世自湖南湘潭遷居廣西，初居象州新慶村，後分居柳江。始遷祖桐，明末自柳江三都遷居來賓正龍鄉竹根村。譜載覃暖公墓志序、世系、支族名人、壽星、祭文、覃氏堂號、後記等。

廣西壯族自治區柳州市桂良公司鄭節餘

[廣西來賓]蒙恩移家史　蒙光朝主修　1999年鉛印本　一册　書名據封面題

秦始皇命蒙恬領兵三十萬北征匈奴、修築長城。後蒙恬、蒙毅死於難，子孫遭殃害，逃亡於江淮襄汴閩蜀之間，唐宋以後，蒙氏由中原而至江南。始祖萬承，北宋熙寧元年(1068)率念四、念五、念六自江西贛州貿易至廣東韶州，後至清化縣開拓。念五移居佛山地區番禺縣，後裔因難逃到南海縣。念五後裔祖養，明隆慶二年(1568)隨軍遷居來賓高嶺，爲始遷祖。譜載前言、世系傳略、後記。

廣西壯族自治區柳州市桂良公司鄭節餘

[廣西來賓]廣西來賓蒙氏族譜　蒙天宇主修　2001年安定堂鉛印本　一册　書名據封面題

始祖驁。徙居來賓的蒙氏有三支：一支係廣東南海念五之後裔；一支係廣西賓陽永田之後裔；一支係由靈山到來賓定居城廂新三步村昌之後裔。譜載宋文天祥、明楊起元撰廣東《蒙氏族譜》序，世系、世序詩(字輩)、族士傳記、文物古迹、古墓碑文(明代一至四世)、編後語等。

廣西壯族自治區柳州市桂良公司鄭節餘

[廣西來賓]潘氏族譜　潘正淑主修　2004年排印本　一册　書名據封面題

來賓縣潘氏各宗支先祖係自河南、山東、福建、廣東進入廣西，明初或清代遷居來賓，至今已有六百餘年。目前分佈居住於來賓縣的二十三個鄉鎮八十個自然村（街）屯，總人口約三萬五千人（含未入族譜之部分族人）。如平陽鎮内料村祖由河南滎陽先遷廣東花縣，再遷廣西馬山、都安，後至遷江縣三賽鄉（今來賓縣平陽鎮）落業；七洞鄉坡溝村始遷祖來自山東，已經十幾代人；陶鄧鄉黄緑村祖始於河南滎陽縣，後至山東淄博縣太平村落户，數代後，潘妣公又從太平村遷移柳州住不下，轉遷到遷江縣三賽鄉。譜載序、潘氏姓源、來賓縣潘氏分佈狀況圖、歷代先賢像贊、世系、後記等。

廣西壯族自治區柳州市桂良公司鄭節餘

［廣西合山］合山市下寨韋氏家譜　韋文豔主修　2009年排印本　一册　書名據封面題

始遷祖山濤（字大猷，號雲郎），北宋皇祐五年（1053）隨狄青入桂征蠻，落居東蘭。始遷祖奉明，清乾隆間自上林縣塘紅鄉岜好莊遷居合山下寨。奉明後代已繁衍至十一代，至今有七百多人。譜載序言、韋氏源流、世系、字輩、下寨村規、下寨家訓、建設新農村捐款名單、壯文拼音方案等。

廣西壯族自治區柳州市桂良公司鄭節餘

［廣西象州］江夏郡黄氏淵源　黄家强主修　1988年鉛印本　一册　書名據封面題

始祖峭，生二十一子。該族居象州縣水晶鄉。譜載宋朝遺序、江夏淵源序、世系、祖妣墳圖等。

廣西壯族自治區柳州市桂良公司鄭節餘

［廣西象州］閉氏宗支簿登記　閉培松主修　2005年抄本　一册　書名據封面題

始祖石，世居山東青州府曲阜縣石門村，後遷居湖南湘陰縣。裔孫大瓊，自湖南湘陰縣遷居廣西貴縣雁塘村，其後子孫繁衍有遷南寧横縣磐石村。始遷祖善應，明後期遷居象州縣小普化村背嶺山苟懷嶺。譜載源流世系。

廣西壯族自治區柳州市桂良公司鄭節餘

［廣西武宣］廖盛泰公家譜　廖遠喜主修　1990年鉛印本　一册　書名據封面題

始遷祖盛泰，原籍福建莆田縣白石鄉（今華亭鄉）賴溪村，明洪武三年（1370）以都督、總兵之職征平東南海賊，征經兩廣各地，遂遷居武宣縣三里鄉平安村（今三里旺村）。譜載序文、廖氏歷代祖諱、氏家歷代名流、世系等。

廣西壯族自治區柳州市桂良公司鄭節餘

［廣西武宣］廖盛泰公家譜　廖仁新主修　2006年排印本　一册　書名據封面題

先祖同上。譜載大事記、祖源及古今軼事、各房簡志分支足迹、世系、名人録、族規良言、歷史資料參考、後記等。

廣西壯族自治區柳州市桂良公司鄭節餘

［廣西忻城］續修忻城莫氏族譜　莫萱莛纂修　民國二十五年（1936）石印本　一册

始祖亮，元初自江蘇太倉州白米巷南街遷居廣西宜山。始遷祖保，亮曾孫，元至正間奉命隨征粵西，明洪武初屯兵爲民，遂定居忻城。譜載譜序、系圖説、先世事略、懿行譜、仕宦譜、壽老譜、科目、節婦譜、惡行譜、姓氏考略、祠堂對聯、附録、預立字輩等。忻城莫氏土官自保起傳襲至二十世清光緒時人繩武止。

廣西壯族自治區忻城縣檔案局

［廣西忻城］續修忻城莫氏族譜　莫萱莛纂修　1998年廣西民族出版社據民國二十五年（1936）石印本排印　合册

參見前條。

本譜載於《壯族土官族譜集成》

［廣西忻城］廣西土官岑氏莫氏族譜　纂修者不詳　1965年廣西民族研究所鉛印本　一册

先祖同上。

陝西師範大學圖書館

［廣西忻城］莫氏總譜　莫能榮主修　據1998年鉛印本複印　一册　書名據封面題

先祖同上。譜載前言、舊譜序、世系、預立字輩、新定家規家訓、人物簡史、莫氏歷代土官年鑒表等。

廣西壯族自治區柳州市桂良公司鄭節餘

[廣西忻城]莫氏源流　莫謙主修　據 1991 年鉛印本複印　一册　書名據封面題

譜載二支忻城莫氏。其一始遷祖量,原籍山東青州府益都縣,明洪武八年(1375)自江南蘇州府太倉縣遷居宜山縣八仙屯。四世孫保,明正統元年(1436)調忻城任知州協理,遂居忻城。七世孫魯,任知州,子孫世襲知州直至清光緒三十二年(1906)。其二始祖偉勳,原籍山東青州府益都縣,北宋神宗元豐二年(1079)以奉政大夫之名,遠征廣西,清剿溪峒徭蠻,以功欽加副總兵加三級,世襲南丹知州。始遷祖十世繼華(號龍溪),明萬曆間至忻城剿匪平定有功,遂留居忻城。譜載莫謙(編譜者)自傳、世系。

廣西壯族自治區柳州市桂良公司鄭節餘

[廣西忻城]黄氏源流世系總譜　黄秀清主修　1995 年鉛印本　一册　書名據封面題

始遷祖敖,明後期與長子逼自馬山縣金釵㞎苗洞遷居忻城縣遂意鄉堡流村。譜載世系、黄氏歷代名人傳略、歷代名臣簡介、歷代名將簡介、歷代名學者簡介、烈士英名録、編後記等。

廣西壯族自治區柳州市桂良公司鄭節餘

[雲南文山]邱北縣戈底嶆李氏家譜　李鳳鳴纂修　2008 年排印本　三册

譜載戈底嶆李氏各代人物。

雲南省邱北縣圖書館

[雲南廣南]儂(農)氏族譜　儂鼎升纂修　2005 年排印本　一册

始祖郎恐,第一任土司,元末因軍功授宣撫職。譜載雲南儂氏的四大支系,一是廣南儂氏土司,二是從廣南儂氏土司會封到西疇的牛羊都司(包括麻栗坡、西疇、馬關三縣的儂姓),三是儂智高起事失敗後被迫改儂爲農的農姓,四是建國後紅河縣由那姓改爲儂姓、本是儂智高後裔的儂姓。譜載族源、分支篇、人物篇、烈士篇等。其中分支篇録廣南儂氏土司、西疇牛羊都司儂氏及馬關縣、麻栗坡縣等地之分支。

雲南省邱北縣圖書館

[雲南廣南][儂氏]親供宗圖　儂鼎升纂修　1998 年雲南民族出版社據民國二十四年(1935)修本排印　合册

先祖同上。譜載世系、親供、呈文等。世系載至二十七世民國時人鼎和止。

本譜載於《壯族土官族譜集成》

[雲南富寧]沈氏族譜草本不分卷　(清)沈定賢纂修、沈昆山增補　民國三十七年(1948)增補清宣統二年(1910)抄本　一册

富寧縣原壯族沈氏土司係土知州,從北宋隨軍入滇落籍富寧,歷元、明、清三朝,計有二十餘任土司。族譜由四個部分組成:部分一爲民國三十七年(1948)及清宣統二年(1910)譜序;部分二爲沈氏第一至二十二代嫡系出任土司職(大宗)世系表;部分三爲沈氏第十九至二十四代庶出各支(小宗);部分四爲民國間沈氏族人祭祖上墳之事及清末至民國間沈氏第二十三代孫沈懷珍一家的情況。明初沈氏土司家族還是漢族,後經長期受壯族人民生活習俗影響,與當地壯人融合,成爲壯族。

本條目據 1999 年第 2 期《雲南民族學院學報(哲學社會科學版)》載馬世雯撰《富寧土知州〈沈氏族譜草本〉考釋》一文著録

瑶　　族

[湖南郴州]岡腳李氏族譜不分卷　李安兗主修　民國三十年(1941)木活字本　二十四册

始遷祖宏甫,宋末元初自江西泰和遷來。譜載序、村落圖、朱子格言、五服圖、凡例、家規、排行、士官録、壽考録、節孝録、族學紀要、祭田、傳贊、世系圖、齒録、岡腳八景、合約。

湖南圖書館

[湖南郴州]李氏十修族譜八卷　李宇坤主修　1950年木活字本　八册

始祖晟。裔孫華,生四子:伯金、伯玉、伯元、伯亨。兄弟四人於北宋年間自江西泰和同陂遷居湖廣郴陽府資興縣,伯玉爲峽瑀始祖。伯玉傳至亨時(行萬十郎),遷永興,後徙郴州西鳳鄉西二里八甲老女橋,爲始遷祖。卷一序,卷二家訓、藝文、八景詩、衣冠録,卷三傳、壽序、排行、公産、凡例,餘卷世系。是族於元至大三年(1310)初修譜,明永樂二十二年(1424)、嘉靖四十年(1561)、清康熙十二年(1673)、雍正八年(1730)、乾隆三十九年(1774)、道光四年(1824)、光緒二年(1876)、民國十年(1921)、1950年屢有續修。

湖南圖書館

[湖南郴州][趙氏]天水譜記一卷　纂修者不詳　清同治五年(1866)刻本　一册

譜載湖南郴縣(今郴州市蘇仙區)橋口鎮寶安嶺村趙姓瑶民之來源、遷徙路綫、世系排行等。

湖南省郴州市蘇仙區橋口鎮寶安嶺瑶族村趙勝泰

本條目據《中國少數民族古籍總目提要・瑶族卷》著録

[湖南郴州]郴縣東波盤氏族譜不分卷　纂修者不詳　清宣統二年(1910)抄本　三册

始祖盤庚,宋初松江人,北宋咸平間以進士任廣東陸豐縣知縣而居連州桃源洞。傳五世,子孫遷居湖南仁化青竹江。至十一世時,族人於明光宗泰昌元年(1620)始遷郴州。譜載遠祖歷傳十八代分徙各省州縣圖説、郴州當局對瑶漢争山之佈告、斷案等。

湖南省宜章縣梅田鎮龍村黄菜坪盤達才

本條目據《中國少數民族古籍總目提要・瑶族卷》著録

[湖南資興]臺前何氏五修族譜四卷　(清)何同詔等纂修　清乾隆四十五年(1780)木活字本　四册

譜内明代老序稱:"我祖自漢以來居郴縣之資興鄉,即今興寧臺前也。"清乾隆四十五年興寧縣司諭資陽熊光琛所作序也沿用該説。而族人自序卻稱宋明經曰鑒公來自廬陽(今汝城)之厚坊。卷一傳世圖系、世次排行詩、源流序、序、祠堂記、派系圖,卷二履歷、源流集,卷三保族六要、家訓十規、辨明冒宗本末、凡例、何氏伐易塚盜葬遷改通知,卷四文藝、傳類、壽文、像贊、墓誌等。字派:希德漢朝濟,宗弘必紹香,瑶嶺同華盛,衡江共泗昌。

湖南圖書館

[湖南資興]資興茶坪趙氏族譜不分卷　纂修者不詳　民國五年(1916)刻本　五册　三修本

該族自浙江會稽山經江西、廣東遷居湖南。譜載遷徙路綫、仕宦録、家族歷史事件等。是族於清乾隆六十年(1795)初修譜。

湖南省資興市碑記鄉茶坪瑶族村趙前衛

本條目據《中國少數民族古籍總目提要・瑶族卷》著録

[湖南桂陽]鄧氏宗譜六卷首二卷　(清)鄧馨初等纂修　清光緒三十三年(1907)登秀堂木活字本　二册　存卷首上、下　初修譜

始遷祖少卿(行五七郎),北宋崇寧間自九嶷零陵偕弟五八郎遷居桂陽郡北下溪官口沖岐山。命名舊排行:元德承天,孝思嗣祖,大啓人文,載光宗譜。取號舊排行:芳蘭瓊玉,廣生明庭,亨嘉式遠,振其美聲。命名新排行:傳家惟禮義,輔國在忠良,克繼先賢序,隆名萬代埸。取號新排行:一本春枝茂,同公世澤長,英才聯伯仲,富貴定齊昌。卷首上譜論、序、名銜、凡例、家規、五服圖,卷首下岐山八景圖、世系源流、遷居先後、各村對聯、名號排行、德行義行、孝友孝節、歷代衣冠、歷代壽考、世系脈圖,卷一至六齒録。

湖南圖書館

[湖南桂陽]鄧氏宗譜十二卷首三卷末一卷　鄧作忠等纂修　民國二十六年(1937)登秀堂木活字本　十三册　存卷首一、二,卷一至八、十,卷末　二修本

先祖同上。卷首一序、修譜人名、排行、分居先後人名考、譜論、譜例、家戒、衣冠録、八景詩,卷首二至三世系圖,餘卷齒録。

湖南圖書館

[湖南桂陽]鄧氏七修族譜十四卷末一卷　鄧立瑞等主修　民國二十三年(1934)年福壽堂木活字本　二十四册　缺卷末

始遷祖少十六,南宋時自江西泰和鵝頸大丘遷居桂陽郡北上溪。排行歌:始祖少十六,六十七郎承,楚賢生福壽,漢祥仲伯興,思善(景)宗鄧禹,秉良尚孔文,仁義希孟學,孝友立芳名,啓佑惟崇德,榮華亦積廷,世家全美慶,國用任公卿,仰高如鳳舉,望重似蛟騰,遠大常昌盛,賢才繼萬春。卷首敘、上溪圖説、源流考、八景詩、禮教四則、凡例二十條、律例摘録、喪祭禮制、服制圖、經理名目、衣冠行狀,卷二至卷末世系圖。該族於明萬曆三十八年(1610)、清康熙五十三年(1714)、乾隆三十四年(1769)、道光六年(1826)、同治三年(1864)、光緒三十二年(1906)、民國二十三年(1934)屢有修譜。

湖南圖書館

[湖南宜章]吴氏族譜十二卷　(清)吴德一等纂修　清光緒三年(1877)木活字本　十二册

先世淑(字正儀),原籍江南鎮江府丹陽縣人,南宋淳化中博士。子佑(字啓後),由指揮使鎮守湖廣桂陽州,著籍溪口。佑四傳至仲明(字東陽),元至元二十九年(1292)授宜章教諭,後卜居邑南十里許營吴家村,爲始遷祖。清乾隆四十六年(1781)建宗祠於邑城南關。字派(自十世始):廷必大應三(廷良天文顯、朝本宏單先),國家集德延,楚南開統緒,章邑廣宗傳,科甲奎光燦,瓊都瑞景宜,熙元增福壽,繼述紹前賢。卷一誥命、序、例言、家訓、傳贊、排行、祭田、墓地,餘卷世系。該族於清康熙三十年(1691)初修譜。

湖南圖書館

[湖南宜章]莽山大黄家榜八瑶排黄氏族譜五卷(清)黄昌文等纂修　清道光二十一年(1841)抄本　三册　有殘損

該族遠祖自湖廣武昌府江夏縣先後遷居江西、福建、海陽、邊州,明洪武間移居韶州神仙坪,明正德間再遷宜章莽山。譜内有涉及社會家族組織、開墾莽山、仕宦録等史實。

湖南省郴州市宜章縣莽山瑶族鄉大黄家榜黄吉旺

本條目據《中國少數民族古籍總目提要・瑶族卷》著録

[湖南汝城]尹氏族譜不分卷　纂修者不詳　民國二十二年(1933)刻本　三册　缺一册

譜記湖南汝城尹氏家族形成、發展及分佈狀況等事。内有插圖、插畫。

湖南省汝城縣延壽瑶族鄉東壽村上尹組尹明燈

本條目據《中國少數民族古籍總目提要・瑶族卷》著録

[湖南汝城]阮氏族譜不分卷　纂修者不詳　民國十五年(1926)刻本　三册　四周邊角略有殘損

譜記湖南汝城阮氏家族形成、發展及分佈狀況等事。内有插圖、插畫。

湖南省汝城縣嶺秀瑶族鄉古橋村阮養

本條目據《中國少數民族古籍總目提要·瑶族卷》著録

[湖南汝城]林氏族譜不分卷 林興性、林振華纂修 民國三十三年(1944)雙桂堂刻本 四册 第四卷有十一頁破損

譜記湖南汝城林氏家族形成、發展及分佈狀況等事。内有插圖、插畫。

湖南省汝城縣文明鄉上章村林家組林發平

本條目據《中國少數民族古籍總目提要·瑶族卷》著録

[湖南汝城]徐氏族譜不分卷 纂修者不詳 民國三十一年(1942)敦本堂刻本 十二册

譜記湖南汝城徐氏家族形成、發展及分佈狀況等事。

湖南省汝城縣嶺秀瑶族鄉大興村徐紀明

本條目據《中國少數民族古籍總目提要·瑶族卷》著録

[湖南汝城]郭氏不分卷 纂修者不詳 民國十六年(1927)刻本 四册

譜記湖南汝城郭氏家族形成發展及分佈狀況等事。内有插圖、插畫等。

湖南省汝城縣延壽瑶族鄉郭家組郭小華

本條目據《中國少數民族古籍總目提要·瑶族卷》著録

[湖南汝城]陳氏族譜不分卷 陳賢佐等纂修 民國二十七年(1938)刻本 九册

譜記湖南汝城陳氏家族的形成、發展及分佈狀況等事。内有插圖、插畫。

湖南省汝城縣延壽瑶族鄉留觀村陳玉苟

本條目據《中國少數民族古籍總目提要·瑶族卷》著録

[湖南汝城]楊氏族譜不分卷 纂修者不詳 民國十九年(1930)刻本 四册 殘損四頁

譜記湖南汝城楊氏家族之形成、發展及分佈狀況。内有插圖、插畫。

湖南省汝城縣延壽瑶族鄉下楊村楊富壽

本條目據《中國少數民族古籍總目提要·瑶族卷》著録

[湖南汝城]藍氏族譜不分卷 纂修者不詳 民國八年(1919)汝南堂刻本 一册 有缺損

譜敘湖南汝城藍氏家族之形成、發展及分佈狀況。内有插圖等。

湖南省汝城縣熱水鎮高灘村藍屋組藍舉正

條目據《中國少數民族古籍總目提要·瑶族卷》著録

[湖南汝城]謝氏族譜不分卷 纂修者不詳 1949年刻本 八册

譜記湖南汝城謝氏家族之形成、發展及分佈狀況。内有插圖、插畫。

湖南省汝城縣小垣瑶族鎮白雲村謝良偉

本條目據《中國少數民族古籍總目提要·瑶族卷》著録

[湖南汝城]龐氏族譜不分卷 纂修者不詳 民國二十六年(1937)刻本 三册

始遷祖才一郎,明弘治間因宦粵東南州牧史而卜築於南海,後遷居桂陽延壽(今汝城延壽鄉)。

湖南省汝城縣延壽瑶族鄉龐家組龐五斤

本條目據《中國少數民族古籍總目提要·瑶族卷》著録

[湖南汝城]龐氏族譜不分卷 纂修者不詳 民國二十六年(1937)刻本 一册

譜記湖南汝城龐氏家族之形成、發展及分佈狀況。

湖南省汝城縣延壽鄉郭家村龐家組龐解文

本條目據《中國少數民族古籍總目提要·瑶族卷》著録

[湖南永州]湖南永州唐氏通譜 纂修者不詳

2015年排印本

譜載永州二區九縣唐氏遷徙源流、族譜纂修概況及字派名人等。

湖南圖書館

[湖南永州]鄧氏族譜　纂修者不詳　民國三十一年(1942)木活字本　二修本

漢族、瑶族譜。始遷祖日福,原籍江西吉安府泰和縣鵝頸坵,元末兄弟三人徙永州,長孝公欲爲徭,今永州祁陽茨木塘、長溪山皆其裔;次良公欲爲民,今永州祁陽秧田、花山皆其裔;三福公,始爲軍,官指揮使,落業零陵(今屬永州)牛鼻灘、仙人橋,三傳寬公、信公遷祁陽大忠橋、旗頭町等處,敏公、惠公仍居牛鼻灘。是譜自稱部分族人爲瑶族。然今祁陽茨木塘、長溪(吉)山鄧氏皆漢族。該族於清光緒三十二年(1906)初修族譜。

湖南圖書館

[湖南桂東]桂東全溪鄧氏宗譜　鄧慕堯等纂修　民國二十二年(1933)志華堂木活字本　四册　存卷一至四

始祖子文,爲廣州僉判。六傳至如嵩,遷居江西崇義富下。又十六傳至才貴(字春和),由江西崇義富下出任廣東仁化縣知縣,明永樂二年(1404)解組後遷居湖南桂東縣全溪,爲始遷祖。才貴生二子:伸叟、俊叟。俊叟(字公耆),明宣德二年(1427)授沅州府編橋衛衛官,因居沅州。伸叟子國佐生三子:志華、志高、志榮。志高徙江西上猶縣高洞,志榮徙汝南鄧家灣及鄢縣等地。志華生四子:佑忠、佑緣、佑清、佑斌,裔孫世居全溪、蛟洲、大汾等地。清乾隆二年(1737)合族建宗祠於桂東全溪。譜載序、壽序、傳、墓誌、凡例、排行、樂捐鴻名、領譜鴻名、世系。班序:才伸國志佑,齋思守伯正,啓(尚)繼承賢書(良茂英),家敦堯舜仁,修齊宏作述,謨烈丕顯榮。是族於清雍正十年(1732)、嘉慶十六年(1811)、光緒二十二年(1896)、民國二十二年(1933)纂修族譜。

湖南圖書館

[湖南道縣]黄氏宗譜　纂修者不詳　版本不詳

始祖虎,自廣西灌陽縣千家峒遷居廣西富川。裔孫辰生,自廣西遷居湖南江華縣。始遷祖應樹,遷居道縣牛橋村。

本條目據1999年第4期《廣西民族研究》載宫哲兵撰《從地圖、地名和族譜考證千家峒在都龐嶺——瑶族千家峒故地三考》一文著録

[湖南寧遠]鄧氏宗譜□□卷　纂修者不詳　民國十八年(1929)雍睦堂木活字本　二十八册　存卷首下,世系圖卷三、四、七,齒録卷一、三、五至九、十一、十二、十五至十七、十九至二十一、二十三、二十四、二十六至二十八、三十一、三十二、三十八、四十三

始遷祖楨岳,南宋淳祐間自江南鎮江府遷來。卷首下壽序傳贊,餘卷爲世系圖、齒録。

湖南圖書館

[湖南江永]錦堂毛氏族譜十九卷　吴紹漢纂修　民國六年(1917)西河堂木活字本　一册　存卷一、二

始祖衷,唐秘書監,由衢州授廣西賀郡守,因家秀峰。十世祖鉅(行十二官),北宋宦遊廣東,道經永明(今江永)錦堂,命其子孫安居焉。鉅之孫嫩立(行八官),北宋皇祐間自秀峰徙居,爲錦堂始遷祖。字派(自一百十一世始):際紹國朝,方輝樹鳴,鴻儀展彩,舉步雲霄。存卷載序、目録、凡例、家訓、禁條、疆界圖、部文、八景圖。

湖南圖書館

[湖南江永]七修錦堂毛氏族譜　王兆蘭纂修　2000年西河堂膠印本　一册　存首册

先祖同上。載存新序、舊序、世系源流、班行、歷朝紀録、族史資料、名勝古迹、家訓十則、新舊詩抄、世系。

湖南圖書館

[湖南江永]石氏族譜不分卷　纂修者不詳　民國十六年(1927)石印本　二册　嚴重殘損

始祖金逵,元末避亂自石頭城流離至廣西荔浦,洪武初遷居湖南江永源口,爲扶靈瑶十三姓之一。

譜記八房石氏,述石姓源流及在扶靈瑶立族繁衍諸事。

湖南省江永縣源口瑶族鄉扶靈瑶石芬壽

本條目據《中國少數民族古籍總目提要·瑶族卷》著録

[湖南江永]石氏二房不分卷 纂修者不詳 舊抄本 一册

先祖同上。此爲湖南江永源口鄉扶靈瑶石氏二房譜。

湖南省江永縣源口瑶族鄉扶靈瑶石芬壽

本條目據《中國少數民族古籍總目提要·瑶族卷》著録

[湖南江永][石氏]扶靈瑶瑶長名録不分卷 纂修者不詳 石庚成抄本 一册 有蟲損

譜記湖南江永扶靈瑶瑶長任職名録,自清順治十二年(1655)始,至民國三十年(1941)止,每三年一屆,瑶長任職人名一屆不漏。

湖南省江永縣源口瑶族鄉扶靈瑶石芬壽

本條目據《中國少數民族古籍總目提要·瑶族卷》著録

[湖南江永]田氏族譜不分卷 (明)蔣錫鎮纂修 明抄本 一册

是族於北宋治平間經江西吉安遷居廣東肇慶。始遷祖定八,明洪武二年(1369)逃難至江永十九都清溪。

湖南省江永縣粗石江鎮清溪瑶田樹生

本條目據《中國少數民族古籍總目提要·瑶族卷》著録

[湖南江永]李氏族譜序不分卷 (清)合族纂修 清石印本 一册

譜記明大德間官府圍剿千家峒、八十四位師公祭祖而後衆人逃離之情形。

湖南省江永縣夏層鋪鎮李氏族人

本條目據《中國少數民族古籍總目提要·瑶族卷》著録

[湖南江永]張氏族譜不分卷 纂修者不詳 民國十六年(1927)石印本 一册 有殘損

始遷祖千六,明洪武初自山東遷居江永源口扶靈瑶,洪武九年(1376)受招安。

湖南省江永縣源口瑶族鄉扶靈瑶張啓書

本條目據《中國少數民族古籍總目提要·瑶族卷》著録

[湖南江永]義氏族譜二卷 纂修者不詳 清光緒二十二年(1896)石印本 四册 版心題義族譜

此係湖南江永上江圩義氏族譜。義姓今占江永縣上江圩鎮人口半數之衆,該族有三支:其一自唐代中期遷來;其二係南宋淳熙間分盈公移居至甘益村,今已繁衍三十五代;其三係千家峒任姓避難改姓爲義。譜載源流、山水田園、訓規、世系表等。此本據清道光十六年(1836)譜續修。

湖南省江永縣上江圩鎮甘益村義生

本條目據《中國少數民族古籍總目提要·瑶族卷》著録

[湖南江永]蔣氏族譜不分卷 纂修者不詳 1975年蔣浩抄本 二册

始祖田定八兄弟,明洪武初年至江永清溪,田氏兄弟二人承蔣氏産業並分爲田、蔣二姓。明洪武九年(1376)歸化後恩賜瑶田瑶産,數百年依譜傳承。

湖南省江永縣粗石江鎮清溪瑶蔣潔

本條目據《中國少數民族古籍總目提要·瑶族卷》著録

[湖南江永]趙氏族譜一卷 纂修者不詳 清嘉慶元年(1796)抄本 一册 殘損嚴重

始祖盤庚。家族於秦漢時遷居商丘,宋時事於宋太宗,宋高宗時居南京十寶洞,宋帝昺時至樂昌府,元元貞間遷連山,大德十年(1306)至江華,明仁宗年間返回連山,明世宗嘉靖四年(1525)又遷江華,清順治十年(1653)遷永明、灌陽等地,再遷居江永大溪源坳上。

湖南省江永縣允山鎮小古源村、千家峒鄉大溪源村趙姓族人

本條目據《中國少數民族古籍總目提要・瑶族卷》著録

［湖南江永］廖氏宗譜三卷　纂修者不詳　清道光二十四年(1844)召棠坊家藏刻本　三册　五修本

始祖盤王。後周伯廖分支,經衡陽至全州,唐開元時遷居道州韭菜嶺下小坪,宋元時遷居江永南峰山,歷三十四代。譜載歷代修譜序、訓、規、世系圖等。該族於南宋紹興四年(1134)初修譜,此爲五修本。

湖南省江永縣松柏瑶族鄉南峰山廖己輝

本條目據《中國少數民族古籍總目提要・瑶族卷》著録

［湖南江永］歐陽氏譜五卷　合族纂修　民國二十三年(1934)江華大成堂刻本　五册

始祖出自越王勾踐之後,五世越王無疆之子蹄受封烏程歐餘山之陽爲歐陽亭侯,子孫遂以歐陽爲姓。北宋咸平四年(1001),景達遷居江永黄甲嶺。龐,於北宋大中祥符間分遷邑之蘭溪、陽家等地。

湖南省江永縣允山鎮平地瑶陽家村歐陽福明

本條目據《中國少數民族古籍總目提要・瑶族卷》著録

［湖南江華］李氏族譜　纂修者不詳　刻本

始祖萬,自廣西灌陽縣千家峒遷居廣西富川縣。始遷祖誠孫,明洪武二年(1369)遷居江華伍堡。

湖南省江永縣蒼梧鄉上伍堡白沙塘村李氏族人

本條目據1999年第4期《廣西民族研究》載宫哲兵撰《從地圖、地名和族譜考證千家峒在都龐嶺——瑶族千家峒故地三考》一文著録

［湖南江華］李氏家譜　纂修者不詳　版本不詳

是族自廣西灌陽縣遷居江永縣界牌鄉(現屬江華縣)大林江村。譜載千家峒源流記等。

本條目據1999年第4期《廣西民族研究》載宫哲兵撰《從地圖、地名和族譜考證千家峒在都龐嶺——瑶族千家峒故地三考》一文著録

［湖南江華］奉氏宗譜　纂修者不詳　民國二十七年(1938)修本

是族原籍江西泰和縣,宋末族人遷居至廣西灌陽千家峒,元初復遷江華。

本條目據1999年第4期《廣西民族研究》載宫哲兵撰《從地圖、地名和族譜考證千家峒在都龐嶺——瑶族千家峒故地三考》一文著録

［湖南江華］唐氏家譜　纂修者不詳　版本不詳

是族居江華縣千家峒鄉。

湖南省江華瑶族自治縣千家峒鄉唐得富

本條目據1999年第4期《廣西民族研究》載宫哲兵撰《從地圖、地名和族譜考證千家峒在都龐嶺——瑶族千家峒故地三考》一文著録

［湖南江華］趙氏家譜不分卷　纂修者不詳　民國十八年(1929)年修本　一册

始祖盤王,居會稽山,生十二姓瑶孫,趙姓爲第八姓,賜名趙元瑞。後裔遷居廣東潮州,再遷廣東樂昌縣居住十餘代。後裔先後遷居湖南寧遠縣茅黎山社里源、新田縣黄塘寨等處。族人法壇,移藍山、寧遠二縣交界之臘樹源;法卿,清雍正間遷居江華背江沖;金文,清道光間遷居江華濠江魚塘。

湖南省江華瑶族自治縣貝江鄉上枚口趙家

本條目據《中國少數民族古籍總目提要・瑶族卷》著録

［湖南江華］鄭氏族譜不分卷　纂修者不詳　據舊抄本影印　一册　殘

是族於廣西梧州府蒼梧縣白帽山居住七十二代,後移平樂府賀縣南鄉桑樹源居住十八代,再移居湖南江華上伍堡居二十年。始遷祖國通,明天順二年(1458)遷居江華縣麻江河壟。

湖南省江華瑶族自治縣民宗局

本條目據《中國少數民族古籍總目提要・瑶族卷》著録

［湖南江華］黎氏宗譜不分卷　纂修者不詳　舊抄本　一册

譜尊軒轅黄帝五代子孫黎及爲瑶族受姓始祖。

夏商時代，黎氏之族又與“三苗”集團聯盟，遷至梁益，再南遷湖廣。秦漢時期，“九黎”與“三苗”建立“磐瓠”集團，部分子孫退居雲南、貴州，建立“竹王三郎”集團。漢高祖以後諸帝對“磐瓠”、“竹三郎”集團首領分別封以盤王和仁王。三國以後被驅趕至江西、廣東、廣西。黎氏七十八代黎度，率全族從武陵進江西寧都，後越梅嶺到廣東南珠璣巷。本譜爲後裔遷居湖南江華者所修。

廣東省南雄市黎氏資料室

本條目據《中國少數民族古籍總目提要·瑤族卷》著録

[湖南江華]黎氏宗譜不分卷 纂修者不詳 1995年續修本 一册

先祖同上。

湖南省江華瑤族自治縣黎興無

本條目據《中國少數民族古籍總目提要·瑤族卷》著録

[湖南藍山]藍山鍾氏八修族譜十二卷 鍾良銘等主修 民國二十五年(1936)高陽里鉛印本 六册 八修本

始祖大十五。四傳至藝潤(字瀝液，號負扆，行嫩七)，元延祐間自江西泰和遷湘之衡嶽。藝潤四傳至榮卿，殖産藍山，爲藍山始遷祖。榮卿公子二：文福居高陽，文德居溪頭。明嘉靖時九世富光平傜有功，獎撫傜世職。清道光三年(1823)建宗祠於藍山縣城内西街。二十世伯毅，民國時曾任國會參議院議員、湖南省財政廳長。家族繁衍男丁四百四十七人，女口三百九十八人。字派：念少嫩六，榮文原以，永世富貴，萬子福德，正大立朝，良才華國，積學含弘，存心秉直，攸敘彝倫，高標器識，振武昭平，匡時贊翊，克紹崇光，允作儀式，運啓昌隆，慶延兆億。卷一題詞、序，卷二族規、族訓、祀事，卷三建置，卷四村聚，卷五山場，卷六水利，卷七教育，卷八倉儲，卷九人物，卷十塋兆，卷十一世系，卷十二傳記。是族於清康熙二十三年(1684)初修譜，此爲八修本。

湖南圖書館

[湖南祁陽]雷氏五修宗譜三十四卷首七卷 纂修者不詳 民國十九年(1930)敦睦堂木活字本 五十一册 存卷首二至七、卷二至十、十二至三十四

始遷祖萬五郎，授行營參軍，奉命鎮守祁陽。卷首二公産，卷首三墳山、傳贊，卷首四壽序、祭田，卷首五祭田、義田，卷首六至七壽序，卷一至三十四世系。

湖南圖書館

[湖南城步]楊氏族譜不分卷 纂修者不詳 清嘉慶二十一年(1816)刻本 一册 邊緣微殘

此係湖南城步沙洲村楊氏族譜。譜載聖諭、家訓、譜序、十五代世系等。

廣西壯族自治區民族博物館

本條目據《中國少數民族古籍總目提要·瑤族卷》著録

[湖南懷化]青氏族譜二卷 (清)青昌順主修 清光緒三十二年(1906)親睦堂木活字本 二册

是爲漢族、侗族、瑤族、苗族譜。譜載聖諭廣訓、總序、新序、傳、宗派、凡例、家規、五服圖、墳宅圖、祭産、歐氏五代橫圖、世系。

湖南圖書館

[湖南新化]奉氏續修家譜□□卷 (清)奉錫剛等主修 清光緒三十一年(1900)桂林郡木活字本 一册 存卷首二

始祖朝瑞(字半周)，原籍桂林，仕江南爲訪察都運使，南宋紹熙間奉命南征，襲武略將軍之職，加升鎮國上將軍，後補充防遏使，著功卜居江東，列籍梅邑(今新化)坪下。族人多分佈於邵陽、溆浦、安化、東安、武岡及四川、雲南、湖北、陝西等處。清乾隆間建宗祠於新化永靖鄉坪下。至民國三十七年(1948)，已傳三十八代，全族人口共四萬零二十人。前輩字派：文宗應天紹，清尚貴長珍，甫瑛志添如，振楚奏朝應，國一學(嘉恩)君廷，聖帝錫顯名。續修班行：孝友光先策，詩書迪季倫，承修昭美大，支延萬祀榮。再續字派：克家惟令嗣，世德永芳聲，積厚勳銘鼎，鍾靈毓俊英。存卷

載序、壽文、四禮、紀元表、世系表等。是族於元大德十一年(1307)初修譜。

湖南圖書館

[湖南新化]奉氏十一修宗譜□□卷　奉孝則主修　民國二十四年(1935)桂林郡木活字本　二册　存卷首一至四、卷二十六

先祖同上。卷首一凡例、族約會細則、源流撮要、總訓家規、祠圖祠記、墓圖墓記、合族公産、證據,卷首二誥封、懿行編、人才表、耆壽録、義舉、遷徙,卷首三新序、老序、壽文,卷首四傳、記、四禮、五報圖、派系解、紀元表、歷修董事、領譜字號,卷二十六世系。

湖南圖書館

[湖南新化]奉氏十二修宗譜八十六卷　奉孝球等纂修　1998年桂林郡鉛印本　八十六册

先祖同上。譜載凡例、聯誼會章程、源流撮要、班行、新序、家規家訓、禮儀、傳記、調族紀實、人才録、英烈録、遷徙録、老序、傳略、壽文、四禮、五服、祠圖、墓圖、公産、墓山判詞、合同照後、天玉寺判詞、世系。

湖南圖書館

[廣東]粤西北地方韋氏世系録——韋氏族譜　韋留鈿主修　2014年排印本　一册　七修本

此爲壯族、瑶族、漢族三族合譜。韋氏各宗支於明洪武至萬曆二百餘年間陸續自廣西慶遠、平樂、賀縣、蒼梧遷居至廣東連山及懷集牛洲、下帥、冷坑、藍鐘,連南寨南、白芒,陽山秤架等地。譜録連山、懷集、連南及相鄰廣西賀縣共二十九支、散居一百二十多個村寨一千四百餘人的韋氏世系資料。其中連山二十一村支、連南二村支、懷集六村支。連山二十村支爲壯族,另一支係瑶族;連南縣寨崗韋屋村韋全公支系爲壯族,大麥山白芒上洞村韋初平公支系爲瑶族;懷集藍鐘鎮韋屋寨韋松支系爲漢族,其餘村寨支系爲壯族。

廣東省連山壯族瑶族自治縣圖書館

[廣東連州]趙氏族譜不分卷　雲華倫等纂修　民國十一年(1922)排印本　一册

始祖明月。世系傳至十九世。

廣東省連州市三水瑶族鄉新九磐石里村趙文德

本條目據《中國少數民族古籍總目提要・瑶族卷》著録

[廣東陽山]黄氏族譜不分卷　(清)黄儀等纂修　清道光九年(1829)刻本　一册

此係廣東陽山太平洞、楠木洞瑶族族譜。該族自湖廣江夏先後遷居河南光州及福建邵武、閩縣,復遷江西吉安府永豐縣,旋遷廣東韶州府乳源武豐,再遷懷集鳳崗堡黄洞鄉黄茶山。始遷祖能三、能四,明洪武十六年(1383)應招至陽山。能三居太平洞,能四居楠木洞。家族世系繁衍至十二代。

廣東省陽山縣秤架瑶族鄉太平洞上洞黄詩海

本條目據《中國少數民族古籍總目提要・瑶族卷》著録

[廣東陽山]黄氏族譜不分卷　(清)黄遠化等纂修　清光緒十七年(1891)刻本　六册

先祖同上。

廣東省陽山縣秤架瑶族鄉大坳村黄亞牛

本條目據《中國少數民族古籍總目提要・瑶族卷》著録

[廣東陽山]黄氏族譜不分卷　(清)黄華文等纂修　清光緒三十四年(1908)刻本　二册　卷一、二部分殘損

先祖同上。該族至光緒三十四年(1908)已繁衍十四代。

廣東省陽山縣秤架瑶族鄉太平洞上洞黄詩海

本條目據《中國少數民族古籍總目提要・瑶族卷》著録

[廣東陽山]黄氏族譜不分卷　黄達仕等纂修　民國二十七年(1938)刻本　三册

先祖同上。至1938年已繁衍十六代。該族於清道光九年(1829)、光緒三十四年(1908)曾修譜。

廣東省陽山縣秤架瑶族鄉太平洞上洞黄詩海

本條目據《中國少數民族古籍總目提要·瑶族卷》著録

[廣東陽山]黄氏族譜不分卷 黄惟楨等纂修 民國二十六年(1937)刻本 二册

該族先祖自豫先後轉遷閩、贛、粤等地。始遷祖一百四十四世萬勝,遷居陽山秤架楠木上洞。後世移居楠木下洞、大坳村等處。世系傳至十二代。

廣東省陽山縣秤架瑶族鄉大坳村黄亞牛

本條目據《中國少數民族古籍總目提要·瑶族卷》著録

[廣東陽山]龐氏族譜不分卷 (清)黄守謙等纂修 清光緒十二年(1886)刻本 一册

始祖德旺,自陝西始平遷居廣東懷集鳳崗堡黄洞鄉黄茶山。始遷祖四世國輝,明洪武十六年(1383)應招至陽山秤架楠木洞。家族繁衍至十一代。譜載譜例、喪服圖等。

廣東省陽山縣秤架瑶族鄉爐田村龐海平

本條目據《中國少數民族古籍總目提要·瑶族卷》著録

[廣東陽山]龐氏族譜不分卷 (清)龐昌發纂修 清光緒二十一年(1895)刻本 一册

先祖同上。九世萬瑞、萬興,遷居陽山爐田洞横水,旋遷爐田洞白水寨,後遷爐田洞麻園村。家族繁衍十代。

廣東省陽山縣秤架瑶族鄉爐田村龐石清

本條目據《中國少數民族古籍總目提要·瑶族卷》著録

[廣東連山]唐氏族譜之唐文朝公譜不分卷 纂修者不詳 民國三十五年(1946)刻本 四册 部分殘損

譜記廣東連山瑶族唐氏自明末在大掌嶺分支後的繁衍發展之歷史。載來源、歷代世系、行輩詩、唐氏分佈地圖、族譜出版賀詩等。

廣東省連山壯族瑶族自治縣經濟貿易局唐澤嚴

本條目據《中國少數民族古籍總目提要·瑶族卷》著録

[廣東連山]連山壯族瑶族自治區唐氏族譜 唐先興主修 2008年排印本 一册

始遷祖華,明湖南藍山縣令,後避亂辭官歸隱,遷居南嶺,入族爲瑶。該族含連山雷鼓、唐下、新村、水頭、沙水、大嶺坪、福堂寨、龍頭、小鈹、豐洞、唐擁、玉樓、蓮塘等自然村及廣西賀州八步區南鄉新寨等自然村唐姓。譜載譜序、目録、世系。

廣東省連山壯族瑶族自治縣檔案館

[廣東連山]趙氏族譜宗支 趙德光纂修 1984年抄本 一册

該族屬過山瑶派。是族原籍廣東珠璣巷,始祖應清。世系記至十七世。

廣東連山壯族瑶族自治縣小三江鎮三聯村委會趙屋村趙益武

本條目據《中國少數民族古籍總目提要·瑶族卷》著録

[廣東連南]沈氏祖公元命書不分卷 纂修者不詳 清光緒二年(1876)抄本 二册

此係廣東連南香坪鎮沈氏瑶民之譜。譜載瑶民來歷、族人生卒時辰、埋葬地點等。

廣東省連南瑶族自治縣香坪鎮沈計明

本條目據《中國少數民族古籍總目提要·瑶族卷》著録

[廣東連南]沈氏祖公元命書不分卷 纂修者不詳 1995年廣東人民出版社據清光緒二年(1876)抄本排印 合册

參見前條。

本譜載於李默、房先清編《八排瑶古籍彙編》

[廣東連南]房氏年命書不分卷 房先清等纂修 1998年排印本 一册 書名據書衣題

始祖先世自淮南遷居嶺南。始祖房十四公大王。始遷祖十一世法九成郎,南朝宋大明二年(458)遷居連州高良洞(今連南縣城),後裔稱八排瑶。譜載序、前言、淵源由來、命名的風俗、年命書(世系)、人口分佈表、房氏芳名録、編後記。是譜部分内容據民國二十五年(1936)抄本修訂。

廣東省立中山圖書館

[廣東連南]唐氏年命書一卷　纂修者不詳　民國十年(1921)續修清道光十三年(1833)本　二册

書記廣東連南甲塘沖寨唐姓氏族瑶民之來源、族人生卒時辰、重大事件等。

廣東省連南瑶族自治縣大麥山鎮甲塘沖村唐姓氏族

本條目據《中國少數民族古籍總目提要·瑶族卷》著録

[廣東連南]盤氏年命書不分卷　纂修者不詳　民國五年(1916)續抄清同治二年(1863)修本　一册

譜敘廣東連南三排鎮東芒村、連水村盤姓氏族瑶民之來源、遷徙、分佈、家先、重大事件等。

廣東省連南瑶族自治縣三排鎮東芒村盤氏家族

本條目據《中國少數民族古籍總目提要·瑶族卷》著録

[廣西馬山]藍氏族譜　藍常明纂修　1987年鉛印本　一册　書名據封面題

是族先世自江蘇南京遷居福建福清。入桂始祖太建,明朝自福建原籍奉調至廣西,因在慶遠府宜山縣平亂有功,被提升爲柳州都督,遂落業於東江鎮。始遷祖漢光、漢勇,太建十二世孫,明末清初自慶遠郡拉惠村遷居都安縣夷江區(今馬山縣金釵鄉)。譜載導言、編者序、老碑文、世系、藍氏家訓、"瑶祖真源"等。

廣西壯族自治區柳州市桂良公司鄭節餘

[廣西全州]盤氏宗譜　盤琳纂修　2007年排印本　一册　書名據封面題

始遷祖廷琦,約於明代自湖南道縣白蓮洞遷居全州縣東山瑶族鄉杉坪、班周。該族已繁衍二十代。譜載序言、字輩、世系、編後話。

廣西壯族自治區柳州市桂良公司鄭節餘

[廣西恭城]盤姓家先簿不分卷　纂修者不詳　民國抄本　一册

此簿係盤氏瑶民在舉行還盤王願儀式後,由道師念歷代家先名字請家先們受祭。譜内記始祖法金以下七代祖先、太祖法旺支系十三代家先、法舉支系六代家先。

廣西壯族自治區恭城瑶族自治縣蓮花鎮楊梅村盤萬坤

本條目據《中國少數民族古籍總目提要·瑶族卷》著録

[廣西恭城]盤姓家先簿不分卷　纂修者不詳　據民國抄本複印　一册

參見前條。

廣西壯族自治區恭城瑶族自治縣檔案館

本條目據《中國少數民族古籍總目提要·瑶族卷》著録

[廣西金秀]覃氏宗支血系簿不分卷　纂修者不詳　民國三十五年(1946)覃琪抄本　一册

譜載金秀瑶族覃氏家族十代譜系、祖先埋葬地契及部分族人遷居地點。

廣西壯族自治區金秀瑶族自治縣瑶族博物館

本條目據《中國少數民族古籍總目提要·瑶族卷》著録

[廣西金秀]趙氏蹤跡簿不分卷　纂修者不詳　民國二十七年(1938)趙財文抄本　一册

譜載金秀盤瑶支系趙姓七代宗支譜系。

廣西壯族自治區金秀瑶族自治縣瑶族博物館

本條目據《中國少數民族古籍總目提要·瑶族卷》著録

[廣西金秀][趙氏]宗枝步(宗支簿)不分卷　纂修者不詳　舊抄本　一册

本册爲金秀盤瑶趙姓宗支簿,亦名"行移"、"香移"、"古額書",係許盤王願、還盤王願綱目性禮儀書。宗支簿分兩部分:第一部分,許願所需要銀錢;第二部分,轉抄人趙春福趙姓家先單。

廣西壯族自治區金秀瑶族自治縣忠良鄉六卜村六雷屯趙春福

本條目據《中國少數民族古籍總目提要・瑶族卷》著録

[廣西金秀][趙氏]宗枝步(宗支簿)不分卷 纂修者不詳 據舊抄本複印 一册 册頁

參見前條。

廣西壯族自治區少數民族古籍整理出版規劃領導小組辦公室

本條目據《中國少數民族古籍總目提要・瑶族卷》著録

[廣西富川]李氏族譜 纂修者不詳 民國二十七年(1938)修本

是族於元大德間自廣西灌陽縣千家峒高巖山避亂遷居湖南道縣。幼一、幼二遷居永明(今湖南江永)分石嶺。始遷祖八四,遷居富川長塘村小畔洞。

廣西壯族自治區富川瑶族自治縣龍歸鄉油沐長塘村李氏族人

本條目據1999年第4期《廣西民族研究》載宫哲兵撰《從地圖、地名和族譜考證千家峒在都龐嶺——瑶族千家峒故地三考》一文著録

[廣西富川]鄧氏家譜 鄧賜吉抄録 清末民國抄本

是族於明洪武二年(1369)自廣西灌陽縣千家峒遷居富川平寨。

廣西壯族自治區富川瑶族自治縣柳家鄉平寨村鄧氏族人

本條目據1999年第4期《廣西民族研究》載宫哲兵撰《從地圖、地名和族譜考證千家峒在都龐嶺——瑶族千家峒故地三考》一文著録

[廣西富川]廖氏族譜 纂修者不詳 清光緒元年(1875)修本

是族自廣西灌陽縣千家峒遷居而來。譜載源流。

廣西壯族自治區富川瑶族自治縣龍歸鄉油沐長塘村廖氏族人

本條目據1999年第4期《廣西民族研究》載宫哲兵撰《從地圖、地名和族譜考證千家峒在都龐嶺——瑶族千家峒故地三考》一文著録

[廣西富川]盤氏宗譜 纂修者不詳 民國二十七年(1938)修本

始祖蒲增,元大德元年(1297)自湖南永明縣(今江永縣)源口遷居廣西恭城縣松木寨。始遷祖八六,元至正間遷居富川。

廣西壯族自治區富川瑶族自治縣城北鄉神源村盤氏族人

本條目據1999年第4期《廣西民族研究》載宫哲兵撰《從地圖、地名和族譜考證千家峒在都龐嶺——瑶族千家峒故地三考》一文著録

[雲南元陽][盤氏]本命書不分卷 纂修者不詳 舊抄本 一册

此爲雲南元陽藍靛瑶盤姓瑶民家譜,又稱《年庚書》。記族人出生年、月、日時辰等。

雲南省少數民族古籍整理出版規劃辦公室

本條目據《中國少數民族古籍總目提要・瑶族卷》著録

[雲南屏邊]李氏本命書 李正芳口述 2009年民族出版社據1957年口述排印 合册 書名自擬

始遷祖勝亮,清代自廣西南部地區遷居屏邊瑶山瑶族自治區。世系如下:勝亮—妙椿—經霖—會展—道經—雲房—妙龍—經聰—玄福—道顔—雲長—小才,合計十二世。此世系爲李正芳1957年口述。

本譜載於《雲南苗族瑶族社會歷史調查》

仫 佬 族

[廣西羅城]銀氏五冬族譜不分卷　纂修者不詳　舊抄本　一册

本譜是在清道光二十九年(1849)銀紹裘抄録的舊譜基礎上的重訂,稱銀氏始祖於明弘治四年(1491)遷至羅城。内容包括序文、初代至二十三代族人世系。

廣西壯族自治區少數民族古籍整理出版規劃領導小組辦公室

本條目據《中國少數民族古籍總目提要·仫佬族卷》著録

[廣西羅城]潘氏族譜碑　佚名撰文　佚名刻　長方形石碑　一塊

碑面高一百一十二釐米,寬七十二點五釐米,漢文二十二行,每行二十七字。石刻,楷體。一面有字,保存完好。潘氏原籍係河南開封府滎陽縣,初遷至江蘇常州府無錫縣鳳凰街金雞巷。後遭世亂,避至浙江省湖州府德清縣。宋咸淳年間(1265—1274)遷至湖南寶慶。元代之後,流離至廣西。隨後,有的遷往别處,有的返回故鄉。到潯州府的潘氏一支,遂在潯州定居;在慶遠府的潘三帝,落腳河邑阿練里板册村(今羅城橋善鄉板册屯);到潘公平,則由板册入羅邑龍良寨州村(今羅城東門鎮榕木村);祖帶三子曰葛、枝、亮由寨州始遷至木梓村(今羅城東門鎮鳳梧村公所在地),以後遷各村繁衍至今。

廣西壯族自治區羅城仫佬族自治縣東門鎮横岸村上勒蒙屯潘氏宗祠

本條目據《中國少數民族古籍總目提要·仫佬族卷》著録

[廣西羅城]吴何在支譜　纂修者不詳　1985年廣西民族出版社排印本　合册　譜名自擬

據墓碑及老人口述記載,吴氏原籍湖南省衡州府武陵縣銅鼓村,明代遷廣西羅城西鄉七里田心村居住。本支支祖何在,墓碑立於民國十八年(1929),共記七世。

本譜載於《廣西仫佬族社會歷史調查》(節録)

[廣西羅城]莫姓家譜　纂修者不詳　1985年廣西民族出版社排印本　合册　譜名自擬

據莫姓墓碑記載:始祖蘇,明初自廣西慶遠府宜山縣得勝村遷羅城石門鄉梁莫村。墓碑立於清光緒間,記録了十三代世系。是族字輩:先祖餘恩在,承嗣尚代矜,克昌方乃遠,永守作家興,繼起純嘉兆,龍光遠以增,顯彰其自振,建藏廣咸登。

本譜載於《廣西仫佬族社會歷史調查》(節録)

[廣西羅城]王氏家族宗支簿　纂修者不詳　1985年廣西民族出版社排印本　合册　譜名自擬

據記載,始遷祖尾寧,明初自湖南郴州宜章縣古平村遷廣西羅城。記録了自尾寧始十六代世系。

本譜載於《廣西仫佬族社會歷史調查》

[廣西羅城]潘氏家譜　纂修者不詳　1985年廣西民族出版社排印本　合册　譜名自擬

始遷祖名諱不詳,自湖南常山遷廣西柳州東圩潘村,後再遷羅城東南部德英村。是譜記録了自文才始九代世系。

本譜載於《廣西仫佬族社會歷史調查》

[廣西羅城]梁氏家譜　纂修者不詳　1985年廣西民族出版社排印本　合册　譜名自擬

始遷祖治泗,自廣東省廣州府南海縣下塘白米街遷廣西,後遷柳州,再遷羅城大福鄉大福社。譜内記録了自治泗始十三代世系。

本譜載於《廣西仫佬族社會歷史調查》

[廣西羅城]謝莫户宗譜　纂修者不詳　1985年廣西民族出版社排印本　合册　譜名自擬

始祖庫,約在明代遷廣西天河縣(今屬羅城)下里鄉謝村。墓碑及家藏家支簿收録十五代世系。

本譜載於《廣西仫佬族社會歷史調查》(節録)

[廣西羅城]謝經户宗譜　纂修者不詳　1985年廣西民族出版社排印本　合册　譜名自擬

始遷祖宗壇,明代自湖南寶慶府武岡縣枇杷村遷廣西天河縣(今屬羅城)下里謝村。記録自始祖宗壇始十六代世系。

本譜載於《廣西仫佬族社會歷史調查》

[廣西羅城]謝求户宗譜　纂修者不詳　1985年廣西民族出版社排印本　合册　譜名自擬

遷徙情況不詳。記録了自添一始十三代世系。

本譜載於《廣西仫佬族社會歷史調查》

[廣西羅城]盧氏宗譜　纂修者不詳　1985年廣西民族出版社排印本　合册　譜名自擬

始遷祖道存,自湖南衡陽縣遷廣西天河縣下里穿山。内録自道存始部分世系。

本譜載於《廣西仫佬族社會歷史調查》

[湖南邵陽]銀氏七修族譜四十四卷首三卷　銀運翊等主修　1990年天漢堂鉛印本　四十册　七修本

始遷祖青光,南宋慶元二年(1196)落籍寶慶府武岡州岐山(今屬邵陽縣塘渡口)。至二世衍爲十房:大房居隆回周旺鋪石門,二房、七房居廣西羅城縣,三房居邵陽盤壁水口山,四房、八房不詳,五房居城步五團鄉莫義洞,六房居新邵縣言栗鄉弄富村,九房居邵陽夏溢渡,十房仍居岐山,又衍爲榮、魁、旺、達、海、濱、江、河、良、文、素諸房。至清光緒三十四年(1908),丁口約七八千。字派:才仲克循禮,志信廷祖世,應友時逢泰,和運際勳熙,道慶明良遇,宏宣德化心,體健昭翊贊,嘉會策元勳。卷首序、聖諭、牛會章程、保甲輪流章程、合族公業會計録、儀注、五服、凡例、家規、九房倉穀計、倉穀收借均規額、祠記、村居、墳山、行述、墓誌、墓圖,卷一至四十四世系。是譜於清乾隆四十六年(1781)初修。

湖南圖書館

[貴州務川]高氏族譜　(清)高別昭纂修　清乾隆三年(1738)稿本　一册

始祖玄壽,明洪武年間由江西臨江新喻遷居貴州思南府務川縣。譜載序、職官等。世系至十三代。

貴州省鳳岡縣綏陽場高可壽

本條目據1998年第4期《文獻》載孫昊撰《貴州民間珍藏家譜提要》一文著録

毛 南 族

[廣西環江]譚氏世譜碑 (清)譚德成等纂修 (清)譚三楚等抄刻 清乾隆五十二年(1787)刻 長方形石碑 一塊

此爲毛南族族譜碑。碑文載述環江地區毛南人譚氏遷徙情況及發展經歷。始祖三孝,原籍湖南常德武陵縣東關城外太平里通長街古靈社,明嘉靖間授廣東肇慶高要知縣,擢廣西慶遠府河池州知州,後移居毛南土苗之地,與當地女子通婚,生有四子。子隨母言毛南語,遂爲毛南族人。該碑一面有字,碑高一百五十八釐米,寬一百零五釐米,漢文,二十八行,每行二十九字。青石,楷體。個別字漫漶。

廣西壯族自治區環江毛南族自治縣下南鄉波川小學

本條目據《中國少數民族古籍總目提要·毛南族卷》著録

[廣西環江]譚氏宗廟實録 譚席珍撰文 譚宗湖書 清道光十六年(1836)刻 長方形石碑 一塊

先祖同上。該碑一面有字,碑高一百五十九釐米,寬一百零四釐米,漢文,二十七行,每行四十三字。青石,楷體。碑文漫漶。

廣西壯族自治區環江毛南族自治縣下南鄉波川小學

本條目據《中國少數民族古籍總目提要·毛南族卷》著録

[廣西環江]譚家世譜 纂修者不詳 版本不詳

始遷祖澤深(字超群,號三孝),明代自湖南常德府武陵縣東關外城太平里通長街遷廣西慶遠府,官河池知州,後定居環江。内録碑文、序。

本條目據《廣西仫佬族毛南族社會歷史調查(一)》著録

土　家　族

[全國]義門陳氏宗譜(大成宗·黔江)六卷　(清)陳同校纂修　清道光二十六年(1846)刻本　十八册

是爲黔江和全國的義門陳氏統宗譜。記陳氏在全國各地的發展,以及義門陳氏子孫的繁衍遷徙情況。

重慶市黔江區檔案館

本條目據《中國少數民族古籍總目提要·土家族卷》著録

[全國]陳氏族譜八卷　陳大綱纂修　民國二十一年(1932)都崗刻本　四册

是爲慈利與湘西北、鄂西南、重慶黔江彭水、貴州印江等土家族聚居區陳氏統宗譜。原譜修於乾隆五十九年(1794),再修於光緒十一年(1885),聯譜於民國二十一年(1932)。首卷爲世系脈派,卷二至五爲世系圖表,卷六爲五服圖志,卷七爲家訓録、家規録,卷八爲雜文後序録。

湖南省慈利縣零陽鎮白竹水村陳氏

本條目據《中國少數民族古籍總目提要·土家族卷》著録

[全國]湘鄂八市[州]首修杜氏總譜四卷　杜安定主修　2009年排印本　四册　三修本

此爲湖南岳陽、常德、張家界、湘西自治州、懷化及湖北公安、石首、鶴峰八市州縣合修譜。預十一代孫憲章,因徐敬業之亂,與子極南由襄陽避禍閩粵,道經江西撫州宜黄縣萊源渡炎田寨而留居。明洪武二年(1369),京武攜子文廣、文通,由江西豐城遷居湖南永定天門山(今屬張家界市永定區)。文廣生萬祖、壽祖,文通生萬宗、福宗、萬全。萬宗生寧、清、集、軒、賢五子,寧仍居天門山,清居城南鄢家灣,集居石門楊柳池,軒遷居金雞崗龍池堰,賢居澧縣龍神灣(今澧縣方石坪鎮巖河村)。賢公子高貞又遷杜家巷(今澧縣中武鄉南田村)。至清康熙三十年(1691),先鼎又由杜家巷徙居石門仙陽坪杜家崗,爲石門始祖。字派:世昌必佳,慎修方登,謨烈名顯,繼先祚運,承宏啓武,步作陞朝。是族於清嘉慶二年(1797)初修族譜,1923年二修。譜載綜合篇、源流篇、序言篇、道德篇、附録,餘爲世系。

湖南圖書館

[全國]向氏族譜一百零三卷　向德棣主修　民國三十七年(1948)左師堂鉛印本　十九册　存卷一至五、六十七至八十

此爲湖北、湖南、四川等地向氏合譜。始祖肇榮,元四川靖安宣撫使都總管,生八子:大雅、大元、大亨、大利、大貞、大乾、大坤、大潮。大雅守靖安故壤,駐容美司(今屬湖北鶴峰);大元宦遊雲南,後裔又離川遷居慈利四牛坪;大亨宦遊西蜀桃符口;大利宦遊湖北長陽;大貞宦遊湖北松滋;大乾宦遊石門、慈利;大坤宦遊辰、常;大潮宦遊岳州、臨湘、武昌。民國三年(1914)石門、慈利、鶴峰三縣聯譜,民國二十年(1931)慈利、桑植、大庸、鶴峰四縣聯譜。民國三十七年(1948)湘鄂蜀大雅、大元、大乾、大坤四支合修,2007年湖南桑植、慈利、大庸、石門、古丈,湖北鶴峰、來鳳大雅、大元、大坤、大貞支又修。字派:緒延左師,理揚義應,中蔚文簡,家齊國興。承先啓後,務本敦倫,繼志述事,崇尚尊親,聖賢儒哲,敬慎修身,經典宜學,積善存仁,時會常易,明德唯精,心傳永執,百福天成。卷首族規、淵源考、派語,卷二墓圖,卷三傳志,餘卷瓜藤、世系。

湖南圖書館

[全國]湘鄂向氏族譜五卷首一卷　向緒長主修　2007年排印本　六册

先祖同上。此爲湖北、湖南向氏合譜。譜載記序篇、源流考、字派、始祖瓜藤、土司世襲官、居住地區、傳志篇、墓誌、祠堂墓圖、人物篇及世系。

湖南圖書館

[全國]向氏族譜四卷首一卷　向緒長主修　2007年排印本　五册

始祖肇榮(向戎起六十一世),元代四川靖安宣撫使都總管,子八,自四川遷湖南桑植縣龍潭鄉。六十二世大望(字景仁、宜仁),明初遷居容美司(今湖北鶴峰縣城),子孫分散於慈利、桑植、大庸、澧縣、常德、桃源、鶴峰。大元(字九謙,一字三才),明初遷居湖南桑植淋溪河項四維坪,後裔分居桑植、大庸、澧縣、慈利、龍山、來鳳等地。大貞,後裔居湖南桑植縣梅家橋。大坤,明初占居湖南常德,後裔分居沅陵、桃源、石門、常德、慈利等處。本譜是這四支的合譜。卷首前言、譜例、編輯概述(譜序)、向氏源流考、聯譜各支舊序字派集,卷一至四向氏源流、土司世襲官、向氏子孫居住地區、傳志篇、墓誌、祠堂墓圖、人物篇、其他、後記。

上海圖書館

[全國]湘鄂川唐氏四修族譜五卷　唐生敏等主修　2006年晉陽堂排印本　五册　四修本

此爲湖北、湖南、四川三地漢族、土家族唐氏合修譜。始祖堡,元至順三年(1332)襲四川宣撫使,遷居重慶府通壋坪,生國政、國心、國順。至正十六年(1356),國政征巫山南路,偕弟遷居慈利麻寮,政居大尖山,心居麻山,順居半尖山。清乾隆間三山建宗祠於邑城東關。湧房斌支舊派:國湧賢斌盈雄冠大幸仁秉國宗麟德仁賢維世傳自生熙純敦祖典。民國十三年(1924)各邑合派:(自二十三代始)匯植耿基,鎔涵樹勳,圭鈞育材,燾地銓深,休烈孝鑄,衍果篤甄,鑅洪模庶,坦鍵注林。是族於清道光十一年(1831)初修譜,同治八年(1869)二修,民國十三年(1924)慈、石、澧、臨等邑合修。譜載影照集、傳記、藝苑、源流、道德篇、譜牒學、石門簡介、編纂資料、捐資芳名、老譜文字,餘爲世系。

湖南圖書館

[全國]楊再思氏族通志　楊昌坤主修　2002年膠印本　一册

是爲居湖南和貴州的漢族、侗族、苗族、土家族楊氏通譜。始祖再思,其父居本於唐文宗開成四年(839)由淮南(揚州)丞調守敘州(今湖南黔陽、會同一帶),治龍標(今黔城),開拓五溪(舞陽河、清水江、渠陽河、辰水、巫水)侗寨。唐懿宗咸通元年(860),再思隨父自五溪侗鄉遷居敘州,後因功知敘州事,守沅州(今湖南芷江)。生十子:政隆、政滔、政修、政約、政款、政綰、政巖、政嵩、政權、政儉(欽)。政隆兄弟於宋太祖開寶八年(975)貢土稱臣。政隆爲臨州知府,治湖南洞口;政滔爲湖耳古州柳州等處都總管防禦史,治貴州湖耳;政修爲刺史,治湖南城步;政約爲古州撫使,治洪州;政款居羅巖;政綰爲播州知州,居湖南綏寧;政巖爲誠州刺史;政嵩爲防疆使,治防疆;政權爲太尉,治潭溪;政儉爲威勝將軍,鎮黔陽。並追封再思爲誠州刺史,賜爵英惠公,立廟於湖南靖州飛山。後裔分佈於湘、黔、滇、桂、川五省六十八縣,有苗、侗、土家、瑶、布依、水等多種民族。該族名人甚多,如果勇侯楊英,鴉片戰争間率部抵禦侵略;楊藎臣參加辛亥革命,爲貴州首任都督;楊勝治爲國民革命軍第十軍軍長;楊至誠爲中國人民解放軍上將。

湖南圖書館

[全國]楊氏聯宗族譜不分卷　楊秉德纂修　民國二十一年(1932)年石印本　四册

譜載湖南石門縣、慈利縣、桃源縣、臨澧縣、大庸縣,湖北巴東縣、建始縣等四百零八支楊氏聯宗合族始祖名字及其支下派序。内録楊氏聯宗啓、聯宗譜敘、楊氏聯宗通派、源流考。

湖北省建始縣農村經濟管理局姜久平

[全國]中華建始龍氏族譜　龍子建等纂修　2012年排印本　一册

該族祖上共有昆仲七人,一遷湖北蔡甸,一遷彝陵天臺觀,一遷巴東銅鑼坪,一遷四川巫山坪壟,一遷梁山龍家坪,一遷四川忠縣石寶寨,一遷建始下馬臺。譜載序言、龍氏源流、族訓族規、人物傳記、碑文摘録、世系、後記。

湖北省建始縣農村經濟管理局姜久平

[全國]任氏族譜　任澤淵等纂修　2003 年排印本　二册

始祖伯。是四川重慶湖北合卷。譜載譜序、先祖畫像、先祖墓地圖、祠堂圖、譜序、族譜總序、家庭歷史考、禮儀禮制、族訓家規、任氏派序、始祖脈胳源流、世系録、編後語、三地族人世系録、名人傳、地名志、後記。

湖北省建始縣農村經濟管理局姜久平

[江西廣昌]廣昌銀溪黄氏六修家乘不分卷　(清)黄夢珠等纂修　清光緒三十三年(1907)木活字本　二十一册　書名據卷端題　版心題黄氏家乘

始遷祖均祥(號奉先),約於元中葉居江西石城縣湛陂。子仲名,自湛陂遷居廣昌縣監南里大岡上,爲始遷祖。仲名子三,此爲次子元末人希文(行希二)派支譜。譜載譜序、祠堂圖、支系派序、族規、仕宦科第、跋、世系、世行。

湖北省建始縣圖書館

[湖北]冉氏族譜二卷　(清)冉維屏纂修　清道光二年(1822)稿本　一册

是譜記酉陽、咸豐土家族冉氏源流世系。譜載凡例、序例、纂修人名、新譜纂、人名、原序、書法、傳列、家規、祭儀、祠規、祭祀圖、碑記、籍貫考、姓源考、派行説、命名説、世家傳、世家續傳等。

湖北省咸豐縣檔案館

本條目據《中國少數民族古籍總目提要・土家族卷》著録

[湖北]柳氏宗譜不分卷　(清)柳韜全纂修　1996 年柳國昌據清道光三十年(1850)刻本抄　一册

是爲鶴峰、五峰柳氏統譜。柳氏祖籍四川,明成化二年(1466)與唐、向、付三姓沿江而下,同至湖廣入容美土司墾荒落籍,繁衍宗派支房,散居鶴峰、五峰。譜載柳氏源流世系。

湖北省五峰土家族自治縣灣潭鎮鎖金山村柳姓

本條目據《中國少數民族古籍總目提要・土家族卷》著録

[湖北]清江河黄氏族譜　黄發忠等纂修　2006 年江夏堂排印本　一册

始祖仕珍,清初居湖北荆州府江陵縣。始遷祖茂。譜載序言、黄氏起源、族譜百字派、家訓族規、世系表、先祖簡述、附件、編後。

湖北省建始縣農村經濟管理局姜久平

[湖北]中華覃氏志湖北卷九卷　覃太智等主修　2014 年中國文史出版社排印本　一册

本譜是湖北覃氏志,主要收録了湖北恩施、荆州、宜昌、咸寧、荊門、隨州、襄陽、仙桃、天門、武漢、孝感、十堰等地的覃氏資料,有部分族譜介紹,其中恩施地區的覃氏多爲土家族。卷一湖北覃氏源流,卷二湖北各地覃氏,卷三湖北覃氏人物,卷四湖北覃氏文物,卷五湖北覃氏土司,卷六湖北覃氏族譜文獻史料,卷七湖北覃氏民俗和文藝,卷八湖北覃氏文化研究,卷九湖北覃氏大事記略,末爲附録、編後記。

上海圖書館

[湖北江陵]譚氏宗譜不分卷　(清)譚清雅纂修　清乾隆四十八年(1783)抄本　一册

始遷祖千二,遷居湖北省江陵縣普濟觀。譜載譜序、世系名目序列、譚春支系索引、譚凱支系索引、譚欽支系索引、譚興支系索引、千二公後裔入湖北建始、四川巫山的九個支系名目索引。

湖北省建始縣農村經濟管理局姜久平

[湖北監利]荆楚譚氏三峽支系族譜　譚根芳等纂修　2008 年排印本　一册

始遷祖彦真,明洪武年間偕次子華自江西吉安府吉水縣遷居湖北省白沙縣(今湖北省監利縣)。原蘭州軍區政委譚友林少將出於此族。本譜第一章溯源、第二章譚氏千二房派序、第三章《古譜》選刊、第四章先賢傳記、第五章氏族人文資料選刊、第六章“九公”紀念碑揭幕紀實、第七章世系名目系列、第八章編後語。

湖北省建始縣農村經濟管理局姜久平

[湖北長陽]重修覃氏族譜不分卷　胡清濂纂修　民國十年(1921)刻本　一册

載譜敘、宗祠族譜序、派序、宗譜題名、例言、訓詞、族規、墓誌銘、傳記、藝文等。

湖北省長陽土家族自治縣民族宗教事務局張昌勤

[湖北長陽]重修覃氏族譜不分卷　胡清濂纂修　1986年據民國十年(1921)刻本排印　合册

參見前條。

本條目據《鄂西少數民族史料輯録》著録

[湖北長陽]重修覃氏宗譜　纂修者不詳　據民國中州堂石印本複印　二册　存卷一　書名據版心題

始遷祖光顯,元末自四川馬侯府大壩細沙溪遷居長陽壛坵施鳩坪、小花坪等處。存卷爲世系。

湖北省長陽土家族自治縣檔案局

[湖北長陽]重修覃氏宗譜□□卷　民國中州堂石印本　五册　存卷一至五

先祖同上。存卷皆世系。

湖南圖書館

[湖北長陽]覃氏族譜不分卷　(清)覃忠信主修　據清光緒三十三年(1907)離光堂修本複印　二册

唐開元間覃氏自廣西遷江西南昌府,家南昌縣。始祖燕烈,元末與燕寧、燕明遷吉安府吉水縣細沙坡,再遷四川石柱廳牛羊司田川河而下至湖北宜都紅花,後移居佷山縣(今長陽)。内録譜序、凡例、告祖文、名目、傳、服圖、塋山圖、世傳、壽序、墓誌、墓表。

湖北省長陽土家族自治縣檔案館

[湖北長陽]李氏族譜一卷　李樹唐纂修　民國三十六年(1947)隴西堂刻本　一册

載世系等。傳記内着重介紹榔坪鎮縣參議員、樂園秀峰橋族長李樹唐的生平、簡歷,與國民政府往來文書、信函,内容涉及土家族紅軍軍長李勳被殺的有關情況。

湖北省長陽土家族自治縣民族宗教事務局張昌勤

本條目據《中國少數民族古籍總目提要・土家族卷》著録

[湖北長陽]李氏家譜不分卷　(清)李莘樵纂修　清咸豐九年(1859)刻本　一册

李氏家族自明初由江西入兩湖,移松滋。静亭,生於乾隆四十六年(1781),遷居佷陽(今屬長陽),是爲始遷祖。載序、世系、墓誌銘、治家訓、教子訓、喪葬要言、祭祀要言等。

湖北省五峰土家族自治縣傅家堰鄉李姓

本條目據《中國少數民族古籍總目提要・土家族卷》著録

[湖北長陽]田氏族譜二卷　林正梓纂修　民國六年(1917)稿本　二册

載宋寧宗修譜詔和明太祖修譜詔,及譜序、源流世系、祀圖記、公墓志、祀基界址、家傳、墓誌銘。

湖北省長陽土家族自治縣民族宗教事務局張昌勤

本條目據《中國少數民族古籍總目提要・土家族卷》著録

[湖北長陽]田氏族譜十九卷　(清)田宗達纂修　清光緒七年(1881)刻本　十九册

載世系、聖諭、祠堂圖、五服圖、凡例、派序、原序、譜序、續序諸目。

湖北省長陽土家族自治縣民族研究會

本條目據《中國少數民族古籍總目提要・土家族卷》著録

[湖北長陽]田氏族譜七卷首一卷　(清)田心庵主修　(清)田沛臣等纂修　據清光緒十六年(1890)博古堂木活字本複印　七册　書名據書衣題

始遷祖子信(字學忠),原籍西蜀忠州大壩,元泰定間同兄子賢政佐彝陵州,解組未返,子賢居長陽泉水，子信居長陽巴山。卷首聖諭、譜序、凡例、家規、傳、服制、祠圖、塋圖、修譜名目、領譜字號，卷一至七世系。

湖北省長陽土家族自治縣檔案局

[湖北長陽]田氏族譜　田啓庚等纂修　民國二十七年(1938)抄本　一册　存卷首　書名據書衣題

始遷祖子賢，元泰定初與兄子信政佐彝陵，留居長陽泉水。譜載譜序、凡例、批示、家廟碑文、壽文、墓志銘。

湖北省長陽土家族自治縣檔案局

[湖北長陽]向氏宗譜二卷　纂修者不詳　民國三十二年(1943)石印本　二册

始祖海，二世忠衍、忠慶寄籍歸州(今秭歸)，衍祖後裔遷居長陽。顯斌，宋英宗時官江西吉安。祖述，遷居四川巴縣東門外木樹巷。文明子孫元末寄居長陽，並分爲兩房。卷一題詞、凡例、譜詔、譜序、墓志、歷代宗祖源流考、宗派序、世系，卷二一至八世系、名目。

湖北省長陽土家族自治縣檔案館

[湖北五峰]田氏族譜八卷　張西元纂修　1982年長樂坪田培林抄民國三十五年(1946)修本　八册

載條規、祭禮、儀注、教家、祖宅、祖塋、墓田、世系啓源圖、土司職、事務考、敕命、御製碑、宗派、奏疏、詳文、誥封、部覆、執照、計並等。

湖北省五峰土家族自治縣長樂坪鎮田培林

本條目據《中國少數民族古籍總目提要・土家族卷》著録

[湖北五峰]王氏族譜　(清)王槐亭等纂修　清光緒二十五年(1899)稿本　一册

是爲五省王姓總祠堂清查采花保王姓履歷，所頒發以憑异日後存驗的大紅族譜。今采花、牛莊王姓係由湖南省嘉魚縣遷湖北宜昌府長樂縣(今五峰)。載世系等。

湖北省五峰土家族自治縣采花鄉王姓族人

本條目據《中國少數民族古籍總目提要・土家族卷》著録

[湖北五峰]申氏族譜(湘鄂西)十七卷　佐周等纂修　民國二十六年(1937)桃月石門田博文堂刻本　十九册

申姓始祖元順帝間南遷九溪，後裔散居湘鄂石門、慈利、宣恩、鶴峰等地。十四世自石門縣移居湖北長樂縣(今五峰)金山對池(今牛莊鄉)，是爲始遷祖。是族清咸豐年間創譜，此爲續修之譜。載世系等。

湖北省五峰土家族自治縣牛莊鄉申先林

本條目據《中國少數民族古籍總目提要・土家族卷》著録

[湖北五峰]嚴氏宗譜不分卷　纂修者不詳　民國八年(1919)刻本　一册

是爲五峰仁和坪嚴氏支譜。嚴氏家族自明洪武二年(1369)由江西遷楚北。載世系等。

湖北省五峰土家族自治縣仁和坪鎮水井坪村嚴玉陔

本條目據《中國少數民族古籍總目提要・土家族卷》著録

[湖北五峰]向氏族譜四卷　(清)向德洋等纂修　清光緒二十六年(1900)稿本　四册

始遷祖某，明代落籍長樂(五峰)灣潭。譜載世系、清明時節族人會祭向王廟等史實。

湖北省五峰土家族自治縣灣潭村向建章

本條目據《中國少數民族古籍總目提要・土家族卷》著録

[湖北五峰]向氏家譜不分卷　纂修者不詳　清光緒三十年(1904)刻本　六册

是爲五峰東部土家族向氏譜。載序、廟圖、地方名人序、祖序、宗派、職名、祖訓、家規、祠祭、世系。

湖北省五峰土家族自治縣五峰鎮向國華

本條目據《中國少數民族古籍總目提要・土家族卷》著録

[湖北五峰]向氏三修族譜十九卷　向顯昺纂修　民國三年(1914)益陽務本堂刻本　存一册(首卷)

載目録、序言、祠宇、祠産、家規、族例、祝詞、九房世系考、本支淵源考、原派、續派、歷朝名人等。

湖北省五峰土家族自治縣仁和坪鎮楊家坪村李萬茂

本條目據《中國少數民族古籍總目提要・土家族卷》著録

[湖北五峰]汪氏族譜十一卷　(清)汪霖等纂修　清光緒十九年(1893)刻本　十一册　殘損嚴重

載世系、凡例、聖論、派次、訓誡十六則、列傳、族産要據、墓圖、前八十三代探源、分族世系圖考以及七十世祖汪萬四遷徙湖北公安、後分支進山落籍等事。

湖北省五峰縣土家族自治縣采花鄉長茂司村一組汪玖

本條目據《中國少數民族古籍總目提要・土家族卷》著録

[湖北五峰]胡氏家譜不分卷　(清)胡傳道纂修　清光緒二十九年(1903)宗儒堂刻本　一册

始遷祖士昱,於清康熙十八年(1679)徙居長樂縣(今五峰)高峰林家坪(今仁和坪境内)。載世系、條規十二條、十勸歌、清明祭文、派序等。

湖北省五峰土家族自治縣仁和坪鎮楊家坪村李萬茂

本條目據《中國少數民族古籍總目提要・土家族卷》著録

[湖北五峰]唐氏三山族譜不分卷　(清)唐希曾纂修　清同治八年(1869)晉陽堂刻本　六册　又名麻寮所唐氏家乘

是爲清乾隆五十七年(1792)續修本。一世祖國政,葬大面(今五峰縣灣潭)大木嶺,後裔自大面霧江分支,散遷異地。載總序、支房分序、世系。

湖北省五峰土家族自治縣灣潭鎮龍橋村唐懷雲

本條目據《中國少數民族古籍總目提要・土家族卷》著録

[湖北五峰]黄氏世譜五卷　(清)黄中傑等纂修　清宣統二年(1910)光緒三十二年(1906)修本　五册

是爲五峰灣潭黄氏譜。載世系等。

湖北省五峰土家族自治縣灣潭村黄姓族人

本條目據《中國少數民族古籍總目提要・土家族卷》著録

[湖北五峰]康氏族譜三卷　(清)康可釗等纂修　清同治四年(1865)刻本　三册

康氏世居右江,元明始遷楚北,明末兵燹,祠焚譜燼。其後裔奮而修譜,刊印五十套。第十四代德廣貿易長樂縣(今五峰)。載世系、譜序、凡例、家規、祭儀禮單等。

湖北省五峰土家族自治縣傅家堰鄉康姓族人

本條目據《中國少數民族古籍總目提要・土家族卷》著録

[湖北五峰]張氏族譜不分卷　纂修者不詳　民國十九年(1930)五峰張西園抄本　一册

載世系等。是譜還載有《土司五姓傳》和劉宗文、張家碧等人物傳記,對容美田氏、五峰張氏、石樑唐氏、水濜源劉氏作了簡要介紹,其内容與《容陽堂田氏族譜》的有關記載相矛盾,似有蒙冤申辯之意。

湖北省五峰土家族自治縣張氏長房

本條目據《中國少數民族古籍總目提要・土家族卷》著録

[湖北五峰]張氏族譜不分卷　纂修者不詳　1984年據民國十九年(1930)五峰張西園抄本排印　合册

參見前條。

本譜載於《容美土司史料彙編》

[湖北五峰]駱氏宗譜四卷　(清)駱傳等纂修　清道光二十九年(1849)刻本　八册

始祖某,明代遷居湖南省澧陽。七世祖愈瑾,於清乾隆六年(1741)由澧州徙居彝陵州長樂縣之鳳凰山(今五峰長樂坪境内),是爲始遷祖。是族四百餘年無譜，是爲創修譜。載總序、支序、凡例、家訓、宗派、傳略、祠堂、世系等。

湖北省五峰土家族自治縣石橋溝駱姓族人

本條目據《中國少數民族古籍總目提要・土家族卷》著録

[湖北五峰]曾氏族譜三卷　曾興芝等纂修　民國六年(1917)刻本　三册

是爲清嘉慶版續修本。曾氏第十五世避遷吉陽，爲南宗之始祖。本譜詳記其源流和住五峰衍灣潭支房丁口事。

湖北省五峰縣土家族自治縣灣潭鎮茅莊村曾昭登

本條目據《中國少數民族古籍總目提要・土家族卷》著録

[湖北五峰]武城曾氏重修族譜八卷　(明)曾宏毅等纂修　抄本　八册

是譜爲明崇禎十二年(1639)曾宏毅等纂修。載源流世系。

湖北省五峰土家族自治縣漁洋關鎮櫻桃山村曾慶焕

本條目據《中國少數民族古籍總目提要・土家族卷》著録

[湖北五峰]武城曾氏重修族譜八卷　纂修者不詳　民國二十五年(1936)刻本　八册

先祖同上。

湖北省五峰土家族自治縣漁洋關鎮曾慶濃

本條目據《中國少數民族古籍總目提要・土家族卷》著録

[湖北恩施]熊氏族譜不分卷　纂修者不詳　抄本(一至十頁佚名抄，十一至八十頁利川熊永柏抄，八十九至一百四十頁熊前山抄)　一册

載世系、熊氏姓氏來源、遷徙路綫、歷朝知名人物，並涉及飲食、音樂、教育、文學、狩獵等。

湖北省利川市汪營鎮雙嶺村熊玉敦

本條目據《中國少數民族古籍總目提要・土家族卷》著録

[湖北恩施]荆楚周氏宗譜二卷　周承旺等纂修　2010年汝南堂排印本　二册

始遷祖弘傑，清雍正晚期遷居湖南澧州慈利縣十都趙家埡，乾隆三十年(1765)再遷湖北施南府恩施縣東鄉崇寧里三甲杉木遼陽合堝。上卷：周氏圖騰、先祖畫像、前言、序、譜序、題贈、源流篇、啓迪篇、勳烈篇、名人篇，下卷：典範篇、禮儀篇、教育篇、藝文篇、綜合篇、功德録。

湖北省建始縣農村經濟管理局姜久平

[湖北恩施]程氏宗譜不分卷　(清)程茂南等纂修　清道光二年(1822)光霽堂刻本　一册

始祖啓雄，清改土歸流時自武昌府咸寧縣興河洲小賽貶遷居四川奉節縣城關區芶家村(今巫山縣大溪鄉大渡程家灣村)。生有七子，散佈巫山、奉節、建始、恩施、萬州等地。始遷祖宗坎，分遷湖北省施南府(府治恩施)。譜載歷代先祖畫像、譜序、祠堂圖、先祖墓地圖、源流考、族規家訓、派序題詞、先祖世系録、族人各支世系録、後記。

湖北省建始縣農村經濟管理局姜久平

[湖北恩施]恩施縣鴉鵲水滚龍壩和内堂向氏族譜　向興社主修　據1992年和内堂抄本複印　一册　書名據譜序題

是族先世自湖北麻城孝感遷居施州(今恩施)老茅田，再遷邑之滚龍壩。尊明末人大旺(原名大發)爲一世祖。譜載譜源考、墓誌、碑記、世系、傳記等。

湖北民族學院圖書館

[湖北恩施]恩施滚龍壩土家族向氏族譜　向朝紀等纂修　2002年排印本　一册　書名據封面題

先祖同上。譜載前言、目録、世系、碑迹影印件、人物誌、民風民俗、附件。

湖北省恩施土家族苗族自治州檔案局

[湖北恩施]恩施滚龍壩土家族向氏族譜　向朝紀等纂修　據2002年排印本複印　一册　書名據封面題

參見前條。

湖北民族學院圖書館

［湖北恩施］西瀼向氏家族譜 向琳纂修 據2008年排印本複印 一册 書名據封面題

始祖靈義，西漢景帝二年（155）自河南落業恩施西瀼。元末世亂，族人逃竄，至明洪武初，兄弟僅剩大發、大亨、大歌，大亨爲雲南越州衛指揮，大歌鎮長沙，大發在巴爲民。明代後裔治、亨、先分啓三房。譜載譜序、世系。

湖北民族學院圖書館

［湖北恩施］恩施青草坦向氏族譜 向大江主編 2013年排印本 一册 書名據封面題

是族先世於明洪武二年（1369）自湖北荆州沔陽遷居巴東桃符口。始遷祖君選，清康熙間遷居恩施青草坦。譜分八章：第一章源流概述，第二章歷代世系，第三章向氏文摘，第四章向氏人物，第五章家族公約，第六章祖墓碑文摘録，第七章附録，第八章子孫篇。

湖北省恩施土家族苗族自治州檔案局

［湖北恩施］易氏族譜二卷 易善賓等纂修 玉芝堂刻本 二册

始遷祖偉，彌高之子，自湖南石門遷居湖北公安、監利，再自監利縣遷居施南府恩施縣東鄉六甲。譜載原序、服制圖、祠碑記、墓域表、紳士表、澧州譜敘、藝文、原傳、跋。

湖北省建始縣農村經濟管理局姜久平

［湖北恩施］覃譜（又名金陵世家） 覃元愷編撰 1943年石印本 十四册

始祖伯堅，宋代征平有功，家湖北恩施。第一册續譜引言、行派引、新老派引記湖南派引、覃氏譜略、老序兩篇、萬邑沙包子老序、新敘兩篇、世剛公修譜共敘、誥封兩篇、歷代仕績、伯堅數世記事、行狀、傳贊詩文，第二册祠堂記、例言、宗祠規則、輯先儒格言、家規小引、家規、家勸、家戒、家禁、禮儀、五服圖序、十八司源流、續譜任事名目，第三至十四册先公源流總系房表。

本條目據1994年第1期《中南民族學院學報》載李鳳嬌撰《土家族〈覃氏族譜〉初探》一文著録

［湖北利川］覃氏族譜二卷首一卷 纂修者不詳 民國三十六年（1947）刻本 一册

是爲利川忠路土司覃氏譜。載世系、源流等。

湖北省利川市委統戰部

本條目據《中國少數民族古籍總目提要・土家族卷》著録

［湖北利川］中華覃氏志利川卷不分卷 覃發揚主編 2005年排印本 一册

利川覃氏的主派流是施南、忠路、建南三大土司的後裔。其始遷祖爲覃如夏，重慶奉節瞿塘關人，祖籍陝西漢中南鄭縣，唐玄宗時受命鎮撫施州（今恩施州）十八峒蠻，並許世代襲職。其後又有覃氏各宗支由外地遷入利川地區。譜載序、源流篇、文獻篇、人文篇、人物篇、世系篇、附録、編者劄記、後記。

上海圖書館

［湖北利川］牟氏族譜四卷首一卷 牟廉玖等纂修 2013年平陽堂排印本 一册

始祖高鳳、彰鳳、九鳳。四卷分别爲南坪卷、汪營卷、都亭卷、涼霧卷。譜載序言、牟氏源流、舊譜遺訓、族訓族規、文化藝術、人物傳記、碑文摘録、世系脈胳表、世第録、後記。

湖北省建始縣農村經濟管理局姜久平、牟來玖

［湖北利川］利川南坪長樂吴氏族譜 吴多廷等纂修 2002年排印本 一册

始祖洪才，原籍廣東惠州府龍川縣大安鎮興隆園人，清改土歸流時遷居湖南柳州，繼遷四川奉節南岸區尖山關新大甲響灘子，後因避水災，攜子再遷湖北利川縣南坪四保三甲盤角洞。譜載先祖畫像、祠堂圖、吴氏起源、譜序、吴氏派文、世系録、文藝選登、編後語。

湖北省建始縣農村經濟管理局姜久平

［湖北利川］冉氏族譜一卷 冉自昌主修 1987

年據清光緒六年(1880)稿本複印 一册

始祖守時,明代自播州石柱(今重慶石柱)遷施州利川。載譜序、修祠譜合序、建祠、序、冉氏世家、世譜總目總匯、籍貫考、附辨一條、字派、凡例、家規、列傳小引、贊、傳、五服圖、戒條、紀元等。

湖北省恩施土家族苗族自治州圖書館

[湖北利川]田氏族譜不分卷 纂修者不詳 紫荆堂、雁門堂抄本 一册 記事至清光緒八年(1882)

始祖爾毛,祖籍南京應天府上元縣,明洪武間平苗遷湖北施州利川縣。後代與諸土司婚媾。雍正二年(1724)轉封世襲土司。内録譜序、參考人物志、各土司册籍、世傳(一至十七世)、田氏源流、字派。

湖北省恩施土家族苗族自治州檔案局

[湖北建始]易氏族譜一卷 (清)易善寶纂修 清光緒間稿本 二册

易氏原係江西南昌府豐城縣人氏,後遷建始。載譜序、世系、祠圖、制服、譜例、規條、紳士表、墓表、敘、源流會考等。

湖北省建始縣檔案館

本條目據《中國少數民族古籍總目提要・土家族卷》著録

[湖北建始]易氏族譜 易輝梓纂修 1998年太原堂排印本 一册

是族先世居湖北監利余家鋪頭易家臺。始遷祖文瑞,時值監利水患成災,與母皮氏遷居建始高坪大水田,後遷易家埡(現屬建始縣龍坪鄉)。譜載易姓起源、譜序、先人墓誌、派序、世系圖考、後記。

湖北省建始縣農村經濟管理局姜久平

[湖北建始]鄂西芶氏族譜 芶發存等纂修 2003年河南堂排印本 一册

始遷祖大賢,清康熙二十四年(1685)與黄顯極、黄興州叔侄領軍智取建始大里,遂居建始景陽社坦。譜載續譜簡敘、新派序、先祖畫像、稱謂禮儀、九派稱謂圖、芶氏族人分佈介紹、編後語。

湖北省建始縣農村經濟管理局姜久平

[湖北建始]毛氏族譜不分卷 (清)毛西袁等纂修 清光緒三十二年(1906)註詩堂刻本 一册

始遷祖代智(字吏朝),清乾嘉間自湖南岳州府巴陵縣三眼烏港油榨坡八都四甲遷居湖北施南府建始縣毛家灣。

湖北省建始縣農村經濟管理局姜久平

[湖北建始]建始吕氏族譜 吕守芹等纂修 2003年河南堂排印本 一册

始祖廷滿,因避奸臣所害,隱居施南府崇寧里土魚河二登巖。始遷祖應祥、應貴兄弟二人,約於清順治九年(1652)遷居建始縣三里壩龍洞坪。譜載譜序等。

湖北省建始縣農村經濟管理局姜久平

[湖北建始]建始田氏宗譜不分卷 田祝三等纂修 民國三十六年(1947)石印本 一册

始遷祖興成,自巴東遷居建始縣龍坪鄉申酉坪。譜載前言、田氏概況、田氏源流考、派序、人物志、人物傳記、族人名目録(家族人員的生卒配葬、子女生育及遷徙情況)、後記。

湖北省建始縣農村經濟管理局姜久平

[湖北建始]建始陽坡嚴氏族譜 嚴伯玉纂修 2004年客星堂排印本 一册

始遷祖玉銘,清中葉遷居建始縣長梁鄉下陽坡。譜載譜序、凡例、嚴氏傳説、遠祖世系表、歷史名人、宗聯與郡望、名人軼事、藝文輯録、族人世系録、附録、後記。

湖北省建始縣農村經濟管理局姜久平

[湖北建始]建始王氏族譜 王代永等纂修 2000年三槐堂排印本 一册

始遷祖朝興、仲興、斌興,清天命元年(1616)因避兵災及自然災害,自江西南昌府定陽縣半邊街遷居湖北荆州麻城,清湖廣填四川時再遷湖北施南府建始西鄉方郭里二甲向家灣。後仲興定居恩施蓮花池,斌興遷居四川雲陽。此譜爲朝興支所修。譜載譜序、三槐堂銘、源流考、詩聯類、先祖墓碑志、族規家訓、世系録、後記。

湖北省建始縣農村經濟管理局姜久平

[湖北建始]任氏族譜　任忠傑等纂修　2004年排印本　一册

始祖布(字應之),宋時河南人。始遷祖明富(字艮上),清乾隆間自西塘金嘉沖遷居施南府建始縣業州鎮代陳溝村。譜載譜序、先祖畫像、源流考、先祖溯源、派序、名人録、世系録、脈胳圖、後記。

湖北省建始縣農村經濟管理局姜久平

[湖北建始]中華鄢氏通譜湖北荆楚支譜　鄢榮等纂修　2012年排印本　一册

始祖行乾,明永樂二十二年(1424)自江西省豐城小幕山遷居湖北省江陵稻湖垸。曾孫興、軾、珠,分支南、北、中三派。珠後裔於清康熙初自荆州縣稻湖垸遷居恩施土家族苗族自治州建始縣高坪鎮望坪塘壩子。譜載前言、族譜編修委員會名册、譜序、再修譜序、派序、人物志、族人名目録(家族人員的生卒配葬、子女生育及遷徙情況)、後記。

湖北省建始縣鄢咸波

[湖北建始]全氏族譜　全永彦等纂修　2010年綏南堂排印本　一册

始遷祖隆輝,清嘉慶間自湖北公安縣南坪鎮穀升寺遷居建始縣官店鎮木弓河陽坡。譜載序言、起源與傳承、歷史名人、英烈、人物風采、附録資料、恩施脈系、編後語。

湖北省建始縣農村經濟管理局姜久平

[湖北建始]建始岳州李氏族譜　李亞等纂修　2013年隴西堂排印本　一册

始遷祖其洪,清乾隆間隨父新澤自湖南長沙府善化縣河西七都仰山廟王毛家塘遷居湖北省施南府建始縣東鄉(現高坪幹溪灣),後分房遷居大水田、碓窩子。譜載先賢圖片、舊譜序、尋根記、賢哲録、譜派、各支譜派、附件、祭祖文、禮儀禮制、先賢古訓選集、各支系世系録。

湖北省建始縣農村經濟管理局姜久平

[湖北建始]邱氏宗譜不分卷　(清)邱光誥等纂修　清同治十一年(1872)河南堂刻本　一册

始祖百二,世居江西南昌鐵柱宫。五世定位(號緑野),明洪武二年(1369)遷居湖北蒲圻(今赤壁)。越至十世至志槐,自蒲圻遷居湖南雲溪下茶港。又越至十八世守遨(字仕選),自麻城遷居施南府建始縣城關西門。譜載譜序、源流考、派序、歷代名人、禮儀禮制、族規家訓、族人世系録、先祖傳記、附録、後記。

湖北省建始縣農村經濟管理局姜久平

[湖北建始]建始北鄉邱氏宗譜　邱永金、邱承榮纂修　2004年河南堂排印本　一册

先祖同上。譜載譜序、原序、續譜序、源流考、派行、河南堂號考、族人分支世系録、藝文類、人物録、編後語。

湖北省建始縣農村經濟管理局姜久平

[湖北建始]建始東鄉邱氏宗譜　邱善壽等纂修　2001年河南堂排印本　一册

始祖佩銓。始遷祖時雍,清康乾間自浙江省湖州府歸安縣下都村十八都遷居湖北省施南府建始縣龍坪鄉小茅湖(俗稱碑梁子)。譜載譜序、源流考、墓碑志、派行、族人分支世系録、藝文類、名人紀略、編後語。

湖北省建始縣農村經濟管理局姜久平

[湖北建始]延陵世家吴氏族譜　吴國儀等纂修　1993年排印本　一册

始祖友貴,清初自江西南昌府南昌縣打銅坊應家巷遷居湖北江陵。五世伯廣,復自江陵遷居監利。始遷祖士安(號國泰),自監利楊巷遷居恩施崔家壩,清嘉慶二十二年(1817)復遷建始涼水埠(現建始縣紅巖鎮)。北洋陸軍部軍學司長、國民政府中將吴經明與臺盟中央副主席吴國禎父子出於此族。譜載前言、源流考、繼往開來、遠祖世系、脈胳世系表。

湖北省建始縣農村經濟管理局姜久平

[湖北建始]吴氏家族族譜　吴國富等纂修　2001年排印本　一册

始祖友貴,清初自江西南昌府南昌縣打銅坊應家巷遷居湖北江陵。五世伯廣,復自江陵遷居監利。始遷祖十一世大相,自湖北監利縣遷居施南府建始縣小茅田。譜載族人題詞、前言、譜序、追根溯源、吴氏派序、史海拾零、祠堂、族規族約、家族世系録、人物小傳、逸聞軼事。

湖北省建始縣農村經濟管理局姜久平

[湖北建始]吴氏族譜　吴定壽等纂修　2003年排印本　一册

始遷祖海浪,居建始野韭池。家族派行:奕世榮昌,元定安邦,流傳永遠,保國安康。譜載前言、吴氏溯源、族裔分佈概況、派序、吴氏家訓、世系録、後記。

湖北省建始縣農村經濟管理局姜久平

[湖北建始]青陽吴氏建始分支族譜　吴官海等纂修　2008年延陵堂排印本　一册

始祖雲雪。始遷祖爲其子進元,清末自安徽池州府青陽縣塔耳橋雙柏樹遷居湖北施南府建始縣城關西門外(今恩施自治州建始縣業州鎮黄家灣社區)。譜載先賢聖像、序言、青陽九華山地圖、吴氏概述、建始與青陽族人書信、族人世系表、名人簡略、族規家訓、附件、後記。

湖北省建始縣農村經濟管理局姜久平

[湖北建始][吴氏]延陵世家　吴友林等纂修　2013年排印本　一册

始祖存良,清代居江西景德鎮。生四子:祥文、美文、尚文、利文。祥文始遷建始楊泗廟。譜載序言、吴氏源流、舊譜遺訓、族訓族規、文化藝術、人物傳記、碑文摘録、世系、後記。

湖北省建始縣農村經濟管理局姜久平　湖北省建始縣宜都鎮政府吴光宗

[湖北建始]楊氏聯族譜　楊心順等纂修　2008年弘農堂排印本　一册

始祖黄祖啓,原姓楊,因其外祖父姓黄,無嗣,遂過繼黄家而得黄姓。祖啓昆仲五人,其中祖富、祖啓清初自湖南澧州遷居湖北省建始縣茅田鄉斑竹園村。譜載圖片、前言、序、楊氏得姓傳説、楊姓歷史演變、楊氏派序、楊氏能人簡介、族訓及警勵聯語、楊姓部分歷史名人、楊姓軼聞趣事、文藝篇、族譜名録、後記。

湖北省建始縣農村經濟管理局姜久平

[湖北建始]楊氏族譜　姜久平纂修　2012年四知堂排印本　一册

始遷祖宗能,明代遷居湖北建始望坪。譜載前言、楊氏派序、楊氏聯宗派序、楊宗能後裔名録(家族人員的生卒配葬、子女生育及居住情况)。

湖北省建始縣農村經濟管理局姜久平

[湖北建始]解氏族譜　解詩興等纂修　2009年排印本　一册

始祖揚,明景泰二年(1451)自山西省解州夏縣南遷居荆楚玉沙(今湖北監利縣朱河鎮、橋市鎮鄰界)。始遷祖升然(字元科),約於明崇禎十三年(1640)自荆州遷居建始。譜載族人風采、墓碑考、譜序、譜派引、平陽解氏世系圖、解氏分支世系圖、附録件、祖宗遺訓、舊譜摘録、後記。

湖北省建始縣農村經濟管理局姜久平

[湖北建始]建始劉氏宗譜　劉在鑄等纂修　2005年排印本　一册

始遷祖其讓,自江西省建昌府廣昌縣汪家橋遷居施南府建始縣城郊茨河,後遷本縣石筍坪。譜載族人風采録、譜序、譜派、族譜溯源、名人録、各支族人世系、人物簡介、附件、後記。

湖北省建始縣農村經濟管理局姜久平

[湖北建始]劉氏族譜　劉述宣等纂修　2012年排印本　一册

始遷祖萬老太君,約於清乾隆間攜子平壁、堂侄平忠自湖北監利王二嶺遷居施南府建始縣龍坪王家山。譜載序言、劉氏源流、族訓族規、人物傳記、碑文摘録、世系、後記。

湖北省建始縣農村經濟管理局姜久平

[湖北建始]湖北建始潘氏族譜 潘興明等纂修 2005年滎陽堂排印本 一册

始祖富廣,居江西南昌府南昌縣鐵樹宫。子明風,明萬曆間遷居湖北恩施金子壩(小地名馬史壩)。始遷祖尚任,明風孫,遷居建始縣長梁鄉。譜載譜序、分支源流圖、名人録、派序、世系録、人物傳記、附録、後記。

湖北省建始縣農村經濟管理局姜久平

[湖北建始]湖北建始龍氏族譜 龍德普等纂修 1996年鉛印本 一册

始遷祖綱,明洪武二年(1369)自江西永新遷居建始大洪寨。譜載序言、源流考、族訓族規、龍氏譜祠序、墓誌、龍姓居住分佈録、人物傳記、碑文摘録、世系、後記。

湖北省建始縣農村經濟管理局姜久平

[湖北建始]龍氏族譜 龍克炳纂修 2009年武陵堂排印本 一册

先祖同上。譜載譜序、龍姓概況、龍姓居住分佈録、龍姓官名及學位摘要、龍姓派序、脈系表録。

湖北省建始縣農村經濟管理局姜久平

[湖北建始]建始大茅田龍氏族譜 龍世英等纂修 2010年武陵堂排印本 一册

先祖同上。譜載譜序、墓碑誌、論家譜、龍姓圖騰解説、龍姓堂號典故、龍姓概況、龍姓派序、龍姓人物志、分支脈系表、餘慶録、後記。

湖北省建始縣農村經濟管理局姜久平

[湖北建始]中華建始龍氏族譜 龍德振主修 2011年排印本 一册 書名據書衣題

先祖同上。譜分五章:第一章龍氏源流及遷徙,第二章世系與族脈,第三章人物傳録,第四章家族經濟,第五章家族文化。

湖北省建始縣圖書館

[湖北建始]簡氏通志(荆州卷) 簡梅松等纂修 2008年排印本 一册

始祖雍,蜀漢時人。始遷祖啓禎、啓順,自湖北監利簡家灣途經汪家橋、公安、石門,經長陽古道遷居建始。譜載先祖圖像、祠堂圖、典範人物圖片、緒言、簡氏族姓考、簡氏歷史年考、遠祖記、祖志、公房祖志、文獻志、人物志、藝文志、經濟志、風俗志、地名志、敬老篇、教兒篇、圖表、族訓族範與家教、字派、世系篇、後記、自序。

湖北省建始縣農村經濟管理局姜久平

[湖北建始]顏氏族譜 顏高久等纂修 2006年克復堂排印本 一册

始祖真卿,唐代人。始遷祖希聖,湖南茶陵人,清康熙間任吴三桂部運糧官,後因三桂戰敗,希聖遂自湖北公安避居施南府建始縣三里壩小屯,旋轉遷三里壩河水坪。譜載先祖畫像、四聖畫像、譜序、源流考、班序、先祖傳略、家訓族規、恩施建始族人世系録。

湖北省建始縣圖書館 湖北省建始縣農村經濟管理局姜久平

[湖北建始]張氏族譜 張卓步等纂修 2014年排印本 一册

始祖季英。始遷祖秀盛,清康熙二十五年(1686)自湖南長沙府安化縣長安里遷居湖北施南府建始縣三里坊郭里二甲。譜載序言、張氏源流、舊譜遺訓、族訓族規、碑文摘録、人物傳記、世系、後記。

湖北省建始縣農村經濟管理局姜久平

[湖北建始]黄氏家譜——建始大里黄氏支譜 黄玉牛主修 2011年排印本 一册 書名據封面、書名頁題

始祖寅(字曉昇,號陽谷山人),明景泰二年(1451)春自山西解州夏縣南徙。始遷祖八世升然(字元科),明末清初自湖北監利遷居建始北鄉盤龍村(今解家畈)。譜載前言、序、世系、祖宗遺訓、舊譜遺訓、碑文摘録、後記。

湖北省建始縣圖書館

[湖北建始]陸氏族譜 陸述魁等纂修 2014年排印本 一册

始祖彦八。始遷祖興國、興侯，分别遷居湖北施南府建始縣三里壩、鐵爐廠。譜載序言、陸氏源流、族訓族規、人物傳記、碑文摘録、世系、後記。

湖北省建始縣農村經濟管理局姜久平

[湖北建始]建始陳氏宗譜　陳傳鑄、陳傳芳纂修　2007年潁川堂排印本　一册

始祖及始遷祖不詳。譜載序言、義門世家根由、派别、各支族人世系。

湖北省建始縣農村經濟管理局姜久平

[湖北建始]中華義門陳氏大成譜　陳峰等纂修　2008年排印本　一册

始遷祖子千，清康乾間自湖南岳州府臨湘縣萬庫里西坡新塘遷居湖北施南府建始縣長梁鄉邱家臺村十二組燈草池。譜載先祖圖像、卷首篇（譜論縱横、義門之榮、譜序選萃）、源流篇（氏族源流、遷徙分佈、字派堂號）、族風篇（家法至上、家事至公、家德至孝）、教育篇（東佳書院、教育先河）、俊彦篇（江州義門、中華陳氏）、文萃篇（詩詞選、楹聯選、文志選）、後記篇（編輯紀要、大事記）、流芳篇（捐資名目）。

湖北省建始縣農村經濟管理局姜久平

[湖北建始]建始巫山奉節陳氏公喜公支系族譜　陳禮傑等纂修　2012年義門堂排印本　一册

始祖恩一。始遷祖公喜，於元至正二十年（1360）前自荆州府麻城縣孝感鄉谷家村（今湖北麻城宋埠、中驛白果一帶）遷居施州府建始縣。後公喜之孫約於明永樂二年（1404）分遷至銅鼓鄉新化屯（今重慶市巫山縣官渡鎮新化屯）。譜載先祖圖像、圖騰、墓圖、字派堂號、芳名留世、譜序、世系源流、編後拾遺、九族圖。

湖北省建始縣農村經濟管理局姜久平

[湖北建始]建始周氏族譜　周代金纂修　1990年汝南堂排印本　一册

始祖銘。始遷祖宗禮，清乾隆四十三年（1778）因旱澇自湖廣岳州府巴陵縣永寧鄉四甲一都遷居宜昌府巴東縣後里金家村八甲石家莊，清嘉慶九年（1804）遷往邑之楊家莊，嘉慶十八年（1813）再遷邑之信陵鎮陳家灣。譜載歷代名人圖、立祠祭祀、祠堂圖、姓氏源流、族人世系録、後記。

湖北省建始縣農村經濟管理局姜久平

[湖北建始]周氏鄂西支譜　周良碧等纂修　1994年汝南堂排印本　一册

始祖文通，自江西省南昌府南昌縣豬市街遷居湖北公安縣陡湖堤。始遷祖仕琴，清雍正年間攜子弘亮、弘緒自湖北省荆州府監利縣永豐垸五都周家莊遷居建始縣方郭里横路埡（今建始縣長梁鄉三寶村）。譜載譜序、聯宗合約、文藝類、鄂西族人録、附録、後記。

湖北省建始縣農村經濟管理局姜久平

[湖北建始]荆楚周氏宗譜　周良國等纂修　2010年汝南堂排印本　一册

始遷祖弘錦（字聖禄），清雍正十年（1732）自荆州府監利縣（玉沙）沙潭村遷居湖北建始縣長梁鄉上馬水。譜載周氏旌徽、周恩來題《愛蓮堂》、先賢圖片、祠堂圖、原譜序、源流序、聯宗總序、信函與贈詩、族規家訓、祭奠文、禮儀禮制、聯宗合約、名人録、族人世系。

湖北省建始縣農村經濟管理局姜久平

[湖北建始]胡氏聯宗湘澧通譜不分卷　胡定權等纂修　1949年安定堂排印本　一册

始遷祖琦，生子運魁、運明、運清。譜載序言、源流考、族訓族規、人物傳記、碑文摘録、世系、後記。

湖北省建始縣農村經濟管理局姜久平

[湖北建始]段氏族譜二十四卷　段新載纂修　1994年鉛印本

始祖鍔。始遷祖一相、一元、一品昆仲三人，清初分别遷居施南府建始縣貓兒坪、田家坪等處。譜載序言、段氏源流、舊譜遺訓、族訓族規、碑文摘録、人物傳記、世系、後記。

湖北省建始縣農村經濟管理局姜久平

[湖北建始]侯氏族譜　侯禮富等纂修　2001年

上谷堂排印本　一册

始祖志,山東青州府曹縣人,官宋金紫光禄大夫,隨宋高宗南渡,宦遊湖廣荆州,任荆州刺史。是爲其後裔遷居建始者所修。譜載人物傳記、尋根溯源、修譜涉趣、文藝篇、氏族總録、其他、編後語。

湖北省建始縣農村經濟管理局姜久平

[湖北建始]湖北建始姜氏族譜　姜久平纂修　1999年積厚堂鉛印本　一册　書名據封面、書脊、書名頁題

始祖念修,明湖廣黄州府永濟縣人。生五子,四子斌武(字宣成)於明永樂間遷居湖南桂東溪沅。十世茂洪(字郎卿)生九子,長子正鵬(字翕先)、次子正鶚(字幹班)、四子正鶴、七子正璽,皆於清康熙五十年(1711)自桂東奄子嶺野豬壠遷居湖北恩施州建始縣高坪鄉望坪。譜載譜序、原序、排行、族訓、桂東族人家信、文化拾零(先祖遺留的詩詞、對聯等)、先祖畫像、先祖墓地圖、脈系表、族譜總録(家族人員的生卒配葬、子女生育及遷徙情況)。

湖北省恩施土家族苗族自治州圖書館　湖北省建始縣農村經濟管理局姜久平

[湖北建始]姜氏族譜七房支譜不分卷　(清)姜詩位等纂修　清光緒三十年(1908)積厚堂抄本　一册

先祖同上。本譜是本支姜姓從湖南桂東遷到湖北建始後,正璽祖後裔第一次分房續譜。内録譜序、源傳、族訓、姜氏排行、禮儀禮制、脈系表、族譜總録(家族人員的生卒配葬、子女生育及遷徙情況)等。

湖北省建始縣農村經濟管理局姜久平

[湖北建始]姜氏族譜四房支譜不分卷　(清)姜治位纂修　清宣統二年(1910)積厚堂抄本　一册

先祖同上。本譜是本支姜姓從湖南桂東遷到湖北建始後,正鶚祖後裔第一次分房續譜。譜載譜序、原敘、排行、族訓家規、桂東族人家信、禮儀禮制、脈系表、族譜總録(家族人員的生卒配葬、子女生育及遷徙情况)。

湖北省建始縣農村經濟管理局姜久平

[湖北建始]袁氏祖宗系統　袁學義纂修　抄本　一册

始遷祖國龍(字登雲),清雍正間自湖北省荆州府監利縣第五都汪家橋茨侯垸遷居施南府建始縣東鄉燕子巖,後遷北鄉倒天坑(木魚坨)。譜載前言、譜序、源流考、先祖畫像、墓誌圖、名人録世系録、後記。

湖北省建始縣農村經濟管理局姜久平

[湖北建始]豐城徐氏建始支譜　徐澤泉纂修　2012年東海堂排印本　一册

始祖達(字賜友,又字天德),明開國元勳。始遷祖祖榮,清中葉自湖北巴東遷居施南府建始縣長壽里四甲。譜載徐氏圖騰、先祖溯源、碑銘誌、中山王牌坊、族規五約、家訓十則、徐達傳、族人世系録、徐氏堂號、門宗祠聯、後記。

湖北省建始縣農村經濟管理局姜久平

[湖北建始]郭輝敏公支家譜　郭祥柱纂修　1989年汾陽堂鉛印本　一册

始遷祖輝敏(字友功),清乾隆七年(1742)自長沙府長沙縣萬壽鄉千鄉里遷居湖北建始。譜載引言、概况、汾陽堂考、先祖考、脈系表。

湖北省建始縣農村經濟管理局姜久平

[湖北建始]建始大水田黄氏家譜　黄本宏等纂修　2009年排印本　一册

始祖庭堅,宋代人。始遷祖天治。譜載族人風采録、黄氏要説、先祖圖像、墓誌碑文、郡望堂號、堂聯香龕、派序、名人録、族人世系録、附件、後記。

湖北省建始縣農村經濟管理局姜久平

[湖北建始]建始黄氏族譜　黄德金等纂修　2009年江復堂排印本　一册

始遷祖朝美,自江西遷居湖北建始繡林北鄉顧興垸。譜載源流圖示、歷代名人畫像、先祖傳略、派序歌、世系脈胳表。

湖北省建始縣農村經濟管理局姜久平

[湖北巴東]譚氏族譜不分卷　(清)譚生香纂修　清光緒八年(1882)稿本　一册

譜載世系、功德、落業地方、開疆拓土、繁衍子孫及後代三十八條訓誡等。

湖北省巴東縣檔案館

本條目據《中國少數民族古籍總目提要・土家族卷》著録

[湖北巴東]譚氏族譜不分卷　(清)譚顯笏等纂修　清同治四年(1865)抄本　一册

始遷祖佘氏婆婆,因避戰亂落籍信陵(今巴東),生子天飛,繁衍八支,分居鄂西八坪。譜載世系、總序和八房分序等。

湖北省五峰土家族自治縣灣潭鎖金山村譚傳炎

本條目據《中國少數民族古籍總目提要・土家族卷》著録

[湖北巴東]譚氏宗譜三卷　譚清波等纂修　2013年弘農堂排印本　一册

始遷祖青覃(行受三,改行千三),明都指揮,自江陵縣普濟觀遷居巴東西鄉清江潭。譜載譜序、姓氏溯源、文藝篇、人物志、世系録、人物傳略、後記。

湖北省建始縣農村經濟管理局姜久平

[湖北巴東]田氏族譜十七卷　田祚榮纂修　民國三十五年(1946)紫荆堂抄本　存一册

是譜詳實記録了巴東田氏土家族的歷史源流、世系,以及祖先的歷史功德、開疆拓土和繁衍子孫之情況。譜約三分之一殘損。

湖北省巴東縣檔案館

本條目據《中國少數民族古籍總目提要・土家族卷》著録

[湖北巴東]黄氏族譜　黄國評等纂修　2012年排印本　一册

始祖峭(又名嶽,字仁静,號青岡,行管十,又行十郎),後周廣順元年(951)自福建邵武遷居江西建昌府南豐縣龍池鄉二十七都雙井頭。始遷祖天治,出任川東道臺,落居巴東白果樹塆坪村。譜載前言、譜序、原譜序、續譜序、源流考、郡望堂號、歷史名人、文藝篇、先祖世録、族人世系、附件、後記。

湖北省建始縣農村經濟管理局姜久平

[湖北巴東]向氏源流考八卷　向子英等纂修　2000年鉛印本　八册

始遷祖書高,大亨八世孫,宅徙巴東桃符口。高有二兄,一遷填峡口,一遷中渡口,高居桃符口,即“三口”向氏之由來。後裔分遷湖北恩施、荆州,四川成都、大足,湖南桑植等地。譜載前緒、譜派、主旨、跋、譜序、舊譜注録、世系録、後記。

湖北省建始縣農村經濟管理局姜久平

[湖北巴東]巴東長烽原吴氏族譜　吴祖鑒等纂修　2004年延陵堂排印本　一册

始遷祖道,明嘉慶間自江西省南昌府朱氏巷過街樓遷居湖北巴東長烽原(今湖北巴東縣沿渡河)。譜載再修譜序、譜序、散修族序、修譜名録、家訓家規、盛德紀事、始祖篇、各支世系録、後記。

湖北省建始縣農村經濟管理局姜久平

[湖北巴東]楓香坪田氏支譜　田恒明、田恒宣纂修　2001年紫金堂排印本　一册

始遷祖玘,元代因西蜀劉闢作亂,受命爲招討使統軍西征,建功西蜀,自川東下遷居湖北巴東泊樂鄉龍橋坪。譜載新序、族訓、田氏排行、先祖畫像、先祖墓地圖、禮儀禮制、脈系表、族譜總録(家族人員的生卒配葬、子女生育及遷徙情况)等。

湖北省建始縣農村經濟管理局姜久平

[湖北宣恩]施南土司覃氏重修族譜二卷首一卷　(清)覃懋纂修　清乾隆四十五年(1780)刻本　一册

譜載序、世系、家訓。

湖北省宣恩縣委統戰部

本條目據《中國少數民族古籍總目提要・土家族卷》著録

[湖北宣恩]施南土司覃氏重修族譜二卷首一卷　(清)覃懋纂修　1986年據清乾隆四十五年(1780)刻本排印　合册

參見前條。

本譜載於《鄂西少數民族史料輯録》

[湖北宣恩]覃氏族譜一卷　(清)覃家璠纂修　清乾隆四十五年(1780)刻本　一册

始祖汝先,子二:長曰伯堅,次曰伯圭。後圭公徙居湖南添平,獨堅公世守,是爲始遷祖。載世系。

湖北省宣恩縣委統戰部

本條目據《中國少數民族古籍總目提要·土家族卷》著録

[湖北宣恩]覃氏族譜一卷　(清)覃家璠纂修　1986年據清乾隆四十五年(1780)刻本排印　合册

參見前條。

本譜載於《鄂西少數民族史料輯録》

[湖北咸豐]覃氏族譜一卷　纂修者不詳　刻本　一册

譜敘咸豐唐崖土司覃氏爲鐵木乃耳後裔,因鎮压叛亂,"鎮守斯地,分茅設土,安營於宣撫山",後融入土家族,形成唐崖覃氏。載世系、傳記等。

湖北省咸豐縣委統戰部

本條目據《中國少數民族古籍總目提要·土家族卷》著録

[湖北咸豐]覃氏族譜一卷　纂修者不詳　1986年據舊刻本排印　一册

參見前條。

本譜載於《鄂西少數民族史料輯録》

[湖北咸豐]秦氏家譜二卷　秦子文纂修　民國九年(1920)秦秀彰刻本　一册　存卷一

載序、凡例、職名、宗派、祠記、典禮、封典、光耀録、宦績、忠節、孝友、義工、儒林、方技、節孝、遷徙録、家傳、墓誌、家誡、壽序、祠規共二十一部分。

湖北省咸豐縣檔案館

本條目據《中國少數民族古籍總目提要·土家族卷》著録

[湖北咸豐]楊氏族譜　楊友全等纂修　2012年弘農堂排印本　一册

始遷祖仁佐,約於清雍正五年(1727)與堂兄仁高同遷四川彭水縣沙子溪,後復遷湖北咸豐縣水壩。譜載前言、序,第一章楊氏起源及楊氏概説,第二章本譜楊氏入川概況,第三章楊仁高入川落籍彭水沙子坪,第四章楊仁佐入川落籍咸豐水壩,第五章楊氏人物,第六章族魂,第七章修譜檔案及資料、族譜名録、後記。

湖北省建始縣農村經濟管理局姜久平

[湖北咸豐]咸豐縣太平壩黄姓家譜　黄天林纂修　1999年排印本　一册　書名據封面題

始祖峭(又名嶽,字仁静,號青岡,行管十,又行十郎),後周廣順元年(951)自福建邵武遷居江西建昌府南豐縣龍池鄉二十七都雙井頭。始遷祖三十四世雲紀(又名幼,字明絲,行論六),清乾隆十五年(1750)遷居施南府宣恩縣(今咸豐縣)太平壩。譜載序、世系、源流歌、名人軼事。

湖北省恩施土家族苗族自治州圖書館

[湖北來鳳]卯洞向氏族譜四卷　(清)向伯瑞編纂　清宣統二年(1910)向群澤抄雍正十三年(1735)修本　一册

向氏先祖係宋代江蘇南京上元縣人。始祖貴什,明太祖間卯峒人。載譜序、字派、考籍、傳贊及世系等。

湖北省來鳳縣文物管理所

本條目據《中國少數民族古籍總目提要·土家族卷》著録

[湖北來鳳]卯洞向氏族譜四卷　(清)向伯瑞編纂　2001年據清宣統二年(1910)向群澤抄雍正十三年(1735)修本排印　合册

參見前條。

本譜載於《〈卯洞土司志〉校注》

[湖北來鳳]土家族田姓史料 合族纂修 1995年鉛印本 一册 書名據版心、封面題

始遷祖雲明,由辰川遷居龍山明溪里,幾年後再遷來鳳馬齒巖。

湖北省來鳳縣圖書館

[湖北鶴峰]容陽堂田氏族譜三卷首一卷 (清)田崇壽纂修 民國十九年(1930)五峰張西園抄清光緒五年(1879)修本 一册

記容美田氏源流、世系和容美的土司制度。卷首爲田氏源流考,卷一爲覃恩敕命、田氏歷代諸公考,卷二爲容美司奏章、院撫來照,卷三爲世家、列傳、人物、遺址。

湖北省五峰土家族自治縣田培林、田登雲

本條目據《中國少數民族古籍總目提要・土家族卷》著録

[湖北鶴峰]容陽田氏族譜十卷 田楷德主修 據民國三十三年(1944)譜複印 七册 存卷首、卷一至七

田氏出自容美土司。始祖九齡。二世宗陽,明萬曆間攜夫人田容美遷五峰(今湖北鶴峰)沙子埡。卷前譜序、譜引、名次、原敘、凡例、田氏受姓源流考、傳、容美土司田氏來由記述,卷一宗祠條規、祭禮、祭祖文、墓圖、碑文,卷二奏疏、兵部執照、湖廣總督部院丁,卷三田氏世家、傳、約文、碑記、容美土司疆域、遺迹、雜述,卷四改土歸流部文、田氏一家言總目詩序、詩集序跋,卷五文學、跋,卷六墓誌、墓文、傳、詩,卷七至八世系,卷九流年、收譜名次、跋,卷十長生譜引。

湖北民族學院圖書館

[湖南]慈石澧臨唐氏族譜六十四卷 唐逢吉等纂修 民國十三年(1924)年鉛印本 十四册 存卷一至三、五、七、九至十二、十七、三十三、三十四、四十八、四十九 三修本

該族爲漢族、土家族。始祖堡,元至順三年(1332)襲四川宣撫使,遷居重慶府通壋坪,生國政、國心、國順。至正十六年(1356),國政征巫山南路,偕弟遷居慈利麻寮,政居大尖山,心居麻山,順居半尖山。清乾隆間三山建宗祠於邑城東關。此爲湖南慈利、石門、澧縣、臨澧四地合修譜。湧房斌支舊派:國湧賢斌盈雄冠大幸仁秉國宗麟德仁賢維世傳自生熙純敦祖典。民國十三年(1924)各邑合派:(自二十三代始)匯植耿基,鎔涵樹勳,圭鈞育材,燾地銓深,休烈孝鑄,衍果篤甄,鑠洪模庶,坦鍵注林。是族於清道光十一年(1831)初修譜,同治八年(1869)二修,民國十三年(1924)慈、石、澧、臨等邑合修。卷一序、例言、職員録,卷二至五十三世系,卷五十四丁口統計表、族居表,卷五十五祠宇志,卷五十六塋墓誌,卷五十七祠産志,卷五十八至六十世計德志,卷六十一家譜分合記,卷六十二派次,卷六十三至六十四雜文別録。

湖南圖書館

[湖南]唐氏族譜六十四卷 唐榮陽等纂修 民國十三年(1924)長沙鴻飛印書館刻本 六十四册

是爲慈利、石門、桑植、大庸、鶴峰、臨澧、澧縣、安鄉、松滋各地唐姓六十四支世系統宗譜。

湖南省澧縣楊家坊唐姓村民

本條目據《中國少數民族古籍總目提要・土家族卷》著録

[湖南]溪州彭氏土司族譜不分卷 (清)彭肇植纂修 清嘉慶十二年(1807)刻本 一册

本譜記溪州彭氏的由來、與楚王馬殷的關係,及世襲溪州刺史、溪州土司世系。

湖南省永順縣檔案館

本條目據《中國少數民族古籍總目提要・土家族卷》著録

[湖南]蘇氏族譜十七卷 蘇昭桂纂修 民國三十七年(1948)眉山堂石印本 十八册

此爲湖南澧縣、臨澧、石門、慈利等地蘇氏合譜。始遷祖榮、洪、貴。榮於明洪武二年(1369)自江西屯駐九溪衛芭茅渡邵家河,後落業於新安板橋;洪原籍江西南昌府高安縣蘇家溪,明洪武間入湖平叛,轉居臨澧合口龍沉堰;貴同征九溪衛,駐慈利九溪崗,後落業新安洞子坪。卷首(即卷一)序、宗派、族訓、族規、族學記、傳、祠記,餘卷世系。

湖南圖書館

[湖南]湘西陳氏族譜十二卷　陳大誥等主修　陳渠珍倡修　民國二十二年(1933)鳳凰縣瑞文書局鉛印本　十八册

爲漢族、苗族、土家族譜。民國二十七年(1938)湘西鳳凰、麻陽、沅陵、瀘溪、辰溪、永順、保靖、龍山、桑植、古丈、乾城、吉首、永綏、桃源、芷江、黔陽、大庸、慈利及湘東攸縣共十八縣陳氏合修通譜。倡修此譜者陳渠珍,湘西鳳凰人,曾任國民黨第三十四師師長等要職,有"湘西王"之稱。又有攸縣陳延祚,時任麻陽縣縣長,自願附入本譜。各支始祖不一,皆祖江西。如麻陽、鳳凰始祖壽(字松齡),明洪武初以錦衣衛都指揮由藍山縣下屯麻陽。譜中陳渠珍譜名開瓊,原籍麻陽,祖父宏文爲壽十二世孫,始家鳳凰。字派:生初均一本,發育慶珠聯,祖德文明啓,家聲孝義傳,同宗昭愛敬,纘緒仰英賢,永祝膺天佑,祥徵萬億年。中華人民共和國成立後陳氏有報漢族、土家族,亦有報苗族者,故將其宗譜列入此卷中。卷一至二肇始篇,卷三各縣各支世系表,卷四至五述德篇,卷六至七述言篇,卷八至九軼行篇,卷十事略,卷十一丘隴表,卷十二祠祀表。

湖南圖書館　湖南省湘西土家族苗族自治州檔案館　湖南省湘西土家族苗族自治州民族研究所

[湖南]劉氏族譜一卷　劉第貞等纂修　1984年油印本　一册

爲漢族、土家族、苗族譜。始祖文質,原籍江西南昌府南昌縣,元順帝時任湖南靖州直隸大夫,後定居今懷化銅溪鎮。後裔散居瀘溪、辰溪、麻陽、沅陵、溆浦等地。由於與苗族雜居,通婚生子繁衍若干代後,當地民政部門認定爲苗族,享受當地少數民族相關政策,形成當地同出一脈的劉氏有漢族、土家族、苗族之情形。

湖南省湘西土家族自治州圖書館

[湖南長沙]長沙善化李氏族譜　李莫坤等纂修　2004年隴西堂排印本　一册

始祖民望,元末人。譜載備忘録(族譜編委會名册)、隴西堂族譜印章模、譜序、李氏起源圖影、李氏堂聯拾零、族史人物、追思先輩文集、家訓十五則、編修軼事散記、李氏各支世系録、附録、後記、餘慶録。

湖北省建始縣農村經濟管理局姜久平

[湖南張家界]李氏家譜八卷　李先覺纂修　民國二十一年(1932)刻本　四册

李氏於明洪武間自江西豐城遷徙至湖南永定雙溪橋鄉高家溪。載世系、像贊、祖塋圖、李氏索源、宗派、名人、族規、五服圖等。

湖南省張家界市永定區雙溪橋鄉貓兒灣村李家峪李臘如

本條目據《中國少數民族古籍總目提要·土家族卷》著録

[湖南張家界]覃氏族譜二卷　纂修者不詳　清康熙十四年(1675)刻本　二册

本譜記土家族大姓覃氏二十六代事,分表、記、圖、録,以表爲主,列有萬餘族衆姓名、配氏、職銜及生卒葬,按徙遷序、世系表、家廟祭、婚壽葬典序列編排,有土家族歷史名人覃兒健、覃垕、覃基歐、覃添順、覃文生等人傳記。

湖南省張家界市永定區圖書館

本條目據《中國少數民族古籍總目提要·土家族卷》著録

[湖南張家界]庹氏族譜八卷　庹悲亞等纂修　民國二十六年(1937)澧州刻本　一册

始遷祖田虎,其長子更姓爲庹,名宗朝,開庹氏一族。載序言、源流、世系表、新立派行、家規、公議學金等,記録田虎長子田宗朝更名庹宗朝的緣由及其子孫繁衍創業概況,以及後裔土千户庹家珠兄弟在桑植縣洪家關木匣口庹家崗築城拓疆事。

湖南省桑植縣廖家村鎮苗寨村庹萬年(其中世系表卷藏桑植縣政協庹仕墨家)

本條目據《中國少數民族古籍總目提要·土家族卷》著録

[湖南張家界]庹氏族譜　庹三鵬等纂修　1995—1998年鉛印本　十册

庹從"田"來。始祖田亮,晉末關中田和之裔,爲蜀太守,蒞任成都。始遷祖承滿,北宋仁宗慶曆四年(1044)自四川成都因鎮撫九永叛亂來湘,開基於永定衛(今張家界市)。洪武三年(1370),因裔孫參與四川明玉珍部及慈利土酋覃垕等反叛,明太祖誅滅田氏九族,田氏兄弟及管事一人遂執九節牛角爲憑逃難,易姓庹。至民國三十七年(1948)有男女丁口一千四百八十餘人。清同治六年(1867)設宗祠於縣城南正街,民國三十七年(1948)設族立學校於官尹鄉尹家溪。族人以官尹鄉聚居最多,餘爲永定鎮之南正街、便河街和西庸鄉,亦有遷桑植、永順及廣西、湖北等地。字派(自二十四派始):中和肇位育,孝友達治平,品澤經書韻,門聯雅頌聲,吉慶昭令緒,仁壽兆佳徵,祚業宜同懋,君恩定久承。主要内容:序、派輩、庹氏探源、永定田氏土司考、源流考、祖祠、人口分佈、五溪蠻考、名人録,其餘支系。

湖南圖書館

[湖南張家界]黄氏族譜不分卷　(清)黄世成等纂修　清光緒九年(1883)刻本　四册

載世系、源流、宗派、名人、族規、家訓、祖祠、風俗、禁忌、圖騰等。

湖南省張家界市永定區中湖鄉野雞鋪村覃國林

本條目據《中國少數民族古籍總目提要·土家族卷》著録

[湖南張家界]黄氏海公世系譜　黄立擎主修　2011年江夏堂排印本　一册

始遷祖海,明洪武二十三年(1390)自福建龍溪鎮守湖南永定茅崗。譜載源流、派字、瓜瓞圖、世系。

湖南圖書館

[湖南張家界]陳氏族譜十八卷　(清)陳友勝纂修　清嘉慶十一年(1806)刻本　一册

是爲辰州陳氏譜,載分祖公圖像、宗祠派序、陳氏索源、遷徙慘史、陳氏世系、八景概述、陳氏名人、族規家法等。

湖南省張家界市永定區雙溪橋鄉昌溪村陳玉文

本條目據《中國少數民族古籍總目提要·土家族卷》著録

[湖南張家界]向氏家譜不分卷　(清)向宏州等纂修　清道光二十八年(1848)稿本　六册

本譜記永定區土家族向氏一脈事,載序、廟祠圖、向氏名人序、祖序、宗派、族規、家規、祭祀、族房分支等。

湖南省張家界市永定區沅古坪鎮高峰村向益階

本條目據《中國少數民族古籍總目提要·土家族卷》著録

[湖南張家界]龔氏族譜二卷　(清)龔仕軒纂修　清嘉慶七年(1802)刻本　二册

是爲辰州九都(現沅古坪)龔氏譜,載姓氏索源、百字派譜、宗祠秘址、族規家訓、名人簡述、五服圖表、家乘譜牒、策諸目等。

湖南省張家界市永定區謝家垭鄉龍陽村龔永勝

本條目據《中國少數民族古籍總目提要·土家族卷》著録

[湖南張家界]龔氏家譜　合族纂修　2002年排印本

是爲上譜續修譜。

本條目據《中國少數民族古籍總目提要·土家族卷》著録

[湖南張家界]田氏族譜不分卷　(清)田舉英編纂　清宣統三年(1911)刻本　十册

譜載譜序、修譜條規、派序、服制、源流、名賢録、墓碑圖等。

湖南省張家界市永定區教場居委會雷公坪十號田廷明

本條目據《中國少數民族古籍總目提要·土家族卷》著録

[湖南張家界]田氏家乘八卷　田鳳梧纂修　民國三年(1914)稿本　八册

譜載序、族規、家訓、祭禮、儀注、祖宅、祖塋、宗祠、源流世系圖、事務考、敕命、御製、奏疏、誥封、分定支系、表等。

湖南省張家界市永定區闢門巖鄉田家坊村田開化

本條目據《中國少數民族古籍總目提要・土家族卷》著録

[湖南永定]黄氏族譜　黄惠國主編　2007年印本　一册

該族爲土家族。爲黄家閣支、官坪支、黄家灣支等合譜。第一章前奏,第二章序言,第三章源流,第四章支譜,第五章顯揚,第六章文化,第七章統派,第八章尾聲。

湖南圖書館

[湖南永定]覃氏族譜　覃章豔等纂修　1994年光裕堂鉛印本　一册

始祖貫雍,居秦漢中郡。唐天寶間安禄山倡亂,族人徙居四川瞿塘關。至北宋元符間汝先生伯堅,官行軍總管,守施州,因世其家。弟伯圭,生仕魁,官元帥,守中建。南宋祥興元年(1278)追寇至麻寮,闢土以居。始遷祖友仁,仕魁之子,遷居石門金雞山。至明初,石門覃氏分爲添順、添秀、拳甫、添廷、添佑五支。此譜爲添順支譜。添順生玉孫,玉孫生纓武,纓武生恒。恒始遷永定三潭坪,爲永定四支覃姓之始祖。恒生六子: 迎、遞、經、賢、貴、常。迎、遞仍居石門;經後裔分居永定三潭坪、魯家坪、闢門巖、大庸橋及慈利、桑植等處;賢公後裔分居永定犀牛、復山界、水龍坪、茅頭關及永順、常德等處;貴後裔分居永定九家坪、滄溪、覃家塌等地;常後裔分居永定西溪坪、禹溪及桑植金剛、羅溶等地。祖祠建於縣城。至1994年,石門有族人八萬餘,永定有三萬餘人。是族於清道光二十八年(1848)初修譜。

湖南圖書館

[湖南慈利]李氏聯宗族譜三卷　李權中、李昭慈纂修　民國三十五年(1946)慈利縣李氏聯宗總堂刻本　一册

是爲慈利李氏各派各支聯宗譜,載世系、譜例、總祠平面圖、李氏分佈圖、宗志、族規族約、人物小傳、烈女、丁産統計、歷史人物及原九溪衛麻寮所主要人物事迹。于右任題譜名。

湖南省慈利縣零陽鎮白竹水村李氏族人

本條目據《中國少數民族古籍總目提要・土家族卷》著録

[湖南慈利]吴氏族譜不分卷　(清)吴名學編纂　清道光二十八年(1848)三讓堂刻本　一册　一名吴氏道光譜

始遷祖統志,元代人,自茅崗(今屬張家界市永定區)遷至慈利。載譜序、族譜懿躅、家乘備録、吴公(邀)墓表、祠堂贊等,附有《廷用公遺囑及官地崠源委》一文。

湖南省沅陵縣吴遠幹

本條目據《中國少數民族古籍總目提要・土家族卷》著録

[湖南慈利]吴氏族譜三十五卷　吴恭亨纂修　民國十九年(1930)刻本　三十五册

是爲以慈利縣杉木橋吴氏宗祠爲中心的吴氏土家族譜,載世系、列傳、雜别録等,世系凡二十五代,另有祠堂、人物、墓碑等圖片四十八幅。

湖南省慈利縣太橋鄉道街村吴遠洞

本條目據《中國少數民族古籍總目提要・土家族卷》著録

[湖南慈利]吴氏族譜五卷　吴明仁主修　2005年延陵堂排印本　五册

始遷祖道隆,元末攜弟道輔遷居慈姑州,道隆居漊北,道輔居澧南。另支始遷祖繼源,與兄統志,於南宋末自江西南昌遷居慈陽周皋坪(今永定區官莊坪),後繼源又遷九都道灣峪。統志裔字派: 汝載尚文德,成名譽遠揚;賢仁輝祖學,友愛迪前光;積善敦元化,敬先受運昌。譜載序論、譜論、源流、派字、風尚、人物、藝文、世系。

湖南圖書館

[湖南慈利]趙氏族譜十二卷　趙善後纂修　民

國十七年(1928)天水堂刻本　十二册

趙氏遷慈利縣已三百年,繁衍二十八代。譜載序、世系表、祠廟祖祭、婚壽葬曲等,着重介紹麻寮所梅梓隘正百户趙禄、黄家隘正百户趙昕兄弟的傳奇生涯及其後裔十四代襲職之事。

湖南省慈利縣零陽鎮趙真見

本條目據《中國少數民族古籍總目提要·土家族卷》著録

[湖南慈利]鄧氏族譜不分卷　(清)鄧芳智纂修　民國十六年(1927)抄清同治十二年(1873)修本　一册

始遷祖夢友,於元至正二十四年(1364)自吴遷楚,初因於明洪武元年(1368)率軍参加平叛有功,授九溪衛麻寮所櫻桃隘土官百户職,後任千户,遂家焉。載源流歌、櫻桃隘源流詩、宗派歌、人物傳、譜引家乘、夢友公分派總圖等。

湖南省桑植縣白石鄉蓮花村鄧忠源

本條目據《中國少數民族古籍總目提要·土家族卷》著録

[湖南慈利]劉氏族譜十卷　劉孟顧纂修　民國二十九年(1940)刻本　十册

載世表、册德、先訓、藝文等。

湖南省慈利縣東嶽觀鎮跑馬村後溶組劉運坤、通津鋪鎮風洞村劉運生

本條目據《中國少數民族古籍總目提要·土家族卷》著録

[湖南慈利]唐氏族譜四卷　唐子芳纂修　清道光十二年(1832)晉陽堂刻本　四册

首卷爲譜序、功烈、祖訓、家規、傳記、合派、宗祠,卷二爲大尖山宗圖,卷三爲麻山宗圖,卷四爲半尖山宗圖。採用表、記、圖、録四體,表體爲主,載八千名族衆姓名、職銜、配氏及出生卒葬。首卷有麻寮所建置原委、世襲體制、聖諭十六條、朱子格言、大明鐵卷、誥命大清敕書、號紙。

湖南省慈利縣杉木橋鎮湖阪村唐純煙

本條目據《中國少數民族古籍總目提要·土家族卷》著録

[湖南慈利]唐氏族譜三卷　唐慶主修　2005年排印本　三册

該族爲漢族、土家族。始祖堡,元至順三年(1332)襲四川宣撫使,遷居重慶府通壋坪,生國政、國心、國順。至正十六年(1356),國政征巫山南路,偕弟遷居慈利麻寮,政居大尖山,心居麻山,順居半尖山。清乾隆間三山建宗祠於邑城東關。是族於清道光十一年(1831)初修譜,同治八年(1869)二修,民國十三年(1924)慈、石、澧、臨等邑合修。本譜爲慈利唐氏所修。譜載源流、譜序、所隘、祠宇、雜文、祖訓、合派、宗圖、功德、墓誌、祖塋、人物,餘爲世系。

湖南圖書館

[湖南慈利]卓氏族譜十二卷　卓鼎泰纂修　民國二十年(1931)杉木橋石印局石印本　一册

是爲慈利縣杉木橋豹子村譜,載世系、源流考、得姓述、册系通考、祠宗志、家規、家禮、塋墓、圖説、世系表等。

湖南省慈利縣零陽鎮卓德元

本條目據《中國少數民族古籍總目提要·土家族卷》著録

[湖南慈利]卓氏新譜十卷首一卷末一卷　卓鑒清等主修　民國二十年(1931)西河堂石印本　十二册

始遷祖太嶽(又名汝周,字承宗),原籍江西豐城,任湖廣岳州營遊擊,北宋靖康元年(1126)金人南侵,不克歸里,遂寄籍慈利天門山。生休述、休福。述世居慈利,六傳至子成,生文德、文庠。福子字虎回原籍,五傳至永熙,明太祖時奉命南征,亦居慈利。至民國三十七年(1948)全族人口一萬二千餘人。總祠位於東嶽觀,另城門皇家臺、杉枝橋、趙家鋪等處建有支祠。宗派:汝休字本重。永熙公支譜宗派:聯美紹同啓,光達顯呈名。文庠公支譜宗派:子文福添甫,單一及自登;爾朝之先啓,光達顯成名。文德公五代下思敬公支譜宗派:子文權景江,思貞兩榮大;廷單之自啓,光達顯成名。文德公五代下四貞公支譜宗派:子文權景海,思單及榮大,世雙之自啓,光達顯成名。思

恭公支譜宗派：子文權景海(隆)，思寬兩榮大；廷單學自啓，光達顯成名。雍正各房合派：崇仁尚志德，儒林家國珍；膺祚茂昌遠，永吉萬年春。合派後增派：乾元開緒運天長，坤道敬宗傳益芳；書典超群詩易禮，克修宏業錦秀香。民國十七年(1928)年新增派：亞夏環球爲首祖，楚熊衍慶廣綿延；汲湘歆茹恢鴻績，强胤端資孫象賢。

湖南圖書館

[湖南慈利]卓氏合譜　卓志俊主修　1997年膠印本　一册

先祖同上。譜載凡例、譜序、源流考、家訓録、名賢録、古劍銘、武功表、藝文志、祠宇志、學校志、宗族考、宗派、支分解，餘爲世系。

湖南圖書館

[湖南慈利]麻寮所向氏宗譜二十四卷　向生民纂修　民國三十七年(1948)左師堂刻本　二十四册

譜載世系、麻寮所靖安隘與九女隘土官慶曆及孟詳、祚華傳記等。

湖南省慈利縣巖泊渡鎮向氏

本條目據《中國少數民族古籍總目提要・土家族卷》著録

[湖南慈利]三里朱氏八百年族譜三十七卷首一卷　吴恭亨主修　民國二十五年(1936)鉛印本　十二册　五修本

始遷祖圭(字初八)，江西南昌府南昌縣漳江門水官橋得勝堤大栗樹人，南宋紹興間進士，任慈利知縣，後升常德府，解組後卜居慈利。六世思濟，明洪武初擒慈利土司覃垕，封榖用大元帥。後裔稱三里朱氏，衍爲麟、壽、紀三房。族人分佈於環溪鎮、溪漁鄉、長宜鄉、廣林鄉、龍景鄉及大庸、桑植、石門、湖北等地。總祠建於慈利縣城内。至民國三十七年(1948)是族已傳二十七代，共四萬餘人。2004年六修時新增人丁一萬八千五百七十八人。字派：(自十八世始)聲邵迪咸際純熙允敷常憲克敦典彝若斯愈蕃惟是恒孳昌盛繼述福介以時。民國二十年(1931)慈利朱氏十祠議定字派：先祖常有言，德行士之基，倫敦可及遠，安定乃其宜，心忠才愈良，法立民用持，本治克永保，功業啓平時，國大宗必强，子賢家以維，文章化成日，萬代自仁慈。卷首圖像，卷一世典，卷二至二十八世系，卷二十九至三十列傳，卷三十一祠祀，卷三十二墓記，卷三十三遷徙表，卷三十四聞人表，卷三十五至三十六雜文别録，卷三十七後序。

湖南圖書館

[湖南慈利]三里朱氏族譜　朱宜之主修　2004年沛國堂膠印本　六册　六修本

先祖同上。大房字派：初良孟延子添仕均萬永顯仁世文宗登嗣必赤德紹南正慈方休聲際會昌。譜載機構、譜源、字輩、家訓、族規、歷代譜序、源流考、始祖考論、今古名賢録、先祖列傳、先祖遺迹與靈異、祠記、墓記、藝文、附録、世系。

湖南圖書館

[湖南慈利]慈利九甲朱氏族譜二卷　朱春化主修　2002年膠印本　二册　三修本

始祖瑰(又名儼環)，原籍江西南昌。十二世夢雲，生瑾(行初六)、珪(行初八)。南宋淳祐三年(1243)瑾任武陵事，珪(圭)任慈姑州事，因金人南侵，不克歸里，二人遂定居慈利九渡溪，爲慈利始遷祖。後珪(圭)裔稱三里朱氏，瑾裔派分十。瑾六世添福爲一甲祖，添富爲二甲祖，添錫爲三甲祖，添銘爲四甲祖，添欽爲五甲祖，添甫爲六甲祖，添濟爲七甲祖，添鉛爲八甲祖，添秉爲九甲祖，添從、添祥爲十甲祖。此譜即爲添秉派分九甲譜，族人繁衍三千六百餘人。字派：初良孟延，子添仕單，祖悦景紹，廷可守長，邦有道單，世上洪熙，永正家學，傳衍先師，厚德廣福，敬修立基，明昭文治，萬年於斯，寬宏大量，湘秀滿堂，棟樑保太平。是族於清光緒二十年(1894)初修譜，民國二十七年(1938)二修。

湖南圖書館

[湖南慈利]三甲朱氏四修族譜二卷　朱桂林主修　2005年膠印本　二册

先祖同上。此爲添錫派分三甲支譜。譜載一篇堂徽、祖像，二篇總論，三篇朱氏源流考，四篇家傳，五篇家訓、家政、墳塋、祖祠，六篇譜事録，餘爲世系。

湖南圖書館

［湖南慈利］辰宗朱氏三修族譜二卷　朱學文主修　2004年膠印本　二册　三修本

該族先世居南昌，明永樂間遷居辰州。始遷祖時禄，清康熙間自沅陵遷居慈利。字派：龍虎風雲會，富貴光裕寬，原存祖德遠，洪福自天永，廷朝太時啓，文元必宗之，經綸錦學業，家運際昌亨，開國賢良盛，安邦顯大明，承先思繼序，傳述有書聲。是族於清嘉慶二年（1797）初修譜，民國三年（1914）二修。主要内容：第一章譜論，第二章機構，第三章捐資芳名，第四章前言、序、凡例，第五章派語，第六章祖源、堂號，第七章名人賢士録，第八章書法、詩詞，第九章養生及壽星，第十章族規、家訓，第十一章老譜文獻，餘爲世系。

湖南圖書館

［湖南慈利］伍氏族譜二卷　伍元卿主修　2007年安定堂排印本　二册　二修本

始遷祖仕純，原籍江西南昌府新建縣，南宋寶祐間任常德府通判，卸任隱居慈利羊角山麓，景定元年（1260）又遷五里坪（今稱伍家坪、賈家坪）。字派：國品啓致德，光明忠孝昌，榮宗大元顯，焕盛慶祚長，學道鴻贊翼，譽成咸茂芳，世家紹先業，遠傳正典章。是族於清同治三年（1864）初修譜。譜載譜論、文件、凡例、字輩、先祖簡介、家訓族規、道德修養、藝文、先祖列傳、古今伍氏名賢録、先祖趣文軼事、祀産墓山、墓誌、禮儀、五服、瓜藤圖。

湖南圖書館

［湖南慈利］慈利寇氏族譜六卷　吴恭亨主修　民國二十三年（1934）鉛印本　一册

慈利寇氏，爲宋寇準弟寇則之裔。元至正間盜起，先世徙四川忠州豐都。始遷祖如圭，明末偕子極至、孫奇三轉徙來慈利，定宅六都寇家坪（亦稱伍家坪），後遷二十二都北山大門埡老鴉坑。譜尊奇三爲一世祖，至五世衍爲長静、長楨、長全、長聖、長年、長賢、長智、長玉八房。此爲長智房所修族譜。字派：奇添承國長汝載興大常緒自周，申伯之德，柔惠且直，揉此萬邦，聞於四國，吉甫作誦，其詩孔碩。卷一世略，卷二至五世系，卷六雜録。

湖南圖書館

［湖南桑植］王氏族譜　王大能纂修　民國十年（1921）三槐堂刻本　四册

譜載世系、家訓及三槐堂王氏後裔來桑植縣後三十代子孫繁衍情況、歷代先祖名流功績等。

湖南省桑植縣打鼓泉鄉金家坡村王大寬

本條目據《中國少數民族古籍總目提要·土家族卷》著録

［湖南桑植］毛氏族譜三卷　毛萬洵纂修　清光緒三十年（1904）稿本　一册

鼻祖廷輝。始遷祖礪、得人，清初人，自常德遷桑。載毛氏泣待堂、西河堂源流、族裔道德規範、毛氏家訓十二則、祖諭十六條、歷代名人傳略、毛氏祖祠、祖塋地貌圖、捐資修譜名單。

湖南省桑植縣澧源鎮毛振家

本條目據《中國少數民族古籍總目提要·土家族卷》著録

［湖南桑植］麻寮司向氏譜序不分卷　向邦柱纂修　民國十八年（1929）稿本　一册

載宗族源流、新立派序、族規"十戒"、世系表、墓葬地、世襲麻寮司（所）關隘千百户把總名號與領地，以及官地坪、長潭坪、赤石坪等田産、公産，記録了向宗彦一支遷脈、征戰與開發斯地的情況。

湖南省桑植縣檔案館

本條目據《中國少數民族古籍總目提要·土家族卷》著録

［湖南桑植］三峒司向氏族譜　向寶臣纂修　民國二十年（1931）左師堂刻本　存一卷

始祖克武，於五代十國時自南京珠市街汪閣客遊南楚入溪峒，被土人擁戴爲部落酋長。北宋初年首倡向化，授柿溪州軍民宣撫使職。明宣德年間，柿溪州分設上、中、下三峒長官司。譜載“三峒司”裔孫修譜首士名録、譜序、新立派行、世系表等。

湖南省桑植縣檔案館

本條目據《中國少數民族古籍總目提要・土家族卷》著録

[湖南桑植]向氏族譜十八卷　向寶臣纂修　民國二十年(1931)刻本　十八册

載總序、向姓源流、向氏譜系、歷代土司承襲與桑植縣土司疆域、土司沿革、重大政治軍事活動。

湖南省桑植縣樵子灣鄉向緒道

本條目據《中國少數民族古籍總目提要・土家族卷》著録

[湖南桑植]向氏族譜不分卷　向家恩纂修　民國二十二年(1933)稿本　三册　存中册、下册

載世系表、宗派歌訣、土司文武秩官名録、清雍正年間改土歸流等。

湖南省桑植縣科委向啓迪

本條目據《中國少數民族古籍總目提要・土家族卷》著録

[湖南桑植]向氏族譜不分卷　向家恩纂修　據民國二十二年(1933)稿本複印　三册　存上册

參見前條。

湖南省桑植縣檔案館

本條目據《中國少數民族古籍總目提要・土家族卷》著録

[湖南桑植]甄氏族譜九卷　甄志善等纂修　民國十六年(1927)刻本　九册

始遷祖德，重慶市竹篾門瓦窯崗人，二十歲遊楚，落籍容美司譚家坪，入贅譚氏爲婿，子孫繁衍，散居湘鄂西邊境，歷二十九代六百餘年。載序言、凡例、新舊派序、梓里記、祠規、家訓、族人傳略等。

湖南省桑植縣馬合口鄉王家田村甄才習

本條目據《中國少數民族古籍總目提要・土家族卷》著録

[湖南桑植]吴氏族譜三卷　纂修者不詳　民國十六年(1927)刻本　一册

本譜記桑植縣吴姓由來、後裔在桑植縣分佈情況，以及族規、排行等。

湖南省桑植打鼓泉鄉小埠頭村吴家院子吴學餘

本條目據《中國少數民族古籍總目提要・土家族卷》著録

[湖南桑植]劉姓黄崗支譜一卷　(清)劉愛吾纂修　清光緒十八年(1892)刻本　一册

一世祖武忠，在桑植瓦窯崗建千户守禦衙門(即後桑植縣治)。譜載世系、風土人情等。

湖南省桑植縣劉家坪鄉劉德禮

本條目據《中國少數民族古籍總目提要・土家族卷》著録

[湖南桑植]馮氏族譜一卷　(清)馮澍纂修　清末刻本　一册

記馮姓源流，先祖來桑植定居始末，本族名人軼事、宗教信仰、文化、教育、藝文、祖塋圖、先賢圖等。

湖南省桑植縣澧源鎮建興嶺村馮明柱

本條目據《中國少數民族古籍總目提要・土家族卷》著録

[湖南桑植]覃氏族譜十八卷　覃治華等纂修　民國二十年(1931)刻本　十八册

譜載世系、宗派、家訓、族規、祖墓、族義、家禮、祖祠、先賢墓誌祖祠、公産、祖墓等。

湖南省桑植縣洪家關鄉覃紅菊

本條目據《中國少數民族古籍總目提要・土家族卷》著録

[湖南桑植]彭氏族譜三卷　纂修者不詳　民國八年(1919)刻本　一册

譜載序、家規家訓、祭祀、名人、祖墓圖、公産、祠堂碑序、楹聯等。

湖南省桑植縣空殼樹鄉羅家坪村彭龍章

本條目據《中國少數民族古籍總目提要・土家族卷》著録

[湖南桑植]張氏族譜三卷 張大直纂修 清宣統三年(1911)刻本 三册

本譜記張姓由來,張氏"清河堂"、"百忍堂"、"金鑑堂"、"孝友堂"等八大堂號的來源,以及張姓後裔各支系來桑植情況。有張氏先祖圖、先賢圖。

湖南省桑植縣澧源鎮張青平

本條目據《中國少數民族古籍總目提要·土家族卷》著録

[湖南桑植]孫氏族譜四卷 孫開旦纂修 民國二十五年(1936)刻本 一册

卷一孫氏遷桑始祖達公後裔定居圖、孫姓由來、譜序、族規、班次禮制,卷二孫氏名人傳記,卷三孫氏歷代祖先遷徙、祖墳地址及各支系後裔人口繁衍情況,卷四孫氏文人藝文代表作,附《孫子兵法》、歷届修譜職名録、捐資修譜名單、孫氏各支系堂號源流。

湖南省桑植縣谷羅山鄉粑粑田村孫賢臣

本條目據《中國少數民族古籍總目提要·土家族卷》著録

[湖南桑植]陳氏族譜 陳海清纂修 民國十六年(1927)刻本 一册

始遷祖之佑,自江西吉安府吉水縣因官來湖南,子孫落籍安福寨(今桑植縣)寺院坪,後裔散居空殼樹、瑞塔鋪、汨湖、劉家坪、走馬坪、馬合口、澧源鎮、涼水口、陳家河、上河溪、細砂坪、八大公山等地。譜載世系、陳氏名人録、陳氏祖訓等。

湖南省桑植縣涼水口鎮韓家坪陳才佳

本條目據《中國少數民族古籍總目提要·土家族卷》著録

[湖南桑植]周氏族譜四卷 周禄安、周書階纂修 民國十八年(1929)刻本 一册 存卷一

本譜記周姓源流、世系、族中名人軼事、族規祖訓、詩詞楹聯、祖墓圖等。其中"八甲周"卷記周姓始祖遷來桑植縣落業的過程、演變以及族中名賢的情況。

湖南省桑植縣陳家河鎮新街村周太雄

本條目據《中國少數民族古籍總目提要·土家族卷》著録

[湖南桑植]尚氏宗譜序 (清)尚元鑄纂修 清光緒三十三年(1907)尚良然抄本

元末明初,姜尚由南京應天府蓮花池奉敕來桑植、永順"平蠻",與土著部落酋長尚俄蒂、尚惹把立等修好,隨之改姓聯宗,融合繁衍,定下派行,是爲始遷祖。本譜修於清光緒二十八年(1902),載源流、世系等。

湖南省桑植縣蹇家坡鄉筲箕池村尚立俊 湖南省桑植縣尚姓裔孫

本條目據《中國少數民族古籍總目提要·土家族卷》著録

[湖南常德]盛氏廣陵堂續纂四房禹臣公支譜 盛芳桐主修 2005年廣陵堂排印本 一册

鼻祖開禧,原係五溪土人,自後漢武侯征蠻授細紗峒長之職,歷晉及隋世受土職。遠祖度(字公量),宋進士,以尚書屯田員外郎奉使陝西。先祖德,明建文時人。其長子旺,明宣宗時襲父職,授南京右衛所。旺仲子華(字從龍),陝西西安府咸寧縣馬巷口人,元明之際因湖廣九溪衛所細沙隘百户盛國祥故,調華補缺百户,爲始遷祖。該族於2005年與桃源、常德合修族譜。字派(自第九世始):時嘉含宏光大,佑啓文武聯芳,忠孝克紹先緒,禮義振定朝綱,在前韜略繼美,從今寶貴必長,一本相傳久遠,萬代德澤永昌。譜載像、文件、家規十戒、宗派、年表、遷徙志,餘爲世系圖。

湖南圖書館

[湖南澧縣]覃氏族譜 覃正楚主修 2004年據民國三十六年(1947)修本重印 一册

始祖貫雍,居秦漢中郡。唐天寶間安禄山倡亂,族人徙居四川瞿塘關。至北宋元符間汝先生伯堅,官行軍總管,守施州,因世其家。弟伯圭,生仕魁,官元帥,守中建。南宋祥興元年(1278)追寇至麻寮,闢土以居。始遷祖友仁,仕魁之子,遷居石門金雞山。至明初,石門覃氏分爲添順、添秀、拳甫、添廷、添佑五支。添廷裔今多居湖北松滋,添

佑裔與桃源覃氏聯譜，添順裔祠名光裕，添秀裔祠名九如。添順公三子六孫，衍爲繩武、綱武、綸武、總武、紘武、纓武六房，現有人口六萬餘人。添秀公裔現有人口五千餘人。該族先世居石門。明正德間，纓武公後裔有分居永定天門山，石門南鄉，澧州窯坡渡、何家咀，津市下江灣、新河口者。譜載添平所志、序、傳、宗訓十條、五服圖、壽序、傳記，餘爲世系。

湖南圖書館

[湖南澧縣]田氏續修族譜十六卷首三卷　田雨堂等纂修　民國八年（1919）雁門堂木活字本　十九册

始遷祖均、朋兄弟，因明季兵變自江西吉安府吉水縣北門外遷居澧西大堰壋北田家廟沖。後裔道貞、道遠一居田家坪，一居青樹嶺。均房字派：均道永志單，應學再春玉，宗枝登大位，世緒達朝廷。朋房字派：朋道永志禮，應學再春玉，宗枝登大位，世緒達朝廷。卷首上目録、源流考、續修族譜引、聯派説、五服圖，卷首中祠圖、儀注、傳贊，卷首下墓圖，卷一至十六世系。是族於清道光二十七年（1847）初修譜。

湖南圖書館

[湖南澧縣]汪氏族譜　汪業飛等纂修　2000年平陽堂抄本　一册

始遷祖添麟，明洪武間自江西撫州府崇仁縣遷居澧州城東關外珍珠街。字派：鴻儒經盛國，學業紹先傳，德澤昭芳遠，蘭桂啓大賢。譜載序、排韻、世系。

湖南圖書館

[湖南澧縣]汪氏四修族譜四卷附一卷　汪學炮主修　2009年平陽堂排印本　五册

先祖同上。譜載綜合篇、源流篇、脈絡篇、道德篇、文史篇，餘爲世系。

湖南圖書館

[湖南澧縣]汪氏四修族譜四卷　汪明曲主修　2004年平陽堂排印本　四册

始祖福，自江西遷居慈利。始遷祖端，明成化二年（1466）遷居澧縣燕子山。宗派：瓊仕翱欽陽，以一汝世啓，正大希先德，文明崇盛朝，賢良宏作述，才學永光昭，紹緒孝友本，傳家忠厚長，宗澤慶久遠，華祚自克昌。是族曾於清同治二年（1863）、民國四年（1915）、民國十九年（1930）數次修譜。譜載總綱、世系、後語、附録。

湖南圖書館

[湖南澧縣]澧水流域蘇氏保公房續修族譜　蘇哲沐等纂修　2007年武功堂排印本　一册

此爲湖南澧縣、臨澧、石門、慈利等地合譜。始遷祖榮、洪、貴。榮於明洪武二年（1369）自江西屯駐九溪衛芭茅渡邵家河，後落業於新安板橋；洪原籍江西南昌府高安縣蘇家溪，明洪武間入湖平叛，轉居臨澧合口龍沉堰；貴同征九溪衛，駐慈利九溪崗，後落業新安洞子坪。此爲澧縣一支所修譜。譜載前言、文件、序、傳記選刊、年表、地圖、始祖畫像、塋圖、宗派、世系。

湖南圖書館

[湖南澧縣]澧水流域蘇氏族譜三卷　蘇德書主修　2006年眉山堂排印本　三册

先祖同上。譜載偉人論譜、組織機構、序、源流考、老譜文獻、道德規範、人文篇、遷徙史。

湖南圖書館

[湖南臨澧]汪氏三修族譜十卷　汪明亮纂修　民國九年（1920）平陽堂木活字本　八册　存卷一（卷首）至二、四至五、七至十

始遷祖福、禄、壽，明洪武二十三年（1390）自江西鄱陽遷居臨澧。卷首聖諭、治家格言、序、傳，卷二祠圖、派次、契據、規約、服制圖，卷三祖圖、塋圖，卷四至十世系。

湖南圖書館

[湖南臨澧]黄氏族譜十卷首二卷　黄祖柱等纂修　民國元年（1912）江夏堂木活字本　十册　存首二卷、卷二至九

始遷祖必廣，世居江西吉水，明洪武三年（1370）

征九溪蠻，遂籍安福七房坪。卷首上序、聖諭廣訓、服制、譜例、家範、傳贊，卷首下祠記、祖祠八詠詩、静慧宫記、祀産塋山，卷一至十世系。

湖南圖書館

［湖南臨澧］田氏族譜十卷首三卷　田迪吾主修　民國三十年（1941）紫荆堂石印本　十二册　三修本

遷湘始祖達江，原籍淮右，明中葉屯衛天門山。有三子：長子遇一居天門；三子遇三居石門南鄉；次子遇二長子受五功升雲南大理衛，次子受七落居澧陽南村。字派：三子興洞正武文，永□有應，汝國時之，士遇於世，宜逢輔家。啓宗自齊，早卜宏基，繼述丕振，祖澤必知，育爾後代，守乃先爲，農學光顯，明德如斯，從兹遠達，樂善可期，文運盛開，千祥雲集。卷首一領譜字號、目録、序、派説、序例、族約、祭儀、章程，卷首二服制圖、祖祠圖、祠業、墓圖，卷首三傳贊、壽序，卷一至十世系。是族於清咸豐十年（1860）初修譜。

湖南圖書館

［湖南臨澧］田氏族譜二卷　田自模主修　2006年紫荆堂排印本　二册

臨澧田氏大致分四支：三寨公支，始遷祖三寨，宋末千總，自江西吉水遷居永定衛樂二里（今臨澧靈泉寺）；達江公支，始遷祖達江，自淮右遷澧陽南村；志和公支，始遷祖志和，自江西遷居永右里（今臨澧修梅、停弦）；芳年公支，始遷祖芳年，清康熙初自辰州瀘溪遷居石門竹巷口油匠灣。字派同上條。是族於清咸豐五年（1855）、宣統三年（1911）、民國三十年（1941）、2003年數次合修族譜。譜載開卷篇（文件等）、引言篇（倡議書等）、聯修篇（墓圖、序跋、傳記等）、家訓篇、祭祀篇、創業篇、文藝篇、賢妻良母篇、風土人情篇、譜丁篇。

湖南圖書館

［湖南臨澧］臨澧蘇氏榮公房族譜　蘇宏秀主修　2011年眉山堂排印本　二册

此爲湖南澧縣、臨澧、石門、慈利等地蘇氏合譜。始遷祖榮、洪、貴。榮於明洪武二年（1369）自江西屯駐九溪衛芭茅渡邵家河，後落業於新安板橋；洪原籍江西南昌府高安縣蘇家溪，明洪武間入湖平叛，轉居臨澧合口龍沉堰；貴同征九溪衛，駐慈利九溪崗，後落業新安洞子坪。此爲臨澧一支所修譜。榮房舊字派：曰雨單民秉純啓道之名芳百世文章華國經緯。洪、貴房舊字派：正萬伏世堯勝啓宗夢向開文運先昭德久長象。合族宗派：前哲宏基緒，嗣服膺壽康，修齊崇詩禮，治平資賢良。是族榮房於清光緒二十二年（1896）創修族譜，洪、貴二房於光緒三十一年（1905）創修族譜，民國三十七年（1948）、2006年續修。譜載譜序、源流、人才、道德規範、家族文化、民俗知識、老譜實録。

湖南圖書館

［湖南桃源］覃氏創修族譜□□卷　覃賢樂等主修　覃賢趙等總纂　民國二十年（1931）融州堂木活字本　二十二册　存卷首、卷一至十四、十六至十七、二十一至二十二、二十四

始祖貫雍，居秦漢中郡。唐天寶間安禄山倡亂，族人徙居四川瞿塘關。至北宋元符間汝先生伯堅，官行軍總管，守施州，因世其家。弟伯圭，生仕魁，官元帥，守中建。南宋祥興元年（1278）追寇至麻寮，闢土以居。始遷祖和，明中葉由添平遷桃源莫林鄉；碧，由矛岡遷桃東吉祥鄉。卷首序、凡例、家訓、儀注、公産、墓圖、壽考録、樂捐芳名、傳、世系圖，餘卷世系表。

湖南圖書館

［湖南石門］向氏族譜一百零七卷　向育階等纂修　民國三十七年（1948）左師堂刻本　一百零七册

譜載靖安隘歷代世襲情況。

湖南省石門縣委統戰部向玉華（部分）

本條目據《中國少數民族古籍總目提要・土家族卷》著録

［湖南石門］向氏族譜三十八卷　向紹虎纂修　民國四年（1915）左師堂刻本　三十八册　殘缺嚴重

載襄陽辰州向氏考。

湖南省石門縣委統戰部向玉華

本條目據《中國少數民族古籍總目提要·土家族卷》著録

［湖南石門］向氏族譜十八卷 向顯楚等纂修 1949年左師堂木活字本 三册 存卷一至三

始遷祖大乾。

湖南圖書館

［湖南石門］龍溪鄭氏續修族譜二十卷 鄭協堂纂修 清光緒三十年（1904）詩禮堂刻本 二十册

載宗圖册、蔭襲傳承、龍溪隘等。

湖南省石門縣磨市鎮黄花村鄭姓村民

本條目據《中國少數民族古籍總目提要·土家族卷》著録

［湖南石門］曾氏族譜二卷 （清）曾鼎才等纂修 清同治三年（1864）陳廣生、李登賢刻本 二册 存一册

譜載添平所遙望隘土司與把總曾與賢於乾隆二十八年（1763）六月二十日上呈宗圖源流概况。

湖南省石門縣曾賢棟

本條目據《中國少數民族古籍總目提要·土家族卷》著録

［湖南石門］曾氏族譜二卷 （清）曾鼎才等纂修 據清同治三年（1864）陳廣生、李登賢刻本複印 二册 部分複印

參見前條。

湖南省石門縣民族宗教事務委員會

本條目據《中國少數民族古籍總目提要·土家族卷》著録

［湖南石門］覃氏四修族譜（光裕堂）九十四卷 覃耀唐等纂修 民國十一年（1922）光裕堂刻本 九十四册

譜載世系、傳記，節録《添平所志》相關章節，配有祠堂圖、祭祀器皿圖、祖墓示意圖。

湖南省石門縣檔案館 湖南省石門縣壺瓶山鎮泥沙村覃事勇

本條目據《中國少數民族古籍總目提要·土家族卷》著録

［湖南石門］覃氏四修族譜（光裕堂）九十四卷 覃耀唐等纂修 2003年據民國十一年（1922）光裕堂刻本影印 九十四册

參見前條。

本條目據《中國少數民族古籍總目提要·土家族卷》著録

［湖南石門］覃氏三修族譜二十二卷 覃秉念等纂修 民國十九年（1930）敦倫堂刻本 二十二册

是譜載九如堂覃氏譜系、添平土司巡捕千户歷代傳承史略、祭祀禮儀及恭請向王、諸葛武侯、七里公王等特殊習俗。

湖南省石門縣所街鄉覃昔海

本條目據《中國少數民族古籍總目提要·土家族卷》著録

［湖南石門］覃氏三修族譜二十二卷 覃秉念等纂修 據民國十九年（1930）敦倫堂刻本縮印 二十二册

參見前條。

湖南圖書館（縮影本）

本條目據《中國少數民族古籍總目提要·土家族卷》著録

［湖南石門］覃氏族譜五卷 覃道榮等主修 2004年百花堂膠印本 五册

始祖貫雍，居秦漢中郡。唐天寶間安禄山倡亂，族人徙居四川瞿塘關。至北宋元符間汝先生伯堅，官行軍總管，守施州，因世其家。弟伯圭，生仕魁，官元帥，守中建。南宋祥興元年（1278）追寇至麻寮，闢土以居。始遷祖友仁，仕魁之子，遷居石門金雞山。至明初，石門覃氏分爲添順、添秀、拳甫、添廷、添佑五支。添廷裔今多居湖北松滋，添佑裔與桃源覃氏聯譜，添順裔祠名光裕，添秀裔祠名九如。添順公三子六孫，衍爲繩武、綱武、綸武、總武、紘武、纓武六房，現有人口六萬餘人。添秀公裔現有人口五千餘人。字派：世繼宗光祚，家

聲慶遠長,文章遵正道,事業佐明堂,定國忠謨顯,安人厚澤揚,熙廷常懋績,奕代普聯芳,志學希賢聖,徵庸步壽康,百華祥豫兆,蕃衍序彌昌。是族於明嘉靖四十五年(1566)光裕堂初修族譜,清道光六年(1826)二修,光緒元年(1875)三修,民國十一年(1922)四修;清嘉慶十八年(1813)九如堂一修族譜,光緒八年(1882)二修,民國二十年(1931)三修;2004年光裕堂、九如堂及拳甫裔合修族譜。譜載賢達題詞、譜牒論述、編纂班子、新譜前言、編纂凡例、序言集刊、族源族考、大事記要、派歌新編、道德規範、墓誌祭祀、名人傳記、藝文精選,餘爲傳承表、世系。

湖南圖書館

[湖南石門]覃氏秀祖三修族譜十四卷首八卷　覃秉念主修　2003年據民國二十年(1931)九如堂木活字本重印　一册

先祖同上。譜載序、凡例、家範家訓、誥封、覃氏世系宗圖考、覃氏所隘志、五服圖、覃氏歷代人物一覽表、祠圖、祠記、祭田記、官田、祠産契據、藝文,餘爲宗圖世系。

湖南圖書館

[湖南石門]覃氏四修族譜八十五卷首九卷　覃章煊主修　2003年據民國十一年(1922)光裕堂木活字本膠印　二册

先祖同上。譜載序言、目録、凡例、添平覃氏合派歌、原序、五服圖、添平謁墓記、覃氏先世中國勳德記、添平老祠圖志、祠規十條、墓圖,餘爲宗圖世系。

湖南圖書館

[湖南石門]黄氏世譜四卷　(清)黄厚纂修　清光緒二十八年(1902)江夏堂刻本　四册

譜載添平所中營把總蔭襲傳承、清光緒十五年(1889)黄照恩承襲劄符及旨諭等。

湖南省石門縣磨市鎮槲樹村黄姓村民

本條目據《中國少數民族古籍總目提要·土家族卷》著録

[湖南石門]湘西北黄氏聯修族譜石門分卷　黄太階主修　2006年江夏堂印本　三册

該族爲漢族、土家族。該譜爲湘西北漢族、土家族黄氏數十支合譜。始遷祖、遷出地、遷湘時間等各不相同。譜載譜論、機構、前言、凡例、序言、族源考、合派、名人、族賢、黄氏文化,餘爲世系。

湖南圖書館

[湖南石門]丁氏族譜二卷　丁鼎華纂修　民國二十七年(1938)濟陽堂刻本　二册

譜記添平所漁洋隘土司概況,録《蔭襲記》,反映了改土歸流前後石門土家族社會的基本特徵。

湖南省石門縣三聖鄉丁姓村民

本條目據《中國少數民族古籍總目提要·土家族卷》著録

[湖南石門]王氏族譜二十卷　(清)王家禎等纂修　清光緒二年(1876)含英堂刻本　二十册

譜載九溪衛指揮所司衙記、蔭襲功績録、添平麻寮兩所土司承襲世系與雍正湖廣土司“改土歸流”情況。有王爾琢烈士畫像與簡介。

湖南省石門縣所街鄉黄虎峪大峪村民

本條目據《中國少數民族古籍總目提要·土家族卷》著録

[湖南石門]王氏族譜二十卷　(清)王家禎等纂修　據光緒二年(1876)含英堂刻本複印　二十册　存卷首二册

參見前條。

湖南省石門縣民族宗教委員會

本條目據《中國少數民族古籍總目提要·土家族卷》著録

[湖南石門]王氏二修族譜二十卷　王慶祚等纂修　民國十五年(1926)益陽志文堂刻本　二十册

譜載勳德記、王載卿傳記及唐宋元明諸土司傳承受命,自唐天寶年間起至明初王天寶共二十九世土司世系、王爾琢烈士畫像與簡介等。

湖南省石門縣工商局王吉鑄

本條目據《中國少數民族古籍總目提要·土家

族卷》著録

[湖南石門]文氏族譜二卷　文紹育等纂修　民國三十六年(1947)正氣堂刻本　二册

譜載蔭襲列傳,文大秀、文國學敕命,雜録等。

湖南省石門縣維新鎮沿市文姓村民

本條目據《中國少數民族古籍總目提要·土家族卷》著録

[湖南石門]文氏族譜二十一卷首一卷　(清)文啓銀纂修　清光緒二十三年(1897)正氣堂木活字本　二十六册　初修本

譜以漢文翁爲發基鼻祖,數傳至球,歷十四世至時,唐代留家永新錢市。又歷十四世至天祥,越三世至美化,遷臨江,生三子: 長念一徙楚北荆門;次念二徙夷陵;季念三由臨江來楚,落馬石門北鄉南岔,旋徙邑之文家崗,爲本支始遷祖。念三子大秀移居馬鞍村荒田溶。卷首序、諭旨、旌表、衣冠録、五服圖、祠圖、保月寺圖、塋墓圖、宗規、列傳、宗派,卷一至二十一世系。

湖南圖書館

[湖南石門]石門文氏族譜念三公世系　文紹嶽主修　1998年正氣堂膠印本　三修本

先祖同上。内録序、文氏尋源考、文氏世系考、文天祥傳、正氣歌、祠規、文氏百户官沿公渡衙門概述、土家族文氏風俗習慣、世系。

湖南圖書館

[湖南石門]陳氏四修族譜二十二卷　陳英教等纂修　民國十八年(1929)敦宗堂刻本　二十二册

是爲石門磨市譜,載忠靖隘土司蔭襲傳承史實、世系、詩選等。

湖南省石門磨市長峪村陳姓村民(藏一册)

本條目據《中國少數民族古籍總目提要·土家族卷》著録

[湖南石門]三山唐宗圖總册一卷　(清)唐玉玲纂修　清同治八年(1868)敦敘堂刻本　一册

譜載分宗圖源流、宗圖功迹、地輿、建設志、唐德昌呈造所隘編制名額、世襲總册諸目。

本條目據《中國少數民族古籍總目提要·土家族卷》著録

[湖南石門]唐氏三山族譜二卷　(清)唐芳昆纂修　清光緒十一年(1885)麻寮晉陽堂刻本　一册

譜載源流、世系、宗圖、功績、封贈和千户所建署,以及下屬石隘的沿革、疆域等。

湖北省鶴峰縣走馬鎮所坪唐傳緒

本條目據《中國少數民族古籍總目提要·土家族卷》著録

[湖南石門]唐氏三山族譜二卷　(清)唐芳昆纂修　1984年據清光緒十一年(1885)麻寮晉陽堂刻本排印　合册

參見前條。

本條目據《容美土司史料彙編》著録

[湖南石門]伍氏族譜四十一卷　(清)伍積純等纂修　清光緒三十一年(1905)明輔堂刻本　三十八册

伍氏宋代來細紗定居。載世系、傳記等。

湖南省石門縣維新鎮伍氏村民

本條目據《中國少數民族古籍總目提要·土家族卷》著録

[湖南石門]伍氏族譜四十一卷　(清)伍積琛主修　清宣統二年(1910)敦倫堂木活字本　三十八册

始遷祖安廣,宋末自豫章洪都遷居石門邑北澧陽。五世彦才,元末佐覃添順贊助機務,衛民拒敵,明初納土歸附,授武略將軍,掌細沙隘印,生八子,衍八房。字派(自六世始): 天生祖宗善良,子孫忠孝永昌,世代萬年積德,本支千載芬芳,聲名盛美周漢,勳業遠紹陶唐,道學遵敦孔孟,廣開仁義久長。卷首(即卷一)序、凡例、目録,卷二聖諭廣訓,卷三至四傳贊,卷五誥封、鐵券、旌表,卷六家訓、家誡、儀注,卷七祠圖、墓圖,餘卷世系。

湖南圖書館

[湖南石門]田氏族譜五卷　田啓毛主修　2005年膠印本　六册　四修本

始遷祖萬達,元末明初自贛遷居楚之石門田家巷。生三子,遇一徙永定天門,遇二徙臨澧修梅田家坪,遇三居石門南鄉白洋湖。家族繁衍至今約五千三百人。陸軍中將田載龍出於此族。字派:萬遇受仲單永單大萬春(勝)國(春)登(正)虞(起)單(之)種(世)光(應)士淳民良,長裕啓祥,家有餘慶,祖德榮昌。2005年湘西北田氏聯修宗譜,擬定通派:岱惠容高雅,復祠振偉積,凱岸舒皓欣,知嚴育健騏。白洋湖田氏自"餘"字後採用通派。是族於明崇禎間初修譜,清乾隆十六年(1751)二修,咸豐九年(1859)三修。譜載序、功德篇、藝文篇、附録、各房世系。

湖南圖書館

[湖南石門]杜氏四修族譜十五卷　杜慎福等纂修　民國二十二年(1933)京兆堂木活字本　十五册

此爲湖南岳陽、常德、張家界、湘西自治州、懷化及湖北公安、石首、鶴峰八市州縣合修譜。預十一代孫憲章,因徐敬業之亂,與子極南由襄陽避禍閩粤,道經江西撫州宜黄縣萊源渡炎田寨而居。明洪武二年(1369),京武攜子文廣、文通,由江西豐城遷居湖南永定天門山(今屬張家界市永定區)。文廣生萬祖、壽祖,文通生萬宗、福宗、萬全。萬宗生寧、清、集、軒、賢五子,寧仍居天門山,清居城南鄢家灣,集居石門楊柳池,軒遷居金雞崗龍池堰,賢居澧縣龍神灣(今澧縣方石坪鎮巖河村)。賢公子高貞又遷杜家巷(今澧縣中武鄉南田村)。至清康熙三十年(1691),先鼎又由杜家巷徙居石門仙陽坪杜家崗,爲石門始祖。卷首序、目録、派行、凡例、儀注、宗約、家訓,卷二傳贊,卷三五服圖、祠圖、判詞,卷四至十五世系。

湖南圖書館

[湖南石門]杜氏聯宗譜　杜方得主修　2005年京兆堂膠印本　一册

先祖同上。譜載源流篇、世系篇、道德篇。

湖南圖書館

[湖南石門]盛氏族譜二十卷首四卷　(清)盛武極主修　清光緒三十年(1904)廣陵堂木活字本　二十册

鼻祖開禧,原係五溪土人,自後漢武侯征蠻授細沙峒長之職,歷晉及隋世受土職。遠祖度(字公量),宋進士,以尚書屯田員外郎奉使陜西。先祖德,明建文時人。其長子旺,明宣宗時襲父職,授南京右衛所。旺仲子華(字從龍),陜西西安府咸寧縣馬巷口人,元明之際因湖廣九溪衛所細沙隘百户盛國祥故,調華補缺百户,爲始遷祖。該族於2005年與桃源、常德合修族譜。字派(自第九世始):時嘉含宏光大,佑啓文武聯芳,忠孝克紹先緒,禮義振定朝綱,在前韜略繼美,從今寶貴必長,一本相傳久遠,萬代德澤永昌。卷首序、凡例、家法、家規、服制,卷二祠記、墓表墓圖、采地,卷三傳,卷四册封、旌表、宗派、年表、細沙隘原委辨,卷五至二十世系。

湖南圖書館　湖南省石門縣文化局盛忠權

[湖南石門]盛氏族譜　盛芳榮主修　2005年廣陵堂排印本　三册

先祖同上。譜載檔案、凡例、序言、族源族屬、派歌、道德規範、墓誌碑文、賢人簡介、藝文,餘爲世系。

湖南圖書館

[湖南石門]蘇氏族譜　蘇太潮主修　2002年眉山堂膠印本　一册　三修本

始祖大凱,明初總兵,洪武元年(1368)自江西吉安府吉水縣東關大栗樹遷居湖南辰州府瀘溪縣榔木溪。始遷祖十世文科、文選,清康熙四十四年(1705)復遷澧州石門縣庵同溶。此次修譜,合石門、桃源、慈利、瀘溪、古丈五縣。舊字派:明友剛勝祖,天啓承文得,正心順光學,官清世太安。2001年與石門蘇忞公裔合派。忞支舊派:再正秀必昌,志景光用常,繼述思宜善,祖德永傳芳。二支新派:鴻源聯登遠,業昌必顯長,先緒維定國,忠孝萬家芳,志豪景運盛,誠信裕後强,科法廉節義,華宇振興邦。譜載序、派語、碑文、統計表、源流總考、歷史資料、家教必讀、人物傳記、世系。

湖南圖書館

[湖南石門]石門龔氏永隆公祠始修族譜六卷 龔鳳暹等主修 民國二十四年(1935)鉛印本 六册 初修本

始祖永隆,明洪武間自江西吉安府吉水縣紅洲溝大栗樹遷居湖南辰州府瀘溪縣漚溪岳武堂高村。四傳至汰、清、治、潺、沛、潘,携姪大用先後再徙石門,爲始遷祖。字派:大學之道,明德萬世,肇兆裕振,丕承紹文,繼緒長遠,佑啓正倫,宏開祖業,家聲衍慶,秀士蔚起,代傳聖經,新民至善,修齊治平。卷一序、例言、公啓、文契、五服圖、家訓、墓誌、遷徙表,卷二至六世系。

湖南圖書館

[湖南桂東]姜氏族譜不分卷 纂修者不詳 清同治十三年(1874)積厚堂刻本 一册 初修本

始祖念修,明代居湖北廣濟(湖北武穴)。始遷祖四子斌武,明永樂間自湖北廣濟遷居湖南桂東菴子嶺野豬壟(現湖南省桂東縣新坊鄉野豬壟)。譜載新序、族訓、姜氏排行、先祖畫像、先祖墓地圖、禮儀禮制、脈系表、族譜總録(家族人員的生卒配葬、子女生育及遷徙情况)等。

湖北省建始縣農村經濟管理局姜久平

[湖南桂東]湖南桂東姜氏族譜 姜萬興等纂修 1999年積厚堂排印本 一册 二修本

先祖同上。譜載新舊譜序、三修族譜章程、排行、族訓、先祖畫像、先祖墓地圖、九族系統圖、脈系表、族譜總録(家族人員的生卒配葬、子女生育及遷徙情况)。

湖北省建始縣農村經濟管理局姜久平

[湖南城步]楊氏通譜不分卷 纂修者不詳 佚名增補 據民國十一年(1922)弘農郡木活字本複印 三册

是爲漢族、侗族、苗族、土家族通譜。始祖再思,其父居本於唐文宗開成四年(839)由淮南(揚州)丞調守敘州(今湖南黔陽、會同一帶),治龍標(今黔城),開拓五溪(舞陽河、清水江、渠陽河、辰水、巫水)侗寨。唐懿宗咸通元年(860),再思隨父自五溪侗鄉遷居敘州,後因功知敘州事,守沅州(今湖南芷江),五代時改敘州爲"誠州",生十子:政隆、政滔、政修、政約、政款、政綰、政巖、政嵩、政權、政儉(欽)。政隆兄弟於宋太祖開寶八年(975)貢土稱臣。政隆爲臨州知府,治湖南洞口;政滔爲湖耳古州柳州等處都總管防禦史,治貴州湖耳;政修爲刺史,治湖南城步;政約爲古州撫使,治洪州;政綰爲播州知州,居湖南綏寧;政巖爲誠州刺史;政嵩爲防疆使,治防疆;政權爲太尉,治潭溪;政儉爲威勝將軍,鎮黔陽。並追封再思爲誠州刺史,賜爵英惠公,立廟於湖南靖州飛山。後裔分佈於湘、黔、滇、桂、川五省六十八縣,有苗、侗、土家、瑶、布依、水等多種民族。該族名人甚多,如果勇侯楊英,鴉片戰争期間率部抵禦侵略;楊藎臣參加辛亥革命,爲貴州首任都督;楊勝治爲國民革命軍第十軍軍長;楊至誠爲中國人民解放軍上將。第一册總序、通譜序、贈序、聖諭十六條、朱柏廬治家格言、服制圖、楊氏受姓源流,第二至三册世系。

湖南圖書館

[湖南沅陵]田氏族譜 田盛安等主修 2007年紫荆堂排印本 一册 二修本

是爲土家族、苗族族譜。該族先世自山東青州府益都縣遷居江西吉安府吉水縣。始遷祖萬川,因貿易遷居沅陵北河口鴨子坪石排柳。字派:岱惠容高雅,復祠振偉積,凱岸舒皓欣,知嚴育健騏。是族於清道光十二年(1832)初修本。主要内容:沅陵田氏分佈圖、前言、譜論、文件、章程、字派、族訓、世系。

湖南圖書館

[湖南麻陽]湘鄂邊區黃氏麻陽宗祠均久公後裔支譜 黃立乾主編 2014年江夏堂印本 一册

沅江始祖瑕公第十八世孫珊公,字千瑚,世居豐城。明洪武五年(1372),因柿溪州土官覃垕叛,隨征散毛、柿溪(今來鳳)、赤溪、安福諸峒。失利貶配雲南寧州府廣南,二十七年(1394)奉旨歸故里。永樂二年(1404)舉家遷湖南辰州府麻邑一都六甲婆田(後改名茶溪)。後裔散居龍山、瀘溪,湖北來鳳、宣恩、恩施等地。
湖南圖書館

[湖南湘西]魯氏族譜不分卷　合族纂修　清道光十四年(1834)扶風堂刻本　二册
譜載宗傳、字派、宗祠、合約、舊序、譜例、凡例、聖諭廣訓、世系等。
湖南省龍山縣檔案館
本條目據《中國少數民族古籍總目提要・土家族卷》著録

[湖南湘西]魯氏族譜不分卷　魯隆盎纂修　民國九年(1920)石印本　一册
譜載譜敘(序)、家規、科目録、世系合訂年表、譜跋等。
湖南省古丈縣保險公司魯德全
本條目據《中國少數民族古籍總目提要・土家族卷》著録

[湖南湘西]彭氏譜一卷　(清)彭施滌纂修　清光緒二十七年(1901)刻本　一册
一世祖明達。記録了從明達至象乾五十一代土司及嫡庶的生平，爲歷代溪州土司之大略。譜載世系、源流總敘、考古訂補敘録、隴西五房圖談、溪州銅柱記、先靈墓地、功臣像贊、徵君彭公祠堂記、墓誌，以及明代洪武十五年(1382)與二十九年(1396)時的皇帝制誥、嘉獎抗倭英雄彭藎臣制誥等。
湖南省保靖縣檔案館
本條目據《中國少數民族古籍總目提要・土家族卷》著録

[湖南湘西]彭氏譜一卷　(清)彭施滌纂修　1959年據清光緒二十七年(1901)刻本排印　合册
参見前條。
本條目據《湘西土司輯略》著録

[湖南湘西]彭氏譜考不分卷　(清)彭施滌、彭振聲纂修　清光緒二十七年(1901)稿本　一册
先祖同上。譜載世系、諸土司獲朝廷族表等。
湖南省保靖縣檔案館
本條目據《中國少數民族古籍總目提要・土家族卷》著録

[湖南吉首]吉首清河堂司馬溪張氏宗譜　張祖元主修　2009年印本　一册
定遠將軍張雄飛(舊譜原作“熊飛”)，因奉旨靖邊，率軍進駐湖南，父子八子進駐湘西腹地，卒葬麻陽羊古腦。洪武元年(1368)其曾孫張走哥(歌)，字良佶(節)，進入鎮溪所，二十四年正式開闢鎮溪之東司馬溪(今吉首市東太平鄉)。族中名人張一尊。譜載遠祖三公墓照、張氏遷徙圖、源流、譜序、司馬溪簡介、家訓、世系。
湖南圖書館

[湖南鳳凰]田氏族譜三十三卷　(清)田興禮等纂修　清光緒五年(1879)木活字本　三十三册
該族爲土家族、苗族。始祖宗顯，隋開皇元年(581)授黔州刺史，遂家黔。越十四世至佑恭，宋代知思州軍民事，遂爲思人。又八世至明儒銘，以征十五峒功封威武大將軍，任沱江宣撫使，五子從征有功，各以所闢地分膺長官。族人分佈於沱江鎮、上五峒、溪口、箄子坪、芷江，及貴州思南、印江、朗溪、萬山等地。宗祠建於鳳凰老營哨喜鵲坡。貴州提督田興恕出於此族。該族至1948年有男丁三萬人，女口一萬五千人。
湖南省湘西土家族苗族自治州檔案局

[湖南鳳凰]鳳凰田氏族譜　田滿清主修　2012年排印本　二册
該族爲土家族、苗族。先祖同上。譜載功德篇、聯修篇(字派)、傳記篇、淵源篇、家規篇、附録、譜資篇(世系)。
湖南圖書館

[湖南保靖]梁氏族譜不分卷　纂修者不詳　民國間抄本　一册
是爲塗乍鄉梁姓支脈源流。始祖盧、瀕二公於宋代末籍江西吉安蓮花廳，後七子遷往湖南各州

府。始遷祖明璵,遷居保靖。此家族本姓張,明代改姓梁。

湖南省保靖縣檔案館

本條目據《中國少數民族古籍總目提要·土家族卷》著録

[湖南保靖]彭氏支譜不分卷　纂修者不詳　彭秀恒據保靖縣大妥鄉夜咱村私家藏本抄　一册

始遷祖萬里,自瀛州南遷至保靖。譜載世系、開山祖萬里至第三十四世孫鼎行傳、彭氏十一子官爵考、彭氏支脈遷徙録等。

湖南省保靖縣檔案館

本條目據《中國少數民族古籍總目提要·土家族卷》著録

[湖南保靖]田氏宗譜不分卷　纂修者不詳　複印本　一册

田氏譜於宋紹興二十四年(1154)由佑恭、應鋆創修,是爲第十次修本。譜載普宗授黔中太守至儒銘後三世共二十五代子孫事。

湖南省保靖縣陳家駒

本條目據《中國少數民族古籍總目提要·土家族卷》著録

[湖南保靖]保靖田氏族譜　田茂藻主修　2006年紫荆堂排印本　一册

是爲土家族、苗族族譜。始遷祖志明,明末志仁與堂弟志義自四川酉陽秀山縣同遷保靖。土司授志明把總。字派:祖宗慶興應,景儒茂仁宏。譜載譜牒文獻、源遠流長(田姓由來、田姓分化)、英雄輩出、瓜瓞綿延。

湖南圖書館

[湖南保靖]龍氏族譜四卷　龍沛霖等纂修　據民國二十六年(1937)强記石印局石印本複印　四册

始祖龍海,元末明初自江西吉安府吉水縣龍家灣遷居常德武陵,繼遷永順保靖。

湖南省湘西土家族苗族自治州圖書館

[湖南保靖]龍氏族譜二卷　纂修者不詳　民國十六年(1927)强記石印局石印本　四册

是爲塗乍鄉譜。記居住幾卡隴、牙接里等用土家語命名的地方的龍氏族人。

湖南省保靖縣檔案館

本條目據《中國少數民族古籍總目提要·土家族卷》著録

[湖南古丈]田家洞譜田氏譜序不分卷　田承俊纂修　清光緒七年(1881)抄本　一册

是爲古丈田家洞譜。始祖千秋,唐代人,居自江西,其後裔遷徙各地,其中一支先遷湖南沅陵石牌樓,再遷溪州,其後又轉遷至永順、保靖、古丈田家洞等地。譜載世系及田氏隨彭土司抗倭、末代土司彭肇槐納土等事。

湖南省民族事務委員會少數民族古籍辦

本條目據《中國少數民族古籍總目提要·土家族卷》著録

[湖南永順]劉氏族譜不分卷　(清)劉大亮纂修　清乾隆四十年(1775)稿本　一册

譜載劉姓世系、沿革、族史、族規等。

湖南省永順縣檔案館

本條目據《中國少數民族古籍總目提要·土家族卷》著録

[湖南永順]彭氏通譜源流不分卷　(清)彭文纂修　清道光六年(1826)刻本　一册

一世祖倜,唐代人。譜載世系、誥封、像贊、譜例、祠堂記、稽勳傳等。

本條目據《中國少數民族古籍總目提要·土家族卷》著録

[湖南永順]彭氏族譜不分卷　纂修者不詳　清光緒二十八年(1902)隴西堂刻本　一册

譜載世系、傳記等,並記録彭士然子孫中歷代土司名及主要功業,及彭氏與楚王馬希範立溪州銅柱、平定倭寇等事。

湖南省民族事務委員會少數民族古籍辦

本條目據《中國少數民族古籍總目提要·土家

族卷》著録

[湖南永順]北湖彭氏宗譜考不分卷　(清)彭弘涵、彭弘淮纂修　清刻本　散頁

明末劉文瀾從侄劉文卿處得見彭譜,參考編就《稽勳録》一册。北湖彭氏,上自唐虞,傳至漢,至唐黄巢興師,再至彭氏世守溪州。始祖玕、瑊,唐末人。永順、保靖二司彭氏乃彭瑊後裔。

湖南省永順縣車坪彭氏

本條目據《中國少數民族古籍總目提要・土家族卷》著録

[湖南永順]北湖彭氏譜考不分卷　(清)彭弘涵、彭弘淮纂修　2001年據清刻本排印　合册

參見前條。

本條目據《溪州土司八百年》著録(節録)

[湖南永順]田谷埡彭氏支譜不分卷　彭蜚翰纂修　民國八年(1919)稿本　一册

是爲永順田谷埡彭氏續修家譜,載世系、彭氏二十字派行等。

湖南省永順縣檔案館

本條目據《中國少數民族古籍總目提要・土家族卷》著録

[湖南永順]張氏族源簡歷　(清)張孔纂修　清末稿本　二頁

清雍正八年(1730),張太母章氏帶兩子由千丘田來永順七里坪,開是族之始。至重孫時,家資豐裕,遣子去首車、杉木等地,至此繁衍。譜載世系等。

湖南省永順縣塔臥鎮七里坪張家寨

本條目據《中國少數民族古籍總目提要・土家族卷》著録

[湖南永順]張氏族源簡歷　(清)張孔纂修　1989年永順縣民族古籍整理小組據清末稿本排印本　合册

參見前條。

本譜載於《永順碑刻墓誌譜序選輯》

本條目據《中國少數民族古籍總目提要・土家族卷》著録

[湖南永順]符氏族譜四卷　符汝霖、符運匯纂修　民國二年(1913)刻本　二十五册

譜載符姓考、源流、字派、冠禮、四禮、祭禮、世系表等。

湖南省永順縣檔案館

本條目據《中國少數民族古籍總目提要・土家族卷》著録

[湖南永順]向氏宗譜不分卷　纂修者不詳　清同治間刻本　一册

始遷祖宗彦,五代後晉時人。死後葬蓮花池,後裔遂家焉。

湖南省永順縣松柏鄉壩古村向氏

本條目據《中國少數民族古籍總目提要・土家族卷》著録

[湖南永順]向氏宗譜不分卷　(清)向定模纂修　清光緒間刻本　一册

譜尊三國西蜀寵爲鼻祖,後成爲鹿遲洞長官司。始遷祖宗彦,唐末人,於中蓮花池遷王村。内録世系。

湖南省永順縣松柏鄉向氏家族

本條目據《中國少數民族古籍總目提要・土家族卷》著録

[湖南永順]龍塔王氏族譜五卷　王雨民等纂修　民國二十二年(1933)中央軍監部印刷部印本　五册

是譜創修於清道光年間,至民國二十二年(1933)共七次續修。王氏先祖由江蘇遷江西,後遷湘西北溪州,任土司四世,改土歸流後世居龍塔。譜載世系等。有時任國民政府主席林森所作序。

湖南省保靖縣檔案館

本條目據《中國少數民族古籍總目提要・土家族卷》著録

[湖南永順]龍塔王氏族譜九卷　王曉初主修　民國二十三年(1934)鉛印本　四册

譜稱始祖墨著王,原籍江西吉水縣娥媚灣,支系太原,其先世避秦奔楚,開闢蠻荒,苗土向化,稱爲墨著,即土語"王"。傳四世值吴敖駢亂,明、亮、清、聰四公聞有吉水鄰人彭瑊者爲辰州刺史,暗約平蠻後分治其地。蠻平功奏朝廷,明授王家村長官司;亮授分巡把水司;清授暴武總理司;聰授長官分巡司,兼授西古村長官。始遷祖鳳,聰公裔,明萬曆間遷居永順龍塔。清雍正間,改土歸流,王氏子孫散居於永順、保靖、龍山、桑植間。宗祠於清嘉慶間建於龍塔。字派:世宗啓文仲,榮化福連東,正大光明策,永遠兆儒宏,錫丞本焕先,鍾汝植烈起,釗澤材灼培,鉉法樹炤基,錦滿榮秋在,録源楚勳均,鑒清權耀重,銓治樂熙坤,鎬洛槐篤睦,欽濬極爲型,鎔潤果然者,鐙澈集炬城。卷一序、起始故説、凡例、名録、祠圖、祖訓十六字、家誡十六條,卷二祖祠祭田管理、條約、族學組織大綱、派字、傳,卷三墓銘、壽序,卷四世系瓜瓞圖表,卷五至九世系。其譜創修於清嘉慶年間。

湖南圖書館　湖南省永順縣檔案館

[湖南永順]龍塔王氏族譜九卷　王曉初主修　民國二十三年(1934)鉛印本　四册

參見前條。

本條目據《中國少數民族古籍總目提要・土家族卷》著録

[湖南龍山]向氏族譜不分卷　向鳳瑞纂修　民國二十三年(1934)稿本　一册

譜載歷代譜牒序、粤稽始祖、宗彦(向老官人)簡介、歷代名人、宗派等。

湖南省龍山縣巖沖鄉向家村向華亨

本條目據《中國少數民族古籍總目提要・土家族卷》著録

[湖南龍山]彭氏通譜源流三卷　纂修者不詳　清刻本　三册　殘損較重

溪州土司六世彭彦稀、七世彭師裕後裔先後自永順、保靖徙居龍山縣洗洛、怕且湖、白竹園等地,二十七世孫彭永泰至三十五世孫彭楚武由吾源遷入泌涉湖,二十九世孫到三十五世孫彭楚榜等生平事迹、子嗣情況。譜載世系、傳記等。

湖南省保靖縣檔案館

本條目據《中國少數民族古籍總目提要・土家族卷》著録

[湖南龍山]張氏宗譜二卷　纂修者不詳　民國年間刻本　二册

譜載譜序、班派、家訓家規、人物小傳、歷代世系等。

湖南省龍山縣檔案館

本條目據《中國少數民族古籍總目提要・土家族卷》著録

[湖南龍山]長沙天井陳氏支譜四十二卷　王榮堂、陳季彦纂修　民國二十二年(1933)刻本　二十一册

譜載歷代紀元、世系源流、歷代派語、歷代丁口、修譜資金、修譜人名、禮書、坊書、遺文、塋域、藝文、懿行、世系等。

湖南省龍山縣檔案館

本條目據《中國少數民族古籍總目提要・土家族卷》著録

[湖南龍山]唐氏族譜不分卷　唐祥培纂修　民國十七年(1928)銅版印本　一册

譜載譜序、康成公志、宗魁公志、實三公志、天印公志、天文公志、世榮公志、天琳公傳、傳心公傳、益三公傳録、秉誠實録、服制小引、喪服制度、墓圖、譜例、祭法、家訓、答族問、頌定新派等。

湖南省龍山縣咱果鄉黄河村唐富仲

本條目據《中國少數民族古籍總目提要・土家族卷》著録

[湖南龍山]范氏續修家乘十一卷　范善錕纂修　民國五年(1916)油印本　六册

譜載始祖傳、行述、墓誌、服制、律法摘要、祭禮祠規、契據、碑文、縣示、家訓、家範、墓圖、派語、年表、始祖派系、南樓公房派系、垂絲圖説、始祖派系

圖説、分遷始祖派系、南樓公房宗圖等。有插圖五十三幅。

湖南省龍山縣檔案館

本條目據《中國少數民族古籍總目提要・土家族卷》著録

[重慶]馬氏譜書節要讀本不分卷　(清)馬培敬纂修　清宣統元年(1909)培文堂書局石印清光緒三十三年(1907)修本　一册

是爲石柱、彭水馬氏統譜。載自南宋馬定虎以來的"世襲宗圖",正文四百八十句,每句四字,旁有小字注釋,附涪州陳紹昌《馬氏世系贊》五十二句、馬氏字派。

重慶市彭水苗族土家族自治縣太原鄉英光村馬學貴

本條目據《中國少數民族古籍總目提要・土家族卷》著録

[重慶]秦氏族譜不分卷　(清)秦淮月纂修　清光緒十八年(1892)稿本　一册

是爲彭水、石柱秦氏統譜,首敘秦良玉及弟邦屏、民屏效忠王室事,内載石柱女將秦良玉世系、擬字派、傳記、家訓、喪服圖、五言律詩二十六首(有注釋),及秦安司從湖北孝感經利川定居彭水計議里(今三議鄉)再遷忠州之事。

重慶市彭水苗族土家族自治縣太原鄉英光村馬學貴

本條目據《中國少數民族古籍總目提要・土家族卷》著録

[重慶黔江]舒氏宗譜四卷　(清)舒德鈐纂修　清同治元年(1862)刻本　十八册

是爲清道光十七年(1837)續修舊譜,清同治元年重刊。記舒氏源流,詳述其世系變化。

重慶市黔江區檔案館

本條目據《中國少數民族古籍總目提要・土家族卷》著録

[重慶黔江]延陵吴氏允思公房譜不分卷　(清)吴作舟纂修　清道光九年(1829)刻本　五册

是爲據明萬曆十五年(1587)譜續修本,譜仍遵舊式,由源流、世系、世次傳、世居考、祖公像、墳墓録、文翰録、榮登録等組成。

重慶市黔江區檔案館

本條目據《中國少數民族古籍總目提要・土家族卷》著録

[重慶黔江]陶氏族譜五卷　陶霽月纂修　民國三十二年(1943)黔江樹原石印局石印本　一册

譜載源流、家規、世系、藝文、傳略、列傳等。

重慶市黔江區檔案館

本條目據《中國少數民族古籍總目提要・土家族卷》著録

[重慶黔江]徐氏家譜不分卷　(清)徐朝瑞纂修　清光緒二十六年(1900)刻本　二册

譜載族規、宗訓、世系、列傳、家禮、墳塋等。

重慶市黔江區檔案館

本條目據《中國少數民族古籍總目提要・土家族卷》著録

[重慶奉節]巫山大廟吴氏總譜　吴興棹纂修　1996年延陵堂鉛印本　五册

始遷祖學賢,清乾隆二十七年(1762)自江西贛州府會昌縣南鄉上七都遷居重慶奉節縣南岸都里十二甲白泥塘紫竹溪。譜載譜序、源流考、遠祖世系録、族人世系表。

湖北省建始縣農村經濟管理局姜久平

[重慶巫山]巫山熊氏族譜　熊克炳等纂修　2005年排印本　一册

始遷祖嗣泰,清初自湖廣公安縣遷居重慶巫山南岸新花屯大垴。譜載序言、熊氏源流簡介、歷史人物志、巫山熊氏概況、碑文碑聯、世系録、遺風初探、編後語。

湖北省建始縣農村經濟管理局姜久平

[重慶石柱]秦氏家乘三卷　秦山高纂修　據民國二十九年(1940)稿本複印　三册

重慶市石柱土家族自治縣檔案館

本條目據《中國少數民族古籍總目提要・土家族卷》著録

[重慶石柱]馬氏家譜不分卷　纂修者不詳　1985年據清光緒二十一年(1895)刻本複印　一册

譜載序、家規家訓、祭祀、世系圖等。

重慶市石柱土家族自治縣檔案館

本條目據《中國少數民族古籍總目提要・土家族卷》著録

[重慶石柱]衆增冉氏宗譜略不分卷　冉懿三纂修　1985年據民國二十五年(1936)稿本複印　一册

是譜記石柱冉氏源流及其繁衍承嗣。

重慶市石柱土家族自治縣檔案館

本條目據《中國少數民族古籍總目提要・土家族卷》著録

[重慶石柱]譚氏族譜二卷　纂修者不詳　清光緒十六年(1890)刻本　二册

譜載序、家規家訓、祭祀、名人傳記、世系列表等。

重慶市石柱土家族自治縣檔案館

本條目據《中國少數民族古籍總目提要・土家族卷》著録

[重慶石柱]陳氏族譜不分卷　纂修者不詳　民國九年(1920)刻本　一册

譜載石柱陳氏祖先起源及後代繁衍情況。

重慶市石柱土家族自治縣檔案館

本條目據《中國少數民族古籍總目提要・土家族卷》著録

[重慶彭水]冉氏康熙癸酉譜二卷　(清)冉世奎纂修　清康熙四十六年(1707)稿本　二册

酉陽十世土司如彪,奉旨"平夷",命弟如獐率漢土官兵平彭水,封萬户侯,遂家焉,是爲始祖。是譜爲如獐後裔紹鳳遷涪陵南岸長里一甲發源溝(冉家溝)落業後,其子世奎編修,歷時十四年。

重慶市涪陵區北拱水盈村冉風海

本條目據《中國少數民族古籍總目提要・土家族卷》著録

[重慶彭水]冉氏家譜不分卷　(清)冉瑞基纂修　清乾隆三十六年(1771)稿本　一册

始祖應温,酉陽十代土司僉事如狼次子,明洪武五年(1372)受土司冉如彪派遣,率兵前往白馬鎮守,並迎接藍玉進軍彭水,助其平定黔江及湖北邊境諸土司,後裔分佈在朗溪、喬梓聚居,武隆白馬、火爐鋪等地也有分佈。是爲朗溪一支譜。載世系。

重慶彭水苗族土家族自治縣漢葭鎮北門街八十九號冉懋禄

本條目據《中國少數民族古籍總目提要・土家族卷》著録

[重慶彭水][酉陽冉氏]忠孝譜不分卷　(清)冉廣燏纂修　清乾隆五十四年(1789)刻本　一册

始祖仁才。是譜記二十五代土司,内載序文、忠孝世家傳、世序總圖、歷代大宗世次、歷代分支(小宗)、墳塋、誥封、敕誥、符檄、部劄、詩詞等。

重慶市彭水苗族土家族自治縣潤溪場上冉斌、磨寨一碗水冉啓富

本條目據《中國少數民族古籍總目提要・土家族卷》著録

[重慶彭水][酉陽冉氏]忠孝堂譜不分卷　(清)冉崇煦纂修　清光緒十一年(1885)稿本　一册

始祖如獐。始遷祖邦楝。是譜記載了其後裔在太原鄉無私溪艱苦創業而成巨富的歷程。清光緒十一年(1885),冉瑞珍兄弟發迹後,承首並捐建宗祠落成,命其子崇煦(子虞)在嘉慶十五年(1810)族譜的基礎上再修本支家譜。譜載原譜序言、創建宗祠序略、冉氏宗祠義田序、墓誌銘及新、老字派。

重慶市彭水苗族土家族自治縣太原鄉碾房村冉隆驥

本條目據《中國少數民族古籍總目提要・土家族卷》著録

[重慶彭水]冉氏宗譜六卷首一卷 冉啓熾纂修 1999年排印本 七册 書名據封面題

始祖守忠,原居萬縣(今萬州),南宋時以平夷有功封於酉陽。始遷祖如鶴,明初復遷彭水,族裔聚居邑之鬱山鎮、潤溪、茨壩、大黨、龍橋、溪源壩。

四川省宣漢縣檔案局奉正明

[重慶酉陽]冉氏族譜續修家譜六十九卷補遺二卷附録一卷 冉懋德等纂修 民國三十四年(1945)油印本

始遷祖守忠,南宋建炎三年(1129)入酉陽。譜載歷代譜序、族訓、世系、表(遷蜀大宗世系表、官酉大宗世系表、本宗各地行派對照表)、圖(酉陽總祠平面圖、大宗列祖墳塋地業圖、祠遺北川寺院祠宇圖)、記(忠孝堂匾額始末記)、録(投函録、家傳録、節孝録、貞女録、考文録、靈感録、忠勤録)、述(籌備經過概述)等。

重慶市彭水苗族土家族自治縣清平鄉四方村冉茂成

本條目據《中國少數民族古籍總目提要・土家族卷》著録

[重慶酉陽]冉氏族譜六十九卷 纂修者不詳 民國三十四年(1945)刻本 九册

本譜記本支冉姓的起源、遷徙、定居、族屬、名人職官、參政謀事、政績、受封,及宋代平亂、明代抗倭、世襲土司六百零四年事。

重慶市酉陽土家族苗族自治縣檔案修志館

本條目據《中國少數民族古籍總目提要・土家族卷》著録

[重慶酉陽]冉氏家譜二卷首一卷 (清)冉學續纂修 清冉氏宗祠刻本 二册 存卷首、卷二 書名據版心題

始祖道周,五代時人。始遷祖守忠,原居萬縣(今萬州),南宋時以平夷有功封於酉陽。子孫世襲。首卷家規、祭義、世家傳,卷一家傳録,卷二墳塋録、誥敕録、符檄録、文告録等。

中央民族大學圖書館

[重慶酉陽]冉氏家譜 冉懋德纂修 2002年據民國三十三年(1944)石印本複印 一册 存卷首 書名據封面題

先祖同上。

四川省宣漢縣檔案局奉正明

本條目據《中國少數民族古籍總目提要・土家族卷》著録

[重慶酉陽]南陽白氏族譜不分卷 纂修者不詳 民國十四年(1925)白樹煊抄本 一册

是爲酉陽後溪譜,記白氏一支遷徙落業、名人職官、世系、家規家訓等。

重慶市酉陽土家族苗族自治縣後溪鎮後溪村白世吉

本條目據《中國少數民族古籍總目提要・土家族卷》著録

[重慶酉陽]白氏族譜 纂修者不詳 版本不詳

始祖常祖,官江西吉安府吉水縣。生二子,白文、白武。洪武二年(1369)聞酉溪蠻賊作亂,入地征討,於是統轄後溪五洞五甲五族民,遂爲酉陽土家大姓,世襲其職。

本條目據2000年第6期《西南師範大學學報》載黎小龍撰《土家族族譜與土家大姓土著淵源》一文著録

[重慶酉陽]何氏源流瀘江譜帙不分卷 (清)何馥堂纂修 清光緒十六年(1890)劉明哲抄本 一册

譜載序、族規、世系圖等。記有宋紹興二年(1132)欽差田佑恭、何貞爲副將,協助冉守忠平叛有功,何貞留守酉陽金洞州之事。

重慶市酉陽土家族苗族自治縣二中何宗培

本條目據《中國少數民族古籍總目提要・土家族卷》著録

[重慶酉陽]田氏家譜不分卷 (清)田序宗纂修 清嘉慶十四年(1809)刻本 一册

始遷祖海,世襲六百户,元順帝命其協助冉如彪領軍平服"蠻夷"有功,冉氏奏留,協守插山地、分

水嶺、山堆溝、渤海壩等地，遂爲酉陽土家族大姓之一。

重慶市酉陽土家族苗族自治縣板溪鄉杉樹灣村田景昌

本條目據《中國少數民族古籍總目提要・土家族卷》著録

[重慶酉陽]田氏家譜不分卷　田興茂纂修　民國七年(1918)稿本　一册

譜載序言、族議條規、世系圖表等。是譜大受創修於清康熙十六年(1677)。

重慶市酉陽土家族苗族自治縣板溪鄉杉樹灣村田景常

本條目據《中國少數民族古籍總目提要・土家族卷》著録

[重慶酉陽]彭氏家譜不分卷　(清)彭澤琅纂修　清嘉慶十二年(1807)稿本　一册

譜載序、族規、世系圖等。

重慶市酉陽土家族苗族自治縣板溪鄉杉樹灣村田應珍

本條目據《中國少數民族古籍總目提要・土家族卷》著録

[重慶酉陽]彭氏宗譜(一名息寧通譜)不分卷　纂修者不詳　清刻本　四册

始遷祖大甫，明正統元年(1436)自酉陽五福遷息寧插標落業。譜載世系。

重慶市酉陽土家族苗族自治縣五福鄉大河村彭明元

本條目據《中國少數民族古籍總目提要・土家族卷》著録

[重慶酉陽]彭氏宗譜(隴西堂)不分卷　纂修者不詳　1949年酉陽彭先高抄於桐子園老譜

是爲酉陽後溪彭氏譜。載世系、字派、遷徙、居地、插標定界落業、名人、官職、參政謀事等。

重慶市酉陽土家族苗族自治縣後溪鎮後溪村彭開福

本條目據《中國少數民族古籍總目提要・土家族卷》著録

[重慶酉陽]白氏族譜　纂修者不詳　版本不詳

始遷祖武，明初自江西吉水興兵酉陽，後定居酉陽成爲當地土著。

本條目據2000年第6期《西南師範大學學報》載黎小龍撰《土家族族譜與土家大姓土著淵源》一文著録

[重慶秀山]田氏家譜一卷　纂修者不詳　清康熙六十一年(1722)刻本　一册

始遷祖某，由陝入黔，遂家焉。譜載世系、傳記、冠、婚、喪、禮等。

重慶市秀山土家族苗族自治縣龍池鄉美翠村田興照

本條目據《中國少數民族古籍總目提要・土家族卷》著録

[重慶秀山]楊氏族譜六卷　纂修者不詳　民國十七年(1928)秀山石印局據清乾隆三十八年(1773)石印本　六册

始祖光彤，於宋理宗寶祐元年(1253)自黔入蜀，在秀山開疆闢土，立邑梅、石耶、平茶、地壩四洞。譜載傳記等。

重慶市秀山土家族苗族自治縣清溪場司城村楊昌榆

本條目據《中國少數民族古籍總目提要・土家族卷》著録

[四川宣漢]文氏宗族譜八卷　纂修者不詳　清乾隆四十五年(1780)刻本　八册

始遷祖某，自陝西遷江西，再遷南京，後徙四川宣漢，後裔散居石鐵鄉、新華鎮、河壩鄉、土黄鎮、月溪鄉、漆樹鄉、樊噲鎮和達縣等地。是爲漆樹土家族鄉譜。譜載全國八省十八縣的文氏祠堂、墓碑等圖片和五龍奉賢圖案、印章等。

四川省宣漢縣縣志辦

本條目據《中國少數民族古籍總目提要・土家族卷》著録

[四川宣漢]朱氏家譜　纂修者不詳　清嘉慶十年(1805)抄本　一册

始遷祖楚山,生於湖南道長沙府安花縣豐洛里,後遷宣漢,遂家焉。譜載朱氏源流。

四川省宣漢縣漆樹土家族鄉政府

本條目據《中國少數民族古籍總目提要・土家族卷》著録

[四川宣漢]顔氏家譜　纂修者不詳　清光緒十二年(1886)刻本　一册

是爲宣漢漆樹顔氏譜。譜載世系等。

四川省宣漢縣漆樹土家族鄉政府　四川省宣漢縣縣志辦

本條目據《中國少數民族古籍總目提要・土家族卷》著録

[四川宣漢]陳氏宗譜　合族纂修　清道光二十九年(1849)稿本　一册

始遷祖某,始居江西,後移居湖廣寶慶府新化縣黄陽山鵝塘,再遷宣漢漆樹。

四川省宣漢縣漆樹土家族鄉政府

本條目據《中國少數民族古籍總目提要・土家族卷》著録

[四川宣漢]謝氏家譜　纂修者不詳　抄本　一册

是爲漆樹土家族鄉譜。始遷祖春吉,康熙時人,原居湖廣永州府初陽縣普樂鄉,後來川。譜載謝氏源流。

四川省宣漢縣檔案館

本條目據《中國少數民族古籍總目提要・土家族卷》著録

[貴州]田氏宗譜　陳國安整理　1989年貴州省民族志編委會排印本　合册

一始祖宗顯,字輝憲,號輝華,本陝西人,隋文帝開皇二年(582)奉詔征討,授黔中太守,知黔州事,乃家焉。譜載序、世系等。

本譜載於《民族志資料彙編》(節録)

[貴州]張姓族譜　鄒立發、張著森整理　1989年貴州省民族志編委會排印本　合册

一始祖恢,字無值,號新宇,陝西西安人,宋紹興間隨父南征思州三十六洞龍泉坪等處,遂家焉。譜載序、世系等。

本譜載於《民族志資料彙編》(節録)

[貴州]楊氏家譜　鄒立法、楊全勝整理　1989年貴州省民族志編委會排印本　合册

一始祖再思,唐末帶兵入黔,遂家焉。是爲省溪一支譜。譜載序、世系等。

本譜載於《民族志資料彙編》(節録)

[貴州黔南]田氏宗譜　纂修者不詳　版本不詳

始祖宗是、惟康父子,隋唐間自陝西遷貴州黔南。

本條目據2000年6期《西南師範大學學報》載黎小龍撰《土家族族譜與土家大姓土著淵源》一文著録

梅氏族譜　纂修者不詳　花魁堂刻本　存卷八、十、十四

始遷祖禮,明洪武初卜宅臨道水上,地以姓著,因名梅家河。存譜爲世系。

湖北省建始縣農村經濟管理局姜久平

黎　族

[海南昌江]峨港符氏祖譜　符焕朗、符焕芳等纂修　民國十四年(1925)修本

是譜記敘家族自始祖至第十四代族人譜系。除始祖外,十三代字輩爲:正、世、振、庭、永、登、訓、中、焕、文、升、沼、雲,共計繁衍一千三百餘人。譜載名派詩、譜序、家族社會活動、祖譜承傳順序等。

海南省昌江黎族自治縣烏列鎮峨港村符氏

本條目據《中國少數民族古籍總目提要・黎族卷》著録

[海南昌江]峨港王氏祖譜　纂修者不詳　民國三十六年(1947)續修增補本

是譜記敘家族自始祖至第十七代族人譜系。除始祖外,十六代字輩爲:張、啓、允、加、廷、安、文、登、國、奎、元、現、恩、傳、振、信,共計繁衍一千六百餘人。譜載名派詩、譜序等。

海南省昌江黎族自治縣烏列鎮峨港村王氏家族祠堂

本條目據《中國少數民族古籍總目提要・黎族卷》著録

畲　族

［全國］鍾姓源流史　鍾春林纂修　2010年排印本　一册

譜載改版前言、《鍾氏源流史》序、鍾氏姓前源流、鍾氏播遷分佈、世系、宗脈源流、鍾氏文化、古代名人、附録。

福建省上杭客家族譜博物館

［浙江臨安］衆社藍氏家乘不分卷　藍朝幹等纂修　民國五年(1916)潘樹楠抄本　一册

始祖如,居福建羅源。後裔遷居景寧大(馱)馬庵,復遷泰順一都鼇嶺。此爲居臨安衆社裔孫所修。譜載藍氏房譜序、例言、廣東始祖銘志、藍氏歷朝紳爵録、祠圖、墓圖、外紀世系、遷福建羅源縣如祖世系、羅源遷景寧大(馱)馬庵支、馱馬庵遷泰順一都鼇嶺支世系等。

浙江省臨安市太湖源鎮衆社村藍信光

本條目據《浙江畲族民間文獻資料總目提要》著録

［浙江臨安］衆社藍氏家乘不分卷　藍朝幹等主修　據民國五年(1916)潘樹楠抄本複印　一册

參見前條。

麗水學院畲族文化研究所

本條目據《浙江畲族民間文獻資料總目提要》著録

［浙江建德］航頭鍾氏宗譜十二卷　鍾明昌等纂修　民國二十一年(1932)木活字本

該族自潁川先後遷居廣州、贛州、上杭、連江、羅源、景寧、青田、龍游、蘭溪、壽昌、建德等地。始祖志深,唐東粵人。譜載敕命封誥、新序、源流紀略、舊序、五大規條、凡例、家訓、源流世紀引、源流世紀録、仕宦録、藏譜字號、東粵潮州府潮陽縣鳳岐村祠圖、鳳岐村二十八景詩、歷代諸公像贊、陽基圖、墓圖、排行字母、閩浙各次敘、東粵源流世系圖、豫閩浙世系圖、龍(游)蘭(溪)壽(昌)支世系圖、東粵源流行傳、潁川鍾氏本支及豫閩支、閩浙支、龍蘭壽支行傳等。

浙江省建德市航頭鎮田畈村鍾明昌

本條目據《浙江畲族民間文獻資料總目提要》著録

［浙江建德］航頭鍾氏宗譜十二卷　鍾明昌等纂修　據民國二十一年(1932)木活字本複印　存卷一

參見前條。

麗水學院畲族文化研究所

本條目據《浙江畲族民間文獻資料總目提要》著録

［浙江桐廬］桐邑李氏宗譜四卷　纂修者不詳　民國三十四年(1945)木活字本　存卷一

該族李氏贅於藍氏,其後與藍、雷通婚,明季自閩之安溪遷居浙之臨安,轉徙處州,復遷平陽。族裔廷玉,移居福鼎,後裔分居鼎、霞(霞浦)等地。太平天國後,族人自浙江青田八都遷居桐廬孝泉、安樂等鄉。卷一續譜序、領譜字號、李氏譜引、原序、名賢譜論、凡例、家規、董事名次、歷代遺像、里居圖、墓圖及傳贊等。

浙江省桐廬縣莪山鄉山陰灣村藍志炎

本條目據《浙江畲族民間文獻資料總目提要》著録

［浙江桐廬］桐邑李氏宗譜四卷　纂修者不詳　據民國三十四年(1945)木活字本複印　存卷一

參見前條。

麗水學院畲族文化研究所

本條目據《浙江畲族民間文獻資料總目提要》

著録

[浙江桐廬]金塘塢雷氏宗譜不分卷　(清)雷玉麟等纂修　清光緒二十六年(1900)抄清光緒十六年(1890)修本　一册　九修本

該族先世自潮州遷居福州羅源。始祖進明,明萬曆三十四年(1606)自羅源縣十八都蘇坑境高南坑遷居浙江處州景寧包鳳,後裔有部分遷平陽、遂昌、麗水、桐廬等地。此爲居桐廬金塘塢者所修。譜載譜序、支譜凡例序、五服圖、清朝歲君紀目録、馮翊郡新譜序、遷徙序、世系、景邑包鳳村圖、祖像、潮州府海洋縣會稽山七賢洞祖墳圖等。

浙江省桐廬縣百江鎮金塘塢村藍闢文

本條目據《浙江畲族民間文獻資料總目提要》著録

[浙江桐廬]金塘塢雷氏宗譜不分卷　(清)雷玉麟等纂修　據清光緒二十六年(1900)抄清光緒十六年(1890)修本複印　一册　九修本

參見前條。

麗水學院畲族文化研究所

本條目據《浙江畲族民間文獻資料總目提要》著録

[浙江桐廬]龍峰鍾氏宗譜不分卷　鍾鳳吉等主修　民國三十七年(1948)石印本　一册

始祖石洪,明萬曆間自福建寧德遷浙江景寧二都錦岱垟。二世振臺,明崇禎間復遷青田八都西坑,後轉徙八内都高邱。七世文拱,再由高邱遷蕭山莊。始遷祖世廣,移居嚴州桐廬。譜載重修名録、墓圖、凡例、重修譜序、潁川郡鍾氏譜序、蕭山鍾氏祠堂記、傳贊、詩詞、世系、行第等内容。是族初修譜於清宣統二年(1910)。

浙江省桐廬縣莪山畲族鄉龍峰村鍾志源

本條目據《浙江畲族民間文獻資料總目提要》著録

[浙江桐廬]龍峰鍾氏宗譜不分卷　鍾鳳吉等主修　據民國三十七年(1948)石印本複印　一册

參見前條。

麗水學院畲族文化研究所

本條目據《浙江畲族民間文獻資料總目提要》著録

[浙江淳安]富澤雷氏宗譜不分卷　(清)雷騰息等主修　清光緒十六年(1890)抄光緒十三年(1887)修本　一册

該族自廣東潮州遷居福建福寧、福安、龍溪等地,清光緒四年(1878)後再遷浙江龍游占家村、嚴州壽昌縣西門大同村,終遷淳安縣雙村九畝丘。譜載新修譜序、道光譜序、家訓、五服圖、凡例、歷代帝王統紀、賜封姓氏祖圖公據、歷朝封贈、諱字行第、歷朝仕宦、雷氏總圖綱、燕窩雷氏世系、日光公派下世系等。是族初修譜於清道光三十四年(1854)。

浙江省淳安縣千島湖鎮富澤村雷榮道

本條目據《浙江畲族民間文獻資料總目提要》著録

[浙江淳安]富澤雷氏宗譜不分卷　(清)雷騰息等主修　據清光緒十六年(1890)抄光緒十三年(1887)修本複印　一册

參見前條。

麗水學院畲族文化研究所

本條目據《浙江畲族民間文獻資料總目提要》著録

[浙江淳安]富澤藍氏宗譜不分卷　纂修者不詳　民國十七年(1928)抄本　一册　初修本

先祖敬泉,明正德元年(1506)與雷進明、鍾世貴等三姓共十八人自福建羅源遷居浙江景寧山外村、麗水泗州堂、雲和小葛等地。後裔於清嘉慶間自雲和縣北鄉遷居淳安二十五都公塢。譜載畲族盤、藍、雷、鍾四姓來源傳聞與敕封、遷徙等。

浙江省淳安縣千島湖鎮富澤村藍榮貴

本條目據《浙江畲族民間文獻資料總目提要》著録

[浙江淳安]富澤藍氏宗譜不分卷　纂修者不詳　據民國十七年(1928)抄本複印　一册　初修本

參見前條。

麗水學院畲族文化研究所

本條目據《浙江畲族民間文獻資料總目提要》著録

[浙江淳安]石灣鍾氏新丁譜稿不分卷 鍾國民纂修 民國元年(1912)抄本 一册

譜存葉坑派萬欽下裔貴昌支鍾氏斷代世系,自清道光十年(1830)十六世泰章至光緒二十六年(1900)二十世止,從中可見畲、漢兩族通婚情況。

浙江省淳安縣里商鄉石灣村鍾振球

本條目據《浙江畲族民間文獻資料總目提要》著録

[浙江淳安]石灣鍾氏新丁譜稿不分卷 鍾國民纂修 據民國元年(1912)抄本複印 一册

參見前條。

麗水學院畲族文化研究所

本條目據《浙江畲族民間文獻資料總目提要》著録

[浙江安吉]趙公坦雷氏宗譜不分卷 纂修者不詳 民國二十二年(1933)抄本 一册

始遷祖大三郎、四郎,自景寧包鳳遷居麗水張凹楊梅嶺、松陽米薺塱等地,清咸豐八年(1858)移居龍泉北鄉竹坑,清光緒四年(1878)移居湖州府孝豐縣南鄉五圖趙公坦。該譜所記支系爲遷居浙江最北之畲民。

浙江省安吉縣報福鎮中張村雷根法

本條目據《浙江畲族民間文獻資料總目提要》著録

[浙江安吉]趙公坦雷氏宗譜不分卷 纂修者不詳 據民國二十二年(1933)抄本複印 一册

參見前條。

麗水學院畲族文化研究所

本條目據《浙江畲族民間文獻資料總目提要》著録

[浙江衢州]上門雷氏宗譜不分卷 (清)雷德盛等纂修 清光緒四年(1878)刻本 一册 三修本

譜稱該族係出山西方雷氏,古方雷氏部落在今河南登封,後裔遷居山西,及福建寧化、清流、上杭等地。始遷祖生景等人,清乾隆十四年(1749)自石銘茶排村遷居浙江衢州西安(今柯城區)玉泉鄉興賢里社上門村。世系傳至三十四世"世"字輩。本支雷氏先民與漢族客家有一定的關係。譜載元朝開憲公修譜序、雷氏宗譜序、源流序、祠記、譜例、排行字輩、像圖、祠産、太公贊、世系、行傳等。是族於元元貞二年(1296)初修譜,此爲三修本。

浙江省衢州市柯城區七里鄉上門村雷安輝

本條目據《浙江畲族民間文獻資料總目提要》著録

[浙江衢州]上門雷氏宗譜不分卷 (清)雷德盛等纂修 據清光緒四年(1878)刻本複印 一册 三修本

參見前條。

麗水學院畲族文化研究所

本條目據《浙江畲族民間文獻資料總目提要》著録

[浙江衢州]北川藍氏宗譜六卷 藍繼沐等纂修 民國十五年(1926)陳景豐重刻本 十四修本

該族於唐武則天朝自豫始遷,散居金陵、湖南、泉州等地。始遷祖敏,因戰亂,於元元貞間自閩泉州遷居浙衢西安(今柯城區)北川。世系傳至二十一世"宗"字輩。譜載藍氏宗譜序、源流序、續修家乘序、重修祠堂記、歷敘藍氏記、凡例、家訓、像贊、墓圖、修譜題名、祠産、世系圖、世表等。是族於明永樂二十二年(1424)初修譜,此爲十四修本。

浙江省衢州市柯城區航埠鎮北二村藍雨良

本條目據《浙江畲族民間文獻資料總目提要》著録

[浙江衢州]北川藍氏宗譜六卷 藍繼沐等纂修 據民國十五年(1926)陳景豐重刻本複印 十四修本

參見前條。

麗水學院畲族文化研究所

本條目據《浙江畲族民間文獻資料總目提要》著録

[浙江江山]保安藍氏宗譜三卷　藍增福等纂修　民國十三年(1924)毛鳳翥刻本

始遷祖十二世貴玉,清乾隆二十一年(1756)自江西會昌石螺盆遷居江山保安。十三世啓清遷居江山西鄉里大嶺;球遷居衢州西安雨潭祭底坑;瑶遷居江山城西西山嶺後。世系傳至第十八世"耀"字輩。卷一凡例、家教、譜引、序文、傳文,卷二字輩引、字輩、行傳引、行傳,卷三統系圖、世系圖、像圖引、像贊、墓圖引。有浙江省第二屆省議會議員、浙江省督軍署諮議戴志南撰《保安藍氏譜引》。是族於清乾隆二十一年(1756)初修譜。

浙江省江山市保安鄉龍溪村藍才興

本條目據《浙江畲族民間文獻資料總目提要》著録

[浙江江山]保安藍氏宗譜三卷　藍增福等纂修　據民國十三年(1924)毛鳳翥刻本複印

參見前條。

麗水學院畲族文化研究所

本條目據《浙江畲族民間文獻資料總目提要》著録

[浙江江山]木車鍾氏宗譜三卷　(清)鍾其楊等纂修　清光緒八年(1883)刻本

始遷祖二十一世兹適,清雍正六年(1728)自江西贛州安遠縣遷居浙江江山一都洋坪。卷一唐宋元明清序、凡例、汀州重修新序、移居各處芳名、革出不孝之人、江山洋坪新序、汀修洋坪新序、江山洋坪排行,卷二重建宗祠芳名、贛州大宗祠圖、洋坪陽基圖、周漢唐宋像圖,卷三世系。

浙江省江山市上餘鎮木車村鍾澤土

本條目據《浙江畲族民間文獻資料總目提要》著録

[浙江江山]木車鍾氏宗譜三卷　(清)鍾其楊等纂修　據清光緒八年(1883)刻本複印

參見前條。

麗水學院畲族文化研究所

本條目據《浙江畲族民間文獻資料總目提要》著録

[浙江江山]洋坪鍾氏宗譜二卷　鍾祖康等纂修　民國十五年(1926)刻本

譜載鍾氏世系源流序、鍾氏譜序、新序、民國九年葬墳糾葛案、鍾氏錫姓源流世系圖(九十五世)、江山贛州府安遠縣外世系圖、江山洋坪内紀系圖等。是族於唐僖宗乾符五年(878)初修譜。

浙江省江山市上餘鎮木車村鍾澤土

本條目據《浙江畲族民間文獻資料總目提要》著録

[浙江江山]洋坪鍾氏宗譜二卷　鍾祖康等纂修　據民國十五年(1926)刻本複印

參見前條。

麗水學院畲族文化研究所

本條目據《浙江畲族民間文獻資料總目提要》著録

[浙江開化]葉南塢鍾氏宗譜十卷　(清)鍾學富等纂修　清光緒二十七年(1901)三和堂刻本　二修本

譜載重修宗譜序、先祖傳説、鍾氏源流序、凡例、七律八景詩、家規、像圖、墓圖、陽基圖、世系圖、行傳等。是族於清同治九年(1870)初修譜,此爲二修本。

浙江省開化縣楊林鎮葉南塢村鍾祥榮

本條目據《浙江畲族民間文獻資料總目提要》著録

[浙江開化]葉南塢鍾氏宗譜十卷　(清)鍾學富等纂修　據清光緒二十七年(1901)三和堂刻本複印　二修本

參見前條。

麗水學院畲族文化研究所

本條目據《浙江畲族民間文獻資料總目提要》

著録

[浙江龍游]金嶺脚雷氏宗譜三卷 (清)雷元發等纂修 清光緒四年(1878)刻本

始祖壽,其裔遷居廣東潮州吉楊縣高橋横坑。始遷祖小十九,清順治間自遂昌遷居龍游南鄉金嶺腳。世系自小十九傳至第九世"啓"字輩。譜載盤瓠神話傳説、重建盤祠老序、雷氏始祖譜序、世祖像圖、墓圖、太公墳圖、盤王敕賜開山公據、雷氏地基記、領譜字號、世系圖、行傳等。是族於清康熙十七年(1678)初修譜。

浙江省龍游縣沐塵畲族鄉金嶺腳村雷雲根

本條目據《浙江畲族民間文獻資料總目提要》著録

[浙江龍游]金嶺脚雷氏宗譜三卷 (清)雷元發等纂修 據清光緒四年(1878)刻本複印

參見前條。

麗水學院畲族文化研究所

本條目據《浙江畲族民間文獻資料總目提要》著録

[浙江龍游]上夫崗雷氏宗譜三卷 (清)雷順益等纂修 清光緒五年(1879)刻本

該族自廣東潮州海陽縣遷居福建羅源及浙江平陽、遂昌等地。始遷祖二世世魁,自遂昌縣十七都高山龜山腳遷居衢州府龍游縣三十四都一圖上夫崗。世系傳至十二世。譜載重建盤瓠祠序、盤瓠神話傳説、盤王敕賜開山公據、續修雷氏宗譜序、世系圖、行傳等。是族於清乾隆三十三年(1768)初修譜。

浙江省龍游縣沐塵畲族鄉上夫崗村雷宗生

本條目據《浙江畲族民間文獻資料總目提要》著録

[浙江龍游]上夫崗雷氏宗譜三卷 (清)雷順益等纂修 據清光緒五年(1879)刻本複印

參見前條。

麗水學院畲族文化研究所

本條目據《浙江畲族民間文獻資料總目提要》著録

[浙江龍游]沙坑雷氏宗譜三卷 (清)雷新茂等纂修 清光緒六年(1880)木活字本 初修本

據譜《源流序》載,畲族盤、藍、雷、鍾、李、吴六姓居南京祖殿,後至廣東潮州府海陽縣,明嘉靖元年(1522)五月移福建漳州龍巖縣苦竹嶺下,嘉靖四十八年(嘉靖只四十五年,四十八年可能至隆慶三年,即1569年)遷居連江縣陳坂,後轉遷羅源縣鬼礱、梅溪里蘇坑境。始祖虔山,明萬曆四十一年(1613)十月遷居浙江處州景寧二都油田畈。四世應習,生祈盛、祈福、祈禄、祈光、祈曜五子,清康熙十三年(1674)子孫分遷遂昌一都、十都、十四都、十六都。始遷祖七世祖可周,清乾隆間遷居龍游縣大街沙坑。雷虔山支族係入浙時間較早、遷徙人數最多的一支。譜載源流序、可周公祀産、宗譜字派、領譜字號、像圖、陽基圖、總世系、龍游德貴公派下世系、行第等。

浙江省龍游縣大街鄉賀坑村藍水花

本條目據《浙江畲族民間文獻資料總目提要》著録

[浙江龍游]沙坑雷氏宗譜三卷 (清)雷新茂等纂修 據清光緒六年(1880)木活字本複印 初修本

參見前條。

麗水學院畲族文化研究所

本條目據《浙江畲族民間文獻資料總目提要》著録

[浙江龍游]羅林崗雷氏宗譜三卷 (清)雷德富等纂修 清光緒六年(1880)刻本 二修本

始祖進生,自福建省羅源縣返里麒麟山先後遷居浙江景寧、宣平、遂昌等地。始遷祖六世祖日秀,清康熙間自遂昌十六都上高遷居龍游羅林崗。世系傳至十二世。卷一原序、重修譜序、凡例、家訓、太公像圖、墓圖、羅林崗志、陽基圖,卷二至三世系圖行第。是族於清道光二十四年(1844)初修譜,此爲二修本。

浙江省龍游縣溪口鎮羅林崗村雷華金

本條目據《浙江畲族民間文獻資料總目提要》著録

[浙江龍游]羅林崗雷氏宗譜三卷 (清)雷德富等纂修 據清光緒六年(1880)刻本複印 二修本

參見前條。

麗水學院畲族文化研究所

本條目據《浙江畲族民間文獻資料總目提要》著録

[浙江龍游]占家雷氏宗譜一幅 雷起魁等纂修 民國六年(1917)抄本 初修本

始遷九世成蘭,清同治五年(1866)自福建省福安縣穆陽鎮南山村遷居龍游西門,數年後復遷五都大合稼(浦山)。世系傳至十二世"作"字輩。

浙江省龍游縣占家鎮浦山村雷作榮

本條目據《浙江畲族民間文獻資料總目提要》著録

[浙江龍游]占家雷氏宗譜一幅 雷起魁等纂修 據民國六年(1917)抄本拍攝 初修本

參見前條。

麗水學院畲族文化研究所

本條目據《浙江畲族民間文獻資料總目提要》著録

[浙江龍游]大竹塢雷氏宗譜四卷 雷廷科等纂修 民國八年(1919)刻本 十修本

先祖自五十世後分爲兩支:其一爲五十世裔,遷居福建寧化永德圖下都五家坊,其後傳至二十一世;其二係五十世久徵,遷居福建上杭崇夏里大洋霸鑿石塘。始遷祖旺春,久徵十三世孫,清雍正三年(1725)自上杭遷居浙江龍游大竹瑪。旺春下傳至二十世。譜載家寶、奉天敕命、族譜舊序(九篇)、新序、譜論輯要、凡例、條規、族規、諸公像圖、墓圖、世系圖、行傳等。是族於南宋咸淳三年(1267)初修譜,此爲十修本。

浙江省龍游縣廟下鄉長生橋村雷金喜

本條目據《浙江畲族民間文獻資料總目提要》著録

[浙江龍游]大竹塢雷氏宗譜四卷 雷廷科等纂修 據民國八年(1919)刻本複印 十修本

參見前條。

麗水學院畲族文化研究所

本條目據《浙江畲族民間文獻資料總目提要》著録

[浙江龍游]大安源雷氏宗譜不分卷 雷景榮等纂修 民國九年(1920)抄本 一册 初修本

始祖振興,明萬曆八年(1580)自廣東潮州遷居福建羅源黄重下,後裔再遷浙江景寧二都油田倉基垟、殿源、小余山村,雲和金塢,遂昌番石、後壟、鄭家堂等地。始遷祖如隆,清咸豐十一年(1861)自遂昌鄭家堂遷居龍游南十四都二圖大安源村塘塢嶺。世系傳至十四世"祖"字輩。譜載雷氏宗譜序、重建盤瓠祠序、遷徙序、命名字頭、世系圖、墳圖等。

浙江省龍游縣溪口鎮大安源村雷金水

本條目據《浙江畲族民間文獻資料總目提要》著録

[浙江龍游]大安源雷氏宗譜不分卷 雷景榮等纂修 據民國九年(1920)抄本複印 一册 初修本

參見前條。

麗水學院畲族文化研究所

本條目據《浙江畲族民間文獻資料總目提要》著録

[浙江龍游]浦山雷氏宗譜不分卷 纂修者不詳 民國十年(1921)抄本 一册

八世祖遷居福安二十一都王基,後移住仙石、大林、嶺門、坑筅九筒、金斗洋等地。始遷祖九世欽恒,自福安金斗洋遷居龍游五都二圖占家浦山。世系傳至十三世"祥"字輩。譜載舊序、重修雷氏族譜序、太古遺風、本宗世系圖、取名字頭等。是族於清嘉慶五年(1800)初修譜。

浙江省龍游縣占家鎮浦山村雷水清

本條目據《浙江畲族民間文獻資料總目提要》著録

[浙江龍游]浦山雷氏宗譜不分卷 纂修者不詳 據民國十年(1921)抄本複印 一册

參見前條。

麗水學院畲族文化研究所

本條目據《浙江畲族民間文獻資料總目提要》著録

[浙江龍游]屋基堂雷氏宗譜不分卷 雷孔游等纂修 民國二十三年(1934)抄本 一册

十一世祖世居浙江遂昌夾路坂。始遷祖十三世餘慶,自遂昌夾路坂遷居龍游南鄉屋基堂。世系傳至二十四世"振"字輩。譜載屋基堂雷氏源流紀、本支族排行字句、世系圖、續修譜牒捐款名紀等。是族於唐乾元間初修譜。

浙江省龍游縣廟下鄉八角殿村雷樟標

本條目據《浙江畲族民間文獻資料總目提要》著録

[浙江龍游]屋基堂雷氏宗譜不分卷 雷孔游等纂修 據民國二十三年(1934)抄本複印 一册

參見前條。

麗水學院畲族文化研究所

本條目據《浙江畲族民間文獻資料總目提要》著録

[浙江龍游]眠犬形雷氏宗譜三卷 雷大鳴等纂修 民國二十九年(1940)刻本

一百二十二世葉元,明正德十四年(1519)自廣東潮州府海陽縣遷居福建羅源縣。裔孫尚文,於明嘉靖八年(1529)復遷浙江景寧二都油田橋。時登於明萬曆間再遷雲和一都長田大嶺腳。茂雲於清順治間又遷遂昌湖山下。一百二十九世其楓,遷宣平黄家弄,爲内紀始祖。月珠於清道光六年(1826)自遂昌湖山下遷居龍游十三都下北山。始遷祖德興,清光緒間自下北山遷居眠犬形。世系記載至一百三十七世。譜載新舊譜序、凡例、家訓、太公遺像圖、贊詞、墓圖、祠産、内紀支圖、行傳等。是族於清乾隆四十八年(1783)初修譜。

浙江省龍游縣溪口鎮眠犬形村雷金洪

本條目據《浙江畲族民間文獻資料總目提要》著録

[浙江龍游]眠犬形雷氏宗譜三卷 雷大鳴等纂修 據民國二十九年(1940)刻本複印

參見前條。

麗水學院畲族文化研究所

本條目據《浙江畲族民間文獻資料總目提要》著録

[浙江龍游]余崗藍氏宗譜不分卷 纂修者不詳 清光緒二十四年(1898)抄本 一册

族人敬泉於明嘉靖二十四年(1545)自福建古田縣十八都小茶嶺遷居浙江雲和小葛。裔孫又分遷麗水、蘭溪、龍游等地。此譜即爲居龍泉余崗者所修。譜載太祖序、歷代帝皇紀、開山公據、帝嚳高辛氏印、鳳凰山總祠圖、盤瓠皇墳圖、藍氏宗祠計開項數、行傳等。是族於清乾隆三十年(1765)創修譜。

浙江省龍游縣横山鎮余崗村藍樹飛

本條目據《浙江畲族民間文獻資料總目提要》著録

[浙江龍游]余崗藍氏宗譜不分卷 纂修者不詳 據清光緒二十四年(1898)抄本複印 一册

參見前條。

麗水學院畲族文化研究所

本條目據《浙江畲族民間文獻資料總目提要》著録

[浙江龍游]高頭藍氏宗譜八卷 藍奇實等纂修 民國三年(1914)懷玉王慶恩刻本 二十五修本

始祖一可,唐貞觀間自粵始遷,其後裔轉遷閩汀上杭、羅源、古田、連江、福安等地。一百七十五世敬泉,明正德間自福建福安髻藍遷居浙江雲和小葛。始遷祖一百八十九世春發,清同治間自景寧二都潘莊遷居龍游北鄉余崗村高頭自然村。譜載藍氏宗譜序、原序、續修譜序、源流世紀録、建造盤瓠祠序、敕賜盤王開山公據、世宦録記、太祖像圖、墓圖、外紀總圖、世系圖、行傳等。是族於南宋紹興二十七年(1157)初修譜,此爲二十五修本。

浙江省龍游縣横山鎮高頭村藍廷良

本條目據《浙江畲族民間文獻資料總目提要》著録

[浙江龍游]高頭藍氏宗譜八卷 藍奇賓等纂修 據民國三年(1914)懷玉王慶恩刻本複印 二十五修本

參見前條。

麗水學院畲族文化研究所

本條目據《浙江畲族民間文獻資料總目提要》著録

[浙江龍游]大車藍氏宗譜不分卷 藍元茂等纂修 民國八年(1919)鍾功元刻本 九册

三十八世奇承,自廣東潮州遷居福建羅源塔下中鶴里鳳山。一百零九世法亨,明萬曆間自福建羅源遷居遂昌十三都井頭塢。始遷祖祥開,再遷龍游沐塵大坂。世系傳至十六世"照"字輩。譜載始祖像圖、敕封盤瓠印圖、歷代祖宗像圖、墓圖、創修序、創建藍氏祠記、凡例、領譜字號、世系圖、行傳等。序文記有盤瓠與畲族世祖關係之傳説。是族於清康熙二十二年(1683)初修譜。

浙江省龍游縣沐塵畲族鄉大車村藍招華

本條目據《浙江畲族民間文獻資料總目提要》著録

[浙江龍游]大車藍氏宗譜不分卷 藍元茂等纂修 據民國八年(1919)鍾功元刻本複印 九册

參見前條。

麗水學院畲族文化研究所

本條目據《浙江畲族民間文獻資料總目提要》著録

[浙江龍游]經堂前藍氏宗譜不分卷 藍發泰等纂修 民國二十五年(1936)藍尉天抄本 一册 初修本

該族先世自廣東遷居閩省汀州上杭。始祖月明,遷居浙江雲和茶園,數年後轉遷龍游縣三十一都二圖坳頭坂。始遷祖五世文啓,轉遷邑之經堂前。世系傳至十一世。譜載創修藍氏宗譜序、重建盤瓠祠序、源流傳序、藍氏里居圖記、議章(族規、凡例、排行字頭、祠産管理等)、像圖、墓圖、傳贊、系統圖、行傳等。

浙江省龍游縣廟下鄉靖林寺村藍達才

本條目據《浙江畲族民間文獻資料總目提要》著録

[浙江龍游]經堂前藍氏宗譜不分卷 藍發泰等纂修 據民國二十五年(1936)藍尉天抄本複印 一册 初修本

參見前條。

麗水學院畲族文化研究所

本條目據《浙江畲族民間文獻資料總目提要》著録

[浙江龍游]大坂鍾氏宗譜六卷 鍾進元等纂修 民國二十年(1931)刻本

先祖諒、宣,南宋紹熙三年(1192)自廣東潮州鳳凰山始遷,其裔先後遷居饒平、揭陽,福建南靖、泉州、安溪、連江、寧德,浙江景寧、宣平、雲和、松陽、遂昌、龍游等地,遷徙二十四次。家族世系繁衍十八世。譜載鍾氏宗譜序、盤瓠氏重建祠序、敕命圖、行程志、歷代祖宗像圖、贊詞、墓圖、建祠名記、家訓、祠規、祠産、助租、領譜字號、譜跋、世系圖、行傳等。《重建祠序》記有盤瓠平燕有功,招爲駙馬並遷居鳳凰山之傳説。是族於清嘉慶十二年(1807)初修譜。

浙江省龍游縣沐塵畲族鄉大坂村鍾卸牛

本條目據《浙江畲族民間文獻資料總目提要》著録

[浙江龍游]大坂鍾氏宗譜六卷 鍾進元等纂修 據民國二十年(1931)刻本複印

參見前條。

麗水學院畲族文化研究所

本條目據《浙江畲族民間文獻資料總目提要》著録

[浙江龍游]項家鍾氏宗譜十二卷 鍾明昌等纂修 民國二十一年(1932)刻本

該族自廣東潮州先後遷居河南、江西贛州、福建上杭等地。一百二十四世士芳,南宋嘉定間自江西贛州遷居閩汀上杭白沙畈。一百四十一世貴榮等兄弟四人,自福建羅源分别遷居浙江景寧、泰順、青田、平陽等縣。始遷祖一百五十四世日全、日申、日世,清光緒七年(1881)自景寧大均口、馬面村、盧慈口分别遷居龍游二十五都竇卜壟、翁家山、公唐山。譜載敕命封誥、新序、鍾氏源流紀、鍾氏纂修大成族譜序、鍾氏家乘原序、舊序、五大條規、凡例、家訓、源流世紀引、歷代仕宦録、諸公像贊、墓圖、排行字句、世系圖、行傳等。是族於南宋嘉定間初修譜。

浙江省龍游縣横山鎮項家村鍾光榮

本條目據《浙江畲族民間文獻資料總目提要》著録

[浙江龍游]項家鍾氏宗譜十二卷 鍾明昌等纂修 據民國二十一年(1932)刻本複印

參見前條。

麗水學院畲族文化研究所

本條目據《浙江畲族民間文獻資料總目提要》著録

[浙江金華]鐵店藍氏宗譜三卷 藍元鳳纂修 民國八年(1919)刻本

始祖法亨,居福建塔下。子揚寧、揚求、揚隱、揚擔等見處州宣平地厚土肥,遂僑居宣平車門、堰下、荒田坪、陶七弄、鐵鋪等村,還遷趙和村、内塢底村,後轉徙金郡藍邑化墳頭崗、湯溪縣各地。始遷祖第十三世有國,光緒間自武義荒田坪村遷居湯溪(今屬金華)鐵店。譜載世系。此譜行位不用大、小、百、千、萬、念六字,而用天地洪荒等四十個字,與其他藍氏宗譜有别。

浙江省金華市婺城區琅琊鎮泉口行政村鐵店畲族村藍子清

本條目據《浙江畲族民間文獻資料總目提要》著録

[浙江金華]鐵店藍氏宗譜三卷 藍元鳳纂修 據民國八年(1919)刻本複印

參見前條。

麗水學院畲族文化研究所

本條目據《浙江畲族民間文獻資料總目提要》著録

[浙江金華]水竹蓬藍氏宗譜四卷 藍金根等纂修 民國十五年(1926)石印本

始祖昌奇,炎帝神農十二世孫,賜名昌奇,封地汝南郡。始遷祖觀元,清乾隆元年(1736)自閩遷居浙江金華湯溪縣塔石莊蒙坑口,子孫又移居塔石、谷口、大坑、水竹蓬等村。卷一新序、源流序、凡例、家規、家訓、譜記、(藏)譜號、歷代遺像並傳贊附、陽基圖、墓圖,卷二世系圖,卷三排行字母、遠宗行傳,卷四近宗行傳。

浙江省金華市婺城區琅琊鎮水竹蓬村藍壽林

本條目據《浙江畲族民間文獻資料總目提要》著録

[浙江金華]水竹蓬藍氏宗譜四卷 藍金根等纂修 據民國十五年(1926)石印本複印

參見前條。

麗水學院畲族文化研究所

本條目據《浙江畲族民間文獻資料總目提要》著録

[浙江金華]鴿塢塔鍾氏宗譜三卷 (清)鍾承經纂修 清光緒二十九年(1903)石印本

始遷祖運來,自閩省汀州府武平縣永平寨遷居婺州湯溪(今浙江金華)藍源。後裔田元,分遷浙江處州府遂昌縣新路安。卷一鍾氏源流宗譜記、鍾氏世系舊譜序、潁川同源公派下子孫之圖、潁川自接姓名、創修鍾氏宗譜序、重修宗譜序、鍾氏重修宗譜序、凡例、藏譜字號、遺像、傳贊,卷二陽基圖、世系圖,卷三行傳、墓圖。該村於清嘉慶間建立宗祠,今保存完整。

浙江省金華市婺城區湯溪鎮鴿塢塔村鍾壽松

本條目據《浙江畲族民間文獻資料總目提要》著録

[浙江金華]鴿塢塔鍾氏宗譜三卷 (清)鍾承經

纂修　據清光緒二十九年(1903)石印本複印

參見前條。

麗水學院畲族文化研究所

本條目據《浙江畲族民間文獻資料總目提要》著録

[浙江金華]高塘鍾氏宗譜三卷　鍾雙富等纂修　民國二十二年(1933)石印本　六修本

先祖會正,南宋嘉定間爲江南都督,因南渡避難,遂遷居閩省汀州府長汀縣,後散居上杭及武平等地。始遷祖士廉、騰雨,清康熙間因商賈自福建汀州府武平遷居浙江金華湯溪縣南鄉塔石高堂、下塢口。是譜所列歷代祖公妻偶無盤、藍、雷、鍾等姓女子,乃屬漢族客家衍爲畲族之例。是族於元至正六年(1346)初修譜,此爲六修本。

浙江省金華市婺城區嶺上鄉高塘村鍾開元

本條目據《浙江畲族民間文獻資料總目提要》著録

[浙江金華]高塘鍾氏宗譜三卷　鍾雙富等纂修　據民國二十二年(1933)石印本複印　六修本

參見前條。

麗水學院畲族文化研究所

本條目據《浙江畲族民間文獻資料總目提要》著録

[浙江蘭溪]下吴流川雷氏宗譜八卷　雷士鶴等纂修　民國八年(1919)石印本

始遷祖孟清,居蘭溪下吴流川。譜載新序、舊序、協慶堂春秋祭規、仕宦考、家藏先世圖像辨、里居圖、八景詩、宗祠文、告廟文、果育齋記、像贊、遷居流川歷代世系圖、遷居流川世系考、先祖傳文、壽文(序)、先祖行略、墳圖考引、牌坊圖、墓誌、修譜捐資、給譜號數、舊跋、新跋等。有北宋宰相李綱題贊"漣江公古圖遺像"及吉州文天祥題贊"文獻公古圖遺像"。

浙江省蘭溪市上華街道辦下吴村雷宗發

本條目據《浙江畲族民間文獻資料總目提要》著録

[浙江蘭溪]下吴流川雷氏宗譜八卷　雷士鶴等纂修　據民國八年(1919)石印本複印

參見前條。

麗水學院畲族文化研究所

本條目據《浙江畲族民間文獻資料總目提要》著録

[浙江蘭溪]伍家橋藍氏宗譜不分卷　藍丙照等纂修　民國二年(1913)抄本　一册

始祖法亨,清順治三年(1646)遷居浙江處州遂昌縣北鄉井頭塢。長子楊寧子孫移居龍游南鄉烏諸殿,次子楊求子孫文福移居宣平北鄉二都(今柳城畲族鎮缸鋪頭、龍王殿、趙下村)。始遷祖有孫,清同治十二年(1873)自宣平趙下村蘭家遷居金華蘭溪西鄉永昌化墳頭江霸門塘上。譜載源流序、譜圖序、封誥、新序、凡例、家規、贊傳、牆圖、系圖、行列、譜跋、圖像等。是譜源流可與武義縣陶七弄村、趙下村《藍氏宗譜》相互參照。

浙江省蘭溪市諸葛鎮伍家橋村藍景江

本條目據《浙江畲族民間文獻資料總目提要》著録

[浙江蘭溪]伍家橋藍氏宗譜不分卷　藍丙照等纂修　據民國二年(1913)抄本複印　一册

參見前條。

麗水學院畲族文化研究所

本條目據《浙江畲族民間文獻資料總目提要》著録

[浙江蘭溪]西方塢藍氏宗譜十二卷　藍奇承等纂修　民國三年(1914)石印本

譜載序文、例規、源流世紀録、歷代世宦録、廣東潮州總祠圖及對聯詩句、祠志、歷代諸公遺像及傳贊、遷蘭溪横磨畈宗祠圖及課向、陽宅圖、墓圖、外紀世系圖、汀杭本支世系圖、排行字母、行傳等内容。有南宋朱熹撰《題藍氏家譜序》。族人創辦雲山書院,係畲民中最早興辦之學校。

浙江省蘭溪市水亭畲族鄉西方塢村藍開壽

本條目據《浙江畲族民間文獻資料總目提要》著録

[浙江蘭溪]西方塢藍氏宗譜十二卷 藍奇承等纂修 據民國三年(1914)石印本複印

參見前條。

麗水學院畲族文化研究所

本條目據《浙江畲族民間文獻資料總目提要》著録

[浙江蘭溪]下羅家藍氏宗譜十二卷 藍興行等纂修 民國三年(1914)石印本

該族自明正德間自麗水南鄉遷居雲和縣巖下,崇禎七年(1634)遷居景寧六都馱暮庵,十三年(1640)復遷温州泰順石余坑,清乾隆七年(1742)轉遷景寧三都大坪,迄同治七年(1868)始遷今蘭溪西鄉二十七都横磨坂莊。遷徙内容部分與《横畈藍氏宗譜》略同。譜載譜序、凡例、規條、源流世紀録、歷代仕宦録、廣東潮州總祠圖、對聯詩句、祠志、二十八景詩、歷代諸公遺像傳贊、遷蘭溪横磨坂宗祠圖、祠田山塘、墓圖、世系、行第等。有東萊吕祖謙作《題贈藍氏家譜》、朱熹撰《宋淳熙丁酉年序》等。

浙江省蘭溪市水亭畲族鄉下羅村藍馬生

本條目據《浙江畲族民間文獻資料總目提要》著録

[浙江蘭溪]下羅家藍氏宗譜十二卷 藍興行等纂修 據民國三年(1914)石印本複印

參見前條。

麗水學院畲族文化研究所

本條目據《浙江畲族民間文獻資料總目提要》著録

[浙江蘭溪]藍氏宗譜十二卷 藍奇實主修 藍朝聚纂修 民國三年(1914)種玉堂木活字本 十二册 書名據版心題 十九修本

始祖一鳴(字華,行緒二十四),明正德間自雲和縣南山重溪嶺村(今石塘鎮小葛村)遷居景寧縣西鄉三都大坪莊。始遷祖春隆(字照妹,行隆四十七),清同治七年(1868)自大坪莊遷居蘭谿縣西鄉廿七都金羅山村(今水亭畲族鄉下羅家村)。卷一譜序、凡例,卷二敕命、源流世紀録、仕宦録,卷三祠志、遺像傳贊,卷四祠堂遷徙合記、墓圖,卷五至七世系圖,卷八至十一行傳,卷十二坤第行傳引、坤譜。是族於南宋紹興二十七年(1157)初修譜,此爲十九修本。

浙江省蘭溪市水亭畲族鄉下羅家村藍于高

[浙江蘭溪]藍氏宗譜十二卷 藍奇實主修 藍朝聚纂修 民國三年(1914)木活字本 十四册 存卷一至八、十一 書名據版心題 十九修本

始祖君鳳,字鏡鳳,行億十六,清乾隆七年(1742)自泰順縣余坑村遷居景寧縣西鄉三都大坪莊。始遷祖奇信,字文信,號法親,行興十三,清同治七年(1868)自大坪莊遷居蘭谿縣西鄉廿七都横麻阪村(今水亭畲族鄉西方塢村)。卷一譜序、凡例,卷二敕、源流世系録、仕宦録,卷三對聯詩句、祠志、二十八景詩、傳贊,卷四祠記、陽宅圖、墓圖,卷五至七世系圖,卷八行傳、名次序,卷九至十一行傳,卷十二行傳引。是族於南宋紹興二十七年(1157)初修譜,此爲十九修本。

浙江省蘭溪市水亭畲族鄉西方塢村藍開壽

[浙江蘭溪]高元張藍氏宗譜七卷 纂修者不詳 民國六年(1917)石印本 二册 存卷五、七

始祖滋生,唐貞觀間征東車騎將軍,南渡而遷閩汀上杭大洋埠。二世兆,居杭州(上杭)。四世學文,遷居東粵。十三世允承,遷居上杭;允富,遷羅源及連江靈九峰傅莊。十九世星耀,遷古田小茶嶺。四十世立安,明萬曆十九年(1591)遷居雲和巖下。四十二世望泰,自雲和遷景寧六都大墳庵。始遷祖五十世奇通、茂,清光緒間自景寧三都塢飯恰分别遷居蘭溪紫微堂、西坊塢。世系傳至五十七世。

浙江省蘭溪市游埠鎮高元張村藍秀斌

本條目據《浙江畲族民間文獻資料總目提要》著録

[浙江蘭溪]高元張藍氏宗譜七卷 纂修者不詳 據民國六年(1917)石印本複印 二册 存卷五、七

參見前條。

麗水學院畲族文化研究所

本條目據《浙江畲族民間文獻資料總目提要》著録

[浙江蘭溪]横畈藍氏宗譜八卷　藍日新等纂修　民國三十六年(1947)石印本

譜載譜序、規例、圖像、楹聯、詩文、源流世紀録、外紀、歷代世系、行傳等。有東萊吕祖謙作《題贈藍氏家譜》、朱熹撰《題藍氏家譜序》。

浙江省蘭溪市諸葛鎮横畈村藍光榮

本條目據《浙江畲族民間文獻資料總目提要》著録

[浙江蘭溪]横畈藍氏宗譜八卷　藍日新等纂修　據民國三十六年(1947)石印本複印

參見前條。

麗水學院畲族文化研究所

本條目據《浙江畲族民間文獻資料總目提要》著録

[浙江蘭溪]下方泉藍氏宗譜八卷　藍日新等纂修　民國三十六年(1947)石印本

該族先世居廣東潮州府朝陽縣會稽山,明正德間自麗水遷居雲和巖下,又遷景寧、泰順,再遷景寧赤木山,至清同治八年(1869)始遷蘭溪西。譜載譜序、源流、陽宅、遺像、墓圖、外紀、歷代世系以及行第等。

浙江省蘭溪市水亭畲族鄉上方泉村藍正桂

本條目據《浙江畲族民間文獻資料總目提要》著録

[浙江蘭溪]下方泉藍氏宗譜八卷　藍日新等纂修　據民國三十六年(1947)石印本複印

參見前條。

麗水學院畲族文化研究所

本條目據《浙江畲族民間文獻資料總目提要》著録

[浙江武義]黄干山雷氏宗譜三卷　(清)雷兆盛等纂修　清光緒三十年(1904)石印本

該族原籍廣東,後遷福建建寧。始祖百八十郎,唐中和二年(882)黄巢起義後遷居浙江處州,復遷龍游二十五都羅熟,數載後再遷遂昌十八都。後裔於清康熙三十八年(1699)移居宣平九都老竹店下,清雍正五年(1727)正月二十四日移居八都二丁川灣山。譜載清乾隆間族裔購買山林、墳山、糧田等資料。

浙江省武義縣坦洪鄉黄干山村雷禎貴

本條目據《浙江畲族民間文獻資料總目提要》著録

[浙江武義]黄干山雷氏宗譜三卷　(清)雷兆盛等纂修　據清光緒三十年(1904)石印本複印

參見前條。

麗水學院畲族文化研究所

本條目據《浙江畲族民間文獻資料總目提要》著録

[浙江武義]黄干山雷氏宗譜三卷　雷金土等纂修　民國二十九年(1940)石印本

先祖同上。譜載新序、源流、舊序、敕命、敕書、忠勇王族據、鳳凰山祖祠圖並志、鳳凰山龍期公墓圖、禮部奏請奉諭、凡例、家規、服制圖、排行、取名字母、外内紀系圖、行第等。其中《喪服總圖》反映畲族守孝風俗。

浙江省武義縣坦洪鄉黄干山村雷國賢

本條目據《浙江畲族民間文獻資料總目提要》著録

[浙江武義]黄干山雷氏宗譜三卷　雷金土等纂修　據民國二十九年(1940)石印本複印

參見前條。

麗水學院畲族文化研究所

本條目據《浙江畲族民間文獻資料總目提要》著録

[浙江武義]鮑畈雷氏宗譜三卷　雷永善等纂修　民國元年(1912)石印本　二修本

始祖石崐,自雲和遷居遂昌苦竹林(坑)。始遷祖德武(又名明元),石崐孫,自遂昌遷居宣平二都鮑畈。譜載重修新序、光緒二年創譜序、敕書、源流、家訓、遺像、傳略、排行字母、取名字母、支圖、行第等。是族於清光緒二年(1876)初修譜,此爲二修本。

浙江省武義縣桃溪鎮鮑畈村雷子南

本條目據《浙江畲族民間文獻資料總目提要》著録

[浙江武義]鮑畈雷氏宗譜三卷 雷永善等纂修 據民國元年(1912)石印本複印 二修本

參見前條。

麗水學院畲族文化研究所

本條目據《浙江畲族民間文獻資料總目提要》著録

[浙江武義]鍾蓬雷氏宗譜三卷 雷水旺纂修 民國二十九年(1940)石印本

該族於清乾隆間自雲和三都遷居宣平,與鮑畈雷氏同宗。卷一修譜序文、敕書、族據、鳳凰山祖祠圖並志、鳳凰山龍期公墓圖、禮部奏請奉諭、凡例、家規、服制圖、像圖、墓圖、行略、排行字母、取名字母、歷朝仕官,卷二至三外紀統系、内紀系圖、行第。

浙江省武義縣俞源鄉鍾蓬村雷立富

本條目據《浙江畲族民間文獻資料總目提要》著録

[浙江武義]鍾蓬雷氏宗譜三卷 雷水旺纂修 據民國二十九年(1940)石印本複印

參見前條。

麗水學院畲族文化研究所

本條目據《浙江畲族民間文獻資料總目提要》著録

[浙江武義]鄭草弄雷氏宗譜三卷 雷明雲等纂修 民國二十一年(1932)刻本

是族自廣東潮州府海陽縣遷居福建,再遷括蒼景寧。始遷祖日振,清乾隆元年(1736)自雲和遷居宣平下湖源。清光緒二十一年(1895)家族於武義柳城下湖源村建雷氏宗祠。譜載重修新序、藏譜名次、下湖源雷氏宗祠圖並祠記、造祠捐款、春冬二祭捐款、譜序、歷代帝皇總紀並源流序、嘉慶八年考試給札並佈告、凡例、家規、行狀、行略、傳贊、像圖、墳圖、祀産、取名字目、系圖、行第等。内有宣平縣令吴楚椿著《畲民考》。是族於清乾隆四十八年(1783)初修譜。

浙江省武義縣柳城鎮鄭草弄村雷新寶

本條目據《浙江畲族民間文獻資料總目提要》著録

[浙江武義]鄭草弄雷氏宗譜三卷 雷明雲等纂修 據民國二十一年(1932)刻本複印

參見前條。

麗水學院畲族文化研究所

本條目據《浙江畲族民間文獻資料總目提要》著録

[浙江武義]馮翊雷氏宗譜二卷 雷如載主修 1986年杜偉鋼筆抄民國二十一年(1932)修本 一册 書名據版心題 書衣題雷氏宗譜 初修本

始遷祖振興。六世庭全(行宙四),遷居景寧水碓垟。庭全子有旺(行洪六),始遷宣平(今屬武義)八都二東畈。卷一目録、源流、敕封、五服、凡例、家訓、傳贊、祠圖、像圖、山圖,卷二派行、世系。

浙江省麗水市圖書館

[浙江武義]源口雷氏宗譜三卷 雷蘭水纂修 民國二十九年(1940)石印本

該族先世自廣東瓊州府瓊州縣仁濟里遷居福建福州府古田、興化、連江等地。卷一家寶、新序、源流序、舊序、奉天敕命、敕書、忠勇王族據、鳳凰山祖祠圖並志、鳳凰山龍期公墓圖、禮部奏請奉諭、凡例、家規、喪服總圖、祖像圖、行略、排行字母、取名字母、歷朝仕官,卷二外紀統系、内紀系圖,卷三行第。

浙江省武義縣柳城畲族鎮源口村雷餘金

本條目據《浙江畲族民間文獻資料總目提要》著録

[浙江武義]源口雷氏宗譜三卷 雷蘭水纂修

據民國二十九年(1940)石印本複印

參見前條。

麗水學院畲族文化研究所

本條目據《浙江畲族民間文獻資料總目提要》著録

[浙江武義]種子源雷氏宗譜三卷　雷世傑等纂修　民國三十年(1941)石印本　三修本

先祖十八郎,明崇禎間自福建連江石佛嶺頭遷居浙江處州雲和縣四都葉壟,子孫分遷三都朱源、岸畔等村。清嘉慶八年(1803)明亮創建雷氏宗祠,咸豐元年(1851)九月十八日竣工,坐落新處垟嶺腳(今雲和縣崇頭鎮)。後裔有移居景寧、青田、遂昌、宣平等縣。此支與鮑畈雷氏同宗,後裔分居雲和、遂昌、青田、松陽、蓮都、武義、蘭溪七縣市。是族於清光緒二年(1876)初修譜,此爲三修本。

浙江省武義縣種子源村雷柴雲

本條目據《浙江畲族民間文獻資料總目提要》著録

[浙江武義]種子源雷氏宗譜三卷　雷世傑等纂修　據民國三十年(1941)石印本複印　三修本

參見前條。

麗水學院畲族文化研究所

本條目據《浙江畲族民間文獻資料總目提要》著録

[浙江武義]大西畈雷氏宗譜三卷　纂修者不詳　民國三十年(1941)石印本

石峰公派下百五郎居雲和沈村,其子孫遷居麗水。後四滿遷居碧湖四姑壇,友明遷宣平箬鋪弄、陳村嶺(今柳城祭族鎮)等地。譜載新序、源流序、奏奉、譜例、宗祠規、家訓、歷代官職録、支系、行第等。

浙江省武義縣坦洪鄉大西畈村藍雲標

本條目據《浙江畲族民間文獻資料總目提要》著録

[浙江武義]大西畈雷氏宗譜三卷　纂修者不詳　據民國三十年(1941)石印本複印

參見前條。

麗水學院畲族文化研究所

本條目據《浙江畲族民間文獻資料總目提要》著録

[浙江武義]武義雷氏宗譜　鍾發品纂修　2008年排印本　一册

始遷祖源興,清初隨父自福建羅源遷入浙江景寧、雲和等地。其長子自榮清乾隆間自雲和新處垟遷出,後裔分居鍾蓬(今武義俞源鄉)、鋪于山、金華清江橋;次子自萊子孫同時遷宣平縣北,分居大西畈、鍾蓬、徐弄、麥田畈、横山西焉寺、三百、金華大山下等村居住;幼子自德自景寧包鳳村遷遂昌冷水灣,後裔分遷王宅馬頭地、武義蜈蚣形等地。譜載家寶圖片、譜序、新序、凡例、理事會名單、歷史文獻(譜序、忠勇王歷代仕宦敕書、源流世系録、敕賜忠勇王族據、鳳凰山忠勇王祠全圖、重建盤瓠祠序、廣東潮州鳳凰山忠勇王暨盤、藍、雷、鍾陽宅圖)、内經世系圖、行第傳記、郡望、堂號、祖宗目的、人物篇(行傳、雷氏家族人才簡略題記)、藏譜名册、附録(畲族來歷、潮州鳳凰山考察記、編後語)。

中南民族大學圖書館

[浙江武義]大西畈藍氏宗譜不分卷　(清)藍樟有等纂修　清光緒二十五年(1899)抄本　一册

該族自明萬曆四十年(1612)自福建羅源重上里官坑遷居卓家山,再遷浙江景寧大洋湖,雲和石塘小坪、龍家十五都嶺上,遂昌大壟頭等地,清康熙五十六年(1675)又遷雲和縣大坑底村,雍正二年(1724)遷居麗水汎塘等處。譜載譜序、凡例、宗規、世系圖、排列安厝、歷代傳記(支圖)等。

浙江省武義縣坦洪鄉大西畈村藍明俊

本條目據《浙江畲族民間文獻資料總目提要》著録

[浙江武義]大西畈藍氏宗譜不分卷　(清)藍樟有等纂修　據清光緒二十五年(1899)抄本複印　一册

參見前條。

麗水學院畲族文化研究所

本條目據《浙江畲族民間文獻資料總目提要》著録

[浙江武義]何處藍氏宗譜不分卷 (清)藍樟有等纂修 清光緒二十五年(1899)抄本 一册

譜載重修譜序、凡例、宗規、鈔舊源流傳記、世系、排行等。

浙江省武義縣俞源鄉何處村藍樹堂

本條目據《浙江畲族民間文獻資料總目提要》著録

[浙江武義]何處藍氏宗譜不分卷 (清)藍樟有等纂修 據清光緒二十五年(1899)抄本複印 一册

參見前條。

麗水學院畲族文化研究所

本條目據《浙江畲族民間文獻資料總目提要》著録

[浙江武義]塢春藍氏宗譜不分卷 藍田林纂修 民國七年(1918)抄本 一册

該族先世自福建遷居雲和三都胡平村。始祖小五郎,遷居青田臘口北山,再遷西姑坦、雷公坳,後定居麗水南鄉八角村。始遷祖大一娘,清道光二十二年(1842)率子孫自八角村遷居宣平二都一塢川。譜載源流序、封誥、舊序、新序、贊傳、凡例、家規、圖像、墳圖、支圖、行列(第)、贊簿、譜跋等。

浙江省武義縣桃溪鎮塢春村藍益斌

本條目據《浙江畲族民間文獻資料總目提要》著録

[浙江武義]塢春藍氏宗譜不分卷 藍田林纂修 據民國七年(1918)抄本複印 一册

參見前條。

麗水學院畲族文化研究所

本條目據《浙江畲族民間文獻資料總目提要》著録

[浙江武義]車門藍氏宗譜三卷 藍有順等纂修 民國八年(1919)修本

譜載源流序、新序、舊序、鳳凰山祖祠圖並志、鳳凰山祖妣墓圖、歷朝仕宦録、凡例、家規、祖圖譜、像圖、傳贊、排行、取名字母、祭田山、内外紀世系圖、内外紀行第。

浙江省武義縣柳城鎮車門村藍治深

本條目據《浙江畲族民間文獻資料總目提要》著録

[浙江武義]車門藍氏宗譜三卷 藍有順等纂修 據民國八年(1919)修本複印

參見前條。

麗水學院畲族文化研究所

本條目據《浙江畲族民間文獻資料總目提要》著録

[浙江武義]陽坑塘藍氏宗譜三卷 藍發壽等纂修 民國九年(1920)石印本

該族自福建連江遷居浙江雲和巖下,復遷麗水大峰、黄田本,至清乾隆間始遷武義陽坑塘。譜載譜序、祖像、外紀支圖、内紀支圖、世行第、建祠祭田記、取名字母等。

浙江省武義縣坦洪鄉陽坑塘村藍水海

本條目據《浙江畲族民間文獻資料總目提要》著録

[浙江武義]陽坑塘藍氏宗譜三卷 藍發壽等纂修 據民國九年(1920)石印本複印

參見前條。

麗水學院畲族文化研究所

本條目據《浙江畲族民間文獻資料總目提要》著録

[浙江武義]麻圩嶺藍氏宗譜不分卷 藍生旺纂修 民國九年(1920)抄本 一册

該族自廣東遷居福建府羅源縣,後遷處州府雲和縣七都巖下。後百十八遷宣平徐莊,又遷松陽靖居包。傳至千四再遷宣平(今屬武義)。始遷祖百十,遷居武義麻圩嶺村。譜載傳贊、取名字母、系圖、行第等。
浙江省武義縣坦洪鄉麻圩嶺村藍明春
本條目據《浙江畲族民間文獻資料總目提要》著録

[浙江武義]麻圩嶺藍氏宗譜不分卷 藍生旺纂修 據民國九年(1920)抄本複印 一册
參見前條。
麗水學院畲族文化研究所
本條目據《浙江畲族民間文獻資料總目提要》著録

[浙江武義]金絲弄藍氏宗譜三卷 藍國旺等纂修 民國十五年(1926)修本
始祖大三郎,居福建。譜載家寶、目録、新序、舊序、像圖、排行字母、世系、行第等。
浙江省武義縣桃溪鎮金絲弄村藍偉進
本條目據《浙江畲族民間文獻資料總目提要》著録

[浙江武義]金絲弄藍氏宗譜三卷 藍國旺等纂修 據民國十五年(1926)修本複印
參見前條。
麗水學院畲族文化研究所
本條目據《浙江畲族民間文獻資料總目提要》著録

[浙江武義]黄新藍氏宗譜三卷 藍信和等纂修 民國二十二年(1933)石印本
卷一新序、舊序、上古來歷、歷朝敕封、源流序、廣東祠圖祠記、各派造祠小引、凡例、家規、排行字母、御批准考、御印、敕封龍其(麒)公靈牌及像贊、傳贊,卷二世系圖、墓圖、忌田、山場、藏譜字號、譜跋,卷三木本水源、行第。是族於清雍正六年(1728)初修譜。
浙江省武義縣桃溪鎮黄新村藍陳寶
本條目據《浙江畲族民間文獻資料總目提要》著録

[浙江武義]黄新藍氏宗譜三卷 藍信和等纂修 據民國二十二年(1933)石印本複印
參見前條。
麗水學院畲族文化研究所
本條目據《浙江畲族民間文獻資料總目提要》著録

[浙江武義]曾溪藍氏宗譜三卷 藍信和等纂修 民國二十二年(1933)刻本
譜載新序、舊序、歷朝敕封、源流序、廣東祠圖、祀記、凡例、家規、排行字母、各派造祠小引、御批准考、敕封龍期公靈牌、像圖、像贊、傳贊、世系圖、墓圖、忌田、山場、藏譜字號、譜跋、木本水源、行第等。
浙江省武義縣坦洪鄉陽坑塘村藍舍奶
本條目據《浙江畲族民間文獻資料總目提要》著録

[浙江武義]曾溪藍氏宗譜三卷 藍信和等纂修 據民國二十二年(1933)刻本複印
參見前條。
麗水學院畲族文化研究所
本條目據《浙江畲族民間文獻資料總目提要》著録

[浙江武義]車門藍氏宗譜三卷 藍禎元等纂修 1949年重修本
始遷祖士明,清康熙間自遂昌大隴頭内塢遷居宣平上陶車頭坳,係藍姓遷入宣平最早一支。士明後代有分遷柳城車門、新宅胡蘇嶺、熟溪白依坪等五個鄉鎮七個自然村。譜載序言、歷代源流、傳記、像圖、家規、外内世系、世行第等。
浙江省武義縣柳城鎮車門村藍銀川
本條目據《浙江畲族民間文獻資料總目提要》著録

[浙江武義]車門藍氏宗譜三卷 藍禎元等纂修 據1949年重修本複印
參見前條。
麗水學院畲族文化研究所
本條目據《浙江畲族民間文獻資料總目提要》

著録

[浙江武義]陶七弄藍氏宗譜三卷 藍奇梁等纂修 1949年石印本 六修本

該族自廣東遷居福建羅源塔下,後因匪亂遷居浙江龍游而延及遂昌、宣平等地。清嘉慶間家族移居宣平,其後又分遷車門、堰下、荒田坪、陶七弄、中央鋪、鄭山頭、青蓬山、缸鋪頭、趙和村、内塢底等村,另有一支遷居蘭溪市化墳頭崗、王中倉等村。譜載新序、舊序、忠勇神主、源流序、像圖、排行取名字母、外内紀支圖、行第等。

浙江省武義縣桃溪鎮陶七弄村藍忠新

本條目據《浙江畲族民間文獻資料總目提要》著録

[浙江武義]陶七弄藍氏宗譜三卷 藍奇梁等纂修 據1949年石印本複印 六修本

參見前條。

麗水學院畲族文化研究所

本條目據《浙江畲族民間文獻資料總目提要》著録

[浙江武義]胡蘇嶺藍氏宗譜三卷 藍禎元等纂修 1949年修本

卷一家寶、新序、舊序、源流序、歷代敕書、歷代任官、歷代傳記、像圖、凡例、家規、取名字母、排行字母、藏譜引,卷二外紀、内紀世系圖,卷三行第、女行位。

浙江省武義縣新宅鎮柘坑胡蘇嶺村藍金堂

本條目據《浙江畲族民間文獻資料總目提要》著録

[浙江武義]胡蘇嶺藍氏宗譜三卷 藍禎元等纂修 據1949年修本複印

參見前條。

麗水學院畲族文化研究所

本條目據《浙江畲族民間文獻資料總目提要》著録

[浙江武義]大西畈藍氏宗譜三卷 藍禎元等纂修 1949年石印本

先祖小五十四,因饑饉自廣東遷居福建福州府羅源縣西洋宫七保里官坑。後裔明貴(法名法源)生三子,三子同遷浙江處郡雲和大坑底。始遷祖士明,清乾隆十六年(1751)自遂昌大隴頭内塢遷居宣平上陶車頭坳(今武義縣坦洪鄉)。此譜與本縣陶七弄、章坑、壇背、水口、車門、白依坪、胡獅嶺七村藍氏,同爲士明後裔。譜載新序、舊序、源流序、歷代敕書、仕宦、傳記、像圖、家規、排名字母、外内世系圖、行第等。

浙江省武義縣坦洪鄉大西畈村藍明俊

本條目據《浙江畲族民間文獻資料總目提要》著録

[浙江武義]大西畈藍氏宗譜三卷 藍禎元等纂修 據1949年石印本複印

參見前條。

麗水學院畲族文化研究所

本條目據《浙江畲族民間文獻資料總目提要》著録

[浙江武義]荒田坪藍氏宗譜三卷 雷有國纂修 1949年修本

該族係出盤瓠二子光輝之後,自廣東徙福建羅源縣塔下,後因匪亂遷浙江金華郡龍游而延及遂昌、宣平等地。十一世元鳳於清乾隆間遷居宣平荒田坪。元鳳長子揚寧第十二世孫仕來兄弟,清嘉慶間同遷荒田坪,是爲始遷祖。卷一新序、源流序、敕封忠勇王族據、舊序、鳳凰山祖圖並志、鳳凰山祖妣墓圖、祖圖譜、像圖、傳贊、凡例、家規、排行、取名字母、藏譜引,卷二外紀歷代總系、内紀系圖,卷三外紀歷代行第、内紀行第。

浙江省金華市武義縣桃溪鎮方田坪村藍水偉

本條目據《浙江畲族民間文獻資料總目提要》著録

[浙江武義]荒田坪藍氏宗譜三卷 雷有國纂修 據1949年修本複印

參見前條。

麗水學院畲族文化研究所

本條目據《浙江畲族民間文獻資料總目提要》著録

[浙江武義]藍氏宗譜不分卷　藍仁均主修　藍忠尉纂修　1986年補修清光緒十六年(1890)及民國二十二年(1933)木活字本　一册

始祖天一(又名同相)。始遷祖應瑞,自福建福州連江縣遷浙江處州宣平(武義)仁宅,八世大成(字仁宅)遷八都二赤坑,後儀先一派移居高畔。譜載藍氏重修宗譜序、藍氏源流序、藍氏歷朝敕賜目録、像、藍氏增修宗譜序、忠鶴公贊、世系圖、世系、跋。

浙江省麗水市圖書館

[浙江武義]藍氏宗譜二卷　藍紫庭主修　1986年補修民國三十一年(1942)木活字本　一册

藍氏鼻祖來自廣東,分遷於福建。始遷祖統成、統禄,自福建福州羅源遷浙江雲和二都谷垟頭。統成支分常福、常壽兩支。常福孫清康熙四十年(1701)移居麗水十三都碧湖白巖,六世進壽乾隆間遷宣平(武義)南區長崗背。卷一譜序、藍氏源流序、敕賜、家訓、凡例、家規、行略、傳贊、祠圖、藍氏宗祠志、世系圖,卷二世傳。

浙江省麗水市圖書館

[浙江武義]白馬下鍾氏宗譜三卷　鍾先福等纂修　民國二十九年(1930)刻本

譜載鍾氏源流序、始遷行程志、像圖、支圖、行第等。

浙江省武義縣柳城鎮白馬下村鍾餘興

本條目據《浙江畲族民間文獻資料總目提要》著録

[浙江武義]白馬下鍾氏宗譜三卷　鍾先福等纂修　據民國二十九年(1930)刻本複印

參見前條。

麗水學院畲族文化研究所

本條目據《浙江畲族民間文獻資料總目提要》著録

[浙江武義]種子源鍾氏宗譜不分卷　鍾先福纂修　民國十九年(1930)石印本　一册

先祖諒、宣,南宋時居福建連江、羅源等縣。始祖石洪,明洪武八年(1375)自福建遷居浙江景寧。家族於清道光十二年(1832)始遷宣平種子源村。譜載舊序、新序、遷徙行程志、祖公圖、塋墓圖、世系、行第。

浙江省武義縣種子源村鍾發品

本條目據《浙江畲族民間文獻資料總目提要》著録

[浙江武義]種子源鍾氏宗譜不分卷　鍾先福纂修　據民國十九年(1930)石印本複印　一册

參見前條。

麗水學院畲族文化研究所

本條目據《浙江畲族民間文獻資料總目提要》著録

[浙江武義]種子源鍾氏宗譜不分卷　鍾先福纂修　2007年重修民國十九年(1930)石印本　一册

參見前條。

麗水學院圖書館　浙江省武義縣圖書館　浙江省武義縣檔案館

[浙江武義]宣邑鍾氏宗譜三卷　(清)鍾利昌纂修　鍾起榮續修　1986年杜偉鋼筆抄民國二十五年(1936)續修本　一册　書名據版心題　書衣題鍾氏宗譜

是族先世居廣東,後自瓊州遷居潮州,再遷福建。始祖日光,明洪武間自福建遷居處州雲和一都長田。八世聖賢,明末遷居宣平(今屬武義)下鄉八都二路。聖賢孫元魁(又名大成),清康熙間遷居邑之十二都渠溪富村畈,爲始遷祖。卷一敕書、封誥、源流,卷二序文、行傳、贊文、族規、家訓、像圖、墳圖、世系、排行、産業,卷三行第。

浙江省麗水市圖書館

[浙江武義]黄干山鍾氏宗譜三卷　鍾其如等纂修　民國三十七年(1948)石印本　二修本

是族先世居福汀,後裔分遷廣東,復移閩汀。九十世祖“祥”字公自閩汀據信莊遷居遂昌井頭塢。九十九世大四十一郎,清康熙間自遂昌井頭塢遷居宣北臺山寺腳。始遷祖四,因老宅遭火侵,遂遷居五都黄家(干)山。世系傳至“千”字行“新”字輩共計十代。譜載譜序、源流序、凡例、排行字母、藏譜引、像圖、墓圖、内外世系圖、行第、女排行等。是族於民國元年(1912)初修譜,此爲二修本。

浙江省武義縣坦洪鄉黄干山村鍾金華

本條目據《浙江畲族民間文獻資料總目提要》著録

[浙江武義]黄干山鍾氏宗譜三卷 鍾其如等纂修 據民國三十七年(1948)石印本複印 二修本

參見前條。

麗水學院畲族文化研究所

本條目據《浙江畲族民間文獻資料總目提要》著録

[浙江臨海]台臨雷氏宗譜二卷 雷子鴻等纂修 民國二十二年(1933)修本

始祖憲,居同州(馮翊)。爲避戰亂,裔孫於晉永和間避亂遷居豫章。九世後,甫始遷汀之寧化(舊稱麻倉)。南宋慶元間(1195—1200)伯御遷居清流城南,族始發。始遷祖霄,清雍乾間因商入台。其二十三世孫家政創辦印刷廠,成爲臨海最早的一家印刷廠,《臨海市志》有記載。譜載譜序、源流總論、譜論、弁言、凡例、圖像、世德、卓行、世系、墓誌、行第等。

浙江省臨海珠算博物館雷國華

本條目據《浙江畲族民間文獻資料總目提要》著録

[浙江臨海]台臨雷氏宗譜二卷 雷子鴻等纂修 據民國二十二年(1933)修本複印

參見前條。

麗水學院畲族文化研究所

本條目據《浙江畲族民間文獻資料總目提要》著録

[浙江瑞安]汝南郡藍氏宗譜一卷 李純祖纂修 據民國十二年(1923)木活字本複印 一册 書名據版心題 初修本

始遷祖士春,清代自平陽縣魚塘水港村遷居瑞安縣五十三都東坑村石壁村(今屬東巖鄉)。載凡例、墓志銘、譜序、仕宦、祠圖、行第、世系。

浙江省瑞安市圖書館

[浙江文成]培頭鍾氏宗譜不分卷 (清)鍾國楨纂修 清嘉慶元年(1796)抄本 一册

該族先世自廣東遷居福建羅源大坪。始祖善齋,自大坪遷寧德六都黄泥雷,後又徙守庥(今福安)、福鼎新洋水溝牛塘下,次年移居泰順八都四溪九峰,數年後又遷平陽閙村馬灣、浮嶺頭。裔孫德進(又名奇元),清康熙二年(1663)自福建羅源縣羅彭里進山黄泥漈遷居浙江温州府平陽縣五十都五堡陶奥門前,生世明、世福、世英、世雄四子,分别居周山下、高蛇、培頭、鄭山底。此爲居浙江文成富嶴鄉培頭村後裔所修譜。譜載列祖圖譜、盤古皇帝開山公據、排行字母等。主要記載畲族祖先從盤瓠皇(龍麒)之起源、遷徙、繁衍情況。

浙江省文成縣富嶴鄉培頭村鍾維斌

本條目據《浙江畲族民間文獻資料總目提要》著録

[浙江文成]培頭鍾氏宗譜不分卷 (清)鍾國楨纂修 據清嘉慶元年(1796)抄本複印 一册

參見前條。

麗水學院畲族文化研究所

本條目據《浙江畲族民間文獻資料總目提要》著録

[浙江文成]培頭鍾氏宗譜不分卷 纂修者不詳 民國十二年(1923)周紹壤刻本 一册

先祖同上。譜載新序、壽序、培頭村景圖、題培頭地景詩,漢義公、錫田公、大錦公墓圖,潁川郡鍾氏外記、培頭鍾氏宗譜世系圖等。

浙江省文成縣富嶴鄉培頭村鍾玉明

本條目據《浙江畲族民間文獻資料總目提要》著録

[浙江文成]培頭鍾氏宗譜不分卷　纂修者不詳　據民國十二年(1923)周紹壤刻本複印　一册

參見前條。

麗水學院畲族文化研究所

本條目據《浙江畲族民間文獻資料總目提要》著録

[浙江文成]蕭山鍾氏宗譜不分卷　鍾鳳吉等纂修　民國三十七年(1948)石印本　一册

始祖石洪,明萬曆間自福建寧德縣遷居景寧縣二都岱垟。裔孫振臺,明崇禎三年(1630)自景寧遷居青田縣八都。始遷祖文拱,清雍正四年(1726)自高丘轉遷五原蕭山莊。

浙江省文成縣西坑畲族鎮雷明强

本條目據《浙江畲族民間文獻資料總目提要》著録

[浙江文成]蕭山鍾氏宗譜不分卷　鍾鳳吉等纂修　據民國三十七年(1948)石印本複印　一册

參見前條。

麗水學院畲族文化研究所

本條目據《浙江畲族民間文獻資料總目提要》著録

[浙江文成]底莊雷氏宗譜不分卷　(清)雷永鵠等纂修　清光緒二十年(1894)刻本　一册　二修本

譜載原序、雷君永鵠倡輯宗譜序、廣東盤瓠王肇基志、粤東祠據、譜例十則、附列本宗譜歷代名人、重敕平邑署前碑示、雷氏宗譜行次、馮翊雷氏世系等。其中《粤東祠據》對雷氏鳳凰山祠堂建置、方位、尺寸等有詳細記載。是族於清乾隆五十二年(1787)初修譜,此爲二修本。

浙江省文成縣黄坦鎮底莊村雷錫丹

本條目據《浙江畲族民間文獻資料總目提要》著録

[浙江文成]底莊雷氏宗譜不分卷　(清)雷永鵠等纂修　據清光緒二十年(1894)刻本複印　一册　二修本

參見前條。

麗水學院畲族文化研究所

本條目據《浙江畲族民間文獻資料總目提要》著録

[浙江文成]底莊雷氏宗譜不分卷　纂修者不詳　民國十四年(1925)刻本　一册

譜載譜序、廣東重建祠紀、廣東盤瓠王肇基記、粤東祠據、譜例十則、本宗歷代名人、雷氏宗譜行次、馮翊郡雷氏世系圖等。

浙江省文成縣黄坦鎮底莊村雷錫丹

本條目據《浙江畲族民間文獻資料總目提要》著録

[浙江文成]底莊雷氏宗譜不分卷　纂修者不詳　據民國十四年(1925)刻本複印　一册

參見前條。

麗水學院畲族文化研究所

本條目據《浙江畲族民間文獻資料總目提要》著録

[浙江文成]馱庵雷氏宗譜不分卷　李崧纂修　民國二十二年(1933)刻本　一册

該族自廣東先後遷居福建福安、福鼎,最終遷居瑞安,族裔散居蒼南、麗水、瑞安、泰順、文成等處,均係福鼎牛埕下分支。譜載廣東重建祠序、廣東盤瓠氏銘志、釋明畲字義、譜序、祠圖、墓圖、墳圖、行第等。《廣東盤瓠氏銘志》言及盤護王受封及其子女賜姓一事。《釋明畲字義》中記録“畲”字由來及康熙、乾隆、嘉慶年間畲民上書繼續免除差徭並獲准事。

浙江省文成縣周壤鄉外南村雷衍仙

本條目據《浙江畲族民間文獻資料總目提要》著録

[浙江文成]馱庵雷氏宗譜不分卷　李崧纂修　據民國二十二年(1933)刻本複印　一册

參見前條。

麗水學院畲族文化研究所

本條目據《浙江畲族民間文獻資料總目提要》

著録

[浙江平陽]章山雷氏宗譜不分卷 （清）雷雲等纂修 清同治五年（1866）萃菁齋木活字本 一册

始遷祖永祥，明萬曆八年（1580）自福建羅源遷居平陽。譜載修譜名録、盤瓠銘志、新老譜序、名人題贈、族規譜例、廣東祠記、章山祠記、釋畲字義、示諭、嚴禁告示、字行排律、始祖墓圖、世系支圖等。其中《盤瓠銘志》敘述盤瓠王的傳奇一生。《示諭》、《嚴禁告示》載清朝平陽、瑞安兩縣畲民抵抗地保惡棍藉端科派丁甲差徭採買項等擾害畲民和抗争科舉考試等事件。

浙江省平陽縣青街鄉章山村雷姓畲民家

本條目據《浙江畲族民間文獻資料總目提要》著録

[浙江平陽]章山雷氏宗譜不分卷 （清）雷雲等纂修 據清同治五年（1866）萃菁齋木活字本複印 一册

參見前條。

麗水學院畲族文化研究所

本條目據《浙江畲族民間文獻資料總目提要》著録

[浙江平陽]藍氏宗譜 纂修者不詳 版本不詳

此爲平陽王神洞藍氏家譜。據譜載，唐光啓二年（886）有畲族盤、藍、雷、鍾四姓共三百六十餘人，自廣東由水路到福建連江馬鼻，後盤姓一船被風漂流不知去向，其餘三姓於明以後移居福建福寧、浙江温州及處州等地。藍氏家族於明季避亂自廣東潮州府鳳凰山遷居平陽胥望宇，清初再遷邑之王神洞。

本條目據《畲族社會歷史調查》著録

[浙江平陽]矮壟坑鍾氏宗譜不分卷 （清）鍾子遷等主修 清道光二十六年（1846）祇德堂木活字本 一册

始祖百户，明季自福建羅源遷居福鼎後溪。生三子：長子振宗分佈平陽等地；次子振賢其孫成登遷居青田縣培頭（今文成縣轄）；三子振輝遷福鼎。後裔又分遷泰順、文成、霞浦、瑞安等地。世系記至十三世“學”字輩。譜載譜例、聖諭、族規、譜序、名録、世系、敕賜公據、行第、支圖等。

浙江省平陽縣朝陽鄉矮壟坑村鍾姓畲民家

本條目據《浙江畲族民間文獻資料總目提要》著録

[浙江平陽]矮壟坑鍾氏宗譜不分卷 （清）鍾子遷等主修 據清道光二十六年（1846）祇德堂木活字本複印 一册

參見前條。

麗水學院畲族文化研究所

本條目據《浙江畲族民間文獻資料總目提要》著録

[浙江泰順]昌基李氏宗譜二卷 （清）李忠信等纂修 清同治五年（1866）刻本

譜載目録、名録、譜例、小行、族規、郡序、音屬、序文、行實、圖紀等。《族規小列》載孝父母、和兄弟、别夫婦、序長幼、睦宗族、嚴内外、訓子孫、勤職業、明義利、慎官守。

浙江省泰順縣彭溪鎮昌基村李忠

本條目據《浙江畲族民間文獻資料總目提要》著録

[浙江泰順]昌基李氏宗譜二卷 （清）李忠信等纂修 據清同治五年（1866）刻本複印

參見前條。

麗水學院畲族文化研究所

本條目據《浙江畲族民間文獻資料總目提要》著録

[浙江泰順]承天吴氏宗譜不分卷 （清）吴大步等纂修 清光緒二十二年（1896）刻本 一册

始遷祖德，自福寧（今福建霞浦）遷居温州泰順雅陽。譜載名録、凡例、吴區受姓源流序、舊序、新序、郡序、音屬、圖紀、行第等内容。是族於清同治三年（1864）初修譜。

浙江省泰順縣雅陽鎮承天村吴汝杭

本條目據《浙江畲族民間文獻資料總目提要》

著録

[浙江泰順]承天吴氏宗譜不分卷　(清)吴大步等纂修　據清光緒二十二年(1896)刻本複印　一册

参見前條。

麗水學院畲族文化研究所

本條目據《浙江畲族民間文獻資料總目提要》著録

[浙江泰順]吴山雷氏宗譜不分卷　(清)藍輔宸纂修　清光緒二十年(1894)刻本　一册

譜載名録、族譜　凡例、家訓、重建祠序、盤瓠志、畲字義、墓圖、萬代名臣、行第紀圖等。其中《畲字義》解釋了"畲"字含義、由來。清康熙三十六年(1697)平陽、瑞安畲民雷文顯、藍文貴等因當地地棍勒索擾亂,上書官府,官府批復告示,本譜記有此事。

浙江省泰順縣新浦鄉吴山村雷鳳遠

本條目據《浙江畲族民間文獻資料總目提要》著録

[浙江泰順]吴山雷氏宗譜不分卷　(清)藍輔宸纂修　據清光緒二十年(1894)刻本複印　一册

参見前條。

麗水學院畲族文化研究所

本條目據《浙江畲族民間文獻資料總目提要》著録

[浙江泰順]梅山藍氏宗譜六卷　(清)藍敬亭等纂修　清同治九年(1870)泰順潘國麟抄本　二修本

始遷祖鳴崗,明崇禎十年(1637)自景寧四格大馬奄遷居泰順梅山。裔孫分遷邑之仕陽、黄坑、羅陽、司前等地。譜載道光譜序、同治譜序、族譜凡例、行第、世系總圖、支系分派圖、墓誌等。是族於清道光二十年(1840)初修譜,此爲二修本。

浙江省泰順縣羅陽鎮江家山村藍宗文

本條目據《浙江畲族民間文獻資料總目提要》著録

[浙江泰順]梅山藍氏宗譜六卷　(清)藍敬亭等纂修　據清同治九年(1870)泰順潘國麟抄本複印　二修本

参見前條。

麗水學院畲族文化研究所

本條目據《浙江畲族民間文獻資料總目提要》著録

[浙江泰順]楊畲鍾氏宗譜不分卷　鍾石雲等纂修　民國十二年(1923)抄本　一册

該族自福建羅源遷居麗水青田,再遷泰順楊畲。譜載凡例、譜序、行第等。

浙江省泰順縣司前鎮楊畲村鍾恩隆

本條目據《浙江畲族民間文獻資料總目提要》著録

[浙江泰順]楊畲鍾氏宗譜不分卷　鍾石雲等纂修　據民國十二年(1923)抄本複印　一册

参見前條。

麗水學院畲族文化研究所

本條目據《浙江畲族民間文獻資料總目提要》著録

[浙江蒼南]馬蹄垵雷氏宗譜不分卷　(清)雷振樣等纂修　清道光二十五年(1845)刻本　三册

譜載修譜名録、授官記、修譜譜序、源流及世紀支圖等。

浙江省蒼南縣靈溪鎮馬蹄垵村雷維斌

本條目據《浙江畲族民間文獻資料總目提要》著録

[浙江蒼南]馬蹄垵雷氏宗譜不分卷　(清)雷振樣等纂修　據清道光二十五年(1845)刻本複印　三册

参見前條。

麗水學院畲族文化研究所

本條目據《浙江畲族民間文獻資料總目提要》著録

[浙江蒼南]昌禪砻底雷氏家譜不分卷　纂修者

不詳　清咸豐十一年(1861)雷德清抄本　一册

譜載廣東盤瓠祠記、源流、行第、世紀支圖等。

浙江省蒼南縣靈溪鎮昌禪噿底雷開全

本條目據《浙江畲族民間文獻資料總目提要》著録

[浙江蒼南]昌禪噿底雷氏家譜不分卷　纂修者不詳　據清咸豐十一年(1861)雷德清抄本複印　一册

參見前條。

麗水學院畲族文化研究所

本條目據《浙江畲族民間文獻資料總目提要》著録

[浙江蒼南]鳳陽雷氏宗譜不分卷　(清)雷雲纂修　清同治五年(1866)刻本　十册

譜載修譜名録、廣東盤瓠銘志、授官記、修譜譜序、源流、凡例、盤瓠王祠記、重修宗譜序、釋明畲字義、雷氏名人小傳、世紀支圖等。内涉清嘉慶八年(1803)咨准畲民一體考試事以及清道光二十七年(1847)頒發《禁阻考告示》等記録。

浙江省蒼南縣靈溪鎮雷順蘭

本條目據《浙江畲族民間文獻資料總目提要》著録

[浙江蒼南]鳳陽雷氏宗譜不分卷　(清)雷雲纂修　據清同治五年(1866)刻本複印　十册

參見前條。

麗水學院畲族文化研究所

本條目據《浙江畲族民間文獻資料總目提要》著録

[浙江蒼南]噿底雷氏宗譜不分卷　(清)雷清喜纂修　清同治十二年(1873)刻本　三册

始祖念二郎,明萬曆間自羅源遷居莒溪鄭家山,後子孫分居赤溪東家山、昌禪噿底、莒溪漈頭、赤溪流岐噿和括山三崗等地。譜載修譜名録、凡例、廣東盤瓠銘志、授官記、釋明畲字義、廣東祠記、修譜譜序、行第、世紀支圖等。

浙江省蒼南縣靈溪鎮昌禪噿底雷開全

本條目據《浙江畲族民間文獻資料總目提要》著録

[浙江蒼南]噿底雷氏宗譜不分卷　(清)雷清喜纂修　據清同治十二年(1873)刻本複印　三册

參見前條。

麗水學院畲族文化研究所

本條目據《浙江畲族民間文獻資料總目提要》著録

[浙江蒼南]小沿雷氏宗譜不分卷　(清)雷維銓等纂修　清光緒五年(1879)刻本　三册　三修本

始祖法罡,明末自福建福鼎牛埕下遷居平陽黄家坑,後裔分居蒼南橋墩小沿村、莒溪漈頭、騰垟東湖埔、蒲門坑門嶺、五岱小垟等地。譜載歷次修譜名録、廣東盤瓠銘志、雷氏歷代名宦、增修族譜序、源流序、凡例、盤瓠王祠記、釋明畲字義、家訓十則、論雷氏五音屬相、祭祠輪流記、世紀支圖等。是族於清光緒五年(1879)初修譜,此爲三修本。

浙江省蒼南縣橋墩鎮小沿村雷衍隨

本條目據《浙江畲族民間文獻資料總目提要》著録

[浙江蒼南]小沿雷氏宗譜不分卷　(清)雷維銓等纂修　據清光緒五年(1879)刻本複印　三册　三修本

參見前條。

麗水學院畲族文化研究所

本條目據《浙江畲族民間文獻資料總目提要》著録

[浙江蒼南]鬧村雷氏宗譜不分卷　雷子旺纂修　民國三十七年(1948)刻本　五册

始祖明海,明萬曆間自福建羅源遷居平陽四十八都,子孫分居鳳池東噿、岱嶺福掌、鳳陽崩山、橋墩單樹峰、赤溪交椅環三步擂等地。譜載修譜名録、凡例、家訓、廣東盤瓠銘志、授官記、修譜譜序、行第、世紀支圖等。可與平陽等同宗譜牒相參照。是族於清同治十三年(1874)初修譜。

浙江省蒼南縣靈溪鎮鬧村雷文金

本條目據《浙江畲族民間文獻資料總目提要》著録

[浙江蒼南]鬧村雷氏宗譜不分卷　雷子旺纂修　據民國三十七年(1948)刻本複印　五册

參見前條。

麗水學院畲族文化研究所

本條目據《浙江畲族民間文獻資料總目提要》著録

[浙江蒼南]莒溪藍氏宗譜不分卷　(清)藍昌貝纂修　清同治十三年(1874)刻本　三册　五修本

始祖千四、千六兄弟,明萬曆間自福建羅源大壩頭遷居蒼南縣鳳池李家山。千四次子萬五子孫又分居鳳池、漈頭、南山、柯嶺、騰洋北山、王灣、昌禪牛背脊、叮噹嶺腳、南宋半垟宫、石門嶺等地。譜載本族族源、先祖圖像、始祖墓圖、授官記、歷次修譜譜序、行第、修譜名録、世紀支圖等。

浙江省蒼南縣莒溪鎮藍文鄭

本條目據《浙江畲族民間文獻資料總目提要》著録

[浙江蒼南]莒溪藍氏宗譜不分卷　(清)藍昌貝纂修　據清同治十三年(1874)刻本複印　三册　五修本

參見前條。

麗水學院畲族文化研究所

本條目據《浙江畲族民間文獻資料總目提要》著録

[浙江蒼南]坑門藍氏宗譜不分卷　藍世卿纂修　民國三十六年(1947)蒼南李士雄刻本　三册

始祖千四、千六兄弟,明萬曆間自福建羅源大壩頭遷居蒼南縣鳳池李家山。千四長子萬三子孫遷居石塘獅子山、楊家坑、山崗内、後又分居岱嶺、坑門嶺、牛皮嶺、黄家坑、南宋大園等地。譜載修譜名録、凡例、族規、廣東盤瓠銘志、盤瓠王祠記、石碑文、授官記、修譜譜序、行第、世紀支圖等。是族於清同治十年(1871)初修譜。

浙江省蒼南縣岱嶺坑門村藍朝軟

本條目據《浙江畲族民間文獻資料總目提要》著録

[浙江蒼南]坑門藍氏宗譜不分卷　藍世卿纂修　據民國三十六年(1947)蒼南李士雄刻本複印　三册

參見前條。

麗水學院畲族文化研究所

本條目據《浙江畲族民間文獻資料總目提要》著録

[浙江蒼南]高隴口鍾氏宗譜不分卷　(清)鍾國山纂修　清道光二十六年(1846)刻本　五册

始祖百户,明萬曆間自福建羅源遷居福鼎後溪。五世君進遷居鳳池溪邊,君羅遷居莒溪高隴口,君契遷居鳳村,君華遷居鳳嶺徐家閘。譜載修譜名録、凡例、廣東盤瓠銘記、授官記、釋明畲字義、修譜譜序、行第、世紀支圖等。

浙江省蒼南縣莒溪高隴口村鍾義琸

本條目據《浙江畲族民間文獻資料總目提要》著録

[浙江蒼南]高隴口鍾氏宗譜不分卷　(清)鍾國山纂修　據清道光二十六年(1846)刻本複印　五册

參見前條。

麗水學院畲族文化研究所

本條目據《浙江畲族民間文獻資料總目提要》著録

[浙江蒼南]中嶴鍾氏宗譜不分卷　(清)鍾朝開等纂修　清光緒三十二年(1906)刻本　十册

始祖天錫,明嘉靖間自福建羅源大壩頭遷居平陽山門,其裔分居蒼南鳳陽北山、馬站李垟、岱嶺福掌、南宋半垟宫、昌禪金鉤壟、埔坪飲垟、橋墩柳垟、大龍小沿底等地。譜載修譜名録、凡例、授官記、修譜譜序、名人小傳、行第、世紀支圖等。是族於清道光二十二年(1842)初修譜。

浙江省蒼南縣昌禪中嶴鍾顯油

本條目據《浙江畲族民間文獻資料總目提要》

著録

[浙江蒼南]中嶴鍾氏宗譜不分卷　(清)鍾朝開等纂修　據清光緒三十二年(1906)刻本複印　十册

參見前條。

麗水學院畲族文化研究所

本條目據《浙江畲族民間文獻資料總目提要》著録

[浙江蒼南]金嶴鍾氏宗譜不分卷　鍾起余纂修　民國四年(1915)刻本　五册

始遷祖良賢,明季自福建南安遷居平陽三十五都象源内金嶴村。四世朝問,遷居岱嶺朗腰,其後良賢後裔分居赤溪三步擂等地。又二世永福,遷居福鼎王家垟馬垵山。其三子士田,於清順治、康熙間遷居王家垟單橋,爲鍾姓單橋肇基祖。譜載修譜名録、凡例、修譜譜序、源流小引、世祖聖諭、行第、世紀支圖等。是族於清咸豐十一年(1861)初修譜。

浙江省蒼南縣南水頭金嶴村鍾學生

本條目據《浙江畲族民間文獻資料總目提要》著録

[浙江蒼南]金嶴鍾氏宗譜不分卷　鍾起余纂修　據民國四年(1915)刻本複印　五册

參見前條。

麗水學院畲族文化研究所

本條目據《浙江畲族民間文獻資料總目提要》著録

[浙江蒼南]牛角灣李氏宗譜不分卷　纂修者不詳　清道光六年(1826)修本　存首册　初修本

始祖廷玉,元至正十三年(1353)因寇亂逃避至閩安溪,得遇藍色豔招爲女婿,其後裔與藍、雷、鍾姓聯姻,始從畲族,自此啓畲族李氏。裔孫顯達,明萬曆間自福建霞浦雁落垟遷居蒼南南港,子孫分居華陽牛角灣、南水頭五畝、岱嶺福掌等地。譜載修譜名録、凡例、家訓族規、歷代名賢、修譜譜序、源流、行第、世紀支圖等。

浙江省民族宗教事務委員會

本條目據《浙江畲族民間文獻資料總目提要》著録

[浙江蒼南]牛角灣李氏宗譜不分卷　(清)李大騰纂修　清道光二十二年(1842)刻本　三册

先祖同上。

浙江省蒼南縣莒溪鎮五畝村李招福

本條目據《浙江畲族民間文獻資料總目提要》著録

[浙江蒼南]牛角灣李氏宗譜不分卷　(清)李大騰纂修　據清道光二十二年(1842)刻本複印　三册

參見前條。

麗水學院畲族文化研究所

本條目據《浙江畲族民間文獻資料總目提要》著録

[浙江蒼南]水碓頭李氏宗譜不分卷　(清)李永楷等纂修　清同治五年(1866)刻本　三册

先祖同上。譜載修譜名録、凡例、家訓、修譜譜序、行第、世紀支圖等。

浙江省蒼南縣莒溪鎮水碓頭村李忠端

本條目據《浙江畲族民間文獻資料總目提要》著録

[浙江蒼南]水碓頭李氏宗譜不分卷　(清)李永楷等纂修　據清同治五年(1866)刻本複印　三册

參見前條。

麗水學院畲族文化研究所

本條目據《浙江畲族民間文獻資料總目提要》著録

[浙江蒼南]五畝李氏宗譜三卷　李景新等纂修　民國三十一年(1942)刻本　二修本

先祖同上。譜載修譜名録、凡例、家訓族規、歷代名賢、增修李氏宗譜序、源流序、行第、世紀支圖等。是族於清道光六年(1826)初修譜,此爲二修本。

浙江省蒼南縣莒溪鎮五畝村李招福

本條目據《浙江畲族民間文獻資料總目提要》著録

[浙江蒼南]五畝李氏宗譜三卷 李景新等纂修 據民國三十一年(1942)刻本複印 二修本

參見前條。

麗水學院畲族文化研究所

本條目據《浙江畲族民間文獻資料總目提要》著録

[浙江蒼南]十八家吴氏宗譜不分卷 吴祥本等纂修 民國十七年(1928)刻本 二册 三修本

始祖法度,原籍福建羅源,明季遷居浙江泰順大路邊,後返閩省福安九都桐灣。始遷祖五世文罡,清康熙間自福安遷蒼南莒溪十八家。後裔法傳,明嘉靖三十三年(1554)入贅留陽畲族藍姓,生九子,遂爲畲族吴氏。譜載修譜名録、譜序、源流序、吴氏五音所屬、凡例、行第、遠支世紀、本派支圖等。是族於清同治三年(1864)初修譜,此爲三修本。

浙江省蒼南縣莒溪鎮十八家村吴宜宣

本條目據《浙江畲族民間文獻資料總目提要》著録

[浙江蒼南]十八家吴氏宗譜不分卷 吴祥本等纂修 據民國十七年(1928)刻本複印 二册 三修本

參見前條。

麗水學院畲族文化研究所

本條目據《浙江畲族民間文獻資料總目提要》著録

[浙江麗水]利山雷氏不分卷 (清)雷騎焕等主修 清光緒三十一年(1905)雷秉鏞抄本 一册

此爲麗水市蓮都區大港頭利山村雷氏宗譜。該族原居福建羅源縣十八都梅溪里蘇境高南坑,明萬曆三十年(1602)遷浙江處州景寧包鳳,清康熙三十七年(1698)冬遷麗水縣利山,後裔另有分遷泰順、青田、松陽、雲和等地。譜載行傳、譜序、譜贊、凡例、明朝歲君紀、五服圖、鍾李期雷德清藍玉種三人序、祖公圖像(手繪)、祭田清單、焕公傳贊、内外紀、發譜單等。是族於明崇禎八年(1635)初修譜。

浙江省麗水市蓮都區後甫村雷建寅

本條目據《麗水畲族古籍總目提要》著録

[浙江麗水]利山雷氏不分卷 (清)雷騎焕等主修 據清光緒三十一年(1905)雷秉鏞抄本複印 一册

參見前條。

麗水學院畲族文化研究所

本條目據《麗水畲族古籍總目提要》著録

[浙江麗水]惠明寺雷氏宗譜不分卷 雷永長纂修 民國八年(1919)麗西張銘木活字本 一册

該族自廣東瓊州遷福建古田,萬六郎於清順治間從古田遷處州雲和新處垟,轉徙宣平上坦(今武義縣轄)。石崇公裔孫國法,遷居麗水惠明寺,爲始遷祖。族衆遍佈雲和、麗水、青田、松陽、遂昌、龍游、宣平、景寧、蘭溪、建德、杭州及閩之建安等地。清武庠生雷起龍出於此族。譜載重修譜序、創譜序、源流序、凡例、家訓、仕宦録、諭札應試章程、祠圖、墓圖、祠堂規、行第列號等。

浙江省麗水市蓮都區高溪鄉惠明寺村雷茶旺

本條目據《麗水畲族古籍總目提要》著録

[浙江麗水]鄭坑雷氏宗譜二卷 雷如載等纂修 據民國二十年(1931)景寧殿源草簿修、宣平鄧國鈞木活字本複印

該族自廣東揭陽先後遷居福建南靖、同安、仙遊、羅源。始祖林富、林貴、林榮兄弟,明萬曆七年(1579)遷浙江景寧殿源,子孫有分遷麗水、松陽、遂昌、泰順、龍游、壽昌(今建德市)諸縣。始遷祖八世明頁,遷居宣平鄭坑(今麗水蓮都區轄),後裔分居沙溪、上井、牛寨、湯庵、涼塘等地。譜載目録、源流序、歷代敕封、五服圖、凡例、家訓、十二景詩、祠志、傳贊、廣東祠圖、鄭坑祠圖、像圖、山圖、行第等,後附藏譜字號名單。内録唐玄宗時控訴懷慶府修武縣豪强盤剥畲民事與清嘉慶間批告准

予畲民一體考試事。

浙江省麗水市蓮都區民族宗教局雷招華

本條目據《麗水畲族古籍總目提要》著録

[浙江麗水]赤坑雷氏宗譜三卷 雷明雲等主修 民國二十一年(1932)宣邑潘定乾木活字本 卷一爲抄本

譜内世系分外紀與内紀。外紀記録一百二十七世,連内紀共一百四十世。第一百一十三世開誠,明洪武間自廣東潮州海陽縣東門遷福建羅源縣福村麒麟山詩畈。第一百二十二世葉元移居古田縣,其子尚文於明嘉靖八年(1529)遷浙江景寧縣二都油田橋。内紀始祖第一百二十七世時登,明萬曆四十年(1612)自景寧遷雲和縣長田大嶺腳,其子茂雲於明天啓元年(1621)遷遂昌湖山,族兄弟有分遷龍游縣固溪及平陽縣水頭牛角坑等處,其孫其楓於清順治十三年(1656)遷宣平縣十一都黄家弄(今蓮都區轄)。其楓後裔又於乾隆元年(1736)遷宣平縣下湖源(今武義縣轄),或遷嚴州分水縣(今桐廬縣轄)、宣邑鄭草弄、長陶、霧露垵(今武義縣轄)、赤坑、下林(今蓮都區轄)及遂昌石鳥前山等地,族衆遍佈浙江省景、雲、遂、麗、武、龍、桐、平八縣市。譜載新序、祠圖祠記、造祠及祭祀捐款、乾隆以來五篇譜序、歷代帝皇總記、源流序、嘉慶八年考試給劄並佈告、凡例、家規、行狀行略、傳贊、像圖墳圖、祀産、取名字目、系圖、行傳等内容。此譜對清嘉慶八年畲民獲得一體考試事記載較詳。是族於清乾隆四十八年(1783)初修譜。卷一爲杜偉按原譜重抄,無頁碼。

浙江省麗水市蓮都區老竹畲族鎮赤坑村藍仁香

本條目據《麗水畲族古籍總目提要》著録

[浙江麗水]赤坑雷氏宗譜三卷 雷明雲等主修 據民國二十一年(1932)宣邑潘定乾木活字本複印

參見前條。

麗水學院畲族文化研究所

本條目據《麗水畲族古籍總目提要》著録

[浙江麗水]赤坑雷氏宗譜三卷 纂修者不詳 清光緒三十二年(1906)木活字本 存卷三

參見前條。所存卷三爲行第,缺首頁,比民國版少七頁。

浙江省麗水市蓮都區老竹畲族鎮赤坑村藍仁香

本條目據《麗水畲族古籍總目提要》著録

[浙江麗水]馮翊郡雷氏宗譜四卷 雷準榮主修 雷亞琪纂修 民國二十二年(1933)排印本 二册 書名據書簽題 版心題馮翊雷氏宗譜

本譜是多支雷氏合修譜。希喬由福建遷浙江雲和五都風洞峰;寬琳自福建遷居雲和五都分水坳回龍山;養琳自福建遷浙江杉石倉源梨樹崗;大璋自福建遷居松陽上包;德卿自福建遷松陽牛埆圩;佩宗自福建遷雲和金雞坑;希烈自福建遷處州青田城西;佐周、禄周自福建遷松陽南鄉上包。卷一新序、舊序、五服圖、凡例、家訓、傳、贊、詩、祀田、祀山、排行,卷二像圖、里居圖、墓圖,卷三總支圖,卷四歷代源流系圖、世系。

浙江省雲和縣圖書館

[浙江麗水]灣山雷氏宗譜不分卷 纂修者不詳 民國三十二年(1943)北鄉梓人吴方達木活字本 三修本

始祖於唐中和二年(882)自廣東潮州遷福建建寧,裔孫百八十郎及子法亨自建寧遷浙江龍游二十五都羅墩,後又遷遂昌十八都吴傳村。法亨子敬昌於清康熙三十八年(1699)再遷宣邑九都老竹店下(今麗水蓮都區轄)。麗水灣山村以敬昌爲始祖,敬昌子孫於清雍正五年(1727)移八都丁川灣山,裔孫有分遷麗邑大吴山、黄大山及武義縣黄古弄等地。譜載源流序、譜圖序、封誥、祠圖、舊序、凡例、家規、傳贊、像圖、墳圖、産業、系圖、行第、譜跋等内容。是族於清道光八年(1828)初修譜,清同治十二年(1873)二修,此爲三修本。

浙江省麗水市蓮都區老竹畲族鎮赤坑村藍銀香

本條目據《麗水畲族古籍總目提要》著録

[浙江麗水]灣山雷氏宗譜不分卷 纂修者不詳 據民國三十二年(1943)北鄉梓人吴方達木活字本複印 三修本

參見前條。

麗水學院畲族文化研究所
本條目據《麗水畲族古籍總目提要》著録

[浙江麗水]上衍雷氏宗譜不分卷　纂修者不詳　雷寶成等抄本　一册

唐乾元始,該族先後自寧州遷居、茶陵、吉州、長樂、揭陽、福州、連江、羅源,後居廣東潮州府海陽縣會稽山七賢洞八排山下,明正德間遷居福建。明萬曆三十四年(1606)十月,藍敬泉、雷進明、鍾世貴等十五人同自福建羅源蘇坑梅溪里遷浙江處州麗水縣石塘,後於雲和雲壇岔路口,以抓鬮形式分兩路,藍姓遷雲和,雷姓遷景寧。雷氏家族於康熙二十七年(1688)始遷麗水十六都箬溪上衍。譜載宗房譜序、歷朝君紀、楚平王出敕、五服圖、鍾李期藍玉種雷德清三人序、祖圖墳圖(手繪)、遷徙序、奉送官書及世系等。

浙江省麗江市蓮都區碧湖中溪上衍村雷榮根
本條目據《麗水畲族古籍總目提要》著録

[浙江麗水]上衍雷氏宗譜不分卷　纂修者不詳　據雷寶成等抄本複印　一册

參見前條。
麗水學院畲族文化研究所
本條目據《麗水畲族古籍總目提要》著録

[浙江麗水]雷氏宗譜不分卷　雷世元等纂修　雷正年等增修　據1996年增修民國八年(1919)木活字本複印　一册　書名據書衣題　三修本

始祖鳳翔,明代自廣東瓊州仁濟里經福建古田縣,遷居連江縣安定里石佛嶺頭。越四世隆升,明崇禎間遷居處州雲和縣四都葉磐。子萬六郎遷居雲和三都旱畴。譜尊萬六郎孫石嵩爲一世祖。石嵩子林九,清康熙五十五年(1716)遷居宣平(今屬武義)上坦。林九子國法(行仟十七郎)、國聰(行仟二十郎)兄弟,清雍正間遷居麗水惠明寺,爲始遷祖。譜載譜序、源流、世系、祖像、仕宦録、譜例、家訓、祠堂規、契據、祠圖、應試章程、排行、遷徙等。

浙江省雲和縣圖書館

[浙江麗水]藍氏宗譜二卷　(清)藍公言主修　(清)藍仁上等纂修　清光緒十六年(1890)木活字本　一册　書名據版心題　二修本

始祖同相(行一),明代人,居閩連江中鵠里。應瑞,明代自閩連江徙浙宣邑紅宅。始遷祖大成,行宙二,清康熙間自麗水縣任宅村遷居宣平縣赤坑村(今屬麗水市老竹畲族鎮)。卷一譜序、源流序、祖圖譜、源流考、凡例、家規、傳贊、鬮書、議約、田産、像圖,卷二系圖、行第、譜跋。

浙江省麗水市博物館

[浙江麗水]汝南郡藍氏宗譜三卷　藍仁鈞主修　藍倬雲纂修　民國二十二年(1933)木活字本　一册　書名據版心題　三修本

先祖同上。卷一譜序、源流序、敕員分録、傳贊,卷二世系圖,卷三行第、譜跋。

浙江省麗水市博物館

[浙江麗水]汝南郡藍氏宗譜三卷　藍仁鈞主修　藍倬雲纂修　1986年據民國二十二年(1933)木活字本複印　一册　書名據版心題　卷一至三正文重新刻印　三修本

先祖同上。

浙江省麗水市圖書館

[浙江麗水]藍氏宗譜　纂修者不詳　民國元年(1912)木活字本　一册　存卷三

始祖同上。始遷祖道喜(字謀得,行洪六),清雍正間遷居浙江宣平縣前陶後坑村(今麗水市老竹畲族鎮後坑村)。存卷爲世系行第。

浙江省麗水市博物館

[浙江麗水]汝南郡藍氏宗譜二卷　藍張榮主修　藍昌邦纂修　民國二年(1913)木活字本　一册　書名據版心題　卷首、卷末損壞

始祖同上。始遷祖朝陽,清雍正間自雲和縣遷居麗水縣山根村。卷一譜序、仕宦録、敕封、祠序、圖像、凡例、排行字、傳贊,卷二系圖。此譜爲麗水山招河旺村藍氏所修。譜内有盤瓠王的傳説(即畲族起源傳説)。

浙江省麗水市博物館

[浙江麗水]汝南郡藍氏宗譜二卷 藍國體主修 1986年杜偉據民國二年(1913)修本抄 一册 書名據版心題 封面題藍氏宗譜

先祖同上。

浙江省麗水市圖書館

[浙江麗水]藍氏宗譜不分卷 (清)藍昭九纂修 清光緒十七年(1891)稿本 一册 書名據版心題 卷末損壞嚴重

始祖孔禎(法名法光),明代居閩羅源塔底。始遷祖月華,清代自福建羅源縣塔底村遷居浙江麗水縣張村街村、胡椒坑村(今屬水閣鎮)。譜載源流序、准依衆議約定、排行字、世系。

浙江省麗水市博物館

[浙江麗水]汝南郡藍氏宗譜不分卷 (清)藍昭九主修 (清)雷元光纂修 清光緒二十三年(1897)抄本 一册 書名據版心題 七修本 卷首、卷末損壞嚴重

先祖同上。譜載五帝紀、目録、譜序、排行字、清代年號、五服圖、像圖、世系圖。是族於明崇禎八年(1635)初修譜,此爲七修本。

浙江省麗水市博物館

[浙江麗水]後坑藍氏宗譜三卷 藍章壽纂修 民國元年(1912)古白龍夏祝三抄本

始祖國正,明代自福建連江太平里石蟠龍遷居括蒼雲和武(霧)溪。子孫散居黄崗、西舒、上井、山背及武義種子源、小黄弄、俞源、前吴等地,又有外遷至遂昌、分水、金華等縣者。一百一十七世祖春林,曾任括蒼太守。譜載重修校正説明、源流序、福建分鬮書、凡例、家規、畲民應考章程、禮部呈奏、藍春林歷官給匾、乾隆版後敘、重修譜序、墓圖及内外紀世系等。其中"帝王總紀"列有"伏羲、神農、黄帝、堯、舜"和"小昊、顓頊、帝嚳、堯、舜"兩種"五帝"説。

浙江省麗水市蓮都區老竹畲族鎮後坑村藍培興

本條目據《麗水畲族古籍總目提要》著録

[浙江麗水]後坑藍氏宗譜三卷 藍章壽纂修 據民國元年(1912)古白龍夏祝三抄本複印

參見前條。

麗水學院畲族文化研究所

本條目據《麗水畲族古籍總目提要》著録

[浙江麗水]山根藍氏宗譜二卷 藍張榮等纂修 據民國二年(1913)麗水藍邦昌木活字本複印

該族於唐乾元間自寧州先後遷至茶陵、道州、長樂、揭陽等地。始遷祖敬泉與雷、鍾族衆計二十餘人遷浙,後裔有分遷龍泉、遂昌、雲和、松陽等縣。譜載重修譜序、藍氏宗譜總序、仕宦録、重修盤瓠祠序、墳圖、凡例、排行字母、傳贊、外紀、行第等。

浙江省麗水市蓮都區民族宗教局雷招華

本條目據《麗水畲族古籍總目提要》著録

[浙江麗水]胡椒坑藍氏宗譜三卷 藍鳳翔等主修 民國十八年(1929)麗邑洪渡李品珍刻本

該族自廣東遷居福建羅源,後分南峰支、塔底支。卷一載龍期(麟)公序,鍾氏、雷氏、藍氏《重建盤瓠祠序》三篇。卷二爲世系,上溯炎帝,下分盤、藍、雷、鍾四姓,亦備一説。是族於明崇禎八年(1635)初修譜,至清代曾續修六次。

浙江省麗水市蓮都區聯城鎮胡椒坑村藍岳榮

本條目據《麗水畲族古籍總目提要》著録

[浙江麗水]沙溪藍氏宗譜三卷 藍忠賢等主修 民國二十六年(1937)藍仰壽木活字本 缺封面及扉頁

該族於唐中和二年(882)由粤入閩,居連江縣中鵠里鳳山石蟠龍三石境。始祖應瑞,明崇禎八年(1635)遷居浙江龍游縣三十三都塘頭山,後遷宣平仁宅(今屬蓮都區),後裔分居上井、沙溪、赤坑、高畔等地。三世國用居雲和縣洋背。十二世忠祖遷安徽寧國縣後腳屋。始遷祖六世大雄,居麗水沙溪。譜載新舊序、源流序、歷朝敕賜、祖圖序、凡例、排行字母、家規、鬮書議約、像圖、傳贊、世系、行第等。世系共載族人一百四十九世。行第記漢晉時江與盤姓畲民通婚事。是族於清乾隆四十一年(1776)初修譜。

浙江省麗水市蓮都區老竹畲族鎮沙溪村藍仙金
本條目據《麗水畲族古籍總目提要》著録

[浙江麗水]沙溪藍氏宗譜三卷　藍忠賢等主修　據民國二十六年(1937)藍仰壽木活字本複印
參見前條。
麗水學院畲族文化研究所
本條目據《麗水畲族古籍總目提要》著録

[浙江麗水]汝南郡藍氏宗譜七卷首一卷　藍紫庭纂修　民國三十一年(1942)木活字本　書名據版心題　書簽題藍氏宗譜　存卷首、卷一　二修本
始祖統成、統禄,明崇禎十二年(1639)自福建羅源縣南峰遷居浙江雲和縣谷洋頭,而後散居景寧、遂昌、松陽、龍游、宣平、麗水等地。四世孫世後,清康熙四十五年(1706)遷居麗水碧湖白巖。雍正九年(1731)進壽與父遷長崗背,進昌遷松陽金弄,後裔散居麗水大墳前、吴源庵、仙草坪、上塘、徐莊、龍奇等地。譜載重修序、源流序、家訓、凡例、家規、傳贊、祠志、墳圖、世系等内容。《家訓》側重敦禮儀、敬師友、慎嫁娶、務勤儉、息詞訟等内容。
浙江省麗水市博物館
本條目據《麗水畲族古籍總目提要》著録

[浙江麗水]汝南郡藍氏宗譜七卷首一卷　藍紫庭纂修　據民國三十一年(1942)木活字本複印　書名據版心題　書簽題藍氏宗譜　存卷首、卷一　二修本
參見前條。
麗水學院畲族文化研究所
本條目據《麗水畲族古籍總目提要》著録

[浙江麗水]汝南郡藍氏宗譜七卷首一卷　藍紫庭纂修　1986年據民國三十一年(1942)木活字本複印　書名據版心題　書簽題藍氏宗譜　二册　存卷一、二　二修本
參見前條。
浙江省麗水市圖書館

[浙江麗水]下林藍氏世系草稿不分卷　纂修者不詳　藍仁彩抄本　一册
始祖法遊(行千一郎),清乾隆間人,葬碧湖周旺。法遊生五子,五房有亮爲本譜下林房祖。有亮四子得進,遷居松陽靖居小西,其餘分住蓮都半山、三村、上塘畈、黄家弄、轉坑、大重坑口、風門坳、水井灣、范用、三十九、排光坵等地。又有法遊孫念七十一後裔,有分遷松陽靄溪、坑上源、後里、東坑、大墾及雲和高路、蓮都毛竹、石橋頭、河邊、壇頭嘴、七百秧、普水嶺、烏壇口、周弄洋等地。譜載法遊以下五代子孫名録。
浙江省麗水市蓮都區下林村藍仁彩
本條目據《麗水畲族古籍總目提要》著録

[浙江麗水]下林藍氏世系草稿不分卷　纂修者不詳　據藍仁彩抄本複印　一册
參見前條。
麗水學院畲族文化研究所
本條目據《麗水畲族古籍總目提要》著録

[浙江麗水]鍾氏支譜四卷　(清)鍾明裕等纂修　據清同治五年(1866)抄本複印　一册
始祖元立,爲福建羅源大坪村分派始祖。二世堯,遷福安。三世伯三十四,遷浙江處州景寧縣。四世千七,遷雲和;千八遷景寧大赤洋。至日發、日全、日廖分爲三支,本譜爲日全支譜。卷一舊序、鍾氏封印郡源流説、天地化育增輯圖説、鍾氏爵職圖、盤瓠王墓圖,卷二始祖所自出之圖、福建羅源大坪村分派始祖支圖,卷三日全公派下支圖,卷四鍾氏世次排行字母。
浙江省景寧縣圖書館

[浙江麗水]下林鍾氏宗譜三卷　(清)鍾秉慶等主修　清光緒十三年(1887)麗邑北鄉洪渡潘兆林刻本
該族自廣東瓊州先後遷居潮州潮陽、饒平、梅陽、增城、揭陽,福建南靖、同安、安溪、連江、羅源、寧德,浙江景寧、龍泉、遂昌、宣平、麗水。其遷徙路綫,可與遂昌等同宗譜牒記載相參照。譜載重修譜序、道光譜序、敕書、呈奏、譜跋、傳贊、宦録、

族規、家訓、遺像、祀産、排行字母、取名字母、合族議據、派序、支圖、行第等。其中《呈奏》載清嘉慶八年(1803)浙江巡撫阮元、學政文寧奏請禮部咨准畲民一體考試之事較詳,並録清青田縣令吴楚椿《畲民考》。是族於清道光三年(1823)初修譜。

浙江省麗水市蓮都區聯城鎮下林村鍾海林

本條目據《麗水畲族古籍總目提要》著録

[浙江麗水]下林鍾氏宗譜三卷 (清)鍾秉慶等主修 據清光緒十三年(1887)麗邑北鄉洪渡潘兆林刻本複印

參見前條。

麗水學院畲族文化研究所

本條目據《麗水畲族古籍總目提要》著録

[浙江麗水]巨溪鍾氏家譜不分卷 纂修者不詳 清光緒三十一年(1905)修本

元成宗三年(1297)京諒由瓊州遷潮州,後發彩由潮州遷福建。明洪武八年(1375)日章由福建遷浙江景寧。文亮遷遂昌小冬(忠),生石洪;石洪子詳金遷遂昌湖山,生家泰、家鳳,家泰遷上井,家鳳遷王家弄(今蓮都區轄);詳玉生家聲,家聲於清康熙十九年(1680)遷巨溪富村,是爲始遷祖。石洪裔孫又有分遷至龍泉張源、麗水鄭坑、遂昌長連、松陽高嶺、武義陶宅及蘭溪、嚴州等地。譜載目録、歷代帝王總紀、源流序、敕封目録、畲民考、新序、鍾氏源流、行傳、族規、家訓、像圖、墳圖、祠記、世系、祀産等。是譜缺"行第"内容,後添有民國二十五年(1936)增修内容數頁。

浙江省麗水市蓮都區巨溪富村畈鍾國榮

本條目據《麗水畲族古籍總目提要》著録

[浙江麗水]巨溪鍾氏家譜不分卷 纂修者不詳 據清光緒三十一年(1905)修本複印

參見前條。

麗水學院畲族文化研究所

本條目據《麗水畲族古籍總目提要》著録

[浙江麗水]鄭坑鍾氏宗譜六卷 鍾進元等主修 民國二十年(1931)麗邑程啓泰木活字本

該族初爲粵民,有諒、宣與藍宗等於南宋紹熙三年(1192)自廣東潮州府潮陽遷出,明宣德三年(1482)有孫、歌二人遷至福建漳州府南靖縣,後集洪攜天壽、天福於明萬曆四十三年(1615)遷居浙江處州景寧縣二都錦岱垟。明崇禎間天壽、天福兄弟再遷遂昌北門蔡村,後遷井頭塢。後裔分遷松陽、宣平、雲和、龍游、湯溪、慶元、麗水、龍泉、松溪、浦城等地。譜載譜序、譜志、源流序、圖像、鳳凰山祠址圖、行程志、人物志、家訓、祠規、祠圖、祠産、譜跋、世系等。此譜記敘該族歷史淵源的支派和遷徙較詳。

浙江省麗水市蓮都區老竹畲族鎮鄭坑村鍾志明

本條目據《麗水畲族古籍總目提要》著録

[浙江麗水]鄭坑鍾氏宗譜六卷 鍾進元等主修 據民國二十年(1931)麗邑程啓泰木活字本複印

參見前條。

麗水學院畲族文化研究所

本條目據《麗水畲族古籍總目提要》著録

[浙江麗水]雲安堂鍾氏宗譜七卷 鍾發品主修 2009年排印本 一册

是族始祖名不詳。清乾隆間自浙江雲和縣雲和鎮垵大村及壩頭村遷麗水市蓮都區老竹鎮黄莊村、獅子山村及武義縣柳城鎮白馬下村、下湖源村、堰下村、桃溪鎮種子源村。卷一鍾氏源流序、敕賜忠勇王族據、源流世紀録、遷徙行程志、鳳凰山祖祠圖、忠勇王龍期公儀像、輩分、重建盤瓠祠序、祖圖譜、盤瓠王粵東鳳凰山墓圖,卷二世系圖,卷三世行第、行位表,卷四郡望、堂號、香火榜,卷五人物篇,卷六捐印宗譜芳名録,卷七附録。

浙江省景寧縣圖書館

[浙江龍泉]松際藍氏宗譜不分卷 (清)藍進魁等纂修 龍邑梁作棟據清道光四年(1824)修本抄 一册 破損嚴重

該族始祖因平叛有功,招爲駙馬。始遷祖法亮,清康熙五十一年(1712)自福州府連江縣安定里南槽灣遷居龍泉西鄉九都石忽烏邪墓。譜載楚平王敕、外紀、移居記、行第等。

浙江省龍泉市八都松標村藍龍興

本條目據《麗水畲族古籍總目提要》著録

[浙江龍泉]松際藍氏宗譜不分卷　(清)藍進魁等纂修　據龍邑梁作棟抄清道光四年(1824)修本複印　一册

參見前條。

麗江水學院畲族文化研究所

本條目據《麗水畲族古籍總目提要》著録

[浙江龍泉]砇湖藍氏宗譜不分卷　(清)鍾置榮等纂修　清光緒二十四年(1898)鶴溪庠生葉含馨抄本　一册

始遷祖金鶴、金瑞兄弟二人,清康熙間擇居龍泉砇湖村。譜載譜例、譜序、砇湖鄉記、嘉言、藝文、行分、支圖等。是族於清乾隆三十八年(1773)初修譜,清同治九年(1870)續修。

浙江省龍泉市砇湖村藍姓畲民

本條目據《麗水畲族古籍總目提要》著録

[浙江龍泉]砇湖藍氏宗譜不分卷　(清)鍾置榮等纂修　據清光緒二十四年(1898)鶴溪庠生葉含馨抄本複印　一册

參見前條。

麗江水學院畲族文化研究所

本條目據《麗水畲族古籍總目提要》著録

[浙江龍泉]新莊鍾氏宗譜不分卷　(清)鍾正通纂修　清道光二年(1822)抄本　一册

始祖念一郎,自閩汀連城縣康子堡遷居福建上杭縣。十五世維盛妻張氏帶三子建章等,始自福建遷居浙江龍泉新莊。譜載序文、行第、贊詞、律詩、規條、祭産、職録、支系等。

浙江省龍泉縣城北河里新莊村鍾章妹

本條目據《麗水畲族古籍總目提要》著録

[浙江龍泉]新莊鍾氏宗譜不分卷　(清)鍾正通纂修　據清道光二年(1822)抄本複印　一册

參見前條。

麗水學院畲族文化研究所

本條目據《麗水畲族古籍總目提要》著録

[浙江龍泉]小礱坑鍾氏宗譜不分卷　(清)鍾濟美等纂修　清光緒二十三年(1897)李芳春抄本　一册

六十八世生逵,唐開元年間爲唐諫議大夫,世居福建汀州。越三十五世至寬理,自福建汀州遷居江西贛州府安遠縣賀簹村。始遷祖一百十五世聲語,於清乾隆初自賀簹村遷居浙江龍泉小礱坑。譜載源流總考、重修新序、族議譜志、宗譜凡例、諸公傳贊、小礱坑村志、外紀世系圖、内紀世系圖等。是族於明萬曆四年(1576)初修譜。

浙江省龍泉縣小礱坑村鍾仁壽

本條目據《麗水畲族古籍總目提要》著録

[浙江龍泉]小礱坑鍾氏宗譜不分卷　(清)鍾濟美等纂修　據清光緒二十三年(1897)李芳春抄本複印　一册

參見前條。

麗水學院畲族文化研究所

本條目據《麗水畲族古籍總目提要》著録

[浙江龍泉]花橋鍾氏宗譜不分卷　鍾愷標等主修　民國四年(1915)邵廷魁刻本　一册

該族先世居河南宋國(今商丘)。裔孫名翔,勇智超人,朝廷封爲刺史,遷居汀州(今福建長汀縣)。始遷祖旗(字映彩),清康熙間自汀州塗坑遷居浙江龍泉花橋雙園。譜載譜系索引、序文、諸公畫像圖、祖地路徑引、祖先墳圖、外紀、世系等。

浙江省龍泉縣花橋村鍾章文

本條目據《麗水畲族古籍總目提要》著録

[浙江龍泉]花橋鍾氏宗譜不分卷　鍾愷標等主修　據民國四年(1915)邵廷魁刻本複印　一册

參見前條。

麗水學院畲族文化研究所

本條目據《麗水畲族古籍總目提要》著録

[浙江龍泉]鋸樹鍾氏宗譜三卷　(明)鍾紹徽等纂修　民國十八年(1929)松邑玉巖楊士晉續刻明

弘治十四年(1501)本

該族先世居河南建康。裔孫十二郎,五代時自江西興國筆壛遷居瑞金淩溪。始遷祖紹鼎,清乾隆四十七年(1782)遷居浙江處州龍泉北鄉鋸樹村。譜載考思、家寶、目録、譜法、源流、新序、傳贊、内紀、外紀、墳塋、詩及行第。

浙江省龍泉縣城北鋸樹村鍾賢祥

本條目據《麗水畲族古籍總目提要》著録

[浙江龍泉]鋸樹鍾氏宗譜三卷　(明)鍾紹徽等纂修　據民國十八年(1929)松邑玉巖楊士晉續刻明弘治十四年(1501)本複印

參見前條。

麗水學院畲族文化研究所

本條目據《麗水畲族古籍總目提要》著録

[浙江龍泉]潘山頭鍾氏宗譜不分卷　鍾金海主修　民國二十八年(1939)龍泉符玉齋抄本　一册　初修本

先祖秀,居汀州平武縣烏石崠。始遷祖十四世玉田,清乾隆三十八年(1773)同子文選遷居龍泉真武堂,安居三年,至年終之夜焚放爆竹,屋遭火災,遂轉居潘山頭。譜載序言、譜例、地形圖、詩詞、世系等。

浙江省龍泉縣潘山頭鍾姓畲民

本條目據《麗水畲族古籍總目提要》著録

[浙江龍泉]潘山頭鍾氏宗譜不分卷　鍾金海主修　據民國二十八年(1939)龍泉符玉齋抄本複印　一册　初修本

參見前條。

麗水學院畲族文化研究所

本條目據《麗水畲族古籍總目提要》著録

[浙江縉雲]型坑藍氏宗譜三卷　(清)藍斐臧纂修　清光緒二十三年(1897)木活字本　卷首缺頁　卷三第五十至五十九頁標數重複　缺十七、二十一、五十二頁

始祖昌。裔孫萬福,自定縣遷居句容(江蘇轄)。吉甫於南宋寶慶元年(1125)南遷閩之上杭,裔孫散居扶陽、盧豐、官莊及建寧崇善坊、寧化石壁、武平上堡等地。始遷祖十七世恒金等三兄弟,遷居縉雲景福鄉,後移型坑。譜載重修新序、明成化譜序、明正德譜序、清同治序、清道光源流序、凡例、宦績、行傳、墓誌、祀産、後記小引、外紀、内紀、墓圖、行第。

浙江省縉雲縣七里鄉型坑村藍長青

本條目據《麗水畲族古籍總目提要》著録

[浙江縉雲]型坑藍氏宗譜三卷　(清)藍斐臧纂修　據清光緒二十三年(1897)木活字本複印

參見前條。

麗江水學院畲族文化研究所

本條目據《麗水畲族古籍總目提要》著録

[浙江雲和]聯横藍氏宗譜二卷　纂修者不詳　清咸豐六年(1856)木活字本　卷二後半部分有殘損

始祖明德,自河南豫州遷居建康上元縣。十八世熙三郎,遷居福建汀州武平信三圖,爲江鏗始祖。始遷祖十七世廷盛,於清康熙間遷居浙江雲和九都。世系傳至二十四世。譜載創譜新序、纂修名録、例言、家訓、舊序、重修譜志、源流、傳贊、地輿、詩贊、祭産、屋宇、遺像、服圖、系圖等。家訓定有敬祖宗、孝父母、和兄弟、別夫婦、序長幼、訓子孫、親九族、勤職業、敦節儉、守禮法十則。系圖中藍氏通婚多爲漢姓,乃漢族客家融入畲族之一支。

浙江省建德市下涯鎮馬目聯横村藍建榮

本條目據《浙江畲族民間文獻資料總目提要》著録

[浙江雲和]聯横藍氏宗譜二卷　纂修者不詳　據清咸豐六年(1856)木活字本複印　卷二後半部分有殘損

參見前條。

麗水學院畲族文化研究所

本條目據《浙江畲族民間文獻資料總目提要》著録

[浙江雲和]温溪藍氏宗譜不分卷 纂修者不詳 清光緒元年(1875)抄本 一册

該族自唐開元間居於福建羅源。始遷祖敬全,遷居雲和縣一都温溪。譜載藍氏支派男丁人口數量及向各族人募資造譜繡祖圖神像等情形。

浙江省松陽縣裕溪鄉内陳村藍永清

本條目據《麗水畲族古籍總目提要》著録

[浙江雲和]温溪藍氏宗譜不分卷 纂修者不詳 據清光緒元年(1875)抄本複印 一册

參見前條。

麗水學院畲族文化研究所

本條目據《麗水畲族古籍總目提要》著録

[浙江雲和]藍氏宗譜一卷 (清)藍益銘主修 清光緒三年(1877)抄本 一册 書名據卷端題

始祖光輝。始遷祖謹傳,明嘉靖二十四年(1545)自福建羅源縣西南鄉遷居浙江雲和縣坪崗村(今霧溪畲族鄉坪垟崗村)。譜載譜序、地輿圖、世系圖。

浙江省雲和縣雲和鎮山腳九家村藍芳基

[浙江雲和]汝南郡藍氏宗譜一卷 藍昌邦纂修 2000年據民國二年(1913)木活字本複印 一册 書名據卷端題

先祖同上。載譜序、仕宦、詩、祠序、遺像、墳圖、凡例、排行字、傳、世系。

浙江省雲和縣霧溪畲族鄉坪垟崗村藍觀海

[浙江雲和]鍾玉堂藍氏重修宗譜三卷 纂修者不詳 清光緒間鍾玉堂稿本 一册 卷首及卷末有殘損 書名據目録題 二修本

始祖義存,行千七一,明代居閩。始遷祖侍成,行萬十一,明代自福建遷居浙江雲和縣八都南山村(今屬石塘鎮)。卷一譜序、源流序、誥敕、規例、排行字、存譜録、傳贊、祭田、遺像,卷二世系圖,卷三行第。

浙江省麗水市博物館

[浙江雲和]藍氏宗譜不分卷 (清)藍文鳳纂修 清宣統元年(1909)鍾玉堂抄本 一册 書名據卷端題

始祖同上。始遷祖春遠,清代自福建遷居雲和縣下坑村。譜載祖源、世系圖。該墨書抄本係畲族人自行抄録,内容較簡單,錯字較多。

浙江省麗水市博物館

[浙江雲和]坪垟崗藍氏宗譜二卷 藍張榮等纂修 民國二年(1913)刻本

該族於隋開皇三年(583)自廣東潮州先後遷居羅源、茶陵、飛泉、吉州、長樂、揭陽等縣。始遷祖謹傳,明嘉靖二十四年(1545)自福建羅源縣遷居雲和坪垟崗,後子孫又分遷本邑芝坂、壇門、安溪等地。譜載重修族譜序、藍氏宗譜總序、重建盤瓠祠序、重修宗譜序、仕宦録、敕封盤瓠印、總祠圖、像圖、墳圖、凡例、排行字母、世系圖等。

浙江省雲和縣霧溪畲族鄉坪垟崗江南畲族風情文化村文物展覽館

本條目據《麗水畲族古籍總目提要》著録

[浙江雲和]坪垟崗藍氏宗譜二卷 藍張榮等纂修 據民國二年(1913)刻本複印

參見前條。

麗水學院畲族文化研究所

本條目據《麗水畲族古籍總目提要》著録

[浙江雲和]汝南郡藍氏宗譜二卷 藍禮木纂修 據民國三年(1914)木活字本複印 一册 書名據版心題 書簽題藍氏宗譜

始遷祖星莊,自景寧遷居雲和八都小塘。卷一譜序、仕宦、敕書、墳圖、像圖、凡例、派行、傳贊、世系圖,卷二世系表。

浙江省雲和縣圖書館

[浙江雲和]汝南郡藍氏宗譜二卷 藍禮木纂修 1986年杜偉鋼筆傳抄民國三年(1914)木活字本 一册 書名據版心題 書簽題藍氏宗譜

先祖同上。

浙江省麗水市圖書館

[浙江遂昌]蘇旺雷氏宗譜三卷 雷永長等纂修 民國八年(1919)麗邑張銘刻本 二修本

始祖鳳翔,自廣東瓊州仁濟里遷福建古田。五世孫萬六郎於順治年間遷浙江雲和三都新處垟。三世後石嵩再遷宣平上坦,數年後國聰轉遷麗水惠明寺。始遷祖九世道美,再遷遂昌蘇旺。家族世系傳至"仁"字輩,共十一世。譜載雷氏宗譜序、譜例、家訓、祠規、仕宦、源流序、諭札應試章程、諸公傳贊、像圖、墳圖、世系圖、行第等。是族於清咸豐二年(1852)初修譜,此爲二修本。

浙江省遂昌縣濂竹鄉蘇旺村雷水松

本條目據《麗水畲族古籍總目提要》著録

[浙江遂昌]蘇旺雷氏宗譜三卷 雷永長等纂修 據民國八年(1919)麗邑張銘刻本複印 二修本

參見前條。

麗水學院畲族文化研究所

本條目據《麗水畲族古籍總目提要》著録

[浙江遂昌]南塘雷氏宗譜三卷 雷廷瑞等纂修 民國十九年(1930)木活字本 二修本

始祖明富。裔孫自廣東潮州海陽縣分遷四川、河南、廣西、江西、福建等地,其中福建支又自羅源遷居龍溪、福安、寧化及浙江平陽、景寧、龍泉、雲和、松陽、遂昌等地。始遷祖七世文高,清康熙四十三年(1704)自遂昌五都社塢遷居應村鄉南塘村。裔孫招林,1919年自南塘分遷龍游縣金嶺腳。世系傳至十六世"達"字輩。譜載舊序、重建盤瓠祠序、敕賜開山公據、行程記、凡例、領譜字號、像圖、墓圖、莊圖、世系圖、行傳、朝紀等。是族於清光緒六年(1880)初修譜,此爲二修本。

浙江省龍游縣沐塵畲族鄉金嶺腳雷國祥 浙江省遂昌縣應村鄉南塘村雷樟根

本條目據《浙江畲族民間文獻資料總目提要》著録

[浙江遂昌]南塘雷氏宗譜三卷 雷廷瑞等纂修 據民國十九年(1930)木活字本複印 二修本

參見前條。

麗水學院畲族文化研究所

本條目據《浙江畲族民間文獻資料總目提要》著録

[浙江遂昌]宏崗雷氏宗譜二卷 雷振瑶等纂修 民國三十年(1941)抄本 二修本

始祖吉恒,明萬曆間自廣東潮州海陽縣豐正里八排山遷居福建古田,崇禎間復遷温州平陽。二世兆華,清順治間自平陽遷居雲和,士韻於康熙自雲和遷居宣平黄家弄,康熙十年(1671)士韻子孫自宣平遷居遂昌十七都黄墩全迪源。始遷祖明泰,分遷宏崗。後裔又有分遷至十五都、二都小嶺崗、十二都夾路畈金雞坳等處。譜載重建盤瓠祠序、雷氏譜序、源流序、世系圖、行第等。其中世系圖記載一世至十世。家族取名字母有"士明益永元,瑞振祖盛家,日月照高星,連發升登進,乾亨利禎光,開寶順富貴"三十字。是族於清咸豐二年(1852)初修譜,此爲二修本。

浙江省遂昌縣石練鎮宏崗村雷方壽

本條目據《麗水畲族古籍總目提要》著録

[浙江遂昌]宏崗雷氏宗譜二卷 雷振瑶等纂修 據民國三十年(1941)抄本複印 二修本

參見前條。

麗水學院畲族文化研究所

本條目據《麗水畲族古籍總目提要》著録

[浙江遂昌]高橋雷氏宗譜六卷 雷國士等纂修 民國三十六年(1947)王佩劍刻本 三修本

始祖仁生,明正德間自羅源遷居浙江遂昌培塢。始遷祖學好,遷居十五都高橋。譜載雷氏宗譜序(三篇)、名人題詞、源流序、凡例、家規、重建祠記、贊傳、本祠大事記、像圖、墳圖、世系圖、行第等。卷首有雷法章、陳培錕、林永年等七位名人題詞。是族於清道光二十九年(1849)初修譜,此爲三修本。

浙江省遂昌縣三仁畲族鄉高橋村雷仙根

本條目據《麗水畲族古籍總目提要》著録

[浙江遂昌]高橋雷氏宗譜六卷 雷國士等纂修 據民國三十六年(1947)王佩劍刻本複印 三修本

參見前條。
麗水學院畲族文化研究所
本條目據《麗水畲族古籍總目提要》著録

[浙江遂昌]栝郡藍氏宗譜二卷　(清)藍日榆等纂修　清道光二十九年(1849)遂邑吴林刻本　卷前後頁有四分之一霉爛嚴重　二修本

元至正十九年(1359)前玉遷居福建長汀縣,永祥遷居大廬峰(牛欄基)。明正德九年(1514)道發遷居泉州同安縣,正德十五年(1520)遷居漳州,崇禎三年(1630)定富遷居温州平陽六都洋頭。始遷祖有鳳,康熙十五年(1676)遷居遂昌蘇村栝郡。譜載栝郡藍氏族譜序(二篇)、藍氏宗譜凡例、領譜字號、子真公墳墓圖等。是族於清嘉慶九年(1804)初修譜,此爲二修本。

浙江省遂昌縣新路灣鎮夾路畈村藍榮光
本條目據《麗水畲族古籍總目提要》著録

[浙江遂昌]栝郡藍氏宗譜二卷　(清)藍日榆等纂修　據清道光二十九年(1849)遂邑吴林刻本複印　二修本

參見前條。
麗江水學院畲族文化研究所
本條目據《麗水畲族古籍總目提要》著録

[浙江遂昌]後壟藍氏宗譜三卷　藍華恤等纂修　民國四年(1915)遂昌周化南刻本　三修本

始祖法圖(行百五郎),生九子。始遷祖次子千二,清順治間自福建羅源已坑遷居浙江雲和三都李坳,康熙三年(1664)復遷遂昌石練後田寺,繼遷培塢,再遷後壟。譜載藍氏宗譜序(四篇)、源流序、重建宗祠記、重建散堂志、創建宗祠記、凡例、領譜字號、像圖、墳圖、世系圖、行第等。是族於清道光十二年(1832)初修譜,此爲三修本。

浙江省遂昌縣大柘鄉後壟村藍振華
本條目據《麗水畲族古籍總目提要》著録

[浙江遂昌]後壟藍氏宗譜三卷　藍華恤等纂修　據民國四年(1915)遂昌周化南刻本複印　三修本

參見前條。
麗水學院畲族文化研究所
本條目據《麗水畲族古籍總目提要》著録

[浙江遂昌]大洞源藍氏宗譜二卷　藍林傳等纂修　民國三十四年(1945)松陽劉敬業堂譜局刊印本

藍氏本汝南郡藍田楚大夫後,望出東莞。又《竹書紀年》,自梁惠王三年,秦子向命爲藍君,子孫即以封地爲氏,以後分佈四方。始遷祖有明,清雍正間自江西瑞金二十九都遷居浙江遂昌大洞源。譜載藍氏宗譜序、創譜紀名、凡例、家訓、宗規、像圖、墓圖、藍氏姓氏考、排行字母、世系、譜跋等。《排行字母》載"有發生榮林,興根培本長,明理文人起,忠孝國家昌"二十字。世系圖載有明一至十七世裔孫繁衍生息的情況。

浙江省遂昌縣黄沙崾鎮大洞源村藍培利
本條目據《麗水畲族古籍總目提要》著録

[浙江遂昌]大洞源藍氏宗譜二卷　藍林傳等纂修　據民國三十四年(1945)松陽劉敬業堂譜局刊印本複印

參見前條。
麗水學院畲族文化研究所
本條目據《麗水畲族古籍總目提要》著録

[浙江遂昌]井頭塢鍾氏宗譜六卷　鍾進元等纂修　民國二十年(1931)葉敬之刻本　初修本

南宋紹熙三年(1192),諒、宣等人從廣東潮陽海陽始遷,經饒平、揭陽、南靖、泉州、安溪、連江、羅源、寧德等處,共計遷徙二十四次。先祖有孫、歌,明宣德三年(1428)遷居福建漳州南靖縣。始遷祖天福、天壽,遷居處州景寧縣二都,崇禎間再遷遂昌北門外蔡村。清嘉慶二十年(1815),七世孫君興、君泰二人首創宗祠於井頭。後裔散居景寧、宣平、雲和、松陽、遂昌、龍游六縣,世系繁衍至十八世。卷一譜序、源流、敕命、像、歷代人物志、傳、創建祠宇紀名,卷二家訓、祠規、像圖、墳圖、祠産、山契、祀田、跋,卷三至六世系。

浙江省遂昌縣三仁鄉井頭塢村鍾子順
本條目據《麗水畲族古籍總目提要》著録

[浙江遂昌]井頭塢鍾氏宗譜六卷　鍾進元等纂修　據民國二十年(1931)葉敬之刻本複印　初修本

參見前條。

麗水學院畲族文化研究所　浙江省麗水市圖書館(存卷一)

本條目據《麗水畲族古籍總目提要》著録

[浙江松陽]馮翊雷氏宗譜不分卷　雷奇順主修　宋啓商纂修　民國二十年(1931)木活字本　一册　三修本

始祖隆陞,明崇禎間自福建連江縣安定里石佛嶺頭遷居浙江雲和縣二都荒谷田。始遷祖國常,字萬年,清乾隆初年自宣平縣上坦村金交椅自然村(今屬武義縣桃溪鎮)遷居松陽縣二十五都後塘村(今屬板橋畲族鄉)。載家竇、目録、譜序、源流序、譜例、家訓、祠規、仕宦録、應試章程、五服總圖、祠圖、敕命、像圖、山圖、排行字、行第。是族於清咸豐二年(1852)初修譜,此爲三修本。

浙江省松陽縣板橋畲族鄉後塘村雷仙德

[浙江松陽]馮翊雷氏宗譜四卷　雷玉進主修　雷乃鳴纂修　民國二十二年(1933)木活字本　四册　五修本

始祖久微,元至元間自福建清流縣遷居上杭縣陳坑村(今屬才溪鎮)。始遷祖德卿,清乾隆七年(1742)自福建遷居浙江松陽縣牛角圩村(今屬大東壩鎮)。卷一家竇、譜序、五服圖、凡例、家訓、傳、贊、詩、祀田、祀山、排行字、領譜字號、仕宦録,卷二里居圖、墓圖,卷三總支圖,卷四系圖。是族於元元貞二年(1296)初修譜,此爲五修本。

浙江省松陽縣大東壩鎮牛角圩村雷富祥　浙江省松陽縣板橋畲族鄉後塘村

[浙江松陽]雅溪高岭雷氏家譜不分卷　雷仁德纂修　民國三十一年(1942)稿本　存一册　書名據卷端題

始祖日先,行仟四十九郎,清代遷居雲和縣東山村。始遷祖大三十八郎,清代自東山村遷居松陽縣雅溪村高嶺自然村(今屬象溪鎮)。譜載世系圖、行第。

浙江省麗水市博物館

[浙江松陽]雷氏宗譜不分卷　雷俊盛主修　雷美德纂修　2000年抄本　一册　二修本

始遷祖德龍,乳名懋龍,清乾隆間自宣平縣上坦村遷居松陽縣二十五都後塘村(今屬板橋畲族鄉)。譜載家竇、目録、譜序、源流序、歷代帝皇簡史、堂號簡意、世嫡圖、長輩稱謂、譜例、家訓、祠規、仕宦録、叢録、契據、祠圖、墓圖、排行字、世系、行第、藏譜序。是族於民國二十年(1931)初修譜,此爲二修本。

浙江省松陽縣板橋畲族鄉後塘村雷仙德

[浙江松陽]村頭藍氏宗譜三卷　(清)藍月瑞纂修　清光緒九年(1883)恬北吴景嵩木活字本　二修本

該族原籍廣東潮州,後遷福建建寧府羅源縣,唐代黄巢起義時,由閩遷雲和八都石塘南山。傳至六世景財,遷居松陽二十五都西村。其子李貴移居村頭,爲始遷祖。譜載藍氏宗譜序(三篇)、源流序、誥敕、族規、排行字母及存譜録、世系、像贊等。是族於清乾隆四十七年(1782)初修譜,此爲二修本。

浙江省松陽縣象溪鎮村頭村藍水根

本條目據《麗水畲族古籍總目提要》著録

[浙江松陽]村頭藍氏宗譜三卷　(清)藍月瑞纂修　據清光緒九年(1883)恬北吴景嵩木活字本複印　二修本

參見前條。

麗水學院畲族文化研究所

本條目據《麗水畲族古籍總目提要》著録

[浙江松陽]源底藍氏宗譜不分卷　雷起遵纂修　民國八年(1919)藍仕金抄本　一册　二修本

該族原居福建羅源縣重上里南峰,續遷浙江松陽靄溪、源底,後又分遷靖居大塈、小西、象溪下坑源及遂昌馬頭、宣平下林等處。是族於清嘉慶二十四年(1819)初修譜,此爲二修本。

浙江省松陽縣裕溪鄉源底村藍月田
本條目據《麗水畲族古籍總目提要》著録

[浙江松陽]源底藍氏宗譜不分卷　雷起遵纂修　據民國八年(1919)藍仕金抄本複印　一册　二修本
參見前條。
麗水學院畲族文化研究所
本條目據《麗水畲族古籍總目提要》著録

[浙江慶元]庫山藍氏宗譜不分卷　(清)藍玉興等主修　清光緒十九年(1893)慶邑黄皮吴觀樂抄本　一册
家族一百二十一世泰運遷浙江雲和縣,一百二十六世方銓遷景寧,一百三十二世遠信遷泰順,一百四十二世大益住泰順余坑。始遷祖一百四十五世一文,自泰順余坑遷居慶元庫山。世系共載一百五十世。譜載重修譜序、題詩、譜系圖序、排行與取名字母、遠近支派等。《譜系圖序》言及龍期(麒)征番、賜婚、受封諸事。又載清乾隆時准予畲族考試事。
浙江省慶元縣張村鄉庫山村藍增壽
本條目據《麗水畲族古籍總目提要》著録

[浙江慶元]庫山藍氏宗譜不分卷　(清)藍玉興等主修　據清光緒十九年(1893)慶邑黄皮吴觀樂抄本複印　一册
參見前條。
麗水學院畲族文化研究所
本條目據《麗水畲族古籍總目提要》著録

[浙江景寧]油田源雷氏宗譜不分卷　(清)雷元會纂修　清光緒十七年(1891)雷元泰抄本　一册　初修本
鼻祖萬九,明代居福建連江縣陳坂橋。始祖家永,萬九孫,明代遷居福建福州府羅源縣梅溪里鄉蘇坑境應德鋪莊。始遷祖虔山,家永孫,明萬曆三十六年(1608)遷居處州府景寧縣二都油田莊王畈村。家族共計繁衍十四代。譜載譜序、敕書、歷朝君紀、祠圖、像圖、祖宗紀、墳圖、世系。
浙江省景寧畲族自治縣外舍鄉王金洋村雷國成

[浙江景寧]油田源雷氏宗譜不分卷　(清)雷元會纂修　據清光緒十七年(1891)雷元泰抄本複印　一册　初修本
參見前條。
麗水學院畲族文化研究所　浙江省景寧縣圖書館

[浙江景寧]雷氏族宗譜雷虔山系不分卷　雷開良主修　2012年馮翊郡排印本　一册　書名據書衣題
先祖同上。譜載前言、附録、世系圖表、後語。
浙江省景寧縣圖書館

[浙江景寧]包鳳雷氏宗譜不分卷　(清)雷玉麟等纂修　清光緒二十六年(1900)雷秉榮抄本　一册　九修本
該族於唐會昌八年(848)自辛虞縣普城山始遷,經江西道州、湖南茶陵、廣東揭陽與福建連江、趙判、羅源等八次遷徙。始遷祖進明,明萬曆三十四年(1606)自羅源十八都蘇坑境高南坑遷居景寧包鳳村。裔孫散居泰順、平陽、青田、龍游、遂昌等地。家族傳至十五代。譜載雷氏宗譜太祖老序、新族譜序、盤皇敕賜開山公據、重建盤瓠祠衆譜序、雷氏支譜凡例、雷氏族譜遷徙序、世祖像圖、墳圖、世系圖、行傳等。内載盤瓠傳説。是族於明萬曆十四年(1586)初修譜,此爲九修本。
浙江省景寧畲族自治縣鶴溪鎮包鳳村雷劉富
本條目據《麗水畲族古籍總目提要》著録

[浙江景寧]包鳳雷氏宗譜不分卷　(清)雷玉麟等纂修　據清光緒二十六年(1900)雷秉榮抄本複印　一册　九修本
參見前條。
麗水學院畲族文化研究所
本條目據《麗水畲族古籍總目提要》著録

[浙江景寧]暮洋湖雷氏房譜不分卷　(清)雷土旺等纂修　清光緒三十年(1904)雷元泰抄本　一

册　初修本

三世祖虞山，明萬曆四十一年（1613）自福建羅源縣應得鋪梅溪里遷居景寧二都油田王畈。始遷祖士貴，清乾隆三十六年（1771）自王畈遷居暮洋湖。家族繁衍六代。譜載雷氏房譜序、重建盤瓠祠序、開山公據、祖墳圖、排行字輩、世系圖、行第等。

浙江省景寧畲族自治縣暮洋湖村雷培昌

本條目據《麗水畲族古籍總目提要》著録

［浙江景寧］暮洋湖雷氏房譜不分卷　（清）雷土旺等纂修　據清光緒三十年（1904）雷元泰抄本複印　一册　初修本

參見前條。

麗水學院畲族文化研究所

本條目據《麗水畲族古籍總目提要》著録

［浙江景寧］馬欄礱雷氏宗譜不分卷　（清）雷光朝纂修　清光緒三十三年（1907）抄本　一册　初修本

該族自廣東始遷，徙福建羅源縣及浙江錢塘縣九龍村、麗水縣城邊等地居住。十一世春明，遷居景寧澄照鄉東畔。始遷祖十七世應城，繼遷馬欄礱。譜載馬欄礱雷氏宗譜序、行傳。

浙江省景寧畲族自治縣梧桐鄉馬欄礱村雷昌洪

本條目據《麗水畲族古籍總目提要》著録

［浙江景寧］馬欄礱雷氏宗譜不分卷　（清）雷光朝纂修　據清光緒三十三年（1907）抄本複印　一册　初修本

參見前條。

麗水學院畲族文化研究所

本條目據《麗水畲族古籍總目提要》著録

［浙江景寧］吴山頭雷氏宗譜不分卷　（清）雷月興等纂修　清宣統元年（1909）雷秉鎔抄本　一册　七修本

該族自廣東海陽縣八排山始遷，經鳳凰山、寧州、辛虞、道州、茶陵、吉州、長樂、連江、趙判、羅源等十八處遊居。明萬曆四十年（1612），德順、德連等自福建羅源十三都牛欄坪遷居景寧二都油田倉基垟。始遷祖兆雲等人，清順治十六年（1659）移住吴山頭。家族傳至“景”字輩，共計十四代。譜載雷氏宗譜祖序、凡例、盤皇敕賜開山公據、重建盤瓠祠序、始祖像圖、墳圖、雷氏宗譜新序、世系圖、行傳等。牒文記述修纂宗譜的意義與規範、盤瓠傳説、歷代帝皇紀、排行字輩四十字、歷代祖宗遷徙路綫等。是族於明萬曆十二年（1584）初修譜，此爲七修本。

浙江省景寧畲族自治縣東坑鎮吴山頭村雷欣梅

本條目據《麗水畲族古籍總目提要》著録

［浙江景寧］吴山頭雷氏宗譜不分卷　（清）雷月興等纂修　據清宣統元年（1909）雷秉鎔抄本複印　一册　七修本

參見前條。

麗水學院畲族文化研究所

本條目據《麗水畲族古籍總目提要》著録

［浙江景寧］雷公巖雷氏宗譜不分卷　（清）雷明諒等纂修　清宣統三年（1911）雷月具抄本　一册

福建始祖元豐，生十三子，其中九房、十三房於明正德五年（1510）自福建福州府連江縣堂安底安定里遷居浙江遂昌，十房遷雲和貴山，十二房孔華遷景寧五都葉山頭。明隆慶間陳聰移英川葉馬岱。始遷祖十世祖可富，清康熙十年（1671）自英川返遷七都雷公巖。此譜所載孔華公徙浙較早，可與同類譜參照考證。

浙江省景寧畲族自治縣鶴溪鎮浮丘村雷昌茂

本條目據《麗水畲族古籍總目提要》著録

［浙江景寧］雷公巖雷氏宗譜不分卷　（清）雷明諒等纂修　據清宣統三年（1911）雷月具抄本複印　一册

參見前條。

麗水學院畲族文化研究所

本條目據《麗水畲族古籍總目提要》著録

［浙江景寧］黄山頭雷氏宗譜不分卷　藍光朝纂修　民國八年（1919）抄本　一册

始祖元豐,明正德間自福建連江縣堂安底安定里遷居浙江處州景寧五都三石洋。其子孔華於明萬曆二年(1574)移居景寧五都葉山頭。始遷祖陳發,元豐玄孫,清康熙十三年(1674)遷居景寧黄山頭李村外後峰。另有房族分住景寧三寶石、李婆坑、溪下庫、大張坑、陶源等地。譜載太祖序、黄山頭新序、歷代帝皇紀、敕封勝牒、地輿圖、世系等。其譜曾有清康熙十六年(1677)潘蘭懷稿抄本、五十四年(1715)徐庭元稿抄本、乾隆三十八年(1773)吴正玉稿抄本。

浙江省景寧畲族自治縣東坑鎮黄山頭村雷方嶽

本條目據《麗水畲族古籍總目提要》著録

[浙江景寧]黄山頭雷氏宗譜不分卷　藍光朝纂修　據民國八年(1919)抄本複印　一册

參見前條。

麗水學院畲族文化研究所

本條目據《麗水畲族古籍總目提要》著録

[浙江景寧]雷氏家譜　雷林貴纂修　清同治十年(1871)抄本

是族約於明萬曆間遷居景寧。

浙江省景寧畲族自治縣雷周隆

本條目據《畲族社會歷史調查》著録

[浙江景寧]雷氏宗譜　雷如載主修　民國二十一年(1932)木活字本

始遷祖林富、林貴、林榮兄弟三人,明萬曆七年(1579)遷居處州府景寧縣游田倉基垟。

浙江省松陽縣楊家塢雷如載

本條目據《畲族社會歷史調查》著録

[浙江景寧]雷氏宗譜　纂修者不詳　1980年抄本

是族於明嘉靖元年(1522)遷居福建漳州府龍巖縣苦竹嶺,嘉靖四年(1525)遷居連江縣陳坂橋。裔孫虔山,遷居羅源縣蘇坑德鋪梅溪。虔山子德貴、德興、德書,兄弟三人及家眷共四十八人遷居景寧二都油田王畈,是爲始遷祖。

浙江省景寧畲族自治縣岳溪鎮紅星村雷應時

本條目據《畲族社會歷史調查》著録

[浙江景寧]雷氏宗譜　纂修者不詳　抄本　書名自擬

始祖進明、進良、進裕、進元兄弟四人,明萬曆間自廣東潮州府海陽縣鳳凰山遷居浙江處州府景寧縣七都包封(鳳)。始遷祖明王,四房之裔,於清順治七年(1650)應惠明寺僧清華之邀,遷居於此。

浙江省景寧畲族自治縣張村鄉惠明寺村雷石童

本條目據《畲族社會歷史調查》著録

[浙江景寧]藍氏宗譜　纂修者不詳　清光緒三年(1877)抄本

是族元代居於福建,明朝遷居浙江處州麗水、雲和一帶。始遷祖日賢,明萬曆三十七年(1609)遷居景寧六都暮洋湖。

浙江省景寧畲族自治縣張村鄉周湖村藍李豐

本條目據《畲族社會歷史調查》著録

[浙江景寧]敕木山藍氏宗譜不分卷　(清)藍日彩等纂修　清光緒三十四年(1908)景寧雷秉榮抄本　一册　六修本

四世祖富生、富清、富孔三兄弟,明萬曆十二年(1584)自福建羅源十八都塔底遷居浙江景寧暮洋湖彭坑。始遷祖關賢、關聖、關華三兄弟,清康熙十三年(1674)移居敕木山,傳至"士"字輩,共計繁衍八世。譜載譜序(六篇)、歷代帝皇記、歷代祖宗遷徙路綫、凡例、排行字輩、像圖、祠圖、莊圖、墳圖、世系行傳綜合圖等。是族於明崇禎八年(1635)初修譜,此爲六修本。

浙江省景寧畲族自治縣鶴溪鎮敕木山村藍石根

本條目據《麗水畲族古籍總目提要》著録

[浙江景寧]敕木山藍氏宗譜不分卷　(清)藍日彩等纂修　據清光緒三十四年(1908)景寧雷秉榮抄本複印　一册　六修本

參見前條。

麗水學院畲族文化研究所

本條目據《麗水畲族古籍總目提要》著録

［浙江景寧］四格藍氏宗譜不分卷 藍政芬等纂修 民國八年（1919）雷永吉抄本 一册 初修本

該族先後轉遷鳳凰山、寧州、辛虞、道州、茶陵、吉州、長樂、揭陽、趙判等地。始祖敬泉，南宋淳祐間自福建羅源黄重下遷居雲和小窟，數年後再遷景寧金丘大磨庵。始遷祖六世隆貴，明弘治十五年（1502）遷居邑之四格。家族世系傳至十八代。譜載舊序、藍氏宗譜序、重建盤瓠祠序、鳳凰山祠圖、始祖像圖、墳圖、世系圖、行傳等。《舊序》、《重建盤瓠祠序》記載盤瓠傳説、官宦名録。

浙江省景寧畲族自治縣澄照鄉四格村藍温深

本條目據《麗水畲族古籍總目提要》著録

［浙江景寧］四格藍氏宗譜不分卷 藍政芬等纂修 據民國八年（1919）雷永吉抄本複印 一册 初修本

參見前條。

麗水學院畲族文化研究所

本條目據《麗水畲族古籍總目提要》著録

［浙江景寧］藍氏宗譜 纂修者不詳 民國十七年（1928）修本

是族於南宋紹興三年（1133）自廣東遷居江西吉州。南宋淳熙五年（1178）分徙至湖北、廣南、福建各州縣。明正德元年（1506）再遷浙江處州府麗水縣各處。明正德四年（1509）遷居青田縣十八都。明景泰三年（1425）始遷景寧北鄉油田莊。明萬曆七年（1579）遷居邑之東衕。

浙江省景寧畲族自治縣張村鄉東衕村藍氏族人

本條目據《畲族社會歷史調查》著録

［浙江景寧］烏飯恰藍氏宗譜不分卷 藍奇李等纂修 民國十九年（1930）景寧吴邦彦抄本 一册

始遷祖宇南，自福建遷居浙江景寧大墓庵，開基創業，傳至十三代。譜載藍氏宗譜序、統綱一覽表、藍氏五音志、譜例、村境、藍氏源流序、排行字母、重修盤瓠氏祖祠序、歷朝詔恩榮録、藍氏宗譜世系源流等。

浙江省景寧畲族自治縣莫川鄉烏飯恰村藍廷芳

本條目據《麗水畲族古籍總目提要》著録

［浙江景寧］烏飯恰藍氏宗譜不分卷 藍奇李等纂修 據民國十九年（1930）景寧吴邦彦抄本複印 一册

參見前條。

麗水學院畲族文化研究所

本條目據《麗水畲族古籍總目提要》著録

［浙江景寧］藍氏宗譜 纂修者不詳 版本不詳

是族於元代遷居福建福州府羅源縣重山南里南垟。明萬曆十二年（1584）遷居浙江處州府景寧縣六都張村暮洋湖垟彭坑。

浙江省景寧畲族自治縣張村鄉敕木山村藍玉堂

本條目據《畲族社會歷史調查》著録

［浙江景寧］伏葉半山鍾氏族譜不分卷 （清）鍾明裕纂修 清同治五年（1866）泰順王重熙刻本 一册

始遷祖三世百三十四郎，自羅源大坪村遷居景寧山外。世系傳至“世”字輩，共計十代。譜載鍾氏支譜序、鍾氏封郡源流説、天地化育源流增輯圖説、爵封職圖、凡例、附録、世系排行、羅源大坪村鍾氏支派圖、訴訟等。是族於清同治五年（1866）初修譜。

浙江省景寧畲族自治縣大均鄉伏葉半山村鍾德堂

本條目據《麗水畲族古籍總目提要》著録

［浙江景寧］伏葉半山鍾氏族譜不分卷 （清）鍾明裕纂修 據清同治五年（1866）泰順王重熙刻本複印 一册

參見前條。

麗水學院畲族文化研究所

本條目據《麗水畲族古籍總目提要》著録

［浙江景寧］山外鍾氏宗譜不分卷 纂修者不詳 清宣統元年（1909）景寧雷元泰抄本 一册 初修本

始遷祖二世隆熙，明萬曆三十七年（1609）自福建羅源大坪遷居景寧山外。世系傳至“貽”字輩，共計十六世。譜載鍾氏宗譜序、重修盤瓠祠序、凡例、排行字母、墳圖、世系圖、行傳等。

浙江省景寧畲族自治縣鶴溪鎮包鳳村鍾福源

本條目據《麗水畲族古籍總目提要》著録

[浙江景寧]山外鍾氏宗譜不分卷 纂修者不詳 據清宣統元年(1909)景寧雷元泰抄本複印 一册 初修本

參見前條。

麗水學院畲族文化研究所

本條目據《麗水畲族古籍總目提要》著録

[安徽寧國]藍氏族譜 纂修者不詳 民國三十六年(1947)樹德堂鉛印本

是族於明正德間自浙江麗水南鄉遷居雲和縣巖下,崇禎七年(1634)遷居景寧六都,十三年(1640)復遷温州、泰順余坑,至清乾隆七年(1742)轉遷景寧二都,同治八年(1869)遷居蘭溪西鄉。始遷祖朝興等五人,清光緒間自蘭溪遷居寧國。

安徽省寧國市雲梯鄉白鹿村藍湯福、藍德富、藍德元

本條目據《畲族社會歷史調查》著録

[福建]藍氏六修族譜二十卷 纂修者不詳 民國二十七年(1938)汝南堂修本 二十册

念二、念三、念五遷武平,念四、念六、念七遷上杭。譜載世系。

福建省上杭客家族譜博物館

[福建]鍾氏支譜不分卷 (清)鍾大焜纂修 清光緒二十七年(1901)刻本 五册

此譜爲分佈於福建福州、福清、羅源、永福、福安、寧德,以及江西萍鄉等共一百七十餘支合譜。譜録譜序、世系圖。

福建省圖書館

[福建]侯官鍾大焜潁州鍾氏支譜不分卷 (清)鍾大焜主修 2010年海風出版社據清光緒二十七年(1901)刻本排印 合册 譜又名潁州鍾氏支譜。

本譜是福建福州府、福寧府及江西萍鄉等地鍾氏家譜的合修。福寧始祖音,明洪武間自廣東官遷浙江天台,後遷瑞安,始遷祖法廣(原名若清),由金溪玉林遷福安西門外五都眠山崗,後遷大林。福州府始祖秀(號十一郎),宋代遷福建武平,十八世炳泰(字元祖,號有輝),自江西萍鄉遷福建福州三牧坊。内録總譜序、總譜後序、譜引、告示、譜序、世系圖、鍾大焜履歷、會試朱卷。

本譜載於《福建省少數民族古籍叢書·畲族卷·家族譜牒(上)》

[福建連江]重修連江藍氏族譜不分卷 (清)陳朝華纂修 據清同治十三年(1874)抄本複印 二册

入閩始祖耀冶,明代自漳州府漳浦縣長坑里遷居連江安德里之財嶺,繼遷輞川。譜載藍氏族譜諸序跋、家規、祖訓、譜例、宗傳、祭祀弁言、功績弁言、宗産弁言、合同規約、譜系等。

福建省圖書館

[福建羅源]汝南郡藍氏支譜 (清)林光燦纂修 2010年海風出版社據清咸豐八年(1858)手寫本排印 合册

始祖祥永(字廷在,行三),明中葉遷居連江保安里東窯鄉。始遷祖九世志榮,遷居羅源松山鎮上泥港(即今上土港村)。譜載譜序、家規、議約、字行次、譜紀。

本譜載於《福建省少數民族古籍叢書·畲族卷·家族譜牒(上)》

[福建武夷山]汝南郡藍氏宗譜不分卷 (清)藍昆元主修 (清)毛德輝纂修 2010年海風出版社據清光緒十年(1884)三徵堂刻本排印 合册

始祖珪,南宋隨高宗南渡,後貶至福建建安。九世應午爲福安令。十世燧(號純翁),元代遷崇安(今武夷山崇安區)。後代散居閩北各地。家族名人藍誠(藍仁)、藍智,世稱"崇安二藍",爲元末明初著名文人。譜載新舊譜序、汝南郡三徵堂記、傳、記事、族規引、凡例、譜引、世次傳、祠堂圖、祖塋墳山、墳山契約告示、後跋、附録。

本譜載於《福建省少數民族古籍叢書・畲族卷・家族譜牒(上)》

[福建武夷山]武夷山崇南鍾氏重修宗譜二卷 (清)鍾致明纂修 2010年海風出版社據清光緒二十四年(1898)潁川堂刻本排印 合册 譜又名崇南鍾氏重修宗譜

始祖永健,北宋末年居江西。始遷祖十一世宣龍,明嘉靖間遷居福建崇安小南鄉。譜載譜序、人物序、傳、字派、名目、族規、族禁、像圖跋、鍾氏遠祖源流世系。

本譜載於《福建省少數民族古籍叢書・畲族卷・家族譜牒(上)》

[福建建甌]雷氏宗譜三卷 纂修者不詳 版本不詳 十八册

内容不詳。

福建省建甌市檔案館

本條目據2001年第5期《檔案學研究》載謝濱撰《福建畲族族譜檔案及其價值》一文著録

[福建浦城]潁川堂鍾氏宗譜二卷 (清)鍾大榮主修 2010年海風出版社據清光緒八年(1882)刻本排印 合册

始祖賢,東晉時移居福建長汀。二世四七郎,宋代人,爲福建武平祖。浦城始遷祖不詳。内録序、潁川發源譜、傳、碑文、凡例、排行、鍾氏大宗祠、先祖圖像、世系圖。

本譜載於《福建省少數民族古籍叢書・畲族卷・家族譜牒(上)》

[福建光澤]光澤大禾山石城雷氏重修族譜不分卷 (清)雷自中主修 (清)雷聖池纂修 2011年海風出版社據清乾隆二年(1737)刻本排印 合册

始祖憲(字國義,號鎮山),居陝西馮翊郡。十四世昮郎,南宋紹興間自福建寧化遷江西贛州石城縣石上里。始遷祖二十九世茂琳,清康熙四十四年(1705)遷回福建光澤。譜載譜序、先聖先賢譜説、目録、老譜序、祖堂記、源流序、凡例、宗規、家訓、字派歌、名目、傳、贊、山契、墓誌、屋契、世傳、後跋。

本譜載於《福建省少數民族古籍叢書・畲族卷・家族譜牒(下)》

[福建永安]汝南郡藍氏族譜 (清)藍朝英主修 (清)伍紹富、陰泮承纂修 2010年海風出版社據清嘉慶十六年(1811)刻本排印 合册

始祖奎,五代後梁間遷居福建汀州府牛欄峰。始遷祖萬三,遷居永安曹遠蔡地。譜載譜序、舊序、目録、族規、名目、凡例、行第字派、源流考、系圖引、遠祖世系圖、汝南郡藍氏族譜世系圖(略)、世系傳引。

本譜載於《福建省少數民族古籍叢書・畲族卷・家族譜牒(上)》

[福建清流]清流縣嵩溪鎮馮翊郡萬糧公系雷氏族譜 合族纂修 2009年排印本 一册

始祖憲。七世甫自撫州遷居寧化。傳八世至祥(字國楨),歸寧化斑竹。再傳十八世至萬糧(字汝瑞),遷居清流嵩溪,爲始遷祖。譜載譜序、目録、世系。

福建省上杭客家族譜博物館

[福建寧化]寧化縣城南鄉畲族雷氏族譜五卷 纂修者不詳 清宣統二年(1910)修本 六册

始祖憲(字國義,號山任),世居陝西馮翊野鴨池。後裔閻,遷豫章。始遷祖甫,再遷寧化。卷一新序、舊序、原序、源流、目録、領譜、凡例、族規、祠圖、社壇圖、捐進牌位田産、世系圖,卷二至五世傳、行述、女傳、墳圖、遺囑、原跋、舊跋。

福建省上杭客家族譜博物館

[福建寧化]寧化茜坑馮翊郡雷氏家譜 雷捷飛主修 2010年海風出版社據民國三年(1914)芳飲堂刻本排印 合册

始遷祖永,唐代自江西南昌遷撫州,再遷福建寧化。譜載目録、譜序、族規、凡例、族譜源流存徵、家譜源流備考、恩綸紀、世系圖。另收録《馮翊郡雷氏八修家譜》(版本不詳)以補上譜之缺,所收

卷之六載宗祠總記、鼎建下沙岡祖祠碑記、祠記、屋圖、鄉賢録、傳、文行録、鄉飲録、逸行録，卷之七祀産記，卷之八墳墓志、墳圖、墓誌銘、墓表、誄文、後跋、馮氏在史書中的記載。

本譜載於《福建省少數民族古籍叢書・畲族卷・家族譜牒(上)》

[福建寧化]桃源洞雷氏族譜三卷　合族纂修　據民國二十八年(1939)刻本影印　三册　十一修本

先祖同上。上卷新序、十一修凡例、總目録、文史篇、源流、宗祠紀引、祠圖、墳墓紀引、寅午祭祖、訪親紀實、人物篇、先賢録、善行録、科舉録、文藝録、先行録、仕宦録、當代録、海外録、壽傳文録、墓誌銘録、歷修首事題名録、捐資題名録、附篇、收支帳目結算、倡議書、後序，卷中至下系圖篇、系傳篇。

福建省上杭客家族譜博物館

[福建寧化]雷氏房譜三卷　雷賢銘主修　民國二十九年(1940)刻本　三册

先祖同上。卷一新序、目録、源流、凡例、舊跋、碑記、系圖、首事題名、舊序、源流、備考並世派、譜論、墓表、祠圖、墳圖、領譜字號，卷二遠祖至汝六盆公世系、汝康公世系，卷三汝堅公世傳、汝機公世傳。

福建省上杭客家族譜博物館

[福建寧化]馮翊郡雷氏族譜三卷　纂修者不詳　1992年排印本　七册

先祖同上。卷一新序、目録、源流、凡例、舊跋、碑記、系圖、首事題名、舊序、源流、備考並世派、譜論、墓表、祠圖、墳圖、領譜字號，卷二世系，卷三世傳。

福建省上杭客家族譜博物館

[福建寧化]馮翊雷氏八修族譜三卷　雷良洪等纂修　1992年刻本　一册

先祖同上。譜載譜序、世系。

福建省上杭客家族譜博物館

[福建寧化]馮翊郡畲族雷氏九修族譜三卷　雷智平纂修　1992年木活字本　三册

先祖同上。卷一序、源流居址、目録、家規贊壽序、字派並領譜題名、祠祀、家廟祀、八祖墓表、屋圖墳圖、祀産、原跋、世系圖、分修説明，卷二至三世系傳。

福建省上杭客家族譜博物館

[福建寧化]馮翊郡畲族雷氏九修族譜三卷　雷智榮主修　1992年刻本　一册

先祖同上。卷一新序、源流居址録、家規贊壽序、字派並領譜題名、下沙詳公祠、祠祀、家廟祀、八祖墓表、祖祠捐貲祀産、李公家廟碑祀、屋圖墳圖、各祖祀産、原跋、世系圖、分修説明，卷二至三世系。

福建省上杭客家族譜博物館

[福建寧化]桃源山雷氏十一修家譜　雷臻賢等主修　雷美金等纂修　1995年排印本　九册

先祖同上。册一目録、祠堂圖、祝詞、新序、後記、首士題名及世派名字、原歷屆修譜原序後記、族規、族訓、族約譜論、凡例、建修祠碑墓記、原歷屆修譜首士題名、領譜字號，册二世系圖，册三至七世系傳，册八墳圖，册九舊譜田地山崗祀産。

福建省上杭客家族譜博物館

[福建寧化]寧化馮翊郡雷氏族譜　雷春和主修　1992年刻本　二十二册

始祖魁郎，居正頭嵊，爲禾口烏石下溪子口開基祖。譜載序、目録、世系。

福建省上杭客家族譜博物館

[福建晉江]藍雷蘇三姓族譜　纂修者不詳　抄本

内容不詳。

厦門大學歷史系

本條目據2001年第5期《檔案學研究》載謝濱撰《福建畲族族譜檔案及其價值》一文著録

[福建晉江]晉江豐山藍氏族譜一卷　藍世煌等

纂修　1954 年抄本　一册

該族初居會稽山七賢洞。入閩始祖友録，明正統間率族親遷居福建漳州府。始遷祖明德，析居晉江雙髻腳新寮厝。是譜分五章，章一敘修譜來由，章二追敘，章三世系歌，章四諸世考妣，章五墓誌銘。

福建省圖書館

[福建晉江]鍾氏族譜　纂修者不詳　版本不詳

此爲晉江市内坑鄉霞美村鍾氏家族譜。入閩始祖安（字伯寧），南宋江西吉安府永豐縣樂仁里人。五世道器（諱準），歷福建漳州府教授，其孫於明建文元年（1399）遷居晉江霞美。

本條目據 2001 年第 5 期《檔案學研究》載謝濱撰《福建畲族族譜檔案及其價值》一文著録

[福建惠安]惠安豐山雷氏族譜不分卷　（清）雷信國主修　2010 年海風出版社據清乾隆二十八年（1763）手抄本排印　合册

始遷祖日陞，明萬曆間自福建漳州遷泉州惠安産坑鄉。譜載譜序、先祖形象序、抄白、雷氏譜論、譜序、族譜之法、世系、墓誌銘。

本譜載於《福建省少數民族古籍叢書・畲族卷・家族譜牒（上）》

[福建安溪]清溪鳳騰藍氏家譜不分卷　（清）蘇春光纂修　據清光緒間抄本複印　一册　記事至清咸豐間　四修本

始祖廷瑞，唐末自固始隨閩王入閩，居長汀白沙里爐方鄉。長子慶福遷居漳浦長卿石椅。始遷祖慶福十世孫三奇，明正德間移居清溪（今安溪縣）感化里鳳騰。譜載譜序、世系圖、世次録。據 1994 年版《安溪縣志》記載，該縣藍氏爲畲族。

福建省圖書館

[福建安溪]盛富鍾氏族譜八卷　王國政纂修　據民國三年（1914）抄本複印　八册

始祖微子，發祥於潁川。始遷祖德富，明代避亂遷居福建泉州。後世子孫分脈，繁衍於晉江、上杭、梅溪等地。譜載譜例要領、通族字行、潁川郡鍾氏族譜序、重引本派合族源流、重修潁川鍾氏家譜引、重修鍾氏世譜敘、盛富鍾氏重修家譜序、鍾氏家譜小引、盛富鍾氏族譜支系圖等。

福建省圖書館

[福建漳浦]浯洲金門城藍氏族譜　2010 年海風出版社據清光緒十八年（1892）種玉堂手寫本排印　合册

始祖明德，唐代南京人。十五世吉甫，南宋理宗間遷福建福清五福鄉。始遷祖三十世慶福，明代開基漳浦石椅。譜載藍氏原籍河南省光州固始縣通譜前志、燕山藍氏原派族譜、契據、序、議約、斷案、《清史稿列傳》録、清《四庫全書總目》録。

本譜載於《福建省少數民族古籍叢書・畲族卷・家族譜牒（上）》

[福建漳浦]燕山藍家原派族譜一卷　纂修者不詳　1991 年據抄本複印　一册

本譜尊唐人明德、元人炯爲先祖。炯生琛，琛生兆、光、寬三子。始遷祖兆（字元晦，號廷瑞），自贛遷居福建漳州府漳浦縣；光（字仲晦，號石泉），肇遷福建福州府侯官縣；寬（字季晦，號清甫），肇基於福建興化府莆田縣。漳浦族裔有衍傳至金門、晉江及廣東省等地者。清藍鼎元、藍理出於此族。

福建省圖書館

[福建長汀]鄧坊鍾氏族譜不分卷　纂修者不詳　據清光緒元年（1875）抄本影印　二册

始遷祖全慕（字長孺）。譜載祖宗諱字序、古朝江南之時宗祖世次。

福建省上杭客家族譜博物館

[福建長汀]南山鄧坊鍾姓族譜不分卷　纂修者不詳　據明清老譜掃描　光盤

先祖同上。譜載福建始祖一脈世系、祖宗諱字序。

福建省上杭客家族譜博物館

[福建長汀]修復長汀鍾氏馬祖妣墓及祠宇緣末記不分卷　纂修者不詳　民國二十四年（1935）排

印本　一册

始祖氣,漢高祖末隱於潁川鍾離山,遂改姓鍾。譜載馬祖妣紀念碑成題辭、特牌芳名、收支名目、譜系、追遠堂碑記、楹聯、後記。

福建省上杭客家族譜博物館

[福建長汀]汀州中畲鍾氏家譜一卷　鍾有智主編　1999年據鉛印本複印　一册

譜載圖像、題詞、源流、祖祠、墓園、祠聯、附圖、世系、人物、捐資芳名録、修譜述要、附録、後記。

福建省上杭客家族譜博物館

[福建上杭]光澤司前村積穀嶺雷氏族譜四卷　纂修者不詳　2011年海風出版社據清同治元年(1862)刻本排印　合册

始祖焕(字孔章),晉代江西豊城令。一世祖二十三世鸞,唐末自四川劍川遷居福建建甌。四十二世燦(字景星),自建甌官遷泉州。四十五世思斌,明洪武四年(1371)遷上杭北二十四都積穀嶺。卷首(即卷一)新譜序、舊譜序、舊跋、墓誌銘、詩、烈女傳、遺囑、聖諭、凡例、條規、世派、領譜字號,卷二璜谿陽基圖、世系,卷三積穀嶺雷氏居址圖、積穀嶺雷氏族譜實録,卷四跋。

本譜載於《福建省少數民族古籍叢書・畲族卷・家族譜牒(下)》

[福建上杭]上杭雷氏梓福公家譜九卷　雷熙春等纂修　民國元年(1912)上杭劉文明刻本　七册　書名據書衣題　四修本

始祖歛五,宋代人。始遷祖梓福,宋末元初自山西平陽府入閩,初就寧化,再遷上杭。卷一譜箋、國旗、新序、原序、凡例、目録、題捐芳名、決算表、修譜芳名、服制圖、中央法令、家訓、綸音、行述,卷二藝文、家傳、壽序、行狀、墓表、墓誌銘、墓碣、壙誌、題贈、著述,卷三人物、封典、科第、仕宦、貢生、雜職、國學、鄉學、旌褒、修譜、命婦、節婦、祠墳各圖,卷四至六世系,卷七至九補遺、附考、當業、書後、跋。

福建省上杭客家族譜博物館

[福建上杭]余良駿署檢上杭雷氏梓福公家譜三卷　雷熙春等纂修　2011年海風出版社據民國元年(1912)刻本排印　合册

先祖同上。卷一譜序、舊序、凡例、目録、本宗九族五服之圖、中央法令、家訓、封典志、綸音、行述志、行述(世系),卷二家傳、壽序、行狀、墓表、墓誌銘、墓碣、壙誌、題贈、著述,卷三人物志。

本譜載於《福建省少數民族古籍叢書・畲族卷・家族譜牒(下)》

[福建上杭]雷氏族譜　纂修者不詳　1998年據鉛印本影印　一册

始祖千一郎,明正德間自寧化石壁遷居上杭來蘇里小黄昌(坊)(今下都鄉五峰村)。譜載前言、説明、像贊、下都鄉行政區沿革簡介、寧化族譜舊序、雷姓家族專用楹聯選、千一郎公世系、雷姓起源考、雷姓古今名人録、雷姓分佈概況、上祖五十代簡介、補記、炎黄世系簡表、雷姓起源考的補充資料、後記、秋夜隨録、歷代紀元表。

福建省上杭客家族譜博物館

[福建上杭]雷氏族譜　纂修者不詳　2006年排印本　一册

先祖同上。譜載像贊、村貌、修譜人員集體照、捐資人員照片、題詞、宗譜頌、前言、序、雷氏源流、雷氏古今名人録、雷氏源流、雷姓上祖五十代簡介、遷居概況、人文教育一覽表、六十歲以上壽星表、圖騰、家訓、字輩、民族風情、世系、附記、編餘等。

福建省上杭客家族譜博物館

[福建上杭]馮翊郡雷氏宗譜上杭才溪大六郎兆夏公世系　雷義聲主編　2011年排印本　一册

始遷祖兆夏(字萬成,號大六郎),居福建上杭才溪。後裔遷居江西泰和縣高隴坑、蓬坑、秋坑、三角塘,興國縣均村、長告、堪頭腦、大龍祥、甘古石嶺子腦、珠沙背、高排,贛縣白路、東邊洞、侯逕、茶園義渡,于都沙心,及安遠縣、萬安縣等地。譜載圖騰、將軍題字、偉人論譜、目録、祖像、敕命、雷氏宗譜序和前言、世系、新中國成立以來賢達人士一覽表、雷姓的來歷、雷氏家族的起源、播遷、郡望堂號、祠堂、祖譜概況及歷史名人、雷氏家族在清朝皇家建築史上的豐碑、宗祠通用對聯、才溪崇蔭堂楹聯集錦、附録、五服之圖、百家大姓圖騰、歷史紀年表、部分傳統民俗知識彙編、上杭縣雷氏分佈圖、村景照片、祖墳照片、雷欽將軍照片、捐資人員專照及芳名、續修譜編委會部分人員照片、倡議書、才溪雷氏宗譜編委成員名録、續修譜後記、預訂宗譜芳名録、未來大事記。

福建省上杭客家族譜博物館

[福建上杭]雷氏南遷世系一卷 纂修者不詳 據抄本複印 一册

始祖憲,居山西同州府野鴨池河北。此爲後裔居上杭太拔崇厦村所修。譜載雷氏南遷世系圖。

福建省上杭客家族譜博物館

[福建上杭]上杭汝南堂藍氏續修通譜不分卷 (清)藍炳芳纂修 2011年海風出版社據清道光十三年(1833)汝南堂刻本排印 合册

一世祖吉甫,南宋時遷居福建福清五福鄉。十七世萬一郎自建寧遷寧化石壁。始祖二十世大一郎,元末人,生七子:念一郎、念二郎、念三郎、念四郎、念五郎、念六郎、念七郎。明初,念六郎支慶壽,遷居廣東潮州。後裔遷至上杭。譜載譜序、藍氏族譜源流序、閩汀建祠序、汀郡建祠跋、目録、聖諭、名目、領譜字號、凡例、家訓、譜例、譜戒、家約、傳、墓誌銘、歷朝仕宦官爵紳士、垂絲圖、世系、跋。

本譜載於《福建省少數民族古籍叢書·畲族卷·家族譜牒(下)》

[福建上杭]廬豐藍氏族譜十七卷首一卷末八卷 藍映奎等纂修 民國三十三年(1944)種玉堂刻本 三十四册 書名據版心題

一世祖吉甫,南宋時遷居福建福清五福鄉。始祖萬一郎,居寧化石壁。三世和二郎遷居長汀水口。和二郎生子二:長太一郎、次太六郎。太一郎生子七:念一居長汀平嶺水口;念二郎徙武平大禾坑;念三郎徙武平章豐;念四郎徙上杭朴樹下;念五郎遷武平大禾;念六郎遷武平林坊;念七郎於明洪武元年(1368)遷居上杭廬豐,爲始遷祖。卷首新序、舊序、凡例、同名辨、族約、任務、捐資、繪圖,卷一至十七世系,卷末一溯源志,卷末二祠祀志,卷末三選舉志,卷末四藝文志,卷末五遷移志,卷末六族望志,卷末七列女志,卷末八領譜志、雜録。

福建省上杭客家族譜博物館

[福建上杭]上杭種玉堂鐫閩杭廬豐藍氏族譜十六卷首一卷末八卷 藍映奎主修 2011年海風出版社據民國三十三年(1944)種玉堂刻本排印 合册

參見上條。

本譜載於《福建省少數民族古籍叢書·畲族卷·家族譜牒(下)》

[福建上杭]藍氏族譜不分卷 藍海祺抄本 1996年據民國三十年(1941)抄本複印 一册 書名據書衣題

先祖同上。譜載族譜序、歷代遷居考、古今地名考、藍氏源流世系之圖。

福建省上杭客家族譜博物館

[福建上杭]閩杭廬豐藍氏族譜 纂修者不詳 二册 存卷八至十四

先祖同上。存卷載永清公房華桂公派世系。

福建省上杭客家族譜博物館

[福建上杭]廬豐畲族鄉藍氏家譜(念七系)不分卷 藍海籌等纂修 1989年鉛印本 一册

先祖同上。譜載譜序、目録、世系。

福建省上杭客家族譜博物館

[福建上杭]藍氏家譜不分卷 藍海籌等纂修 據1989年排印本複印 一册

先祖同上。譜載序言、上杭藍氏源流史略、遠祖世系吊綫圖、藍氏宗譜前志、祖先入閩遷徙歌、歷代祖名口訣歌、藍氏宗譜後志、填譜贊詞。

福建省上杭客家族譜博物館

[福建上杭]藍氏家譜 藍漢民等纂修 1999年排印本 一册

先祖同上。上杭藍氏,一般均奉祀念四郎、念一郎爲一世祖。據1982年人口普查統計,全縣藍姓有三千五百四十四户,一萬七千七百六十一人。念一至念七郎各房後裔,繁衍於江西、廣東、廣西、浙江、安徽、四川、臺灣等省,人數已超出二十萬。譜載序言、凡例、藍姓淵源及遷杭史考、江南世系源流贊、祖先入閩遷徙歌、郡望堂聯彙考、藍氏家祠通用楹聯、祖祠簡介、祖訓家規、藍氏始高曾祖吊綫圖、源流支派行述、一世祖昌奇公至一百二十五世祖大一郎公、念一郎公系、念二郎公系、念三郎公系、念四郎公系、念五郎公系、念六郎公系、念七郎公系,譜附民間故事摘抄、編譜花絮、編後記、編修家譜樂捐芳名録、上杭城區藍氏家譜續譜表。

福建省上杭客家族譜博物館

[福建上杭]上杭樹槐堂潁川鍾氏族譜不分卷 纂修者不詳 2011年海風出版社據清道光八年(1828)鍾華珍抄本排印 合册

始祖四五郎,由福建汀州府南嶺遷居上坑塘赤竹山洋角里。始遷祖五世萬一郎(字復生),明末遷居上杭久泰村。譜載潁川發源譜、譜序、歷代官員紅纓記、世系圖、世系、寨規、祖訓、修久泰上村鄉明遠公祖堂、明遠公禁山季鄉規條約、(臺灣)族譜調查表、序。

本譜載於《福建省少數民族古籍叢書·畲族卷·家族譜牒(下)》

[福建上杭]潁川郡坵輝鍾氏族譜三十七卷首一卷 (清)鍾應南主修 2011年海風出版社據清光緒三十一年(1905)至德堂刻本排印 合册

始祖翱,唐末自江西贛州雩都遷福建汀州白虎村。遷上杭始祖千七郎,自武平遷上杭。其子念二郎,明中葉自上杭蘇家坡遷坵輝村,是爲始遷祖。卷首序文,卷一鄉約,卷二紀年,卷三凡例,卷四服制圖,卷五鄉圖,卷六祠圖,卷七墳圖,卷八源流表,卷九至二十二世系,卷二十三科名、封典、職官、科第,卷二十四族哲,卷二十五節烈,卷二十六耆壽,卷二十七建置、祠宇、宫廟、房屋附,卷二十八風俗,卷二十九義舉,卷三十至三十一嘗業,卷三十二户口,卷三十三遷移,卷三十四立嘗題捐人名,卷三十五修譜題捐人名,卷三十六修譜在事人名,卷三十七嘗譜字號、領譜字號、升譜祭文、發譜祭文、譜跋。

本譜載於《福建省少數民族古籍叢書·畲族卷·家族譜牒(下)》

[福建上杭]上杭城區藍氏家譜一卷 藍漢民等纂修 1995年鉛印本 一册 記事至1999年二修本

始祖吉甫(名永嘉),南宋慶元間遷居福清五福鄉。明洪武年間,其後裔大一郎四子念四郎與七子念七郎自武平大禾鄉分别遷居上杭官莊朴樹村與廬豐,支分二脈,譜尊念四郎、念七郎爲支脈始遷祖。據上杭縣政府(1987)二六三號文件,定該譜藍氏爲畲族。譜載譜序、藍姓淵源及遷杭史考、世系、民間故事等。

福建省圖書館

[福建上杭]繩德堂官莊鍾氏家譜二卷 (清)鍾能宣等纂修 1995年據清乾隆二十九年(1764)繩德堂抄本複印 一册

始祖興。卷上凡例、源流、祠宇、祀典、烝嘗、屋坊、墳墓、先業、糧户、儒田、仕宦、貤封、文學、耆德、節孝、藝術、流亡、拾遺,卷下歷代世系圖。

福建省上杭客家族譜博物館

[福建上杭]鍾念二公族譜二十六卷 (清)鍾應萱等纂修 清刻本 存三册

始祖伯九郎,元代人。始遷祖念二郎,清代人。譜載譜序、目録、世系。

福建省上杭客家族譜博物館

[福建上杭]潁川郡至德堂坵輝鍾氏族譜 鍾永芹等纂修 1993年排印本 一册

先祖同上。譜載前言、譜序、祭文、先賢傳、墓碑記、墓園、碑誌、亭聯、世界鍾氏宗親組織簡介、創建上杭城鍾氏敬和堂家祠、上杭鍾姓分佈概略、本村旅美族人博士碩士者名録、贊助修譜諸公芳名、修編小組成員、後記等。

福建省上杭客家族譜博物館

[福建上杭]潁川上杭鍾氏族譜　鍾永泰主編　1996年杭曲水排印社排印本　六册

是譜共有三支：一爲以四五郎爲久泰始祖之一脈；二是以玗（行千七郎）爲中都始祖之一脈；三是以理政裔德羲（二郎）爲一脈。本譜原分五册，實裝訂爲六册，册一（總册）上杭縣族源史略、人口、分佈情況、古迹、人文、大事記、外遷史略，册二至六各房世系圖表。

福建省圖書館　福建省上杭客家族譜博物館（四册）

[福建上杭]鍾氏純理家譜第二分册瓊英公房一卷　合族纂修　據蠟刻本複印　一册

先祖同上。譜載卷首語、編寫説明、潁川鍾氏發源譜序、鍾氏源流、潁川鍾氏同源分派圖、江西興國縣鍾氏宗譜上祖直系繁衍情況表、武平鍾氏開基始祖秀公至宋屋閣十五世祖分支史略、分支世系表、後記。

福建省上杭客家族譜博物館

[福建武平]汝南郡藍氏族譜一卷　藍榮昌主修　據1993年修本複印　二册　二修本

始祖吉甫（名永嘉），南宋慶元間遷至福清五福鄉。孫萬一郎，避難遷居寧化石壁。萬一郎四世孫大一郎，元至正間遷居武平大禾鄉，爲始遷祖。該譜藍氏與上杭藍氏爲同宗。譜載譜序、歷代遷居始末、源流世系圖等。

福建省圖書館　福建省上杭客家族譜博物館

[福建武平]武平藍氏族譜三卷　合族纂修　2006年排印本　三册

先祖同上。譜載譜序、藍氏族譜遷徙源流志、祖訓家規、題詞、村景圖、上祖圖、祖墓、藍氏家廟、祭田記、武平平川興盛坊藍氏祠堂記、廣東興寧藍氏家廟聯、祭文、名人傳、仕宦志、凡列、世系。

福建省上杭客家族譜博物館

[福建武平]汝南郡藍氏家譜　合族纂修　據1993年影印本複印　二册

始遷祖大一郎（字君厚），元至治二年（1322）自福建寧化石壁鄉遷居長汀縣下里坪嶺水口，次年再遷武平縣大湘里大一圖大禾保（今武平縣大禾鄉大禾村）。譜載重修族譜序、樂捐芳名、道光十三年譜序、凡例、歷代遷居始末、源流世系圖、仲仁公垂系圖、仲義公垂系圖、元生公垂系圖、廣生公垂系圖、道生公垂系圖、蕃生公垂系圖、一宣公垂系圖、慶生公垂系圖、一暘公垂系圖、一徵公垂系圖、北炫公垂系圖、熙三郎西曆代譜志、七房居住地名、北峰公嗣孫各房居住地名。

福建省上杭客家族譜博物館

[福建武平]武平潁川鍾氏族譜不分卷　鍾介石等纂修　據民國三十五年（1946）抄本複印　一册

是族自潁川遷居會稽（今浙江紹興），復遷上元（今江蘇南京江寧），三遷贛州，再輾轉遷居寧化、武平。譜載鍾氏族譜序、潁川鍾氏發源譜序、潁川鍾氏家譜節略、聖諭廣訓十六條、譜規、附戒吸禁煙規一則、祖父遺囑、潁川鍾氏同源分派之圖、潁川鍾氏源流考。

福建省上杭客家族譜博物館

[福建武平]潁川鍾氏族譜不分卷　鍾晉書纂修　據民國三十五年（1946）抄本複印　二册

入閩始祖朝，晉代自江西贛州徙居閩之寧化。唐開元年間各房散居於汀州八縣與漳、泉，並及廣東、江西等處。六十九世禮，遷汀郡城南。七十一世武，遷武平，爲象洞始遷祖。九十五世毅，遷泠洋龍山石峰逕下，後父子攜家眷歸象洞故里。至清道光五年（1825），裔孫德隆移居瞻陽，創立瞻陽支。册一輯序文、譜規、潁川鍾氏同源分派之圖、源流考、祠宇土名山向形勝便覽、紳衿題名及世系，册二續刊世系。

福建省圖書館

[福建武平]福建武平象洞鍾氏族譜一卷　鍾氏合族纂修　據民國三十五年（1946）抄本複印　一册　二修本

始祖烈,戰國時避居豫州潁川,以鍾離爲氏。至接,去離而單姓鍾。始遷祖賢(字公節),南朝宋時奉詔入閩,任建州黄連(今寧化縣)令。其子朝(字會正),隨父立籍寧化石壁村,爲入閩始祖。始遷祖十一世武,唐代宗大曆十四年(779)自長汀遷居武平象洞千家坪。譜載鍾氏家祠總章、歷代支派伯叔祖名位功業、譜序、潁川鍾氏家譜節略、潁川鍾氏同源分派圖、世系等。

福建省圖書館

[福建武平]潁川堂武平鍾氏族譜二卷　武平鍾氏宗親會纂修　2004年潁川堂排印本　二册

先祖同上。是譜分六章,章一敘源流,章二祖祠、墓園、祠聯,章三世系譜,章四人物,章五捐資芳名,章六修譜述要。末有附録一章。

福建省圖書館

[福建武平]武平鍾氏族譜　鍾友華等纂修　1995年排印本　一册

始祖烈。始遷祖秀,行十一郎,兩宋之際遷居武平烏石崠。譜載微子啓肖像、淺談族譜、鍾姓考、中國歷代王朝年號及統治時間、鍾氏族譜源流、直世系祖圖表、鍾姓汀州府流傳圖書、祖訓十二則、武平縣烏石崇發源總圖。

福建省上杭客家族譜博物館

[福建武平]潁川堂武平鍾氏族譜二卷　鍾春林主編　2004年排印本　二册

入贛始祖賢。子朝,居閩寧化石壁村,後遷白石村(後設汀州長汀縣)。始遷祖裔孫武,唐大曆十一年(776)自上杭井秋坑遷居汀南象洞千家坪(今武平象洞沾陽村)。譜載圖像、題詞、名人論譜、函件、譜序、凡例、堂號由來、堂聯典故、中華鍾氏宗親總會批文、源流、祖祠、墓圖、祠聯、世系譜、人物、捐資芳名榜、修譜述要、附録。

福建省上杭客家族譜博物館

[福建寧德]丹斗鍾氏家譜　纂修者不詳　清乾隆四十一年(1776)修本

始祖接,居潁川。始遷祖碧通、碧達昆仲,清康熙間自福建寧化遷居寧德丹斗村。又有堂兄碧燦,遷居邑之韓厝林。譜載譜序、源流、世系等。

本條目據《畲族社會歷史調查》著録

[福建福安]福安春雷雲馮翊雷氏宗譜不分卷　(清)宋紹源纂修　2010年海風出版社據清光緒元年(1875)寫本排印　合册　又名馮翊雷氏宗譜

始祖正禮,唐代自河南遷入福建,居福州府羅源縣大壩頭。始遷祖斌,自羅源遷福安穆洋牛石坂。内録譜序、鳳凰山祖祠記、鳳凰山祖祠圖、帝嚳高辛氏敕封盤護王銘志、廣東盤護王祠志、福寧府石碑文、聖諭十六條、族規、家範、譜例、貞節傳、諱字排行、世系圖(略)、山場園坪産業。

本譜載於《福建省少數民族古籍叢書・畲族卷・家族譜牒(上)》

[福建福安]汝南郡藍氏宗譜不分卷　雷培卿等纂修　2010年海風出版社據民國二十六年(1937)寫本排印　合册

始祖克興,明萬曆間遷居福建寧德七都白巖。三世銘(字湯譽,行萬七,號新齋),遷居羅源。七世澤咸(字德孚,行百一,號彤雲),明崇禎間自羅源遷福安陽坪溪尾灣。始遷祖九世日照,清初遷福安十六都井湖(即今福安坂中畲族鄉井口村)。内録新修譜序、葺修譜序、敕封姓氏祖圖公據、譜啓、源流譜敘、自敘、詩、家範、凡例、諱字排行、歷代帝紀、歷代諸公圖、世系圖、族譜跋、藍氏祠堂記。

本譜載於《福建省少數民族古籍叢書・畲族卷・家族譜牒(上)》

[福建福安]汝南郡藍氏房譜六卷首一卷　林鼎夫纂修　據1981年抄本影印　一册

是族自福寧寧德縣大坵頭遷福安縣嵐前,復遷邑之九都赤巖。卷首序文、廣東盤瓠王銘志、凡例,卷一徐坑福房世系,卷二井頭壽房世系,卷三諸儒格言,卷四歷朝人物,卷五行弟字母,卷六大宗祠志。

福建省上杭客家族譜博物館

[福建福安]南洋中藍氏譜一卷 纂修者不詳 據1988年抄本影印 一册

入閩始祖傳仁,清代自廣東遷居福建連江馬鼻登山,繼遷福州嶺頭。後裔分脈,散居廣東梓地、浙江仁和以及福建連江、浦城、福安、霞浦、壽寧、古田、寧德、羅源各地。始遷祖可崇,遷居福安南洋金龜壟。譜載中藍藍氏入閩發祥衍慶支派世系綱目。

福建省圖書館

[福建福安]潁川鍾姓族譜 纂修者不詳 清咸豐二年(1852)修本

始祖音,明洪武三十一年(1398)自廣東宦遷浙江天台縣。三世法寬遷居平陽。六世聲遠,明弘治十八年(1505)因任福建撫標參府,再遷福建。七世明,明正德十一年(1516)遷居福安山頭莊,是爲始遷祖。

本條目據《畲族社會歷史調查》著録

[福建福安]大留鍾氏宗譜 繆培琛纂修 2010年海風出版社據民國九年(1920)寫本排印 合册

始祖音,明洪武間自廣東官遷浙江天台,後遷瑞安。六世聽,明正德十一年(1516)由浙江遷福建福安大留。譜載目録、總譜序、譜序、始祖知縣音公婆祖像、産業、祠堂引、纂修考、歷朝人物名宦、近代簪纓録、溯源、詩、譜例、譜例志、源流圖、本支百世。

本譜載於《福建省少數民族古籍叢書·畲族卷·家族譜牒(上)》

[福建福鼎]李氏宗譜 纂修者不詳 版本不詳

始遷祖萬十三郎,自霞浦鷹落洋遷居福鼎白巖。後裔又有派衍浙江泰順、平陽等地。

本條目據《畲族社會歷史調查》著録

[福建福鼎]馮翊郡雷氏族譜不分卷 (清)雷雲主修 2010年海風出版社據清同治五年(1866)刻本、青田徐學繼刻本排印 合册

始祖永祥,明代自福建羅源遷浙江温州平陽。後世於清順治間遷福鼎、泰順等地。譜載廣東盤瓠氏銘志、譜序、凡例、祠記、祠序、釋明畲字義、平陽縣告示、《學政全書》録、贊、傳、詩、祀田志、章山宗祠基址、排行序。

本譜載於《福建省少數民族古籍叢書·畲族卷·家族譜牒(上)》

[福建福鼎]雷氏宗譜 纂修者不詳 版本不詳

始遷祖華,初遷福建霞浦,後改遷福鼎十四都大旗坑牛埕下。後裔有分遷至浙江平陽者。

本條目據《畲族社會歷史調查》著録

[福建福鼎]藍氏宗譜 纂修者不詳 版本不詳

唐光啓二年(886)有盤、藍、雷、鍾四姓共計三百六十餘人從閩王王審知爲嚮導,由内海來閩,初居連江縣馬鼻道,再遷羅源縣大壩頭。是族後遷居福鼎。

本條目據《畲族社會歷史調查》著録

[福建福鼎]福鼎丹橋潁川郡鍾氏族譜不分卷 (清)鍾鳴雲主修 2010年海風出版社據清道光十九年(1839)寫本排印 合册 譜又名潁川郡鍾氏族譜

始祖良賢,明末自福建泉州永春遷浙江平陽,後子孫散居福鼎和浙江南部。譜載目録、名行第、纂譜敘、敘、志丹橋祖地形勢、系、凡例、潁川郡本支圖(略)。

本譜載於《福建省少數民族古籍叢書·畲族卷·家族譜牒(上)》

[福建福鼎]福鼎枇杷坑潁川郡鍾氏族譜 鍾小玉纂修 2010年海風出版社據民國四年(1915)刻本排印 合册 譜又名潁川郡鍾氏族譜

始祖良賢,明末自福建泉州永春遷浙江平陽,後子孫散居福建福鼎和浙江南部。居福鼎支有數房:一聖房永福,居福鼎二十都王佳洋馬鞍山;一義房士田,居福鼎二十都王佳洋單橋;一和房法趙,移居福鼎王佳洋董家坪;一任房永盛,居福鼎十八都周山;一慶房第十三世其亮,移居福鼎十五都磜頭境。譜載凡例、譜序、世系考引、本支小引、敘、贊、世祖聖諭、行第引、辨考來歷、世系圖、

附録。

本譜載於《福建省少數民族古籍叢書・畲族卷・家族譜牒(上)》

[福建福鼎]鍾氏宗譜　纂修者不詳　版本不詳

始遷祖良貢,明季自福建南安遷居福鼎,後裔居邑之長崗、長園。

本條目據《畲族社會歷史調查》著録

[福建霞浦]雷氏宗譜　纂修者不詳　民國三十一年(1942)修本

始祖於唐初自廣東遷居福建,明洪武間遷居福寧、霞浦一帶。

本條目據《畲族社會歷史調查》著録

[江西修水]鍾氏宗譜二十九卷　鍾謦吾等主編　據民國三十六年(1947)琴書堂刻本複印　六册　存卷一至六

卷一丁亥重修大成宗譜總序、源流總略、舊序、靖安重修宗譜舊序、修水縣祠琴書堂序、各支序傳墓誌記贊、本届譜事人員、鍾氏世系録、清朝日譜授衆閱序、祠志序,卷二各支序傳墓志記贊、各支墳屋圖、家訓十六條、大成宗譜世派編定領譜字號、誥封圖、闕疑、凡例、附刊各支支派、源流總系,卷三至二十九各房世系。

福建省上杭客家族譜博物館

[江西修水]鍾氏宗譜二卷　鍾慕疇等纂修　1993年排印本　二册

卷一潭溪鍾氏重修族譜序、修譜隨感、潁川鍾氏宗譜源流總略、鍾氏名人録、琴書堂序、琴書堂祠志序、修水鍾氏歷届聯修大成譜總序、舊序要求、官坑鳴錦公支下傳贊、潭坑各支傳、文藝、鍾氏宗譜世派、鍾氏源流世系繁衍表,卷二密裔秀公支下世系、鳴錦世系、四支繁衍編。

福建省上杭客家族譜博物館

[江西貴溪]藍氏宗譜　纂修者不詳　版本不詳　書名自擬

始遷祖大一五郎、大一八郎、大十郎,清康熙間自福建汀州府寧化縣遷居貴溪樟坪村。

本條目據《畲族社會歷史調查》著録

[江西萍鄉]昭萍藍氏續修族譜不分卷　(清)藍天浩纂修　1994年據清光緒二十六年(1900)得勝堂刻本複印　一册　存卷首　書名據版心題

始祖大一(字君厚),明洪武元年(1368)遷居武平大禾。是爲其後裔聚居萍鄉者所修。譜載萍祠修譜原序、本祠排行、服制全圖、公百零八世圖説、陳設圖、省牲儀節、三獻儀節。

福建省上杭客家族譜博物館

[江西贛縣]鍾氏聯修族譜二卷　纂修者不詳　1949年刻本　九册

始遷祖仕政,元至正十九年(1359)率三子尚瑶自盈源隱居贛縣玉鷺鄉桃溪村之北隅虎形山。又四十八世祖百五郎之三子十五郎(字徵志),自大湖江遷居桃溪窯下。册一目録、例則、譜序、家規、鍾氏源流考證、地理志、祠堂記、祠堂楹聯題額、祭産彙録、居徙考、各房序傳、壽文彙志、壽詩、墓誌銘、墳山圖,册二至九房譜、歷次修譜職員彙録、歷次修譜捐款彙録、修譜收支録、領譜字號、補遺、雜記、譜跋、刻誤。

福建省上杭客家族譜博物館

[江西贛縣]贛縣桃溪鍾氏聯修譜第一修不分卷　纂修者不詳　1949年抄本　一册

先祖同上。譜存世系。

福建省上杭客家族譜博物館

[江西贛縣]潁川堂贛南鍾氏聯族譜第二修總譜譜序集　鍾志良主修　1996年據敦睦堂抄本複印　一册

始遷祖榮發,遷居贛縣南橋。譜載譜序、目録、世系。

福建省上杭客家族譜博物館

[江西贛縣]鍾氏聯修族譜　纂修者不詳　1997年排印本　二十七册

始祖烈,譜稱係宋康王三子,攜眷避奔豫州鍾離山,以封邑“鍾”爲姓。此譜爲居江西贛縣各支後裔合修。譜載譜序、凡例、家規、源流序、傳記、墓誌銘、像贊、祠堂記、傳序、事略、派行、樂捐鴻名與金額、族譜年録、聯修譜局理事會及職員鴻名、領譜字號、瓜瓞圖、世系、編後、跋。

福建省上杭客家族譜博物館

[江西信豐]信豐藍氏族譜不分卷　纂修者不詳　清嘉慶間刻本　存八册

譜存世系。

福建省上杭客家族譜博物館

[江西龍南]鍾氏族譜不分卷　纂修者不詳　清刻本　存四册

先祖不詳。譜載永崇祖房璵公派世系、昌祖鑾房羡公廷派世系、立祖偉房瑶派世系、瑄祖震房任派世系。

福建省上杭客家族譜博物館

[江西興國]鍾氏三修族譜一卷　(清)鍾莫纂修　清乾隆五十一年(1786)刻本　一册

是族居興國嶮口。譜載世系。

福建省上杭客家族譜博物館

[江西興國]鍾氏四修族譜二卷　纂修者不詳　清同治八年(1869)刻本　一册

先祖同上。譜載世系。

福建省上杭客家族譜博物館

[江西會昌]藍氏四修族譜　纂修者不詳　民國十八年(1929)修本

是族發源於長汀,明天順三年(1459),大一郎之七世孫洪自福建遷居江西信豐,後再遷居會昌。族人分散於會昌十七鄉,凡五百五十七户,三千三百多人。

本條目據 1993 年第 6 期《江西社會科學》載張英明撰《淺談江西畲族的幾個問題》一文著録

[江西會昌]潁川堂江西會昌鍾氏聯修族譜　鍾剛浩主編　2010 年排印本　一册

始祖烈,譜稱係宋康王三子,攜眷避奔豫州鍾離山,以封邑“鍾”爲姓。遷會昌係友文後裔多支,於會昌繁衍約七百五十餘人。譜載序、鍾氏源流、世系、世傳、人物簡介、烈士名録、壽星名録、聯修紀事、會昌鍾氏人口分佈示意圖、聯修人口統計表、字派語輩序表、宗祠及祖墓彩圖、關係先祖世系考證若干問題的説明、附録、編後記。

福建省上杭客家族譜博物館

[江西]藍氏四修族譜世次十四卷世系四卷首一卷末一卷　(清)藍光廷等纂修　清同治九年(1870)汝南堂刻本　十二册

始祖大一。卷首修譜人名、凡例、閩汀原序、汀郡建祠原引、汀郡建祠原跋、袁郡建祠原引、原序、原譜解、嘗會記、嘗會户名、嘗産地名、圖田分約、祠堂記、祠堂圖、祭禮圖、五服圖、祭祀規條、祭祀先期通知單、省牲儀節、三獻儀節、祠聯,卷末一百八世圖説、一百八世世圖、移江南福建世次、家傳原序、家傳、行略、貞淑女傳、壽序、墓誌、家規、祠規、報新丁議、朱子格言、附如亮公嘗産、附森蓁森光公會業、領譜字號、修譜規註、主牌册、跋,其他各卷爲世次、世系。

福建省上杭客家族譜博物館

[江西]藍氏伍屆聯修族譜不分卷　纂修者不詳　民國汝南堂刻本　存一册

譜存世系。

福建省上杭客家族譜博物館

[江西]鍾氏四修族譜七卷　鍾宜菖等主修　民國三十三年(1944)綱紀堂刻本　九册

譜載新序、凡例、家規、領譜字號、字派、修譜執事人名、仕進題名、人物傳、祠堂圖、村圖、屋圖、墳圖、源流世系、垂絲表、世系、跋。

福建省上杭客家族譜博物館

[湖南益陽]鍾氏九修族譜三十一卷　鍾裕昆主修　民國三十六年(1947)刻本　二十九册

先祖九龍,生子四,長應貞遷新化牛欄山,次應惠遷衡,三應惪遷益陽修山,四應祥遷安化了頭山。應祥子祖祚復自安化遷益陽峽流溪西。此譜係應惪、應祥後裔居益陽者合修。卷一文篇類，卷二至二十七世系，餘卷跋。

福建省上杭客家族譜博物館

[湖南桂東]桂東四都西水鍾氏重修族譜不分卷　纂修者不詳　清光緒間刻本　五册

始遷祖景昌，字遇時。譜載譜序、目録、世系。

福建省上杭客家族譜博物館

[廣東南雄]南雄藍氏族譜不分卷　藍先傳主修　1997年如南堂排印本　一册　書名據封面題　書名頁題汝南堂藍氏族譜

始祖明德，唐揚州節度使，自北豫徙居江南，後裔遷居江蘇句容縣。始遷祖吉利，遷居嶺南珠璣巷，爲入籍南雄始祖。另有一支係出克昌之後，克昌自福建上杭遷居江西信豐，再遷南雄。始遷祖程員，明正統十三年(1448)自信豐赤土堡遷居南雄保昌縣崇仁都第八圖里西溪口天心壩；親元，明嘉靖十一年(1532)自信豐龍下堡遷居南雄保昌魚仙老虎坑；修玉自信豐安息遷居始興藍單頭，後裔家嵩、家華兄弟自始興遷居南雄全安鎮西岸村。譜載譜序、家規、遷居始末、吊綫圖、世系、派行、譜跋、附録(藍氏恢復畲族成份文獻、畲族史料摘編、南雄《藍氏宗祠》追記)。

廣東省立中山圖書館

[廣東紫金]藍氏族譜　藍文謀纂修　1999年汝南郡鉛印本　一册

鼻祖昌奇，分封汝南郡。此譜爲後裔遷居紫金者所修。譜載譜序、汝南郡藍氏歷代遷居始末、編譜例言、藍氏受姓歷代源流考、世系。

福建省上杭客家族譜博物館

[廣東紫金]潁川堂鍾氏族譜(廣東紫金版)上卷　鍾遠傳主修　1998年鉛印本　一册

江南始祖酉；閩粵開基祖朝；粵東開基祖理；粵東轉世祖五齡。是爲後裔居紫金者所修譜。譜載前言、序、凡例、名人題詞、宗源大事記、肖像、宋子微古墓圖、花都市宗譜研討會盛況、潁川堂鍾氏族譜編修委員會成員、祖迹圖文、先祖訓教、家族風範、譜序文選、鍾氏淵源、祖宗世系。

福建省上杭客家族譜博物館

[廣東紫金]鍾氏壁公源流志　合族纂修　2001年鉛印本　一册

始祖壁(又名提齡)。四世文振，由五華鐵爐壩遷居興寧城五里馬齊塘寨仔腦。十世九有，自興寧葉南瀚塘圍遷居城東門儒林街。始遷祖十三世可茂，由興寧葉南瀚塘圍遷居紫金黄塘石腳下。後裔居石腳下、新村、老朱坑、曹坑、車前雙坑等地。譜載源流序、譜序、鍾氏在中國各省區人口分佈概況、金鍾氏家譜夜話、祖訓十二款、楹聯、大事年表、壁公後裔孫遷居紫金世系及分佈概況、古今鍾氏名人録、凡例、世系、編修名録、玉照、後記。

福建省上杭客家族譜博物館

[廣東興寧]鍾氏族譜　鍾澤民主編　1997年據鉛印本複印　五册

始遷祖壁(字提齡，號應朝)，元代人。譜載前言、序言、編者之見、摺文、祖訓、羅崗鍾氏總祠來歷楹聯及執照、地名的由來、潁川鍾氏烈公源流頌、鍾氏賢公妣馬大夫人頌、興寧五華開基祖提齡公源流頌、崗背三世祖志聰公墓贊、先賢軼事、凡例、上古鍾氏血緣源流、烈公潁川肇姓鍾氏源流、興寧鍾氏開基祖提齡公裔孫世系、各支世系。

福建省上杭客家族譜博物館

[廣東興寧]鍾氏族譜鍾益環政公通公系合譜　鍾佛泉主編　1999年鉛印本　一册

始遷祖通(字善士)，自興寧永和錦洞遷居半徑村園巷子即老學堂。譜載編修組織機構、捐資名録、祖像、興寧市鍾氏人口居住分佈圖、祖堂對聯、墓圖、照片、前言、序言、老譜遺序摘録、祖訓十二條、羅崗祠管業執照、潁川烈公源流頌、先賢軼事、凡例、世系、編後記。

福建省上杭客家族譜博物館

[廣東大埔]大埔縣藍氏族譜　藍海文主編　2003年排印本　九册

始遷祖周(號大興),南宋末避亂遷居閩汀州寧化石壁鄉,復遷潮州府海陽縣(即今大埔縣)莒村社。册一至八世系,册九史料彙編。

福建省上杭客家族譜博物館

[廣東豐順][藍氏]汝南堂長房族譜 纂修者不詳 清光緒三十四年(1908)抄本

始遷祖千七郎,自福建、江西一帶遷居廣東潮州府豐順縣北勝社官溪甲之風吹磜(今鳳坪村)。譜分四部分:第一部分載皇朝曾給家族的"券牒";第二部分載盤瓠的出身歷史;第三部分載譜系;第四部分載遷居過程。譜内世系記至十四代。

本條目據《畲族社會歷史調查》著録

[廣東豐順]開唐一族藍氏族譜不分卷 藍拔奇等纂修 據民國二十三年(1934)汝南郡抄本複印 一册

始祖明德,唐天授元年(690)自豫州遷居江南建康(今江蘇南京)。十五世吉甫,南宋寶慶元年(1225)遷居福建福州府福清縣五福鄉。裔孫再遷廣東豐順。譜載福建祠堂記、炎帝神農氏藍氏賜姓世系、廣東豐順開基世系、豐順藍屋角開基譜序。

福建省上杭客家族譜博物館

[廣東海豐]盆盤藍雷黎欄族譜 纂修者不詳 版本不詳

此爲居海豐紅羅村畲族盆、盤、藍、雷、黎、欄六姓合譜。譜載原居地及分遷情況、詩、分姓、人口分佈、官銜、遷徙路綫。

本條目據《畲族社會歷史調查》著録

[廣西平樂]源頭藍氏族譜重修不分卷 藍養明等纂修 據1987年蠟刻本複印 四册

始祖念五郎,明中葉居福建武平。裔孫洪,明天順三年(1459)遷居贛之信豐黄田坑。始遷祖青,洪長子,自贛移粤,復由粤移閩杭回龍,再遷平樂源頭。譜載藍氏族譜序、重修族譜原序、藍氏祠堂記、祭田記、祖訓家規、修譜凡例、源頭重修族譜序、修譜告狀、修譜原則、源頭開基始祖青公小引、青公宗祠記、景常公太遺訓、二修源頭藍氏族譜序、字派引、修譜執事芳名、歷代遷居始末考、歷代吊綫(垂系)總圖、藍氏族譜源流支派概述、源頭藍氏族譜編後小言、二修源頭藍氏族譜跋。

福建省上杭客家族譜博物館

[重慶璧山]雷氏族譜 纂修者不詳 2008年排印本 一册

是爲大一郎、大三郎、大四郎、大六郎後裔遷居重慶璧山者所修譜。譜載祖像、再譜説明、理事會名單、再譜出資人員名單及金額、續譜序言、續譜後語、續譜有感、修譜籌備委員會名單、修譜理事會名單、修譜捐助金額名單、世系、字派、編修族譜前言、字輩及續字輩、香火牌、雷姓圖騰(族徽)、雷姓的來源、雷姓的郡望堂號等。

福建省上杭客家族譜博物館

[臺灣]鍾氏大族譜二卷 鍾維炫等纂修 1990年鉛印本 四册

始祖德重,自江西遷居廣東鎮平縣金沙鄉靄嶺。十五世鳴和,由粤遷臺灣苗栗芎蕉灣。是爲居臺後裔合修譜。譜載微子像、微子墓圖、鍾氏開基百世圖、河南許州攻山圖、馬氏祖妣墓圖鍾氏宗系考、鍾鐘兩姓一家人、鍾氏姓源、鍾氏族譜源流總略、湖南藍山鍾氏譜所載、江南完譜序、鍾氏歷代世系宗譜、潁川郡歷代世系宗譜、潁川鍾氏族譜序、歷代世系小敘、世次名字輩、族譜序(重七公派)、鍾範妻列傳、鍾理堂列傳、江南醴陵劍石鍾代世系紀要、江西贛縣白鷺村鍾氏家傳、魯省青洲家傳、友才公家傳傳記、鍾□祺堂家傳、瑞安鍾氏族譜序、鍾氏先賢傳、鍾明光烈傳、鍾春發抗日事迹、鍾崇道主持龍山寺事迹、廣化廟全景、新竹縣鍾氏宗親會成立大會、鍾標領導護旗受行政院長握手留念、高雄縣美濃鎮鍾氏宗祠、苗栗縣頭份鎮奕和公祠、桃園縣龍潭鄉朝香公祠、桃園龍潭鄉相英公派下公廟、桃園縣中壢市埔頂沐芳公派下公廟、禄英公派下祖塔、鍾氏堂聯、祖聯、昭穆、世系表、修譜序。

福建省上杭客家族譜博物館

[臺灣]鍾氏家世與新城公紀念文集　鍾清漢纂修　2001年鉛印本　一册

先祖同上。譜載紀念集題詞、歷史顯影、鍾氏淵源與鍾姓史話、族人生平事略、新城公紀念文集、族人自傳與著作、家書、日記、宗親檢索及通訊録、封面題字及肖像書花繪介紹、族人油畫像。

福建省上杭客家族譜博物館

[臺灣宜蘭]宜蘭縣羅東鎮藍家族譜　藍德欽纂修　1966年據抄本影印　一册

始祖承顯、承略、承令,因遭朱一貴之亂,自福建省漳州府金浦縣長谿石椅遷居臺灣中港(今竹南鎮中港里),旋遷羅東鎮。譜載藍氏族譜名詞留念、給宗親的信、祭祀公業土地明細表、譜系。

福建省上杭客家族譜博物館

藍氏族譜　纂修者不詳　清刻本　存一册

譜存部分世系。

福建省上杭客家族譜博物館

小陶藍氏族譜不分卷　纂修者不詳　據1995年抄本複印　一册

始祖盤銘,金紫光録大夫。譜載重建盤瓠圖、祠序、祠圖。

福建省上杭客家族譜博物館

高 山 族

泰 雅 族

[臺灣臺北]大羅蘭社口述世系　Taimo-Watan 口述　岡山巡查部長通譯　宮本採録　2012 年臺北南天書局排印本　合册

譜録居臺北州文山郡(臺北縣烏來鄉)大羅蘭社口述世系,口述時間爲昭和七年(1932)四月十一日。始祖 Marai-Chiwas。譜載六代世系。

本譜載於《臺灣原住民族系統所屬之研究》

[臺灣臺北]林望眼社福山口述世系　Masin-Nomin 口述　岡山巡查部長通譯　宮本採録　2012 年臺北南天書局排印本　合册

譜録居臺北州文山郡(臺北縣烏來鄉)林望眼社福山部落口述世系,口述時間爲昭和七年(1932)四月十一日。始祖 Watan。譜載七代世系。

本譜載於《臺灣原住民族系統所屬之研究》

[臺灣臺北]烏來社口述世系　Yukan-Raisa 口述　山川勇通譯　宮本採録　2012 年臺北南天書局排印本　合册

譜録居臺北州文山郡(臺北縣烏來鄉)烏來社口述世系,口述時間爲昭和七年(1932)四月十三日。始祖 Ragao-Uhi。譜載六代世系。

本譜載於《臺灣原住民族系統所屬之研究》

[臺灣臺北]桶壁社忠治口述世系　Iban-Naui、Marai-Naiban 口述　山川勇通譯　宮本採録　2012 年臺北南天書局排印本　合册

譜録居臺北州文山郡(臺北縣烏來鄉)桶壁社忠治部落口述世系,口述時間爲昭和七年(1932)四月十三日。始祖 Buta-Rubak。譜載五代世系。

本譜載於《臺灣原住民族系統所屬之研究》

[臺灣臺北]蚋蜂社信賢部落口述世系　Watan-Pagao 口述　Yukan-Watan 通譯　宮本採録　2012 年臺北南天書局排印本　合册

譜録居臺北州文山郡(臺北縣烏來鄉)蚋蜂社信賢部落口述世系,口述時間爲昭和七年(1932)四月十二日。始祖 Yaui-Puna、Tannax-Naui。譜載五代世系。

本譜載於《臺灣原住民族系統所屬之研究》

[臺灣臺北]哈盆社(哈哎・西拉庫社)口述世系　Tausa-Naui 口述　山下巡查通譯　宮本採録　2012 年臺北南天書局排印本　合册

譜録居臺北州文山郡(臺北縣烏來鄉)哈盆社(哈哎・西拉庫社)口述世系,口述時間爲昭和七年(1932)四月十日。始祖 Kahoi-Gagaha。家族於昭和六年(1931)遷入該社。譜載五代世系。

本譜載於《臺灣原住民族系統所屬之研究》

[臺灣桃園]奎輝社 Makanaji 系統口述世系　Yukan-Buran 口述　川瀨清次通譯　宮本採録　2012 年臺北南天書局排印本　合册

譜録居新竹州大溪郡(桃園縣復興鄉)奎輝社 Makanaji 系統口述世系,口述時間爲昭和六年(1931)三月一日。始祖 Taimo-Buta、Payan-Buta。譜載六代世系。

本譜載於《臺灣原住民族系統所屬之研究》

[臺灣桃園]竹頭角社長興 Məkanaji 系統口述世系　Ryuku-Ruback、Siran-Hora 口述　竹山菊雄通譯　宮本採録　2012 年臺北南天書局排印本　合册

譜録居新竹州大溪郡(桃園縣復興鄉)竹頭角社長興 Mәkanaji 系統口述世系,口述時間爲昭和七年(1932)七月三十一日。始祖 Buta。譜載十代世系。

本譜載於《臺灣原住民族系統所屬之研究》

[臺灣桃園]烏來社小烏來部落口述世系(一)　Bōto-Naiban 口述　川瀬清次通譯　宮本採録　2012 年臺北南天書局排印本　合册

譜録居新竹州竹東郡(桃園縣復興鄉)烏來社小烏來部落口述世系。始祖 Yaui-Batto。譜載七代世系。

本譜載於《臺灣原住民族系統所屬之研究》

[臺灣桃園]烏來社小烏來部落口述世系(二)　Batto-Watan 口述　川瀬清次通譯　宮本採録　2012 年臺北南天書局排印本　合册

譜録居新竹州大溪郡(桃園縣復興鄉)烏來社小烏來部落口述世系,口述時間爲昭和六年(1931)八月三日。始祖 Raman。譜載五代世系。

本譜載於《臺灣原住民族系統所屬之研究》

[臺灣桃園]宜亨社義興部落口述世系　Doso-Tanna 口述　川瀬清次通譯　宮本採録　2012 年臺北南天書局排印本　合册

譜録居新竹州大溪郡(桃園縣復興鄉)宜亨社義興部落口述世系,口述時間爲昭和六年(1931)八月三日。始祖 Hayun-Takkun,自 Pinsәbәkan 出發,初遷臺北縣烏來鄉福山社,繼遷新竹縣尖石鄉鎮西堡社。譜載六代世系。

本譜載於《臺灣原住民族系統所屬之研究》

[臺灣桃園]合脗社合流部落口述世系　Aren-Nahok 口述　原藤大耶通譯　宮本採録　2012 年臺北南天書局排印本　合册

譜録居新竹州大溪郡(桃園縣復興鄉)合脗社合流部落口述世系,口述時間爲昭和六年(1931)八月二日。始祖 Umin-Baai(女)。譜載五代世系。

本譜載於《臺灣原住民族系統所屬之研究》

[臺灣桃園]志繼社部落口述世系　Hajun-Saiho 口述　川瀬清次通譯　宮本採録　2012 年臺北南天書局排印本　合册

譜録居新竹州大溪郡(桃園縣復興鄉)志繼社口述世系,口述時間爲昭和六年(1931)三月三日。始祖 Bangai。譜載六代世系。

本譜載於《臺灣原住民族系統所屬之研究》

[臺灣桃園]塔卡散社(現居於哈文-西庫拉社内)口述世系　Yumin-Briyax 口述　川上通譯　宮本採録　2012 年臺北南天書局排印本　合册

譜録居新竹州大溪郡(桃園縣復興鄉)塔卡散社(現居於哈文-西庫拉社内)口述世系,口述時間爲昭和七年(1931)四月十一日。該社共計二十八户。始祖 Bashi-Shita,自 Pinsәbәkan 遷來。譜載五代世系。

本譜載於《臺灣原住民族系統所屬之研究》

[臺灣桃園]塔卡散社口述世系　Iban-Nokan 口述　川原誠一通譯　宮本採録　2012 年臺北南天書局排印本　合册

譜録居新竹州大溪郡(桃園縣復興鄉)塔卡散社口述世系,口述時間爲昭和五年(1930)八月四日。始祖 Takkun-Tuyao、Watan-Tuyao、Hawan-Tuyao。譜載四代世系。

本譜載於《臺灣原住民族系統所屬之研究》

[臺灣桃園]卡拉社口述世系　Watan-Marai 口述　西田壽三郎通譯　宮本採録　2012 年臺北南天書局排印本　合册

譜録居新竹州大溪郡(桃園縣復興鄉)卡拉社口述世系,口述時間爲昭和六年(1931)八月八日。始祖 Waris-Batto。譜載五代世系。

本譜載於《臺灣原住民族系統所屬之研究》

[臺灣桃園]嘎拉賀社口述世系(一)　Komi-Nalo 口述　西田壽三郎通譯　宮本採録　2012 年臺北南天書局排印本　合册

譜録居新竹州大溪郡(桃園縣復興鄉)嘎拉賀社口述世系,口述時間爲昭和六年(1931)八月九日。始祖 Kabli-Tanga，自卡奥灣地方前往 Kawilan，之後定居於 Teilik。譜載六代世系。

本譜載於《臺灣原住民族系統所屬之研究》

［臺灣桃園］嘎拉賀社口述世系（二） Yumin-Hayun、Silan-Naiban 口述　西田壽三郎通譯　宮本採録　2012 年臺北南天書局排印本　合册

譜録居新竹州大溪郡（桃園縣復興鄉）嘎拉賀社口述世系，口述時間爲昭和六年（1931）八月九日。始祖 Yukan-Torai、Yukan-Rawa。譜載六代世系。

本譜載於《臺灣原住民族系統所屬之研究》

［臺灣桃園］古魯社萱原部落口述世系 Taukan-Punna 口述　Tayof-Puna 通譯　宮本採録　2012 年臺北南天書局排印本　合册

譜録居新竹州大溪郡（桃園縣復興鄉）古魯社萱原部落之口述世系，口述時間爲昭和六年（1931）八月八日。始祖 Batto-Naiwai。譜載七代世系。

本譜載於《臺灣原住民族系統所屬之研究》

［臺灣桃園］武道能敢社三光部落口述世系 Shetz-Watan 口述　宇津木一郎通譯　宮本採録　2012 年臺北南天書局排印本　合册

譜録居新竹州大溪郡（桃園縣復興鄉）武道能敢社三光部落口述世系，口述時間爲昭和六年（1931）八月七日。始祖 Batto。譜載六代世系。

本譜載於《臺灣原住民族系統所屬之研究》

［臺灣桃園］爺亨社口述世系 Watan-Amoi 口述　宇津木一郎通譯　宮本採録　2012 年臺北南天書局排印本　合册

譜録居新竹州大溪郡（桃園縣復興鄉）爺亨社口述世系，口述時間爲昭和六年（1931）八月六日。始祖 Batto-Bagai。譜載六代世系。

本譜載於《臺灣原住民族系統所屬之研究》

［臺灣桃園］砂崙子社三光部落口述世系 Utao-Watan 口述　宇津木一郎通譯　宮本採録　2012 年臺北南天書局排印本　合册

譜録居新竹州大溪郡（桃園縣復興鄉）砂崙子社三光部落口述世系，口述時間爲昭和六年（1931）八月七日。始祖 Shiji-Naiban，與 Bagai 家衆人一起，自 Pinsəbəkan 遷居而來。譜載六代世系。

本譜載於《臺灣原住民族系統所屬之研究》

［臺灣新竹］舊社（鎮西西堡）口述世系 Watan-Mona、Yumin-Hajun 口述　宮本通譯　馬淵採録　2012 年臺北南天書局排印本　合册

譜録居新竹州竹東郡（新竹縣尖石鄉）舊社（鎮西西堡）口述世系，口述時間爲昭和六年（1931）八月十四日。始祖 Mabuta。譜載十代世系。

本譜載於《臺灣原住民族系統所屬之研究》

［臺灣新竹］泰亞岡社 Məkanaji 系統口述世系 Silan-Nabo 口述　Aboo-Nauu 及本木真一通譯　宮本採録　2012 年臺北南天書局排印本　合册

譜録居新竹州竹東郡（新竹縣尖石鄉）泰亞岡社 Məkanaji 系統口述世系，口述時間爲昭和六年（1931）八月十二日。始祖 Buta。譜載八代世系。

本譜載於《臺灣原住民族系統所屬之研究》

［臺灣新竹］木喀拉卡社霞喀羅方面 Məkanaji 系統口述世系 Ayun-Nokan 口述　佐藤巡查通譯　宮本採録　2012 年臺北南天書局排印本　合册

譜録居新竹州竹東郡（新竹縣五峰鄉）木喀拉卡社霞喀羅方面 Məkanaji 系統口述世系，口述時間爲昭和五年（1930）七月二十七日。始祖 Yuai-Payas。譜載五代世系。

本譜載於《臺灣原住民族系統所屬之研究》

［臺灣新竹］拉號社口述世系 Marai-Watan 口述　宮本採録　2012 年臺北南天書局排印本　合册

譜録居新竹州竹東郡（新竹縣尖石鄉）拉號社口述世系，口述時間爲昭和六年（1931）七月。始祖 Yukan-Hele。該族從大霸尖山下來，居住於新竹縣尖石鄉秀巒一帶，兩三年後輾轉移居尖石鄉境内的烏來，以及 Kole、巴爾托等社。於明治三十

年(1897)左右遷入本社。譜載六代世系。

本譜載於《臺灣原住民族系統所屬之研究》

[臺灣新竹]馬美社口述世系 Batto-Wilan、Taimo-Wilan 口述 宮本採録 2012 年臺北南天書局排印本 合册

譜録居新竹州大溪郡(新竹縣尖石鄉)馬美社口述世系,口述時間爲昭和六年(1931)八月十一日。始祖 Batto-Kabbo、Yara-Naui 夫婦, Rawa-Kabo。譜載七代世系。

本譜載於《臺灣原住民族系統所屬之研究》

[臺灣新竹]宇老社與利利泳社口述世系 Kayuya-Tahos、Sha-Mohen 口述 宮本採録 2012 年臺北南天書局排印本 合册

譜録居新竹州大溪郡(新竹縣尖石鄉)宇老社與利利泳社口述世系,口述時間爲昭和六年(1931)八月十一日。始祖 Tangaxa-Payas。譜載六代世系。

本譜載於《臺灣原住民族系統所屬之研究》

[臺灣新竹]巴托爾社泰平口述世系 Payan-Marai 口述 宮本採録 2012 年臺北南天書局排印本 合册

譜録居新竹州大溪郡(新竹縣尖石鄉)巴托爾社泰平部落口述世系,口述時間爲昭和六年(1931)七月。始祖 Robok-Nokan。譜載世系。

本譜載於《臺灣原住民族系統所屬之研究》

[臺灣新竹]李埔社口述世系 Yukan-Taimo 口述 宮本採録 2012 年臺北南天書局排印本 合册

譜録居新竹州大溪郡(新竹縣尖石鄉)李埔社口述世系,口述時間爲昭和六年(1931)七月十一日。始祖 Hagao-Sabu。譜載四代世系。

本譜載於《臺灣原住民族系統所屬之研究》

[臺灣新竹]抬耀社口述世系 Tare-Watan 口述 宮本採録 2012 年臺北南天書局排印本 合册

譜録居新竹州大溪郡(新竹縣尖石鄉)抬耀社口述世系,口述時間爲昭和六年(1931)八月十一日。始祖 Umin-Torai。譜載四代世系。

本譜載於《臺灣原住民族系統所屬之研究》

[臺灣新竹]巴斯社口述世系 Watan-Taimo 口述 宮本採録 2012 年臺北南天書局排印本 合册

譜録居新竹州大溪郡(新竹縣尖石鄉)巴斯社口述世系,口述時間爲昭和六年(1931)八月十一日。始祖 Kuyu-Naui。譜載五代世系。

本譜載於《臺灣原住民族系統所屬之研究》

[臺灣新竹]馬武督社口述世系 Bato-Watan 口述 池上政武通譯 宮本採録 2012 年臺北南天書局排印本 合册

譜録居新竹州新竹郡(新竹縣關西鎮)馬武督社口述世系,口述時間爲昭和六年(1931)七月。始祖 Yukan-Nokan。譜載六代世系。

本譜載於《臺灣原住民族系統所屬之研究》

[臺灣新竹]十八兒社大隘村口述世系 Watan-Baisho 口述 Ibtan-Taro 通譯 宮本採録 2012 年臺北南天書局排印本 合册

譜録居新竹州竹東郡(新竹縣五峰鄉)十八兒社大隘村口述世系,口述時間爲昭和五年(1930)七月二十七日。始祖 Iban-Yakoha。譜載六代世系。

本譜載於《臺灣原住民族系統所屬之研究》

[臺灣新竹]美佳蘭社梅花村口述世系(一) Yaui-Payan 口述 藤田覺一通譯 宮本採録 2012 年臺北南天書局排印本 合册

譜録居新竹州竹東郡(新竹縣尖石鄉)美佳蘭社梅花村口述世系,口述時間爲昭和六年(1931)七月。始祖 Batto-Rais、Sayun-Rais。譜載四代世系。

本譜載於《臺灣原住民族系統所屬之研究》

[臺灣新竹]美佳蘭社梅花村口述世系(二) Tangeh-Nokan 口述 藤田覺一通譯 宮本採録 2012 年臺北南天書局排印本 合册

譜録居新竹州竹東郡(新竹縣尖石鄉)美佳蘭

社梅花村口述世系,口述時間爲昭和六年(1931)。始祖 Yuro-Watan、Bonai-Watan。譜載八代世系。

本譜載於《臺灣原住民族系統所屬之研究》

[臺灣新竹]麥巴來社竹林村氏族口述世系 Iban-Watan 口述 Iban-Taro 通譯 宮本採録 2012 年臺北南天書局排印本 合册

譜録居新竹州竹東郡(新竹縣五峰鄉)麥巴來社竹林村氏族口述世系,口述時間爲昭和五年(1930)七月三十日。該社居於標高二千五百尺處,共計五十三户。始祖 Bai-Bashian、Pagon 夫婦。譜載四代世系。

本譜載於《臺灣原住民族系統所屬之研究》

[臺灣新竹]西熬社茅園口述世系 Mərerax、Bonai-Tahos 口述 Iban-Taro 通譯 宮本採録 2012 年臺北南天書局排印本 合册

譜録居新竹州竹東郡(新竹縣五峰鄉)西熬社茅園部落口述世系,口述時間爲昭和五年(1930)七月三十日。始祖 Romo-Baisho,自司馬限一帶遷居麥巴來社,後遷西熬社。譜載六代世系。

本譜載於《臺灣原住民族系統所屬之研究》

[臺灣苗栗]馬那邦社口述世系 Laxoi-Vuyon 口述 Yukex-Siat 通譯 馬淵採録 2012 年臺北南天書局排印本 合册

譜録居新竹州大湖郡(苗栗縣泰安鄉,舊社在大湖鄉)馬那邦社口述世系,口述時間爲昭和七年(1932)七月二十二日。始祖 Taimo-Wait。譜載九代世系。

本譜載於《臺灣原住民族系統所屬之研究》

[臺灣苗栗]得木巫乃社大安系統口述世系 Vaiso-Boxel 口述 馬淵採録 2012 年臺北南天書局排印本 合册

譜録居臺中州東勢郡(苗栗縣泰安鄉)得木巫乃社口述世系,口述時間爲昭和七年(1932)七月二十三日。始祖ˀəsia。譜載六代世系。

本譜載於《臺灣原住民族系統所屬之研究》

[臺灣苗栗]細道邦社中興氏族口述世系 Yuppas-Wattan 口述 馬淵採録 2012 年臺北南天書局排印本 合册

譜録居新竹州大湖郡(苗栗縣泰安鄉)細道邦社中興氏族口述世系,口述時間爲昭和七年(1932)七月二十三日。始祖 Kagi。譜載八代世系。

本譜載於《臺灣原住民族系統所屬之研究》

[臺灣苗栗]馬巴都安社清安氏族口述世系 Yavao-Taokun、Kaino-Naomin 口述 馬場武通譯 馬淵採録 2012 年臺北南天書局排印本 合册

譜録居新竹州大湖郡(苗栗縣泰安鄉)馬巴都安社清安氏族口述世系,口述時間爲昭和五年(1930)七月十八日。該族共計十九户一百十五人(截止昭和五年六月底)。始祖 Torai-Taparo、Taoko,原居於大霸尖山下方之 Oavao。譜載六代世系。

本譜載於《臺灣原住民族系統所屬之研究》

[臺灣苗栗]他巴來社大興村榮安氏族口述世系 Boxel-Naomin 口述 馬淵採録 2012 年臺北南天書局排印本 合册

譜録居新竹州大湖郡(苗栗縣泰安鄉)他巴來社大興村榮安氏族口述世系,口述時間爲昭和七年(1932)七月二十三日。始祖 Peixo。譜載七代世系。

本譜載於《臺灣原住民族系統所屬之研究》

[臺灣苗栗]他巴來社口述世系 Boxel-Naomin 口述 Buyon-Bonai 通譯 馬淵採録 2012 年臺北南天書局排印本 合册

譜録居新竹州大湖郡(苗栗縣泰安鄉)他巴來社口述世系,口述時間爲昭和五年(1930)七月十七日。該族居於標高二千九百九十七尺處,共計三十八户一百八十八人。始祖 Saixo-Maxowari,Walis-Payo、Yuma-Naomin 夫婦,係北勢群地區人,居於 Luvun 社附近。譜載五代世系。

本譜載於《臺灣原住民族系統所屬之研究》

［臺灣苗栗］打必曆社虎山口述世系　Torai-Kainu 口述　今村榮二通譯　宮本採録　2012 年臺北南天書局排印本　合册

譜録居新竹州大湖郡(苗栗縣泰安鄉)打必曆社虎山部落口述世系,口述時間爲昭和五年(1930)七月十七日。始祖 Sire。譜載七代世系。

本譜載於《臺灣原住民族系統所屬之研究》

［臺灣苗栗］八卦力社口述世系　Haokun-Uupsi 口述　田院通譯　宮本採録　2012 年臺北南天書局排印本　合册

譜録居新竹州竹東郡(苗栗縣泰安鄉)八卦力社口述世系,口述時間爲昭和五年(1930)七月十五日。該社共計二十六户。始祖 Kagi-Homuto。譜載六代世系。

本譜載於《臺灣原住民族系統所屬之研究》

［臺灣臺中］瑞巖社 Məlepa 系統口述世系　Yokan-Siat 口述　淺野勇次通譯　馬淵採録　2012 年臺北南天書局排印本　合册

譜録居臺中州能高郡(臺中縣仁愛鄉)瑞巖社口述世系,口述時間爲昭和六年(1931)八月二十九日。該社共計五十二户二百六十五人。始祖 Tomolox。譜載六代世系。

本譜載於《臺灣原住民族系統所屬之研究》

［臺灣臺中］眉原社 Məbəala 系統口述世系　Siat-Naokan 口述　木寺丈一通譯　馬淵採録　2012 年臺北南天書局排印本　合册

譜録居臺中州能高郡(臺中縣仁愛鄉)眉原社口述世系,口述時間爲昭和六年(1931)九月二日。始祖 Tanax-Nabai。譜載五代世系。

本譜載於《臺灣原住民族系統所屬之研究》

［臺灣臺中］眉原社 Mekənaji 系統口述世系　Suyan-Pexek 口述　下松仙次郎通譯　馬淵採録　2012 年臺北南天書局排印本　合册

譜録居臺中州能高郡(臺中縣仁愛鄉)眉原社 Mekənaji 系統口述世系,口述時間爲昭和六年(1931)九月三日。始祖 Yokan-Lawa、Wattan-Lawa。譜載五代世系。

本譜載於《臺灣原住民族系統所屬之研究》

［臺灣臺中］眉原社 Məlqoan 系統南阿冷社系統口述世系　Pawan-Taimo 口述　下松仙次郎通譯　馬淵採録　2012 年臺北南天書局排印本　合册

譜録居臺中州能高郡(臺中縣仁愛鄉)眉原社 Məlqoan 系統、南阿冷社系統口述世系,口述時間爲昭和六年(1931)九月三日。始祖 Wattan-Pəixo。譜載四代世系。

本譜載於《臺灣原住民族系統所屬之研究》

［臺灣臺中］眉原社 Məlepa 系統口述世系　Walis-Pexek 口述　木寺丈一通譯　馬淵採録　2012 年臺北南天書局排印本　合册

譜録居臺灣臺中眉原社 Məlepa 系統口述世系,口述時間爲昭和六年(1931)九月二日。眉原社,指現今的眉原、北港溪中游南岸。部落内,有眉原、南勢(南阿冷社)、Xakut、Məlepa、Səlamao 等五個社群的人混居。始祖 Payan-Naongai、Məbəai-Naongai。譜載五代世系。

本譜載於《臺灣原住民族系統所屬之研究》

［臺灣臺中］萬大社 Perugawan 系統口述世系　Saun Nao、Peyu Nao 口述　古堅玄信通譯　移川採録　2012 年臺北南天書局排印本　合册

譜録居臺中州能高郡(臺中縣仁愛鄉)萬大社 Perugawan 系統口述世系口述時間爲昭和六年(1931)八月十日。該社據居於標高四千三百二十尺處,共計一百五十七户五百十一人(男二百四十九人,女二百六十二人)。始祖 Tarayan。譜載九代世系。

本譜載於《臺灣原住民族系統所屬之研究》

［臺灣臺中］萬大社 Murauts 系統口述世系　Sappo Rurun、Setu Naoi 口述　古堅玄信通譯　移川採録　2012 年臺北南天書局排印本　合册

譜録居臺中州能高郡(臺中縣仁愛鄉)萬大社 Murauts 系統口述世系,口述時間爲昭和六年(1931)八月十日。該社居於標高四千三百二十尺

處，共計一百五十七户五百十一人（男二百四十九人，女二百六十二人）。始祖 Pawan Igusu。譜載七代世系。

本譜載於《臺灣原住民族系統所屬之研究》

［臺灣臺中］撒拉矛社梨山部落口述世系　Pitai-Masing 口述　馬淵採録　2012 年臺北南天書局排印本　合册

譜録居臺中州東勢郡（臺中縣和平鄉）撒拉矛社梨山部落口述世系，口述時間爲昭和六年（1931）八月二十三日。該社居於標高五千六百尺處，共計十八户一百零二人（截止昭和六年七月末）。始祖 Pəixo-Siat。譜載六代世系。

本譜載於《臺灣原住民族系統所屬之研究》

［臺灣臺中］志佳陽社環山部落口述世系　Pilin-Pitai 口述　石户勝市通譯　馬淵採録　2012 年臺北南天書局排印本　合册

譜録居臺中州東勢郡（臺中縣和平鄉）志佳陽社環山部落口述世系，口述時間爲昭和六年（1931）八月二十三日。該社居於標高五千二百尺處，共計四十六户二百五十三人（截止昭和六年七月末）。始祖 Qawil-Laman。譜載八代世系。

本譜載於《臺灣原住民族系統所屬之研究》

［臺灣臺中］埋伏坪社口述世系　Vaai-Vaiso 口述　馬淵採録　2012 年臺北南天書局排印本　合册

譜録居臺中州東勢郡（臺中縣和平鄉）埋伏坪社口述世系，口述時間爲昭和七年（1932）七月二十一日。始祖 Papak-waa，自大霸尖山巖石出生，死於其地。譜載十代世系。

本譜載於《臺灣原住民族系統所屬之研究》

［臺灣臺中］稍來社口述世系　Pehou-Bai 口述　武田八重子通譯　移川採録　2012 年臺北南天書局排印本　合册

譜録居臺中州東勢郡（臺中縣和平鄉）稍來社口述世系，口述時間爲昭和六年（1931）八月十七日。該社居於標高一千八百尺處，共計十一户。始祖 Magai-Shishi，自 Mashitobaon 故址遷居大甲溪上游。譜載七代世系。

本譜載於《臺灣原住民族系統所屬之研究》

［臺灣臺中］白毛社口述世系　Yumin-Buyun、Pehou-Buta 口述　武田八重子通譯　移川採録　2012 年臺北南天書局排印本　合册

譜録居臺中州東勢郡（臺中縣新社鄉）白毛社口述世系，口述時間爲昭和六年（1931）八月十七日。該社居於標高一千八百尺處，共計三十三户。始祖 Buta-Pehou。譜載四代世系。

本譜載於《臺灣原住民族系統所屬之研究》

［臺灣臺中］久良棲社博愛村松鶴部落口述世系　Rubak-Parlan 口述　石田一夫通譯　移川採録　2012 年臺北南天書局排印本　合册

譜録居臺中州東勢郡（臺中縣和平鄉）久良棲社博愛村松鶴部落口述世系，口述時間爲昭和六年（1931）八月十五日。該社居於標高二千四百尺處，共計二十六户。始祖 Narran。譜載四代世系。

本譜載於《臺灣原住民族系統所屬之研究》

［臺灣南投］霧社群巴蘭社口述世系　Waris-Buni 口述　石川源六通譯　移川採録　2012 年臺北南天書局排印本　合册

譜録居臺中州能高郡（南投縣仁愛鄉）霧社群巴蘭社部落口述世系，口述時間爲昭和六年（1931）八月九日。該社居於標高四千一百尺處，共計一百三十七户五百三十一人。始祖 Madai-Karitu。該族位於萬大北溪的上游，自白石山山麓的原始巨木主幹分杈處發祥。後人口增加，部分人横越中央山脈到東部居住，其他的人由白石山遷居春陽櫻温泉。譜載六代世系。

本譜載於《臺灣原住民族系統所屬之研究》

［臺灣南投］霧社群博阿倫社廬山部落口述世系　Pido-Naomin 口述　馬淵採録者。2012 年臺北南天書局排印本　合册

譜録居臺中州能高郡（南投縣仁愛鄉）霧社群博阿倫社廬山部落口述世系，口述時間爲昭和四年（1929）十一月二日。始祖 Sudu-Lungao。譜載

四代世系。

本譜載於《臺灣原住民族系統所屬之研究》

[臺灣南投]托洛閣群沙度社静觀口述世系 Bassao-Kolas 口述 小島源治通譯 馬淵採録 2012 年臺北南天書局排印本 合册

譜録居臺中州能高郡(南投縣仁愛鄉)托洛閣群沙度社静觀部落口述世系,口述時間爲昭和四年(1929)十一月一日。始祖 Omut-Taimo。譜載八代世系。

本譜載於《臺灣原住民族系統所屬之研究》

[臺灣南投]道澤群屯原社口述世系(一) Sopo-Lodan 口述 小島源治通譯 馬淵採録 2012 年臺北南天書局排印本 合册

譜録居臺中州能高郡(南投縣仁愛鄉)道澤群屯原社口述世系,口述時間爲昭和四年(1929)十月三十一日。始祖 Baon-Tsurai。譜載八代世系。

本譜載於《臺灣原住民族系統所屬之研究》

[臺灣南投]道澤群屯原社口述世系(二) Aoi-Naiboq 口述 小島源治通譯 馬淵採録 2012 年臺北南天書局排印本 合册

譜録居臺中州能高郡(南投縣仁愛鄉)道澤群屯原社口述世系,口述時間爲昭和四年(1929)十月三十一日。始祖 Baon-Tsurai。譜載八代世系。

本譜載於《臺灣原住民族系統所屬之研究》

[臺灣花蓮]太魯閣群托博闊社口述世系 Umin-Urai 口述 苦米地吉雄通譯 移川採録 2012 年臺北南天書局排印本 合册

譜録居花蓮港廳研海支廳(花蓮縣秀林鄉)太魯閣群托博闊社口述世系,口述時間爲昭和三年(1928)七月。始祖 Kararai-Teheru,從西部 Toroko 出發,經由合歡山、奇萊主山前來托博闊社居住。譜載七代世系。

本譜載於《臺灣原住民族系統所屬之研究》

[臺灣花蓮]太魯閣群卡拉寶社口述世系 Xabik-Paras、Taulex-Nawai 口述 馬淵採録 2012 年臺北南天書局排印本 合册

譜録居花蓮港廳研海支廳(花蓮縣秀林鄉)太魯閣群卡拉寶社口述世系,口述時間爲昭和六年(1931)七月十五日。該社居於標高六千四百尺處。始祖 Potox。譜載八代世系。

本譜載於《臺灣原住民族系統所屬之研究》

[臺灣花蓮]太魯閣群西拉歐卡夫尼社口述世系 Walis-Watan 口述 黑田正雄通譯 馬淵採録 2012 年臺北南天書局排印本 合册

譜録居花蓮港廳研海支廳(花蓮縣秀林鄉)太魯閣群西拉歐卡夫尼社口述世系,口述時間爲昭和六年(1931)七月十四日。該社居於標高一千三百四十尺處。始祖 Siax。譜載六代世系。

本譜載於《臺灣原住民族系統所屬之研究》

[臺灣花蓮]古白楊社口述世系 Raushin-Bakkule 口述 佐藤儀三郎通譯 移川採録 2012 年臺北南天書局排印本 合册

譜録居花蓮港廳研海支廳(花蓮縣秀林鄉)古白楊社口述世系,口述時間爲昭和三年(1928)七月。始祖 Boga-Naui(女)、Mək-Mojau 夫婦。譜載七代世系。

本譜載於《臺灣原住民族系統所屬之研究》

[臺灣花蓮]太魯閣群古白楊社與其小社口述世系 Lausing-Bakul、Yakau-Naomin 口述 馬淵採録 2012 年臺北南天書局排印本 合册

譜録居花蓮港廳研海支廳(花蓮縣秀林鄉)太魯閣群古白楊社與其小社口述世系,口述時間爲昭和四年(1929)七月十五日。始祖 Aoi-Nakui、Iboq-Nakui。譜載九代世系。

本譜載於《臺灣原住民族系統所屬之研究》

[臺灣花蓮]太魯閣群布蕭社口述世系 Walis-Yakau、Umao-Sita 口述 乳井吉雄通譯 馬淵採録 2012 年臺北南天書局排印本 合册

譜録居花蓮港廳研海支廳(花蓮縣秀林鄉)太魯閣群布蕭社口述世系,口述時間爲昭和六年(1931)七月十四日。該社居於標高一千三百零三

米處,共計五十三户二百八十三人(截止昭和六年六月底)。始祖 Siat-Plexo、Wassao-Prexo, Okka-Plexo、Wattan-Plexo。譜載六代世系。

本譜載於《臺灣原住民族系統所屬之研究》

[臺灣花蓮]太魯閣社群瓦黑爾社口述世系 Mauna-Wattan 口述　赤本憲一通譯　馬淵採録　2012 年臺北南天書局排印本　合册

譜録居花蓮港廳研海支廳(花蓮縣秀林鄉)太魯閣社群瓦黑爾社口述世系,口述時間爲昭和六年(1931)七月十二日。該社居於標高四千六百尺處,共計三十五户一百九十六人(截止昭和五年)。始祖 Uma-Kagi(女)。譜載八代世系。

本譜載於《臺灣原住民族系統所屬之研究》

[臺灣花蓮]太魯閣群庫莫黑爾社口述世系 Uilan-Takun 口述　石井惣一通譯　馬淵採録　2012 年臺北南天書局排印本　合册

譜録居花蓮港廳研海支廳(花蓮縣秀林鄉)太魯閣群庫莫黑爾社口述世系,口述時間爲昭和六年(1931)七月十六日。始祖 Wattan-Plexo。譜載六代世系。

本譜載於《臺灣原住民族系統所屬之研究》

[臺灣花蓮]太魯閣群西寶社口述世系 Dangao-Yawas、Talan-Taimo 口述　山西藤吉通譯　馬淵採録　2012 年臺北南天書局排印本　合册

譜録居花蓮港廳研海支廳(花蓮縣秀林鄉)太魯閣群西寶社口述世系,口述時間爲昭和六年(1931)七月十七日。始祖 Yibang-Xabau、Udao-Xabau、Abo-Xabau。譜載七代世系。

本譜載於《臺灣原住民族系統所屬之研究》

[臺灣花蓮]太魯閣群西拉庫社口述世系 Boxel-Xalon 口述　赤木憲一通譯　馬淵採録　2012 年臺北南天書局排印本　合册

譜録居花蓮港廳研海支廳(花蓮縣秀林鄉)太魯閣群西拉庫社口述世系,口述時間爲昭和六年(1931)七月十二日。該社居於標高四千六百尺處,共計四十三户二百三十一人(截止昭和五年六月底)。祖 Wattan-Naibang。譜載六代世系。

本譜載於《臺灣原住民族系統所屬之研究》

[臺灣花蓮]太魯閣群托布拉社文山部落口述世系 Uilan-Nawai 口述　Tsixon-Umin 通譯　馬淵採録　2012 年臺北南天書局排印本　合册

譜録居花蓮港廳研海支廳(花蓮縣秀林鄉)太魯閣群托布拉社文山部落口述世系,口述時間爲昭和六年(1931)七月十七日。始祖 Gabao-Naomao(女)、Aoi-Naomao、Lebox-Namomao、Sili-Naomao。譜載七代世系。

本譜載於《臺灣原住民族系統所屬之研究》

[臺灣花蓮]太魯閣群他比多社天祥部落口述世系 Xagai-Siat 口述　Tailo-Xagai 通譯　馬淵採録　2012 年臺北南天書局排印本　合册

譜録居花蓮港廳研海支廳(花蓮縣秀林鄉)太魯閣群他比多社天祥部落口述世系,口述時間爲昭和六年(1931)七月二十日。始祖 Batto-Buleqol。譜載七代世系。

本譜載於《臺灣原住民族系統所屬之研究》

[臺灣花蓮]太魯閣群多用社緑水部落口述世系 Pexo-Pakau 口述　石川藤五郎通譯　馬淵採録　2012 年臺北南天書局排印本　合册

譜録居花蓮港廳研海支廳(花蓮縣秀林鄉)太魯閣群多用社緑水口述世系,口述時間爲昭和六年(1931)七月二十一日。始祖 Paras-Nawai、Soai-Bulon(女)夫婦,KautNawai, Qogap-Nawai。譜載六代世系。

本譜載於《臺灣原住民族系統所屬之研究》

[臺灣花蓮]太魯閣群坡厚社部落口述世系(一) Mauna-Umin 口述　石川藤五郎通譯　馬淵採録　2012 年臺北南天書局排印本　合册

譜録居花蓮港廳研海支廳(花蓮縣秀林鄉)太魯閣群坡厚社口述世系,口述時間爲昭和六年(1931)七月二十一日。始祖 Takul-Xaras、Sudu-Xaras。譜載四代世系。

本譜載於《臺灣原住民族系統所屬之研究》

[臺灣花蓮]太魯閣群坡厚社部落口述世系(二) Littok-Tsiwas(女)口述 Tailon-Xagai 通譯 馬淵採録 2012年臺北南天書局排印本 合册

譜録居花蓮港廳研海支廳(花蓮縣秀林鄉)太魯閣群坡厚社口述世系,口述時間爲昭和六年(1931)七月二十日。始祖 Abis-Naudan、Komo-Tsiwas(女)夫婦,Poxok-Naudan、Tsiwas-Molon(女)夫婦。譜載三代世系。

本譜載於《臺灣原住民族系統所屬之研究》

[臺灣花蓮]太魯閣群巴奇幹社口述世系 Sili-Wattan 口述 馬淵採録 2012年臺北南天書局排印本 合册

譜録居花蓮港廳研海支廳(花蓮縣秀林鄉)太魯閣群巴奇幹社口述世系,口述時間爲昭和六年(1931)七月九日。始祖 Udao-Batto。譜載七代世系。

本譜載於《臺灣原住民族系統所屬之研究》

[臺灣花蓮]太魯閣群西奎社口述世系 Xalon-Yibang 口述 馬淵採録 2012年臺北南天書局排印本 合册

譜録居花蓮港廳研海支廳(花蓮縣秀林鄉)太魯閣群西奎社口述世系,口述時間爲昭和六年(1931)七月九日。始祖 Nabas。譜載八代世系。

本譜載於《臺灣原住民族系統所屬之研究》

[臺灣花蓮]太魯閣群蘇瓦沙魯社蓮花池口述世系 Wattan-Yibang、Wattsix-Lausing 口述 里忠太郎通譯 馬淵採録 2012年臺北南天書局排印本 合册

譜録居花蓮港廳研海支廳(花蓮縣秀林鄉)太魯閣群蘇瓦沙魯社蓮花池部落口述世系,口述時間爲昭和六年(1931)七月十九日。該社居於標高四千四百尺處,共計三十五户二百十六人(截止昭和六年六月底)。始祖 Sabong。譜載七代世系。

本譜載於《臺灣原住民族系統所屬之研究》

[臺灣花蓮]太魯閣群布那拉夫社合流部落口述世系 Umin-Siat 口述 馬淵採録 2012年臺北南天書局排印本 合册

譜録居花蓮港廳研海支廳(花蓮縣秀林鄉)太魯閣群布那拉夫社合流部落口述世系,口述時間爲昭和六年(1931)七月八日。始祖 Xeno-Niaibang。譜載六代世系。

本譜載於《臺灣原住民族系統所屬之研究》

[臺灣花蓮]太魯閣群科蘭社口述世系 Umao-Wattan 口述 瀧本勇祐通譯 馬淵採録 2012年臺北南天書局排印本 合册

譜録居花蓮港廳研海支廳(花蓮縣秀林鄉)太魯閣群科蘭社口述世系,口述時間爲昭和六年(1931)七月八日。該社居於標高一千四百尺處,共計三十三户二百十三人。始祖 Taimo-Gabau。譜載六代世系。

本譜載於《臺灣原住民族系統所屬之研究》

[臺灣花蓮]太魯閣群巴達岡社口述世系 Ropao-Iban 口述 移川採録 2012年臺北南天書局排印本 合册

譜録居花蓮港廳研海支廳(花蓮縣秀林鄉)太魯閣群巴達岡社口述世系,口述時間爲昭和三年(1928)七月。始祖 Moron(女)、Awui 夫婦。譜載六代世系。

本譜載於《臺灣原住民族系統所屬之研究》

[臺灣花蓮]太魯閣群布洛灣社口述世系(一) Talo-Yakau 口述 中附清藏通譯 馬淵採録 2012年臺北南天書局排印本 合册

譜録居花蓮港廳研海支廳(花蓮縣秀林鄉)太魯閣群布洛灣社口述世系,口述時間爲昭和六年(1931)七月二十二日。始祖 Batto-Wasao。譜載八代世系。

本譜載於《臺灣原住民族系統所屬之研究》

[臺灣花蓮]太魯閣群布洛灣社口述世系(二) Talo-Pawan、Wattsix-Sabe 口述 中附清藏通譯 馬淵採録 2012年臺北南天書局排印本 合册

譜録居花蓮港廳研海支廳(花蓮縣秀林鄉)太魯閣群布洛灣社口述世系,口述時間爲昭和六年

(1931)七月二十二日。該社居於標高六千尺處，共計十四户八十四人(截止昭和六年六月)。始祖 Paras。譜載七代世系。

本譜載於《臺灣原住民族系統所屬之研究》

[臺灣花蓮]太魯閣群西拉岸社及小社部落口述世系　Laxan-Xalon、Umin-Yakau 口述　砂岡松長通譯　馬淵採録　2012 年臺北南天書局排印本　合册

譜録居花蓮港廳研海支廳(花蓮縣秀林鄉)太魯閣群西拉岸社及小社口述世系，口述時間爲昭和六年(1931)七月七日。西拉岸社始祖：Okan-Nəodao、Batto-Nəodao；小社始祖：Pexo-Nabis，Taimo-Nabis，Uilan-Nabis、Tappang-Rolon(女)夫婦。譜載五代世系。

本譜載於《臺灣原住民族系統所屬之研究》

[臺灣花蓮]太魯閣群砂卡礑社口述世系　Uilan-Umin 口述　川崎計二通譯　馬淵採録　2012 年臺北南天書局排印本　合册

譜録居花蓮港廳研海支廳(花蓮縣秀林鄉)太魯閣群砂卡礑社口述世系，口述時間爲昭和六年(1931)七月四日。該社居於標高三萬七千尺處，共計三十一户二百人(截止昭和五年底)。始祖 Batto-Uma、Paras-Uma。譜載八代世系。

本譜載於《臺灣原住民族系統所屬之研究》

[臺灣花蓮]太魯閣群達奇里社口述世系　Wattan-Yakau、Pisao-Rolon 口述　田口良四郎通譯　馬淵採録　2012 年臺北南天書局排印本　合册

譜録居花蓮港廳研海支廳(花蓮縣秀林鄉)太魯閣群達奇里社口述世系，口述時間爲昭和六年(1931)七月六日。始祖 Laman-Kələisi。譜載六代世系。

本譜載於《臺灣原住民族系統所屬之研究》

[臺灣花蓮]太魯閣群姑姑子社(石控仔社系統)口述世系　Sodo-Tsilai、Sili-Tsilai 口述　市毛久通譯　馬淵採録　2012 年臺北南天書局排印本　合册

譜録居花蓮港廳研海支廳(花蓮縣秀林鄉)太魯閣群姑姑子社口述世系，口述時間爲昭和六年(1931)七月五日。始祖 Kələisi-Wassao。譜載七代世系。

本譜載於《臺灣原住民族系統所屬之研究》

[臺灣花蓮]太魯閣群埃卡托山社口述世系　Boxel-Sudu 口述　箕輪正行通譯　馬淵採録

譜録居花蓮港廳研海支廳(花蓮縣秀林鄉)太魯閣群埃卡托山社口述世系，口述時間爲昭和六年(1931)七月二日。該社共計四十九户一百九十六人。始祖 Bulon-Tərmi。譜載六代世系。

本譜載於《臺灣原住民族系統所屬之研究》

[臺灣花蓮]太魯閣群達歐社可樂社普士林社口述世系　Yakau-Payan、Umin-Yakau、Pailan-Laxan 口述　馬淵採録　2012 年臺北南天書局排印本　合册

譜録居花蓮港廳研海支廳(花蓮縣秀林鄉)太魯閣群達歐社、可樂社、普士林社三社之口述世系，口述時間爲昭和六年(1931)七月三日。達歐社始祖 Batto-Tiwas；可樂社始祖 Batto-Payi；普士林社始祖 Xabik-Longox。譜載六代世系。

本譜載於《臺灣原住民族系統所屬之研究》

[臺灣花蓮]太魯閣群九宛社加灣部落口述世系　Lauken-Laxan、Pisao-Pitan 口述　馬場藤助通譯　馬淵採録　2012 年臺北南天書局排印本　合册

譜録居花蓮港廳研海支廳(花蓮縣秀林鄉)太魯閣群九宛社加灣部落口述世系，口述時間爲昭和六年(1931)七月二日。始祖 Batto-、Poxok-Dago。譜載六代世系。

本譜載於《臺灣原住民族系統所屬之研究》

[臺灣花蓮]太魯閣群平林社西林部落口述世系　Qarau-Wattan 口述　丸山繁雄(平林派出所)通譯　馬淵採録　2012 年臺北南天書局排印本　合册

譜録居花蓮港廳鳳林支廳(花蓮縣萬榮鄉)太魯閣群平林社西林部落口述世系，口述時間爲昭和六年(1931)六月二十二日。該社共計九十二户

四百五十人(截止昭和五年底)。始祖 Kui-Baai。譜載七代世系。

本譜載於《臺灣原住民族系統所屬之研究》

[臺灣花蓮]太魯閣群沙卡亨社木瓜溪上游部落口述世系　Wattasix-Boxel 口述　宮本、馬淵採録　2012 年臺北南天書局排印本　合册

譜録居花蓮港廳鳳林支廳(花蓮縣萬榮鄉)太魯閣群沙卡亨社木瓜溪上游部落口述世系,口述時間爲昭和四年(1929)十一月四日。始祖 Vaai-Sival。譜載八代世系。

本譜載於《臺灣原住民族系統所屬之研究》

[臺灣花蓮]太魯閣群伊坡厚社口述世系　Yumin-Siat、Sadon-Naui 口述　伊藤莊十郎通譯　馬淵採録　2012 年臺北南天書局排印本　合册

譜録居花蓮港廳花蓮支廳(花蓮縣秀林鄉)太魯閣群伊坡厚社口述世系,口述時間爲昭和六年(1931)六月三十日。該族共計五十九户二百六十七人(截止昭和五年底)。始祖 əudan-Noxei。伊坡厚社社衆已經拓寬到木瓜溪下游北岸,後聚居於銅門附近的 Ayo-Kumoxel 社。譜載七代世系。

本譜載於《臺灣原住民族系統所屬之研究》

[臺灣花蓮]陶塞群羅多夫社口述世系　Takun-Naokkan、Takun-Suyan、Banax-Sinui 口述　鈴木獅之尉、相樂武通譯　馬淵採録　2012 年臺北南天書局排印本　合册

譜録居花蓮港廳花蓮支廳(花蓮縣秀林鄉)陶塞群羅多夫社口述世系,口述時間爲昭和六年(1931)七月十日、十八日。該社居於標高三千七百尺處。始祖 Taimo-Naiwal、Tsiwas-Dowai(女)夫婦,Bulon-Naiwal、Bakan-Lubi(女)夫婦,Kawas-Məuna。譜載七代世系。

本譜載於《臺灣原住民族系統所屬之研究》

[臺灣花蓮]陶塞群布戛阿魯社山里部落口述世系　Aoi-Bakkan 口述　佐滕儀三郎通譯　馬淵採録　2012 年臺北南天書局排印本　合册

譜録居花蓮港廳研海支廳(花蓮縣秀林鄉)陶塞群布戛阿魯社山里部落口述世系,口述時間爲昭和六年(1931)七月十一日。該社居於標高三千尺處,共計三十三户一百九十九人。始祖 Aoi-Naumai,昭和四年(1929)從陶塞溪上溪 Buga-al 遷至中游。譜載七代世系。

本譜載於《臺灣原住民族系統所屬之研究》

[臺灣花蓮]木瓜群長漢社口述世系(一)　Walis-Xakut 口述　Iwak-Pisao 通譯　馬淵採録　2012 年臺北南天書局排印本　合册

譜録居花蓮港廳花蓮支廳(花蓮縣萬榮鄉)木瓜群長漢社口述世系,口述時間爲昭和六年(1931)六月二十三日。該社共計四十四户一百六十六人(截止昭和五年底)。始祖 Xobin。譜載五代世系。

本譜載於《臺灣原住民族系統所屬之研究》

[臺灣花蓮]木瓜群長漢社口述世系(二)　Pixo-Walis 口述　Iwak-Pisao 通譯　馬淵採録　2012 年臺北南天書局排印本　合册

譜録居花蓮港廳花蓮支廳(花蓮縣萬榮鄉)木瓜群長漢社口述世系,口述時間爲昭和六年(1931)六月二十三日。始祖 Kamal-Boxel。譜載七代世系。

本譜載於《臺灣原住民族系統所屬之研究》

[臺灣花蓮]木瓜群溪口社口述世系　Xabik-Təime 口述　澤井清吉通譯　馬淵採録　2012 年臺北南天書局排印本　合册

譜録居花蓮港廳花蓮支廳(花蓮縣萬榮鄉)木瓜群溪口社口述世系,口述時間爲昭和六年(1931)六月二十八日。始祖 Poxok。譜載六代世系。

本譜載於《臺灣原住民族系統所屬之研究》

[臺灣宜蘭]金洋社口述世系　Yokan-Takun、Takun-Qawil、Yokan-Yapo 等口述　都甲義光通譯　馬淵採録　2012 年臺北南天書局排印本　合册

譜録居臺北州蘇澳郡(宜蘭縣南澳鄉)金洋社口述世系,口述時間爲昭和六年(1931)八月十日。

該社居於標高三千五百二十尺處,共計五十一户二百三十一人口(截止昭和六年七月底)。始祖 Takun-Batto。譜載七代世系。

本譜載於《臺灣原住民族系統所屬之研究》

[臺灣宜蘭]庫巴玻社口述世系　Yaui-Taxok 口述　Xayon-Naui 通譯　馬淵採録　2012 年臺北南天書局排印本　合册

譜録居臺北州蘇澳郡(宜蘭縣南澳鄉)庫巴玻社口述世系,口述時間爲昭和六年(1931)八月十二日。始祖 Takun-Nobaai。譜載六代世系。

本譜載於《臺灣原住民族系統所屬之研究》

[臺灣宜蘭]大濁水上社澳花部落口述世系　Yaui-Noxel 口述　Pexo-Naui 通譯　馬淵採録　2012 年臺北南天書局排印本　合册

譜録居臺北州蘇澳郡(宜蘭縣南澳鄉)大濁水上社澳花部落口述世系,口述時間爲昭和六年(1931)八月八日。始祖 Uilan。譜載十代世系。

本譜載於《臺灣原住民族系統所屬之研究》

[臺灣宜蘭]比亞毫社 Bəgala 系統口述世系　Yaui-Moyai、Yaran-Bakau(-Nabo)口述　Taule-Taulex 通譯　馬淵採録　2012 年臺北南天書局排印本　合册

譜録居臺北州蘇澳郡(宜蘭縣南澳鄉)比亞毫社 Bəgala 系統口述世系,口述時間爲昭和六年(1931)八月十一日。該社居於標高三千零九十尺處,共計八十二户四百六十一人(截止昭和六年六月底)。始祖 Wattan-Naokan、Xawan-Pisui。譜載六代世系。

本譜載於《臺灣原住民族系統所屬之研究》

[臺灣宜蘭]武塔社 Məbəala 系統口述世系　Yaui-Abin 口述　向尾源治通譯　馬淵採録　2012 年臺北南天書局排印本　合册

譜録居臺北州蘇澳郡(宜蘭縣南澳鄉)武塔社 Məbəala 系統口述世系,口述時間爲昭和六年(1931)八月九日。該族居於標高一千七百尺,共計三十三户一百九十九人(截止昭和六年七月底)。始祖 Pitai-Naui(女)、Lailai-Mauik 夫婦,Siat-Naui、Laxan-Nabis(女)夫婦,Məbəai-Naui,Buta-Naui、Xabao-Mako(女)夫婦,Xokin-Naui、Pailun-Pitai(女)夫婦。譜載六代世系。

本譜載於《臺灣原住民族系統所屬之研究》

[臺灣宜蘭]旃檀社 Məbəala 系統口述世系　Uilan-Popok 口述　平野健一通譯　馬淵採録　2012 年臺北南天書局排印本　合册

譜録居臺北州蘇澳郡(宜蘭縣南澳鄉)旃檀社 Məbəala 系統口述世系,口述時間爲昭和六年(1931)八月九日。該族居於標高一千二百尺處,共計十七户八十八人(截止昭和六年六月底)。始祖 Yumin-Bokel、Yiwal-Balui(女)夫婦。譜載六代世系。

本譜載於《臺灣原住民族系統所屬之研究》

[臺灣宜蘭]柑仔頭社 Məbəala 系統口述世系　Pexo-Yabis 口述　馬淵採録　2012 年臺北南天書局排印本　合册

譜録居臺北州蘇澳郡(宜蘭縣南澳鄉)柑仔頭社 Məbəala 系統口述世系,口述時間爲昭和六年(1931)七月六日。始祖 Mə-Bulan。譜載六代世系。

本譜載於《臺灣原住民族系統所屬之研究》

[臺灣宜蘭]利有亨社 Məbəala 系統口述世系(一)　Xayon-Naui 口述　立山榮二通譯　馬淵採録　2012 年臺北南天書局排印本　合册

譜録居臺北州蘇澳郡(宜蘭縣南澳鄉)利有亨社 Məbəala 系統口述世系,口述時間爲昭和六年(1931)八月十二日。該社居於標高三千七百零二尺處,共計四十一户二百三十六人(截止昭和六年七月底)。始祖 Payas-Ralon。譜載七代世系。

本譜載於《臺灣原住民族系統所屬之研究》

[臺灣宜蘭]利有亨社 Tausa 系統口述世系(二)　Xayon-Pexo 口述　立山榮二通譯　馬淵採録　2012 年臺北南天書局排印本　合册

譜録居臺北州蘇澳郡(宜蘭縣南澳鄉)利有亨

社 Tausa 系統口述世系，口述時間爲昭和六年(1931)八月十二日。始祖 Taimo-Paras。譜載五代世系。

本譜載於《臺灣原住民族系統所屬之研究》

[臺灣宜蘭]小南澳社(寒溪小南澳社)口述世系 Ngongopa-Mənebo 系統 Xayon-Naibang(-Kaibax)口述 中津勇作通譯 馬淵採録 2012年臺北南天書局排印本 合册

譜録居臺北州蘇澳郡(宜蘭縣南澳鄉)小南澳社(寒溪小南澳社)口述世系，口述時間爲昭和六年(1931)八月十四日。始祖 Məbaai-Tappas、Payas-Tappas、Kage-Tappas。譜載六代世系。

本譜載於《臺灣原住民族系統所屬之研究》

[臺灣宜蘭]大濁水下社澳花 Tausa 系統口述世系 Takun-Məikui 口述 Pexo-Naui 通譯 馬淵採録 2012年臺北南天書局排印本 合册

譜録居臺北州蘇澳郡(宜蘭縣南澳鄉)大濁水下社澳花 Tausa 系統口述世系，口述時間爲昭和六年(1931)八月七日。始祖 Pexo。譜載六代世系。

本譜載於《臺灣原住民族系統所屬之研究》

[臺灣宜蘭]卑亞南社南山口述世系 Malai-Bilex、Komai-Qawil 口述 岸本巖通譯 馬淵採録 2012年臺北南天書局排印本 合册

譜録居臺北州羅東郡(宜蘭縣大同鄉)卑亞南社南山部落口述世系，口述時間爲昭和六年(1931)八月二十一日。該社居於標高三千七百尺處，共計六十八户三百十一人(截止昭和六年七月底)。始祖 Xaqut。譜載七代世系。

本譜載於《臺灣原住民族系統所屬之研究》

[臺灣宜蘭]四季薰社四季口述世系 Yumin-Məbaai 口述 海谷熊太郎通譯 馬淵採録 2012年臺北南天書局排印本 合册

譜録居臺北州羅東郡(宜蘭縣大同鄉)四季薰社四季部落口述世系(截止昭和六年七月底)，口述時間爲昭和六年(1931)八月二十一日。該社居於標高二千五百尺處，共計八十三户四百三十人。始祖 Temaron、Bakan-Mebaai(女)夫婦。譜載六代世系。

本譜載於《臺灣原住民族系統所屬之研究》

[臺灣宜蘭]芃芃社英士 Ngongopa-Mənebo 系統口述世系 Xayun-Boxa 口述 河内正通譯 馬淵採録 2012年臺北南天書局排印本 合册

譜録居臺北州羅東郡(宜蘭縣大同鄉)芃芃社英士 Ngongopa-Mənebo 系統口述世系，口述時間爲昭和六年(1931)八月十九日。始祖 Məbaai-Naulao。譜載五代世系。

本譜載於《臺灣原住民族系統所屬之研究》

[臺灣宜蘭]原 Pagon 社(現住 Sikikun 社)四季薰四季口述世系 Xayun-Pilo 口述 海谷熊太郎通譯 馬淵採録 2012年臺北南天書局排印本 合册

譜録居臺北州羅東郡(宜蘭縣大同鄉)四季薰四季部落之口述世系，口述時間爲昭和六年(1931)八月二十日。始祖 Tanax-Putax。譜載六代世系。

本譜載於《臺灣原住民族系統所屬之研究》

[臺灣宜蘭]留茂安社口述世系 Suyan-Takun、Itsix-Taulex 口述 海谷熊太郎通譯 馬淵採録 2012年臺北南天書局排印本 合册

譜録居臺北州蘇澳郡(宜蘭縣南澳鄉)留茂安社口述世系，口述時間爲昭和六年(1931)八月二十一日。始祖 Yabis-Naokan、Qala, Qoan(或作 Məlqowan)。譜載五代世系。

本譜載於《臺灣原住民族系統所屬之研究》

[臺灣宜蘭]芃芃社英士口述世系 Xayun-Naokan 口述 河内正通譯 馬淵採録 2012年臺北南天書局排印本 合册

譜録居臺北州羅東郡(宜蘭縣大同鄉)芃芃社英士部落口述世系，口述時間爲昭和六年(1931)八月十九日。始祖 Uato-Batto, Wattan-Batto、Bakan-Taimo(女)夫婦, Bəixoi-Batto。譜載五代

世系。

本譜載於《臺灣原住民族系統所屬之研究》

[臺灣宜蘭]碼崙社樂水口述世系 Taimo-Littok 口述 荒川小佐通譯 馬淵採録 2012 年臺北南天書局排印本 合册

譜録居臺北州羅東郡(宜蘭縣大同鄉),口述時間爲昭和六年(1931)八月十八日。始祖 Yawai-tappas(女)、Laman 夫婦,Littok-Naibang(女)、Yumin-Mekui 夫婦,Malai-Tappas、Sayun-Batto 夫婦。譜載五代世系。

本譜載於《臺灣原住民族系統所屬之研究》

[臺灣宜蘭]東壘社口述世系 Wattan-Kusung 口述 荒川小佐通譯 馬淵採録 2012 年臺北南天書局排印本 合册

譜録居臺北州羅東郡(宜蘭縣大同鄉)東壘社口述世系,口述時間爲昭和六年(1931)八月十八日。始祖 Yaui-Suyan。譜載六代世系。

本譜載於《臺灣原住民族系統所屬之研究》

[臺灣宜蘭]松羅社口述世系 Paiho-Torai 口述 伊東貞一通譯 宫本採録 2012 年臺北南天書局排印本 合册

譜録居臺北州羅東郡(宜蘭縣大同鄉)松羅社(原居桃園縣復興鄉 Ihen 社)口述世系,口述時間爲昭和七年(1932)四月九日。始祖 Bagai。譜載五代世系。

本譜載於《臺灣原住民族系統所屬之研究》

[臺灣宜蘭]芃芃社口述世系 Tanna-Noumin 口述 河内正通譯 宫本採録 2012 年臺北南天書局排印本 合册

譜録居臺北州文山郡(宜蘭縣大同鄉)芃芃社口述世系,口述時間爲昭和七年(1932)四月八日。始祖 Watan-Siiin。該社於 1912 年從 Saltaik 舊址遷來。譜載五代世系。

本譜載於《臺灣原住民族系統所屬之研究》

賽夏族

[臺灣新竹]大隘社口述世系 Taro-Yumao 口述 Iban-Taro 通譯 宫本採録 2012 年臺北南天書局排印本 合册

譜録居新竹州竹東郡(新竹縣五峰鄉)大隘社口述世系,口述時間爲昭和五年(1930)七月二十八日。始祖 Tain-Alao,豆姓。譜載五代世系。

本譜載於《臺灣原住民族系統所屬之研究》

[臺灣苗栗]獅頭驛社口述世系 風姓 Aro-Yuppas、風姓 Ragao-Yuppas、高姓 Takun-Kareh 口述 張慶昌通譯 移川採録 2012 年臺北南天書局排印本 合册

譜録居新竹州竹南郡(苗栗縣南莊鄉)獅頭驛社口述世系,口述時間爲昭和六年(1931)十月三十日。始祖 Atash-Naboon、Baai-Kareh 等,族人分姓風姓、高姓、樟姓。該族自大羅尖山遷居至阿里山附近,繼而北上到中港,從此形成各部族,分散於各地居住。譜載十四代世系。

本譜載於《臺灣原住民族系統所屬之研究》

[臺灣苗栗]南莊小坪南獅里興社口述世系 潘姓 Kareh-Shuyan、根姓 Aro-Basi、日姓 Kaino-Basi 口述 張慶昌通譯 移川採録 2012 年臺北南天書局排印本 合册

譜録居新竹州竹南郡(苗栗縣南莊鄉)南莊小坪南獅里興社口述世系,口述時間爲昭和六年(1931)十二月一日。該社居於標高約三千尺處。始祖 Ware-a-Ubai,日姓。譜載五代世系。

本譜載於《臺灣原住民族系統所屬之研究》

[臺灣苗栗]馬陵社坑頭社崩山下社口述世系 Ite Yumas、黄阿添、Tarao-Yumao 口述 Ite Ataux 通譯 移川採録 2012 年臺北南天書局排印本 合册

譜録居新竹州大湖郡(苗栗縣獅潭鄉)馬陵社、坑頭社、崩山下社三社之口述世系,口述時間不

詳。馬陵社始祖不詳，豆姓；坑頭社始祖 Atau-Yumao，潘姓；崩山下社始祖 Tarao，潘姓。譜載三代世系。

本譜載於《臺灣原住民族系統所屬之研究》

[臺灣苗栗]坑頭社口述世系　Yukai-Bonai 口述　加藤巡查通譯　宮本採録　2012 年臺北南天書局排印本　合册

譜録居新竹州大湖郡（苗栗縣獅潭鄉）坑頭社口述世系，口述時間爲昭和五年（1930）七月十一日。始祖 Bonai-Alo、Xeo（女）夫婦，豆姓。譜載三代世系。

本譜載於《臺灣原住民族系統所屬之研究》

布　農　族

[臺灣南投]卓社群希希拉布社 Qalavangan 氏族口述世系　Qalilo-Qalavangan 口述　吴阿石通譯　馬淵採録　2012 年臺北南天書局排印本　合册

譜録居臺中州新高郡（南投縣仁愛鄉）卓社群希希拉布社 Qalavangan 氏族口述世系，口述時間爲昭和六年（1931）十二月十一日。該社居於標高四千五百尺處。始祖 Valan、Nion（女）夫婦，Ival（女），Avalai，A[?]bos（女），Paus。譜載十四代世系。

本譜載於《臺灣原住民族系統所屬之研究》

[臺灣南投]卡社群拉夫朗社 Noanan 氏族口述世系　Lusqus-Naoanan 口述　馬淵採録　2012 年臺北南天書局排印本　合册

譜録居臺中州新高郡（南投縣仁愛鄉）卡社群拉夫朗社 Noanan 氏族口述世系，口述時間爲昭和六年（1931）十一月三十日。始祖 Nyayan-Noanan、Lauva-Manqoqo（女）夫婦。譜載七代世系。

本譜載於《臺灣原住民族系統所屬之研究》

[臺灣南投]卡社群地利社 Take-mutso 氏族口述世系　Likot-Takemutso 口述　馬淵採録　2012 年臺北南天書局排印本　合册

譜録居臺中州新高郡（南投縣仁愛鄉）卡社群地利社 Take-mutso 氏族口述世系，口述時間爲昭和六年（1931）十二月五日。始祖 Tsinkoa。譜載五代世系。

本譜載於《臺灣原住民族系統所屬之研究》

[臺灣南投]卡社群哎哎社 Tasitaloman 氏族口述世系　Bato-Tasitaloman 口述　馬淵採録　2012 年臺北南天書局排印本　合册

譜録居臺中州新高郡（南投縣仁愛鄉）卡社群哎哎社 Tasitaloman 氏族口述世系，口述時間爲昭和六年（1931）十二月四日。始祖 Vutso-Tasitaloman。譜載七代世系。

本譜載於《臺灣原住民族系統所屬之研究》

[臺灣南投]卓社群過坑社 Va[?]dingtsinan 氏族口述世系　Tiang-Va[?]dingtsinan 口述　Bato-Tamasilasan 通譯　馬淵採録　2012 年臺北南天書局排印本　合册

譜録居臺中州新高郡（南投縣仁愛鄉）卓社群過坑社 Va[?]dingtsinan 氏族口述世系，口述時間爲昭和六年（1931）十二月十三日。該社共計六十六户七百三十二人（截止昭和五年底）。始祖 Taqlong-Va[?]dingtsinan。譜載六代世系。

本譜載於《臺灣原住民族系統所屬之研究》

[臺灣南投]丹社群密西可灣社 Tanapima 氏族口述世系　Mo[?]ð-Tanapima 口述　丹村豐通譯　馬淵採録　2012 年臺北南天書局排印本　合册

譜録居臺中州新高郡（南投縣信義鄉）丹社群密西可灣社 Tanapima 氏族口述世系，口述時間爲昭和六年（1931）十一月二日。始祖 Vatan-Tanapima。譜載七代世系。

本譜載於《臺灣原住民族系統所屬之研究》

[臺灣南投]郡社群無雙社 Takesi-taxayan 氏族口述世系　Asulan-Takesitaxayan 口述　宮本採録　2012 年臺北南天書局排印本　合册

譜録居臺中州新高郡（南投縣信義鄉）郡社群無雙社 Takesi-taxayan 氏族口述世系，口述時間爲昭和五年（1930）六月。始祖 Taxai。譜載十一代世系。

本譜載於《臺灣原住民族系統所屬之研究》

[臺灣南投]郡社群東埔社 Takesi-ˀdaxoan 氏族口述世系 Moˀo-Takesi-ˀdaxoan 口述 河野通夫通譯 馬淵採録 2012 年臺北南天書局排印本 合册

譜録居臺中州新高郡(南投縣信義鄉)郡社群東埔社 Takesi-ˀdaxoan 氏族,口述時間爲昭和六年(1931)一月七日。始祖 Biong-Takesiˀdaxoani、Saliðan、Xaisol。譜載六代世系。

本譜載於《臺灣原住民族系統所屬之研究》

[臺灣南投]郡社群郡大社 Takesi-talan 氏族口述世系 ˀDasital-Takesitalan 口述 馬淵採録 2012 年臺北南天書局排印本 合册

譜録居臺中州新高郡(南投縣信義鄉)郡社群郡大社 Takesi-talan 氏族口述世系,口述時間爲昭和六年(1931)十一月二十四日。始祖 Ano。譜載十一代世系。

本譜載於《臺灣原住民族系統所屬之研究》

[臺灣南投]郡社群本鄉社 Takesilinkian 氏族口述世系 Ano-Takesilinkian、馬淵採録 2012 年臺北南天書局排印本 合册

譜録居臺中州新高郡(南投縣信義鄉)郡社群本鄉社 Takesilinkian 氏族口述世系,口述時間爲昭和六年(1931)十一月二十六日。始祖 Baxoað。譜載七代世系。

本譜載於《臺灣原住民族系統所屬之研究》

[臺灣高雄]郡社群復興寶山及梅山社口述世系 馬淵採録 2012 年臺北南天書局排印本 合册

譜録居高雄州屏東郡(高雄縣桃源鄉)郡社群復興、寶山及梅山社口述世系,口述時間爲昭和六年(1931)六月十九日至二十五日。復興社始祖 Ano-Takesixosonga,寶山社始祖 Taxai-Isimaxasan、Iˀbo-Pallabe(女)夫婦,梅山社始祖 Biong-Takesinaˀvoan、Sabe Takesiviliainan(女)夫婦。譜載四代世系。

本譜載於《臺灣原住民族系統所屬之研究》

[臺灣高雄]巒社群上寶來小社 Taisoxoloman 氏族口述世系 Lanixo-Taisoxoloman、Pake-Takesitaulan 口述 Saliðan-Takesiˀdaxoan 通譯 馬淵採録

譜録居高雄州屏東郡(高雄縣桃源鄉)巒社群上寶來小社 Taisoxoloman 氏族口述世系,口述時間爲昭和六年(1931)十一月三日。該社居於標高四千九百八十尺處。Taisoxoloman 始祖 Biong、Suvale。譜載五代世系。

本譜載於《臺灣原住民族系統所屬之研究》

[臺灣高雄]郡社群上寶來小社 Takesitaulan 氏族口述世系 Lanixo-Taisoxoloman、Pake-Takesitaulan 口述 Saliðan-Takesiˀdaxoan 通譯 馬淵採録

譜録居高雄州屏東郡(高雄縣桃源鄉)郡社群上寶來小社 Takesitaulan 氏族口述世系。始祖 Paliˀdav-Takesitaulan。譜載五代世系。

本譜載於《臺灣原住民族系統所屬之研究》

[臺灣臺東]巒社群丹那社 Takesi-ulavan(Taiso-ulavan)氏族口述世系 Qaisol-Takesiulavan 口述 馬淵採録 2012 年臺北南天書局排印本 合册

譜録居臺東廳里壟支廳(臺東縣海端鄉)巒社群丹那社 Takesi-ulavan(Taiso-ulavan)氏族口述世系,口述時間爲昭和六年(1931)十月二十六日。始祖 Qaisol-Takesiulavan。譜載六代世系。

本譜載於《臺灣原住民族系統所屬之研究》

[臺灣臺東]巒社群霧鹿社 Takesi-oxoloman(Taisoqoloman)氏族口述世系 Lanixo-Takesioxloman 口述 小林正樹通譯 馬淵採録 2012 年臺北南天書局排印本 合册

譜録居臺東廳里壟支廳(臺東縣海端鄉)巒社群霧鹿社 Takesi-oxoloman(Taisoqoloman)氏族,口述時間爲昭和七年(1932)四月二十四日。始祖 Tsiang-Takesioxoloman。譜載九代世系。

本譜載於《臺灣原住民族系統所屬之研究》

［臺灣臺東］巒社群紅石頭社之小社 Nokis Taisoulavan 氏族口述世系　Vilian-Taisoulavan 口述　馬淵採録　2012 年臺北南天書局排印本　合册

譜録居臺東廳里壟支廳(臺東縣海端鄉)巒社群紅石頭社之小社 Nokis Taisoulavan 氏族口述世系,口述時間爲昭和七年(1932)四月二十五日。始祖 Taʔule-Taisoulavan。譜載五代世系。

本譜載於《臺灣原住民族系統所屬之研究》

［臺灣臺東］郡社群下馬社 Bainkinoan 氏族口述世系　Saliðan-Bainkinoan 口述　馬淵採録　2012 年臺北南天書局排印本　合册

譜録居臺東廳里壟支廳(臺東縣海端鄉)郡社群下馬社 Bainkinoan 氏族口述世系,口述時間爲昭和六年(1931)十一月九日。始祖 Biong、Aðiman(無嗣)。譜載七代世系。

本譜載於《臺灣原住民族系統所屬之研究》

［臺灣臺東］郡社群沙庫沙庫社 Takesi-viliainan 氏族口述世系　Vilian-Takesiviliaina 口述　馬淵採録　2012 年臺北南天書局排印本　合册

譜録居臺東廳里壟支廳(臺東縣海端鄉)郡社群沙庫沙庫社 Takesi-viliainan 氏族口述世系,口述時間爲昭和七年(1932)二月四日。始祖 Xaisol-Takesiviliainan。譜載六代世系。

本譜載於《臺灣原住民族系統所屬之研究》

［臺灣臺東］郡社群布登古斯社 Isimaxasan 氏族口述世系　Vilian-Isimaxasan 口述　張慶安通譯　馬淵採録　2012 年臺北南天書局排印本　合册

譜録居臺東廳里壟支廳(臺東縣海端鄉)郡社群布登古斯社 Isimaxasan 氏族口述世系,口述時間爲昭和六年(1931)十一月九日。始祖 Valakav-Isimaxasan。譜載九代世系。

本譜載於《臺灣原住民族系統所屬之研究》

［臺灣臺東］郡社群内本鹿地方 Takesitalan 氏族口述世系(一)　ʔDasital-Takesitalani 口述　中村勘助通譯　馬淵採録　2012 年臺北南天書局排印本　合册

譜録居臺東廳里壟支廳(臺東縣延平鄉)郡社群内本鹿地方 Takesitalan 氏族口述世系,口述時間爲昭和六年(1931)十月三十一日。始祖 Taxai。譜載五代世系。

本譜載於《臺灣原住民族系統所屬之研究》

［臺灣臺東］郡社群内本鹿地方 Takessitalan 氏族口述世系(二)　Bukun-menʔdo-Takesitalan 口述　木村文治通譯　馬淵採録　2012 年臺北南天書局排印本　合册

譜録居臺東廳里壟支廳(臺東縣延平鄉)郡社群内本鹿地方 Takessitalan 氏族口述世系,口述時間爲昭和六年(1931)十一月一日。始祖 Xosong、Saliðan、Bukun-tsine。譜載五代世系。

本譜載於《臺灣原住民族系統所屬之研究》

［臺灣臺東］郡社群内本鹿地方 Isilitoan 氏族口述世系　Taxai-Isilitoan 口述　中村勘助通譯　馬淵採録　2012 年臺北南天書局排印本　合册

譜録居臺東廳里壟支廳(臺東縣延平鄉)郡社群内本鹿地方 Isilitoan 氏族口述世系,口述時間爲昭和六年(1931)十月三十一日。始祖 Payan-ʔdaingað。譜載五代世系。

本譜載於《臺灣原住民族系統所屬之研究》

［臺灣臺東］郡社群内本鹿地方 Pallabe 氏族口述世系　Biong-anika-Pallabe 口述　馬淵採録　2012 年臺北南天書局排印本　合册

譜録居臺東廳里壟支廳(臺東縣延平鄉)郡社群内本鹿地方 Pallabe 氏族口述世系,口述時間爲昭和六年(1931)十月三十一日。始祖 Biong、Omav(女)夫婦。譜載六代世系。

本譜載於《臺灣原住民族系統所屬之研究》

［臺灣臺東］郡社群内本鹿地方 Takesixosongan 氏族口述世系　Anev-Takesixosongan 口述　柿部長通譯　馬淵採録　2012 年臺北南天書局排印本　合册

譜録居臺東廳里壟支廳(臺東縣延平鄉)郡社

群内本鹿地方 Takesixosongan 氏族口述世系，口述時間爲昭和六年（1931）十月三十日。始祖 Na'vo、Maital-Isi'ba'banal（女）夫婦。譜載六代世系。

本譜載於《臺灣原住民族系統所屬之研究》

[臺灣臺東]郡社群博克扎布社 Pallabe 氏族口述世系 Alang-Pallabe 口述 小村茂雄通譯 馬淵採録 2012 年臺北南天書局排印本 合册

譜録居臺東廳里壟支廳（臺東縣延平鄉）郡社群博克扎布社 Pallabe 氏族口述世系，口述時間爲昭和六年（1931）十月二十七日。始祖 Ano-Pallabe、Palaxo-Takesi'daxoan（女）夫婦，Taxai、Lahos-Takesi'daxoan（女）夫婦，Alang、Takesi'daxoan（女）夫婦。譜載六代世系。

本譜載於《臺灣原住民族系統所屬之研究》

[臺灣臺東]郡社群順嫩順社 Isipalakan 氏族口述世系 Maxonnev-Takesiviliainan、'Daxo-Isipalakan 口述 馬淵採録 2012 年臺北南天書局排印本 合册

譜録居臺東廳里壟支廳（臺東縣延平鄉）郡社群順嫩順社 Isipalakan 氏族口述世系，口述時間爲昭和六年（1931）十月二十七日。始祖 A'dul-Isipalkan。譜載六代世系。

本譜載於《臺灣原住民族系統所屬之研究》

[臺灣花蓮]丹社群古村社 Tanapima 氏族口述世系 Liloq-Tanapima 口述 馬淵採録 2012 年臺北南天書局排印本 合册

譜録居花蓮港廳玉里支廳（花蓮縣卓溪鄉）丹社群古村社 Tanapima 氏族口述世系，口述時間爲昭和六年（1931）十一月十三日。始祖 Lalaq-Tanapima。譜載十三代世系。

本譜載於《臺灣原住民族系統所屬之研究》

[臺灣花蓮]丹社群崙山社 Tanapima 氏族口述世系 Tsibi-Tanapima 口述 馬淵採録 2012 年臺北南天書局排印本 合册

譜録居花蓮港廳玉里支廳（花蓮縣卓溪鄉）丹社群崙山社 Tanapima 氏族口述世系，口述時間爲昭和六年（1931）十一月十三日。始祖 Ha'dul-Tanapima。譜載六代世系。

本譜載於《臺灣原住民族系統所屬之研究》

[臺灣花蓮]巒社群喀西帕南社 Naqaisolan 氏族口述世系 Tiang-Naqaisolan 口述 園田一男通譯 馬淵採録 2012 年臺北南天書局排印本 合册

譜録居花蓮港廳玉里支廳（花蓮縣卓溪鄉）巒社群喀西帕南社 Naqaisolan 氏族口述世系，口述時間爲昭和六年（1931）十一月十五日。始祖 Qosong-Loqos。譜載九代世系。

本譜載於《臺灣原住民族系統所屬之研究》

[臺灣花蓮]巒社群崙天社 Tansikian 氏族口述世系 Wava-Tansikian 口述 馬淵採録 2012 年臺北南天書局排印本 合册

譜録居花蓮港廳玉里（花蓮縣卓溪鄉）巒社群崙天社 Tansikian 氏族口述世系，口述時間爲昭和六年（1931）四月二十一日。始祖 Tiang-Tansiki。譜載十一代世系。

本譜載於《臺灣原住民族系統所屬之研究》

[臺灣花蓮]巒社群阿桑來戛社 Tanapima 氏族口述世系 Bitan-Tanapima 口述 馬淵採録 2012 年臺北南天書局排印本 合册

譜録居花蓮港廳玉里支廳（花蓮縣卓溪鄉）巒社群阿桑來戛社 Tanapima 氏族口述世系，口述時間爲昭和六年（1931）十一月十四日。該社居於標高九百七十尺處。始祖 Saole、Sabe-Isiingkaunan（女）夫婦，Hangað。譜載七代世系。

本譜載於《臺灣原住民族系統所屬之研究》

[臺灣花蓮]巒社群塔比拉社太平 Tanapima 氏族口述世系（一） Taqai-Tanapima 口述 馬淵採録 2012 年臺北南天書局排印本 合册

譜録居花蓮港玉里支廳（花蓮縣卓溪鄉）巒社群塔比拉社太平 Tanapima 氏族口述世系，口述時

間爲昭和七年(1932)四月二十日。始祖 Kimat-Tanapima。譜載九代世系。

本譜載於《臺灣原住民族系統所屬之研究》

[臺灣花蓮]巒社群塔比拉社太平 Tanapima 氏族口述世系(二)　Talima-Isitasipal 口述　移川、馬淵採録　2012 年臺北南天書局排印本　合册

譜録居花蓮港玉里支廳(花蓮縣卓溪鄉)巒社群塔比拉社太平 Tanapima 氏族口述世系,口述時間爲昭和四年(1931)十一月八日。始祖 Banga-Isitasipal、Moa-Lamelingan(女)夫婦,Banga-Toko-Tashiparu。譜載十三代世系。

本譜載於《臺灣原住民族系統所屬之研究》

[臺灣花蓮]郡社群太魯那斯社 Takesi-tsiangan 氏族口述世系　ˀDaxo-Takesitsiangan 口述　馬淵採録　2012 年臺北南天書局排印本　合册

譜録居花蓮港玉里支廳(花蓮縣卓溪鄉)郡社群太魯那斯社 Takesi-tsiangan 氏族口述世系,口述時間爲昭和六年(1931)十一月十八日。始祖 Tsiang、Ano、Ibi。譜載六代世系。

本譜載於《臺灣原住民族系統所屬之研究》

[臺灣花蓮]郡社群凋凋斯社 Takesi-talan 氏族口述世系　Aðiman-bukun-Takesitalan 口述　馬淵採録　2012 年臺北南天書局排印本　合册

譜録居花蓮港玉里支廳(花蓮縣卓溪鄉)社群凋凋斯社 Takesi-talan 氏族口述世系,口述時間爲昭和六年(1931)十一月十七日。始祖 Taxai。譜載七代世系。

本譜載於《臺灣原住民族系統所屬之研究》

[臺灣花蓮]郡社群馬西桑 Takesi-viliainan 氏族口述世系　Omas-Takesiviliainan 口述　馬淵採録　2012 年臺北南天書局排印本　合册

譜録居花蓮港玉里支廳(花蓮縣卓溪鄉)郡社群馬西桑 Takesi-viliainan 氏族口述世系,口述時間爲昭和六年(1931)十一月十八日。始祖 Laon。譜載十代世系。

本譜載於《臺灣原住民族系統所屬之研究》

鄒　族

[臺灣南投]鹿株群楠仔腳萬社 ʕ̣uˀdunana 氏族口述世系　Avaʕ̣iʕ̣uˀdunana 口述　楠本茂夫通譯　馬淵採録　2012 年臺北南天書局排印本　合册

譜録居臺中州新高郡(南投縣信義鄉久美)鹿株群楠仔腳萬社 ʕ̣uˀdunana 氏族口述世系,口述時間爲昭和六年(1931)一月五日。該社居於標高二千七百尺處,共計二十户一百二十二人(截止昭和五年底)。始祖 Moˀoʕ̣uˀdunana。譜載六代世系。

本譜載於《臺灣原住民族系統所屬之研究》

[臺灣南投]鹿株群楠仔腳萬社 Teneoana 氏族和社 ʕ̣uˀdunana 氏族口述世系　Voʕ̣u-Teneoana、Tiˀvusungu-ʕ̣uˀdunana 口述　楠本茂夫通譯　馬淵採録　2012 年臺北南天書局排印本　合册

譜録居臺中州新高郡(南投縣信義鄉)鹿株群楠仔腳萬社 Teneoana 氏族和社 ʕ̣uˀdunana 氏族口述世系,口述時間爲昭和六年(1931)一月五日。始祖 Voʕ̣u-Teneoana。譜載四代世系。

本譜載於《臺灣原住民族系統所屬之研究》

[臺灣南投]鹿株群楠仔腳萬社 Usaiana 氏族口述世系　楠本茂夫口述　馬淵採録　2012 年臺北南天書局排印本　合册

譜録居臺中州新高郡(南投縣信義鄉)鹿株群楠仔腳萬社 Usaiana 氏族口述世系,口述時間爲昭和六年(1931)一月五日。始祖 Uongu-Usaiana。譜載四代世系。

本譜載於《臺灣原住民族系統所屬之研究》

[臺灣嘉義]特富野群樂野社 Yavaiana 氏族口述世系　Yapusuyong-ˀe-Yavaiana 口述　馬淵採録　2012 年臺北南天書局排印本　合册

譜録居臺南州嘉義郡(嘉義縣阿里山鄉)特富野群樂野社 Yavaiana 氏族口述世系,口述時間爲

昭和七年(1932)七月十七日。該社居於標高四千八百尺處。始祖 Moye-ˀe-Tufuya。譜載七代世系。

本譜載於《臺灣原住民族系統所屬之研究》

[臺灣嘉義]達邦群里佳社 Yavaiana 氏族口述世系 Yapusuyong-ˀe-Yavaiana 口述 馬淵採録 2012 年臺北南天書局排印本 合册

譜録居臺南州嘉義郡(嘉義縣阿里山鄉)達邦群里佳社 Yavaiana 氏族口述世系,口述時間爲昭和七年(1932)七月十二日。始祖 Moye-ˀe-Yakumangana、Apu-ˀe-Yasiyungu(女)夫婦。譜載七代世系。

本譜載於《臺灣原住民族系統所屬之研究》

[臺灣嘉義]達邦群達邦大社 Niauyongana 氏族口述世系 Uonge-Peongsi、Yapse-Tapangu、Yabai-Niyauyongana 口述 矢多一生通譯 移川採録 2012 年臺北南天書局排印本 合册

譜録居臺南州嘉義郡(嘉義縣阿里山鄉)達邦群達邦大社 Niauyongana 氏族口述世系,口述時間爲昭和六年(1931)七月十九日。該社居於標高約二千六百尺處。始祖 Uyogu。譜載八代世系。

本譜載於《臺灣原住民族系統所屬之研究》

[臺灣嘉義]達邦群里佳社ˀe-Utsiina 氏族口述世系 Tiˀvusung-ˀe-Utsiina 口述 馬淵採録 2012 年臺北南天書局排印本 合册

譜録居臺南州嘉義郡(嘉義縣阿里山鄉)達邦群里佳社ˀe-Utsiina 氏族口述世系,口述時間爲昭和五年(1930)八月十日。始祖 Fa-ˀe-Utsiina。譜載五代世系。

本譜載於《臺灣原住民族系統所屬之研究》

[臺灣嘉義]達邦群里佳社 Peongsi 氏族口述世系 Yapusuyong-ˀe-Peongsi 口述 馬淵採録 2012 年臺北南天書局排印本 合册

譜録居臺南州嘉義郡(嘉義縣阿里山鄉)達邦群里佳社 Peongsi 氏族口述世系,口述時間爲昭和五年(1930)八月十日。始祖 Moy-ˀe-Peongsi、Faisu(女)夫婦。譜載四代世系。

本譜載於《臺灣原住民族系統所屬之研究》

[臺灣嘉義]達邦群里佳社ˀe-Utsüna 氏族 Yapusuyong-ˀe-Yavaiana 口述 馬淵採録 2012 年臺北南天書局排印本 合册

譜録居臺南州臺義郡(嘉義縣阿里山鄉)達邦群里佳社ˀe-Utsüna 氏族口述世系,口述時間爲昭和七年(1932)七月十二日。始祖 Voy-ˀe-Utsüna。譜載六代世系。

本譜載於《臺灣原住民族系統所屬之研究》

[臺灣嘉義]伊姆兹群全仔大社伊姆兹大社 Muhozana 氏族口述世系 Pasuya-Muhozana 口述 野田四郎通譯 移川採録 2012 年臺北南天書局排印本 合册

譜録居臺南州臺義郡(嘉義縣阿里山鄉)伊姆兹群全仔大社、伊姆兹大社 Muhozana 氏族口述世系,口述時間爲昭和六年(1931)七月二十一日。該社居於標高二千七百尺處,共計四户二十三人。始祖 Mufoi。譜載五代世系。

本譜載於《臺灣原住民族系統所屬之研究》

[臺灣嘉義]特富野群特富野大社 Yaishikana、Niahosa 氏族口述世系 Yapse-Akuwayana 口述 矢田一生通譯 移川採録 2012 年臺北南天書局排印本 合册

譜録居臺南州嘉義郡(嘉義縣阿里山鄉)特富野群特富野大社 Yaishikana、Niahosa 氏族口述世系,口述時間爲昭和六年(1931)七月十九日。始祖 Moi-Yaishikana。譜載六代世系。

本譜載於《臺灣原住民族系統所屬之研究》

[臺灣嘉義]特富野群特富野大社 Niahosa 氏族口述世系 Yapse-Akuwayana 口述 矢田一生通譯 移川採録 2012 年臺北南天書局排印本 合册

譜録居臺南州嘉義郡(嘉義縣阿里山鄉)特富野群特富野大社 Niahosa 氏族口述世系。該族係

特富野群中最古老的氏族，始祖 Bushobe-Niahasa，從玉山而來。譜載七代世系。

本譜載於《臺灣原住民族系統所屬之研究》

［臺灣嘉義］特富野群特富野大社 Akuwayana 氏族口述世系　Yapusuyong-ˀe-Akuwayana 口述　矢多一生通譯　馬淵採録　2012 年臺北南天書局排印本　合册

譜録居臺南州臺義郡（嘉義縣阿里山鄉）特富野群特富野大社 Akuwayana 氏族口述世系，口述時間爲昭和七年（1932）七月十一日。始祖 Moyˀe-Akuwayana。譜載七代世系。

本譜載於《臺灣原住民族系統所屬之研究》

南　鄒　族

［臺灣高雄］卡那卡那富群蚊仔只社民權 Namangiana 氏族口述世系　Piori-Namangiana 口述　Una-Angaiana 通譯　馬淵採録　2012 年臺北南天書局排印本　合册

譜録居高雄州旗山郡（高雄縣那瑪夏鄉）卡那卡那富群蚊仔只社民權 Namangiana 氏族口述世系，口述時間爲昭和五年（1930）七月二十八日。該社居於標高六百三十尺處，共計七户。始祖 Una-Namangiana、Nao-Kapiana（女）夫婦，據傳祖先係布農族郡社群。譜載四代世系。

本譜載於《臺灣原住民族系統所屬之研究》

［臺灣高雄］卡那卡富那群蚊仔只社 Amunuana 氏族口述世系　Pau-Amunuana 口述　Una-Angaiana 通譯　馬淵採録　2012 年臺北南天書局排印本　合册

譜録居高雄州旗山郡（高雄縣那瑪夏鄉）卡那卡富那群蚊仔只社 Amunuana 氏族口述世系，口述時間爲昭和五年（1930）七月三十日。該社居於標高六百三十尺處，共計七户。始祖 Amunu-Amunuana。譜載五代世系。

本譜載於《臺灣原住民族系統所屬之研究》

［臺灣高雄］卡那卡富那群民權村 Namangiana 氏族口述世系　Usu-Namangiana 口述　馬淵採録　2012 年臺北南天書局排印本　合册

譜録居高雄州旗山郡（高雄縣那瑪夏鄉）卡那卡富那群民權村 Namangiana 氏族口述世系，口述時間爲昭和七年（1932）六月二十七日。始祖 Tabunu-Namangiana、Tatsunavaus-Kapiana（女）夫婦。譜載六代世系。

本譜載於《臺灣原住民族系統所屬之研究》

［臺灣高雄］卡那卡富那群民生村 Nautsiungana 氏族口述世系　Angai-Nautsiungana 口述　Una-Angaiana 通譯　馬淵採録　2012 年臺北南天書局排印本　合册

譜録居高雄州旗山郡（高雄縣那瑪夏鄉）卡那卡富那群民生村 Nautsiungana 氏族口述世系，口述時間爲昭和五年（1930）八月一日。始祖 Pau-Nautsiungana、Bōru-Bōruana。譜載四代世系。

本譜載於《臺灣原住民族系統所屬之研究》

［臺灣高雄］沙阿魯阿群雁爾社桃源 Latiurana 氏族口述世系　Pari-Latiurana 口述　Pasura-Laranguana 通譯　馬淵採録　2012 年臺北南天書局排印本　合册

譜録居高雄州旗山郡（高雄縣桃源鄉）沙阿魯阿群雁爾社桃源 Latiurana 氏族口述世系，口述時間爲昭和七年（1932）六月二十三日。始祖 Pongorianu-Latiurana。譜載八代世系。

本譜載於《臺灣原住民族系統所屬之研究》

魯　凱　族

［臺灣高雄］多納社 Tagiradan 家口述世系　Girigirao-Tairaban（副頭目）（Aryu 的叔叔）、Aryu-Rarugan（頭目）口述　移川採録　2012 年臺北南天書局排印本　合册

譜録居高雄州屏東郡（高雄縣茂林鄉）Kongadavan 社、Kindawan、多納社 Tagiradan 家口述世系，口述時間爲昭和三年（1928）十二月三十日。

始祖 Shokoro、Kudayan(女)夫婦。譜載九代世系。

本譜載於《臺灣原住民族系統所屬之研究》

[臺灣高雄]多納社 Tamaoʳor 家 θangiradan 家口述世系 Laoval-Tamaoʳor 口述 馬淵採録 2012年臺北南天書局排印本 合册

譜録居高雄州屏東郡(高雄縣茂林鄉)多納社Tamaoʳor 家、θangiradan 家口述世系,口述時間爲昭和七年(1932)六月十五日。Tamaoʳor 家始祖Karimadao;θangiradan 家始祖 Pangter。譜載十四代世系。

本譜載於《臺灣原住民族系統所屬之研究》

[臺灣高雄]芒仔社舊茂林 θavola 家口述世系 Kanao-θavola 口述 馬淵採録 2012年臺北南天書局排印本 合册

譜録居高雄州屏東郡(高雄縣茂林鄉)芒仔社舊茂林 θavola 家口述世系,口述時間爲昭和七年(1932)六月十七日。始祖 Ngonotsu。譜載十四代世系。

本譜載於《臺灣原住民族系統所屬之研究》

[臺灣高雄]萬斗籠社舊萬山 Ladulua-ü 家 Lavinala-ü 家口述世系 Arimuna-Ladulua-ü、Susugu-Lavinala-ü 口述 馬淵採録 2012年臺北南天書局排印本 合册

譜録居高雄州屏東郡(高雄縣茂林鄉)萬斗籠社舊萬山 Ladulua-ü 家、Lavinala-ü 家口述世系,口述時間爲昭和七年(1932)六月十八日。Ladulua-ü 家始祖 Marungana-Ladulu-ü;Lavinala-ü 家始祖 Ramatsu-Lavinala-ü(女)。譜載七代世系。

本譜載於《臺灣原住民族系統所屬之研究》

[臺灣屏東]達迪爾社 Mavariu 家口述世系 Girigirao-Mavariu、Raruran-Mavariu 口述 阪野泉平通譯 移川採録 2012年臺北南天書局排印本 合册

譜録居高雄州屏東郡(屏東縣霧臺鄉)達迪爾社 Mavariu 家口述世系,口述時間爲昭和七年(1932)七月十三日。該社居於標高一千八百尺處,共計九户五十八人。Mavariu 家始祖 Girigirao-Mavariu、Toko(女)夫婦,從達迪爾社遷移到霧臺社,死於霧臺社;又併載 Ruraden 家世系,始祖 Terisan-Ruraden、Dulsai(女)夫婦,家族自 Rarukruk 先後遷居 Mateatsan、Variu、達迪爾。譜載六代世系。

本譜載於《臺灣原住民族系統所屬之研究》

[臺灣屏東]塔馬拉高社 Ruraden 家口述世系 Raborash-Ruraden 口述 枝元源市通譯 移川採録 2012年臺北南天書局排印本 合册

譜録居高雄州屏東郡(屏東縣霧臺鄉)塔馬拉高社 Ruraden 家口述世系,口述時間爲昭和六年(1931)一月五日。該社居於標高約一千八百尺處,共計二十六户。始祖 Paulus-Ruraden(女)、Masugsug 夫婦,從舊達迪爾社遷來。譜載六代世系。

本譜載於《臺灣原住民族系統所屬之研究》

[臺灣屏東]舊大武社 Kaporo 家口述世系 Ragarafan-Kaporo 口述 枝元源市通譯 移川採録 2012年臺北南天書局排印本 合册

譜録居高雄州屏東郡(屏東縣霧臺鄉)舊大武社 Kaporo 家口述世系,口述時間爲昭和六年(1931)一月四日。該社居於標高四千尺處,共計五十户二百七十人。始祖 Paoko。譜載十三代世系。

本譜載於《臺灣原住民族系統所屬之研究》

[臺灣屏東]好茶社 Kazagiran 家及 Roroan 家口述世系 Pukirigan-Kazagiran、Pantel-Roroan 口述 幅南重助通譯 移川採録 2012年臺北南天書局排印本 合册

譜録居高雄州屏東郡(屏東縣霧臺鄉)好茶社Kazagiran 家及 Roroan 家口述世系,口述時間爲昭和六年(1932)一月二日。兩家居於標高三千二百尺處,共計一百十九户六百零八人。Kazagiran 始祖 Puraruyan-Karasigan;Roroan 始祖 Pururuagan-Darapayan。譜載十八代世系。

本譜載於《臺灣原住民族系統所屬之研究》

［臺灣屏東］霧臺社 Raiban 家 Dumararat 家 Baborgan 家 Darapayan 家 Kabarayan 社以及其他分社口述世系　Chigau-Raiban 口述　横峯利八通譯　移川採録　2012 年臺北南天書局排印本　合册

譜録居高雄州屏東郡（屏東縣霧臺鄉）霧臺社 Raiban 家、Dumararat 家、Baborgan 家、Darapayan 家，Kabarayan 社以及其他分社之口述世系，口述時間爲昭和四年（1929）十二月二十九日。該社居於標高二千七百尺處。Railban 始祖 Bunun-Paraguran，來自好茶社，創社霧臺社，原先是平民身份，因功而被擁立爲頭目；Dumararat 始祖 Rigtus-Dumararat，來自好茶社，是頭目家出身；Baborgan 始祖係 Dumararat 家的分脈，居於 Kabarayan 社；Darapayan 始祖 Kapal-Darapayan，來自好茶社，遷至 Tabalballan；Kabarayan 家族詳情不明。譜載六代世系。

本譜載於《臺灣原住民族系統所屬之研究》

［臺灣屏東］德文社及上排灣社口述世系　Ranpau-Pulun 口述　内藤八郎通譯　移川採録　2012 年臺北南天書局排印本　合册

譜録居高雄州屏東郡（屏東縣霧臺鄉）德文社及上排灣社口述世系，口述時間爲昭和四年（1929）十二月二十七日。該二社居於標高二千七百尺處。德文社由 Tokubul、Suligus、Tavagas、Makusa、Sarailip 諸多部落所構成。Sarailip 屬於排灣族的拉瓦爾系統。德文社始祖 Ajigurood、Karal（女）夫婦；上排灣社是和德文社開基祖 Ajigurood 一起，從 Budai 社來的 Rarakoyan 所創設的部落。譜載六代世系。

本譜載於《臺灣原住民族系統所屬之研究》

［臺灣屏東］阿禮社口述世系　Raderaban-Aruk、Pakdabai-Ramurai 口述　須田好三通譯　移川採録　2012 年臺北南天書局排印本　合册

譜録居高雄州屏東郡（屏東縣霧臺鄉）阿禮社口述世系，口述時間爲昭和六年（1931）一月二日。該社居於三千三百尺處，共計七十九户三百七十七人。開基祖來自好茶社，由原來好茶社的 Darapayan 家擔任頭目，後來由 Variu 家取代。譜載家族來源、與其他社群關係、埋葬習俗等資料。

本譜載於《臺灣原住民族系統所屬之研究》

［臺灣屏東］去怒社 Kabarayan 家口述世系　Takanao-Karabayan 口述　坂野泉平通譯　移川採録　2012 年臺北南天書局排印本　合册

譜録居高雄州屏東郡（屏東縣霧臺鄉）去怒社 Kabarayan 家口述世系，口述時間爲昭和七年（1932）七月。始祖 Moakai（女），傳説從去怒社位置的巖石誕生。譜載九代世系。

本譜載於《臺灣原住民族系統所屬之研究》

［臺灣臺東］大南社 Lavarius 家口述世系　Lavoras-Ladumaradaθ、Ratsungu-Lavarius 口述　Okiriga-Lasavalo 通譯　馬淵採録　2012 年臺北南天書局排印本　合册

譜録居臺東廳臺東支廳（臺東縣卑南鄉）大南社 Lavarius 家口述世系，口述時間爲昭和六年（1931）四月十八日。始祖 Homariri、Sumurimu 夫婦。家族起源於巴油池之北的 Daloaringa 湖之南的 Kaliala。據傳一個名字叫 Homariri 的男子出生於 Kaliala 地方的石塊中。另外，從那裹的地下穴，出現了一個名字叫作 Sumurimu 的女子，後二人結婚，遂成爲大南社之始祖。譜載十九代世系。

本譜載於《臺灣原住民族系統所屬之研究》

［臺灣臺東］大南社口述世系　Lavoras-Ladumaradaθ　口述　馬淵採録　2012 年臺北南天書局排印本　合册

譜録居臺東廳臺東支廳（臺東縣卑南鄉）大南社口述世系，口述時間爲昭和七年（1932）三月六日。始祖 Masugsug、Sanguv（女）夫婦，從高雄縣茂林鄉多納社的 La-θangirada 家遷來。譜載七代世系。

本譜載於《臺灣原住民族系統所屬之研究》

排　灣　族

［臺灣屏東］拉瓦爾系統大社 Tarimarao 家口述世系　Timurusai-Kazagizan 口述　秦野朋楠通譯

移川採録 2012年臺北南天書局排印本 合册

譜録居高雄州屏東郡(屏東縣三地門鄉)拉瓦爾系統大社 Tarimarao 家口述世系,口述時間爲昭和六年(1931)一月六日。該社居於標高二千七百尺處,共計一百户五百二十人。始祖 Toko-Tarimarao(女)、Timurusai 夫婦,Timurusai 來自魯凱族舊大武社 Kazagiran 頭目家,入贅排灣族大社 Tarimarao 頭目家。譜載六代世系。

本譜載於《臺灣原住民族系統所屬之研究》

[臺灣屏東]拉瓦爾系統口社 Tangiradan 家 Karimoran 家口述世系 Ariu-Tangiradan 口述 山岸梅吉通譯 移川採録 2012年臺北南天書局排印本 合册

譜録居高雄州屏東郡(屏東縣三地門鄉)拉瓦爾系統口社 Tangiradan 家和 Karimoran 家口述世系,口述時間爲昭和六年(1931)一月七日。兩家居於標高三百五十尺處,共計六十三户二百五十五人。Tangiradan 家始祖 Jiporu-Tangiradan(女)、Timurusai 夫婦;Karimoran 家始祖 Ratiriman。譜載五代世系。

本譜載於《臺灣原住民族系統所屬之研究》

[臺灣屏東]拉瓦爾系統三磨溪口社 Mavariu 家口述世系 Tanobak-Mavariu、Chanmak-Karisugan 口述 島田芳太郎通譯 移川採録 2012年臺北南天書局排印本 合册

譜録居高雄州屏東郡(屏東縣三地門鄉)拉瓦爾系統三磨溪口社 Mavariu 家口述世系,口述時間爲昭和六年(1931)一月七日。該社居於標高六百尺處,共計二十二户八十九人。始祖 Tetil-Mavariu。譜載四代世系。

本譜載於《臺灣原住民族系統所屬之研究》

[臺灣屏東]布曹爾系統高燕社 Parorayan 家口述世系 Chanak-Ruruman、Rujum-Parorayan 口述 中馬真助、鄭添麟通譯 移川採録 2012年臺北南天書局排印本 合册

譜録居高雄州屏東郡(屏東縣瑪家鄉)布曹爾系統高燕社 Parorayan 家口述世系,口述時間爲昭和六年(1931)十二月二十七日。該社居於標高三千二百尺處,共計十五户八十四人(男四十四人、女四十人)。高燕社共有六個頭目家:Parorayan、Kazagiran、Tarurayan、Ruruwan、Kustza 及 Paramuran(除 Parorayan 頭目家之外,其餘都是有名無實,部分業已遷到東部居住,而留下來的人,也不記得其身世)。Parorayan 頭目家始祖有八支,僅存第七支,自 Te-Kumabakab 起記。此譜還兼載有 Tsarisi 部落二十九户一百五十八人(男八十六人、女七十二人)之口述世系。譜載十二代世系。

本譜載於《臺灣原住民族系統所屬之研究》

[臺灣屏東]布曹爾系統筏灣社 Tongado 家 Mavariu 家 Baborogan 家口述世系 Chamak-Patadal 等口述 中馬真助、鄭添麟通譯 移川採録 2012年臺北南天書局排印本 合册

譜録居高雄州屏東郡(屏東縣瑪家鄉)布曹爾系統筏灣社 Tongado 家、Mavariu 家、Baborogan 家口述世系,口述時間爲昭和六年(1931)十二月二十七日。三家居於標高二千八百尺處,共計三百三十二户一千六百零四人。始祖 Sarumuds。譜載五代世系。

本譜載於《臺灣原住民族系統所屬之研究》

[臺灣屏東]布曹爾系統三地門社之小社 Tovachiga 家 Pakdavai 家口述世系 Pukirigan-Pakdavai 等口述 島田芳大郎通譯 移川採録 2012年臺北南天書局排印本 合册

譜録居高雄州屏東郡(屏東縣三地門鄉)布曹爾系統三地門社之小社 Tovachiga 家、Pakdavai 家口述世系,口述時間爲昭和七年(1932)七月十五日。兩家居於標高一千四百尺處,共計三十四户一百四十九人。開基祖 Taruzarum、Tovachiga、Garurigul、Rarigoan、Virao。Tovachiga 家始祖 Tovachiga;Pakdavai 家始祖 Sauralui-Pakdavai(女)。譜載七代世系。

本譜載於《臺灣原住民族系統所屬之研究》

[臺灣屏東]布曹爾系統北葉社 Todarimou 家 Rivagrao 家口述世系 Tsugagan-Todarimou、

Rampau-Raurarun 口述　須田好三通譯　移川採録　2012 年臺北南天書局排印本　合册

譜録居高雄州屏東郡(屏東縣瑪家鄉)布曹爾系統北葉社 Todarimou 家、Rivagrao 家口述世系,口述時間爲昭和六年(1931)十二月二十六日。兩家居於標高一千五百四十尺處,共計八十一户四百四十五人。"北葉"是"身體蠕動"之意。因該族祖先帶來的獵犬在現址地區停下來,只是在做蠕動身體,不肯走開,故取此社名。Todarimou 家始祖 Ralui-Todarimou(女);Rivagrao 家始祖 Katobo-Rivagrao。譜載七代世系。

本譜載於《臺灣原住民族系統所屬之研究》

[臺灣屏東]布曹爾系統馬怒魯社馬兒村 Garurigul 家口述世系　Chimurusai-Majirin 等口述　宮園恒義通譯　移川採録　2012 年臺北南天書局排印本　合册

譜録居高雄州屏東郡(屏東縣三地門鄉)布曹爾系統馬怒魯社馬兒村 Garurigul 家口述世系,口述時間爲昭和五年(1930)十二月三十一日。該社居於標高二千九百五十尺處,共計七十一户。始祖 Pauruts。譜載四代世系。

本譜載於《臺灣原住民族系統所屬之研究》

[臺灣屏東]布曹爾部族三地門社口述世系　Ruvuai-Putoan 口述　平塚泰藏通譯　移川採録　2012 年臺北南天書局排印本　合册

譜録居高雄州屏東郡(屏東縣三地門鄉)布曹爾部族三地門社口述世系,口述時間爲昭和五年(1930)十二月三十一日。該社居於標高二千九百五十尺處,共計七十一户。三地門社是由 Timor 和 Pinaura 兩個聚落構成。Timor 部落,位於隘寮溪奔流到山腳處北岸高地,這一帶的土地,原來是三地門社 Pakavai 頭目家的領地,曾經有高燕、Ka-Paiwan、Manul、大社等各社的人,遷來居住;Pinaura 部落,初自 Su-Paiwan 社遷到 Ivaniyan 居住,在四個世代以前,再從 Ivaniyan(現址的東方約四公里處)遷至 Pinaura 居住。譜載家族移動路綫、創社經過等資料。

本譜載於《臺灣原住民族系統所屬之研究》

[臺灣屏東]布曹爾部族佳義社 Mavariu 家口述世系　Kui-Mavaiu 口述　大本巖太郎等通譯　移川採録　2012 年臺北南天書局排印本　合册

譜録居高雄州屏東郡(屏東縣瑪家鄉)布曹爾部族佳義社 Mavariu 家口述世系,口述時間爲昭和六年(1931)十二月二十五日。該社居於標高八百五十尺處,共計一百零八户四百零八人。始祖 Pari-Mavariu、Paulus、Aan(女)。譜載七代世系。

本譜載於《臺灣原住民族系統所屬之研究》

[臺灣屏東]布曹爾部族瑪家社 Baborogan 家口述世系　Kurere-Kurivai、潘再發口述　大本巖太耶通譯　移川採録　2012 年臺北南天書局排印本　合册

譜録居高雄州屏東郡(屏東縣瑪家鄉)布曹爾部族瑪家社 Baborogan 家口述世系,口述時間爲昭和六年(1931)十二月二十七日。該社居於標高二千四百尺處,共計一百零五户四百零三人(男二百十七人、女一百八十六人)。始祖佚名,傳説爲太陽的蛋所生女子百步蛇 Kamabanan 之後,故家中將百步蛇當作禁忌,禁殺。譜載十代世系。

本譜載於《臺灣原住民族系統所屬之研究》

[臺灣屏東]魯凱族以及排灣族布曹爾系統伊拉社 Rarugan 家 Ruraden 家 Jigirul 家口述世系　Aəhon-Jigirul、Pari-Ruraden 等口述　移川採録　2012 年臺北南天書局排印本　合册

譜録居高雄州屏東郡(屏東縣霧臺鄉)魯凱族以及排灣族布曹爾系統伊拉社 Rarugan 家、Ruraden 家、Jigirul 家口述世系,口述時間爲昭和五年(1930)一月。該社居於標高一千一百尺處。此三家係魯凱族與排灣族的混合而成,始祖 Chamack-Rarugan、Komonion(女)夫婦,Chamack-Ruraden,Oribaga-Jigirul。譜載五代世系。

本譜載於《臺灣原住民族系統所屬之研究》

[臺灣屏東]布曹爾部族平和社 Mavariu 家口述世系　Sura-Ruruwan、Sura-Varius 口述　鄭添麟通譯　移川採録　2012 年臺北南天書局排印本　合册

平和社原名 Tanomak。譜録居高雄州屏東郡(屏東縣泰武鄉)布曹爾部族平和社 Mavariu 家口述世系,口述時間爲昭和七年(1932)七月十二日。該社居於標高三千尺處,共計一百零三人。始祖 Saurivan,傳説其祖先係蛇蛋孵化。譜載九代世系。

本譜載於《臺灣原住民族系統所屬之研究》

[臺灣屏東]萬安社口述世系　Bunun-Zolobo 口述　後藤巡查通譯　宮本採録　2012 年臺北南天書局排印本　合册

譜録居高雄州潮州郡(屏東縣泰武鄉)萬安社口述世系,口述時間爲昭和七年(1932)一月六日。始祖 Kulkul。譜載五代世系。

本譜載於《臺灣原住民族系統所屬之研究》

[臺灣屏東]安坡社紅目仔口述世系　Pantel-Tamatakau 等口述　後藤巡查通譯　宮本採録　2012 年臺北南天書局排印本　合册

譜録居高雄州潮州郡(屏東縣泰武鄉)安坡社紅目仔部落口述世系,口述時間爲昭和七年(1932)一月六日。始祖 Tanobak。譜載五代世系。

本譜載於《臺灣原住民族系統所屬之研究》

[臺灣屏東]佳興社 Tariarp 家口述世系　Modasan-Tariarp 口述　芝巡查通譯　宮本採録　2012 年臺北南天書局排印本　合册

譜録居高雄州潮州郡(屏東縣泰武鄉)佳興社 Tariarp 家口述世系,口述時間缺。始祖 Pluk、Mela-Papdabai(女)夫婦。譜載六代世系。

本譜載於《臺灣原住民族系統所屬之研究》

[臺灣屏東]來義社 Rovaniau 家口述世系　Ravrav-Gumuj、ʔArutsangal-Rovaniau 口述　山本寅喜通譯　馬淵採録　2012 年臺北南天書局排印本　合册

譜録居高雄州潮州郡(屏東縣來義鄉)來義社 Rovaniau 家口述世系,口述時間爲昭和六年(1931)十二月二十四日。該社居於標高一千八百尺處。始祖 Cumurusai、Ravrav-Gumuj(女)夫婦。譜載八代世系。

本譜載於《臺灣原住民族系統所屬之研究》

[臺灣屏東]望嘉社 Calolivaʔ(Qedaqedai)家口述世系　Camaʔ-Calolivaʔ、Rangarang-Casokavai 口述　馬淵採録　2012 年臺北南天書局排印本　合册

譜録居高雄州潮州郡(屏東縣來義鄉)標高二千尺望嘉社 Calolivaʔ(Qedaqedai)家口述世系,口述時間爲昭和六年(1931)十二月二十六日。相傳曾有太陽生下的三個蛋,一個是藍色,兩個是紅色,孵化在成三個頭目家的始祖 Saoriv(藍蛋)、Pulauyan(紅蛋)、Kulil(紅蛋)。譜載九代世系。

本譜載於《臺灣原住民族系統所屬之研究》

[臺灣屏東]文樂社 Caododo 家口述世系　Tsankinu-Caododo 口述　馬淵採録　2012 年臺北南天書局排印本　合册

譜録居高雄州潮州郡(屏東縣來義鄉)文樂社 Caododo 家口述世系,口述時間爲昭和六年(1931)十二月二十六日。始祖ʔUriu、Sanniau(女)夫婦。譜載六代世系。

本譜載於《臺灣原住民族系統所屬之研究》

[臺灣屏東]文樂社 Coqajo 家口述世系　Civoroan-Coqajo 口述　2012 年臺北南天書局排印本　合册

譜録居高雄州潮州郡(屏東縣來義鄉)文樂社 Coqajo 家口述世系,口述時間爲昭和六年(1931)十二月二十六日。始祖 Civoroan、Surup-Rovaniau(女)夫婦,Lamur、Sarongoan-Raraogan(女)夫婦,Sauniau(女)、Giligilao-Jaja 夫婦,Camaʔ,從 Calasiu 社ʔAjangilan 家遷來,創立 Coqajo 頭目家。譜載五代世系。

本譜載於《臺灣原住民族系統所屬之研究》

[臺灣屏東]白鷺社 Carovoan 家口述世系　Rangabang-Rurapirap 口述　馬淵採録　2012 年臺北南天書局排印本　合册

譜録居高雄州潮州郡(屏東縣來義鄉)白鷺社 Carovoan 家口述世系,口述時間爲昭和六年

(1931)十二月二十六日。始祖 Koana、Co[?]o-Camaca[?]an(女)夫婦,Savilon、Sauniau-Asagaran(女)夫婦。譜載九代世系。

本譜載於《臺灣原住民族系統所屬之研究》

[臺灣屏東]古樓社 Culivokan 家口述世系 Karutsangal-Culivokan 口述　潘天生通譯　馬淵採録　2012 年臺北南天書局排印本　合册

譜録居高雄州潮州郡(屏東縣來義鄉)古樓社 Culivokan 家口述世系,口述時間爲昭和六年(1931)十二月二十八日。該社居於標高四千尺處。始祖 Rumuj、Rarigoan、Lungur(女)、Zurum(女)、Lunguts(女)、Savur(女)、Rial(女)。譜載十餘代世系。

本譜載於《臺灣原住民族系統所屬之研究》

[臺灣屏東]古樓社 Ceren(Corong)家口述世系 Kulil-Geren 口述　潘天生通譯　馬淵採録　2012 年臺北南天書局排印本　合册

譜録居高雄州潮州郡(屏東縣來義鄉)古樓社 Ceren(Corong)家口述世系,口述時間爲昭和六年(1931)十二月二十八日。始祖 Luluan、Giling(女)夫婦。譜載十代世系。

本譜載於《臺灣原住民族系統所屬之研究》

[臺灣屏東]古樓社 Iradan(Radan)家口述世系 Camak-Iradan 口述　潘天生通譯　馬淵採録　2012 年臺北南天書局排印本　合册

譜録居高雄州潮州郡(屏東縣來義鄉)古樓社 Iradan(Radan)家口述世系,口述時間爲昭和六年(1931)十二月二十九日。始祖 Rumuc,Rumuj、Longilingan-Kamulil(女)夫婦,Lavai、Moakai-Cangajavan(女)夫婦。譜載八代世系。

本譜載於《臺灣原住民族系統所屬之研究》

[臺灣屏東]力里社 Lumug 家口述世系 Saulalui-Lumug 口述　山野福太郎通譯　馬淵採録　2012 年臺北南天書局排印本　合册

譜録居高雄州潮州郡(屏東縣春日鄉)力里社 Lumug 家口述世系,口述時間爲昭和六年(1931)十二月三十日。始祖 Yumuk(女)、Ranao。譜載八代世系。

本譜載於《臺灣原住民族系統所屬之研究》

[臺灣屏東]力里社 Kadodolan 家口述世系 Civoroan-Kadodolan 口述　山野福太郎通譯　馬淵採録　2012 年臺北南天書局排印本　合册

譜録居高雄州潮州郡(屏東縣春日鄉)力里社 Kadodolan 家口述世系,口述時間爲昭和六年(1931)十二月三十日。始祖 Pulaluyan-ʁovaniau。譜載九代世系。

本譜載於《臺灣原住民族系統所屬之研究》

[臺灣屏東]力里社 Lalasupul 家口述世系 Pualuyan-Lalasupul 口述　山野福太郎通譯　馬淵採録　2012 年臺北南天書局排印本　合册

譜録居高雄州潮州郡(屏東縣春日鄉)力里社 Lalasupul 家口述世系,口述時間爲昭和六年(1931)十二月三十日。該社居於標高二千六百尺處。始祖 Coko(女)、Kaliso 夫婦。譜載十一代世系。

本譜載於《臺灣原住民族系統所屬之研究》

[臺灣屏東]力里社 Jakojakots 及 Kazagizan 家口述世系　山野福太郎通譯　宫本採録　2012 年臺北南天書局排印本　合册

譜録居高雄州潮州郡(屏東縣春日鄉)力里社 Jakojakots 及 Kazagizan 家口述世系,口述時間爲昭和七年(1932)七月十八日。Jakojakots 始祖 Kapas;Kazagizan 始祖 Polalyan。譜載八代世系。

本譜載於《臺灣原住民族系統所屬之研究》

[臺灣屏東]力里社 Jalogan 家口述世系 Sauniyau-Jalogan 口述　山野福太郎通譯　宫本採録　2012 年臺北南天書局排印本　合册

譜録居高雄州潮州郡(屏東縣春日鄉)力里社 Jalogan 家口述世系,口述時間爲昭和七年(1932)七月十八日。始祖 Moakai(女)。譜載七代世系。

本譜載於《臺灣原住民族系統所屬之研究》

[臺灣屏東]力里社 Obiun 家 Kakateyan 家 Tajimarao 家口述世系　Jupura-Objun 等口述　宮本採録　2012 年臺北南天書局排印本　合册

譜録居高雄州潮州郡(屏東縣春日鄉)力里社 Obiun 家、Kakateyan 家、Tajimarao 家口述世系,口述時間爲昭和七年(1932)七月十八日。Objun 始祖 Sarake、Jujun(女)夫婦;Kakateyan 始祖 Sauniyau(女)、Kaloloan 夫婦;Tajimarao 始祖 Kalambao。譜載七代世系。

本譜載於《臺灣原住民族系統所屬之研究》

[臺灣屏東]七佳社 Chagalan 家口述世系　Kulkul-Chagalan 口述　山野福太郎通譯　宮本採録　2012 年臺北南天書局排印本　合册

譜録居高雄州潮州郡(屏東縣春日鄉)七佳社 Chagalan 家口述世系,口述時間爲昭和七年(1932)七月十九日。始祖 Lomoch、Bais(女)夫婦。譜載八代世系。

本譜載於《臺灣原住民族系統所屬之研究》

[臺灣屏東]七佳社 Tsorimodok 家口述世系　Musa-Tsorimodok 口述　山野福太郎通譯　宮本採録　2012 年臺北南天書局排印本　合册

高雄州潮州郡(屏東縣春日鄉)七佳社 Tsorimodok 家口述世系,口述時間爲昭和七年(1932)八月。始祖 Simulagan。譜載八代世系。

本譜載於《臺灣原住民族系統所屬之研究》

[臺灣屏東]七佳社 Kolod 家口述世系　Kululu-Kolod 口述　山野福太郎通譯　宮本採録　2012 年臺北南天書局排印本　合册

譜録居高雄州潮州郡(屏東縣春日鄉)七佳社 Kolod 家口述世系,口述時間爲昭和七年(1932)八月。始祖 Gomoji。譜載九代世系。

本譜載於《臺灣原住民族系統所屬之研究》

[臺灣屏東]七佳社 Pchük = Chazazoko 家口述世系　Musai-Tsorimodok 口述　山野福太郎通譯　宮本採録　2012 年臺北南天書局排印本　合册

譜録居高雄州潮州郡(屏東縣春日鄉)七佳社 Pchük = Chazazoko 家口述世系,口述時間爲昭和七年(1932)八月。始祖 Polyaluyan、Chinoai-Sajailop(女)夫婦。譜載五代世系。

本譜載於《臺灣原住民族系統所屬之研究》

[臺灣屏東]割肉社舊古華部落口述世系　Chonabok-Səlyak 口述　桐原巡查通譯　宮本採録　2012 年臺北南天書局排印本　合册

譜録居高雄州潮州郡(屏東縣春日鄉)割肉社舊古華部落口述世系,口述時間爲昭和七年(1932)七月十七日。始祖 Ramok-Palogolog(女)。譜載七代世系。

本譜載於《臺灣原住民族系統所屬之研究》

[臺灣屏東]龜仔籠藕社口述世系　Luji-Chamaja 口述　桐山巡查坡上通譯　宮本採録　2012 年臺北南天書局排印本　合册

譜録居高雄州潮州郡(屏東縣春日鄉)龜仔籠藕社口述世系,口述時間爲昭和七年(1932)七月十七日。始祖 Kape、Kaimuln(女)夫婦。譜載七代世系。

本譜載於《臺灣原住民族系統所屬之研究》

[臺灣屏東]大茅茅社 Kalb 家口述世系　Kulkul-Kalb 口述　桐山巡查通譯　宮本採録　2012 年臺北南天書局排印本　合册

譜録居高雄州潮州郡(屏東縣春日鄉)大茅茅社 Kalb 家口述世系,口述時間爲昭和七年(1932)七月十七日。該家共計二十九户。始祖 Kapolon、Lumlman(女)夫婦。譜載九代世系。

本譜載於《臺灣原住民族系統所屬之研究》

[臺灣屏東]查敖保爾地方莑芒社士文 Tujalan 家口述世系　Chugul-Tujalan 等口述　Kujujui-Lupajagan 通譯　宮本採録　2012 年臺北南天書局排印本　合册

譜録居高雄州潮州郡(屏東縣春日鄉)查敖保爾地方莑芒社士文 Tujalan 家口述世系,口述時間爲昭和七年(1932)七月十五日。始祖 Choko(女)。譜載五代世系。

本譜載於《臺灣原住民族系統所屬之研究》

[臺灣屏東]查敖保爾地方霧里乙社 Patagotai 家口述世系　Sakabai-Patagotai 口述　宫本採録　2012 年臺北南天書局排印本　合册

譜録居高雄州潮州郡(屏東縣獅子鄉)查敖保爾地方霧里乙社 Patagotai 家口述世系,口述時間爲昭和七年(1932)七月。始祖 Zigul。譜載五代世系。

本譜載於《臺灣原住民族系統所屬之研究》

[臺灣屏東]查敖保爾地方内獅頭社 Kablun 家口述世系　Baltz-Kablun 口述　Luji-Bajaino 通譯　宫本採録。2012 年臺北南天書局排印本　合册

譜録居高雄州潮州郡(屏東縣獅子鄉)查敖保爾地方内獅頭社 Kablun 家口述世系。始祖 Lumukk(女)。譜載六代世系。

本譜載於《臺灣原住民族系統所屬之研究》

[臺灣屏東]查敖保爾地方内文社 Lobaniyau 家口述世系　Singyo-Lobaniyau 口述　寺田部長通譯　宫本採録　2012 年臺北南天書局排印本　合册

譜録居高雄州潮州郡(屏東縣獅子鄉)查敖保爾地方内文社 Lobaniyau 家,口述時間爲昭和六年(1931)十二月二十七日。始祖 Salaatsu。譜載八代世系。

本譜載於《臺灣原住民族系統所屬之研究》

[臺灣屏東]查敖保爾地方内文社 Cholon 家口述世系　Lagalan-Jajasop 口述　寺田部長通譯　宫本採録　2012 年臺北南天書局排印本　合册

譜録居高雄州潮州郡(屏東縣獅子鄉)查敖保爾地方内文社 Cholon 家口述世系,口述時間爲昭和六年(1931)十二月二十六日。始祖 Azizo。譜載七代世系。

本譜載於《臺灣原住民族系統所屬之研究》

[臺灣屏東]查敖保爾地方旁武雁社 Bonblan 家口述世系　Zuzui-Lugai 口述　西原巡查通譯　宫本採録　2012 年臺北南天書局排印本　合册

譜録居高雄州潮州郡(屏東縣獅子鄉)查敖保爾地方旁武雁社 Bonblan 家口述世系,口述時間爲昭和七年(1932)七月十四日。該社居於標高二千尺處,共計二十户。始祖 Singyol。譜載四代世系。

本譜載於《臺灣原住民族系統所屬之研究》

[臺灣屏東]查敖保爾地方外麻里巴社 Toaliyan 家口述世系　Batsuo-Toaliyan、Saoro-Kodiapan 口述　島山警部通譯　宫本採録　2012 年臺北南天書局排印本　合册

譜録居高雄州潮州郡(屏東縣獅子鄉)查敖保爾地方外麻里巴社 Toaliyan 家口述世系,口述時間爲昭和六年(1931)十二月二十六日。始祖 Shimugioli-Sulnun、Saogagi(女)夫婦、Lagalan。譜載五代世系。

本譜載於《臺灣原住民族系統所屬之研究》

[臺灣屏東]薩布立克地方牡丹路社 Bolobolo 家 Chaogatsu 家口述世系　Kapi-Bolobolo 口述　Ulyu-Chalojiwa 通譯　宫本採録　2012 年臺北南天書局排印本　合册

譜録居高雄州潮州郡(屏東縣獅子鄉)薩布立克地方牡丹路社 Bolobolo 家、Chaogatsu 家口述世系,口述時間爲昭和六年(1931)十二月二十三日。Bolobolo 始祖 Umi(女);Chaogatsu 始祖 Saujajui(女)。譜載六代世系。

本譜載於《臺灣原住民族系統所屬之研究》

[臺灣屏東]巴利澤利敖地方女奶社 Kodiyak 家口述世系　Topin-Kodiyak 口述　楠太郎通譯　宫本採録　2012 年臺北南天書局排印本　合册

譜録居高雄州恒春郡(屏東縣牡丹鄉)巴利澤利敖地方女奶社 Kodiyak 家口述世系,口述時間爲昭和五年(1930)十二月三十日。該社居於標高一千三百尺處,共計七十五户三百七十九人。始祖 Moranun-Charik、Madan-Charik(女)夫婦。譜載六代世系。

本譜載於《臺灣原住民族系統所屬之研究》

[臺灣屏東]巴利澤利敖地方外加芝來社(頂加芝來社)Charik 家口述世系 Mulanun-Charik 口述 畑平五郎通譯 宮本採録 2012 年臺北南天書局排印本 合册

譜録居高雄州恒春郡(屏東縣牡丹鄉)巴利澤利敖地方外加芝來社(頂加芝來社)Charik 家口述世系,口述時間爲昭和六年(1931)一月二日。該社居於標高一千二百尺。始祖 Kojiagai-Charik、Sagogop-Kawas(女)夫婦。譜載四代世系。

本譜載於《臺灣原住民族系統所屬之研究》

[臺灣屏東]巴利澤利敖地方高士佛社 Putsabiji 家口述世系 Majirok-Putsabiji 口述 藩阿壬通譯 宮本採録 2012 年臺北南天書局排印本 合册

譜録居高雄州恒春郡(屏東縣牡丹鄉)巴利澤利敖地方高士佛社 Putsabiji 家口述世系,口述時間爲昭和六年(1931)一月三日。始祖 Saajap-Chagilip、Omai-Chagilip(女)夫婦。譜載三代世系。

本譜載於《臺灣原住民族系統所屬之研究》

[臺灣屏東]巴利澤利敖地方四林格社 Patokoji 家口述世系 Kappi-Patokoji 口述 德永巡查通譯 宮本採録 2012 年臺北南天書局排印本 合册

譜録居高雄州恒春郡(屏東縣牡丹鄉)巴利澤利敖地方四林格社 Patokoji 家口述世系,口述時間爲昭和六年(1931)一月四日。始祖 Palonkon-Plaboan、Yuimok(女)夫婦。譜載五代世系。

本譜載於《臺灣原住民族系統所屬之研究》

[臺灣屏東]巴利澤利敖地方蚊蟀社滿州 La-lalari 家口述世系 潘加必口述 潘哇拿蟲通譯 馬淵採録 2012 年臺北南天書局排印本 合册

譜録居高雄州恒春郡(屏東縣滿州鄉)巴利澤利敖地方蚊蟀社滿州 La-lalari 家之口述世系,口述時間爲昭和六年(1931)四月五日。始祖 Kauraman。譜載十六代世系。

本譜載於《臺灣原住民族系統所屬之研究》

[臺灣臺東]巴卡羅地方茶茶牙頓社小社 Savikian Maʁingaʁin 家口述世系 Pulaluyan-Maʁingaʁin、Voka-Vavaʁulan 口述 馬淵採録 2012 年臺北南天書局排印本 合册

譜録居臺東廳大武支廳(臺東縣達仁鄉)Paqaʁoqaʁo(Paqaroqaro)地方茶茶牙頓社小社 Savikian Maʁingaʁin 家口述世系,口述時間爲昭和七年(1932)二月七日。始祖 Kaʁanvao。譜載八代世系。

本譜載於《臺灣原住民族系統所屬之研究》

[臺灣臺東]巴卡羅地方加羅板社(即茶茶牙頓社的小社)Lakolakots 家口述世系 Lüguai-Karutsim 口述 馬淵採録 2012 年臺北南天書局排印本 合册

譜録居臺東廳大武支廳(臺東縣達仁鄉)Paqaʁoqaʁo(Paqaroqaro)地方加羅板社(即茶茶牙頓社的小社)Lakolakots 家口述世系,口述時間爲昭和七年(1932)二月七日。始祖 Vangeʁ。譜載九代世系。

本譜載於《臺灣原住民族系統所屬之研究》

[臺灣臺東]巴卡羅地方出水坡社 La-rangal 家 Pakaʁuva 家口述世系 Kurius-Roprop 口述 馬淵採録 2012 年臺北南天書局排印本 合册

譜録居臺東廳大武支廳(臺東縣達仁鄉)Paqaʁoqaʁo(Paqaroqaro)地方出水坡社 La-rangal 家、Pakaʁuva 家口述世系,口述時間爲昭和七年(1932)二月七日。該社居於標高二千三百尺處,共計十五户八十人(截止昭和六年十二月底)。始祖 Vasai、Manaks-Kavorongan(女)夫婦。譜載十一代世系。

本譜載於《臺灣原住民族系統所屬之研究》

[臺灣臺東]查敖保爾地方阿塱衛社 Toivo 家口述世系 Palalim-Toivo 口述 馬淵採録 2012 年臺北南天書局排印本 合册

譜録居臺東廳大武支廳(臺東縣達仁鄉)查敖保爾地方阿塱衛社 Toivo 家口述世系,口述時間爲昭和七年(1932)二月二十八日。始祖 Saulalui(女)。譜載九代世系。

本譜載於《臺灣原住民族系統所屬之研究》

［臺灣臺東］巴卡羅地方介達社 Geren 家麻魯布禄社 Mavariu 家麻利霧社 Geren 家口述世系　口述者不詳　通譯 Soakian-Pasaraqa　採録者不詳　2012 年臺北南天書局排印本　合册

譜録居臺東廳大武支廳（臺東縣金峰鄉）巴卡羅地方（Paqaroqaro）介達社 Geren 家、麻魯布禄社 Mavariu 家、麻利霧社 Geren 家口述世系，口述時間爲昭和七年（1932）二月十七日至十八日。介達社始祖 Laroaroai、Moakai 夫婦、Rangos；麻魯布禄社始祖 Karimalao、Vavaoni-Kalavayan（女）夫婦；麻利霧社始祖 Saluvuc（女）。譜載十一代世系。

本譜載於《臺灣原住民族系統所屬之研究》

［臺灣臺東］巴卡羅地方比魯社家口述世系 Kulul-Kajangilan 口述　馬淵採録　2012 年臺北南天書局排印本　合册

譜録居臺東廳大武支廳（臺東縣金峰鄉）巴卡羅地方比魯社家口述世系，口述時間爲昭和七年（1932）二月十五日。始祖 Lingas（女）。譜載二十六代世系。

本譜載於《臺灣原住民族系統所屬之研究》

［臺灣臺東］巴卡羅地方多羅拐社 Varius 家口述世系　Simurangan-Kusala 口述　馬淵採録　2012 年臺北南天書局排印本　合册

譜録居臺東廳大武支廳（臺東縣金峰鄉）巴卡羅地方多羅拐社 Varius 家口述世系，口述時間爲昭和七年（1932）二月十八日。始祖 Gurumai、Coko（女）夫婦。譜載六代世系。

本譜載於《臺灣原住民族系統所屬之研究》

［臺灣臺東］巴卡羅地方斗里斗里社 Cacalan 家口述世系　Raosan-Cacalan 口述　馬淵採録　2012 年臺北南天書局排印本　合册

譜録居臺東廳大武支廳（臺東縣金峰鄉）巴卡羅地方斗里斗里社 Cacalan 家口述世系，口述時間爲昭和七年（1932）二月十八日。始祖 Saulun、Sacokacock、Coagai。譜載六代世系。

本譜載於《臺灣原住民族系統所屬之研究》

［臺灣臺東］巴卡羅地方諸野葛社舊賓茂社包盛社 Paraulan 家（Sadilapan 家 Pavavalun 家）Covijurum 家 Laluruman 家口述世系　Varoavo-Kalingasan、Pia-Rulalun 口述　馬淵採録　2012 年臺北南天書局排印本　合册

譜録居臺東廳大武支廳（臺東縣金峰鄉）巴卡羅地方諸野葛社、舊賓茂社、包盛社 Paraulan 家（Sadilapan 家、Pavavalun 家）、Covijurum 家、Laluruman 家口述世系，口述時間爲昭和七年（1932）二月十二日。諸野葛社始祖 Onana、Vacorayan；舊賓茂社始祖 Orangos、Aroai（女）；包盛社始祖 Laroaroai（女）、Rangos 夫婦。譜載世系。譜載十餘代世系。

本譜載於《臺灣原住民族系統所屬之研究》

［臺灣臺東］巴卡羅地方近黄社 Sadilapan 家口述世系　Luguai-Sadilapan　（近黄社頭目）口述　馬淵採録　2012 年臺北南天書局排印本　合册

譜録居臺東廳大武支廳（臺東縣金峰鄉）巴卡羅地方近黄社 Sadilapan 家口述世系，口述時間爲昭和六年（1931）四月十三日。始祖 Dumuduman（女）。譜載四代世系。

本譜載於《臺灣原住民族系統所屬之研究》

［臺灣臺東］巴卡羅近黄社 Paraulan 家 Coviium 家（Kavorongan 家 Geren 家）口述世系 Lalumugan-Kavorongan、Varoavo-Kaligasan 口述　馬淵採録　2012 年臺北南天書局排印本　合册

譜録居臺東廳大武支廳（臺東縣金峰鄉）巴卡羅近黄社 Paraulan 家、Coviium 家（Kavorongan 家、Geren 家）口述世系，口述時間爲昭和七年（1932）二月十二日。該社居於標高一千二百七十尺處。始祖 Pulung，Rarakoyan、Vais-Kaburatan（女）夫婦，Kudkud（女）。譜載六代世系。

本譜載於《臺灣原住民族系統所屬之研究》

［臺灣臺東］巴卡羅地方察臘密社 Kaʁuvoan 家打臘打蘭社 Paʁas 家口述世系　Valan-Geʁen 口述　佐久間麻吉通譯　馬淵採録　2012 年臺北南天書局排印本　合册

譜録居臺東廳大武支廳(臺東縣金峰鄉)巴卡羅地方察臘密社 Kaʁuvoan 家、打臘打蘭社 Paʁas 家口述世系,口述時間爲昭和七年(1932)二月二十三日。察臘密社始祖 Coko(女)、Kavulon-Pavavalun 夫婦;打臘打蘭社始祖 Saʁimaʁim、Lulung-Palavlav(女)夫婦。譜載五代世系。

本譜載於《臺灣原住民族系統所屬之研究》

[臺灣臺東]巴卡羅地方大得吉社 Palangui 家 Saʁilan 家口述世系 佐久間麻吉口述 馬淵採録 2012 年臺北南天書局排印本 合册

譜録居臺東廳大武支廳(臺東縣金峰鄉)巴卡羅地方大得吉社 Palangui 家、Saʁilan 家口述世系,口述時間爲昭和七年(1932)二月二十三日。始祖 Qatsunguʁan、Lingasʁao(女)夫婦,Pulaluyan。譜載八代世系。

本譜載於《臺灣原住民族系統所屬之研究》

[臺灣臺東]巴卡羅地方八里芒社 Saʁingusan 家大竹篙社 Laʁogan 家口述世系 Lomasan-Qaʁuv、Cigayan-Geʁen 口述 阪西樟通譯 馬淵採録 2012 年臺北南天書局排印本 合册

譜録居臺東廳大武支廳(臺東縣達仁鄉與大武鄉)巴卡羅地方八里芒社 Saʁingusan 家、大竹篙社 Laʁogan 家口述世系,口述時間爲昭和七年(1932)二月十一日及二十五日。八里芒社始祖 Salulun(女)、Lakoan 夫婦,Koang,Cujui;大竹篙社始祖 Salun(女)。譜載十一代世系。

本譜載於《臺灣原住民族系統所屬之研究》

[臺灣臺東]巴卡羅地方大里力社 Kacalpan 家鴿子籠社 Tolaʁab 家口述世系 Kulil-Kacalpan 等口述 阪西樟通譯 馬淵採録 2012 年臺北南天書局排印本 合册

譜録居臺東廳大武支廳(臺東縣達仁鄉與大武鄉)巴卡羅地方大里力社 Kacalpan 家、鴿子籠社 Tolaʁab 家口述世系。大里力社口述時間爲昭和七年(1932)二月十日;鴿子籠社口述時間爲昭和七年(1932)二月二十五日。大里力社始祖 Pulaluyan、Kivi(女)夫婦,Paran、Sakungu(女)夫婦;鴿子籠社始祖 Gilin(女)、Lumuc 夫婦。譜載十餘代世系。

本譜載於《臺灣原住民族系統所屬之研究》

[臺灣臺東]巴卡羅地方大里力社 Cakisuvung 家口述世系 Kulil-Cakisuvung 口述 馬淵採録 2012 年臺北南天書局排印本 合册

譜録居臺東廳大武支廳(臺東縣達仁鄉)巴卡羅地方大里力社 Cakisuvung 家口述世系,口述時間爲昭和七年(1932)二月十一日。始祖 Lunglʁ(女)。譜載七代世系。

本譜載於《臺灣原住民族系統所屬之研究》

[臺灣臺東]巴卡羅地方大狗社 Malalavus 家口述世系 Sarian-Karacom 口述 馬淵採録 2012 年臺北南天書局排印本 合册

譜録居臺東廳大武支廳(臺東縣達仁鄉)巴卡羅地方大狗社 Malalavus 家口述世系,口述時間爲昭和七年(1932)二月十一日。始祖 Lupara(女)、Curan 夫婦。譜載七代世系。

本譜載於《臺灣原住民族系統所屬之研究》

[臺灣臺東]巴卡羅地方大板鹿社 Qailopan 家 Pavavalun 家口述世系 Cujui-Cakavayan、Cujui-Cakavayan 口述 Tsiʁi-Cakavayan 通譯 馬淵採録 2012 年臺北南天書局排印本 合册

譜録居臺東廳大武支廳(臺東縣達仁鄉)巴卡羅地方大板鹿社 Qailopan 家、Pavavalun 家口述世系,口述時間爲昭和七年(1932)二月十一日。始祖 Kulil。譜載九代世系。

本譜載於《臺灣原住民族系統所屬之研究》

[臺灣臺東]巴卡羅地方巴洛洛社(大竹高溪南岸)Patovoʁ 家 Paʁutsunoq 家口述世系 Pia-Paʁutsunoq 口述 馬淵採録 2012 年臺北南天書局排印本 合册

譜録居臺東廳大武支廳(臺東縣達仁鄉)巴卡羅地方巴洛洛社(大竹高溪南岸)Patovoʁ 家、Paʁutsunoq 家口述世系,口述時間爲昭和七年(1932)二月十一日。始祖 Tsinguʁ-Pataovoʁ、

Sakungu(女)夫婦。譜載九代世系。

本譜載於《臺灣原住民族系統所屬之研究》

[臺灣臺東]巴卡羅地方姑仔崙社 Viviʁulan 家口述世系 Kapang-Voʁovoʁo 口述 Kaʁangvao-ʁagaogao 通譯 馬淵採録 2012年臺北南天書局排印本 合册

譜録居臺東廳大武支廳(臺東縣達仁鄉)巴卡羅地方姑仔崙社 Viviʁulan 家口述世系,口述時間爲昭和七年(1932)二月六日。始祖 Paʁopo。譜載八代世系。

本譜載於《臺灣原住民族系統所屬之研究》

[臺灣臺東]巴卡羅地方大鳥萬社 Takeʁivan 家口述世系 Kayama-Takeʁivqan 口述 馬淵採録 2012年臺北南天書局排印本 合册

譜録居臺東廳大武支廳(臺東縣大武鄉)巴卡羅地方大鳥萬社 Takeʁivan 家口述世系,口述時間爲昭和七年(1932)二月二十七日。始祖 Coko(女)、Galavigav 夫婦。譜載十三代世系。

本譜載於《臺灣原住民族系統所屬之研究》

卑南族

[臺灣臺東]知本社 Mavariu 家 Dumaralas 家口述世系 Itovo-Mavariu 口述 Arukau 通譯 馬淵採録 2012年臺北南天書局排印本 合册

譜録居臺東廳臺東支廳(臺東縣臺東市)知本社 Mavariu 家 Dumaralas 家口述世系,口述時間爲昭和七年(1932)三月八日。始祖 Sokasokau、Tavatav(女)夫婦。譜載二十一代世系。

本譜載於《臺灣原住民族系統所屬之研究》

[臺灣臺東]射馬干社 Dumaradas 家口述世系 Taukia-Dumaradas 口述 馬淵採録 2012年臺北南天書局排印本 合册

譜録居臺東廳臺東支廳(臺東縣臺東市)射馬干社 Dumaradas 家口述世系,口述時間爲昭和七年(1932)三月十日。始祖 Samuraro、Taʔta(女)夫婦。譜載六十三代世系。

本譜載於《臺灣原住民族系統所屬之研究》

[臺灣臺東]吕家望社 Ringaringai 家口述世系 Inku-Karuholan 口述 馬淵採録 2012年臺北南天書局排印本 合册

譜録居臺東廳臺東支廳(臺東縣卑南鄉)吕家望社 Ringaringai 家口述世系,口述時間爲昭和七年(1932)三月五日。始祖 Irot-Paranguran、Ruhruh-Harurihor(女)夫婦。譜載九代世系。

本譜載於《臺灣原住民族系統所屬之研究》

[臺灣臺東]大巴六九社 Mavariu 家口述世系 Halahala-Mavariu 口述 馬淵採録 2012年臺北南天書局排印本 合册

譜録居臺東廳臺東支廳(臺東縣卑南鄉)大巴六九社 Mavariu 家口述世系,口述時間爲昭和七年(1932)三月六日。始祖 Riliu、Tarolan(女)夫婦。譜載九代世系。

本譜載於《臺灣原住民族系統所屬之研究》

[臺灣臺東]斑鳩社 Suðayaðaya 家口述世系 Rariwan 口述 Tomatire-Sawawan(Murivurivuk 社的頭目)通譯 馬淵採録 2012年臺北南天書局排印本 合册

譜録居臺東廳臺東支廳(臺東縣卑南鄉)斑鳩社 Suðayaðaya 家口述世系,口述時間爲昭和七年(1932)三月十一日。始祖 Tanovak-Mavariu、Saulalui(女)夫婦。譜載七代世系。

本譜載於《臺灣原住民族系統所屬之研究》

[臺灣臺東]卑南社口述世系(一) Lawa-Pasaraʔal、Malaisai-Pasaraʔal 口述 Tsipuka-Pikur 通譯 馬淵採録 2012年臺北南天書局排印本 合册

譜録居臺東廳臺東支廳(臺東縣臺東鄉)卑南社口述世系,口述時間爲昭和七年(1932)三月十二、十三日。始祖 Pakalai、Pagumuser(女)夫婦。譜載二十三代世系。

本譜載於《臺灣原住民族系統所屬之研究》

[臺灣臺東]卑南社口述世系(二) Lawa-Pasara'al、Malaisai-Pasara'al 口述 Tsipuka-Pikur 通譯 馬淵採録 2012年臺北南天書局排印本 合册

譜録居臺東廳臺東支廳(臺東縣臺東鄉)卑南社口述世系,口述時間爲昭和七年(1932)三月十二、十三日。始祖 Lungran(女)、Ulimuliman 夫婦。譜載九代世系。

本譜載於《臺灣原住民族系統所屬之研究》

[臺灣臺東]檳榔樹格社下賓朗部落口述世系 Gilauis-Longadan 口述 馬淵採録 2012年臺北南天書局排印本 合册

譜録居臺東廳臺東支廳(臺東縣卑南鄉)檳榔樹格社下賓朗部落口述世系,口述時間爲昭和七年(1932)三月十四日。始祖 Paonin。譜載八代世系。

本譜載於《臺灣原住民族系統所屬之研究》

[臺灣臺東]太麻里社'Arangiyan 家口述世系 Qepur-Vavorongan 口述 吉武正雄通譯 馬淵採録 2012年臺北南天書局排印本 合册

譜録居臺東廳大武支廳(臺東縣太麻里鄉)太麻里社'Arangiyan 家口述世系,口述時間爲昭和七年(1932)二月二十日。始祖'Alangraqan(女)。譜載十二代世系。

本譜載於《臺灣原住民族系統所屬之研究》

[臺灣臺東]文里格社新興 Geren 家羅打結社北里 Varius 家口述世系 Capi-Geren、Canova'-'Arangian 口述 馬淵採録 2012年臺北南天書局排印本 合册

譜録居臺東廳大武支廳(臺東縣太麻里鄉)文里格社新興 Geren 家、羅打結社北里 Varius 家,口述時間爲昭和七年(1932)二月二十日。始祖 Coko(女),傳説她從 Ruvoaqan 的石塊中誕生,又傳其從那里的竹子誕生。譜載八代世系。

本譜載於《臺灣原住民族系統所屬之研究》

[臺灣臺東]猴仔蘭社香蘭 Paras 家口述世系 馬淵採録 2012年臺北南天書局排印本 合册

譜録居臺東廳大武支廳(臺東縣太麻里鄉)猴仔蘭社香蘭 Paras 家口述世系,口述時間爲昭和七年(1932)二月二十日。始祖'Arimalao、Laluran(女)夫婦。譜載七代世系。

本譜載於《臺灣原住民族系統所屬之研究》

[臺灣臺東]大武窟社 Toriboan 家口述世系 Mamag-Cularimao 口述 太田一通譯 馬淵採録 2012年臺北南天書局排印本 合册

譜録居臺東廳大武支廳(臺東縣太麻里鄉)大武窟社 Toriboan 家口述世系,口述時間爲昭和七年(1932)二月二十二日。始祖 Dalimurao、Luguan-Sapayan 夫婦,Palaor。譜載十八代世系。

本譜載於《臺灣原住民族系統所屬之研究》

[臺灣臺東]豬朥束社里德 La-garuligul 家口述世系 潘阿隆口述 潘哇拿蟲通譯 馬淵採録 2012年臺北南天書局排印本 合册

譜録居高雄州恒春郡(屏東縣滿州鄉)豬朥束社里德 La-garuligul 家口述世系,口述時間爲昭和六年(1931)四月五日。始祖 Ranao-Lagaruligul(女)。譜載十四代世系。

本譜載於《臺灣原住民族系統所屬之研究》

阿美族

[臺灣屏東]牡丹灣社旭海 Rapia'氏族口述世系 Avang-Rapai'口述 潘阿鳳(排灣族)通譯 馬淵採録 2012年臺北南天書局排印本 合册

譜録居高雄州恒春郡(屏東縣牡丹鄉)牡丹灣社旭海 Rapia'氏族口述世系,口述時間爲昭和六年(1931)四月九日。始祖 Atilung Rapia'(女)。譜載七代世系。

本譜載於《臺灣原住民族系統所屬之研究》

[臺灣屏東]九塊厝餉林 Marorang 氏族口述世系 潘武二口述 馬淵採録 2012年臺北南天書局排印本 合册

譜録居高雄州恒春郡(屏東縣滿州鄉)九塊厝餉林 Marorang 氏族口述世系,口述時間爲昭和六年(1931)四月八日。始祖 Uman Marorang(女)。譜載六代世系。

本譜載於《臺灣原住民族系統所屬之研究》

[臺灣屏東]港口社 Patsilar 及 Raraviravin 氏族口述世系　潘烏角　Patsilar 口述　吴丁蘭通譯　馬淵採録　2012 年臺北南天書局排印本　合册

譜録居高雄州恒春郡(屏東縣滿州鄉)港口社 Patsilar 及 Raraviravin 氏族口述世系,口述時間爲昭和六年(1931)四月二日。始祖 Kivi Raraviravin(女)。譜載六代世系。

本譜載於《臺灣原住民族系統所屬之研究》

[臺灣臺東]嘎勝吧灣社泰源 Rarangus 氏族口述世系　Arupangal-Rarangus 口述　馬淵採録　2012 年臺北南天書局排印本　合册

譜録居臺東廳峯東支廳(臺東縣東河鄉)嘎勝吧灣社泰源 Rarangus 氏族口述世系,口述時間爲昭和七年(1932)三月二十日。始祖 Konga-Rarangus(女)。譜載五代世系。

本譜載於《臺灣原住民族系統所屬之研究》

[臺灣臺東]猴仔山社富岡 Pautawan 氏族口述世系　Vurau-Pautawan、Ngayau-Pautawan 口述　馬淵採録　2012 年臺北南天書局排印本　合册

譜録居臺東廳峯東支廳(臺東縣臺東市)猴仔山社富岡 Pautawan 氏族口述世系,口述時間爲昭和七年(1932)三月十六日。始祖 Rope?-Pautawan(女)、X-Rarangus 夫婦。譜載十代世系。

本譜載於《臺灣原住民族系統所屬之研究》

[臺灣臺東]猴仔蘭社香蘭 Rarangus 氏族口述世系　Paipai-Rarangus 口述　Akonar-Tarisakan 通譯　馬淵採録　2012 年臺北南天書局排印本　合册

譜録居臺東廳大武支廳(臺東縣太麻里鄉)猴仔蘭社香蘭 Rarangus 氏族口述世系,口述時間爲昭和六年(1931)四月十五日。始祖 Manatsa、Karitin(女)夫婦。譜載十五代世系。

本譜載於《臺灣原住民族系統所屬之研究》

[臺灣臺東]Vanao 社小社池上社 Kakopa 氏族口述世系　Riaba-Kakopa 口述　大高正一通譯　馬淵採録　2012 年臺北南天書局排印本　合册

譜録居臺東廳里壟支廳(臺東縣池上鄉)Vanao 社小社、池上社 Kakopa 氏族口述世系,口述時間爲昭和六年(1931)四月十九日。始祖 Ravin(女)、Iroh 夫婦。譜載九代世系。

本譜載於《臺灣原住民族系統所屬之研究》

[臺灣臺東]雷公火社 Marorang 氏族口述世系　Arak-Marorang 口述　Saumah-Tarisakan 通譯　馬淵採録　2012 年臺北南天書局排印本　合册

譜録居臺東廳里壟支廳(臺東縣蘭山鄉)雷公火社 Marorang 氏族口述世系,口述時間爲昭和七年(1932)二月三日。始祖 Uman(女)。譜載八代世系。

本譜載於《臺灣原住民族系統所屬之研究》

[臺灣臺東]鹿藔社 Marorang 氏族口述世系　Rubin-Marorang 口述　松山勘四郎(吕家望社出身)通譯　馬淵採録　2012 年臺北南天書局排印本　合册

譜録居臺東廳里壟支廳(臺東縣鹿野鄉)鹿藔社 Marorang 氏族口述世系,口述時間爲昭和六年(1931)四月二十日。該社共計四十七户四百七十八人(截止昭和五年十二月末)。始祖 Kuna?(女)、Varas 夫婦。譜載八代世系。

本譜載於《臺灣原住民族系統所屬之研究》

[臺灣臺東]擺仔擺社 Rarangus 氏族口述世系　Urui-Rarangus 口述　馬淵採録　2012 年臺北南天書局排印本　合册

譜録居臺東廳里壟支廳(臺東縣鹿野鄉)擺仔擺社 Rarangus 氏族口述世系,口述時間爲昭和六年(1931)四月二十一日。始祖 Pale?Rarangus。譜載十五代世系。

本譜載於《臺灣原住民族系統所屬之研究》

[臺灣臺東]馬蘭社口述世系　Votol、Ngayau 口述　移川、馬淵採録　2012 年臺北南天書局排印本　合册

譜録居臺東廳臺東支廳(臺東縣臺東鄉)馬蘭社口述世系,口述時間爲昭和四年(1929)五月八日。始祖 Tarongatong、Manatsa、Ripai(女)。譜載十四代世系。

本譜載於《臺灣原住民族系統所屬之研究》

[臺灣花蓮]太巴塱社口述世系　Aran-Karo 口述　吴江河通譯　馬淵採録　2012 年臺北南天書局排印本　合册

譜録居花蓮港廳鳳林支廳(花蓮縣光復鄉)太巴塱社口述世系,口述時間爲昭和六年(1931)八月二日。始祖 Kusung(女)、Madapidap 夫婦。譜載四十七代世系。

本譜載於《臺灣原住民族系統所屬之研究》

[臺灣花蓮]太巴塱社 Tsikasowan 社系統口述世系　Rooh-Payo 口述　Vudai-Maran 通譯　馬淵採録　2012 年臺北南天書局排印本　合册

譜録居花蓮港廳鳳林支廳(花蓮縣光復鄉)太巴塱社 Tsikasowan 社系統口述世系,口述時間爲昭和六年(1931)六月十五日。始祖 Nakau-Akawai(女)、Katsau-Sukah 夫婦。譜載八代世系。

本譜載於《臺灣原住民族系統所屬之研究》

[臺灣花蓮]太巴塱社 Natauran 社系統口述世系　Ka'ti-Tavong 口述　Vudai-Maran 通譯　馬淵採録　2012 年臺北南天書局排印本　合册

譜録居花蓮港廳鳳林支廳(花蓮縣光復鄉)太巴塱社 Natauran 社系統口述世系,口述時間爲昭和六年(1931)六月十五日。始祖 Pusuk(女)。譜載十代世系。

本譜載於《臺灣原住民族系統所屬之研究》

[臺灣花蓮]馬太鞍社口述世系　Tungul-Karo 口述　伊藤賢太郎通譯　馬淵採録　2012 年臺北南天書局排印本　合册

譜録居花蓮港廳鳳林支廳(花蓮縣光復鄉)馬太鞍社口述世系,口述時間爲昭和六年(1931)六月十四日。始祖 Mariap(女)、Kalonkung 夫婦。譜載十六代世系。

本譜載於《臺灣原住民族系統所屬之研究》

[臺灣花蓮]馬太鞍社 Vataan 社系統口述世系　Tungul-Karo 口述　伊藤賢太郎通譯　馬淵採録　2012 年臺北南天書局排印本　合册

譜録居花蓮港廳鳳林支廳(花蓮縣光復鄉)馬太鞍社 Vataan 社系統口述世系,口述時間爲昭和六年(1931)六月十四日。始祖 Soror-Arimoro(性别不詳)。譜載六十一代世系。

本譜載於《臺灣原住民族系統所屬之研究》

[臺灣花蓮]馬太鞍社 Tsiwidian 社系統口述世系　Tungul-Karo 口述　伊藤賢太郎通譯　馬淵採録　2012 年臺北南天書局排印本　合册

譜録居花蓮港廳鳳林支廳(花蓮縣光復鄉)馬太鞍社 Tsiwidian 社系統口述世系,口述時間爲昭和六年(1931)六月十四日。始祖 Ongol(女)。譜載十三代世系。

本譜載於《臺灣原住民族系統所屬之研究》

[臺灣花蓮]馬太鞍社 Patsidar 社系統口述世系　Panong-Oram 口述　伊藤賢太郎通譯　馬淵採録　2012 年臺北南天書局排印本　合册

譜録居花蓮港廳鳳林支廳(花蓮縣光復鄉)馬太鞍社 Patsidar 社系統,口述時間爲昭和六年(1931)六月十四日。始祖 Horor-Noko'、Rongos-Noko(女)夫婦。譜載十二代世系。

本譜載於《臺灣原住民族系統所屬之研究》

[臺灣花蓮]沙荖社 Tsiwilian 氏族口述世系　Rovong-Maran、Ro'ai-Karitan 口述　佐久間武一郎通譯　馬淵採録　2012 年臺北南天書局排印本　合册

譜録居花蓮港廳鳳林支廳(花蓮縣光復鄉)沙荖社 Tsiwilian 氏族口述世系,口述時間爲昭和六年(1931)六月十三日。始祖 Tsi-Uman(女)、Tsi-Tsokas 夫婦。譜載六代世系。

本譜載於《臺灣原住民族系統所屬之研究》

[臺灣花蓮]拔仔社小社 Tsirangasan Patsilar 氏族口述世系 Tsarau-Patsilar 口述 馬淵採録 2012 年臺北南天書局排印本 合册

譜録居花蓮港廳鳳林支廳(花蓮縣瑞穗鄉)拔仔社小社 Tsirangasan Patsilar 氏族口述世系,口述時間爲昭和七年(1932)四月六日。始祖 Ilong-Patsilar(女)。譜載七代世系。

本譜載於《臺灣原住民族系統所屬之研究》

[臺灣花蓮]玉里觀音山莊 Tarakop 氏族口述世系 Kukui-Tarakop 口述 馬淵採録 2012 年臺北南天書局排印本 合册

譜録居花蓮港廳鳳林支廳(花蓮縣玉里鎮)玉里觀音山莊 Tarakop 氏族口述世系,口述時間爲昭和七年(1932)四月十八日。始祖 Ripai-Tarakop(女)。譜載七代世系。

本譜載於《臺灣原住民族系統所屬之研究》

[臺灣花蓮]奇密社奇美 Kiwit 氏族口述世系 Katsau-Paros-Kiwit 口述 馬淵採録 2012 年臺北南天書局排印本 合册

譜録居花蓮港廳鳳林支廳(花蓮縣瑞穗鄉)奇密社奇美 Kiwit 氏族口述世系,口述時間爲昭和七年(1932)四月九日。始祖 Tsutsik(女)。譜載十八代世系。

本譜載於《臺灣原住民族系統所屬之研究》

[臺灣花蓮]奇密社奇美 Salipongan 氏族口述世系 Taai-Salipongan 口述 井出宇一採録 2012 年臺北南天書局排印本 合册

譜録居花蓮港廳鳳林支廳(花蓮縣瑞穗鄉)奇密社奇美 Salipongan 氏族口述世系。該族系譜,僅採用非臺北帝大人員的採擷記録,内容缺乏重要的信息,而且各世代的人名都用日文片假名記音。口述者可能已年邁,或已逝世,馬淵没有再次前往訪談。譜載二十一代世系。

本譜載於《臺灣原住民族系統所屬之研究》

[臺灣花蓮]丁仔漏社豐富口述世系 Katsau-Opang-Patsilar 口述 山口武雄通譯 馬淵採録 2012 年臺北南天書局排印本 合册

譜録居花蓮港廳鳳林支廳(花蓮縣豐濱鄉)丁仔漏社豐富部落口述世系,口述時間爲昭和六年(1931)六月十八日。始祖 Usai-Patsilar(女)、Tsarau 夫婦,Ramun(女),Sura(女)、Namo-Patsilar 夫婦,Tsangrah、Ripai-Marorang(女)夫婦。譜載五代世系。

本譜載於《臺灣原住民族系統所屬之研究》

[臺灣花蓮]貓公社豐濱 Tsiopur 氏族口述世系 Hakkao-Tsiopur 口述 陳武臺通譯 馬淵採録 2012 年臺北南天書局排印本 合册

譜録居花蓮港廳鳳林支廳(花蓮縣豐濱鄉)貓公社豐濱 Tsiopur 氏族口述世系,口述時間爲昭和四年(1929)十一月十五日。始祖 Saumah-Tsiopur(女)。譜載五代世系。

本譜載於《臺灣原住民族系統所屬之研究》

[臺灣花蓮]大港口社 Tsiporan 氏族口述世系 Avai-Tsiporan 口述 林金盛通譯 馬淵採録 2012 年臺北南天書局排印本 合册

譜録居花蓮港廳鳳林支廳(花蓮縣豐濱鄉)大港口社 Tsiporan 氏族口述世系,口述時間爲昭和七年(1932)四月一日。始祖 Vangis-Varilao、Avang-Varilao(女)夫婦。譜載九代世系。

本譜載於《臺灣原住民族系統所屬之研究》

[臺灣花蓮]大港口社 Tsiporan 氏族口述世系 Kuras-Tsiporan 口述 林金盛通譯 馬淵採録 2012 年臺北南天書局排印本 合册

譜録居花蓮港廳鳳林支廳(花蓮縣豐濱鄉)大港口社 Tsiporan 氏族口述世系,口述時間爲昭和四年(1929)十一月十四日。始祖 Sura Tsip(女)。譜載七代世系。

本譜載於《臺灣原住民族系統所屬之研究》

[臺灣花蓮]納納社静浦 Patsilar 氏族口述世系 Katsau-Patsilar 口述 馬淵採録 2012 年臺北南

天書局排印本　合册

譜録居花蓮港廳鳳林支廳（花蓮縣豐濱鄉）納納社静浦 Patsilar 氏族口述世系，口述時間爲昭和七年（1932）三月三十一日。始祖 Piyau-Pasilar（女）。譜載六代世系。

本譜載於《臺灣原住民族系統所屬之研究》

[臺灣花蓮]大俱來社 Tsikatopai 氏族口述世系 Tuve$^{?}$-Tsikatopai 口述　馬淵採録　2012 年臺北南天書局排印本　合册

譜録居花蓮港廳鳳林支廳（花蓮縣豐濱鄉）大俱來社 Tsikatopai 氏族口述世系，口述時間爲昭和七年（1932）三月三十日。始祖 Koko$^{?}$-Tsiwilain（女）、Vunu-Tsikatopai 夫婦。譜載十一代世系。

本譜載於《臺灣原住民族系統所屬之研究》

[臺灣花蓮]蔴荖漏社成功鎮 P$^{?}$anivong 氏族口述世系　Rooh-P$^{?}$anivong（Malaulau 社頭目）口述　顔傳福通譯　馬淵採録　2012 年臺北南天書局排印本　合册

譜録居臺東廳新港支廳（花蓮縣成功鎮）蔴荖漏社成功鎮 P$^{?}$anivong 氏族口述世系，口述時間爲昭和七年（1932）三月十七日。始祖 Panai-P$^{?}$anivong（女）。譜載八代世系。

本譜載於《臺灣原住民族系統所屬之研究》

[臺灣花蓮]芝路古咳社 Tsi-okakai 氏族口述世系 Akui-Tsiokakai 口述　馬淵採録　2012 年臺北南天書局排印本　合册

譜録居臺東廳新港支廳（花蓮縣成功鎮）芝路古咳社 Tsi-okakai 氏族口述世系，口述時間爲昭和七年（1932）三月十七日。始祖 Laupai-Vano$^{?}$（女）。譜載七代世系。

本譜載於《臺灣原住民族系統所屬之研究》

[臺灣花蓮]加只來社嘉平 Piuma 系統口述世系 Tatak 口述　顔傳福通譯　馬淵採録　2012 年臺北南天書局排印本　合册

譜録居臺東廳新港支廳（花蓮縣成功鎮）加只來社嘉平 Piuma 系統口述世系，口述時間爲昭和七年（1932）三月二十三日。始祖 Tumaktak、Siroko（女）。譜載六代世系。

本譜載於《臺灣原住民族系統所屬之研究》

[臺灣花蓮]月眉社口述世系（一） Kabaraan 口述　林田登通譯　馬淵採録　2012 年臺北南天書局排印本　合册

譜録居花蓮港花蓮支廳（花蓮縣壽豐鄉）月眉社口述世系，口述時間爲昭和六年（1931）六月二十五日。始祖 Podah（女）。譜載五代世系。

本譜載於《臺灣原住民族系統所屬之研究》

[臺灣花蓮]月眉社 Patsilar 氏族口述世系（二） Ngayau 口述　中村幸吉通譯　2012 年臺北南天書局排印本　合册

譜録居花蓮港花蓮支廳（花蓮縣壽豐鄉）月眉社 Patsilar 氏族口述世系，口述時間爲昭和六年（1931）六月二十六日。始祖 Maimai（女）、Tsunok 夫婦。譜載四代世系。

本譜載於《臺灣原住民族系統所屬之研究》

雅　美　族

[臺灣臺東]紅頭社口述世系　Shiaman-Jagarit 口述　後藤武夫通譯　移川採録　2012 年臺北南天書局排印本　合册

譜録居臺東廳紅頭嶼（臺東縣蘭嶼鄉）紅頭社口述世系，口述時間爲昭和四年（1929）四月。該社共計四十户一百五十二人。始祖 Shi-chigu。譜載十七代世系。

本譜載於《臺灣原住民族系統所屬之研究》

[臺灣臺東]野銀社口述世系　Shiapun-Jiremai 口述　後藤武夫通譯　移川採録　2012 年臺北南天書局排印本　合册

譜録居臺東廳紅頭嶼（臺東縣蘭嶼鄉）野銀社之口述世系，口述時間爲昭和四年（1929）四月。該社共計五十七户二百三十二人。始祖 Shimina-Boan、Shina-no-Manoyu（女）夫婦。譜載十五代世系。

本譜載於《臺灣原住民族系統所屬之研究》

待　　考

[河南鄧州]鄧州臺灣土番墾屯陳氏家乘不分卷

(清)陳道平纂修　朱絲欄寫本　一册

譜稱該族發脈於臺灣阿里山土番獵首族。始祖依那思羅,侍黄廷元帥,屢立戰功。清康熙三年(1664)黄廷降清,封慕義伯。康熙七年(1668)四月,黄廷所部奉命赴河南鄧州屯墾,依那思羅隨黄廷落籍鄧州。娶當地農家女岑氏爲妻,以妻姓諧音改姓爲陳名年,生四子陳元珍、陳元勳、陳元傑、陳元珠。譜載序、大清鄧州墾兵參軍副將依那思羅傳、覓親祭祖記、世系、列傳、後記等。本譜由陳氏第七世傳人陳道平纂修於清同治六年(1867)。編者按:學者於本譜史料之真偽尚有異議,未有定論,姑暫收入,俟考。

本條目據 2005 年第 5 期《民族研究》載郝時遠撰《河南〈鄧州臺灣土番墾屯陳氏家乘〉考辨》一文著録

圖書在版編目(CIP)數據

中國少數民族家譜總目 / 上海圖書館編：陳建華主編. —上海：上海古籍出版社，2018.11
(中國少數民族家譜叢刊)
ISBN 978-7-5325-8850-3

Ⅰ.①中… Ⅱ.①上… ②陳… Ⅲ.①少數民族—家譜—專題目録—中國 Ⅳ.①Z88：K820.9

中國版本圖書館 CIP 數據核字(2018)第 108673 號

中國少數民族家譜叢刊
中國少數民族家譜總目
(全二册)
上海圖書館　編
陳建華　主編
上海古籍出版社出版發行
(上海瑞金二路 272 號　郵政編碼 200020)
(1) 網址：www.guji.com.cn
(2) E-mail：guji1@guji.com.cn
(3) 易文網網址：www.ewen.co
上海展强印刷有限公司印刷
開本 787×1092　1/16　印張 75　插頁 11　字數 2016,000
2018 年 11 月第 1 版　2018 年 11 月第 1 次印刷
印數：1—1,100
ISBN 978-7-5325-8850-3
K·2490　定價：480.00 元
如有質量問題，請與承印公司聯繫